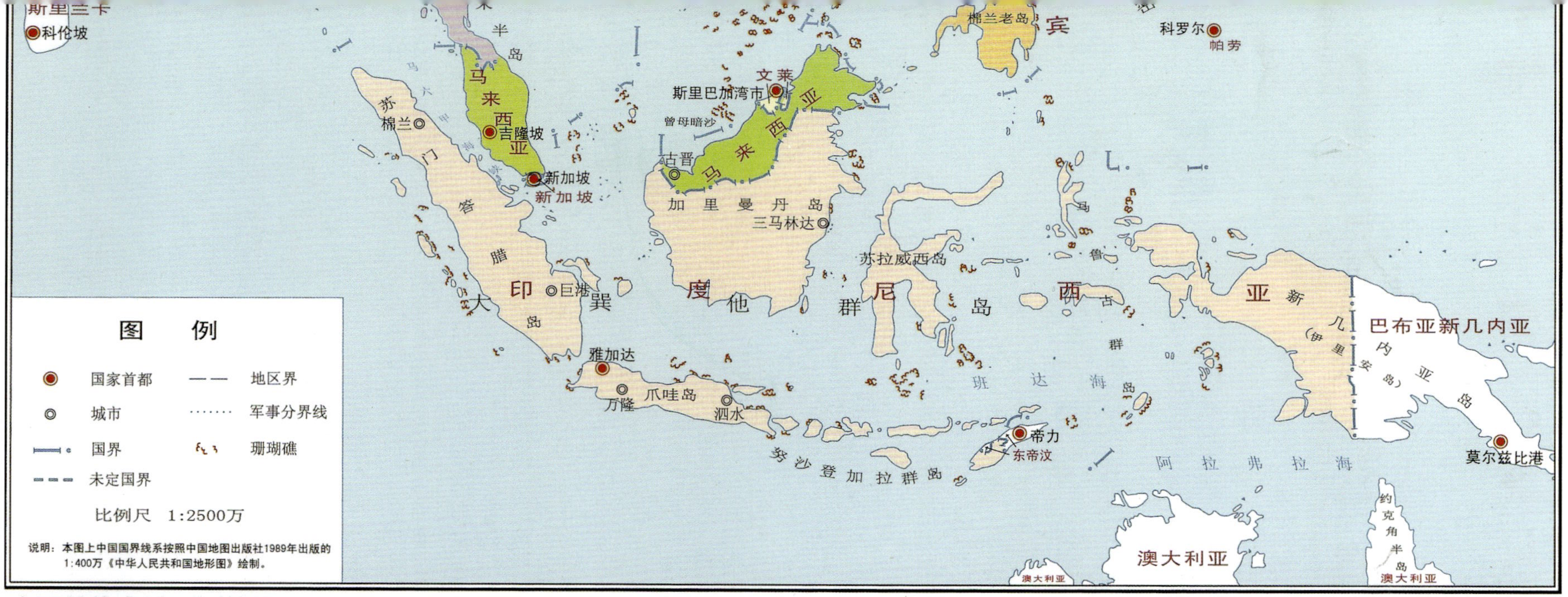

斯里兰卡 科伦坡 马来西亚 吉隆坡 新加坡 苏门答腊 棉兰 文莱 斯里巴加湾市 曾母暗沙 古晋 加里曼丹岛 三马林达 苏拉威西岛 印度尼西亚 巨港 雅加达 万隆 爪哇岛 泗水 努沙登加拉群岛 帝力 东帝汶 班达海 阿拉弗拉海 巴布亚新几内亚 新几内亚岛 莫尔兹比港 澳大利亚 约克角半岛 科罗尔 帕劳 棉兰老岛 菲律宾

图例

◉	国家首都	——	地区界
◎	城市	······	军事分界线
	国界		珊瑚礁
	未定国界		

比例尺 1:2500万

说明：本图上中国国界线系按照中国地图出版社1989年出版的1:400万《中华人民共和国地形图》绘制。

广西壮族自治区测绘局

国家测绘局地图图形审核批准号：（2004）325号

2004年5月

中国和东盟各国国旗及东盟旗

中国 China

文莱 Brunei

柬埔寨 Cambodia

印度尼西亚 Indonesia

老挝 Laos

马来西亚 Malaysia

缅甸 Myanmar

菲律宾 Philippines

新加坡 Singapore

泰国 Thailand

越南 Viet Nam

东盟 ASEAN

第16届中国—

第16届中国—

2019年9月21日上午，以“共建‘一带一路’，共绘合作愿景”为主题的第16届中国—东盟博览会、中国—东盟商务与投资峰会，在中国南宁开幕。

中共中央政治局常委、中国国务院副总理韩正，第16届东博会主题国印度尼西亚总统特使、海洋统筹部部长卢胡特，缅甸副总统吴敏瑞，柬埔寨副首相贺南洪，老挝副总理宋赛·西潘敦，泰国副总理兼商业部部长朱林·拉萨纳维席，越南副总理武德担，文莱财政与经济部第二部长拿督刘光明，马来西亚国际贸易和工业部部长拿督达尔·雷金，新加坡贸易及工业部高级政务部长许宝琨，菲律宾贸工部副部长阿普度加尼·马卡托曼，东盟副秘书长阿拉丁·里诺，第16届东博会特邀合作伙伴波兰企业与技术部国务秘书马钦·奥切帕，中国商务部副部长、国际贸易谈判副代表俞建华，中国国际贸易促进委员会会长高燕，广西壮族自治区党委书记、人大常委会主任鹿心社等共同为第16届中国—东盟博览会和商务与投资峰会启幕。中国与东盟各国多个部委的部长、地方行政长官、金融机构负责人、商协会会长、有关国际组织负责人、企业家、专家学者以及各界人士代表出席开幕大会。中国广西壮族自治区主席陈武和本届东博会主题国印度尼西亚贸易部部长恩卡迪亚斯托·卢吉塔共同主持开幕大会。

开幕大会在南宁国际会展中心金桂花厅举办。主题国印度尼西亚、特邀合作伙伴波兰的艺术家们分别带来了极具异域风情的暖场表演。会场四周悬挂着中国、东盟10国魅力之城以及波兰的城市风光图片，展现了12个国家城市的独特景致。

上午9时，开幕大会正式开始。韩正发表主旨演讲。卢胡特、吴敏瑞、贺南洪、宋赛·西潘敦、朱林·拉萨纳维席、武德担发表了演讲，马钦·奥切帕致辞。广西壮族自治区党委书记、人大常委会主任鹿心社，中国商务部副部长、国际贸易谈判副代表俞建华，中国国际贸易促进委员会会长高燕分别代表东博会举办地、东博会共办方、商务与投资峰会先后致辞。亚洲基础设施投资银行行长金立群、小米集团董事长兼首席执行官雷军也发表演讲，标志着中国—东盟博览会服务“一带一路”建设、服务中国—东盟商界合作迈出新步伐，积极搭建政商沟通桥梁，有效传递了企业参与“一带一路”国际合作的声音。

本届开幕大会以“精雕细琢、共拓未来”为主题。围绕这一主线，启幕仪式上播放的视频短片以造纸的故事展现中国智慧，铺陈“一带一路”倡议的宏大起笔；以匠人的雕刻表达中国与东盟在“一带一路”建设框架下的“五通”成果；以项目汇聚出纸雕刻板，通过“拓印”表达中国—东盟命运共同体合作成果的分享与传播。伴随着悠扬的

东盟博览会
东盟商务与投资峰会

音乐，启幕嘉宾来到启幕台前拓印成果画卷，“一带一路”建设“五通”成果由纯白逐渐变为彩色，并在大屏幕中拼接成卷。随后，一条色彩缤纷的“2030愿景”长卷从舞台上方飞过，长卷上绘制11国重点建设项目，象征着互利共赢、合作共享的美好未来。

开幕大会上还穿插进行了《中国—东盟媒体交流年 中国—东盟电视周》启动仪式，中国和东盟的媒体主管部门代表共同开启“精彩视界”装置，寓意中国与东盟各国媒体之间友好交流、真诚合作的美好愿景。

第16届中国—东盟博览会框架下举办33个高层论坛，其中会期举办25个，非会期举办8个。主要包括第5届中国—东盟保险合作与发展论坛、2019年中国—东盟环境合作论坛、2019中国—东盟市长论坛、第14届中国—东盟文化论坛、中国—东盟大学（国别与区域研究）智库联盟论坛、第5届中国—东盟统计论坛、第7届中国—东盟技术转移与创新合作大会、2019中国—东盟能源电力合作与发展论坛等。

第16届中国—东盟商务与投资峰会创新了办会模式，将年会与全年办会相结合，共举办17场活动，包括8场年会活动、9场专题活动。峰会期间举办印尼领导人与中国企业CEO圆桌座谈会、中国—东盟商界领袖论坛、电视论坛《对话独角兽》、中国—东盟水果产业发展论坛等重要活动。全年举办一系列专题活动，包括2019中日韩健康产业论坛、中国—东盟人工智能峰会等。

本届博览会展区面积为13.4万平方米，农业展从广西展览馆移址到广西农业会展中心，展览规模由1万平方米扩大至2万平方米。共有7个东盟国家包馆，参展企业总数为2848家，比上届增长2.4%。东盟方面参展的大企业、优质实力企业比往届更多，柬埔寨、印尼、马来西亚等一些行业龙头企业，今年首次参展。“一带一路”沿线国家参展规模扩大，“一带一路”国际展区规模比上届增加59%。9月21日，第16届中国—东盟博览会项目集中签约仪式和重大项目专场签约仪式分别在南宁举行，会上共组织签订国际、国内经济合作项目122个，重大项目16个。

① 2019年9月21日，第十六届中国—东盟博览会、中国—东盟商务与投资峰会开幕大会在广西南宁国际会展中心举行。图为开幕大会现场（来源：中国日报网）

② 第十六届中国—东盟博览会、中国—东盟商务与投资峰会开幕大会现场（新华社记者　曹祎铭　摄）

第16届中国—东盟博览会先进技术展
Exhibition on Advanced Technologies of the 16th China-ASEAN Expo

③ ④ ⑤

③ 中共中央政治局常委、国务院副总理韩正在自治区党委书记、自治区人大常委会主任鹿心社，自治区党委副书记、自治区主席陈武的陪同下，巡视第16届中国—东盟博览会展馆（来源：广西新闻网）

④ 中共中央政治局常委、国务院副总理韩正在南宁会见缅甸副总统敏瑞（广西日报记者　黄克/摄）

⑤ 中共中央政治局常委、国务院副总理韩正在南宁会见越南副总理武德担（广西日报记者　黄克/摄）

⑥ 中共中央政治局常委、国务院副总理韩正在南宁会见柬埔寨副首相贺南洪（广西日报记者　黄克/摄）

⑦ 中共中央政治局常委、国务院副总理韩正在南宁会见老挝副总理宋赛（广西日报记者　黄克/摄）

⑧ 中共中央政治局常委、国务院副总理韩正在南宁会见泰国副总理兼商业部长朱林（广西日报记者　黄克/摄）

⑨ 中共中央政治局常委、国务院副总理韩正在南宁会见印尼总统特使、海洋统筹部长卢胡特（广西日报记者　黄克/摄）

⑩ 2019中国—东盟市长论坛现场（来源：广西新闻网）

⑪ 第十二届中国—东盟智库战略对话论坛（来源：科技日报广西记者站）

⑫ 中越德天—板约瀑布跨境旅游合作区暨广西—高平经贸文化交流合作学术研讨会（来源：科技日报广西记者站）

⑬ 2019中国—东盟防灾减灾科学传播高峰论坛（来源：新浪广西）

⑭ 中国—东盟环境合作论坛（2019）（来源：中国—东盟传媒网）

⑮ 第5届中国—东盟保险合作与发展论坛嘉宾合影（来源：广西新闻网）

⑯ 第14届中国—东盟文化论坛（广西新闻网记者　黄诗淇/摄）

⑰ 2019中国—东盟广播电视及新媒体论坛（来源：当代广西网）

⑱ 2019中国—东盟职业教育联展暨论坛（来源：光明日报客户端）

⑲ 第5届中国—东盟统计论坛（广西新闻网记者　黎莹莹/摄）

⑳ 第4届中国—东盟商会领袖高峰论（广西新闻网记者　黎莹莹/摄）

㉑ 第5届中国—东盟药品合作发展高峰论坛（严立政/摄）

㉒ 第7届中国—东盟技术转移与创新合作大会（广西新闻网记者　黄勇椋/摄）

第14届中国—东盟文化论坛
The 14th China-ASEAN Cultural Forum

⑯

2019中国—东盟广播电视及新媒体论坛
2019 ASEAN-China Radio, Television and New Media Forum

⑰

2019中国—东盟职业教育联展暨论坛
2019 China-ASEAN Vocational Education Exhibition and Forum
启动仪式
Inauguration

⑱

第5届中国—东盟统计论坛
The 5th China-ASEAN Statistics Forum

⑲

第4届中国—东盟商会领袖高峰论坛
The 4th China-ASEAN Chambers of Commerce Leaders Summit

⑳

第5届中国—东盟药品合作发展高峰论坛

㉑

第7届中国—东盟技术转移与创新合作大会
国之交在于民相亲
民相亲在于心相通

㉒

㉓ 国际陆海贸易新通道信息服务平台启动仪式表演（来源：自治区北部湾办）

㉔ 中国—马来西亚产能与投资合作论坛（来源：完美）

㉕ 第九届东盟与中日韩粮食安全合作战略圆桌会会议（来源：广西农业信息网）

㉖ 第三届“一带一路”农业投资合作论坛（记者　蒋尧/摄）

㉗ 第四届中国—东盟农业合作论坛（广西新闻网记者　蒋尧/摄）

㉘ 2019中国—东盟汇商聚智高峰论坛（广西新闻网记者　宋瑶/摄）

㉙ 第11届中国—东盟金融合作与发展领袖论坛暨建设面向东盟的金融开放门户峰会（记者　邓华/摄）

㉚ 2019中国—东盟电子商务论坛（来源：中国商务新闻网）

㉛ 2019中国—东盟妇女创业创新论坛（广西新闻网记者　冼妍杏/摄）

㉜ 中国—东盟国际标准化论坛（来源：广西市场监督管理局宣传处）

㉝ 第十五届桂台经贸文化合作论坛（来源：广西农业信息网）

㉞ 第13届中国—东盟社会发展与减贫论坛（来源：中国日报网）

㉟ 第一届中国—东盟人工智能峰会暨中国—东盟信息港合作伙伴签约仪式（来源：中国—东盟信息港）

㊱ 2019中国—东盟减灾与应急管理高官论坛（广西新闻网记者　蓝于涵/摄）

㊲ 第6届中国—东盟财税合作论坛（来源：央广网）

㊳ 2019中国—东盟传统医药健康旅游国际论坛（来源：光明日报客户端）

㊴ 2019（第十届）中国—东盟矿业合作论坛暨推介展示会（唐广生、周燕芳/摄）

29

30

31

32

33

34

35

36

37

38

39

THAILAND
40
文莱
BRUNEI DARUSSALAM
41
Vietnam
新加坡
Singapore
Indonesia
Lounge & Information Booth
43
Vietnam
越南
45
47
48
50
51
巴基斯坦
PAKISTAN
ANSARI BROTHERS

40 泰国馆（来源：中国—东盟博览会官网）
41 文莱馆（来源：中国—东盟博览会官网）
42 新加坡馆（来源：中国—东盟博览会官网）
43 印度尼西亚馆（来源：中国—东盟博览会官网）
44 越南馆（来源：中国—东盟博览会官网）
45 老挝展区（来源：全景南宁）
46 广西规划馆展厅（来源：南宁云—南宁新闻网讯）
47 图为民众体验泰式“马杀鸡”（俞靖/摄）
48 图为加纳展位用热情的非洲鼓表演招揽客商（俞靖/摄）
49～50 第16届东博会马来西亚魅力之城雪兰莪州民俗表演（俞靖/摄）
51 伊朗展位精美的工艺品吸引民众驻足（俞靖/摄）
52 巴基斯坦展位（俞靖/摄）

53 “魅力之城”——中国成都市（来源：广西新闻网）
54 越南魅力之城展厅（来源：新华网）
55 泰国魅力之城展厅（新华社记者　曹祎铭/摄）
56 马来西亚魅力之城展厅（新华社记者　曹祎铭/摄）
57 文莱魅力之城展厅（新华社记者　曹祎铭/摄）
58 老挝魅力之城展厅（新华社记者　曹祎铭/摄）
59 缅甸魅力之城展厅（新华社记者　张爱林/摄）
60 印度尼西亚魅力之城展厅（新华社记者　张爱林/摄）
61 新加坡魅力之城展厅（新华社记者　张爱林/摄）
62 菲律宾魅力之城展厅参观（新华社记者　张爱林/摄）
63 “魅力之城”先进技术展区（记者　潘浩/摄）

第21届南宁

第21届南宁国际民歌艺术节开幕晚会

2019年9月19日晚在中国广西体育中心体育馆举行。晚会以“我心中的歌”为主题，以献礼新中国成立70周年为主线，分为序篇“歌声嘹亮”、第一篇章“一江诗画一城歌”、第二篇章“‘一带一路’唱友情”、第三篇章“扬帆追梦再出发”、尾篇“我和我的祖国”五个部分，在展现广西壮乡多彩的少数民族歌舞文化风情的同时，融入东盟和“一带一路”相关国家的异域风情元素，充分展现中外文化之美与合作共赢的丝路精神，唱出共同发展的美好期许。

序篇部分“歌声嘹亮”是本届民歌艺术节创新设计的一个环节。来自中共南宁市直属机关工委、中共南宁市委教育工委、南宁市国资委以及南宁市各县（区）、开发区共18支拉歌方阵队1260名队员齐唱《听妈妈讲那过去的故事》《万泉河水清又清》《保卫黄河》《中国人民解放军军歌》《歌唱祖国》等优秀歌曲。感染力强、声势浩大的台上台下互动性拉歌，点燃全场热烈氛围。

第一篇章“一江诗画一城歌”以“礼赞”“水赞”“琴赞”“舞赞”“歌赞”的形式共唱“赞歌”。由古诗词改编的原创古风歌曲《水知道》展示“百里秀美邕江”的历史文化底蕴。来自南宁的歌手李向哲用歌声赞颂邕江之美。

第二篇章“‘一带一路’唱友情”汇聚来自中国、东盟各国、世界各地的美妙歌声，歌颂中国与世界各国的深厚友谊，展现中外文化之美与合作共赢的丝路精神，唱出共同发展的美好愿景。

第三篇章“扬帆追梦再出发” 集中展示新时代原创的主旋律歌曲，表达南宁市各族各界干部群众对祖国生日的祝福。

尾篇，全场观众热血澎湃地合唱《我和我的祖国》，在中华人民共和国成立70周年之际献上一份诚挚的祝福，表达对祖国最深厚的情谊。

本届民歌艺术节的“爱国情怀”贯穿始终，同时充分融入南宁元素、民族元素、时代元素，是南宁市向中华人民共和国成立70周年献礼，服务第16届中国—东盟博览会、中国—东盟商务与投资峰会的重要群众文化活动。

“绿城歌台”群众文化活动

“绿城歌台”群众文化活动紧紧围绕“我和我的祖国”主题，与庆祝中华人民共和国成立70周年系列群众文化活动紧密结合，立足于本土文化，吸引众多外国艺术家共同参与，各歌台的内容、形式、风格等方面均有创新，突出国际性、民族性、现代性和艺术性。共设置13个歌台，共18场演出，共吸引来自12个国家的110名外国演员到“绿城歌台”放歌。

民歌湖歌台 南宁民歌湖大舞台作为中心歌台，精心策划实施了4个主题不同的精彩演出。

9月14日，“同饮一江水 两广一家亲”粤桂文化交流专场演出开启。演出邀请来自广州、深圳等地的艺术家到壮乡歌台，与南宁、北海、钦州、防城港、崇左、梧州等地的本土艺术家同台献艺，以演出为桥梁，搭建两广文化旅游交流新平台，积极推动珠江—西江经济带与北部湾城市群文化和旅游的深度融合，携手谱写新时代粤桂文化和旅游交流的新篇章。

9月15日，中国—荷兰（南宁）文化交流专场演出绽放出横跨8000公里亚欧文化碰撞的火花。荷兰艺术家与广西本土艺术家切磋交流，相互学习，推动中荷文化交流互鉴。

9月19日，2019年“春雨工程”内蒙古文化和旅游志愿者广西行（南宁）专场演出洋溢着浓厚的民族文化色彩。表演艺术家全部是来自内蒙古呼伦贝尔的文化志愿者，他们将蒙古族、朝鲜族、达斡尔族、鄂温克族、鄂伦春族等原汁原味的优秀民族歌舞节目带到壮乡南宁，用嘹亮悠长的呼麦、马头琴等表演，为观众献上民族特色浓郁、地域特色鲜明的视听盛宴。

1

国际民歌艺术节

9月20日，“最美山歌献祖国”2019年南宁国际民歌艺术节“绿城歌台”开幕式盛大开启。2000多名观众到场观看演出。来自良庆区的150名歌手首先用嘹啰山歌点燃气氛，随后“壮乡美·民歌颂祖国”“民歌美·歌海丝路传”“丝路美·奋进新征程”三个篇章徐徐展开。在“壮乡美·民歌颂祖国”，小朋友们用热情欢快的歌舞演绎了广西经典爱国民歌《壮锦献给毛主席》《壮家少年在红旗下成长》。男女对唱《邕江颂》表达对邕城母亲河邕江的深情赞歌。在“民歌美·歌海丝路传”，中外民歌联唱《半个月亮爬上来》《天路》《我的太阳》《喀秋莎》拨动人心弦。在“丝路美·奋进新征程”，歌舞《我们都是追梦人》《鼓舞新时代》《复兴中国梦》激发了观众浓浓的爱国情怀。最后，整台演出在全场观众高唱《我和我的祖国》的动人旋律中落下帷幕。

江南区歌台 9月20日，2019年江南区平话文化旅游节暨“绿城歌台”江南区歌台在融晟天河·海悦城举行。以“平话情韵·活力江南”为主题。活动在旋律优美的平话山歌和两面壮观的《平话声屏》舞曲中拉开序幕，舞蹈《平话娃娃闹花灯》、音乐情景剧《活力江南》《江南原创歌曲联唱》等具有平话元素的节目精彩纷呈。舞蹈《不忘初心》《共圆复兴梦想》等精品节目，充分展示60万江南区平话人不忘初心，自强不息的意志。最后，表演在《我和我的祖国》“快闪”节目中圆满落幕。

横县歌台 9月21日，在横县横州公园举行。以“醉美花乡”为主题。活动在欢快热烈的舞蹈《山歌好比春江水》中拉开帷幕。来自北非奈布奈特的舞蹈团为观众们表演了舞蹈《北非手骨舞》，来自俄罗斯星海拉丁舞蹈团演绎了《斑斓星海》等拉丁舞，异域歌舞别有一番风情。横县文艺工作者和横县青少年倾情演绎《我爱你中国》《丝路茉莉》《花开的时节》等节目，表演在《我和我的祖国》节目中圆满结束。

隆安县歌台 9月21日，在隆安蝶城文化广场举行。以“砥砺奋进七十载·决战脱贫奔小康”为主题。演出分为“礼赞祖国”“奋进的旋律”两个篇章。大型歌舞《我的祖国》大气磅礴；舞蹈《笔墨春秋》独具古韵，五言壮欢山歌《三叉江欢歌》、丝弦戏《夜袭昆仑关》、舞蹈《骆越神韵》富有民族特色；兰达舞《风情无限》富有浓郁泰国特色；德国动感唱跳组合带来的歌舞《chicago & spanish show》热烈奔放。2019年是隆安县决胜脱贫攻坚年，快板表演《脱贫攻坚暖那乡》将隆安县自脱贫攻坚以来贫困村发生的改变一一道来。活动以快闪表演《我和我的祖国》完美收官。

马山县歌台 9月21日，在马山县人民会堂举办。以“鼓乡歌海·祥寿马山”为主题。演出以鼓舞节目《歌唱祖国》开场，舞蹈《苗妹妹》、歌曲《南湖的船党的摇篮》、歌伴舞《壮族老家等你来》等节目坚持原生态、大众化、民族化特点，充分展示以“马山文化三宝”为核心的马山文化元素，庆祝新中国成立70周年，唱响新时代壮美华章。外国友人和上林县带来了交流节目，增进群众文化交流。活动以全体演员齐声唱响《我和我的祖国》落下帷幕。

兴宁区歌台 9月21日，在兴宁区朝阳广场举办2019年南宁国际民歌艺术节“绿城歌台”暨兴宁区文化旅游购物节。主题为“千年古城·魅力新兴宁”。歌舞节目《兴宁乐章》拉开了演出序幕。戏曲舞蹈《邕城戏韵》《铜鼓敲出壮乡情》《邕嫁》等节目将壮族元素与南宁非遗项目有机结合，给观众耳目一新的感觉。来自法国、俄罗斯、澳大利亚的艺术家带来的原生态民间音乐与歌舞，展现了异域的别样风情。演出在《再一次出发》的歌声中圆满结束。

①～② 第21届南宁国际民歌艺术节暨第16届中国—东盟博览会和商务与投资峰会开幕晚会演出场景（来源：南宁大地飞歌文化产业集团）

②

上林县歌台 9月21日，在上林县人民会堂举办。主题为“养生上林·常来长寿”。演出以歌舞《复兴中国梦》开始。澳大利亚班达伯格市管弦乐队带来管弦乐演奏《我是澳大利亚人》《羊毛剪子嚓嚓嚓》，柬埔寨艺术家带来宫廷舞蹈《神秘的色彩》，魅力四射的异国文艺表演掀起高潮。马山县带来《俏妹牧羊趣》等表演，展现出马山悠久灿烂的民族文化和壮乡人积极进取的品质。

武鸣区歌台 9月21日，“我和我的祖国”南宁市庆祝中华人民共和国成立70周年暨2019年南宁国际民歌艺术节“绿城歌台”群众文化活动在武鸣区文化馆举行。主题为“奋进新时代·扬帆新征程”。舞蹈《鼓舞壮娃》拉开演出序幕。小组唱《山间飞出金凤凰》《红旗颂》、舞蹈《田间韵》《卡塔克舞》《打糯香》、合唱《少年少年，祖国的春天》等精彩节目先后上演。压轴节目为全场大合唱《我和我的祖国》，传递出艺术家和观众对中国的美好祝愿。

青秀区歌台 9月22日，在民歌湖水上舞台举行。以“歌声飘过70年”为主题。演出共分成激情岁月、世纪春天、祝福祖国三个乐章。歌伴舞《英雄赞歌》、情景歌舞《过雪山草地》《沂蒙颂》《万泉河水清又清》，小组唱《咱们工人有力量》《在希望的田野上》，以及经典歌曲联唱《年轻的朋友来相会》《乡恋》《牧羊曲》《我们的生活充满阳光》等脍炙人口的歌曲和熟悉的旋律，引起了观众的共鸣。最后，全场合唱《歌唱祖国》，寄托了大家对祖国的美好祝愿，赞颂新时代。

良庆区歌台 9月22日，在良庆区大沙田滨江广场举行。以“我为祖国唱山歌”为主题。大型舞蹈《壮乡鼓韵》拉开了晚会序幕，独具特色的壮乡铜鼓舞蹈，带领观众追溯嘹啰山歌文化起源，领略壮乡山水的柔美；精心创编的民族舞蹈串烧《嘹啰相会》，壮族、苗族、彝族相聚良庆，以歌相会、以舞传情，唱响民族团结时代赞歌；《百狮贺喜》融合了良庆那马非遗传承项目，给观众呈现一场美轮美奂的民俗杂技舞蹈表演。缅甸暹罗舞蹈团颇具东盟异域风情的舞蹈《暹罗》、德国动感唱跳组合带来歌曲演唱串烧《热火青春》等节目，搭建了世界优秀文化交流的大舞台。

宾阳县歌台 9月22日，在宾阳县文化广场举行。以“炮龙腾飞·盛世中国”为主题。开场舞《八桂欢歌》瞬间点燃观众热情。来自隆安县的歌曲《丰收的季节》和《花与苍穹》，悠扬的歌声让人感受到骆越文化的迷人风采。桑巴风情舞蹈团表演的《无限火力》和柬埔寨的宫廷舞《神秘色彩》，用原生态民间音乐与热情洋溢的民族歌舞，将现场气氛推向高潮。歌台成为一场中外艺术家以歌传情、以舞会友的友好盛会。

邕宁区歌台 9月22日，在邕宁区万达茂盛情举行。以“国庆70年·邕宁日子甜”为主题。那路八音队和蒲庙花婆队带来的《喜迎八方宾朋》表演拉开了活动的序幕，歌台上吹奏起这片土地上最亲切的乡音，而歌台下扮成花婆的表演者们则为现场观众分发福袋，共同欢迎八方宾朋的到来。《龙粉香》《唱起嘹啰赶歌圩》等民俗歌舞表演一一上演，为观众展示邕宁区特色民族文化资源。来自乌克兰、尼泊尔的表演团体分别带来了《丰收喜悦》《莎布鲁舞》等歌舞表演，让现场观众领略了异国风情的独特风采。南宁市著名独唱演员陈春燕带来邕宁区原创曲目《扶贫花开八尺江》，歌唱邕宁区自开展扶贫工作以来的奋斗历程。

西乡塘区歌台 9月23日，南宁国际民歌艺术节“绿城歌台”暨西乡塘区香蕉文化旅游节在美丽南方举行。以“魅力城西·辉煌绽放”为主题。人们跳起丰收的舞蹈，唱响山歌，舞起香蕉龙，龙狮、八音鼓乐开路，巡游队

③ ④ ⑥ ⑦ ⑨ ⑩

伍高举风调雨顺、国泰民安等吉利好辞旗幡，推车、担挑、肩扛、手提丰收的成果巡游，同时也祈求明年更好的收成。

2019年中国—东盟（南宁）戏剧周

2019年9月12～18日在南宁举办。来自中国、文莱、柬埔寨、缅甸、印度尼西亚、新加坡等国家的19个优秀院团开展23场演出，举办26场活动。戏剧周荟萃东盟国家多种艺术样式，包括孔剧、音乐剧、儿童剧、木偶剧等，让观众感受到浓郁的东盟风情。戏剧周首次设置主题国，由印度尼西亚担任。活动促进印度尼西亚与各国的人文交流，同时也向世界推广印尼丰富的艺术和文化资源。

2019年中国—东盟（南宁）戏剧周开幕式 9月12日晚，在广西南宁市人民会堂举行。成都市川剧研究院为戏迷们奉献了开幕大戏川剧《尘埃落定》，该剧根据著名作家阿来获茅盾文学奖的同名长篇小说改编，以麦其土司家傻瓜儿子的独特视角，讲述土司制度走向灭亡的历史必然，呈现共产党进入四川藏区后，藏区人民翻身得解放的历史进程。开幕大戏故事精彩，跌宕起伏，展现了神秘、浪漫、传奇的民族风情，被誉为传承中国戏曲的成功范例。开幕式上，印度尼西亚驻广州总领事馆文化领事及自治区文旅厅领导致辞，东盟各国使领馆代表和自治区、南宁市领导上台共同启动开幕，旨在增强东盟各国对戏剧周的参与感和责任感，共同办好戏剧周，深化友谊交流和合作。

中国—东盟戏剧及非物质文化遗产展览及演示 9月15～18日在南宁市博物馆举办。此次展览主要展现中国与东盟国家的戏剧艺术、民族文化、历史渊源、风土人情及非物质文化遗产的无穷魅力，以此推动中国与东盟文化艺术的传播、交流、互动与合作。由2019年“丝路华章”中国—东盟艺术联展、“粤剧追梦”庆祝粤剧申遗成功十周年摄影展两部分组成，共展出中国、越南、柬埔寨、印度尼西亚等国家的200余件艺术精品。展览期间还上演东南亚非遗歌舞等，场面热烈融洽。在“丝路华章”中国—东盟艺术联展中，越南艺术展展出了水上木偶剧、话剧、丛剧的道具、服装、伴奏乐器以及民俗文化工艺品等；印度尼西亚艺术展展出工艺美术家的艺术作品20幅，包括刺绣《演出》、油画《村庄的一角》、多媒体混合绘画《欧迪乐》等；柬埔寨艺术展展出大皮影戏剧角色皮革雕刻、宫廷戏巨人面具、乐团铜雕、宫廷舞者木雕、传统服饰、银包等。“粤剧追梦”庆祝粤剧申遗成功十周年摄影展主要展示粤剧人在台前幕后的动人场景，让观众充分了解粤剧，了解粤剧人。

中国—东盟（南宁）戏剧周大联欢 9月18日晚，在南宁民歌湖大舞台举行。大联欢以“丝路起航新时代，戏海扬帆新征程”为主题，分为《有朋远来》《粉墨春秋》《朱槿花开》《丝路花雨》《壮美中国》等五大篇章。晚会邀请了参加本届戏剧周活动的中国与东盟各国艺术家们及相关文化机构、文化名人等互动联欢，共享中国—东盟戏剧合作交流机制结出的丰硕成果。

③～⑯ 第21届南宁国际民歌艺术节暨第16届中国—东盟博览会和商务与投资峰会开幕晚会演出场景

⑫

⑬

⑭

⑮

⑯

平话情韵 活力江南
食尚
横县歌台
醉美花乡 横县歌台
绿城歌台·2019
“我和我的祖国”南宁市庆祝中华人民共和国成立70周年暨2019年南宁国际民歌艺术节“绿城歌台”群众文化活动
⑰
⑱
⑳
㉑
㉓
㉕
㉖
㉘
㉙

⑰～㉔ 江南区歌台演出场景（来源：南宁旅游）

㉕～㉚ 横县歌台演出场景（来源：横县融媒体中心）

㉛～㊳ 隆安歌台演出场景（来源：隆安广播电视台）

㊴～㊸ 兴宁区歌台演出场景（来源：南宁兴宁发布）

㊹ 武鸣区歌台演出场景（来源：南宁发布）

㊺ 青秀区歌台演出场景（来源：南宁发布）

㊻ 良庆区歌台演出场景（来源：南宁发布）

㊼ 邕宁区歌台演出场景（来源：南宁发布）

㊽ ~㊿ 中国—东盟（南宁）戏剧周晚会演出场景（来源：中新网、广西民族报网）

中国—东盟年鉴

ZHONGGUO – DONGMENG NIANJIAN

2020

广西社会科学院
广西壮族自治区社会科学界联合会　编

陈立生
朱　东　主编

线装书局

图书在版编目(CIP)数据

中国 - 东盟年鉴. 2020 / 广西社会科学院, 广西壮族自治区社会科学界联合会编 ; 陈立生, 朱东主编. -- 北京 : 线装书局, 2020.12

ISBN 978-7-5120-4359-6

Ⅰ. ①中… Ⅱ. ①广… ②广… ③陈… ④朱… Ⅲ. ①自由贸易区—东南亚、中国—2020—年鉴 Ⅳ. ①F752.733-54

中国版本图书馆 CIP 数据核字(2020)第 252345 号

中国—东盟年鉴

ZHONGGUO - DONGMENG NIANJIAN

2020

编　　者: 广西社会科学院　广西壮族自治区社会科学界联合会

主　　编: 陈立生　朱　东

责任编辑: 程俊蓉

出版发行: 线装书局

地　　址: 北京市丰台区方庄日月天地大厦 B 座 17 层(100078)

电　　话: 010 - 58077126(发行部)　58076938(总编室)

网　　址: www.zgxzsj.com

经　　销: 新华书店

印　　制: 广西民族印刷包装集团有限公司

开　　本: 890mm × 1240mm　1/16

印　　张: 25.5

字　　数: 652 千字

版　　次: 2020 年 12 月第 1 版　2020 年 12 月第 1 次印刷

印　　数: 0001—2000 册

定　　价: 260.00 元

线装书局官方微信

编 辑 说 明

一、《中国—东盟年鉴》是一部国际综合性年鉴，着重收载中国和东盟各国的基本资料及区域内各国政治、外交、经济、文化、社会等方面的重要信息，旨在为海内外各界人士了解中国和东盟各国（包括国际组织）的基本情况及中国—东盟自由贸易区的建设进程提供一个窗口，以促进中国和东盟各国的相互了解和交流合作。《中国—东盟年鉴》面向国内外广大读者，面向中国—东盟博览会，为国内外读者和中国—东盟博览会与会人士提供相关资讯。

二、《中国—东盟年鉴》的编辑，坚持实事求是的科学精神，客观地反映有关各国情况，追求年鉴的科学性、权威性和实用性。

三、本年鉴从2004年起逐年编纂出版，2020年卷为第17卷。本卷年鉴着重记述2019年发生的事情并收入相关资料，其中部分内容为保持资料的完整性适当追溯历史，并收录一些历时性资料。

四、本卷年鉴的主要栏目有：概况、动态、专题、新闻人物、大事记、文献、投资贸易指南、统计资料、附录等。专题栏目下设发展报告、东南亚国家联盟、中国—东盟自由贸易区、区域经济合作、中国和东盟及各成员国交往与合作、重要节会展会6个分目。年鉴中的概况和动态信息一般作条目化处理，专题栏目中的发展报告、中国和东盟及各成员国交往与合作以及某些附属资料则采用文章体。东盟各国资料的编排，依国际惯例按国名的英文字母顺序排列；一国之内发生的事情，在同一栏目中一般按时序编排。

五、本年鉴由广西社会科学院、广西壮族自治区社会科学界联合会主办，广西东南亚研究会、广西东南亚经济与政治研究院承办。供稿者均为专事东南亚研究的社会科学工作者，文献资料主要来自国内权威机关、传媒或网站，具有一定的权威性和较高的参考价值。

六、作为资料性工具书，本年鉴内容资料的选题选材和编排、条目的内容要素和记述程序等，都依年鉴的体例予以规范。为方便读者阅读、检索，本年鉴配备双重检索系统：书前刊有详细目录，书后备有索引。

七、由于资料采集艰辛和成书时间仓促，本卷年鉴难免有所疏漏和不足，欢迎国内外各界读者批评指正，我们将在今后的编纂工作中努力改进。

本年鉴在策划和编纂过程中，得到有关领导机关和社会各界人士的大力支持和帮助，谨表示衷心感谢！

《中国—东盟年鉴·2020》主创单位及人员

主 办 单 位　广西社会科学院　广西壮族自治区社会科学界联合会
承 办 单 位　广西东南亚研究会　广西壮族自治区东南亚经济与政治研究院
编委会主任　陈立生　朱　东
编委会副主任　解桂海　刘家凯
编委会委员　陈立生　谢林城　黄天贵　解桂海
顾　　　问（以姓氏笔画为序）
于向东　王士录　庄国土　许宁宁　许家康　孙璟涛　李向阳
杨保筠　汪新生　张汉龙　张锡镇　高伟浓　曹云华　翟　崑
主　　　编　陈立生　朱　东
执 行 主 编　解桂海　刘家凯
副　主　编　雷小华　李冬青　蔡志郁　张　磊　莫　嫦　黄谟媛
特 邀 编 审　许家康　徐远征　韦峥嵘
发 稿 编 辑　黄李莉　颜　洁　姚　婕　杨梦平　丁裕森
主要撰稿人（以姓氏笔画为序）
卫彦雄　马金案　马　静（广西大学外国语学院）　马　静（广西社会科学院）
韦朝晖　云昌耀　叶建维　叶霞霞　代珊瑞　朱莹莹　刘　凯　李碧华
杨晓强　杨梦平　杨　超　吴杰伟　何　战　张　磊　陈红升　陈建男
罗富文　周明钧　周喜梅　郑颖瑜　赵　丹　祝湘辉　聂慧慧　唐　卉
黄旭文　黄李莉　黄　昊　黄　婕　梁　薇　游　悠　谢柱军　雷小华
潘艳勤　魏　佳
目 录 翻 译　莫　嫦
工 作 人 员　唐　卉　朱莹莹　叶霞霞　蒋　丽　邓　斌

目　　录

概　　况

动　态

专　题

新 闻 人 物

大 事 记

文 献

投资贸易指南

统 计 资 料

附　录

索　引

China – ASEAN Yearbook · 2020
Contents

概　况

中　国

国　名

中华人民共和国(The People's Republic of China),简称中国、中或华。

国　旗

中华人民共和国国旗为五星红旗。长方形,长宽比为3∶2。旗面为红色,象征革命。旗面左上方的五颗黄色五角星,象征中国共产党领导下的革命人民大团结。五角星用黄色表示红色大地上呈现光明。四颗小五角星各有一个尖角正对大五角星的中心点,表示围绕着一个中心而团结,在形式上也显得紧凑美观。

地　理

位　置　中国位于亚洲东部。地处东经73°~135°、北纬4°~53°之间。东部和南部濒临太平洋,西靠中亚大陆,西南与中南半岛和南亚次大陆相接,北面紧邻蒙古高原和西伯利亚。疆域东起黑龙江和乌苏里江交汇处,西到帕米尔高原,北起漠河附近的黑龙江江心,南至南沙群岛的曾母暗沙。

面　积　中国陆地面积960万平方千米,约占全球陆地面积的1/15;内海和边海的水域面积约470多万平方千米。

疆界和邻国　陆上边界漫长,从东北与朝鲜交界的鸭绿江口起,经北面、西面,到西南与越南交界的北仑河口,全长2.28万千米,依次与朝鲜、俄罗斯、蒙古、哈萨克斯坦、吉尔吉斯斯坦、塔吉克斯坦、阿富汗、巴基斯坦、印度、尼泊尔、不丹、缅甸、老挝、越南等14个国家毗邻。大陆海岸线长1.8万余千米,领海宽广,东面与韩国、日本隔黄海、东海相望,东南面和南面隔南海与菲律宾、马来西亚、新加坡、文莱、印度尼西亚等国相望。

地形地貌　地形复杂多样,地球陆地上的山地、丘陵、高原、平原和盆地等5种基本类型都有分布。山地、丘陵和比较崎岖的高原约占陆地面积的2/3。地势东低西高,呈阶梯状分布:第一级是东部的平原、低山和丘陵,海拔一般在500米以下;第二级是中部、西部的高原和盆地,海拔大多在1000~2000米之间;第三级是青藏高原,平均海拔超过4000米。第一级阶梯的东面和东南面是浅海大陆架,坡度平缓。主要山脉和山系有:东西走向的南岭山脉、昆仑山脉、秦岭山脉、天山山脉和阴山山脉,东北—西南走向的台湾山脉、长白山脉、武夷山脉、大兴安岭山脉、太行山脉、巫山山脉和雪峰山脉,西南—东南走向的祁连山脉和阿尔泰山脉,南北走向的贺兰山脉和横断山脉,以及唐古拉山、图库斯山和喜马拉雅山等弧形山系。弧形山系中的喜马拉雅山脉是全球最高大、最雄伟的山脉,高峰林立,其中中国与尼泊尔边界上的珠穆朗玛峰海拔8848.86米,为世界第一高峰。丘陵主要分布于华东、华南和东北,有东南丘陵、两广丘陵、山东丘陵和辽东丘陵等。高原分布于华北、西北和西南,主要有黄土高原、内蒙古高原、云贵高原和青藏高原,其中面积最大的是青藏高原,约占全国面积的1/4。平原主要分布于东部和中部,有东北平原、华北平原、长江中下游平原三大平原以及珠江三角洲平原、成都平原、汾渭平原、台湾西部平原等,是主要农耕区。盆地主要分布于西北部和中部,主要有四川盆地、塔里木盆地、准噶尔盆地、柴达木盆地和吐鲁番盆地。其中塔里木盆地面积最大,该盆地中的塔克拉玛干沙漠是中国面积最大的沙漠;吐鲁番盆地地势最低,最低点低于海平面155米,是中国陆地上最低的地方。

江河湖泊　江河众多,其中流域面积超过1000平方千米的河流有1500多条。属太平洋水系的河流主要有黑龙江、辽河、海河、黄河、长江、钱塘江、闽江、珠江、澜沧江等,其中长江是中国第一大河、世界第三大河,干流长6363千米。属印度洋水系的河流有怒江和雅鲁藏布江。属北冰洋水系的有额尔齐斯河。此外,还有一些内流河,其中最长的是新疆南部的塔里木河,全长2421千米。湖泊有2.48万个,其中面积超过1平方千米的天然湖泊2759个。主要湖泊有青海湖、洞庭湖、鄱阳湖、太湖、洪泽湖等。青海湖是中国第一大湖和最大的咸水湖。

海岸海岛　大陆东部和南部濒临渤海、黄海、东海和南海,其中渤海是内海,黄海、东海和南海是边海。大陆海岸线长1.8万余千米。海域分布有大小岛屿1.1万多个,其中面积超过700平方千米的有台湾岛、海南岛和崇明岛,台湾岛和海南岛分别是中国第一、第二大岛;其他较大的岛屿有舟山岛、东山岛、海坛岛(平潭岛)、长兴岛等。较大的群岛有舟山群岛、东沙群岛、南沙群岛、西沙群岛和中沙群岛。较大的半岛有辽东半岛、山东半岛和雷州半岛。

气　候　大部分地区属东亚季风气候区。全国冬季寒冷干燥,南北温差大;夏季普遍高温,降水较多。各地年平均降水量差异较大,东南沿海可多达1600毫米以上,而西北部一些地方则少于50毫米。

风景名胜　重要的风景名胜有:长城,北京故宫、颐和园、天坛、明清皇室陵寝、周口店猿人遗址,河北北戴河、承德避暑山庄和外八庙,辽宁沈阳故宫,山东曲阜孔庙、孔府、孔林和泰山风景名胜区,陕西秦始皇陵、兵马俑,甘肃敦煌莫高窟,河南洛阳龙门石窟和白马寺、登封少林寺,江苏苏州古典园林,安徽黄山风景名胜区,江西庐山风景名胜区,广西桂林漓江风景名胜区,四川九寨沟风景名胜区和峨眉山—乐山风景名胜区,西藏布达拉宫,台湾日月潭,等等。

国　民

人　口　2019年年末中国全国人口140005万(不含香港、澳门两个特别行政区和台湾省人口)。按性别分,男性71527万人,女性68478万人;按城乡分,城镇84843万人,乡村55162万人。东部人口稠密,西部人口稀少。

民　族　有56个民族,即汉、蒙古、回、藏、维吾尔、苗、彝、壮、布衣、朝鲜、满、侗、瑶、白、土家、哈尼、哈萨克、傣、黎、傈僳、佤、畲、高山、拉祜、水、东乡、纳西、景颇、柯尔克孜、土、达斡尔、仫佬、羌、布朗、撒拉、毛南、仡佬、锡伯、阿昌、普米、塔吉克、怒、乌兹别克、俄罗斯、鄂温克、德昂、保安、裕固、京、塔塔尔、独龙、鄂伦春、赫哲、门巴、珞巴、基诺等族。

语　言　汉语是主要语言,少数民族也有本民族语言。现代汉民族的共同语言是以北京语音为标准音、以北方话为基础方言、以典范的现代白话文著作为语法规范的普通话。

宗　教　宪法规定公民享有宗教信仰自由。国民信仰的宗教有佛教、道教、伊斯兰教、基督教、天主教。

资源物产

土地资源　中国耕地面积13492.10万公顷(《2017年中国土地矿产海洋资源统计公报》),区域分布不匀,人均土地资源占有量较少。

水资源　水能资源蕴藏量6.8亿千瓦,居世界首位。人均径流量约2200立方米,仅为世界人均径流量的24.7%。在各流域中,珠江流域人均水资源最丰富。水资源分布南方多北方少,水土资源配合欠佳。

生物资源　种类多、数量大。几乎拥有北半球的全部植被类型,有种子植物300科、2980属、2.4万种,其中被子植物2946属,占全球被子植物总属数的23.6%。有陆栖脊椎动物2070种,占全球陆栖脊椎动物种类的9.8%,其中兽类420种,鸟类约1170种,两栖类184种。海鱼约有1500种,淡水鱼约500种。

矿产资源　已发现矿种173种,其中探明储量的

中国江西庐山风景名胜区组图　　(百度网)

162 种，包括能源矿产 13 种，金属矿产 59 种，非金属矿产 95 种，水气矿产 6 种。重要矿产资源有煤、石油、油页岩、天然气、铁、锰、钼、钒、钛、汞、磷、铜、钨、锑、锡、铬、铅锌、铝土、镍、稀土、银、金、菱镁、普通萤石、硫铁、钾、盐、芒硝、重晶石、石墨、玻璃硅原料、滑石、高岭土等。其中钨、锑、稀土、钼、钒、钛的探明储量在世界各国中居首位，煤、铁、铅锌、铜、银、汞、锡、镍、磷灰石、石棉等位居前列。

物　产　有谷物（小麦、稻谷）、棉花、油料（油菜籽、花生、油茶籽、芝麻）、麻类、糖料（甘蔗、甜菜）、大豆、茶叶、烟叶、水果（苹果、柑橘、香蕉、葡萄、西瓜）、大牲畜、肉类（猪、牛、羊肉）、奶类、羊毛（绵羊毛、山羊毛）、水产品（海水产品、淡水产品）等。其中谷物、棉花、花生、油菜籽、水果、肉类产量在世界各国中居首位，大豆、甘蔗、茶叶产量位居前列。还有松脂、中药材、桐油、生丝、漆、灵香草、八角、茴油、肉桂、荔枝、龙眼等特产。

国体政体

国　体　中华人民共和国是工人阶级领导的、以工农联盟为基础的人民民主专政的社会主义国家。社会主义是国家的根本制度。国家的一切权力属于人民，实行人民代表大会制度。

全国人民代表大会　国家的最高权力机关。常设机构是全国人民代表大会常务委员会。全国人民代表大会和全国人民代表大会常务委员会行使国家立法权。

国务院　即中央人民政府，最高权力机关的执行机关，最高国家行政机关。

中央军事委员会　全国武装力量领导机关。实行主席负责制度，对全国人民代表大会及其常务委员会负责。

最高人民法院　国家的最高审判机关。

最高人民检察院　国家的最高检察机关。

中国人民政治协商会议　由各党派、各阶层组成。宪法规定，中国共产党领导的多党合作和政治协商制度将长期存在和发展。

党　派　中国内地有 9 个党派：中国共产党、中国国民党革命委员会、中国民主同盟、中国民主建国会、中国民主促进会、中国农工民主党、中国致公党、九三学社和台湾民主自治同盟。其中，中国共产党是执政党，其他 8 个民主党派是参政党。

国家领导人

国家主席　习近平，2018 年 3 月当选连任。

全国人民代表大会常务委员会委员长　栗战书，2018 年 3 月当选。

国务院总理　李克强，2018 年 3 月连任。

中国人民政治协商会议全国委员会主席　汪洋，2018 年 3 月当选。

中共中央军事委员会主席　习近平，2018 年 3 月当选连任。

行政区划

一级行政区划　中国分为 34 个省、自治区、直辖市和特别行政区。即黑龙江、吉林、辽宁、河北、山西、山东、江苏、浙江、安徽、江西、福建、台湾、河南、湖北、湖南、广东、海南、云南、贵州、四川、陕西、甘肃、青海等 23 个省，广西、西藏、新疆、内蒙古、宁夏等 5 个自治区，北京、天津、上海、重庆等 4 个直辖市，香港、澳门 2 个特别行政区。

主要城市　首都北京市，位于华北平原西北端，周围被河北省和天津市所包围，是中国政治、经济、文化和国际交流中心，综合性产业城市，著名古都，重要航空港。2019 年年末全市常住人口 2153.6 万。其他重要城市有上海、天津、重庆、哈尔滨、长春、沈阳、大连、呼和浩特、太原、石家庄、济南、青岛、南京、苏州、杭州、合肥、福州、厦门、南昌、郑州、武汉、长沙、广州、深圳、南宁、桂林、海口、昆明、贵阳、成都、拉萨、乌鲁木齐、兰州、西安、西宁、银川、香港、澳门、台北、高雄等。

经　济

国内生产总值　2019 年中国国内生产总值 990865 亿元，比上年增长 6.1%。

产　业　第一产业包括农业、林业、畜牧业和渔业。种植业是农业的支柱，主要包括粮食作物种植业和经济作物种植业。粮食种植业主要种植小麦、水稻、玉米、薯类等作物，2019 年粮食产量 66384 万吨，比上年增加 594 万吨，增长 0.9%。经济作物种植业主要种植棉花、油料（花生、油菜、芝麻、油茶）、麻类、糖料（甘蔗、甜菜）、豆类、茶叶、水果等作物。2019 年第一产业增加值 70467 亿元。第二产业包括工业和建筑业。工业门类齐全，主要有矿产采选、金属冶炼及压延加工、金属制品、机械制造、化学原料及制品、医药、纺织及服装制造、家具制造、食品加工和制造等行业。第二产业在国民经济中占主导地位，2019 年第二产业增加值 386165 亿元。第三产业包括地质勘查和水利管理、交通运输仓储邮电通信、批发和零售贸易、金融保险、房地产、社会财务、卫生体育和社会福利、教育文化艺术、广播电影电视、科学研究和综合技术服务等行业。第三产业在国民经济中地位不断上升，2019 年第三产业增加值占国内生产总值的 53.9%。

财　政　2019 年全国一般公共预算收入 190382 亿元，比上年增加 7022 亿元，增长 3.8%。

金　融　主要银行有中国人民银行、中国建设银行、中国工商银行、中国农业银行、中国银行、中国农业发展银行、中国进出口银行、国家开发银行、交通银行、中国光大银行等，其中中国人民银行是国家中央银行。主要保险公司有中国人民财产保险股份有限公司、中国人寿保险股份有限公司、中国太平洋财产保险股份有限公司、中国太平洋人寿保险股份有限公司、中国平安财产保险股份有限公司、中国平安人寿保险股份有限公司、新华人寿保险股份有限公司等。证券交易所有上海证券交易所和深圳证券交易所。货币名称为人民币，单位为元。2019年年末国家外汇储备31079亿美元，比上年末增加352亿美元。年末人民币汇率为1美元兑6.8985元人民币，比上年末贬值4.1%。

进出口贸易　2019年货物进出口总额315505亿元，比上年增长3.4%。其中：出口172342亿元，增长5.0%；进口143162亿元，增长1.6%。货物进出口顺差29180亿元，比上年增加5932亿元。对“一带一路”沿线国家进出口总额92690亿元，比上年增长10.8%。其中：出口52585亿元，增长13.2%；进口40105亿元，增长7.9%。

交通通信

截至2019年年底，全国铁路运营里程12.7万千米，比上年增长2.4%，其中高速铁路运营里程2.5万千米；公路总里程477.35万千米，其中高速公路13.65万千米。全年货物运输总量471亿吨，货物运输周转量199290亿吨千米。旅客运输总量176亿人次，比上年下降1.9%。年末全国民用汽车保有量26150万辆（包括三轮汽车和低速货车762万辆），比上年末增加2122万辆，其中私人汽车保有量22635万辆，增加1905万辆。民用轿车保有量14644万辆，增加1193万辆，其中私人轿车13701万辆，增加1112万辆。

沿海港口主要有大连港、营口港、秦皇岛港、天津新港、烟台港、威海港、连云港、上海港、宁波港、温州港、马尾港、厦门港、汕头港、黄埔港、湛江港、北海港、钦州港、防城港、海口港、香港、基隆港、高雄港等。内河港口主要有宜宾港、重庆港、万州港、宜昌港、武汉港、九江港、芜湖港、南京港、镇江港、张家港、南通港、上海港、广州港、梧州港、贵港等。

主要机场有北京首都机场、北京大兴国际机场、广州花都机场、上海浦东机场、上海虹桥机场、深圳宝安机场、昆明长水机场、成都双流机场、西安咸阳机场、厦门高崎机场、桂林两江机场、重庆江北机场、大连周水子机场、天津滨海机场、杭州萧山机场、青岛流亭机场、南京禄口机场、武汉天河机场、南宁吴圩机场、长沙黄花机场、乌鲁木齐地窝铺机场、拉萨贡嘎机场、香港机场、台北桃园机场等。

2019年年末全国电话用户总数179238万户，其中移动电话用户160134万户。移动电话普及率上升至114.4部/百人。固定互联网宽带接入用户44928万户，比上年末增加4190万户。其中：固定互联网光纤宽带接入用户41740万户，增加4907万户。移动互联网用户接入流量1220亿G，比上年增长71.6%。互联网上网人数7.72亿人，增加4074万人。其中手机上网人数7.53亿人，增加5734万人。互联网普及率达到55.8%，其中农村地区互联网普及率35.4%。

教　育

中国实行9年义务教育制度。现行学制为小学6年；初中3年，高中3年；高等专科教育2～3年，本科教育4～6年。

2019年全国在校学生人数：普通小学10561.2万人，初中4827.1万人，普通高中2414.3万人，中等职业教育1576.5万人，普通高等教育专科、本科3031.5万人，在学研究生286.4万人。著名大学有北京大学、清华大学、复旦大学、浙江大学、南京大学、南开大学、中国科技大学、华中科技大学、上海交通大学、武汉大学、吉林大学、中山大学等。

传　媒

中国官方新闻社为新华社。主要报纸有《人民日报》《光明日报》《解放军报》《中国日报》《参考消息》《经济日报》《中国青年报》《工人日报》《中国文化报》《中国体育报》《中国妇女报》《经济参考报》《中国政协报》《科学时报》《健康报》《中国商报》等。主要电视台有中央电视台、中国教育台等。主要广播电台有中央人民广播电台、中国对外广播电台等。

文化旅游和体育

2019年年末全国文化和旅游系统共有艺术表演团体2072个；有文化馆3325个，公共图书馆3189个，博物馆3410个，档案馆4136个。有线电视实际用户2.12亿户，其中有线数字电视实际用户1.98亿户。年末广播节目综合人口覆盖率99.1%，电视节目综合人口覆盖率99.4%。出版各类报纸315亿份，各类期

中山大学图书馆外景　（百度网）

刊22亿册，图书102亿册(张)。

2019年全年国内游客60.1亿人次，比上年增长8.4%；国内旅游收入5725亿元，增长11.7%。入境游客14531万人次，增长2.9%。国际旅游收入1313亿美元，增长3.3%。国内居民出境16921万人次，增长4.5%。

2019年全国运动员在33个运动大项中获得128个世界冠军，创造16项世界纪录。全国残疾人运动员在53项国际赛事中获得350个世界冠军。

医疗卫生

2019年年末中国有医疗卫生机构101.4万个，其中医院3.4万个；基层医疗卫生机构96.0万个，其中乡镇卫生院3.6万个，社区卫生服务中心(站)3.5万个，门诊部(所)26.7万个，村卫生室62.1万个；专业公共卫生机构1.7万个，其中疾病预防控制中心3456个，卫生监督所(中心)3106个。全国有卫生技术人员1010万人，其中执业医师和执业助理医师382万人，注册护士443万人。医疗卫生机构床位892万张，其中医院697万张，乡镇卫生院138万张。全国参加基本医疗保险人数135436万人，比上年增加978万人。其中：参加职工基本医疗保险人数32926万人，增加1245万人；参加城乡居民基本医疗保险人数102510万人，全年资助7782万人参加基本医疗保险。

科　技

中国主要科学研究机构有中国科学院和中国社会科学院。2019年全国研究与试验发展(R&D)经费支出21737亿元，比上年增长10.5%，与国内生产总值之比为2.19%，其中基础研究经费1209亿元。国家科技重大专项共安排234个课题，国家自然科学基金共资助45192个项目。截至年底，正在运行的国家重点实验室515个，国家工程研究中心133个，国家工程实验室217个，国家企业技术中心1540个。国家级科技企业孵化器1177家，国家备案众创空间1888个。全年受理境内外专利申请438.0万件，授予专利权259.2万件；PCT专利申请6.1万件。截至年底，有效专利972.2万件，其中境内有效发明专利186.2万件，每万人口发明专利拥有量13.3件。

2019年年末全国共有国家质检中心835个。有产品质量、体系认证机构596个，累计完成对72万家企业的产品认证。全年制定、修订国家标准2021项，其中新制定1448项。

历　史

中国是世界文明古国，有5000年文字记载的历史。

原始社会晚期，中原一带出现部落，其中黄河流域以黄帝、炎帝和蚩尤为首的3个部落比较强大。后来华夏民族尊黄帝和炎帝为共同祖先。

公元前2070年，夏王朝建立，是中国奴隶社会的开端。

公元前1600年左右，商王朝取代夏王朝。商代，青铜冶炼和青铜器铸造技术水平较高，还出现甲骨文。

公元前1046年，周王朝取代商王朝。自此到公元前476年，中国经历了西周(公元前1046年至公元前771年)、春秋(公元前770年至公元前476年)两个时期。

公元前475年，进入战国时期，封建社会逐步确立。此时诸侯争霸，社会不安；在思想领域出现百家争鸣的繁荣局面，形成儒、法、道、墨、名、农、杂等以后长期影响中国社会的学派。

公元前221年，秦始皇嬴政统一中原，建立秦王朝。后又统一西南、东南地区，形成统一的多民族的中央集权国家。秦始皇实行统一文字和度量衡等措施，对后世影响极大。

公元前206年，刘邦建立汉王朝取代秦王朝。汉代社会经济发展较快，科学文化事业繁荣，特别是汉武帝时进入鼎盛阶段，所开辟通往西域的丝绸之路，促进了中西经济文化交流。

公元220—589年，历经三国、两晋和十六国、南北朝3个时期。这3个时期的特点是国家分裂和中华民族大融合。

581年，隋王朝建立。当时，大运河凿通，促进了南北交通和经济文化交流；设立六部官制，实行科举考试制度，对此后中国政治、教育产生深远影响。

618年，唐王朝取代隋王朝。唐代经济社会全面发展。商业繁荣，形成长安、扬州、广州等商业中心。文化发达，出现李白、杜甫等一批伟大诗人。科学进步，发明火药、雕版印刷术、天文钟等，对世界文化和科学技术的发展有卓越贡献。

907年，唐王朝灭亡，中国出现封建割据局面，从907到960年，史称五代十国时期。

960年，宋王朝建立。宋代(分北宋、南宋两个时期)，农业和工业技术都有所发展，尤其是造船技术和指南针的发明与应用，促进了海外贸易事业的繁荣。同时，中国北方先后建立辽、金、西夏、元等政权。

1279年，统一了北方的元消灭南宋，统一中国。元代，经济、文化继续发展。当时实行的行省制度一直沿袭至今。

1368年，明王朝建立。明代，江南出现资本主义萌芽，朝廷派郑和率船队七下西洋，西方传教士开始进入中国传教并传播西方科学技术。

1644年，清王朝取代明王朝。清代前期，国家强盛，经济、文化、科学技术发展；后期，朝廷腐败，国力衰弱。

1840年，英国发动侵略中国的鸦片战争，清王朝屈服，中国开始沦为半封建半殖民地社会。

1911年，辛亥革命爆发，清王朝被推翻。1912年，中华民国建立。

1921 年,中国共产党在上海成立。中国共产党领导中国人民开展土地革命战争、抗日战争和解放战争,推翻压在中国人民头上的“三座大山”,取得新民主主义革命的胜利。1949 年 10 月 1 日,中华人民共和国建立。

中华人民共和国建立后,历经清匪反霸,土地改革,抗美援朝,镇压反革命,“三反”“五反”,农业、手工业和资本主义工商业的社会主义改造,“大跃进”,人民公社化,社会主义教育(“四清”),“文化大革命”等运动。1978 年中共十一届三中全会后,实行改革开放,致力于经济建设,经济快速发展,国力不断加强,社会稳定,人民生活水平不断提高。2017 年 10 月召开的中国共产党第十九次全国代表大会郑重宣示:经过长期努力,中国特色社会主义进入了新时代,这是中国发展新的历史方位。 (黄婕)

文　莱

国　名

文莱达鲁萨兰国(Negara Brunei Darussalam),简称文莱。

国　旗

文莱国旗呈横长方形,长宽比为2∶1。由黄、白、黑、红四色组成。黄色的旗地上横斜着黑、白宽条。黄色是该国传统颜色,代表苏丹至高无上,黑、白斜条是纪念两位有功的亲王。国旗中央绘有国徽。国徽呈红色,一弯新月环抱着一根棕榈树干,其上为展开的双翼,双翼之上为一顶华盖和一面旗帜,象征文莱信奉伊斯兰教和苏丹至高无上。在新月中央用马来文写着“遵照真主的旨意行事”。中心图案两侧有两只手臂,表示人民向真主祈求,人民对苏丹和政府的拥护。国徽底部的饰带上写着“和平之邦——文莱”。

地　理

位　置　文莱位于亚洲东南部的加里曼丹岛(旧称婆罗洲)的西北部。地处北纬 4°2′~5°3′、东经 114°4′~115°22′之间。北面濒临南中国海和文莱湾。

面　积　陆地面积 5765 平方千米。

疆界和邻国　东、南、西三面与马来西亚的沙捞越州接壤,并被沙捞越州的林梦分隔为不相连的东、西两部分。北面隔海与菲律宾、中国和越南相望。

地形地貌　陆地海拔在 300~500 米之间,地势东高西低。北部是平原,南部是丘陵,东部多为沼泽地,西部沿海为狭长平原。东南部与马来西亚沙捞越交界的阿干山海拔 1808 米,为全国最高峰。

江　河　主要河流有马来奕河、都东河、淡布隆河和文莱河。这些河流发源于南部山区,由南向北流入大海。马来奕河为全国最大河流,全长 32 千米。

海岸海岛　海岸线长约 161 千米。有 33 个岛屿,总面积 79.39 平方千米。大部分岛屿分布在文莱河下游或河口地区。靠近海边的地带是遍布红树林的淡水沼泽,约占陆地总面积的 10%。近海海底平缓,海水较浅,海面平静,素有“少女海”之称。

气　候　属热带雨林气候区。终年炎热多雨,没有明显的干旱季节。各地年平均降雨量在 2500 毫米以上。年平均气温 28℃,各月温差不大。空气湿度较大,达到 67%~91%。

风景名胜　首都斯里巴加湾市有历史悠久的水村——Kam Pong Ayer,东南亚最堂皇的清真寺——奥玛尔·阿里赛夫丁和苏丹文物纪念馆、文莱博物馆、苏丹皇宫、水晶公园等,马来奕区有陆上油井石油生产纪念碑和其他与石油生产有关的景观。

国　民

人　口　据文莱政府提供的数据,2019 年,文莱人口 42.9 万,常住人口 45.95 万,男姓占总人口比重 51.96%,余为女性。69.3% 的人口居住在文莱—摩阿拉区,16.6% 在马来奕区,11.7% 在都东区,2.5% 在淡布隆区。

民　族　主要民族有 20 个。2019 年,马来人(七大土著合称,包括文莱马来人、都东人、克达岩人、马来奕人、比沙雅人、姆鲁人和杜顺人)占总人口的 65.7%,华人约占 10.3%,其他种族约占 24%。

语　言　马来语为国语。英语使用广泛。华语主要在华人中使用(多数讲闽南话,少数讲粤语)。

宗　教　宪法规定伊斯兰教为国教。大部分居民信奉伊斯兰教,少数信奉佛教、基督教、道教等。

资源物产

文莱的矿产资源主要有石油和天然气。据文莱政府 2019 年公布的数据,石油蕴藏量 11 亿桶,天然气储量约 3900 亿立方米,是东南亚第三大产油国和世界第四大液化天然气生产国,产油量在东南亚仅次于印度尼西亚和马来西亚。除陆地油田外,还有 7 个海上油田,90% 石油和全部天然气出自海上油田。探明储量较大、具有经济价值的矿产资源还有金、煤、汞、锑、铅、矾土和硅。

耕地面积占国土面积的5%，土壤较贫瘠。主要农产品有稻谷、咖啡、橡胶、椰子、西谷米、胡椒、甘蔗、花生、玉米、日罗东胶（口香糖的主要原料）、蔬菜、香蕉、菠萝等。森林面积46.9万公顷，有11个森林保护区，总面积2355平方千米，占陆地面积的41%，多数森林保护区为原始森林。植物资源丰富，其中以木本植物居多，有5000多种。领海有丰富的海洋生物资源，主要河流盛产鱼、虾等水产品。陆栖野生动物有象、犀牛、野牛、猿、猴、野猪、鹿、鳄鱼、巨蟒、眼镜蛇、狐蝠、松鼠、蜥蜴、犀鸟、雨燕等。

国体政体

国　体　文莱是伊斯兰教绝对君主制国家。君主（苏丹）拥有行政、立法、司法全部权力，同时也是宗教领袖。设宗教、枢密、内阁、立法、世袭等5个委员会协助苏丹理政。

议　会　称立法委员会。1962年曾举行选举。1970年取消选举，议员改由苏丹任命。1984年2月，苏丹宣布终止立法会，法律以苏丹圣训方式颁布。2004年7月，苏丹宣布重开立法会；9月，立法会恢复运作，由议长卡马鲁丁和21名议员（其中当然议员6人，高官议员5人，委任议员10人）组成，均由苏丹任命。2005年9月，苏丹解散立法会，重新任命30名新议员，卡马鲁丁仍为议长。2015年2月11日，苏丹任命拉赫曼为文莱立法会新议长。

政　府　本届政府于2015年10月和2018年1月由苏丹宣布改组。设首相署，国防部，财政部，外交与贸易部，司法部，教育部，交通部，宗教事务部，文化、青年和体育部，内政部，发展部，卫生部，首相署能源部，工业与初级资源部等机构。苏丹兼任首相、国防部部长、财政部部长及外交与贸易部部长。

司　法　司法体制以英国习惯法为基础。一般刑事案件在推事庭或中级法院审理，较严重的案件由高级法院审理，文莱民事案件最终可上诉至英国枢密院。最高法院由上诉法院和高级法院组成，中央设有司法会议，其主要职能是代表苏丹执行司法权力，各级法院的法官都由苏丹任命。审判机关实行审判独立原则，由最高法院、高等法院、上诉法院及地方法院组成。另设宗教法院，负责审理有关伊斯兰教的案件。

党　派　1985年5月30日，文莱苏丹宣布允许政党注册，随后出现文莱国家民主党和文莱国家团结党。1988年文莱政府取缔国家民主党，现仅存文莱国家团结党；另有国民觉醒党和国民进步党两个党派，均不参政。

国家元首和政府首脑

文莱国家元首是苏丹·哈吉·哈桑纳尔·博尔基亚·穆伊扎丁·瓦达乌拉，1967年10月5日继位。兼任首相、国防部部长、财政部部长、外交与贸易部部长、皇家武装部队最高统帅、五星级上将和皇家警察部队总督察。

行政区划

一级行政区划　文莱行政建置分区、乡和村三级。全国划分为文莱—摩阿拉（Brunei—moara）、马来奕（Belaif）、都东（Totong）、淡布隆（Temborong）等4个区。区长和乡长由政府任命，村长由村民民主选举产生。

主要城市　首都斯里巴加湾市，位于文莱—摩阿拉区文莱河畔，是文莱的政治、经济、文化、交通中心，面积100.36平方千米，人口约14万（2018年），从17世纪起即为文莱首都，曾被列为亚洲十佳生活城市之一。其他重要城市有马来奕、诗里亚、都东和邦加。

经　济

国内生产总值　2019年，文莱国内生产总值190.98亿文莱元（约合140.43亿美元），人均国内生产总值39989文莱元，折合31622.2美元。

产　业　主要产业是石油和天然气开采业，2019年，石油和天然气开采业增加值约占国内生产总值的55.7%和财政收入的90%，出口额占出口总额的95%。日均原油产量12.1万桶，天然气日产量3600万立方米。文莱实行经济多元化战略，以减少对油气产业的依赖，2019年，继续重点发展非油气产业和中小微企业，实施重工业和轻工业、制造业、科技、电子、运输通信、餐饮业、旅游业、游乐设施、社会福利等9大项目。截至2013年3月31日，全国有中小企业5486家。其中：中型企业1787家，占33%；小型企业3560家，占65%。农业基础薄弱，农业产值仅占国民生产总值的0.5%，国内稻米自给率不足3%。

文莱首都斯里巴加湾市一景　（百度网）

财　政　财政收入主要依赖石油和天然气出口及公司税与政府财政收益(即政府在国内和国外投资所获得的收益),这两项财源历年均占财政总收入的96%以上。财政支出主要有固定支出、一般性项目支出、开发基金3项。2019/2020财年(2019年4月1日至2020年3月31日)财政预算收入43.68亿文莱元,支出58.6亿文莱元,财年赤字14.92亿文莱元。财政收入中来自石油和天然气部门31.8亿文莱元,非能源部门11.8亿文莱元。

金　融　不设国家中央银行,在财政部设货币局和金融局负责金融管理。全国有8家银行、5家金融公司、26家保险公司和1家证券交易公司(2006年)。货币名称为文莱元,与新加坡元实行1:1汇率挂钩。2017年12月,文莱元与美元平均汇率为1文莱元兑0.7423美元。至2019年12月,外汇储备300亿美元。

进出口贸易　2019年前3个季度,进出口贸易总额106.9亿文莱元。其中,出口额66.12亿文莱元(约合47.61亿美元),进口额40.78亿文莱元(约合29.36亿美元)。主要出口原油、石油产品和液化天然气,进口机器、运输设备、食物、药品等。主要贸易对象是日本、英国、新加坡、泰国、马来西亚和美国。

对外投资　长期以来,文莱依靠出口石油和天然气积累大量外汇,逐年增加对外直接投资。至2004年年底,文莱在海外的直接投资累计达到500亿美元,年盈利约20亿美元。2015年文莱对外直接投资0.6亿美元。至2017年吸引外资61.62亿美元。

交通通信

公路交通　至2017年,文莱公路总长3674.2千米。有注册车辆14.82万辆(2015年)。

水　运　水运是重要的运输方式。文莱有6个港口,分别是摩阿拉深水港、斯里巴加湾港、马来奕港、诗里亚港、丹戎沙利隆港等,主要供外运石油和液化天然气使用。各港口与新加坡、马来西亚、中国香港、泰国、菲律宾、印度尼西亚和中国台湾有定期货运航班。2015年,有各类注册船舶273艘,各港口共装卸货物101.8万吨。2017年,文莱港口集装箱吞吐量187.2万标准箱。

民用航空　首都斯里巴加湾市有国际机场。2017年,文莱皇家航空公司拥有10架客机,开辟有26条国际航线。2016年,航空客运量115万人次,货运周转量11514.7万吨千米。

电　信　邮电通信业比较发达。建有卫星地面站3个,拥有全国性的数字交换网络。2011年,固定电话用户7.98万户,2016年移动电话用户44.32万户,互联网用户30.6万户,全国设有6个邮政局和1个邮电代理处。

教　育

文莱实行免费教育,国民享有11年(小学至高中)免费教育待遇。政府还资助出国留学。大多数学校由政府设立,另有少数教会学校和私立学校。文莱实行马来文和英文双语教育政策。2015年,有各级各类学校254所,其中,公立学校176所,私立学校78所,幼儿园、小学及普通中学235所,技术和职业专科学校12所,大学(含大专院校)7所。在校学生113987人。各级各类学校有教师10979人。全国9岁以上人口识字率女性为97.4%,男性为98.6%。

教育制度主要按英国模式建立,并使用英国的教学大纲进行教学。小学学制6年,初级中学3年,中级中学2年,高级中学或大学预科2年。只有修完13年学业的青年,才有资格进入高等学校继续深造。

传　媒

文莱新闻社是官方新闻机构,创建于1959年。主要报纸:《婆罗洲公报》,日报(英文、马来文),创办于1953年,日发行量7万份;《文莱灯塔》,周报(马来文),创办于1956年,由政府的文化、青年和体育部新闻局主办,每周三出版,期发行量4.5万份;《文莱时报》,2006年7月1日创刊;马来西亚中文日报《美里日报》《诗华日报》《国际时报》和《星洲日报》设有文莱新闻版,在文莱发行。

文莱广播电视台由政府主办,创建于1957年5月,是全国唯一的广播电视台。文莱电台拥有两个广播网,一个用马来语和方言广播,一个用英语、华语和廓尔喀语广播,每天播音超过30小时。电视台从1975年起开设彩色电视频道,播放马来语和英语节目。

医疗卫生

文莱国家财政每年拨出巨额资金用于医疗卫生事业,占国家每年预算8.32%,占GDP的2.22%,人均支出约830文莱元,公民享受免费医疗保健服务。医疗体系分为三级:卫生诊所、卫生中心和医院。全国有12所医院,46个医疗中心和诊所,共有1134张病床。医疗机构有医生393人,牙医81人,药剂师42人,护士1915人。2020年,人口平均寿命为76.7岁,其中,女性79.19岁,男性76.7岁。

科　技

文莱科技薄弱,约有科技人员7000名(2008年)。由于科技人才有限,国内没有独立的研究机构,主要是通过与发达国家合作研究取得科技成果。

历　史

文莱建国于公元4世纪,有着悠久的历史。

从4世纪到9世纪,为独立王国时期,历400余年。这一时期,文莱国土辽阔,国力强盛,物产丰富,民众殷实。与中国的封建王朝常有往来,中国史籍称其为"婆罗国"或"浡泥"。

从9世纪中叶到10世纪后期，为室利佛逝王朝占领时期，约150年。文莱经济和社会遭到严重破坏，对外交往受到影响。

从10世纪到14世纪30年代，为恢复时期，有300多年。当时的文莱幅员宽广，人口众多，重视商业，崇尚佛教，国际贸易和交往频繁。

从14世纪中叶到15世纪初，为麻诺巴歇（又译满者伯夷）帝国占领时期，50年左右。这一时期，文莱丧失大部分领土，成为麻诺巴歇的附属国。

15世纪初，文莱国王遐旺·阿拉克·贝塔塔尔投向马来半岛南端信奉伊斯兰教的满剌加国；1414年，他娶满剌加国苏丹的女儿为妻，被该国苏丹授予穆罕默德称号，因而皈依伊斯兰教，并将文莱改为苏丹国，从而成为文莱的第一世苏丹。以后的文莱君主都使用"苏丹"这一头衔。伊斯兰教从此传入文莱。

从15世纪末到17世纪初，即第五世苏丹博尔基亚到第九世苏丹哈桑在位的100多年，文莱国力强盛，成为当时东南亚较有影响的国家。

17世纪后半期，文莱苏丹国开始进入长期衰弱时期，相继被葡萄牙、西班牙、荷兰、英国侵占，文莱苏丹对边远地区的统治名存实亡。

1847年5月，英国迫使文莱签订不平等的《英国和文莱友好通商条约》，文莱由一个独立的主权国家沦为受英国支配的半殖民地。

1888年9月，文莱沦为英国的保护国。

1941年12月至1945年6月，文莱被日本占领。

1946年，英国恢复对文莱的控制。1959年，英国同意文莱自治。

1984年1月1日，英国放弃其掌管的文莱外交和国防权力，文莱完全独立。

1984年1月7日，文莱加入东南亚国家联盟。

1993年12月9日，文莱加入关贸总协定。

1994年4月15日，文莱成为世界贸易组织成员方。

文莱独立以后，政治社会稳定，经济持续发展，人民生活富裕。截至2019年，文莱与170个国家建交，共设立对外派驻机构（使馆、高级专署和总领馆）44个。　　（马金案）

柬　埔　寨

国　名

柬埔寨王国（The Kingdom of Cambodia），简称柬埔寨。

国　旗

柬埔寨国旗呈长方形，长宽比为3∶2。由3个平行的横长方形相连构成，中间是红色宽面，上下均为蓝色长条。红色象征吉祥和喜庆，蓝色象征光明和自由。红色宽面中间有白底深红线条构绘的吴哥图案；吴哥是著名的婆罗门教建筑，象征柬埔寨悠久的历史和古老的文化。

地　理

位　置　柬埔寨位于中南半岛南部。地处北纬10°20′～14°32′、东经102°18′～107°37′之间。西南濒临暹罗湾。

面　积　陆地面积18.10万平方千米。

疆界和邻国　东部、东南部与越南接壤，东部和东北部与老挝相邻，西北部与泰国交界。陆地边界线长约2050千米。

地形地貌　东、北、西三面地势高，中部和南部低缓。东部、北部、西部为高原，山地环绕。中部和南部是湄公河及其支流的冲积平原。平原、高原、山地分别占陆地面积的46%、29%和25%。西南地区的豆蔻山山脉有全国最高峰奥拉山，海拔1813米。

江河湖泊　河流纵横密布。东南亚最大河流湄公河在境内流长约500千米，接纳境内绝大多数河流。连接洞里萨湖的洞里萨河是第二大河流，长155千米。洞里萨湖（又称大湖、金边湖）是中南半岛第一大湖，也是东南亚地区最大的天然淡水湖，湖面在旱季时约2500平方千米，雨季时约1万平方千米。

海岸海岛　海岸线长约460千米，岸线曲折、多岬角。沿海有不少岛屿和海港。

气　候　属热带季风气候区。各地年平均降雨量在1000～1800毫米之间，年平均气温27℃。每年5—11月是雨季，降雨量约占全年的80%以上；12月至次年4月是旱季，旱季又分凉、热两季。

名胜古迹　首都金边市有王城、塔仔山、国家博物馆等。暹粒市有列入世界文化遗产名录的吴哥古迹群。西哈努克市是著名的旅游、避暑胜地。

国　民

人　口　2019年柬埔寨人口约1652.26万。人口密度91.3人/平方千米。城市人口372.26万，农村人口1280万。

民　族　有20多个民族。高棉族人口最多,约占总人口的85%。人口较多的民族还有华族、占族、普农族、老族、泰族、马来族、斯丁族、越族等。

语　言　高棉语是柬埔寨的官方语言。

宗　教　小乘佛教是国教。高棉族人绝大部分信奉小乘佛教。占族人大多数信奉伊斯兰教。

资源物产

柬埔寨矿产资源主要有金、磷酸盐、宝石和石油。土地肥沃,盛产稻谷、橡胶、胡椒、糖棕、腰果、烟草及各种热带水果。橡胶是主要出口产品。所产林木200余种,柚木、铁木、紫檀、黑檀、白卯、观丹木等热带林木较为有名。渔业资源丰富,洞里萨湖是东南亚最大的天然淡水渔场。西南沿海渔场经济鱼类也较多。近年来,因生态环境失衡和过度捕捞,水产资源减少。

国体政体

国　体　柬埔寨是君主立宪制国家。实行民主多党制。立法、行政、司法三权分立。国王是终身国家元首、国家军队最高司令、国家统一和延续的象征,有权宣布大赦,根据首相的提议并征得国民议会主席同意后宣布解散国民议会。

议　会　由国民议会和参议院组成。国民议会是国家最高权力机关和立法机关,每届任期5年。2018年7月29日,柬埔寨举行第六届国民议会选举。8月15日,柬埔寨国家选举委员会宣布,柬埔寨第六届国会的全部125个议席由柬埔寨人民党独获。8月17日,柬埔寨国王诺罗敦·西哈莫尼签发《王令》,委任洪森为柬埔寨新一届王国政府首相。9月15日,新一届国会召开首次会议,会议由韩桑林主持,会上宣读柬埔寨第六届国会125名当选议员名单及审批新一届国会章程,至此,柬埔寨新一届国会正式成立。参议院是国家立法机关,有权审议国会通过的法案,每届任期6年。2018年2月25日,柬埔寨举行第四届参议院选举,柬埔寨人民党获得62个议席中的58席,其余4席中的2席由国王委任,2席由国会委任。4月23日,柬埔寨举行第四届参议院首次会议,赛冲蝉联参议院议长,这标志着柬埔寨新一届参议院正式成立。

政　府　设有首相府、农业部、商业部、工业部、文化部、内政部、国防部、教育部、外交部、财经部、计划部、旅游部等28个部和1个国务秘书处。本届政府于2018年9月6日成立。

司　法　法院为司法机关,分初级法院、中级法院和最高法院三级。各级法院设检察官,行使检察职能。

党　派　主要为柬埔寨人民党。2018年大选时有19个政党参选。

国家元首和政府首脑

国　王　诺罗敦·西哈莫尼,2004年10月29日登基。

首　相　洪森,2018年8月17日连任。

行政区划

一级行政区划　柬埔寨从2014年起分为24个省和1个直辖市。各省分别是:马德望省、贡布省、干丹省、磅湛省、磅清扬省、磅士卑省、磅同省、桔井省、波罗勉省、班迭棉芷省、暹粒省、上丁省、茶胶省、柴桢省、蒙多基里省、柏威夏省、国公省、奥多棉芷省、菩萨省、腊塔纳基里、西哈努克省、白马省、拜林省和特本克蒙省。直辖市为金边。

主要城市　首都金边市,位于柬埔寨南部,湄公河西岸,面积290平方千米,人口200万,是全国政治、经济、文化中心。其他重要城市有暹粒、西哈努克、白马、马德望等。

经　济

国内生产总值　2019年柬埔寨国内生产总值1082980亿瑞尔,约合267.14亿美元,比上年增长7.1%;人均国内生产总值1674美元,增长8.67%。

产　业　2019年柬埔寨农林渔牧业增长1%,主要农产品有稻米、橡胶、玉米、木薯等;工业增长11%,主要行业是出口导向的成衣服装业及建筑业;服务业增长6.7%,旅游相关产业为主导产业。

财　政　2019年预算执行收入210808亿瑞尔,约合52亿美元,比上年减少10.03%,占国内生产总值的19.2%;预算执行支出271618亿瑞尔,约合67亿美元,增长11.4%,占国内生产总值的24.73%;财政赤字60810亿瑞尔,约合15亿美元,占国内生产总值的5.54%。

金　融　柬埔寨货币名称为瑞尔。2019年瑞尔与美元的汇率继续保持稳定,年平均汇率为4054:1。年末官方外汇储备180亿美元,比上年增长80%。通货膨胀率为2.3%。

进出口贸易　2019年柬埔寨进出口贸易总额367.2亿美元,比上年增长46.9%。其中:出口145.3亿美元,增长29.5%;进口221.9亿美元,增长61.1%。主要出口产品为服装、鞋类、大米、橡胶和木薯、电器零件、脚踏车、鱼产品、胡椒等。主要进口产品为服装原材料、建材、汽车、燃油、机械、食品、饮料、药品和化妆品等。主要贸易伙伴为美国、欧盟、中国、日本、英国、韩国、泰国、越南和马来西亚等。2019年中柬双边贸易额为94.2亿美元,比上年增长27.5%。其中:柬埔寨向中国大陆出口14.4亿美元,增长4.3%;自中国大陆进口79.8亿美元,增长32.8%。

投　资　2019年，外国投资35亿美元，排名首位的外资来源国是中国，占外国投资总额的43%。

交通通信

铁路交通　柬埔寨有南北两条单线米轨铁路，总长约649千米。一条为南线，从金边市往西南，经过茶胶省、贡不省到西哈努克港，全长264千米，建于1960年。金边市—西哈努克港的铁路运输服务在停运10多年后于2016年4月30日恢复客运。另一条是北线，由金边市经磅清扬省、菩萨省、马德望省、班迭棉芷省通往西北柬泰边境的波贝，与泰国铁路连接，全长385千米，建于1931年。

公路交通　截至2016年底，柬埔寨已建成道路56.26万千米，其中国道、省道1.5万千米，农村公路4.35万千米，无高速公路。公路网以首都金边为中心向四面辐射。通往柬越边界的国道为1号、2号、3号、8号、21号、72号、74号和78号，通往泰国的国道为5号、48号、57号、62号、67号和68号，通往老挝的国道为7号，4号公路通往西哈努克港。公路网上有14座跨河及跨海大桥。全国拥有汽车30多万辆。

水　运　以湄公河、洞里萨湖的航运为主。流经金边的湄公河，向北可通航老挝、泰国，向南经越南出海。有西哈努克港、金边港两个国际港口。西哈努克港是主要对外海港，可以停靠万吨级远洋货轮。金边港是最大的内河港口。2018年，西哈努克港货物吞吐量达520万吨，总收入6887.5万美元。金边港货物吞吐量290万吨，总收入1967万美元。

民用航空　柬埔寨有5家国内航空公司和44家国际航空公司。主要民用机场有金边国际机场（原名波成东机场）、吴哥国际机场（原名暹粒机场）和西哈努克港国际机场。此外，马德望省、腊塔那基里省、蒙多基里省、上丁省和国公省也建有简易机场。2019年1—11月航空客运量1060万人次。

电　信　通信企业共铺设37441千米陆路光缆连接越南、老挝和泰国。其中，柬埔寨通信公司铺设2410千米，柬埔寨光纤通信网络公司铺设13031千米，VIETTEL公司铺设22000千米。至2019年年底，全国手机用户2207万户，手机通讯覆盖100%的城市，移动互联网用户多达1675万户。4G/LTE移动通信技术覆盖全国25个省市的60%地区。

教　育

2017年柬埔寨有学校14000余所，其中幼儿园4632所，小学7621所，初中1303所，高中633所。另有121个高等教育机构，其中国立高等教育机构44所，私营高等教育机构73所。从幼儿园至高中的学生人数为334.63万人（女生165.20万人，占49.37%）。全国5岁儿童入学率69.7%。小学学龄儿童入学率97.8%（女童入学率98.1%）。高等院校学生20.74万人，其中女生9.42万人，占44.43%。全国有11.94万名教师，其中女教师5.43万人。

传　媒

柬埔寨约有274种报纸，27种刊物，74种杂志。发行量较大的报纸有：《柬埔寨之光报》（柬文，日报），《人民报》（人民党党报，柬文），《和平岛报》（柬文，日报），《金边邮报》（英文，双周报），《柬埔寨时报》（英文、柬文，周报）等。影响较大的中文报纸有《华商日报》《柬华日报》和《星洲日报》。

柬新社（AKP）为官方通讯社，成立于1980年。全国有10家电视台，28家电台，其中FM96台属国家广播电台，每天播音19小时。国家电视台（TVK）建于1984年，以播出柬语节目为主。

医疗卫生

自20世纪80年代以来，柬埔寨政府采取措施逐步建立医疗体系，城镇医疗条件略有改善。各类流行疾病的防治工作，尤其是艾滋病和疟疾的防治工作均取得成效。

历　史

柬埔寨是历史悠久的文明古国。始建于公元1世纪。在古代，历经扶南、真腊两个时期，其中9世纪至15世纪初叶的吴哥王朝国力强盛，创造了举世闻名的吴哥文明。从16世纪末叶开始，真腊走向衰落。至18世纪末，基本处于强邻暹罗的控制之下，成为暹罗的属国。

1863年8月，法国采取炮舰政策，强迫柬埔寨签订不平等的《法柬条约》，柬埔寨沦为法国的保护国。

柬埔寨西哈努克港国际机场　（百度网）

1884 年 6 月,法国以逼宫方式获得柬埔寨的全部政治权利,柬埔寨沦为法国的殖民地。1940—1945 年,柬埔寨被日本占领。日本战败后,法国重新控制柬埔寨。

1953 年 11 月 9 日,柬埔寨获得独立。独立后的柬埔寨奉行积极的中立政策,经济发展迅速,成为当时东南亚较富庶的国家。

1970 年 3 月 18 日,朗诺—施里玛达集团在美国支持下发动政变,推翻西哈努克亲王领导的王国政府,建立高棉共和国。同年 3 月 23 日,西哈努克亲王在中国北京宣布成立柬埔寨民族统一阵线;5 月 5 日,成立以宾努亲王为首相、乔森潘为副首相的柬埔寨王国民族团结政府,致力于打倒朗诺政权。1975 年 4 月 17 日,红色高棉攻占金边,高棉共和国垮台。

1976 年 1 月,柬埔寨王国民族团结政府颁布新宪法,改国名为民主柬埔寨。民主柬埔寨政府大力推行合作社,取消货币,禁止商品交换,在对外事务方面也执行一系列不适合国情的路线、政策。

1978 年 12 月 25 日,越南出兵柬埔寨,扶持以韩桑林为首的金边政权。1982 年 7 月,西哈努克亲王、乔森潘、宋双三派抵抗力量实现联合,组成民主柬埔寨联合政府。柬埔寨境内出现两个政权并立的局面。

1990 年 9 月,柬埔寨抵抗力量三方同金边政权的代表在印度尼西亚雅加达会晤,宣布组成柬埔寨全国最高委员会。1991 年 10 月 23 日,柬埔寨问题国际会议在法国巴黎举行,与会各方签署《柬埔寨冲突全面政治解决协定》。1993 年 5 月 23—28 日,柬埔寨在联合国的监督下举行制宪会议大选。大选后,组成柬埔寨王国联合政府,恢复柬埔寨国名、国旗和国歌,恢复君主立宪制度,建立民主多党的政治制度和开放的市场经济制度,诺罗敦·西哈努克重新登上王位。

2004 年 10 月 29 日,诺罗敦·西哈莫尼登基,接替诺罗敦·西哈努克成为柬埔寨国王。（梁薇）

印度尼西亚

国　名

印度尼西亚共和国(The Republic of Indonesia),简称印度尼西亚或印尼。素有万岛之国、千岛之国、水中岛国、赤道翡翠、火山之国等别称。

国　旗

印度尼西亚国旗旗面由上红下白两个相等的横长方形构成,长宽比为3∶2。红色象征勇敢和正义,还象征印度尼西亚独立以后的繁荣昌盛;白色象征自由、公正、纯洁,还表达印度尼西亚人民反对侵略、爱好和平的美好愿望。

地　理

位　置　印度尼西亚位于亚洲东南部。国土横跨赤道。地处北纬 6°至南纬 11°、东经 141°～95°之间。

面　积　陆地国土面积 191.36 万平方千米,居东南亚各国首位。

疆界和邻国　疆域辽阔,东西跨度 5300 千米,南北跨度 2100 千米。与其接壤的国家有巴布亚新几内亚、东帝汶、马来西亚,陆地边界线总长 2830 千米。隔海相望的国家有澳大利亚、新加坡、泰国、中国、菲律宾等。

地形地貌　国土由 17508 个岛屿组成。岛屿较为分散,主要有加里曼丹岛、苏门答腊岛、伊里安岛、苏拉威西岛和爪哇岛。各岛内多崎岖山地和丘陵,沿海有狭长的平原和沼泽,并有浅海和珊瑚礁环绕。加里曼丹岛,山地从中部向四面伸展,沿海平原广阔,南部多沼泽。苏门答腊岛,山脉自西北向东南斜贯,山脉东北侧为丘陵和较宽阔的沿海冲积平原,平原东部多沼泽。苏拉威西岛,大多为山地,沿海有狭窄平原。爪哇岛,北部是平原,南部是熔岩高原和山地,山间有宽广的盆地。伊里安岛,西部高山横亘,有全国最高峰查亚峰,海拔 5030 米;南部平原较宽广。由于地处亚欧大陆与太平洋板块的接触带,火山活跃,地震频繁。境内有火山 400 多座,其中活火山 120 多座,约占世界活火山总数的 1/6。爪哇岛火山最多,地震最为频繁。

江河湖泊　河流众多,水量丰沛,但都比较短小。较大的河流有爪哇岛的梭罗河和加里曼丹岛的巴里托河、卡普阿斯河、马哈坎河,其中卡普阿斯河全长 998 千米。较大的湖泊有多巴湖、马宁焦湖、车卡拉湖、坦佩湖、托武帝湖、帕尼艾湖等,其中苏门答腊岛的多巴湖为全国第一大湖。

海岸海岛　海岸线约 8.1 万千米。岛屿之间构成许多海峡与内海,主要有巽他海峡、马六甲海峡、龙目海峡和爪哇海、苏拉威西海、弗洛勒斯海、阿拉弗拉海、班达海等。内海中,除爪哇海、阿拉弗拉海为浅海外,其余多为深海,其中班达海最深处达 7000 多米。海中珊瑚礁分布甚广，总面积约 2 万平方千米。主要群岛有大巽他群岛、努沙登加拉群岛（又称小巽他群岛）、马鲁古群岛和伊里安查雅群岛。

气　候　大部分地区属热带雨林气候（努沙登加拉群岛上的平原、谷地属热带草原气候），终年高温多雨，湿度大。年平均气温25℃～27℃，温差很小，无寒暑季节变化。年平均降水量在 2000 毫米以上。爪哇岛是世界上雷雨最多的地区，有“雷都”之称。每年分旱、雨两季，一般4—9 月为旱季，10 月至次年 3 月为雨季，但各地不完全一致。

风景名胜　首都雅加达有雅加达博物馆、印度尼西亚缩影公园、茂物大植物园、查雅安佐尔寻梦公园、拉古南动物园、波格尔植物园、独立纪念碑、独立广场等景区景点。日惹有婆罗浮屠佛塔、普兰班南寺庙群、日惹苏丹王宫、恩藏高原等景区景点。巴厘岛有古打海滩、海神庙、金巴兰海滩、努瓦角海滩、爬行动物公园等景区景点。此外，还有北苏门答腊的多巴湖及湖心岛，西伊里安的查业维查亚山、小班他群岛，爪哇的苏腊卡尔塔、喀拉喀托火山、乌绒库伦自然保护区、三宝垄、巴淡岛等景区景点。

国　民

人　口　2019 年印度尼西亚人口 2.68 亿，较上年增长 1.15%，是世界第四人口大国。人口分布极不均衡，绝大多数居住在 5 个主要岛屿和 30 个较小的群岛上。2019 年印度尼西亚全国人口密度 140.08 人/平方千米。

民　族　有 100 多个民族。人口较多的民族是爪哇族、巽他族、马都拉族和马来族，其中爪哇族、巽他族分别占总人口的 45% 和 14%，马都拉族和马来族各占 7.5%，其他民族占 26%。

语　言　各民族语言有 200 多种。官方语言为印尼语。通用英语。

宗　教　国民中，约 87% 信奉伊斯兰教，是世界上穆斯林人口最多的国家；6.1% 信奉基督教新教；3.6% 信奉天主教；2% 信奉印度教；1% 信奉佛教。

资源物产

印度尼西亚的石油和锡在世界上占有重要地位，是东南亚石油储量和产量最大的国家。石油储量 97 亿桶，已探明的天然气储量为 4.8 万亿～5.1 万亿立方米。非油气资源锡、煤、镍、金、银等矿产产量居世界各国前列。其中：煤炭资源潜在储量 900 亿吨，探明储量 193 亿吨；镍矿资源储量 13 亿吨，探明储量 6 亿吨；铜矿资源储量 6600 万吨，探明储量 4100 万吨；锡矿资源储量 146 万吨，探明储量 46 万吨。

森林面积 1.2 亿公顷，其中永久林区 1.12 亿公顷，可转换林区 80 万公顷。森林覆盖率 67.8%。动植物种类繁多，其中包括苏门答腊虎、象、犀牛、巨蜥、黑猴、人猿、天堂鸟、袋貂、袋鼠、食火鸡、鹦鹉、鹿、倭水牛等珍稀物种。盛产各种香料、热带林木及热带经济作物。胡椒、木棉、金鸡纳霜产量居世界各国首位，天然橡胶、棕榈油产量居世界第二位，丁香、椰子、咖啡等产量居世界前列。加里曼丹和苏门答腊的铁木，努沙登加拉的檀木，爪哇和苏拉威西的乌木、柚木驰名于世。海域、江河、湖泊盛产鱼类、贝类、海参、珍珠等。

国体政体

国　体　印度尼西亚是单一共和制国家。立法、行政、司法三权分立。实行总统内阁制。总统任期 5 年。自 2004 年起，总统和副总统由人民直选产生。总统任命内阁，但需征得国会同意。

人民协商会议　国家最高权力机构。由人民代表会议和地方代表理事会共同组成。负责制定、修改和颁布宪法及国家大政方针，并对总统进行监督。本届人民协商会议于 2019 年 10 月成立，共有议员 711 名，包括 575 名国会议员和 136 名地方代表理事会成员。设主席 1 名，副主席 4 名。

人民代表会议　即国会。国家立法机构。行使除修宪和制定国家大政方针之外的一般立法权。人民代表会议无权解除总统职务，总统也不能宣布解散人民代表会议；但如总统违反宪法，人民代表会议有权建议人民协商会议追究总统责任。本届国会于 2019 年 10 月成立，共有议员 575 名，兼任人民协商会议议员，任期五年。设议长 1 名，副议长 4 名。本届国会共有 9 个派系，即民主斗争党派系（19.33%），大印尼运动党派系（12.57%），专业集团党派系（12.31%），民族觉醒党派系（9.69%），国民民主党派系（9.05%），繁荣公正党派系（8.21%），民主党派系（7.77%），国民使命党派系（6.84%），建设团结党派系（4.52%）。

政　府　设有政治法律安全统筹部、经济统筹部、人民福利统筹部、内政部、外交部、国防部、司法与人权部、财政部、能源和矿产资源部、工业部、贸易部、农业部、林业部、交通部、海洋和渔业部、劳工和移民部、公共工程部、卫生部、国民教育部、社会部、宗教部、文化旅游国务部、研究技术国务部、合作社与中小企业国务部、环境国务部、妇女事务国务部、提高国家机构效率国务部、落后地区发展国务部、国家建设规划国务部、国有企业国务部、通信和信息国务部、人民住房国务部、青年和体育国务部等部门。本届内阁于 2019 年 10 月组建，现任阁员 34 人，任期至 2024 年。

司　法　司法机关为最高法院和最高检察院，均独立于立法和行政机关之外。最高法院正副院长由人民代表会议提名，总统任命。最高检察长由总统任免。

党　派　党派众多，主要有民族民主党、专业集团党、民主斗争党、建设团结党、民主党、民族觉醒党、国民使命党、福利公正党、大印尼运动党、国民民主党等。

国家元首和政府首脑

总　统　佐科·维多多，2019年10月就任，任期至2024年。

人民协商会议主席　班邦·苏萨迪约，2019年10月就任。

人民代表会议议长　普安·马哈拉尼，2019年10月就任。

地方代表理事会主席　拉·尼亚拉·马塔利蒂，2019年10月就任。

行政区划

一级行政区　印度尼西亚划分为2个地方特区、30个省和一个首都特区，分别是雅加达首都特区和日惹、亚齐达鲁萨兰地方特区，以及北苏门答腊、西苏门答腊、廖内、占碑、南苏门答腊、明古鲁、楠榜、西爪哇、中爪哇、东爪哇、巴厘、西努沙登加拉、东努沙登加拉、北马鲁古、南马鲁古、巴布亚、北苏拉威西、中苏拉威西、东南苏拉威西、南苏拉威西、东伊里安查亚、中伊里安查亚、西伊里安查亚、邦加—勿里洞、万丹、哥伦打洛、东加里曼丹、中加里曼丹、南加里曼丹、西加里曼丹等省。

主要城市　首都雅加达，别称“椰城”，位于爪哇岛西部，面积650.4平方千米，人口958.8万，是全国政治、经济、文化中心。其他重要城市有泗水、万隆、棉兰、三宝垄、日惹等。

经　济

国内生产总值　2019年印度尼西亚国内生产总值(GDP)11111.54亿美元，比上年增长5.0%；人均国内生产总值4147.36美元，比上年增长5.65%。

产　业　农业以种植业为主，是世界主要热带经济作物生产国。印度尼西亚全国耕地面积约8000万公顷，盛产经济作物，如棕榈油、橡胶、咖啡、可可等。2019年稻谷产量5460.4万吨，棕榈油产量4586.1万吨，橡胶产量244.9万吨，咖啡产量76.1万吨，可可产量78.4万吨。

工业发展方向是强化外向型制造业。主要部门有采矿、纺织、轻工等。锡、煤、镍、金、银等矿产产量居世界前列。采矿业为工业的支柱产业，其中石油、天然气开采占主导地位。2018年印度尼西亚原油产量达2.81亿桶，天然气开采量达2.83万亿标准立方英尺。

渔业资源丰富，渔业潜在捕捞量超过800万吨/年。

旅游业是印度尼西亚非油气行业中仅次于电子产品出口的第二大创汇行业，政府长期重视开发旅游景点，兴建饭店，培训人员和简化入境手续。2019年接待外国游客1610.6万人次。其中，马来西亚、中国、新加坡、东帝汶和澳大利亚为前五大外国游客来源国。2018年全国有星级酒店3314家，星级酒店全年入住率达58.75%。

外国投资　2019年印度尼西亚实际利用外资282亿美元。主要投资来源国为中国、新加坡、日本、美国、韩国等。

财　政　2019年政府财政收入2030.75万亿印尼盾，财政支出2341.57万亿印尼盾，财政赤字达310.82万亿印尼盾。2019年外债总额增加至4042.81亿美元，其中，政府和央行外债总额2028.72亿美元。

金　融　货币名称为印尼盾。2019年印尼盾兑美元年均汇率为14250:1。2019年年末外汇储备1262亿美元。截至2012年年底，印度尼西亚共有109家商业银行，其中5家国有银行，26家地区发展银行，55家私营全国银行，23家外资、合资银行。

进出口贸易　2019年印度尼西亚外贸进出口总额3373.9亿美元，其中出口1670亿美元，进口1703.9亿美元，贸易逆差32亿美元。主要进口贸易伙伴是日本、中国、美国、新加坡、马来西亚等，主要出口贸易伙伴是中国、日本、新加坡、美国、泰国等。

印度尼西亚丹绒佩拉港　（百度网）

交通通信

铁路交通　2018年印度尼西亚全国铁路总长8357千米，窄轨铁路长5961千米，爪哇岛和苏门答腊岛铁路运输比较发达。2019年铁路交通运送旅客数量达4.28亿人次，运送货物5100万吨。

公路交通　2019年印度尼西亚全国公路总长54.28万千米。公路客运量和货运量分别占全国运输总量的90%和50%。公路交通网集中在爪哇岛和苏门答腊岛。

水　运　全国水运航道 21579 千米,有各类港口 670 个,其中主要港口 25 个。雅加达丹绒不碌港是全国最大的国际港,年吞吐量约 250 万标准箱,泗水的丹绒佩拉港为第二大港,年吞吐量 204 万标准箱。

民用航空　印度尼西亚有民用机场 196 个,其中国际机场 29 个。开通国际航班、国内航班、朝觐航班、先锋航班等。雅加达附近的苏加诺—哈达国际机场为国内最大机场。主要航空公司有鹰记、鸽记、狮航、曼达拉、辛巴迪等。2018 年印度尼西亚航空货运周转量 1131.91 百万吨千米,客运量 1.15 亿人次。

电　信　2018 年印度尼西亚 5 岁以上人口拥有手机的比率为 63.53% ,5 岁以上人口使用电脑的比率为 14.47% ,5 岁以上人口使互联网用户的比率为 47.69% 。

教　育

印度尼西亚实行九年制义务教育制度。学制为小学 6 年,初中、高中各 3 年,大学 3 ~ 7 年。2019 年,全国有小学 174991 所,在校学生 2899.6 万人;初中 58736 所,在校学生 1329.7 万人;普通高中及职业高中 37035 所,在校学生 1161.2 万人。各类高等院校 4049 所,在校学生 833.9 万人。经过多年的发展,印度尼西亚在大学教育方面已成为世界上发达的伊斯兰国家之一,著名大学有雅加达的印度尼西亚大学,日惹的加查马达大学,泗水的艾尔朗大学、泗水工学院、阿伊兰卡大学,万隆的班查查兰大学等。2019 年小学入学率达 97.58% ,初中入学率 79.35% ,高中入学率 60.70% ,15 岁以上人口文盲率 4.10% 。

传　媒

印度尼西亚有各类报刊 3000 多种。主要印尼文报纸有《罗盘报》《专业之声报》《印尼媒体报》《共和国日报》《革新之声报》《印尼商报》等,英文报纸有《雅加达邮报》《印尼观察家报》等,中文报纸有《星洲日报》、《国际日报》、《世界日报》、《华文邮报》(中文和印尼文互译)、《商报》、《新生日报》、《千岛日报》等。

通讯社有国营的安塔拉通讯社和私营的印尼民族通讯社。有地方电视台 54 家,国家电视网络 11 个。其中影响较大的有印度尼西亚共和国电视台、教育电视台、美都电视台等。官办的印度尼西亚共和国电视台有 13 个分台,395 个转播器覆盖印尼全境。主要广播电台有印度尼西亚共和国广播电台,地方电台多达 1800 多家。

医疗卫生

2019 年印尼全国医生数量达 9.67 万人,护士 34.5 万人。截至 2018 年印尼全国有综合医院 2269 所,专科医院 544 所,公共卫生中心 9993 个,医疗诊所 7917 个,卫生综合服务站 17.4 万个。

科　技

印度尼西亚从事科技活动的主要是国家各部委的直属研究机构、非部级中央直属研究机构、各大学和国有企业以及私营企业的研究开发机构等。中央直属研究机构由总统直接领导,从事战略性、交叉和多学科的研究与开发,科技活动由研究与技术国务部部长统筹与协调;非部级中央直属研究机构有印度尼西亚科学院、国家核能机构、技术评价与应用署、国家航空航天研究机构等。全国拥有科技人员约 5 万。科技经费主要来自财政拨款。

历　史

印度尼西亚历史悠久。在古代长期处于封建割据状态,先后分为印度教王国、佛教王国两个时期。公元 1 世纪,佛教传入,印度尼西亚进入印度宗教文化影响时期。5 世纪,出现最早的王国——加里曼丹东部的古戴王国和西爪哇的达鲁玛王国。7 世纪,在苏门答腊的巨港出现强大的海上王国室利佛逝。13 世纪末,拉登威查雅在爪哇建立强大的麻喏巴歇王国,统一印度尼西亚。自 13 世纪起,伊斯兰教逐步传入印度尼西亚。16 世纪,伊斯兰教王国淡目灭掉麻喏巴歇,印度尼西亚进入伊斯兰王国鼎盛时期。

1511 年,葡萄牙人为掠夺香料侵入印度尼西亚东部的马鲁古群岛。西班牙人也接踵而来。1596 年,荷兰侵入。1602 年,荷兰在印度尼西亚建立具有政府职能的东印度公司。1799 年 12 月,荷属东印度公司宣告破产。1800 年,殖民政府取而代之,通称"荷印政府"。1811 年,英国取代荷兰在印度尼西亚建立殖民政府。1816 年后,荷兰逐渐恢复对印度尼西亚的殖民统治,至 1903 年征服亚齐,完全占有整个印度尼西亚。其间,印度尼西亚各地从未间断反抗荷兰的斗争,其中最著名的有1816—1818 年马鲁古反荷起义、1825—1830 年爪哇人民大起义、西苏门答腊反荷战争、1873—1903 年亚齐战争等。

20 世纪初,印度尼西亚出现民族觉醒运动。1927 年,苏加诺等组建印度尼西亚民族联盟(1928 年 3 月改名为印度尼西亚民族党),采取与荷兰不合作政策,争取民族独立。1942 年,日本侵占印度尼西亚。1945 年日本投降后,印度尼西亚爆发"八月革命"。

1945 年 8 月 17 日,印度尼西亚共和国建立。1947 年 7 月和 1948 年 12 月,荷军先后两次在印度尼西亚发动殖民战争。1949 年 11 月,印荷双方签订《圆桌会议协定》,印度尼西亚成为联邦共和国,加入荷印联邦。1950 年 8 月,统一的印度尼西亚共和国成立。1954 年 8 月,印度尼西亚宣布脱离荷印联邦。　(黄旭文)

老　　挝

国　名

老挝人民民主共和国(The Lao People's Democratic Republic),简称老挝。

国　旗

老挝国旗旗面中间平行长方形为蓝色,占旗地一半,上下为红色长方形,各占旗地的1/4。蓝色部分中间为白色圆轮,轮的直径为蓝色部分宽度的4/5。蓝色象征老挝各族人民热爱和平、康宁和独立的精神,红色象征革命烈士的鲜血,白色圆轮代表满月,象征老挝人民纯洁的爱国之心。

地　理

位　置　老挝地处中南半岛北部,北回归线以南,北纬13°54′~22°30′、东经100°05′~106°38′之间。

面　积　国土面积23.68万平方千米。

疆界和邻国　东邻越南,南接柬埔寨,西与泰国、缅甸交界,北同中国云南省接壤。边界线长5451千米。

地形地貌　东南亚唯一的内陆国。疆域南北长、东西窄,南北最长处1050千米,东西最宽处500千米,最窄处105千米。国土面积6000平方千米为江河湖泊,23.08万平方千米为陆地,其中70%为山地和高原。平原主要分布在万象以南的湄公河沿岸。地势北高南低,由西北向东南倾斜。北部海拔500~1500米,局部地区超过2000米,号称"印度支那屋脊";大多为山地且起伏大,湄公河沿岸峡谷陡峻。有会芬高原、川圹高原、查尔平原、班班平原、康开谷地等,其中川圹高原海拔2000~2800米,为老挝最高地区。全国最高峰普比亚山,海拔2820米,屹立于川圹高原南部。最低点只有海拔70米,位于湄公河。国内平均海拔710米。中部、南部地区的东半部是长山山脉西坡的一系列中山和低山,地势和缓。山脉拥有一系列东西走向的山口和隘道,如骄诺山口、穆嘉关山口、老保山口等,为老挝与越南之间的交通要冲。山脉西侧南、北各有一片高原,北为甘蒙高原,海拔1000米,南为波罗芬高原,海拔在300~1000米之间。中部、南部地区的西半部,即万象以南的湄公河沿岸,主要有万象平原、沙湾拿吉平原和巴色低地。

江　河　有流程在100千米以上的河流10多条。湄公河干流纵贯国境,在境内流长1898千米(其中老挝与缅甸界河段长234千米,老挝与泰国界河段长919千米),水流湍急,多险滩;除了湄公河干流,境内还有南乌江、南俄河、宾汉河、南塔河、色公河、宾非河、南宾河、色顿河、色拉龙河、南卡定河、南坎河11条重要河流。全国93%以上的地域属湄公河流域。

气　候　属热带亚热带季风气候区。2018年平均气温约为30℃,最凉月(1月)平均气温27.5℃,最热月(4月)平均气温32.1℃。2014—2018年,最高温为38.7℃(阿速坡省),最低温为8.1℃(赛宋奔省)。分旱季(11月至次年4月)和雨季(5—10月)。2014—2018年,年平均降雨量最少年份是2015年的1030毫米(沙湾拿吉省),最多年份是2015年的3623.5毫米(波里坎赛省)。高原和高山地区降水较多,季节差别大。

风景名胜　首都万象市有塔銮、凯旋门、玉佛寺、西萨格寺、香昆寺,琅勃拉邦省有皇宫博物馆、香通寺、普西山、光西瀑布,占巴塞省有孔帕萍瀑布和以瓦普神庙建筑群为主体的占巴塞文化景区。琅勃拉邦古城、占巴塞文化景区分别在1995年和2001年被联合国教科文组织列入世界文化遗产名录。2019年,川圹省石缸平原成为老挝第三处入选的世界物质文化遗产。

国　民

人　口　据老挝国家统计局公布的老挝第四次人

老挝占巴塞瓦普神庙　　(百度网)

口普查结果,2015年老挝全国总人口6492228人。人口平均密度27人/平方千米。人口自然增长率1.45%。2019年老挝人口约为716.9万人,人口平均密度30.3人/平方千米,人口自然增长率1.53%。人口平均预期寿命男性66岁,女性70岁。

民　族　2000年12月18日,老挝人民革命党中央政治局批复老挝建国阵线2000年11月7日第205号的申请,同意消除国内老龙族、老听族、老松族三大民族的称呼,正式统称老挝民族。实行民族平等政策,将“少数民族”等称呼改为“人口较少民族”。2008年老挝国会六届六次会议确认老挝共有49个民族,分属四个语族,分别为老泰语族(8个民族)、孟—高棉语族(32个民族)、汉藏语族(7个民族)、苗瑶语族(2个民族)。2018年11月5日,老挝国会民族委员会召开研讨会确认老挝有50个民族,新增民族定名为“布鲁族”,属孟—高棉语族。老挝现有华侨华人约7万多人。

语　言　官方语言是老挝语。部分国民也使用泰语、华语。各民族均有自己的民族语言。老挝语和泰语大致可以交流。

宗　教　佛教是老挝的国教。佛教徒约489.4万人,约占全国总人口的68%。寺庙5000多座,其中大乘佛教寺庙8座。信仰原始宗教的约120万人。基督教、天主教徒约12万人,教堂550多座。此外,还有部分穆斯林、巴莱教和其他宗教信徒。

资源物产

老挝的矿产资源主要有锡、铅、钾盐、铜、铁、金、石膏、煤、稀土等,迄今得到开采的有金、铜、煤、钾盐等。水力资源丰富,湄公河全长的44.4%流经老挝境内,该河60%以上的水力资源蕴藏在老挝,理论蕴藏总量约为3000万千瓦。老挝森林面积约为18.76万平方千米,森林覆盖率约为81.21%。根据老挝农村部2019年报告,2018—2019年度的全国耕地面积为17.7万公顷。主要农产品有稻谷、玉米、薯类、咖啡、烟叶、花生、棉花等。

国体政体

国　体　老挝宪法规定:老挝人民民主共和国是人民民主国家,全部权力属于人民,各族人民在老挝人民革命党领导下行使当家做主的权力。

国　会　国家最高权力机构和立法机构,负责制定宪法和法律。本届(第8届)国会于2016年4月选举产生,国会议员149名。

政　府　国家最高行政机关。本届政府于2016年4月组成。设有18个部和3个直属机构,分别是计划投资部、外交部、公安部、国防部、教育体育部、劳动与社会福利部、公共工程与交通运输部、财政部、工业贸易部、新闻文化与旅游部、农林部、能源矿产部、卫生部、司法部、内政部、科技部、自然资源与环境部、邮电与通信部,以及央行、国家主席府、国家总理府。

司　法　最高人民法院是国家最高司法权力机关。最高人民检察院是国家最高检察机关。

党　派　老挝人民革命党是老挝人民民主共和国的执政党,也是老挝唯一的政党,成立于1955年,原名为老挝人民党,1972年在第二次代表大会上改为现名。截至2019年年底,党员人数约31万人,党组织1.9万个。本届(第十届)中央委员会于2016年1月产生,由69名中央委员和8名中央候补委员组成,其中政治局委员11名。中央委员会总书记本扬·沃拉吉。老挝建国阵线是老挝人民革命党领导下的民族统一战线组织,1956年1月成立,原名“老挝爱国战线”。现任主席赛宋蓬·丰威汉。

国家领导人

国家主席　本扬·沃拉吉。2016年4月20日当选。

国会主席　巴妮·雅陶都(女)。2016年4月20日当选连任。

政府总理　通伦·西苏里。2016年4月20日当选。

行政区划

一级行政区划　老挝划分为17个省、1个直辖市,分别是:丰沙里省、琅南塔省、波乔省、乌多姆塞省、琅勃拉邦省、华潘(桑怒)省、沙耶武里省、川圹省、万象省、波里坎赛省、甘蒙省、沙湾拿吉省、沙拉湾省、色公(公河)省、占巴塞省、阿速坡省、赛宋奔省,万象直辖市。

主要城市　首都万象市,位于中部万象平原南端、湄公河左岸,北纬17°57′、东经102°36′之间,面积3920平方千米。2019年总人口94.8万。是全国政治、经济、文化中心,也是历史名城和佛教圣地。其他重要城市有琅勃拉邦市、凯山·丰威汉市和巴色市。

经　济

国内生产总值　2019年老挝国内生产总值(GDP)190亿美元,比上年增长6.5%。在经济结构中,农林业增长2.8%,占GDP的14%;工业增长8.3%,占GDP的35.9%;服务业增长6.6%,占GDP的39.9%。经济增长主要依靠水电、服务业和建筑业驱动。2019年老挝人均GDP为2765美元。

产　业　农作物主要有水稻、玉米、薯类、豆类、甘蔗等。2019年水稻种植面积78.03万公顷,稻谷产量353.74万吨;玉米种植面积14.82万公顷,产量61.06万吨;薯类种植面积11.60万公顷,产量565.84万吨;豆类种植面积1.70万公顷,产量0.62万吨;甘蔗种植面积2.22万公顷,产量125.24万吨。

工业主要有电力、采矿、有色金属冶炼、水泥、木材加工、服装、食品、啤酒、制药等行业。2019年,建成发电站61座，装机总功率720724兆瓦，年发电量373.67亿千瓦时。供电覆盖区域包括148个县，7766个村，1132019户家庭。县覆盖率达到100%，村覆盖率91.58%，家庭覆盖率93.79%。

2019年前9个月，接待入境旅游者340万人次，比上年同期增长11%。排名前三位游客来源国为中国、泰国和越南。这得益于2019中老旅游年，中国赴老游客达到100万人次，比上年增长25%。

财　政　2019年，老挝经济增长率为6.5%，财政赤字率达到GDP总额的－5%，通货膨胀率为3.3%。2019年仅上半年的公共债务就已经超过GDP的60%，其中外债占GDP的53.34%，约97亿美元。

金　融　货币名称为基普。2019年基普与美元汇率为8679.4∶1。主要银行有老挝外贸银行、老挝开发银行、农业促进银行、老越银行等。截至2019年第四季度老挝外汇储备为8.147亿美元。

进出口贸易　2019年进出口总额116.07亿美元，比上年增长1.91%。其中，出口58.09亿美元，进口57.98亿美元。对外贸易顺差0.11亿美元。老挝与全球范围内50多个国家和地区有贸易往来，与约20个国家签署贸易协定。中国、日本、俄罗斯等35个国家(地区)向老挝提供优惠关税待遇。

外国投资　2019年，外国对老挝直接投资金额约7.56亿美元。中国的合作和援助项目包括湄公河桥梁、琅勃拉邦国际机场、老挝国家体育馆、国家会议中心、党中央办公楼、灌溉系统、水电站和公路、铁路、卫星等。

交通通信

公路交通　老挝交通运输以公路运输为主，承载80%的客货运量。2019年全国公路总里程为12617.2千米，汽车保有量为2236.7万辆，公交车数量为700辆。2019年内，启动大湄公河次区域国际道路运输(中国南宁—老挝—越南)；正式开通从泰国边境至老挝琅勃拉邦市一条长达114千米的新公路；老泰两国共同出资启建老泰第五友谊大桥。

铁路交通　老挝第一条铁路全长3.5千米，于2008年2月20日同泰国铁路接轨，同年7月开始营运。2013年开始进行老泰铁路扩建项目一段，于2015年9月竣工，2017年3月23日投入运营。该扩建项目二段7.5千米扩建工程，老泰两国已于2019年6月签署谅解备忘录。2015年12月2日，老中铁路在万象市举行开工奠基仪式。2016年12月25日，老中铁路全线开工仪式在琅勃拉邦举行。2019年12月27日，中老铁路全线最长隧道贯通。该铁路北起中老边境磨憨—磨丁口岸，南至万象，全长417千米，投资总额近400亿元人民币，由中老双方按70%和30%的股份合资建设，将于2021年底建成通车。

水　运　内河航道总长4600千米，其中湄公河老挝境内河段通航里程1600千米，是全国水运干道；除万象到沙湾拿吉河段可全年通航外，其余河段因水流湍急、多瀑布险滩，须分段航行，可以分段通航载重20～200吨船只。

民用航空　国际机场有4个，分别是万象市瓦岱机场、琅勃拉邦省琅勃拉邦机场、沙湾那吉省色诺机场和占巴塞省巴色机场。瓦岱国际机场和琅勃拉邦机场改扩建已完成，可起降和停靠波音747和空客320等大型飞机。截至2019年，老挝开辟的国际航线有：万象市往返中国的昆明、广州、南宁、海口、长沙等，泰国的曼谷、清迈，柬埔寨的金边、暹粒，越南的河内，马来西亚的吉隆坡，新加坡，韩国的首尔；琅勃拉邦往返中国的海口、成都、昆明、常州、长沙、景洪、重庆，泰国的曼谷、清迈、乌隆，越南的河内、胡志明，柬埔寨的暹粒；巴色往返泰国的曼谷，柬埔寨的暹粒；沙湾拿吉往返泰国的曼谷等。

电　信　电信产业运营商主要有LTC电信、ETL电信、STAR电信、Milicon电信、SKY电信、Beeline。LTC电信是老挝与泰国合资企业，主要从事移动和固网宽带数据通信业务的运营；ETL有限公司前身是ETL公众公司，本来是老挝国内唯一全资国有运营商，但2016年8月31日老挝政府与中国京信集团的全资子公司香港迦福控股有限公司签署合资协议，卖出51%的股份并更名为ETL有限公司。STAR电信是老挝与越南的合资企业，从事移动通信业务；Milicon电信是私营企业，从事移动通信业务；SKY电信也是私营企业，从事移动通信和固网业务。Beeline前身是老挝Tigo公司，2011年俄罗斯Vimple Com电信公司完成对Tigo部分股权的收购。

教　育

老挝普通国民教育为12年制，其中小学5年，初中3年，高中4年。2018年全国有幼儿园3211所，小学8857所，中学1758所，大学5所。老挝国立大学是老挝最高学府，此外还有占巴塞大学、苏发努冯大学、沙湾拿吉大学和直属卫生部的医学院，另有专科院校159所。

传　媒

2018年，老挝有印刷厂84家，其中中央7家，地方77家。报纸杂志社33家，其中中央26家，地方7家。主要老挝文报纸有《人民报》(老挝人民革命党中央机关报)、《新万象报》《人民军报》《青年报》等。外文报刊有英文报《万象时报》《KPL新闻》和法文刊物《革新周刊》。巴特寮通讯社是官方通讯社，出版老挝文《巴特寮》日报以及英、法文《KPL新闻》。这些报纸的电子媒体发展迅速。大部分传媒由政府资金赞助。2000年开始出现私人刊物，现有62家双周刊、周刊和月刊，其内容主要集中在文化和娱乐方面，如《老挝文化》《老挝探索者》《目标》等。2018年2月，由老挝中华总商会会长姚宾牵头，与老挝巴特寮通讯社和中国《人民日报》等签订合作协议,创办老挝第一份真正意义上的华文报纸《中华日报》。报纸前身为2013年姚宾创办的《老挝中文报》,该报未在老挝新闻文化与旅游部备案,属于非正式的华文报纸。

2018年老挝有广播电台76家,其中中央3家,地方73家。老挝国家广播电台对内用老挝语广播,对外用越、柬、法、英、泰等5种语言广播。电视台有42家,其中中央6家,地方36家。2008年4月,老挝成立第一家私人电视台——老挝之星频道,主要介绍老挝文化和教育,属老挝民族艺术和文化促进俱乐部所有。

老挝数字电视有限公司是老挝最大,也是老挝目前唯一一家DTMB无线数字运营商。截至2018年,已在老挝建设覆盖万象以及占巴塞、琅勃拉邦、沙湾拿吉3个省的地面数字电视传播网络,播出包括中国中央电视台国际频道和英语新闻频道、云南广播电视台卫视频道和国际频道、三沙卫视等在内的数十套数字电视节目。2019年,老挝主流媒体的21位媒体人在中国广西参加“2019老挝媒体宣传和传媒技术的使用”培训班,学习由传统媒体向新媒体转型;云南广电传媒集团与老挝国家电视台签署《关于合作开办老挝数字电视频道(LDTV)的谅解备忘录》。越南、法国和中国在老挝设有广播电台转播站。

医疗卫生

2018年,老挝有公立医院164所,其中中央公立医院8所,省级医院13所,区域医院4所,县级医院136所和医疗中心3所。卫生所1055所,私人诊所1050所。全国有病床10429张。2019年4月,老挝卫生部和其他政府机构开会讨论如何到2025年实现全民医疗保险全覆盖的目标。11月,“中老北五省医疗服务社区”启动仪式在老挝琅南塔省举行。社区借鉴了国际综合医疗卫生服务体系模式和现代信息技术,通过数字网络平台问诊看病,医护人员可以分析交流病例或专项培训。

科 技

老挝一号通信卫星项目于2012年12月1日启动,由中国亚太移动通信卫星有限责任公司总承包。2017年,利用卫星KU转发器已经引入几十套中国、欧美、日韩的体育、少儿、综艺等电视节目,同时开展卫星通信、卫星电视直播、无线宽带接入和国际通信等服务,业务范围覆盖中国香港、老挝、缅甸、印度尼西亚等国家和地区。2019年,老挝完成地震台网系统建设;中国国家气象中心为老挝安装了本地化MICAPS4英文版客户端,提供基于WMC-BEIJING开发的交互网站格点数据,培训系统管理员、预报员,并对整个系统硬件进行升级。

历 史

老挝有悠久的历史。从公元1世纪到14世纪中叶,在今老挝疆域内曾先后出现过3个古国,即科达蒙、文单(或称陆真腊)和澜沧(亦译南掌,意为万象之邦)。1353年,孟骚(今琅勃拉邦,澜沧的政治中心)的统治者法昂统一今老挝全境,建立澜沧王国,形成老挝历史上第一个多民族的封建国家。

18世纪初叶,澜沧王国解体,分裂成为琅勃拉邦、万象、川圹、占巴塞等4个王国。从18世纪末叶到19世纪中叶,这些王国相继为暹罗所统治。1893年,老挝成为法国保护国,法国取代暹罗的统治。1907年,法国、暹罗签订《法暹条约》,规定老挝边界。1940年9月,老挝被日本占领。

1945年8月日本投降后,老挝开展独立运动,建立以佩差拉亲王为首的政府,并于10月12日宣布独立。

1946年,法国再次入侵。1954年7月,根据关于恢复印度支那和平的日内瓦协议,法国开始从老挝撤军。不久,美国入侵。1962年,老挝成立以富马亲王为首相、苏发努冯亲王为副首相的联合政府。1964年,美国支持亲美势力破坏联合政府,进攻解放区。

1973年2月,老挝各方签署关于在老挝恢复和平与民族和睦的协定。1974年4月,成立以富马为首相的新联合政府和以苏发努冯为主席的政治联合委员会。

1975年12月,老挝人民民主共和国成立,宣布废除君主制。 (杨梦平)

马 来 西 亚

国 名

马来西亚联邦(Union of Malaysia),简称马来西亚。

国 旗

马来西亚国旗呈横长方形,长宽比为2∶1。主体部分由14道红白相间、宽度相等的横条组成。左上方有一深蓝色的长方形,上有一弯黄色新月和一颗14个尖角的黄色星。14道红白横条和14角星象征马来西亚的13个州和联邦政府。蓝色象征人民的团结,黄色象征王室,新月象征马来西亚的国教伊斯兰教。

地 理

位 置 马来西亚位于北纬1°~7°、东经97°~120°

之间。国土被南中国海分隔成东、西两部分。西马位于马来半岛南部,东临南中国海,西濒马六甲海峡;东马位于加里曼丹岛北部。

面　积　陆地国土面积33.03万平方千米。

疆界和邻国　陆上疆界2669千米。西马北与泰国接壤,南与新加坡隔柔佛海峡相望。东马则与印度尼西亚、菲律宾、文莱相邻。

地形地貌　西马地势南低北高,东西两侧沿岸为冲积平原,中部为山地。大汉山海拔2185米,为西马最高峰。东马沙巴州西部为沿海平原,内部为山地,克罗克山脉纵贯南北,其主峰基纳巴卢山海拔4101米,为全国最高峰,也是东南亚地区最高峰。沙捞越州沿海为冲积平原,内地为丘陵和山地。

江　河　境内河流密布,但大河很少。位于东马的拉让河是全国第一大河,卢帕河是全国最宽的河流。

海岸海岛　海岸线曲折,总长4192千米。西马西南部是著名的马六甲海峡,水道狭长,是连接太平洋与印度洋之间的重要海上通道。岛屿众多,有1007个岛屿,但大部分面积较小。著名岛屿有兰卡威岛、刁曼岛、乐浪岛、邦咯岛等。

气　候　属热带海洋性气候。内地山区年均气温22℃~28℃,沿海平原25℃~30℃。马来半岛西岸每年9—12月为雨季,西马东岸、沙巴、沙捞越等地雨季为每年10月至翌年2月。

风景名胜　吉隆坡市内主要景点有世界著名的高楼——双峰塔、苏丹亚都沙末大厦、独立广场、苏丹王宫、国家清真寺、杰姆清真寺、湖滨公园、胡姬花公园、国家博物馆、国家动物馆、天后宫、黑风洞等。槟城有圣乔治教堂、康华利斯堡、大会堂、钟楼、龙山堂、极乐寺、蛇庙、郑和庙、卧佛寺、马里安曼寺、雅哲清真寺、甲必丹武吉清真寺等。马六甲有荷兰红屋、三保山、三保庙、三保井、圣保罗教堂、古城门、葡萄牙村、马六甲文化博物馆等。沙捞越姆禄国家公园、沙巴京那巴鲁国家公园被列为世界自然遗产;马六甲、乔治等马六甲海峡的历史名城,玲珑谷地的考古遗址被列为世界文化遗产。此外,还有兰卡威岛、刁曼岛、乐浪岛、邦咯岛、大汉山国家公园、京那巴鲁公园、尼亚国家公园、姆鲁国家公园、金马伦高原、云顶高原等旅游景区。

国　民

人　口　2019年马来西亚人口3250万,其中城市人口2403.6万。人口平均密度98.3人/平方千米。

民　族　有30多个民族。马来人、华人、印度人人口较多,分别占总人口的69.3%、22.8%和6.9%,其他人口占1%。少数民族主要有尼格列多族(又称矮黑人)、塞诺伊族、原古马来族、海达雅克族(又称伊班族)、陆达雅克族(又称比达育族)、米兰诺族、卡达山族、穆鲁特族、巴查乌族、印度尼西亚族等。

语　言　马来语为国语,通用英语,华语使用也较广泛。

宗　教　国民信奉的宗教主要有伊斯兰教、佛教、印度教和基督教等。伊斯兰教为国教。

资源物产

马来西亚自然资源丰富。锡矿品位高,储藏量居世界各国第二位。沿海蕴藏着丰富的石油和天然气,石油储藏量5.45亿吨,天然气储量2.35万亿立方米(截至2012年1月探明)。铁矿品位较高,含铁量超过50%,储藏量1亿多吨。此外,还有铜、金、钨、煤、铝土、锰等矿产。

动植物种类繁多,被列为世界12个最大生物多样化国家之一。森林覆盖率在75%以上,盛产热带硬木。是橡胶、油棕、胡椒、可可、椰子等热带经济作物的重要产地,橡胶、棕油、胡椒的产量和出口量居世界前列,其中棕油产量居世界首位。

国体政体

政　体　马来西亚政体为君主立宪联邦制。最高元首和州的苏丹分别是国家和州的立宪君主。宪法规定,马来西亚设最高元首作为国家权力即君主的象征。最高元首还是伊斯兰教领袖兼武装部队统帅。正、副最高元首由统治者会议从9个世袭苏丹中选举产生,任期5年,轮流执政,不能连任。

统治者会议　由柔佛、彭亨、雪兰莪、森美兰、霹雳、丁加奴、吉兰丹、吉打、玻璃市9个州的世袭苏丹和马六甲、槟州、沙捞越、沙巴4个州的州长组成,其职能是在9个世袭苏丹中轮流选举产生最高元首和副最高元首(4个州的州长没有选举权和被选举权),并对国家的政策、法律和宗教问题进行审议。

联邦议会　也称国会,是国家最高立法机构。由上议院(参议院)和下议院(众议院)组成。上议院议员任期3年,有70个议席;下议院议员任期5年,有222个议席。本届国会于2018年5月全国大选后组成。

内　阁　联邦政府采用责任内阁制,内阁是马来西亚最高行政机关,由选举中得票占半数以上的政党组成。政府首脑为总理,由最高元首任命。本届内阁产生于2018年5月,设有28个部门。

各州国家机关　各州设有州政府,享有内政独立的自主权。君主立宪制原则适用于9个有世袭苏丹的州。槟榔屿州、马六甲州、沙巴州、沙捞越州等4州州长由联邦政府任命。

司法机关　最高司法机关为联邦法院。西马、东马分别设有马来亚高级法院和婆罗洲高级法院。各州设有地方法院和推事庭。此外,还有特别军事法庭、伊斯兰教法庭和审理苏丹刑事、民事案件的特别法庭。

党　派　马来西亚注册政党有55个,多党联盟执政一直是马来西亚政党政治的特点。由马来民族统一机构(又称巫统)、马来西亚华人公会、马来西亚印度人国民大会党等为主体组成的国民阵线(简称"国阵"),从独立以来至2018年5月9日,由人民公正党、民主行动党、国家诚信党和土著团结党组成的希望联盟(简称"希盟")在第14届全国大选中战胜国阵,赢得大选,成为执政党。

国家元首和政府首脑

最高元首　阿卜杜拉·艾哈迈德·沙阿,2019年1月24日当选为第16任马来西亚国家元首,2019年1月31日宣誓就任。

政府总理　2018年5月10日,马哈蒂尔当选马来西亚第八任总理,是希望联盟成员党土著团结党名誉主席。

行政区划

一级行政区　马来西亚行政区划为13个州和3个直辖区。其中包括西马的柔佛州、吉打州、吉兰丹州、马六甲州、森美兰州、彭亨州、槟榔屿州、霹雳州、玻璃市州、雪兰莪州、丁加奴州、吉隆坡直辖区和布特拉加亚直辖区,东马的沙巴州、沙捞越州和纳闽联邦直辖区。

主要城市　首都吉隆坡,位于马来半岛南部,西濒马六甲海峡,面积243.65平方千米,人口约158.8万,是全国政治、经济、文化、交通中心。其他重要城市有马六甲、槟城、古晋、怡保、新山、巴生、山打根等。

经　济

国内生产总值　2019年马来西亚国内生产总值3700亿美元,比上年增长4.3%。人均国内生产总值10850美元。

产　业　农业以种植业为主,渔业也有一定规模。2019年农业从业人员167.7万,产值1015.49亿林吉特。工业主要有电子、汽车、钢铁、石油化工、纺织和采矿等行业,从业人员912万,产值4840.24亿林吉特。制造业发展较快,在国民经济中占有重要地位。服务业发达,从业人员535.36万,产值8200.69亿林吉特。其中,旅游业是国民经济的重要支柱。2019年外国入境游客2610.08万人次,比上年增长2%。旅游业收入861.4亿林吉特。

财　政　2019年财政收入2644亿林吉特,财政支出2633亿林吉特。

金　融　有商业银行35家,外资银行办事处36个,证券银行12家,伊斯兰银行20家,金融公司25家。中央银行是Bank Negara Malaysia。货币名称为林吉特。2019年年底,林吉特兑美元汇率为4.13:1。2019年年底国家外汇储备1036亿美元。

进出口贸易　2019年进出口总额4459.2亿美元,其中出口额2364.48亿美元,进口额2094.72亿美元。主要贸易对象是中国、新加坡、日本、美国、泰国,主要出口产品有电子电器产品、棕油、石油、橡胶及制品、液化天然气等,进口产品有机电产品、矿物燃料、机械设备、运输设备、塑料及制品等。

交通通信

铁路运输　马来西亚铁路干线纵贯马来半岛南北,主要铁路线有国际线和东海岸铁路线。铁路总长2418千米。2013年全国铁路客运量270.3万人次,货运量662.2万吨。

公路运输　拥有良好的公路网。连接马来半岛南北的高速公路(亦称南北大道)和穿越中央山脉的东西高速公路是马来半岛交通的主动脉。2012年公路总长18.3万千米。2014年,马来西亚每千人汽车拥有量为395辆,其中绝大部分为私人拥有;2013年全国注册机动车2381.9万辆。2019年汽车总销售量为60.4万辆。

水　运　有商务航运船4700艘,其中1000艘为国际贸易用途。2016年全国船只注册容积总吨位800万吨,载重吨位900万吨。有港口33个,主要有巴生港、丹绒柏勒巴斯港、槟城港、关丹港、新山港、马六甲港、古晋港、纳闽港等,其中巴生港和丹绒柏勒巴斯港是最繁忙的港口。内河运输主要集中在东马地区。2019年,马来西亚港口集装箱吞吐量2621万标箱。

民用航空　有机场118个,其中国际机场8个,包括吉隆坡国际机场、槟城机场、兰卡威机场、哥打基那巴鲁机场和古晋机场。民航主要由马来西亚航空公司和亚洲航空公司经营。马来西亚航空公司拥有飞机89架,辟有113条国际航线。亚洲航空公司拥有飞机188架,辟有航线83条。2019年民航客运量1.92亿人次。

电　信　2017年,马来西亚固定电话用户657.82万户;移动电话用户

马来西亚理工大学　（百度网）

4233.85 万户，普及率 133.18%；有互联网用户 2200 万户，普及率 71%。

教 育

马来西亚教育法令规定政府中小学实行 9 年义务教育，不分种族，提供免费教育。小学学制 6 年，初中学制 3 年；高中学制 4 年，其中含 2 年大学预科；大学学制 4～5 年。全国有小学 7084 所，在校学生 283 万人，每 18 名小学生配备 1 名教师，小学适龄儿童入学率 98.5%；中学 1538 所，在校生 172 万人，每 16 名中学生配备 1 名教师；公立高等院校 20 所，私立学院 662 所。著名大学有马来亚大学、马来西亚理工大学、马来西亚博特拉大学（原农业大学）、国际伊斯兰大学、马来西亚北方大学、国民大学等。

国家财政教育经费支出占国民生产总值的 6.2%。15 岁以上成人识字率 99%。

截至 2017 年，马来西亚有国家图书馆 1 个，乡镇图书馆 1107 个，州级或市级公共图书馆 336 个，专业图书馆 542 个，学校图书馆 10697 个，学术图书馆 472 个。藏书总量 1130 万册。

传 媒

马来西亚国家新闻社（简称马新社）是半官方性质的新闻机构，成立于 1968 年，在亚太地区设有 32 家分社。

全国约有 50 种报纸和杂志，用 8 种文字出版。主要马来文报纸有《马来前锋报》《马来西亚使者报》《每日新闻》和《祖国报》，主要英文报纸有《新海峡时报》《太阳报》《星报》和《马来邮报》，主要华文报纸有《南洋商报》《星洲日报》和《中国报》。

主要广播电台有马来西亚广播电台和马来西亚之声。其中：马来西亚广播电台为官办，建于 1946 年，拥有 6 个广播网，用马来语、英语、华语和泰米尔语广播；马来西亚之声建于 1963 年，用马来语、阿拉伯语、英语、印尼语、缅甸语、他加禄语、泰语等 8 种语言对外广播。主要电视台有马来西亚电视台、第三电视台、城市电视、国民电视、第七电视台、美佳电视台、寰宇电视台，有 169 个电视频道可供选择。其中马来西亚电视台（包括第一电视台和第二电视台）为官办，建于 1963 年，播放马来语、英语、华语和泰米尔语节目。

医疗卫生

2016 年，马来西亚有 369 所医院，其中政府医院 153 所，私人医院 216 所；共有 50087 名医务工作者。马来西亚实行半公费医疗制，政府自 1970 年起补贴公共医疗服务。2012 年，每 1000 人拥有病床 1.9 张。2015 年，马来西亚医疗卫生总支出占 GDP 的比重为 4%。人口平均预期寿命男性 72.7 岁，女性 77.3 岁；婴儿死亡率 3‰；人口自然增长率 1.51%。

科 技

马来西亚科技体系分政府机构、高等教育研究机构和私人机构 3 种。内阁科学技术委员会为马来西亚科学技术政策的最高决策机构，由总理兼任主席，成员包括科学技术与环境部、国际贸易与工业部、教育部、财政部和人力资源部的部长。科学技术与环境部下属科研机构主要有环境局、化工局、气象局、野生动物和国家公园局、核技术研究所、微电子系统研究所、原子能许可委员会、马来西亚标准研究所、太空研究局和国家生物工艺学委员会。高等教育研究机构设在各大学中，博特拉大学（原农业大学）、科学大学、技术大学、马来亚大学、国民大学等高等院校均设有科研机构。马来西亚国家科学研究与开发理事会为协调机构，也是马来西亚政府科学技术方面的全国性顾问组织。2015 年，研究和开发开支占国民生产总值的比重为 1.3%，每百万人中有科研人员 2261.4 人。

历 史

距今 1 万年前的旧石器时代，马来半岛已有人类居住。

公元之初，马来半岛出现羯荼、狼牙修等古国。15 世纪初以马六甲为中心的满剌加王国统一马来半岛的大部分，伊斯兰教也因此传播开来。

16 世纪开始先后被葡萄牙、荷兰、英国占领。20 世纪初完全沦为英国殖民地。沙捞越、沙巴历史上属文莱，1888 年两地沦为英国保护地。第二次世界大战中，马来亚、沙捞越、沙巴被日本占领。战后英国恢复殖民统治。

1957 年 8 月 31 日，马来亚联合邦宣布独立。1963 年 9 月 16 日，马来亚联合邦同新加坡、沙捞越、沙巴合并组成马来西亚联邦（新加坡于 1965 年 8 月 9 日退出）。

（韦朝晖）

缅 甸

国 名

缅甸联邦共和国（The Republic of the Union of Myanmar），简称缅甸。

国 旗

2010 年缅甸政府根据 2008 年通过的《缅甸联邦共和国宪法》有关国家标志的规定，修改国旗图案。2010 年 10 月 21 日正式启用新国旗。国旗样式为长方形，比例为16:9。由自上而下宽度相同的黄、绿、红三色横条组成，正中是一颗白色大五角星，覆盖三色横带并指向上方。黄色代表统一、智慧、欢乐和各民族亲密团结，绿色代表土地肥沃、和谐、安宁、苍翠的国家，红色代表勇敢、果决，白色代表纯洁、正直、友善和力量。白色五角星代表联邦永久长存。

地 理

位 置 缅甸位于中南半岛西部。地处东经92°20′～101°11′、北纬9°58′～28°31′之间。西南濒临孟加拉湾和安达曼海。

面 积 陆地国土面积67.66万平方千米。

疆界和邻国 东北与中国接壤，西北与印度、孟加拉国相邻，东南与老挝、泰国接壤。陆地边界线长5876千米。有木姐（对中国瑞丽）、九谷镇（对中国畹町）、八莫（对中国章凤）等口岸与中国对接。

地形地貌 地势大体上是两边高，中间低，北边高，南边低。东面是掸邦高原，西面为西部山地，中部是伊洛瓦底江谷地。伊洛瓦底江的中下游地区为平原，称为中央大平原，是缅甸经济较发达的地区。大部分国土是山地和高原。

江 河 大多为南北走向。主要河流有伊洛瓦底江和萨尔温江。伊洛瓦底江发源于中国的青藏高原，纵贯缅甸南北，全长2200千米，注入印度洋的安达曼海，流域面积43万平方千米。东部的萨尔温江与伊洛瓦底江大致平行，发源于中国的唐古拉山脉，它的上游是中国的怒江。萨尔温江在缅甸境内流长1660千米，是缅甸第二大河，流域面积20.5万平方千米。钦敦江是缅甸第三大河。茵都基湖是最大的天然湖泊。

海岸海岛 海岸线长3200千米，均在南部。可划分为3段：北段是阿尔干海湾，中段是伊洛瓦底江三角洲，南段是丹那沙林海岸。面积最大的岛屿为兰里岛。

气 候 属热带季风气候区。分热、雨、凉三季。3—5月为热季，6—9月为雨季，10月到次年2月为凉季。年平均气温27℃，年平均降雨量3000～5000毫米。平原和丘陵地区炎热潮湿，山区比较凉爽。

风景名胜 主要有仰光大金塔、文化古都曼德勒、蒲甘佛塔群（有4000座佛塔）、波巴山、茵都基湖风景区、茵莱湖风景区、额不里海滩、昌达海滨、避暑胜地彬乌伦等。还有世界第一大石书——曼德勒碑林，世界第一大的“敏贡”大钟，古若开王朝的首都妙乌城等。2014年6月，缅甸骠国3个古遗址列入联合国世界文化遗产名录。

国 民

人 口 截至2019年6月30日，缅甸人口为5404.5万。劳动力约占人口总数的68.1%。

民 族 有135个民族。缅族是主体民族，约占全国人口的65%。人口较多的民族还有掸族、克钦族、钦族、克伦族、孟族、若开族、勃欧族、佤族、克耶族等。华侨华人约250万，占全国人口总数的3%。印度人后裔也比较多。缅族大多居住在平原，华人主要居住在仰光一带，其他民族大多居住在山区。

语 言 各民族都有自己的语言，缅甸语为国语。缅族、克钦族、克伦族、掸族、孟族等民族有自己的文字。英语在城市常用。

宗 教 85%以上的国民信仰佛教（小乘佛教）。男性青少年都要出家为僧一段时间。各地佛塔林立，号称“万塔之国”。佛教文化是缅甸文化的重要组成部分，佛教教义规范着缅甸人民的社会生活。8%的国民信奉伊斯兰教，约5%的人信奉基督教，约0.5%的人信奉印度教，1.21%的人信仰泛灵论。

资源物产

缅甸是著名的“稻米之国”和“森林之国”。稻谷盛产于伊洛瓦底江三角洲和锡唐河河谷一带。截至2018年9月，全国森林覆盖率41.3%，拥有林地3412万公顷，出产柚木、花梨木、丁纹木、鸡翅木、黑檀木、铁木等名贵木材和竹子、藤类。矿产资源主要有石油（2019年探明储量1.6亿桶）、天然气、宝石、玉石、锡、钨、锌、铝、铜、锑、锰、金、银等，宝石和玉石享誉世界，煤炭储量2.7亿吨。最好的翡翠产于克钦邦的帕敢地区。水力资源蕴藏量1800万千瓦。近年不断发现新的石油和天然气资源，在果敢地区发现金矿，在东北部发现铅锌矿。已耕种土地只占可耕种土地的1/3强。生物物种资源十分丰富。自然保护区占全国面积的7%。

国体政体

国 体 缅甸是联邦制国家。

联邦议院 分为人民院和民族院。

联邦政府 国家最高行政机关。设有国防部、内务部、外交部、商务部等部门。

司法机关 法院、检察院均分为四级，第一级是最高法院和最高检察院，第二至四级分别是省邦、县、镇法院或检察院。

党 派 主要有联邦巩固与发展党、全国民主联盟、若开民族发展党、民族团结党、掸族民主党、勃欧民族组织、谬族(克密族)团结协会、拉祜族发展党、克伦族人民党、全国民主力量党、果敢民主团结党等。最大政党是联邦巩固与发展党,党员1800万。

国家元首和政府首脑

国家元首　2011年缅甸大选后实行总统制,总统为国家元首和政府首脑。现任总统温敏,2018年3月30日就职。2018年3月28日,缅甸举行总统选举,温敏赢得选举胜利。2018年3月21日,廷觉辞职,同日温敏辞去人民院议长职务。3月30日,温敏正式宣誓入职。

行政区划

一级行政区划　缅甸划分为7个省、7个少数民族邦和联邦区、2个中央直辖市。7个省和7个少数民族邦分别是:德林达依省、仰光省、勃固省、曼德勒省、实皆省、马圭省、伊洛瓦底省,克伦邦、克钦邦、克耶邦、掸邦、孟邦、钦邦和若开邦;2个直辖市为内比都、仰光。

主要城市　首都内比都,面积725平方千米,人口92.36万。仰光市位于缅甸南部,面积696.71平方千米,人口约600万,是全国经济、文化中心。其他重要城市有曼德勒(缅甸古都,市区人口逾百万)、毛淡棉、勃生、蒲甘等。仰光、曼德勒、蒲甘、茵莱湖是四大古城。

经　济

国内生产总值　2019年缅甸国内生产总值760.9亿美元,比上年增长6.8%。人均国内生产总值1407.8美元。

产　业　农业在国民经济中占较大比重,2018年农业增加值占国内生产总值的21.4%。农业劳动力1890多万人,约占全国劳动力总数的70%。以种植业为主,除水稻外,还种植小麦、甘蔗、玉米、花生、芝麻、棉花、豆类、油棕、烟草、黄麻等。2016年,耕地面积为1090.8万公顷,2018年水稻收获面积6705.64万公顷,稻谷产量2541.8万吨。渔业较发达,水产品出口数十个国家和地区,2016年鱼类产量298.8万吨。热带水果品种较多。畜牧业有牛、羊、猪、鸡、鸭养殖等,2016年肉类产量301.81万吨。

工业主要行业有油气开采、小型机械制造、纺织、印染、碾米、木材加工、制糖、造纸、化肥、制药等。2018年工业增加值占国内生产总值的38%,企业超过10万家,职工约500万人。全国有18个工业区,职工170多万人;仰光莱达雅工业区是最大的工业园区,也是缅外合资的工业区。国有工业企业将逐步转交给私人经营。陆地油田有18个(其中蒲甘、宫达臣、坦德宾为三大油田),海上、陆地天然气田3个。年发电量60亿千瓦时,65%为天然气发电。与中国云南电网实现互联互通。

服务业发展较快,2018年服务业增加值占国内生产总值的40.7%。旅游资源丰富,2018年接待外国旅客约355.1万人次,比上年增长3.23%,2019年旅游收入16.7亿美元。排名前三位的旅游客源国是泰国、中国和日本。缅甸旅游公司是国有企业。截至2018年3月,缅甸共有旅游公司2676家,酒店1628家。

金　融　国有银行5家,分别为:缅甸中央银行、缅甸农业银行、缅甸经济银行、缅甸外贸银行、缅甸投资与商业银行;较大的私人银行19家。货币名称为缅甸币,单位为元。2019年缅元对美元平均汇率为1518.3∶1。允许私营企业和外资进入金融领域,目前有20余家外资银行在缅甸开设分行。2019年,外汇储备约54.7亿美元,缅甸东乡等6家银行可经营外汇业务。中国工商银行、越南投资与发展银行等20多家外资银行在缅甸有代表处。2015年1月,缅甸议会通过《缅甸银行和金融机构法》,该法案规定银行存款准备金率为5%,资本金不低于200亿缅币,对银行资本金和存款准备金等提出更高要求。

进出口贸易　2019年外贸进出口总额354亿美元,其中出口174亿美元,进口180亿美元,贸易逆差14亿美元。2017/2018财年,缅甸边境贸易总额为79.42亿美元,中缅边境的木姐口岸为缅甸最大边境贸易点,2017/2018财年木姐边境贸易额为54.8亿美元,比上财年增加5.74亿美元,其中进口16.11亿美元,出口38.68亿美元。主要贸易伙伴是中国、泰国、新加坡、印度、日本和马来西亚。主要出口商品有天然气、服装、水产品、橡胶、皮革、虾类、柚木、硬木、矿产品、粮食、宝石、珍珠、水果等。2015/2016财年大米出口150多万吨,80%销往中国;2016/2017财年出口170万吨;2017/2018财年头10个月出口282万吨。进口商品有燃油、工业原料、化工产品、机械及运输设备、精炼矿物油、纺织品、一般金属及金属制品、棕榈

缅甸仰光国际机场　(百度网)

油、电子设备及电器、塑料、药品、消费品等。2019 年，中缅贸易额 187 亿美元，比上年增长 22.8%，其中缅甸出口 63.9 亿美元，进口 123.1 亿美元。2014 年 4 月起，禁止原木出口。

外国投资　2016 年 10 月，缅甸颁布新的《投资法》，并于 2017 年 4 月 1 日正式生效。2019 年，缅甸吸引外资 28 亿美元。

交通通信

公路交通　缅甸有公路 515 条，总里程 22.21 万千米。毛淡棉—仰光—南坎公路为主干道，路况较好。2011—2014 年进口汽车近 30 万辆（多为二手车）。仰光—内比都—曼德勒之间正在建设高速公路。主要出境公路联通中国的瑞丽、泰国的湄赛和仁廊。3.1% 的人口拥有汽车，38.7% 的人有摩托车。

铁路交通　铁路总里程 5800 多千米，在建铁路近 3000 千米，主要是窄轨铁路。拥有内燃机车 270 台。纵贯南北的仰光—密支那线是铁路主干线，但火车速度较慢；仰光至曼德勒有客运特快列车。新建的内比都火车站达现代化标准。2016/2017 财年载客量达到 4400 万人次，2017/2018 财年载客量约 4700 万人次。缅甸铁路公司年均收入 600 亿缅元（约合 4500 万美元）。缅甸铁路公司正在升级仰光—曼德勒—密支那段、仰光—毛淡棉段和仰光—卑谬段，这些路线载客量约占全国的 75%。

水　运　内河航道总里程 1.48 万千米，其中正常通航的 8000 千米。主要航线在伊洛瓦底江。沿江各大城市都有班轮运输。拥有各种船只 500 多艘，其中远洋货轮 25 艘。可供远洋货轮停靠的港口主要有仰光港、勃生港、实兑港、若开港、毛淡棉港等 28 个港口，其中仰光港是最大的海港。2015 年 2 月，中缅开通上海至仰光货轮直航。

民用航空　有机场 34 个，其中主要的是仰光机场、内比都机场、曼德勒机场、黑河机场、蒲甘机场和丹兑机场。仰光机场、内比都机场和曼德勒机场为国际机场。主要航空公司有缅甸航空公司、缅甸国际航空公司、仰光航空公司、曼德勒航空公司和蒲甘航空公司（后 3 家航空公司为私营）。国际直达航线联系 20 多个国家和地区，有航班通往中国的北京、昆明、广州、南宁和香港等地。国内航线有 17 条，大城市和主要旅游景点均已通航。2018 年空运货物周转量 474 万吨千米，航空客运量 341 万人次。

管道运输　石油管道 110 多千米，天然气管道 2200 多千米。2015 年 1 月 30 日，中缅油气管道全线贯通并运营。

电　信　缅甸有 4 家电信运营商：缅甸电信公司、卡塔尔电信公司、挪威电信公司和缅甸电信国际有限公司。缅甸电信国际有限公司于 2017 年 1 月 12 日取得营业执照，是缅甸与越南合作开设，其中缅甸持股 51%。2015 年固定电话用户逾 400 万户。2008 年开通 3G 网络，国内电信网络快速发展。仰光的中央电话和电报局及邮政总局是办理国际通信的主要机构。2013 年 4 月，政府以摇号方式向民众出售 SIM 卡。2018 年过渡财年，网络用户 4027.17 万，移动电话用户 3998.87 万。

教　育

缅甸教育分学前教育、基础教育和高等教育。基础教育学制为 10 年，实行小学义务教育制度。现有基础教育学校 40876 所，大学与学院 108 所，其中师范学院 20 所，科学与技术大学 63 所，部属大学和学院 22 所。2012 年以来普通高校本科由 3 年制改为 4 年制。主要大学有仰光大学、曼德勒大学和毛淡棉大学。全民识字率 94.75%。除学校教育外，还有寺庙教育，并逐步开展远程教育。仰光大学与中国多所高校建立关系，并建有中国馆。

传　媒

缅甸国家通讯社是缅甸通讯社。缅甸之声是最有影响力广播电台，建于 1937 年，用缅甸语、英语和 8 种少数民族语言广播。

缅甸官方报纸有《缅甸新光报》《缅甸镜报》；私营报刊主要有《缅甸时报》《七日周刊》《声音周刊》《新闻周刊》等。《首都报》《曼德勒日报》《雅德那榜》报是地方报纸。杂志和期刊约有 180 种。较著名的杂志是《妙瓦底》（缅文）、《保卫》（英文）、《视野》《财富》《威达意》等。《金凤凰》是唯一的中文期刊。中国缅文杂志《吉祥》在缅甸仰光设有分社。

全国有 6 家电视台，109 个电视转播台。境内大部分地区都能收看到电视节目，比较著名的为缅甸电视台、妙瓦底电视台。2013 年，中国广西人民广播电台与缅甸国家广播电视台签署合作协议。2014 年 4 月 1 日，中缅签署中国向缅甸提供电视片协议。4 月 3 日，中缅合拍电视剧《舞乐传奇》在缅甸首播。

医疗卫生

2016/2017 财年，缅甸有公立医院 1115 所，医生 10479 人，护士 20881 人，其中拥有 300 张以上病床的医院 114 所。最好的医院是仰光的亚洲皇家医院和仰光市总医院。此外，还有农村卫生所 1468 所。全国有医生 2 万多人。药品高度依赖进口。

缅甸传统的民族医药是缅医和缅药。政府提倡缅医与西医相结合。

科　技

缅甸有科研机构 12 个。另有科技大学 3 所、技术学院26所、计算机学院2所、航空工程和海事学院2所,这些高等学院也从事科学研究。2018年6月颁布《缅甸科技创新法》。

联邦政府科技部负责管理全国的科学技术工作。

农业科学和应用科学在国家科技事业中占有重要地位,各地重视推广先进的种植技术。工业领域不断改进技术,开发新产品。

历　史

缅甸于公元1044年形成统一的多民族国家。历经蒲甘、东吁、贡榜3个封建王朝。

19世纪,英国殖民主义者以武力占领缅甸,并将缅甸划为英属印度的一个省。1937年,实行印缅分治,由英国直接统辖缅甸。缅甸人民从1920年开始争取民族解放斗争。1932年,我缅人党成立,开展大规模的反英运动。1942年5月,日军占领缅甸,缅甸人民开展抗日斗争。1945年3月举行全国总起义,缅甸光复。不久,仍被英国控制。缅甸人民继续开展民族独立运动。

1948年1月4日,缅甸脱离英联邦而独立,成立缅甸联邦,组成以吴努为首的政府,实行多党议会制。

1962年,奈温将军发动政变,推翻吴努政府,成立革命委员会执政。1974年1月,将国名改为缅甸联邦社会主义共和国,并颁布新宪法,成立人民议会,组建以奈温为主席的社会主义纲领党。1988年7月,因经济形势恶化,爆发全国性游行示威,奈温和吴山友(总统)辞职。

1988年9月18日,时任国防部部长的苏貌将军率军队接管政权,成立国家恢复法律和秩序委员会,宣布废除宪法,解散人民议会和政府机构。同年9月23日,军政府将国名改为缅甸联邦。1990年5月在全国举行大选。1993年1月,缅甸政府召开制宪国民大会。

1997年11月15日,国家恢复法律和秩序委员会改名为国家和平与发展委员会。此后10多年来,缅甸政府奉行民族和解与合作政策,实行民族自治,国内民族矛盾逐渐缓和。2008年5月,全国举行宪法公投通过新宪法。2010年举行大选。2011年3月,国家和平与发展委员会将权力移交给新的国家机构,并更改国名为缅甸联邦共和国。2012年举行议会补选,民盟成为最大反对党。此后,改革步伐加快。　(张磊)

菲　律　宾

国　名

菲律宾共和国(The Republic of the Philippines),简称菲律宾。

国　旗

菲律宾国旗呈横长方形,长宽比为2∶1。靠旗杆一侧为白色等边三角形,中间是放射着8束光芒的黄色太阳,3颗黄色的五角星分别在三角形的3个角上。旗面右边是红蓝两色的直角梯形,两色的上下位置可以调换。平时蓝色在上,战时红色在上。太阳和光芒图案象征自由;8道较长的光束代表最初起义争取民族解放和独立的8个省,其余光芒表示其他省。3颗五角星代表菲律宾的三大地区:吕宋、萨马和棉兰老。蓝色象征忠诚、正直,红色象征英勇、胆量,白色象征和平、纯洁。

地　理

位　置　菲律宾位于亚洲东南部。地处北纬4°35′~21°08′、东经116°55′~126°37′之间。西濒南中国海,东临太平洋。

面　积　陆地国土面积29.97万平方千米。

疆界和邻国　疆域从北到南跨度达1000千米。北面、西面与中国隔海相望,南面与印度尼西亚、马来西亚隔海相望。

地形地貌　陆地国土由7107个岛屿组成,素有“千岛之国”之称。按照地形和岛屿排列情况,菲律宾群岛通常分为吕宋岛(第一大岛,面积4.08万平方千米)、维萨亚群岛、棉兰老岛(第二大岛,面积3.69万平方千米)、巴拉湾群岛、苏禄群岛五大部分。地貌复杂多样,山地面积占陆地总面积的2/3。群岛上横亘7座山脉,其中谢拉马德雷山脉最长,从北到南纵贯吕宋岛东部。最高峰是钢阜山(休眠火山),海拔2955米,位于棉兰老岛。最有名的平原是吕宋平原,有“菲律宾粮仓”之称。海拔最高的地区是吕宋岛北部的奔贵高原。海岸线蜿蜒曲折,总长1.85万千米,颇多天然良港。马尼拉湾是世界上最好的港湾之一,水域达770平方千米。位于棉兰老岛东面海域的菲律宾海沟深达10540米,为世界最深的海沟。由于地处太平洋边缘的火山地震带,常发生地震。境内有火山50多座,其中活火山11座。吕宋岛上的活火山马荣火山在1616—1968年间共喷发30余次。

江河湖泊　群岛河流遍布,最长的河流是卡拉延河。吕宋岛的内湖是最大的淡水湖。

气　候　属热带海洋性气候区。分干、湿两季：5—10月为湿季，高温多雨；11月至次年4月为干季，炎热干燥。由于国土南北跨度大和东西有山脉分隔，南部与北部、东海岸与西海岸的气候有较大差别。全国年平均气温26.6℃。年降水量2000～3000毫米。东面海域是台风发源地，境内常受台风影响。

风景名胜　主要旅游景点有百胜滩、蓝色港湾、碧瑶市、马荣火山、伊富高省原始梯田等。

国　民

人　口　2019年菲律宾人口1.08亿，其中城市人口5103万。人口密度357.7人/平方千米。

民　族　有80多个民族。其中，马来族（包括他加禄人、伊洛戈人、邦班牙人、比萨亚人、比戈尔人等）约占全国人口的85%，华人（约150万）、印度尼西亚人、阿拉伯人、印度人、西班牙人、美国人等族群约占5%。还有为数不多的原住民。

语　言　有75种语言。通用语是以他加禄语为基础的菲律宾语。官方语言为英语。西班牙语也较流行。

宗　教　约85%的国民信奉天主教，49%的国民信奉伊斯兰教，少数人信奉独立教和基督教新教。华人多信奉佛教。原住民多信奉原始宗教。

资源物产

菲律宾探明储量的金属矿有13种，非金属矿29种。储量较大的金属矿有铜、金、银、铁、铬、镍和铝土，其中铜矿储量37.16亿吨，镍矿1.27亿吨，金矿1.36亿吨。非金属矿主要有石灰石、大理石等。地热资源丰富，估计有相当于20.9亿桶原油的热能资源。巴拉望岛西北部海域石油储量约3.5亿桶。

有可耕地1400万公顷，占土地总面积的46.9%。粮食作物主要是水稻和玉米。经济作物主要有椰子、甘蔗、蕉麻、烟草、香蕉、菠萝、橡胶、咖啡、杧果、木薯等，其中椰子产量和出口量均占世界总量的60%以上。森林面积1581万公顷，森林覆盖率41%，有红木、樟木等名贵木材。经济鱼类有2400多种，金枪鱼资源量居世界各国前列。开发的海水、淡水鱼场面积2080平方千米。

国体政体

国　体　菲律宾是共和制国家。立法、行政、司法三权分立。实行总统内阁制。总统由人民直接选举产生，任期6年。

国　会　国家最高立法机构。由参、众两院组成。参议院议员24名，由全国直接选举产生，任期6年，每3年改选1/2，可连任2届。众议院议员295名，其中238名由各省、市按人口比例分配，从全国各选区选出；其余57名个别少数民族的政党代表，按每个政党总选票的2%为一个席位选举产生，但每个政党代表最多不得超过3个席位。众议员任期3年，可连任3届；现众议员人数已超过菲律宾宪法规定的250名。本届国会于2016年7月选举产生。

政　府　由总统、副总统和内阁成员组成。设住房和城市发展协调委员会、执行部、外交部、财政部、司法部、农业部、国防部、贸易与工业部、公共工程与公路部、教育文化与体育部、劳工与就业部、社会经济计划部、卫生部、土地改革部、警察总监、内务与地方政务部、环境与自然资源部、交通与运输部、社会福利部、预算与管理部、科技部、旅游部、能源部等部门。现任总统、副总统于2016年5月当选，内阁于同月组成。

司法机构　司法权属最高法院和各级法院。最高法院拥有最高司法权，有1名首席法官和14名陪审法官，均由总统任命；下设上诉法院、地方法院和市镇法院。检察工作由司法部检察长办公室负责。

党　派　有政党100余个，大多数为地方性小党。主要政党有自由党（执政党）、基督教穆斯林民主力量党（简称拉卡斯，最大政党）、民族主义人民联盟、摩洛民族解放阵线、摩洛伊斯兰解放阵线、共产党、民主行动党、地方发展优先党、改革党、民主战斗党、民族党等。

菲律宾吕宋岛风光图　（百度网）

国家元首和政府首脑

菲律宾总统是国家元首、政府首脑兼武装部队总司令。现任总统罗德里戈·杜特尔特，2016年5月当选。

行政区划

一级行政区划　菲律宾划分为吕宋、维萨亚、棉兰老三大部分，行政区划为首都地区、科迪勒拉行政区和棉兰老穆斯林自治区，以及伊罗戈区、卡加延谷区、中吕宋区、南塔加罗格区、比克尔区、西维萨亚区、中维萨亚区、东维萨亚区、西棉兰老区、北棉兰老区、南棉兰老区、中棉兰老区、卡拉加区等18个地区。下设81个省和117个市。

主要城市　首都大马尼拉市，位于吕宋岛南部，人口1288万（2015年），是全国政治、经济、文化、交通中心。其他重要城市有马尼拉、奎松、达澳、宿务、卡洛奥坎、三宝颜、帕萨伊、巴戈洛德、伊洛伊洛、卡加延德奥罗等。

经　济

国内生产总值　2019年菲律宾国内生产总值3349亿美元，比上年增长5.9%。人均国内生产总值3485.1美元。

产　业　2019年，菲律宾农业增加值占国内生产总值的8.8%，农业以种植业为主；工业增加值占国内生产总值的30.2%，工业以农、林产品加工业为主，制造业发展迅速；服务业增加值占国内生产总值的61.0%，从业人员约1970.3万（2014年），约占全国就业人数的54.1%。

财　政　2019年财政收入约3.137万亿比索，财政支出约3.797万亿比索。

金　融　主要银行有首都银行、商业银行等。货币名称为比索。2019年比索与美元平均比价约为51.8:1。国家外汇及黄金储备814亿美元，2019年末外债总额780.5亿美元。

对外贸易　菲律宾与150个国家和地区有贸易往来。2019年外贸进出口总额1825.2亿美元，其中出口额709.3亿美元，进口额1115.9亿美元，贸易逆差10737美元。出口商品主要有半导体、电子产品、运输设备、服装、椰子油、铜制品、金属配件、石油产品、水果，进口商品主要有电子产品、矿物燃料、运输设备、机械设备、化工产品、塑料制品、谷物、钢铁、纺织品。

交通通信

民用航空　菲律宾航空业比较发达。全国有机场163个，在用民用机场86个。主要机场有尼诺·阿基诺国际机场、宿务麦克坦国际机场、达澳国际机场、苏比克国际机场、克拉克国际机场和拉瓦格国际机场，其中马尼拉的尼诺·阿基诺国际机场是全国最大的航空港。国内航线通达40多个城市。国际航线较多，与30多个国家签有国际航运协定。2017年空运货物周转量7.57亿吨千米，航空客运量4408.7万人次。

铁路交通　铁路总里程1200千米，集中在吕宋岛。铁路网以马尼拉为中心，北达圣费尔南多，南到黎牙实比。

公路交通　公路总里程32.8万千米（2016年）。注册机动车辆808.12万辆（2014年）。

水　运　航道总长3219千米。全国有港口数百个，商船千余艘。主要港口有马尼拉、宿务、怡朗、达沃、卡加延、三宝颜等。2014年港口集装箱吞吐量586.9万标准箱。

教　育

菲律宾的学前教育可自由选择。初等教育（即小学教育）为义务教育，学制6年（一些私立学校为7年）。中等教育（即中学教育）学制4年，免费教育但非义务教育。学位制高等教育学制一般为4年（工程学、法律、医学等专业需要至少5年的在校教育）。鼓励私人办学。全国成人识字率96.6%（2015年）。

全国有中、小学64700所（2016—2017学年），适龄儿童入学率116.8%（2013年）；中学入学率88.4%（2013年）。高等教育主要由私人举办；有高等院校2180所，其中公立537所，私立1523所（2010学年）；在校生总数243万人，年毕业生60多万人。著名高等院校有菲律宾大学、阿特尼奥大学、东方大学、远东大学、圣托玛斯大学等。

传　媒

菲律宾通讯社为官方通讯社。新闻出版组织有菲律宾全国新闻记者俱乐部、菲律宾新闻摄影家协会、菲律宾出版者协会等。全国有出版机构257家。广播电台1342家，电视台3010家（2014年）。在菲律宾广播电台、电视台中，除人民电视台为官办外，其余均为私人举办；所播节目主要是英语、他加禄语、华语节目。主要英文报纸有《马尼拉公报》《菲律宾星报》《菲律宾询问日报》《自由报》《马尼拉时报》和《马尼拉纪事报》，主要菲文（他加禄语）报纸有《消息报》和《菲律宾快报》，主要华文报纸有《世界日报》《商报》《菲华时报》《联合日报》和《环球日报》。

医疗卫生

菲律宾有医院1195所（2015年），医师3002人，牙医1788人，护士6061人，助产士3002人（2014年）。2016年人均预期寿命69.1岁。人口出生率23.2‰，死亡率6.5‰。

历　史

菲律宾历史悠久。最早生活在菲律宾群岛上的居民是尼格列多人。西班牙入侵之前，菲律宾存在许多土著部落和马来族移民建立的割据王国，其中最著名的是14世纪70年代兴起的海上强国苏禄王国。

1521年，麦哲伦率领西班牙远征队到达菲律宾群岛。1531年，西班牙远征队在比萨亚群岛（今宿务港）登陆，宣布占领该群岛。1543年，入侵的西班牙军队以其国王菲律普二世名字命名该群岛，这是“菲律宾”称呼的由来。

1565年，西班牙占领菲律宾全境，并开始对其实行长达300多年的殖民统治。

1898 年 6 月 12 日，菲律宾起义者借美（国）西（班牙）战争之机，宣告独立，成立菲律宾历史上第一个共和国。同年 12 月，美国通过美西战争后签订的《巴黎条约》占领菲律宾，菲律宾又沦为美国的殖民地。

1935 年 11 月，菲律宾成立自治政府。

1941 年 12 月 8 日，日本入侵菲律宾。

1945 年，美国恢复对菲律宾的殖民统治。

1946 年 7 月 4 日，菲律宾宣告独立。菲律宾独立后，自由党和国民党轮流执政。

1965 年，马科斯就任第六任总统，并 3 次连任。

1983 年 8 月，反对党领导人贝尼格诺・阿基诺被谋杀，导致政局动荡。1986 年 2 月 7 日，提前举行总统选举，贝尼格诺・阿基诺的夫人科拉松・阿基诺在民众、天主教会和军队的支持下出任总统。

1992 年 6 月，拉莫斯按宪制当选为菲律宾总统。

1994 年 6 月，埃斯特拉达当选菲律宾总统。

1996 年 9 月 2 日，菲律宾政府与最大的反政府组织摩洛民族解放阵线签署和平协议，其南部长达 24 年的战乱局面结束。

2001 年 1 月，埃斯特拉达因受贿丑闻被迫下台，副总统阿罗约继任总统。

2004 年 6 月，阿罗约总统获得连任。

2010 年 5 月，菲律宾举行大选，贝尼尼奥・阿基诺三世当选菲律宾总统。

2016 年 5 月，罗德里戈・杜特尔特当选菲律宾第 16 任总统。 （陈红升）

新　加　坡

国　名

新加坡共和国（The Republic of Singapore），简称新加坡。

国　旗

新加坡国旗由上红下白两个相等的横长方形组成，长与宽之比为3∶2。左上角有一弯白色新月和五颗白色五角星。红色代表人类的平等，白色象征纯洁和美德；新月象征国家，五颗星代表国家建立民主、和平、进步、公正和平等的思想。新月和五颗星的组合紧密而有序，象征着新加坡人民的团结和互助的精神。

地　理

位　置　新加坡位于亚洲东南部的马来半岛南端。地处北纬 1°09′～1°29′、东经 103°36′～104°25′之间。南面为太平洋与印度洋之间的航运重要通道——马六甲海峡的东部出入口。

面　积　陆地国土面积724.4平方千米（2020年）。

邻　国　北隔柔佛海峡与马来西亚为邻，南隔新加坡海峡与印度尼西亚相望。

地形地貌　陆地国土由新加坡岛和 63 个小岛组成。大部分土地为低地，这些低地已开发为市区和工业区。海岸平缓，岸线大多经过人工改造。新加坡岛占全国陆地面积的 88.5%。新加坡本岛以外的其他岛屿，较大的有大德光岛（24.4 平方千米）、乌敏岛（10.2 平方千米）和圣陶沙岛（3.5 平方千米），其中圣陶沙岛和乌敏岛是旅游景点，大德光岛是工业基地。

气　候　属热带海洋性气候。常年高温潮湿多雨。年平均气温 24℃～32℃，日平均气温 26.8℃。年平均降水量 2345 毫米。年平均湿度 84.3%。

风景名胜　主要有牛车水、小印度、鱼尾狮公园、裕廊飞禽公园、新加坡植物园、花柏山、圣淘沙岛、乌敏岛等。

国　民

人　口　2019 年总人口 570.36 万，其中公民和永久居民 403 万。人口密度 7922.8 人/平方千米。

民　族　种族多元。华人占 74.% 左右，其余为马来人、印度人和其他种族。

语　言　马来语是国语。英语、华语、马来语和泰米尔语为官方语言。英语是行政语言，使用最为广泛。大多数新加坡人都会讲母语、英语两种语言。

宗　教　佛教、道教、基督教、伊斯兰教在新加坡均有较大影响。各类宗教信徒约占全国 10 岁以上人口的 86%。华人大多信奉佛教，马来人多信奉伊斯兰教，印度人多信奉印度教。

资源物产

新加坡矿产资源匮乏。除在本岛中部、北部及大、小德光岛等几个岛屿有花岗石外，至今尚未发现其他矿藏。虽然四面环海，但渔业并不发达，海产品年产量仅 1 万余吨。

植物资源比较丰富，植物品种有 2000 多种，多属热带低地常绿植物。普遍种植热带观赏花卉胡姬花（即兰花），品种繁多，娇美艳丽，四季盛放。所产胡姬花大量出口欧洲各国及美国、日本等国家和地区。

国体政体

国　体　新加坡是议会制国家。宪法规定，总统为国家元首，原经议会选举产生，1992 年国会颁布民选总统法案，规定从 1993 年起总统由全民选举产生，任期由 4 年改为 6 年。

国　会　国家立法机构。由议会和总统组成。实行一院制，任期 5 年。国会可提前解散，大选须在国会解散后 3 个月内举行。年满 21 岁的新加坡公民都有投票权。国会议员分为民选议员、非选区议员和官委议员。其中民选议员从全国 13 个单选区和 16 个集选区（2015 年大选）中由公民选举产生。集选区候选人以 4～6 人一组参选，其中至少 1 人是马来族、印度族或其他少数种族。同组候选人必须同属一个政党，或均为无党派人士，并作为一个整体竞选。非选区议员从得票率最高的反对党未当选候选人中任命，最多不超过 6 名，从而确保国会中有非执政党的代表。官委议员由总统根据国会特别遴选委员会的推荐任命，任期两年半，以反映独立和无党派人士意见。本届国会 2015 年 9 月 11 日选举产生，共有议员 92 人。其中民选议员 89 人（人民行动党 83 人，工人党 6 人），非选区议员 3 人。

政　府　内阁是国家行政权力机关。由总理、副总理、各部部长组成。总统委任国会中多数党领袖为总理。根据总理提名，总统任命内阁部长。总理、部长都必须是国会议员。设有文化、社区与青年部、财政部、人力部、国家发展部、社会和家庭发展部、总理公署、环境与水资源部、律政部、内政部、外交部、国防部、交通部、贸工部、通讯及新闻部、教育部、卫生部等。本届内阁于 2015 年 9 月 28 日组成，至今已进行两次小幅改组，委任多位年轻部长担任要职。

司　法　设最高法院和总检察署。最高法院由最高法庭和上诉庭组成。最高法院大法官由总理推荐、总统委任。总检察长公署下设立法处、刑事处、民事处 3 个部门。总统根据总理建议任命总检察长。

党　派　注册的政党有 30 多个。主要有人民行动党、工人党、新加坡民主党等。人民行动党从 1959 年至今一直保持执政地位。李光耀长期任该党秘书长，1991 年吴作栋接任；2004 年 12 月，李显龙接替吴作栋出任该党秘书长。

国家元首和政府首脑

总　统　哈莉玛·雅各布，2017 年 9 月 14 日就职。

政府总理　李显龙，2004 年 8 月 12 日任职。2006 年 5 月、2011 年 5 月、2015 年 9 月分别连任。

行政区划

新加坡是一个城市国家。在地理上分为中央区、内市区、外市区、新镇、内郊区、外郊区等 6 个地区。选举时分为 75 个选区。不设区政权机构，由中央各部直接管理各项事务。设有公民咨询委员会、民众联络所、人民协会等社区组织，担负起准地方政府的任务，作为沟通政府与居民之间的桥梁。

首　都　新加坡市，位于新加坡岛东南部，南临新加坡海峡。是东南亚最大的海港、重要商业城市和转口贸易中心，也是国际金融中心、航空中心。市容整洁美观，到处树木葱茏，绿草如茵，百花娇艳，被誉为“世界花园城市”。

经　济

国内生产总值　2019 年新加坡国内生产总值 3721 亿美元，比上年增长 0.7%。人均国内生产总值 65166 美元。

产　业　农业在经济中所占比重很小，产值不足经济总量的 0.1%。主要由园艺种植、家禽饲养、水产养殖和蔬菜种植等构成。工业化程度较高，主要行业是制造业和建筑业，2019 年工业增加值占国内生产总值的 24.5%。制造业产品包括电子产品、化学与化工产品、生物医药、精密机械、交通设备、石油产品等，是世界第三大炼油中心。服务业发达。2019 年服务业增加值占国内生产总值的 70.4%。包括零售与批发贸易、旅游、交通与电信、金融服务等行业。旅游业兴旺，被誉为“亚洲旅游王国”。2019 年接待外国游客 1911.1 万人次，比上年增长 3.3%；旅游业收入 204.2 亿新元。

对外贸易　2019 年进出口贸易总额 7500 亿美元，比上年下降 4.2%。其中：进口额 3590.6 亿美元，下降 3.1%；出口额 3904.2 亿美元，下降 5.2%。主要贸易伙伴是中国、马来西亚、欧盟、印度尼西亚和美国。主要出口商品为成品油、电子元器件、化工品和工业机

新加坡城市风光　　（百度网）

器等。主要进口商品为电子真空管、原油、加工石油产品、办公及数据处理机零件等。

财　政　2019年4—11月财政收入523亿新元，支出753.37亿新元，财政赤字10.63亿新元。

金　融　由金融管理局负责制定和实施各项金融政策，负责监督与管理商业银行及其他金融机构的经营活动，实际上执行着中央银行的职能，但不发行货币。拥有1600多家金融机构。货币名称为新加坡元。2019年新加坡元与美元平均比价为1.4:1。2019年，国家外汇储备2769.7亿美元。

外国投资　2019年，新加坡共吸引外国直接投资921亿美元，比上年增长15.5%，多集中在金融服务业和制造业。美国、日本、英国、荷兰、卢森堡是新加坡投资的主要来源地。

对外投资　2019年，新加坡对外直接投资额为333亿美元，比上年增长11.8%，主要集中在金融服务业和制造业。主要直接投资对象国是中国、荷兰、印度尼西亚、印度、马来西亚、澳大利亚、英国、开曼群岛。

交　通

铁路交通　新加坡的铁路交通以地铁为主，轨道交通全长228.1千米，有地铁站122个。1999年11月建成轻轨铁路，全长28.8千米，与地铁相连，设42个站。

公路交通　形成以8条快速公路为主线，众多普通道路为支线的公路网络，覆盖全岛每个角落。新加坡公路总长3300千米，其中高速公路153千米，一级公路613千米。2010年底，车辆总数94.6万辆，其中私人轿车58.4万辆，货车15.8万辆。

水　运　新加坡港是世界最繁忙的港口和亚洲主要转口枢纽，也是世界最大燃油供应港口。有250多条航线连接世界600多个港口。有4个集装箱处理码头，集装箱船泊位57个。2019年港口处理货运总量6.26亿吨，集装箱吞吐量3720万标准箱，比上年增长1.6%。

民用航空　新加坡是亚洲地区重要的航空运输枢纽。主要有新加坡航空公司及其子公司胜安航空公司。新加坡樟宜机场连续多年被评为世界最佳机场，已开通至60个国家188个城市的航线，各国81家航空公司平均每周提供约4400班次的定期飞行服务。2019年航班起降38.2万架次，客运量6830万人次，货运量200万吨。

通　信

电　话　新加坡固定电话用户190.58万户，移动电话用户907.67万户。

互联网　政府高度重视网络基础设施建设，并将其纳入提升国家知识型经济层次和国际竞争力的发展战略。全国宽带用户1230.93万户，宽带互联网普及率52%。

邮　政　邮政网络有66处邮局，26处投递站，32处邮务代办所，分布在国内各主要区域。

教　育

新加坡教育发展经历两个阶段。第一阶段从1959年到1979年，偏重于普及性和职业教育，为工业化初级阶段的经济发展培养熟练劳动力。第二阶段从1979年至今，重点发展高等普通教育和高等职业技术教育，培养高层次专业技术人才。

实行精英教育。青少年一般必须接受10年正规教育，其中小学6年，中学4年。强调双语、体育、道德教育，创新和独立思考能力并重。双语政策要求学生除学习英文外，还要通晓母语。政府推行资讯科技教育，促使学生掌握电脑知识。全国有小学170所，中学154所，初级学院14所。大学主要有新加坡国立大学、南洋理工大学、新加坡管理大学和新加坡科技大学。此外，还有4所理工学院和33所技术/商业训练学院。

传　媒

新加坡主要有两大媒体集团：新加坡报业控股和新传媒。报业控股是私营上市公司，旗下有用4种语言出版的15家报纸，其中英文的《海峡时报》和中文的《联合早报》在新加坡颇具影响力。新传媒是一家官营公司，旗下有新传媒电视、新传媒电台、新传媒新闻网、新传媒报业、新传媒出版、新传媒制作、新传媒互动等7个集团。新加坡电视台有6个频道，并开通有线电视网和卫星电视。

医疗卫生

新加坡政府通过财政投入建立完善的社区医疗卫生中心，社区医疗服务覆盖所有居民。医疗机构分两种：一种是个人出资兴办的营利性综合全科医院，一种是政府和慈善机构建立的非营利性医院。政府推行“三重安全保健网”（即保健储蓄计划、保健双全计划、保健基金），以确保国民都有求医受诊的能力和机会。

截至2019年年底，新加坡有7所医院、6个专业中心、18个医疗中心和3个特殊医疗研究机构，每万人拥有24名医务工作者。国民平均预期寿命83.2岁。

科　技

新加坡在重要领域具备科研能力的机构有13个。这13个研究机构由两个研究理事会直接管理，其中生物医药研究理事会管理5个从事生物和医药研究领域的研究所，科学与工程研究理事会管理其他8个研究所。科学技术研究局、经济发展局、资讯通信管理局、国际企业发展局、标准及生产力与创新局等政府机构在科研体系中发挥重要作用。科学技术研究局以科研院（中心）、大学、医院等公共科研机构为工作对象，着眼发展公共科研机构的科研人力资源，并为他们提供科研资金；经济发展局以公司为工作对象，负责支援公司的研究和创新项目，并为新的起步公司提供资金。国家财政科研经费支出约占国内生产总值的2%。

历 史

新加坡古称淡马锡，公元8世纪建国，属印度尼西亚的室利佛逝王朝。10世纪前后，成为繁荣的港口。13世纪中叶，随着室利佛逝王朝的衰落，淡马锡改称信诃补罗。到14世纪中期，信诃补罗成为连接东西方的一个著名国际贸易港口。1350年后，屡遭爪哇的麻喏巴歇王朝和暹罗的大城王朝侵略，于14世纪末灭亡并变成暹罗的属地。18—19世纪，是马来西亚柔佛王国的一部分。

1819年，英国殖民地开拓者莱佛士登陆新加坡。1826年新加坡沦为英国殖民地。英国一直把新加坡作为远东转口贸易的重要商埠和在东南亚的主要军事基地。第二次世界大战期间，新加坡被日本占领。1945年日本投降后，英国恢复其在新加坡的殖民统治。随后，新加坡人民展开各种形式的斗争，迫使英国殖民当局改变统治方式。1954年2月，英国发表《伦德尔宪调查报告书》，提出在新加坡成立一个有32个席位的立法议会(7席由官方委任，25席由民众选举产生)，并在此基础上成立民选政府。1955年，内阁式的政府成立，但重要的部长职位仍属于殖民当局。1956年3月12—18日，在要求结束殖民统治的"独立运动周"中，20多万新加坡居民在独立意见书上签字。在此形势下，英国政府3次邀请新加坡各派政治力量到伦敦谈判，讨论新加坡政治地位问题。

1958年4月18日，英、新代表签订《关于新加坡自治宪法草案》，英国同意新加坡成立自治邦，实行内部自治，但保留国防、外交、修宪和颁布紧急法令权，并驻有军队。1959年5月30日，举行新立法议会选举，人民行动党获胜。1959年6月，新加坡成立自治邦，实行内部自治，英国保留国防、外交权利。

1963年，新加坡与马来西亚、沙捞越和沙巴组成马来西亚联邦。1965年8月9日退出联邦，成立新加坡共和国。（谢柱军）

泰 国

国 名

泰王国(The Kingdom of Thailand)，简称泰国。

国 旗

泰国国旗呈长方形，长宽比为3:2，由红、白、蓝三色的五个横长方形平行排列构成，上下方为红色，蓝色居中，蓝色上下方为白色，蓝色宽度相等于两个红色或两个白色长方形的宽度，红色代表民族和象征各族人民的力量与献身精神。泰国90%以上人口信奉佛教，白色代表宗教，象征宗教的纯洁。泰国是君主立宪制国家，国王至高无上，蓝色代表王室。蓝色居中象征王室在各族人民和纯洁的宗教之中。

地 理

位　置　泰国位于中南半岛中南部。地处北纬5°37′~20°27′、东经97°22′~105°37′之间。东南濒临泰国湾，西南面向印度洋的安达曼海。

面　积　陆地国土面积51.31万平方千米。

疆界和邻国　东与柬埔寨毗连，东北与老挝交界，西面和北面与缅甸为邻，南与马来西亚联邦接壤。陆地边界线长3400千米。

地形地貌　地势北高南低，由西北向东南倾斜。地形复杂，全国大体分为5个地形区：(1)北部和西部内陆山区。北部山区山脉、河流众多，是湄南河的发源地。主要山脉有登劳山、坤丹山、匹邦南山和琅勃拉邦山，平均海拔1600米，是全国地势最高的地区。清迈的因他暖峰海拔2576米，是全国最高峰。西部山区多为山岭、峡谷。(2)东北部高原。也称柯叻高原，包括东北部17个府的广大地区。整个高原由西向东南方向倾斜，构成柯叻、沙功那空两个盆地。(3)中部流域平原。包括湄南河流域以及夜功河、他真河和挽巴功河流域的中、下游地区，是泰国最大的冲积平原和水稻主产区，素有"泰国粮仓"之称。(4)东南沿海地区。包括巴真武里、差春骚、春武里、罗勇、占他武里和达叻6个府的狭小地区。(5)南部半岛。包括马来半岛的一部分以及连接半岛和大陆的克拉地峡。

海岸海岛　海岸线长2616.4千米。东南沿海海岸线曲折，近海有阁昌、阁谷、阁锡昌等岛屿。南部半岛地区西海岸为下沉海岸，大陆架狭窄，海岸线曲折破碎且多为岩岸，主要岛屿有普吉岛(全国最大岛屿，面积500多平方千米)、象岛、苏梅岛、PP岛、沙美岛、道岛和希美兰岛等；东海岸平坦开阔，多沙滩，少海湾。

泰国苏梅岛景色组图　　（百度网）

江河湖泊　境内河流纵横。主要河流有湄南河和湄公河。湄南河注入泰国湾，河谷宽阔，倾斜度很小，雨季常形成水患。湄公河在境内流长930千米，部分河段水深流急，礁石起伏，交通不便。南部半岛的宋卡湖是全国最大湖泊。其他湖泊有波拉碧湖、农汉湖、公博哇丕湖、农雅湖等。

气　候　大部分地区属于热带季风气候区，全年分为热、雨、凉三季。2月中旬到5月中旬为热季，5月到10月中旬为雨季，11月、12月和次年1月、2月中旬为凉季。凉季和热季少雨，因此也合称干季或旱季。南部半岛地区属热带雨林气候区，终年炎热多雨。全国年平均降水量约1550毫米，年平均气温24℃～30℃。由于地形不同，各地的降水、气温有较大差别。

风景名胜　主要风景名胜区有曼谷、清迈、芭堤雅、普吉岛、象岛、苏梅岛、沙美岛、道岛和希美兰岛等。

国　民

人　口　2019年泰国人口6963万，其中城市人口3578.8万。人口密度135.9人/平方千米。

民　族　有30多个民族。泰族是主体民族，占总人口的75%。人口较多的民族还有华族、马来族和高棉族，分别占总人口的14%、3.5%和2%。

语　言　泰语为国语。分为中部方言、南部方言、北部方言、东北部方言4种方言，其中中部方言为全国通用的标准泰语。

宗　教　90%以上的国民信仰佛教，少数信奉伊斯兰教（马来族）、基督教新教、天主教、印度教和锡克教。佛教为国教，对泰国的文化影响甚深。按照传统，上至国王下至百姓，男子一生中皆得出家一次，时间不等，以获得社会尊重。

资源物产

泰国主要矿产资源有钾盐、锡、褐煤、油页岩、天然气、铅锌、钨、铁、锑、铬、重晶石、宝石、石油等。其中：钾盐储量4367万吨，居世界各国首位；锡矿储量150万吨，占全世界的12%。

全国可耕地面积约占国土总面积的41%。主要农产品有稻谷、玉米、木薯、橡胶、甘蔗、绿豆、亚麻、烟叶、咖啡豆、棉花、棕榈油等，是世界大米主产国和第一出口大国。水产品产量大，虾产量居世界各国首位。盛产各类热带水果，主要有榴梿、山竹、荔枝、龙眼、椰子等。

国体政体

国　体　泰国是君主立宪制国家。宪法规定：实行以国王为元首的民主政治制度；国王为国家元首和王家武装部队最高统帅，神圣不可冒犯，任何人不得指责或控告国王。国王通过国会、内阁和法院分别行使立法、行政和司法权。

国　会　由上议院、下议院组成。具有立法、审议政府施政方针和国家预算、对政府工作进行监督等职能。议员均直接来自民选。上议院议员不得隶属任何政党，不得担任阁员。下议院议员担任内阁职务须辞去议员职务。

内　阁　国家最高行政机关。政府总理来自下议院，由国会主席兼下议院院长提名，经下议院表决并获半数以上票数通过，由国会主席呈报国王任命。总理在解散议会前须得到内阁同意并报国王审批，在不信任案期间不得解散议会。设有总理府、国防部、财政部、外交部、旅游与体育部、社会发展和人类安全部、农业和合作社部、交通部、自然资源与环境部、信息技术和通讯部、能源部、商业部、内政部、司法部、劳工部、文化部、科技部、教育部、卫生部等部门。

司　法　司法系统由宪法法院、司法法院、行政法院和军事法院构成。检察机关实行垂直领导，分为最高检察院、区域检察院、府级检察院。

党　派　政党众多，但是很大一部分是为了大选而临时新成立的政党或是一些规模较小的政党。参加2014年泰国大选的政党共有50多个。较有影响力的有：为泰党、民主党、自豪泰党、泰国发展党、为国发展党。

国家元首和政府首脑

国　王　泰国国王玛哈·哇集拉隆功。2016年10月13日即位。2016年12月1日举行登基仪式，正式成为泰国拉玛十世国王。

政府总理　巴育·占奥差。2014年5月22日，泰国皇家陆军总司令巴育·占奥差宣布发动军事政变，组建国家维持和平秩序委员会接管国家权力。泰国军方随即宣布由陆军司令巴育兼任代理总理。2014年8月21日，泰国国家立法议会召开会议选举巴育担任临时总理，8月24日，泰国国王普密蓬·阿杜德正式任命巴育为泰国第29任总理。2019年3月24日，泰国举行新一届大选，6月5日新一届国会上下两院投票选举总理，巴育高票当选连任。

行政区划

一级行政区划　泰国划分为76个府(府级直辖市是曼谷)。各府分别是：素可泰、彭世洛、甘烹碧、披集、碧差汶、那空沙旺、素攀、北榄、龙仔厝、夜功、那空那育、曼谷、暖武里、巴吞他尼、阿育陀耶、北标、华富里、红统、信武里、猜纳、乌泰他尼、佛统、清迈、清莱、夜丰颂、程逸、帕夭、喃邦、喃奔、难、帕、孔敬、那空帕农、乌汶、也梭吞、庵纳乍仑、呵叻、廊开、莫拉限、吗哈沙拉堪、沙功那空、莱、黎逸、廊磨喃普、胶拉信、四色菊、素辇、猜也奔、武里喃、乌隆、春武里、罗勇、哒叻、尖竹汶、巴真武里、北柳、沙缴、来兴、北碧、佛丕、叻丕、巴蜀、惹拉、沙敦、普吉、甲米、攀牙、拉农、董里、宋卡、陶公、素叻他尼、洛坤、春蓬、博他仑、北大年。

主要城市　首都曼谷市，位于泰国中部，是全国政治、经济、文化、交通中心，人口约1370万，市区面积1568平方千米。其他重要城市有清迈、清莱、大城、普吉等。

经　济

国内生产总值　2019年泰国国内生产总值5437亿美元，比上年增长2.4%，人均国内生产总值7806.74美元。

产　业　农业较发达，农产品出口是外汇收入的重要来源。制造业在GDP中占较大比重，主要工业行业有采矿、纺织、电子、塑料、食品加工、玩具、汽车装配、建材、石油化工等。旅游业发展较快，设施完善，服务质量较高。2019年泰国接待外国游客3900万人次，比上年增长2.6%，其中中国游客超1098万人次，增长4.2%。

财政金融　货币为泰铢，2019年平均汇率为32.1泰铢兑1美元。主要银行有：盘谷银行、泰京银行、开泰银行、暹罗商业银行、泰华农民银行、大城银行。2019年国家外汇储备2243.3亿美元，全年泰铢升值约7.9%。财政收入2.56万亿泰铢，公共债务6.95万亿泰铢。

进出口贸易　据泰国海关统计，2019年泰国货物进出口总额4853.2亿美元，比上年下降3%。其中：出口2453.3亿美元，下降2.1%；进口2399.8亿美元，下降3.8%。贸易顺差53.6亿美元，增长349.6%。

中国、日本和美国是泰国前三大贸易伙伴。2019年泰国对中、日、美3国的双边贸易额分别是800亿美元、577.8亿美元和486.5亿美元。泰国对中、日、美3国分别出口290.2亿美元、244.7亿美元和312.9亿美元，分别比上年下降3.4%、下降1%和增长12.5%。泰国自上述3国分别进口509.8亿美元、336.4亿美元和176亿美元，分别比上年增长1.6%、下降5.1%和增长15.8%。中国和日本是泰国最大的贸易逆差来源国，2019年逆差额分别为219.6亿美元和91.7亿美元。泰国的贸易顺差主要来自美国，2019年顺差额为136.9亿美元，增长7.4%。中国为泰国第二大出口市场和第一大进口来源地。

交　通

铁路交通　泰国铁路总长4645千米，主要是窄轨铁路。2019年铁路货运周转量25.6亿吨千米，铁路客运周转量75亿人千米。

公路交通　公路总长约70万千米，其中国道及附属公路9.99万千米。公路四通八达，各府、县都有公路相连。

水　运　湄公河、湄南河为泰国两大水路运输干线。曼谷是最重要的港口，全国95%的出口和大部分进口商品都在此吞吐。此外，还有廉差邦港、梭桃邑港、宋卡港和普吉港等。海运航线可达中国、日本、美国、欧洲和新加坡。2019年港口集装箱吞吐量1075.6万标准箱。

民用航空　2006年下半年投入使用的曼谷素万那普国际机场每天进出旅客超过6281万人次，是东南亚地区重要的航空枢纽，国际航线可通达欧洲、美洲、亚洲和大洋洲的40多个城市。其他国际机场还有清迈机场、普吉机场和合艾机场。2019年空运货物周转量22.3亿吨千米，航空客运量7822.7万人次。

教　育

泰国中小学教育学制为12年，即小学6年、初中3年、高中3年。中等专科职业学校为3年制。大学一般为4年制，医科大学为5年制。

2015年全国各级各类在校学生共1334.14万人。其中，学前教育173.88万人，小学教育486.71万人，中学教育436.11万人(初中234.44万人，高中201.67万人)，高等教育237.45万人(学士及大专218.16万人，大学课程班5451人，硕士15.89万人，硕士课程班1442人，博士2.54万人)。

2015年全国各类高等院校154所，其中公立院校80所(综合性大学24所、皇家师范大学32所、理工大学7所、专业性院校7所、军事院校10所)，私立院校74所(其中综合性大学41所)。著名的学府有朱拉隆功大学、法政大学、农业大学、玛希顿大学、清迈大学、孔敬大学、宋卡王子大学、易三仓大学、亚洲理工学院等。

传　媒

泰国主要泰文报纸有《泰叻报》《民意报》《每日新闻》《国家报》《沙炎叻报》《经理报》等，主要华文报纸有《新中原报》《中华日报》《星暹日报》《亚洲日报》《世界日报》和《京华中原日报》等，主要英文报纸有《曼谷邮报》《民族报》等。广播电台有230多家，其中由政府民众联络厅掌管的59家。泰国国家广播电台为官方电台，设有国际部，用泰、英、法、华、马来、越、老、柬、缅、日等语言广播。电视台主要有6家，都设在曼谷。

历　史

泰国史称“暹罗”。公元1238年建立素可泰王朝，是泰国历史上第一个王朝。之后，经历泰国历史上持续时间最长的王朝——阿瑜陀耶王朝和短暂的吞武里王朝以及延续至今的曼谷王朝。

从16世纪起，泰国先后遭到葡萄牙、荷兰、英国、法国的入侵。19世纪末，曼谷王朝五世王大量吸收西方经验进行社会改革。1896年，英国、法国签订条约，规定暹罗为英属缅甸和法属印度支那之间的缓冲国，暹罗成为东南亚唯一没有沦为殖民地的国家。

1932年6月，民党发动政变，建立君主立宪政体。1938年，銮披汶执政，1939年6月改称泰国，意为“自由之地”。1941年泰国被日本占领，泰国宣布加入轴心国。

1945年，日本投降后恢复暹罗国名。1949年5月又改称泰国。（唐卉）

越　南

国　名

越南社会主义共和国（The Socialist Republic of Viet Nam），简称越南。

国　旗

越南国旗为长方形，长与宽之比为3∶2。国旗旗底为红色，旗中心有一枚五角金星。红色象征革命和胜利，五角金星象征越南共产党对国家的领导，五星的五个角分别代表工人、农民、士兵、知识分子和青年。

地　理

位　置　越南位于中南半岛东部。地处北纬8°30′～23°22′、东经102°～109°29′之间。东和东南濒临南中国海。

面　积　陆地国土面积32.9万平方千米。

疆界和邻国　北、东、东南与中国为邻，西与老挝交界，西南与柬埔寨接壤，南面与马来西亚隔海相望。陆地边界线长3927千米。

地形地貌　地形狭长，呈S形。南北最长处约1640千米；东西最宽处约600千米，最窄处仅48千米。地势是西北高、东南低。山地和高原占全国陆地面积的3/4。有红河三角洲、湄公河三角洲两大平原，面积分别为2万平方千米和5万平方千米，是主要农业区。

江　河　河流密布，其中长度在10千米以上的有2860条。较大的河流有红河、湄公河（九龙江）、沱江（黑水河）、泸江、太平河等。

海岸海岛　海岸线长3260千米。沿海有岛屿2000多个，其中面积在10平方千米以上的20多个。较大的岛屿有盖宝岛、吉婆岛、昆仑岛、富国岛等。

气　候　属热带季风气候区。北部四季分明，多数地区年平均气温23℃～25℃。南部分为旱季（10月至次年3月）和雨季（4—9月），多数地区年平均气温26℃～27℃。空气湿润，雨量充沛，全国年平均降雨量1500～2000毫米。

风景名胜　在北方，首都河内有还剑湖、西湖、巴亭广场、胡志明陵、文庙、二征夫人庙、三岛山等景点，海防有涂山海滨风景区，广宁省有被称为“海上桂林”、列入世界自然遗产名录的下龙湾，老街省有避暑胜地沙巴。在中部，有被列入世界文化遗产名录的古都顺化，列入世界自然遗产名录的风雅洞，以及会安古城、美山占婆文化遗址等。在南方，胡志明市有旧总统府、古芝地道等景点。其他地区有芽庄海滩、大叻避暑风景区、滨海旅游胜地头顿、天涯海角名城河仙等。

国　民

人　口　2019年越南人口9648万，其中，城市人口3381万，占35.0%，农村人口6267万，占65%。人口平均预期寿命73.6岁。

民　族　有54个民族，其中人口在50万以上的有京族（也称越族）、岱依族、傣族、华族（即华人）、高棉族、芒族和侬族。主体民族京族占总人口的80%以上。

语　言　各民族的通用语言是越南语。英语和华语广泛使用。

宗　教　国民受儒家思想影响较深。部分人信奉佛教、天主教、和好教、高台教等。祖先神灵崇拜在国民生活中占有重要地位。每年中国农历三月初十是祭雄王日。民间传说，雄王是越南的国祖。许多家庭都立有祖先的牌位，每逢初一、十五进香祭拜。

资源物产

矿产资源 越南已发现矿种90多种,其中探明储量40多种。重要矿产资源有煤、石油、天然气、铁、锰、铬、钛、锆、铝、铜、镍、铅锌、锡、铍、金、稀土、磷灰石、石墨、瓷土、膨润土、重晶石、宝石等,其中煤储量65亿吨,铝土储量4.5亿吨。

生物资源 动植物种类繁多。有爬行动物约300种,禽类1000多种,鱼类1000多种。陆栖野生动物主要有象、犀牛、虎、豹、熊、鹿、猴、白眉猿、孔雀、翡翠鸟、金丝鸟等。2019年,集中造林面积27.36万公顷,分散植树8110万株,木材开采量1610万立方米。

物　产 主要粮食作物有水稻、小麦、玉米、高粱、薯类等。经济作物有茶叶、橡胶、咖啡、腰果、可可、槟榔、油桐、胡椒、八角、烟草、棉花、花生、甘蔗、麻类等。药材有党参、何首乌、通草、苍耳、砂仁、桂皮、三七、巴戟、黄连等。盛产菠萝、香蕉、椰子、杧果、菠萝蜜、柚子、荔枝等热带水果和格木、柚木、楠木等名贵木材。

国体政体

国　体 越南社会主义共和国宪法规定:越南是社会主义国家,越南共产党是领导国家和社会的力量,国家一切权力属于人民,实行人民代表大会制度。

国　会 国家最高权力机关,行使国家立法权。国会代表以普选制投票产生。

政　府 国家最高行政机关。由总理、若干名副总理和有关部门组成。设有国防部、公安部、文化体育旅游部、内务部、国家银行、劳动荣军和社会部、司法部、建设部、政府办公厅、工贸部、财政部、教育培训部、外交部、农业与农村发展部、国家民族委员会、资源环境部、科学技术部、信息传媒部、交通运输部、卫生部、政府监察总署、计划投资部等机构。

最高人民法院 国家最高审判机关。

最高人民检察院 国家最高检察机关。

党　派 越南共产党是越南社会主义共和国的执政党,也是越南唯一的政党。中央委员会总书记阮富仲,2016年1月当选。越南祖国阵线是由各阶层组成,参政议政。

国家领导人

国会主席 阮氏金银,2016年7月当选。

国家主席 国家元首,统帅武装力量,由国会选举产生。现任国家主席阮富仲,2018年10月当选。

政府总理 阮春福,2016年7月当选。

越南祖国阵线中央委员会主席 陈青敏,2017年6月当选。

行政区划

一级行政区划 越南设5个直辖市和58个省,并按地域划分为6个大区:(1)红河平原11省(市),分别是河内、海防、永福、北宁、广宁、海阳、兴安、河南、南定、太平和宁平,面积21260.8平方千米,人口2262.02万(2019年,下同),人口密度1064人/平方千米。(2)北部丘陵和山区14省,分别是河江、高平、老街、北浒、谅山、宣光、安沛、太原、富寿、北江、莱州、奠边、山罗、和平,面积95221.9平方千米,人口1256.93万,人口密度132人/平方千米。(3)中部14省(市),分别是清化、义安、河静、广平、广治、承天—顺化、岘港、广南、广义、平定、富安、庆和、宁顺和平顺,面积95875.8平方千米,人口2022.04万,人口密度211人/

越南头顿海滩组图　　（百度网）

平方千米。(4)西原5省,分别是昆嵩、嘉莱、多乐、多农和林同,面积54508.3平方千米,人口586.13万,人口密度108人/平方千米。(5)南部东区6省(市),分别是胡志明市、平福、西宁、平阳、同奈和巴地—头顿,面积23552.8平方千米,人口1793.03万,人口密度761人/平方千米。(6)湄公河平原13省(市),分别是隆安、同塔、安江、前江、永隆、槟椥、坚江、芹苴、后江、茶荣、朔庄、薄寮和金瓯,面积40816.4平方千米,人口1728.25万,人口密度423人/平方千米。

主要城市　首都河内市,中央直辖市,位于红河三角洲平原中部,2019年面积3358.6平方千米,人口809.39万,是全国政治、文化中心,面积第一大城市。中央直辖市还有胡志明市、海防市、岘港市、芹苴市。其他重要城市有下龙、太原、越池、南定、顺化、头顿、大叻、芽庄、河仙等。2019年胡志明市面积2061.4平方千米,人口903.86万,是全国人口最多的城市,也是最大的工商业中心;海防市是北方重要工业、港口城市,全国第三大城市;岘港市是中部港口、工业城市;下龙市是重要煤炭基地和著名旅游胜地。

经　济

国内生产总值　2019年越南国内生产总值6037万亿越南盾,约合2620亿美元,比上年增长7.02%,人均国内生产总值2786美元。

产　业　农业以种植业为主。2019年谷类粮食总产量4820万吨,比上年下降1.5%,其中稻谷产量4345万吨,减少59.68万吨;水产总产量820.08万吨,增长5.6%。工业生产主要有原油及天然气开采、煤炭生产、其他矿产开采、纺织行业、鞋类、饮品、香烟、钢铁业、化工原料及肥料、发电与配送电等行业。旅游业保持增长势头,全年接待国际游客约1800万人次,比上年增长16.2%,接待国内游客8500万人次,增长6.25%。旅游营业总收入720万亿越南盾,增长16%。

财　政　2019年国家预算总收入1551.074万亿越南盾,国家财政总支出1747.987万亿越南盾,发展投资支出438.371万亿越南盾。

金　融　货币名称为越南盾。2019年年末越南盾与美元中心比价为23155∶1。主要银行有越南国家银行(亦称中央银行)、越南工商银行、越南农业和农村发展银行、越南投资发展银行、越南外贸银行、越南国际贸易股份银行等。

进出口贸易　根据越南海关总局数据,2019年越南货物贸易进出口总额5172.6亿美元,比上年增长7.6%,其中出口额2641.9亿美元,增长8.4%,进口额2530.7亿美元,增长6.8%。贸易顺差111.2亿美元。主要的出口商品包括电话及零件,计算机、电子产品及零件,纺织品服装,农产品,鞋类,机械、设备、工具及零配件,木材和木制品等。出口商品结构持续改善。工业产品出口实现大幅增长,继续在对外贸易活动中发挥支柱作用。工业产品出口额达2227亿美元,占出口总额的84.3%;农产品和水产品出口额近255亿美元,占出口总额的9.6%。进口商品继续以服务于生产和出口为导向,主要的进口商品包括计算机、电子产品及零件,机械、设备、工具及零配件,服装、鞋类原辅料,塑料原料和制品,电话及零件,钢材等。越南的主要贸易伙伴为中国、美国、韩国、东盟、欧盟、日本。

外国投资　2019年越南新批外资项目协议金额、已投外资项目增资金额和外资收购股权协议金额合计380.2亿美元,比上年增长7.2%。截至12月20日,2019年越南新批外资项目3883个,协议金额167.5亿美元,比上年增长93.2%;1381个已投外资项目增资58亿美元,增长76.4%;外资收购股权9842起,协议金额154.7亿美元,增长56.4%。全年外国直接投资实际到位资金203.8亿美元,增长6.7%。韩国是越南最大的外国直接投资来源地,投资协议金额79.2亿美元,其次是中国香港、新加坡。外国直接投资领域主要为加工制造业、房地产业、批发零售业。投资覆盖越南62个省市,其中,河内位列第一,胡志明市居第二,其后依次是平阳省、同奈省和北宁省。

交通通信

铁路交通　2019年越南国家铁路网络有7条干线,总长3161千米。其中,正线2646千米,站线和岔线515千米。铁轨类型主要有米轨、准轨和混合轨。2019年,铁路货运量为510万吨,货物周转量38亿吨千米;铁路客运量810万人次,旅客周转量32亿人千米。

公路交通　2018年公路总长570448千米,其中国道24136千米,高速公路816千米,省道25741千米。2019年公路货运量13.405亿吨,货物周转量790亿吨千米;公路客运量44.642亿人次,旅客周转量1456亿人千米。

水　运　2019年内河运输共有国家内河航道45条,总长7075千米。其中北部17条,总长2715.4千米;中部10条;南部18条,总长3186.3千米。有内河港口285个,其中货运港口210个,客运港口12个,专用港口63个。有18个港口获准接待境外船舶(其中货运港口15个,客运港口2个,专用港口1个)。南部平原地区的内河航运十分发达。

2019年内河航运货运量2.66亿吨,货物周转量559亿吨千米。内河客运量2.417亿人次,旅客周转量48.129亿人公里;海运货运量7790万吨,货物周转量1548亿吨公里。海运客运量760万人次,旅客周转量4.649亿人公里。

民用航空　有22个航空港,其中国际航空港9

个,分别为内排、吉碑、岘港、金兰、富牌、新山一、芹苴、富国、云屯;国内航空港13个。内牌、岘港、金兰、新山一等4个航空港设有专用货运站。2019年空运货运量40万吨,货物周转量12亿吨千米;空运客运量5500万人次,旅客周转量772亿人千米。

电 信 2020年全国电话用户1.268亿户,比上年下降2.3%,其中移动电话用户1.236亿户,下降2%。互联网宽带用户1670万户,比上年增长12.8%。

教 育

越南拥有完善的教育体系。基础教育学制12年,其中小学5年,初中4年,高中3年。大学教育学制3~6年。大学后教育,分为硕士研究生、博士研究生两个阶段。2000年宣布完成扫盲和普及小学义务教育,2001年开始普及9年义务教育。

2018—2019学年,全国有幼儿园15463所,共15.10万个班,在园幼儿441.52万人,教师26.21万人,平均每个班29个学生。小学27.90万个班,在校生850.66万人,教师39.07万人。初中15.19万个班,在校生545.59万人,教师29.41万人。高中6.64万个班,在校生256.34万人,教师14.19万人。公立高等院校172所,在校生126.15万人,毕业生26.70万人,教师5.70万人;非公立高等院校65所,在校生26.46万人,毕业生4.46万人,教师1.63万人。

传 媒

越南有定期出版物563种,报社约150家。主要报刊有《人民报》(越共中央机关报)、《人民军队报》(越南人民军总政治局机关报)、《大团结报》(祖国阵线中央机关报)、《西贡解放报》(越共胡志明市委机关报)、《共产主义》(越共中央政治理论月刊)、《全民国防》(越南人民军理论月刊)等。2019年出版书籍3.81万种,总印数4.27亿册。

国家通讯社为越南通讯社,1945年创立,在全国各省、直辖市均设有分社,国外分社有27个。国家广播电台为越南之声广播电台,成立于1954年,对内广播用越南语及多种少数民族语言播音,对外广播用中国普通话、中国广东话、俄语、英语、法语、西班牙语、日语、泰语、老挝语、柬埔寨语、印尼语、马来语等播音。越南中央电视台成立于1970年,有6个全国频道和5个地方频道,上百个付费电视频道。

医疗卫生

2018年越南国家管理的医疗卫生机构1.35万个,其中医院1354家,疗养和康复医院39家,皮肤病院27家,助产院4家,区域性综合诊所308家,乡、坊、机关、企业单位医疗站11815家。病床总数34.14万张,其中医院有27.98万张,疗养和康复医院有6200张,皮肤病院有2100张,助产院有20张,区域性综合诊所有4600张,乡、坊、机关、企业单位医疗站有4.87万张。每1万人口医院床位数30张(乡、坊、机关、企业单位医疗站及私人医院床位不计在内)。有医师8.2万人。

科 技

越南对科技的投入占国家财政总支出2%。建设一些高新技术园区,比较有名的有河内的和乐高技术园区、胡志明市的光中软件园和西贡高科技园、岘港市的高科技园区。

2017年越南有国家图书馆1家,藏书丰富;地方图书馆727家,共有藏书2730万册。

历 史

越南境内发现多处旧石器时代、新石器时代文化遗址。主体民族越族的直接祖先,是起源于古代居住在从中国南方一直到红河三角洲地区的百越族群的一个分支——雒越。雒越人在公元前3世纪之前的很长时间里,就居住在今越南北部红河流域的中下游地区。有关越南的古籍中有"文郎国""瓯雒国"的记载,反映古代雒越人原始部落社会的一些情况。

从公元前214年至公元10世纪初,今越南北部一直在中国封建王朝的管辖之下。939年,安南人(当时中国人对越南居民的泛称)吴权赶走中国官吏,自立为王。吴权死后,安南地区出现"十二使君"(即12个封建主)割据纷争局面。968年,安南人丁部领削平"十二使君",统一安南,建立大瞿越国,随后派遣使者向中国北宋王朝请封,宋太祖封丁部领为检校太尉、交趾郡王。学术界一般将丁部领建大瞿越国作为越南建立自主封建国家的开始。

此后,越南先后经历前黎朝(980—1009)、李朝(1010—1225)、陈朝(1225—1400)、胡朝(1400—1407)、后黎朝(1428—1784)、西山朝(1788—1802)、阮朝(1802—1945)等封建朝代。1802年,越南最后一个封建王朝的开国皇帝阮福映依惯例向中国清王朝请封。清王朝于次年封阮福映为越南国王。这是"越南"作为国名的开始。

19世纪下半叶,越南沦为法国的殖民地。

1945年,越南人民取得"八月革命"胜利,同年9月2日,越南宣告独立,越南民主共和国诞生。

越南独立不久,法国人卷土重来,重新占领越南,越南人民再次进行抗法战争。1954年5月7日,越南人民赢得奠边府战役胜利,法国军队撤离越南,越南开始南北分治。20世纪50—60年代,美国人支持南越政权,越南人民展开抗美战争。1973年美国军队撤离越南。1975年,越南南北统一。

1976年,越南民主共和国改称越南社会主义共和国。

(李碧华)

动　　态

政　　治

中国举行《告台湾同胞书》发表40周年纪念会

2019年1月2日，《告台湾同胞书》发表40周年纪念大会在北京人民大会堂举行。中共中央总书记、国家主席、中央军委主席习近平出席纪念会并发表重要讲话，代表祖国大陆人民，向广大台湾同胞致以诚挚的问候和衷心的祝福。习近平就推动两岸关系和平发展、实现祖国统一提出5点主张。中共中央政治局常委、全国人大常委会委员长栗战书出席纪念会。中共中央政治局常委、全国政协主席汪洋主持。中共中央政治局委员、全国人大常委会副委员长王晨，全国政协副主席、台湾民主自治同盟中央主席苏辉，中华全国妇女联合会副主席、书记处第一书记黄晓薇，中共中央台湾工作办公室、国务院台湾事务办公室主任刘结一先后发言。部分中共中央政治局委员，全国人大常委会、国务院、全国政协、中央军委有关领导出席纪念会。中央党政军群各部门和北京市主要负责人，各民主党派中央、全国工商联主要负责人及对台工作机构主要负责人，台胞、台属代表，涉台专家学者代表，首都各界群众代表，解放军和武警部队官兵代表等约600人参加纪念会。

中国制定《中华人民共和国外商投资法》

2019年3月15日，全国人民代表大会第十三届二次会议表决通过《中华人民共和国外商投资法》，该法自2020年1月1日起施行。这是贯彻落实中国共产党和中国政府扩大对外开放、促进外商投资决策部署的重要举措，是中国外商投资法律制度与时俱进、完善发展的客观要求，是促进社会主义市场经济健康发展、实现经济高质量发展的客观要求。

中国发布《新疆的反恐、去极端化斗争与人权保障》白皮书

2019年3月18日，中国国务院新闻办公室发布《新疆的反恐、去极端化斗争与人权保障》白皮书。中国政府反对一切形式的恐怖主义、极端主义，对任何宣扬恐怖主义、极端主义，组织策划实施恐怖活动，侵犯公民人权的行为，依法严厉打击。面对恐怖主义、极端主义的现实威胁，新疆采取果断措施，依法开展反恐怖主义和去极端化斗争，有效遏制了恐怖活动多发频发势头，最大限度保障各族人民群众的生存权、发展权等基本权利。中国是社会主义法治国家，尊重和保障人权是中国的宪法原则。中国新疆的反恐怖主义和去极端化斗争，是国际社会反恐怖斗争的重要组成部分，完全符合联合国打击恐怖主义、维护基本人权的宗旨和原则。

中国举行纪念五四运动100周年大会

2019年4月30日，纪念五四运动100周年大会在北京人民大会堂举行。中共中央总书记、国家主席、中

1月2日，《告台湾同胞书》发表40周年纪念会在北京隆重举行　（新华网）

央军委主席习近平在会上发表重要讲话强调，五四运动以来的100年，是中国青年一代又一代接续奋斗、凯歌前行的100年，是中国青年用青春之我创造青春之中国、青春之民族的100年。新时代中国青年运动的主题，新时代中国青年运动的方向，新时代中国青年的使命，就是坚持中国共产党领导，同人民一道，为实现"两个一百年"奋斗目标、实现中华民族伟大复兴的中国梦而奋斗。李克强、栗战书、汪洋、王沪宁、赵乐际、韩正、王岐山出席大会。在京中共中央政治局委员、中央书记处书记，全国人大常委会副委员长，国务委员，最高人民法院院长，最高人民检察院检察长，全国政协副主席，以及中央军委委员出席大会。中央党政军群各部门和北京市主要负责人，各民主党派中央、全国工商联负责人和无党派人士代表，首都各界群众和青年代表等3000多人参加大会。

中国发布《新疆的若干历史问题》白皮书

2019年7月21日，中国国务院新闻办发布《新疆的若干历史问题》白皮书。白皮书指出，中国是统一的多民族国家，新疆各民族是中华民族血脉相连的家庭成员。在漫长的历史发展进程中，新疆的命运始终与伟大祖国和中华民族的命运紧密相连。历史不容篡改，事实不容否定。新疆是中国神圣领土不可分割的一部分，新疆从来都不是什么"东突厥斯坦"；维吾尔族是经过长期迁徙融合形成的，是中华民族的组成部分；新疆是多文化多宗教并存的地区，新疆各民族文化是在中华文化怀抱中孕育发展的；伊斯兰教不是维吾尔族天生信仰且唯一信仰的宗教，与中华文化相融合的伊斯兰教扎根中华沃土并健康发展。白皮书说，当前，新疆经济持续发展，社会和谐稳定，民生不断改善，文化空前繁荣，宗教和睦和顺，各族人民像石榴籽一样紧紧团结在一起，新疆处于历史上最好的繁荣发展时期。

中国举行庆祝中华人民共和国成立70周年大会

2019年10月1日，庆祝中华人民共和国成立70周年大会在北京天安门广场隆重举行，20余万军民以盛大的阅兵仪式和群众游行欢庆新中国70华诞。中共中央总书记、国家主席、中央军委主席习近平发表重要讲话并检阅受阅部队。中共中央政治局常委、国务院总理李克强主持庆祝大会。中共中央政治局常委、全国人大常委会委员长栗战书，中共中央政治局常委、全国政协主席汪洋，中共中央政治局常委、中央书记处书记王沪宁，中共中央政治局常委、中央纪律检查委员会书记赵乐际，中共中央政治局常委、国务院副总理韩正，国家副主席王岐山出席。此外，在京中央党政军群各部门负责人，老同志代表，在京中央委员、候补中央委员、中共十九大代表、中央纪委委员、国家监委委员、全国人大代表、全国政协委员，香港特别行政区、澳门特别行政区全国人大代表和全国政协委员，港澳台同胞、海外侨胞代表，各民主党派中央在京委员、全国工商联和无党派人士代表，北京市有关负责人，国家勋章和国家荣誉称号、"八一勋章"获得者，全国先进模范人物代表，十一世班禅额尔德尼·确吉杰布，全国性宗教团体主要负责人，全国民族团结进步表彰大会代表、全国少数民族参观团成员，在京中国科学院院士和中国工程院院士，优秀留学回国人才代表，部分已故老干部的配偶，全国重点优抚对象，首都各界代表，普通群众代表等出席大会。

在京重要外宾、各国驻华使节、外国专家也应邀出席大会。1日晚，庆祝中华人民共和国成立70周年联欢活动在北京天安门广场盛大举行。

10月1日晚，庆祝中华人民共和国成立70周年联欢活动在北京天安门广场盛大举行 （新华网）

中国举行庆祝澳门回归中华人民共和国20周年大会暨澳门特别行政区第五届政府就职典礼

2019年12月20日，庆祝澳门回归中华人民共和国20周年大会暨澳门特别行政区第五届政府就职典礼，在澳门东亚运动会体育馆隆重举行。中共中央总书记、国家主席、中央军委主席习近平出席并发表重要讲话。由习近平在主席台监誓，澳门特别行政区第五任行政长官贺一诚首先宣誓就职。贺一诚面对中华人民共和国国旗和澳门特别行政区区旗，举起右手，依照澳门特别行政区基本法的规定庄严宣誓。接着，由习近平监誓，澳门特别行政区第五届政府主要官员在贺一诚带领下宣誓就职。

文莱苏丹批准全面实施2013年《伊斯兰法》

文莱苏丹哈桑纳尔·博尔基亚2019年4月3日批准，文莱开始全面实施2013年《伊斯兰法》。该法适用于文莱境内所有人，包括穆斯林和非穆斯林，也包括在文莱居留的外国人和临时赴文莱的外国游客。文莱苏丹哈桑纳尔·博尔基亚在斋戒月前夕发表御词表示，国家落实伊斯兰法是身为伊斯兰国家必须履行的责任。同时，文莱苏丹强调，任何人都无需对《伊斯兰法》感到担忧，因为该法是充满恩典的刑法，《伊斯兰法》旨在鼓励人们做好本分，也保障人民的利益。文莱苏丹表示，近20年来，文莱执行普通法，但实际上已极少执行死刑，等于暂停死刑，且在《伊斯兰法》落实后，也将会对死刑有更宽容的执法。至于国际社会对人权利益的舆论方面，国家将持续支持《联合国禁止酷刑公约》，持续保障人民的利益与安全，同时，也确保国家道德和个人利益及隐私等同样受到保障。

文莱苏丹批准多位高级官员的任命

文莱广播中心2019年4月10日报道：文莱交通及资讯部常任秘书彭基兰莫哈默阿密里查被委任为文化青年体育部常任秘书；内政部国家灾难管理中心主任彭基兰哈芝麦汀被委任为文青体育部常任秘书；卫生部属下斯市中央医院首席执行员达央赛达受委为文青体育部副常任秘书；文莱大学文莱学院院长茜蒂诺海毕被委为文化青年体育部常任秘书。以上官员的职务变更于2019年的4月11日起生效。

2019年文莱在联合国电子政府调查中取得成就

2019年，文莱在联合国电子政府调查中跃居第59位，取得一定成就，较往年攀升了24位。2018年，联合国电子政府普查显示，文莱国电子政府于在线服务及电子政府服务运用指标2个项目中更获得较高评分。文莱在线服务指数（OSI）和高电子参与指数（EPI）得分也较高，从0.50提高到0.75分。

文莱政府成立石油管理局

2019年12月31日，文莱政府成立文莱达鲁萨兰石油管理局（PABD）。该局归属能源部，主要职能包括对文石油上中下游企业的运营和基础建设情况进行监管、收集与储存文石油数据、为能源部提供技术手段处理石油相关事务等。文莱石油局将制定长期能源安全发展规划。文莱石油公司（PetroleumBrunei）只作为一个商业实体，不承担监管职责。

柬埔寨举办第2届政府与民间社会组织合作论坛

2019年1月17日，为加强政府与民间协会和非政府组织之间的合作，柬埔寨内政部组织召开第2届政府与民间社会组织合作论坛。柬埔寨副首相兼内政部部长苏庆在出席论坛时强调，柬埔寨国内民间协会和非政府组织数量不断增长，从未消减，这说明此前关于政府限制非政府组织权利、不允许成立协会或非政府组织以及发表意见等说法不符合实际。截至2018年年底，柬埔寨有5523家民间单位在内政部注册，其中包含2297家协会和3226个非政府组织。此外，有419家民间单位与柬埔寨外交和国际合作部签署备忘录。

柬埔寨前红色高棉政权领导人农谢去世

2019年8月4日，身处终身监禁服刑中的柬埔寨前红色高棉政权领导人农谢，在柬—苏友谊医院病重身亡，享年93岁。农谢曾为红色高棉中央委员会副书记，1975—1979年红色高棉时期，农谢出任柬埔寨全国人民代表大会委员长，负责意识形态工作。2007年9月19日，农谢在家中被捕。2014年8月7日，因犯反人类的灭绝、屠杀、政治迫害、强迫搬迁等罪行，农谢被柬埔寨审判红色高棉特别法庭判处终身监禁。2018年11月16日，农谢被判犯种族灭绝罪。据农谢的辩护律师称，2019年7月初，农谢通过律师致函柬埔寨审判红色高棉特别法庭，要求授权给他的家人和律师团继续采取法律诉讼，将事实真相公之于众。

柬埔寨前反对党领导人桑兰西返柬失败，金索卡获释

2019年11月9日，柬埔寨国家独立66周年之际，柬埔寨前反对党领导人桑兰西原计划于当日返回金边发动政变，但11月7日因在法国遭到航空公司拒载，其先抵泰国后再经由泰国返回柬埔寨的行程无法实现；11月9日，桑兰西从法国转飞马来西亚；11月14日，前往印度尼西亚做私人访问；11月16日，桑兰西计划失败，返回法国。此外，柬埔寨司法部于12月10日正式解除了对金索卡的圈禁，让其暂时获释，但不能离境、参政，在有需要时必须到场，同时受法院监视。

佐科赢得2019年印度尼西亚总统选举

2019年5月21日，印度尼西亚普选委员会（KPU）在正式宣布佐科—马鲁夫组合赢得4月17日举行的总统选举。最终的计票结果显示，佐科—马鲁夫组合得票率为55.5%，获得8500万张选票；普拉博沃—善迪亚卡组合得票率为44.5%，获得6800万张选票。2019年10月20日下午4时许，印度尼西亚当选总统佐科和副总统马鲁夫，在雅加达人民协商会议大厦宣誓就职，开始新的五年任期。印度尼西亚人民代表会议议长班邦在宣读总统选举成绩后，宣布佐科和马鲁夫将根据宪法，正式进行宣誓。多国领导出席佐科的就职典礼，包括新加坡总理李显龙、马来西亚总理马哈蒂尔，以及澳大利亚总理莫里森等。印度尼西亚前总统梅加瓦蒂和苏西洛，以及佐科在选举中的对手、大印尼运动党主席普拉博沃也见证佐科宣誓就职。

印度尼西亚首都雅加达发生骚乱

2019年5月21日，印度尼西亚选举委员会于凌晨

确认现任总统佐科·维多多赢得连任，触发败选对手普拉博沃·苏比安托的支持者上街示威，在首都雅加达部分地区与军警冲突。此次骚乱持续至22日，警方在两天骚乱事件中逮捕了将近300名肇事者。有8人在事件中死亡，另有包括军警人员等700多人受伤。

印度尼西亚总统宣布迁都东加里曼丹省

2019年8月26日，印度尼西亚总统佐科在国家宫举行新闻发布会，正式宣布将迁都东加里曼丹省，并发布新首都在加里曼丹的具体地点。佐科说，新首都最理想的地点横跨东加里曼丹省的两个县，即北伯纳扬巴塞尔县和库台卡塔尼加拉县。佐科说，一直以来，经济活动过度集中在雅加达和爪哇岛，这使爪哇岛变得非常拥挤，并且造成爪哇岛与其他岛屿的经济发展不平衡。在这种情况下，迁都计划是在促进公平发展的背景下进行的。佐科希望首都的搬迁能够催生新的经济增长，并促进爪哇和外岛的经济公平和均衡发展。佐科保证，迁都资金将尽可能减少使用国家预算。政府将鼓励私营部门，国有企业和政商合作计划参与建设新首都。佐科还公布选择上述两个县作为新首都的原因：一是东加省很少发生天灾；二是东加省位于印尼中部地区；三是位置介于麻利巴板及三马林达两大城市之间，利于发展新兴城市；四是当地拥有完善的基础设施；五是政府掌控的土地面积共有18万公顷。

印度尼西亚公布新一届内阁名单

2019年10月23日，印度尼西亚总统佐科在雅加达国家宫公布2019年至2024年前进内阁名单。本届内阁构成中，来自各政党的人选占45%，取自专业人士占55%，而且部长们的年龄也比佐科总统在第一次任期（2014—2019年）的内阁部长们更低。本届内阁成员中最令人瞩目的是大印尼运动党总主席普拉博沃担任国防部部长，大印尼运动党副总主席艾迪（Edhy Prabowo）成为海洋渔业部部长，全国总警长迪托（Tito Karnavian）担任内政部部长。埃里克托希尔任国营企业部部长，维斯努达玛任旅游部部长，纳迪恩任文教部部长，巴赫利尔当选为投资统筹机构主任。

老挝司法部设立监管影响评估中心

2019年4月，老挝司法部设立监管影响评估中心，以便重新评估老挝的立法原则、规则和程序，并推出相关培训计划。目的在于提高立法效率，促进地方政策的法律化，致力于在2020年将老挝建设成为法治国家。年内，老挝政府多措并举积极实现该目标。包括：老挝人民革命党中央总书记、国家主席本扬·沃拉吉颁布新《铁路法》；老挝政府为规范肉类市场保证食品安全，签署新的动物活体和肉类产品的进、出口及过境的规定；老挝国会第八届第七次会议通过有关税务管理、消费税、所得税、森林、土地、职业教育和灾难管理方面的法律草案和修正案；老挝国家发展阵线常务委员会第四次全体会议讨论加强老挝宗教管理方面的法律修订；老挝妇女联合会主席要求国会审议并批准一项支持性别平等的新法律等。

老挝农林部规范农药质量，卫生部加大打击制售假药力度

为缓解老挝民众日益担忧进口用于农业的农药安全问题，老挝农林部部长2019年9月17日签署一项新决定，要求农药的生产者和进口商在主管当局注册产品，以便政府部门可以进行检查。卫生部食品药物部门正式发出警告：严禁在网上和Facebook上非法出售无许可证的性增强药物。因为假药或劣质药可能会导致严重的副作用，甚至死亡。此外，所有的食品和药物广告都必须经过食品和药物管理局的审批。

老挝自然资源与环境部要求拥有完整的土地证明材料

2019年9月27日，老挝自然资源与环境部下发第5386号文件，文件指出个人或者企业、组织的法人必须拥有完整土地证明材料。为维护国内政治稳定，保护百姓合法权益，省市县负责土地管理工作的公务人员必须依法给个人或企业、组织的法人提供完整的土地证明材料。从递交申请之日算起，签发有关土地证明不得超过3～5个工作日，严禁制造困难否决或牵制申请，严禁利用职务之便贪污受贿。

马来西亚最高元首苏丹莫哈末退位

2019年1月6日，马来西亚第十五任最高元首苏丹莫哈末五世通过国家皇宫宣布辞去最高元首一职，当日生效，成为马来西亚史上第一位提前退位的最高元首。

马来西亚第十六任最高元首苏丹阿卜杜拉就任

2019年1月24日，苏丹阿卜杜拉在国家王宫举行的第251次统治者特别会议获推选并当选为第十六任最高元首，任期5年；于2019年1月31日在第252次统治者会议上宣誓就任。2019年7月30日，苏丹阿卜杜拉在其60岁寿辰当天加冕。

马来西亚巫统与伊斯兰党签署《全国共识合作宪章》

2019年9月14日，巫统与伊斯兰党在吉隆坡举办的“穆斯林团结集会”上签署《全民共识合作宪章》，旨在团结穆斯林，为多元的马来西亚带来繁荣。集会达成如下五点共识：（1）遵从与维护联邦宪法至高无上的地位。宪法保障国家组建、伊斯兰教为国教、马来统

治者的主权、马来人和土著的特别地位、其他种族的合法利益、马来语为国语,以及保障多元社会的利益受到保护。(2)为了国家利益,通过涉及各种宗教、种族和文化背景的协商文化,加强这项"全民共识"。(3)为了国家发展,在联邦宪法框架下,全面加强伊斯兰、马来人和土著议程。(4)在不否认多元宗教、种族和文化作为国家政治稳定、种族和谐和国家繁荣的轴心下,通过扩大(伊斯兰和马来民族的)论述建立合作。(5)共同为国家提出新的景象与方案,以提升良好的国家治理、融合与繁荣的发展政策,以及跨越肤色和种族的公平社会分配。

"马来人尊严大会"引起非马来人社会不满

2019 年 10 月 6 日,"马来人尊严大会"在马来西亚雪兰莪州莎亚南的美拉华蒂体育馆举行。大会由马来亚大学马来辉煌中心与玛拉工艺大学、博特拉大学及苏丹依德里斯教育大学联合举办。包括首相马哈蒂尔、伊斯兰党主席哈迪阿旺、巫统总秘书丹斯里安努亚慕沙等来自执政党、反对党阵营的马来政党领袖出席会议。会议讨论各项马来人权益的课题,并提出文化、宗教、教育、经济和政治相关的五大议案,包括强化所有巫裔和马来半岛土著的经济能力,修改国语法令、确保马来语作为国家官方语言的明确性、各阶段的国文科都要学习爪夷文,倍增 B40(贫穷家庭)土著群体的奖学金接受人数、同时官联公司将以马来人和土著候选人为优先,奖学金应只提供给马来学生等。大会受到非马来人社会的强烈批评,并对学术机构参与政治议题感到不满和反对。民主行动党资深领袖林吉祥质疑学术机构不应举办这样以种族为基调的活动;华总会长吴添泉批评"马来人尊严大会"完全不顾非马来人尊严和感受;著名人权律师西蒂卡欣直斥,"马来人尊严大会"的 4 所政府大学领导人,是种族主义和偏执狂,要求他们辞职。

马来西亚前首相纳吉布贪腐案表面罪名成立

2019 年 11 月 11 日,马来西亚吉隆坡高等法院就马来西亚前任首相纳吉布涉及 SRC 国际公司案件做出裁决,认定其在 SRC 国际公司案件的 7 项滥权、失信和洗钱罪的表面罪名成立。纳吉布需要出庭自辩,并成为马来西亚独立以来,首位出庭自辩的前首相。

缅甸若开邦局势动荡

2019 年,缅甸若开邦地区的政府官员不断遭遇恐怖袭击。1 月 4 日,若开军袭击若开邦 4 个警察哨所,共造成 13 名警员死亡 9 名受伤。1 月 7 日,缅甸国务资政昂山素季在总统府召开会议讨论若开邦局势。1 月 18 日,国防军称,缅甸政府已将若开军定义为恐怖组织,要尽快消灭。4 月 9 日,若开军袭击边防警察基地,国防军与之激烈交火。5 月 23 日,缅甸国际合作部部长觉丁表示,若开军不仅破坏地区稳定和法治还抓走公务人员和无辜民众。10 月 11 日,若开军劫持客运大巴上的 19 名消防员和 12 位民众。10 月 26 日,若开军劫持一艘快艇上的数十名缅军、警员和民众。11 月 3 日,若开军劫走包括选区议员在内的 10 人。12 月底,政府军再次与若开军爆发激战,军方出动战机、直升机和重武器,多名军方人员死伤。12 月 19 日,昂山素季前往若开邦曼昂镇出席太阳能发电厂开幕仪式,出发前曼昂镇发生 3 起爆炸事件。

缅甸积极打击腐败

2019 年 1—10 月,缅甸反腐委员会共收到举报信 8172 封,数量高于往年。其中仰光和曼德勒地区的举报较多,缅甸反腐委员会在这两地开设了分部。本年度的投诉中,有一半以上是投诉政府机构的服务与管理的,部分涉及贪污的投诉已经移交给法院处理。包括内比都第二矿业公司董事长、缅甸驻泰国大使馆原劳工特使等在内的高官也被查处。缅甸计划与财政部表示,在 2019—2020 财年将给予反腐委员会 60 亿缅币,用于开展反腐工作。12 月 9 日国际反贪污腐败日,缅甸总统温敏发表一篇论述反贪腐重要性的文章,并在内比都参加反贪污集会活动。缅甸反腐委员会主席吴昂基也敦促相关部门务必在 2030 年前全面落实《缅甸可持续发展计划(2018—2030)》中的反腐目标,包括:加强社会法制建设、建立健全高效、负责、包容的国家机构;大幅减少非法资金和武器流动,打击有组织犯罪;大幅减少一切形式的腐败和贿赂行为。

缅甸民盟努力推动修宪

2019 年 2 月 20 日,缅甸联邦议会正式通过组建缅甸修宪委员会的决议,修宪议程正式启动。决议规定,缅甸修宪委员会由包括民盟、国防军、巩发党及少数民族代表在内的 45 名成员组成,人民院副议长吴吞吞亨担任主席。3 月,缅甸国防军总司令敏昂莱公开表示,国防军同意进行修宪,但是宪法的修改需在条件允许和规定的范围内进行。7 月 15 日,缅甸修宪委员会形成修宪报告提交议会,报告共有 3765 条建议。8 月 9 日,修宪报告获议会通过,将进一步起草宪法修正案。12 月 3 日,联邦议会议长吴迪昆苗表示将努力在本届议会任期内(2021 年 1 月 30 日前)完成修宪工作。

缅甸政府人事调整

2019 年 5 月 31 日,缅甸国防军宣布撤换若开邦西部军区司令,由原西北军区蓬妙少将担任。7 月 30 日,总统府宣布计划与财政部部长吴梭温兼任工业部部长。8 月 14 日,若开邦边境事务和安全部新任部长敏丹上校宣誓就职。9 月,缅甸央行副行长梭登宣布辞职。10月31日，总统府宣布任命吴钦貌秋为电力与能源部副部长，吴丁腊为酒店与旅游部副部长。11月1日，总统府宣布改组缅甸和平委员会，设置主要成员6名，包括丁苗温主席、登佐副主席、钦佐乌秘书长等，另设置3名顾问团成员和3名援助组成员。和平委员会的主要职能是：实施民族和解与和平中心制定的相关政策，协调促进21世纪彬龙和平大会的举行，推动缅甸国内和平进程。11月26日，联邦议会通过合并工业部和计划与财政部的议案，缅甸两大主要部门正式重组合并。

缅甸北部战事与谈判持续

2019年8月初，缅甸国防军与德昂民族解放军之间爆发冲突，国防军指责该团体利用停火扩大领土。8月15日，若开军、德昂民族解放军和果敢同盟军联合入侵曼德勒和掸邦的部分地区，国防军与三支民地武之间展开激烈战斗。战斗至少造成10名平民丧生，8800多人逃离家园。8月31日，缅甸和平委员会与克钦、果敢、德昂、若开军等四支缅北民地武在掸邦举行会谈。由于双方提出的停战协议存在巨大差异，9月21日，国防军宣布停火失效，缅北战事持续。11月，国防军与克钦独立军爆发冲突。12月15日，缅甸冲突各方在中国昆明就恢复停火进行谈判。

《缅甸全国范围停火协议》签署四周年庆祝仪式

2019年10月28日在内比都举行。包括缅甸总统温敏、国务资政昂山素季、国防军总司令敏昂莱大将在内的缅甸众多高层领导出席，已签署、未签署NCA的民地武代表和外国驻缅甸外交人员也参加庆祝仪式。昂山素季在致辞时表示，NCA是指导缅甸建设民主联邦制国家、推动和平进程的重要协议，NCA签署四周年以来缅甸和平事业艰难推进。2019年，在国防军和民地武的共同努力下，国内军事冲突明显减少。敏昂莱在致辞中强调，国防军一直致力于实现缅甸和平、保护人民利益的目标，民族问题对缅甸和平进程至关重要，21世纪彬龙和平大会是实现政治对话、民族和解、国家和平的重要平台。截至目前，签署NCA的民地武有10支。21世纪彬龙和平大会分别于2016、2017、2018召开三届。缅甸政府和已签署NCA的10支民地武在9月举行的会谈中表示，原则上同意于2020年初举行第4届21世纪彬龙和平大会。

缅甸暂时性停火推进和平进程

2018年12月21日缅甸国防军宣布，至2019年4月30日暂停对民地武的大规模军事行动，以推动缅甸国内和谈进程。之后这一停火又被国防军不断宣布延长，直至2019年9月。停火期间，国防军停止在缅甸北部、东中部和三角地区的大规模军事行动。缅甸政府、国防军与果敢同盟军、德昂民族解放军、若开军、克钦独立军四支民地武组成的北方联盟等先后在内比都、泰国清迈、中国昆明等地举行15次和谈。和谈虽然没有达成明确共识和协议，但停火基本得到延续。停火期间，虽然部分地区仍爆发小规模军事冲突，但冲突数量比和谈前下降。

菲律宾成立“邦萨摩洛”穆斯林自治区

2019年3月29日，菲律宾总统杜特尔特宣布成立“邦萨摩洛”穆斯林自治区，取代原有的棉兰老穆斯林自治区。新成立的“邦萨摩洛”穆斯林自治区覆盖菲南部原有的五省一市，面积约1.27万平方千米，人口超过400万。自治区政府主要官员由当地两大武装组织“摩洛伊斯兰解放阵线”（“摩伊解”）和“摩洛民族解放阵线”（“摩解”）及菲律宾政府共同提名，自治区政府首席部长由“摩伊解”主席担任。自治区政府在行政管理、立法司法、财政税收等方面享有比一般地方政府更大的自治权，但不能拥有自己的军队和警察。

菲律宾总统杜特尔特发表第4份国情咨文

2019年7月22日，菲律宾总统杜特尔特发表任内第4份国情咨文，本份国情咨文被看作其6年任期的“中期报告”。杜特尔特从反恐、禁毒、反腐、改善营商环境和生态环境、推动民族和解与团结、“大建特建”基础设施建设计划，以及教改、税改、小微企业扶持等多方面，陈述过去3年本届政府的作为，赢得十多次掌声。

菲律宾成立航天局

2019年8月8日，菲律宾总统杜特尔特签署《菲律宾太空法》，宣布成立菲律宾航天局。根据该法案，菲律宾航天局为该国一个中央级行政机构，负责国家级的太空发展以及航天科技发展事务；根据菲律宾太空发展政策和规划，推动菲国家级航天项目发展，制定相关计划，并负责具体执行。

该法案确定菲律宾太空开发利用战略路线图，确定菲律宾在未来10年内成为具有太空研究能力和航天能力国家的发展目标。菲律宾航天局的工作将聚焦在六个重点领域，即国家航天事业发展和安全，自然灾害管理和气候研究，太空科学技术研究与发展，航天产业能力建设，有关知识的全民教育，国际合作。

新加坡前进党成立

2019年3月，新加坡人民行动党原资深议员、参加过总统竞选并且距离胜选只有一步之遥的陈清木，集合原人民行动党的一批资深干部共同组建前进党。前进党旨在“确保人民行动党政府的问责制，关注增加就业”。新加坡前进党12名创党成员包括其他人民行动党前干部，并称该党未来成立替代政府“是有可能的”。

新加坡财政部部长王瑞杰就任新加坡副总理

2019 年 5 月，新加坡财政部部长王瑞杰任新加坡副总理，同时兼任财政部部长。王瑞杰曾先后担任过新加坡资政李光耀的私人秘书、WTO 谈判代表、贸易工业部常任秘书等职。2005 年 4 月出任新加坡金融管理局局长，2011 年 5 月出任新加坡教育部长。

泰国王室长公主乌汶叻被取消竞选总理资格

2019 年 2 月 8 日，泰国泰爱国党提名乌汶叻公主成为该党的总理候选人，参与将于 3 月 24 日举行的泰国大选。此举打破泰国王室不参与政治的传统，引发泰国政坛乃至国际舆论震动。乌汶叻公主是已故泰王普密蓬・阿杜德的长女、现任泰王玛哈・哇集拉隆功的姐姐。她代表的泰爱国党成立于 2009 年，被视为亲他信派政党。2 月 8 日晚，泰国国王玛哈・哇集拉隆功发表声明，称乌汶叻公主不适合担任政治职务。2 月 11 日，乌汶叻公主被选举委员会正式取消竞选总理的资格。

泰国新未来党迅速崛起后面临解散危机

泰国华裔企业家塔纳通・宗龙伦吉于 2018 年 3 月 15 日与其友在曼谷宣布成立新未来党，并在 2019 年的泰国大选中脱颖而出，带领新未来党一举拿下国会下议院 81 个席位，成为仅次于为泰党和人民国家力量党的第三大党。然而随后塔纳通被曝出选前持有传媒股份，涉嫌违法参选。11 月 20 日，泰国宪法法院判决塔纳通持媒体股份参选属实，宣布撤销其国会下议院议员资格。12 月 11 日，泰国选举委员会以塔纳通向该党放贷款项来源涉嫌违法为由，正式向宪法法院提请解散该党，新未来党迅速崛起后面临解散危机。

新修订的泰国电商税法正式生效

2019 年 3 月 21 日，新修订的泰国电商税收法正式生效，该法案明确银行监管义务，符合泰国电子支付系统基础设施发展战略计划，为电商人群缴纳税款提供更加便利的支付方式。根据该法律规定，以下范围的电商业务经营者需缴税：一是单个账户的存款/汇款记录达 3000 次以上者；二是多个账户的存款/汇款记录超过 400 次，且金额超过 200 万泰铢的电商经营者。该法同时规定，所有电商业务经营者需在 2020 年 3 月 22 日之前将自己的相关资料递交到税务局。若发现有人不依法纳税，将被罚款 10 万泰铢，在缴清税款之前，每日增加 1 万泰铢的罚金，以此类推。若发现官员泄露纳税人信息，将会根据情况判处 1 年监禁或罚款 2 万泰铢，情况严重者两者兼施。该法案除向电商经营者征税外，还可以提高国家税收的工作效率，有助于打压灰色商业集团。该法案的执行并不会影响人们使用现金。

巴育当选泰国新一届政府总理

2019 年 3 月 24 日，泰国举行军事政变近 5 年来的首次大选，选举产生 500 名国会下议院议员。5 月 8 日，大选结果正式出炉，共有 27 个政党获得席位，排在前四的政党为巴育领导的人民国家力量党、代表他信势力的为泰党、政坛新星塔纳通代表的新未来党和阿披实领导的民主党，巴育领导的人民国家力量党最终胜出。6 月 5 日，泰国国会召开上下两院联席会议，宣布现任总理巴育・占奥差当选为新一届政府总理，成为泰国第 30 任总理。2014 年，泰国军方发动政变，推翻以英拉为总理的为泰党政府，时任陆军司令巴育随后出任全国维持和平秩序委员会主席，并担任临时总理一职。

泰国举行玛哈・哇集拉隆功国王加冕典礼

2019 年 5 月 4—6 日，泰国玛哈・哇集拉隆功国王加冕典礼在首都曼谷大王宫举行。哇集拉隆功国王按照王室传统顺利完成登上玛哈蒙天皇位的加冕仪式，标志着哇集拉隆功作为一国之君的身份已经完备和合法化，正式履行国王职责。随后接受所有王室成员、枢密院大臣、内阁官员和政府高官的庆贺，并前往玉佛寺在 80 位高僧的见证下宣告成为佛教的王室守护者。12 月 12 日，皇家船队巡游仪式隆重举行，本次巡游是按照泰国古代宫廷习俗沿袭、传承下来的传统，它也标

5 月 4 日，泰国玛哈・哇集拉隆功国王加冕典礼在首都曼谷大王宫举行（新华网）

志着皇家加冕大典正式结束，意味着哇集拉隆功正式继位成为国家君主。

泰国新一届政府内阁组成

2019 年 7 月 10 日，泰国政府公报刊登经泰国国王批准的新内阁成员名单。新公布的内阁名单共 36 人，巴育领导的人民国家力量党获得 18 个内阁职位，占总阁员数的一半，民主党与泰自豪党分别获得 7 个内阁职位，泰国家发展党获得 2 个职位，泰国民合力党、国家发展党各获得 1 个职位。7 月 16 日，总理巴育率领新一届内阁成员向国王宣誓就职，全国维持和平秩序委员会同时依宪自动解散，标志着泰国新政府正式开始履职。

越南继续推进越共十三大筹备工作

越南共产党第十三次全国代表大会计划于 2021 年年初举行，为筹备十三大，2018 年越共十二届八中全会决定成立 5 个工作小组负责筹备事项。2019 年 5 月 30 日，越共中央总书记、国家主席阮富仲签署颁行《政治局关于面向党的第十三次全国代表大会之各级党代会的指示》，2020 年越南将举行各级党代会，各地方和机关积极开展筹备和组织工作。

越南继续保持反腐败工作高压态势

2019 年 9 月 23 日，越共中央政治局颁行《关于干部工作中的权力监督和防止跑官要官的规定》，就干部工作中的权力监督和防止跑官要官问题做出规定。该规定明确列出各类跑官要官及袒护包庇的行为；组织和个人在防止跑官要官问题上的责任以及相关的处罚规定。在越南即将举行各级党代会，准备召开越共十三大的背景下，该项规定的出台实施旨在能有效选拔德才兼备的领导干部。2019 年，越南诸多重大经济案件中的被告、犯罪嫌疑人，尤其是贪污罪犯被审判处理，诸多党组织和高级干部因违法违纪行为受到处分或刑事处罚。其中包括：越南政府前副总理武文宁受到检查和处分；因涉及公安部情报总局上校潘文英武一案，公安部两名原副部长陈越新和裴文成被判刑；国营的移动电信公司（MobiFone）收购私营的全球视听股份公司（AVG）95% 股份一案致使国有资产损失 6.59 万亿越南盾，涉案人员 14 人，越南信息传媒部两名前部长阮北山和张明俊因此分别被判处无期徒刑和 14 年有期徒刑；越共原中央委员、国防部副部长阮文献由于严重违反关于国防用地管理使用问题被起诉；对涉案数万亿越南盾的网络赌博大案展开第二阶段审判等。

越南通过《劳动法》（修订案）

2019 年 11 月 20 日，越南第十四届国会第八次会议通过《劳动法》（修订案）。该法是在越南 2012 年《劳动法》的基础上进行修订。越南新的《劳动法》最受外界关注的焦点是关于成立劳动工会的问题。2019 年，在越南加入《全面与进步跨太平洋伙伴关系协定》（CPTPP）生效以及签署《欧盟—越南自由贸易协定》（EVFTA）之际，为了履行 CPTPP 和 EVFTA 劳动条款中保护国内劳工权益的承诺规定，即允许劳动者有在基层建立工会或加入任何工会组织的自由，越南在国内立法做出相应的调整。在新的《劳动法》里，除了越南合法的越南劳动总联合会（VGCL），还出现一个其他的工会组织，称为“劳动者代表组织”或“劳动者组织”。“劳动者代表组织”不隶属于当前的越南劳动总联合会及其下属工会。该法规定，“劳动者有权依照《工会法》成立、加入和进行工会活动”“企业劳动者组织经国家职权机关予以登记后得以成立和合法活动”“政府规定企业劳动者组织登记的档案材料、程序和手续；规定予以登记和收回登记的职权和手续；规定国家对企业劳动者组织财政、财产问题的管理；规定企业劳动者组织的分解、分立、合并、兼并、解体、联合权”，等等。

越南通过《图书馆法》

2019 年 11 月 21 日，越南国会通过《图书馆法》。这被视为文化领域中一部具有重大意义的法律，有望对越南的阅读文化发展战略产生积极影响。该法最重要的目的旨在鼓励发展图书馆，创造条件让组织、个人投入、贡献智慧和力量建设图书馆。

越南通过《干部、公职人员法和公立事业单位职工法若干条款修改、补充法》

2019 年 11 月 25 日，越南第十四届国会第八次会议通过《干部、公职人员法和公立事业单位职工法若干条款修改、补充法》。该法于 2020 年 7 月 1 日生效实施。根据该法，从 2020 年 7 月 1 日起，对公立事业单位职工实行 12 个月到 60 个月的聘用合同制管理，但以下 3 种情况实行无期限聘用合同制（即有终身编制）：一是 2020 年 7 月 1 日前录用的公立事业单位职工；二是从干部、公务员转为公立事业单位职工；三是在经济社会条件特别困难地区工作的公立事业单位职工。公务员则依然延续以往的任职规定。该法规定已经退休或已经离开工作岗位的干部、公务员对在职时所犯下的错误仍需承担责任。

越南开通网上行政审批系统

2019 年 12 月 9 日，越南国家公共服务门户网站正式投入运行。这是越南推进以民众和企业为服务中心的一项电子政务建设。该网站的运行旨在减少行政审批手续尤其是涉及多个部门的行政审批手续办理时间，提高办公效率和节约社会成本等。

越南继续改革和精简机构

2019 年，越南继续大力实施机关合并，自上而下多个部门合并精简，裁减编制。自 2015 年越共中央政治局颁行实施精简编制重组公职干部队伍的 39 号决议以来，截至 2019 年年底，越南全国精简裁减公职人员编制 23.6 万人，裁减合同制工作人员 4.1 万人，裁减乡级非专职活动人员超过 2.5 万人，2019 年由此节省国家财政开支至少 10 万亿越南盾。

外　　交

中国与朝鲜领导人互访

2019 年 1 月 7—10 日，朝鲜劳动党委员长、国务委员会委员长金正恩对中国进行访问。1 月 8 日，中共中央总书记、国家主席习近平同金正恩举行会谈，就中朝关系和共同关心的问题深入交换意见，达成重要共识。双方一致表示，愿共同努力推动中朝关系在新的时期不断取得新的发展，持续推进半岛问题政治解决进程，更好造福两国人民，为地区和世界和平稳定与繁荣发展作出积极贡献。6 月 20—21 日，中共中央总书记、中华人民共和国主席习近平对朝鲜民主主义人民共和国进行国事访问。6 月 20 日，中共中央总书记、国家主席习近平在平壤锦绣山迎宾馆同朝鲜劳动党委员长、国务委员会委员长金正恩会谈。双方一致同意，在新的历史起点上，中朝双方愿不忘初心、携手前进，共同开创两党两国关系的美好未来。

中法全球治理论坛在法国举行

2019 年 3 月 25—26 日，中法全球治理论坛在法国巴黎举行。本次论坛由中国国务院新闻办公室和法国外交部共同主办，中国外文局、法国外交部分析预测与战略中心承办，论坛开幕式在法国外交部报告厅举行。与会代表围绕“‘一带一路’与互联互通”“多边主义与全球治理”“数字治理的挑战与机遇”“气候变化和生物多样性”等议题进行研讨，并达成广泛共识。中国国家主席习近平同法国总统马克龙出席中法全球治理论坛闭幕式。德国总理默克尔、欧盟委员会主席容克应邀出席。中国国务委员兼外交部部长王毅、法国外交部部长勒德里昂共同出席开幕式并致辞，中宣部常务副部长、国家高端智库理事会理事长王晓晖和法国巴黎和平论坛总干事瓦伊斯作大会发言。中法双方有关政府部门高级别官员、高端智库专家学者、知名企业高层和国际组织代表 200 多人参加本次论坛。

中国国务院总理李克强参加第 21 次中国—欧盟领导人会晤、第 8 次中国—中东欧国家领导人会晤并正式访问克罗地亚

2019 年 4 月 8—12 日，中国国务院总理李克强赴比利时首都布鲁塞尔参加第 21 次中国—欧盟领导人会晤、赴克罗地亚参加第 8 次中国—中东欧国家领导人会晤并正式访问克罗地亚。4 月 9 日，李克强参加第 21 次中国—欧盟领导人会晤，会晤通过《第 21 次中国—欧盟领导人会晤联合声明》。李克强与欧盟领导人密集进行小范围会谈、工作午宴、正式会晤、签字仪式和共见记者。4 月 12 日，李克强在克罗地亚杜布罗夫尼克出席第 8 次中国—中东欧国家领导人会晤，中东欧 16 国领导人与会。本次会晤以“搭建开放、创新、伙伴之桥”为主题，会议欢迎希腊作为正式成员加入“16 + 1 合作”。欧盟、奥地利、白俄罗斯、瑞士及欧洲复兴开发银行作为观察员派员与会。会晤后，中国同中东欧 16 国共同发表《中国—中东欧国家合作杜布罗夫尼克纲要》。中东欧各国领导人共同见证双方各领域 10 余项合作协议签署。

中国主办第 2 届“一带一路”国际合作高峰论坛

2019 年 4 月 25—27 日，中国主办的第 2 届“一带一路”国际合作高峰论坛在北京举行。论坛的主题是共建“一带一路”、开创美好未来。论坛期间举行高峰论坛开幕式、领导人圆桌峰会、高级别会议、12 场分论坛和 1 场企业家大会。包括中国在内，38 个国家的元首和政府首脑以及联合国秘书长和国际货币基金组织总裁共 40 位领导人出席圆桌峰会。来自 150 个国家、92 个国际组织的 6000 余名外宾参加论坛。中国国家主席习近平出席开幕式并发表题为《齐心开创共建“一带一路”美好未来》的主旨演讲，全程主持领导人圆桌峰会，同与会各国领导人举行双边会见。本届论坛

4 月 25—27 日，第 2 届“一带一路”国际合作高峰论坛在北京举行（新华网）

期间，有关国家和国际组织还在交通、税收、贸易、审计、科技、文化、智库、媒体等领域同中方签署100多项多双边合作文件，一些国家和国际金融机构同中方签署开展第三方市场合作文件。中国牵头汇总各方达成的具体成果，形成一份283项的成果清单。中国同有关国家签署中缅经济走廊、中泰铁路等一系列政府间务实合作协议，各方共同发起并设立"一带一路"共建国家标准信息平台、"一带一路"应对气候变化南南合作计划等合作机制，各国企业就开展产能与投资合作项目达成众多协议，中国同意大利等国共同设立新型合作基金、开展第三方市场投融资项目。论坛期间，各方发布一系列高质量的合作倡议和报告。中方发布《共建"一带一路"倡议：进展、贡献与展望》，对5年多来共建"一带一路"走过的历程作出全方位回顾，提出下一步高质量发展的意见和建议。中方同各方一道形成并发布《"一带一路"债务可持续性分析框架》，为融资合作防控风险，确保"一带一路"合作可持续发展提供有益工具。由国际知名人士组成的高峰论坛咨询委员会向高峰论坛提交政策建议报告，分析研究"一带一路"合作对改善互联互通、促进世界经济增长以及落实2030年可持续发展议程的积极作用，并就未来"一带一路"合作重点和高峰论坛发展方向提出政策建议。有关各方还共同发起《廉洁丝绸之路北京倡议》《"创新之路"合作倡议》，发布《绿色投资指导原则》。这些成果体现时代发展进步的潮流，体现"一带一路"合作共赢的特色。

中国举办亚洲文明对话大会

2019年5月15—22日，中国主办的亚洲文明对话大会在中国北京举行。本次对话大会，聚焦亚洲文明交流互鉴与命运共同体的主题，旨在传承弘扬亚洲和世界各国璀璨辉煌的文明成果，搭建文明互学互鉴、共同发展的平台，增强亚洲文化自信，促进亚洲协作互信，凝聚亚洲发展共识，激发亚洲创新活力，为亚洲命运共同体和人类命运共同体建设提供精神支撑。亚洲47个国家以及域外其他国家的政府官员和文化、教育、影视、智库、媒体、旅游等领域的代表共计2000余人参加大会相关活动。大会举办规模盛大的亚洲文化嘉年华和丰富多彩的亚洲文明周活动，吸引民众踊跃参与。大会在广泛凝聚各方共识基础上，发布会议共识文件。参加大会的中外机构签署一系列多边、双边倡议和协议，发布一批重大项目成果和研究报告，形成一批推动文明交流互鉴的务实举措和合作成果，共4大类26项。

中国国家主席习近平应邀对俄罗斯进行国事访问并出席第23届圣彼得堡国际经济论坛

2019年6月5—7日，中国国家主席习近平应邀对俄罗斯进行国事访问并出席第23届圣彼得堡国际经济论坛。6月5日，习近平和俄罗斯总统普京在莫斯科大剧院共同出席中俄建交70周年纪念大会。习近平发表题为《携手努力，并肩前行，开创新时代中俄关系的美好未来》的致辞，两国元首共同签署《中华人民共和国和俄罗斯联邦关于加强当代全球战略稳定的联合声明》。6月7日，第23届圣彼得堡国际经济论坛在圣彼得堡举行。中国国家主席习近平、俄罗斯总统普京、保加利亚总统拉德夫、亚美尼亚总理帕希尼扬、斯洛伐克总理佩列格里尼、联合国秘书长古特雷斯等出席。习近平发表题为《坚持可持续发展　共创繁荣美好世界》的致辞。此外，中俄两国元首还签署《中华人民共和国和俄罗斯联邦关于发展新时代全面战略协作伙伴关系的联合声明》，宣布发展中俄新时代全面战略协作伙伴关系，实现两国关系与时俱进、提质升级，成为此访最重要政治成果。

中国国家主席习近平对吉尔吉斯斯坦、塔吉克斯坦进行国事访问，并出席在比什凯克举行的上海合作组织成员国元首理事会第19次会议和在杜尚别举行的亚洲相互协作与信任措施会议第5次峰会

2019年6月12—16日，中国国家主席习近平应邀对吉尔吉斯斯坦、塔吉克斯坦进行国事访问，并出席在吉尔吉斯斯坦首都比什凯克举行的上海合作组织成员国元首理事会第19次会议和在塔吉克斯坦首都杜尚别举行的亚洲相互协作与信任措施会议第5次峰会。习近平先后出席30多场双多边活动。其中，14日，习近平出席上合组织成员国元首理事会第19次会议并发表重要讲话，强调秉持"上海合精神"，携手构建更加紧密的上海合作组织命运共同体。15日，习近平出席亚信第五次峰会并发表重要讲话，强调要建设互敬互信、安全稳定、发展繁荣、开放包容、合作创新的亚洲。会议发表《上海合作组织成员国元首理事会比什凯克宣言》，签署成员国地方合作发展纲要、数字化和信息通信技术合作构想等22份重要文件，实现对重点领域合作的全覆盖。习近平主席还在出席上合和亚信峰会期间分别会见哈萨克斯坦总统托卡耶夫、伊朗总统鲁哈尼、印度总理莫迪、巴基斯坦总理伊姆兰・汗、阿富汗总统加尼、白俄罗斯总统卢卡申科、卡塔尔埃米尔塔米姆、土耳其总统埃尔多安等与会领导人，就双边关系和共同关心的国际与地区问题交换意见，推动中国同上述国家关系进一步发展。

中国国家主席习近平出席二十国集团领导人第14次峰会及金砖国家领导人会晤

2019年6月27—29日，二十国集团领导人第14次峰会在日本大阪举行。中国国家主席习近平出席并发表题为《携手共进，合力打造高质量世界经济》的重要讲话。习近平出席峰会四个阶段全体会议，参加关

于世界经济和贸易、数字经济、包容和可持续发展、基础设施、气候、能源、环境等议题的讨论，阐述中方对世界经济形势的看法主张，致力于对当前存在的问题找根源、把准脉、开好方，把握好世界经济的大方向。6月28日，金砖国家领导人会晤在大阪举行。中国国家主席习近平、巴西总统博索纳罗、俄罗斯总统普京、印度总理莫迪、南非总统拉马福萨出席。

6月29日，中国国家主席习近平同美国总统特朗普在日本大阪举行会晤。两国元首就事关中美关系发展的根本性问题、当前中美经贸摩擦以及共同关心的国际和地区问题深入交换意见，为下阶段两国关系发展定向把舵。双方同意推进以协调、合作、稳定为基调的中美关系。

中国国家主席习近平赴印度出席中印领导人第2次非正式会晤，并对尼泊尔进行国事访问

2019年10月11—13日，中国国家主席习近平应邀赴印度出席中印领导人第2次非正式会晤，并对尼泊尔进行国事访问。10月11日，中国国家主席习近平乘专机抵达印度金奈，并会见印度总理莫迪。习近平参观马哈巴利普拉姆古寺庙群。10月12日，习近平在金奈同印度总理莫迪继续举行会晤，两国领导人就中印关系和共同关心的重大国际和地区问题坦诚、深入交换意见。同日下午，习近平在加德满都总统府会见尼泊尔总统班达里。两国元首共同宣布，双方将本着同舟共济、合作共赢精神，建立中尼面向发展与繁荣的世代友好的战略合作伙伴关系。

第11届中美政党对话举行

2019年11月18日，由中共中央对外联络部主办的第11届中美政党对话在中国北京举行。来自美国共和、民主两党和重要智库、企业，以及中共中央政策研究室、中国商务部等单位共约50名中外代表出席。此次对话主题为“中美政党与中美关系”。同期还举行中美企业家圆桌会。中美政党对话于2010年启动，旨在加强中美党际交流，促进两国关系发展。

中国国务院总理李克强同主要国际经济金融机构负责人举行第4次“1+6”圆桌对话会

2019年11月21日，主要国际经济金融机构负责人第4次“1+6”圆桌对话在中国北京举行。中国国务院总理李克强与世界银行行长马尔帕斯、国际货币基金组织总裁格奥尔基耶娃、世界贸易组织副总干事沃尔夫、国际劳工组织总干事赖德、经济合作与发展组织秘书长古里亚、金融稳定理事会主席夸尔斯举行第4次“1+6”圆桌对话会。会议围绕“促进世界经济开放、稳定、高质量增长”的主题，就优化营商环境和推进更高水平开放等议题深入交流。国务委员兼国务院秘书长肖捷，全国政协副主席、国家发展和改革委员会主任何立峰出席对话会。

第8次中日韩领导人会议

2019年12月24日在中国四川成都举行。中国国务院总理李克强与韩国总统文在寅、日本首相安倍晋三共同出席，就中日韩合作以及地区和国际问题交换看法。会议发表《中日韩合作未来十年展望》，通过“中日韩+X”早期收获项目清单等成果文件。会议期间，中日韩三国领导人联合发布《中日韩积极健康老龄化合作联合宣言》。24日上午，李克强与韩国总统文在寅、日本首相安倍晋三共同出席并致辞。三国工商界和政府代表约800人出席峰会；下午，李克强在四川成都杜甫草堂博物馆与韩国总统文在寅、日本首相安倍晋三共同出席中日韩合作20周年纪念活动。三国领导人共同出席“中日韩合作20周年纪念封”发行仪式。三国领导人共同按下启动球为纪念封揭幕，在纪念封上签名。在参观纪念中日韩合作20周年图片展后，三国领导人共同种下一棵桂花树。

文莱与新加坡保持紧密合作关系

2019年，文莱与新加坡继续保持紧密的合作关系。1月7日，第4次文莱与新加坡安全和执法机构双边会议以及第3次文莱与新加坡内政部双边会议在文莱举行。新加坡代表团在文莱展开为期两天的友好访问活动，旨在培养两国安全机构之间持续和既定合作精神。10月，新加坡空军和文莱皇家空军在新加坡举行代号“空卫”的空防演习，该演习已连续举行25

11月18日，第11届中美政党对话在中国北京举行，图为与会代表合影

（中新网）

年。10 月 23 日，新加坡空军总长康文良少将和文莱皇家空军司令哈姆扎准将在新加坡武装部队军事训练学院实弹射击区联合主持庆祝仪式。11 月 5—7 日，新加坡国防部部长黄永宏访问文莱，并视察两国海军定期举行的代号“塘鹅”的海军军演。

文莱保持与马来西亚的密切关系

2019 年，文莱与马来西亚继续保持密切往来，文莱苏丹哈桑纳尔·博尔基亚亲自参与两国在加强安全防务以及贸易投资合作等方面的事项。1 月 23 日，文莱苏丹在汝鲁伊曼皇宫接见对文莱为期 3 天访问的马来西亚国防部部长穆罕默德·沙布，以继续加强两国的防务合作。2 月，文莱苏丹授予马来西亚皇家空军司令丹斯里拿督哈芝阿菲迪文莱皇家空军飞行员徽章以表彰其为推进文莱皇家空军与马来西亚皇家空军之间的联系所做出的贡献。3 月 5 日，文莱苏丹出席第 22 次文莱与马来西亚年度协商会议，并与马来西亚总理马哈蒂尔重申两国之间的共同合作关系以进一步强化两国共同感兴趣的领域并让两国人民受益。两国在此次年度协商会议上签署关于转移扣留犯的谅解备忘录。8 月 19 日，文莱苏丹和苏丹后哈嘉莎丽哈在汝鲁伊曼皇宫会见马来西亚国家元首苏丹阿都拉及苏丹后。这是马来西亚国家元首苏丹阿都拉及苏丹后自 2019 年 7 月 30 日登基以来首次到文莱进行的国事访问活动。会晤时，文莱苏丹将文莱最高荣誉皇室勋章授予马来西亚国家元首苏丹阿都拉，并授予马来西亚苏丹后文莱皇家勋章。阿都拉也将马来西亚皇家勋章授予文莱苏丹后哈嘉莎丽哈。

文莱苏丹访问越南

2019 年 3 月 26—28 日，文莱苏丹哈桑纳尔·博尔基亚应越共中央总书记、国家主席阮富仲的邀请，对越南进行国事访问，这是文莱苏丹时隔 21 年对越南进行的第二次国事访问。在文莱苏丹哈桑纳尔·博尔基亚对越南进行国事访问之际，两国发表关于建立全面伙伴关系的联合声明。两国领导人强调，两国全面伙伴关系将为两国各领域合作注入动力，尤其是在对外交往、国防安全、贸易投资、教育培训、能源、社会、民间交流等领域上。3 月 27 日，阮富仲在与苏丹哈桑纳尔·博尔基亚的会谈中强调，文莱苏丹哈桑纳尔·博尔基亚此访成为两国友好合作关系迈上新台阶——全面伙伴关系的重要里程碑，意义重大。

文莱海水淡化装置调试成功

文莱《联合在线》2019 年 4 月 8 日报道，上海电气恒逸文莱海水淡化项目 2 号海淡装置日前顺利产出第一批合格产品水，标志着由上海电气独立研发，拥有完全知识产权的全球首创低温多效蒸馏工艺结合热水闪蒸技术获得成功。该项目位于文莱大摩拉岛，岛上没有独立水源，上海电气海淡工程是该岛唯一水源。文莱海淡项目一次出水成功，使上海电气自主研发的热水闪蒸技术得到工程实例的支持，技术领先于 IDE，SIDEM 等老牌跨国海淡公司，并已具备国际项目工程能力。

文莱主办第 26 届东盟农业培训和推广部门工作组会议

2019 年 7 月 2—4 日，为期 3 天的第 26 届东盟农业培训和推广部门会议在文莱举办。会议由文莱首席资源和旅游部常务秘书主持，讨论与东盟农业培训和推广合作相关的政策框架实施，项目和活动的进展情况，以及审议 2020 年将要实施的各种拟议项目和活动。会议还作为一个平台交流有关东盟成员国正在实施的农业培训和推广活动进展情况。

中文合资企业为文莱当地居民提供培训和就业机会

文莱广播中心 2019 年 7 月 10 日报道，恒逸工业化学与工艺工程联合奖学金项目资助的 11 名学生在浙江大学完成 18 个月的化学工艺工程学习。文莱教育部部长和中国驻文莱大使出席毕业典礼。从浙江大学毕业后，学生在文莱大学完成最后一个学期的学习，并在恒逸实业进行为期 6 个月的实习。一旦完成课程，他们获得恒逸实业的职位。随着浙江恒逸集团有限公司、浙江大学与 UBD 联合举办的化工与工艺工程奖学金项目的成功实施，恒益实业宣布该奖学金项目再延长 5 年。

印度尼西亚和文莱签署卫生行动计划

2019 年 7 月 10 日，文莱与印度尼西亚卫生合作第 1 次联合工作组会议举行，会议期间，两国签署“卫生行动计划”，重点讨论两国卫生领域合作的 7 项主要议程。其中，包括公共卫生信息交流、促进健康、传统医药、医疗产品和卫生技术法规。

文莱苏丹出席东盟系列会议

2019 年，文莱苏丹哈桑纳尔·博尔基亚出席第 16 次东盟—印度峰会、第 10 次东盟—联合国峰会、第 22 次东盟与中日韩领导人会议、第 14 次东亚峰会、第 22 次东盟—日本峰会、第 35 届东盟峰会及相关峰会。苏丹哈桑纳尔·博尔基亚在会议上强调，为把东盟打造成一个开放、包容与和平的社区，文莱将全力以赴。苏丹哈桑纳尔·博尔基亚也强调东盟成员国必须持续捍卫多边主义。鉴于贸易保护主义的崛起，强化区域经济上的合作需获得更大的关注。苏丹哈桑纳尔·博尔基亚也呼吁，以促进微型与中小企业电子贸易活动为主要内容，加强数字经济领域的合作。

柬埔寨首相洪森访问中国

2019年1月20—23日，柬埔寨首相洪森对中国进行正式访问，这是柬埔寨结束第六届全国大选并组建新一届政府后洪森首相正式开启的新年首访。访问期间，中国国家主席习近平与柬埔寨首相洪森举行工作会谈。会谈时，中方宣布将向柬埔寨提供约40亿人民币（约6亿美元）的援助，用于柬埔寨2019年到2021年的发展，并将中国从柬埔寨进口大米的配额增至40万吨。洪森在此次访问期间还出席2019中柬商务与投资论坛开幕式并致辞。1月23日，中柬两国在北京发布《中华人民共和国政府和柬埔寨王国政府联合新闻公报》。

越共中央总书记、国家主席阮富仲访问柬埔寨

2019年2月25—26日，越共中央总书记、国家主席阮富仲率领越南高级代表团对柬埔寨进行国事访问。访问期间，阮富仲会见柬埔寨参议院议长赛冲和国会主席韩桑林，柬埔寨人民革命党主席、政府首相洪森，柬埔寨乌那隆寺佛教大众部僧王德旺和佛教法宗派宗长大僧王布尔格里。

柬中两军举行“金龙—2019”联合训练

2019年3月13—25日，中国和柬埔寨两国军队“金龙—2019”联合训练在柬埔寨贡布省王家军步兵第70旅综合训练场举行。此次联合训练以“反恐联合训练和人道主义救援”为主题，分为专业混编训练、人道主义救援、综合演练3项内容，中方以南部战区陆军为主派出252人参训，中柬双方共有600余人，包括特战、陆航、装甲兵、炮兵、工兵等多支兵种力量混编同训。本次联训是中柬两军开展的第三次联训，首次出动直9型武装直升机、40多台步战车、火炮、运输直升机等多种先进武器装备，人数和装备都是历年来规模最大的一次。柬埔寨王家军总司令冯批森上将在出席开训仪式时表示，两军“金龙”系列联合训练，助力两军提高能力、深化合作、传承友谊。中国驻柬埔寨大使王文天表示，“金龙”联训作为两军共同打造的品牌项目，将对促进两国两军关系发展发挥积极作用。

3月13—25日，中国和柬埔寨两国军队“金龙—2019”联合训练在柬埔寨贡布省王家军步兵第70旅综合训练场举行　（中新网）

柬埔寨首相洪森率团出席第2届“一带一路”国际合作高峰论坛等相关活动

2019年4月25—29日，柬埔寨首相洪森率领庞大的高级代表团，出席在北京举行的第2届“一带一路”国际合作高峰论坛等相关活动。4月26日，洪森围绕论坛主题共建“一带一路”、开创美好未来发表讲话。4月27日，洪森在领导人圆桌峰会上分享自己对“促进连通性以探索新发展来源”为主题的看法等。此外，洪森还在北京大学发表重要讲话，并被授予“国际关系荣誉教授”称号。4月28日，中柬双方签署《中华人民共和国政府和柬埔寨王国政府关于构建中柬命运共同体行动计划（2019—2023）》。该行动计划涵盖政治、安全、经济、人文、多边等五大领域合作31项具体目标和举措，是中国同其他国家签署的首份此类文件，是柬埔寨首相洪森出席第2届“一带一路”国际合作高峰论坛的最重要成果，标志着中柬全面战略合作伙伴关系进入提质升级的新阶段。4月29日，中国国家主席习近平在北京人民大会堂会见柬埔寨首相洪森。

柬埔寨国王西哈莫尼出席亚洲文明对话大会

2019年5月13—16日，柬埔寨国王诺罗敦·西哈莫尼出席在北京举办的亚洲文明对话大会。5月14日，恰逢诺罗敦·西哈莫尼国王生日，中国国家主席习近平和与会有关国家领导人做出特殊安排，一同为诺罗敦·西哈莫尼国王庆祝生日；同日，中国国家主席习近平在北京人民大会堂会见西哈莫尼。5月15日，诺罗敦·西哈莫尼国王在亚洲文明对话大会开幕式上致辞，高度赞扬亚洲文明对话大会对推动各国文化交流互鉴发挥的重要作用。陪同西哈莫尼国王赴华的还有国会、参议院、政府高官以及皇室成员。

柬埔寨发表声明支持中国政府维护香港和平

2019年8月17日，柬埔寨政府通过柬埔寨外交与国际合作部发表一份声明，支持中国政府为维护香港和平、秩序和国家安全所采取的措施。声明指出：（1）柬埔寨支持“一个中国”政策，认为香港目前的局势属于中国内部事务；（2）柬埔寨支持中国政府为维护香港和平、公共秩序、国家安全和

社会和睦相处所采取的措施，符合国内和国际法律规定；(3)柬埔寨希望看到整个香港尽早恢复正常的原状，确保人民和平生活。柬埔寨王国政府此份声明的发表，正值中国香港爆发严重反引渡条例示威活动之时。

马来西亚总理马哈蒂尔访问柬埔寨

2019年9月2—4日，马来西亚总理马哈蒂尔对柬埔寨进行正式友好访问。马哈蒂尔访柬期间，同柬埔寨首相洪森举行双边会晤，围绕加强两国合作、区域和国际性问题等进行密切讨论。此外，马哈蒂尔和洪森还共同见证两国部分合作文件的签署。

中柬执法合作协调办公室在金边成立

2019年9月27日，中国警方在全球设立的首个双边警务合作中心——中柬执法合作协调办公室在柬埔寨金边正式成立。2019年1月，中柬两国最高领导人共同确定2019年为“中柬执法合作年”。3月29日，执法合作年启动仪式在北京举行，中国国务委员、公安部部长赵克志与柬埔寨副首相兼内政大臣韶肯共同出席并致辞，双方共同签署中柬执法合作年工作方案和执法合作行动计划。中柬双方执法部门不断深化执法合作，在打击网络赌博、电信诈骗、涉黑涉恶犯罪等领域取得丰硕成果。近一年来，在两国警方的紧密配合下，柬埔寨警方缉捕并遣返涉黄、赌、毒、黑等中国籍犯罪嫌疑人1000余名，有力维护了两国人民生命财产安全。

印尼担任2019—2020年联合国安理会非常任理事国

印度尼西亚自2019年1月起担任联合国安理会非常任理事国，为期2年。2019年5月1日，印度尼西亚担任联合国安理会轮值主席国。安理会主席的主要职责是主持会议，监控危机，就有关事务与联合国成员国进行磋商以及代表安理会向媒体发表谈话等。据悉，印度尼西亚在担任安理会主席期间建议以和平与投资为主题，提高联合国维和人员的安全和绩效。

印度尼西亚国防部呼吁联合国尊重该国主权

2019年1月28日，针对“西巴布亚联合解放运动”向联合国提交请愿书争取西巴布亚独立的报道，印度尼西亚国防部部长里亚米扎尔德·里亚库杜呼吁联合国应当尊重其在西巴布亚地位的主权。里亚米扎尔德强调，西巴布亚属于印度尼西亚的地位是毫无争议的事实，任何试图将西巴布亚与印度尼西亚分开都是徒劳的举措，印度尼西亚军队捍卫国家主权完整统一的决心是毋庸置疑的。尽管巴布亚分离主义组织寻求联合国的援助，但印度尼西亚国防部绝不恐惧更不会手软应对。据报道，分离主义组织“西巴布亚联合解放运动”声称已收集了180万个要求西巴布亚独立公投的支持者签名，而请愿书随后提交给联合国人权理事会主席米歇尔·巴切莱特。

印度尼西亚主办第16届东盟—俄罗斯高层会议

2019年2月19—20日，第16届东盟—俄罗斯高层会议在印尼巴厘岛勒吉安举行。10个东盟成员国和俄罗斯的高官出席此次会议。会议由东盟合作关系总干事兼第16届—俄罗斯高层会议主席何塞塔瓦雷斯和俄罗斯副主席伊戈尔莫格洛夫共同主持。会议讨论加强东盟—俄罗斯伙伴关系的各种重要议程，包括东盟和俄罗斯的合作发展，特别是落实即将于2019年11月14日在新加坡举行的东盟—俄罗斯领导人第3次峰会。

阿布扎比酋长国王储访问印度尼西亚

2019年7月，阿布扎比王储穆罕默德·本·扎耶德·纳哈扬对印度尼西亚进行正式访问。访问期间，两国签署97亿美元的投资协议。这是阿布扎比酋长国领导人近30年来首次对印度尼西亚进行国事访问。印度尼西亚总统佐科和王储在西爪哇茂物宫举行签署谅解备忘录的会议，签署两国企业间的企业对企业协议。在会议期间签署的协议中，印尼国有能源巨头PT Pertamina与阿布扎比国家石油公司建立全面合作关系，涵盖上下游商业活动的合作，其潜在价值达25亿美元。根据两国政府的联合声明，两国领导人表示共同致力于推动在印尼基础设施发展方面实现其他合作，包括海港、机场、集装箱码头和工业区等。

印度尼西亚再次当选国际海事组织理事国

2019年12月2日《国际日报》报道：印尼再次当选2020—2021年国际海事组织(IMO)C类别理事会成员。印度尼西亚外长阐明，共有174个国家或地区加入国际海事组织，该组织的理事会成员是由40个国家组成的，并分为3个类别，印度尼西亚被选为IMO理事会成员，表示印尼的国际海事领域已得到世界的认可。在选举IMO理事会成员过程中，印度尼西亚获得139票，排名第5。

老挝加强国际合作

2019年3月，老挝国防部长占沙蒙·占雅拉出访马来西亚，会见马来西亚国防部部长，并访问马来西亚国防大学，推动双边防务合作。同月，挪威国际发展部部长率团访问老挝，老挝请求挪威继续支持老挝未爆弹药清除处理，并商谈矫形和假肢企业合作。6月，老挝万象市市长辛拉冯和越南胡志明市市委书记阮善仁在万象市举行会谈，商讨开展落实胡志明市第五郡和万象市西阔达崩县的合作活动。同月，泰国总理巴育和老挝总理通伦·西苏里举行双边会谈，巴育对老挝帮助解决雾霾问题表示感谢，会上双方一致同意共同举办泰老建交70周年庆祝活动。9月，柬埔寨和老挝完成金三角军队调整工作，柬老两国边境一直以来未发生过严重冲突，边境人民一直安居乐业。同月，老挝外交学院和印度外交学院签署备忘录合作开展外交官培训。10月，老挝参加联合国大会第74届会议，并在期间签署贸易国际法公约和禁止核武器条约两项联合国公约倡议。12月，中国、老挝、泰国沿昆曼公路、澜沧江—湄公河流域海关联络员第8次会议在中国云南省大理白族自治州举行，会议对合作内容达成共识并签署会议纪要。同月，俄罗斯和老挝在老挝 Ban Peng 靶场举行“老俄—2019(Laros 2019)”军事演习，这是两国首次军事演习。

老挝主办多个地区和国际性会议

2019年，老挝先后主办的地区和国际性会议有：实施可持续发展目标的区域会议(4月3日)；促进东盟公共政策和法律框架连接、提升云计算环境的对话研讨会(6月20—21日)；中老旅游暨文化交流启动会(6月22日)；“老挝道路建设技术与发展”研讨会(7月3日)；中老跨境生物多样性保护第13次交流年会(7月18—20日)；“2019老挝制造”展览会(7月20—28日)；2019年食品、饮料和农业企业论坛(8月15日)；首届老中高科技产业化合作发展论坛暨企业入驻老中科技园区签约仪式(10月11日)；下湄公河旅游城市峰会(10月12日)；庆祝世界粮食日及国家消除贫困周活动(10月16日)；第11届大湄公河次区域国家公共卫生国际会议(10月17—19日)；第19届东盟电信信息技术部长会议(10月24日)；第12届发展中国家数学教育国际会议(10月31日)；2019澜湄合作经济技术博览会(11月25日)；2019澜湄合作经济技术展览会(11月25—28日)；第3届老挝中国书画展(11月30日)；首届老挝波乔·中国西双版纳商品交易会(12月4日)等。

与老挝建交国家增至142个

2019年8月29日，老挝人民民主共和国和刚果共和国在中国北京签署《关于建立双边关系的联合声明》，老刚两国正式建立外交关系。至此，老挝已与142个国家建立外交关系，约24个国家在万象设有大使馆，4个国家设有领事馆。

老挝外交部对“2019年维吾尔人权政策法案”发表声明

2019年12月13日，老挝外交部对美国国会众议院通过的“2019年维吾尔人权政策法案”发表声明。声明内容如下：新疆维吾尔自治区事务是中国内政，中国政府采取的政策措施有效维护了当地社会安定和秩序，不仅为新疆的经济社会发展提供了坚实保障，也为打击恐怖主义、维护世界和平作出了重要贡献。老方认为，各方均应遵循《联合国宪章》宗旨和国际关系基本准则，反对以任何形式干涉他国内政。

老挝政要重点出访中国和越南

2019年，老挝政要主要出访中国和越南等国家，包括：老挝人民革命党中央总书记、国家主席本扬·沃拉吉4月底出访中国，出席第2届“一带一路”国际合作高峰论坛，签署《中国共产党和老挝人民革命党关于构建中老命运共同体行动计划》，并考察福建省宁德市下岐村扶贫工作；老挝国家总理通伦·西苏里分别于1月、10月、12月出访越南，并在12月举行第43次老越联合委员会会议，11月出访泰国并参加第22次中国—东盟10+1领导人会议，此外还于年内出访柬埔寨、印度尼西亚和韩国等；国会主席巴妮·雅陶都于12月出访中国等。

6位外国政要访问老挝

2019年，有6位外国政要访问老挝，按访问时间顺序为：越南政府副总理郑廷勇，蒙古国外交部副部长，韩国总统文在寅，匈牙利共和国总统贾诺思·阿德，中国国务委员兼国防部部长魏凤和，中国中共中央政治局常委、全国政协主席汪洋等。

马来西亚首相马哈蒂尔会见新加坡总理李显龙

2019年4月9日，马来西亚首相马哈蒂尔与新加坡总理李显龙在第9届马新领导人非正式会议举行年度会谈，马来西亚外交部长赛夫丁、经济部部长阿兹敏和青年及体育部部长赛沙迪出席会谈。双方讨论共同关心的课题，重新检讨现有双边合作的进展，及为共同利益探索新合作领域。马来西亚与新加坡互为各自的第二大贸易伙伴，在投资、教育、国防、农业、交通、资讯与通讯、灾难管理及公共服务有强力合作。

马来西亚宣布重启东海岸铁路项目

2019年4月12日，马来西亚首相署表示，在历经数个月的协商之后，马来西亚铁路衔接公司与中国交通建设股份有限公司签署一份补充协议，马来西亚将恢复东海岸铁路项目。同时，双方同意将项目造价从原本的655亿林吉特降至440亿林吉特。

马来西亚首相马哈蒂尔访问中国并参加第2届“一带一路”国际合作高峰论坛

2019年4月24—28日，马来西亚首相马哈蒂尔访问中国并参加第2届“一带一路”国际合作高峰论坛。25日，马哈蒂尔参观华为位于中关村科技园的展示、研究及发展中心,并与华为高层举行会谈,讨论马来西亚与华为可合作的互利项目。随后,马哈蒂尔出席与中国13个企业代表的对话会,商讨到该国投资与合作的潜能。下午,中国国家主席习近平和国务院总理李克强分别在北京人民大会堂和钓鱼台国宾馆会见马哈蒂尔,全国人民代表大会常务委员会委员长栗战书也在人民大会堂会见马哈蒂尔。26日,马哈蒂尔出席第2届“一带一路”国际合作高峰论坛,并发表重要演讲,表达该国对“一带一路”倡议的立场,随后参观人工智能公司商汤科技,了解并观看各种人工智能软件的演示,以及出席一项与马来西亚国产汽车品牌宝腾相关的活动。27日,马哈蒂尔出席领导圆桌会议,并发表“加强政策协同、建立更紧密的伙伴关系”演说。随团访华的还有马来西亚外交部部长赛夫丁、经济事务部部长阿兹敏、交通部部长陆兆福、国际贸易及工业部部长雷京、房屋及地方政府部部长祖莱达、农业及农基工业部部长阿尤布和吉打州务大臣慕克力。

缅甸不断改善与欧盟的关系

2019年2月18日,欧盟代表团到达缅甸,开始对缅进行人权考察。2月21日,缅甸政府代表和欧盟代表团举行会面。欧盟代表团表示暂时不会在一年内废除对缅的普惠制(GSP)待遇,双方下一次对话将在2020年初进行。欧盟对缅提供的GSP待遇,给缅甸劳工带来实际利益,如果废除可能有大量缅甸民众面临失业。4月29日,欧盟宣布针对缅甸的武器禁运将延长1年,并继续对14名缅甸国防军高官实施制裁。5月16日,欧盟与缅甸在布鲁塞尔举行政治、经济、贸易投资高级别磋商。12月23日,欧盟宣布向孟加拉和缅甸境内的罗兴亚难民提供总值1000万欧元的人道主义援助。

缅甸深化与东盟及其成员国关系

2019年3月4—13日,东盟紧急响应评估小组赴缅甸若开邦调查难民遣返情况并形成调查报告。4月29日,昂山素季访问柬埔寨,这是昂山素季出任国务资政后首次访柬。5月11日,缅甸总统温敏访问越南并与越南政府和国会领导人举行会晤。5月27日,东盟与缅甸举行关于合作遣返若开邦难民问题第二次高级别会议。8月,缅甸政府表示正在实施同东盟成员国之间的专业劳工相互认定工作,认定达成后可为缅甸劳工提供更多就业机会,提升待遇。9月11日,昂山素季访问越南参加第27届世界经济论坛。10月11日,缅甸投资与对外经济关系部部长吴当吞出席在泰国举行的第9届区域全面经济伙伴关系(RCEP)部长级会议。10月18日,缅甸与泰国签署跨境支付协议,两国边境支付和汇入可以使用缅元和泰铢。11月2日,昂山素季出席在泰国举行的第35届东盟峰会及东亚合作领导人系列会议。12月16日,越南总理阮春福访问缅甸,缅越双方签署重要合作文件。

2019年缅甸与中国保持密切关系

2019年4月10日,缅甸国防军总司令敏昂莱访问中国。4月24—25日,缅甸国务资政昂山素季访问中国并出席第2届“一带一路”国际合作高峰论坛,昂山素季和中国国家主席习近平、国务院总理李克强分别举行会晤。两国领导人就务实“一带一路”合作,推动中缅关系向前发展交换意见。6月18日,新任中国驻缅甸大使陈海向缅甸总统递交国书,缅甸总统温敏接见并表示将继续深化缅中全面战略合作伙伴关系。8月27日,中国国务委员兼外长王毅会见缅甸国务资政部部长觉丁瑞。9月21日,缅甸副总统瑞敏出席中国广西南宁举办的第16届中国—东盟博览会并致辞。12月7日,中国国务委员兼外长王毅访问缅甸,先后与昂山素季、温敏、敏昂莱举行会谈。

2019年缅甸与美国保持合作

2019年5月3日,美国副国务卿戴维·黑尔访问缅甸并会见缅甸国务资政昂山素季,黑尔表示美国愿意为缅甸和平进程提供帮助。7月17日,美国国务卿蓬佩奥宣布因为对法外处决罗兴亚人负有责任,将对缅甸国防军4名高层实施制裁,禁止他们访问美国。8月20日,缅甸—日本—美国三方投资论坛在仰光举行,昂山素季在会上表示欢迎更多有责任感的美国投资者进入缅甸。9月30日,缅甸企业家与美国—东盟商会经贸讨论会在缅甸仰光举行,部分美国企业计划进入缅甸市场。11月25日,美国外交官表示,缅甸违反禁止化学武器的全球公约,可能保有20世纪80年代留存的化武。12月12日,美国宣布增加制裁缅甸军方4名将领,冻结他们在美资产。缅甸军方表示对美国方面的制裁感到不满。

缅甸加强与印度及南亚国家关系

2019年5月30日,缅甸总统温敏访问印度并参加印度总理莫迪的第二任期宣誓仪式。7月27日,缅甸政府代表访问孟加拉境内的罗兴亚人难民营。8月25日,孟加拉国发布公告称,支持境内难民的返缅意愿。9月5日,缅甸政府代表与孟加拉驻缅大使协商遣返事宜,并表示计划8月22日启动的遣返计划失败。

缅甸与韩国主要领导人实现互访

2019年9月3日,韩国总统文在寅抵达缅甸开始友好访问。缅韩双方签署多项合作备忘录,缅韩合作工业区项目启动和缅韩经济论坛同时举行。11月26日,缅甸国务资政昂山素季访问韩国出席2019韩国—东盟特别峰会,共同庆祝韩国与东盟建立伙伴关系30

周年。昂山素季与文在寅举行会晤，双方表示要深化缅韩合作。在峰会上昂山素季表示，加强东盟—韩国关系是缅甸实现经济繁荣的重要一环。

多位缅甸政要访问日本

2019 年 10 月 9 日，缅甸国防军总司令敏昂莱出访日本并与日本首相安倍晋三会晤。10 月 20 日，缅甸国务资政昂山素季应日本政府邀请访问日本，参加日本德仁天皇登基典礼。10 月 21 日，昂山素季与安倍晋三举行会晤，双方表示进一步加强缅日经贸合作、增进缅日友好关系。

菲律宾国防部部长洛伦扎纳参观中国海军 539 编队芜湖舰

2019 年 1 月 17—21 日，由中国海军导弹护卫舰芜湖舰、邯郸舰和综合补给舰东平湖舰组成的海军 539 编队，对菲律宾进行为期 5 天的友好访问。1 月 20 日，菲律宾国防部部长洛伦扎纳参观正在马尼拉进行友好访问的中国海军 539 编队芜湖舰。中国驻菲律宾大使赵鉴华、编队指挥员许海华少将、杜乃华少将等在码头迎接。芜湖舰为洛伦扎纳登舰举行欢迎仪式。洛伦扎纳登舰后检阅中国海军舰艇仪仗队。洛伦扎纳一行在芜湖舰舰长杨凯引导下，先后参观舰载直升机、舰艏舰空导弹发射平台和主炮、驾驶室和反舰导弹发射平台等。在芜湖舰会议室，许海华少将、杜乃华少将向洛伦扎纳介绍中国海军和 539 编队在亚丁湾、索马里海域执行护航任务有关情况。

菲律宾与越南举行第 9 次双边合作联合委员会会议

2019 年 3 月 6 日，菲律宾和越南结束在菲律宾马尼拉市的第 9 次双边合作联合委员会会议，菲律宾外交部部长洛钦和越南副总理、外交部部长范平明出席会议，双方都强调维持南海和平、稳定和航行与飞行安全的重要性。会议期间，双方通过 2019 年至 2024 年新菲越五年行动计划，这是跨机构磋商及双边谈判的结果。菲律宾和越南曾于 2015 年 11 月签订战略性合作伙伴协议。当天下午，越南副总理兼外交部长范平明会见菲律宾总统杜特尔特。

菲律宾举办博鳌亚洲论坛马尼拉会议

2019 年 4 月 22—23 日，菲律宾举办的博鳌亚洲论坛马尼拉会议在马尼拉城堡举行。会议以“共同行动促进新时代共同发展”为主题。博鳌亚洲论坛副理事长、第十二届全国政协副主席、中国人民银行原行长周小川，以及来自菲中两国机构、企业、媒体的 500 多位嘉宾应邀参会。会议为期两天。博鳌亚洲论坛秘书长李保东在欢迎晚宴致辞，感谢菲华商联总会共同主办马尼拉会议，表示这是博鳌亚洲论坛首次在菲律宾举办活动。菲律宾政府文官长萨尔瓦多·梅地亚尔蒂到会，代为宣读杜特尔特总统的致辞。

菲律宾总统杜特尔特访问日本

2019 年 5 月 28—31 日，菲律宾总统杜特尔特第 2 次访问日本。杜特尔特在第 25 届亚洲未来国际会议上发表演讲，杜特尔特在日本首相办公室会晤日本首相安倍晋三，讨论菲日促进战略合作关系的进展。双方讨论日菲在基础设施发展、贸易和投资、农业、劳工、防务、海上安全及海域认知、民间交流以及在追求棉兰佬岛公正和持久和平与进步方面的合作。

菲律宾总统杜特尔特访问中国并观看 2019 年国际篮联篮球世界杯比赛

2019 年 8 月 29 日至 9 月 1 日，菲律宾总统杜特尔特访问中国。8 月 29 日中国国家主席习近平在北京钓鱼台国宾馆会见菲律宾总统杜特尔特。会见后，两国元首共同见证双边合作文件交换仪式。双方还宣布成立油气合作政府间联合指导委员会和企业间工作组，推动共同开发取得实质性进展。8 月 31 日，中国国家副主席王岐山在广东佛山会见菲律宾总统杜特尔特。会见后，王岐山与杜特尔特一同观看 2019 年国际篮联篮球世界杯赛菲律宾队与意大利队的比赛。

新加坡总理李显龙访问中国并参加第 2 届“一带一路”国际合作高峰论坛

2019 年 4 月 26—29 日，新加坡总理李显龙访问中国并参加第 2 届“一带一路”国际合作高峰论坛。4 月 27 日，李显龙在习近平主持的领导人圆

4 月 22—23 日，博鳌亚洲论坛马尼拉会议在菲律宾马尼拉城堡举行

（人民网）

桌峰会上发表题为《“一带一路”合作:共塑更美好的未来》的讲话。4 月 28 日,李显龙及夫人何晶出席世园会开幕式并参观新加坡展区。4 月 29 日,中国国家主席习近平在北京人民大会堂会见新加坡总理李显龙。中国党政领导丁薛祥、杨洁篪、王毅、何立峰参加会见。同日,中国国务院总理李克强在钓鱼台国宾馆会见新加坡总理李显龙,两位总理见证数项双边合作谅解备忘录的签署。

新加坡总统哈莉玛访问中国并参加亚洲文明对话大会

2019 年 5 月 14—16 日,新加坡总统哈莉玛访问中国。5 月 14 日,中国国家主席习近平在北京人民大会堂会见新加坡总统哈莉玛。5 月 15 日,哈莉玛在亚洲文化对话大会开幕仪式上发表讲话。新加坡从亚洲文明博物馆、土生文化馆等馆派出 18 件文物参展。同日,中国国务院总理李克强在北京人民大会堂会见新加坡总统哈莉玛;中共中央政治局常委、中央书记处书记王沪宁在北京钓鱼台国宾馆会见新加坡总统哈莉玛。

中国与新加坡举办系列双边合作机制会议

2019 年 10 月 15 日,中新苏州工业园区联合协调理事会第 20 次会议、中国新加坡双边合作联委会第 15 次会议、中新天津生态城联合协调理事会第 11 次会议和中新(重庆)战略性互联互通示范项目联合协调理事会第 3 次会议在中国重庆举行。中共中央政治局常委、国务院副总理、理事会中方主席韩正,新加坡副总理、理事会新任新方主席王瑞杰共同主持会议。会后,在中新两国领导的共同见证下,中新苏州工业园区管理委员会与新加坡知识产权局国际事务机构共同签署合作备忘录。中新两国政府有关方面负责人出席会议,苏州市委副书记、市长李亚平,江苏省外办主任费少云,中新苏州工业园区党工委副书记、管委会主任丁立新出席会议。

泰国与柬埔寨重开中断 45 年跨境铁路

2019 年4 月 22 日,泰国总理巴育和柬埔寨首相洪森在两国边境波贝—亚兰口岸共同出席泰柬跨境铁路正式恢复运营签字仪式,这是泰柬两国时隔45 年再次启动跨境列车。两国领导人现场见证《柬泰铁路联合运输协议》签署、4 台火车机组的移交以及柬泰友谊桥落成。与泰国铁路接轨的是柬埔寨北线铁路,连接边境城市波贝和首都金边,全程 386 千米,于 2018 年底完工。签字仪式后,巴育和洪森共同乘坐一辆四车厢的柴油驱动列车,从泰国沙缴府的阿兰巴贴前往柬埔寨边境城市波贝,庆祝两国跨境列车正式恢复运营。

泰国总理巴育出席第 2 届“一带一路”国际合作高峰论坛

2019 年 4 月 25—27 日,第 2 届“一带一路”国际合作高峰论坛在北京举行,泰国总理巴育出席峰会开幕式和领导人圆桌会议。巴育赴会前接受中国驻泰媒体书面采访,阐明泰国将继续积极参与“一带一路”项目的意愿。参会期间,巴育签署 6 大类 283 项各类合作项目。泰中直接签署及泰国参与签署意向的合作声明有《促进“一带一路”合作　共同推动建立农药产品质量标准的合作意向声明》《关于进一步推进“一带一路”国家知识产权务实合作的联合声明》以及泰国反腐败机构与中国国家监委、菲律宾反腐败机构签署合作谅解备忘录,泰国与中国和老挝签署的农开万象铁路合作备忘录等。4 月26 日,巴育分别与中国国家主席习近平、中国国务院总理李克强、中国国务院副总理韩正进行会晤。

泰国参加第 83 次中老缅泰湄公河联合巡逻执法行动

2019 年 6 月 18—22 日,泰国参加第 83 次中老缅泰湄公河联合巡逻执法行动。此次行动正值“6 · 26”国际禁毒日前夕,执法编队通过在金三角、老挝孟莫、班相果、峦塞等水域联合开展“四国同心、携手禁毒”系列主题禁毒宣传活动,以及在老挝孟莫举行情报信息交流会,共同研究联合打击毒品犯罪的有效措施,进一步加大联合防范和打击湄公河流域毒品犯罪的力度。行动期间,中、老、缅、泰四国还派出执法人员齐聚老挝孟莫开展 2019 年第二季度四国文体交流活动。

第 52 届东盟外长会及系列会议在曼谷举行

2019 年 7 月 29 日至 8 月 3 日,第 52 届东盟外长会及系列会议在泰国曼谷举行。会议期间,东盟与中国 10 + 1 外长会,第 20 届东盟与中日韩 10 + 3 外长会、第 9 届东亚峰会外长会、第 26 届东盟地区论坛高官会等会议陆续举行。来自 30 多个国家的代表出席会议,其中包括东盟 10 国、东盟 10 个对话伙伴国(中国、澳大利亚、加拿大、欧盟、印度、日本、新西兰、韩国、俄罗斯和美国),东盟地区论坛非对话伙伴国(孟加拉、朝鲜、蒙古、巴基斯坦、巴布亚新几内亚、东帝汶和斯里兰卡),以及挪威、秘鲁、瑞士和土耳其等。

泰国与韩国举行双边会谈

2019 年 9 月 2 日,泰国总理巴育与到访的韩国总统文在寅举行会谈。这是泰国新政府成立后首次会见访问泰国的外国领导人,也是韩国总统时隔 7 年对泰国进行正式访问。两国领导人共同见证包括《第四次工业革命谅解备忘录》《军事情报保护协定》等 6 项协议和备忘录的签署。11 月 25 日，巴育出席东盟—韩国领导人会议第 3 次特别会议、湄公河—韩国合作框架领导人第 1 次会议，再次与韩国总统文在寅举行双边会谈，会谈内容涉及水资源管理、基础设施建设、中小微企业发展、教育发展、民间交流等领域的合作。会后，两国签署 3 份合作备忘录：《共同推动科研发展项目合作备忘录》《泰韩工商业合作备忘录》和《解决在韩非法泰劳问题合作备忘录》。

泰国诗琳通公主获授中国“友谊勋章”

2019 年 9 月 17 日，泰国公主玛哈扎克里·诗琳通因长期以来对中泰关系做出的杰出贡献而获授中国“友谊勋章”。颁授仪式于 9 月 29 日上午在中国北京人民大会堂举行，诗琳通公主在颁授仪式上发表中英文致辞。12 月 1 日，中国驻泰国大使馆为诗琳通公主荣获“友谊勋章”举办庆祝活动，诗琳通公主莅临使馆。泰国政府也于 12 月 29 日举办欢庆宴会，庆祝诗琳通公主获此殊荣。泰国总理巴育在宴会上致辞表示，中国为诗琳通公主殿下授予“友谊勋章”，正是诗琳通与中国友好关系的体现，促进了中泰两国的友好关系。

泰国总理巴育出席第 74 届联合国大会

2019 年 9 月 22—27 日，泰国总理巴育携夫人及内阁相关成员赴美国纽约出席第 74 届联合国大会。会前，巴育携夫人对来自各行各业的 175 名在美泰国民众进行亲切问候。巴育此行依次参加全民医保高级别会议、2019 年联合国治理气候变化行动峰会及 2019 年联合国可持续发展世界首脑会议。巴育在纽约亚洲协会和美国—东盟商业理事会上发表主旨演讲。会议期间，巴育总理还分别会见联合国秘书长安东尼奥·古特雷斯、联合国大会第 74 届会议主席蒂贾尼·穆罕默德·班迪、孟加拉国总理谢赫·哈西娜和澳大利亚总理斯科特·莫里森。

泰国总理巴育参加日本新任天皇德仁的加冕仪式

2019 年 10 月 22 日，泰国总理巴育携夫人及内阁部分官员前往日本参加新任天皇德仁的加冕仪式。10 月 23 日，巴育与日本首相安倍晋三举行会谈，重申两国将继续加强高速铁路等基建设施合作，持续推动泰国—缅甸—日本三国在缅甸土瓦深水码头的建设开发以及泰日农产品市场合作。

泰国主办第 35 届东盟峰会及东亚合作领导人系列会议

2019 年 11 月 2—4 日，第 35 届东盟峰会及东亚合作领导人系列会议在泰国曼谷举行。本届峰会主题为“为可持续发展推动伙伴关系”。本次东亚合作领导人系列会议期间，分别举行第 22 次中国—东盟 10 + 1 领导人会议、第 22 次东盟与中日韩 10 + 3 领导人会议和第 14 届东亚峰会等会议，通过《东盟与中日韩领导人关于互联互通再联通倡议的声明》《关于“一带一路”倡议同〈东盟互联互通总体规划 2025〉对接合作的联合声明》《主席声明》《东盟关于向第四次工业革命转型的宣言》和《东盟关于气候变化的联合声明》等成果文件，以及正式宣布区域全面经济伙伴关系协定（CRCEP）谈判整体上结束。

中国国务院总理李克强访问泰国

2019 年 11 月 2—5 日，中国国务院总理李克强出席东亚合作领导人系列会议并对泰国进行正式访问。李克强此行前在泰国多家主流媒体上发表题为《携手同心，共绘东亚合作美好蓝图》的署名文章。11 月 5 日，泰国总理巴育在总理府会见李克强总理，会谈中两国总理共同签署中泰经济、科技创新、政治、新闻等领域共 4 份双边合作文件。当日，泰国国会主席兼下议院议长川·立派在国会大厦会见李克强总理，双方表示将继续深化两国立法机构的交流与合作，促进民间交往，加强两国在地区和国际事务中的沟通与协调，推动两国关系取得更大发展。访问期间，中泰两国政府共同发表《中华人民共和国政府和泰王国政府联合新闻声明》。

第 6 届东盟国防部长非正式会议与东盟国防部长扩大会议在曼谷举行

2019 年 11 月 17—18 日，第 6 届东盟国防部长非正式会议与东盟国防部长扩大会议在曼谷举行。会议以“可持续安全”为主题，集中讨论可持续安全概念，进而巩固国防安全，增进互信并加强东盟各国与对话方的安全合作。与会各方围绕人道主义与应急救援、航行安全、军医、反恐、维和、人道主义活动及网络安全

11 月 2 日，第 35 届东盟峰会在泰国曼谷举行，图为峰会全体会议会场（中新网）

等7大领域开展讨论。会议讨论通过《东盟防长扩大会关于推动可持续安全合作的联合声明》。

越南参加 CPTPP 生效和签署 EVFTA 协定

2019年1月14日,《全面与进步跨太平洋伙伴关系协定》(CPTPP)在越南正式生效。6月14日,越南加入国际劳动组织第98号公约(组织和集体谈判权利原则的实施公约)。6月30日,越南与欧盟在河内签署《欧盟—越南自由贸易协定》(EVFTA)和《欧盟—越南投资保护协定》(EVIPA),根据EVFTA,双方将逐渐削减直至取消双边货物贸易近99%的关税。批准此两项协定的进程,对欧盟的内部手续,在欧洲议会批准之后,EVFTA要得到欧盟理事会批准后生效;越南方面,经越南国会通过之后,EVFTA立即生效。EVIPA则要经过欧洲议会和欧盟所有27个成员国(英国脱欧后)议会批准后方可生效。

越南承办第2次美国与朝鲜领导人峰会

2019年2月27—28日,美国总统特朗普与朝鲜最高领导人金正恩的第2次会晤在越南河内举行。在举办"特金会"之际,越南领导人分别与美国总统特朗普、朝鲜最高领导人金正恩展开双边外交。金正恩在"特金会"结束后对越南进行正式友好访问,这是朝鲜最高领导人时隔55年后对越南进行的正式访问。

越南和柬埔寨签订两个认定完成陆地勘界立碑成果84%的法理文件

2019年10月5日,柬埔寨首相洪森率团访问越南之际,洪森与越南政府总理阮春福在河内共同主持2006—2019年柬埔寨—越南陆地边界勘界立碑工作总结会议,并签订柬越《1985年〈国家边界划分条约〉和2005年〈补充条约〉的补充条约》,出席见证《柬越陆地边界勘界立碑议定书》地图附件签署仪式,这是两国签订两个认定完成陆地勘界立碑成果84%的法理文件。柬越两国的陆地边界实地勘界立碑工作从1986年开始后不久便被停止,经过20年的停滞,于2006年重新启动,原计划2009年完成,但一直拖延至今尚未完成。柬越陆地边界线长1245千米,至今两国完成大约1045千米的勘界立碑工作,立了315块主界碑,1511块附碑和221处界桩标志。

越南应对震惊世界的英国"死亡货车惨案"

2019年10月23日,英国警方在英格兰东南部埃塞克斯郡一个工业园区内的一辆集装箱货车里发现39具尸体,几番周折,所有遇难者被确定为偷渡英国的越南人,来自越南海阳省、海防市、义安省、河静省、广平省和承天顺化省。2019年11月2日,在英国警方认为受难者均为越南人之后,越南政府指示越南外交部、公安部等机构组成工作组与英方相关部门协作,处理案件相关问题并采取必要的公民保护措施,并于11月底将遇难者遗体和骨灰运回国内。与此同时,越南迅速抓捕11名涉嫌组织偷渡英国的嫌犯,并呼吁国际社会继续加强合作,预防和打击人口贩运,避免事件进一步发酵升级。

经　　济

中国对外贸易保持总体平稳发展

根据2020年2月28日《中华人民共和国2019年国民经济和社会发展统计公报》数据显示,2019年货物进出口总额315505亿元(人民币,下同),比上年增长3.47%。其中,出口172342亿元,增长5.0%;进口143162亿元,增长1.6%。货物进出口顺差29180亿元,比上年增加5932亿元。对"一带一路"沿线国家进出口总额92690亿元,比上年增长10.8%。其中,出口52585亿元,增长13.29%,进口40105亿元,增长17.9%。

中国国内生产总值逼近百万亿元大关

2020年2月28日《中华人民共和国2019年国民经济和社会发展统计公报》数据显示,2019年国内生产总值990865亿元(人民币,下同),比上年增长6.1%,人均国内生产总值70892元,比上年增长5.7%。

亚洲基础设施投资银行扩员

2019年4月22日,亚洲基础设施投资银行(亚投行)宣布,亚投行理事会已经批准科特迪瓦、几内亚、突尼斯和乌拉圭为新一批成员。至此,亚投行成员达到97个。上述4国完成各自国内程序以及向亚投行缴纳首笔注资后,它们将正式成为亚投行成员。据了解,这四个国家的份额将来自亚投行现存份额池中未被分配的部分。

中国自由贸易试验区扩容

2019年8月,中国国务院印发《中国(山东)、(江苏)、(广西)、(河北)、(云南)、(黑龙江)自由贸易试验区总体方案》。方案指出,在山东、江苏、广西、河北、云南、黑龙江等6省区设立自由贸易试验区,是中共中央、中国政府作出的重大决策,是新时代推进改革开放的战略举措。8月30日,山东、江苏、广西、河北、云南、黑龙江6省区的6个新设自由贸易试验区正式揭牌。中国自由贸易试验区再扩围,一张开放新版图正在成型。此次新设的6个自贸试验区,3个在沿海,3个在沿边,加上此前的12个自贸试验区,形成更加完善的建设布局。中国18个自由贸易试验区构筑了一张开放新版图。

第2届中国国际进口博览会

2019年11月5—10日在中国上海国家会展中心举行。由中华人民共和国商务部和上海市人民政府主办。中国国家主席习近平出席在上海举办的第2届中国国际进口博览会暨虹桥国际经济论坛开幕式及相关活动,并发表主旨演讲。本届进博会累计意向成交711.3亿美元,比首届增长23%。本届进博会共有181个国家、地区和国际组织参会,3800多家企业参展,超过50万名境内外专业采购商到会洽谈采购,展览面积达36万平方米。与首届相比,本届进博会的企业商业展规模、质量、布展水平均实现新突破。据初步统计,全球或中国大陆首发新产品、新技术或服务391件,高于首届。

中国发布《国家统计局关于2019年粮食产量数据的公告》

2019年12月6日,中国国家统计局发布《国家统计局关于2019年粮食产量数据的公告》。数据显示,根据对国内31个省(自治区、直辖市)的抽样调查和农业生产经营单位的全面统计,2019年全国粮食总产量66384万吨(13277亿斤),比2018年增加594万吨(119亿斤),增长0.9%。其中谷物产量61368万吨(12274亿斤),比2018年增加365万吨(73亿斤),增长0.6%。

文莱2019—2020财年财政预算收入大幅缩减

根据文莱立法会2019年3月通过的财政预算,2019—2020财年,文莱财政预算收入43.68亿文莱元,预算支出58.60亿文莱元,财政赤字预计为14.92亿文莱元,赤字依存度接近34.4%。文莱财政收入大幅缩减,连续5年出现财政预算赤字。

文莱天然气运输公司获得文莱海事和港务局颁发的合规文件

文莱广播中心2019年7月5日报道,文莱天然气运输公司(BGC)成为文莱第一家由文莱海事和港务局发布的合规文件的航运公司,现已成为一家合格的船舶管理公司。文莱交通和信息通信部部长出席交接仪式。BGC的A级船舶S.S Abadi是第一艘完全根据BGC安全管理系统进行管理和运营的船舶。BGC成立于1998年,从那时起就一直致力于将服务扩展到液化天然气的范围之外。

文莱加强数字化经济转型的轨道建设

文莱The Bruneian2019年7月6日报道,文莱运输和信息通信部部长在数字经济峰会上表示,文莱政府正在推进数字化转型,加快建设高速互联互通和更好的移动基础设施。部长在致辞中还概述了一些倡议,包括成立数字经济委员会,为数字经济的发展提供战略政策方向,以及重组文莱的电信产业,通过最新技术开启更有活力的竞争。与此同时,文莱信息通信技术产业管理局已完成该国准备迎接5G市场的研究。亚太经济合作组织(APEC)工商咨询理事会(ABAC)文莱发布题为“包容与合作:数字时代的增长”2019年领导人ABAC报告。关于推动数字经济议程的动力,ABAC文莱认为,文莱可以从APEC地区经济的最佳实践中受益。

文莱开办养牛场

据文莱广播中心2019年7月10日报道,为了增加文莱养牛的数量,实现牛肉自给自足,文莱苏丹哈桑纳尔·博尔基亚拨出55公顷土地,租给PDS养殖场。由农业部和农业食品部与PDS签署土地租赁协议。预计到2020年,55公顷土地上可养殖7000头牛。

文莱最大水稻农场开始运作

文莱《The Scoop》2019年10月29日报道,文莱最大的商业化水稻农场已经在马来奕Kandol开始运营,政府的目标是到2025年水稻年产量达到6000~8000吨。文莱苏丹哈桑纳尔·博尔基亚主持这片500公顷土地的第一个播种仪式,扩大水稻种植面积被视为改善农业产出和粮食安全的关键一步。通过种植Semba-da188和Titih等高产水稻品种,预计到2025年,文莱的大米自给率将从目前的5%提高到11%甚至15%。

文莱油气资源相对丰富

截至2019年年底,文莱探明石油储量11亿桶,占

11月5—10日,第2届中国国际进口博览会在中国上海国家会展中心举行（百度网）

全球总量的0.1%；天然气储量2000亿立方米，占全球总量的0.1%。除陆地油田外，文莱现有冠军号、西南艾姆巴、费尔里、费尔里—巴拉姆与马来西亚共管）、迈格帕、甘纳特、铁公爵7个海上油田。文莱90%的石油和商用天然气几乎全部出自上述7个海上油田。海上油田共有46个钻井平台、490多个油井、1300千米海底油气管道。当下，文莱政府一方面积极勘探新的油气资源，另一方面对既有油气田实行节制性开采。

文莱经济增长率创13年来新高

根据文莱经济规划与统计局公布的数据，2019年文莱GDP总值为183.8亿文莱元（约合130.5亿美元），比上年增长3.9%，创2006年以来新高。油气产业产值103.5亿文莱元（约合73.5亿美元），增长4.9%，非油气产业产值80.3亿文莱元（约合57亿美元），增长2.5%。2019年，按当年市场价格计算，文莱名义GDP为183.75亿文莱元，比上年增长0.4%，增幅较上年大幅回落8.9个百分点。2019年，按2010年不变价格计算，文莱实际GDP为190.99亿文莱元，比上年增长3.9%，增幅较上年提高3.8个百分点。2019年，文莱GDP平减指数为96.21（2010年=100），比上年下降3.3%，下滑12.5个百分点。

诗里亚加油站率先推出无现金支付

2019年，文莱诗里亚的Roxana加油站成为文莱首家采用二维码移动支付的加油站，驾车者可以在Roxana加油站进行无现金支付。文莱壳牌公司与文莱伊斯兰银行和Progresif Cellular电信公司合作，推出首个无现金加油站。Roxana加油站被选为试点项目，该加油站是文莱唯一的自助加油站。Progresif和文莱壳牌石油将在未来某个时间联合推广无现金加油站项目，并将移动支付服务扩展到所有加油站。

文莱外国直接投资增加

根据《2019年东盟投资报告》，文莱以及其他5个东盟成员国（柬埔寨、印度尼西亚、新加坡、泰国和越南）2018年的资金流入超过2017年。由于来自中国香港的投资增加42%，文莱的外国直接投资（FDI）从2017年的4.6亿美元增加到2018年的5.04亿美元。油气行业跨国企业撤资2.77亿美元，而制造业投资从2017年的4.93亿美元增加到2018年的7.01亿美元，推动资金流入。

柬埔寨工厂开始落实“双薪制”

据柬埔寨劳工部2019年1月16日发出的通告显示，截至1月16日，已有约81%的制衣和制鞋工厂落实每月发两次薪水的“双薪制”，若有工厂不按要求落实“双薪制”，将会面临劳工部的罚款。柬埔寨劳工部于2018年9月21日发出《每月双薪部门规章》通告，根据《每月双薪部门规章》，全国雇主须从2019年1月1日起，每两周发放一次工资，即每个月的第二周和第四周。其中，第二周所发放的工资，不能少于底薪的50%；第四周发放的工资，必须包括剩余的底薪、超时津贴和福利。

欧盟对柬埔寨征收大米进口税及启动EBA贸易优惠待遇审核法律程序

因意大利和西班牙向欧盟举报柬埔寨出口到欧盟的大米影响了欧盟成员国的利益，2019年1月18日，欧盟开始对柬埔寨征收大米进口税，为期3年。第一年的征税标准是每吨175欧元（约200美元），第二年为每吨150欧元（约170美元），第三年每吨125欧元（约142美元）。2019年2月，欧盟议会正式开始对柬埔寨启动为期18个月的“除武器一切都行”（EBA）贸易优惠待遇审核法律程序，以决定是否撤销该优惠待遇。柬埔寨目前为欧盟第6大成衣供货商。若欧盟撤销对柬埔寨的EBA待遇，将使柬埔寨成衣业关税提高至12%，鞋类产品关税提高至8%～17%。

柬埔寨香蕉出口中国

2019年5月9日，柬埔寨香蕉出口中国首发仪式在金边举行。香蕉是柬埔寨的首个输华水果品种，首批5家柬埔寨厂商从金边宏泰冷链园区共发出100吨香蕉，从柬埔寨西哈努克港出发直达中国上海，标志着柬埔寨的新鲜水果正式进入中国市场。据柬埔寨农林渔业部预计，2019年柬埔寨可向中国出口至少13万吨香蕉。

柬埔寨政府对网络博彩业开展全面整顿

2019年8月18日，为重点打击网络赌博等违法犯罪活动，柬埔寨首相洪森签发政府令，对柬埔寨网络博彩业进行全面整顿。该政府令的主要内容包括：（1）司法警察和各基层执法人员要严厉打击未得到政府部门颁发执照，而非法在国内外经营各种方式的网络赌博活动；（2）已获得执照的网络博彩公司，可以允许继续经营至执照的有效期满（2019年年底），但柬埔寨财政部不会继续延期执照的有效期；（3）政府即签发日起，原则上停止批准和颁发在国内外经营的各种“网络博彩”营业执照。据柬埔寨财政部消息，柬埔寨境内现有政府批准的赌场163个，其中91个在西哈努克市。

印度尼西亚竞争力评级上升

2019年6月3日，据印度尼西亚《好报》报道：在2019年的IMD世界竞争力年鉴（WCY）中，印度尼西亚在63个国家或地区中排名第32位，比2018年（第

42位)上升11位。IMD WCY根据即经济绩效、政府效率、企业效率(商业效率)和基础设施,四个竞争力因素的总体排名对63个国家或地区进行评估,印度尼西亚的得分为73.59。

印度尼西亚将建119个自立保税区

2019年9月20日,印度尼西亚政府通过财政部宣称,即将建立119个自立保税区,这一数字超越了印度尼西亚第四次工业革命(工业4.0)路线图所指定建设100个自立保税区指标。印度尼西亚现有1372个保税区。新设立的119个自立保税区比以往的条件更优越。海关总署创设了不阻碍物流进出口的监督概念。企业方面将更快速增长、进出口活动更顺畅,不需仰赖服务人员、以及不需等很久的服务程序。同时,上述自立报税区将聘用有工作效力的人提供监督服务,并节省预算开支,提高关税局在企业家眼中的工作形象。

印度尼西亚堵车每年损失56.7万亿印尼盾

2019年10月5日,世界银行报告指出,印度尼西亚许多大城市的堵车现象越来越严重,不但让社会大众损失了宝贵的时间,同时也造成包括不止于经贸方面的失收和减产等损失。根据世行的调查和统计,印度尼西亚有28个大城市经常出现堵车现象,因失收和减产等引起的财务损失每年共约40亿美元,约合56.7万亿印尼盾(以1美元合14188印尼盾计算),大约等于印度尼西亚国内生产总值的0.5%。

印度尼西亚政府发布数码经济白皮书

2019年12月26日,印度尼西亚发布《未来数码化经济与城市转型包容性》白皮书。白皮书统计显示,印度尼西亚2019年使用互联网的人数约1.71亿人,是东南亚使用互联网人数最多的国家,且数字经济增长率惊人,每年平均增长49%,成为东南亚增长率最高的国家,这些因素使印度尼西亚数字经济2019年吸收的投资金额高达560万亿盾。2019年印度尼西亚进入工业4.0,也就是进入全新科技时代,数字经济快速发展。

2019年老挝出台多项经贸新政策

2019年2月,老挝第109号关于商业银行及其他货币兑换机构经营决议出台,决议规定每人每日外汇兑换不得超过一千万基普,而且兑换时必须出具兑换申请书(写明兑换理由)以及出示身份证明等管理办法,以便更好地进行外汇管理。8月,老挝工贸部通过第0939号木材出口3项,允许出口种植产品、天然木制品、藤制品和竹制品,并对出口产品形式、规格做出具体说明,以此鼓励加工木制品出口,促使企业拉动经济发展。12月,老挝财政部正式发布新的会计报告要求,其中很多科目与中国的会计科目一致。同月,老挝中央银行接管老挝建设银行,为解决其流动性和稳定性问题。

老泰两国联手积极推进两国间路桥建设

2019年6月,老挝政府和泰国政府正式签署"泰老第五座友谊大桥"项目投资建设协议。第五友谊大桥连接老挝波里坎塞和泰国汶干府,主桥长1350米,投资总额39亿泰铢,泰方承担26.3亿泰铢,预计2022年启用。同月,连接泰国北部楠府和老挝琅勃拉邦省的一条长达114千米的公路正式开通,通行时间缩短4个小时。在中老铁路修建之前,老挝国内仅有一条3.5千米连接泰国廊开府和老挝万象市之间的铁路。7月,老泰两国签署谅解备忘录对这条铁路进行扩建,将其延长至11千米,预计在2021年底完成。8月,老挝首列货运火车通过这条仅有的铁路正式投入使用。此前老挝从未有过货运列车,需要通过卡车将货物运到廊开府,现在可以从万象塔纳楞火车站直达泰国的拉姆沙邦海港。

老挝政府批准在甘蒙省和沙湾拿吉省开发水电站

2019年6月,老挝政府和两家公司签署协议决定在甘蒙省和沙湾拿吉省开发Xebangfail水电站。根据协议,该水电项目为河流式水坝,装机容量为100兆瓦。根据前期对该项目技术和经济可行性研究,该项目不会对区域内居民生活造成影响,建成之后将获得充足的电力,并可以防洪以及成为自然旅游景点等。

受非洲猪瘟影响老挝经济损失高达150亿基普

2019年6月,为应对非洲猪瘟以及建立动物疫病防治体系,老挝农林部畜牧渔业局与越南TE—FOOD公司签署协议建立家畜群和疾病监控信息管理系统手机应用程序。7月非洲猪瘟疫情在老挝暴发,虽然非洲猪瘟仅在猪之间存在较高的传播率和致死率,并不会对人造成直接危害,但官方为保障消费者安全不建议食用病死猪肉。因此老挝7—8月的猪肉市场受到不小冲击,因为采用其他食材代替猪肉导致鸡蛋、鸡鸭鱼等价格上涨,各部门也在积极联合作业调控价格,疫情蔓延至10月,已死亡15000头猪以上,损失150亿基普(约合人民币1022.97万元)。

老挝启用电子签证

2019年7月9日起,老挝将对包括中国在内的160个国家和地区提供电子签证服务,适用于一次入境有效的B3旅游签证,包括个人旅游签证和5人(含)以内的团体旅游签证。具体申请方式可登录www.laoevisa.gov.la按步骤申请,申请表提交后不可更改,确认信息无误之后提交,正常情况下提交申请且支付签证费后3个工作日即可获得签证。收到电子签证批准信后有60天有效期，入境老挝之后可停留30日。目前，仅可通过老挝万象瓦岱国际机场以及老泰一号友谊大桥入境老挝。

马来西亚开始研发飞行车

2019年2月26日，马来西亚企业发展部部长里端尤索夫在吉隆坡出席“马来西亚成长”推介时对媒体表示，将投资100万林吉特的研发经费，适时推出结合本地及外国技术的飞行车，并在年底发表相关成果及试乘原型车。

马来西亚开征含糖饮料税

2019年7月1日，马来西亚开始对每100毫升含附加糖逾5克的非酒精饮料，以及附加糖逾12克的果汁或蔬菜饮料征收每升40仙的含糖饮料税。此次征税的对象主要针对软包装饮料，不包括食肆和店面所销售的冲泡饮料，如咖啡、奶茶、巧克力饮料等。

马来西亚开征离境税

2019年9月1日，马来西亚开始向所有搭乘飞机出境的旅客征收离境税。其中，前往亚洲国家的旅客需缴付的离境税分别是经济舱8林吉特、非经济舱50林吉特；前往非亚洲国家的离境税则是经济舱20林吉特、非经济舱150林吉特。没有缴付离境税的旅客，一旦罪成可被判罚款不超过50万林吉特或监禁不超过三年，或两者兼施。国内航线无须缴交离境税，在马来西亚机场转机时间不超过12个小时的乘客、两周岁以下的幼儿也可豁免缴税。

马来西亚首相马哈蒂尔在第74届联合国大会发表演说

2019年9月24日，马来西亚首相马哈蒂尔赴纽约出席第74届联合国大会，并在大会上发表演说。马哈蒂尔在演说中呼吁必须改革联合国安全理事会五大常任理事国的“否决权”制度，建议安理会应该在得到至少2个常任理事国与3个非常任理事国的同意下，否决权才能生效，以避免否决权被滥用。

缅甸营商环境不断优化

世界银行新发布的《2020营商环境报告》显示，2019年，缅甸营商环境位列全球190个经济体中的第165位，与上年相比提升6位。缅甸在开办企业、办理施工许可、执行合同、保护少数投资者、注册资产共5项指标方面得到突出改进，使得缅甸成为20个营商环境改善成绩突出的国家之一。2019年，缅甸政府大力吸引外资，外资投入大幅增长。缅甸政府宣布开放若开邦外资投入；批准中国香港与东盟签署的自由贸易协定；与新加坡政府签订促进投资协议。10月新生效的《缅甸联邦税务法》规定，税率从最高的30%降至最低的3%，未申报缴税的收入必须用于资本投资或商业。由于政府每年的财政收入有限，难以直接为基础设施建设提供资金，于是采取减税措施，激发市场经济活力。2018—2019财年，缅甸吸引外资41亿美元，主要来源于新加坡、中国和泰国。交通通信领域是外资进入最多的领域，达17亿美元；制造业投资达8亿美元，位居第二。

缅甸增加结算货币缩小贸易逆差

2018—2019财年，缅甸出口额增加，进口额相对减少，贸易逆差大幅下降。2018—2019财年，缅甸进口额180.6亿美元，出口额169.2亿美元，贸易总额350亿美元，完成本财年311亿美元的目标，贸易逆差11亿美元，超过原计划的5亿美元。与往年相比，贸易逆差大幅下降，贸易总额减少9.16亿美元。中国是缅甸进出口的主要目的地，为促进国际支付和边境贸易发展，缅甸央行在本年度批准受许可银行使用人民币和日元进行国际支付、结算的业务。

缅甸鼓励中小企业发展

2019年，缅甸政府成立由第一副总统吴敏瑞为首的中小企业发展委员会、以计划与财政部部长为首的中小企业金融委员会，还有专门控制非法贸易进口的部门，并通过《防止非法进口增加法》。缅甸专门成立中小企业发展银行，按照融资借贷计划向遵守环保规定的中小企业提供贷款。2018—2019财年，缅甸共查处1065起非法贸易，涉案金额156.48亿缅币（约合1073万美元）。缅甸工业部发布的数据显示，截至2019年，全缅依法注册的企业共有12万家，其中约98%是中小企业，在生产领域中小企业占比97%。

菲律宾与中国商界签署19份协议

2019年4月25日，菲律宾总统杜特尔特在中国北京见证菲律宾和中国企业签署总值121.65亿美元的19份商业投资/贸易协议。菲律宾商业代表团和中国企业签署1份合同协议、3份合作协议、2份购买框架协议和13份备忘录协议或谅解备忘录。菲律宾驻华大使圣地亚哥·罗马纳和工商部副部长描尔巴也出席签署仪式。

菲律宾开通首个5G商用网络

2019年6月20日，菲律宾环球电信公司正式启动该国首个5G商用网络服务，中国华为公司是其核心设备供应商。菲律宾也因此成为东南亚首个开通5G网络的国家。5G商用网络将率先在菲律宾的家庭和办公宽带服务中推广应用。菲律宾两大电信运营商——环球电信和 PLDT 电信近年来一直在使用华为公司的技术，且两家公司都已经与华为签署合作协议，将使用华为设备在菲律宾兴建 5G 网络基础设施。

菲律宾与韩国签署渔业合作及农业合作谅解备忘录

菲律宾农业部 2019 年 11 月 26 日报道，菲律宾农业部部长达尔和韩国海洋与渔业部部长 Seong—Hyeok Moon 当日在韩国釜山签署关于渔业合作的谅解备忘录。双方将继续促进渔业和水产养殖业在科学、技术、经济和贸易等领域的合作。11 月 29 日，菲律宾农业部与韩国农机工业合作社签署谅解备忘录，推进两国在农业机械化和现代化方面的合作。根据备忘录，双方将推动在研发、能力建设方面的合作，并将在菲设立农机制造中心。菲农业部表示，韩方还将推动 30 家韩农机企业来菲投资农机设备组装和制造工厂。

菲律宾成为世界最大的大米进口国

菲律宾《星报》2019 年 12 月 12 日报道，美国农业部外国农业服务局数据显示，菲律宾成为 2019 年度全球最大的大米进口国。菲律宾大米进口量从 2017 年的 80 万吨增加到 2019 年的 320 万吨，增长了 3 倍，占全球大米进口总量的 7% 以上。

新加坡连续获评全球最佳海港城市

根据 2019 年新华—波罗的海国际航运中心发展指数，新加坡连续第 6 年获评全球最佳海港城市。全球 42 个港口城市入榜，榜单注释称："新加坡表现出强劲的航运能力，也保持着高水平的提供通关服务的能力。"波罗的海交易所亚洲区负责人指出"新加坡港口在国际舞台上的战略重要性""该领域仍是新加坡经济发展的优势领域，所以政府必须保持对发展海洋产业的投资。"

新加坡面临经济衰退风险

新加坡 2018 年经济增长率为 3.2%，而根据新加坡贸工部发布的经济数据，新加坡 2019 年全年经济比上年增长 0.7%，创十年来最低增幅记录。新加坡制造业产值 2019 年 8 月比上年同期下降 8%，为过去 4 年来最低。新加坡总理李显龙 2019 年 12 月表示，新加坡正在面临经济衰退风险。

新加坡出台系列新经济政策

2019 年，新加坡政府出台拉动经济增长的系列政策，一是延长劳动者退休年限和提升劳动者职业水平。新加坡宣布将职员退休年龄延长到 63 岁，重新雇佣年龄也调整为 68 岁。加强制造业领导人才培训，吸引人才流向制造业。二是推出新改革与投资计划。国会通过《消费税法案》，内容包括本地兑换加密货币将免除消费税。三是大力发展数字经济和人工智能科技。

泰国国家旅游局推出"泰国旅游之盾"计划

2019 年 4 月 2 日，泰国国家旅游局局长育塔萨、意外保险业务促进与监管局副秘书长瓦拉婉女士、芒泰保险副总经理博丁、泰京人寿保险总裁吉迪、东南保险总裁索迪帕等共同举行新闻发布会，并签署合作意向书，宣布推出"泰国旅游之盾"计划，与顶级保险公司合作为来泰游客提供保障，增强来泰旅游外国游客的信心。另外，该项目还配备 24 小时紧急求助电话，可以提供 40 多种语言服务，有 300 多家医院加入到计划中，游客不需要提前支付医疗费用，大大提高了旅游便利度。相信这一计划能再获更多游客支持，并给泰国带来美誉度及实在的经济利益。

美国取消对泰国的普惠制待遇

2019 年 10 月 27 日，泰国商业部表示，美国将暂停对泰国的普惠制待遇，理由是泰国没有保障泰国工人享用国际标准的劳动权利。美国贸易代表办公室表示，根据普惠制，此举相当于暂停向泰国提供 13 亿美元的普惠制关税减免。报道称，6 个月后美国将重新对泰国商品征收关税，届时泰国三分之一出口产品将受到影响。在暂停普惠制关税的出口清单产品中有，加工过的海鲜、意大利面、果酱、果汁、酱油、化学产品、家用工具、电动机、乐器和渔具等，这些产品出口都在美国市场占的份额比较小。

泰国政府撤回 3 种农药使用禁令

2019 年 11 月 27 日，泰国政府撤回一项原定于 2019 年 12 月 1 日生效的农药禁令。泰国政府原计划禁用的 3 种农药是泰国农业生产中最广泛使用的草甘膦、百草枯和毒死蜱。但禁令还未正式实施就引发各方争议并遭到农业组织的强烈反对。与此同时，还遭到美国方面的警告。在农药禁令事件持续发酵期间，美国突然宣布将在 2020 年 4 月取消对泰国 500 多种商品的普惠制关税待遇。面对国内外压力，泰国危险物质委员会宣布取消对草甘膦的禁令，将其列为限制使用的农药；将百草枯和毒死蜱的禁令实施日期推迟至 2020 年 6 月 1 日，同时敦促相关部门寻找替代品。

泰国解除大象活体及制品出口部分禁令限制

2019 年第 2 季度，泰国开始适度放宽对泰国大象活体及制品出口条件限制，这是 10 年来泰国政府第一次允许出口大象。泰国商务部出台关于出口大象的最新规定，只有经过登记注册的大象才被允许出口，而且出口需符合以下三个条件：为了科研目的；为了促进友好关系；出口大象身体器官或大象制品的目的是为了进行学术研究,或者作为文物和艺术品出口。大象作为泰国国宝一直以来都受到严格的保护,至2009年以来对大象出口贸易实施严格的禁令,不允许任何个人或是单位将泰国大象出口到泰国国境以外。该规定对大象的出口作了严格的条件限制,只允许为进行科学研究,国际友好建交,和有条件地用于古董艺术这三种情况下出口,并不开放进行大象买卖,且申请出口大象的单位只能是政府部门。这些规定需要等到农业部畜牧厅颁布有关大象的法规之后才能正式生效,商务部将委托国家公园管理局为符合条件的大象出具出口证书,预计最快于2019年年中,泰国将开始出口大象。

2019年泰国手机游戏市场竞争异常火爆

2019年泰国手机游戏玩家增长迅猛,玩家人数较2018年新增近50%。以DTAC为例,2100万的移动用户中,手游玩家超过3成。泰国一半以上手游玩家都生活在曼谷及周边,年龄跨度较大,24岁以下低龄玩家及25~39岁年龄玩家是主力。人均游戏支出费用在500铢左右。在东南亚国家,泰国是仅次于印度尼西亚之后手游玩家数量第二高的国家,2018年手游市场规模预计4.8亿美元。中国手游在泰国等东南亚市场拥有不错的玩家基础。

越南《网络安全法》生效实施

2019年1月1日,越南《网络安全法》开始生效实施,以进一步加强网络监管,越南信息传媒部表示,将利用各种法理、经济、技术措施要求脸书、谷歌等跨国互联网公司遵守越南法律。

非洲猪瘟在越南国内蔓延

2019年2月1日,越南兴安省发现首例非洲猪瘟疫情,之后非洲猪瘟席卷越南63个省市。截至2019年12月中旬,越南因疫情被迫销毁的生猪近600万头,总重量34.28万吨,占全国生猪总产量的9%。疫情导致猪肉价格飙升。

越南进行首次5G网络测试

2019年5月10日,越南军队电信工业集团(Viettel)同瑞典爱立信集团(Ericsson)在越南河内完成首次5G手机通话。Viettel的目标是率先发展最新技术,其中包括5G技术,为越南数字化转型战略提供服务,为第四次工业革命做准备。9月27日,越共中央政治局颁布《关于主动参与第四次工业革命的若干主张和政策的决议》,明确越南参与“工业4.0”的总体和中长期战略目标及政策措施,提出要有效抓住第四次工业革命的机遇,推进经济增长方式转变和经济结构调整,大力发展数字经济,实现战略突破和国家现代化目标。

越共中央政治局首次颁行有关吸引外资的决议

2019年8月20日,越共中央政治局颁行《关于到2030年完善体制政策提升外国直接投资(FDI)合作之质量和效果的决议》。这是越共中央政治局首次颁行有关吸引外国直接投资的专项决议。决议提出越南今后吸引外资的战略优先方向是吸引高新技术、清洁技术、现代化管理、附加值高、带动性强、联结全球生产和供应链的项目;强调吸引外资要保障“国防安全”,其中提出“研究补充审核颁发投资登记证书过程中‘关于国防安全条件’的规定”。

越南东部南北高速公路动工建设

2019年9月16日,越南政府总理阮春福发布东部南北高速公路甘露(广治省)—罗山(承天—顺化省)路段建设项目开工令。这是越南东部南北高速公路11个项目中首个动工的路段项目。东部南北高速公路是越南国会2017年批准的优先项目,该项目全长大约654千米,计划投资总额118.716万亿越南盾,其中国家财政预算资金55万亿越南盾,建成后将缓解1号公路的交通压力。

越南19家大型国有企业负债1300万亿越盾

2018年9月30日,越南国有资产管理委员会在河内正式成立,接管19家越南国有集团和总公司。2019年4月,越南国有资产管理委员会发布上述19家国有企业的生产经营情况初步报告。报告显示,2018年,上述19家国有集团、总公司营业收入约1304万亿越南盾(约合563亿美元),比上年增长15%。同时,19家企业负债总额上升至1300万亿越南盾(约合561亿美元)。越南国有资产管理委员会评价称,上述19家国有企业资产负债率总体处于规定的3倍以内,但高速公路投资发展总公司的资产负债率接近9倍。负债额较大的企业有:越南油气集团146.585万亿越南盾(约合63.24亿美元),煤炭矿产工业集团48.648万亿越南盾(约合20.99亿美元),军队电信集团43.485万亿越南盾(约合18.76亿美元)。越南国有资产管理委员会评价认为19家企业的负债额大但仍在安全界限内。

越南全部完成2019年12项经济社会发展指标

2019年,在全球经济增长趋缓的情况下,越南全部完成国会提出的12项经济社会发展指标。经济保持高增长态势,国内生产总值(GDP)增长7.02%。经济规模超过2620亿美元,人均GDP近2800美元。宏观经济稳定,通胀控制在较低水平,居民消费价格指数(CPI)比2018年上涨2.79%。加工制造业和服务业继续发挥促进经济增长的动力作用。货物贸易进出口总额5169.6亿美元,贸易顺差额99.4亿美元。赴越南的国际游客 1800.86 万人次。吸引外国直接投资注册资金 380 亿美元，实际到位资金 204 亿美元。

越南接待国际游客量突破 1800 万人次

2019 年越南接待国际游客 1800.86 万人次，比 2018 年增长 16.2%，国内游客量 8500 万人次，增长 6%，旅游营业收入 726 万亿越南盾（约合 313 亿美元），增长 16%。

文　化

中国第 35 次南极科学考察队完成南极科学考察

2019 年 3 月 12 日，经过 131 天、3 万海里航行，中国第 35 次南极科学考察队队员搭乘“雪龙”号极地考察船回到上海。南极考察期间，科考队安全完成夏季考察任务，在科学考察和综合保障方面取得多项成果。中国第 35 次南极科学考察队，由国内 80 多家单位的 351 人组成。主要以中国任务为导向，以维护中国利益为宗旨，以期掌握南极变化对中国影响的趋势，强化中国适应与应对气候变化的能力。

意大利返还中国文物艺术品

2019 年 3 月 23 日，在中国国家主席习近平和意大利总理孔特共同见证下，中意双方代表交换关于 796 件套中国流失文物艺术品返还的证书。这是近 20 年来最大规模的中国文物艺术品返还，开创了中意两国文化遗产合作的新里程，更为国际合作开展流失文物追索返还树立了新的范例。

这次“回家”的 796 件套文物时间跨度长达 5000 年，上至新石器时代，下至明清民国时期，器物种类多样，保存状况较为完好，总体价值很高，是中国历史各时期生产生活场景、精神生活面貌、文明发展进程的实物见证。

中国系留浮空器新技术正式应用于第二次青藏高原综合科学考察研究

2019 年 5 月 23 日，由中国科学院空天信息研究院研制的系留浮空器新技术正式应用于在西藏纳木错开展的第二次青藏高原综合科学考察研究中，23 日凌晨达到海拔 7003 米的高度。这一高度也是世界范围内已知的同类型同量级浮空器驻空高度的世界纪录。中国科学院空天信息研究院科研人员自主研发三款系留浮空器：“极目一号”“极目二号”“极目三号”。三款浮空器体积从小到大，驻空高度由低到高，系统复杂和技术难度也是逐渐递增。其中，执行此次任务的“极目一号”是高原体验版，体积 2300 立方米，是流线型浮空器在青藏高原的首次应用，可携带科学探测仪器进行垂直剖面和驻空观测，将为后续浮空艇的研制进行技术探索和应用积累。“极目二号”（研制中）是科考定制版，为第二次青藏科考量身定做，设计驻空高度为海拔 7000 ~ 7500 米，将能在藏东南鲁朗站，藏中部珠峰站、纳木错站，藏西部慕士塔格站等多站点通用。“极目三号”（研制中）属于技术突破型，设计驻空高度将超过珠峰高度，平台技术难度、驻空高度、携带载荷所取得的可能成果，都是空前和突破性的。

中国黄（渤）海候鸟栖息地（第一期）、中国良渚古城遗址列入《世界遗产名录》

2019 年 7 月 5 日，在第 43 届世界遗产大会上，位于江苏盐城市的中国黄（渤）海候鸟栖息地（第一期）成功列入《世界遗产名录》，成为中国第 14 处世界自然遗产，第一处滨海湿地类型世界自然遗产，标志着中国世界遗产从陆地走向海洋。7 月 6 日，中国良渚古城遗址（浙江省杭州市）获准列入《世界遗产名录》，良渚古城遗址规模宏大、遗存类型复杂、内涵丰富，其遗产的整体价值由城址、外围水利系统、分等级墓地（含祭坛）和以良渚玉器为代表的出土器物等人工遗存要素共同承载。至此，中国世界遗产总数已达 55 处，位居世界第一。

中国制定《长城、大运河、长征国家文化公园建设方案》

2019 年 7 月 24 日，中共中央总书记、国家主席、中央军委主席习近平主持召开中共中央全面深化改革委员会会议，审议通过《长城、大运河、长征国家文化公园建设方案》。方案明确，要坚持保护优先、强化传

中国黄（渤）海候鸟栖息地一景　（百度百科）

承,文化引领、彰显特色,总体设计、统筹规划,积极稳妥、改革创新,因地制宜、分类指导,根据文物和文化资源的整体布局、禀赋差异及周边人居环境、自然条件、配套设施等情况,重点建设管控保护、主题展示、文旅融合、传统利用4类主体功能区。

中国承办第7届世界军人运动会

2019年10月18—27日,中国承办的第7届世界军人运动会在中国武汉举行,10月18日,中共中央总书记、国家主席、中央军委主席习近平出席开幕式并宣布运动会开幕。第7届世界军人运动会是中国第一次承办的综合性国际军事体育赛事,也是继北京奥运会后中国举办的规模最大的国际体育盛会。来自109个国家的9300余名军体健儿参赛。中国人民解放军体育代表团在本届军运会上共夺得133枚金牌,位列金牌榜第一。中国代表团还以239枚奖牌名列奖牌榜第一。这两项均创造中国参加军运会的历史最佳战绩。

文莱推出首个首创漫画英雄

文莱《婆罗洲公报》2019年12月15日报道,文莱首创漫画英雄——黄蜂侠随着首册本土英雄漫画《黄蜂侠编年史》的推出而诞生。《黄蜂侠编年史》创作人艾迪在推展仪式上指出,这是个系列故事,此漫画能否推出下一册,很大程度取决于市场对首册漫画的反应。

文莱高校与日本大阪大学举办第3届联合研讨会

2019年11月3日,文莱大学、文莱理工大学、文莱伊斯兰大学与日本大阪大学共同举办第3届联合研讨会,以使文莱逐步达到研究与创新的全球标准,并提高当地讲师和学生的素质。与日本大阪大学的合作符合文莱教育部当前的战略计划,即通过加强利益相关者的支持和参与,坚决实施教育计划,在教学发展中加强与利益相关者的共同责任。这次合作还将帮助文莱发展清真产业。

文莱华校举办《弟子规》八德生活营活动

2019年,文莱8所华校举办《弟子规》八德生活营活动,参营学生获益匪浅。参加该生活营的学生们对《弟子规》有全新的理解与体悟,并能够更贴近《弟子规》的原意,认识到中华传统文化的博大和精深,从而提高自身素质。

柬埔寨跆拳道选手参加跆拳道世界锦标赛并夺金

2019年8月26日,在保加利亚普罗夫迪夫举办的第21届成人世界ITF(国际跆拳道联盟)跆拳道世界锦标赛上,柬埔寨跆拳道运动员巴基万夺得一枚金牌。8月27日,柬埔寨首相洪森对夺冠的巴基万表示祝贺。据国际跆拳道联合会副主席、东南亚跆拳道联合会副主席、柬埔寨跆拳道联合会主席高雷米介绍,这是柬埔寨跆拳道选手在该项世界锦标赛上夺得的首枚金牌。柬埔寨共派出17名运动员(其中女性2人)参赛。

印度尼西亚开设1000个习经院职业培训中心

2019年2月22日印度尼西亚《千岛日报》报道:2019年印度尼西亚政府在1000间习经院区内开设职业培训中心。印度尼西亚在2017年开设至少50所社区职业培训中心,2018年该中心数量增加75所。每间习经院的职业培训中心将获得10亿印尼盾资金用于相关设施和运作开支。

印度尼西亚大学"李文正社会政治中心"启用

2019年5月3日印度尼西亚《千岛日报》报道:在纪念国民教育日环节中,印度尼西亚大学社会政治学院C楼重建启用,该楼被命名为"李文正社会政治学调研中心",希望今后有助于促进社会政治学的调研。印度尼西亚大学已经跻身世界第292知名大学行列,万隆科技大学名列第340,卡渣马达大学名列第390。2019年,印度尼西亚已经准备9500亿盾资金,作为国内的永恒调研经费,主要用作发展调研、流动员工、合作调研、聘请外国讲师或外派本国讲师等。

10月18—27日,第7届世界军人运动会在中国武汉举行　　(新华网)

印度尼西亚武术成为世界非物质文化遗产

2019年12月12日,联合国教育科学及文化组织正式把印度尼西亚武术列为世界非物质文化遗产。印度尼西亚武术在该国自古代代相传,包含民族精神、自卫、文化艺术及运动4个方面。

老挝《万象时报》创刊25周年

2019年是老挝唯一的英文报纸

《万象时报》创刊25周年，1994年4月7日，《万象时报》创立。从1996年12月开始作为两周一次的周报出版；1999年创建了自己的网站平台，该网站于2005年成为亚洲新闻网的成员；到2004年开始成为周一至周五出版的日报，周六增加部分增刊；2019年10月，《万象时报》正式启用中文和老文网站平台。《万象时报》合作的外国媒体包括中国《人民日报》、日本时报、朝鲜新闻社、中国云南传媒集团、韩国商业新闻社以及俄罗斯电视台等。

老挝足球的别样异彩

2019年5月11日，苏宁狮斗5V5足球上海城市赛正式开战，参赛队伍均为各国球迷，本次比赛超过1000支球队报名，参与人数超万人。其中SUKWOW FC球队的球员全是老挝人，比赛当天老挝队对阵由中日韩等6个国家组成的DHU球队，最终以4比2的成绩赢得胜利进入4强。12日，SUKWOW FC球队对阵2018年的冠军球队——黄厂长队，比赛中通过点球险胜黄厂长队，最终拿下苏宁狮斗足球上海城市赛的冠军。除业余球队表现出色外，老挝的职业球队表现也不差。12月1日，亚足联官网公布2020年U19亚青赛16支参赛队伍名单，其中老挝以四个最佳小组第二的身份晋级位列16强，于2020年10月参加决赛。

老挝加强教育培训领域的国际合作

2019年5月，老挝财政部与新加坡特许会计师协会联合举办老挝官员国际会计准则培训。10月，老挝国立大学举办日本教育博览会为学生提供前往日本大学学习的平台。老挝国立大学和越南河内科学大学环境科学学院共同启动开展“东盟地区塑料废物管理培训”项目。老挝政府和泰国政府表示将继续在教育和人力资源开发方面合作。12月，英国温布尔登英语学校宣布和老挝Panyathip国际学校合作在老挝开设第一个英国语言中心。老挝不仅与友好国家进行教育培训合作，也通过不同渠道获取教育资金，包括欧盟提供支持老挝基础教育的1350亿基普（约9183.31万元人民币），印度政府为老挝110多名学生提供奖学金等。

老挝迎接佛教朝圣活动的百余名僧侣

2019年10月14日，泰国、越南、柬埔寨、老挝、缅甸五个国家再次组织佛教朝圣活动。本次活动从泰国清莱府出发，途经缅甸、越南、老挝，最后在柬埔寨暹粒省结束，全长2000千米。老挝境内主要活动包括10月26日于首都万象举行的大规模施舍仪式，琅勃拉邦和乌多姆赛举办迎接仪式和活动。佛教朝圣活动加强了湄公河流域五个国家佛教组织的交流联系，也促进了五国人民之间友好往来。

老挝石缸平原入选世界物质文化遗产

2019年，老挝川圹省石缸平原成为老挝第三处入选的世界物质文化遗产。石缸平原错落无序地放置着上千个大小不一的石缸，大约有3个石缸群，形状有圆有方，有高有矮，重量从1吨到5吨不等，有的有盖子有的没有。关于石缸的来源和用途，目前学术界大致有六个观点：一是石棺说，二是贮酒说，三是贮水说，四是酷刑说，五是天象说，六是生殖崇拜。

马来西亚爪夷文课题引起华人社会不满

2019年7月25日，《星洲日报》以封面头条报道称该报探听到政府计划在国民型小学第二阶段马来文科，开始增设爪夷文书法艺术单元，以培养学生对此的兴趣和鉴赏能力。消息一出随即引发华人社会强烈不满，马来西亚华人公会、马来西亚民政运动党及马来西亚华校董事联合会总会、马来西亚华校教师会总会、大马华文理事会等主要政党和社会团体纷纷表达抗议。执政党联盟——希望联盟内也有民主行动党彭亨都赖州议员邹宇晖就发起反对联署，并获党内广泛支持。最终希盟政府做出妥协，将6页的“爪夷文书法艺术”改为3页的爪夷文文字介绍单元，并要求相关单元的教学必须获得家教协会、家长和学生的同意方可在各个学校落实。

缅甸蒲甘古城被列入世界遗产名录

2019年6月30日至7月10日，第43届世界遗产大会在阿塞拜疆巴库举行。在本届大会上，缅甸的蒲甘古城被列入联合国教科文组织世界遗产名录。蒲甘坐落在缅甸中部平原的伊洛瓦底江畔，是一处欣赏佛教艺术和建筑的圣地。该遗址由8个遗产点组成，内有大量寺庙、窣堵坡、修行所、朝圣地以及考古遗迹、壁画和雕塑，展示了11—12世纪的蒲甘文明。

缅甸首颗人造卫星发射成功

2019年8月7日，缅甸国有地球观测卫星Myanmar Sat 2从南美洲北端大西洋法属圭亚那阿丽亚娜太空发射基地成功发射。Myanmar Sat 2卫星由美国加利福尼亚的Maxar Technologies公司制造，卫星制造成本1.5570亿美元。本颗卫星升空后，缅甸作为投资方将能获得C—Band和KU—Band各12个波段的所有权和使用权，缅甸国家部门及国内公司也能享受到卫星发射带来的便利。

缅甸获得国际羽毛球大赛主办权

2019年8月23日，缅甸争取到国际羽毛球大赛主办权，大赛于9月10日至15日在缅甸国家羽毛球训练馆举办。缅甸派出16名选手参赛，参赛选手中包括此前多次夺得世界冠军的缅甸羽毛球选手特塔都萨。

缅甸统一使用"Unicode"字体符编码

2019年10月1日，缅甸全国专用缅文"Unicode"字体仪式在内比都国际会议中心举行。为了国家发展提高电子政务标准，缅甸统一使用符合国际标准的缅文"Unicode"字体符编码。

菲律宾大学中国图书中心揭牌

2019年3月18日，菲律宾大学中国图书中心在菲律宾大学亚洲文化中心揭牌。中国驻菲律宾大使馆临时代办檀勍生、菲律宾大学迪利曼校区校长陈万杰、中国外文局下属《中国报道》杂志社社长陈实等共同见证该中心的成立。中国国际出版集团、中国报道杂志社首次向该中心捐赠1000册中国图书。菲律宾大学中国图书中心是由中国国务院新闻办公室推动、中国外文局与菲律宾大学联合建立的。

庆祝中菲建交44周年文艺演出在马尼拉举行

为庆祝中菲建交44周年纪念日和第18个中菲友谊日，名为"黄金时代菲中情"的大型文艺演出于6月14日晚在位于马尼拉的菲律宾文化中心举行，本次演出由菲律宾外交部、中国驻菲大使馆、海南省旅游和文化广电体育厅、菲华各界联合会共同主办。文艺演出由海南省民族歌舞团与海南省琼中县文化馆联合呈现。中国驻菲律宾大使馆临时代办檀勍生在演出开始前致辞。菲华各界联合会主席杨华鸿、菲律宾代理外长马纳罗、总统府发言人兼总统首席法律顾问巴尼洛，菲华各界人士以及中国驻菲使馆、企业、机构工作人员千余人观看演出。

菲律宾承办第30届东南亚运动会

2019年11月30日至12月10日第30届东南亚运动会在菲律宾举办。本届东南亚运动会开幕式在菲律宾吕宋岛的布拉干省菲律宾竞技场举行。在具有浓郁菲律宾文化特色的开场表演和各参赛代表团陆续进场后，来自文莱、柬埔寨、印度尼西亚、老挝、马来西亚、缅甸、菲律宾、泰国、东帝汶、新加坡和越南11个国家的8750名运动员参加开幕式。待所有代表队入场后，菲律宾总统杜特尔特在现场宣布，本届东南亚运动会正式开幕。本届东南亚运动会在位于吕宋岛马尼拉、苏比克、安赫莱斯、新克拉克等多个城市的近40个体育馆场举行，设竞赛项目56类大项、530个小项。

新加坡成功举办2019年亚洲（新加坡）国际艺术节

2019年1月20—28日，亚洲（新加坡）国际艺术节在新加坡成功举办。本届艺术节包含两场晚会、三场音乐会、两个画展和一场比赛；两场晚会分别是"星耀狮城——2019新加坡春节联欢晚会"和"2019新加坡国际华人春节联欢晚会"；三场音乐会分别是"太古遗音——古琴名家音乐会""星岛歌飞中国风——颂今作品群星演唱会"和"钟亚华个人独唱音乐会"；两个画展分别是"何雪珊粘土工艺作品展"和"俗尘禅心——李海洋中国画作品展"；一场比赛是2019亚洲国际艺术节总决赛。

新加坡承办"世界最佳50餐馆"颁奖典礼

2019年6月，"世界最佳50餐馆"颁奖典礼在新加坡滨海湾金沙举行。新加坡成为该评奖活动自2002年举办以来首个亚洲承办国。新加坡也有餐厅上榜，即米其林二星的法国餐馆Odette，排名第18位。比2018年的28名上升10位。在2019年的"世界最佳50餐馆"排行榜中，获得世界最佳餐馆的是法国的Mirazur餐厅。

新加坡调整教育制度

新加坡的教育制度一直以来都名列国际前茅。然而，新加坡政府对教育的改革从未停歇。2019年，新加坡的教育制度迎来重大调整。自2019年始，小一、小二不再考试。中一学生也不必参加年中考试，年底考试则保留。2019年，由8所初级学院合并为4所，6所中学合并成7所。教育部表示，合并学校是因为新加坡的生育率在过去20年来持续下降，导致学生人数逐年下降。

2019"国际皇后小姐"大赛在泰国芭提雅落幕

2019年3月8日，2019年度"国际皇后小姐"大赛在泰国芭提雅落幕，来自世界各地20个国家的佳丽参加比赛，最终来自美国的变性人佳丽Jazelle Barbie Royale成功击败一众参赛者问鼎冠军，泰国佳丽Kanwara及中国佳丽Yaya（施雅欣）分列亚、季军。"国际皇后小姐"（Miss International Queen）由人妖歌舞秀创办公司芭堤雅蒂芬妮秀公司主办，该公司每年举办两次选美，一次是泰国变性人选美，一次就是年底的国际变性人选美竞赛，是目前全球唯一一项国际变性人选美比赛。

首届世界泰拳节在泰国芭提雅举行

2019年3月10日，首届世界泰拳节在芭提雅"暹罗传奇"——泰国文化主题乐园开幕。来自泰国、中国、西班牙、法国、保加利亚等40多个国家和地区约700名泰拳（男子、女子）拳手参加世界泰拳联盟（WMA）主办的邀请赛，推广泰拳文化。开幕式上，进行精彩的泰拳表演以及与泰拳艺术相结合的民族文化表演，参赛的泰拳手近距离感受原汁原味的泰拳文化。此次泰拳节为期一周，举行泰拳比赛、泰拳文化展示等系列活动。

泰国碧差汶府西贴古城、武里喃府帕侬隆神庙群—曼丹神庙—拜巴神庙被列入世界遗产预备名单

2019年6月30日至7月10日，第43届世界遗产委员会会议决议受理泰国提出的申请，将位于碧差汶府的“西贴古城”遗址，武里喃府一带的高棉文化遗址——帕侬隆神庙群—曼丹神庙—拜巴神庙列入世界遗产预备名单。本届会议共审议35项拟列入《世界遗产名录》的遗产地提名，泰国在本年度共提出3项世遗申请。与此同时，泰国提出的岗卡章国家森林则因与缅甸仍然存在领土争议问题而被驳回，还被要求解决人权问题。

首届亚洲电影节启动仪式在泰国举行

2019年8月29日，首届亚洲电影节启动仪式在泰国政府的大力支持下在泰国文化部举行，中泰双方筹委会成员及泰国本地电影行业专家约30余人参加。本届亚洲电影节以交流、学习、创新、分享、现代为核心概念，旨在提高亚洲影视核心竞争力、提高亚洲国家文化软实力，促进亚洲各国间影视、文化、艺术交流，向世界宣传亚洲，让世界对亚洲电影有全新认识。会议由泰国文化部常务副部长主持。

泰式按摩被列入世界非物质文化遗产名录

2019年12月，在第14届联合国教科文组织保护非物质文化遗产政府间委员会年度会议中，联合国教科文组织正式通过将传统泰式按摩列入世界非物质文化遗产代表作名录。这是继2018年泰国孔剧被列入世界非物质文化遗产名录后，泰国第二个列入联合国教科文组织非物质文化遗产名录的项目。泰式按摩在泰国传承已有数个世纪，被视为泰国传统医疗保健艺术、科学和文化的一部分。作为一种非药物疗法和人工疗法，它通过活动身体，帮助重新平衡患者的身体、能量和组织来治疗疾病。目前，传统泰式按摩分为两种主要类型：传统泰式按摩疗法和促进身体健康的传统泰式按摩。传统泰式按摩源自于过去泰国平民之间的自我保健，随着时间的流逝，这些体验演变成一种正式的知识系统，传统泰式按摩已成为一种创造收入的职业。

越南河内加入2019年全球创意城市网络

2019年10月30日，联合国教科文组织（UNESCO）宣布批准66座城市加入创意城市网络，越南河内市名列其中，成为UNESCO设计类别的创意城市网络成员。全球创意城市网络成员共有246个。

越南体育代表团参加第30届东南亚运动会并取得出色成绩

2019年11月30日至12月11日，第30届东南亚运动会在菲律宾举行，越南体育代表团共获得98枚金牌、85枚银牌、105枚铜牌，在11个参赛国中位居第二。这是越南参加历届东南亚运动会取得的最好成绩。越南U22男子足球队首次获得冠军，越南国家女子足球队第六次卫冕冠军。

社　会

中国花卉协会通报中国国花调查评选情况

2019年7月23日，中国花卉协会通报中国国花调查评选情况。通报称，根据投票结果统计，同意牡丹为中国国花的居于首位，共288747票，占79.71%；同意梅花为中国国花的占12.30%，位居第二名；同意兰花为中国国花的占2.48%，位居第三名；同意荷花为中国国花的占1.89%，位居第四名。确定中国国花的基本条件：一是起源中国，栽培历史悠久，适应性强，分布广泛，品种资源丰富；二是花姿、花色美丽大气，能反映中华民族优秀传统文化和性格特征；三是文化底蕴深厚，为广大人民群众喜闻乐见；四是用途广泛，具有较高的生态、经济和社会效益。

中国科学家屠呦呦获国际生命科学研究奖

2019年10月22日，联合国教科文组织公布2019年度联合国教科文组织——赤道几内亚国际生命科学研究奖获奖名单，中国科学家屠呦呦获国际生命科学研究奖。联合国教科文组织在公告中说，中国中医科学院教授、2015年诺贝尔生理学或医学奖获得者屠呦呦，因其在寄生虫疾病方面的研究获奖。她发现的全新抗疟疾药物青蒿素在20世纪80年代治愈了很多中国病人。世界卫生组织推荐将基于青蒿素的复合疗法作为一线抗疟治疗方案，拯救了数百万人的生命，使非洲疟疾致死率下降66%，5岁以下儿童患疟疾死亡率下降71%。中国科学家屠呦呦及其团队经过多年攻坚，在青蒿素“抗疟机理研究”“抗药性成因”“调整治疗手段”等方面取得新突破，提出应对“青蒿素抗药性”难题的切实可行治疗方案，并在“青蒿素治疗红斑狼疮等适应证”“传统中医药科研论著走出去”等方面取得新进展。

中国开展第七次人口普查

2019年11月8日，经中国国务院总理李克强签批，中国国务院印发《关于开展第七次全国人口普查的通知》。根据《中华人民共和国统计法》和《全国人口普查条例》规定，中国国务院决定于2020年开展第七次全国人口普查。普查对象是普查标准时点在中华人民共和国境内的自然人以及在中华人民共和国境外但未定居的中国公民，不包括在中华人民共和国境内

短期停留的境外人员。普查的内容包括姓名、公民身份号码、性别、年龄、民族、受教育程度、行业、职业、迁移流动、婚姻生育、死亡、住房情况等。普查标准时点是2020年11月1日零时。

文莱启动青年农民计划

2019年2月18日,文莱启动青年农民计划,旨在为年轻人提供投身农业的机会和主要的职业选择。文青体育部秘书强调,青年参与农业和农业食品部门非常重要,不仅要减少青年失业人数,还要使这些部门恢复活力。它作为一个平台,可以提高这些部门的生产力和竞争力,从而保证文莱的粮食供应。

文莱举行实施淡布隆生态城第4期工作会议

2019年10月28日,文莱举行实施淡布隆生态城第4期工作会议,文莱能源、人力资源与工业部常任秘书(主理能源)宣布,淡布隆生态城发展大蓝图已经敲定。此发展大蓝图由东盟与亚洲经济研究机构和一家日本土木公司联手制定,由文莱政府执行。淡布隆生态城项目旨在探索如何使淡布隆区成为一个"低碳区"或"智慧城市",在能源和其他自然资源方面自给自足,并实现净零碳排放。淡布隆区将朝向新一代的生态城市方向发展,在发展的过程中焦距对准能源、旅游业的开发运用及民众生活与工作模式的打造。

文莱人口增长3.9%

文莱经济规划与统计局《2019年中期人口调查报告》显示,2019年中期,文莱人口数量约为46万,比上年同期增长3.9%。男性约24.5万人,占比53.2%;文莱公民、永久居民和临时居民占比分别为72.2%、7.3%和20.5%;15岁以下人群占比20.6%,15～64岁占比74.6%,64岁以上占比4.8%;平均年龄为30.6岁,比上年同期增长0.66%;马来人、华人和其他种族占比分别为65.8%、10.3%和24%。

2019年文莱结婚和离婚人数上升

根据文莱经济计划和统计局公布的数据,2019年,文莱登记的结婚总数为2831对,比2018年的2653对增长6.2%。离婚总数增长13.4%,从2018年的552起上升到2019年的638起。文莱摩拉区是结婚人数最多的地区,有1971对。大部分离婚案件也发生在文莱摩拉区(473对)。

文莱月均工资增加

根据文莱经济规划与统计局发布的《2019年劳动力调查报告》,文莱2019年月均工资为1626文莱元,高于2018年的1593文莱元;每周平均工作时长46.8小时;前三大就业领域是公共管理、批发与零售和酒店餐饮。本地人的平均收入比外国人高551文莱元。2019年,文莱适龄劳动人口就业率为64.3%,低于2018年的65.4%;失业人口16234人,失业率为6.8%,低于2018年的8.7%。

文莱可持续竞争力提升

根据瑞士和韩国可持续发展智库的全球可持续竞争力指数,文莱在智力资本竞争力、自然资本竞争力和社会资本竞争力方面表现良好。总体而言,文莱在180个国家或地区中排名第65位,在100分制中得分为45.5,与其他邻国新加坡(第41位)、马来西亚(第55位)、印度尼西亚(第66位)和老挝(第70位)相比,文莱有明显进步。

柬埔寨开展"肃毒一号"行动

2019年3月19日,柬埔寨首相洪森签发政令,开展为期一年的第四期"肃毒一号"行动,以继续打击各类毒品犯罪,维护国家和社会安宁。柬埔寨副首相兼内政部部长苏庆担任此次行动主席,副首相兼反毒机构主席高金然担任副主席。据政令显示,在2018年即第三期"肃毒行动"中,警方共侦破8002宗毒品案,逮捕1.6万名涉毒嫌疑犯,缴获各类毒品536.36千克。此外,政府还积极为吸毒者提供戒毒治疗,让他们可以再次走进社会而不重蹈覆辙。"肃毒一号"行动首期启动于2016年12月13日,第一期为期6个月,共侦破4155起涉毒案件,逮捕9296名嫌疑犯,其中包含4728名毒贩和4568名吸毒者,共侦破13起重大毒品案,查获毒品约98千克。

柬埔寨第一条高速公路开建

2019年3月22日,柬埔寨第一条高速公路——金边—西哈努克港高速公路动工。该项目由中国交通建设股份有限公司的子公司中国路桥承建,预计耗资20亿美元。柬埔寨首相洪森对该高速公路项目给予大力支持,称该高速公路将给柬埔寨经济进一步增长带来更多的利益。

柬埔寨出现首家无现金支付超市

2019年3月,柬埔寨Wing专业银行宣布与柬埔寨规模最大的连锁超市DFI Lucky(Lucky)合作,Lucky和Guardian客户以及供应商可实现无现金支付。据Wing首席执行官马洛洛斯介绍,无现金支付使Lucky和他们的供应商受益,因为它降低了现金处理的成本以及现金支付固有的损失风险,支付后资金被立即记入供应商Wing账户,以便他们可以有业务需求时直接使用。Wing和DFI Lucky之间的合作关系反映Wing在柬埔寨扩展无现金支付的领导承诺,并使消费者和企业能够轻松便捷地处理交易。2019年3月,支付宝与当地的汇旺支付合作，实现更多接入柬埔寨本土化的服务。2019 年 7 月 12 日，柬埔寨政府审议通过《电子商务法草案》，这标志着电子商务将在柬埔寨正式落地开花。

印度尼西亚被列为 2019 年世界最佳清真旅游区

2019 年 4 月 11 日《千岛日报》报道：全球穆斯林旅游指标显示，印度尼西亚为 2019 年穆斯林最佳旅游景区，超过其他 130 个国家或地区。据世界穆斯林旅游指标统计，印度尼西亚为取得穆斯林旅游景区，已做了积极的努力。从 2015 年的第 6 升为 2019 年的第 1。印度尼西亚主要有 4 大优势：入境便利、信息畅通，生态环保清新及服务态度温和。

印度尼西亚国民医疗保险赤字膨胀

2019 年 8 月 10 日，印度尼西亚卫生部部长称："该国多达 82% 家庭生活方式不健康，这也是导致国民医疗保险计划赤字膨胀的主要原因。"根据印度尼西亚卫生部所列出的 12 个指标，一个健康的家庭必须拥有健康保险、遵循计划生育政策、妈妈在医院生产、孩子的成长和发育受到监测、尽量以母乳喂养婴幼儿，以及确保他们接受所需的疫苗注射。健康家庭也应有厕所并获得干净的自来水供应。家中若有人患上结核病，会接受治疗，患有高血压的家人则定期接受检查。根据卫生部评级，家中无人抽烟的家庭可得到更高的健康评级。印度尼西亚国民医疗保险机构的数据显示，其常年开支大多花在治疗非传染性疾病和危重病。2014—2018 年，该机构总开支约 17% 或 78 万亿印尼盾用于治疗心脏病、肾脏病，以及癌症。在这段时间，国民医疗保险的赤字累积超过 9 万亿印尼盾。

印度尼西亚林火造成至少 52 亿美元损失

2019 年 12 月 12 日，世界银行发布报告，估计印度尼西亚林火 2019 年造成的经济损失至少达 52 亿美元，相当于其国内生产总值的 0.5%。世界银行发布的报告指出，上述估算数字是根据 2019 年 6—10 月间从印度尼西亚 8 个受林火影响省份获得的数据评估得出的。实际经济损失相信高于 52 亿美元，因为林火持续烧到 11 月。林火、地面火，以及所引发的烟霾，对经济造成重大的负面影响，估计直接资产损失为 1.57 亿美元，经济活动受影响而引起的损失为 50 亿美元。超过 90 万人患上呼吸道疾病，印度尼西亚全国 12 个机场一度关闭。在 9 月旱季高峰期，印度尼西亚的烟霾还飘到马来西亚，引发外交争端。2019 年发生的林火烧毁至少 94.2 万公顷的森林和土地，是自 2015 年林火危机以来最大面积的破坏。

老挝多地发生不同自然灾害

2019 年 5 月，老挝华潘省万赛县暴发蝗灾，县城多个村庄都发现数量惊人的蝗虫，尤以那蒙村为重灾区，灾情发生后有关部门即刻采取措施喷洒药物灭蝗缓解灾情。7—10 月，老挝先发生旱灾然后又因为暴雨导致洪灾而后又发生旱灾，一连串的自然灾害导致财产损失并引发不同程度社会问题。7 月，从卫星影像拍摄画面中可清晰看到金三角地区因水位下降露出的岛屿和河滩，打破 2016 年 4 月最干旱记录并创造 21 世纪新的最干旱程度。雨季发生最干旱现象，湄公河水位非常低，老挝万象自来水国企发布公告提醒居民自行储水，不仅影响市民生活，更是影响到鱼类迁移排卵造成生态环境变化。8 月开始受台风影响，老挝全境迎来连续强降雨，暴雨导致老挝多地洪灾暴发，引发诸如滑坡频繁、稻田被淹、路面积水、房屋被淹等相关问题。继 7 月打破最干旱纪录，8 月的暴雨也成为老挝 10 年来最严重的洪灾，老挝各省都遭受不同程度的灾害，其中沙拉湾省受灾最严重。洪水波及老挝约 17.5 万户家庭，灾害一直持续到 9 月底。10 月底，南俄湖水位降到异常低，万象市自来水厂无法正常供水，同时琅勃拉邦因为干旱也面临大面积旱地种植作物缺少灌溉用水。9 月 22 日，丰沙里省发生 4.4 级地震，震源深度 10 千米。11 月 21 日，沙耶武里省分别在当地时间 4 时 03 分（北京时间 5 时 03 分）发生 5.9 级地震，当地时间 6 时 50 分（北京时间 7 时 50 分）发生 6.4 级地震。所幸以上地震均无人员伤亡。12 月 28 日，琅南塔省突降冰雹，最大的冰雹堪比鸡蛋，不只影响农作物，房屋、交通基础设施等也都受到不同程度的破坏，造成严重经济损失。

老挝打击黄赌毒等破坏社会治安的违法行为

2019 年 8 月，老挝琅南塔省发生 5 起人口贩卖事件，主要是受经济影响，部分贫困人群偷渡国外的行为引发了人口贩卖问题，已经制定各项关于打击人口贩卖的措施。12 月，万象开展扫黄突击检查，查处 105 处涉嫌人口贩卖和卖淫等违法交易场所。老挝开展替代种植等项目后摆脱了"毒源国"的称号，但依旧被作为毒品运输的中转国，毒贩在境内运输毒品分销往其他国家。8 月波乔省公安厅缴获预备运往泰国的毒品共计 256 万片，9 月老挝禁毒局在万象缴获 198 千克脱氧麻黄碱和 320 千克 K 粉，10 月沙湾拿吉省赛普通县公安局缴获毒品 13 包，越南广平省边防部队指挥部缴获老挝籍毒贩携带的 10 万颗合成毒品等。10 月 12 日是老挝国家禁毒日，当日万象市赛塔尼县销毁 700 千克毒品。12 月，老挝籍大毒枭塞萨那 · 乔平帕在泰国曼谷素万那普国际机场被捕并判处终身监禁。

老挝调整最低工资标准

2019 年 10 月 1 日，老挝劳动与社会福利部召开会议讨论制定老挝新的最低工资标准，相关劳工部门代表出席会议拟定最低工资草案。自1991年起截至2018年,老挝一共8次调整最低工资,最近一次是2018年4月25日,将2015年90万基普(约合人民币613元)的最低工资上调至110万基普(约合人民币749元)。

老挝针对某些商品出台新规

近年来老挝社会对啤酒需求越来越大,酒精饮料销售的范围越来越广,为规范酒类市场有序发展,老挝政府出台新规定,禁止广告宣传酒精类商品。另外,为保证老挝卫星产品规范,促进电视行业长久发展,老挝总理府出台第1989号通知,要求国内禁止进口国外卫星电视接收设备,明确只有合法营业资质且依法登记的机构,能获准进口和销售卫星电视接收设备。根据通知,老挝工贸部在全国开展国外卫星电视产品的一系列查处和销毁活动。

老挝打击野生动物和林业犯罪

2015—2019年,老挝累计没收232654立方米的非法采伐木材以及1369只非法捕猎的活动物,其中大部分动物是熊、蛇、猴子还有乌龟,对2671名违法者依法进行审问和调查。2019年12月23—24日,老挝检察院和农林部召开关于林业、水生物种和受保护野生动物有关犯罪的诉讼程序会议,并在会上介绍修订的《森林法》。老挝有许多需要保护的野生动物,甚至有一些在其他国家已经灭绝的野生动物依旧在老挝生存。自从打击非法采伐的总理令下发,老挝已经禁止出口未加工的木材产品,同时也在采取措施和国际组织合作保护野生动物,比如接受美国国防部提供的54亿基普(约367.8万人民币)用于开展国家野生动物疾病检测网络项目等。

马来西亚柔佛金金河污染造成巨大损失

2019年3月7日,柔佛州巴西古当金金河遭人倾倒化学废料,导致水源及大气污染,受影响者超过4000人,造成当地史上最严重及风险最高的污染事件。临近中小学1400名师生及附近居民出现头晕、呕吐等症状,上百人住院。马来西亚教育部13日宣布关闭当地111所中小学,14日宣布关闭近百所托儿所与幼儿园。24日,警方正式提控造成金金河污染案的3名嫌犯。

马来西亚遭受严重烟霾污染

2019年8月30日开始,因印度尼西亚苏门答腊和加里曼丹的农民以大面积的烧芭(火耕)方式清理农地而造成的烟霾污染开始传入马来西亚,影响马来西亚沙捞越包括首府古晋在内的9个地区。9月10日,沙捞越当地空气污染指数突破200点以上,马来西亚教育部指示暂时关闭所有学校,共有409所学校停课,涉及15万名学生。马来西亚政府促请国人避免户外活动,同时国家天灾管理机构派发50万口罩给沙捞越灾难委员会。另外,马来西亚全国有25个站空气污染指数呈不健康水平,42个站处于中等水平。主要影响雪隆地区、马六甲、森美兰、柔佛、彭亨和沙捞越州。9月13日,雪隆地区空气质量指数和PM2.5悬浮粒子浓度为157点,一度成为全球空气污染最严重的城市。由于烟雾指数上升,怡保国际机场宣布暂时禁飞,至少影响10个航班。9月17日,沙捞越斯里阿曼的空气污染指数接近400点,处于危险水平。烟雾也影响海上航道安全,导致霹雳洲约有60%深海渔船暂停作业。9月18日,烟雾持续恶化,马来西亚全国约有2459所学校宣布停课。雪兰莪、吉隆坡、槟城和布城宣布19日、20日停课两天。9月19日早上8时,沙捞越受影响的地区有古晋市、诗巫、诗里阿曼等城市,其中古晋以272点空气污染指数达到全马最高。9月20日,西马半岛稍有好转。沙灾难管理委员会在沙捞越开展人工降雨作业,以舒缓沙捞越烟霾不散的情况。9月24日,随着西南季候风的结束,烟霾污染的影响逐渐结束。

缅甸帕敢矿区塌陷致多人死亡

2019年4月22日,缅甸帕敢矿区高堆土地坍塌造成5名矿工死亡,50多人失踪。7月13日,帕敢翡翠矿区再度发生山体坍塌事故致4人死亡。7月28日,在缅甸帕敢矿区一翡翠挖掘场地,发生山体坍塌,造成17人死亡和1人失踪。

两名路透社缅甸记者获释

2019年5月7日,缅甸总统府发布大赦令,以非法窃取国家机密文件罪名被关押的两名路透社缅甸记者,33岁的瓦隆和29岁的觉梭在本次大赦名单当中。二人因参与报道若开邦宾格力事件后于2017年12月被捕,2018年9月被判决,刑期为7年。

缅甸甲型H1N1流感致90人死亡

2019年8月8日,缅甸卫生部门公布的最新数据显示,自6月以来至8月7日,缅甸全国有422人确认感染甲型H1N1流感病毒,其中90人死亡。

缅甸登革热致死123人

缅甸卫生和体育部公布的数据显示,2019年1—11月期间,缅甸全国有23203人感染登革热,其中123人死亡。

菲律宾苏禄省发生连环爆炸案

2019年1月27日上午,菲律宾西南部苏禄省霍洛市一天主教堂外发生连环爆炸。两次爆炸仅相隔一分钟,造成至少27人死亡、81人受伤。极端组织“伊斯兰国”宣称为霍洛市爆炸案负责,但菲律宾军方发言人阿雷巴洛根据初步线索说,犯案者应是菲律宾阿布沙耶夫武装。

菲律宾大马尼拉地铁开工

2019年2月27日,菲律宾大马尼拉地铁项目进行施工破土,这是菲律宾首个地下铁路系统计划。杜特尔特政府之大建特建方案的旗舰计划,获得日本国际协力机构510亿披索贷款的帮助。根据该设计与建设合同,日本清水建设株式会社、藤田工业公司、竹中土木工程公司和EEI公司的合资公司负责设计和建设头3个车站、隧道结构、地铁位于描仁瑞拉的车库,以及菲律宾铁路协会的设施。大马尼拉地铁全程36千米,由计顺市基仁诺高速公路至巴西市尼蕊亚谨诺三号客运航厦以及位于沓义市的FTI,一共15个车站。地铁将穿过7个地方政府所在地及3个大马尼拉区商业区。列车的速度高达每小时80千米,这使从计顺市至尼蕊阿基诺国际机场三号客运航厦的车程缩短至30分钟。

菲律宾多次发生强地震

当地时间2019年4月22日下午,菲律宾吕宋岛发生6.1级地震,震源深度20千米。首都马尼拉有震感。地震发生后,菲律宾首都大马尼拉地区和邻近地区的人都逃出建筑物,地震还造成马尼拉华人区部分地区停电。班班牙省的克拉克国际机场因地震严重损毁,并导致7人受伤。2019年10月16日以来,棉兰老岛发生5次6级以上地震:10月16日晚7点37分,菲律宾棉兰老岛北哥打巴托省发生6.3级地震;10月29日上午9时04分哥打巴托省图鲁南地区东北26千米处发生6.6级地震,10月31日9时11分,哥打巴托省图鲁南地区发生6.5级强烈地震,12月15日下午2点11分,菲律宾棉兰老岛南达沃省发生6.9级地震。

1月27日上午,菲律宾西南部苏禄省霍洛市一天主教堂外发生连环爆炸
(新华网)

菲律宾减贫取得积极进展

2019年12月17日,菲律宾统计局发布的三年一度的全国贫困率调查报告显示,2015—2018年菲律宾减贫工作取得积极进展,贫困率从2015年的23.3%下降至2018年的16.6%,100万家庭约590万人在这3年内实现脱贫。菲律宾大建特建创造大量就业岗位,2019年10月份,菲律宾的失业率降至14年来的最低点。此外,菲律宾政府推动的“菲律宾社会援助计划”也是贫困率下降的重要原因。2019年12月10日,菲律宾社会福利和发展部牵头签署《“菲律宾社会援助计划”法案》,“菲律宾社会援助计划”成为一项国家减贫战略。

新加坡圣淘沙鱼尾狮被拆除

2019年,因要给“圣淘沙心之音”Sentosa Sensoryscape这个新项目腾出发展空间,陪伴新加坡人24年的圣淘沙的鱼尾狮被拆除。新加坡政府预计投入90亿新元用于扩建滨圣淘沙名胜世界和滨海湾金沙。

新加坡星耀樟宜机场启用

2019年,耗资17亿新元(约85亿元人民币),占地1.4万平方米的星耀樟宜机场正式启用。星耀樟宜机场被誉为多个“世界之最”。集独一无二的游乐胜地、购物场所,集住宿餐饮、花园景观和航空设施于一身,机场成为新加坡规模最大的室内花园。

新加坡就业人数创2014年以来最大增幅

据新加坡人力资源部发布的报告,2019年新加坡新增就业人数5.52万人,比2018年多1.69万人,创下2014年以来最大增幅。劳动力市场占比最大的是服务行业。外籍劳动工人数增加1.28万人。

新加坡遭遇烟霾侵袭

2019年新加坡遭遇烟霾侵袭。因苏门答腊和加里曼丹起火点剧增,新加坡再度遭受烟霾的侵袭。许多新加坡人因烟霾而患上呼吸道疾病和皮疹,到医院求诊的病人增长10%~20%,烟霾持续一个月时间。

泰国遭遇十年来最严重旱情

2019年进入雨季以来,由于来自南部海域的热带气旋威力比往年小,雨水无法进入内陆地区,泰国大部分地区月均降雨量远低于正常水平，全国总降雨量降至10年来最低。泰国北部、东北部和中部平原部分地区多日未见雨水，这些地区是泰国重要的粮食作物产地，降水量减少对泰国农业产生影响。干旱少雨使当地河湖水位持续下降，湄公河泰国段水位降至10年来最低。不少水库蓄水量也降至历史低位。在湄公河沿岸的那空帕农府等地，农业用水及民众饮水都出现问题。为应对干旱灾情，当地政府建议部分地区延迟种植水稻，以优先保障居民用水。

泰国南部异动组织制造多起暴乱事件

2019年，泰国南部异动组织在曼谷、惹拉等地制造多起暴乱事件。8月2日，泰国曼谷及多区发生连环爆炸事件，造成至少4人受伤。警方随即逮捕3名嫌疑人，均为15～17岁的在校学生。8月14日，泰国当局又逮捕4名嫌犯，随后警方表示，所有的嫌犯都来自泰南的叛乱组织。11月5日，泰国南部惹拉府发生严重枪击事件，造成包括人民志愿警察和当地群众共15人死亡，3人重伤，2人轻伤。这是泰国近年来死亡人数最多的枪击事件。泰国军方和警方逮捕6名嫌犯，随后泰南异动组织承认制造该起枪袭事件。2004年以来。泰国南部发生袭击事件累计造成近7000人死亡。

越南首家接受越南人入场的赌场开业

2019年1月19日，越南第一家试点允许越南客人进入娱乐的赌场——富国岛Corona赌场开张营业。这家24小时营业的赌场将对越南玩客实施3年试点。玩客进入富国岛Corona赌场要购买100万越南盾的门票可玩24小时，或者购买价格为2500万越南盾的月票可以玩720个小时。越南玩客要求年龄21周岁以上、具有完全民事行为能力和经济能力，要出示月收入1000万越南盾以上或缴纳3级以上个人所得税的证明，而且，玩客的家庭成员如父母或养父母、妻子或丈夫、亲生子女不能有要求不让其到赌场玩的书面材料。

越南河内重大环境污染事故频发

2019年8月28日，位于越南河内人口密集区的黎明灯泡与热水瓶公司仓库发生大火，导致15.1千克至27.2千克水银渗透到环境中，当地地方政府和黎明公司在事件发生后发出的信息相互矛盾，使得事态异常复杂而紧张。9月5日，河内市人民委员会主席要求让事发地民众免费检查身体，并请外国专家进行污染状况检测，一个多月后清除水银工作才完成。10月10日，河内又发生越南沱江水厂的水源被倒入9吨废油，引发河内多个郡县大约28万户居民的生活用水危机。

越南成为世界人口老龄化速度最快的国家之一

2019年11月20日，越南第十四届国会第八次会议通过的《劳动法》(修订案)规定提高退休年龄，规定男性至2028年退休年龄为62岁，女性至2035年退休年龄为60岁(原劳动法规定男子退休年龄为60岁，女子为55岁)。从2021年起，男性正常退休时年60岁3个月，女性退休时年55岁4个月，其后的每年男性增加3个月，女性增加4个月。越南调整退休年龄出于3个理由：一是越南人口已在2014年进入人口老龄化阶段，而且越南也是现今人口老龄化速度最快的国家；二是越南男子60岁退休女子55岁退休是1961年规定的，那时越南人的平均寿命只有45岁多，现在越南人的平均寿命已经76.6岁；三是越南男子和女子缴纳社会保险的时间平均为20多年，为了保障社会保险基金的平衡和稳定，需要调整退休年龄。属于特殊行业的劳动者可以早退休，但是不能超过规定的5年。根据联合国的报告，自2014年起，越南正式进入人口老龄化阶段，预计在接下来的20年内，越南65岁及以上人口占总人口比例将从7%提高到14%。

越南成为来自金三角的世界毒品中转站

2019年，越南的毒品犯罪活动猖獗，跨境贩卖、运输毒品犯罪活动增长迅速，多个犯罪链条被摧毁。根据越南公安部不完全统计，2019年1—9月，越南共发现毒品案件2.02万起，缴获综合毒品6吨、海洛因1吨、鸦片600多千克、大麻760千克等，赃物数量相当于2018年的10倍。毒品从金三角(缅甸)运到越南集结后通过海路出境。越南已经成为来自金三角的世界毒品中转站，其中大约20%在越南销售，80%转到第三国(或地区)譬如中国台湾、菲律宾、马来西亚、欧洲、澳大利亚和拉丁美洲。案件还显示跨国毒品犯罪分子在越南利用海路海关和企业管理的漏洞，伪装成进出口活动来建起毒品链条。

越南河内、胡志明市等地多次出现严重的雾霾天气

2019年第四季度，越南河内、胡志明市等地多次出现严重的雾霾天气。其中河内实时空气质量指数监测站点的数据显示，其空气质量指数(AQI)呈现持续恶化趋势，AQI超过200，甚至有时超过300(严重污染级别)，在全球空气污染最严重的城市中排在最前列，对当地民众的健康带来严重危害。河内市环保部门认为，周边地区的建筑活动、众多车辆以及重工业工厂是造成空气污染的主因。〔周明钧　马全案　梁薇　马静(广西大学外国语学院)　游悠　黄旭文　杨梦平　赵丹　祝湘辉　代珊瑞　杨超　谢柱军　唐卉　李碧华〕

专　　　　题

发 展 报 告

中国:2019 年经济社会发展回顾

2019 年是中华人民共和国成立 70 周年,也是中国实现全面建成小康社会目标的关键之年。2019 年,中国国内的经济下行压力持续加大,面临工业运行稳中趋缓、物价水平上涨较快、投资需求不振、消费需求不稳、区域增长不平衡、部分领域结构性挑战和风险等难题依然严峻;国外的中美贸易摩擦、英国脱欧、地缘政治等不确定性因素增多,经贸摩擦此起彼伏,保护主义愈演愈烈。中国经济发展面临的内部条件和外部环境更趋复杂多变,一些经济的和非经济的困难和挑战明显增多。

2019 年,面对复杂严峻的国内外形势,中国持续深化供给侧结构性改革,加大逆周期调节力度,推动“六稳”(稳就业、稳金融、稳外贸、稳外资、稳投资、稳预期)和经济高质量发展,“三大攻坚战”(防范化解重大风险、精准脱贫、污染防治)取得超出预期成果,经济运行中出现诸多积极变化,国民经济运行态势总体平稳,增速保持在合理区间;经济结构优化升级持续推进;工业结构优化调整取得实效;减税降费政策红利显著;房地产市场“三稳”(稳地价、稳房价、稳预期)调控目标稳步落实,为全面建成小康社会打下决定性基础,较好稳定长期预期和对经济发展的信心,充分体现中国坚持深化改革开放、拓展大国经济市场、凸显经济运行韧性等制度优势和特点。

一、经济社会发展形势及特点

2019 年,中国坚持稳中求进工作总基调,坚持以供给侧结构性改革为主线,加强宏观政策逆周期调节,全力做好“六稳”工作,经济运行总体平稳,发展质量稳步提升,主要预期目标任务较好完成。

(一)经济保持中高速增长

2019 年,中国国内生产总值 990865 亿元,比上年增长 6.1%,明显高于全球经济增速;人均国内生产总值 70892 元,按年平均汇率折算达到 10276 美元,突破 1 万美元大关,实现新的跨越。

(二)经济结构持续优化

2019 年,中国三次产业稳定增长,增速分别为 3.1%、5.7%、6.9%;全国居民消费增长较快,城乡消费水平普遍提高,乡村消费明显高于城市消费,全年社会消费品零售总额增长 8.0%,其中,城镇消费品零售额增长 7.9%;乡村消费品零售额增长 9.0%。工业产业增长明显,产业结构继续优化。全国规模以上工业增加值增长 5.7%,第二产业增长对经济增长的贡献率较上年提升。

(三)增长质量和效益提高

2019 年,全国工业产能利用率为 76.6%,比上年有所提高。城乡居民人均可支配收入比值是 2.64,比上年缩小 0.05,城乡居民收入差距有所缩小;中西部地区工业、投资等主要指标增长均高于东部地区,区域发展差距有所缩小。

(四)固定资产投资稳定增长

2019 年,全国固定资产投资(不含农户)增长 5.4%。其中,民间投资增长 4.7%。产业投资普遍增长。其中,三次产业投资分别增长 0.6%、3.2%、6.5%。高技术产业和社会领域投资较快增长。2019 年,高技术产业投资比上年增长 17.3%,快于全部投资 11.9 个百分点;社会领域投资增长 13.2%,快于全部投资 7.8 个百分点。分经济类型看:国有控股企业增加值增长 4.8%;股份制企业增长 6.8%,外商及港澳台商投资企业增长 2.0%;私营企业增长 7.7%。

(五)就业持续扩大

2019 年,全年城镇新增就业 1352 万人,明显高出年初提出的 1100 万人以上的预期目标,连续第七年保持在 1300 万人以上;农民工总量继续增加,2019 年达到 29077 万人,增长 0.8%。全国城镇调查失业率在

5.0%～5.3%之间，低于年初提出的5.5%左右的预期目标。从年龄结构上看，25～59岁人口调查失业率整体呈下行趋势，就业情况较好；而25岁以下的青年人和大学生就业相对低迷，凸显就业岗位供求的结构性矛盾。

（六）价格总体稳定

2019年，全国居民消费价格比上年上涨2.9%，符合年初提出的3%左右的预期目标。其中，食品价格上涨9.2%，非食品价格上涨1.4%，扣除食品和能源的核心CPI比上年上涨1.6%，涨幅比上年回落。

（七）居民收入增长与经济增长基本同步

2019年，全国居民人均可支配收入30733元，实际增长5.8%，与GDP增长基本同步。其中，农村人均居民可支配收入实际增长6.2%，继续快于城镇居民，城乡居民收入差距又有所缩小。

（八）人民生活继续改善

2019年，民生保障改善力度加大，人民群众的获得感、安全感、幸福感继续增强。学有所教方面，学前教育毛入学率在上年81.7%的基础上进一步提高，九年义务教育巩固率在上年94.2%的基础上又有提升。劳有所得方面，城镇居民人均工资性收入占人均可支配收入的比重超过60%，农村居民人均工资性收入与经营性收入之和占人均可支配收入的比重超过70%。病有所医方面，基本医疗保险覆盖人数约13.5亿。老有所养方面，基本养老保险覆盖人数9.67亿人。住有所居方面，棚户区改造和公租房建设深入推进，城镇居民人均住房建筑面积约40平方米。

二、改革开放形势及特点

2019年，中国坚持深化改革扩大开放，不断优化营商环境，营商环境排名提升15位，取得全球瞩目的成绩；主动扩大进口，放宽市场准入，外资准入负面清单缩减；从跨境电商进口商品扩围到第2届进博会规模更大、从通过《外商投资法》到公布优化营商环境条例、从上海自由贸易试验区临港新片区设立到新设6个自由贸易试验区等，一系列改革开放措施相继落地，向世界展示中国深化改革扩大开放的坚定决心。

（一）改革开放红利持续释放

"放管服"改革深入推进，营商环境明显改善。2019年10月24日，世界银行发表的《2020营商环境报告》显示，中国营商环境全球排名继2018年从第78位跃至第46位后，再度提升15位，至第31位，连续两年入列全球优化营商环境改善幅度最大的十大经济体。同期，全国财税改革扎实推进，全年减税降费预计超过2.3万亿元。全方位开放水平不断提高。第2届"一带一路"国际合作高峰论坛、亚洲文明对话大会、第2届中国国际进口博览会成功举办；2019年8月20日，中国（上海）自由贸易试验区临港新片区正式揭牌，8月30日，山东、江苏、广西、河北、云南、黑龙江6省区的6个新设自由贸易试验区分别揭牌，中国自由贸易试验区扩围至18个。与"一带一路"沿线国家经贸交往活跃，2019年与沿线国家货物进出口总额增长10.8%，快于全部进出口7.4个百分点。2019年1至11月，中国企业对"一带一路"沿线国家非金融类直接投资占同期对外投资总额的12.9%。

（二）脱贫攻坚成效突出

2019年中国扶贫工作力度、深度和精确度都达到了新的水平，深度贫困地区的资金、项目、举措倾斜力度加大；产业、就业、教育、健康扶贫扎实推进，全国340个左右贫困县摘掉"贫困帽子"，1109万农村贫困人口实现脱贫，连续7年脱贫人数在1000万人以上。按现行贫困标准，2019年年末，中国农村贫困人口降到551万人。

（三）生态环境持续好转

2019年，全国生态保护和污染防治取得新的成效，全年清洁能源消费量占能源消费总量的比重约为24%，比上一年又提高1个百分点左右。全国337个地级及以上城市的空气质量平均优良天数比例为82%，细颗粒物（PM 2.5）未达标的地级及以上城市平均浓度比上年下降2.4%，全国地表水1—3类水质断面的比例比上年上升3.9个百分点，劣五类的比例下降3.3个百分点。

11月5—10日，第2届中国国际进口博览会在上海举行 （百度网）

（四）创新驱动发展动力活力迸发

2019年，中国继续贯彻落实新发展理念，集众智、聚众力、汇众能，大众创业、万众创新热潮涌动。全年每天新登记企业约2万家，独角兽企业、瞪羚企业和世界500强企业数量每年都在增加，每万人口发明专利拥有量达到13.3件。科技新成果不断涌现，嫦娥4号成功实现月背登陆，雪龙2号首航南极，首艘国产航母正式列装，5G 商用加速推出。中国位列全球创新指数排名第 14 位，比上年上升 3 位。新动能新产业成长壮大，工业战略性新型产业、高技术制造业增加值比上年分别增长 8.8%、8.4%；网上商品零售额增长 19.3%，数字经济、网络经济、平台经济、共享经济、智能经济在中国大地上蓬勃兴起。

（五）房地产市场平稳运行

2019 年年初，中国政府将“稳地价、稳房价、稳预期”列为 2019 年房地产重点工作首位，并部署具体应对措施和严格监督检查。2019 年，全国房地产土地出让市场热度有所回落，前三季度国有土地使用权出让收入同比增长 5.8%，较 2018 年同期的 25% 大幅下降 19.2 个百分点。同期，全国商品房成交平稳，房价上涨明显放缓。

三、对外贸易、利用外资形势及特点

2019 年，面对世界经济增长低迷、国际经贸摩擦加剧、国内经济下行压力加大等诸多困难挑战，在全球经贸整体放缓背景下，中国对外贸易逆势增长，规模创历史新高，实现稳中提质，高质量发展取得新成效，对国民经济社会发展做出积极贡献，为全球经贸复苏增长注入动力。

（一）对外经济贸易持续向好，继续保持全球第一大货物贸易大国地位

2019 年，全国货物进出口总额为 31.54 万亿元，比上年增长 3.4%。其中：出口 17.23 万亿元，增长 5.0%；进口 14.31 万亿元，增长 1.6%；贸易顺差 2.92 万亿元，增长 25.4%。全年进出口、出口、进口规模均创历史新高。其中：一般贸易进出口增长 5.6%，占进出口总额的 59.0%，比上年提升 1.2 个百分点；加工贸易进出口下降 5.1%，占进出口总额的 25.2%；跨境电商进出口增长 38.3%；市场采购贸易进出口增长 19.7%；二者合计对外贸整体增长贡献率近 14%。服务贸易进出口增长 2.8%。

中国货物出口额占全球货物出口总额的比重为 13.2%，比上年提升 0.4 个百分点，出口占国际市场份额稳步提升；货物进口额占全球货物进口总额的比重为 10.8%，与上年持平，进口占国际市场份额保持历史最高水平。

（二）对外贸易伙伴遍布全球、市场多元化成效显著

2019 年，中国对前四大贸易伙伴欧盟、东盟、美国、日本进出口额合计占同期中国进出口总额的 48.1%。其中：对欧盟进出口 4.86 万亿元，增长 8.0%；对东盟进出口 4.43 万亿元，增长 14.1%；对美国进出口 3.73 万亿元，下降 10.7%；对日本进出口 2.17 万亿元，增长 0.4%。

中国与“一带一路”沿线国家贸易发展势头良好，合作潜力不断释放，正在成为拉动中国外贸发展的新动力。对拉丁美洲、非洲进出口分别增长 8.0% 和 6.8%，增速分别高于进出口总体增速 4.6 和 3.4 个百分点，分别占进出口总额的 6.9% 和 4.6%。

（三）对外贸易主体活力竞相迸发，外贸内生动力更加强劲

2019 年，中国有进出口实绩的外贸企业 49.9 万家，比上年增长 6.2%；其中，民营企业 40.6 万家，比上年增长 8.7%。民营企业首次超过外商投资企业，成为外贸最大主体。众多企业加大研发投入，持续创新，自主开拓多元化市场能力明显增强，国际竞争力持续提升。同期，中国外商投资企业进出口占进出口总额的 39.9%。国有企业进出口 5.32 万亿元，占进出口总额的 16.9%。机电产品出口增长 4.1%，占出口总额的 58.4%。

（四）利用外资创新高

2019 年，中国实际使用外资创历史新高，达 9415 亿元，增长 5.8%，保持全球第二大外资流入国地位。

四、对外交往形势及特点

2019 年，全球化和多极化在曲折中坚韧向前，和平与发展仍然是当今世界之大势所趋。中国对外交往工作紧紧围绕国家的中心工作，营造更有利的外部环境，拓展更广阔的合作空间，注入更强劲的增长动力，特色大国外交砥砺前行。

（一）中美关系跌宕起伏

2019 年，中美关系走向及其影响是最受关注的议题。年内，美国在经贸、科技、人员交往等领域的举措严重损害中美互信根基。中国行动坚决，采取一系列有理有利有节的反制措施。同时，本着对两国人民、对国际社会负责任的态度，中国继续寻求同美方进行建设性对话。2019 年 6 月，中美两国最高领导人在二十国集团领导人大阪峰会实现会晤。12 月中旬，中美两国经贸团队就中美第一阶段经贸协议文本达成一致。12 月 20 日，中国国家主席习近平应约同美国总统特朗普通电话，双方表示愿继续通过各种方式保持联系，就双边关系和国际问题交换意见，共同推进以协调、合作、稳定为基调的中美关系。

（二）中俄政治互信不断深化

自 2013 年中国国家主席习近平首次对俄罗斯进行国事访问至今，两国元首会晤多达 31 次。2019 年 6 月，两国元首在中俄建交 70 周年纪念大会上共同宣布发展中俄新时代全面战略协作伙伴关系，开启中俄关系更高水平、更大发展的新时代。12 月，习近平同普京视频连线，共同见证两国能源合作的标志性项目中俄东线天然气管道投产通气。

（三）中欧全面战略伙伴关系不断加强

2019 年 3 月，欧盟委员会《中欧战略展望政策报告》将中国定位为“合作伙伴”“谈判伙伴”“经济竞争者”“体系型对手”，总体显示出与中国合作和对华“接

触”的意愿。德国、法国、意大利等欧洲国家领导人接连访华,就全球化、全球治理和维护自由贸易等重大问题达成广泛共识。2019年年初,意大利和中国签署《关于共同推进“一带一路”建设的谅解备忘录》,成为首个签署该备忘录的欧盟创始会员国和七国集团国家,随后越来越多的欧盟成员国表达同中国开展“一带一路”建设的合作意愿。

(四)周边外交全面加强

2019年6月,中共中央总书记、国家主席习近平在中朝建交70周年之际对朝鲜进行历史性访问,巩固并传承中朝传统友谊。6月,在二十国集团领导人大阪峰会上,习近平会见日本首相安倍晋三,双方达成十点共识,同意共同致力于构建契合新时代要求的中日关系,使中日关系成为维护世界和平、促进共同发展的重要积极因素。10月,习近平同印度总理莫迪在印度金奈成功举行第2次非正式会晤,为进一步深化中印关系进行战略沟通。中国—东盟自贸区升级《议定书》全面生效,中国—东盟关系进入全面发展新阶段。12月下旬,习近平在北京分别会见韩国总统文在寅和日本首相安倍晋三。之后,中国国务院总理李克强和日韩两国领导人在成都成功举行第8次中日韩领导人会议。

(五)同发展中国家关系不断夯实

2019年中国举办首届中拉区域合作论坛和第5届中国—拉美和加勒比智库论坛等活动,不断夯实中拉关系社会和民意基础。7月,中国—阿拉伯国家合作论坛第8届部长级会议在北京举行,中阿一致同意建立全面合作、共同发展、面向未来的战略伙伴关系,这是具有里程碑意义的时刻,翻开中阿关系新的历史篇章。2019年11月14日,习近平在巴西利亚出席金砖国家领导人第11次会晤,重申中国将坚持扩大对外开放,推进高质量共建“一带一路”,努力推动构建亚太命运共同体和人类命运共同体。

(六)多边外交扎实拓展

2019年中国举办两场最重要的主场外交。一是2019年4月在北京成功举行第2届“一带一路”国际合作高峰论坛。论坛主题是“共建‘一带一路’、开创美好未来”,旨在进一步推动共建“一带一路”取得更高质量、更高标准、更高水平发展。二是2019年11月5—10日,在中国上海国家会展中心举行第2届中国国际进口博览会,共有来自150多个国家和地区的3000多家企业参展。2019年6月,习近平主席应邀对吉尔吉斯斯坦、塔吉克斯坦进行国事访问,并出席在比什凯克举行的上海合作组织成员国元首理事会第19次会议和在杜尚别举行的亚洲相互协作与信任措施会议第5次峰会,巩固友谊互信,增进理解共识,收获丰硕成果。11月,第35届东盟峰会及东亚合作领导人系列会议在泰国曼谷举行。其间,区域全面经济伙伴关系协定(RCEP)第3次领导人会议召开并发表联合声明,宣布15个成员国已结束全部文本谈判以及实质上所有市场准入谈判,并将致力于2020年正式签署协议,有力推动区域经济一体化进程,有利于维护自由贸易,提振市场信心。 (周明钧)

资料来源:

1.《2020年中国政府工作报告》

2.《关于2019年中国国民经济和社会发展计划执行情况与2020年国民经济和社会发展计划草案的报告》

3.《中华人民共和国国家统计局发布2019年国民经济和社会发展统计公报》

4.《经济参考报》《经济日报》《中国货币市场》等报刊

5. 国家统计局网站、人民网、中国产业经济信息网等网站

文莱:2019年经济社会发展回顾

2019年,文莱政治稳定,社会安宁,国泰民安;经济自2017年以来持续保持正增长;继续推行互相尊重与合作的外交政策,积极参与地区与国际事务。中文两国政治互信增强,经贸合作不断发展,人文交流形式多样,教育合作有新的进展。

10月28—29日,第5届中拉智库论坛在北京举行 (百度网)

一、政治继续保持稳定

(一)全面实施2013年《伊斯兰法》

2019年4月3日,文莱开始全面实施2013年《伊斯兰法》,该法适用于文莱境内所有人,包括穆斯林和非穆斯林,也包括在文莱居留的外国人和临时赴文莱的外国游客。文莱宣布《伊斯兰法》全面实施不久,文莱外交与贸易部第二部长艾瑞万向公众说明,此法仅适用于文莱的穆斯林。文莱苏丹哈桑纳尔·博尔基亚在斋戒月

前夕发表御词表示，国家落实伊斯兰法是身为伊斯兰国家必须履行的责任。哈桑纳尔·博尔基亚同时强调，任何人都无需对《伊斯兰法》感到担忧，因为它是充满恩典的刑法，且是上苍所创造的，《伊斯兰法》旨在鼓励人们做好本分，也保障人民的利益。哈桑纳尔·博尔基亚表示，文莱近20年来执行普通法，但实际上已极少执行死刑，等于暂停死刑，且在《伊斯兰法》落实后，也将会对死刑有更宽容的执法。至于国际社会对人权利益的舆论方面，国家将持续支持《联合国禁止酷刑公约》，持续保障人民的利益与安全，同时也确保国家道德和个人利益及隐私等同样受到保障。

（二）文莱国庆

2019年2月23日，文莱政府在首都斯里巴加湾市奥马尔·阿里·赛福汀广场举行大型阅兵和游行活动，庆祝文莱建国35周年。文莱苏丹哈桑纳尔·博尔基亚依照惯例检阅三军官兵、政府官员、华人社团以及由社会各界人士组成的147支游行队伍。文莱2019年国庆庆典以“实现国家宏愿”为主题，超过24000名群众参加。参加游行的社会各界群众以横幅、彩球等多种形式展示文莱独立后的发展成果及社会风采，同时通过系列图片展示文莱的历史、现状以及国家的美好未来。

（三）文莱苏丹生日庆典及与民同乐活动

2019年7月15日是文莱苏丹哈桑纳尔·博尔基亚的73岁生日。7月1日，由文莱皇家海军人员组织的升国旗仪式在斯里巴加湾市大旗杆广场举行，拉开庆祝苏丹华诞活动的帷幕。文莱各地商家自7月1日起开始悬挂苏丹华诞祝贺横幅及国旗。7月15日，文莱政府在首都斯里巴加湾市奥玛尔·阿里·赛福汀广场举行盛大庆典，庆祝苏丹73岁华诞。文莱苏丹哈桑纳尔·博尔基亚亲自主持检阅仪式，并检阅由文莱皇家陆海空军以及文莱皇家警察部队组成的仪仗队。当天晚上，文莱苏丹哈桑纳尔·博尔基亚和苏丹后在皇宫宴会厅设宴款待外国来宾、各国使节、内阁部长、国会议员、政府部门官员、各族群领袖、宗教领袖、村长、酋长及国民代表等，数千人参加文莱苏丹哈桑纳尔·博尔基亚的73岁华诞国宴。

为了庆祝苏丹的73岁华诞，文莱政府举行丰富多彩的活动。文莱苏丹哈桑纳尔·博尔基亚分别于2019年7月20日、7月22日、7月24日和7月28日参加在文莱马来奕县、淡布隆县、都东县和摩拉县举行的与民同乐活动，活动场面隆重而热闹。8月15日，文莱政府在汝鲁伊曼皇宫举行大型诵经祈祷活动。8月25日，苏丹华诞龙舟赛在文莱皇家码头举行，来自文莱、中国、马来西亚和印度尼西亚等国家的30多支队伍千余名选手参加此次比赛，文莱苏丹、王储等王室成员纷纷率队角逐。2019年8月29日，文莱苏丹哈桑纳尔·博尔基亚在皇宫册封对文莱社会发展有功的相关人士。

二、经济持续增长

按不变价格计算，文莱2019年第一季度国内生产总值（GDP）为47.297亿文莱元，比上年同期增长0.5%；第二季度国内生产总值为46.263亿文莱元，比上年同期增长6.7%；第三季度国内生产总值为46.038亿文莱元，比上年同期增长2.0%。按当前价格计算，文莱2019年第一季度的国内生产总值为45.387亿文莱元，第二季度国内生产总值为47.419亿文莱元，第三季度国内生产总值为42.555亿文莱元。根据国际货币基金组织（IMF）预计，文莱2019年经济增长4.8%。文莱2019年国内生产总值的增长主要得益于石油、天然气以及非石油和天然气生产的增长。

根据世界经济论坛（WEF）发布的《2019年全球竞争力报告》，文莱在141个经济体中排名第56位，较2018年的第62位上升6位。该报告显示，文莱在12项重点评估项目中，机构结构排第50位，基础建设排第58位，ICT应用排第26位，总体经济排第87位，保健排第62位，技术标准排第59位，产品市场排第37位，劳动力市场排第30位，金融系统排第98位，市场规模排第116位，商业活力排第62位，创新能力排第51位。

三、继续推行多元外交政策

文莱推行互相尊重与合作的外交政策。2019年，文莱积极参与地区及国际事务并积极发声，提高自身在地区和国际的影响力；继续加强与东盟国家的合作，主要内容包括反恐、国防安全和经贸等方面的合作。

（一）积极参与地区与国际事务

2019年11月2—4日，文莱苏丹哈桑纳尔·博尔基亚出席在泰国曼谷举行的第35届东盟峰会、第10届东盟—联合国峰会、第22届东盟—中国峰会、第16届东盟—印度峰会等会议。在第22届东盟—中国峰会上，文莱苏丹哈桑纳尔·博尔基亚表示，中国是东盟重要的战略伙伴，中国为东南亚地区的和平、经济与社区发展做出了重大贡献。哈桑纳尔·博尔基亚在参加第16届东盟—印度峰会时表示，文莱珍视印度为东南亚地区做出的贡献，尤其是在东南亚地区和平与繁荣上给予的支持。东盟峰会期间，文莱苏丹哈桑纳尔·博尔基亚与俄罗斯总理梅德韦杰夫举行双边会晤，就国防安全与教育领域的合作进行商议，两国代表团同时举行双边会议，就彼此共同关切的合作领域进行讨论。

2019年1月29—31日，第3届东盟警察法证联系网年度会议在文莱举行。文莱皇家警察总监拿督查米在开幕式致辞中强烈促请东盟警察法证联系大会划定可强化东盟国家警察在灾难受害者身源鉴定（DVI）上合作的战略,无论是实际事故上或训练上的合作。2019年11月初,文莱皇家警察总监拿督伊万率代表团参加在智利圣地亚哥举行的第88届国际刑警组织大会,共有来自162个国际刑警组织成员国的900多名代表与多位观察人员和该组织的合作伙伴出席此次大会。

2019年1月21日,第11届东盟—日本反恐(AJCT)对话论坛在文莱举行,东盟成员国、日本和东盟秘书处的官员参加此次论坛。2019年10月9日,文莱国防部常任秘书拿督沙里安华准将出席在日本举行的第11届日本—东盟国防部副部长论坛。

2019年1月,文莱初级资源与旅游部部长拿督阿里出席在越南举行的第38届东盟旅游论坛和第22届东盟旅游部部长会议。阿里在部长会议上推介文莱淡布隆国家公园旅游景点以及其他著名的旅游坐标等旅游资讯。为配合旅游论坛的举行,还举行"文莱之夜招待会",东盟国家旅游部部长和东盟国家旅游组织负责人等大约500人应邀出席。

2019年9月24日,第13届"婆罗洲心脏计划三边会议"在文莱举行,文莱、马来西亚及印度尼西亚代表共商婆罗洲心脏计划的各项相关事宜。文莱初级资源与旅游部常任秘书彭基兰卡玛鲁查曼在开幕式致辞时指出,文莱、马来西亚和印度尼西亚三国已经尽了最大努力实施婆罗洲心脏走廊计划,并通过建立当地社区网络发展婆罗洲心脏生物多样性保护的可持续发展和绿色保护方面的举措以及绿色生态旅游的发展。

2019年11月,文莱首相府能源与工业部部长拿督马特·苏尼在新加坡出席第7届亚洲天然煤气峰会。马特·苏尼在峰会期间与新加坡人力部部长兼内政部第二部长杨莉明会面,探讨双方在劳工、人力开发与创造就业机会上的合作,同时就区域与国际相关事务及共同关心的议题进行讨论。

(二)积极推行多元外交

2019年,文莱继续推行多元外交政策,与世界各国保持友好关系,加强国际防务合作与贸易往来。2019年2月28日,英国国防副参谋长戈登访问文莱,与文莱苏丹哈桑纳尔·博尔基亚及皇太子会面;9月25日,文莱苏丹哈桑纳尔·博尔基亚接见到访的英国国防部国务大臣安娜·贝尔戈尔迪。这是安娜·贝尔戈尔迪于2019年7月上任英国国防部国务大臣后首次到访文莱。

2019年1月10日,新西兰国防部顾问罗杰上尉访问文莱并拜访文莱皇家武装部队指挥官拿督阿敏南,双方在两国国防合作议题上进行交流,包括互相拜访、国防练习以及军人培训课程等;2019年3月11日,文莱苏丹哈桑纳尔·博尔基亚接见韩国总统文在寅,文韩两国进行双边会谈并就投资合作、知识产权及科学与技术三大事项签订促进投资合作谅解备忘录,同时也签订韩国知识产权局为文莱知识产权局认定国际查寻中心谅解备忘录及科学与技术合作谅解备忘录;9月10日,文莱苏丹哈桑纳尔·博尔基亚接见美国印度—太平洋司令部司令菲利普·戴维森海军上将;9月17日,文莱苏丹哈桑纳尔·博尔基亚接见柬埔寨首相署高级部长拿督奥斯曼博士,双方共同讨论文莱与柬埔寨之间共同关心的议题。拿督奥斯曼博士访问文莱期间还访问数个政府部门,并进一步与文莱相关官员讨论如何加强两国在伊斯兰银行业和清真产业管理等方面的合作;10月20日,文莱苏丹哈桑纳尔·博尔基亚出席印度尼西亚总统佐科的就职仪式,并与佐科会面。当天,哈桑纳尔·博尔基亚还与澳大利亚总理莫里森进行会晤;10月23日,文莱苏丹哈桑纳尔·博尔基亚与日本首相安倍晋三举行会晤,两国领导人确认文莱与日本之间的长期联系与友谊,同时讨论区域和国际问题,特别是在促进文莱与日本的贸易合作以及日本与东盟的合作等方面;10月22日,文莱苏丹哈桑纳尔·博尔基亚与皇子玛玎出席日本新天皇德仁的登基大典仪式。

(三)保持与东盟国家的密切关系

2019年,文莱继续保持与东盟成员国之间的联系,尤其是加强与文莱周边国家的密切联系,如马来西亚、新加坡和越南等国。

1. 文莱与马来西亚的关系。2019年,文莱与马来西亚保持密切往来,尤其是在加强安全防务以及贸易投资合作等方面。1月23日,文莱苏丹哈桑纳尔·博尔基亚在汝鲁伊曼皇宫接见马来西亚国防部部长穆罕默德·沙布。穆罕默德·沙布对文莱为期3天的访问旨在继续加强两国的防务合作。2月,文莱苏丹哈桑纳尔·博尔基亚授予马来西亚皇家空军司令丹斯里拿督哈芝阿菲迪文莱皇家空军飞行员徽章以表彰其为推进文莱皇家空军与马来西亚皇家空军之间的联系所做出的贡献。马来西亚皇家空军司令丹斯里拿督在文莱拜访文莱国防部第二部长丕显拿督哈尔比,双方重申两国空军之间长期牢固的关系。3月5日,文莱苏丹哈桑纳尔·博尔基亚出席第22次文莱与马来西亚年度协商会议,并与马来西亚总理马哈蒂尔重申两国之间的共同合作关系以进一步强化两国共同感兴趣的领域并让两国人民受益。两国领导人对两国石油公司PETRONAS和Petroleum BRUNEI通过商业安排领域和生产分享协议的合作取得的持续进展表示满意,并鼓励两家公司继续合作。两国领导人对两国的贸易和投资合作持续进展表示满意,特别是文莱与马来西亚沙巴州和砂拉越州的贸易和投资合作。两国领导人还敦促双方在运输和信息通信、能源、旅游、农业、畜牧业和渔业领域的经济合作,并在促进合作方面加强协同作用。文莱和马来西亚在此次年度协商会议上签署关于转移扣留犯的谅解备忘录,这是关于护送和调动扣留犯以及通过马来西亚砂拉越州在文莱境内扣留犯流动的谅解备忘录。此谅解备忘录将有助于马来西亚与文莱之间的扣留犯转移而不会影响到扣留犯和公众的安全和保障。两国领导人对马来西亚武装部队与文莱皇家武装部队之间现有的双边防务合作表示满意，该合作通过定期互访、官方级别参与、培训课程和军事合作继续得到加强。鉴于该地区所面对的安全挑战和威胁，两国领导人同时强调两国防务合作的重要性以实现地区和平与稳定。8 月 19 日，文莱苏丹哈桑纳尔·博尔基亚和苏丹后哈嘉莎丽哈在汝鲁伊曼皇宫会见马来西亚国家元首苏丹阿都拉及苏丹后。这是马来西亚国家元首苏丹阿都拉及苏丹后自 2019 年 7 月 30 日登基以来首次到文莱进行的国事访问活动。会晤期间，文莱苏丹哈桑纳尔·博尔基亚将文莱最高荣誉皇室勋章（D. K. M. B.）授予马来西亚国家元首苏丹阿都拉，并授予马来西亚苏丹后文莱皇家勋章（D. K.）。阿都拉也将马来西亚皇家勋章（D. M. N）授予文莱苏丹后哈嘉莎丽哈。

2. 文莱与新加坡的关系。2019 年，文莱与新加坡继续保持紧密的合作关系并保持军事防务方面的合作。1 月 7 日，第 4 次文莱与新加坡安全和执法机构双边会议以及第 3 次文莱与新加坡内政部双边会议在文莱举行。新加坡代表团在文莱展开为期两天的友好访问活动，旨在保持两国安全机构之间的合作精神。10 月，新加坡空军和文莱皇家空军在新加坡举行空防演习，代号“空卫”的双边演习至今已进入第 25 个年头。10 月 23 日，新加坡空军总长康文良少将和文莱皇家空军司令哈姆扎准将在新加坡武装部队军事训练学院实弹射击区联合主持庆祝仪式。11 月 5 日，新加坡国防部部长黄永宏对文莱展开为期三天的访问，访问期间视察两国海军定期举行的代号“塘鹅”的军演。

3. 文莱与越南的关系。2019 年，文莱与越南的合作有所加强。2 月 22 日，越共中央总书记、国家主席阮富仲和越南政府总理阮春福分别向文莱苏丹哈桑纳尔·博尔基亚致贺电，祝贺文莱 35 周年国庆。9 月 2 日，文莱苏丹哈桑纳尔·博尔基亚向越南致贺电，祝贺越南 74 周年国庆。3 月 26—28 日，文莱苏丹哈桑纳尔·博尔基亚应越共中央总书记、国家主席阮富仲的邀请，对越南进行国事访问，这是文莱苏丹时隔 21 年对越南进行的第二次国事访问，两国发表关于建立全面伙伴关系的联合声明。两国领导人强调，两国全面伙伴关系将为两国各领域合作注入动力，尤其是在对外交往、国防安全、贸易投资、教育培训、能源、社会、民间交流等领域上。3 月 27 日，阮富仲在与哈桑纳尔·博尔基亚会谈时强调，哈桑纳尔·博尔基亚此访使两国友好合作关系迈上新台阶，成为全面伙伴关系的重要里程碑。3 月 25 日，越南政府副总理兼外交部部长范平明在河内会见到访越南的文莱外交部第二部长艾瑞万。这是文莱苏丹哈桑纳尔·博尔基亚对越南进行国事访问前夕的部长级访问。范平明对越南与文莱多方面友好合作关系呈现积极发展态势表示肯定，并对两国外交部和有关部门保持密切合作、为文莱苏丹对越南进行国事访问做好准备给予高度评价。

（四）加强与中国的联系与合作

2019 年，文中两国政治互信增强，高层互访频繁，两国在各领域合作不断发展，经贸合作进展令人鼓舞，人文交流形式多样，教育合作有新的进展。

1. 两国政治互信增强。2019 年 4 月 9 日，中国外交部副部长孔铉佑在中国北京与文莱外交部常秘诺瑞珊举行中文第 16 次外交磋商。4 月 26 日，中国国家主席习近平在中国北京人民大会堂会见应邀来华出席第 2 届“一带一路”国际合作高峰论坛的文莱苏丹哈桑纳尔·博尔基亚。4 月 24 日，中国国务委员兼外交部部长王毅在北京会见陪同文莱苏丹来华出席第 2 届“一带一路”国际合作高峰论坛的文莱外交部第二部长艾瑞万。7 月 2—3 日，中国外交部副部长罗照辉访问文莱，并会见文莱外交与贸易部第二部长艾瑞万，就中文关系及共同关心的问题交换意见。罗照辉还与文莱外交与贸易部无任所大使玛斯娜公主夫妇共同出席中国驻文莱大使馆新馆舍工程奠基仪式并致辞。9 月初，文莱外交部无所任大使玛斯娜公主访问中国。9 月 5 日，中国国务委员兼外交部部长王毅和外交部副部长罗照辉分别在北京会见玛斯娜公主。玛斯娜公主此次访华同时访问南京和杭州。玛斯娜公主一行在南京参加渤泥国王历史陈列馆揭牌仪式，并拜谒渤泥国王墓。10 月 17 日，文莱国防部第二部长丕显拿督哈尔比应中国国防部部长魏凤和上将的邀请对中国进行正式访问。中文两国重申两国之间良好的双边防务联系，并表示致力于在包括多边参与在内的各个领域进行更深入、更广泛的合作。

2. 文中经贸合作有新进展。2019 年 10 月，文莱财政与经济部副部长马纳夫在接受中国—东盟记者团的采访时表示，文中两国建立战略合作伙伴关系后，各领域合作取得进展，文中两国关系达到新高度。双方签署《中华人民共和国政府与文莱达鲁萨兰国政府关于建立政府间联合指导委员会的谅解备忘录》，建立部级磋商机制，进一步促进和鼓励双方包括海上、经济、商业、科技、贸易、投资以及能源在内的各领域合作交流，是中文友好关系的又一例证。10 月 17 日，正在文莱访问的中国农业农村部部长韩长赋在文莱首都斯里巴加湾市会见文莱初级资源与旅游部部长阿里，双方就进一步加强中文农业和渔业合作深入交换意见。4 月 25 日，文莱—中国海洋产业合作发布会暨文莱国家馆开馆仪式在中国北京举行，文莱首期近 20 款海产品在发布会上正式进入中国市场。9 月 21—24 日，文莱代表团参加在中国广西南宁举行的第 16 届中国—

东盟博览会，共有7家文莱企业参展。

截至2019年年底，文莱中资企业协会成员单位已达38家。2019年11月初，中国浙江恒逸文莱大摩拉岛石油化工项目投料试车一次成功，创造了石化行业千万吨规模炼油厂投料试车时间最短、过程最稳、安全环保业绩最优的新纪录。2019年9月，恒逸实业（文莱）有限公司与文莱壳牌销售公司签署油品销售协议，并与文莱壳牌石油公司续签原油供应协议。恒逸石化大摩拉岛综合炼化项目是中国在文莱最大的投资项目。

2019年，由中国建筑股份有限公司参与承建的文莱淡布隆大桥顺利完工，淡布隆大桥将成为连接文莱摩拉区与淡布隆区的海上大通道。文莱—广西经济走廊重点项目——文莱摩拉港实现有史以来第一次年度分红。文莱海世通渔业在文莱渔业养殖领域实现"三个第一"，使文莱首次实现鱼苗供给本地化、建成首个外海海洋牧场及首次出口养殖海水鱼。

2019年，中国仍是文莱最大的进口来源以及第二大贸易伙伴。随着中文两国关于输华野生水产品、甜瓜等议定书的实施，文莱对中国的出口产品将进一步多元化。2019年，支付宝（中国）网络技术有限公司与文莱本地新兴网络公司BEEP公司合作，50余家文莱企业加盟。文莱划定电子支付发展路线图，计划在2025年让电子支付的运用在文莱国内全面打通，成为电子支付国。2019年10月，中国北京至文莱首都斯里巴加湾市直飞航线恢复开通，至此，中国北京、上海、杭州、长沙、南宁、海口和香港共7个城市可以直飞文莱。

3. 人文交流形式多样。2019年，中国与文莱文化交流形式多样、内容丰富。中国驻文莱大使馆开展"美丽中国"文莱小学生主题绘画比赛，共有19所小学的400余名小学生参加比赛，经评委认真筛选，选出70幅优胜作品。9月25日，"中国文化旅游之夜"暨庆祝中华人民共和国成立70周年大型武术太极表演在文莱首都杰鲁东公园剧场举行。"中国文化旅游之夜"是中国驻文莱大使馆庆祝中华人民共和国成立70周年系列活动之一，同时也是为2020年"中国—文莱旅游年"预热。9月29日，文莱武术总会宴请到文莱进行3天访问的中国南京体育局武术队访问团。

4. 教育合作进一步加强。2019年，中国与文莱的教育合作进一步加强。"恒逸集团—浙江大学—文莱大学"三方化工人才联合培养项目共有11名学员顺利毕业。中国政府于2019/2020学年向文莱提供4个全额奖学金名额，面向文莱全国招生。2019年，中国广西北部湾大学海洋学院为文莱学生提供奖学金，鼓励文莱学生申请报读该大学的水产养殖专业。2019年，两名文莱学生获得中国广州中山大学奖学金。2019年4月，中国南京市教育代表团一行访问文莱，南京师范大学附属中学与文莱中华中学签署缔结友好交流学校备忘录。7月，中国北京、上海的12名中小学生参加文莱遮鲁东国际学校的夏令营，体验国际学校的学习生活和文莱文化。 （潘艳勤　云昌耀）

资料来源：

1.（马来西亚）《星洲日报》《联合日报》《诗华日报》

2. 中华人民共和国驻文莱达鲁萨兰国大使馆经济商务参赞处网站

3. 中华人民共和国驻文莱达鲁萨兰国大使馆网站

柬埔寨：2019年经济社会发展回顾

2019年，柬埔寨政府各项工作有条不紊地进行，人民党加速对党内新生力量的培养、加强对其他小型政党的管理，继续推进政府各部门的透明度建设，执行亲民政策。柬埔寨经济运行良好，国内生产总值增长7.1%，居东盟国家首位。柬埔寨开展积极的外交工作，柬中两国签署构建命运共同体行动计划；柬美关系偶有摩擦，但大方向趋好；柬埔寨积极向欧盟争取保留EBA（除武器一切都行）待遇；柬埔寨与东盟各国保持良好关系，虽然与老挝发生边界纠纷，但问题最终得以和平解决。

一、柬埔寨人民党单独执政，政府工作有条不紊

2019年是柬埔寨人民党单独领导新一届政府执政的第一年，该党加速对党内新生力量的培养，加强对其他小型政党的管理，继续推进政府各部门的透明度建设、执行亲民政策等。此外，流亡国外并再三宣称要回到柬埔寨、带领支持者掀起一场推翻现政府革命的柬埔寨前反对党领袖桑兰西数次返柬活动的失败也从侧面反映出了人民党在柬埔寨执政所取得的成功。

（一）加速对党内新生力量的培养

自2013年柬埔寨全国大选后，人民党就开始落实各重要岗位接班人的挑选和培养工作，2018年，备战第六届全国大选时，人民党在全国提名的候选人共计271人（正式候选人为125人，候补为146人），其中有20人年龄在30岁及以下。人民党发言人速恩山表示，被提名青年候选人人数的增长体现了执政党的改革以及随时鼓励和给后代人创造机会为国家做出贡献。人才培养及水、电和道路建设是人民党制定的四大优先开发领域。

虽然柬埔寨国内有意见认为人民党对年轻干部的提拔速度过快，但人民党高层并不认为这是个问题。针对人民党对年轻人的提拔问题，柬埔寨副首相兼内政部大臣韶肯在2019年8月末表示，年轻官员将陆续分配到全国各个基层政府工作，他们可以从政府基本的工作学起，切身了解民众的生活情况和需求，这些经

验将为他们未来可以成为一名英明的领导者打下坚实的基础。

（二）加强对小型政党的管理

柬埔寨是个多党制国家。除了人民党这个全国规模最大、党员人数最多的政党，还有数十个目的不一的小型政党，这些小型政党多数依靠国外资金运营，活跃于柬埔寨社会的各个角落，但有部分小政党并没有按规定在柬埔寨内政部备案，其存在属于非法。为加强对柬埔寨国内政党的管理，2019 年，柬埔寨内政部对高棉团结党、高棉帝国党、人权党、莫利纳卡和自由战士党、民主社会党和高棉民主党等 6 个未按要求递交报告的政党开出罚单。据悉，柬埔寨已有 44 个政党合法注册。

（三）继续推进政府各部门的透明度建设

柬埔寨政府通过加大各部门政务在网络上的公开程度，及继续打击贪腐行为来推进和落实透明度建设。随着网络和智能手机的普及，柬埔寨政府自第五届全国大选过后就着力于推进政府政务在网络上的透明度建设。政府各部门的网络窗口更新方面有所改善，政府部门和许多高官也陆续开通当地民众使用率最高的社交账号——脸书（Facebook）以加强信息的发布及与群众的沟通。截至 2019 年 8 月底，柬埔寨财经部、司法部、内政部、矿产能源部、公共职务部、教育青年体育部、公共工程与运输部、新闻部和劳动和职业培训部等 9 个政府部门正式获得脸书蓝色徽章认证。

2019 年，柬埔寨政府继续开展反贪行动。反贪行动在其国内落实的范围开始扩大，一些地方官员在反贪行动中落马，如：菩萨省国土规划和建设局前局长林文连，其因涉嫌在任 3 年间贪污 40 万美元，涉及 140 宗贪污案件，于 2019 年 7 月 27 日被反贪局扣留。

（四）落实亲民政策

不断开展并落实新的亲民政策是柬埔寨人民党赢得民心的一项重要举措。2019 年，人民党开始履行其在大选时对选民们承诺的几项重大惠民政策，如："半月发薪"制度，即公务员和工人每两周领一次薪；实行贫困家庭生育补助；下调电费等。这些惠民措施的施行确实给老百姓带来了实惠。

（五）桑兰西返柬活动失败，金索卡获释

在救国党被解散后，桑兰西开始流亡国外。2019 年，桑兰西在国外积极地以线上线下各种形式组织演讲和活动，不断隔空向柬埔寨首相洪森喊话以达到增加曝光率、不停在柬埔寨老百姓心目中刷存在感的目的。但在柬埔寨首相洪森强硬的手段下，柬埔寨国内武装力量、司法部门及邻国外交部门和各航空公司逐一响应，形成桑兰西回国的数道屏障，令桑兰西数次入境失败。虽然美国和欧盟不断以民主为由为柬埔寨反对党及其领导人进行呼吁，但实际上收效甚微。从桑兰西计划返柬活动的失败不但可以看出桑兰西及其追随者们缺乏实际支撑，其原先的同盟者——金索卡也声称与其观念相左，宣布不支持桑兰西试图推翻政府的计划，这从侧面反映出人民党在柬埔寨执政方面所取得的成功。

2019 年，柬埔寨政府虽然破坏了桑兰西的返柬计划，但柬埔寨司法部于 2019 年 11 月 10 日正式解除对金索卡的软禁，让其暂时获释但不能离境、参政，在有需要时必须到场，同时受法院监视。而金索卡在解禁第二天就到法国驻柬埔寨大使馆与法国大使交谈了两个小时。虽然谈话内容并未涉及时政，但金索卡表达了对西方国家所做的一切非常感激，称赞他们为柬埔寨寻求"真正的民主和人权"。

二、经济增长率居东盟国家首位

柬埔寨财经部官网公布的数据显示，得益于建筑业、房地产业、道路运输业的高增长及制衣业、工业、酒店餐饮业和批发零售业尚可的业绩，2019 年，柬埔寨国内生产总值增长 7.1%，位居东盟国家首位。2019 年 10 月 4 日，穆迪投资服务有限公司发布对柬埔寨投资方面的评级，维持了柬埔寨的 B2 评级，展望柬埔寨前景稳定，并表示，如果改革有可能解决柬埔寨国内的体制弱点并提高政策效力，例如控制腐败和法治，将考虑提高评级。2019 年，制衣业、建筑业、旅游业和农业仍然是柬埔寨经济的四大支柱产业。

（一）制衣业

虽然柬埔寨政府在很多年前就开始调整产业结构，以改变制衣业在经济中占比过大的问题，但受制于人才、基础设施等原因，收效不大。目前，衣鞋制品仍然是柬埔寨最主要的出口产品。根据往年数据显示，衣鞋类制品出口额占柬埔寨出口总额的 7 成以上，如 2018 年，衣鞋制品出口额占柬埔寨出口总额的 73.68%。2019 年 1—10 月，柬埔寨通过商业优惠系统和自由贸易协议出口 108.13 亿美元的商品，其中，成衣、纺织、鞋类出口额 73.51 亿美元，占出口总额的 67.98%。欧盟和美国仍是柬埔寨衣鞋制品最主要的出口市场，但近年来，受政治原因影响，欧盟和美国市场状况频出，故此，积极促进出口产品的多元化以及开拓新的出口市场如推进对中国市场的开发变得尤为重要。

（二）建筑业

2019 年，柬埔寨建筑业总投资额增加迅猛，据柬埔寨国土、城市规划和建设部 2020 年 1 月 11 日的最新数据，2019 年柬埔寨全国建筑业总投资额达 114.37 亿美元，比 2018 年同期的 57.55 亿美元增长 98.73%。政府共批准 4446 个建筑投资项目，建筑面积达 1854 万平方米。

柬埔寨建筑业在高增长的同时也暴露出了一些因非法操作出现的质量问题，例如，2019 年 6 月，西哈努克港发生的7层楼坍塌事故，就是由于施工方在没有许可证和违反技术标准的情况下施工所酿成的悲剧。年内，柬埔寨国土、城市规划和建设部专业工作组已对全国各建筑项目进行质量和技术检查，旨在严管和促进建筑业从事者遵守柬埔寨法律法规。

（三）旅游业

据柬埔寨旅游部统计，2019年1—10月，外国游客赴柬埔寨人数达到529万人次，同比增长9.7%。但吴哥古迹群游客数量却出现下滑，2019年，共有220.5697万人次的外国游客购买吴哥窟门票，比2018年下降15%。柬埔寨旅游部大臣唐坤认为，出现外国游客数量下滑的现象是一些旅游公司销售“零成本”旅游产品造成的，他们通过低廉的团价吸引旅客却出售高价的纪念品、提高餐费和住宿费来挣回差价，游客体验感差，不敢再来暹粒省观光，例如，大量的韩国游客开始将旅游目的地转移到越南。鉴于此，2019年9月16日，柬埔寨政府颁布实施《暹粒省旅游领域发展总规划》和《2019—2020年短期行动计划》以解决吴哥窟游客减少危机。

（四）农业

柬埔寨是个农业国，农业人口占柬埔寨人口的大多数。柬埔寨农产品丰富，茉莉香米、贡布胡椒、贡布榴梿、桔井柚子和磅士卑糖棕糖等均获得地理标识认证。橡胶、胡椒和大米是柬埔寨的主要出口农产品。2019年1—11月，柬埔寨共出口干橡胶23.3677万吨，较2018年同期相比增长24%。2019年，由于市场价格问题以及国际订单数量下滑，胡椒产业在柬埔寨发展受限。柬埔寨木薯年产量高达1400万吨，柬埔寨在世界十大木薯种植国中排名第八，柬埔寨政府的目标是将木薯业发展成为柬埔寨第二大潜力农作物产业。

出于促进出口产品多元化的目的，柬埔寨政府力推本国优质农产品的出口以求减少制衣业在整个经济领域中的占比。茉莉香米是柬埔寨近两年向国外市场主推的优质农产品之一。从2019年1月18日起，欧盟征收柬埔寨大米进口税，在此背景下，2019年1月柬埔寨首相洪森访问中国时，中国同意把2019年柬埔寨大米进口配额从2018年的30万吨提高至40万吨。2019年，柬埔寨向中国出口大米24万吨，向东盟国家出口8.3万吨，中国成为年内柬埔寨大米的最大出口市场。

2019年，除了大米、木薯、橡胶，柬埔寨香蕉也成功进入中国市场。2018年8月，柬中签署《柬埔寨香蕉输华植物检验检疫要求议定书》；2019年5月9日，柬埔寨香蕉出口中国首发仪式在金边举行，这标志着香蕉作为柬埔寨首个输华水果品种已经打开中国市场的大门，这是两国农业领域合作的一个重要里程碑。

5月9日，柬埔寨香蕉出口中国首发仪式在金边举行　（百度网）

电子商务在柬埔寨有新发展，2019年7月12日，柬埔寨政府审议通过《电子商务法草案》。移动支付作为电子商务的重要支撑手段，近两年在柬埔寨发展迅速，一系列标志性事件有：2017年12月21日，支付宝开始与当地第三方支付公司PI PAY合作；2018年，微信正式进入柬埔寨，当地的第三方支付公司乘此东风发展迅速，如WING利用其数十年在线下的优势实现移动支付飞速发展，用户数量很快突破百万；2019年3月，支付宝与当地的汇旺支付合作，实现更多接入柬埔寨本土化的服务。在We Are Social & Hootsuite发布的《数字化2019，柬埔寨》中，对柬埔寨在线零售和手机电子钱包的使用率进行调查：柬埔寨在线零售占比由2018年的0.6%增长到2019年的3.8%，手机电子钱包从2018年统计数据几乎为零增长到2019年的5.7%。

三、对外交往积极主动

（一）与中国的关系

2019年是柬中关系向前进阶的一年。年内，柬中两国共同发布联合新闻公报，正式签署构建命运共同体行动计划；柬埔寨国王诺罗敦·西哈莫尼来华出席亚洲文明对话大会，首相洪森两度访华，并出席中国驻柬埔寨大使馆举办的中国国庆70周年招待会；2019年还是“中柬文化旅游年”和“中柬联合执法年”。通过这一系列文件的签署、纲领的制定、高层的访问、活动的开展，柬中两国关系得到夯实，朝着更为务实、惠民的方向发展。

（二）与美国及欧盟的关系

处理与美欧之间的关系是柬埔寨2019年最为棘手的外交工作。美国与欧盟皆支持柬埔寨反对党及其领袖和支持者，因反对党未能参加新一届的全国大选而多次向柬埔寨政府提出“民主”方面的质疑，如何处理这一问题是柬埔寨政府和美欧之间难以协调的矛盾。

1. 柬美关系偶有摩擦，但大方向趋好。2019年上半年，柬美两国通过互派高层官员来增加接触和沟通，避免因美国没有向柬埔寨正式派驻大使而令两国关系陷入尴尬之境。2019年3月22日，美国华盛顿州参议员杜克埃力申访柬，其在与柬埔寨首相洪森会谈时，对柬埔寨成功举行全国大选表示祝贺，并重申此行目的是加强两国合作关系。4月8日，应美国太平洋特战司令部的邀请，柬埔寨皇家军副总司令、陆军司令洪玛内上将率团访美，旨在增进柬美两军的友谊和合作关系。虽然柬美两国相互间不断释放善意的信号，但在2019年下半年，柬美关系仍然因“民主”问题出现矛盾。

7月15日，美国众议院通过《2019年柬埔寨民主法案》，旨在对破坏柬埔寨民主和侵犯人权的柬埔寨政府、军队和警察官员实施制裁，包括冻结资产和限制签证。7月16日，柬埔寨外交与国际合作部就美国《2019年柬埔寨民主法案》发表声明，声明中强调对美国众议院通过该法案深表失望和遗憾，并强烈谴责美国众议院根据扭曲、过时信息，以及不良政治动机和双重标准对柬埔寨政府进行毫无根据的指责。7月30日，美国驻柬埔寨大使馆就柬埔寨2018年大选一周年在社交媒体上发帖称，此次选举“既不自由也不公平，未能代表柬埔寨人民的意愿”。对此，柬埔寨政府发言人帕西潘于8月1日在例行记者会上回应，“虽然我们是朋友，但如果这些（美国）官员不喜欢柬埔寨，他们应该收拾行李走人。让我说清楚一点：我们不欢迎你们”。

虽然柬美两国再次因“民主”这个老问题产生矛盾，但两国关系随后也出现了转机：2019年8月1日，美国参议院通过总统特朗普提交的任命美国国务院东亚事务首席副助理国务卿帕特里克·墨菲出任驻柬埔寨大使的申请，终于结束自2018年11月美国驻柬埔寨大使届满回国后的10个月内，美国一直未委任新驻柬埔寨大使的局面。美国重新向柬埔寨派驻大使，表明两国关系趋缓。虽然美国不会放弃其对柬埔寨的“民主”要求，但这并不影响两国的实际交往，美国仍然是继欧盟之后的柬埔寨第二大出口市场。据美国统计局发布的最新数据报告显示，2019年1—11月，柬美双边贸易总额达54.457亿美元，与2018年同期的39.352亿美元相比增长38.38%，柬埔寨对美国贸易顺差达44.775亿美元。

2. 积极开展工作，向欧盟争取保留EBA待遇。2019年，柬埔寨积极开展工作，以向欧盟争取保留EBA（除武器一切都行）待遇，如柬埔寨首相洪森率团访问捷克、匈牙利、保加利亚三国，除了进行工作会谈，还向欧盟三国开展让柬埔寨保留EBA待遇的游说工作。此外，柬埔寨政府向欧盟提交一份32页详细回答欧盟所有疑问的报告等。2019年2月，欧盟议会正式开始对柬埔寨启动为期18个月的EBA贸易优惠待遇审核法律程序以决定是否撤销该优惠待遇，而最终结果将在2020年2月得出。

制衣业是柬埔寨的支柱性产业，欧盟是柬埔寨第一大出口市场，柬埔寨向欧盟出口产品的95%是利用该项免税政策进入欧盟的，如果撤销EBA优待政策，柬埔寨服装、鞋类和自行车产品进入欧盟市场的关税将分别增加12%、16%和10%。由于制衣业在柬埔寨的产业结构中占有相当大的比重，完全取消柬埔寨EBA待遇，将会对柬埔寨长期经济发展产生较大影响。针对可能出现的风险挑战，2019年，柬埔寨政府出台一系列措施，如降低物流成本、减少公众假期、降低电费、简化出口程序、取消原产地认证收费等，以降低制造业和出口成本。

欧盟驻柬埔寨大使乔治·埃德加在2019年2月12日接受柬埔寨本地媒体采访时强调，欧盟委员会开始启动撤销柬埔寨EBA待遇是出于担忧柬埔寨的发展，尤其是近18个月，欧盟呼吁柬埔寨遵守国际人权的核心权益和劳动权利协定。欧盟委员会决定是否撤销柬埔寨EBA待遇不涉及政治动机。

（三）与东盟国家的关系

在东盟国家中，柬埔寨与越南、泰国、老挝、马来西亚关系最为密切，尤其是与其邻国越南、泰国和老挝。2019年，柬越关系发展较为全面，政治、经济、人文和社会等方面都有合作开展；柬泰关系在经贸方面的表现较为突出；柬老关系则更多地牵扯到边界纠纷的处理。

1. 与越南的关系。越南是柬埔寨最重要的邻国。虽然柬越存在边界纠纷，但并不妨碍两国合作增多、关系越发紧密。近50年来，柬越双方围绕边界问题进行多次谈判和磋商并达成多项法律文本文件。截至2019年9月，双方在1245千米的陆地边界上已勘定1045千米边界线。2019年，柬越双边贸易额达52.6亿美元，比上年增长11.9%，超额完成既定的50亿美元目标。截至2019年7月，越南在柬埔寨投资项目有214个，注册资金为30.74亿美元，其中正在展开的项目有176个，注册资金为27.7亿美元。越南已成为柬埔寨的五大投资来源之一。

2019年，柬越两国实现首脑互访，增进高层沟通，签署多项合作协议。2019年2月25日，越南共产党中央总书记、国家主席阮富仲访问柬埔寨，两国签署《柬埔寨国会秘书处办公室项目援助协定》《西哈努克省戒毒中心若干项目建设援助协定》《海关领域中互助合作备忘录》《贸易促进合作备忘录》《边境贸易基础设施建设与互联互通备忘录》《柬埔寨特本克蒙省示范边境集市建设进度和交接计划的备忘录》《电力领域中的合作备忘录》等7项合作协议。8月19日，越共中央书记处书记阮文年访问柬埔寨。10月4日,应越南政府总理阮春福的邀请,柬埔寨首相洪森访问越南。洪森与阮春福在会谈时共同强调,柬越两国的关系是密不可分的兄弟关系。

2. 与泰国的关系。经贸合作是柬泰关系近年来的重点。在几个邻国中,柬埔寨与泰国的双边贸易额是最高的,2019年,柬泰双边贸易额达94.16亿美元,与2018年同期的83.88亿美元相比增长12.26%,柬埔寨贸易顺差为48.73亿美元。柬泰两国接壤,两国的货物贸易主要通过陆路运输来完成,两国货运的主要难题是运输时间较长,改善运输网络、提升货运效率对增进两国贸易往来和人员交流大有裨益。2019年,柬泰深入探讨及开展改善涉及两国经贸合作的道路运输网,如:建设柬泰边境的"斯登波"口岸及口岸连接柬埔寨5号公路的基础设施项目等,为两国间构建更多的经济走廊以便利化两国的货物运输,加强经贸合作。2019年,柬泰两国边境贸易往来频繁,增幅明显。据泰国沙缴府口岸海关官员介绍,2019年1—9月,沙缴府口岸与柬埔寨的双边贸易额达到3105亿泰铢,同比增长20%。

3. 与老挝的关系。2019年8月发生的陆地边界冲突再次将各方视线汇聚到柬老边界问题上来。柬老两国的陆地边界线长达540千米,其中的85%已完成勘察和确认,设立了121个界碑,但有部分地区目前仍然存在争议。虽然柬老双方都有解决此问题的愿望,但目前仍未形成一个令双方都满意的解决方案。针对争议地区,柬老双方暂时性的处理方案为:双方在争议地区不设军队、没有居民、开展联合巡逻。2019年8月,柬埔寨农民到尚未竖立界碑的柬埔寨柏威夏省壮克山县三角区的空地上进行耕种,但农作物被老挝军队毁坏,柬埔寨农民向当地边防军举报,随后引发了这场边境纠纷。此次柬老边界纠纷被两国网民传得沸沸扬扬,颇有战争一触即发的感觉。但随着柬埔寨首相洪森和老挝总理通伦及时沟通、相继发声,双方迅速撤军,令这场冲突以和平的方式收尾。悬而未决的陆地边界问题成为柬老关系中的一个隐患,所幸的是,和平解决该问题是双方一致的愿望。

4. 与马来西亚的关系。2019年9月2日,应柬埔寨首相洪森邀请,马来西亚总理马哈蒂尔访问柬埔寨。马哈蒂尔的此次访问对加强两国友谊和促进双边合作有着重要的作用。柬埔寨与马来西亚虽然在各方面的合作不算多,但对柬埔寨而言,马来西亚是一个较有实力的合作伙伴。2018年,马来西亚是东盟国家中从柬埔寨进口大米最多的国家,进口量为40861吨。2018年,柬埔寨与马来西亚的双边贸易额为4.74亿美元,其中柬埔寨向马来西亚出口额约为1.3亿美元。柬埔寨从马来西亚进口的主要产品包括燃油、钢管、水管、纺织布料和饮料等;柬埔寨出口到马来西亚的主要产品包括:服装、谷物和棕榈等。（梁薇）

资料来源:

1. (柬埔寨)《柬华日报》《华商传媒》《高棉日报》
2. 柬埔寨经济和财政部网站
3. 中国经济网、新华网、光明网等网站

印度尼西亚:2019年经济社会发展回顾

大选年度的印度尼西亚政治和社会形势虽有波澜但大局稳定。佐科赢得大选后与对手实现和解,新内阁获得较理想的施政环境。选举政治中的伊斯兰保守主义因素和家族政治现象引起关注。印度尼西亚经济在不确定的外部环境下稳健增长,表现好于多数国家。外交方面,印度尼西亚活跃于地区和国际舞台,积极与各国发展互利合作关系,外交有强烈的实用主义特征。

一、政治与社会:大选有惊无险,形势总体稳定

佐科与普拉博沃在总统选举中的再次对决是2019年印度尼西亚政局的最大看点。佐科与搭档印度尼西亚伊斯兰教法学者理事会总主席马鲁夫获多数党派力挺,民调支持率领先,但普拉博沃与桑迪亚加组合的动员能力并不逊色。双方的角力使整个选举过程紧张曲折,激化了社会群体对立。选举后普拉博沃一派的激进支持者举行示威,与警方发生暴力冲突。本届选举还首次将总统选举与立法机构选举安排在同一天举行,是全球最大规模的单日选举活动。选举组织复杂程度空前,以致殉职的工作人员竟达数百人。国会选举中有9个政党获议席,比2014年少1个,在一定程度上符合社会关于精简国会党派的期望,只是此结果乃政党实力消长使然而非选举门槛提高之功。投向政党的选票依然分散,仅有民主斗争党、大印度尼西亚运动党和专业集党团得票率超过10%,凸显印度尼西亚利益集团结构碎片化特征。

获连任的佐科采取一系列举措解构、重塑政治和行政格局。一是立即向对手伸出橄榄枝,使原本就不稳固的反对阵营瓦解。除了现实利益考虑,高达80%的选民投票率赋予当选总统很高的执政合法性,是促使反对党接受和解的重要原因。普拉博沃本人加入"印度尼西亚前进内阁"任国防部部长。二是组建新内阁时既权衡政党利益,也重视专业人士。例如,鉴于提高人力资源素质是印度尼西亚政府未来数年的工作重心,佐科出乎意料地摈弃传统,没有选择资深大学校长而是任命年仅35岁的印度尼西亚独角兽企业首席执行官纳迪姆主管高教事务。三是拟将首都迁往东加里曼丹以破解雅加达面临的人口、交通和环境压力问题。这项雄心勃勃的迁都计划预计将耗资466万亿印尼盾(约合333亿美元)。两个对立阵营关系的戏剧

性变化、对年轻才俊的重视以及突破常规的建设规划为内阁执政营造了有利氛围，应该说，佐科第二个任期开端形势良好。此外，各党派内部关系相对平稳，斗争民主党、民族觉醒党、专业集团党、民主国民党等在2019年下半年进行高层换届，现任总主席均作为单一候选人获连任。

因此，有惊无险的波折之后，“稳定”将成为未来一段时间印度尼西亚政局的关键词。由于矛盾复杂、利益多元，印度尼西亚未来政治与社会看来仍将风波迭起，但只要权力斗争的“游戏规则”仍获主流社会认同且军警严守中立，政党政治失序乃至大局发生颠覆性改变的概率极小。这是标普、穆迪、惠誉等三大国际评级机构先后上调印度尼西亚主权评级的重要依据。

伊斯兰保守主义因素与印度尼西亚选举政治的结合广受关注。印度尼西亚伊斯兰教信众约有2.1亿人，宗教保守思想已突破社会文化边界。据统计，超过半数的穆斯林不接受其他宗教教徒担任总统或省、市长。每到选举之时，“身份政治”问题便成热点，而众多候选人为了选票对宗教政治化趋势或听之任之或推波助澜。选举之外，伊斯兰保守势力通过决策层精英及外围组织、激进团体对政治议程的影响相当深入。2019年9月，印度尼西亚国会推出有宗教保守色彩的《刑法》修正案，引发了很大争议。相应地，开明信众及少数族裔的话语空间日愈局促。佐科任命前军队将领为新内阁宗教部部长，应该有平抑保守主义和激进势力的考虑。

政治家族成形并逐渐浮出水面。印度尼西亚有庇护政治的传统以及政党组织建设欠发达的制度环境，政治家族的勃兴在某种程度上是必然。2016年时有65个地区的行政和立法机关中存在家族政治现象，本届国会中有48位议员出身于政治家族。前总统苏西洛、梅加瓦蒂等政治元老借政党资源助推下一代从政，家族政治权力呈现代际延续性。佐科亦不例外，他的儿子和女婿拟2020年分别竞选梭罗市和棉兰市市长之职，又一个新兴政治家族若隐若现。

恐怖主义和分离主义对印度尼西亚社会稳定构成一定威胁。新《反恐法》赋予权力部门更大的执法空间，印度尼西亚的恐怖主义事件较2018年大幅度下降。按照“全球恐怖主义指数”排名，印度尼西亚不算恐怖主义高风险国家，但是，“神权游击队”等恐怖组织仍伺机作乱，零星、低伤害度的独狼式袭击难以防范，甚至发生政治、法律与安全统筹部部长韦兰托被极端分子刺伤事件。巴布亚分离组织蠢蠢欲动，在图谋使分裂活动国际化的同时不断利用民族矛盾抬升巴布亚人的独立意愿。泗水和巴布亚2019年发生的暴力冲突以及因此引发的紧张局势还有可能重演。

二、经济：稳健增长

印度尼西亚经济受到来自国内外环境的双重压力，相对而言，外部不确定性带来的负面影响更加明显。贸易保护主义以及国际商品价格波动打击了印度尼西亚的出口表现、制造业活力以及投资流量。在此背景下，印度尼西亚经济增长未达到预期目标。尽管如此，印度尼西亚经济基本面比较稳固，在挑战面前显示出较强的韧性。若横向比较，印度尼西亚2019年经济增速在二十国集团（G20）国家中居第二位，在发展中国家的领跑群体之列。

（一）宏观经济指标

2019年，印度尼西亚经济发展总体平稳，走势是年初增速最高，此后按季度略走低。第一季度增长5.07%；第二季度恰逢大选和开斋节，是消费的高峰期，但出口额因煤炭、棕榈油价格萎缩急跌，因此整体经济增速仅有5.05%；第三季度增速又下探到5.02%。出口好转以及扩张性的财政政策未能扭转经济下行之势；第四季度增速跌破5%，仅有4.97%。全年经济增长5.02%，工业、商业、农业和建筑业产值等增速均放缓，只有服务业产值的增长表现超过2018年。

通货膨胀率和印尼盾币值是2019年经济指标中的亮点。通货膨胀率仅为2.72%，创下20年来的最低纪录。至少有四个因素为低通货膨胀率做出贡献：一是商品供应充足；二是中央政府、地方政府和央行在粮食供应问题上协作紧密；三是印尼盾币值比较稳定；四是印度尼西亚央行预计部分民生相关商品价格将保持平稳。价格上涨较高的商品是金饰品、红辣椒和洋葱。2019年年初，印尼盾汇率为14382盾兑1美元，币值上半年因政局波动和中美贸易摩擦而承受一定压力，5月达到最低点。下半年币值受益于出口增长和外国资本加速流入而走强，年末汇率为13880盾兑1美元，升值2.93%。

贫困人口和贫富差距情况好转。2019年，印度尼西亚贫困人口占总人口的9.22%，这一比例自2015年以来不断下降，反映出佐科政府先后推行的“智慧印度尼西亚计划”等七套扶贫政策取得了成效。用于衡量贫富差距的基尼系数为0.38，而2015年为0.4。

（二）经济结构特征

1. 对外贸易受外部环境影响大。由于全球主要经济体市场需求不振、贸易成本增加以及商品价格下跌，印度尼西亚全年出口额为1675.3亿美元，同比下降6.9%。出口商品结构有所改善，符合经济转型方向，例如，石油和天然气出口额大幅下降27%，矿产品出口额下降15%，农产品出口额则上升5%。印度尼西亚政府在大力鼓励出口的同时设法限制进口以维持贸易平衡并保护国内产业。从2018年下半年开始强制推行的B20生物柴油政策取得效果，减少了印度尼西亚市场对进口油气产品的依赖，部分商品进口税的提高也对压低进口发挥了作用。2019年进口额为

1702 亿美元,比上年下降 9.53%。由于油气类产品贸易赤字缩小而其他产品保持盈余,印度尼西亚贸易平衡状况好转,全年赤字为 32 亿美元,较 2018 年的 86.9 亿美元有大幅度下降。

2. 投资增速符合预期。2019 年,印度尼西亚吸引实际投资额为 809.6 万亿印尼盾,略超过 792 万亿印尼盾的目标。其中,外国投资额为 423.1 万亿印尼盾,未达预期;国内投资额为 386.5 万亿印尼盾,是年初目标的 125.4%。新增投资创造 103 万个就业岗位。以时间段分,第一季度投资额增长仅为 5%,后三季度增长率则都超过 10%,可见,若非大选前紧张的政治气氛压制了投资者的热情,印度尼西亚本年度实际投资额可再创新高。新加坡、日本和中国仍是印度尼西亚最主要的投资来源地,交通、仓储、通讯、水电气及建筑业获资本注入最多。印度尼西亚政府竭力引导国内外资本向出口导向型的制造行业汇聚,并承诺给予达到一定投资额、能创造大量就业机会且投资地域在爪哇之外的项目以优惠政策。但对投资者而言,印度尼西亚的政策环境仍有很大的改善空间,特别是各部门、各地区之间投资规定各异以及投资手续繁杂低效等沉疴难治。世界银行报告显示,2019 年印度尼西亚营商便利度与 2018 年相同,排名全球第 73 位。作为应对之措,佐科于 2019 年 11 月发布当年第 7 号关于提升营商便利度的总统令,将审核营业许可和给予投资激励的权力集中于投资协调署。促进就业相关综合法案也已在酝酿之中,出台后可望对投资形成强力推动效应。印度尼西亚政府预计 2020 年可实现引资 860 万亿至 900 万亿印尼盾。

3. 消费是经济增长的稳定器。消费对印度尼西亚国内生产总值(GDP)的贡献率(57.32%)高于新加坡、泰国和马来西亚等东盟国家。驱动消费的因素一是大选刺激;二是低通货膨胀率、坚挺的印尼盾币值对购买力的支撑;三是国民收入稳定增长。日收入在 2.97 美元~8.44 美元之间的中等收入群体已占印度尼西亚人口的 61.5%,政府推行的“社会扶助计划”“希望家庭计划”、非现金粮食补贴等项目则保障了低收入家庭的消费能力。印度尼西亚消费者信心指数全年保持在 100 以上,推动消费增长 5.2%。但是,消费增长有下滑之势,除了餐馆业,食品、饮料、机动车和住房等的销售额增幅都远低于 2018 年,这引起了印度尼西亚政府的警惕。

作为东盟第一大经济体,印度尼西亚的工业、农业、商业、建筑和矿产业在国民经济中都占有重要地位。工业产值占国内生产总值(GDP)的比重为 20%,是支撑国民经济的第一大产业。2019 年,食品和饮料行业产值增速最快。农业产值占 GDP 的比重约为 13%,但发展较为缓慢。年内,种植业还受到干旱气候影响。棕榈油、草药、香料和热带水果等特色农林产品的出口潜力为印度尼西亚政府所看好,推动出口额 5 年内增加 3 倍的计划已经启动。建筑业获得政府和民间的大量投资,在大选后发展加速,后劲充足。

(三)公共财政实力

2019 年,印度尼西亚财政收入 1957.2 万亿印尼盾,比上年增长 0.7%;财政支出 2310.2 万亿印尼盾,增长 4.4%。全年财政赤字 353 万亿印尼盾,占 GDP 的比重 2.2%,高于原定 1.84% 的目标。印度尼西亚财政收入由税收、非税收入及捐赠所得三部分组成。税收是财政的最主要来源,占财政总收入的 80%。由于经济放缓,印度尼西亚 2019 年税收只增长 1.7%。制造业、商业和金融服务业位居税收贡献榜前三位。印度尼西亚政府为增加国库收入提高特种商品税率,如烟草税率增加 22%,导致市场上香烟价格飙升。非税收入来源是自然资源开发利用收费、政府服务收费以及对国家资产运作所得等,近年数额变化不大,国内外赠款占比很小。

支出方面,中央财政支出 1498.9 万亿印尼盾,比上年增长 3%。基础设施建设、人力资源素质提升、行政效率建设、选举、扶贫、赈灾防灾等公共服务和社会保障事业是支出重点。地方支出含地方转移支付和农村建设资金两部分,共 811.3 万亿印尼盾。佐科第一个任期内,印度尼西亚政府对边远地区和农村地区的资金投入巨大。2019 年,用于农村建设的专项资金从 2015 年的 20 万亿印尼盾增加到 70 万亿印尼盾,共有 7 万多个村庄受益。

截至 2019 年年底,印度尼西亚一般政府债务总额为 4778 万亿印尼盾,相当于 GDP 的 29.8%。印度尼西亚《财政法》规定,一般政府债务不得超过 GDP 的 60%。按此标准,一般政府债务水平虽然连年增加但仍处于非常安全的范围内。政府偿债压力不大,财政预算中用于偿还债务本息的数额为 275.5 万亿印尼盾。截至 2019 年 11 月,印度尼西亚政府外债共 1980 亿美元,私人外债为 2001 亿美元。政府对外贷款主要用于卫生、建筑、教育、行政、国防和社保等领域,私人外债集中在保险和金融服务、水电煤气供应、制造业和采矿业。基础设施建设领域依靠贷款开展的大型建设项目包括向日本借贷 1252 亿日元建设的雅加达快速公交系统、向中国贷款 3.32 亿美元的贾迪哥德水库工程及通过发行价值 8000 亿印尼盾的沙里亚债券建设的井里汶—克罗亚双轨铁道工程等。

三、外交:现实利益导向

印度尼西亚在独立自主原则下,围绕维护主权完整和领土统一、护侨、加强经济外交、提升在地区和国际舞台上的作用等四方面优先事项开展国际交往,国际影响力提高,与各国的互利合作更加密切,外交中的实用主义特征仍然突出。

（一）展现地区影响力

东盟始终是印度尼西亚外交的基石。2019年，印度尼西亚与其他东盟成员国在双边和多边机制下沟通频密，佐科当选总统后先后出访马来西亚、泰国和新加坡，并接待文莱、越南、缅甸、柬埔寨等国领导人来访。通过谈判，印度尼西亚与菲律宾解决了专属经济区划界问题并开始大陆架划界协商，与马来西亚自1970年以来首次就苏拉威西海的海域主权划分达成原则一致，与新加坡共同拟定基于国土边界的“飞行情报区”计划。作为东盟“龙头”，印度尼西亚关注东盟内部的团结和稳定，积极斡旋解决缅甸罗兴亚人问题，是东南亚第一个向东盟秘书处捐资推动难民计划的国家。

印度尼西亚在印度洋—太平洋地区打造领导者的角色。一方面，根据其“太平洋战略”与岛屿国家建立联系，“推动与太平洋国家伙伴关系进入新时代”。2019年3月，印度尼西亚首次在雅加达举办印度尼西亚—南太平洋论坛，有13个太平洋国家参会，经济合作和环境保护是论坛的主要议题。另一方面，在地区秩序变化的背景下，印度尼西亚牵头制定“印太构想”并在东盟国家中推介。2019年6月，第34届东盟峰会通过《东盟的印太展望》概念文件，这是印度尼西亚重要的外交成果。

（二）在联合国安理会平台发挥国际影响

印度尼西亚自2019年1月起担任联合国安理会非常任理事国，为期2年。维护和平、铲除恐怖主义、促进区域组织与联合国的协同、巴勒斯坦问题以及提升妇女在促进和平与发展中的作用等成为印度尼西亚关注的重点。5月，印度尼西亚任联合国安理会轮值主席国，印度尼西亚政府认为这是“国际舞台上领导角色的体现”。其间，印度尼西亚外交部部长主持两次联合国安理会公开会议及多次讨论、非正式辩论，形成4份安理会决议。借任安理会非常任理事国之机，印度尼西亚在联合国总部举办了图片展和文艺演出，宣介本国对维护世界和平的贡献和民族特色文化。

（三）与日美关系有新进展

印度尼西亚与日本的战略伙伴关系强化。两国合作重点在经贸领域，日本是印度尼西亚第二大贸易和投资伙伴，2019年1—9月，日本与印度尼西亚双边贸易额达238.5亿美元，在印度尼西亚2810个项目上投资32.4亿美元。投入试运行的雅加达地铁被称为两国合作的标志性工程。在第7次印（尼）日战略对话上，日方承诺将成为印度尼西亚“重点建设领域的关键伙伴”，未来两国在经济和人力资源开发方面的合作将得到加强。但是，印（尼）日之间长期存在贸易问题。质量标准的不统一严重阻碍了印度尼西亚商品向日本出口，以致近6年来印度尼西亚在双边贸易中始终处于逆差状态。此外，印度尼西亚邀请日本继续投入资金支持纳土纳岛海域的第二期综合海洋渔业中心建设，日本还将捐献渔监船用于该海域执法。印度尼西亚大学学者认为，印度尼西亚此举有借助日本力量在纳土纳海域“抗衡中国”的意味。

2019年是印度尼西亚与美国建立外交关系70周年，双边关系升温最明显的领域是国防和安全合作。5月，印度尼西亚国防部部长里亚米扎德与美国代理国防部部长沙纳汉举行会晤，双方基于两国间《国防合作工作框架安排》（2010年）和《关于全面国防合作的联合声明》（2015年）达成推进五个领域合作的意向：一是人员互访交流；二是军事工业合作，包括军购以及波音公司和印度尼西亚航天有限公司的技术研发、飞行器制造及维护合作；三是对二战期间美国战舰和军人遗骸的搜寻；四是印度洋和太平洋的稳定；五是南中国海争端问题。值得一提的是，美方同意安排第75游骑兵团与被美国制裁多年的印度尼西亚陆军特种部队开展联合演练，这是双方军事关系的一个突破，标志着两军合作全面恢复。7月31日，美国国会代表团访问印度尼西亚时称两国年度军事合作项目达230项。

（四）对华合作更密切

如中国驻印度尼西亚大使肖千所言，中印（尼）关系处于历史最好时期。双方领导人重视维护和提升双边关系。2019年，两国元首在日本大阪会见，一致认为应深化“一带一路”合作，开创新时期两国互利共赢、携手发展新局面。印度尼西亚副总统卡拉赴华出席“一带一路”国际合作高峰论坛，中国国家主席习近平特使、国家副主席王岐山出席佐科就职仪式。两国在政治、经贸及社会人文交流领域不断取得新的成绩。

经济合作在中国与包括印度尼西亚在内的东盟各国合作中属于“关键动力”，中国是印度尼西亚开展经济外交的主要对象。2019年，中国稳居印度尼西亚贸易伙伴首位，双边贸易额稳中有升，印度尼西亚棕榈油、咖啡、煤炭等对华出口额增加，贸易赤字有所减少。印度尼西亚对巨大的中国市场抱有很高的期待，因此在上海成立贸易促进中心，并拟利用中国（福建）自由贸易试验区和中国（广西）自由贸易试验区作为门户拓展燕窝和水果对华出口。投资领域的合作成果格外丰硕，两国就印度尼西亚4个经济走廊建设签订23份协议。2019年头三季度，中国对印度尼西亚的实际投资额已远超2018年整年，全年中国在印度尼西亚投资2130个项目，累计投资额47.4亿美元，比上年增长100%。印度尼西亚的中资企业超过1000家，活跃于基础设施建设、采矿、通讯和制造等各个领域。旅游业也是合作成效显著的领域之一，2019年1—11月，访问印度尼西亚的中国游客达192万人次，仅次于马来西亚游客人数。

中印（尼）前期合作成效以及广泛的共同利益构成了双方关系的“稳定剂”，同时，两国关系不可避免地受到一些不确定变量的干扰。例如，印度尼西亚复杂激烈的政治斗争波及两国关系。再如,西方大国进一步意识到印度尼西亚的地缘政治价值,大国的地区竞争加剧。此外,中印(尼)两国社会制度不同、文化亲缘性弱,印度尼西亚多数民众和精英价值观上认同西方而情感上亲近伊斯兰世界。对中国持正面看法的印度尼西亚民众比例近年持续下滑,中印(尼)的"民心相通"任重道远。 (杨晓强 黎华)

资料来源:

1. 印度尼西亚 CNBC、Inews、Okezone、Harianterbit、Investor、Tempo、Kontan、Midcom. id、Liputan6、JakartaGreate、Katadata 等新闻网站

2. 印度尼西亚中央统计局、外交部等网站

3. 美国有线电视新闻网(CNN)印度尼西亚语网站

老挝:2019 年经济社会发展回顾

2019 年是老挝第八届政府关键的一年,为了筹备 2021 年年初举行的老挝人民革命党第 11 届全国代表大会,从各部到地方的领导干部都进行了调整。年内,老挝国内形势严峻,上半年北部遭受旱灾,下半年南部遭受洪灾,经济损失不亚于 2018 年。老挝人民革命党呼吁全社会团结,提高政府的责任感,坚决维持国内政治和社会的稳定,把挑战变成发展经济社会的机遇。在老挝政府的努力推动下,许多重大项目取得关键性突破,如老挝南欧江梯级水电项目二期首台机组开始发电,中老铁路最长的铁路隧道贯通,万象至万荣高速公路预计于 2020 年 6 月全线通车,等等。

一、政治

(一)老挝人民革命党中央加强对各级党委的领导

为了确保国家正确的发展方向和道路,老挝人民革命党中央加强对各级党委的领导,提高各级党委的领导和执政能力,让各级党委能够领会党中央的方针政策并结合各地的实际情况,及时宣传党中央的各项政策。与此同时,要求地方党委动员社会各方力量参加到宣传党中央的政策当中来。老挝人民革命党中央和各级党组织坚持与基层民众紧密联系的工作方法和工作态度,坚持实事求是,提倡敢想、敢做和敢负责的工作作风,加强党员的政治和思想建设,加强对党员干部的培养,选派干部到基层锻炼。

(二)严格依法治国

老挝政府继续提倡紧凑和高效执政,严格依法治国,严防走私,打击毒品犯罪,努力防止社会各种不良行为并纠正自身的执政错误,支持社会向好的方向发展,要求政府必须敢于面对现实,敢于与对于国家和人民有害的事情作斗争。

(三)发挥监督作用

三是充分发挥老挝人民革命党中央纪委、老挝国家审计署和国会的监督作用。国会召开时,中央纪委和国家审计署的相关负责人需要到国会答询,就相关各级领导干部尤其是财政部的干部违反法纪法规进行说明,通报处理的结果,有效地保持对政府的监督,获得了老挝社会各界的广泛好评。

二、经济

(一)集中力量实现 2019 年经济社会发展目标

2019 年是老挝摘掉世界最不发达国家帽子的关键一年,老挝还没有从 2018 年的灾害中恢复过来,2019 年又遭受严重自然灾害,北部遭遇罕见的旱灾,南部遭遇水灾。老挝南部 6 省遭受水灾,经济损失不亚于 2018 年。此次水灾直接造成 105206 公顷的晚稻受灾,耕种面积损失 9932 公顷;养殖业遭受重创,水灾直接造成 4377 头黄牛死亡、1128 头水牛死亡,以及 256931 只家禽,水利设施有 478 处遭到破坏,非洲猪瘟蔓延又导致 14209 头猪死亡。为此,老挝政府筹集 6000 亿基普用于应对群众紧急灾害事件和灾后重建工作,恢复基础设施建设如道路修复及水利设施、卫生所等修复;为群众提供种子,给群众治病,干部到基层帮助受灾群众,把灾害的影响降到最低。自然灾害严重制约了老挝计划通过财政投入刺激经济发展政策的实施,也严重影响老挝 2019 年解决贫困问题的目标。因此,2019 年 6 月,在老挝国会第七次会议上,老挝政府宣布 2020 年摆脱最不发达国家行列的目标难以达成,把摆脱最不发达国家行列的时间定于 2024 年。尽管国际形势复杂多变,给老挝的社会经济发展造成很多不确定的影响,但是,老挝政府集中力量努力实现 2018 年 11 月 28 日由老挝国会通过的第 099 号决议和 2019 年 6 月 7 日通过的第 01 号决议所制定的社会经济发展目标。

2019 年,老挝保持宏观经济可持续和稳定发展,继续执行国会已经通过的第八个五年社会经济发展计划,取得了不俗的成绩。

1. 老挝全年国内生产总值(GDP)增长 6.4%。尽管低于预期,但是,社会经济发展持续向好保持有质量的增长。财政收支平衡向着积极面发展,财政预算与 GDP 增长的平衡比从 2015—2016 年的 6% 降低为 2018 年的 4%,国内总收入从 2016 年的 210000 亿基普增长到 2019 年的 262000 亿基普。经济发生实质性转型,政府鼓励基层的农业生产,为经济增长打下更加坚实的基础,同时在基层建立农业生产基地,使基层民众收入不断增加。

2. 积极解决政府拖欠的各种项目的债务。截至 2019 年,政府已经支付 22147 亿基普,相当于年计划的 50.8%。老挝中央银行发行国债,帮助国企解决财务困难。与此同时,成立专门委员会,对国家投资项目

进行审查和监督,通过协商公平合理地解决政府拖欠债务的问题。

3. 完成并通过关于成立鼓励中小企业发展基金的相关法令。通过老挝开发银行向中小企业提供320亿基普的信用贷款,在直接贷款的协议框架下向中小企业提供1116.4亿基普的直接贷款。截至2019年6月,首批贷款已经实现100%放贷,其中涉及164份协议和157家中小企业。与10家商业银行签署谅解备忘录,从中国国家开发银行贷款1亿美元用于中小企业的贷款。

4. 解决电力输出问题。通过谈判、达成阶段性初步协议出售电力给邻国,如把电力出售给柬埔寨的协议;与越南签署出售电力的协议;与泰国重新协商,泰国增加从老挝购买电力的协议等。同时加紧对电力行业的研究,争取早日出台新的电力政策,鼓励老挝国内电力生产,解决低收入老百姓用电困难。

5. 政府加大力度对租赁国家土地而没有进行开发或者使用土地不当行为进行查处。终止没有到期的土地租赁项目438个,查出虚假土地租赁项目47个,取消土地租赁项目110个,170个土地租赁项目签约后没有做任何的开发,对于这些项目,政府建议合同到期后自动取消;对于66个土地租赁项目提出续约的问题,政府要求对这些项目进行财务以及其他方面的审计后再决定是否续约。另外,查出有13个项目不是租赁国家土地的项目,有3个土地租赁项目发生纠纷,有2个土地租赁项目把国家土地变成私人土地,还有9个土地租赁项目不在438个项目中,各省提议取消这9个土地租赁项目。

6. 继续严格执行总理府关于严格管控木材的开采、运输以及买卖的第15号总理令。发现森林遭滥砍滥伐的面积高达6421.17公顷,从颁布实施总理令开始截至2019年6月,负责招标出售木材的委员会共没收了98023.42立方米的木材,相当于531.44吨。

7. 年内老挝政府完成9部法律的制定和修改。2019年10月,老挝国会第八次会议举行,老挝政府还将向国会提交新制定的7部法律草案,让国会充分讨论。2019年6月举行的老挝国会第七次会议讨论通过的9部法律中,很多部法律是提高和刺激2020年经济增长的重要保障和基础,如土地法、林业法和税法等,其中,税法中对所得税和消费税进行调整,调整后的所得税和消费税更加宽松,降低和减轻了从业者和个人的纳税负担。

(二)亟待解决的问题

在成绩面前,老挝政府并没有放慢脚步,对于自身的工作也做了认真的评估和真实的评价,认为政府工作还有许多可改善的空间,同时也面临许多亟待解决的问题:

1. 2019年GDP增长率仅为6.4%(GDP增长率目标为6.7%),人均收入为2677美元(人均收入目标为2726美元)。政府认为,没有达成目标的原因主要是遭遇重大的水灾和旱灾等自然灾害和非洲猪瘟蔓延,同时,作为主要收入来源的农业生产基地的农产品不够丰富,没有真正发挥农业生产发展部门的重要作用。因此,2019年的经济增长与以往相比较慢。农业生产效率不高,目前的农业生产还处在自然原始的状态,农产品的生产与加工没能紧密结合在一起共同发展,生产的产品无法与进口商品以及周边国家的产品竞争,导致支出外流,老挝国民更愿意购买国外的商品。

2. 改革进展缓慢。老挝政府非常重视国有企业改革,政府给国有企业改革提出明确目标,但在实际执行中,改革进展缓慢,由于存在很多历史遗留问题,拿不出切实可行的解决方案,解决问题的方式方法拖沓,缺乏可持续性,导致一些国有企业深陷危机。

3. 投资和经商的环境、环节和透明的问题没有取得实质性的突破。老挝在多年前就提出一个窗口(一站式)的政府服务,但经历了两届政府之后,一个窗口的政府服务仍然没有办法实现,尽管世界银行给予老挝政府非常正面的评价,认为老挝政府的执政能力和在执行法律法规等许多方面都有了很大的改善,但实际操作还跟不上,政府在提供服务方面还有很多指标没有办法与周边的国家形成竞争,这使得老挝2020年经商的难易指数仍维持不变。

4. 政府税收无法达到预期目标。对物价的管控做得不够好,用于农业生产和加工方面的投资还不突出。基础设施吸引了大部分的投资。对于政府的投资项目,尽管按照规定和阶段实施,但是执行不够严格,国外的援助、贷款以及国内私人投资的效果都不明显。

5. 货币不够稳定。表现在汇率波动大,各种合法的货币兑换点尤其是地下钱庄与银行的汇率差还很大,这些问题没有办法得到彻底解决是因为老挝国内生产还不够强,进口大于出口,仍然严重依赖进口。政府外汇储备有限,外汇储备的种类不多,外贸支付不平衡,外债处于高位,老挝国内使用外币仍然普遍,因为老挝基普与外币兑换率疲软,不管是老挝国内贸易还是国外贸易都要求使用外币结算。不良债权高于规定,因为这些不良债权都与投资项目有关联。

6. 发展农村和人民贫困问题亟待解决,城市与农村的发展不平衡。奢靡之风、吸食毒品、偷抢等不良社会现象仍然存在,尽管政府努力解决交通事故和社会问题,但是这些社会现象有蔓延的趋势。

三、社会及社会事业

(一)政府重视民生,全面动员救灾和帮助灾区重建

老挝劳动与社会福利部与韩国的相关机构合作,面向社会长期举办免费的劳动技能培训,帮助劳工提

高劳动技能，也为劳务输出打好基础。2019 年，老挝北部 3 省遭受旱灾，南部 6 省遭遇严重水灾，老挝政府全面动员筹集救灾物资，帮助灾区民众渡过难关，并做好灾后重建工作。

（二）旅游文化、教育、卫生事业

2019 年，越南政府在文化、教育和卫生等领域增加对老挝的援助，协助老挝新闻文化与旅游部进行媒体培训，帮助老挝中央办公厅进行网络技术（IT）的维护和管理培训，增加老挝赴越南留学的奖学金名额，除了越南教育部提供的每年 2000 人的留学生名额，越南各省根据自身的条件，给老挝友好省份和友好城市提供大量的留学生名额。

2019 年是“中老旅游年”，为促进中国和老挝两国旅游行业的发展、吸引更多游客，两国政府设计了很多文化和旅游项目，希望中国和老挝的游客参与“中老旅游年”活动。为响应“中老旅游年”，老挝新闻文化与旅游部携手中国驻老挝大使馆在两国举办很多活动，老挝新闻文化与旅游部部长波显坎·冯达拉借出席在中国香港举行的国际旅游论坛的机会与中国旅游文化部有关负责人在论坛上进行交流并达成多项共识。1 月 25 日，“中老旅游年”正式拉开帷幕，并在中国传统佳节——春节期间在老挝文化宫举行中老传统文化艺术表演并举行中老美食图片展；4 月，在中老建交 58 周年之际，在老挝举行中国文化展；5—7 月期间，在占巴塞省举办“中老旅游年”工作管理会议；9 月，在琅勃拉邦和万象庆祝中秋节，中国湖北省代表团到老挝进行艺术表演；“中老旅游年”期间，中国湖南省长沙市举办了老挝旅游文化展，为湖南民众带去老挝文化节目并进行文化交流，助力“中老旅游年”，中国四川成都、湖南等地举行老挝旅游文化交流活动；2019 年年底，老挝国庆节期间，在中国北京举行“中老旅游年”闭幕仪式，举办诸多活动。

卫生事业方面，政府把预防疾病、加强全民健康作为工作重点，为民众提供高质量的医疗，保障民众能够享受医疗保障服务。继续为低收入和困难群众提供免费治疗，大力发展农村医疗卫生，加强自主研发用于各种治疗的中草药，鼓励种植中草药；鼓励民间资本进入医疗卫生领域，尤其是在一些大的城市如万象市和其他省会城市为群众提供满意的医疗卫生服务。

四、外交

2019 年是老挝外交工作取得丰硕成果和有所突破的一年，实现与中国高层互访，与越南的高层互访频繁，与韩国及欧洲的匈牙利和德国都取得外交突破。积极参与东盟内部事务，巩固与传统友好国家的外交关系。

（一）与中国的关系

2019 年是中老建立全面战略合作伙伴关系 10 周年，双边关系进入承前启后的重要阶段。年内，两国领导人互访频繁。3 月 19 日，中国全国政协主席汪洋在中国北京会见应邀来访的老挝建国阵线中央主席赛颂蓬·丰威汉并举行会谈。3 月 27—28 日，老挝政府总理通伦·西苏里参加在中国海南举行的博鳌亚洲论坛 2019 年年会。中国国务院总理李克强会见通伦·西苏里。4 月 25 日至 5 月 1 日，老挝人民革命党中央总书记、国家主席本扬应中共中央总书记、国家主席习近平邀请访华并出席第 2 届“一带一路”国际合作高峰论坛。习近平与本扬举行会谈，并出席《中国共产党和老挝人民革命党关于构建中老命运共同体行动计划》签字仪式。11 月 16—19 日，中共中央政治局常委、全国政协主席汪洋访问老挝，分别会见老挝人民革命党中央总书记、国家主席本扬，总理通伦·西苏里，国会主席巴妮，并与赛颂蓬举行会谈。12 月 14—20 日，老挝国会主席巴妮对中国进行友好访问。

（二）与越南的关系

2019 年，老挝与越南保持高层频繁互访。1 月 5—6 日，老挝政府总理通伦·西苏里率团访问越南并参加第 41 次老越年度合作委员会会议。会议期间，通伦·西苏里分别拜会越共中央总书记、国家主席阮富仲，越南政府总理阮春福和越南国会主席阮氏金银。2 月 24—25 日，越共中央总书记、国家主席阮富仲对老挝进行正式访问。双方领导人就老越党、政府以及各阶层的合作进行评价，并对两国今后的合作进行探讨，使两党、两国以及两国人民的特殊关系进入一个高点。两国领导人共同见证两国财政合作协议、老越修建铁路的谅解备忘录、老越发展电力和矿业的合作协议等 9 份合作协议

1 月 25 日，2019 年“中国—老挝旅游年”在老挝万象开幕　（百度网）

的签署。9月26—29日，越南国会主席阮氏金银率领越南高级代表团访问老挝，双方就两国中央和地方国会加强对口交流与合作做了明确的规划和部署。10月1—3日，老挝政府总理通伦·西苏里对越南进行正式访问。两国总理共同见证8份合作协议的签署，其中包括：修改两国政府签署关于建设老挝国会大厦的协议；老挝计划与投资部与越南计划投资部签署关于2021—2030年两国政府在经济、文化、教育和科技的战略合作协议及2021—2025年五年合作协议；两国财政部关于贷款修建从琅勃拉邦的普提蓬到老越边界的公路谅解备忘录；两国中央银行关于2019—2024年两国银行合作谅解备忘录；两国教育与体育部签署关于2012—2030年教育交流和人才培养的谅解备忘录；两国能源与矿产部签署关于推动购买风能的谅解备忘录；老挝色贡扎伦公司与越南雄达5有限公司关于南公2、3水电站与水库交接仪式；老挝公共工程与运输部与越南越捷（Viet Jet）航空股份公司关于合作开发老挝民用航空的谅解备忘录等。10月2日，老挝政府总理通伦·西苏里及代表团在越南河内拜会越共中央总书记、国家主席阮富仲和越南国会主席阮氏金银。

（三）与柬埔寨的关系

老挝政府总理通伦·西苏里率代表团于2019年9月12—13日对柬埔寨进行正式访问，此次访问旨在加强老挝与柬埔寨的传统友谊，加强两国的合作和交流。访问期间，两国总理见证6份双边文件签署：电力合作协议（1999年签署协议的修正案）；老挝电力公司与柬埔寨电力公司之间500兆瓦电力输送合同；向柬埔寨煤炭电力公司出售电力的合同；向柬埔寨国家电力公司出售水电项目和《劳动合作谅解备忘录》等。两国总理发表联合声明，表示在尊重主权、平等互利的基础上，双方重申致力于加强两国传统友谊。双方同意将老挝与柬埔寨的双边关系升级为全面的长期战略伙伴关系；双方一致认为，两国各部委将继续执行相关协定，并通过双边合作机制使两国的合作协定更加富有成果。

（四）与韩国的关系

2019年9月5—6日，韩国总统文在寅对老挝进行正式访问。自1995年老挝与韩国正式建立外交关系以来，两国在各领域的交流与合作日益扩大。韩国是老挝第五大投资来源国，主要投资的大型项目有水电项目和速生桉种植项目等。双方领导人高度评价两国的友谊和合作关系，双方就加强互联互通、基础设施建设、教育、卫生、投资、旅游、支持中小企业发展等各领域双边合作交换意见。双方领导人共同见证4份合作文件的签署，涉及信息与通信技术（ICT）、工业、贸易、农业和发展经济等领域的合作。11月27日，老挝政府总理通伦·西苏里率领老挝政府代表团参加在韩国釜山举行的首次湄公河—韩国首脑峰会并顺访韩国。双方领导人讨论落实韩国总统文在寅2019年9月访问老挝时与老挝国家主席本扬达成的合作共识，并就2020年老挝与韩国建交25周年举行系列庆祝活动及区域和国际合作交换意见。文在寅与通伦·西苏里共同见证3份合作协议签署。

（五）与欧盟的关系

2019年3月10—12日，老挝政府总理通伦·西苏里于匈牙利进行正式访问，双方在多个领域达成合作共识；10月25—26日，匈牙利总理欧尔班对老挝进行正式访问。通过两国领导人的互访，加强了老挝与匈牙利的交流与合作，巩固了两国的传统友谊。3月12—13日，老挝政府总理通伦·西苏里对德国进行正式访问，这是两国于1958年1月31日正式建立外交关系以来，老挝高级领导人对德国的首次访问。两国领导人高度评价两国之间的长期友谊与合作。一直以来，德国通过德国国际合作机构（GIZ）与老挝在技术方面进行合作；另外，通过德国复兴信贷银行（KFW）对老挝政府社会经济发展计划的总体目标进行援助，重点是农村发展、职业教育、绿色增长战略、人力资源开发、环境保护、交通设施建设及鼓励个体经济发展，其中包含促进中小企业以及小微企业的发展。2018—2020年德国援助老挝5000万欧元，其中1000万欧元用于帮助老挝阿速坡省和老挝全国遭受水灾的民众恢复生产和生活。

（六）与美国的关系

2019年，美国继续就老挝排除未爆炸弹与老挝展开合作并提供援助。美国通过联合国教科文组织驻老挝代表处与老挝教育与体育部开展合作，重点让民众了解未引爆炸弹的危害，通过对老挝10个省88个县的中小学教师进行培训，通过受训教师让学生了解未爆炸弹的危害。美国外交部提供170亿基普的培训费用。（卫彦雄）

资料来源：

1. 老挝外交部网站
2. 老挝《人民报》
3. 新万象在线
4. 中华人民共和国驻老挝人民民主共和国大使馆经济商务参赞处网站

马来西亚：2019年经济社会发展回顾

纵观2019年，马来西亚不论在政治上，还是经济上都暗流涌动。政治上，新当选的执政党联盟——希望联盟（简称希盟）内部纷争不休，政治整合没有完成；反对党则完成结盟，政局动荡已现端倪。经济上，虽然取得4.3%的正增长，但未达到预期目标，呈现疲软之势。外交上，继续维持大国平衡务实外交政策，同时重视与东盟的合作以及南南合作。

一、政治

2019年,在马来西亚执政的是刚经过第14届全国大选战胜国民阵线(简称国阵),首次上台的希盟。希盟成立时间短,虽然经马哈蒂尔强势进行整合赢得大选,并在当选后又采取措施进行整合,但是,根本的矛盾并未解决,希盟内部暗流涌动。在马来西亚建国后就长期执政的国阵在败选后沦为在野的反对党,但其并不甘心失败,在2018年年底就开始寻求与另一反对党——伊斯兰党的合作,于2019年完成了结盟,给希盟执政造成压力。

(一)希盟内部纷争不休

1. 土团党和公正党的纷争。在土著团结党加人希盟后,在内部整合没有完成的情况下,就当选执政,内部极易出现纷争。在2019年,希盟内部纷争不休,首先就是马哈蒂尔总理所在的土著团结党与希盟最大的核心党人民公正党的纷争。土团党总主席马哈蒂尔与公正党总主席安瓦尔的矛盾由来已久,此次的主要矛盾集中在总理权力交接日期上。2018年大选前,马哈蒂尔许下争取特赦因鸡奸罪入狱的安瓦尔,并在两年之内由安瓦尔接任总理职位的承诺,争取到公正党的全力支持。在当选后,虽然安瓦尔获得特赦出狱重掌公正党,但马哈蒂尔始终不愿承诺具体的总理权力交接日期。在希盟内部甚至在野党中也同样有支持马哈蒂尔干满5年的声音出现。马哈蒂尔是否交权、何时交权成为矛盾焦点。

2. 公正党内的派系纷争。除对外面对马哈蒂尔的矛盾外,安瓦尔在公正党内部还面临署理主席阿兹敏派系的挑战。同为公正党成员的安瓦尔与阿兹敏分歧也早已公开化。自2018年公正党党选后,安瓦尔与阿兹敏两派之间的权力斗争不断升温。阿兹敏公开支持马哈蒂尔担任总理直到任期结束,并被认为是马哈蒂尔培养的接班人选。在2019年6月阿兹敏爆发"鸡奸"性短片案后,两派之争更是一发不可收拾。

3. 土团党内部矛盾现端倪。土团党内部也不平静,马哈蒂尔与穆希丁之间的矛盾,在柔佛州大臣任命问题上显露出来。2019年4月,柔佛苏丹试图加强自身的行政权,改组柔佛行政会议,原任柔佛州务大臣奥斯曼被迫辞职。新任柔佛州务大臣人选的确定过程,引发了土团党内的激烈交锋。由于马哈蒂尔的根基在吉打州,且和柔佛州王室素来不和,很难插手柔佛州事务。最终,穆希丁支持的州议员萨鲁丁成功接任柔佛州务大臣,并且不顾马哈蒂尔的反对改组柔佛行政议会。这次柔佛州宪政危机让马哈蒂尔和穆希丁之间产生信任危机,并最终以马哈蒂尔的妥协告终。

4. 民主行动党与土团党、公正党、诚信党的矛盾。希盟内部的权力分歧还体现在民主行动党与其他成员党之间。希盟核心成员党之一的民主行动党是以非马来人为主的政党,致力于为包括华人在内的非马来人群体争取平等和民主权利,这也是希盟赢得非马来人群体支持的主要原因。但行动党的理念与传统的"马来人优先"理念相违背,土团党、公正党和诚信党中的马来人保守势力并不喜欢行动党,行动党提出更多兼顾非马来人群体利益的议题,被认为是这个政党太"霸道"。与行动党理念的冲突在2019年7月发生的爪夷文事件中体现出来。马来西亚教育部在7月25日被媒体揭露"悄悄"地将爪夷文书法艺术纳入华泰小学国语课纲中,引起华社诸多不满。

(二)反对党结盟

相对于执政党联盟希盟的纷争,马来西亚在野党则实现空前团结,2019年9月14日,国民阵线与伊斯兰党达成"国民共识",巫统和伊斯兰党签署合作宪章《国民和谐》,正式结盟,联手挑战希盟政权,并在多场补选中获胜。在全国大选之后的9场补选中反对党赢得5场,其中2019年的5场补选,反对党胜选的补选就有4个,给希盟政府造成较大压力。

(三)华人政党之间的矛盾

马来西亚华人政党之间矛盾也不少,两大华人政党民主行动党和马华公会之间的竞争日趋激烈,体现在拉曼大学拨款问题上。在10月公布的财政预算案中,拉曼大学获得的行政拨款从550万林吉特,被缩减至100万林吉特,引起多番争议。马来西亚财政部部长、行动党林冠英表示,只要马华愿意撤出拉曼,校方即能获得6000万林吉特拨款。华人政党的矛盾影响了华社权益的维护和争取,也引起包括华人在内的马来西亚民众对行动党、对希盟政府的不满。

(四)马来西亚政治纷争的深层次原因:马来人特权与非马来人(华人、印度人)要求平权之间的种族政治矛盾

上述所有的马来西亚政治纷争,都可以看到种族政治的影子。占马来西亚人口65%的马来人,其政党长期利用"马来人优先"特权来维护马来人权益,已经成为不可撼动的传统。而随着马来西亚现代社会的发展,在经济、教育等领域占据领先优势的华裔、印度裔等非马来人群体要求获得更加开放、平等多元的发展权益。经过多年努力,以支持马来西亚多元平等发展的希盟上台执政,部分马来人担心,由强势华人政党为核心成员党之一的"希望联盟"可能会减少亲马来人政策。许多马来人认为,安瓦尔推崇的自由主义会威胁马来人的权益及地位。加上近几年来马来西亚伊斯兰化势头强劲,马来民族主义势力兴起,在2019年召开了马来尊严大会,还发动优先购买穆斯林商品运动。目前,族群认同问题至今仍是马来西亚的主要问题。

二、经济

2019年上半年,在国内私人消费和投资增长的带

动下，马来西亚经济增长4.7%。下半年，在全球需求低迷、主要经济体保护主义倾向上升的情况下，马来西亚贸易和投资活动疲软，第3季度经济成长开始出现疲软，增长4.4%。第4季度在对外贸易、原产品市场萎缩的影响下，只取得3.6%的增长。2019年马来西亚GDP总值为1.51万亿林吉特(约合3700亿美元)，比上年增长4.3%，低于预期的4.7%，是10年来最低增长率。贸易总额为1.85万亿林吉特，比上年下降2.5%；其中出口额为9852亿林吉特，下降0.7%，进口额为8728亿林吉特，下降2.5%，贸易盈余为1124亿林吉特。

由于马来西亚经济情况没有显著好转，高技术、高工资类工作职位下降，关乎民生的食品物价指数增长较大，家庭债务较高，民众普遍感觉生活压力比以前大。加上希盟政府上台至今仍有许多竞选承诺没有兑现(特别是给予华人等非马来人平等权利的承诺没有达到预期)，并且在多项政策上立场反转，引起民众不满，不少民调显示，年轻人开始对希盟失望。

(一)农业：小幅增长2%

2019年马来西亚的天气条件良好，有利于油棕榈树的成熟和橡胶树的生长和收割。加上中国、印度等主要市场的需求强劲，棕榈油价格基本保持稳定，平均价格约为每吨2303林吉特，约合565美元。全年马来西亚棕榈油产量为1990万吨；出口量达到1720万吨，高于2018年的1650万吨；棕油业收益达637.3亿林吉特。

马来西亚一直对橡胶种植业者提供补植援助，鼓励橡胶种植业发展。2010—2020年政府对马来半岛橡胶补植援助为每公顷9230林吉特、对沙捞越的补植援助为每公顷13500林吉特，对沙巴的补植援助为每公顷14000林吉特。2019年马来西亚橡胶产量约65万吨，占全球天然橡胶产量的4.55%，在2019年全球主产国排名中位列第7位。马来西亚是世界上橡胶手套的主要生产国和出口国，2019年，马来西亚的橡胶手套出口量为1700亿只，出口额达173亿林吉特。在主要作物发展良好的带动下，全年农业产值获得2%的小幅增长。

(二)工业：制造业仍是经济发展的主要动力之一，建筑业企稳，矿业小幅下降

在第二产业工业领域中，制造业是马来西亚国民经济发展的主要动力之一。为了促进产业发展，马来西亚努力改善营商环境，世界银行在2019年发布的《2019年营商环境报告》显示，马来西亚2019年营商环境在全球190个经济体中排名第15位，具有很强的投资吸引力。2019年制造业核准投资总额827.3亿林吉特，批准988个项目，其中国内投资288.4亿林吉特，占34.9%，外商投资538.9亿林吉特，占65.1%。制造业产值为3163.6亿林吉特，比上年增长3.8%，占GDP的22.3%。在制造业各产业部门中，电子电器业、资讯通信产业等高技术产业发展迅速。2019年，马来西亚为全球电子集成电路零组件最大出口国，出口额为34亿美元，全球市占率为27.6%。马来西亚电子集成电路零组件5大出口市场为中国、新加坡、中国香港、韩国、荷兰。资讯通信产业在2019年产值2892亿林吉特(约684.58亿美元)，占GDP总量的19.1%。汽车制造等产业也在转型发展。2019年马来西亚汽车产量为达57.16万辆，比上年增长1.2%；汽车销售量为60.42万辆，增长1.0%。马来西亚第一国产车宝腾2019年全年销售量突破10万辆，达10.08万辆，营业额为92.79亿林吉特，净赚1.77亿林吉特。

马来西亚采矿业以开采石油、天然气为主。2019年，马来西亚采矿业产值1015.7亿林吉特，比上年下降1.5%，占GDP的7.1%。马来西亚国家石油公司是最主要的石油和天然气行业管理及开采公司，2019年全年营业收入622.3亿美元，实现利润118.7亿美元。

建筑业在东海岸铁路、皇京港、“大马城”、第三捷运等多项大型建设项目重新恢复的刺激下，改变大幅下降趋势，取得微弱增长。2019年，马来西亚建筑业产值662.5亿马币，比上年增长0.1%，占GDP的4.7%。

(三)服务业：仍然是经济增长的主要动力，全年增长6.1%

2019年，马来西亚推出简化签证手续，实施电子签证和电子准入政策，降低收费和延长签证天数等措施，为中国、印度等国游客赴马旅游提供方便，以促进旅游业发展。而由于受到中美贸易摩擦影响，中国游客转向东盟国家，马来西亚也成为受益国之一。马来西亚旅游业在2019年取得不错业绩，全年外国入境游客2610.1万人次，主要来自新加坡(1016.4万人次)、印度尼西亚(362.3万人次)、中国(311.4万人次)、泰国(188.4万人次)、文莱(121.6万人次)和印度(73.5万人次)。国际旅游收入221.99亿美元，比上年增长2%。旅游业总增加值达到2402亿林吉特，增长9%，旅游业对经济的贡献达15.9%，旅游业的就业人数增至360万，占总就业人数的23.6%。

马来西亚银行业在2019年表现良好。马来西亚国家银行于2019年5月将隔夜政策利率从原有的3.25%，下调25个基点，至3%，这是马来西亚国行近3年来首次降息，也是2018年1月以来首次调整。11月，又将法定存款准备金从3.5%降至3.0%。国行此轮降息旨在维持货币宽松程度，保持足够的流动性。2019年，马来西亚银行业的流动性仍然充裕，流动性覆盖率平均为150%，银行存款超过贷款增长。马来西亚拥有26家商业银行、16家伊斯兰银行、1家国际伊斯兰银行和11家投资银行。2019年银行业的收入

和贷款均出现温和增长，银行业收入增长 3.5%，贷款增长 3% ~4%，贷款增长低于 2018 年的 5% ~6%，放贷势头放缓。贷款增速的放缓是由于全球需求减缓引发对经济衰退的恐惧以及由贸易摩擦引发的保护主义抬头，影响企业商业信心，企业要么推迟发放批准的贷款，要么因经济不确定性而决定偿还现有贷款，并最终影响贷款需求。放贷势头放缓表现出市场对马来西亚经济增长持谨慎态度。2019 年，金融科技在传统银行领域得到进一步发展，包括联昌国际、艾芬银行、丰隆银行等银行均有意在马来西亚获得虚拟银行牌照。年内，马来西亚约有 49 家非银行电子货币发行商，其中 3/4 提供移动支付解决方案，占该部门交易的 88.4%。Boost、GrabPay 和 Touch'n Go 是马来西亚主要的电子钱包，其他比较有名电子钱包有 Lazada 钱包、三星 Pay 和 PayPal。2019 年，伊斯兰银行的增长继续超过传统银行，其收益率得两位数的增长。伊斯兰保险业务在 2019 年的保险业务收入也保持相对稳定。家庭伊斯兰保险的普及率一直在稳步增长，在 2019 年上半年取得 15.5% 的增长。较低的基数、稳定的国内消费以及不断增强的消费者意识，是马来西亚伊斯兰保险业务的增长高于传统保险业的原因。在一般保险领域，由于渗透率低和理赔增加，该行业在 2019 年上半年收入同比下降 1.4%。全年银行保险业增长 4.6%。

得益于电子商务的发展，批发与零售贸易全年增长 6.7%。总体来看，2019 年马来西亚服务业产值为 8192.2 亿林吉特，比上年增长 6.1%，占 GDP 的 57.7%，成为经济增长的主要动力。

三、外交

（一）发布新马来西亚外交政策框架

为了表达希盟政府的外交原则和主张以及指导新政府的外交工作，2019 年 9 月 18 日，马来西亚发布新马来西亚外交政策框架，作为马来西亚在迅速变化和充满挑战世界中的外交指南。该外交政策框架将保证马来西亚继续奉行独立、有原则和务实的外交政策，这些外交政策建立在和平、人道、正义及平等价值观的基础上。同时，确立马来西亚三大国家利益，即维护国家安全、保持经济繁荣、守卫身份归属。表明马来西亚会与各国保持友好关系，并根据国际法和规范来和平解决争端。政策框架也概述了外交执行方法，主要以协商为主，同时探索新磋商方式。指出东盟是马来西亚外交政策的基石，是为马来西亚提供解决安全问题的重要平台。在南中国海的安全争端问题上，该政策框架表示马来西亚将继续与其他东盟成员国和主要大国密切合作，确保维持区域的安全与稳定。框架确认马来西亚的地缘战略，即马来西亚将实行不结盟政策，不与主要大国结盟，并与“所有志同道合的国家”通力合作，确保各国能够平等参与全球事务；同时继续寻求推动多边主义。框架一大重心在于致力实现“以人民为中心”，希望有更多民众参与到外交决策中来。另外，经济外交也是新马来西亚外交政策框架的关注点。

（二）马来西亚始终重视与东盟的合作

1. 2019 年内积极参与东盟有关的各种会议。如马来西亚总理马哈蒂尔率队参加第 34 届东盟峰会及包括第 13 届文莱—印度尼西亚—马来西亚—菲律宾东盟东部增长区峰会、第 12 届印度尼西亚—马来西亚—泰国增长三角区峰会在内的系列峰会，第 35 届东盟峰会及东亚合作领导人系列会议。

2. 加强与周边东盟邻国的交流与合作。2019 年 3 月 5 日，马来西亚总理马哈蒂尔与到访的文莱苏丹哈桑纳尔·博尔基亚在马来西亚总理署举行马来西亚与文莱领导人常年咨询会议，就两国的政治、经济、安全合作以及共同关心的地区和国际问题进行会谈。会议结束后，两位领导人共同见证两国囚犯转移谅解备忘录的签署。3 月 6—7 日，马哈蒂尔率团访问菲律宾。访问期间，马哈蒂尔拜会菲律宾总统杜特尔特，探讨两国未来经贸、政治、反恐等方面合作，确保两国能从中受惠。此次访问发挥第三方协调人的作用，为菲律宾政府处理棉兰老岛恐怖组织问题提供助力。4 月 8 日，新加坡总理李显龙抵达马来西亚吉隆坡，出席于 9 日举行的由马哈蒂尔主持的第 9 届马新领导人非正式峰会。在会谈中，讨论两国共同关心的课题，特别是两国近期出现的供水、领海、航空使用权等热点问题，以友好的态度进行重新检讨，以为两国共同利益探索新合作领域。马新两国于 2018—2019 年，在马来西亚向新加坡供水、双方港口海洋边界问题，以及由新加坡实里达机场仪表降陆系统程序引发的两国空域使用权等方面出现争议。2019 年两国相关部门就上述争议问题进行多轮会谈磋商，在航空与领海纠纷和供水问题上达成初步安排。由于上述争端引发的两国关系紧张并未对经贸合作产生影响，两国在年内举行依斯干达特区部长级联合委员会会议，检讨该特区的经济合作进展。同时，双方进一步拓展新加坡与马来西亚各州经贸合作、两国旅游及边境合作，并就新隆高铁项目和柔新地铁项目开展进一步谈判落实。年内，马哈蒂尔于 6 月、11 月两次访问泰国，除参加东盟系列峰会外，在访泰期间，马哈蒂尔在曼谷中央世界购物中心为首届 2019 马来西亚电影节主持开幕，出席马来西亚—泰国商业对话及与泰国商业界领袖举行圆桌会议。

3. 持续拓展与域内东盟国家的合作。马哈蒂尔年内出访文莱、泰国、柬埔寨、越南、菲律宾等东盟国家。2019 年 8 月 26 日，应越南政府总理阮春福邀请，马来西亚总理马哈蒂尔抵达越南河内开始为期 3 天的正式访问。8 月 27 日上午，马哈蒂尔与阮春福在主席府举行会谈。双方一致认为在东盟乃至亚太地区面临变幻不定、机会与挑战并存的背景下，两国应进一步促进战略伙伴关系走向深入并取得实质性的结果，为两国人民带来利益，为地区乃至世界和平、合作与繁荣昌盛做出贡献。在此基础上，双方一致同意加强各级代表团互访，促进党和国会合作，保持双边现有的合作机制。两位领导人一致同意早日签署2020—2025战略伙伴关系行动计划，其中把重点放在经济合作，同时深化战略合作、国防安全合作；巩固海上合作、科学技术、创新、劳务等领域的伙伴关系。双方一致认为，两国合作潜力仍有待挖掘，应寻找新的方向和有效的措施，实现双边贸易额150亿美元的目标。关于海上合作，双方一致认为该领域关系到两国的安全、主权和发展，对两国即将签署的关于成立越马议员友好小组的换文和海上执法与搜寻救难合作备忘录表示欢迎。会谈后，两位总理出席关于签署海上执法与搜寻救难合作备忘录的意向书以及关于成立越马议员友好小组的换文等的签字仪式。访越期间，马哈蒂尔出席与驻越南27家企业商家和投资者对话会；参观和乐高科技园；访问越南FPT集团，同集团领导和工作人员进行座谈；参观越南国产车VinFast展览会；参观越南最早的工业区——内排工业区，并参观园区内的越南山叶高科技展。年内，马来西亚外交部部长赛夫丁也于5月访问了越南。9月2日，应柬埔寨首相洪森的邀请，马来西亚总理马哈蒂尔夫妇赴柬进行为期3天的正式访问。9月3日，马哈蒂尔与柬埔寨总理洪森在金边王宫举行双边会议，讨论加强马柬贸易与投资，以及在农业、防卫及发展清真领域等的双边合作，同时就两国共同关心的区域及国际课题进行会谈。随后，两国领袖见证双方豁免双重征税协议及旅游业合作谅解备忘录的签署，并在会谈和签署仪式结束后发表联合声明。访问期间，马哈蒂尔还与柬埔寨国会主席韩桑林会谈，拜会柬埔寨参议院主席塞冲，出席与大马商家及投资者对话会，参加金边皇家大学主题为“在东盟国家的背景下平衡与超级大国的关系”的对话会。

（三）继续与中国、日本、俄罗斯等大国保持平衡的务实外交

1. 加强与中国的合作。2019年是中马建立外交关系45周年，两国高层交流持续发展。马哈蒂尔4月再次访华，并率团参加在北京举行的第2届“一带一路”国际合作高峰论坛。访华期间，马哈蒂尔与中国国家主席习近平和国务院总理李克强举行会晤，就两国合作及双方共同关心的区域及国际问题进行讨论。李克强和马哈蒂尔出席两国棕榈油领域合作谅解备忘录以及东铁计划的签署仪式。马哈蒂尔还参观华为集团和商汤科技公司，马哈蒂尔到访商汤科技期间，商汤科技、马来西亚科技公司G3 Global有限公司及中国港湾工程有限责任公司签订战略合作协议，共同建设马来西亚首个人工智能产业园。年内，马来西亚财政部部长林冠英访华，中共中央政治局委员李希访马。中马经济合作经历风雨终见彩虹。东部铁路、“大马城”、皇京港等重要合作项目重新落实启动；“马来西亚—中国‘一带一路’经济合作论坛”“2019年中马企业合作对接会”等会议相继举行；中马在人工智能、5G建设、汽车、房屋建设、榴梿贸易、金融等方面拓展合作；中马“两国双园”建设顺利推进。2019年，中马贸易额1239.6亿美元，比上年增长14.2%。其中，中国出口521.3亿美元，进口718.3亿美元，分别增长14.9%和13.6%。2019年，中国企业对马来西亚投资8.1亿美元，比上年下降16.3%。2019年，马来西亚对华投资7013万美元，比上年下降66.9%。2019年，中国企业在马来西亚新签工程承包合同额73.3亿美元，比上年下降21.6%；完成营业额73亿美元，下降8.3%。

2. 进一步实行“向东看”策略。2019年，马哈蒂尔分别于5月、8月、9月、12月4次出访日本，主要出席第25届日本经济大会，日本青年大会，拜访京都电子企业，授领荣誉博士等活动。

3. 进一步拓展与俄罗斯、英国等国家关系。2019年9月4日，马哈蒂尔应俄罗斯总统普京的邀请对俄罗斯进行为期3天的正式访问。在访俄期间。马哈蒂尔与普京举行会谈，加强双边关系及合作。马哈蒂尔还出席在符拉迪沃斯托克举行的第5届东方经济论坛。通过此次访问，两国将开拓更多商业与投资机会，搭建新的合作平台。8月底，马来西亚国防部部长穆罕默德·沙布与俄罗斯联邦安全会议秘书帕特鲁舍夫在吉隆坡举行双边会谈，马方表示希望与俄防务企业通过建立睿智伙伴关系、合资、战略商业联盟等形式，加强防务工业合作。马方提出从俄罗斯采购最新的米格—35战斗机，并用13架米格—29战机“以旧换新”，

9月10日，2019年中马企业合作对接会在马来西亚吉隆坡举办　（百度网）

抵消采购新战机的差价。此外,在马哈蒂尔访问俄罗斯并出席东方经济论坛之前,两国专门就防务关系现状和共同关心的安全问题,包括毒品走私、网络安全、有组织犯罪、恐怖主义和极端主义进行磋商。年内,马哈蒂尔分别于1月和6月两次出访英国,与英国联邦秘书长斯科特兰会面,就英联邦内部的贸易和投资、良好施政、预防和打击极端主义等问题进行讨论。与英国主要投资者及业界代表会面,开拓合作领域加强双边贸易。马哈蒂尔应邀分别在牛津辩论社和剑桥大学发表演讲,会见英国及爱尔兰大马学生理事会代表并到大英博物馆参观阿布卡里基金会赞助的伊斯兰世界展厅。马哈蒂尔的英国之行旨在延续马来西亚与英国之间建立的长期良好关系,以及加强两国友好合作关系。 (韦朝晖)

资料来源:

1. 马来西亚统计局资料
2. 大马经济网
3. 马来西亚东方网
4. 马来西亚诗华资讯
5. 马来西亚《光华日报》
6. 马来西亚《中国日报》
7. 马来西亚星洲网
8. 马来西亚南洋网
9. 新加坡《联合早报》
10. 中国驻马来西亚大使馆经济商务参赞处网站
11. 中国商务部网站
12. 中国贸易促进会网站
13. 新华网相关资料
14. 中国新闻网相关资料
15. 中国—东盟博览资料

缅甸:2019年经济社会发展回顾

2019年是缅甸酝酿变革与发展的一年。全国民主联盟(以下简称民盟)政府继续调整人事机构、推进反腐、提高施政水平,并力图在2020年大选前,继续推动民主政治改革以实现政府转型的目标。民盟政府推动宪法的修订以削弱缅甸军方对政治的影响,但行动上仍面临阻碍。2019年,缅甸和平进程依然进展缓慢。经济领域,缅甸仍然保持较快的发展速度,宽松的货币政策、吸引外资的措施、推动基础设施建设等对缅甸经济的提振有所助益。

一、政治

(一)政府施政措施

1. 人事、机构调整。2019年5月31日,缅甸国防军宣布撤换若开邦西部军区司令,由西北军区原少将蓬妙担任。7月26日,缅甸工业部部长钦貌秋宣布自愿辞职。7月30日,总统府宣布计划与财政部部长梭温兼任工业部部长。8月14日,若开邦边境事务和安全部新任部长敏丹上校宣誓就职。9月,缅甸中央银行副行长梭登宣布辞职。10月31日,总统府宣布任命钦貌秋为电力与能源部副部长,丁腊为饭店与旅游部副部长。11月1日,总统府宣布改组缅甸和平委员会,设置主要成员6名包括主席丁苗温、副主席登佐、秘书长钦佐乌等,另设置3名顾问团成员和3名援助组成员。和平委员会的主要职能是:实施民族和解与和平中心制定的相关政策,协调促进21世纪彬龙和平大会的举行,推动缅甸国内和平进程。11月26日,联邦议会正式通过合并工业部和计划与财政部的议案,缅甸两大主要部门正式重组合并。缅甸总统温敏表示这一改革将有利于推动国营企业的私有化,缩减财政赤字,促进经济发展。

2. 推进修宪工作。2019年2月20日,缅甸联邦议会正式通过组建缅甸修宪委员会的决议,修宪议程正式启动。决议规定,修宪委员会由包括民盟、国防军、联邦巩固与发展党(以下简称“巩发党”)及少数民族代表在内的45名成员组成,人民院副议长吞吞亨担任修宪委员会主席。3月,国防军总司令敏昂莱公开表示,国防军同意修宪,但是宪法的修改需在条件允许和规定的范围内进行。7月15日,修宪委员会形成修宪报告提交议会,报告共有3765条建议。8月9日,修宪报告获议会通过,将进一步起草宪法修正案。12月3日,人民院议长迪昆妙表示将努力在本届议会任期内(2021年1月30日前)完成修宪工作。缅甸各政党对本次修宪的态度两极分化。执政党民盟和若开民族党支持修宪并建议按届逐步削减军人议员比例,而巩发党则表示国内和平稳定尚未实现,需要增加军人议员比例。现行的缅甸2008年宪法同时给予以总统为代表的政府和以国防军为代表的军方极大权力。民盟政府上台执政后多项政策行动需要军方配合,施政效率受到制约,而国防军对修宪问题态度较为强硬。2019年,民盟政府着力推动修宪工作,国防军的修宪立场也稍有松动,不过考虑到如今缅甸的政治形势以及缅甸军方在国家层面的特殊角色,修宪可能还需要一段时间。

(二)打击腐败

1. 继续查处贪腐。2019年1—10月,缅甸反腐委员会共收到举报信8172封,数量高于往年。其中,仰光和曼德勒地区的举报较多,反腐委员会在这两地开设分部。本年度的投诉中,有一半以上是投诉政府机构的服务与管理,部分涉及贪污的投诉已经移交给法院处理,包括内比都第二矿业公司董事长、缅甸驻泰国大使馆原劳工特使等在内的高官也被查处。军人议员敏瑞中校在人民院议会上提议,对于贪腐官员不论职务高低,应统一按《反腐法》公平处置;政府应当加快电子政务系统的建设,提升公务员的服务效率,有效减少贪腐现象。截至2019年6月,缅甸反腐委员会共收到15646封举报信。其中的14311起已完成追责,1335起仍在调查。被查明有贪腐行为的公务人员分别被处以书面警告、录入档案、暂停加薪、追责停职、辞退等不同程度的处罚。

2. 增加财政支持,推进反腐目标。缅甸计划、财政和工业部表示,在2019—2020新财年将给予反腐委员会60亿缅币用于开展反腐工作,预算高于上一财年。2019年12月9日即国际反贪污腐败日,缅甸总统温敏发表一篇叙述反贪腐重要性的文章,并在内比都参加反贪污集会活动。反腐委员会主席昂基也敦促相关部门务必在2030年前全面落实《缅甸可持续发展计划(2018—2030年)》中的反腐目标,其中包括:加强社会法制建设,建立健全高效、负责、包容的国家机构;大幅减少非法资金和武器流动,打击有组织犯罪;大幅减少一切形式的腐败和贿赂行为。昂基表示:贪污腐败会腐蚀国家的法治,阻碍国家发展,使缅甸积贫积弱,形成恶性循环,最终使民众对政府丧失信任;有关方面应当采取有效措施打击贪腐犯罪、根除腐败现象。缅甸反腐委员会是缅甸2013年专门成立的独立国家机构,目的是有效打击缅甸的贪腐行为,降低国家财政损失,提升缅甸的清廉水平。“透明国际”组织公布的贪腐指数显示,2015年,在168个国家或地区中,缅甸排名在第147位;在2018年的180个国家或地区中,缅甸排名则上升到132位。缅甸的贪腐情况有所好转,但军人的贪腐案件政府无法处理,只能移交国防军成立的军事法院。此外,缅甸还没有建立为贪腐举报人提供保护的机制,因此,综合种种因素来看,缅甸的反腐之路仍任重道远。

(三)改善民生

1. 发放养老补助。缅甸政府在2019年继续为高龄老人发放养老补助,且这一补助年限由90岁放宽至85岁。每位符合条件的老人可以领取3个月每月1万缅币,共计3万缅币的养老金。2018—2019财年,共有约16.85万人申领这一补贴,政府发放约50亿缅元。

2. 提高最低工资标准。2019年,缅甸各省邦最低工资标准委员会纷纷开展相关准备工作,预期在2020年5月出台新最低工资标准。这一工作首先从雇主和劳工组织收集工资调整意见,再由各邦最低工资标准委员会审核,最后交由联邦最低工资标准委员会最终审核颁布。缅甸最低工资标准已经出台过两次,第一次制定的标准为日薪3600缅元(工作8小时),第二次制定的标准为日薪4800缅元(工作8小时)。

3. 规定最低就业年龄标准。缅甸联邦议会于2019年12月3日通过总统提出的缅甸加入国际劳工组织《关于最低就业年龄的公约》(1973年)议案。今后缅甸15岁以下的未成年人被禁止就业。为签署这一公约,缅甸劳工、移民与人口部先后与国际劳工组织举行13次政府、企业、劳工组织会议,终于达成协议。此前缅甸政府规定14岁以下儿童禁止就业,14~18岁儿童在持有医生开具的可就业证明后可以参加工作,14~16岁儿童一天的工作时间不能超过4小时。

4. 营造更好的劳资关系。缅甸劳工、移民与人口部在2019年1—5月共帮助劳工追得劳动报酬约20亿缅元、赔偿金25000美元。同时,依照《社会福利法》向参保劳工发放约10亿缅元的福利金,为1058名劳工支付卫生医疗费共计1.3亿缅元。同时,政府正筹划成立一个专门受理解决劳工举报案件的国家投诉机构。缅甸政府多次与企业、工会、劳工组织举行对话论坛,讨论改善劳资关系,给予劳工更好的工作保障。

5. 赦免罪犯。缅甸总统温敏在2019年3次宣布大赦罪犯。4月17日缅历新年,总统签署大赦令,释放9535名服刑人员和16名外籍罪犯。4月26日,总统赦免6948名囚犯。5月7日,总统第3次签署大赦令,释放6520名服刑人员。3次大赦共赦免23019人。赦令解释称,赦免囚犯是基于传统新年、人道主义和促进和平进程、民族和解的考虑。缅甸政府自2011年以来多次进行大赦,2018年赦免8000多名罪犯。

(四)推进国内和平进程

1. 暂时性停火推动和谈进程。缅甸国防军于2018年12月21日宣布,至2019年4月30日暂停对民地武的大规模军事行动以推动缅甸国内和谈进程。之后,这一停火又被国防军不断宣布延长,直至2019年9月。停火期间,国防军停止在缅甸北部、东中部和三角地区的大规模军事行动。缅甸政府、国防军与果敢同盟军、德昂民族解放军、若开军、克钦独立军四支少数民族武装组成的北方联盟等先后在内比都、泰国清迈、中国昆明等地举行15次和谈。和谈虽然没有达成明确共识和协议,但停火基本得到延续。停火期间,虽然部分地区仍爆发小规模军事冲突,但冲突数量同比下降。

2. 缅北战事与谈判持续。2019年8月初,缅甸国防军与德昂民族解放军之间爆发冲突,国防军指责该团体利用停火扩大领土。8月15日,若开军、德昂民族解放军和果敢同盟军联合入侵曼德勒和掸邦部分地区,国防军与三支少数民族武装之间展开激烈战斗。战斗至少造成10名平民丧生,8800多人逃离家园。8月31日,缅甸和平委员会与克钦、果敢、德昂、若开军等四支缅北少数民族武装在掸邦举行会谈。由于双方提出的停战协议存在巨大差异,9月21日,国防军宣布停火失效,缅北战事持续。11月,国防军与克钦独立军爆发冲突。12月15日,缅甸冲突各方在中国昆明就恢复停火进行谈判。

3. NCA 签署四周年。2019 年 10 月 28 日,《缅甸全国范围停火协议》(NCA)签署四周年庆祝仪式在内比都举行。包括缅甸总统温敏、国务资政昂山素季、国防军总司令敏昂莱大将在内的缅甸众多高层领导出席,已签署、未签署 NCA 的少数民族武装代表和外国驻缅甸外交人员也参加纪念仪式。昂山素季在致辞时表示,NCA 是指导缅甸建设民主联邦制国家、推动和平进程的重要协议,NCA 签署四周年以来,缅甸和平事业艰难推进。2019 年,在国防军和少数民族武装的共同努力下,国内军事冲突明显减少。她呼吁缅甸各族人民继续通过政治对话解决冲突,实现民族和解、建设民主国家的目标。敏昂莱在致辞中强调,国防军一直致力于实现缅甸和平、保护人民利益的目标,民族问题对于缅甸和平进程至关重要,21 世纪彬龙和平大会是实现政治对话、民族和解、国家和平的重要平台。截至目前,签署 NCA 的少数民族武装有 10 支。21 世纪彬龙和平大会分别于 2016 年、2017 年、2018 年举行了三届。缅甸政府和已签署 NCA 的 10 支少数民族武装在 9 月举行的会谈中表示,原则上同意于 2020 年初举行第四届 21 世纪彬龙和平大会。

4. 若开邦局势动荡。2019 年,若开邦地区的政府官员不断遭遇恐怖袭击。1 月 4 日,若开军袭击若开邦的 4 个警察哨所,造成 13 名警员死亡,9 名受伤。1 月 7 日,昂山素季在总统府召开会议讨论若开邦局势。1 月 18 日,国防军称,缅甸政府已将若开军定义为恐怖组织,要尽快消灭。4 月 9 日,若开军袭击边防警察基地,国防军与之激烈交火。5 月 23 日,国际合作部部长觉丁表示,若开军不仅破坏地区稳定和法治,还抓走公务人员和无辜民众。10 月 11 日,若开军劫持客运大巴上的 19 名消防员和 12 位民众。10 月 26 日,若开军劫持一艘快艇上的数十名缅军、警员和民众。11 月 3 日,若开军劫走包括选区议员在内的 10 人。12 月底,政府军再次与若开军爆发激战,军方出动了战机、直升机和重武器,多名军方人员死伤。12 月 19 日,昂山素季前往若开邦曼昂镇出席太阳能发电厂开幕仪式,出发前曼昂镇发生 3 起爆炸事件。针对国际社会谴责缅甸政府对若开邦罗兴亚人实施种族清洗,昂山素季表示:政府攻击的只是恐怖分子,国际社会无视这些极端人员的暴力行为令人失望;若开邦动荡的根源是经济和社会问题,而不是宗教和种族迫害。

二、经济

2018—2019 财年,缅甸优先发展利于民生的国家项目,加快经济社会发展急需的基础设施建设,实现供电覆盖 50% 家庭的目标。金融领域自由化程度进一步提升,营商环境得到优化,中小企业经营性贷款进一步放松,外资的进入刺激了经济的发展。10 月 1 日,缅甸在《缅甸可持续发展计划(2018—2030 年)》基础上制定的《2019—2020 财年国家计划法》生效,有效期至 2020 年 9 月 30 日。

(一)宏观经济形势

2019 年,受中美、美欧等较大经济实体贸易摩擦加剧、贸易保护主义政策等影响,东南亚整体经济增速放缓,但缅甸仍然是东盟国家中经济增速较快的国家。但缅甸经济自身保持高速、可持续、健康发展仍面临着一些制约因素,如高通货膨胀率、财政收入增长乏力、外汇储备不足、国内武装冲突对经济发展的负面影响、能源价格持续上涨、劳动力素质总体较低等。

1. 发展与挑战并存。2019 年缅甸经济稳步增长,通货膨胀压力增大。亚洲开发银行发布的数据显示:2019 年缅甸经济增长率为 6.6%,通货膨胀率为 8.1%,物价上涨率为 9%,预计 2020 年经济增长率可能达 6.8%。由于进口商品价格上涨、外币汇率上涨,能源价格特别是电价不断上升,缅甸通货膨胀率和物价也不断上涨。缅甸中央统计局发布的居民消费物价指数显示,2019 年缅甸食品价格上涨约 10%,房屋租赁和维修价格上涨约 30%。财政收入增长乏力,政府财政赤字增加。计划、财政和工业部公布的 2018—2019 财年财政赤字预期为 49030 亿缅元,加上实际额外补充的 26350 亿缅元,缅甸本财年的实际财政赤字达 75380 亿缅元。政府公布的 2019—2020 新财年财政预算为 70270 亿缅元,这是缅甸 10 年内财政预算的最高水平。2019 年,缅甸加快税收政策和行政改革,但在中后期陷入停滞。2019—2020 财年,政府的财政报告显示,税收在缅甸国内生产总值(GDP)的占比仅有 8% 左右,而这一数据的全球平均水平约是 15%。缅甸是东盟国家中税收在 GDP 占比最低的国家。为解决不断增长的财政赤字问题,缅甸中央银行继续对外发售债券,并允许国内外银行和证券、保险公司购买。

2019 年,外币汇率持续波动,缅币总体贬值。缅甸央行采取措施促进外汇储备增长。但与其他国家相比,缅甸外汇储备总量仍然偏低。为平衡进出口贸易的通胀压力、确保缅甸出口商品的价格竞争力、促进经济平稳发展,缅甸央行采取干预外汇市场等稳定汇率的措施。

2. 优化营商环境吸引外资。世界银行新发布的《2020 营商环境报告》显示,缅甸营商环境位列全球 190 个经济体中的第 165 位,与上年相比提升 6 位。报告显示,缅甸在开办企业、办理施工许可、执行合同、保护少数投资者、注册资产共 5 项指标方面得到突出改进,使得缅甸成为 20 个营商环境改善成绩突出的国家之一。

2019 年,缅甸政府大力吸引外资,外资投入大幅增长。在内比都举行的 2019 首届国际投资峰会上,缅甸政府宣布:开放若开邦外资投入;批准中国香港与东盟签署的自由贸易协定;与新加坡政府签订促进投资协议。10月生效的《缅甸联邦税务法》规定,税率从最高的30%降低至最低的3%,未申报缴税的收入必须用于资本投资或商业。由于政府每年的财政收入有限,难以直接为基础设施建设提供资金,于是采取减税措施,刺激市场经济活力。2018—2019财年,缅甸外资投资目标为58亿美元,最终实现41亿美元,未实现预期目标但比上财年增长近70%。2019年,缅甸主要外资来源是新加坡、中国和泰国。交通通信领域是外资进入最多的领域,投资额达17亿美元;制造业投资额达8亿美元,为第二大投资领域。

3. 增加结算货币,缩小贸易逆差。2018—2019财年,缅甸进口额约为180.6亿美元,出口额约为169.2亿美元,贸易总额达349.8亿美元,完成本财年311亿美元的目标,贸易逆差为11亿美元,超过原计划的5亿美元。与往年相比,贸易逆差大幅下降,贸易总额减少9.16亿美元。

中国是缅甸进出口的主要目的地,为促进国际支付和边境贸易发展,缅甸央行在本年度批准受许可银行使用人民币和日元进行国际支付、结算业务。2018—2019财年,缅甸边境贸易总额达102.56亿美元,其中进口额30.56亿美元,出口额72亿美元,边贸顺差41.45亿美元。其中,2019年1—10月,受缅北武装冲突影响,中缅边贸总额为51.28亿美元,占同期缅甸边贸总额的58.36%,比上年同期减少8.96亿美元。

(二)经济政策

缅甸在2019年继续实行全方位、可持续发展的经济政策。优先发展可提供大量就业机会、创造新经济机遇、有社会责任感的行业和项目。

1. 制订计划,完善法律法规。2019年,缅甸颁布新的《联邦税务法》和《联邦商标法》等法律,进一步完善相关法律法规。

2. 优先发展基础设施。2019年12月5日,缅甸电力和能源部发布公告称,缅甸已实现覆盖50%家庭供电的目标。当前缅甸的1087万户家庭中,已有约545万户家庭通电。

推动改善交通条件,加快道路升级建设。2019年,缅甸开始包括12条高速公路在内的覆盖全缅甸的高速公路网建设,其中纵向高速路5条,横向高速路7条。缅甸计划于2030年前升级所有的乡村公路;将4.2万多千米的公路升级为东盟三级18英尺宽沥青路(至少达到混凝土等级);所有桥梁升级为24英尺宽的双行道钢筋混凝土桥(至少要达到铁桥或PC钢筋混凝土桥);制订330多个城市级别的系统规划。

3. 支持鼓励中小企业发展。为保护缅甸中小企业的发展、提升缅甸的营商环境指数,缅甸政府成立由第一副总统敏瑞为首的中小企业发展委员会、以计划、财政和工业部部长为首的中小企业金融委员会及专门控制非法贸易进口的部门,并通过《防止非法进口增加法》。缅甸还专门成立中小企业发展银行,按照融资借贷计划向遵守环保规定的中小企业提供贷款。2018—2019财年,缅甸共查处1065起非法贸易,涉案金额达156.48亿缅币(约合1073万美元)。据缅甸计划、财政和工业部发布的数据显示,截至2019年,缅甸依法注册的企业共有12万家,其中约有98%是中小企业,在生产领域中小企业占比达97%。

(三)产业经济形势

农业领域,面临的风险增大,整体发展缓慢。据世界银行发布的报告显示:缅甸的农业部门易受到自然灾害和主要贸易伙伴需求波动的影响,供应冲击可能波及从农场、企业到贸易公司的整个供应链;缅甸政府需要准备足够的财政预算和融资手段来应对可能的危机。2019年7—8月,受季风性降水诱发的洪水影响,缅甸各地大量的农业种植园遭到破坏,约15万人流离失所。联合国人道主义事务协调办公室网站数据显示:缅甸的全球气候风险指数位列187个国家或地区中的第2名;风险管理指数位列191个国家或地区中的第9名。这些指数常用来评估人道主义危机和灾难。2018—2019财年,缅甸在农业领域的外资投资额仅有0.19亿美元。缅甸农业拥有巨大的发展潜力,受自然灾害、土地政策、水利设施、技术加工等因素的限制,缅甸农业一直发展缓慢。

工业领域,总体发展较快。为了实现缅甸工业区的长期稳定发展、防止哄抬地价,缅甸政府在2019年起草《工业区法》,推动完善工业区的建设管理以吸引外资。在缅甸工业领域投资的外资企业约有1000多家,其中汽车制造业企业有17家,主要位于仰光省的迪勒瓦经济特区和曼德勒省的妙达工业区。由于基础设施建设相对滞后、缅甸局部武装冲突不断、劳资纠纷频发、土地政策等因素制约,缅甸工业区快速发展仍面临阻碍。

能源领域,能源价格普遍上涨,油气改革和电力建设受重点推动。缅甸于2019年上半年施行新《油气法(草案)》,预计2020年1月正式获批。2019年,受国际石油价格上涨影响,缅甸石油进口量下降,石油价格上涨。2018年10月至2019年7月,缅甸柴油出口量为288.8万吨,创汇16.86亿美元;汽油出口量为175.8万吨,创汇10多亿美元,成品燃油出口额下降3.2亿美元。2018年10月至2019年8月,缅甸天然气出口额达35亿美元,比上财年增加4.3亿美元。缅甸4个主要天然气工程计划于2019—2020财年继续生产6300亿英尺的天然气,产量目标与往年产量接近。综合多年数据来看,石油天然气是缅甸外资投资占比最大的领域,约占总投资额的27%,其次是电力和制造业。

金融领域,在政府支持下发展较快。2019年1月

2日,缅甸计划与财政部发布公告:允许外国保险公司在缅甸开展保险业务,计划批准3家全资外国人寿保险公司并核发营业执照,其他有意愿的公司也可以提出申请。11月底,共有来自英国、日本、中国香港、美国和加拿大的5家保险公司拿到执照。当前,在缅甸只有约1%的人口拥有保险,保险行业的发展潜力巨大。但由于民众缺乏认识,需求还有待发掘。在政府的支持下,缅甸保险行业将快速发展。11月,缅甸央行宣布将向45家在缅甸设立代表处的外资银行发放新的运营牌照。缅甸约有70%的人没有银行账户。上一届政府曾制定到2020年实现金融服务普及率达到40%的目标。缅甸在2019年降低小额贷款和储蓄利率以促进金融信贷行业的发展。

文化旅游领域,稳步发展,亚洲游客增多。2019年7月6日,缅甸蒲甘古城被列入世界遗产名录。缅甸政府加大对文化和旅游区域的开发和保护力度。缅甸政府制定的《国家旅游业发展计划(2020—2025年)》中明确提出:要鼓励生态旅游发展;结合传统和数字化营销模式;实行旅游业运营税减半政策;由缅甸旅游银行为旅游公司提供在线贷款;延长一年对相关国家、地区的免签试用期;在已有55个国家或地区游客可办理落地签的基础上再增加6个国家。2019年上半年,欧洲赴缅甸游客因若开邦局势持续动荡而减少,中国游客数量增长140%,韩国游客增长84%,日本游客增长24%。为满足不断增长的航空市场需求,截至2019年10月,中缅直飞航线达26条,同比增长3倍,覆盖了中国16个大城市。

三、外交

2019年,缅甸与中国的关系继续保持良好的发展势头,各领域交流密切。因为罗兴亚人问题,缅甸与美国等国家关系发展陷入停滞。缅甸继续承受来自国际社会巨大的外交压力。此外,缅甸积极巩固、发展与东盟和其他亚洲国家的关系,通过高层互访等形式签订合作协议,引进经济投资,推动缅甸经济社会发展。

(一)与中国的关系

1. 两国高层领导交流。2019年4月10日,缅甸国防军总司令敏昂莱访问中国。4月24—25日,缅甸国务资政昂山素季访问中国并出席第2届"一带一路"国际合作高峰论坛,昂山素季与中国国家主席习近平、中国国务院总理李克强分别举行会晤。两国领导人就务实推进"一带一路"合作、推动中缅关系向前发展交换意见。6月18日,新任中国驻缅甸大使陈海向缅甸总统温敏递交国书,温敏接见陈海并表示将继续深化缅中全面战略合作伙伴关系。8月27日,中国外交部部长王毅会见缅甸国务资政府部部长觉丁瑞。9月21日,缅甸副总统瑞敏出席在中国广西南宁举办的第16届中国—东盟博览会并致辞。12月7日,王毅访问缅甸,先后与昂山素季、温敏、敏昂莱举行会谈。

2. 两国政府交流合作。2019年1月23日,中国驻缅甸大使洪亮与缅甸政府代表签署澜湄合作专项基金2018年缅方项目协议。中国将资助缅甸开展包括提升澜沧江—湄公河合作意识、农村发展与减贫、跨境食品检疫、农产品深加工等19个项目的培训工作。2月28日,缅甸议会通过《东盟—中国香港自由贸易协定》和投资协定,将进一步加强与中国香港的经贸合作。3月6日,中国外交部亚洲事务特使孙国祥访问缅甸并代表中国政府向缅甸促进和平的3家政府机构援助100万美元。3月26日,缅甸举办庆祝澜沧江—湄公河合作机制建立3周年的"澜湄周"活动。6月16日,中国西藏自治区人大代表团访问缅甸。10月18日,中国—东盟重大热带疾病防治与医疗技术培训班在缅甸仰光开班。10月19日,缅甸政府表示中国将帮助缅甸建设疾病医疗控制中心和体育培训学院。11月6日,第8次滇缅经贸合作论坛在仰光举行。11月21日,缅中地方政府合办的边境贸易会在缅甸腊戌开幕。

3. 两国民间交流。2019年6月22日,缅甸库玛拉毕万萨长老率领的佛教高僧代表团访问中国,先后到昆明、北京、西安参观访问,受到中国佛教协会的热情接待。10月26日,缅中友好协会、中国云南德宏传媒集团等单位合作共建的"胞波书社"在仰光缅甸国际教育中心成立。11月22日,中国工商银行行长谷澍率团访问缅甸并表示将推动中缅金融合作,服务缅甸经济发展。2019年1—7月,赴缅甸中国游客达38万人次,同比增长150%。随着缅中铁路、高速公路的陆续建成通行,缅中两国人民互联互通会更加便利。

11月6日,第8次滇缅经贸合作论坛在仰光举行　　(百度网)

(二)与欧美及日本、韩国的关系

1. 与美国的关系。2019年5月3

日，美国副国务卿戴维·黑尔访问缅甸并会见昂山素季，黑尔表示，美国愿意为缅甸和平进程提供帮助。7月17日，美国国务卿蓬佩奥宣布因为对法外处决罗兴亚人负有责任，将对缅甸国防军4名高层实施制裁，禁止他们访问美国。8月20日，缅甸—日本—美国三方投资论坛在缅甸仰光举行，昂山素季在会上表示欢迎更多有责任感的美国投资者进入缅甸。9月30日，缅甸企业家与美国—东盟商会经贸讨论会在仰光举行，部分美国企业计划进入缅甸市场。截至2019年8月，美国在缅甸投资总额为4.32亿美元。11月25日，美国外交官表示，缅甸违反了禁止化学武器的全球公约，可能保有20世纪80年代留存的化学武器。12月12日，美国宣布增加制裁缅甸军方4名将领并冻结他们在美国资产。

2. 与欧盟的关系。2019年2月18日，欧盟代表团到达缅甸，开始对缅甸进行人权考察。2月21日，缅甸政府代表和欧盟代表团举行会面。欧盟代表团表示暂时不会在一年内废除给予缅甸的普惠制待遇。欧盟对缅甸提供的普惠制待遇给缅甸劳工带来实际利益，如果废除，可能有大量缅甸民众面临失业。4月29日，欧盟宣布针对缅甸的武器禁运将延长1年并继续对14名缅甸国防军高官实施制裁。5月16日，欧盟与缅甸在布鲁塞尔举行政治、经济、贸易投资高级别磋商。12月23日，欧盟宣布向孟加拉国和缅甸境内的罗兴亚难民提供总值1000万欧元的人道主义援助。欧盟的报告显示，当前有近100万罗兴亚难民在孟加拉国安置营，2019年，这些难民处境日益恶化，急需人道主义援助。

3. 与日本的关系。2019年10月9日，缅甸国防军总司令敏昂莱出访日本并与日本首相安倍晋三举行会晤。10月20—21日，昂山素季访问日本，参加日本德仁天皇登基典礼，并与安倍晋三举行会晤，双方表示将进一步加强缅日经贸合作、增进缅日友好关系。在新财年，日本计划加大对缅甸投资，特别是对缅甸仰光省的迪勒瓦经济特区的投资。日本是缅甸第十大外资来源，共有投资项目117个，投资总额达12亿美元。

4. 与韩国的关系。2019年9月3日，韩国总统文在寅抵达缅甸开始友好访问。缅韩签署多项合作备忘录，同时还举行缅韩合作工业区项目启动和缅韩经济论坛。11月26日，昂山素季访问韩国并出席2019韩国—东盟特别峰会，共同庆祝韩国与东盟建立伙伴关系30周年。昂山素季与文在寅举行会晤，双方表示要深化缅韩合作。在峰会上昂山素季表示，加强东盟—韩国关系是缅甸实现经济繁荣的重要一环。

（三）与东盟及其成员国的关系

2019年3月4—13日，东盟紧急响应评估小组赴缅甸若开邦调查难民遣返情况并形成调查报告。4月29日，昂山素季访问柬埔寨，这是昂山素季出任国务资政后首次访柬。5月11日，温敏访问越南并与越南政府和国会领导人举行会晤。5月27日，东盟与缅甸举行关于合作遣返若开邦难民问题第2次高级别会议。8月，缅甸政府表示正在实施与东盟成员国之间的专业劳工相互认定工作，认定达成后可为缅甸劳工提供更多就业机会、提升待遇。9月11日，昂山素季访问越南并参加第27届世界经济论坛。10月11日，缅甸投资与对外经济关系部部长当吞出席在泰国举行的第9届《区域全面经济伙伴关系协定》(RCEP)部长级会议，他表示RCEP将给缅甸带来巨大的经贸利益。10月18日，缅甸与泰国签署跨境支付协议，两国边境支付和汇入将可以使用缅元和泰铢。11月2日，昂山素季出席在泰国举行的第35届东盟峰会及东亚合作领导人系列会议，会上她表示缅甸经济正在高速发展，呼吁加强与东盟的经济合作与转型。12月16日，越南总理阮春福访问缅甸，缅越双方签署重要合作文件。

（四）与印度及南亚国家关系

2019年5月30日，缅甸总统温敏访问印度并参加印度总理莫迪的第二任期宣誓仪式。6月5日，缅甸投资委员会批准印度阿达尼集团公司投资3亿美元在缅甸建设港口的项目，截至2019年6月，印度在缅甸投资额达7.63亿美元。7月27日，缅甸政府代表访问孟加拉国的罗兴亚人难民营。8月25日，孟加拉国发布公告称，支持境内难民的返缅意愿。9月5日，缅甸政府代表与孟加拉国驻缅甸大使协商遣返事宜，并表示计划于8月22日启动的遣返计划失败。10月16日，尼泊尔总统比迪娅·德维·班达里抵达缅甸开始友好访问，17日，比迪亚·德维·班达里与温敏、昂山素季、敏昂莱等缅甸国家政要举行会晤，双方表示要进一步深化两国关系，加强经贸等各领域合作，两国相关部门签署多项合作备忘录。11月3日，在第35届东盟峰会期间，昂山素季与印度总理莫迪举行会谈，双方讨论进一步深化两国合作关系。

（五）与联合国及其他国际组织的关系

2019年9月13日，联合国秘书长古特雷斯表示，不排除缅甸境内正在进行“种族清洗的可能”。10月9日，缅甸常驻联合国代表发言称：罗兴亚救世军等恐怖组织是妨碍罗兴亚难民返乡工作的最大障碍，各国需要加强国际合作；缅甸不接受国际组织等借助人权在毫无根据的情况下谴责缅甸并施加压力。10月25日，缅甸国际合作部部长觉丁出席在阿塞拜疆巴库举行的第18届不结盟运动峰会。11月3日，昂山素季与国际货币基金组织负责人、国际足球联合会主席举行会见。12月10—12日，联合国海牙国际法庭就冈比亚代表伊斯兰合作组织控告缅甸对若开邦罗兴亚人实施“种族清洗”事宜举行公开听证。昂山素季率领代表团赴荷兰海牙就相关指控进行抗辩。12月24日，联合国重启对缅甸的粮食援助合作,联合国粮食计划署表示将为缅甸克钦邦、若开邦和掸邦等冲突地区的100万人提供粮食援助。 （张泽亮 代珊瑞 祝湘辉）

资料来源:

1. 中国驻缅甸大使馆经济商务参赞处网站
2. 中国《人民日报》、新华网网站
3. 缅甸《全球新光报》《缅甸时报》《镜报》《金凤凰日报》《十一新闻日报》

菲律宾:2019年经济社会发展回顾

2019年,菲律宾政局平稳,经济增长迅速,外交成果丰硕。执政党在中期选举中获胜,南部和平进程得到实质性推进。尽管禁毒战争引发国内和国际舆论压力,但是并未对杜特尔特政府产生影响。经济增速在下半年重新回到预期水平,各项经济指标均表现良好,国内支柱产业均有所增长,旅游业成为重点增长的行业。外交方面,菲律宾与中国的关系得到提升,政治、经济和人文交流持续升温;与美国的军事关系保持平稳,但因为人权问题而导致外交冲突;与其他周边国家开展独立自主的多元外交。

一、内政:执政党获得中期选举大胜,维稳工作成效卓著

2019年是菲律宾的中期选举年,包括12名参议员、81位省长在内的席位和职位将在选举中确定人选;禁毒战争中的伤亡人数进一步增加,引起国内反对派和国际社会的持续关注;《摩洛组织法》的实施以及与“摩洛伊斯兰解放阵线”的和解标志着现任政府处理国内分离主义运动取得初步成效。

(一)中期选举

2019年5月13日举行的中期选举中,包括12个参议员席位在内的1.8万个职位面临改选,这对菲律宾国内政治生态有着重要的影响。本次选举既是对杜特尔特政府执政三年来民众满意度的考验,同时,中央以及地方各级职位的更迭也将影响到杜特尔特任期后半程的施政环境。

参议员的改选最受关注。菲律宾国会是全国最高立法机构,由参议院和众议院组成,参议院共24席,任期为6年,每三年改选半数,可以连任一届。在本届选举中,共计62位候选人符合条件。以执政党为首的菲律宾民主人民力量党、国民党以及基督教穆斯林民主力量党等政党共同组成的变革联盟在本次选举中共提名13名参议员候选人,其中有5人来自菲律宾民主人民力量党,其他9人来自其他政党。反对党——自由党则推荐8名候选人并组成“八全胜”选举联盟。最终,执政党推荐的5名党内候选人中有4位胜选,另有5位参议员来自组成执政联盟的其他党派,而自由党的“八全胜”则全部落选,其中包括在民调中排名靠前、有丰富从政经验的曼纽尔·罗哈斯以及谋求连任的、前总统阿基诺三世的堂兄本·阿基诺。选举的惨败使得自由党总裁、现任参议员弗朗西斯·庞格里南以及自由党秘书长、现任众议员贝尔蒙特向副总统兼党主席莱妮·罗布雷多提出辞职。

地方选举的过程及结果显示,家族政治仍然是菲律宾当下最主要的政治形态,政权的更迭也经常以家族为单位进行。本届选举中,现任总统杜特尔特的家族在达沃市的选举中依然占据优势,杜特尔特长女萨拉成功连任第三届市长,次子塞巴斯汀则首次当选副市长。杜特尔特长子保罗·杜特尔特在2018年因丑闻辞职后首次复出,赢得达沃市众议院席位并试图竞选众议长。尽管杜特尔特之前屡次在公开场合表示不允许其长女参加2022年大选,但12月19日总统发言人表示,杜特尔特并未排除作为女儿的竞选伙伴搭档参加2022年竞选的可能性。本次的选举同时也见证埃斯特拉达家族在圣胡安市和马尼拉市的全面落败。约瑟夫·埃斯特拉达曾于1998—2001年担任菲律宾总统,其家族控制着大首都地区的圣胡安和马尼拉两市的主要政府职位,其本人于1969—1984连续15年担任圣胡安市市长,并于2013年和2016年两次竞选马尼拉市市长成功,圣胡安市市长在1992—2019年先后由其子晶贵、其非婚子埃赫尔希托以及非婚子的母亲古伊雅·戈麦兹担任。在本次中期选举中,埃斯特拉达家族在圣胡安市的地位被萨莫拉家族取代,隶属于执政党的罗兰德·萨莫拉成功当选众议员,其子弗朗西斯则在市长竞选中击败埃斯特拉达的孙女贾内拉。同时,埃斯特拉达本人和女儿杰丽卡竞选马尼拉市市长及议员失败,而晶贵和埃赫尔希托也在参议员选举中败北。

从选举结果看,执政联盟取得全面胜利,在参议院以及众议院同时占据多数,反对党在参议院的席位仅剩4席,这证明杜特尔特就任以来的社会经济政策如禁毒战争和“大建特建”等项目赢得民众普遍支持。本次选举后,执政联盟将获得更多国会支持,有利于其进一步推进各项政策。此外,杜特尔特长女在达沃市的成功连任表明其家族在该地区拥有较高的支持率。

(二)禁毒战争

自2016年7月1日杜特尔特上任以来,禁毒战争在其施政举措中占有重要地位。据菲律宾缉毒局统计,截至2019年11月,政府在缉毒行动中击毙5552人、逮捕超过20万人。禁毒战争开始以来,菲律宾国内反对派和一些国际组织便指责菲律宾的禁毒行动存在人道主义危机并通过各种手段向菲律宾施加压力,而杜特尔特政府也进行相应的回击。

2018年年初,国际刑事法院正式开启对杜特尔特

政府在禁毒战争中行动的调查，菲律宾随后正式通知联合国将退出国际刑事法庭。2019年3月16日，菲律宾的退出在宣布届满一年后正式生效。随后，国际特赦组织呼吁联合国对菲律宾的禁毒战争进行调查。7月，冰岛提出一份有关菲律宾人权状况的动议，在联合国人权理事会以18票通过、14票反对、15票弃权获通过，要求人权事务高级专员办事处调查在菲律宾存在的侵犯人权事件。对此，杜特尔特斥责对这一决议投赞成票的国家，并于9月23日暂停与英国等18个国家的政府间贷款及援助谈判以作为对人权调查案的回应。与此同时，菲律宾国内反对派也不时对政府进行抨击。以副总统罗布雷多为首的反对派多次在公开场合对现任政府的禁毒战争表示担忧。面对批评，杜特尔特在2019年10月末提议由罗布雷多担任扫毒委员会联席主席以验证她解决毒品问题的能力。11月8日，在其主持的第一次工作会议上，罗布雷多就将现行的禁毒政策定义为“无意义的杀戮”并且“未能有效遏制毒品”。随后的一周，罗布雷多分别与联合国毒品和犯罪办公室以及美国大使馆的官员会面，并就菲律宾禁毒战争进行讨论。11月24日，杜特尔特以与外国机构会面涉嫌泄露禁毒战争机密信息为由正式解除罗布雷多扫毒委员会联席主席的职位，并承认其从未信任过罗布雷多。

（三）南部和解持续推进，安全威胁减弱

由于宗教文化的差异，菲律宾一直面临着南部地区的穆斯林分离主义威胁，同时，恐怖主义等也增加了不稳定因素。自2017年5月以来，菲律宾南部棉兰老岛一直处于军管措施之下。2019年，菲律宾《棉兰老穆斯林邦萨摩洛自治区组织法》（简称“《摩洛组织法》”）公投通过并正式实施，政府与两支主要的穆斯林武装组织达成全面和解，使南部问题得到初步解决。12月初，杜特尔特表态，将结束棉兰老岛的军事管制状态，可见，菲律宾南部局势已经持续好转。另一方面，恐怖组织——阿布沙耶夫组织在南部制造多起爆炸，菲律宾共产党则与政府在交战和停火间多次反复，给菲律宾南部带来不稳定因素。

《摩洛组织法》规定“摩洛自治区”政府的基本架构及自治区政府与中央政府的关系。2018年7月26日，杜特尔特正式签署法令，并定于2019年1月21日及2月6日在法案涉及的地区举行两次公投，分别由现行的穆斯林自治区居民及其周边城镇决定是否加入“摩洛自治区”。2019年2月14日，菲律宾选举委员会公布，除了原穆斯林自治区，以哥打巴托市为首的63个城镇也将加入“摩洛自治区”。完成公投之后，政府加快与“摩洛伊斯兰解放阵线”（简称“摩伊”）以及“摩洛民族解放阵线”（简称“摩解”）的谈判。自治区的主要官员将由三方共同提名，“摩伊”领导人穆拉德为“摩洛自治区”首席部长，负责由穆斯林自治区向“摩洛自治区”的过渡工作。同时，政府还按计划对大批的“摩伊”战士进行特赦以帮助其恢复正常生活。9月，40000名现役“摩伊”战士中的30%得到遣散，政府统一为每位前战士发放10万比索现金，其家庭将获得50万～100万比索的各项援助。除此之外，杜特尔特还委任“摩解”创始人密苏阿里担任伊斯兰合作组织伊斯兰事务经济特使以促进菲律宾与伊斯兰国家的关系。

尽管如此，菲律宾南部依然面临着恐怖主义以及其他反政府武装的威胁。阿布沙耶夫是菲律宾最大的恐怖主义组织，创立于1991年，2014年宣誓效忠“伊斯兰国”，现规模约为400人。2019年1月27日，苏禄省和乐市一座天主教堂发生连环爆炸案，造成21人死亡；4天后，三宝颜市发生手榴弹爆炸事件，造成2死4伤；2月5日，北拉瑙省发生的3次爆炸都可能与阿布萨耶夫组织有关。面对恐怖组织的频繁行动，杜特尔特下令对恐怖组织全面宣战。除了阿布沙耶夫，菲律宾共产党的叛乱也一直威胁着菲律宾南部安全。尽管杜特尔特执政初期曾致力于政府与菲律宾共产党的和解，但是，由于菲律宾共产党领导下的新人民军持续对政府军发动攻击，杜特尔特便中断与菲律宾共产党的和谈。2019年1月10日，杜特尔特在一次采访中表示仍愿与菲律宾共产党和谈，菲律宾民主阵线的首席谈判员随后给予积极回应。然而1月末，杜特尔特改口称绝不会与菲律宾共产党和谈。3—4月，杜特尔特在宣布永久停止与菲律宾共产党和谈后又表示已经准备好立即停火，并呼吁新人民军创始人西松回国参与和谈。

二、经济：宏观经济表现良好，基建进展暂时滞后

2019年，菲律宾宏观经济各项指标表现良好，经济增速先慢后快，处于高位复苏阶段，在通货膨胀相比上一年度得到有效控制的基础上，基准利率进一步降低，有助于经济的进一步增长；国内主要支柱产业发展良好，其中，旅游业的规模和收益同比增长均超过两位数；“大建特建”计划取得一定成绩，但是旗舰项目的建设进展存在滞后现象。

（一）宏观经济表现良好

2019年，菲律宾宏观经济各项指标表现良好，逐步达成《2017—2022年菲律宾发展规划》中制定的各项目标。受年度预算签署推迟、全球不确定性上升等负面因素影响，经济增速先慢后快，处于高位复苏阶段。通货膨胀率得到了控制，基准利率下降0.75%，股票、外汇市场表现良好，进出口贸易额轻微下降，贸易逆差减少，吸引外国投资表现不佳。

根据2017年由菲律宾国家经济发展署发布的《2017—2022年菲律宾发展规划》，菲律宾政府计划到2020年实现经济增长7%～8%，人均收入5000美元，

贫困率下降至14%，失业率下降至3% ~5%。截至2019年第三季度，菲律宾国内生产总值增长率达到5.8%，人均收入增速超过5%，全国失业率由5.1%下降至4.5%的历史新低，贫困率从2015年的23.3%下降至16.6%。

2019年，菲律宾的通货膨胀率得到有效控制，前三季度的平均通货膨胀率为2.8%，远低于上年的5.2%。货币政策方面，鉴于通货膨胀率的下降和经济增速的放缓，菲律宾央行在2019年执行3次降息，基准利率由4.75%下降至4%以加速经济增长复苏速度。在外汇市场，由于较高的经济增长率以及较低的通货膨胀率，菲律宾比索在2019年表现强势，对美元升值达到3.6%。在股票市场，复苏的经济增长、下行的利率、得到控制的通货膨胀率以及比索的强势表现共同推动菲律宾股市在2019年上涨4.7%，收于7815点。对外贸易方面，2019年菲律宾进出口总额为1772.83亿美元，比上年下降2.67%；出口总额为701.95亿美元，增长1.28%；进口总额为1070.87亿美元，下降5.10%；贸易赤字368.92亿美元，下降15.25%。中国、日本及美国是菲律宾排名前三的贸易伙伴。外汇储备方面，截至8月，菲律宾的外汇储备达到856.1亿美元的新高。经济政策方面，2019年9月16日，菲律宾国会通过《企业所得税和激励合理化法案》，对菲律宾的公司税制进行改革，该法案将在10年内将企业所得税税率从30%降至20%。在吸引外国投资方面，由于中期选举以及企业税改法案带来的不确定性，2019年上半年，外国投资额同比减少38.8%，仅为35.7亿美元；在下半年，随着上述两项不确定性的消除，菲律宾央行预计全年吸引外资金额约80亿~90亿美元。

（二）支柱产业有所增长

菲律宾服务业产值占2018年国内生产总值的57.8%，雇用全国54%的劳动力，其中，旅游业、海外劳工以及服务外包业是菲律宾经济的支柱产业。2019年，菲律宾旅游业增长较快，而海外劳工汇款以及外包行业增长相对较慢。

旅游业对菲律宾国内生产总值的贡献率在2018年达12.7%。2019年，菲律宾旅游部制定的游客数目标为820万人次。截至12月27日，共有800万人次游客抵达菲律宾，基本实现预期目标，同比增长达到12.7%。根据菲律宾旅游部统计，2019年1—9月，海外游客消费同比增长25.66%，达到72.9亿美元的历史新高。菲律宾海外劳工数量约为230万人，其汇款占2018年国民生产总值的9.7%、国民收入的8.1%，是菲律宾最大的外汇收入来源。2019年1—10月，菲律宾接收海外个人汇款同比增长4.3%，达到276亿美元。其中，美国为最大汇款国，占比为37.6%。

服务外包业是菲律宾近十年发展较快的行业，根据全球软件服务外包咨询公司的报告，马尼拉和宿务分别位居全球第5以及第11的服务外包城市。2019年1—9月，菲律宾外包行业收入同比增长6%，达到164亿美元。根据菲律宾央行的估计，服务外包业2019年全年收入增长约为5%。

（三）“大建特建”规划实施进度滞后

“大建特建”规划是杜特尔特上任后提出的基础设施建设计划，由分布在菲律宾全国的数千个基础设施建设项目组成，其中，最核心的是75个总价值为2.4万亿比索的旗舰项目。按照计划，菲律宾政府投入基础建设的资金将在2022年达到国内生产总值的7.3%。截至2019年年底，“大建特建”规划已经建设了9845千米道路、2709座桥梁、64个机场以及243个海港，但是，包括大马尼拉地铁项目、苏比克—克拉克铁路在内的诸多旗舰项目建设进度依然滞后。据统计，在初始的75个旗舰项目中，有46个已经启动，除了2个已建成的项目，仅有9个在实际建设中。根据菲律宾国家经济发展局在2019年年中的估计，在所有的75个项目中，仅有总价值1876亿比索的21个项目能够在杜特尔特任期内完成，其他54个仅能在杜特尔特任期结束前开始动工。2019年11月，杜特尔特对旗舰项目清单进行扩充，旗舰项目数量达到100个，扩充的项目中包括马卡蒂地铁、新马尼拉国际机场以及首都区域的若干城铁线等。

三、外交：坚持践行独立自主的外交政策

2019年，菲律宾继续坚持独立自主的外交政策。其中：与美国的军事关系仍然稳定，但是，年末两国因人权问题导致外交冲突；与日本的关系在经贸合作方面持续巩固，杜特尔特访问日本期间签署多项经济合作协议，双方官员组成的联合委员会有效推动已签署协议的实施；与俄罗斯的安全与防务关系水平持续提升，杜特尔特访问俄罗斯期间，与俄罗斯总统普京就扩大安全与防务合作进行探讨，两国军方官员及部队实现多次互访。

（一）菲美关系：军事关系稳定，政治关系恶化

自2016年7月杜特尔特上任后，菲律宾政府与美国的关系逐渐淡化，但是，两国在安全领域的合作仍然保持相对稳定。2019年，美国官员首次明确表示将在南海保护菲律宾，但是，菲律宾国内仍然出现再次审查《共同防御条约》的声音。年末，两国关系因人权问题恶化，导致菲律宾禁止两名美国参议员入境。

菲美两国的军事关系在2019年仍然相对稳定。2019年2月28日至3月1日，美国国务卿蓬佩奥访问菲律宾。本次访问中，蓬佩奥明确表示，若菲律宾在南海地区遭受攻击会触发《共同防御条约》，美国将会支援菲律宾。这是美国官员首次明确表示在南海保卫菲律宾的意愿，回应2018年年末菲律宾国防部部长洛伦

扎纳对该条约是否还与菲律宾的安全相关的疑问。尽管如此,洛伦扎纳仍然坚持重新审议《共同防御条约》,因为条约现有内容可能使菲律宾被迫卷入中美两国在南海的冲突。2019年4月1日,美菲一年一度的"肩并肩"军事演习举行。本次主题是防范全球恐怖主义,共有4000名菲律宾士兵、3500名美军士兵以及50名澳大利亚军人参加,规模比上年的8000人有所缩小。

尽管两国在军事领域的合作依然稳定,但美国以人权问题为由,试图在外交上对菲律宾施加压力,遭到菲律宾的抗议与反制。杜特尔特上任后不久,长期批评禁毒战争的菲律宾参议员德利马因涉嫌在担任司法部部长期间与毒品交易有牵连而被捕。2019年9月,美国参议院一小组通过一项由两名参议员主张的预算修正案,授权国务卿阻止与德利马案相关的菲律宾官员入境。推动法案的参议员之一还在推特(Twitter)上称,菲律宾政府对德利马的拘留是出于政治动机。27日,菲律宾总统发言人表示,杜特尔特正式拒绝来自美国总统特朗普的访问邀请并已下令移民局禁止推动修正案的两名美国参议员理查德·德宾与帕特里克·莱希入境,如果美国禁止菲律宾相关官员入境,菲律宾将调整对美国护照的免签政策。

(二)菲日关系:万亿日元援助逐步落实

2019年,菲日外交关系的重点集中在经贸合作上,杜特尔特两次访问日本,签署26项协议及意向书。此外,日本首相安倍晋三于2017年访问菲律宾时承诺的1万亿日元援助正不断得到落实,日本成为杜特尔特"大建特建"规划的重要资金来源。

2019年5月29—31日,杜特尔特率内阁成员访问日本,参加日经新闻社举办的亚洲未来国际会议,并与安倍晋三举行会晤。两国签署7项协议及19份意向书,预计将带来价值2890亿比索的投资并产生82737个工作岗位。本次签署的最重要协议是菲律宾贸易和工业部与日本贸易振兴机构之间的合作备忘录,该协议旨在扩大两国之间在投资促进活动方面的合作。日本对菲律宾的援助主要通过菲日基础设施发展与经济合作联合委员会落实,这一机构由安倍晋三在2017年首次访问菲律宾时宣布成立。该机构旨在于五年内以官方发展援助和私人投资的形式为菲律宾的基础设施发展提供1万亿日元的援助。2019年2月、6月及12月,菲日基础设施发展与经济合作联合委员会分别举行第七至九次会议,菲律宾财政部部长多明计斯及日本首相特别顾问和泉弘人举行三次会晤,巩固双方在马尼拉地铁、南北通勤铁路扩建项目合作并签署包括关于棉兰老和平进程赠款计划在内的多项赠款协议和合作备忘录。此外,日本国际协力机构于2019年10月也与菲律宾政府签署8个总价值609亿比索的项目协议,包括道路升级和保护项目、达沃市环路建设以及中吕宋高速公路等。

(三)菲俄关系:安全合作逐步强化

2019年,杜特尔特对俄罗斯进行国事访问,在签署文化、外交等领域协议的同时与俄罗斯总统普京就扩大安全与防务合作进行探讨。此外,通过军方高级官员会晤及军队互访,两国正逐步落实由双方领导人同意的安全与防务合作扩大计划。

2019年10月1—5日,杜特尔特应邀展开对俄罗斯的第二次访问。杜特尔特分别在莫斯科和索契会见俄罗斯总理梅德韦杰夫和总统普京,并在瓦尔代会议上做了发言。会晤期间,两国领导人就扩大安全与防务合作,打击恐怖主义、极端主义和跨境犯罪等议题进行讨论并签署价值为6.2亿菲律宾比索的商业协议。同时,普京还接受杜特尔特的邀请,计划首次访问菲律宾。

此外,两国军方的高级官员和部队互访频繁。2016年7月至今,双方军舰已实现7次互访。2019年1月7—11日,俄罗斯太平洋舰队3艘军舰对菲律宾进行友好访问。菲律宾武装部队总参谋长登上了瓦良格号。此后,3艘军舰与菲律宾海军举行演习。3月,俄罗斯海军司令访问菲律宾并会见菲律宾国防部部长和海军司令。4月8日,俄罗斯太平洋舰队另外3艘军舰再次访问菲律宾并与菲律宾海军在南海进行联合战术行动与组织通讯演练。6月,菲律宾国家安全顾问埃斯佩隆访问莫斯科,与俄罗斯联邦安全委员会秘书尼古拉·帕特鲁舍夫会晤,落实两国在2017年达成的安全、国防、执法和情报交换框架协议。7月,载有300名士兵的菲律宾海军军舰驶往符拉迪沃斯托克参加俄罗斯海军日。

(四)菲中关系:多领域关系持续提升

2019年是菲中关系持续提升的一年,双方高层多次互访,加深互信,淡化领土争议,推进南海联合石油勘探工作;中国的"一带一路"倡议与菲律宾"大建特建"规划快速对接,多个项目实现落地;民间文化交流增进,中国游客赴菲律宾旅游人数创历史新高,持续7年的"另纸签证"政策撤销。与此同时,南海撞船、非法务工等议题也影响着菲中关系的发展。

1. 高层互访与军事交流频繁。2019年,杜特尔特于4月及8月两次访华,分别出席第2届"一带一路"国际合作高峰论坛以及2019年国际篮联篮球世界杯开幕式。在两次行程中,杜特尔特分别会见中国国家主席习近平和国务院总理李克强并见证19份总价值为120亿美元的贸易与投资协议以及6项关于教育、科学与技术、金融和海关的协议的签署。3月,中国国务委员兼外交部部长王毅在中国北京与菲律宾外交部部长洛钦举行会谈;4月,中国农村农业部副部长余欣荣访问菲律宾。10月,中国国务院副总理胡春华访问菲律宾,与杜特尔特进行双边会谈。除此之外,两国军队间频繁互访,两军关系健康发展。1月中旬,由三艘中国人民解放军海军军舰组成的539编队访问菲律宾,菲律宾国防部部长洛伦扎纳参观舰队并会见编队指挥员许海华少将和杜乃华少将。1月下旬,菲律宾国防部副部长卢纳到访北京并会见中国国防部部长魏凤和,双方互相表达推动两军关系健康发展及深入推动军事合作的意愿。4月,菲律宾最大战舰应邀参加中国人民解放军海军成立70周年多国海军活动,舰艇指挥员在接受采访时表达与中国海军缔结紧密关系的意愿。8月,中菲双方宣布成立油气合作政府间联合指导委员会和企业间工作组,推动共同开发,取得实质性进展。

2. 经贸合作批量落实。菲律宾"大建特建"规划与"一带一路"倡议契合,中菲两国元首已就两个计划的深入对接达成共识。据统计,2019年1—9月,中国企业在菲律宾新签工程承包合同额为35.4亿美元,比上年同期增长129.6%;完成营业额17亿美元,比上年同期增长18.9%。中国直接投资也参与到菲律宾基础设施建设投资中。马卡蒂地铁建设是菲律宾首个地铁项目,其项目建设与投资都有中国企业的参与。2019年1月24日,菲律宾基础设施建设控股有限公司与中国土木工程集团有限公司签署有关马卡蒂市地铁项目的协议备忘录,确定由中土集团承包项目建设工程。10月29日,IRC向菲律宾股票交易所披露,已经分别从中国香港高辉投资有限公司以及上海民图投资控股有限公司募资1.02亿美元和2亿美元信用额度及3000万美元的股权投资。

除了在建工程,大量的中资企业已经就在菲律宾投资建设与菲方签署备忘录、签订合同或中标。2019年1月,中国能建装备集团公司与菲律宾信息和通信技术部签署谅解备忘录,将为菲律宾的三家电信公司建造共享通讯塔。3月,中交一公局集团有限公司与巴石河改造委员会就解决巴石河的污染问题和加强社会经济开发签订合作协议。7月,中国平安保险(集团)股份有限公司旗下金融一账通与菲律宾友联银行(Union Bank)旗下公司UBX达成合作,将共同构建菲律宾第一个由区块链技术驱动的科技平台以满足菲律宾国内中小微企业的融资需求。9月,中国钢铁公司攀华集团与菲律宾经济特区管理局的官员签署协议备忘录,计划年底前开始建设占地300公顷的综合钢铁厂。12月,中国中车株洲电力机车有限公司与菲律宾国家铁路公司签署供货合同,由中国制造的动车组列车将首次出口到菲律宾;同时,中国交通和由陈永栽主导的大亚公司(Macro Asia)共同赢得了菲律宾首都马尼拉以南价值100亿美元的甲美地机场项目的投标。

3. 人文交流逐步深化。随着政治、经济关系水平的提升,菲中两国文化交流也逐渐深入。青年及学术机构间交流是文化交流的一种重要形式。2019年7—9月,来自中国清华大学、厦门大学以及海南省社会科学院的实践团分别在菲律宾进行交流考察,参访菲律宾大学、菲律宾雅典耀大学和德拉萨大学等高校,对菲律宾营商环境等题目进行调研。

旅游业是菲律宾的支柱产业,2019年1—10月,中国有149万人次游客赴菲律宾,同比增长41.13%,是菲律宾第二大同时也是增长最快的客源地。菲律宾旅游部预计2019年中国游客将为菲律宾经济带来超过320亿比索的收入。越来越多的中国城市与菲律宾城市间直航的开通是促使中国赴菲律宾游客增长的重要因素。2019年,仅中国成都一地就新开通赴菲律宾宿务、薄荷以及长滩岛的直飞航班,广州、泉州、晋江等地也增加赴菲律宾航线。除了航线增加,2019年,菲律宾对中国游客的签证政策也有变化,菲律宾自2012年起对中国护照实施的"另纸签证"政策已经废除。

(马宇晨　吴杰伟)

资料来源:

1. 菲律宾参议院、选举委员会、统计局、中央银行等部门网站

2.《菲律宾商报》

3. 中华人民共和国驻菲律宾共和国大使馆、中国商务部亚洲司、人民网、环球网等网站

新加坡:2019年经济社会发展回顾

2019年,新加坡保持政府高度廉洁并调整政府内阁和部门适应新发展需求;受制造业发展放缓、对外贸易萎缩等影响,经济仅增长0.7%,创10年来新低,但仍保持为全球竞争力较高的经济体;积极开展首脑外交,立足东盟,加强与东盟及其成员国的合作,并在"大国平衡"原则下全面深化与美国及中国的合作;社会领域,新增就业人数创新高,但失业率也持续增长。

一、保持政府高度廉洁,调整政府内阁和部门适应新发展需求

(一)政府廉洁指数全球领先

根据2020年1月国际反贪腐组织——透明国际发布的廉洁指数,2019年,新加坡在全球180个经济体中排名第4,虽然比2018年降低1个名次,但得分一样,在东南亚仍排名第一。2018年,新加坡排名上升3个名次,与芬兰、瑞典及瑞士并列为全球清廉国家第三名,在东南亚国家中排名第一,得分为85分,比2017年多一分,政府廉洁指数全球领先。中国香港政治与经济风险咨询机构2018年报告也将新加坡评为亚洲最清廉的国家。新加坡自1995年以来一直保持为亚洲最清廉国家。世界正义工程组织发布的2017—

2018年法治指数也把新加坡列为全球第四大清廉国家,在亚洲则排名第一。新加坡贪污调查局也发布声明指出,新加坡贪污问题受到控制,该局近年接到的贪污举报和立案调查案件数量都处于较低水平。

在此背景下,新加坡法成为亚洲跨境交易第二个最常依据准据法。新加坡法律学会委托国际市场研究机构益普索的调查结果显示,新加坡法成为亚洲跨境交易第二个最常用的准据法,2016—2018年的使用率同比增长4%,而最常用的英国法则同比下降5%。

(二)调整政府内阁

2015年新加坡大选内阁重组以来,新加坡总理李显龙每年都对内阁进行职务调整。2019年4月23日,李显龙再次宣布对政府内阁进行小幅度调整。一是张志贤和尚达曼不再担任新加坡副总理职务,受委任为国务资政。张志贤继续留任新加坡国家安全统筹部长,尚达曼则出任新加坡社会政策统筹部长。二是王瑞杰出任新加坡副总理,并继续兼任财政部长。其他部长则保持原有职务。此次调整于2019年5月1日起生效,调整后新加坡仅有一名副总理。

(三)调整政府部门适应新发展需求

1. 成立新加坡电信网络安全战略委员会。为了适应互联网快速发展、网络安全威胁日益增加等发展形势,2019年10月举行的第4届东盟网络安全部长级会议提出成立东盟网络安全工作委员会,协调局域网络安全相关工作。在此背景下,新加坡政府于2019年10月成立电信网络安全战略委员会,为电信业制定发展蓝图,也为电信业应对新一代网络威胁须具备的能力和解决方案提出建议。此外,为了提升东盟整体网络安全保障能力,东盟成立东盟—新加坡网络安全卓越中心,新加坡将在5年内提供3000万新元的资金保障该中心的运营。

2. 成立新加坡食品局。全球农业和粮食格局正在急速变化,预计2050年,全球粮食需求将增长60%,而气候变化将导致农作物产量大幅下跌10%~25%,粮食短缺将成为各国需要面对的突出问题。此外,日益复杂的全球食品供应链也加大食品受污染的风险。因此,为了更好地监管食品安全和保障粮食安全,2019年2月12日,新加坡国会通过新加坡食品局法案,并于2019年4月1日正式成立新加坡食品局,隶属于新加坡环境及水资源部,由农粮兽医局、国家环境局和卫生科学局分别监管与食品相关的工作,统一交转由该局负责。新加坡食品局将进一步提升新加坡粮食进口来源多样化水平,并逐步形成新加坡的农粮生态系统,从而减少对进口产品的依赖。

3. 新加坡公园局接手农粮兽医局动物管理职能。为了更好地解决人与动物间存在的问题,更快地侦测和应对动物传染病,维护公共健康和自然生态平衡,2019年2月,新加坡国会通过《公园局(修正)法案》,在该局下设动物与兽医事务组,接管农粮兽医局的动物管理职务。此外,2019年8月,新加坡国会三读通过新法案,在2019年12月前成立新加坡内政团队科技局,整合内政团队不同部门约1300名科研与科技人员,共同为防止犯罪与紧急应对等工作研发新方案。

二、经济发展放缓,但仍为全球竞争力较高经济体

(一)经济增速创10年新低

2010年以来,新加坡经济总体保持稳定发展,国内生产总值由3270亿美元增加至2018年的4912亿美元;经济增速除了2015年均保持在3%以上。根据新加坡统计局的数据,新加坡2019年4个季度的经济增速分别为1%、0.2%、0.7%和1%,全年经济增长率为0.7%,创近10年新低。

制造业产值的下滑是导致新加坡经济增长放缓的最主要原因。根据新加坡经济发展局发布的数据,2019年,新加坡制造业产值比上年减少1.5%,为4年来首次负增长。其中,2019年11月,制造业产值较上年同期减少9.3%,创4年来最大跌幅;2019年12月的制造业产值较上年同期减少0.7%,连续两个月萎缩,若不包括生物医药制造,跌幅高达3.2%。此外,新加坡服务业产值增速为1.1%,低于2018年的2.9%。建筑业产值在2018年负增长的基础上实现2.5%的增长。

虽然经济增长放缓,但2019年新加坡取代美国被评为全球最具竞争力经济体。2019年5月,瑞士洛桑国际管理发展学院发布的《2019年世界竞争力年报》中,新加坡在全球63个经济体中的排名较2018年提升2位,成为全球最具竞争力的经济体。根据报告,新加坡获评为全球最具竞争力经济体的突出优势为可靠和先进的科技基础建设、劳动力技术娴熟、建立新业务途径具有效率、政治稳定及具可预测性、有效的法律环境、税率具竞争力、经商环境适宜有利、移民条例优惠以及高效率创业模式等。此外,在美国智库传统基金会与《华尔街日报》发布的“2019经济自由度指数”中,新加坡得分为89.4分,较2018年提高0.6分,在全球180个经济体中,新加坡继续排在第2位,中国香港以90.2分被评为全球经济自由度最高地区,新加坡与中国香港的得分差距收窄。其中,新加坡在财产权利、司法效率、政府诚信、政府开支及劳工自由等指标的得分高于中国香港。

(二)宏观经济指标总体保持稳定

2019年,虽然新加坡经济增长率创10年来新低,但财政收入、通货膨胀率等宏观经济指标保持总体稳定。一是财政收入保持稳定增长。根据新加坡统计局数据,2019年4—11月,新加坡财政收入523亿新元,与2018年同期相比增长3%。其中企业税和个人所得税分别增长6.7%和5.6%,达到140亿新元和88

亿新元。二是通货膨胀率持续降低。根据新加坡金融管理局和贸易与工业部发布的新加坡消费者物价指数(CPI)报告,2019年新加坡核心通货膨胀率为1%,低于2018年的1.7%。三是保持新元汇率稳定。2019年10月,新加坡金融管理局在发布新加坡货币政策时宣布将放慢新元升值步伐,维持新元汇率波动范围和中心轴不变。这是近3年来新加坡首次施行宽松货币政策。

(三)对外贸易小幅萎缩

根据新加坡国际企业发展局的统计数据,2018年,新加坡货物进出口总额为7736.38亿美元。2019年受全球贸易紧缩、中美贸易摩擦等因素影响,新加坡对外贸易出现小幅萎缩。2019年,新加坡货物进出口额7494.8亿美元,比上年下降4.2%。其中:出口额3904.2亿美元,下降5.2%;进口额3590.6亿美元,下降3.1%;贸易顺差313.6亿美元,下降24%。

2019年,中国保持为新加坡第一大贸易伙伴、第一大出口市场和第一大进口来源地。2019年1—11月,中国与新加坡双边货物进出口额1006.7亿美元,比上年同期增长0.6%。其中:新加坡对中国出口额464.6亿美元,增长2.4%,占其出口总额的13.2%,提升1个百分点;新加坡自中国进口额490.5亿美元,下降1.2%,占其进口总额的13.6%,提升0.3个百分点;新加坡贸易顺差25.8亿美元,增长243.2%。

(四)投资保持稳定增长

新加坡经济发展局公布的年度投资数据显示,2019年,新加坡固定资产投资总额为152亿新元,较2018年的109亿新元增长39.45%,连续第3年实现稳定增长,为2012年以来的最高水平。新加坡也被全球资产管理公司施罗德评为全球永续性投资市场的第2名,仅次于瑞士。

(五)旅游业持续稳定发展

新加坡旅游业成为其经济发展中的重要支柱。2012—2018年,新加坡接待国际游客数量基本保持稳定增长态势,分别为1449.61万人次、1556.79万人次、1509.52万人次、1523.15万人次、1640.36万人次、1742.46万人次和1850.83万人次。2019年,新加坡旅游业保持稳定发展,共接待国际游客1911.1万人次,比2018年增长3.3%。

三、立足东盟,在"大国平衡"原则下积极开展外交活动

(一)立足东盟,积极加强与东盟及其成员国的合作

2019年,新加坡立足东盟积极开展多边和双边外交,积极加强与东盟及其成员国的合作。一是签署《东盟服务贸易协议》(ATISA)以及修订《东盟全面投资协议》(ACIA)的第四个协议。2019年4月,新加坡贸易与工业部部长陈振声参加在泰国普吉岛举行的东盟经济部长非正式会议,并签署《东盟服务贸易协议》(ATISA)以及修订《东盟全面投资协议》(ACIA)的第四个协议,这两个协议将加深区域服务业整合,减少投资障碍,进一步推进东盟一体化进程,提升东盟作为投资目的地的吸引力。

二是积极参加东盟峰会。新加坡总理李显龙参加2019年6月和11月在泰国曼谷举行的第34届和第35届东盟峰会。第34届东盟峰会发表《东盟的印太展望》《东盟领导人关于可持续伙伴关系的愿景声明》《应对亚洲地区海洋垃圾的曼谷宣言》及其行动框架等文件。第35届东盟峰会发表《主席声明》《东盟关于向第四次工业革命转型的宣言》和《东盟关于气候变化的联合声明》等文件。

三是积极开展与东盟成员国的合作。2019年是新加坡与菲律宾建交50周年,新加坡总统哈莉玛·雅各布于2019年9月8—12日访问菲律宾,并与菲律宾总统杜特尔特见证两国在基础设施发展、水资源管理、技能培训与教育合作、农业贸易、艺术与文化交流、数据保护执法等8个领域的合作备忘录签署。新加坡是菲律宾第二大外资来源国。基础设施方面,新加坡亚洲基础设施办公室分别与菲律宾发展银行和菲律宾公私伙伴合作中心合作,支持菲律宾的基础设施建设,协助菲律宾地方执行机构制定并实施菲律宾公私伙伴合作中心项目;数据保护执法方面,新加坡个人资料保护委员会与菲律宾隐私委员会开展合作,在联合调查中相互交换信息,开发兼容机制,促进跨境数据分享。这是新加坡与东盟成员国签署的第一份与数据保护相关的备忘录。新加坡国际企业发展局与菲律宾农业部签署备忘录,在农业基础设施发展、贸易和技术方面展开合作。与缅甸合作方面,2019年9月,新加坡与缅甸

11月2日,新加坡总理李显龙参加在泰国曼谷的第35届东盟峰会(新华网)

举行第7届两国联合部长级工作委员会会议并签署双边投资协议，新加坡贸工部部长陈振声与缅甸投资与对外经济关系部部长当吞共同主持会议。《新加坡—缅甸投资协议》的签署为两国投资者创造更好的投资环境，双方投资者也可在发生纠纷时通过国际仲裁解决问题。新加坡—缅甸联合部长级工作委员会成立于1995年，是促进两国经济合作的重要平台，新加坡是缅甸最大的投资来源国，截至2019年8月，新加坡累计对缅甸投资金额达221亿美元。年内，新加坡也积极加强与越南的合作。2019年3月13日，越南计划与投资部部长阮志勇与新加坡贸易与工业部部长陈振声在新加坡共同主持新加坡与越南经济对接第14次部长级会议，会上双方一致同意在金融、教育培训、交通运输、信息技术与传媒、投资、贸易与投资等6大合作领域的基础上，补充第七个合作领域——创新技术领域的合作。2019年3月21—26日，新加坡副总理兼国家安全统筹部部长张志贤对越南进行正式访问期间参加越南—新加坡合作中心的落成仪式。越南—新加坡合作中心的前身是于2002年建立的越南—新加坡培训中心，至今已有超过10000名越南干部参加过该中心的培训。2019年7月15日，越南政府总理阮春福在越南河内会见由新加坡工商联合总会和新加坡国际企业发展局联合组织的赴越南考察经营投资机会的新加坡企业代表团。此外，新加坡还加强与印度尼西亚和马来西亚的合作，新加坡总理李显龙分别于2019年4月9日和10月9日与马来西亚总理马哈蒂尔、印度尼西亚总统佐科·维多多举行领导人务虚会，并发表《第9届马来西亚—新加坡领导人务虚会联合声明》。

（二）奉行“大国平衡”战略，加强与美国和中国的合作

1. 积极加强与美国的合作。美国是新加坡外交的优先方向。2004年，《新加坡—美国自由贸易协定》生效以来，双边贸易额增长超过1倍，美国成为新加坡第四大出口市场和第二大进口来源。2019年，两国贸易总额为770.1亿美元，其中，新加坡对美国的出口额为332.3亿美元，比上年增长8.4%，占新加坡出口总额的8.5%；自美国进口额为437.8亿美元，增长4.5%，占新加坡进口总额的12.2%。新加坡与美国还互为重要的外资来源。2019年，新加坡继续加强与美国的合作。9月23日，新加坡总理李显龙与美国总统特朗普举行会谈，两国签署双边防务合作谅解备忘录2019年修订版，将防务合作时间延长15年，允许美国继续使用新加坡的军事设施，并为美国提供过境人员、军机和军舰相关后勤支持。

2. 全面深化与中国的合作。2019年，新加坡全面深化与中国的合作。首先，两国高层互动频繁。年内，新加坡总统哈莉玛·雅各布和新加坡总理李显龙分别访华，并与中国领导人举行会晤和会谈。在第2届“一带一路”国际合作高峰论坛期间，两国签署5份谅解备忘录：(1)成立新加坡—上海全面合作理事会：在“一带一路”倡议、金融服务、科技与创新、经商环境便利化、城市治理以及人文交流等6个领域深化合作。中国上海是新加坡与中国合作的重要节点，2018年，上海与新加坡贸易额达135亿美元，占中新贸易总额的13.6%。截至2018年年底，新加坡企业在上海投资项目超过4800个，累积实际投资总额约为152亿美元。(2)加强第三地市场合作实施框架：强化双方物流、电子商务、基础建设以及金融法律等专业服务与第三地国家合作；中新双方将建立并更新项目列表，关注两国在第三地市场的合作项目。(3)合作实施原产地电子数据交换系统，并于2019年7月1日初步上线。(4)加强海关执法合作。(5)成立联合投资平台。此外，2019年3月，新加坡副总理尚达曼来华出席中国发展高层论坛；4月，新加坡副总理张志贤来华出席第7届中新领导力论坛和苏州工业园区建设25周年成果汇报会；5月，新加坡副总理兼财政部部长王瑞杰来华出席浦江创新论坛并访问北京、上海和深圳；10月，王瑞杰再次来华出席中新双边合作机制会议并访华，此次会议宣布中新自由贸易协定升级版自2019年10月15日起生效，有关原产地规则条款在2020年1月1日生效；11月，新加坡国务资政兼社会政策统筹部部长尚达曼来华出席2019创新经济论坛。其次，中新第三个政府间合作项目——中新（重庆）战略性互联互通示范项目建设加速推进。截至2019年，中新两国围绕金融服务、航空产业、交通物流、信息通信等重点领域累计签约199个项目，签约总金额达270亿美元。其中，两国金融合作成效十分突出。2019年7月11日，重庆江北嘴金融科技港成立，目前入驻金融类企业有210家，中国全国性、区域性金融总部50多家；累计落地跨境融资项目有104个，金额逾100亿美元，涵盖范围扩及四川、陕西、青海和云南等中国西部省区。再次，中新两国企业在“一带一路”框架下的务实合作有序开展。新加坡盛裕集团与丝路基金成立5亿美元的共同投资平台。新加坡大华银行、新加坡交易所与中国国际商会签署合作备忘录。新加坡星展银行与中国出口信用保险公司签订合作协议，支持“一带一路”沿线特别是东盟国家基础设施等领域项目合作等。

（三）积极开展首脑外交

2019年，新加坡总统哈莉玛·雅各布和新加坡总理李显龙多次出访，积极开展首脑外交。哈莉玛·雅各布出访中国、菲律宾、日本、科威特、沙特阿拉伯和德国；李显龙出访马来西亚、泰国、中国、美国、亚美尼亚、印度尼西亚、墨西哥和韩国（详见下表）。

2019 年新加坡领导人开展首脑外交情况

出访时间	出访人	出访国家	主要外交活动及成效
4 月 8—9 日	李显龙	马来西亚	与马来西亚总理马哈蒂尔、举行领导人务虚会,并发表了《第 9 届马来西亚—新加坡领导人务虚会联合声明》
4 月 25—29 日	李显龙	中国	出席第 2 届"一带一路"国际合作高峰论坛,并在论坛高级别领导人会议上发表演讲;与中国国家主席习近平、国务院总理李克强分别举行会谈。见证两国签署成立新加坡—上海全面合作理事会、加强第三方市场合作实施框架、实施原产地电子数据交换系统、海关执法合作以及设立联合投资平台等 5 份谅解备忘录
5 月 14—16 日	哈莉玛·雅各布	中国	出席亚洲文明对话大会并在开幕式上致辞。与中国国家主席习近平、中国国务院总理李克强举行双边会晤,与中共中央书记处书记王沪宁会晤
6 月 22—23 日	李显龙	泰国	出席第 34 届东盟峰会
9 月 8—12 日	哈莉玛·雅各布	菲律宾	签署 8 项合作备忘录;参观菲律宾鹰中心,与作为菲律宾鹰基金会合作伙伴的土著人民社区的成员进行了互动。参加由雅典耀达沃大学东南亚伊斯兰基地组织和对话研究所主办的青年人对话会议
9 月 21—27 日	李显龙	美国	出席第 74 届联合国大会;与美国总统特朗普举行会谈,签署双边防务合作谅解备忘录 2019 年修订版
9 月 28 日至 10 月 1 日	李显龙	亚美尼亚	新加坡总理首次访问亚美尼亚,与亚美尼亚总统等会谈;出席最高欧亚经济委员会会议,签署《欧亚经济联盟—新加坡自由的框架贸易协议》(EAEUSFTA)非服务和投资协议,以及亚美尼亚—新加坡服务和投资协议
10 月 19—20 日	李显龙	印度尼西亚	出席印度尼西亚总统佐科·维多多的就职典礼
10 月 22—23	哈莉玛·雅各布	日本	出席日本天皇登基典礼,会见日本首相安倍晋三,会见日新议会友好同盟成员;参观了日本电器股份有限公司的"未来创作中心"
11 月 3—4 日	哈莉玛·雅各布	科威特	分别与前总理谢赫·纳赛尔·穆罕默德·艾哈迈德·贾比尔·萨巴赫和副总理兼外交大臣谢赫·沙巴·哈立德·哈马德·萨巴赫举行会谈。就中东的发展交换意见。会见在科威特学习的新加坡学生
11 月 5—8 日	哈莉玛·雅各布	沙特阿拉伯	新加坡环境与水资源部与沙特环境、水和农业部签署《环境保护与水资源管理谅解备忘录》。会见新加坡商业联合会代表团成员、沙特阿拉伯的新加坡社区代表
11 月 18 日—20 日	李显龙	墨西哥	发表《新加坡共和国和墨西哥合众国联合声明》
11 月 22—24 日	李显龙	韩国	参加东盟—韩国纪念峰会。与韩国总统举行双边会晤。见证《标准和一致性的谅解备忘录》的签署和《交换药品制造、智慧城市、网络安全等合作备忘录》的签署。
12 月 9—13 日	哈莉玛·雅各布	德国	见证新加坡教育部与巴登—符腾堡州教育、青年和体育部签署联合声明、新加坡理工大学和巴登—符腾堡州曼海姆双学府签署谅解备忘录

四、人才竞争力国际领先,就业人数增幅创新高,但失业率有所上升

(一)新加坡人才竞争力全球领先

根据欧洲工商管理学院、人力资源业者德科集团及塔塔通信公司发布的 2019 年《全球人才竞争力指数》,新加坡的人才竞争力在全球 125 个国家和地区中仅次于瑞士,排名第 2,领先美国、挪威、丹麦、芬兰、瑞典、荷兰、英国及卢森堡等国。其中,新加坡在人才环境、吸引力和全球知识技能等 3 项指标中排名第 1,职业技能方面排名第 7,留住人才方面则表现相对薄弱,仅排名第 26。

(二)就业人数增幅创 6 年来新高,但失业率连续两年上升

依据新加坡人力资源部发布的 2019 全年劳动市场预估报告,2019 年,新加坡新增就业人数(不包括女佣)为 5.52 万人,比 2018 年多 1.69 万人,是自 2014 年以来的最大增幅。劳动力市场占比最大的仍是服务业,建筑业出现复苏,外籍劳工人数结束连续 3 年的萎缩,2019 年增加 1.28 万人。

虽然新增就业人数不断增多,但是,自 2017 年 12 月以来,新加坡失业率连续上升,2019 年 12 月上升至 3.2% 的高点。根据新加坡人力资源部的分析,失业率连续升高是政府近年来推出措施缩小低收入与中收入

者的差距，包括按技能程度加薪的渐进式薪资模式、加薪补贴、特别就业补贴以及外来人力政策调整等原因造成的。（张磊）

资料来源：

1. 新加坡统计局、贸工部、经济发展局、国际企业发展局等部门网站

2.《中国—东盟统计年鉴 2019》

3. 中国商务部、外交部网站

4. 中华人民共和国驻新加坡共和国大使馆经济商务参赞处网站

5. 中国日报网

泰国：2019 年经济社会发展回顾

2019 年，泰国举行新一届大选，巴育连任总理；GDP 增速陷五年新低，多项经济指标下滑；担任东盟轮值主席国，积极承办东盟年度系列会议，并拓展对外交往与合作；自然灾害的侵袭和社会安全事故频发让泰国难享太平。

一、政治：举行大选及国王加冕曲礼

2019 年 3 月 24 日，泰国举行新一届国会大选，虽然经历王室长公主乌汶叻提名参选总理等一系列风波，但亲军人政权的人民国家力量党仍获最多选票，军政府总理巴育成功连任。5 月 4 日，泰国为玛哈·哇集拉隆功国王举行隆重的加冕典礼，直至 12 月 12 日皇家船队巡游仪式举行完毕，皇家加冕大典才正式结束。

（一）王室长公主乌汶叻提名参选总理受阻

2019 年 2 月 8 日，泰爱国党提名乌汶叻公主代表该党参选泰国总理引发泰国政坛乃至国际舆论震动，打破了泰国王室不参与政治的传统。乌汶叻公主是已故泰国国王普密蓬的长女、现任泰国国王玛哈·哇集拉隆功的姐姐。她代表的泰爱国党成立于 2009 年，多次变更党名，被视为亲他信派政党。当晚，泰国国王发表声明称乌汶叻公主不适合担任政治职务。2 月 11 日，乌汶叻公主被选举委员会正式取消竞选总理的资格。当日，在泰爱国党宣布的候选人名单中，乌汶叻公主已不在其中。为对此事件负责，泰爱国党有 14 名党委主动请辞。最终，泰国宪法法庭于 3 月 7 日判令解散泰爱国党，取消该党在全国各地共 282 名候选人的参选资格，党执行委员 10 年内不得参与政治活动，前总理他信阵营的选情因此受到冲击。

（二）巴育当选新政府总理

2019 年 3 月 24 日，泰国举行军事政变 5 年来的首次大选，即国会下议院选举。5 月 8 日晚，此次大选的最终结果正式出炉，共有 27 个政党在此次下议院选举中获得席位，创下历史纪录，排名较为靠前的 4 个政党如下表 1 所示。其中，巴育领导的人民国家力量党获得最多票数，共获得超过 843 万选票、115 个席位；代表他信势力的为泰党获得最多席位，共有 136 个席位、超过 792 万选票；政坛新星塔纳通代表的新未来党共赢得 626 万多选票、80 个席位，总票数和席位数均排名第 3；阿披实领导的老牌政党民主党共获得 394 万选票、53 个席位，排名第 4，选举表现远低于预期，阿披实因此辞去党魁职务。但是，泰国选举委员会认定清迈第八选区原为泰党当选人涉嫌贿选，要求该选区重选。根据重选调整，5 月 28 日，泰国国会下议院 500 名议员全部产生，共有 26 个政党进入国会下议院，其中为泰党获得 137 席，人民国家力量党 116 席，新未来党获得 81 席，民主党获得 53 席。通过本次大选选出的 500 名下议院议员与泰国维持和平与秩序委员会指派的 250 名上议院议员共同票选出新一任政府总理。6 月 5 日，泰国国会召开上下两院联席会议，共同选举新一届政府总理。根据当晚的投票结果统计，泰国国会宣布巴育·占奥差当选新一届政府总理。

（三）新未来党遭遇重大危机或面临解散

2018 年 3 月，泰国政府开放新政党登记注册后，政党活动重新活跃起来。泰国华裔企业家塔纳通·宗龙伦吉于 2018 年 3 月 15 日与其友人在曼谷宣布成立新未来党并参加 2019 年的泰国大选。塔纳通带领新未来党一举拿下国会下议院 81 个席位，成为仅次于为泰党和人民国家力量党的第三大党。然而，塔纳通平时是军方统治的严厉批评者，经常触动军方的既得利益。另外，他最大的特点是反对泰国王室，反对君主立宪制。这些敏感因素导致新未来党遭到选举委员会的频繁调查。随后，塔纳通被曝出选前持有传媒股份，涉嫌违法参选。4 月 3 日，塔纳通被军方的全国维持和平秩序委员会指控，认定他煽动叛乱，涉嫌违反泰国刑法。11 月 20 日，泰国宪法法院判决塔纳通持有媒体股份，属违法参选，宣布撤销其国会下议院议员资格。12 月 11 日下午，因新未来党违反相关法律向其党魁塔纳通借贷 1.91 亿泰铢一事，泰国选举委员会正式向宪法法院提交解散新未来党的申请，新未来党遭遇重大危机或将面临解散。

（四）泰国新政府内阁正式组成

2019 年 7 月 10 日，泰国政府公报刊登经泰国国王批准的新内阁成员名单。总理巴育已经针对新内阁甄选出各职务人选以在任期内执行国家公务管理工作，依据泰王国宪法第 158 项条款赋予的权力，批准相关人员共同组成新一届内阁，并在公报中刊出具体名单。新公布的内阁名单共有 36 人，其中，巴育连任总理兼国防部部长。5 名副总理编制中，除了此前任副总理的巴威、颂奇和威萨努职务不变，还新增民主党党魁朱林和泰自豪党党魁阿努廷，同时朱林还兼任商业部部长，阿努廷兼任卫生部部长，原由巴威兼任的国防部部

长一职改由总理巴育兼任。按内阁名额分配来看,人民国家力量党掌控18个内阁职位,刚好占总阁员数的一半;民主党与泰自豪党分别获得7个内阁职位,泰国家发展党获得2个职位,泰国民合力党获得1个职位,国家发展党获得1个职位。由此看来,巴育将副总理及内长职位分配给自己的左右手和陆军前司令,也将部分重要的经济职务分配给其他合作政党作为回报。7月16日下午,泰国总理巴育率领新一届内阁成员向国王宣誓就职,全国维持和平秩序委员会同时依据宪法自动解散,这标志着泰国新政府正式开始履职,军政府时代结束。

(五)举行玛哈·哇集拉隆功国王加冕典礼

2019年5月4日,泰国国王玛哈·哇集拉隆功的加冕典礼在曼谷大王宫隆重举行,哇集拉隆功国王接受所有王室成员、枢密院大臣、内阁官员、政府高官等朝拜,按照王室传统举行登上玛哈蒙天皇位仪式。5月5日,举行授御印仪式、册封大典,进行帕育哈亚达仪仗巡游。5月6日,玛哈·哇集拉隆功国王在苏泰萨旺芭莎宫接受百姓万民朝拜,随后在乍节玛哈芭莎宫接受各国使节觐见朝贺。12月12日,皇家船队巡游仪式隆重举行,本次巡游是按照泰国古代宫廷习俗沿袭、传承下来的传统,展现国王的无上荣光,标志着皇家加冕大典正式结束。泰国国王拉玛十世玛哈·哇集拉隆功1952年7月28日出生于曼谷,是拉玛九世普密蓬国王与诗丽吉王后的第二个孩子,也是唯一的王子。1972年12月28日,根据泰国宫廷王位继承法,哇集拉隆功接受册封被立为王储。2016年10月13日,泰国拉玛九世普密蓬国王逝世,哇集拉隆功即位。2016年12月1日,哇集拉隆功举行登基仪式,成为泰国拉玛十世国王。

二、经济:增长受内外因素影响,陷疲弱状态期

(一)GDP增速陷五年来最低,多项经济指标下滑

2019年,泰国经济增长率仅达2.4%,创下自2014年军政府上台执政以来的最低增长,宏观经济形势总体陷于疲弱状态。其主要原因是受全球经济增速放缓、中美贸易摩擦、泰铢升值等影响,泰国出口萎缩幅度超出预期,工业、制造业等生产活动也大幅放慢。此外,泰国国内还遭受干旱水涝等自然灾害的影响,农民收入下跌,国内消费疲软。全年工业信心指数及制造业生产指数均下降,汽车销售量为1007552辆,比上年减少3.3%。2019年第一季度国内生产总值(GDP)增长2.9%,第二季度仅增长2.4%,创近5年来最低,原因是出口放缓、农业收成低以及中美贸易关系紧张的加剧,导致第二季度的农业产出同比下降1.1%,出口同比下降6.1%,进口同比下降2.7%。至此,2019年上半年经济增长2.7%。为应对不容乐观的经济状况,总理巴育提出农业补助政策、政府福利卡政策、刺激国内消费和投资三大措施的刺激计划。尽管如此,2019年下半年的经济仍难以好转。第三季度国内生产总值增长2.6%,第四季度国内生产总值仅增长1.6%,为过去21个季度的最低增速。从数据呈现的结果来看,泰国政府实施的一系列刺激消费的措施并没有收到预期效果。

(二)贸易总额比上年减少,中国为其最大贸易伙伴

泰国是东南亚第二大经济体,对外贸易在其经济中占有重要地位。2019年,泰国进出口总额4828.84亿美元,比上年减少3.65%。其中,出口总额2462.44亿美元,减少2.65%(泰国商业部的统计数据与泰国经济与社会发展委员会的统计数据有所不同);进口总额2366.40亿美元,减少4.66%;贸易顺差约为96亿美元。2019年12月,出口额比上年同期减少1.28%,这是泰国外贸出口连续第五个月出现负增长,但萎缩幅度较前几个月有所缩小。

中国、日本和美国是泰国前三大贸易伙伴。据泰国商业部统计,2019年,泰中双边贸易总额794.99亿美元,泰国对中国出口额291.72亿美元,自中国进口额503.27亿美元,泰国对中国贸易逆差211.55亿美元,中国为泰国最大贸易逆差来源及第一大贸易伙伴。泰日双边贸易总额577.8亿美元,泰国对日本出口额245.58亿美元,自日本进口额332.22亿美元,日本为泰国第二大贸易逆差来源及第二大贸易伙伴。泰美双边贸易总额486.5亿美元,泰国对美国出口额313.43亿美元,自美国进口额为173.07亿美元,泰国对美国贸易顺差140.36亿美元,美国为泰国最大贸易顺差来源及第三大贸易伙伴。

(三)吸引外资完成预定目标,中国成最大投资来源地

2019年,泰国投资额比上年增长2.2%,共吸引投资促进项目1624个,总值为7561亿泰铢,较2018年下降16%,但仍略高于7500亿泰铢的预定目标。在投资促进项目中,目标行业投资项目共838个,总额为2865.2亿泰铢,占比为38%。其中:总额最高的行业是电器和电子业,总额804.9亿泰铢;其次是汽车轮胎和配件业,总额740亿泰铢;排名第3的是石化与化工业,总额401亿泰铢。东部经济走廊地区的投资促进项目共506个,总值4448.8亿泰铢,占投资促进总额的59%;罗勇府投资总额最高,其次是春武里和北柳地区。泰国工业园区共吸引外资305.2754亿泰铢,2018年为397.31亿泰铢,尽管减少了23%,但这是在2019年全球经济放缓和中美贸易摩擦影响的大背景下取得的成绩。其中,外资来源地排名第一的是日本,投资35个项目;中国投资明显增加,排在第二,投资18个项目;中国香港排第三,投资10个项目;马来西亚和美国分列第四和第五位。国际直接投资(FDI)总额约达5000亿泰铢,中国企业规划的项目总价值达2600亿泰铢,远超过日本的730亿泰铢,首次成为泰

国最大的投资来源地，并且这一数字仍在持续增长。

（四）农业受灾面临压力，旅游市场回暖走高

作为农业经济基数较大的国家，泰国农业大多数情况下会受到来自多方面的广泛影响。2019 年，泰国遭遇近 10 年来最严重干旱，再受强热带风暴侵袭，农业生产受到影响，农产品产量及出口均不理想。全年农业产值增幅约在 0.5% 左右。第一季度农业产值同比仅增长 0.5%，甘蔗等主要农业经济作物产量不如预期，种植业产值增长 0.1%，畜牧业产值增长 1%，渔业产值增长 1.5%。2019—2020 年榨季甘蔗总产量降至 1.115 亿吨，比上榨季减少 2000 万吨；大米总产量 1970 万吨，低于上年的 2020 万吨，2019 年 1—11 月，大米出口量为 711 万吨，比上年同期减少 24.3%，虽仍仅次于印度位居全球第二，但面临更加激烈的竞争压力。

2019 年，泰国接待国际游客人数从 2018 年的 3800 万人次增至 3900 万人次，创历史新高。上半年泰国旅游业整体发展不尽如人意，共接待外国游客 1976.93 万人次，比上年同期增长 1.48%，创收 1.02 万亿泰铢，增长 0.94%。其中，中国游客达 565.04 万人次，比上年同期下降 4.73%，收入 3104.71 亿泰铢，下降 4.02%，中国仍是泰国最大游客来源地。东亚、非洲和欧洲游客数量依然减少，下降幅度分别为 3.8%、2.8% 和 0.8%。下半年，旅游业仍是驱动泰国经济增长的动力因素。中国赴泰国旅游在 7 月后迎来回暖，因中国进入暑期，出国旅游人数明显增长，泰国仍是中国游客出境游首选之一。8 月，赴泰游客同比增长 5.59%。其中，中国游客数量回弹强烈，达 100 万人次，同比增长 15.6%。受泰国实行的落地免签证费政策助力，本年度赴泰印度游客创 200 万人次纪录。

三、外交：担任东盟轮值主席国，拓展对外交往与合作

泰国作为 2019 年东盟轮值主席国，在承办东盟年度系列会议的同时加强与东盟其他成员国的军事安全与经贸合作，重视促进可持续发展，推动《区域全面经济伙伴关系协定》谈判，积极参与国际事务，拓展对外交往与合作，充分发挥自身优势。

（一）承办东盟年度系列会议，加强区域安全与经贸合作

1. 承办东盟年度系列会议。2019 年，泰国担任东盟轮值主席国，承办第 34 届和第 35 届东盟峰会及系列会议。6 月 22—23 日，主题为“加强伙伴关系，促进可持续发展”的第 34 届东盟峰会、东盟外交部部长会议、东盟政治安全共同体理事会会议及东盟协调理事会会议等一系列东盟部长级会议陆续在泰国曼谷举行。11 月 2—4 日，第 35 届东盟峰会及东亚合作领导人系列会议在泰国曼谷举行。泰国总理巴育回顾泰国担任 2019 年东盟轮值主席国期间所取得的主要成果，其中值得关注的是《东盟领导人关于可持续伙伴关系愿景声明》以及《东盟的印度洋—太平洋展望》的发布。本次东亚合作领导人系列会议期间还分别举行第 22 次中国—东盟 10 + 1 领导人会议、第 22 次东盟与中日韩 10 + 3 领导人会议和第 14 届东亚峰会等会议。东盟各国及其对话伙伴就实现可持续发展、共同应对挑战、促进区域经济合作等议题达成多项成果。其中第 22 次东盟与中日韩 10 + 3 领导人会议通过《东盟与中日韩领导人关于互联互通再联通倡议的声明》，中国与东盟国家发表《关于“一带一路”倡议同〈东盟互联互通总体规划 2025〉对接合作的联合声明》。第 14 届东亚峰会通过《东南峰会领导人关于可持续伙伴关系的声明》《东亚峰会领导人关于打击毒品传播的声明》和《东亚峰会领导人关于合作打击跨国犯罪的声明》等成果文件。本次东亚合作领导人系列会议的一个重大成果就是正式宣布 RCEP 谈判整体上结束，标志着世界最大自由贸易区建设目标取得重大突破。

2. 加强区域安全与经贸合作。2019 年，泰国通过联合举办或参与一系列会议和军事演习，重点加强与其他东盟国家的军事安全与经贸合作，继续保持与美国、中国及印度等国家的军事安全交流与合作，与中国签订多项经贸合作协议或意向。

一是加强区域军事安全合作。2 月 14 日，为期两天的第 14 届柬埔寨—泰国边界委员会会议在柬埔寨金边举行。4 月 3—4 日，泰国和联合国毒品和犯罪问题办公室通过共同主办的“东盟 2025—贸易与安全规划区域高级别会议”制定东盟边境管控体系并完善具体管控措施，提高边境管理合作水平。7 月 11 日，主题为“可持续安全”的第 13 届东盟国防部部长会议在泰国曼谷举行。东盟 10 国国防部部长共同签署《东盟防长关于可持续安全的联合宣言》，还通过多份文件。7 月 31 日，在泰国曼谷举行的第 52 届东盟外交部部长会发表联合公报。8 月 27 日，由美国驻印太武装部队与泰国军队联合举办的 2019 年印太区域最高指挥官会议在泰国曼谷举行，泰国制定“同心协力，可持续发展”的核心理念以促进区域和平与稳定。9 月 3 日，泰国与缅甸军方联合举办第 7 届高级委员会会议。9 月 9—11 日，泰国陆军总部与美国陆军部共同主办的题为“可持续的安全：印太地区陆军的新视角”的第 11 届印度—太平洋陆军司令会议在泰国曼谷举行。11 月 16—19 日，东盟国防部部长非正式会议和第 6 届东盟国防部部长扩大会议在泰国曼谷举行。会议讨论通过《东盟防长扩大会关于推动可持续安全合作的联合声明》。12 月 23 日，第 26 届泰老边境联合委员会会议在老挝万象举行。6 月 18—22 日，泰国参加第 83 次中老缅泰湄公河联合巡逻执法行动，9 月 2—6 日，美国与东盟 10 国首次海上联合军事演习在泰国湾举行；9 月 16—20 日，新加坡—印度—泰国海上演习（SITMEX）的

首次军事演习在安达曼海域举行，共有来自三国海军的五艘舰艇和大约500名人员参加此次演习。

二是加强区域经贸合作。3月18日，中国与泰国签署澜沧江—湄公河合作专项基金“澜湄合作国家协调员能力建设”项目合作谅解备忘录。4月5日，第23届东盟财政部部长会议在泰国北部清莱府举办，重点讨论加强各国在投资中使用区内货币的合作，解决各国之间的贸易纠纷以及各国之间电子支付、数字资产的监控、互联网金融支付网络安全等问题。4月26日，泰国总理巴育出席在中国北京举行的第2届“一带一路”国际合作高峰论坛，签署6大类283项各类合作项目。泰中直接签署及泰国参与签署意向的合作声明有《促进“一带一路”合作共同推动建立农药产品质量标准的合作意向声明》《关于进一步推进“一带一路”国家知识产权务实合作的联合声明》以及泰国反腐败机构与中国国家监委、菲律宾反腐败机构签署合作谅解备忘录，泰国与中国和老挝签署的农开万象铁路合作备忘录等。8月5日，泰国与越南在越南河内举行两国央行双边会谈，签署两份合作谅解备忘录，双方同意在金融互联互通、银行监督、跨境结算和跨境交易以及减少数字时代银行业风险等方面开展广泛而深入的合作。10月22日，泰国副总理颂奇在中国广东深圳与华为技术有限公司创始人兼首席执行官任正非会面，在双方的见证下，泰国国家科学技术发展局、国家科技与创新政策办公室与华为技术有限公司签署谅解备忘录，华为投入1.6亿泰铢（约合人民币3527万元）在泰国农业大学为拉差校区内建设5G测试平台，旨在将EEC作为东盟打造信息与通信技术（ICT）及数字化人才的中心。11月2—3日，主题为“助力东盟4.0”的2019年东盟商务与投资峰会在泰国暖武里府举行，助力东盟在包括数字技术发展所需的基础设施建设、数字技术互联互通、新型技能人才培养和中小企业创新四大方面的发展，为东盟各国迈入数字经济时代做准备。

（二）泰中高层密切往来，两国友谊不断升温

2019年对泰中两国都是意义非凡的一年，两国友好情谊源远流长。其间，泰国诗琳通公主获授中华人民共和国友谊勋章，这是两国间友好情谊的重要见证；中国国务院总理李克强访问泰国，进一步推动两国全面战略合作伙伴关系发展。年内，泰中高层积极互访。4月26—27日，泰国总理巴育率泰国政府高层一行参加在中国北京举行的第2届“一带一路”国际合作高峰论坛。8月1日，泰国总理巴育会见出席第52届中国—东盟外交部部长会的中国国务委员兼外交部部长王毅。11月2—5日，中国国务院总理李克强出席东亚合作领导人系列会议并对泰国进行正式访问。11月15—17日，中国国务委员兼国防部部长魏凤和应邀对泰国进行正式友好访问，并分别与泰国副总理巴威和泰国总理巴育举行会谈，并签署两国国防部防务合作谅解备忘录。

（三）积极参与国际事务，主动开展多边外交

2019年，泰国以其东盟轮值主席国身份在国际事务中发挥着积极作用，主动开展多个领域的多边外交活动，推动与更多国家和地区的交流与合作。1月15—17日，捷克总理安德烈·巴比什访问泰国，这是两国建交45年来捷克国家领导人首次对泰国进行正式访问。双边会晤达成一致，要共同努力发展国家安全、经济、贸易、投资和旅游合作关系。9月1—3日，韩国总统文在寅访问泰国，这是泰国新政府成立后首次会见访问泰国的外国领导人，也是韩国总统时隔7年再次对泰国进行正式访问。两国领导人共同见证《第四次工业革命谅解备忘录》《军事情报保护协定》等6项协议和备忘录的签署。9月22—27日，巴育及内阁相关人员赴美国纽约参加第74届联合国大会。巴育分别会见联合国秘书长安东尼奥·古特雷斯和联合国大会第74届会议主席蒂贾尼·穆罕默德·班迪。蒂贾尼高度赞扬泰国在担任东盟轮值主席国期间的努力以及在促进地区性合作事务方面的贡献。巴育还会见孟加拉国总理谢赫·哈西娜和澳大利亚总理斯科特·莫里森。10月22日，巴育携夫人及内阁部分官员前往日本参加新任天皇德仁的加冕仪式。23日，巴育与日本首相安倍晋三举行会谈，重申两国将继续加强高速铁路等基建设施合作，持续推动泰国—缅甸—日本三国在缅甸土瓦深水码头的建设开发以及泰日农产品市场合作。11月2日，巴育会见到访的巴林王国外交大臣谢赫·哈立德。巴育表示，巴林作为中东伊斯兰国家，泰国将重视与其在各个层面之间的亲密友好关系，全面推动、落实两国之间的双边合作。哈立德此次访问泰国旨在签署《东南亚友好条约》。

四、社会：突发事件引关注，失业负债率升高

（一）多地遭遇旱涝灾害强袭

2019年，泰国多地先后遭遇干旱天气及热带风暴的袭击，导致部分地区的民众受灾，生产停滞，农业受损。泰国雨季一向雨水充沛，但自5月20日进入雨季以来，由于受厄尔尼诺现象影响，6—7月降雨量比往年平均值少10%，全国总降雨量降至10年来最低。北部、东北部和中部平原部分地区尤其严重，遭遇近10年来最严重干旱。这些地区都是泰国重要的粮食作物产地，降水量减少直接影响到农业生产。干旱少雨使当地河湖水位持续下降，不少河流水位和水库蓄水量也降至历史低位。在湄公河沿岸的那空帕农府等地，农业用水及民众饮水都出现困难。为应对干旱灾情，当地政府建议部分地区延迟种植水稻，以优先保障居民用水。

8月29日起，热带风暴“杨柳”和“剑鱼”先后侵袭泰国，给北部、东北部和中部带来强降雨影响，导致泰国境内多地出现强风、洪水、山体滑坡等灾害，其中，位

于湄公河沿岸的乌汶府遭遇2002年以来最严重洪灾。泰国有32个府、184个县、836个镇、7293个村、近42万户家庭、3.5649万栋民宅受灾,累计造成39人死亡,也梭通府死亡人数最多,达9人。"杨柳""剑鱼"过境后,安纳乍能、益梭通、乌汶、黎逸和四色菊5府灾情仍在持续,泰国有关部门在受灾重地转移灾民共计2.3万人,其中,仅乌汶府就转移超过2万人。泰国总理巴育于10月11日先后到乌汶府及其直辖县视察灾后重建进展,包括政府帮助民众修复房屋、排积水、修整道路、发放抚恤金以及公共设施修复等工作。

(二)社会安全事件频发

2019年,泰国发生几起备受关注的社会安全事件。

4月10日下午5时40分左右,位于泰国曼谷市中心的尚泰世贸中心突发火灾,起火点为与尚泰世贸中心毗连的曼谷盛泰澜商务中心大酒店8楼一间资料室。随后火势迅速蔓延,酒店及世贸中心商场工作人员紧急疏散顾客逃往安全地带。消防人员将大火扑灭后,为考虑顾客安全,世贸中心于下午6时30分暂停营业,启动最高安全防御方案,以便警方以及救援人员救助伤员。当晚,曼谷市市长阿萨云警上将现场接受记者采访表示,火势已被完全控制,初步确定火灾造成3人死亡,7人受伤。

8月2日上午,曼谷多区发生连环爆炸事件。当地时间大约9时,曼谷中部地区两处地点发生爆炸,第三起爆炸随后发生在北部地区的政府办公楼区域,并在多个公交站点发现疑似爆炸物,造成至少4人受伤,引起社会广泛关注。警方随即逮捕在曼谷拉玛九巷灌木丛里偷放炸弹制造爆炸案的3名嫌疑人,均为15~17岁的在校学生。8月14日,泰国当局又逮捕4名嫌犯。警方表示,所有的嫌犯都来自泰南的叛乱组织。

11月5日晚,泰国南部惹拉府发生严重枪击事件,造成包括人民志愿警察和当地群众共15人死亡,3人重伤,2人轻伤。这是泰国近年来死亡人数最多的枪击事件。军方和警方11月9日发动搜捕行动,针对19处可疑地点进行紧急搜查,逮捕6名嫌犯,其中,泰国南部的异动组织(BRN)承认制造了该起枪袭事件。据悉,泰国南部发生袭击事件并不罕见。自2004年以来,一些穆斯林分裂分子和叛乱组织经常在泰国南部三省发起袭击,警察、教师和一些政府官员均是他们的袭击目标,累计造成近7000人死亡。

(三)失业率、家庭负债率上升

2019年10月10日,泰国国家统计局发布9月劳动状况调查结果,发现全国有3721万人就业,失业人数达38.5万人,比上年同期增长1.0%,失业人数增加1.2万人。从年龄来看,15~24岁人群的失业率达到6.5%,与同期相比结果正常;失业率最高的年龄阶段为25岁及以上。根据教育水平进行分类:高等教育水平失业人数最高,达17.3万人;高中水平失业人数为8.4万人;初中水平失业人数为7.7万人;小学水平失业人数为4.2万人;未受教育或学历低于小学水平失业人数为9000人。

据泰国国家社会与经济发展办公室秘书长透露,2019年第二季度泰国家庭债务总额依然在持续攀升;第一季度家庭债务总额约计13万亿泰铢,比上年同期增长6.3%,占GDP的78.7%,是近2年多来最高债务总额。泰国有2100万人负债,超过300万人(15.9%)为不良贷款,在亚洲家庭债务总额排行榜上位居第二。在国际上,泰国家庭债务总额排名第十一。2009年,泰国的家庭债务与GDP之比为53.5%,2019年增长到78.6%,提高25.1个百分点。30岁的青年负债率为50%,29岁青年的不良贷款比率为1/5;60~69岁人群的平均负债金额为453438泰铢;70~79岁人群的平均负债金额为287932泰铢。值得关注的是个人债务总额,不论是信用卡债务额还是车贷债务额都在不断攀升。 (唐卉　陈红升)

资料来源:

1. 中国经济网、中国新闻网、中华人民共和国驻泰王国大使馆经济商务参赞处网站,《参考消息》、《中国海洋报》

2. 泰国商业部网站、泰国经济与社会发展委员会网站、(泰国)《星暹日报》

越南:2019年经济社会发展回顾

2019年,越南政局大体稳定,经济快速增长,外交相对活跃,各方面发展取得了较好成效。

一、政治

2019年,越南政局继续保持大体稳定,不仅反腐工作持续保持高压态势,越南共产党第十三次全国代表大会的筹备工作也在有序推进,越共与越南政府展现出较强的控局能力。

(一)继续保持反腐败高压态势

自2013年越共中央反腐败指导委员会成立以来,越南便开始大力反腐败。越共十二大后,越共反腐败工作进一步深入。2019年,越南党和政府在此前反腐败工作的基础上继续保持反腐败高压态势。5月14日,大病初愈的越共中央总书记、国家主席阮富仲在河内主持召开党政领导骨干会议,强调进一步加强反腐反贪,高举团结旗帜,凝聚群众共识。7月26日,越共中央反腐败指导委员会在河内举行第16次会议,对上半年的反腐败工作进行评估并对下半年的工作提出指导意见。阮富仲在会上再次强调要"继续大力推进反腐败工作"以"进一步增强人民群众对党和制度的信心",缓解"部分群众对反腐败这场斗争能否延续下去的怀疑和担忧”。据介绍,2019 年上半年,越南各地对 176 起腐败案件的 425 名被告进行起诉,案件数和被告人数比上年同期增长 13.5% 和 32.8%。同时,123 个党组织和 7923 名党员受到纪律处分,其中,因腐败行为受到处分的党员有 256 名,较 2018 年同期增加 21 名。在此基础上,阮富仲进一步要求“纪检、检察、法院、审计署等部门全力支持和参与反腐败斗争”,集中治理“微腐败”现象,“坚决清除反腐败部门乃至党和国家机器中的不正之风以及腐败的官员”。2019 年 11 月 1 日,阮富仲在越共中央总部主持召开会议,就中央反腐败指导委员会的职责、权限、规章及中央内政部的职责和组织结构进行讨论,会议一致同意对有关中央反腐败指导委员会职责、权限和规章的第 163 号规定和有关中央内政部职责和组织结构的第 159 号决定进行修改补充以进一步提高这两大机构在反腐败工作中的效能。可以说,2019 年,越南党和政府继续保持反腐败工作的高压态势,严格处理多起“严重、复杂和受社会舆论关注的经济和腐败案件”,包括越南电信运营商 MobiFone 收购全球视听股份公司 95% 股份一案。在该案中,河内市人民检察院对 14 名被告提出量刑建议,其中,建议对越南通信传媒部原部长阮北山执行死刑,再次凸显越南党和政府在反腐败斗争中的决心与“无禁区、无例外、无论是谁”的反腐败原则。

（二）稳步推进越共十三大筹备工作

2019 年 1 月 7 日,越共中央总书记、国家主席、越共十三大文件起草小组组长阮富仲主持召开越共十三大文件起草小组第一次会议,就越共十三大文件起草小组以及文件起草小组常务委员会工作计划草案,政治报告主题、方针、结构、指导思想和若干主要内容的思路等进行讨论。文件起草小组各成员一致认为,越共十三大不仅要提出 2021—2026 年任期的任务方向,而且还要明确至 2030 年乃至展望到 2045 年的目标。会议对小组以及小组常务委员会的议程和工作计划达成一致意见,阮富仲在此基础上要求各成员严格落实既定计划,完成在 2020 年将各文件草案提交各级党代会讨论的目标。5 月 18 日,越共十二届十中全会闭幕,会议集中讨论计划提交十三大的各项文件纲要及其他筹备工作,包括政治报告纲要、实施 2011 年纲领十周年报告纲要(修改补充)、2011—2020 年经济社会发展战略实施情况总结报告纲要、制定 2021—2030 年经济社会发展战略和 2016—2020 年经济社会发展报告、2021—2025 年经济社会发展计划及党建工作和党章执行情况综合报告纲要等。阮富仲在会上强调,政治报告是大会的核心文件,是制定其他文件的重要基础。阮富仲要求中央委员仔细研讨报告草案并提出意见,同时注意研究报告中尚未涉及的新问题和有异议的问题。此外,人事工作小组、经济社会小组等的工作也稳步推进。8 月 23 日,越共中央总书记、国家主席、越共十三大人事工作小组主任阮富仲主持召开越共十三大人事工作小组会议,听取越共十三大人事工作小组在大会召开之前的活动计划、越共十二大人事工作总结报告草案及越共十三大人事工作方案等报告。阮富仲在会议上做结论时要求相关组织和机关密切配合,吸收代表的意见,完善活动计划,同时对人事工作提案加以补充和完善。阮富仲强调,“为党十三大做好人事工作的准备,是为政治局、中央委员会办理的重要事务”。越共十三大经济社会小组也组织多次会议。例如,8 月 8 日,越南政府总理、越共十三大经济社会小组主任阮春福在河内主持召开越共十三大经济社会小组常委会会议,要求该小组常委会成员对经济社会发展报告草案提出具体意见,包括评价所取得的成就、深入分析存在的问题及其原因与经验教训、国内外形势、战略目标(总目标与具体目标)、战略突破口及未来任务方向等。

（三）处置突发事件

2019 年,多起突发事件考验越南党和政府的应急处突能力,也检验越南党和政府的控局能力。第一件是越共中央总书记、国家主席阮富仲突发疾病。4 月 14 日,阮富仲在视察坚江省时突然发病,引起越南国内外的高度关注。2018 年 10 月,阮富仲在越南前国家主席陈大光去世后接任国家主席一职,成为继胡志明和长征这两位老一辈领导人之后再次同时担任越南党和国家两个最高职务的领导人。鉴于越南党和政府正进入全力筹备十三大的关键时期,身兼两职的阮富仲以 75 岁高龄突发疾病并在公众视野中消失近一个月之久,无疑引起越南国内外对其政局走势的高度关注,一时间各种政治谣言充斥社交媒体,甚至出现“暗杀说”“政变说”等,给越南党和政府制造了巨大压力。然而,从事后看,越南党和政府还是相对较好地应对了这起突发事件。一是及时辟谣,对阮富仲生病一事采取不隐瞒的态度。越南党和国家领导人的身体状况属于国家机密,一般不轻易对外坦言。但是,在有关消息透露阮富仲生病住院后,越南方面并未否认。越南外交部发言人黎氏秋恒多次表示,阮富仲只是受“繁重的工作量”和“多变的天气影响”而出现“身体不适”。越共胡志明市市委书记阮善仁也表示,“大家很快就会看到总书记、国家主席出现,并正常工作”。二是稳步推进各项既定工作。阮富仲患病期间,越南党和政府的各项工作仍然按部就班得到推进,包括及时调整由越南政府总理阮春福代替阮富仲出席 4 月底在中国北京举行的第 2 届“一带一路”国际合作高峰论坛。而据越南官方媒体报道,在阮富仲因病住院的一个月中,有一名副总理(武文宁)以及包括一名国防部副部长(阮文献)在内的多名军政要人受到了不同程度的处理或处分。2019 年 5 月 14 日,阮富仲现身河内主持召开党政领导骨干会议,给此次“生病风波”画上句号,坊间的无数流言与政治谣言不攻自破。

第二件是10月底吸引国际眼球的英国“货车惨案”。39名越南偷渡者惨死英国货车中,震惊世界,尤其是一些西方媒体在得知死者都是越南人后,开始将矛头指向越南党和政府。英国广播公司(BBC)越南部负责人阮江称:“越南是一个蓬勃发展的经济体,但并非所有人都从中受益”。美国《纽约时报》也渲染贫困越南人的痛苦,“一些越南人如今在谈论‘箱民’,这个词与越战后逃离越南的‘船民’相呼应”,并援引越南当地一名牧师的话,“如果电线杆有腿,它也会跑”。不过,越南方面在发现该事件与越南有关后紧急处置,阮春福指示越南外交部、公安部及有关机构组成工作组与英方相关部门紧密合作,处理案件相关问题并采取必要的公民保护措施,尽快将遇难者遗体和骨灰带回国内。同时,越南一方面迅速抓捕多名涉嫌组织偷渡的嫌犯,另一方面呼吁国际社会加强合作,预防和打击人口贩运,避免事件进一步发酵,防止事件演变成为反政府议题。

二、经济

(一)宏观经济整体保持稳定

2019年,在中美贸易摩擦持续不断、全球经济增长放缓、外部需求不强的背景下,越南经济持续较快发展,引起国际社会高度关注。2019年,越南经济增速达到7.02%,超过此前国会提出的6.6%~6.8%的目标,虽略低于2018年7.08%的增速,但仍为2011年以来第二高增速。按照现行价格计算,2019年,越南国内生产总值5986.27万亿越南盾,约合2597.8亿美元;人均国内生产总值6204万越南盾,约合2692美元,较上年增长105美元。同时,越南宏观经济整体保持稳定,通货膨胀率为2.01%,连续4年实现不高于4%的目标。总体上看,2019年,越南经济实现较为平稳发展。此外,越南还出台以下促进经济发展政策措施:

1. 努力应对非洲猪瘟的负面影响。自2019年2月在越南广平省发现第一例非洲猪瘟病例以来,这场瘟疫迅速蔓延到整个越南。2019年12月,据美国农业部全球农业信息网统计,非洲猪瘟席卷越南所有63个省市,有590万头猪感染死亡,占越南生猪总数的约22%。在此背景下,生猪价格迅速攀升,自9月以来上涨35%~40%。猪肉是越南人的主要肉食产品,猪肉价格的变动无疑给民生带来较大冲击。为此,越南在2019年前10个月进口5.4万吨猪肉。据越南农业与农村发展部透露,越南未来几个月仍面临着20万吨的猪肉缺口,已提议再进口更多猪肉以确保农历春节期间的猪肉供应。同时,越南市场监督部门也加大对猪肉走私的打击力度,严防猪肉运往国外。

2. 继续打造开放型经济,吸引外资。越南近年来积极对外商签自由贸易协定,加快落实融入国际一体化政策以吸引外资进入。2019年1月,包括11个亚太国家、覆盖5亿人的《全面与进步跨太平洋伙伴关系协议》(CPTPP)在越南正式生效,并将逐步取消98%的农业和工业品关税,放宽投资法规并加强对知识产权的保护。6月30日,越南与欧盟在河内签署《欧盟—越南自由贸易协定》(EVFTA)与《欧盟—越南投资保护协定》(EVIPA),双方同意将逐渐削减直至取消双边货物贸易中99%的关税。此外,越南还参与东盟主导的《区域全面经济伙伴关系协议》(RCEP)谈判。这些贸易及投资保护协议的签署将越南与国际主要市场连接起来,使越南更加为外资所青睐。越南统计总局的数据显示,截至2019年12月20日,越南吸引外商直接投资总额达380亿美元,比上年同期增长7.2%。

3. 大力开拓市场,推动出口再创新高。越南是以出口为导向的经济体,截至2019年,已参加谈判和签署16项自由贸易协定,其中12项已生效。这些协议使越南的对外出口在2019年全球经济增长放缓、外部需求不强、贸易保护主义甚嚣尘上的背景下仍取得相对不错的成绩。2019年,越南进出口总额5169.6亿美元。其中:越南对外出口总额2634.5亿美元,比上年增长8.1%;进口总额2535.1亿美元,增长7%。值得关注的是,中美贸易摩擦使得越南对美国贸易急剧增加,越南对美国出口额607亿美元,增长27.8%。为避免美国特朗普政府对越南实施贸易制裁,越南也努力增加对美国商品的进口,全年进口额143亿美元,比上年增长12.3%。

4. 大力发展旅游业。旅游业日益成为越南经济的重要增长点。2019年,为了吸引更多国际游客,越南政府决定对俄罗斯、日本、韩国、丹麦、挪威、瑞典、芬兰和白俄罗斯等8国公民延长免签期限,探索夜间经济,改善基础设施,打造医疗旅游胜地。2019年到访越南的国际游客1800万人次,比上年增长16%,国内游客8500万人次,增长6%,旅游业收入720万亿越南盾,增长16%。越南被世界旅游组织评为“世界上旅游增长最快的十个国家之一”。

5. 是涉足高科技产业。越南提出要抓住“工业4.0”带来的机遇,推动信息与通信技术工业发展。2019年,越南通信传媒部向三家移动运营商授予5G技术测试许可,力争实现5G技术商业化,被视为越南5G技术研究、应用和开发的重要里程碑。2019年4月,越南科技部与瑞典爱立信公司根据2018年11月签署的谅解备忘录在河内市和乐高科技园建立“物联网创新中心”。2019年5月,自主开发5G设备的越南军用电子电信集团与爱立信公司一起在越南展示首个5G连接。在12月举行的关于数字化转型的研讨会上,越南因特网协会主席武黄连公布“越南云计算和数据服务俱乐部”成立,该组织直属越南因特网协会,专门促进云计算和数据服务发展,推动国家数字化转型。这些举措展现越南政府致力于成为数字营销服务提供商和率先建设数字化社会的决心。

(二)越南经济面临的挑战

多年来,越南以其较为稳定的政治局面、开放的经济政策和庞大的人口红利,不仅成就了经济的快速增长,也日益吸引着国际投资者的目光。在近两年来中美贸易摩擦不断加剧的背景下,越南更是成为一些在华企业产业转移的目的地之一,日益为国际社会所关注。一些国际媒体热议越南将成为中美贸易摩擦的最大受益者。然而,越南经济快速发展的背后,实际上并未如乐观者所期待的那样光鲜。

1. 中美贸易摩擦并未如业界所预期的那样给越南带来巨大收益。一方面,产业转移到越南的同时也带来诸多挑战。随着中美贸易摩擦不断加剧,加上中国人力成本上升,确实促使一部分在华企业考虑将产业迁往譬如越南等人力成本较低且能够规避美国加征关税的国家。不过,外资的大量涌入推升了越南地产价格,抬升了用工成本,恶化了原本就不足的基础设施条件,在一定程度上反而吓阻了一些企业前往越南投资设厂。2019 年 7 月初,越南国家薪资委员会宣布,到 2020 年,私营部门的最低工资(以月薪计算)将平均提高 5.5%,而且将于 2020 年 1 月 1 日起在四个行政区实施四个新的最低工资标准。而越南劳动效率较低,据万宝盛华集团《2019 年总体劳动力指数》评估,2019 年,越南劳动效率指数为 55.63,低于亚太地区 66.9 的平均水平,而越南熟练工人指数为 43.3,远低于地区 69 的平均水平。据评估,2019 年,越南在被考察的 76 个国家和地区中名列第 57 位,较 2018 年排名第 43 位大幅下滑。不少企业抱怨,受制于越南不断上涨的用工成本和较低的工作效率,在越南用工的实际成本甚至高于中国。

另一方面是越南对美国出口剧增反而面临美国“报复”的风险。虽然越南在中美贸易摩擦背景下对美国出口获得较大提升,如 2019 年前 5 个月对美国出口额增长 36%,成为美国第八大进口国,但是,越南对美国贸易顺差不断扩大以及部分企业选择迁往越南而非美国日益引起美国特朗普政府的不满,美国财政部在 5 月 28 日公布的半年度汇率政策报告将越南新列入汇率操纵国观察名单,美国商务部 7 月 2 日对原产自韩国和中国台湾地区再被运到越南加工后出口到美国的不锈钢和冷轧钢产品征收 456% 的关税,美国总统特朗普 7 月 26 日接受采访时也指责越南在贸易问题上“占美国的便宜”,“几乎是所有国家中最恶劣的”。

2. 面临改革压力。近年来,越南谈判并签署一系列自由贸易协定和投资保护协定,然而,这些协定在给越南出口和吸引外资方面做出贡献的同时也对越南国内经济体制改革提出更加迫切的要求。第一,要求加快国有企业股份制改革。越南部分国有企业效率低下、经营不佳,过去几年的股份制改革进展也相对缓慢,若不加快改革,恐怕很难应对日益激烈的市场竞争,这也是越南政府有意加快国有企业股份制改革步伐的考量之一。2019 年 8 月中旬,越南政府总理阮春福签署第 26 号决议,要求 2020 年年底前完成 93 家企业的股份制改革。第二,加入 CPTPP、与欧盟签署相关自由贸易协定和投资保护协定后,一些国内法律也必须做出相应调整。2019 年 11 月,越南第十四届国会第八次会议通过《劳动法(修正案)》,明确规定劳动标准,劳动者、用工者、代表劳动者的组织、代表用工者的组织的权利、义务和责任,退休、工作时长以及加班补贴等。其中,该修正案允许越南企业的劳动者“可以成立或加入他们自行选择的代表性组织”且所成立的组织可以独立于目前越南唯一的全国总工会——越南劳动总联合会,这可以说是对越南体制的一大突破。

3. 落后的基础设施依然是经济发展的重大瓶颈。越共十一大将体制机制、基础设施建设和人力资源视为越南经济社会发展(2011—2020 年)的三大战略突破口。在基础设施建设方面,越南拟建设配套的基础设施系统,其中交通、电力、水利和应对气候变化、城市建设被列为急需投入的 4 个核心领域。然而,越南国内仍然面临供电危机。2019 年 12 月 18 日,据越南工业和贸易部在越南电力大会上介绍,由于水文情况不稳,将对越南 2020 年的供电造成影响。而据日本《富士产经商报》报道,越来越多的企业对越南的基础设施状况感到不满。该报道指出,由于越南基建投资不足,部分集装箱滞留海上无法卸货,有些企业甚至考虑在越南以外的地方寻找更多的设厂地点。

总之,2019 年,越南整体经济形势仍然较好,但是一些挑战也逐渐凸显出来,越南政府及有关投资商显然需要采取更加审慎的态度。

三、外交

2019 年,越南在对外交往中也取得一些进展,尤其是成功举办第二次“特金会”,使越南一时备受国际关注。

(一)成功举办第二次“特金会”

美国总统特朗普与朝鲜最高领导人金正恩的第二次会面是国际社会高度关注的重大事件。美朝第二次“特金会”选在河内举行,使越南成为国际关注的热点。筹备此次会议不仅展现越南短时间筹办重大国际会议的能力,也借机宣传了越南尤其是河内的发展成就和美丽景色。鉴于此次“特金会”不欢而散,越南显然成为此次“特金会”的最大赢家。尤其是在特朗普表示“越南是朝鲜的榜样”后,一些西方媒体更是对越南的政治改革及经济发展大肆吹捧,“越南模式”一时成为国际热门话题,极大地提升了越南的国际形象与对外影响力。

通过举办“特金会”,越南党和国家领导人还分别与美国总统特朗普、朝鲜最高领导人金正恩展开双边外交。越共中央总书记阮富仲在与特朗普会面时，双方共同见证越捷航空、越竹航空、越南航空等与美方企业签署价值约210亿美元的采购与技术维修等合作协议。特朗普对越南方面努力减少与美国贸易赤字感到欣慰，甚至主动邀请阮富仲年内访美，这在一定程度上有助于避免美国对越南经贸"痛下狠手"。朝鲜最高领导人金正恩则在"特金会"结束后对越南进行正式友好访问，这是朝鲜最高领导人时隔55年再次对越南进行正式访问。越南《人民军队报》发表社论称赞此次访问是越朝关系发展新的里程碑。此外，越南2019年还成功当选新一届（2020—2021年）联合国安理会非常任理事国，加上其2020年即将担任东盟轮值主席国，这将进一步提升越南的国际地位和对外影响力。

（二）经济外交亮点不少

一是对美国方面，越南不仅在年初美国总统特朗普到访期间与美方签署210亿美元的采购合同，缓解美方对美越贸易逆差的不满，还与美方签署海关领域的互助协定。越美签署海关互助协定将为两国海关部门深化合作与加强信息交换奠定法律基础，对预防、发现和处理海关领域中的违法行为以及营造便利的贸易环境、打击贸易欺诈活动等具有重要意义。美国驻越南大使馆代办卡琳·麦克莱兰表示，越美海关互助协定是两国贸易关系中的重要协定，美国希望加强与越南的合作，从而促进两国贸易关系发展。二是对日本方面，越南政府总理阮春福在访问日本期间主持越南—日本投资促进会，大力推介越南经济投资环境以及优惠政策，并见证越日双方32份投资许可证与合作意向书的互换，其中，合作意向书总价值为80亿美元，覆盖能源、财政、酒店和工业区建设等领域。三是对欧盟方面，历经多年谈判后，越南与欧盟正式签署《欧盟—越南自由贸易协定》和《欧盟—越南投资保护协定》。据越南计划投资部估计，《欧盟—越南自由贸易协定》到2020年将拉动越南对欧盟出口增长约20%，至2025年将提升至42.7%，短期（2019—2023年）将推动越南国内生产总值增长2.18%～3.25%，中期（2024—2028年）将拉动越南国内生产总值增长4.57%～5.3%，长期（2029—2033年）对越南国内生产总值贡献率将达7.07%～7.72%。此外，2019年，越南还签署《越南与古巴自由贸易协定》以及越柬政府间促进双边贸易协定等。

（三）防务合作持续推进

1. 越美防务合作日益强化。近年来，越南迎合美国有意拉拢其对抗中国的战略意图，趁机加强与美国在安全领域的合作，以期从美国获取更多的军事援助。2019年3月29日，美国再次向越南海警移交6艘"金属鲨"巡逻艇，使美方移交给越南的巡逻艇数达到24艘。11月，美国国防部部长埃斯珀首次访问越南，除了再次致力于强化与越南的防务合作，还宣布将再次向越南捐赠一艘巡逻舰以提升越南在海上的执法和防御能力。越南政府总理阮春福高度评价埃斯珀的到访并建议美方继续与越方配合解决战争遗留问题，合作落实边和机场的污染清理项目，帮助越南参与联合国维和行动，加强搜救、应急救援、人道主义援助以及海上执法、军医、官兵培训、国防工业等领域的双边合作。

2. 越日防务合作不断扩大。2019年3月2—5日，越南人民军总参谋长、国防部副部长潘文江率领越南高级军事代表团访问日本，与日本自卫队统合幕僚长河野克俊举行会谈，不仅分享军队建设经验，还就进一步促进两国国防合作关系不断务实有效发展的措施进行了讨论。6月14日，日本海上自卫队最大的直升机护卫舰"出云号"再次停靠在越南金兰湾；12月2日，以越南海警司令部第二海警区副司令兼参谋长陈春良上校为团长的越南"CBS 8002号"海警船工作代表团抵达日本横滨港，这反映出两国海上力量不断加强合作的发展趋势。

3. 越印防务合作成为两国关系的重要支柱。2019年11月25日，越南人民军总参谋长、国防部副部长潘文江率领高级军事代表团访问印度，宣称双边防务合作是两国全面战略伙伴关系的重要支柱。此前（8月14日），由印度政府提供贷款为越南建造12艘高速巡逻艇项目正式启动，越媒称，这将是越印防务合作框架下实施的首个大型项目。

（四）发布国防白皮书

2019年11月25日，越南国防部在河内发布《2019年越南国防白皮书》，这是自2009年以来越南再次发布的一份国防白皮书，也是越南政府发布的第四份国防白皮书。越南国防部副部长阮志咏在发布会上介绍，该白皮书不仅延续奉行"三不"政策，即"不参加任何军事集团或与任何国家结成军事同盟，不准其他国家在越南设立军事基地，不依靠一国对抗另一国"，还主张"在国际关系中不使用或威胁使用武力"，将传统的"三不"政策拓展为"四不"政策，但同时又提出"取决于外部环境与条件，将考虑与其他国家发展必要且合适的防务与军事关系"。值得关注的是，越南在此份白皮书中强调"国际海洋法原则是越南保卫国家繁荣与国际角色的重要部分"，并更加直白地提到在南中国海面临的挑战，宣称越南是一个海洋国家以及将"特别关注海洋的安全与保护，致力于航行与飞越自由、贸易自由及根据国际法开展和平的经济活动"。最后，白皮书还提到："欢迎他国海军、海岸警卫队、边境警卫队及国际组织的船只造访越南港口，或开展维修、后勤补给及技术供应等"。（聂慧慧）

资料来源：

1.（越南）《人民报》《首都安全报》《年轻人报》《新河内报》《人民军队报》《越南金融报》

2. 越南统计总局网站

东南亚国家联盟

东南亚国家联盟概况

东南亚国家联盟(简称东盟)是亚太地区重要的地区组织,包括文莱、柬埔寨、印度尼西亚、老挝、马来西亚、缅甸、菲律宾、新加坡、泰国、越南10个国家,总面积约449万平方千米,人口6.6亿(2019年)。东帝汶和巴布亚新几内亚为观察员国。东盟峰会是东盟最高决策机构,由各成员国国家元首或政府首脑组成,东盟各国轮流担任主席国,2019年主席国泰国。东盟秘书长是东盟首席行政官,向东盟峰会负责,由东盟各国轮流推荐资深人士担任,任期5年。现任秘书长林玉辉(Lim Jock Hoi,文莱前外交与贸易部常秘),2018年1月就任,任期至2022年底。

东盟的成立以"本着平等与合作精神,共同努力促进本地区的经济增长、社会进步和文化发展,为建立一个繁荣、和平的东南亚国家共同体奠定基础,以促进本地区的和平与稳定"为宗旨和目标。在1997年签署的《东盟2020年远景》中提出:东盟要建设成为一个充满关爱的社会,一个不分性别、种族、宗教、语言及社会和文化背景,所有人都享有平等发展权的社会;成为亚太地区乃至世界上一个有效维护和平与公正的现代化组织。

东盟的前身是马来西亚、泰国和菲律宾于1961年7月31日成立的东南亚联盟。1967年8月6—8日,印度尼西亚、马来西亚、新加坡、菲律宾和泰国共同发表《东南亚联盟成立宣言》即《曼谷宣言》,宣告东盟成立。1976年,上述5国在巴厘岛举行东盟第1次首脑会议,签署《东南亚友好合作条约》和《东南亚联盟协调一致宣言》(合称《巴厘第一协约》),确定东盟的宗旨和原则。1984年文莱加入东盟,联盟成员国增至6个(这6个国家也被称为原东盟成员国或东盟老成员国)。之后,越南于1995年7月、缅甸和老挝于1997年7月、柬埔寨于1999年4月加入东盟,东盟在组织上实现1994年5月提出建立"东南亚10国共同体"的目标。2006年东帝汶申请加入,但至今仍仅作为观察员参与东盟相关会议。2003年10月,第9次东盟领导人会议通过标志东盟在政治、经济、安全、社会与文化全面合作进入历史新阶段的《巴厘第二协约》,提出在2020年建立类似于欧盟的,包括政治安全共同体、经济共同体和社会文化共同体的"东盟共同体"。2004年11月,第10次东盟领导人会议通过《万象行动纲领》等一系列文件,提出进一步缩小成员国间的发展差距,于2020年把东盟建成一个对外开放、充满活力与关爱的共同体的目标。2005年12月,第11次东盟领导人会议通过《吉隆坡宣言》,决定制定《东盟宪章》,用法律的形式确定东盟所有准则、规定和价值观,搭建一个法律和机构框架,以加快实现东盟共同体的目标。2007年1月,第12次东盟领导人会议通过《到2015年建成东盟共同体宣言》,将建设进程缩短5年。第12次东盟领导人会议还通过《东盟宪章蓝图宿务宣言》,为东盟解决内部分歧提供法律依据,同时为东盟共同体建设指明方向。2008年12月15日,《东盟宪章》正式生效,东盟各国的合作更加制度化。2009年2—3月和10月分别举行第14次和第15次东盟领导人会议,签订《东盟共同体2009—2015年路线图宣言》等系列协定,强调东盟将于2015年如期建成"人民的共同体"。2010年4月和10月分别举行第16次和第17次东盟领导人会议,明确在一年内举行两次东盟领导人会议。其中:第一次是成员国领导人会议,讨论东盟共同体建设事务;第二次是东盟与对话伙伴领导人会议,讨论与对话伙伴以及区域合作问题。2011年5月和11月分别举行第18次和第19次东盟领导人会议,签署《巴厘第三协约宣言》等一系列协定,强调以"全球共同体中的东盟共同体"为纲领,在推动2015年建成东盟共同体的进程中,带领东盟进一步放眼全球。2012年4月和11月分别举行第20次和第21次东盟领导人会议。其中:第20次会议通过《金边宣言》《金边议程》《2015年建立东盟无毒品区宣言》《"全球温和派行动组织"概念文件》等一系列重要文件,还就继续推动东盟一体化和东盟发展中遇到的问题等达成共识;第21次会议签署《东盟人权宣言》,建立"和平与和解机构"并决定在柬埔寨建立东盟地区排雷行动中心,同时将2015年12月31日定为建成东盟共同体的最后期限。2013年4月和10月分别举行第22次和第23次东盟领导人会议。其中:第22次会议发表的《主席声明》,强调加强东盟共同体建设,扩展东盟次区域合作,呼吁有关各国遵守《南海各方行为宣言》以及南海问题六条原则,要求各方保持克制,避免使用武力或武力威胁,和平解决有关争议;第23次会议再次确认2015年建成东盟共同体的目标。2014年5月和11月分别举行第24次和第25次东盟领导人会议。其中:第24次会议发表的《内比都宣言》,表示进一步加强成员国间以及其他各方的协调合作,努力于2015年年底建成东盟共同体;第25次会议重点讨论东盟共同体建设的进展和建成后的发展愿景以及如何加强东盟自身机构及能力建设。2015年4月和11月分别举行第26次和第27次东盟领导人会议。其中:第26次会议以"我们的人民,我们的共同体,我们的愿景"为主题,决定如期在2015年年底建成东盟共同体;第27次会议讨论东盟共同体2015年年底建成和未来10年的发展方向以及其他共同关切的地区和国际问题,各国领导人还共同签署《关于建立东盟共同体的2015吉隆坡宣言》和《东盟2025吉隆坡宣言:携手前行》。2016年9月6—8日,东盟第28次和第29次领导人会议在老挝万象举行。其中:第28次会议主要讨论东盟共同体的建设情况,回顾“东盟共同体2025蓝图”的实施情况,并对在实施过程中遇到的问题提出指导性意见,会议还通过《东盟宣言:一个东盟,一种反应机制》《东盟一体化工作计划Ⅲ》《东盟互联互通总体规划2025》等文件,以确保有效执行“东盟共同体2025蓝图”;第29次会议着重讨论东盟与外部的关系以及发展方向,就共同关的国际和地区间问题交换意见。东盟国家领导人还签署以东盟身份应对区域内外灾害的宣言。2017年4月和11月,在菲律宾马尼拉举行第30次和第31次东盟领导人会议。其中:第30次会议以“携手促进变革,共同拥抱世界”为主题,重点围绕东盟共同体建设及共同关心的国际地区问题进行讨论;第31次会议就建设更加稳定和更具韧性的东盟共同体(即建设以人为本的东盟、维护地区和平与稳定、加强海上安全与合作、促进包容性与创新驱动型增长、加强东盟韧性、推动东盟成为区域主义样板和全球事务参与者)进行讨论,并签署《东盟关于保护和提高移民劳工的共识》,通过《东盟关于预防和打击网络犯罪的宣言》《东盟创新宣言》等多份重要文件。东盟及其对话或域外伙伴领导人共同出席东盟成立50周年纪念活动。2018年4月和11月,在新加坡举行第32次和第33次东盟领导人会议。其中:第32次会议围绕2018年东盟主题“韧性与创新”,重点就东盟共同体建设和国际地区问题进行讨论,会后发表《主席声明》《关于建设韧性和创新的东盟愿景文件》《关于网络安全合作的声明》和《东盟智慧城市网络概念文件》;第33次会议回顾东盟共同体建设进展,重申加强非传统安全、环境挑战、可持续发展等领域合作,会议通过《东盟智慧城市网络框架》《关于增加绿色就业以促进东盟共同体平等与包容性增长的宣言》等文件,并签署东盟电子商务协议,旨在促进区域内跨境电商贸易便利化。2019年6月和11月,在泰国曼谷举行第34次和第35次东盟领导人会议。其中:第34次会议围绕“加强伙伴关系,促进可持续发展”主题,重点讨论东盟共同体建设和国际地区问题,发表《东盟印太展望》《东盟领导人关于可持续伙伴关系的愿景声明》《应对亚洲地区海洋垃圾的曼谷宣言》及其行动框架等文件;第35次会议回顾东盟共同体建设,就东盟未来发展方向、加强东南亚地区各领域可持续发展交换意见。会议发表《主席声明》《东盟关于向第四次工业革命转型的宣言》和《东盟关于气候变化的联合声明》等文件。

东盟建立一系列组织机构、机制来加强内部以及与世界各国的合作,主要有:东盟领导人会议,东盟外长会议和东盟地区论坛,以及农业和林业、经济、能源、环境、财政、通信与信息、投资、劳工、健康、法律、农村发展和减少贫困、科学与技术、社会福利与发展、打击跨境犯罪、肃毒、交通、旅游、青年、妇女工作、国防、教育、文化艺术、跨境烟雾、东盟投资区理事会、东盟自由贸易区理事会、东盟外长扩大会议、东盟经济共同体理事会议等部长级会议,部长会议下还设有高官委员会、理事会和技术工作小组。为有效处理对外关系,东盟在布鲁塞尔、伦敦、巴黎、柏林、华盛顿、东京、首尔、堪培拉、渥太华、威灵顿、日内瓦、新德里、纽约、北京、莫斯科、伊斯兰堡等地设有外交机构。2008年《东盟宪章》生效后,东盟10国均向东盟秘书处派驻大使,东盟对话伙伴国也陆续向东盟秘书处派驻大使。

2015年年底,东盟经济共同体宣告建成,成为东盟历史上又一重要的里程碑,标志着亚洲历史上第一次建成次区域共同体,对于东盟一体化进一步发展具有重要战略意义。根据东盟发展计划,东盟经济共同体建成后,东盟经济增长率可提升至7%左右,至2020年,东盟经济总量将从2015年的25万亿美元提升至47万亿美元,世界排名将从第7跃居第4;到2030年,东盟中产阶级将增加1倍达到163亿人,东盟吸引外资也将大幅增长。在东盟共同体框架下,东盟国家在政治安全、经济和社会文化领域一体化水平将不断提升,东盟作为一个整体在区域合作舞台上的声音将更加响亮。

东盟共同体建成并不意味着东盟一体化进程的终结,东盟共同体未来还面临着各成员国经济发展水平参差不齐、政治体制不同、宗教文化多样、区域法律法规不健全、非关税壁垒等问题和挑战,一体化建设仍然需要深化。现实情况表明,东盟国家很难像欧盟一样在国际舞台上用同一个声音说话,东盟成员国之间没有形成共同的外交和安全政策,也尚未形成货币统一的经济货币联盟,财政政策也不统一,协调规章制度缺乏,与区域外国家或集团的竞争力较弱。

东盟政治安全共同体建设

2019年,东盟致力于加强成员国之间的政治安全合作,共同面对政治、安全防务、维护地区和平稳定与人权等方面的问题,取得显著成效。3月5日,在印度尼西亚雅加达东盟秘书处举行的第11届东盟政治安全共同体协调会议上,东盟代表讨论如何促进东盟共同体三大支柱之间的合作和协同努力。会议讨论对执行《东盟政治安全共同体蓝图》的进展进行定性评估的框架。

各国政局总体较为稳定。2019年,除了印度尼西亚和泰国选举期间出现的一些问题,东盟各国局势基本保持平稳发展。印度尼西亚方面,开明温和派穆斯林佐科于5月21日赢得大选,连任总统;泰国方面,巴育得票超过半数,于6月5日成功当选为新一任泰国总理;缅甸方面,东盟和缅甸政府于5月27日在内比都举行高级别协调会议,同意立即采取措施缓解缅甸若开邦问题。

发展东盟成员国间及国际安全防务合作。东盟内部安全防务合作:2019 年 4 月 3—4 日,在泰国碧武里府举行东盟国防高级官员会议和东盟国防高级官员扩大会议;7 月 10—12 日,在泰国首都曼谷举行第 13 届东盟国防部部长会议,11 日签署《东盟国防部部长关于可持续安全的联合宣言》,强调进一步加强东盟内部、东盟与对话伙伴国的合作,共同应对非传统和跨境安全威胁;11 月 18 日,第 6 届东盟国防部部长扩大会议在泰国曼谷举行,会议讨论通过《东盟国防部部长扩大会议关于推动可持续安全合作的联合声明》。国际安全防务合作:9 月 2—6 日,美国与东盟十国举行首次海上联合军事演习;11 月 13 日,东盟国防部部长扩大会议反恐专家组联合实兵演习在中国广西桂林举行;11 月 17 日,第 10 次中国—东盟国防部部长非正式会晤在泰国曼谷举行;6 月 27 日,第 7 届东盟地区论坛维和专家会在中国青岛举行;9 月 16 日,东盟与国际原子能机构(IAEA)在奥地利维也纳签署促进核科学技术与应用、核安全、核安保和保障监督等方面的“实际安排”。

东盟经济共同体建设

2019 年,东盟国内生产总值(GDP)为 3.166 万亿美元,实际增长 4.7%。根据 2019 年的数据,东盟是亚洲第三大经济体,全球排名第五,在美国、中国、日本及德国之后。不过,东盟成员国的收入水平差距较大,人均收入由最低约 1400 美元(缅甸)至超过 60000 美元(新加坡)不等,平均约为 4600 美元。

2019 年,东盟继续加快东盟经济共同体(ASEAN Economic Community,简称 AEC)建设,扩大内部贸易合作,以减弱经济逆全球化动荡的负面影响。东盟经济共同体建设主要侧重于以下几个方面:

加快推动第四次工业革命和数字经济发展。2019 年,东盟峰会达成《〈东盟数字一体化框架〉行动计划》《东盟创新路线图(2019—2025)》《工业转型为工业 4.0的联合声明》等成果。1 月 14 日,东盟第四次工业革命特别会议在泰国曼谷举行。泰国副总理兼商业部部长朱林·拉萨那威西强调,未来的经济和社会将依赖于创造力、创新以及技术与生产系统之间的连接,要创造竞争力和提高生产力,推动可持续的经济增长。4 月 22—23 日,在泰国普吉岛举行的第 25 届东盟经济部部长务虚会议上,东盟高级官员制定了促进东盟在第四次工业革命中把握机会、保持发展势头的经济计划。7 月 13 日,东盟在泰国曼谷就第四次工业革命举行东盟经济共同体全体委员会特别会议,进一步讨论东盟在第四次工业革命工作方面的后续步骤。

警惕全球贸易局势的持续恶化。因担忧经济衰退及其他不利的全球经济趋势,东盟国家纷纷降低利率。马来西亚的恩格达银行在 2019 年 5 月将利率降低 25 个基点,这是自 2016 年 7 月以来的首次降息。菲律宾在 5 月、8 月和 9 月接连降低利率,由于通货膨胀率上升,在 2018 年部分降低 175 个基点的累计增幅。由于印尼盾走弱,印度尼西亚央行在 2018 年大幅度提高利率后出现 4 次降息。泰国在 8 月将基准利率降低 25 个基点,在 2018 年年底之前扭转了类似的规模增长;11 月,又降低 25 个基点,创下历史新低(1.25%)。尽管东盟各国都有各自的利率变动原因,但全球确实呈现出一些相同趋势,促使人们转向宽松的货币政策。首先,全球经济增长普遍放缓,随着第二季度 GDP 增长率的下降,主要经济体的增长势头明显放缓。美国收益率曲线的下行增加了人们对经济衰退的担忧,美国与中国之间紧张的贸易关系也加剧了这种担忧。其次,东南亚地区通货膨胀的总体趋势比较乐观,由于对通货膨胀不存在太大的担忧,各国央行可以更加积极地推动降低利率政策。

继续深化东盟的对外贸易关系,推动与贸易伙伴国的经贸往来。2019 年 2 月 26 日,在印度尼西亚雅加达举行的东盟秘书处联合合作委员会会议上,东盟和印度重申致力于加倍努力有效执行《东盟—印度行动计划(2016—2020 年)》的承诺。会议讨论使用东盟—印度绿色基金及印度政府提供的 10 亿美元信贷额度的方法以支持东盟与印度之间的基础设施和数字连接项目。此外,双方还讨论如何振兴东盟—印度商业委员会以促进企业对企业之间的联系。10 月 22—24 日,来自东盟、澳大利亚和新西兰的中小微型企业、食品监管机构和标准制定机构的官员聚集在雅加达,讨论如何提高 MSME 在东盟—澳大利亚—新西兰自由贸易区中的贸易地位,这有助于东盟、澳大利亚和新西兰三方中小微型企业更多地参与区域价值链并获得国际市场准入资格。

东盟社会文化共同体建设

2009 年,第 15 届东盟峰会通过的《东盟社会文化共同体蓝图》,旨在构建一个以人为本、共同承担社会责任的一体化组织。主要涉及 6 个方面:人的发展、社会福利和保障、社会公正和权益、确保环境的可持续性及建立东盟身份认同、缩小发展差距。2019 年,东盟社会文化共同体主要围绕“雾霾治理”“灾害预防”“智慧城市建设”等几个方面展开:

加强雾霾治理工作,推动可持续发展。湄公河次区域跨界雾霾污染次区域部长级指导委员会第 8 次会议于 2019 年 5 月 24 日在柬埔寨暹粒举行。各国重申对《东盟跨界雾霾污染控制协定》目标和原则的承诺,以及《东盟跨界雾霾污染控制合作路线图和实施手段》明确到 2020 年实现东盟无雾霾的愿景。各国部长同意加强合作以有效实现本协议的全部目标,包括实施东盟监测、评估和联合应急响应标准操作程序,其中包括《警报级别、触发点和火灾行动东盟跨界雾霾污染协定》第10次缔约方会议通过的抑制措施。第15届东盟环境部长级会议暨第15届东盟跨境雾霾污染会议及相关会议于10月9日在柬埔寨暹粒省圆满闭幕，会议通过包括19条内容的联合声明。会议一致认为，气候变化和海洋垃圾污染等新出现的核心问题仍是需要地区采取集体行动来解决的巨大挑战。面对海洋塑料垃圾日益增多的情况，东盟各国部长重申致力于执行关于东盟治理海洋垃圾的《曼谷宣言》《东盟打击海洋垃圾行动框架》的承诺。

加强灾害预防，降低灾害风险。由于不少东盟国家地处中南半岛这一山河相间的灾害高发地区，多年来地质灾害不断，因此，在灾害预防方面，东盟也做出了大量努力。在2019年10月4日举行的第7届东盟灾害管理部长级会议上，重申有必要加强跨部门协调，在灾害管理的集体努力中加强整体协调。会议着重讨论后续工作计划的优先事项。会议还审议东盟灾害管理人道主义援助协调中心的工作成果，并就推进本区域减少灾害风险和管理交换意见。此外，东盟与美国联合合作委员会第10次会议、东盟—俄罗斯联合合作委员会第17次会议均提及灾害管理领域的合作。

继续推动智慧城市网络建设。2019年6月6—7日，东盟国家在泰国曼谷举行的东盟智慧城市网络(ASCN)与可持续城市圆桌会议上，报告东盟智慧城市网络(ASCN)建设取得的进展情况。各国代表简要介绍各自的智慧城市项目的进展，并讨论与智慧城市建设有关的各种问题。7月9日，在以“智慧绿色东盟城市”为主题的东盟和欧盟环境与气候变化高级别对话会上，双方讨论可持续城市和社区议题，以及以数字化和技术应用为依托的智能解决方案。8月23日，东盟成员国、东盟智慧城市网络(ASCN)城市和东盟秘书处在泰国曼谷举行ASCN年度会议，审查评估智慧城市已完成的工作。

东盟对外关系

2019年，在第34届东盟峰会上，各国通过《东盟领导人关于“为可持续发展推动伙伴关系”的愿景》，强调“为可持续发展推动伙伴关系”，构建“以人为本、以人为导向、向前看的东盟共同体”。

东盟与中国关系　2019年是中国—东盟媒体交流年，双方在主题报道、联合制作、媒体培训和新兴媒体等8个方面共同策划实施近50项重点活动，使中国—东盟媒体合作达到新高度。自1991年中国与东盟建立对话关系以来，双方携手同行、相互支持，不仅在促进各自经济增长、社会进步方面取得重大进展，而且为推动东亚地区繁荣稳定发展做出重要贡献。中国与东盟国家实现融合联动发展，成为区域经济一体化的主要推动力量。中国与东盟正不断推进各领域合作，维护本地区繁荣发展良好势头，建设更为紧密的中国—东盟命运共同体。

在政治安全领域，双方进一步加强战略伙伴关系。4月9日，第20次中国—东盟联合合作委员会会议在印度尼西亚雅加达举行。中国驻东盟大使黄溪连和中国—东盟关系协调国菲律宾常驻东盟代表伊丽莎白共同主持会议。与会各方全面回顾总结中国—东盟合作进展和上年领导人会议成果落实情况，并就下阶段双方合作重点深入交换意见，达成诸多共识。在5月19日举行的第25次中国—东盟高官磋商会上，中国与东盟同意下一阶段要在《中国—东盟战略伙伴关系2030年愿景》指引下，推动共建“一带一路”高质量发展，启动制订《落实中国—东盟面向和平与繁荣的战略伙伴关系联合宣言行动计划(2021—2025)》，加强互联互通、产能、经贸、创新、人文以及传统和非传统安全等领域合作，共同致力于早日完成《区域全面经济伙伴关系协定》谈判，不断推动经济全球化和地区经济一体化，更多造福双方人民。

在经济合作领域，中国—东盟贸易进一步升级。中国连续10年保持为东盟第一大贸易伙伴，东盟也已成为中国第二大贸易伙伴。根据中国海关统计，2019年，中国—东盟贸易额达到6415亿美元，比上年增长9.2%，高于中国对外贸易平均增速，在中国前三大贸易伙伴(欧盟、东盟、美国)中增速最高，在中国对外贸易中占比上升，中国与东盟贸易额超过中国与美国贸易额千亿美元，彰显双方经贸合作活力。

在人文交流领域，中国—东盟人文交流领域不断深化拓展。2019年2月20日，中国国家主席习近平向中国—东盟媒体交流年开幕式致贺信指出，“中国与东盟国家山水相连、人文相通，友好交往源远流长。近年来，双方加强战略沟通，共建‘一带一路’，深化人文交流，妥善处理分歧，维护地区稳定。中国—东盟关系已进入全方位发展的新阶段”。6月17—18日，“中国民俗文化东盟行”活动在印度尼西亚首都雅加达举行，近30名中国民俗文化专家和艺术家带来插花、香学、茶艺等中国民俗文化表演，受到东盟各界人士的赞誉。7月22日，中国—东盟教育交流周在中国贵州开幕。中国—东盟教育交流周已经连续举办12届，为中国与东盟搭建了以教育为主的人文交流平台。11月22日，第4届中国—东盟青年论坛在中国海南三亚举行，与会专家、学者号召中国与东盟各国青年加强交流、增进友谊、增强互信，为中国—东盟关系的进一步发展做出贡献。

东盟与美国关系　自1977年美国成为东盟的对话伙伴以来，双方关系稳步发展。自从美国前总统奥巴马提出“亚太再平衡”战略以来，双方关系迅速回温，但特朗普上台后，美国对东盟的态度一直摇摆不定，尤其是美国在贸易全球化问题上的倒行逆施给双方关系蒙上一层阴影。

一方面，美国与东盟不断重申加强伙伴关系承诺。

2019年2月28日，在印度尼西亚雅加达举行的东盟与美国联合合作委员会第10次会议上，东盟各国和美国代表对近期双边战略对话关系重要发展步伐做出积极评价，认为在各领域全面展开2016—2020年东盟—美国行动计划各项合作活动有助于推动双边战略伙伴关系走向深入、务实。在保持积极参加东盟地区论坛、东盟国防部部长扩大会议、东亚峰会等地区合作机制并做出积极贡献的同时，美国已在海洋安全、网络安全、反恐和应对自然灾害等领域与东盟开展各项合作。3月28日，美国与东盟在美国华盛顿举行东盟—美国对话，参加对话的双方高级官员盘点过去40年来合作的不断发展，并期待进一步加强和深化合作。在《东盟—美国行动计划（2016—2020年）》的指导下，东盟—美国合作通过若干新举措扩大到更广泛的领域，如共同打击恐怖主义、人口贩运和其他跨国犯罪；共同维护海上安全和网络安全；共同发展信息通信技术、智慧城市、贸易和投资、基础设施等。在军事安全合作上，美国与东盟10国于9月2—7日举行为期5天的首次海上联合军演。8月2日，美国驻华大使馆和领事馆发言人办公室发布《美国与东盟：永恒的伙伴》简报，强调美国与东盟牢固的经济联系，提到为东盟安全提供海上援助、通过民间纽带提升年轻领导力量等合作内容。

另一方面，特朗普政府的摇摆态度对双方关系不断造成影响。针对2019年6月美国国防部正式公布的《印度洋—太平洋战略》，东盟发表东盟版的《印太展望》。虽然两个印太方案有较多共识和利益交叉点，但两者在出发点、重点等细节上有根本性的差别。东盟并不希望再度成为“美国太平洋战略”的棋子，而是更希望在印太区域有更大的自主权。双方对印太地区战略有着截然不同的战略目标，因此双方的关系仍然充满不确定性。特朗普执政后，首先废除“重返亚太”战略并宣布退出《跨太平洋伙伴关系协定》(TPP)。除了2019年6月推出的《印太战略》，特朗普政府没有一个清晰的对东盟政策。2019年，特朗普仍未任命美国驻东盟大使，也没有任命美国驻部分东盟国家大使。可以看出，特朗普对发展美国与东盟关系的认识是不确定的。随着《区域全面经济伙伴关系协定》(RCEP)即将正式签署、中日韩与东盟之间关系的不断深入发展，未来，美国与东盟关系将迎来一系列挑战。

东盟与日本关系 日本是东盟最大的外资来源国和第二大贸易伙伴。2019年，东盟秘书长林玉辉多次访问东京。东盟与日本也多次重申战略伙伴关系。2019年5月13日，东盟秘书长林玉辉与日本外务大臣河野太郎在东京签署《东盟与日本政府技术合作协定》。该协议为日本国际协力机构制定一个法律框架，以向作为国际组织的东盟提供直接援助。该协议的签署是进一步加强东盟与日本合作的重要一步。日本共同社报道称，日本旨在通过在东南亚培养人才，力促经济可持续发展，意在进一步扩大影响力。6月3日，双方高级官员在第34届东盟—日本论坛上重申东盟—日本战略伙伴关系的重要性，并承诺进一步加强密切关系。双方强调要保持朝鲜半岛对话势头与和平进程，维护南海和平稳定、航行和飞越自由安全的重要性。在讨论印太战略时，东盟和日本都认为确保开放和透明、促进合作、维护法治和尊重东盟中心地位具有重要意义。双方同意加强在应对非传统安全挑战，特别是应对恐怖主义、网络犯罪等跨国犯罪方面的合作。11月4日在泰国曼谷举行的第22届东盟—日本峰会发布《东盟—日本互联互通峰会联合声明》，声明肯定过去一年来东盟—日本友好合作在“心连心”的互信和“平等伙伴关系”基础上取得的良好发展，重申在2013年《东盟—日本友好与合作愿景声明》提出的加强东盟—日本战略伙伴关系以实现互利互惠的承诺。

东盟—东亚合作

东盟与中日韩10+3合作框架在维护、加强东亚和平、安全、稳定和发展方面具有重要作用。2019年，东盟与中日韩3国继续加强交流合作，共同维护区域和平与安全，推动经济一体化，实现共同发展。1月18日，第18届东盟与中日韩10+3旅游部长会议在越南广宁省下龙市举行，三国旅游部长就2018年东盟与中日韩旅游业表现进行回顾，达成广泛共识，发表《联合媒体声明》。第22届东盟与中日韩10+3财长和央行行长会议5月2日在斐济楠迪举行。会议聚焦全球和区域宏观经济形势、10+3区域财金合作愿景以及机制改革等议题，并发表联合声明，力促区域和全球经济发展。会议认为，尽管全球经济环境日益严峻，10+3

5月2日，第22届东盟与中日韩(10+3)财长和央行行长会议在斐济楠迪举行

(百度网)

地区仍然是全球经济增长重要引擎,但也面临贸易摩擦、外部需求疲软和全球金融环境收紧等风险。各方重申维护以规则为基础的多边贸易体制和坚持开放的区域主义原则,反对一切形式的保护主义,提高域内贸易投资水平,进一步深化国内资本市场,并推动经济转型升级。8月2日,第20届东盟与中日韩10+3外交部部长会议在泰国曼谷举行,与会各国"一致同意支持多边主义和自由贸易,坚持开放包容理念,争取年内结束《区域全面经济伙伴关系协定》谈判,推进区域经济一体化进程,加强互联互通,促进人文交流,共同维护地区金融稳定,不断完善区域经济治理架构"。11月4日,第22次东盟与中日韩10+3领导人会议在泰国曼谷举行。与会各国积极评价"10+3"合作在促进经济一体化发展方面取得的成就,并表示要继续发挥引领作用,加强机制建设,深化各领域合作,共同应对挑战,为地区稳定与繁荣贡献力量。

东盟与欧盟关系　2019年,东盟与欧盟继续保持友好的外交政策,在政治、经济和文化等多个领域展开交流合作。1月21日,东盟与欧盟在位于比利时布鲁塞尔的欧盟总部举行第22届欧盟—东盟部长级会议,双方强调加强东盟与欧盟全面合作关系的承诺,强调两个地区组织关系的特殊性,确认缔结两个地区间自由贸易协定的方针。会议还商讨下一阶段东盟与欧盟关系的方向,各国一致同意推进在经贸、投资、互联互通、应对气候变化、可持续发展、反恐、打击跨国犯罪、网络安全和海洋安全等领域的合作。6月22日,为切合东盟2019年"推动可持续发展"的主题,欧盟—东盟商业委员会和东盟商业咨询委员会发布"非关税壁垒"联合公告,该公告强调双方同意采取有效行动来消除非关税壁垒以帮助东盟实现《东盟经济共同体蓝图》中的目标。7月9日,环境与气候变化高级别对话启动仪式在泰国曼谷举行。东盟和欧盟的高级官员重申,要致力于加强东盟与欧盟之间在保护环境和气候变化相关的共同区域和全球挑战方面的合作。8月1日,在泰国曼谷举行的东盟与欧盟外交部部长会议上,双方就网络安全合作发表联合声明。声明中强调东盟与欧盟为信息通信技术建立开放、安全、稳定、和平且符合国际惯例和国内规定的发展环境的承诺。东盟与欧盟一致认为,应进一步努力控制网上的威胁,加强合作,进而应对恶意网络活动。各国外交部部长一致同意早日将双方关系提升为战略伙伴关系,同意加强在网络安全、边境管理、反恐和打击跨境犯罪、海洋安全、应对气候变化、环保和可持续发展等领域的合作。11月27日,欧盟与东盟在比利时布鲁塞尔举行第3次人权政策对话。与会者就广泛的人权问题交换意见,包括独立的国家人权机构、言论自由、信息自由以及宗教和信仰自由等方面。双方重申对增进和保护人权和基本自由的承诺并商定进一步加强合作。此外,双方还在人文交流上强化合作。2019年4月12日,欧盟将其对东盟高等教育的支持计划期限延长至2019年10月。该计划将加强欧盟与东盟的合作,共同推动在东盟建立高等教育体系的目标,此计划有助于东盟与欧盟合作关系的进一步扩展与深化,推动东盟—欧盟关系继续升温。

东盟与其他国家的合作　2019年,东盟还与印度、加拿大、新西兰等国在政治安全、经济贸易和文化交流等领域深化合作伙伴关系。2月26日,在印度尼西亚雅加达举行的东盟秘书处联合合作委员会会议上,东盟与印度重申致力于加倍努力有效执行《东盟—印度行动计划(2016—2020年)》的承诺,并于4月11—12日在印度新德里举行的第21届东盟—印度高级官员会议上,强调要"将东盟—印度战略伙伴关系推向新高度"。3月26日,东盟与加拿大在渥太华举行第16届东盟—加拿大对话,双方重申加强伙伴关系和扩大合作的承诺,包括将在多个领域继续努力合作。7月5日,在东盟与新西兰为准备庆祝2020年两国确立对话关系45周年之际,东盟—新西兰联合合作委员会会议在东盟秘书处举行。双方同意在共同关心的领域加强合作,并期待2020年起草新的五年行动计划,继续加强伙伴关系。

第5届年度东盟科技奖学金计划

2019年1月14日,在东盟秘书处和美国政府通过美国国际开发署的支持下,由东盟基金会发起申请,该计划针对的是早期和来自10个东盟国家的职业中期科学家。该计划旨在使东盟科学家能够通过将他们安置在本国的相关政府部门一年内,领导整个地区以科学为基础的政策制定和制度化的努力。在该部奖学金主管的指导下,科学家们利用他们的知识和技能为决策者决策提供智力支持。自2014年推出以来,该计划一直致力于解决科学、技术和创新领域最紧迫的发展问题。

第18届东盟与中日韩10+3旅游部长会议

2019年1月18日在越南广宁省下龙市举行,由越南文化、体育和旅游部部长阮玉善和旅游产业政策司司长于炳才共同主持。东盟及中日韩3国旅游部部长或其代表就2018年东盟与中日韩旅游业表现进行回顾,达成广泛共识,发表《联合媒体声明》。2018年,东盟与中日韩共接待1.915亿名国际游客。

第22届东盟与欧盟外交部长会议

2019年1月21日,东盟与欧盟外交部长会议在比利时布鲁塞尔举行,欧盟成员国外交部长、欧盟外交与安全政策高级代表兼委员会副主席、东盟成员国外交部长出席。双方强调加强东盟与欧盟全面合作关系的承诺,强调两个地区组织关系的特殊性。确认缔结两个地区间自由贸易协定的方案。会议还商讨下一阶段东盟与欧盟关系的发展方向，一致同意推进在经贸、投资、互联互通、应对气候变化、可持续发展、反恐、跨国犯罪、网络安全和海洋安全等领域的合作。

第一次促进东盟问责制和透明度的研讨会

2019 年 2 月 26 日，由东盟秘书处、东盟最高审计机构和东盟议会间大会在印度尼西亚雅加达联合举办。会议确定各国促进公共部门透明度和问责制的良好做法，探讨东盟秘书处、东盟议会大会、东盟国家安全委员会之间的共同利益和未来合作机会，加强工作协同效应，为加强金融治理作出贡献。

东盟海洋垃圾治理部长级特别会议扩大会

2019 年 3 月 5 日在曼谷举行，由泰国政府主办，东盟、欧盟、日本、韩国、美国及全球环境基金、联合国教科文组织、世界银行等国际组织代表出席会议并发言。会议旨在为东盟提供一个平台，探索和采取具体行动对海洋垃圾进行治理，并加强东盟与支持伙伴之间的合作，以有效解决该地区的海洋垃圾问题。各国代表及有关国际组织官员分别介绍各自在海洋垃圾治理问题上的成功经验，表示应对海洋垃圾问题应超越国界，倡议各国携手推进海洋垃圾治理。各方欢迎东盟出台相关文件，加强对话协作，共同提高海洋垃圾污染防治能力。

东盟与美国联合合作委员会第 10 次会议

2019 年 2 月 28 日在印度尼西亚雅加达东盟秘书处举行。东盟各国和美国代表对近期双边战略对话关系重要发展步伐做出积极评价，认为在各领域全面展开 2016—2020 年东盟—美国行动计划各项合作活动有助于推动双边战略伙伴关系走向深入、务实。美国表示，在积极参加东盟地区论坛、东盟国防部长扩大会议、东亚峰会等东盟地区合作机制并做出积极贡献的同时，还在海洋安全、网络安全、反恐和应对自然灾害等领域与东盟开展各项合作。

东盟—俄罗斯联合合作委员会第 17 次会议

2019 年 4 月 2 日在印度尼西亚雅加达东盟秘书处举行，由印度尼西亚常驻东盟代表 AdePadmoSarwono 和俄罗斯驻东盟大使亚历山大·伊万诺夫共同主持。会议重点是落实东盟—俄罗斯第 3 次峰会的决定，特别是战略伙伴关系联合声明。会议讨论《2016—2020 年东盟—俄罗斯合作发展综合行动计划》的落实情况和进一步推进战略伙伴关系的具体途径，包括在政治和安全问题、灾害治理、信息通信技术安全、教育、青年交流、科技等领域开展合作。

第 23 届东盟财政部长会议

2019 年 4 月 5 日在泰国清莱举行，来自东盟 10 国、东亚各国、美国和欧洲各国等的 300 名代表参加。会议重点讨论加强各国在投资中使用区内货币的合作，解决各国之间的贸易纠纷，各国之间电子支付、数字资产的监控、互联网金融支付网络安全等问题。此外，各国财政部长还讨论了互联互通、可持续发展、加强韧性等核心问题。会议结束之后，有关各方签署实施《东盟服务业框架第 8 个一揽子协议》的原则协议。

第 20 次中国—东盟联合合作委员会会议

2019 年 4 月 9 日在印度尼西亚雅加达举行。中国驻东盟大使黄溪连和中国—东盟关系协调国菲律宾常驻东盟代表伊丽莎白共同主持会议。与会各方全面回顾总结中国—东盟合作进展和上一年领导人会议成果落实情况，并就下阶段双方合作重点深入交换意见，达成诸多共识。

第 25 届东盟经济部长非正式会议

2019 年 4 月 23 日在泰国普吉岛举行。会议重点讨论《区域全面经济伙伴关系协定》(RCEP) 谈判和完成“东盟一站式服务机制”。会议期间，东盟经济部长签署《东盟服务贸易协议》和《东盟全面投资协议》第 4 次修正协定书。

第 22 届东盟与中日韩 10 +3 财政部长和央行行长会议

2019 年 5 月 2 日在斐济楠迪举行。会议聚焦全球和区域宏观经济形势、10 +3 区域财金合作愿景及机制改革等议题，并发表联合声明，力促区域和全球经济发展。会议认为，尽管全球经济环境日益严峻，东盟和中日韩仍然是全球经济增长的重要引擎，但也面临贸易摩擦、外部需求疲软和全球金融环境收紧等风险。10 +3各方承诺根据各自国情综合使用货币、财政和宏观审慎政策工具，确保可持续、平衡和包容性宏观经济政策稳健运行。各方重申维护以规则为基础的多边贸易体制和坚持开放的区域主义原则，反对一切形式的保护主义，提高域内贸易投资水平，进一步深化国内资本市场，并推动经济转型升级。

第 31 届东盟—澳大利亚论坛

2019 年 5 月 2—3 日在马来西亚布城举行，来自东盟成员国、澳大利亚和东盟秘书处的代表参加。与会各方希望达成一项 2020—2024 年东盟—澳大利亚行动计划。论坛讨论印度—太平洋的概念，澳大利亚欢迎东盟为塑造自己对印度—太平洋前景的持续努力。澳大利亚强调东盟在印度—太平洋地区的核心地位，以及东盟在确保开放、透明、包容和基于规则的地区秩序方面的重要作用，在这种秩序下，国际法和所有国家的权利都得到尊重。东盟和澳大利亚进一步强调共同努力加强奠定和平、稳定、繁荣和可持续性基础的规则和规范的重要性。

东盟与日本政府技术合作协定

2019年5月13日由东盟秘书长林玉辉与日本外务大臣河野太郎在东京签署,为日本国际协力机构制定一个法律框架,以向作为国际组织的东盟提供直接援助。该协议的签署是进一步加强东盟与日本合作的重要一步。日本共同社报道称,日本旨在通过在东南亚培养人才,力促经济可持续发展,意在进一步扩大影响力。

第25次中国—东盟高官磋商会

2019年5月19日在中国浙江杭州举行,由中国外交部长助理陈晓东和菲律宾外交部副部长马纳罗共同主持,东盟其他各国高官或高官代表和东盟副秘书长出席会议。与会各方表示,下一阶段要在《中国—东盟战略伙伴关系2030年愿景》指引下,推动共建"一带一路"高质量发展,启动制订《落实中国—东盟面向和平与繁荣的战略伙伴关系联合宣言行动计划(2021—2025)》,加强互联互通、产能、经贸、创新、人文及传统和非传统安全等领域合作,共同致力于早日完成《区域全面经济伙伴关系协定》谈判,不断推动经济全球化和地区经济一体化,更多造福双方人民。

湄公河次区域跨界雾霾污染次区域部长级指导委员会第8次会议

2019年5月24日在柬埔寨暹粒举行。与会部长们重申对《东盟跨界雾霾污染控制协定》目标和原则的承诺,以及《东盟跨界雾霾污染控制合作路线图和实施手段》规定的到2020年实现东盟无雾霾的愿景。部长们同意加强合作以有效实现本协议的全部目标,包括实施东盟监测、评估和联合应急响应标准操作程序,其中警报级别、触发点和火灾行动等是东盟跨界雾霾污染协定第10次缔约方会议通过的抑制措施。

东盟—中国香港自由贸易协定

2019年6月11日,中国香港和5个东盟成员国(老挝、缅甸、新加坡、泰国、越南)自由贸易协定生效。协定生效后,在货物贸易方面,新加坡承诺对所有中国香港原产货物实施零关税,而缅甸及泰国将会逐步减免对中国香港原产货物实施的关税。关税削减承诺涵盖中国香港不同类型的货品,包括珠宝、服装及配件、钟表、玩具等。

东盟海关总署第28次会议

2019年6月11—13日在老挝万象举行。东盟海关部长积极评价《2016—2020年海关发展战略规划》实施进展,要求所有相关海关工作机构启动2021—2025年海关发展战略规划新周期。东盟海关总署还赞赏东盟单一窗口框架下取得的进展,敦促所有东盟成员国在2019年前实时交换ATIGA电子原产地证书表格。东盟海关部长还与作为观察员的老挝国家工商会、欧盟—东盟工商理事会和美国—东盟工商理事会举行磋商会议,以加强该区域海关与企业的伙伴关系。

第34届东盟峰会

2019年6月22—23日在曼谷举行,以"推进可持续发展的伙伴关系"为主题。东盟各国领导人齐聚一堂,分享他们对可持续发展伙伴关系的愿景,并探讨加强东盟在防灾减灾、解决海洋垃圾及文化交流等方面的合作。东盟各国通过《东盟领导人关于"为可持续发展推动伙伴关系"的愿景》,通过推动各方面的可持续发展,包括经济可持续发展、通过战略互信实现可持续的安全等,并强调东盟共同体建设的持续性,实现长久和平、稳定、繁荣,给东盟人民带来利益。

东盟和欧盟环境与气候变化高级别对话

2019年7月9日在泰国曼谷启动,东盟和欧盟的高级官员重申将致力于加强东盟与欧盟之间在保护环境和气候变化等领域的合作。双方讨论主要合作领域,包括与气候变化相关的长期战略和可持续融资问题。还讨论自然资源的保护、水和生物多样性、废物管理、塑料和海洋垃圾等环境问题。此外,会议还以"智慧绿色东盟城市"为主题,讨论可持续城市和社区建设,以及以数字化和技术应用为依托的智能解决方案。

第13届东盟国防部长会议

2019年7月11日在泰国曼谷举行,主题为"可持续安全"。会议上,各国国防部长讨论安全合作、边境问题、军事医疗援助等内部问题和东盟与中国、日本、韩国、澳大利亚、新西兰、印度、俄罗斯、美国等国拓展合作等议题。会议结束后,部长们通过并签署《东盟国防部长关于可持续安全的联合声明》。

第52届东盟外交部长会议

2019年7月31日在泰国曼谷开幕,旨在讨论推进东盟共同体建设、加强与对话伙伴合作等议题。中国—东盟外交部长会议、东盟与中日韩外交部长会议、东亚峰会外交部长会议和东盟地区论坛外交部长会议也于7月31日至8月2日期间在曼谷举行。会议发布《联合声明》,强调各国在充分落实《2025年东盟共同体愿景》的承诺,以及各国在东盟共同体建设中的团结精神的重要性。各国部长再次肯定缩短东盟各国之间发展差距尤其是数字技术领域发展差距的必要性,从而促进东盟经济更深层次、更广范围地融入全球经济。此次会议上,东盟各国部长还讨论中国南海局势，其中部分东盟国家外交部长对填海造地等行为深表担忧，这些行为侵蚀了互信，使紧张局势加剧，同时威胁地区和平、安全与稳定。

东盟—澳大利亚战略伙伴关系行动计划（2020—2024）

2019 年 8 月 1 日，由东盟—澳大利亚宣布实施。该行动计划建立在东盟与澳大利亚自 1974 年以来牢固合作和伙伴关系的基础上，并于 2014 年提升为战略伙伴关系。它重申，东盟和澳大利亚是在这个正在发生重大变化的充满活力的区域中具有重大利害关系的伙伴。它概述了优先行动，以加强双方的参与，形成一个以东盟为中心的和平、繁荣和基于规则的地区。为加强东盟—澳大利亚战略伙伴关系，行动计划推动合作，支持东盟共同体建设和一体化进程，包括《2025 年东盟共同体愿景》，并应对未来 5 年出现的地区和全球挑战。

东盟—欧盟网络安全合作声明

2019 年 8 月 1 日在泰国曼谷举行的东盟与欧盟外交部长会议上，由双方共同发表。声明强调东盟与欧盟为信息通信技术建立开放、安全、稳定、和平且符合国际惯例和国内规定的发展环境的承诺。声明指出，数字技术对东盟和欧盟各国经济体和人民发挥日益重要的作用，并一致认为需要有效解决数字经济和技术快速发展造成的安全挑战。声明还指出，网络空间为经济社会发展带来机会，同时对两个地区造成挑战，其中包括破坏和平与安全的危机。

第 8 届东盟与中日韩 10 +3 卫生部长会议

2019 年 8 月 30 日在柬埔寨举行。会议重申对联合国到 2030 年实现全民健康覆盖的可持续发展目标的承诺，该目标包括财务风险保护、提供高质量的基本卫生保健服务及为所有人提供安全、有效、高质量和负担得起的基本药物和疫苗。因此，会议要求东盟与中日韩卫生健康高级别会议加快在所有国家实现全民健康覆盖的进展，通过建设国家和地区评估和管理公平高效的卫生系统以支持全民健康覆盖的能力。

第 37 届东盟能源部长会议

2019 年 9 月 4 日在泰国曼谷举行，以“通过伙伴关系与创新促进能源转型”为主题。会议集中讨论能源合作问题，旨在促进能源行业创新与发展，促进能源转型及能源领域中科技发展与创新等议题，旨在协助东盟适应能源转型，促进能源可持续发展。

第 51 届东盟经济部长会议

2019 年 9 月 6 日在泰国曼谷举行。会议对由 2019 年东盟轮值主席国泰国提出的关于 2019 年各项经贸合作优先问题进行讨论；对东盟各项协定中的承诺实施路线图进行审核，包括 2019 年各项优先事项落实情况，完成 2025 年东盟经济共同体建设工作，集中于竞争政策、消费者保护工作、知识产权、电子商务发展、协助中小微型企业、促进民营企业的参与等内容，有助于建设全球供应链，缩小东盟各国之间经济发展差距等。

第 6 届东盟—太平洋联盟部长级会议

2019 年 9 月 28 日，在第 74 届联合国大会期间举行。会议强调，将致力于加强两个区域机制之间的联系，并提出保护主义措施增多、气候变化影响、第四次工业革命和人工智能等全球性挑战，强调各国和地区应开展合作，分享支持亚太地区抗风险和创新的最佳实践。会议强调促进自由贸易的重要性，重申支持开放的、基于规则的多边贸易系统。与会部长们审议《东盟—太平洋联盟工作计划（2017—2019 年）》实施情况，欢迎该计划延期一年至 2020 年 12 月，并同意加快实施。

7 月 31 日，第 52 届东盟外交部长会议在泰国曼谷开幕　（新华网）

第 7 届东盟灾害管理部长级会议

2019 年 10 月 4 日在缅甸举行。会议重申有必要加强跨部门协调，在灾害管理的集体努力中加强整体协调。会议还讨论后续工作计划的优先事项，审议东盟灾害管理人道主义援助协调中心的成果，并就推进本区域减少灾害风险和管理交换意见。

第 15 届东盟环境部长级会议暨第 15 届东盟跨境雾霾污染会议以及相关会议

2019 年 10 月 9 日在柬埔寨暹粒省闭幕，并通过包括 19 条内容的联合声明。与会各方一致认为,气候变化和海洋垃圾污染等新出现的核心问题仍是需要地区采取集体行动来解决的巨大挑战。面对海洋塑料垃圾日益增多的情况,东盟各国部长重申致力于执行关于东盟治理海洋垃圾的《曼谷宣言》《东盟打击海洋垃圾行动框架》的承诺。东盟各国部长同意在2020年3月16—19日在马来西亚举行东盟生物多样性会议。同时,东盟各国部长对最近频繁出现的雾霾问题表示关切,一致同意审议《东盟跨境雾霾污染协定》,并重申东盟国家将有效执行该协议和《东盟跨境雾霾污染控制路线图》,共同致力于2020年实现东盟无雾霾污染的目标。

第19届东盟电信和信息技术部长会议

2019年10月24日在老挝首都万象举行。以“东盟智慧对接促进数字化转型”为主题。与会各方就开展各项合作倡议以实现东盟数字化转型展开讨论,并指出数字技术是促进数字化转型、促进其他领域发展的主要因素。会议为至2025年东盟数字总体计划发展指明方向,并审议通过2020—2021年具体合作计划。

东盟还分别与中国、日本、韩国、印度、美国等对话伙伴国及欧洲委员会与国际电信联盟举行工作会议,并通过2020年合作计划,包括信息与通信技术政策交流与管理、人力资源发展、通过各种新技术促进革新创新、增强对网络安全风险管理能力等。

第35届东盟峰会及东亚合作领导人系列会议

2019年11月4日在泰国曼谷闭幕。东盟各国及其对话伙伴就共同应对挑战、实现可持续发展、促进区域经济合作等议题达成多项成果,为打造更高水平的区域经济一体化、推动东亚合作取得更大发展注入新动能。本次东亚合作领导人系列会议期间,第22次中国—东盟10+1领导人会议、第22次东盟与中日韩10+3领导人会议和第14届东亚峰会等分别举行,其中,10+3领导人会议发表《互联互通再联通倡议的声明》,中国与东盟发表《关于“一带一路”倡议同〈东盟互联互通总体规划2025〉对接合作的联合声明》。

会议期间,东盟十国与中国、日本、韩国、澳大利亚、新西兰、印度6国举行第3次《区域全面经济伙伴关系协定》(RCEP)领导人会议。会后发表的联合声明表示,RCEP15个成员国结束全部文本谈判及实质上所有市场准入谈判,致力于明年正式签署协议。在第35届东盟峰会上,东盟发布《工业4.0转型宣言》。

第25届东盟交通运输部长会议

2019年11月15日在越南河内闭幕。东盟10国和东盟伙伴国共250名代表出席。会议集中讨论政府级多边合作文件内容以促进东盟与东盟及中日韩的交通互联互通;听取东盟交通发展战略计划(2016—2025)框架下的各项目计划实施情况;审议通过2020年东盟交通合作相关项目和行动计划;讨论促进东盟与对话伙伴和其他伙伴在航空等领域的合作等。

东盟—韩国和平、繁荣与伙伴关系联合愿景声明

2019年11月26日,2019韩国—东盟特别峰会第一阶段会议在韩国釜山举行。由韩国总统文在寅与东盟10国领导人签署《韩国—东盟关于构建和平繁荣伙伴关系的联合声明》。与会领导人在联合声明中重申支持加强贸易与投资,“反对任何形式的保护主义”,以期推进地区发展与繁荣,同时继续通过合作减少地区内发展差距。与会领导人表达对《区域全面经济伙伴关系协定》(RCEP)的期待。联合主席声明表示,欢迎包括东盟10国和韩国在内的15个RCEP参与国该年11月4日在泰国曼谷完成协议文本谈判,争取在2020年签署协议。在本次峰会期间,双方还就建立“以人为本的和平繁荣共同体”达成共识,表示将加强双方在经贸往来、互联互通、可持续发展、人文社会等各领域合作。

第13届东盟打击跨国犯罪部长级会议和第10届东盟与中日韩、第7届东盟与中国打击跨国犯罪部长级会议

2019年11月27日在泰国首都曼谷开幕,东盟各国及日本、韩国执法部门部长级官员的200余名代表出席。会上,各国代表对各自国家乃至地区跨国犯罪形势作出评价。会议高度评价各国在打击跨国犯罪工作中的努力,特别是在落实AMMTC—12会议所达成的协议和《东盟跨国犯罪行动计划》(2016—2025)等方面的努力。会议发布《第13届东盟跨国犯罪部长级会议联合声明》。

第7届东盟矿产部长级会议

2019年12月13日在泰国首都曼谷举行。与会各方就应对全球矿业面临的机遇和挑战、东盟矿业合作交换意见,一致认可东盟经济共同体矿业部门在促进和加强本区域商业和贸易一体化方面的重要支持作用。部长们强调,有必要加强矿产贸易和投资,同时加强区域可持续矿产开发能力。部长们还进一步讨论矿产和金属在全球低碳转型中日益增长的作用,以及数字时代业务创新带来的机遇。

中国—东盟媒体交流年

2019年12月20日,中国—东盟媒体交流年在中国北京开幕。中国与东盟各国在主题报道、联合制作、媒体培训和新兴媒体等8个方面共同策划实施近50项重点活动,使中国—东盟媒体合作达到新高度。交流活动于12月23日闭幕。 (魏佳 黄昊 罗富文)

中国—东盟自由贸易区

中国—东盟自由贸易区的历史沿革

1991 年,中国与东盟正式建立官方对话关系。同年 7 月,中国正式成为东盟磋商伙伴。1996 年 7 月,中国被东盟接纳为全面对话伙伴国并出席东盟与对话伙伴国会议。1997 年 12 月,中国与东盟首次举行东盟—中国领导人会议。会议期间,双方领导人发表联合宣言,确定东盟与中国面向 21 世纪的睦邻互信伙伴关系。

2002 年 11 月,第 6 次中国—东盟领导人会议签署《中国与东盟全面经济合作框架协议》,确定 2010 年建成中国—东盟自由贸易区的目标。2003 年 10 月,第 7 次中国—东盟领导人会议期间,中国正式加入《东南亚友好合作条约》,双方领导人发表《中国与东盟面向和平与繁荣的战略伙伴关系联合宣言》。2004 年,在第 8 次中国—东盟领导人会议上,双方签署《中国与东盟全面经济合作框架协议货物贸易协议》和《中国与东盟争端解决机制协议》,中国—东盟自由贸易区进入实质性建设阶段。2005 年 7 月,中国—东盟自由贸易区《货物贸易协议》开始实施,双方 7000 余种商品开始全面降税,双边贸易额持续增长。2007 年 1 月 14 日,中国与东盟国家在菲律宾宿务签署中国—东盟自由贸易区《服务贸易协议》。2009 年 8 月,中国与东盟国家共同签署中国—东盟自由贸易区《投资协议》。2003—2009 年,中国—东盟关系发展全面提速,双方在包括货物、服务和投资在内的经贸潜能得到释放。

2010 年 1 月 1 日,中国—东盟自由贸易区如期建成,90% 的商品实现零关税。中国对东盟平均关税从 9.8% 降至 0.1%,东盟 6 个老成员国对中国的平均关税从 12.8% 降至 0.6%。中国—东盟自由贸易区成为中国对外建立的第一个自由贸易区,也是由发展中国家建立的世界上最大的自由贸易区。同年,中国—东盟自由贸易区《投资协议》开始实施。2010 年 10 月 29 日,在第 13 次中国—东盟领导人会议上,双方领导人签署《落实中国—东盟面向和平与繁荣的战略伙伴关系联合宣言的第二个五年行动计划(2011—2015)》和《〈中国—东盟全面经济合作框架协议货物贸易协议〉第二议定书》。2011 年 1 月 1 日,《〈中国—东盟全面经济合作框架协议货物贸易协定〉第二议定书》开始生效,11 月 21 日,中国与东盟签署《关于实施中国—东盟自由贸易区〈服务协议〉第二批具体承诺的议定书》,中国—东盟自由贸易区得到进一步发展。

2012 年是《中国—东盟全面经济合作框架协议》签署 10 周年,也是中国—东盟自由贸易区建设 10 周年。2012 年 1 月 1 日,《关于实施中国—东盟自由贸易区〈服务贸易协议〉第二批具体承诺的议定书》正式生效。11 月 19 日,在第 15 届东盟—中国领导人会议上,双方领导人签署《关于修订〈中国—东盟全面经济合作框架协议〉的第三议定书》和《关于在〈中国—东盟全面经济合作框架协议〉下〈货物贸易协议〉中纳入技术性贸易壁垒和卫生与植物卫生措施章节的议定书》,并建立一些机构专门负责双边经贸合作事宜。会议还发表纪念《南海各方行为宣言》签署 10 周年联合声明。

2013 年是中国与东盟签署《中国与东盟面向和平与繁荣的战略伙伴关系联合宣言》10 周年,也是中国—东盟博览会举办第 10 年。8 月 29 日,纪念中国—东盟建立战略伙伴关系 10 周年特别外长会在北京举行。9 月 3—6 日,中国—东盟建立战略伙伴关系 10 周年暨中国—东盟博览会 10 周年成就展在广西南宁举办。10 月 9—15 日,第 16 次中国—东盟领导人会议、第 16 次东盟与中日韩 10+3 领导人会议和第 8 届东亚峰会在文莱斯里巴加湾举办,中国与东盟国家领导人进行会晤与对话。双方领导人将建立战略伙伴关系 10 年来的中国—东盟合作方式提炼为“亚洲方式”,并一致同意打造中国—东盟自由贸易区升级版,携手共创“钻石 10 年”。

2014 年是中国—东盟携手共创合作“钻石 10 年”的开局之年,也是中国—东盟自由贸易区升级版建设取得重要进展的一年。8 月 26 日,第 13 次中国—东盟经贸部长会议通过中国—东盟自由贸易区升级版要素文件,并于 9 月进行首轮谈判。9 月 16—19 日,第 11 届中国—东盟博览会在广西南宁举办。11 月 13 日,第 17 次中国—东盟领导人会议在缅甸内比都举行,会议发表《主席声明》,积极评价中国—东盟关系取得的进展,并对进一步推进各领域务实合作做出规划。年内,中国与东盟领导人还通过第 17 次东盟与中日韩领导人会议、2014 年东盟地区论坛高官会、东盟地区论坛海上航道安全研讨会等平台进行会晤与对话。

2015 年是中国—东盟自由贸易区升级版建设的重要时间节点。11 月 22 日,经过 4 轮谈判后,中国与东盟签署《中华人民共和国与东南亚国家联盟关于修订〈中国—东盟全面经济合作框架协议〉及项下部分协议的议定书》。升级版议定书的达成和签署,体现双方深化和拓展经贸合作的共同愿望和现实需求,将为双方经济发展提供新动力,有利于加快建设更为紧密的中国—东盟命运共同体,实现 2020 年双边贸易额达到 1 万亿美元的目标,并将促进《区域全面经济伙伴关系协定》(RCEP)谈判和亚太自由贸易区建设进程。年内,中国与东盟领导人还通过第 12 届中国—东盟博览会、中国—东盟商务与投资峰会,第 18 次中国—东盟、东盟与中日韩领导人会议,东盟地区论坛等平台进行沟通交流,为促进双边合作达成多项共识。

2016 年是东盟共同体宣布建成后的第一年,也是中国—东盟对话关系建立25周年。当年9月,第19次中国—东盟领导人会议暨中国—东盟建立对话关系25周年纪念峰会在老挝首都万象举行,会上发表《第19次中国—东盟领导人会议暨中国—东盟建立对话关系25周年纪念峰会联合声明》。双方领导人回顾过去25年来中国—东盟对话关系取得的进展及各领域合作成果,同意继续加强对话和合作,加强相互理解和友谊,共同维护地区和平与稳定。年内,中国与东盟还通过第13届中国—东盟博览会、中国—东盟商务与投资峰会,第9届泛北部湾经济合作论坛,东盟与中日韩领导人会议,亚洲合作对话第14次外长会,2016年东盟地区论坛外长会,澜湄合作首次领导人会议,大湄公河次区域经济走廊2016年省长论坛,中国—东盟省市长对话等平台进行交流、开展合作。

2017年是东盟成立50周年和中国—东盟旅游合作年,中国—东盟关系也面临着提质升级的新机遇。年内,中国与东盟相互支持各自的主场外交,体现对双边关系的高度重视和中国对东盟在区域合作中的中心地位的坚定支持。中国与东盟进一步加强政策沟通、战略对接和务实合作,深化经贸、互联互通、产能等全方位合作,落实第三份五年行动计划,推动中国—东盟自由贸易区升级成果落地。中国与东盟合作办好旅游合作年,打造社会人文合作新支柱,为中国—东盟合作注入新动力。2017年中国与东盟双边贸易额5148亿美元,比上年增长13.8%,增速超过中国对欧盟、中国对美国的贸易增长速度。中国向东盟出口额2791亿美元,比上年增长9%;进口额2357亿美元,增长20%。

2018年是中国—东盟建立战略伙伴关系15周年。15年来,双方关系从快速发展的成长期迈入提质升级的成熟期,进入全方位发展的新阶段。2018年,中国—东盟经贸合作再创佳绩。一是双边贸易额再创新高。根据中国海关统计数据,2018年中国与东盟贸易额5878.7亿美元,比上年增长14.1%,增速超过中国对外贸易平均增速。自2009年以来,中国已连续10年成为东盟第一大贸易伙伴,东盟连续8年成为继欧盟、美国之后的中国第三大贸易伙伴。在中国的前七大贸易伙伴中,东盟与中国的贸易增长速度最快。二是双向投资实现双增长。根据中国海关统计数据,2018年中国对东盟非金融类直接投资流量为99.5亿美元,比上年增长5.1%,显著高于2017年1.7%的增幅;东盟对中国投资流量为57.2亿美元,增长12.5%。截至2018年年底,中国对东盟累计投资额890.1亿美元,东盟对中国累计投资额1167亿美元,双向投资存量15年间增长22倍。东盟首次超过英属维尔京群岛,跻身继中国香港之后的中国第二大对外投资目的地。同时,东盟也仅次于中国香港和欧盟,位列中国第三大投资来源地。

2018年11月14日,在新加坡举行的中国—东盟领导人10+1会议上,中国国务院总理李克强宣布,中国与东盟各国最终完成自由贸易协定"升级版"的所有国内程序,中国—东盟自由贸易区"升级版"正式全面生效。这必将进一步密切中国与东盟的经贸关系,向国际社会释放中国和东盟国家坚定维护多边主义和自由贸易的积极信号。多位东盟国家领导人对《中国—东盟自由贸易协定》"升级版"正式全面生效给予高度评价。菲律宾总统杜特尔特表示,相信东盟与中国将继续促进贸易投资合作,维护多边主义和多边体系,这符合中国和东盟国家的共同利益。印度尼西亚总统佐科表示,面对国际经济中的诸多不确定因素以及保护主义、零和博弈势头上升的挑战,东盟和中国别无选择,只能加强合作,让东盟和中国成为和平与安全、稳定与繁荣的重要支柱。东盟轮值主席国新加坡总理李显龙表示,东盟和中国都支持以规则为基础的、开放的多边主义,支持扩大开放、互联互通。《中国—东盟自由贸易协定升级议定书》的全面执行将发出支持多边经济和贸易合作的强有力信号。中国外交部发言人华春莹在11月16日举行的例行记者会上表示,中国也将继续把东盟作为周边外交优先方向,以《中国—东盟自由贸易协定》"升级版"全面生效为契机,与包括东盟成员国在内的地区国家一道,进一步推动区域内贸易投资自由化、便利化,推动东亚地区经济一体化进程,与东盟携手打造更高水平的战略合作关系,构建更为紧密的中国—东盟命运共同体,使中国—东盟合作继续成为促进地区和平与繁荣的重要支柱。

12月19日,中国国际贸易促进委员会在中国广西南宁举行"全面签发《中国—东盟自由贸易协定》项下原产地证书工作会议",对外发布称将从2019年1月16日起,授权中国贸促系统优惠原产地签证机构全面开展中国—东盟自由贸易区优惠原产地证书签发业务。当日会上,中国国际贸易促进委员会还与南京大学共同发布《中国—东盟自由贸易协定实施效果评估研究报告》。

2019年,中国—东盟自由贸易区进一步增强双边经贸关系。据中国海关统计,2019年,中国—东盟贸易额达到6415亿美元,增长9.29%,高于中国对外贸易平均增速,在中国前三大贸易伙伴(欧盟、东盟、美国)中增速最快,在中国对外贸易中占比上升,中国与东盟贸易额超过中国与美国贸易额千亿美元,东盟历史性成为中国的第二大贸易伙伴,形成中国和东盟互为第一大贸易伙伴的良好局面。

2019年8月22日,所有东盟国家均完成国内核准程序,10月22日,中国—东盟自由贸易区升级《议定书》对所有协定成员全面生效。升级《议定书》的全面生效将进一步释放中国—东盟自由贸易区实施的红利,让自由贸易协定的优惠政策真正惠及所有协定成员国的企业和人民,也必将有力地推动双方经贸合作再上新台阶，为双方经济发展提供新的助力，为实现《中国—东盟战略伙伴关系2030年愿景》做出积极贡献。

2019年“中国—东盟媒体交流年”

2019年2月20日在中国北京开幕，中国国家主席习近平和东盟轮值主席国泰国总理巴育·詹欧差向开幕式致贺信。中共中央政治局委员、中央宣传部部长黄坤明出席开幕式，宣读习近平贺信，并会见出席活动的东盟10国代表。中国国家广播电视总局局长聂辰席代表中方组委会致辞。中国和东盟各国相关政府部门、媒体代表1500余人出席开幕式活动。

中国援建菲律宾第二所戒毒中心

2019年4月8日正式移交给菲律宾卫生部。这所戒毒中心位于菲律宾南部棉兰老岛的南阿古桑省，由中国建筑第三工程局有限公司承建，占地3公顷，包括行政管理及医疗综合楼、探视用房、员工用房、男女宿舍、风雨操场等，共有150个床位。该项目于2018年2月动工，2019年4月完工，成为“中国速度”在菲律宾的典范。该戒毒中心于5月正式投入使用。

中国跃升为菲律宾香蕉最大进口国

2019年5月7日，菲律宾统计局表示，2018年，中国首度超越日本成为菲律宾香蕉最大进口国。根据统计数据，2018年，菲律宾有116.6万吨香蕉出口至中国，占当年菲律宾香蕉总出口量的37.3%，总价值约4.96亿美元。菲律宾盛产多种热带水果，其中香蕉多年来稳居该国出口农产品首位。近年来，中国进口菲律宾香蕉数量增长迅猛，是中菲两国间经贸关系不断发展的一个良好信号。

中国（安徽）—东盟贸易投资推介会

2019年5月8日在中国安徽合肥举行，由中国—东盟中心和安徽省商务厅共同主办，安徽省国际经济合作商会协办。中国—东盟中心秘书长陈德海、安徽省商务厅厅长张箭、东盟国家驻华使领馆官员及安徽省企业代表等200余人出席。

柬埔寨香蕉出口中国首发仪式

2019年5月9日在柬埔寨金边举行，由柬埔寨农林渔业部和中国驻柬埔寨大使馆联合主办。柬埔寨农林渔业大臣翁沙空、中国驻柬埔寨大使馆经济商务参赞李岸，以及来自柬埔寨商业部、柬埔寨中国商会、相关香蕉进出口及冷链物流企业代表共200多人出席首发仪式。这是柬埔寨新鲜水果首次直接向中国市场出口，也是两国农业领域合作的一个重要里程碑。

中国成为文莱最大外国游客来源地

2019年5月9日，文莱初级资源与旅游部表示，2018年，中国成为文莱最大外国游客来源地。统计显示，2018年，经文莱国际机场抵达文莱的中国游客共65563人次，占文莱国际游客的比重从2017年的20.9%升至23.6%。

中国（江西）—东盟贸易投资推介会

2019年5月10日在中国江西南昌举行，由中国—东盟中心和江西省外事办公室共同主办，江西省商务厅、农业农村厅、工商联支持，江西省走出去企业战略合作联盟协办。江西省副省长吴忠琼、中国—东盟中心秘书长陈德海、东盟国家驻华使领馆官员及江西省企业代表等300余人出席。

中缅第二所友好医院升级改造工程

中缅友好医院——纳貌人民医院于2019年5月10日竣工，缅甸国务资政昂山素季、卫生和体育部长敏推、马圭省省长昂莫纽和中国驻缅甸大使洪亮等出席竣工仪式。据了解，经过升级改造，纳貌人民医院急诊中心落成，住院部、门诊部修缮完毕，先进的医疗设备安装到位，院内道路、绿地、停车场、围墙等设施也翻修一新。除了硬件得到大幅度改善，中方还将为医院医护人员提供专业培训，加强软件建设。

2019中国—东盟媒体合作论坛

2019年5月14日在中国北京举行，以“新趋势新合作新未来”为主题，由国务院新闻办公室、外交部指导，中国外文局、中国驻东盟使团、中国—东盟中心主办，中国报道社《中国东盟报道》承办，当代中国与世

2月20日，2019年“中国—东盟媒体交流年”在中国北京开幕　（百度网）

界研究院为智库支持单位。中国和东盟11国的主流媒体代表和相关部门负责人、外交使节及国际组织代表探讨双方媒体如何在新技术引领下创新发展,促进不同文明之间的对话交流,共同开创合作与发展的新未来。

"一带一路"中国—东盟产业合作圆桌会议

2019年5月31日在中国北京举行。与会代表一致认为,加强中国与东盟产业合作,有利于双方开拓新市场、获得新商机,推动共建"一带一路"向更高质量发展。中国—东盟商务理事会执行理事长许宁宁在致辞中说,2018年,中国—东盟经贸合作保持强劲势头,双方贸易额5878.7亿美元。截至2018年年底,中国与东盟双向累计投资额2057.1亿美元,双向投资存量近15年间增长22倍。中国与东盟加强产业合作,是双方实现互利共赢的必然选择,是共同应对世界经济不稳定性、实现区域合作发展的重大举措。

中国—东盟媒体合作高级别会议

2019年7月23日在印度尼西亚雅加达举行,由中国国家广播电视总局与中国驻东盟使团联合主办,主题为"数字时代:加强媒体合作,共创美好未来"。会议旨在加强媒体合作和国际交流。与会代表审议中方提出的《深化中国—东盟媒体交流合作的联合声明》《中国—东盟视听传播合作五年计划(2020—2024)》倡议。

创新引领发展:2019中国—东盟智能产业大会

2019年7月25日在越南胡志明市举行,由中国—东盟中心与中国驻东盟使团、中国驻胡志明市总领事馆和越南国家工商会在越南胡志明市共同举办。中国—东盟中心秘书长陈德海、柬埔寨邮电通讯部副国务秘书霍夫·马卡拉、中国驻胡志明市总领事吴骏、中国驻东盟使团公使衔参赞蒋勤、越南国家工商会副主席武新成、日本—东盟中心秘书长藤田正孝、中日韩三国合作秘书处副秘书长韩梅等中国和东盟国家政府机构、国际组织和商协会负责人出席大会并致辞。中国和东盟国家相关行业和企业代表约500人参加活动。

2019"中国—东盟日"

2019年8月21日,为庆祝东盟成立52周年和2019东盟文化年,在中国北京举行,由中国—东盟中心、北京市人民对外友好协会主办。中国—东盟中心秘书长陈德海、越南驻华大使邓明魁、马来西亚候任大使诺希万·再纳阿比丁、北京市人民对外友好协会常务副会长张谦、外交部亚洲司参赞梁建军及东盟十国大使馆外交官、中国和东盟国家社会各界代表约150人出席活动。

中国—东盟自由贸易区升级《议定书》

2019年10月22日对所有协定成员全面生效。《议定书》是中国—东盟自由贸易区升级谈判成果文件,全称为《中华人民共和国与东南亚国家联盟关于修订〈中国—东盟全面经济合作框架协议〉及项下部分协议的议定书》,于2015年11月22日在马来西亚首都吉隆坡正式签署,是中国完成的第一个自由贸易区升级协议,是对原有中国—东盟自由贸易区系列协定的丰富、完善、补充和提升,体现双方深化和拓展经贸合作的共同愿望。2016年7月1日,率先对中国和越南生效。此后,东盟其他成员陆续完成国内核准程序,《议定书》生效范围不断扩大。

2019年中国—东盟(贵阳)"一带一路"文化旅游交流周

2019年8月29日在中国贵阳开幕,以"融合发展,开放合作"为主题,由中国—东盟中心、贵阳市人民政府、贵州省文化和旅游厅共同主办,来自12个国家和地区的政府政要、行业组织、企业代表、专家学者参会,22个国家和地区的128家企业参展。

中国与新加坡自由贸易协定升级议定书

2019年10月16日生效,由中共中央政治局常委、国务院副总理韩正与新加坡副总理王瑞杰在10月15日举行的中国—新加坡双边合作机制会议上共同宣布生效。《升级议定书》对原中新自由贸易协定原产地规则、海关程序与贸易便利化、贸易救济、服务贸易、投资、经济合作等6个领域进行升级,并新增电子商务、竞争政策和环境等3个领域。双方商定,升级议定书涉及的原产地规则调整将于2020年1月1日起实施。

2019年中国—东盟艺术院校校长圆桌会议

2019年10月28日在中国南宁举行,中国和东盟文化与教育领域官员、中国—东盟18所综合艺术院校相关负责人等近百名嘉宾齐聚一堂,以"深化艺术交流与合作,共促区域文化繁荣发展"为主题,展开深入对话交流。

第22次中国—东盟领导人会议

2019年11月3日在泰国曼谷举行,由中国国务院总理李克强和东盟轮值主席国泰国总理巴育共同主持。菲律宾总统杜特尔特、文莱苏丹哈桑纳尔、印度尼西亚总统佐科、马来西亚总理马哈蒂尔、越南政府总理阮春福、缅甸国务资政昂山素季、新加坡总理李显龙、老挝总理通伦、柬埔寨首相洪森与会。中国与东盟国家领导人共同发布《中国—东盟关于"一带一路"倡议同〈东盟互联互通总体规划2025〉对接合作的联合声明》。(叶霞霞)

区 域 合 作

“一带一路”建设合作

“一带一路”政策沟通

中巴同意将2019年定为“巴中产业合作年” 2019年1月16日，巴基斯坦《黎明报》报道，中国和巴基斯坦同意将2019年定为“巴中产业合作年”。中巴经济走廊第8次联委会期间签署的产业合作谅解备忘录为促进巴基斯坦纺织、石化、钢铁等重点产业发展提供了框架。

中国与75个世贸组织成员发表关于电子商务的联合声明 2019年1月25日，在瑞士达沃斯举行的电子商务非正式部长级会议上，中国和澳大利亚、日本、新加坡、美国、欧盟、俄罗斯、巴西、尼日利亚、缅甸等共76个世贸组织成员签署《关于电子商务的联合声明》，确认有意在世贸组织现有协定和框架基础上，启动与贸易有关的电子商务议题谈判。

中国与巴巴多斯签署共建“一带一路”合作谅解备忘录 2019年2月21日，国家发展改革委主任何立峰与巴巴多斯外长沃尔科特举行会谈，双方就中巴共建“一带一路”合作进行交流。会后，双方签署《中华人民共和国政府与巴巴多斯政府关于共同推进丝绸之路经济带和21世纪海上丝绸之路建设的谅解备忘录》。

中智自贸协定升级议定书正式生效 《中华人民共和国政府与智利共和国政府关于修订＜自由贸易协定＞及＜自由贸易协定关于服务贸易的补充协定＞的议定书》于2019年3月1日正式生效实施。议定书生效后，双方相互实施零关税的产品将达到约98%，中智自贸区将成为迄今中国货物贸易开放水平最高的自贸区。这是中国继中国—东盟自贸区升级后实施的第二个自贸区升级协定，也是中国与拉美国家签署的第一个自贸区升级协定。

中巴经济走廊政党共商机制第一次会议 2019年3月19日在北京举行。会议由中共中央对外联络部主办，巴基斯坦正义运动党、穆盟（谢）、人民党等9个政党代表以及中方有关单位代表参会。会议通过支持“一带一路”倡议的《中巴经济走廊政党共商机制第一次会议北京宣言》。

中意签署电子商务合作谅解备忘录 2019年3月23日，国家主席习近平对意大利进行国事访问期间，在两国元首见证下，中国商务部部长钟山与意大利经济发展部部长迪马约在罗马签署《中华人民共和国商务部和意大利共和国经济发展部关于电子商务合作的谅解备忘录》。意大利成为首个签署这一协议的“七国集团”（G7）国家。

中华人民共和国政府和克罗地亚共和国政府联合声明 2019年4月9日至12日，国务院总理李克强对克罗地亚进行正式访问。访问取得圆满成功，两国政府于2019年4月10日发表联合声明，有力推动了中克关系发展。

《共建“一带一路”倡议：进展、贡献与展望》报告发表 2019年4月22日，推进“一带一路”建设工作领导小组办公室发表《共建“一带一路”倡议：进展、贡献与展望》报告。报告全文约1.8万字，除前言外，还包括进展、贡献和展望三个部分。报告指出，2013年以来，共建“一带一路”倡议以政策沟通、设施联通、贸易畅通、资金融通和民心相通为主要内容扎实推进，取得明显成效。2013年至2018年，中国与沿线国家货物贸易进出口总额超过6万亿美元，年均增长率高于同期中国对外贸易增速，占中国货物贸易总额的比重达到27.4%；中国企业对沿线国家直接投资超过900亿美元，在沿线国家完成对外承包工程营业额超过4000亿美元。

第2届“一带一路”国际合作高峰论坛政策沟通分论坛形成60多项成果 2019年4月25日上午，第2届“一带一路”国际合作高峰论坛政策沟通分论坛在京举行。本次论坛主题是“深化合作共识，推动‘一带一路’高质量发展”，共形成60多项高含金量成果，包括发布《共建“一带一路”倡议：进展、贡献与展望》7种外文版，与多个国家和国际组织签署共建“一带一路”、产能合作、第三方市场合作等领域文件，并推动一批务实合作项目。

非洲大陆自由贸易区协定生效 非洲大陆自由贸易区协定于2019年5月30日生效。该协定于2018年3月由44个非洲国家签署，旨在建立消除关税壁垒的非洲大陆经济区，减少贸易阻碍，加快一体化进程。塞拉利昂和阿拉伯撒哈拉民主共和国提交议会批准文件后，满足协定规定的至少22个国家批准的生效最低限制。协定生效后，将形成覆盖12亿消费者的单一市场。

中蒙签署建设中蒙二连浩特—扎门乌德经济合作区协议 2019年6月4日，中国商务部部长钟山与蒙古国政府授权代表蒙古国食品农牧业与轻工业部长乌兰在北京正式签署《中华人民共和国政府和蒙古国政府关于建设中国蒙古二连浩特—扎门乌德经济合作区的协议》。该协议的签署是中蒙二连浩特—扎门乌德经济合作区建设的重要里程碑。

中英《关于开展第三方市场合作的谅解备忘录》 2019年6月17日，第10次中英财经对话期间，国家发展改革委副主任宁吉喆与英国国际贸易部投资部长斯图尔特在胡春华副总理和英国财政大臣哈蒙德的见证下签署中英《关于开展第三方市场合作的谅解备忘录》。继法国、意大利、奥地利等国之后，英国成为与中国正式开展第三方市场合作的又一欧洲重要国家。

阿尔及利亚批准与中国签署的“一带一路”合作备忘录　阿尔及利亚官方通讯社《阿新社》2019年7月8日发布名为《丝绸之路:阿尔及利亚批准与中国的合作备忘录》的报道。最新颁布的总统令正式批准阿尔及利亚与中国在“一带一路”倡议下的合作备忘录。

中国与阿联酋签署《关于推动中阿双边及共同在中东北非地区开展“一带一路”产能与投融资合作的谅解备忘录》　2019年7月22日，在阿联酋阿布扎比王储穆罕默德访华期间，在习近平主席与穆罕默德王储共同见证下，中国国家发展改革委主任何立峰与阿国务部长兼阿布扎比国际金融中心主席沙耶赫签署并交换《中华人民共和国国家发展和改革委员会与阿拉伯联合酋长国阿布扎比国际金融中心关于推动中阿双边及共同在中东北非地区开展“一带一路”产能与投融资合作的谅解备忘录》。

《西部陆海新通道总体规划》出台　2019年8月2日，国家发展改革委印发《西部陆海新通道总体规划》。该规划是作为深化陆海双向开放、推进西部大开发形成新格局的重要举措，加快通道和物流设施建设，提升运输能力和物流发展质量效率，全面深化国际经济贸易合作，促进广西在参与泛北部湾经济区域合作与“一带一路”经济合作中交通、物流、商贸、产业的深度融合，为推动西部地区高质量发展、建设现代化经济体系提供有力支撑。

亚欧会议亚洲高官会举行　2019年8月6日，中国倡议主办的亚欧会议亚洲高官会在四川成都举行。来自21个亚洲国家及东盟的高级代表与会，外交部副部长马朝旭出席开幕式并致辞。亚欧会议是亚欧大陆最大的政府间对话合作平台。

中乌政府间合作委员会第五次会议在北京举行　2019年8月27日，中国和乌兹别克斯坦政府间合作委员会第五次会议在北京举行。中共中央政治局委员、中央政法委书记、委员会中方主席郭声琨与乌兹别克斯坦总理、委员会乌方主席阿里波夫共同主持。

中哈签署《关于落实“丝绸之路经济带”建设与“光明之路”新经济政策对接合作规划的谅解备忘录》　2019年9月11日，在习近平主席和哈萨克斯坦总统托卡耶夫的共同见证下，何立峰主任与哈萨克斯坦第一副总理兼财政部长斯迈洛夫代表中哈两国政府签署《关于落实“丝绸之路经济带”建设与“光明之路”新经济政策对接合作规划的谅解备忘录》。

中国与新加坡自由贸易协定升级议定书生效　2019年10月15日，中共中央政治局常委、国务院副总理韩正与新加坡副总理王瑞杰在中国—新加坡双边合作机制会议上共同宣布，《中华人民共和国政府与新加坡共和国政府关于升级〈自由贸易协定〉的议定书》于2019年10月16日生效。双方商定，该升级议定书涉及的原产地规则调整将于2020年1月1日起实施。

中乌签署电子商务合作谅解备忘录　2019年11月1日至2日，李克强总理对乌兹别克斯坦共和国进行正式访问。在两国总理的共同见证下，商务部副部长、国际贸易谈判副代表俞建华和乌兹别克斯坦投资和外贸部第一副部长阿卜杜阿利耶夫在塔什干共同签署《中华人民共和国商务部与乌兹别克斯坦共和国投资和外贸部关于电子商务合作的谅解备忘录》。

中巴关于修订自由贸易协定的议定书正式生效　2019年12月1日，《中华人民共和国政府和巴基斯坦伊斯兰共和国政府关于修订〈自由贸易协定〉的议定书》正式生效。议定书降税安排于2020年1月1日起实施。根据议定书规定，降税安排实施后，中巴两国间相互实施零关税产品的税目数比例将从此前的35%逐步增至75%，双方还将对占各自税目数比例5%的其他产品实施20%幅度的部分降税。

中国与56个“一带一路”国家签署双边林业合作协议　在双边合作方面，中国与56个“一带一路”国家签署双边林业合作协议，并加强与各国林业政策对话和务实合作

中华人民共和国和萨尔瓦多共和国发表联合声明　萨尔瓦多共和国总统纳伊布·布克尔于2019年12月1日至6日对中国进行国事访问。中华人民共和国主席习近平同布克尔总统举行会谈，国务院总理李克强和全国人大常委会委员长栗战书分别会见布克尔总统。两国领导人就中萨关系及共同关心的国际和地区问题深入交换意见，达成广泛共识，两国共同发表联合声明。

“一带一路”设施联通

中越国际列车开行10周年　2019年1月1日，中越国际列车开行10周年。10年来，国际列车安全运行285.1万千米，累计运送来自100多个国家和地区的旅客约38万人次，促进了中越两国间旅游、经贸等多方面交流，搭建了中国与东南亚沟通的桥梁。

内蒙古鄂尔多斯机场开通柬埔寨暹粒国际航线　2019年1月7日，一架航班号为MKR982的搭载着194名旅客的飞机从内蒙古自治区鄂尔多斯国际机场腾空而起，飞往世界七大奇迹之一吴哥窟的所在地柬埔寨暹粒。这标志着鄂尔多斯首条直飞柬埔寨暹粒的国际航线正式开通。

“陆海新通道”实现常态化运营：目的地覆盖六大洲155个港口　2019年1月7日至8日，中新互联互

通项目联合实施委员会第4次会议及共建“陆海新通道”主题对话会在重庆举行。截至2018年12月31日,“陆海新通道”的三种物流组织形式均已实现常态化运营,其中铁海联运班列发运805班,国际铁路联运(重庆—越南河内)班列开行55班,重庆—东盟跨境公路班车开行661班,服务网络从越南、老挝、缅甸延伸至泰国曼谷、柬埔寨金边,以及马来西亚和新加坡等东南亚地区。

中企承建柬埔寨金边第三环线公路项目开工 由中国企业承建的柬埔寨金边第三环线公路项目开工仪式于2019年1月14日在柬首都金边举行。柬埔寨首相洪森、中国驻柬埔寨大使王文天等柬中政府官员与当地民众出席仪式。

雅万高铁进入全面实施推进阶段 2019年1月15日,雅万高铁22处控制性工程取得突破,项目建设进入全面实施推进新阶段。雅万高铁是推动印尼经济社会发展的重大建设工程,也是中国和印尼两国共建“一带一路”的重要标志性项目。

柬埔寨最大水力发电工程桑河二级水电站竣工投产 2019年1月16日,桑河二级水电站竣工,正式全面投产。柬埔寨首相洪森、中国驻柬埔寨大使王文天等中柬官员和中国华能集团、柬埔寨皇家集团、越南电力国际股份公司等中柬越企业代表以及4000余名当地民众出席投产仪式。据悉,桑河二级电站大坝全长6500米,号称“亚洲第一长坝”,年均发电量约为19.7亿千瓦时,被誉为柬埔寨的“三峡工程”。

中老铁路国内段首座四线特大桥合龙 2019年1月16日,中铁隧道局集团承建的中老国际大通道玉磨铁路立新寨四线特大桥顺利合龙,为通车目标创造良好条件。这是中国推进“一带一路”建设与周边国家互联互通的重要交通基础设施。

广西南宁开通西哈努克港航线 2019年2月11日,广西南宁吴圩国际机场新增南宁至西哈努克港航线。该航线的开通,为两国之间的交流与合作提供重要的交通保障。

首次中欧“门到门双向公路运输”顺利完成 2019年2月19日,一辆悬挂TIR(《国际公路运输公约》)标识的货车,在办结海关手续后经新疆霍尔果斯公路口岸入境中国。这是自2018年5月霍尔果斯成为TIR运输试点口岸以来,新疆首批TIR运输货物从该口岸入境,标志着首次中欧“门到门双向公路运输”顺利完成。

中欧班列(成都)纳入中欧安全智能贸易航线试点计划 2019年2月28日结束的中国—欧盟安全智能贸易航线试点计划第32次工作组会议,通过成都加入试点城市的申请,并确定将中欧班列(成都—波兰罗兹)铁路线路及相关企业纳入“安智贸”。“安智贸”以海关间数据交换、互认监管结果等为基础,通过中欧海关以及海关与企业的合作,建立安全便利的智能化国际贸易运输链。目前已有包括中华人民共和国海关总署、中国香港特别行政区海关、欧盟委员会海关与税务同盟总司及15个欧洲国家海关全面参与或以观察员身份参与“安智贸”。中国内地有上海、天津、重庆等10个城市加入。

中企承建上阿特巴拉水利枢纽电站移交 2019年3月10日,苏丹大坝执行委员会与德国拉美尔工程咨询公司共同签发上阿特巴拉水利枢纽电站溢流坝金属结构移交证书,这标志中国电建水电五局承建的该国在建第二大水电站全面移交运行。

中国公司承建的北马其顿高速公路隧道段全线贯通 2019年3月15日,由中国电力建设集团有限公司(中国电建)承建的北马其顿基切沃—奥赫里德高速公路隧道段左洞贯通,标志着该项目施工难度最大的隧道段顺利全线贯通。该项目是“中国—中东欧国家合作100亿美元专项贷款”的首批落地项目之一,也是“一带一路”倡议在巴尔干半岛落地的重要项目。

中越北仑河二桥通车 2019年3月19日上午,随着一辆辆货运车缓缓通过中越北仑河二桥驶入越南芒街,标志着中国东兴—越南芒街口岸北仑河二桥正式开通启用,这座连接中越两国的陆路通道将为中越边境口岸物流发展和边境贸易提供互联互通支撑。

中企投资建设柬埔寨首条高速公路开工 2019年3月22日,柬埔寨首条高速公路金边至西哈努克港高速公路开工仪式在柬埔寨磅士卑省举行,柬埔寨首相洪森、中国外交部副部长孔铉佑、中国驻柬埔寨大使王文天等两国代表以及当地民众约1万人出席开工仪式。

中企承建尼泊尔最长高速公路中心路段扩建项目奠基 2019年3月22日,尼泊尔纳拉扬加特—布德沃尔高速公路路段扩建奠基仪式在尼泊尔西部城市布德

3月19日,中国东兴—越南芒街口岸北仑河二桥正式开通启用 (百度网)

沃尔举行。该项目由中国建筑工程总公司第七工程局有限公司承建，扩建项目属于南亚次区域经济合作道路改建项目，工期3年半，耗资170亿尼泊尔卢比（约合1.53亿美元），亚洲开发银行将承担85%费用。

乌干达伊辛巴水电站竣工　2019年3月22日，乌干达伊辛巴水电站竣工。在竣工仪式上，乌干达总统穆塞韦尼称赞，在建设这座水电站和乌干达许多其他发展工程期间，乌干达得到了中国的资金和技术支持，凸显中国是一个真诚、可靠的发展伙伴。

中国援助蒙古国额尔登特电厂改造项目奠基　2019年3月22日，中国援助蒙古国额尔登特电厂改造项目奠基仪式在蒙古国鄂尔浑省额尔登特市举行。随着“一带一路”倡议和蒙古国“发展之路”战略深入对接，两国重大合作项目正在得到落实。

蒙古国开通乌兰巴托直达广州航班　据蒙通社4月4日报道，蒙古民航局——“MIAT”国家控股公司为扩大亚洲市场，开通乌兰巴托直达中国广东省广州市的固定航班，并在3月31日进行首飞。

中国企业在俄罗斯承建的首条地铁隧道贯通　2019年4月5日，由中国铁建股份有限公司（中国铁建）承建的莫斯科地铁第三换乘环线维尔纳茨基大街站至米丘林站右线隧道贯通。这条隧道是中国企业在俄罗斯承建的第一条地铁隧道。

中企修复的安哥拉国道120道路完工　2019年5月4日，由中江国际集团安哥拉公司负责实施的安哥拉国道120四、五标段道路修复项目完成主体施工任务。

印尼雅万高铁贯通首条隧道　由中国中铁三局集团有限公司承建的印度尼西亚雅加达—万隆高铁项目瓦利尼隧道于2019年5月14日贯通，标志着雅万高铁建设取得阶段性重要进展，为全线加速建设奠定基础。

西北首条第五航权航线“首尔—西安—河内”成功首航　2019年5月13日，西北首条第五航权货运航线“首尔—西安—河内”开航仪式在西安举行。这标志着西安打造国际航空枢纽和最佳国际中转机场迈出实质性步伐，为加快建设“陆空内外联动、东西双向互济”的航空枢纽奠定基础。

中巴经济走廊重要能源项目中电胡布2号机组并网发电　2019年5月28日，中巴经济走廊重要能源项目之一的国家电投中电胡布2×660兆瓦燃煤发电项目2号机组成功并网发电。

中老铁路国内段曼迈二号隧道贯通　从中国铁路昆明局集团滇南铁路建设指挥部获悉，2019年7月3日中老铁路国内段玉磨铁路曼迈二号隧道顺利贯通。

中企承建蒙古国第一条高速公路竣工移交　2019年7月5日，由中铁四局承建的蒙古国乌拉巴托机场高速公路顺利移交给蒙古国政府，标志着完全由“中国标准”“中国技术”建设的高速公路走出国门，成为“一带一路”建设在蒙古国的标志性工程，也是中蒙建交70周年中国企业在蒙古完成建设并移交的“友谊工程”。

中国乌鲁木齐到乌兹别克斯坦塔什干全货机航线首航　2019年7月15日，满载新疆天顺供应链股份有限公司货物的737—200F全货机从乌鲁木齐国际机场出发，飞往乌兹别克斯坦首都塔什干。

中国最大陆路口岸加入“安智贸”　2019年7月16日对外消息，中国最大陆路口岸——满洲里口岸正式加入中欧安全智能贸易航线试点计划项目（简称“安智贸”）。该项目的最大意义在于能为中国制造“走出去”搭建桥梁。

中欧班列（郑州）开行六周年　2019年7月18日，中欧班列（郑州）开行六周年。六年来，中欧班列（郑州）从单一的国际铁路运输到国家级多式联运示范工程；从仅限河南省内小区域性集货范围到覆盖全国3/4区域，境内外合作伙伴达4000多家，网络遍布欧盟和俄罗斯及中亚地区30多个国家130个城市。

内蒙古乌兰察布至莫斯科中欧班列首发　2019年7月26日，由内蒙古乌兰察布市开往莫斯科的首列中欧班列从该市七苏木中欧班列枢纽基地驶出。这标志着乌兰察布市与中国外运股份有限公司合作打造的中欧班列通道成功首发。

中欧班列（郑州）俄罗斯线路开通　2019年8月7日，中欧班列（郑州）俄罗斯线路正式开通，首班从莫斯科启程的班列不日抵郑。这标志着中欧班列（郑州）在构筑多线路、多口岸国际物流大通道上再次迈出重要一步。

济南开行至匈牙利布达佩斯中欧班列　2019年8月15日，济南至匈牙利布达佩斯班列正式开通。至此，济南欧亚班列总线路达到5条，共辐射欧洲和中亚地区的12个国家。

中葡两国正式恢复直航　由北京首都航空公司执飞的JD430航班于2019年8月30日晚从里斯本机场起飞，飞往中国西安和北京，中葡两国正式恢复直航。

中新（重庆）国际互联网数据专用通道开通　2019年9月11日，中新双方相关部门与中国电信、中国移动、中国联通、新加坡电信、新加坡星和电信的通力合作，中新（重庆）互联互通项目的重要合作内容之一——中新（重庆）国际互联网数据专用通道在新加坡正式开通。

中企承建的斯里兰卡莲花电视塔竣工　斯里兰卡首都科伦坡地标建筑莲花电视塔于2019年9月16日晚举行竣工庆典。斯里兰卡总统西里塞纳、议长贾亚苏里亚和中国驻斯里兰卡大使程学源等出席竣工庆典仪式。

由中国企业承建的蒙古国最大互通立交桥主桥通车　由中国中铁二十局承建的蒙古国最大互通立交

桥——交通警察局附近上跨立交桥主桥于2019年9月16日建成通车。蒙古国总理呼日勒苏赫、中国驻蒙古国大使邢海明等参加当天的通车典礼。

西安开通西北地区首条直飞乌兹别克斯坦航线 2019年9月27日,西安咸阳国际机场开通西安至塔什干直飞航线。该航线是西安国际航空枢纽建设中的重要航线,也是我国西北地区首条直飞乌兹别克斯坦航线。

中欧班列eWTP菜鸟号首发 2019年10月9日,比利时列日的中欧班列菜鸟号从义乌西货运站鸣笛首发,标志着长三角区域首条跨境电商班列——中欧班列(义乌—列日)eWTP菜鸟号正式开通,中欧班列又添一条全新的运行线路。自2014年11月18日中欧班列(义乌—马德里)首发以来,义乌始发的中欧班列达到11条线路,国外辐射欧亚大陆37个国家和地区,实现丝路沿线主要贸易国家与地区全覆盖。

中俄东线天然气管道北段全线贯通 2019年10月16日,在距离吉林省松原市西北35千米处,随着此处最后一道焊口完成焊接,中俄东线天然气管道工程黑河—长岭段(北段)实现全线贯通。

中国援非"万村通"喀麦隆项目竣工 2019年11月14日中国援非"万村通"喀麦隆项目竣工仪式在首都雅温得附近的姆富市举行,该国300个村庄自此可以接收卫星数字电视信号。

"一带一路"贸易畅通

中国蝉联马达加斯加第一大贸易伙伴 2019年1月,马达加斯加海关统计数据显示,2018年,马达加斯加货物贸易进出口总额69.2亿美元,较上年增长6.97%。其中,进口额约39.2亿美元,增长7.23%;出口额约30.0亿美元,增长6.64%。中国继续蝉联马达加斯加第一大贸易伙伴和第一大进口来源国(地区)。

中国连续十年为巴西第一大贸易伙伴 2019年1月2日,巴西经济部数据显示,2018年,巴西对外贸易额4207亿美元,比上年增长13.7%。其中:出口2395亿美元,比上年增长9.6%;进口1812亿美元,增长19.7%。中国连续10年为巴西第一大贸易伙伴。

俄罗斯对华出口13年来首超进口 2019年2月12日,据《俄罗斯报》报道,俄中贸易额超过1080亿美元(比2017年增长24.5%),比两国领导人设定的目标多了80亿美元。俄罗斯对华出口额自2005年以来首次超过进口额。

第2届中缅经济走廊论坛 2019年2月22日在昆明举行,双方共同交流探讨两国在发展规划、产能与投资、交通、能源、农业、数字丝绸之路等领域的对接合作,进一步深化中缅"胞波"情谊,推动中缅经济走廊建设。

中日韩自贸区第15轮谈判将就多项议题开展实质性磋商 2019年4月9日,中日韩自贸区第15轮谈判在东京开始。三方举行首席谈判代表会议、司局级磋商和10多个具体议题的分组会议,就货物贸易、服务贸易、投资等议题展开实质性磋商。

中日举行第5次经济高层对话 2019年4月14日,第5次中日经济高层对话在京举行。对话会上,中日两国外交和经济部门围绕宏观经济政策、双边经济合作与交流、对话项下重要合作、区域经济一体化和全球经济治理等议题全面深入交换意见,达成一系列共识。

中国—巴拿马自贸协定第5轮谈判 2019年4月24日至26日在北京举行。双方在此前谈判基础上,围绕货物贸易、服务贸易、金融服务、投资、原产地规则、海关程序和贸易便利化、贸易救济、贸易经济合作以及法律议题等展开深入磋商,取得积极进展。

中巴经济走廊第2阶段将以产业合作为重点 2019年5月9日,第2届"一带一路"国际合作高峰论坛期间,中国和巴基斯坦两国领导人见证了中巴自贸协定第2阶段协议、中巴经济走廊ML—1项目升级改造及哈维连陆港建设初步设计一期工作完成声明、中巴海洋科学合作谅解备忘录、中巴经济走廊社会民生合作谅解备忘录、中巴经济技术合作协定、拉沙卡伊特别经济区特许经营协议等多项双边合作文件的签署。

"一带一路"服务贸易合作推介会项目签约20亿美元 2019年6月2日,作为2019年京交会的重要活动之一,"一带一路"服务贸易高质量合作推介会上,来自德国、捷克、以色列等10余个国家的机构及企业参与推介,"一带一路"绿色金融、梦实中国生产工厂设立及销售合作、POWER7

10月9日,中欧班列(义乌—列日)eWTP菜鸟号从浙江义乌火车西站开出(新华网)

中国生产工厂设立及销售合作等一批已落地及意向合作的“一带一路”沿线国家地区的项目进行签约，在国际工程、科技、环境、金融等领域项目签约额达20亿美元。

2018年中非贸易额达2042亿美元 2019年6月4日，商务部副部长钱克明表示，2018年中非贸易额达到2042亿美元，比上年增长20%，中国已经连续10年成为非洲第一大贸易伙伴国。

第2届中国—南亚合作论坛 2019年6月10日，以“深化地方合作，实现互利共赢”为主题的第2届中国—南亚合作论坛在云南省玉溪市举行。

中国—俄语国家“丝路电商”政企对话会举行 2019年6月15日，第6届中俄博览会期间，国家商务部电子商务和信息化司与黑龙江省商务厅在哈尔滨举办中国—俄语国家“丝路电商”政企对话会，进一步落实中国与俄罗斯、哈萨克斯坦签署的电子商务合作谅解备忘录。

中泰第4轮战略对话举行 2019年7月8日，外交部副部长罗照辉与泰国外交部次长布萨雅在北京共同主持中泰第4轮战略对话。

中欧圆桌会议第17次会议在上海举办 2019年7月11日，中欧圆桌会议第17次会议在上海举办，围绕大数据和数字经济、可持续发展和应对气候变化两大议题进行讨论。

中俄科学院签署科技合作路线图 2019年7月19日，中国科学院院长白春礼与俄罗斯科学院院长谢尔盖耶夫在莫斯科签署《中国科学院和俄罗斯科学院科学、科研创新合作路线图》。根据该路线图，双边将在今后5年内深化在极地研究、激光科学、深海研究、空间科学、地球物理、生态环境、神经科学等方面的合作，同时加强中俄两院青年学者之间的交流。双方还将在“一带一路”国际科学组织联盟（ANSO）框架内开展合作，共同支持ANSO各项活动，以增强其全球影响力并确保其成员的实际利益。

中国与阿联酋签署关于人工智能科技合作的谅解备忘录 2019年7月22日，在阿联酋阿布扎比王储穆罕默德访华期间，科技部部长王志刚与阿联酋外交与国际合作部长阿卜杜拉交换《中华人民共和国科学技术部与阿拉伯联合酋长国总理办公室人工智能办公室关于人工智能科学技术合作的谅解备忘录》。根据该备忘录，双方将持续落实好两国领导人会晤的重要共识，推动中阿在人工智能领域开展科技合作，共同探索在“一带一路”科技创新行动计划框架下中阿科技合作的新模式。

2019年中蒙俄经济走廊国际商品博览会开幕 2019年8月5日在内蒙古锡林郭勒盟苏尼特左旗开幕，来自中国、蒙古国、俄罗斯、巴基斯坦、印度、加纳6个国家的50余家参展商携带本土特色“尖”货亮相。

第12届中国—东北亚博览会闭幕引资逾555亿元 第12届中国—东北亚博览会于2019年8月27日在吉林长春闭幕。本届博览会以“增进互信合作，开创东北亚美好新未来”为主题，会上签约项目93个，合同引资额555.84亿元，有来自109个国家和地区的3万余名客商参与。中国—东北亚博览会是世界上唯一由东北亚六国共同参与并面向全球开放的国际性综合博览会。

全国首个中欧班列跨境区块链平台在成都自贸区上线 2019年9月6日，全国自贸试验区首个中欧班列多式联运“一单制”跨境区块链平台项目在成都自贸区上线试运行。这标志着成都自贸区在全国首次实现将区块链技术与中欧班列多式联运“一单制”各业务环节相结合，将“一单制”各参与方链接起来，通过数据的联通和互相验证，营造互信、透明、高效、安全、可追溯的跨境贸易环境，筑造开放共享的跨境泛金融生态圈。

首届缅甸（腊戌）—中国（临沧）边交会开幕 首届缅甸（腊戌）—中国（临沧）边境经济贸易交易会于2019年10月21日在缅甸北部城市腊戌开幕。

“一带一路”资金融通

亚投行将发5亿美元信用债基金聚焦亚洲基建和ESG 2019年1月9日，亚洲基础设施投资银行董事会批准成立规模为5亿美元的信用债投资基金，正式名称为“亚洲ESG增强信用管理投资组合”，致力于推动基础设施相关债券成为一项资产类别。

2018年“一带一路”沿线国家对华投资增长 2019年1月，商务部外资司负责人谈2018年1—12月全国吸收外资情况。2018年，全国新设立外商投资企业60533家，比上年增长69.8%；实际使用外资8856.1亿元人民币，比上年增长0.9%（折1349.7亿美元，比上年增长3%。未含银行、证券、保险领域数据，下同）。主要投资来源地中，新加坡、韩国、日本、英国、德国、美国实际投入金额同比分别增长8.1%、24.1%、13.6%、150.1%、79.3%和7.7%。“一带一路”沿线国家、欧盟28国、东盟实际投入金额同比分别增长13.2%、22.6%和13.8%。

巴基斯坦央行允许渣打银行开展人民币结算业务 2019年3月20日，据巴基斯坦《黎明报》报道，为了方便以人民币进行国际贸易结算，3月19日，巴基斯坦央行允许渣打银行（巴基斯坦）设立人民币账户，以开展本地人民币清算和结算业务。

中国信保与新加坡华侨银行签署框架合作协议 2019年4月3日，中国信保与华侨银行签署框架合作协议，中国信保查卫民副总经理与新加坡华侨银行蓝淑燕副行长举行会谈，并代表双方签约。

中行发行38亿美元“一带一路”债券 2019年4

月10日,中国银行在境外成功完成等值38亿美元的"一带一路"主题债券发行定价,募集资金将主要用于"一带一路"相关项目。这是中国银行在境外成功发行的第五期"一带一路"主题债券。

中国信保与印尼进出口银行签署合作谅解备忘录 2019年4月12日,中国信保副总经理黄志强在印尼雅加达拜会印度尼西亚进出口银行董事会主席兼执行总监SINTHYA ROESLY女士,并代表中国信保与印尼口行签署合作谅解备忘录。

工行发行全球首支绿色"一带一路"银行间常态化合作债券 2019年4月16日,中国工商银行发行全球首支绿色"一带一路"银行间常态化合作债券(简称"BRBR债")。本次发行涵盖人民币、美元、欧元三种币种,等值金额22亿美元,期限为3年和5年,募集资金将用于支持"一带一路"绿色项目建设。

"一带一路"税收征管合作机制成立 2019年4月18日,以"共建一带一路:加强税收合作,改善营商环境"为主题的第一届"一带一路"税收征管合作论坛在浙江乌镇召开,宣告"一带一路"税收征管合作机制正式成立。

中科院科技支撑"一带一路"建设累计投入逾18亿元 2019年4月19日,中国国务院新闻办公室在北京举行新闻发布会,中国科学院院长白春礼向媒体介绍有关科技支撑"一带一路"建设成果:6年来,中科院科技支撑"一带一路"建设累计投入经费超过18亿元人民币,与沿线国家的科技交流合作规模超过12万人次。

中国银行与泰国进出口银行签署合作协议 2019年4月23日,中国银行副行长孙煜在总行大厦会见泰国进出口银行行长披实和泰国驻华大使毕力亚。双方举行会谈并共同出席《中国银行与泰国进出口银行合作谅解备忘录》签字仪式。

中行"一带一路"主题债券在卢森堡挂牌上市 2019年4月24日中国银行卢森堡分行发行的总额为5亿美元的"一带一路"主题债券在卢森堡证券交易所挂牌上市。

中国银行与巴布亚新几内亚政府签署谅解备忘录 2019年4月26日,中国银行行长刘连舸与巴布亚新几内亚外交与贸易部部长伦宾克·帕托在北京签署《中国银行关于在巴设立代表处的谅解备忘录》。

中国(西部)"一带一路"跨境投资与贸易对接会签订87个投资项目 2019年5月17日,在重庆举行的中国(西部)"一带一路"跨境投资与贸易对接会上,22个"一带一路"沿线国家和地区的190余家企业,与中国8个西部省份的440余家企业共签订87个投资项目,达成272个合作意向。

中孟签署关于建立投资合作工作组的《谅解备忘录》 2019年7月4日,孟加拉国总理谢赫·哈西娜访问中国期间,在李克强总理和哈西娜总理共同见证下,中国商务部部长钟山与孟加拉国财政部秘书莫诺瓦·艾哈迈德共同签署《中华人民共和国商务部和孟加拉人民共和国财政部关于建立投资合作工作组的谅解备忘录》。

为"一带一路"投资设"防火墙":全球30家金融机构签署绿色投资原则 作为2018年中英经济财金对话的重要成果,《"一带一路"绿色投资原则》正在被各方广泛接受,截至2019年8月,已有全球30家大型金融机构签署了该原则。

中俄双方首次发布中俄财长对话联合声明 2019年8月22日,第8次中俄财长对话在俄罗斯莫斯科举行。对话结束后,双方共同发布《第8次中俄财长对话联合声明》。这是中俄双方自2006年建立中俄财长对话以来首次发布联合声明。

中资银行首次在伦敦发行英镑债券 2019年9月16日,中国工商银行伦敦分行在伦敦证券交易所发行6亿英镑债券。这是中资银行发行的首笔英镑债券。

中国银行获准担任菲律宾人民币业务清算行 2019年9月17日,中国人民银行在当日发布公告称,正式授权中国银行马尼拉分行担任菲律宾人民币业务清算行。

中国银联受理网络延伸到177个国家和地区 2019年10月15日,中国银联表示,银联国际与亚美尼亚农业互助银行达成合作,后者旗下商户和ATM已开始陆续受理银联卡,这也是亚美尼亚首次开通受理银联卡。银联受理网络随之延伸到177个国家和地区。

中希重点领域2020—2022年合作框架计划指导委员会第3次会议在北京召开 2019年10月15日,国家发展改革委副主任宁吉喆与希腊发展和投资部部

5月17日,中国(西部)"一带一路"跨境投资与贸易对接会在重庆举行

(百度网)

长乔治亚季斯在北京共同主持召开中希重点领域2020—2022年合作框架计划指导委员会第3次会议。

第2届中拉投资与合作高级别论坛在智利举行 2019年10月16日，由中国财政部、联合国拉美经委会、拉美开发银行联合主办的第2届中拉投资与合作高级别论坛在智利圣地亚哥举行。

“一带一路”民心相通

埃及首个“一带一路”合作研究中心成立 2019年1月13日，由中国人民大学与埃及艾因夏姆斯大学共建的“一带一路”合作研究中心在艾因夏姆斯大学举行揭牌仪式，标志着埃及首个“一带一路”研究中心正式成立。

2019匈牙利“中国春”文化节活动 2019年1月27日，以“美丽中国·欢乐春节”为主题的2019匈牙利“中国春”文化节在匈牙利首都布达佩斯落下帷幕，共吸引约3万匈牙利民众及当地华侨华人热情参与，促进两国民心相通。

中国与突尼斯签署医疗合作议定书 2019年2月19日，中国驻突尼斯大使汪文斌和突尼斯外交国务秘书萨布里·巴赫·陶布吉分别代表两国政府签署关于中国派遣医疗队赴突尼斯工作的议定书。根据此议定书，中国政府将继续为突尼斯4个省派遣医疗队。

中国28所知名艺术院校共同成立“一带一路”民族艺术教育联盟 2019年2月成立。这是国内第一个几乎覆盖了所有艺术类学科群的联盟，也是第一次明确提出人才培养、科学研究、创作展演等目标的艺术教育联盟，充分发挥民族艺术在“一带一路”建设合作中民心相通的桥梁作用，推动民族艺术走出去。

中国援助柬埔寨特本克蒙省医院项目开工 2019年3月1日，中国援助柬埔寨特本克蒙省医院项目在特本克蒙省特本克蒙县正式开工。柬埔寨首相洪森和中国驻柬埔寨大使王文天共同出席开工仪式。

3月1日，中国援助柬埔寨特本克蒙省医院项目开工，图为驻柬埔寨大使王文天同洪森首相共同出席援柬特本克蒙省医院项目开工仪式　（百度网）

中国援助东帝汶数字电视项目实施协议签署 2019年3月5日，中国援助东帝汶数字电视项目实施协议签字仪式在东外交与合作部举行。中国驻东大使肖建国与东传媒国务秘书阿卡拉分别代表两国政府签署上述协议并致辞。

第7届中俄旅游论坛在莫斯科举行 2019年3月11日，第7届中俄旅游论坛在莫斯科举行。据悉，2018年通过团体免签方式赴俄中国游客数量首次超过100万人次。本届论坛旨在促进两国人文交往，扩大和加强双方旅游商务合作。

阿富汗首都举办“一带一路”成果展 2019年3月14日，阿富汗首都喀布尔在市中心举办“一带一路”成果展，集中展现“一带一路”倡议实施以来在全世界范围内取得的成就。成果展以图片配中英文简介的形式全方位展现“一带一路”倡议实施以来建设的众多重点工程。

中意签署流失文物返还证书 2019年3月23日，在中国国家主席习近平和意大利总理孔特共同见证下，中意双方代表交换关于796件套中国流失文物艺术品返还的证书。这是近20年来最大规模的中国文物艺术品返还，开创中意两国文化遗产合作的新里程，更为国际合作开展流失文物追索返还树立新范例。

中国在非洲建设的首家鲁班工坊揭牌 中国铁建股份有限公司披露，2019年3月28日，吉布提鲁班工坊在吉布提工商学校揭牌启动运营，这是中国在非洲建设的第一家鲁班工坊。

中泰合建高铁鲁班学院在泰揭牌 2019年4月3日中泰合建的高铁鲁班学院在位于泰国孔敬府班派县的泰方校园内正式揭牌。这一学院由中国武汉铁路职业技术学院和泰国班派工业社区教育学院共建，将提供学历教育、教师培训、铁路员工培训等，为泰国铁路发展输送人才。

中国利用5G首次向“一带一路”国家现场直播心脏介入手术 2019年4月5日，第4届国际心脏病学会年会在巴基斯坦拉合尔举行，中国医学科学院阜外医院专家吴永健教授及其团队受邀在合作医院—青岛阜外医院成功进行心脏介入手术，并通过5G移动网络向在拉合尔参会的巴基斯坦医务人员代表进行全程直播。这是国内首次向“一带一路”国家现场直播心脏介入手术。

改革开放40年和中哈共建“一带一路”成果图片展在哈萨克斯坦开幕 2019年4月10日中国改革开放40年和中哈共建“一带一路”成果图片展在哈萨克斯坦国家博物馆开幕。中国驻哈大使张霄、哈外交部亚非司司长图马托夫、哈国家博物馆副馆长萨图巴尔金及各界友好人士参加开幕式并观展。

“殊方共享——丝绸之路国家博物馆文物精品展”举办 2019年4月11日，中国国家博物馆联合“一带一路”沿线12个国家博物馆共同举办的“殊方共享——丝绸之路国家博物馆文物精品展”亮相，各个时期、不同门类的234件(套)文物实证丝绸之路沿线国家丰富多样的文化交流。

“一带一路”主题影片《共同命运》亮相北京国际电影节 2019年4月16日，在第2届“一带一路”国际合作高峰论坛召开前夕，“一带一路”主题影片《共同命运》在北京国际电影节举办国内首场推介会。

以“一带一路：塞尔维亚与16+1合作”为主题的国际研讨会召开 2019年4月19日，由塞尔维亚贝尔格莱德大学安全学院主办，以“一带一路：塞尔维亚与16+1合作”为主题的国际研讨会在贝尔格莱德召开

中国青岛与利比里亚首都蒙罗维亚签署缔结友好城市谅解备忘录 2019年5月2日，据利比里亚外交部官网报道，利首都蒙罗维亚市长柯伊吉与青岛市长孟凡利于本周签署缔结友好城市谅解备忘录。

“一带一路”大病患儿人道救助计划阿富汗二期行动启动 2019年5月4日至6日，中国红十字援外医疗队在阿富汗喀布尔皇家医院对当地先天性心脏病患儿开展筛查，标志着“天使之旅——‘一带一路’大病患儿人道救助计划阿富汗二期行动”正式启动。

汉堡—上海大巴丝路行揭幕德国“中国旅游文化周” 2019年5月17日，52位来自欧洲不同国家的文化使者们乘坐两辆豪华大巴从德国汉堡启程，沿古丝绸之路前往中国上海，该活动标志着2019年德国“中国旅游文化周”正式拉开帷幕。

中国与东盟执政党干部共商“一带一路” 共促减贫合作 2019年5月31日，中联部亚洲一局、广西壮族自治区外办在广西南宁举办“比邻共话——共建‘一带一路’ 共促减贫合作”活动。活动还现场视频连线中国扶贫基金会正在缅甸内比都村庄举行的水井捐赠仪式，并通过《比邻共话——共建“一带一路” 共促减贫合作倡议》。

英国兰卡斯特大学成立“一带一路”研究院 2019年6月7日，英国兰卡斯特大学“一带一路”研究院举行成立揭牌仪式，来自中英两国的政府官员、专家学者和媒体代表等70余人出席。

17国9个项目入选中国空间站首批科学实验 2019年6月12日，中国载人航天工程办公室和联合国外层空间事务办公室在维也纳联合宣布，来自17个国家的9个项目从42项申请中脱颖而出，成为中国空间站科学实验首批入选项目。这些项目来自瑞士、波兰、德国、意大利、挪威、法国、西班牙、荷兰、印度、俄罗斯、比利时、肯尼亚、日本、沙特阿拉伯、中国、墨西哥、秘鲁等17个国家的23个机构。这标志着中国空间站国际合作进入新阶段。

“丝路一家亲”系列活动在孟加拉国启动 2019年6月16日，“丝路一家亲”行动孟加拉国站系列活动启动仪式暨中孟“丝路之友俱乐部”成立仪式在孟加拉国首都达卡举行。

“‘一带一路’助力南亚发展与繁荣”国际会议举行 2019年6月20日，由尼中友好论坛主办的“‘一带一路’助力南亚发展与繁荣”国际会议在尼泊尔首都加德满都拉开帷幕。

中葡科技合作联委会第9次会议召开 2019年7月12日，中国—葡萄牙科技合作联委会第9次会议在葡萄牙首都里斯本召开。中国科技部部长王志刚和葡萄牙科学、技术与高等教育部部长曼努埃尔·埃托尔共同主持会议。

中国印尼合作建地震预警系统 2019年8月15日，印尼气象、气候和地球物理局与中国成都高新减灾研究所在雅加达联合举行印尼地震预警系统建设启动仪式，启动印尼地震预警网建设，中国技术再次出口“一带一路”国家。

第2届“一带一路”医学救援大会在北京召开 2019年8月17日，由国家卫生健康委国际交流与合作中心和中国红十字基金会共同主办的第2届“一带一路”医学救援大会在北京召开。大会围绕海外中国公民的健康安全需求，以“驱动变革，迈向一个有机整合的体系”为主题，推动“一带一路”沿线医学救援事业向着更加协调、有序的方向发展。

中国援助巴新菌草和旱稻技术项目启动 2019年8月20日，中国援助巴布亚新几内亚菌草、旱稻技术项目启动仪式在巴新东高地省省会戈罗卡举行。

第6届丝绸之路国际艺术节举行 2019年9月7

8月17日，第2届“一带一路”医学救援大会在北京召开 （光明网）

日至21日，第6届丝绸之路国际艺术节在西安举行。本届丝路艺术节首次增加文旅融合高峰论坛，推动文化旅游融合发展。

越南首家中国签证申请服务中心开业　2019年9月5日，越南首家中国签证申请服务中心在河内市纸桥郡开业，将为签证申请者提供更多便捷服务，助力中越人员往来。

中方援建柬国家地理实验室落成并移交　2019年10月16日，柬埔寨磅清扬省举行中方援建柬的国家地理实验室落成暨移交仪式，中国驻柬埔寨大使王文天、柬埔寨矿产能源部大臣隋森等中柬嘉宾到场庆贺。

里加中国文化中心举行揭牌仪式　2019年10月22日，拉脱维亚里加中国文化中心举行揭牌仪式，正在拉脱维亚首都里加出席中国—中东欧国家旅游合作高级别会议的17国部长或代表共同见证。

第12届中国—东盟民间友好大会在印尼万隆举行　2019年11月11日，以“万隆精神——中国东盟友好之旅”为主题的第12届中国—东盟民间友好大会在印尼万隆市举行。　（叶霞霞　雷小华）

大湄公河次区域经济合作

大湄公河次区域合作发展历程

成立　1992年，亚洲开发银行发起成立大湄公河次区域经济合作机制（Greater Mekong Subregion Economic Cooperation，简称GMS），成员国包括中国、柬埔寨、老挝、缅甸、泰国、越南6国。GMS的宗旨是通过加强各成员间的经济联系，消除贫困，促进次区域的经济和社会发展。亚行系GMS的发起者、协调者和主要筹资方。

合作架构　多年来，GMS不断深入发展，已形成领导人会议、部长级会议和各领域务实合作的总体合作架构。GMS成员间合作领域进一步拓宽，涵盖交通、能源、信息通信、环境、农业、人力资源开发、旅游、经济走廊等，取得丰硕成果。2013年12月，GMS第19次部长级会议上通过GMS区域投资框架（2012—2022，RIF）。2014年12月19—20日，GMS第5次领导人会议在泰国曼谷举行，主题是“致力于实现大湄公河次区域包容、可持续发展”。会议发表领导人宣言，通过2014—2018年区域投资框架执行计划（RIF—IP），为次区域进一步加强互联互通描绘出蓝图。2018年3月30日至31日，GMS第6次领导人会议在越南河内举行，主题是“立足25周年合作，建设可持续、融合、繁荣的大湄公河次区域”。会议通过《领导人宣言》、《河内行动计划》和《区域投资框架》，总结GMS成立25年来成就和经验，探讨下步合作方向，展望长期愿景。

2019年11月17日至18日，GMS第23次部长级会议在柬埔寨金边举行，会议发表联合声明，回顾近一年多来GMS合作在各领域取得的成果，支持以规则为基础的多边贸易体制，支持推动全球化朝着更加开放、包容、普惠、平衡、可持续方向发展。会议批准更新后的《区域投资框架》。

经济走廊概况　大湄公河次区域处于东南亚、南亚和中国大西南的结合部。次区域涉及澜沧江——湄公河流域内的中国、缅甸、老挝、泰国、柬埔寨、越南，面积256.86万平方千米，总人口约3.2亿，连接中国和东南亚、南亚地区，地理位置十分重要。贯穿大湄公河次区域的澜沧江—湄公河是亚洲一条重要的国际河流，中国境内段称为澜沧江，中国境外段称为湄公河。经济走廊将以大湄公河次区域“三纵两横”交通通道建设为基础，建设成产业、贸易和基础设施为一体的、经济较快发展的“三纵两横”经济带。“三纵”为南北走向，“两横”为东西走向。

三纵：（1）云南昆明—云南大理—云南德宏—缅甸曼德勒—缅甸仰光；（2）云南昆明—云南西双版纳—老挝—泰国曼谷；（3）云南昆明—云南红河—越南河内—越南海防。

两横：（1）缅甸毛淡棉—泰国彭世洛—老挝沙湾拿吉—越南岘港；（2）缅甸仰光—泰国曼谷—柬埔寨金边—越南胡志明市。

建设次区域经济走廊，对于加强我国与东南亚、南亚的经济技术合作，进一步发展睦邻互信友好关系，并逐步提高次区域整体经济水平和实力有极重要的现实意义和长远战略意义。

大湄公河次区域（GMS）国家便利运输委员会联合委员在柬埔寨暹粒举行第7次会议

2019年3月12日—13日，大湄公河次区域（GMS）国家便利运输委员会联合委员在柬埔寨暹粒举行第7次会议。会议审议通过未来5年联委会工作安排，审议通过《关于扩大〈GMS便运协定〉线路方案的谅解备忘录》，并商定加快履行该备忘录的各方国内签署程序。根据该谅解备忘录，《GMS便运协定》将在原有线路基础上新增11条线路，与中国相关线路有4条。其中新增的河内—河静—查洛口岸（越南）—纳包口岸（老挝）—他曲口岸（老挝）—那空帕侬口岸（泰国）—曼谷线路可与广西原有南宁—友谊关口岸（中国）—友谊口岸（越南）—河内连接，将可实现南宁—越南—老挝—泰国的跨境运输。

《大湄公河次区域（GMS）便利货物及人员跨境运输协定》始于1999年，目的是创建一套次区域内基于互惠原则的通用跨境运输体系，推动GMS区域内货物和人员便捷、快速、经济地流动，从而扩大GMS各国的运输合作范围及规模，降低中转换装物流成本，提高运输效率。GMS行车许可证类似于运输车辆取得GMS区域签证，暂准进入单证(TAD)类似于运输车辆的“护照”，每一张TAD与配套的GMS行车许可证证号相对应，在过境时由东道国的海关部门实施监管。车辆和集装箱不要求提供资金担保(海关担保)，车辆一年内入境次数不限，但在任意东道国的单次停留时间不得超过30日。

大湄公河次区域国际道路运输启动仪式在云南举行

2019年5月27日，大湄公河次区域(GMS)国际道路运输(中国—老挝—越南)启动仪式在云南举行，标志着3国之间首次开通GMS国际道路运输线路。此举是落实《关于实施〈大湄公河次区域便利货物及人员跨境运输协定〉“早期收获”的谅解备忘录》(简称《早收备忘录》)、加强澜沧江—湄公河国家多边交通运输合作的具体行动，将开启GMS运输合作新篇章，推动中国—中南半岛经济走廊互联互通迈向新阶段。

大湄公河次区域国际道路运输在广西启动实施

2019年5月28日，GMS运输车队发车前往越南河内。大湄公河次区域国际道路运输启动仪式(中国—老挝—越南)在南宁综合保税区举行。仪式上，参与GMS跨境道路运输的企业代表获颁《GMS行车许可证》及《GMS机动车辆暂准入境单证》(TAD单证)。南宁鑫金航物资有限公司、南宁震洋物流有限公司4辆重型集装箱货车组成GMS运输车队，于仪式结束后出发前往友谊关口岸至越南河内。这标志着大湄公河次区域国际道路运输正式启动实施，对广西融入“一带一路”建设，打通中国—中南半岛运输走廊，积极推进国际陆海贸易新通道建设具有积极意义。

2019年大湄公河次区域经济走廊省长论坛在云南举行

2019年6月10日，来自中国、柬埔寨、老挝、缅甸、泰国、越南等国的23位省市长及代表团和亚洲开发银行的专家，围绕“以园区建设为载体、产业合作为抓手、全面提升数字经济水平，携手打造澜沧江—湄公河流域经济发展带”主题在云南昆明发表主旨演讲。过去一年，云南与次区域5国的贸易总额同比增长5.6%、双向投资占云南对东盟10国投资额的95%，通关速度提升60%、费用降低40%。

第7届中国与大湄公河次区域5国媒体互访活动走进渝中

2019年6月16日，由国务院新闻办对外推广局指导、云南省政府新闻办主办的第7届中国与大湄公河次区域5国媒体互访活动走进渝中，来自南亚东南亚5个国家的30余位新闻官员及媒体记者共同感受“重庆母城·美丽渝中”魅力。据悉，自2013年以来，中国与大湄公河次区域5国媒体定期互访活动已在中国云南、柬埔寨、泰国、老挝、越南成功举办6届。

《湄公河》杂志社举办2020新春座谈会

2019年11月9日，《湄公河》杂志社在昆明举办新春座谈会，云南省委宣传部相关负责人，缅甸驻昆明总领事吞昂觉及老挝、泰国、柬埔寨四国驻昆明总领事馆官员，翻译专家欢聚一堂，互致节日问候，共话来年新景。2019年，在缅甸、柬埔寨、老挝、泰国四国总领事馆的支持下，《湄公河》杂志社成功举办了“中缅媒体双城论坛昆明峰会”、中缅媒体新春茶话会、“第7届中国与大湄公河次区域国家媒体定期互访活动”“澜沧江—湄公河国家新闻官员及媒体记者培训班”等，搭建了中国与湄公河流域国家的友好往来的桥梁和纽带。

11月18日，大湄公河次区域经济合作(GMS)第23届部长级会议在柬埔寨金边举行　（百度网）

大湄公河次区域经济合作第23届部长级会议在柬埔寨金边举行

2019年11月18日，大湄公河次区域经济合作(GMS)第23届部长级会议在柬埔寨金边举行。会议主题为“建设更加融合、包容、可持续发展的GMS”。会议通报GMS在交通、贸易便利化、能源、农业、环境、卫生等领域合作的进展情况，肯定经济走廊论坛和省长论坛在促进知识共享、经验传播等方面的重要作用。会议审议《GMS长期发展战略2030(草案)》，审议并通过《GMS区域投资框架2022

(更新版)》,发布《大湄公河次区域经济合作第23届部长级会议联合声明》。 (叶霞霞 雷小华)

中越“两廊一圈”区域合作

中越“两廊一圈”区域合作概况

“两廊一圈”是中国和越南两国领导人作出的在中越两国之间合作建设“两条经济走廊”和“一个经济圈”的重大决策。“两廊”是指南宁—谅山—河内—海防—广宁经济走廊和昆明—老街—河内—海防经济走廊,“一圈”指环北部湾经济圈。“两廊一圈”涵盖环北部湾和越南北部多个省市,越南方面有老街、安沛、富寿、谅山、北江、北宁、河内、兴安、海阳、海防、广宁等省市;中国方面有云南、广西、广东和海南4省、自治区。

“两廊一圈”的提出及其启动实施是中国—东盟自由贸易区合作框架下的次区域合作的具体举措,推动“两廊一圈”建设是基于中越两国关系不断全面深入发展在经贸合作方面的具体成果,它标志着中越经济在迈向一体化方面步入实际操作层面。从中越关系、区域战略和广西、云南发展的角度来看,“两廊一圈”的提出和启动都具有积极意义。因此得到中国广西、云南和越北部地区的积极响应,成为桂越、滇越合作的热点和主题。

中越“两廊一圈”区域合作发展历程

2005年3月25日,中越两国“两廊一圈”专家组第1次会议在越南河内举行,会议讨论“两廊一圈”合作的可行性和具体实施方案,同意共同编制关于“两廊一圈”合作的研究报告。此次会议标志着中越两国合作建设“两廊一圈”开始从设想走向实际操作。

2006年7月5日,中越经贸合作专家组第2次会议在中国云南蒙自举行。双方就《中国—越南经贸合作专家组关于“两廊一圈”合作的研究报告》内容深入细致地交换意见,对报告内容和双方下一步工作原则达成一致。用过此次会议,中越双方进一步明确“两廊一圈”合作的方向和领域。

2006年11月16日,中越两国领导人在河内签署《中华人民共和国政府和越南社会主义共和国政府关于开展“两廊一圈”合作的谅解备忘录》,双方同意在“两廊一圈”范围内重点合作领域包括基础设施、货物和旅客运输、资源开发与加工、农业、旅游业等9个方面。两国同意首先开展在“两廊一圈”范围内的交通运输、资源开发与加工、口岸建设和贸易投资便利化等领域的合作,实施条件成熟的项目,逐步带动其他领域共同发展,以实现在两国边境省份间构筑一个平台,为双方企业及第三国企业开展经贸合作创造便利条件,使“两廊一圈”成为两国经济新增长点的目标。中越备忘录的签署为全面开展“两廊一圈”合作奠定基本框架。

2008年,中越双方将“两廊一圈”合作项目纳入《中越经贸合作五年发展规划》。

2011年10月11—15日,越南共产党中央委员会总书记阮富仲对中国进行正式访问。在此期间,双方领导人共同签署《中越2012—2016年经贸合作五年发展规划》等一系列协议,两国政府共同发表《中越联合声明》,声明强调:鼓励并为双方企业扩大长期互利合作、建设跨境合作区和“两廊一圈”合作创造有利条件。

2012年3月31日,中国国务院副总理李克强在海南博鳌会见出席博鳌亚洲论坛2012年年会的越南副总理黄中海,双方表示要落实好经贸合作五年发展规划,进一步加强经贸、人文等领域合作。3月26日,中越两国政府签署《中国越南两国政府关于共同建设北仑河二桥协定》及其《议定书》,双方还就尽快签署两国部门间《关于建立行车许可证制度协议》及在北仑河口地区划定自由航行区达成共识。

2013年10月11日,中共广西壮族自治区委员会书记、自治区人大常委会主任彭清华与越共广宁省委书记在越南下龙市举行会谈,双方就加强海上旅游合作,简化通关手续等事项达成共识。10月13—15日,中国国务院总理李克强访问越南,中越两国发表《新时期深化中越全面战略合作的联合声明》,签署一系列合作文件与协议。

中越两国建设“两廊一圈”不仅两国中央政府有共识,两国地方政府也积极响应。自2004年以来,广西积极响应中央政府的决策,自治区的主要领导每年均出访越南,与越方领导人就扩大以“两廊一圈”合作为重要内容的“一轴两翼”、泛北部湾区域经济合作进行广泛交流,并达成重要共识。2008年4月3日,中共广西壮族自治区委员会书记郭声琨访问越南,推动“两廊一圈”和“一轴两翼”建设,为中越两国在更大范围、更宽领域、更高层次参与国际经济合作创造新机遇。2013年10月11日,中共广西壮族自治区委员会书记、自治区人大常委会主任彭清华与越共广宁省委书记在越南下龙市举行会谈,双方就加强海上旅游合作,简化通关手续等事项达成共识。

2014年8月26—27日,越共中央政治局委员、中央书记处常务书记黎鸿英作为越共中央总书记阮富仲的特使访问中国。这是自5月中越南海摩擦及越南反华骚乱严重冲击两国关系之后,越方高层首次访华。8月27日下午,中共中央总书记、国家主席习近平在北京人民大会堂会见黎鸿英。习近平指出,中越互为近邻,又同是共产党领导的社会主义国家。邻国是搬不走的,友好符合双方共同利益。近几年,两国关系发展总体良好，但近期受到很大冲击，引起两国人民和国际社会高度关注。希望越方同中方一道努力，使中越关系重新回到正确发展轨道。习近平强调，中越两党高层应该把握大局，保持并加强交往，及时就重大问题深入沟通，坚持从战略高度和长远角度引领中越关系，特别是在关键时候要做出正确的政治决断。

2015 年 4 月 7—10 日，越共中央总书记阮仲富对中国进行正式访问。7 日，中共中央总书记、中国国家主席习近平在北京人民大会堂同阮富仲总书记举行会谈。就两党两国关系、国际和地区形势等共同关心的问题深入交换看法，达成重要共识。会谈后，习近平和阮富仲共同见证《中国共产党和越南共产党合作计划(2016—2020 年)》以及金融、基础设施、文化、司法、税务、维和等领域合作文件的签署。习近平和阮富仲还共同出席第 15 届中越青年友好会见活动。8 日，中越双方发表《联合公报》。11 月 5—6 日，中共中央总书记、中国国家主席习近平对越南进行国事访问。访问期间，习近平分别同阮富仲、张晋创举行会谈，并会见越南政府总理阮晋勇、国会主席阮生雄。习近平指出，中越同为共产党领导的社会主义国家，是具有战略意义的命运共同体，中越传统友谊应该倍加珍惜和维护。6 日，中越双方发表《联合声明》。

2016 年 9 月 10—15 日，越南政府总理阮春福对中国进行正式访问，访问期间，中共中央总书记、国家主席习近平、全国人大常委会委员长张德江、全国政协主席俞正声分别会见阮春福。中国国务院总理李克强同阮春福举行会谈，双方就新形势下进一步深化中越全面战略合作伙伴关系及共同关心的国际地区问题深入交换意见，达成广泛共识。会谈后，两国总理共同见证双方签署经贸、产能、基础设施、教育、旅游等领域的合作文件。

2017 年 1 月 12—15 日，中越两国党政高层密切往来，应中国共产党中央委员会总书记、中华人民共和国主席习近平的邀请，越南共产党中央委员会总书记阮富仲对中华人民共和国进行正式访问。访问期间，中共中央总书记、国家主席习近平同阮富仲总书记举行会谈。中越双方共同发表《中越联合公报》，对尽早签署《中越跨境经济合作区建设共同总体方案》达成高度一致，此外，还签署《中国共产党和越南共产党高级干部培训合作协议(2017—2020 年)》《中国国防部和越南国防部关于 2025 年前国防合作共同愿景声明》《中国红十字会与越南红十字会合作备忘录》《中国海关总署和越南国防部关于中越陆地边境口岸合作的框架协定》《中国政府与越南政府关于实施老街—河内—海防标准轨铁路线路规划项目换文》等合作文件。本次访问是阮富仲再次当选越共中央总书记后首次访华。

2017 年 5 月 11—15 日，应中华人民共和国主席习近平邀请，越南社会主义共和国主席陈大光对中华人民共和国进行国事访问并出席“一带一路”国际合作高峰论坛。11 月 10—13 日，应越南共产党中央委员会总书记阮富仲、越南社会主义共和国主席陈大光邀请，中国共产党中央委员会总书记、中华人民共和国主席习近平对越南社会主义共和国进行国事访问并出席亚太经合组织第 25 次领导人非正式会议。访问期间，习近平总书记、国家主席分别同阮富仲总书记、陈大光国家主席举行会谈，并会见越南政府总理阮春福、国会主席阮氏金银。两党两国领导人相互通报各自党和国家情况，就双边关系及共同关心的国际地区问题深入交换意见，并就新形势下进一步深化中越全面战略合作伙伴关系达成重要共识。习近平强调，中越双方要保持高层接触，加强战略沟通，深化治党理政经验交流。要加快“一带一路”和“两廊一圈”建设对接，深化经贸、金融、产能、基础设施建设等领域务实合作，推进重点项目建设，实现互利共赢。要活跃人文交流，促进民心相通，使中越友谊更加深入人心。这次访问具有十分重要的里程碑式意义，为新形势下中越关系指明了方向，注入新的发展动力。此次访问期间，中越双方发表《中越联合声明》，并签署《中越国防部边防合作协议》《共建“一带一路”和“两廊一圈”合作备忘录》《电力与可再生能源合作谅解备忘录》《2017 年中越产能合作项目清单的谅解备忘录》《核安全合作谅解备忘录》《加快推进中越跨境经济合作区建设框架协议谈判进程的谅解备忘录》等合作协议。

2018 年 2 月 8 日，中共中央总书记、国家主席习近平与越共中央总书记阮富仲互致新年贺信。习近平表示，刚刚过去的 2017 年是中越关系发展进程中具有重要意义的一年。中越双方再次实现历史性互访，达成的广泛共识已经转化为两国交流合作的累累硕果。2017 年中越“一带一路”与“两廊一圈”战略对接迈出重要步伐，两国人民从双边关系发展中有了更多的获得感。习近平指出，2018 年是中越建立全面战略合作伙伴关系的第十个年头。展望未来，中国共产党愿同越南共产党一道，加强对中越关系发展的政治引领，弘扬传统友谊，深化全面合作，不断拓展中越关系发展广度和深度，更好为两国和两国人民谋幸福、为社会主义事业谋发展、为人类社会进步事业作贡献。两党两国高层特别是最高领导人保持经常接触，对双边关系发展发挥着关键的战略引领作用。阮富仲在贺信中表示，值此越中两国传统佳节戊戌年春节来临之际，我谨代表越南党和人民，向您并通过您向中国党和人民致以最美好的新春祝福。阮富仲表示，去年越中关系保持良好发展势头，两党两国最高领导人实现互访，各领域合作取得积极进展。2018 年对越中关系是具有重要意义的一年。我希望并愿同您一道，加强对各层级各部门的指导，在现有合作成果基础上，进一步着力巩固政治互信，提升各领域务实合作的水平和质量，继续推动越中全面战略合作伙伴关系持续向好发展。

中越“两廊一圈”区域合作新进展

2019 年，中越关系依然保持良好趋势，中越“两廊一圈”区域合作在经贸、交通、旅游、科技教育以及能源合作领域取得新进展，为推动中越双边合作发展发挥作用。

经贸合作　2019 年，中越双边贸易保持强劲增长态势，中国仍然是越南最大的贸易伙伴。据越方统计，2019 年中越进出口总额 1168.7 亿美元；其中，越南对中国出口额为 414.1 亿美元，比上年仅增长 1.5 亿美元，增速为 0.36%，自中国进口额为 754.52 亿美元，增长 100 亿美元，增速为 15.3%，这是两国贸易额连续第二年突破 1000 亿美元。中国对越南出口持续高速增长，越南市场备受中国企业关注，近年来中国企业赴越南投资设厂掀起热潮。2019 年 1—9 月，中国企业对越南投资 8.2 亿美元，比上年同期增长 13.5%。越南对中国投资 711 万美元，下降 93.4%。中国企业在越南新签工程承包合同额 27.7 亿美元，下降 33.6%；完成营业额 22.8 亿美元，增长 34.8%。

交通合作　2019 年 10 月，中越直通车运输新线路（南宁—东兴/芒街—海防）在南宁综合保税区正式启动。中越直通车运输新线路（南宁—东兴/芒街—海防）的开通，是南宁市落实国家“一带一路”合作倡议、《西部陆海新通道总体规划》实施、中国（广西）自由贸易试验区成立以及南宁市作为广西唯一入选 2019 年国家物流枢纽城市名单等政策的成果，该运输新线路的开通进一步提升国际道路货物运输的便利性和效率，极大降低运输企业通关时间和运输成本，有效增加南宁市作为陆港型国家物流枢纽的城市功能，提升南宁市区域性地位，也给南宁国际物流发展注入新的活力。直通货物运输最大的特点就是在国际道路运输中可以实现门到门一站直达，中途无需进行换车等货物过驳操作，为国际道路运输的出入境环节节省 30% 的时间及费用，还可以避免过驳造成的货物丢失、损伤，进一步提升了国际道路货物运输的便利性和效率。

旅游合作　2019 年 7 月，应越方诚挚邀请，广西壮族自治区文化和旅游厅率团赴越南广宁省（下龙湾市）、庆和省（芽庄市）和岘港市等 3 省旅游厅共商中（广西）越（广宁）出境游（边境游）市场监管工作具体合作事项，并与越方开展现场联合执法检查，全面增进双方监管执法人员交流互动，为下一步联动整治赴越旅游市场打下基础。此次会谈会晤，双方按照“平等、合作、共赢”原则，签订《关于加强中国广西与越南广宁旅游市场监管会谈纪要》，并通过开展中越联合执法检查，更加准确地掌握当前赴越旅游市场存在的突出问题，有的放矢，重拳出击，坚持打击广西壮族自治区旅游市场“零负团费”操作团队行为，规范旅行社经营行为，确保赴越旅游市场健康有序发展。

能源合作　3 月 6 日，中越电力企业加强交流合作，中越电力企业合作座谈会暨 2019 年春茗会在越南首都河内举行。来自两国的电力企业、主管部门、商会等代表，就中越电力合作成果及前景进行深入交流，双方对已取得的合作成果表示满意，希望进一步加强交流合作。越南电力与可再生能源局、越南电力集团，对中越电力贸易和项目合作予以积极评价。2019 年，南方电网有 3 回 220 千伏线路，向越南北部 7 省（越南老街、河江、宣光、富寿、安沛、山罗和太原）送电，最大送电能力 110 万千瓦。自第一回 110 千伏线路投运至今，中越贸易电力累计约 367 亿千瓦时。永新燃煤电厂一期项目建设规模为两台 60 万千瓦级超临界火电机组，由南方电网公司、中国电力国际有限公司、越南煤炭集团按照 55%、40%、5% 的比例共同投资，总投资 17.55 亿美元。该项目以建设成为“技术先进、安全可靠、绿色环保”示范电厂为目标，选用最先进的发电技术，每年可减少二氧化碳排放约两万吨。交流会上，被誉为“花园式工厂”的越南平顺省永新燃煤电厂一期项目得到与会嘉宾的积极评价。该项目是目前中国在越最大的电力投资项目，也是中国在越投资的第一个电力 BOT 项目，受到中越两国政府高度关注。

中越“两廊一圈”区域合作机制

中国—东盟博览会机电产品展（越南）　2019 年，11 月 27 日，2019 中国—东盟博览会越南机电展、2019 中国（广西）越南商品博览会在越南胡志明市西贡国际会展中心（SECC）举行开幕仪式。本次越南机电展是自 2016 年来东博会第三次在越南办展，得到越南工贸部、越南农业和农村发展部、越南工商会及胡志明市

11 月 27 日，2019 中国—东盟博览会越南机电展在越南胡志明市举行

（百度网）

人民委员会等有关方面的大力支持。

中越“两廊一圈”公路建设

云屯—芒街高速公路项目动土建设　2019 年 4 月,越南广宁省云屯—芒街高速公路开工建设,预计施工期 2 年。云屯—芒街高速公路覆盖面积约 456 公顷,经过云屯、先按、潭河、海河和芒街等地,总长度 79,31 千米,共有 4 条车道,设计行车时速 100 千米每小时。该项目竣工后将加速推动越南—东盟—中国的陆路通道建设,提升区域互联互通水平。

中越“两廊一圈”铁路合作与建设

防城—东兴铁路　2019 年 3 月,防城港至东兴铁路项目开工仪式在邓屋双线大桥施工现场隆重举行,标志着该项目建设全面铺开。防东铁路自钦防线防城港北站南端引出,向西南至东兴市站,途经防城港江山镇、东兴市江平镇,桥隧比重为 68%。该线路设计行车速度 200 千米每小时,基础设施预留 250 千米每小时条件,全线设防城港北站、东兴市站,预留江山半岛站,估算总投资 64.8 亿元,建设工期 3 年。项目计划 2021 年 12 月 31 日全线开通运营。

中越“两廊一圈”口岸建设

中国东兴至越南芒街口岸北仑河二桥开通启用　3 月 19 日,中国东兴至越南芒街口岸北仑河二桥正式开通启用,这座联接中越两国的陆路通道将为中越边境口岸物流发展和边境贸易提供互联互通支撑。该项目中越双方投资总额为 2.2 亿元,于 2014 年 4 月 1 日开工建设,2017 年 9 月 13 日建成。北仑河二桥位于东兴口岸北仑河一桥下游约 3 千米处,主桥全长 549 米,桥面总宽 27.7 米,桥面行车道按 4 车道加 2 辅助车道布置。

中国南宁至越南海防货运直通车经东兴口岸顺利试运　9 月 24 日,中国南宁至越南海防货运直通车经东兴口岸顺利实现试运行。此次试运行由南宁鑫金航物资有限公司的两辆货运车辆首次在东兴口岸通行,运输的货物为太阳能铝合金边框和太阳能电池背板膜。线路起点为中国广西南宁市,目的地为越南海防市,总运距约 450 千米,运输时长需 6 ~ 7 个小时。

中越“两廊一圈”运输便利化合作

防城港:海铁联运架起国际“冷链高速路”　3 月 3 日,30 个装载越南水果的冷藏柜经越南胡志明港—广西防城港水果航线抵达防城港,在码头完成检疫消毒、货物查验等通关手续后,通过铁路运往重庆。这标志着经北部湾港连通西部地区与东盟国家的西部陆海新通道国际海铁联运班列又添新“成员”。据悉,这批从越南进口的水果是重庆一家从事水果贸易的企业经防城港口岸入境的首批货物。该企业负责人邓洪九介绍,依托防城港“水果口岸 + 海铁联运 + 冷链运输”的叠加优势进口东南亚水果,有效缩短了货物运输、通关时间,降低了物流成本,整个线路节约了近一半的物流费用。

中国浦寨—越南新清货运专用通道建成通车　3 月 21 日,中越两国在中越边境 1088 与 1089 界碑区域举行中国浦寨—越南新清货运专用通道通车仪式。该项目修建里程 1.548 千米,含 1 座双洞隧道长 640 米,按二级公路标准建设,设计时速 40 千米/小时,路基宽度 15 米;项目终点与越南对接段长 30 米,路基宽 19.5 米,路面宽 15 米,总投资约 1.736 亿元。项目的建成使用,将极大缓解浦寨边境贸易区空间狭小、货物车辆拥堵等问题,进一步解决两国涉外贸易的交通瓶颈,对实施西部陆海新通道战略和“两廊一圈”规划的实施具有积极意义。

山东首发烟台至越南河内中欧班列　6 月 18 日,由中国铁路济南局集团有限公司开行的 75060 次山东烟台至越南河内中欧班列从山东济铁烟台物流园始发,24 日抵达目的地河内。这趟中欧班列编组 41 辆,装载着家用玻璃瓶、药用玻璃、电子产品等货物,经凭祥口岸出境,开往越南河内。该中欧班列是山东省首次开行的东南亚方向中欧班列,也是济铁烟台物流园开出的第一列中欧班列,对胶东地区通过跨境铁路运输与东南亚国家形成资源互补具有重要意义。此次中欧班列改变了原有货物从烟台港内支线转港发往东南亚的单一线路,不仅时间比海运节省一半以上,而且形成一条新的国内至东南亚方向直达国际物流通道,解决了原来货物运输时间难以保证、运输模式单一的问题。

南宁—越南海防直通车运输新线路启动　2019 年 10 月,中越直通车运输新线路(南宁—东兴、芒街—海防)启动仪式在广西南宁综合保税区举行。新线路主要是为中国到越南北部港口海防及海防临港工业区域进行货物运送及产业链的配套所开通的。开通新线路后,就可以直接从北部湾沿海公路直接到防城港东兴市口岸,再从东兴口岸到越南海防,运行时间比原来节省 12 ~ 16 小时,物流成本大概节约 2000 元(一个往返趟次)。目前涉及广西的中越直通车货物运输线路共有 9 条,此前只有通过友谊关口岸去往河内的线路是常态化开行,今后将新增南宁—东兴、芒街—海防的常态化线路。

越南海鲜首次通过中越班列销往武汉　10 月 16 日,装载越南冻巴沙鱼、果汁饮料的中越集装箱广西凭祥—武汉滠口冷链班列从南宁南站出发,行驶两日后,于 10 月 18 日抵达武汉。这趟冷链班列由 18 个巴沙鱼冷藏集装箱和 6 个果汁饮料冷藏集装箱组成,是凭祥与武汉间首次开行的冷链班列,标志着越南—凭祥—南宁—武汉铁路冷链运输线路正式开通。

中国广西与越南广宁、海防三省(区、市)2019国际道路运输工作年会在广西柳州召开　2019年11月26日,在广西柳州市举行中国广西与越南广宁、海防三省(区、市)2019国际道路运输工作年会。会上,三方总结2018年底至今经东兴—芒街国际口岸国际道路运输基本情况,相互通报2018年会谈纪要相关工作落实情况,并就今后合作的重点内容进行研究,签署会谈纪要。广西代表团与海防代表团就中国南宁至越南海防国际道路货物运输线路开通及在营旅客运输线路增加配客点、海上水路运输合作等事项进行交流,达成一致意见。中越双方国际道路运输企业还就国际道路运输经营活动进行现场交流。

中国广西与越南谅山两省(区)第13次国际道路运输工作年会在越南谅山省举行　2019年12月5—6日,自治区交通运输厅率广西交通运输代表团赴越南谅山省,与以谅山省交通运输厅的谅山省交通运输代表团举行第13次国际道路运输工作年会。双方就贯彻落实1994年签订的《中越两国政府汽车运输协定》、2011年签订的《中越两国政府关于修改中越汽车运输协定的议定书》和《中越两国政府关于实施中越汽车运输协定的议定书》(以下简称协定和两议定书)、第十次中越汽车运输事务级会议精神、2020年开展工作重点以及国际道路运输领域合作的内容等议题,深入交换意见,达成多项共识。会上,双方互相通报2018年以来通过中国友谊关口岸—越南友谊口岸出入境车辆数、运输量和行车许可证交换及使用情况。双方还围绕加强合作进行讨论。

中越“两廊一圈”园区建设

越南代表团考察凭祥综合保税区　7月11日,越南友谊—宝林口岸管理中心代表团到凭祥综合保税区驻区企业实地考察,了解企业的工作环境、用工需求后,与凭祥综合保税区管委会有关负责人进行会谈。双方就凭祥综合保税区与越南谅山省跨境劳务合作事宜达成共识:双方同意签署跨境劳务定向战略合作协议,保护双方企业的合法利益;双方就下一步举办跨境劳务“双选会”作出明确规定。凭祥与越南历来有往来务工的传统,在为边民增加收入的同时,实现多种人力资源优化互补。

北投集团与越南合作开发产业园　9月,北投集团直属企业广西凭祥综合保税区开发投资有限公司与越南福康公司签订项目合作框架协议,双方将合作开发越南谅山北投产业园项目。越南谅山北投产业园项目位于同登—谅山口岸经济区下属非关税经济区,项目总投资约25亿元人民币,项目前期产业规划主要集中在东盟特色、机械电子、纺织轻工3个领域,中远期定位以轻纺加工制造业、装备制造业、电子信息产业、新能源及新材料、农副产品深加工、现代服务业为主。

中越“两廊一圈”贸易和投资合作

广西与越南边境四省共商文旅发展大计　7月16日,2019广西与越南边境四省文化旅游联席工作会议在南宁举行,标志着广西与越南边境四省文化旅游合作机制基本建立。多年来,广西与越南广宁、谅山、高平、河江在文化和旅游领域不断加深交流与合作,取得了积极成果。为进一步深化交流合作,广西与越南边境四省达成相关共识。从2019年开始,每年召开一次联席工作会议,会议在中越两国间轮流召开。广西与谅山共同推动友谊关—友谊国际旅游合作区内浦寨—新清旅游合作试点营运,推动研究公母山—公山跨境旅游合作区建设可行性计划。广西与高平加快提升合作区内旅游基础设施和公共服务设施建设,广西与广宁继续推进东兴—芒街跨境旅游合作区建设。

中越签署《关于林业合作的谅解备忘录》　9月12日,中国国家林业和草原局局长张建龙在越南河内会见越南农业和农村发展部常务副部长何公俊。双方一致认为,中越两国山水相连、人文相近、合作历史悠久,双方愿意根据2016年9月签署的中越《关于林业合作的谅解备忘录》建立中越林业工作组,加强信息交流,推动人员互访,开展务实合作。双方共同见证《国际竹藤中心与越南林业科学院合作框架协议》《大湄公河次区域森林生态系统综合管理规划示范项目越南子项目协议》签署,并召开中越林业工作组第1次会议,决定优先在林业人才培养、野生动植物保护、森林旅游和康养等方面推进合作。

越中(老街)国际贸易交易会　11月12日,2019年越中(老街)国际贸易交易会于在越南老街省老街市金城会展中心举行,吸引300多加企业参展,主题为“切实、合作、融入与发展”的本届交易会是2019年国家级贸易促进项目的活动之一,旨在推动老街与全国各省市场以及越南与中国市场的交流对接。来自云南、江苏、福建、广东等中国企业设有205个展位,来自越南各省市企业有550个展位。此外,还有来自韩国、中国台湾和泰国等第三方国家和地区的45个展位。

中越投资贸易座谈会　11月18日,由中国南南合作促进会和越南工商会共同主办的中国—越南投资贸易座谈会在越南首都河内举行,与会的近百名中越政商界人士探讨互利合作与发展机遇。越方积极参加区域合作、维护多边贸易体制的决心和行动值得钦佩。南促会致力为“走出去”的中国企业搭建平台,希望本次活动能让与会中企结识商业伙伴、寻找合作机会,为下一步投资与贸易打下基础。本次座谈会有20余家中国企业参加,涵盖纺织、环境、交通运输、大数据、互联网应用等多个行业领域。

东博会越南机电展和中国(广西)越南商品博览会　12月12日,2019中国—东盟博览会越南机电展与2019中国(广西)越南商品博览会在越南胡志明市落幕。本次展会均由东博会秘书处、越南贸促局、广西商务厅、广西国际博览集团有限公司共同主办。两个展会各有侧重,越南机电展以机电类产品展示为主,中国(广西)越南商品博览会则侧重广西优势产业的展示。越南机电展展览面积达2500平方米,有近70家中国知名企业参展。

中越"两廊一圈"旅游合作

中国广西—越南广宁跨国旅游联合推介会 7月4日在河南郑州举行,由广西壮族自治区文化和旅游厅、越南广宁省旅游厅联合举办。推介会主要介绍了广西边海国家旅游风景道和越南广宁的旅游资源和特色,包括全景桂西南、靓丽边海、山海传说、海丝之旅四大精选线路,以及魅力北部湾、魅力中越一路一带等三大经典线路在内的广西边海国家风景道优质旅游线路产品。此次跨国旅游联合推介会的举办,将进一步加强中国广西、河南和越南广宁两国三地的旅游交流,让"山水之间的壮美广西""多彩美丽的越南广宁"和"老家河南"三地联合,实现互惠共赢。

中越"两国五市"共同签署黄金旅游线路合作备忘录 12月2日,中国广西东兴、桂林,内蒙古满洲里,以及越南广宁省芒街和下龙,"两国五市"在越南芒街共同签署黄金旅游线路对接合作备忘录。"两国五市"在越南芒街举行旅游宣传推介和招商引资论坛,促进五市合作发展。该论坛是2019中越(东兴—芒街)国际商贸·旅游博览会的重要内容之一。根据在论坛上签署的合作备忘录,各方将加强旅游点的对接与合作,为游客提供优质、特色的旅游产品和服务。

2019越中(芒街—东兴)国际商贸·旅游博览会 12月7日,历时7天的博览会在越南广宁省芒街市圆满落幕。本届博览会以"拓宽合作、稳固发展"为主题,主要活动有商品展示、新闻发布会、中国东兴—越南芒街口岸农林水产品出口项目对接会、旅游宣传推介和招商引资论坛、界河对歌等系列活动。本届博览会吸引中国多家企业关注,展会设5个展区共400个展位,其中中方展位100个、越方展位300个。博览会主要展示和推介农林水产品、机械设备、电子产品、手工艺品、红木等中越两国的名优产品。

2019年广西凭祥中越边关旅游节暨第27届中越商品交易会 12月11日开幕。本届节会以"共建陆路新通道,共谱自贸新篇章"为主题,主要活动内容包括旅游节开幕式、中国—东盟(凭祥)果品交易会、中国(广西)自由贸易试验区崇左片区发展研讨会暨投资推介会、2019中越(凭祥)商品交易会、2019中越(凭祥)边民大联欢文艺晚会。

中越"两廊一圈"能源合作

2019中国—东盟电力合作与发展论坛 9月20日在南宁举行。本届论坛以"'一带一路'引领中国—东盟电力合作新机遇"为主题,国内外电力企业代表、行业专家围绕能源电力合作、"一带一路"能源电力清洁发展、区域能源电力互联互通等议题展开对话交流。

中国能源建设集团有限公司云南院完成中越联网项目输电线路踏勘 12月20日,中国能建云南院完成南方电网云南国际公司"中越联网项目系统方案可行性研究"项目输电线路踏勘。该项目将新建2座换流站和近400千米输电线路,途经昆明、曲靖、红河、文山4个市州,包含多回已建线路的改接、并线工作,接线方案复杂,涉及区域广,生态敏感区及各类影响因素众多。项目组行程2000余千米,向沿线13个市(县)80余个主管部门汇报路径情况,并收集了生态敏感区、城市规划、重大项目规划等资料。项目实施后,将有助云南省充分发挥区位优势,深化与周边南亚、东南亚区域国家能源合作,实现电力工业"走出去",完成电力互联互通。

中越"两廊一圈"农业合作

广西与越南北江省农业与农村发展厅签订战略合作意向书 5月20日,2019年中国(广西)——东盟蔬菜种业合作签约会在南宁召开。广西农业科学院植保所和越南北江省农业与农村发展厅签订农作物病虫害绿色防控战略合作意向书。

越南农业科学院南方园艺研究所专家到广西农科院访问交流 11月22—23日,越南农业科学院南方园艺研究所专家到广西农科院进行学术交流。22日,越南农业科学院南方园艺研究所在园艺所会议室为科技人员作"越南南部火龙果科研及生产概况"学术报告,介绍越南火龙果产量、主产地、主要病害及越南农业科学院南方园艺研究所历年来推出的火龙果新品种新技术等。广西农科院是越南农业科学院南方园艺研究所在中国的首个科研合作伙伴,双方于2017年签署合作备忘录。

中越"两廊一圈"人文交流合作

中越青少年文化艺术交流表演在河内举行 4月2日,中越青少年文化艺术交流表演在越南首都河内举行。该活动由中国驻越南大使馆和越南文化体育旅游部主办,两国青少年同台开展表演交流,共同书写中越友谊篇章。中国宋庆龄基金会和平天使艺术团成员为观众献上京剧、武术以及中国民乐等精彩演出;越南罗蒙诺索夫小学师生则呈上充满热情的歌舞表演。由中国驻越南大使馆、越南美术博物馆联合主办的中国改革开放40周年成就图片展也于当天在河内举行开幕式,图片展分为“中国改革开放的历史轨迹和成就”与“中越合作成就”两大板块,以 140 余幅新闻图片反映中国改革开放 40 年光辉历程和中越务实合作丰硕成果。

广西作家越南文版作品首发推介会 5 月 26 日,广西作家越南文版作品首发推介会在广西民族大学举行。推介会上,越南丽芝文化传媒公司 CEO 阮丽芝女士介绍广西 6 位作家的 7 部作品在越南出版发行情况,这 7 部作品分别为:《长寿碑》(田耳)、《我是恶人》(李约热)、《上岭村的谋杀》(凡一平)、《篡改的命》(东西)、《后悔录》(东西)、《公务员》(黄佩华)、《懦夫传》(朱山坡),6 位作家及相关嘉宾作了交流发言。

中国—越南警务执法合作智库论坛 6 月 13 日在江苏警官学院举办,由公安部现代警务改革研究所、江苏省公共安全研究院主办。与会者围绕深化中越警务执法合作,构建完善在越中资企业安保服务体系进行深入研讨,并就深化两国警务执法安全合作,两国执法机关要搭建或利用各种对话平台开展沟通交流。

首届越南留学生礼仪风采大赛 6 月 16 日,首届越南留学生礼仪风采大赛总决赛在南宁举行。来自广西 12 所高校的 300 多名越南籍留学生代表经过初赛和复赛,15 名选手进入总决赛角逐,最终来自广西艺术学院的越南留学生杜氏兰英荣膺冠军。本届比赛由越南驻南宁总领事馆主办,南宁越南留学生会联合广西艺术学院国际教育学院共同承办,旨在为在中国的越南留学生提供一个展示自我的舞台,增强中越文化交流和友好往来。

中越妇女禁毒宣传活动在广西东兴举行 6 月 25 日,由广西壮族自治区禁毒办、自治区妇女联合会、越南广宁省公安厅、越南广宁省妇女联合会主办的“中越妇女携手・不让毒品进我家”禁毒宣传大型活动在东兴市国门演艺剧院举行。活动分为室外参观以及室内宣传活动两个部分。晚会最后以中越两国与会人员大合唱《越南—中国》结束。

越南外事干部广西南宁学汉语 8 月 14 日,由中国广西外事办公室、广西华侨学校与越南外交部外事局共同主办的越南外事干部汉语培训班在南宁开班,21 名来自越南各地的外事干部集中接受为期 14 天的培训。在培训中,越南外交官们将重点学习汉语口语交际、中国文化与礼仪等课程,聆听关于中越关系等内容的讲座。

广西与越南边境四省五方教育工作磋商会 9 月 20 日在广西大学召开。会议围绕广西与越南广宁、谅山、高平、河江等四省在高等教育、职业教育、基础教育等领域的交流合作进行工作磋商。

区运会火炬传至边城龙州跨国马拉松在中越边境举行 11 月 17 日,纪念百色起义、龙州起义 90 周年・2019 龙州—越南复和红途国际马拉松暨“奔跑吧・广西”生态马拉松系列赛(龙州站),庆祝新中国成立 70 周年・广西第十四届运动会火炬传递,2019“中国第一路”龙州红途国际山地自行车越野赛等重大赛事在边城龙州县举行。2019 龙州—越南复和红途国际马拉松暨“奔跑吧・广西”生态马拉松系列赛(龙州站)在该县水口口岸开赛,本次竞赛项目有半程马拉松、10 千米健康跑、亲子欢乐跑 5 千米赛。赛道路线从龙州水口口岸穿越越南驮隆口岸、竹林寺庙、越南 3 号公路等。

2019 中越歌曲演唱大赛 12 月 19 日,2019 中越歌曲演唱大赛中国赛区决赛在广西南宁举行。经过两轮精彩的比拼,前 6 名选手获得参加 12 月 28 日在越南河内星河剧院举行的“同唱友谊歌”——2019 中越歌曲演唱大赛国际总决赛,与越南赛区胜出的越南选手同台竞技。该活动由广西广播电视台于 2005 年发起,在中国和越南进行分赛区选拔,国际总决赛轮流在中越两国举办。 (朱莹莹)

澜沧江—湄公河区域合作

澜沧江—湄公河区域合作概况

2019 年是澜沧江—湄公河区域合作机制建立三周年。在六国共同努力下,澜湄合作成为次区域最具活力和潜力的机制之一。2018 年,中国同湄公河五国的贸易额达 2615 亿美元,比 3 年前增长 1/3 以上;中国对湄公河国家直接投资存量达 322 亿美元,比三年前增长近 60%;中国同湄公河五国人员往来超过 4500 万人次,每周往来航班达 2614 个,约为三年前的 3 倍。澜湄合作已经形成“开放包容、合作共赢、协调发展”的理念。湄公河国家与中国山水相依、文化相通、人文交往密切,以澜沧江湄公河为纽带,中国与湄公河五国组成“命运共同体”。中国与湄公河国家的友谊与合作快速发展,特别是通过实施一系列重要共识,包括《三亚宣言》《金边宣言》、澜湄合作五年行动计划、澜湄合作专项基金等,这些举措极大推动湄公河国家经济与社会发展、增进了人民福祉。

政策沟通持续提升。成功举办澜湄合作第 1 次、第 3 次外长会及第 5 次高官会、第 6 次外交联合工作组、澜湄合作六国秘书处协调机构第 2 次培训暨首次联席会议等系列会议。2017 年 6 月,云南省成立澜湄合作中国秘书处云南联络办公室,成为首个且唯一一个在省级层面设立的澜湄合作联络机构,澜湄职业教育基地、澜湄综合执法安全合作中心、澜湄环境合作云南中心等相继落地云南。2019 年 3 月,中国(云南)—柬埔寨(外交与国际合作部)合作工作组的正式成立,实现了中国与澜湄国家双边合作机制的全覆盖。

设施联通不断完善。截至2019年,云南省“五出境”通道云南境内段基本实现高速化。中越、中老泰、中缅、中缅印铁路通道进展顺利。云南省开通至澜湄国家国际航线40多条。已达成与缅甸、老挝、越南的局部电力联网贸易。缅甸达克鞳燃气电厂、老挝色拉龙电站等多个优质能源项目落地实施。澜沧江—湄公河老挝籍及缅甸籍船员国际航运搜救打捞技能培训班、大湄公河次区域(GMS)国际道路运输(中国—老挝—越南)启动仪式、绿色能源国际论坛、澜湄合作能源培训班相继在云南成功举办。

贸易畅通方兴未艾。2019年,在全球贸易持续低迷的背景下,中国与湄公河流域各国贸易增长强劲。以云南省为例,贸易总额达154.74亿美元,其中滇越、滇老、滇缅、滇泰贸易同比增长分别为7.7%、18.8%、23.4%和53.1%。中老、中缅、中越跨境经济合作区建设稳步推进。老挝万象赛色塔园区已建成并通过商务部境外园区考核,缅甸曼德勒缪达保山工业园区、密支那工业园区等境外园区建设进展顺利。2019年8月正式挂牌成立的中国(云南)自由贸易试验区与中国(广西)自由贸易试验区,为澜湄国家创造了贸易投资便利、交通物流通达、金融服务完善、监管安全高效的制度软环境,推动澜湄各国贸易畅通和世界经济贸易增长。

资金融通格局初现。中国进一步加大在澜湄基础设施互联互通、能源矿产与装备制造业、国际产能对外投资项目贷款和承保境外风险资金方面的金融支持力度。特别是云南省,全省25个边境县(市)法人银行机构、营业网点、边境口岸银行网点、沿边州市各级保险数量不断增加。富滇银行实现对缅、老、越三个澜湄接壤国家瑞丽、磨憨、河口三大口岸的金融全覆盖,其控股的老中银行区域影响力和品牌知名度不断提升。建设银行云南省分行已与越、缅、泰等国的11家银行建立跨境人民币业务合作关系,推动澜湄贸易与投资结算资金便利化进入快车道。

民心相通深入人心。2019年,澜湄职业教育联盟成员单位从13家扩充至38家。中缅胞波狂欢节、澜沧江·湄公河流域国家文化艺术节、“一带一路·七彩云南”国际汽车拉力赛等节庆赛事轮番登场。与湄公学院合作开展的“澜湄区域合作与一体化能力建设”项目培训、与澜湄医疗卫生部门合作召开的澜沧江—湄公河合作疟疾和登革热跨境联防联控协调与疫情交流会以及澜湄流域经济发展带建设智库论坛、澜湄合作博览会暨澜湄合作滇池论坛等接力呈现。中国与澜湄国家在边贸通关、自然灾害应对、打击各类跨国(境)违法犯罪等多个民生安全领域合作频频。

澜湄合作启动3年多来,在中方的积极推动和相关各国的共同努力下,在政治安全、经济和可持续发展、社会人文三大支柱和互联互通、产能、跨境经济、水资源、农业和减贫五个优先领域的合作都取得重要进展。

中缅签署澜湄合作专项基金缅方项目协议

2019年1月23日,中国和缅甸双方代表在内比都签署澜湄合作专项基金缅方项目协议,中方将对涉及农业、教育等领域的19个中小型项目向缅方提供支持。根据此次签署的协议,中方将支持缅方开展包括鱼类产品加工设施质量保证体系改造、桑蚕研发中心设立、食品加工培训和湄公河水质评估在内的19个项目。

中泰签署澜湄合作专项基金泰方项目协议

2019年3月18日,澜湄合作专项基金泰国外交部项目“澜湄合作国家协调员能力建设”合作谅解备忘录签约仪式在曼谷举行,中国驻泰国大使吕健和泰国外交部次长布萨雅代表双方签字。

2019年水资源领域“澜湄周”活动

2019年3月21日,2019年水资源领域“澜湄周”活动暨澜湄水资源合作青年论坛在河海大学成功举办。活动以“青年与澜湄水资源合作”为主题,分享澜湄水资源合作成果,水利部国际合作与科技司司长刘志广出席活动并致辞。

澜湄合作3周年暨2019年“澜湄周”招待会

2019年3月22日,澜沧江—湄公河合作3周年暨2019年“澜湄周”招待会在中国外交部举行,外交部部长助理陈晓东出席招待会并致辞,澜湄合作共同主席国老挝驻华大使万迪、柬埔寨驻华大使西索达、缅甸驻华大使帝林翁、泰国驻华大使毕力亚、越南驻华大使邓明奎,以及国际组织代表、专家学者、留学生代表200余人应邀出席。

澜湄六国加强疟疾和登革热跨境联防联控

2019年3月26—27日,澜湄六国在昆明举行联防联控协调与疫情交流会,进一步加深与“一带一路”共建国家(老挝、越南、缅甸、柬埔寨和泰国),在人文领域交流合作。据悉,澜湄次区域虫媒传染病联防联控平台自2018年成功运行以来,实现了跨境监测、预测预警、信息共享等防控工作信息化。

2019澜湄合作博览会暨澜湄合作滇池论坛在昆开幕

2019年11月21日在昆明开幕。本届澜湄合作滇池论坛以“跨境经济合作与自贸试验区建设”为主题,聚焦澜湄区域间绿色经济与绿色金融“双绿”合作、中老投资合作、中柬投资合作、中国(云南)自由贸易试验区等内容。其中,还举行中柬投资洽谈会、中老投资洽谈会。在洽谈会上，优联集团与红河学院签订共建中柬文化双创中心合作协议，并举行中柬文化双创中心揭牌仪式。柬埔寨 PLOYGREENLAND(PGL)公司和上海祺炽投资管理有限公司签署合作备忘录。

2019 年澜湄合作经济技术展览会在万象举办

2019 年 11 月 25—28 日，澜湄合作展在老挝万象国际贸易会展中心(Lao—ITECC Exhibition Center)举办。老挝是澜湄合作机制 2019 年的轮值主席，又恰逢“中老旅游年”，为中老双方文化旅游交流与合作提供了新契机。澜湄合作展每年在中国和湄公河 5 国巡回举办，已成为澜湄合作机制下开展经贸互惠合作的重要平台。本届澜湄合作展由中国贸促会、老挝工贸部共同主办，中国国际商会承办。中国贸促会促进部副巡视员史冬立、老挝工贸部副部长本尼·马尼翁、老挝工贸部贸促司司长赛松佩·诺拉兴、老挝国家工商会副会长詹塔庄·翁塞、中国驻老挝经商参处代表等出席开幕式。（叶霞霞　雷小华）

泛北部湾区域经济合作

中马“两国双园”联合合作理事会第 4 次会议

2019 年 6 月 14 日在马来西亚吉隆坡举行。会议达成五点共识，审议通过《中马“两国双园”合作联合工作报告》。会议提出，将进一步深化务实合作，共同将“两国双园”打造成为“一带一路”国际合作的典范，以“两国双园”为平台促进中马双方共同繁荣。截至 2019 年 6 月，中马两园建设开发面积合计 34 平方千米，园区建设投入总计 23.5 亿美元。

《西部陆海新通道总体规划》出台

2019 年 8 月 2 日，国家发展改革委印发《西部陆海新通道总体规划》。该规划是作为深化陆海双向开放、推进西部大开发形成新格局的重要举措，加快通道和物流设施建设，提升运输能力和物流发展质量效率，全面深化国际经济贸易合作，促进广西在参与泛北部湾经济区域合作与“一带一路”经济合作中交通、物流、商贸、产业的深度融合，为推动西部地区高质量发展、建设现代化经济体系提供有力支撑。

国务院批准设立中国(广西)自由贸易试验区

2019 年 8 月 26 日，国务院印发《关于同意新设 6 个自由贸易试验区的批复》，批准设立中国(广西)自由贸易试验区。批复要求，全面落实中央关于打造西南中南地区开放发展新的战略支点的要求，发挥广西与东盟国家陆海相邻的独特优势，着力建设西南中南西北出海口、面向东盟的国际陆海贸易新通道，形成 21 世纪海上丝绸之路和丝绸之路经济带有机衔接的重要门户。

2019 年广西北部湾经济区招商引智(深圳)推介会

2019 年 8 月 28 日在深圳举办。经济区相关园区和粤港澳大湾区有关企业、协会在产业配套、装备制造、生物医药、生态环保等领域签订 16 个项目合作协议，投资金额达 237 亿元人民币。

中国(广西)自由贸易试验区举行揭牌成立

2019 年 8 月 30 日，中国(广西)自由贸易试验区揭牌仪式在中国(广西)自由贸易试验区南宁片区综合服务大厅(南宁市民中心)广场举行。自治区党委书记鹿心社、自治区主席陈武共同为中国(广西)自由贸易试验区揭牌。陈武向中国(广西)自由贸易试验区南宁、钦州港、崇左片区授牌。

《广西壮族自治区建设面向东盟的金融开放门户总体方案》出台

2019 年 12 月 28 日，经国务院同意，中国人民银行、发展改革委、教育部、科技部、工业和信息化部、财政部、人力资源社会保障部、自然资源部、商务部、海关总署、银保监会、证监会和外汇局联合发布《关于印发 <广西壮族自治区建设面向东盟的金融开放门户总体方案> 的通知》，这标志着广西建设面向东盟的金融开放门户进入实施阶段，进一步深化中国与东盟的金融合作，进一步巩固中国与东盟国家的经贸关系，对于服务“一带一路”和西部陆海新通道建设、推动泛北部湾区域、中国—东盟自由贸易区和湄公河次区域等合作意义重大、作用深远。（叶霞霞　雷小华）

11 月 21 日，2019 澜湄合作博览会暨澜湄合作滇池论坛在昆明开幕

（百度网）

交往与合作

中国和东盟交往与合作

一、政治交流

中国和东盟国家山水相连，人文相通，友好交往源远流长。2019年是中国与东盟建立对话关系28年，建立战略伙伴关系16年，双方始终高度重视中国—东盟关系的发展，在加强战略沟通，推进务实合作，共建“一带一路”，深化双边交流、维护地区稳定等诸多方面做出诸多努力，推动中国与东盟的全方位发展步入新的阶段。

（一）领导人会议引领合作发展，政治互信不断加深

2019年4月26日，第2届“一带一路”国际合作高峰论坛开幕式在中国首都北京举行，中国国家主席习近平出席开幕式并发表主旨演讲；4月27日，在北京雁栖湖国际会议中心举行圆桌峰会，国家主席习近平主持会议并致开幕辞。第2届“一带一路”国际合作高峰论坛为应对全球性挑战，汇聚各方共识、发挥各方智慧和力量搭建“一带一路”多边对话合作平台。

9月21—24日，第16届中国—东盟博览会在中国广西南宁举行。中共中央政治局常委、国务院副总理韩正和东盟有关国家领导人应邀出席开幕式等活动。本届盛会以“共建‘一带一路’，共绘合作愿景”为主题，举办一系列高层友好交流活动及以落实《中国—东盟战略伙伴关系2030年愿景》为主题的活动。本届博览会框架下共举办33个高层论坛和25个论坛。

11月3日，第22次中国—东盟10+1领导人会议在此次东盟轮值主席国泰国首都曼谷举行。中国国务院总理李克强、泰国总理巴育、菲律宾总统杜特尔特、文莱苏丹哈桑纳尔、印度尼西亚总统佐科、马来西亚总理马哈蒂尔、越南总理阮春福、缅甸国务资政昂山素季、新加坡总理李显龙、老挝总理通伦·西苏里、柬埔寨首相洪森与会。李克强与巴育共同主持会议。会议宣布制订《落实中国—东盟面向和平与繁荣的战略伙伴关系联合宣言的行动计划（2021—2025）》，并在会上观看中国—东盟菁英奖学金项目有关短片，发表涉及“一带一路”、智慧城市、媒体交流合作的声明，并宣布2020年为中国—东盟数字经济合作年。

11月4日，第22次东盟与中日韩领导人会议在泰国首都曼谷举行。中日韩领导人与东盟10国领导人共同出席会议，与会领导人积极评价10+3合作一年来在促进地区经济社会发展方面取得的成果。

（二）部长级会议交流频繁，促进多领域深入合作

2019年3月29日，中国—东盟省市长对话在中国海南博鳌举行。来自中国和东盟有关省市代表，斯里兰卡、塞尔维亚和瑞典的特邀嘉宾以及国内外企业代表汇聚一堂。与会代表分别就“加强中国—东盟互联互通，深化中国东盟经贸人文合作”和“互联互通与海南自贸港建设的机遇与挑战”两个议题进行对话，分享经验，提出建议，会上签署《共同倡议》。

4月9日，第20次中国—东盟联合合作委员会会议在印度尼西亚首都雅加达举行。各方全面回顾总结中国—东盟合作进度和上年领导人会议成果落实情况，并就下阶段双方合作重点深入交换意见，达成诸多共识。

5月16日，2019年第1次东亚峰会大使级会议在印尼雅加达举行。会议重点就《推进〈金边发展宣言〉马尼拉行动计划》落实进展、地区发展合作和安全政策倡议、东亚峰会高官会和外长会筹备等议题进行讨论。

7月31日，中国—东盟外长会在泰国首都曼谷举行。会上，中国国务委员兼外交部长王毅做主旨发言，东盟各外长祝贺新中国成立70周年，并表示，东盟与中国对话伙伴关系是东盟最重要、最具活力的伙伴关系，也是最具实质性、惠及东盟最多的一组关系，已经成为地区和平稳定的重要支柱和经济增长的主要动力，为地区和平稳定与发展繁荣作出积极贡献。双方致力于推动政治安全、经济、社会人文等各领域合作，广度和深度不断拓展，取得了可喜成果。东盟感谢中方积极参与东亚区域合作，希望中方更深入参与东亚峰会、东盟地区论坛等以东盟为中心的合作机制，愿将《东盟互联互通总体规划2025》与“一带一路”倡议对接，致力于早日完成《区域全面经济伙伴关系协定》（RCEP）谈判，加快“南海行为准则”磋商，共同维护多边主义和自由贸易，维护地区和平稳定，推动东盟—中国关系取得更大发展。

8月2日，第20届东盟与中日韩10+3外长会在泰国曼谷举行。中国国务委员兼外交部长王毅出席会议并发表演讲表示坚定维护多边主义和自由贸易，使10+3成为引领地区经济一体化的旗帜。日、韩和东盟国家外长均积极评价10+3合作取得的积极成果，各方一致同意支持多边主义和自由贸易，坚持开放包容理念，争取年内结束《区域全面经济伙伴关系协定》（RCEP）谈判，推进区域经济一体化进程，加强互联互通，促进人文交流，共同维护地区金融稳定，不断完善区域经济治理架构。各方还就深化创新、可持续发展合作提出建议。

8月2日，第9届东亚峰会外长会在泰国曼谷举

行，中国国务委员兼外交部长王毅出席会议并发言倡议：一是坚定维护多边主义。坚定维护以《联合国宪章》等国际法为基础的国际体系，维护以世界贸易组织规则为核心的多边贸易体制。单边制裁和单方面加征关税都违反世贸组织规则，也无助于贸易问题的解决。二是共同应对跨国性挑战。面对恐怖主义等全球性挑战，没有哪个国家可以独善其身。只有秉持命运共同体意识，以负责任的态度携手合作，才能维护各国的共同安全与持久繁荣。三是坚持对话协商解决热点问题。本地区有不少热点问题，根源各不相同。推动解决这些热点问题的过程给我们的启示就是，制裁、威胁、施压只会激化矛盾，使问题更加复杂难解，只有对话协商才是解决矛盾和分歧的唯一正确选择。

9月18日，2019年中国—东盟市长论坛在中国广西南宁举行，中国—东盟105个城市约300名嘉宾参会，就如何推动城市合作可持续发展、共创丝路美好未来，聚焦城市可持续发展与互联互通、工商界合作、改善民生议题，推动中国—东盟各城市建立更紧密伙伴关系，实现共同繁荣发展，展开深入探讨。

10月23日，东盟与中日韩文化城市网络市长论坛在中国江苏扬州举行。扬州市市长夏心旻代表与会城市发布《东盟与中日韩文化城市网络扬州倡议》，并表示推动建立“10+3文化城市网络”，这是落实第21次东盟与中日韩10+3领导人会议共识的重要举措，也是扩大“10+3”文化城市民间友好往来的重要渠道，更是加强彼此间文化交流合作的有力保障。

10月16日，第19届东盟与中日韩农林部长会议在文莱首都斯里巴加湾市举行。会议充分肯定《东盟与中日韩粮食、农业与林业合作战略（2016—2025）》的实施进展，就保障粮食安全、加强动植物疫病防控、开展区域内能力建设、提高农业生产力等共同关注的问题进行讨论，并发布联合声明。

10月25日，第14次中国—东盟电信部长会议在老挝首都万象召开。会议审议通过2020年中国—东盟信息通信合作计划、第14次中国—东盟电信部长会议联合声明，并就2020年中国—东盟数字经济合作年有关设想进行讨论。

11月2—4日，第35届东盟峰会及东亚合作领导人系列会议在泰国首都曼谷举行。《区域全面经济伙伴关系协定》（RCEP）15个成员国在会议期间结束全部文本谈判及实质上所有市场准入谈判，将于2020年正式签署协议。

11月1日，中国—东盟银联体理事会第9次会议在泰国首都曼谷召开。参会各成员行、观察员行围绕“金融创新支持区域合作”主题展开深入研讨，共同签署《中国—东盟银联体关于支持中国—东盟各方发展规划与倡议的联合声明》，并通过表决决定接受越南大众银行为观察员行。各成员行表示，将进一步发挥银联体多边平台优势，以金融合作为基础，深化在产能合作、基础设施建设、金融科技创新、绿色金融等多领域的合作交流，促进东盟各国经济发展和民生改善。

（三）维护东亚地区和平稳定，南海问题协商取得重要进展

2019年5月16—18日，落实《南海各方行为宣言》第28次联合工作组会议和第17次高官会在中国浙江杭州举行。会议确认“准则”单一磋商文本草案阶段性审读成果，同意加紧推进磋商，力争早日达成“准则”。会议还审议更新《落实〈宣言〉2016—2021年工作计划》，确定一批新的海上务实合作项目。

7月21—22日，落实《南海各方行为宣言》第29次联合工作组会议在马来西亚槟城举行。会议更新了《落实<宣言>2016—2021年工作计划》。

10月13—15日，落实《南海各方行为宣言》第30次联合工作组会议和第18次高官会议在越南大叻举行。会议对个别国家执意在争议海域搞单方面开发活动表示严重关切，认为这一行为严重违反《宣言》有关精神，损害各方互信，不利于地区和平稳定。各方高度评价“准则”磋商取得的积极进展，就“准则”案文第二轮审读充分交换意见，并表达希望于2021年底前完成磋商的愿景。会议还审议确认新的海上务实合作项目，并更新了《落实〈宣言〉2016—2021年工作计划》。

（四）深化非传统安全合作

2019年9月20—21日，第5届东盟与中国10+1和第8届东盟与中日韩10+3打击跨国犯罪部长级会议在菲律宾首都马尼拉举行。会议发表《第8届东盟与中日韩打击跨国犯罪部长级会议的联合声明》和《第5届东盟与中国打击跨国犯罪部长级会议的联合声明》，并通过中国与东盟《关于非传统安全领域合作谅解备忘录（2015—2021）》。会议期间，中国公安部党委委员、反恐专员刘跃进与菲律宾代理内政部长卡特里诺库伊和菲律宾肃毒委员会负责人举行会晤，就反恐和禁毒执法安全合作交换意见，签署《关于加强反恐怖主义合作的谅解备忘录》。

11月6日，第12届中国—东盟成员国总检察长会议在柬埔寨暹粒开幕。中华人民共和国最高人民检察院检察长张军与东盟各国与会代表团团长共同签署联合宣言。联合宣言强调，跨境人口贩运犯罪不仅对本地区各国政治、经济和社会发展产生不良影响，也侵犯了各国人民的根本利益。在遵守各国平等以及相互尊重国家主权、管辖和法律的原则下，中国和东盟各国检察机关要加强合作，既要通过引渡以及中国和东盟各成员国中央机关之间的正式合作，也可以通过非正式途径、直接联系机制、指定负责国际合作的特定人员协助推进等方式，着力将人口贩运犯罪分子绳之以法。为密切在打击人口贩运方面的工作联系，各方同意建立特别小组，快速有效交换信息和办案经验。

二、高层经济交往

（一）双边贸易规模持续扩大，经贸对接、交流活动紧密

2019年1月17日，“2019中国—东盟迎新春增合作系列活动”在中国首都北京举行。会议由中国—东盟商务理事会和东盟北京委员会联合举办，中国和东盟十国的政府有关部门、商（协）会、知名企业、媒体代表共200多人出席。迎新春活动旨在促进中国—东盟睦邻友好和经贸合作。系列活动包括：东盟商机对话会、年度中国企业走进东盟和东盟企业走进中国评选颁奖仪式、迎新春联谊会、嘉兴市与东盟经贸投资合作对接会、江苏工程职业技术学院与东盟对接会等。

5月9日，第16届中国—东盟商务与投资峰会联络官会议在北京召开。峰会成功举办15年来，共有50位中国和东盟国家领导人出席峰会开幕大会，1500多位政府高官、5万多位世界500强、中国500强、东盟国家企业高管、专家学者出席，峰会框架下举办200多场经贸活动，推动各类合作项目金额超过480亿美元。已发展成为中国与东盟之间推动政府高层对话、加强企业、经贸合作、促进人民友好交往的核心平台。

9月9日，第18次中国—东盟10+1经贸部长会议在泰国首都曼谷举行。东盟重申将进一步加强和中国的经贸联系，赞赏中国对东盟互联互通和一体化进程的支持，鼓励东盟互联互通规划与“一带一路”倡议对接。同日，第三届中国香港—东盟经贸部长会议在泰国首都曼谷举行，讨论落实香港与东盟《自由贸易协定》和《投资协定》的进展及后续工作。

9月10日，第22次东盟与中日韩10+3经贸部长会议在泰国曼谷举行，会后发表的联合新闻声明，对贸易保护主义和反经济全球化情绪的上升表示关注，重申坚决致力于维护多边贸易体系，支持加强区域经济一体化。

11月5—10日，第2届中国国际进口博览会在（进博会）中国上海国家会展中心举行。本届进博会有181个国家、地区和国际组织参会，3800多家企业参展，超过50万名境内外专业采购商到会洽谈采购，展览面积达36万平方米。

根据中国海关统计，2019年中国—东盟贸易额达到6415亿美元，增长9.2%。其中，中国向东盟出口3594.2亿美元，增长12.7%，从东盟进口2820.4亿美元，增长5.0%，中方顺差773.8亿美元。在中国前三大贸易伙伴（欧盟、东盟、美国）中，中国与东盟贸易增速最快，东盟已代替美国成为中国第二大贸易伙伴。

（二）经贸合作关系持续深化，共同促进区域经济发展

1. 基础设施建设。2019年9月21日，第4次中国—东盟港口城市合作网络工作会议在中国广西南宁举行。在会上，中国—东盟信息港股份有限公司与上海航运交易所签署战略合作协议，缅甸仰光港和广西北部湾港签署缔结姐妹港协议，并为陆海新通道北部湾研究院揭牌。

11月11日，第12届中国—东盟民间友好大会在印尼万隆举行。大会闭幕式上，发表《联合公报》。公报表示，为积极落实会上提出的项目，双方同意建立后续机制，将由本届大会主办印尼—中国经济、社会与文化合作协会负责协调。后续机制，将由中国与东盟各友好组织持续协商落实。

2. 产业发展。2019年5月31日，在2019年中国国际服务贸易交易会期间，由中国—东盟商务理事会主办的、以“促进中国与东盟产业合作”为主题的“一带一路”中国—东盟产业合作圆桌会议在北京国家会议中心举行。会上，中国—东盟商务理事会与中国电力企业联合会、中国建筑材料联合会、中国砂石协会、中国农业机械工业协会、中国绿色食品工业协会等共同签署《在“一带一路”建设中共同助力中国与东盟产业合作新发展合作备忘录》。

5月6日，由中国—东盟博览会秘书处、广西国际博览集团有限公司和长江商学院共同主办的东盟新经济领袖班在中国广西南宁开班。此次培训聚焦全球视野、宏观经济及战略思维的提升，以东盟国家经贸主管部门高级官员、东盟各国领军企业家及上市公司高管和家族企业传承接班人为主要授课对象。本次东盟新经济领袖班是中国—东盟博览会秘书处与长江商学院携手合作，积极践行“一带一路”倡议的创新之举，将聚焦全球化发展新趋势，着眼新经济环境下企业变革转型成长，探索全球经济变革下中国与东盟的全新战略格局，为促进中国和东盟企业经贸合作和投资发展提供一个高端交流的平台。

5月31日，“一带一路”中国—东盟产业合作圆桌会议　（百度网）

5月30日至6月2日,2019年广东·东盟农产品交易博览会在中国广东湛江举办,会议由广东省农业对外经济促进中心、广东省农业产业化龙头企业协会、湛江农垦集团共同主办。

6月29日,第2届中国—东盟工业设计与创新论坛在中国广西柳州举行。中外政商企界代表围绕"凝聚创新驱动力开辟中国—东盟合作新机遇"主题,聚焦创新设计合作,助推产业升级。论坛现场,广西星湾文化有限公司与泰国皇家园林房地产公司、LKK洛可可创新设计集团与泰国国立法政大学等企业,举行签约仪式。

8月23日,广东21世纪海上丝绸之路国际博览会、第27届广州博览会之"创业中华·2019广州侨资企业—东盟企业经贸交流会"在中国广东广州举行,会议由广州市侨联和广州市商务局联合主办。

9月21日,东盟合作需求推介对接会在中国广西南宁举行。会议由广西壮族自治区科技厅、中国—东盟技术转移中心主办,邀请中国及柬埔寨、菲律宾、印度尼西亚、老挝、缅甸、马来西亚、泰国7个东盟国家的青年科学家与他们的科研团队进行推介路演,为他们提供展示科研创新成果的平台。

9月21日,旅游合作对接会在中国广西南宁举行。会议由中国—东盟博览会秘书处、广西国际博览集团有限公司共同主办。来自中国、东盟及波兰等国家的近70家旅游机构、企业代表,就深化中国与东盟旅游业合作、推动中国与东盟文化旅游深度融合、促进"一带一路"沿线国家文化旅游共同繁荣发展进行探讨。

9月22日,中国—东盟水果产业发展论坛在中国广西南宁举办。会议由中国贸促会和广西壮族自治区人民政府联合主办,中国和越南、泰国、老挝、柬埔寨、印尼等国家的政府领导、水果行业企业家和专家学者们共计300人参加。论坛聚焦跨境经济合作区,推动可溯源体系建设,提高产品供应链服务标准,精准对接主流销售渠道,做热通道,做强产业,助推广西"通道经济"转型升级为"口岸经济"和"产业经济"。

9月22日,2019中国—东盟电子商务论坛在中国广西南宁开幕。会议以"丝路电商新机遇　数字经济新动能"为主题,来自华为、京东、顺丰、乐村淘、中国邮政等中国电商领军企业及菲律宾、老挝、越南等东盟国家企业共800余名嘉宾代表参加。论坛紧扣互联网和广西电子商务发展的最新趋势,深入探讨5G时代背景下跨境电商、农村电商发展的新趋势、新模式和新业态,旨在深化中国—东盟互联网领域的经贸合作,共享数字经济发展新机遇,打造中国—东盟跨界互联、创新发展的电商生态体系,共谱中国—东盟电商发展新篇章。

11月14日,2019(第10届)中国—东盟矿业合作论坛暨推介展示会在中国广西南宁开幕。论坛以"深化矿业互利合作,促进经济共赢发展"为主题。与会嘉宾围绕基于保护环境的矿业发展政策与实践、绿色矿山企业发展、矿业项目与技术合作、重要矿产资源开发与利用、地学合作机制与前景、地质矿产与矿业信息化服务等议题探讨交流。在当日下午举行的矿业项目签约—推介—洽谈会上,有12个项目达成签约,签约金额达52.88亿元。

(三)深化区域、次区域合作

1. 区域合作。2019年3月2日,《区域全面经济伙伴关系协定》(RCEP)第7次部长级会间会在柬埔寨暹粒举行,东盟10国、中国、日本、韩国、澳大利亚、新西兰、印度等16方经贸部长或代表出席。会议重申第2次RCEP领导人会议关于推动谈判在2019年结束的共识,表示将全力以赴达成这一目标,并表示欢迎贸易谈判委员会在市场准入和案文谈判中取得的积极进展,同时讨论通过2019年工作计划。

9月8日,《区域全面经济伙伴关系协定》(RCEP)第7次部长级会议在泰国首都曼谷举行,东盟10国和中国、日本、韩国、澳大利亚、新西兰、印度16方经贸部长或代表出席。会议一致同意,各方将努力促成定于9月19日至27日在越南岘港举行的最后一次RCEP高级官员会议上,按照既定目标完成各项技术性谈判,谈判结果将提交东盟领导人峰会审议。

11月4日,第22次东盟与中日韩10+3领导人会议在泰国首都曼谷举行。与会领导人积极评价10+3合作一年来在促进地区经济社会发展方面取得的成果,高度赞赏RCEP谈判取得重大突破,致力于2020年签署协议,促进地区贸易和投资自由化便利化。会议通过《东盟与中日韩领导人关于互联互通再联通倡议的声明》。

2. 次区域合作。2019年11月18日,大湄公河次区域经济合作(GMS)第23届部长级会议在柬埔寨首都金边举行。会议通报GMS在交通、贸易便利化、能源、农业、环境、卫生等领域合作的进展情况,肯定经济走廊论坛和省长论坛在促进知识共享、经验传播等方面的重要作用,审议《GMS长期发展战略2030(草案)》,审议并通过了《GMS区域投资框架2022(更新版)》,发布《大湄公河次区域经济合作第23届部长级会议联合声明》。

(四)促进金融合作,携手互利共赢

2019年1月23日,金融科技合作委员会成立仪式暨2019年金融科技国际论坛在新加坡举行。论坛通过《亚洲金融合作协会金融科技合作委员会暂行工作规则》《亚洲金融合作协会金融科技合作委员会2019—2021三年工作规划纲要》《亚洲金融合作协会金融科技合作委员会成员名单》,发布《亚洲金融合作协会金融科技合作委员会移动支付商户展示码技术规范》，并就全球金融科技实践与趋势、金融科技的风险与监管、科技创新助推金融机构转型等议题进行深入交流。

3月4日，“中国—东盟关系雅加达论坛”在印度尼西亚首都雅加达举行首场活动，活动主题为“东亚金融合作”。中日韩合作秘书处、东盟秘书处、东盟与中日韩宏观经济研究办公室、亚洲金融合作协会、亚洲基础设施投资银行、亚洲开发银行、中国—东盟中心等组织负责人，中国和菲律宾、泰国等东盟国家相关政府部门官员及金融专家，东亚峰会各成员国驻东盟使团，印尼外交部官员，当地智库专家学者近200人与会。论坛形成六大共识：一是各方普遍重视和支持“一带一路”倡议和区域互联互通建设；二是各方普遍认为贸易保护主义和单边主义将对东亚经济贸易带来消极影响；三是各方一致认为东亚金融合作对地区经济贸易发展意义重大；四是各方普遍主张推动地区金融融合，地区国家应推进金融改革，加强金融监管和对话，实现区域贸易支付方式一体化和便利化，扩大使用包括人民币等地区货币，进一步降低区内贸易成本；五是各方普遍重视亚洲债券市场在区域发展融资的积极作用；六是认为论坛的设立有助于提升“雅加达渠道”的作用，乐见并支持论坛在区域合作中发挥平台和桥梁作用。

4月3—5日，第23届东盟财长会议在泰国清莱开幕，东盟10国、东亚各国、美国和欧洲各国等的300名代表出席。东盟财长重点讨论包括各国之间电子支付、数字资产的监控、互联网金融支付网络安全等问题。与会代表还讨论如何促进金融互联互通以及增强支付和服务能力等问题。

9月17日，中国—东盟国家经商参赞与银行家、企业家交流会在中国广西南宁召开。广西—东盟经济技术开发区管理委员会与菲律宾工商总会、中国—马来西亚钦州产业园区管委会与马来西亚国际商务促进协会、中国—泰国崇左工业园区管理委员会与泰国广西总商会签署《投资合作协议》。广西—东盟经济技术开发区管理委员会与中国工商银行南宁分行、中国工商银行马尼拉分行，中国—泰国崇左工业园区管理委员会与中国工商银行崇左分行、中国工商银行泰国子行共同签署《境内外金融战略合作协议》。

9月22日，东南亚人民币论坛在中国广西南宁举行，由广西壮族自治区人民政府和中国银行共同主办。中国和东盟各国的央行相关负责人、金融业及企业界人士云集论坛，共同探讨推动人民币及东盟各国本币结算，促进中国与东盟的经贸合作议题。在小组讨论阶段，中银香港、中国人民银行南宁中心支行、泰国盘谷银行、美的集团、中国银行马尼拉分行的负责人，就推动人民币及东盟本币在中国和东盟经贸投资领域的使用政策与实践展开讨论。

11月1—3日，第6届中国—东盟财税合作论坛在中国广西南宁举行，以“一带一路：优化财税营商环境，共谋新发展新机遇”为主题。与会专家就双方财税营商环境评价指标、配套机制、共建平台等方面深度交流，助推“一带一路”纵深发展。东盟各国还对中国税改成效高度赞扬，认为中国大规模减税降费的税收改革发展经验很有借鉴意义。

11月5日，中日韩—东盟银行联合体10+3银联体在泰国曼谷成立。成立大会由银联体联合主席行泰国开泰银行与中国国家开发银行共同主办。10+3银联体成员行均为中日韩和东盟各国具有较大影响力的重要金融机构，各成员行在成立大会上共同签署《中日韩—东盟银行联合体合作谅解备忘录》。10+3银联体以“平等、互利、尊重、信任”为原则，致力于建立长期、高效、务实的金融合作平台与机制，为区域内重大重点项目、中日韩在第三方市场合作等提供融资支持。

三、社会人文交往呈现新气象

（一）推动教育共同发展

2019年1月17日，“中国—东盟迎新春增合作系列活动”在中国首都北京举行。此次活动由中国—东盟商务理事会、东盟北京委员会主办。东盟国家驻华使领馆相关负责人、中国与东盟合作成功企业的代表、东盟国家在华商会以及有关行业商业协会和企业等相关人士与会。会议期间举行中国江苏工程职业技术学院与东盟合作对接会，江苏工程职业技术学院与老挝、泰国商会签署合作备忘录，并与有关学校、企业、商会进行深入对接，为今后进一步加强合作奠定基础。

6月13日，2019年中国—东盟教育交流周全年期项目“感知中国：中国—东盟青年经贸发展论坛”在中国贵州贵阳举办，由中国国家留学基金管理委员会、中国—东盟教育交流周组委会秘书处主办，贵州大学承办。来自贵州高校的老挝、泰国、柬埔寨、越南等13个国家100名留学生参会。与会者以“打造中国—东盟经贸合作新格局”为主题，围绕中国—东盟经贸合作与发展的成果、挑战等展开交流。

7月6日，2019（首届）中国—东盟传媒与新闻传播教育国际研讨会暨中国—东盟新闻与传播学院院长（系主任）论坛”在中国广西举行。来自菲律宾、老挝、马来西亚、文莱等8个东盟国家的14位新闻传播院系的院长或系主任与广西大学、华中科技大学、复旦大学、厦门大学等中国知名高校的专家齐聚一堂，就“传媒与中国—东盟社会发展及命运共同体构建，中国—东盟国家新媒体发展及未来走向，中国与东盟国家新闻传播教育与人才培养，中国与东盟国家新闻传播院系教学与科研合作”等议题分享研究成果，共同探讨互联网形势下各国传媒业发展现状及新闻教育所共同关心的问题。

7 月 22 日，第 12 届中国—东盟教育交流周在中国贵州阳开幕。由贵州大学、马来西亚英迪国际大学共同主办的“一带一路”经济合作发展研究中心揭牌仪式暨中国—东盟经济合作与发展研讨会，在贵州大学西校区同期举行。本次会议邀请贵州大学党委副书记骆长江、贵州大学副校长向淑文、英迪国际大学校长李裕光等国内外大学专家学者以及东盟、匈牙利、德国、英国等“一带一路”沿线国家的嘉宾，为推动和扩大中国与东盟、中国与“一带一路”沿线各国乃至世界各国之间的经贸往来、文化交流建言献策。

7 月 22—24 日，中国—东盟教育交流周系列活动之第 2 届中国—东盟少儿艺术教育成果展在中国贵州贵阳的中国—东盟教育交流周永久会址一楼展厅举行。新加坡、越南、缅甸、老挝、印度尼西亚、泰国、马来西亚、菲律宾等国的教育机构，以及贵州省 28 所优秀艺术教育示范性学校共同参展，展出数百幅中外少儿绘画作品和民族特色艺术品、传统文化演绎以及少儿艺术教育课程等。同时，设置中国—东盟国际教育合作论坛，国内知名教育专家、外方嘉宾和各学校负责人共同交流教育经验。

7 月 22—23 日，中国—东盟职业教育国际论坛在中国—东盟教育交流周永久会址举行。中国与东盟国家职业院校进行自由友好洽谈，并现场签署合作意向协议书。洽谈会促成辽宁机电职业技术学院、柬埔寨贡布地区理工学院、亚龙智能装备集团股份有限公司三家单位现场签约组建丝路学院，中国杭州职业技术学院与柬埔寨吴哥国家学院，中国重庆公共运输职业学院与柬埔寨马德望国家职业学院“联姻”分别签署合作协议。

（二）加强环境保护与可持续发展合作

2019 年 3 月 25 日，2019 年中国—东盟生态环保合作周系列活动在中国首都北京举办。活动在中华人民共和国生态环境部和东盟秘书处支持下，由对外合作与交流中心（中国—东盟环境保护合作中心）主办。此次活动为期 5 天，包括中国—东盟环境合作国家联络员会议、中国—东盟生态友好城市合作研讨会、中国—东盟环境信息共享平台工作组会和能力建设培训、中国—东盟应对气候变化政策与行动研讨等 5 项活动。

9 月 22 日，2019 年度中国—东盟海洋科技合作研讨会在中国广西北海举办，来自缅甸、柬埔寨、新加坡、印度尼西亚、马来西亚、泰国、菲律宾 7 个国家的 35 名嘉宾参会。会议当天上午进行国家报告，下午举行珊瑚礁保护与修复、海洋生态与环境保护、海洋防灾减灾、海洋经济、海洋与渔业产业、中国—东盟极地科学研究等六场分论坛研讨。

（三）推进科技创新合作

2019 年 5 月 10 日，“共建‘一带一路’2019 中国—东盟创新与科技合作高峰交流会”在中国广西南宁举办。本次交流会由南宁市外事办公室和广西启迪科技城集团共同主办，邀请柬埔寨、菲律宾、加纳、缅甸、老挝、越南等国驻华使领馆官员，政府相关部门、大学院校及科研机构负责人，商界领袖等与会，并就深化科技领域创新合作助力中国—东盟、“一带一路”合作创新发展”议题，在人文交流、培养创新创业人才、提升科技创新动力、建立科技园区合作、产业技术转移升级等方面进行深入探讨。

6 月 25 日，中国—东盟智慧城市合作交流会在中国广西南宁举办，由南宁市人民政府与中国—东盟中心在广西南宁共同主办。当天，中国—东盟中心以及东盟国家代表团来到中国—东盟新型智慧城市协同创新中心和南宁·中关村创新示范基地，实地考察了“智慧南宁”建设情况。

8 月 24 日，第 12 届东盟中医药大会在泰国首都曼谷开幕，泰国、新加坡、印度尼西亚、菲律宾、马来西亚以及中国的专家、学者约 300 人参加。会议为期两天。与会专家学者就中医基础理论与临床研究进展、中药研究开发与应用、中医手法流派的传承与发展等诸多议题展开探讨。大会除了主题演讲和报告外，还设有泰国青年中医师论坛等 10 个分会场，进行学术报告及中医临床技能实操演示。本届大会由泰国中医师总会主办。

9 月 9 日，首届中国—东盟人工智能峰会在中国广西南宁举行，主题为“共驱 AI，赋能未来”，旨在推动中国与东盟企业进一步深化数字经济务实合作。中国—东盟信息港合作伙伴签约仪式也于当天举行，数十家企业

5 月 10 日，“共建‘一带一路’2019 中国—东盟创新与科技合作高峰交流会”在中国广西南宁举办　（百度网）

进行集中签约。

9月20—21日，第5届中国—东盟药品合作发展高峰论坛在中国广西南宁举行，由中国国家药品监督管理局和广西壮族自治区人民政府共同主办。论坛设置药品监管、药品监管科学与创新、药品质量控制技术新进展、药品产业合作发展对话等板块。与会者围绕“药品监管创新与产业高质量发展”主题，就药品监管政策、产业研发创新、区域产业合作等问题进行交流探讨。

（四）深化人文交流合作

2019年2月20日，2019年中国—东盟媒体交流年开幕式在中国首都北京举行。中国国家主席习近平向开幕式致贺信。习近平指出，中国和东盟国家山水相连、人文相通，友好交往源远流长。习近平强调，举办中国—东盟媒体交流年是深化双方战略伙伴关系的重要举措。媒体作为开展交流合作、促进民心相通的桥梁，可以为中国—东盟关系发展发挥更大作用。希望双方媒体做友好交往的传播者、务实合作的推动者、和谐共处的守望者，讲好共促和平、共谋发展的故事，为共建更为紧密的中国—东盟命运共同体作出更大贡献。

2月21日，中国驻东盟使团在大使官邸举办“庆新春、迎国际劳动妇女节”招待会，欢庆中国新春，迎接国际劳动妇女节。中国驻东盟大使黄溪连致辞称赞东盟妇女协会长期致力于促进东盟内部的妇女儿童慈善事业发展，也为增进东盟和对话伙伴国的相互了解和合作做出积极努力。他说，中国驻东盟使团与东盟妇女协会一直保持良好合作关系，多次合作举办非常有意义的人文交流活动。期待该协会继续参与中国—东盟人文交流与合作，为促进双方人民之间的相知相亲做出更多贡献。

5月14日，2019中国—东盟媒体合作论坛在中国首都北京举行，以“新趋势　新合作　新未来”为主题。本届论坛由中国国务院新闻办公室、外交部指导，中国外文局、中国驻东盟使团、中国—东盟中心联合主办。中国和东盟10国的新闻官员、媒体代表、专家学者、外交使节及国际组织代表等120多名中外嘉宾齐聚一堂，共话媒体如何在新技术引领下创新发展，促进不同文明之间的对话交流，共同开创合作与发展的新未来。

7月17日，第4届中国—东盟民族文化论坛在中国广西桂林开幕。中国、文莱、印度尼西亚、老挝、马来西亚、缅甸、菲律宾、泰国、越南、印度、日本等12个国家的150多名专家学者、嘉宾，围绕“一带一路”的民族文化交流与共享、文化旅游与绿色发展、民族文化旅游与城市发展（以桂林为例）等3个主要议题进行深入研讨和交流。

7月23日，中国—东盟媒体合作高级别会议在印尼首都雅加达举行，中国和东盟各国，以及东盟秘书处的逾百位代表和嘉宾出席。中方倡议提出《中国—东盟视听传播合作五年计划（2020—2024）》，切实推动未来五年内中国—东盟媒体领域务实合作。

8月28日，2019年中国—东盟（贵阳）“一带一路”文化旅游交流周系列活动之东盟—贵州国际文化旅游交流展在中国贵州贵阳国际生态会议中心开展。本次交流展国内外参展企业和机构共128家，专设食品和手工艺品展区，展出并向市民销售来自马来西亚、印度、柬埔寨、泰国、新加坡、巴基斯坦等国家和地区的特色食品、手工艺品。同时，展出中国—东盟（贵阳）“一带一路”文化旅游交流周合作招商成果。

9月12日，2019年中国—东盟（南宁）戏剧周在中国广西南宁人民会堂举行开幕式。戏剧周期间，来自中国、文莱、柬埔寨、印度尼西亚、缅甸、菲律宾、新加坡、泰国、越南等国的19个优秀院团开展23场演出，共举办26场活动。

9月22日，第13届中国—东盟青年艺术品创作大赛获奖作品展在中国广西南宁博物馆开展。本次展览共展出140幅由中国和东盟国家青年围绕“二十四节气”创作的摄影作品，旨在通过摄影艺术，传承交流非遗文化。

10月23日，第11届中国—东盟青年营暨第4届中国—东盟青年峰会在中国首都北京开幕。会议以“青年携手，创想未来”为主题。来自中国和东盟各国的100余名青年代表，在为期6天的活动中通过参加中国—东盟模拟会议、研讨会、文化体验、及参访东盟驻华使馆和中国科创企业等多种形式的活动，促进彼此在学术、文化和思想领域的交流。

10月28日，2019年中国—东盟艺术院校校长圆桌会议在中国广西南宁召开。会议期间，中国和东盟

10月23日，第11届中国—东盟青年营暨第4届中国—东盟青年峰会在中国北京开幕　（人民网）

的艺术高校及艺术团体介绍各自在中国—东盟间艺术交流与合作的成果与经验，并就各院校之间如何增进优势互补，深化交流合作，共享教育信息资源，实现项目牵引，促进区域艺术教育持续健康的发展等共同关注的焦点展开讨论并交换意见。

11 月 22 日，第 2 届中国—东盟大学生文化周在中国海南海口开幕，文化周以“青春东盟·欢乐海南”为主题。来自中国、韩国和 7 个东盟国家的 15 支高校艺术团参加活动。

（五）体育赛事合作繁荣发展

2019 年 5 月 7 日，第 15 届中国—东盟（南宁）国际龙舟邀请赛在中国广西南宁举行，来自泰国、马来西亚、新加坡和中国广西、广东等地的境内外 62 支龙舟队伍挥桨竞渡。

6 月 9 日，2019 中国—东盟卡丁赛车邀请赛暨洛克中国卡丁车大奖赛（南宁站）在广西南宁国际卡丁赛车场举行。来自东盟 10 国及其他各国顶级卡丁赛车手共 60 支队伍 240 名车手同场竞技。

10 月 21 日，中国山地马拉松系列赛之一的 2019 中国—东盟山地马拉松赛（马山站）在广西马山三甲攀岩小镇举行。

10 月 25 日，“2019 博盟拳击季”第二站赛事——2019“一带一路”中国—东盟拳王赛在广西贵港市体育中心体育馆全面打响。

11 月 10 日，第 10 届中国·东盟国际自行车挑战赛在南宁园博园开赛，国内外 300 多名车手齐聚南宁，展开激烈角逐。

12 月 7 日，由广西球类运动发展中心、南宁市体育局主办的 2019 年中国东盟—城市羽毛球混合团体邀请赛在广西南宁举行。本届邀请国内外 6 支队伍参赛，分别为马来西亚沙登羽毛球俱乐部队、泰国 VBEYON 队、越南 HanoiBadmintonClub 队、广州羽荃汇羽毛球俱乐部队、南宁市宇冠羽毛球俱乐部队和广西大学羽毛球队。

12 月 8 日，第 15 届中国—东盟棋牌国际邀请赛在南宁举行。桥牌比赛参赛人数有 166 人，共有 18 支国内队伍和 10 支特邀队伍参赛。

12 月 11 日，第 4 届“龙桂达杯”中国—东盟城市足球邀请赛在南宁市体育场拉开序幕。本次比赛参赛队伍分别来自广州恒大淘宝足球俱乐部、广西富港竞技体育足球俱乐部、越南南定足球俱乐部及泰国巴蜀基利足球俱乐部，全部为 U19 年龄段的年轻球员。

（六）学术交流氛围浓厚

2019 年 6 月 13 日，2019 中国—东盟农业农资产品、产能、技术对接交流会在中国浙江杭州举行。本次对接交流会围绕“产能、经贸、技术合作，中国—东盟发展对接”主题，进行主旨演讲、推介分享、互动对接等多项活动，旨在推进“一带一路”建设，加强中国与东盟农业、农资、产能、经贸、技术等方面的交流合作，促进中国与东盟国家间、行业间、企业间的产能合作、贸易拓展、市场对接。

9 月 7 日，中国—东盟博览会第一本蓝皮书《中国—东盟国际产能合作背景下东盟产业园区发展报告（2019）》出版发行，将为企业开展国际产能合作和园区合作提供实用资讯。

9 月 17 日，第 12 届中国—东盟智库战略对话论坛在中国广西南宁举行，200 余名中外嘉宾出席。论坛主题为“汇聚智慧共识，共绘合作发展愿景”，在分论坛环节，与会专家分三组，紧扣论坛主题，分别围绕“新时代中国—东盟命运共同体建设”“中美贸易摩擦对中国—东盟产业合作的影响”“中国—东盟国别及次区域合作”等相关问题展开讨论。论坛召开期间，还举行中越德天—板约瀑布跨境旅游合作区暨广西—高平经贸文化交流合作学术研讨会，探讨进一步加强中越旅游合作发展及边境口岸建设等议题。

11 月 15—16 日，2019 第 4 届中国—东盟建筑艺术高峰论坛暨第 6 届中国西南地区可持续创新乡村研究联盟国际研讨会在中国广西南宁举行，由广西艺术学院主办。论坛以“智慧·人居环境”为主题，分别在南宁百益上河城和广艺相思湖校区举行，其间举办 54 场主题报告、26 场研究生报告及智慧·人居环境教学成果展等。论坛旨在促进中国—东盟建筑艺术设计领域的发展与创新，推动中国与东盟国家乃至全球各高校人居环境学领域的学术交流与合作。

（周喜梅　陈建男　刘凯）

中国和文莱交往与合作

2019 年，中国与文莱交往和合作继续保持良好的发展态势，正如 2020 年 1 月 7 日，中国驻文莱大使于红在出席文莱中资企业协会 2020 年新年联谊晚会的致辞中指出，2019 年是新时期发展中文战略合作伙伴关系的开局之年，中文关系迎来新发展、新变化。2019 年，中文两国政治互信增强，高层互访频繁，两国在各领域合作不断发展，经贸合作进展令人鼓舞，人文交流形式多样，教育合作有新的进展。

一、两国领导人和外交部门继续保持密切来往

两国最高领导人密切交往。2019 年 4 月 26 日，中国国家主席习近平在北京人民大会堂会见应邀来华出席第 2 届“一带一路”国际合作高峰论坛的文莱苏丹哈桑纳尔·博尔基亚（以下简称“苏丹”）。这是继习近平 2018 年 11 月 18—20 日应邀访问文莱后，中文两国元首的再次会晤。习近平强调，过去两年我们成功互访，两国关系提升为战略合作伙伴关系，实现大踏步

发展。双方要加大共建"一带一路"倡议同文方"2035宏愿"对接,落实好重点合作项目,将"广西—文莱经济走廊"建设成中国—东增区合作和"陆海新通道"建设的双示范项目,深化经贸、投资、农渔业等领域合作,分享数字经济、电子商务等新兴产业发展经验。要加强人文交流,我愿同你共同宣布,2020年为"中国文莱旅游年"。要推动共建"一带一路"同东盟互联互通总体规划对接,促进地区联通和发展。要密切协作,支持多边主义。文莱苏丹表示,习近平主席今天上午的主旨演讲为亚太地区和世界的发展指明了方向。中国进一步改革开放、致力于维护多边体系,有助于促进世界发展繁荣。文方愿同中方加强"2035宏愿"同"一带一路"倡议对接,拓展各领域合作和人文交流,为双边关系注入更多活力。东盟国家愿同中国共同维护好南海地区的和平稳定。文莱苏丹于2019年11月3日出席第22届东盟—中国峰会,文莱苏丹在峰会上表示,中国是重要的战略伙伴,为地区和平、经济发展和社会进步作出了重要贡献。苏丹还表示,要重视数字互联互通,并欢迎2020年成为中国—东盟数字经济合作年,这有助于加强东盟地区的电子商务发展。

两国外交部门领导来往密切。2019年4月24日,中国国务委员兼外交部部长王毅在北京会见陪同文莱苏丹来华出席第2届"一带一路"国际合作高峰论坛的文莱外交部第二部长艾瑞万。2019年7月2—3日,中国外交部副部长罗照辉访问文莱,并会见文莱外交与贸易部第二部长艾瑞万,就中文关系及共同关心的问题交换意见。访问文莱期间,罗照辉还与文莱外交与贸易部无任所大使玛斯娜公主夫妇共同出席中国驻文莱大使馆新馆舍工程奠基仪式并致辞。2019年4月9日,中国外交部副部长孔铉佑在北京与文莱外交部常秘诺瑞珊举行中文第16次外交磋商。孔铉佑表示,中文关系过去两年大踏步发展,两国元首实现历史性互访,双边关系提升为战略合作伙伴关系,"一带一路"合作进展顺利。

2019年9月初,文莱外交部无任所大使玛斯娜公主访问中国。9月5日,中国国务委员兼外交部部长王毅和外交部副部长罗照辉分别在北京会见玛斯娜公主。玛斯娜公主此次访华期间还访问了南京和杭州。玛斯娜公主一行在南京参加渤泥国王历史陈列馆揭牌仪式,并拜谒渤泥国王墓。

二、两国防务部门深入广泛合作

2019年10月17日,文莱国防部第二部长丕显拿督哈尔比应中国国防部部长魏凤和上将的邀请对中国进行正式访问。中文两国重申两国之间良好的双边防务联系,并表示,致力于在包括多边参与在内的各个领域进行更深入、更广泛的合作。文莱皇家海军于2019年4月12日派近海巡逻舰到中国青岛参加中国人民解放军海军成立70周年活动。接着参加于4月24—26日在青岛及其东南海空域举行的中国—东南亚国家"海上联演—2019"。11月20日,文莱皇家军队派人员参加在中国广西桂林举办的东盟防长扩大会反恐专家组联合实兵演习综合演练,以陆空联合方式对"恐怖分子"实施打击。

三、两国经贸合作有新进展

2019年10月,文莱财政与经济部副部长马纳夫在接受中国—东盟记者团的采访时表示,中文两国建立战略合作伙伴关系后,各领域合作取得进展,两国关系达到新高度。中文两国签署《中华人民共和国政府与文莱达鲁萨兰国政府关于建立政府间联合指导委员会的谅解备忘录》,建立部级磋商机制,进一步促进和鼓励双方包括海上、经济、商业、科技、贸易、投资以及能源在内的各领域合作交流,是中文友好关系的又一例证。

11月20日,文莱皇家军队派人员参加在中国广西桂林举办的东盟防长扩大会反恐专家组联合实兵演习综合演练　　(百度网)

(一)双边贸易

2019年,中文贸易额11亿美元,比上年下降40.2%。其中,中国对文莱出口6.5亿美元,下降59.2%;自文莱进口4.5亿美元,增长81.7%。文莱首相府部长兼财政与经济事务主管部长刘光明高度评价中文经贸合作。2019年,文中两国贸易占文莱对外贸易总额的8.9%,中国是文莱第四大贸易伙伴、第一大进口来源国、第七大出口目的地。

(二)双边投资

2019年,中国企业对文莱投资831万美元,比上年下降85.0%。文莱对华投资701万美元,下降62.6%。

（三）工程承包合作

2019 年，中国企业在文莱新签工程承包合同额 1.3 亿美元，比上年下降 72.9%；完成营业额 9.6 亿美元，下降 30.1%。

（四）在经济各领域深入合作

农业方面。2019 年 4 月 25 日，文莱—中国海洋产业合作发布会暨文莱国家馆开馆仪式在中国北京举行，文莱首期近 20 款海产品在发布会上正式进入中国市场。文莱初级资源与旅游部部长也与中国海关总署副署长张际文进行双边会谈，探讨农产品出口协议，文莱和中国签署向中华人民共和国甜瓜出口议定书。文莱生产的甜瓜将很快打入中国市场。10 月 17 日，中国农业农村部部长韩长赋访问文莱，在文莱首都斯里巴加湾市会见文莱初级资源与旅游部部长阿里，双方就进一步加强中文农业和渔业合作深入交换意见。韩长赋对中文双方的合作成效给予高度肯定。

继续派代表团参加年度中国—东盟博览会。2019 年 9 月 21—24 日，文莱代表团参加在中国广西南宁举行的第 16 届中国—东盟博览会，共有 7 家文莱企业参展。越来越多的文莱产品受到中国消费者的欢迎，具有文莱特色的伍玥味道酱料开始进入中国市场。

在文莱的中资企业增加。截至 2019 年底，文莱中资企业协会成员单位已达 38 家。2019 年 9 月，恒逸实业（文莱）有限公司与文莱壳牌销售公司签署油品销售协议，并与文莱壳牌石油公司续签原油供应协议。恒逸石化大摩拉岛综合炼化项目是中国在文莱最大的投资项目，该项目与文莱企业签署的油品销售等商业协议意味着中国投资项目将成为文莱全国汽柴油、航空燃油等油品的最大供应者。近年来，文莱最大的外国直接投资——恒逸工业炼油厂和石化厂将发挥着重要作用。双边合作还延伸到文莱—广西经济走廊，旨在连接和促进文莱与广西壮族自治区之间的贸易和投资。该走廊下的伙伴关系包括通过北部湾港口集团和文莱政府之间的合资企业，将摩拉的集装箱码头私有化，以成立摩拉港口公司。

完成合作的基建项目。2019 年，由中国建筑股份有限公司参与承建的文莱淡布隆大桥顺利完工，淡布隆大桥将成为连接文莱摩拉区与淡布隆区的海上大通道。中国文莱共建“一带一路”旗舰合作项目—浙江恒逸文莱大摩拉岛石化项目仅用两个半月的有效时间，2019 年 11 月初，该项目投料试车实现 21 套装置一次开车成功，生产出汽柴油、航煤、石脑油、化工轻油、PX 等 13 个产品全部合格，实现“零火灾、零伤害、零污染”的试车目标，创造石化行业千万吨规模炼厂投料试车时间最短、过程最稳、HSE 业绩最优的新纪录。文莱—广西经济走廊重点项目——文莱摩拉港实现有史以来第一次年度分红。广西壮族自治区外事办副主任韦瑜于 2019 年 12 月 16 日率领代表团拜访斯里巴加湾市中华总商会，广西计划推动双方在清真食品领域上的合作，文莱—广西经济走廊已被列入中文两国国家级合作项目，正在建设文莱清真食品香料产业园，希望通过双方的努力在今后几年能逐步带来合作的成果。斯里巴加湾市中华总商会会长林伯明表示，希望透过与广西区外办代表团的交流，能够提供更多合作的商机，使得双方都能互惠互利。

中文两国水产养殖企业签署谅解备忘录。中国品珍鲜活国际控股有限公司和文莱加尼姆国际公司签署一份关于整体水产养殖发展和加工的战略合作伙伴关系的谅解备忘录。签约仪式由文莱财政和经济部第二部长和中国驻文莱大使见证，随着谅解备忘录的签署，除了增加出口机会和促进经济之外，还将进一步促进文莱的水产养殖业的创新发展。文莱蓝虾产量将随着中国市场的增长而上升。文莱海世通渔业在文莱渔业养殖领域实现“3 个第一”，使文莱首次实现鱼苗供给本地化、建成首个外海海洋牧场及首次出口养殖海水鱼。

开展网络支付合作。2019 年，支付宝（中国）网络技术有限公司与文莱本地新兴网络公司 BEEP 合作，50 余家文莱企业加盟。文莱划定电子支付发展路线图，计划在 2025 年让电子支付的运用在文莱国内全面打通，成为电子支付国。

开展直飞航空合作。2019 年 10 月，中国北京至文莱斯里巴加湾市直飞航线恢复开通。自此，中国北京、上海、杭州、长沙、南宁、海口和香港共 7 个城市可以直飞文莱。

四、开展形式多样的人文交流

2019 年，中国与文莱文化交流形式多样、内容丰富。中国驻文莱大使馆开展“美丽中国”文莱小学生主题绘画比赛，共有 19 所小学的 400 余名小学生参加比赛，经评委筛选，选出 70 幅优胜作品。中国驻文莱大使于红在比赛开幕式致辞中指出：“举办此次‘美丽中国’文莱小学生绘画比赛的目的，就是希望小朋友们更多地了解中国、认识中国、喜欢中国，成为中文友好的后备力量。中国有广袤的国土、秀美的风光、灿烂的文化、友善的人民，欢迎大家到中国去旅游，亲身感受中国”。

2019 年 9 月 25 日，“中国文化旅游之夜”暨庆祝中华人民共和国成立 70 周年大型武术太极表演在文莱斯里巴加湾市杰鲁东公园剧场举行。“中国文化旅游之夜”是中国驻文莱大使馆庆祝中华人民共和国成立 70 周年系列活动之一，也是为 2020 年“中国—文莱旅游年”预热。

2019 年，文莱华社领袖代表受邀参加中华人民共和国成立 70 周年国庆庆典活动。6 名文莱代表分别是文莱华社领袖丕显甲必丹拿督吴景进、马来奕中华中学董事长刘小源、文莱福建会馆主席林汉璋、文莱—

中国友好协会会长陈家福、马来奕海南公会主席孔繁慈及文中校友会署理主席兼文莱腾云殿中文秘书程永年。

五、继续深入开展教育合作

2019年4月，文莱大学高等研究中心主任云昌耀博士与亚洲研究院杰里米·雅姆博士应邀访问中国广西民族大学东盟学院并与学院师生开展学术交流。2019年7月，云昌耀博士应邀参加中国广西大学举办的中国—东盟传媒与新闻教育国际研讨会，并于9月参加在中国广西南宁举办的第12届中国—东盟智库战略对话论坛。

广西民族大学东盟学院文莱研究所所长潘艳勤博士及研究生一行于2019年7月底至8月初访问文莱，并走访中国驻文莱大使馆、中资企业、文莱华人社团和华文学校等。广西民族大学东盟学院2016级硕士研究生赵凯莉被文莱大学亚洲研究院录取为博士研究生，成为首位在文莱大学攻读亚洲研究博士学位的中国留学生。2019年8月底，广西大学中国—东盟研究院副院长罗传钰一行访问文莱，并访问了文莱大学、文莱理工大学和中国驻文莱大使馆等，交流成果丰硕。

2019年，"恒逸集团—浙江大学—文莱大学"三方化工人才联合培养项目共有11名学员顺利毕业。中国政府于2019/2020学年向文莱提供4个全额奖学金名额，面向文莱全国招生。2019年，中国广西北部湾大学海洋学院为文莱学生提供奖学金，鼓励文莱学生申请报读该大学的水产养殖专业。2019年，两名文莱学生获得中国广州中山大学奖学金。

2019年4月，中国南京市教育代表团一行访问文莱，南京师范大学附属中学与文莱中华中学签署缔结友好交流学校备忘录。2019年7月，中国北京、上海的12名中小学生参加文莱遮鲁东国际学校的夏令营，体验国际学校的学习生活和文莱文化。

2019年12月，7名来自文莱苏丹哈桑纳尔博尔基亚基金会中学、文莱中华中学、九汀中学和中正中学的教师完成由北京华文学院举办的为期18天的海外华文教师教育培训课程，以提高他们对汉语知识和文化的认识。

全球华人"龙"字榜书大展暨第2届北京国际水墨画邀请展于12月21日在北京上上国际美术馆隆重举行开幕典礼。文莱知名书法家俞庆在启程到中国参加"全球海外华人龙字榜书大展"的活动。俞庆在律师也是文莱唯一受邀出席参加该项大展的书法家。

六、开展体育交流

2019年9月29日，文莱武术总会宴请到文莱进行3天访问的中国南京体育局武术队访问团。文莱武术总会主席林文华在致欢迎辞时指出，文莱与中国南京市一直有着密切的关系，斯里巴加湾市更是与南京市成为友好城市；文莱武术总会有望在日后与南京市体育局签署友好备忘录，并透过武术及文化的交流增进彼此的友好关系。文莱武术总会派出5名选手赴广西壮族自治区参加2019年第5届中国—东盟武术节。本届武术节从11月8—13日在梧州市藤县举行，而竞技则从11月10—12日举行，为期3天。另外，文莱武术队的5名精英选手为备战即将举行的2019年菲律宾东运会的武术赛，将在教练李辉带领之下飞往中国，以便进行短期密集的集训，希望借此提升能力，可以在即将来临的东运会武术赛上取得佳绩。

（马金案　马静　游悠）

中国和柬埔寨交往与合作

柬埔寨在中国周边外交中占据着一个非常重要的位置，同样，中国也是柬埔寨最重要的外交与合作伙伴之一。2019年，是中柬两国开启共建命运共同体新征程的一年，是两国深入务实合作的一年，是两国战略安全合作迈上新台阶的一年。年内，中柬两国在政治、经济、军事、警务、民间互助交流等方面的交流与合作均朝着更加深入和务实的方向迈进。

一、政治合作更加深入

中柬两国通过一系列合作纲领性文件的签署，使得两国间政治合作的方向性更为明确。

首先，中柬两国签署命运共同体行动计划当属两国年内最重要、最有意义的事件。2019年4月28日，《中华人民共和国政府和柬埔寨王国政府关于构建中柬命运共同体行动计划（2019—2023）》在北京正式签署。该行动计划涵盖政治、安全、经济、人文、多边等五大领域合作31项具体目标和举措，是柬埔寨首相洪森出席第2届"一带一路"国际合作高峰论坛的最重要成果，是中国与不同社会制度国家签署的首份命运共同体行动计划，是指导中柬全面战略合作伙伴关系发展的一份纲领性文件，更是中国推动构建人类命运共同体的重要实践，意义重大。

其次，两国在1月份发布联合公报，明确两国未来的重点发展方向，即在新的历史时期，进一步加强全面战略合作，为构建中柬具有战略意义的命运共同体制定行动计划，重点加强政治、经济、安全、人文四大领域合作，推动两国关系在下一个60年取得更大发展。在联合公报中，双方同意继续保持密切的高层交往，及时就重大问题进行战略沟通；继续加强外交、国防和执法安全领域交流合作；加快"一带一路"倡议和"四角战略"对接，落实好两国政府关于共同推进"丝绸之路经济带"和"21世纪海上丝绸之路"建设的合作规划纲要；以交通、产能、能源、贸易、民生"五大版块"为重点，加强下阶段"一带一路"框架下的务实合作。

二、外交关系更为密切

2019年,中柬两国高层互访频繁,各类合作机制运行顺畅。

高层互访频繁,为两国交往合作把握政治方向,提供沟通方面的保障。5月15日,柬埔寨国王诺罗敦·西哈莫尼出席在北京召开的主题为“亚洲文明交流互鉴与命运共同体”的亚洲文明对话大会,并在开幕式上致辞,在发言中高度赞扬亚洲文明对话大会对推动各国文化交流互鉴发挥的重要作用,表示柬埔寨人民在任何情况下都将坚定地同中国人民站在一起。另值一提的是,5月14日恰逢西哈莫尼国王生日,中国国家主席习近平和与会有关国家领导人做出特殊安排,一同为西哈莫尼国王庆生。此外,柬埔寨首相洪森在年内也分别于1月20日和4月29日应邀两度访华,其中1月20日的出访为洪森2019年的首访。洪森访华,对中柬全面战略合作伙伴关系的发展,全面推进“一带一路”、深化产能与投资合作,及加快“一带一路”倡议和“四角战略”的对接均起到促进作用。洪森首相还率柬埔寨政府内阁6位副首相及党政军有关部门负责人等出席中国驻柬埔寨大使馆于9月25日在金边举办的中国国庆70周年招待会,据悉,这是洪森首次出席外国使领馆在金边举办的国庆招待会,体现了柬埔寨对两国关系的重视。

中柬两国政府间建立的各级协调机制,是双方沟通及合作的有效保障。柬埔寨西哈努克港经济特区(简称西港特区),是“一带一路”上的标志性项目,是中柬务实合作的样板,备受关注。西港特区发展过程中所遇到和将面临的许多问题,大多可通过双方建立的协调委员会来解决。1月11日,中柬两国政府关于西港特区协调委员会第3次会议在西港特区内召开,中国商务部副部长钱克明和柬埔寨发展理事会秘书长宋金达分别率领中柬相关政府部门代表参会,双方就营造西港特区优良周边环境、加强对特区政策支持、保障特区土地合法权益等议题进行深入探讨交流,并达成共识。双边协调委员会会议的召开,体现两国政府对西港特区发展的大力支持,将极大地推动西港特区的发展。自2012年以来,中国商务部与柬埔寨发展理事会已成功组织召开两次工作组会议、两次副部级会议,有效解决西港特区在发展中遇到的阶段性问题。

三、经贸合作成效显著

2019年,中柬双边贸易额达94.2亿美元,比上年增长27.5%。中国对柬埔寨投资6.9亿美元。截至2019年底,中国对柬埔寨累计投资达79.6亿美元。2019年中国蝉联柬埔寨第一大贸易伙伴,仍然是柬埔寨最大的外资来源国。

在中柬双边贸易中,柬埔寨农产品输华将成为今后两国双边贸易合作的一个新亮点。2019年,双方商定将中国从柬埔寨进口大米的配额增至40万吨。香蕉是柬埔寨首个输华水果品种。5月9日,柬埔寨香蕉出口中国首发仪式在柬埔寨首都金边举行。首批5家柬埔寨厂商从金边宏泰冷链园区共发出100吨香蕉,从柬埔寨西哈努克港出发直达中国上海,标志着柬埔寨的新鲜水果正式进入中国市场。这是中国和柬埔寨农业合作的一个重要里程碑,为今后柬埔寨其他农产品输华积累了宝贵经验。据悉,中国每年香蕉市场的需求量约为1400万吨,需进口量约为400万吨,据柬埔寨农林渔业部部长翁萨坤预计,2019年柬埔寨可向中国出口至少13万吨香蕉。

12月3日,在中国首都北京举行中柬双边自贸协定预可研第一次正式磋商,这是中国政府基于中柬友好关系做出的一个特殊安排,以期让中国国内不断上升的消费能力,为柬埔寨将可能被取消EBA优惠待遇所影响的未来经济增长带去信心。2019年2月,欧盟认为柬埔寨镇压反对派、非政府组织和媒体,侵犯了相关国际公约所规定的人权原则,开始对柬埔寨启动为期18个月的EBA审核法律程序,以决定是否撤销该优惠待遇。根据世界银行2019年发布的报告显示,若失去EBA,柬埔寨对欧盟出口将减少5至6亿美元,其中影响最大的是柬埔寨对支柱性产业——制衣制鞋业,预计出口额可能减少5.1亿美元。

四、军事及警务合作扎实推进

2019年初,正值COVID—19疫情在全球肆虐之时,中柬两国协力排除疫情困扰,如期举行中柬两军“金龙—2019”联合训练,这对两军友谊传承、能力提升、合作深化均起到至关重要的作用。中柬两军“金龙—2019”联合训练于3月13日至25日在柬埔寨贡布省王家军步兵第70旅综合训练场举行。此次联合训练以“反恐联合训练和人道主义救援”为主题,分为专业混编训练、人道主义救援、综合演练3项内容,中方以南部战区陆军为主派出252人参训,中柬双方共有600余人,包括特战、陆航、装甲兵、炮兵、工兵等多支兵种力量混编同训。本次联训是中柬两军开展的第三次联训,首次出动直9型武装直升机、40多台步战车、火炮、运输直升机等多种先进武器装备,人数和装备都是历年来规模最多和最大的一次。中国驻柬埔寨大使王文天表示,“金龙”联训作为两军共同打造的品牌项目,将对促进两国两军关系发展发挥更加积极的作用。

随着中柬两国经贸及人员往来日益密切,一些违法犯罪活动也随之悄然滋长。鉴于此,中柬不断加大警务合作力度,在打击网络赌博、电信诈骗、涉黑涉恶犯罪等领域取得丰硕成果。2019年1月,中柬两国最高领导人共同确定2019年为“中柬执法合作年”。3月

29日，执法合作年启动仪式在中国首都北京举行，中国国务委员、公安部部长赵克志与柬埔寨副首相兼内政大臣韶肯共同出席并致辞，双方共同签署中柬执法合作年工作方案和执法合作行动计划。9月27日两国在柬埔寨首都金边正式成立中柬执法合作协调办公室，以期打击跨国犯罪活动，维护两国人民的安全和利益。柬方表示，柬埔寨警察总署全力支持执法合作办公室工作，十分欢迎中国警务专家和技术人员来柬交流合作，相信办公室不仅有力推动双方在打击跨国犯罪方面的合作，也将有利于增强柬埔寨执法能力、提升柬埔寨的治安水平。近一年来，在两国警方的紧密配合下，柬埔寨警方缉捕并遣返涉黄、赌、毒、黑等中国籍犯罪嫌疑人1000余名，其中，柬方在中方境外追逃“猎狐行动”等专项中给予有力支持，将一批重点犯罪嫌疑人追捕归案，有力维护了两国人民生命财产安全。

五、两国人民往来更加密切

因中柬两国政治友好、经贸合作密切，两国人员往来也日益频繁。游客人数是两国民间交往情况的晴雨表。自2014年以来，赴柬埔寨投资和旅游的中国人数一直稳定增长。2019年，柬埔寨接待国际游客达660万人次，其中，中国游客为250万人次，仍居柬埔寨外国游客排名首位。为吸引更多的中国游客赴柬旅游，柬埔寨旅游部于2013年发布《China Ready》白皮书，出台系列吸引中国游客的措施，以提升中国游客的旅游体验。2019年是“中柬文化旅游年”。1月30日，文化旅游年开幕式在柬埔寨金边四臂湾剧院举行。中国总理李克强和柬埔寨首相洪森分别向开幕式致贺词，柬埔寨副首相贺南洪同中国文化和旅游部部长雒树刚与中柬各界友好人士共同观看两国艺术家联袂奉献的开幕式精彩演出。

为顺应中柬人往来快速发展的现实需要，更好地帮助赴柬中国游客熟悉柬埔寨，中国驻柬使馆于8月28日在柬埔寨金边国际机场举办“领事服务日暨《中国公民旅柬指南》发布仪式”。该《指南》详细介绍柬埔寨基本国情、旅游资源、风土人情、风俗禁忌，还专门列出旅柬安全提醒，以及入出境实用信息，帮助中国公民提前熟悉和尽快适应柬埔寨相关环境，受到广泛欢迎。

六、官方援助与民间互助日趋常态化

中柬两国有着兄弟般的友谊，互助互惠已成为常态。每年中国对柬埔寨的官方援助均包含有资金援助、医疗项目援助等。在2019年1月20日洪森访华期间，中方宣布将向柬埔寨提供约40亿人民币（约6亿美元）的援助，用于柬埔寨2019年到2021年的发展。7月26日，中国国家国际发展合作署副署长邓波清与柬埔寨财经部国务秘书旺西伟索在中国北京签署三项交换文，即中国将向柬埔寨提供1.66亿人民币援助，用于包括维修柬埔寨首相府友谊大厦项目、首相府科技楼技术合作项目，以及提供一批海关扫描仪，涉及总金额约1.66亿人民币（约2600万美元）。据柬埔寨财经部公报表示，截至2019年7月份，中国政府累计向柬埔寨提供的援助金额达60亿美元，其中44亿美元为优惠贷款。

2019年，中国还对柬埔寨开展“光明行”、“爱心行”等医疗援助项目。“光明行”医疗援助项目是由中国海南省组织并派遣医疗队，自2016年9月起赴柬实施“中国海南·柬埔寨光明行”义诊活动，目的是为柬埔寨白内障患者免费实施复明手术。根据援助计划，海南省将在3年内投入2000万元人民币，分5次赴柬开展义诊活动，为1000名当地白内障患者实施复明手术。中国医疗队已于2016年9月、10月，2017年1月、7月先后4次赴柬埔寨磅湛省、暹粒省开展义诊活动，共筛查病患2487人，实施白内障复明手术543例，手术成功率为100%。2019年10月，“光明行”在柬埔寨实居省开展第5次义诊活动，预计为200名柬埔寨白内障患者免费实施复明手术。“爱心行”医疗援助项目，是根据2018年1月中柬两国签署《关于开展“爱心行”项目的谅解备忘录》，决定帮助救治柬埔寨先天性心脏病（简称先心病）患儿，由中国云南省阜外心血管病医院负责具体执行的为期3年的医疗援助项目。该项目的主要推进流程为：中国医疗队深入柬埔寨社区进行先心病患儿的走访筛查——将先心病患儿送到云南治疗——将康复患儿送回家。截至2019年底，中国医疗队已走访柬埔寨茶胶省、马德望省、磅湛省等

7月26日，中国国家国际发展合作署副署长邓波清与柬埔寨财经部国务秘书旺西伟索在中国北京签署三项交换文 （百度网）

10个省份，为数万名儿童进行了先心病筛查，已让87名柬埔寨先心病儿童恢复健康。

除了官方援助外，中柬两国间的民间援助也很常见。2019年8月初，受多股台风影响，柬埔寨数省连降大雨，部分地区受灾，西哈努克市内涝严重，市区的数条道路被严重冲毁，影响当地企业生产和百姓生活。为修复西哈努克市市区的破损路面，8月10日，柬埔寨华商协会和柬埔寨（中国）老兵协会不但自发组织部分企业捐钱捐物，还组织数百人的抗洪抢险义工队，为西哈努克市的抢险救灾工作做出了实际贡献。为此，西哈努克省政府专门派员慰问了中国义工队，并对此善举表示赞赏。

此外，中国和平发展基金会、中国扶贫基金会等在柬埔寨当地开展扶贫示范项目，利用中国经验帮助柬减贫脱贫，深受当地民众欢迎。

中柬两国兄弟情深。每当柬埔寨遇到困难时，中国都会鼎力相助，同样，当中国出现难处时，柬埔寨也会对中国伸出友爱之手。2019年8月，中国香港爆发严重反引渡条例的示威，8月17日，柬埔寨王国政府通过该国外交与国际合作部官网发表声明，支持“一个中国”政策，支持中国政府为维护香港和平、公共秩序、国家安全和社会和睦相处所采取的措施。中国在当时面临着极大的西方舆论压力，柬埔寨的声明非常及时、可贵。（梁薇）

中国和印度尼西亚交往与合作

中国提出“一带一路”倡议以来，在两国领导人的有力推动下，两国关系持续稳定发展。2019年中国和印度尼西亚友好关系不断发展，政治上双方高层交往日益频繁，经济领域合作成果丰硕，文化教育领域交流形式多样。

一、两国高层互访频繁，政治互信不断深化

（一）中国国家主席习近平会见印尼总统佐科

2019年6月28日，中国国家主席习近平在大阪会见印尼总统佐科。习近平指出，2020年是中印尼建交70周年，我们要再接再厉，共创新时期两国互利共赢、携手发展的新局面。双方要加强治国理政经验交流，建设好雅万高铁、“区域综合经济走廊”，拓展职业培训合作，推动共建“一带一路”合作提质升级。中方愿同东盟国家开展智慧城市、数字经济等合作，让科技引领、创新驱动成为两国和地区发展的新动力。习近平指出，我提出构建新型国际关系和人类命运共同体，同64年前的万隆精神一脉相承。当前形势下，中国和印尼更要在国际舞台上加强协调和协作，维护公理和正义。佐科表示，高度重视印尼同中国的合作关系。印尼方愿同中方共建“一带一路”，深化经贸关系，推进雅万铁路等重点项目建设，密切在多边框架内的沟通配合，支持东盟国家深化同中国的协调合作。

（二）中国国家副主席王岐山访问印尼

2019年10月18日，应印尼政府邀请，中国国家主席习近平特使、国家副主席王岐山赴印尼首都雅加达出席印尼总统佐科连任就职仪式并对印尼进行友好访问，分别会见佐科总统、卡拉副总统和印尼新当选副总统马鲁夫。会见佐科时，王岐山首先转达习近平主席对佐科总统连任就职的热烈祝贺、亲切问候和良好祝愿。王岐山表示，中国和印尼是好邻居、好朋友、好伙伴，同为亚洲乃至世界发展中大国，两国关系的重要性超越双边范畴。中方赞赏佐科总统致力于推动中印尼全面战略伙伴关系，积极支持和参与“一带一路”倡议与印尼发展战略对接。两国元首关心和支持的雅万高铁项目进展顺利，已成为双方基础设施建设合作的典范。相信未来五年佐科总统将继续带领印尼取得更大发展成就，中印尼关系也会更上一层楼。佐科表示，感谢习近平主席派特使出席就职仪式，这充分体现出中印尼之间的密切关系。热烈祝贺新中国成立70周年，祝愿中国更加繁荣昌盛，为维护世界和地区和平稳定做出更大贡献。印尼新政府愿进一步巩固中印尼全面战略伙伴关系，推进“全球海洋支点”构想与“一带一路”倡议对接，与中方加强区域经济走廊合作。

同卡拉会谈时，王岐山表示，中国和印尼传统友谊源远流长。历史上看，两国都是东方文明的代表，都有极具特色的历史文化传统；今天来看，都是新兴经济体和二十国集团重要成员。双方发展关系、开展合作具有地理、历史和文化优势，也有互学互鉴、互利共赢的现实需要。希望卡拉副总统卸任后继续发挥影响力，一如既往支持中印尼友好关系不断加深。卡拉高度赞赏新中国成立70年来取得的巨大成就和“一带一路”建设为印尼发展带来的重大机遇。卡拉表示，中国的发展为整个亚洲做出了重要贡献。近年来随着一批合作项目的建设，两国关系更加密切，雅万高铁已成为双边经贸合作不断加深走实的重要标志，欢迎更多中国企业到印尼经商投资。

会见马鲁夫时，王岐山祝贺他履新，表示印尼新政府施政策略把发展建设和提高人民教育水平放在突出位置，体现了深厚的人民情怀。中印尼都坚持和平发展理念，近年来两国元首引领的全面战略伙伴关系全面推进，“一带一路”建设得到印尼方积极响应，双边关系不断提升。中方对两国深化合作充满信心。马鲁夫表示，中国是印尼真诚的战略伙伴。印尼新政府的施政目标是不断实现印尼发展繁荣，印尼方愿同中方加强投资、贸易，特别是职业技术教育领域合作，深化青年、人文交流，推动双边关系取得更大发展。

（三）中国全国人大常委会副委员长吉炳轩访问印尼

2019年6月20—23日，应印尼国会邀请，中国全国人大常委会副委员长、中国国际交流协会会长吉炳轩访问印尼，分别会见印尼人民协商会议主席祖尔基弗利，国会副议长乌杜，日惹特区省长哈孟库十世苏丹，并出席“丝路一家亲”行动印尼站系列活动启动仪式和跨文明对话研讨会。吉炳轩表示，中国和印尼同为发展中大国，共同利益广泛，是天然合作伙伴。中方愿与印尼方一道，落实好两国元首共识，深化“一带一路”合作，加强立法机构交往和人文交流，促进民心相通，造福两国人民。印尼方高度评价两国关系，表示愿以共建“一带一路”为契机，加强两国各领域互利合作，实现共同发展进步。

（四）双边政府部门持续深入开展合作交往

2019年6月21日，中国国家知识产权局局长申长雨率团访问印尼，与印尼司法人权部部长亚索纳·劳利举行会谈。申长雨表示，中国和印尼同为重要的发展中国家，中国“一带一路”倡议与印尼“全球海洋支点”构想契合，合作前景广阔。双方自2013年签署合作谅解备忘录以来，在高层对话、人员交流、培训等方面开展了富有成效的合作。印尼方高度重视与中方合作关系，愿加强知识产权各领域交流合作，学习中方成功经验，实现互利共赢，助力两国科技创新和经济社会发展。会后，双方签署升级版知识产权领域合作谅解备忘录。印尼司法人权部知识产权总司长、司法人权部监察长、部长高级顾问等高级官员参加会见。

2019年12月16日，中国国务委员兼国防部长魏凤和16日在京与来访的印尼大印尼行动党总主席、国防部长普拉博沃举行会谈。魏凤和说，中国和印尼互为重要邻国，共同利益广泛，合作前景广阔。中国军队愿与印尼军队一道，落实两国元首共识，加强高层往来，深化战略互信，密切多边协作，继续加强在联演联训、人员培训等领域交流合作，共同为维护地区和平稳定作贡献。普拉博沃说，印尼重视发展对华关系，愿与中方加强包括防务安全在内的各领域务实合作，不断推动两国两军关系向前发展。

二、经贸合作往来密切，硕果累累

（一）双边贸易合作不断加深

1. 中国是印尼最大贸易伙伴。2019年，印尼与中国双边货物进出口额727.7亿美元，比上年微增0.4%。其中：印尼对中国出口278.8亿美元，增长2.8%，占其出口总额的16.7%；印尼自中国进口448.9亿美元，比上年下降1%，占其进口总额的26.4%。印尼贸易逆差170.2亿美元，下降6.6%。2019年中国继续成为印尼第一大出口市场和第一大进口来源地，是印尼的第一大贸易伙伴。

2. 印尼对中国出口仍以矿产品为主。2019年，印尼对中国矿产品出口有所下降，但仍为其对中国出口最多产品，出口额106.8亿美元，比上年下降1%，占印尼对中国出口总额的38.3%。贱金属及制品出口37.6亿美元，增长18%，占对中国出口总额的13.5%。此外，动植物油脂出口36.2亿美元，增长11.3%，占印尼对中国出口总额的13%，是第三大类出口产品。

3. 印尼对中国进口以机电等产品为主。2019年，印尼自中国进口的商品主要集中于机电产品，进口额达到198.8亿美元，比上年微增0.3%，占印尼自中国进口总额的44.3%。其中：电子类产品进口92.1亿美元，下降7.9%；机械类产品进口106.7亿美元，增长8.7%。此外，贱金属及制品进口53.3亿美元，下降6.6%，占自中国进口总额的11.9%；化工产品进口41.6亿美元，下降8.8%，占自中国进口总额的9.3%。

（二）中国成为印尼外来投资的主要来源国

2019年，中国对印尼投资达47亿美元，由2015年的第九大外资来源国一举跃升到第二位。

1. 中国企业对印尼投资不断增加。2019年中国企业在印尼投资的主要项目有：(1)中国第一重型机械集团公司（简称一重集团）将在中苏省的巴鲁(Palu)经济特别区(KEK)投资大约120万亿盾，而且这项投资活动将于2020年元月份开始落实。一重集团首期投资额是30亿美元约合40万亿盾，择地巴鲁经济特区建冶炼厂，目前，该集团已在印尼收购当地的1200公顷地皮。一重集团计划用6个月时间在巴鲁经济特区完成铁矿、镍矿和铜矿共三种金属冶炼厂的建设。(2)中国中钢集团在印尼北加省打拉根市兴建钢铁厂，该钢铁厂总体投资额达27亿美元，占地总面积达1000公顷，建成后也将为当地创造更多的就业机会。(3)中国宁德时代科技公司与LG公司、奔驰汽车公司及大众汽车公司合作，在印尼南苏省摩罗哇利工业区投资40亿美元（约合56万亿盾）建设电动车电池项目。目前，该企业的电池制造厂工程已开始奠基，首段投资为10亿美元（约合14万亿盾）。据印尼海事建设统筹部长卢胡特介绍，印尼拥有全球80%锂矿，已有多家电池企业有意向落户南苏省。

2. 印尼对进一步发展与中国的投资合作关系意愿强烈。2019年5月14日，中国国家副主席王岐山与印尼副总统卡拉在中国北京举行会谈，就中国与印尼在未来在投资、技术和科研领域加强合作的问题达成共识。2019年1月29日，印尼中国经济社会与文化合作协会主办专题讲座，逾百多位企业家出席，其中50多位是著名中资企业代表与印中经社文合作协会的理监事成员。会上印尼海洋与投资统筹部长卢胡特.班查伊丹呼吁中国企业到印尼投资。卢胡特说，印尼与中国的关系目前是最好的时刻，印尼政府热烈欢迎中国企业到印尼投资，并将全力保护中国在印尼的投资。

2019年11月14日,印尼海洋与投资统筹部长卢胡特出席第2届中国国际进口博览会期间接受专访时表示,中国将继续扩大对印尼投资,未来极有可能成为印尼最大的投资来源国。卢胡特表示,习近平主席在第2届进博会上的演讲令人印象深刻,特别是反对单边主义,支持多边主义的积极态度,展示了习主席关于全球化的独到战略眼光。印尼是中国海外投资的主要目的国。印尼将继续改善投资环境,吸引越来越多的中国企业赴印尼投资。2019年12月2日,印尼投资统筹机构在中国重庆市举行的中国—印尼重庆贸易、旅游与投资商务论坛上,向中国企业招揽属于"一带一路"倡议下的投资项目共28项。印尼向中国企业推介的投资项目,分布在苏门答腊价值173亿美元、北苏拉威西价值26亿美元、北加里曼丹价值416亿美元以及峇厘价值80亿美元共28项。加上"一带一路"以外,价值216亿美元的8项项目,总值911亿美元。投资领域包括北苏拉威西省3个旅游景区和工业园,以及峇厘科技公园。印尼投资统筹机构副主任伊克玛尔·鲁克曼表示,在"一带一路"合作框架下,中国对印尼的投资将越来越多。中国在印尼的投资领域包括电子产品、发电、天然气、净水、交通运输、仓库、电信等,未来印尼非常希望将更多的中国投资拓展到电动汽车所需锂电池材料业务。

三、两国人文交流合作不断拓展

(一)中国驻东盟使团捐建印尼首都雅加达"手足小学"图书馆开馆

2019年8月20日,由中国驻东盟使团捐建的印尼首都雅加达"手足小学"(Al—Ikhwan)图书馆开馆。中国驻东盟大使黄溪连、东盟妇女协会主席Dhani Sarwono等出席开馆仪式,黄溪连为图书馆开馆剪彩。"手足小学"师生用印尼传统民族乐器"昂格隆"演奏中文歌曲《月亮代表我的心》,庆祝图书馆开馆。

"手足小学"是2011年由当地有识之士为当地低收入家庭孩子集资兴建的。因为经费不足,一直未能拥有一个宽敞明亮、图书充足的图书馆。中国驻东盟使团知悉这一情况后,通过东盟妇女协会与校方联系协调,决定合作为该校捐建图书馆,经过5个月建设后正式对学生开放。该校校长Dyah女士对中国驻东盟使团的善举表示衷心感谢。她说,中国使团捐建的图书馆和捐献的大量图书以及文体用品,不仅圆了孩子们的梦想、丰富学生们的课余生活,也将帮助老师们提高业务能力,推动学校教学水平更上一个台阶。黄溪连在开馆仪式上致辞说,孩子们是中国—东盟关系的未来,希望孩子们喜欢、用好这个图书馆,在这里种下知识和梦想的种子,并成长为印尼国家栋梁和中国—东盟友好的使者。该图书馆除了中国使团两次捐赠的图书外,还有一部分来自东盟国家常驻使团和东盟其他对话伙伴国使团捐赠的图书。

(二)中国残疾人艺术团赴印尼开展慈善巡演

2019年7月21日,中国残疾人艺术团印尼慈善巡演在首都雅加达首站演出,受到印尼数千名各界观众的热烈欢迎。印尼三军总司令哈迪·查赫延托夫妇、土地与空间规划部长索菲安夫妇、总统咨询委员会成员阿古姆·古梅拉夫妇,中国驻印尼大使馆肖千大使、文化处周斌参赞,印尼伊斯兰教士联合会(PBNU)总主席赛义德博士夫妇,前商业部长冯慧兰博士与丈夫洪培才,印尼慈济基金会副执行长郭再源夫妇,荣董曾国奎夫妇、梁世桢夫人李丽英、贝锦兴,大爱电视台台长陈廼士,副台长林德明、刘鐿辉,顾问施锦场,总监陈丰灵等各界人士观看演出。演出过程中,观众的掌声和欢呼声不绝于耳。演出结束后,与会嘉宾登上舞台祝贺演出成功并与演员合影留念。

此次由中国对外文化集团公司黄宾总监,以及中国残疾人艺术团王建明副团长所率领的中国残疾人艺术团共41人,是应慈济大爱电视台之邀请而前来印尼。首站演出后,艺术团还将赴印尼泗水、棉兰等地进行多场巡演。

7月21日,中国残疾人艺术团印尼慈善巡演在首都雅加达首站演出

(百度网)

(三)中国民俗文化走进印尼高校

2019年6月20日,由来自中国人民大学、清华大学、闽南师范学院、台湾金门大学等的30名专家、学者、艺术家、非物质文化遗产传承人组成的中国民俗文化代表团,走进位于印尼首都雅加达的伦敦公共关系学院,与该院师生进行一场中印尼两国民间民俗文化的亲密互动和交流。东盟副秘书长康富、中国驻东盟使团公参蒋勤参加活动。雅加达伦敦公共关系学院

创办人、院长 Prita Kemal Gani 热情欢迎中国民俗文化代表团的来到。她愉快介绍学院与中国驻东盟使团合作开展双边、多边民间交流活动情况以及与中国高校开展文化教育交流合作的成果。蒋勤致辞表示，中国文化学者和东盟国家学生之间的互动，有助于建立沟通，促进人与人之间的联系。她希望有越来越多东盟国家年轻人对中国文化感兴趣，为双方带来共同的增长和繁荣。中国艺术家和各领域非物质文化遗产传承人在古琴演奏声中，现场表演太极拳、茶道、香道和插花艺术。该学院师生时而掏出手机拍下精彩一刻，时而报以热烈掌声和欢呼声。伦敦公共关系学院学生也现场表演印尼传统武术本扎，中国民俗文化代表团一行亦被深深吸引和感染。随后，来自中国高校的民俗文化学者就“民俗文化传承与创新”主题举办公共讲座，并与现场师生互动答问。（黄旭文）

中国和老挝交往与合作

2019 年，对于中老两国交往合作史上最重要的关键节点就是《中国共产党和老挝人民革命党关于构建中老命运共同体行动计划》（以下简称“行动计划”）的签署，这是中老交往合作史上新的里程碑，也是中老关系进入最好时代的证明，更是中老携手共创美好未来的起点。中老两国携手共建命运共同体，不仅给两国人民带来实实在在的利益，更是为维护地区甚至世界的和平稳定发展作出积极贡献。

一、政治交往高度互信

2019 年，中老两国政府高层互访频繁，地方之间继续保持密切交往合作。4 月份，老挝人民革命党中央总书记、国家主席本扬・沃拉吉应中国中共中央总书记、国家主席习近平邀请，在参加第 2 次“一带一路”国际合作高峰论坛之前，带领老挝高级代表团对中国进行正式国事访问。老挝外交部副部长坎葆・因塔万代表老挝政府为表彰中国云南省外事办公室主任周鸿女士为加强中老两国合作所做的突出贡献颁发荣誉奖章；老挝人民革命党中央政治局委员、中央书记处书记、中组部部长占西・普西坎率队访问中共中央党校并看望第四期老挝领导干部培训班的全体学员。

年内，中老两党经常进行理论学习交流讨论，并互相借鉴经验。6 月 27 日，中共中央对外联络部在河南郑州举办“中国共产党的初心和使命”主题宣讲会，这是中共十八大以来首次向外国政党宣讲中国共产党开展党内集中教育情况。老挝人民革命党中央委员、国会副主席宋潘・平坎米出席宣讲会并发言，在发言中高度评价中国共产党近百年来走过的光辉历程，响应中国的“一带一路”倡议，惊叹中国在脱贫攻坚中取得的巨大成就，期待与中国共产党进一步开展党建和治国理政的经验交流，将中国的宝贵经验运用到老挝实际中。7 月 9 日，以“中老两国社会主义现代化建设的规律”为主题的第八次中老两党理论研讨会在中国福建厦门举行，中共中央政治局委员、中央书记处书记、中宣部部长黄坤明和老挝人民革命党中央政治局委员、中央书记处书记、中组部部长占西・普西坎，老挝人民革命党中央书记处书记、中宣部部长吉乔・凯坎匹吞出席开幕式。

军事上，老挝军方大量采用中国制造的主战武器，体现中老两国之间的好兄弟情谊。老挝 70 周年的建军纪念日时，展示多款从中国引进的武器装备，包括 SR5 模块化火箭炮、122 毫米车载榴弹炮等。

二、“四好”关系上升为命运共同体

2019 年 4 月 30 日，中共中央总书记、国家主席习近平与老挝人民革命党中央总书记、国家主席本扬在北京签署《行动计划》，这是中国第一份以党的名义签署构建人类命运共同体双边合作协议，开创中老关系的新时代。2019 年也是中老旅游年，中老两国在中老旅游年框架下所发起的一系列活动充分体现中老双方为构建中老命运共同体所做的努力。而“8・19 重大交通事故”发生后，中老双方密切配合共同努力妥善处理事故，更加证明了构建中老命运共同体的必要性和紧迫性。

（一）中老旅游年促进中老命运共同体建设

举办“2019 中国—老挝旅游年”是两国最高领导人达成的重要共识，中国国家主席习近平与老挝国家主席本扬曾就旅游年开幕共致贺词。

为响应中老旅游年，2019 年中国各省市举行一系列有关老挝文化和旅游的推介活动。包括福建福州由旅游图片展和文艺演出两部分组成的推介活动；云南昆明举办的老挝留学生汉语演讲比赛；中国知名文旅节目《华语音乐排行榜・寻找城市最美声音》联手“中老旅游文化交流中心”“香港国际网络电视台”和老挝首都电台 fm 98.8，共同推动更多中国品牌文旅项目入驻老挝，同时将老挝的旅游文化推广到中国；四川自贡赴老挝开展文旅推介活动，并签订《文化旅游友好合作协议》；年内新增开多条航线直飞老挝，包括常州—万象、常州—琅勃拉邦、杭州—万象、重庆—琅勃拉邦、重庆—万象、温州—万象等。

除中国的一系列活动之外，老挝国内也积极响应共促中老旅游年活动顺利开展。比如老挝政府邀请来自中国、马来西亚、新加坡、泰国、日本和韩国的 12 名代表到波里坎塞省和甘蒙省考察，以推动老挝旅游业发展；老挝政府将中国公民的旅游签证费从 20 美元降至 10 美元；乌多姆塞省批准中国企业投资开发该省孟旮县、孟拉县的瀑布、温泉等景点；波里坎塞省和甘蒙

省开展“亲密之旅”活动旨在宣传老挝旅游景点；5月31日起，老挝中国文化中心和中国四川省文化和旅游厅在万象联合主办“中国旅游文化周”；6月9日由中国文化和旅游部、中国驻老挝大使馆和老挝新闻文化与旅游部共同主办的“中国文化旅游之夜”推广活动在老挝万象国家文化宫成功举行；6月10日，2019老中旅游年——跨境交流推介会暨旅游项目推介会在老挝磨丁举行，当日，老挝磨丁经济特区签订各类相关合作协议61项等。

中老双方一系列活动的举办促进老挝旅游业的发展。据《万象时报》报道，2019年上半年就有超过220万外籍游客入境老挝旅行，比上年同期增长5%，其中中国游客增长13%，越南游客增长11%，泰国游客增长1%，而韩国游客数量骤降20%，日本游客数量下降13%，这些数据的对比显示出中老旅游年一系列活动的推广是老挝旅游业中国游客数量显著上升的主要原因。2019年12月31日，中国驻老挝大使馆会同老挝新闻文化旅游部在万象瓦岱国际机场举行一次欢迎仪式，主要是为了迎接2019年的第100万位中国游客，这位特殊游客的抵达标志着旅游年目标圆满完成。

（二）“8·19重大交通事故”体现构建中老命运共同体的必要性和紧迫性

2019年8月19日，一辆承载中国游客的大巴在老挝琅勃拉邦省发生严重交通事故，造成13人死亡，31人受伤。这是中老建交58年来涉及中国公民伤亡最为严重的交通事故，习近平主席和本扬主席互致口信，通伦·西苏里总理向李克强总理致慰问信，沙伦赛·贡马西外长向王毅外长致慰问信，中国外交部及时作出全面部署，驻老挝使领馆第一时间启动应急机制，正在参加“和平列车—2019”联合演训的中方医疗队飞赴琅勃拉邦进行救治和转运工作，琅勃拉邦总领事事发当晚即赶赴现场协调工作，在老中国人纷纷自发施以援手。老挝军队、公安、地方、红十字会和当地群众积极参与救援，老挝军队第一批赶到事发现场，配合中方工作。8月22日，第一批重伤员转运回国；8月24日，最后一批伤员转运回国；8月27日，遇难者遗体火化安置工作完成。转运面临不少困难，老方每次都在1小时左右批准飞行许可，保障有力。这次救援行动的及时妥善处理充分体现了中老命运共同体精神，更是证明了加快建设中老命运共同体的必要性和紧迫性。

（三）携手共建中老命运共同体

中老是具有广泛共同利益的命运共同体，《行动计划》的总体目标是在未来五年，推进战略沟通与互信、务实合作与联通、政治安全与稳定、人文交流与旅游、绿色与可持续发展等“五项行动”。2019年也是中老建立全面战略合作伙伴关系10周年，中老两国从“四好”关系升级为命运共同体，开启中老关系新时代。7月，中国国际问题研究院常务副院长阮宗泽在老挝万象作有关亚太地区形势的公开演讲，中老智库交流的公开演讲很少，此次中老外交部门共同安排这次公开演讲正是由于《行动计划》的签署，愿以此为契机不断开拓互学互鉴渠道。11月，中国云南—老挝北部合作工作组第10次会议以“携手共建中老命运共同体”为主题，发表《中国云南—老挝北部合作工作组第十次会议高端智库论坛昆明共识》。共识内容包括双方同意将中老高端智库论坛打造成为主动服务中老命运共同体建设的重要品牌，围绕推进“五项行动”联合开展深入研究，加快发展战略对接，推进中老铁路、中老经济走廊建设。

三、中老两国中央及地方交往频繁

2019年，从中央至地方，从政府官方到民间交往，中老各社会阶层来往频繁，互联互通，从各行各业的交流合作出发，为加快中老命运共同体建设作出贡献。

年内，中国代表团出访老挝（按时间排序）主要有：全国政协副主席梁振英率团与老挝中华总商会座谈；南亚科技创业园赴老进行商业和教育资源考察；应老挝外长沙伦赛·贡马西邀请，云南省省长阮成发率团访问老挝琅勃拉邦省；福建宁德市委常委、统战部部长林鸿率团赴琅勃拉邦考察，并赴万象走访老挝中国福建商会；文化和旅游部副部长张旭率团访问琅勃拉邦省，推动落实“中老旅游年”重要活动；上海市人大代表团访问琅勃拉邦省；中国驻琅勃拉邦代总领事王珞应邀出席老挝前国家主席苏发努冯诞辰110周年纪念活动；云南省妇联党组书记、主席和红梅率领“云南

6月10日，2019老中旅游年——跨境交流推介会暨旅游项目推介会在老挝磨丁举行（百度网）

妇女性别意识主流化”代表团赴老挝先后与老挝妇女联合会中央委员会主席因拉万·乔本潘、琅勃拉邦省妇联进行会谈，并考察了老挝妇女培训中心、老挝妇女创业就业基地等。

老挝代表团到访中国（按时间排序）主要有：本扬主席率团赴福建考察扶贫工作；万象市委书记兼市长辛拉冯·库派吞率团赴海南访问三亚南山寺和南海佛学院；老挝公安部考察团赴福建访问佳信海坛控股集团；老挝领导干部培训班赴四川参观省防灾减灾教育馆；副总理宋迪·隆迪率团赴江西访问中煤建设集团；老中合作委员会代表团拜访商务部国际经济合作事务局；琅南塔省长率团访问四川工业科技学院；中国国务委员兼国务院秘书长肖捷会见老挝总理府办公厅主任佩·蓬皮帕；中国云南省委书记陈豪与老挝外交部长沙伦赛·贡玛西举行工作会谈，并共同见证云南省人民政府外事办公室与老挝外交部办公厅签署《友好合作备忘录》；老挝北部6省领导率团赴贵州省考察学习中国经济社会发展经验；中国河南省委书记王国生与老挝人民革命党中央委员、国会副主席宋潘·平坎米举行工作会谈；沙耶武里省代表团到云南西双版纳傣族州访问；老挝北部六省工业贸易厅和计划投资厅负责人赴福建省考察；中国工业和信息化部副部长陈肇雄会见老挝国家经济研究院院长、老挝前总理波松·布帕万；中国云南省委副书记、省长阮成发会见老挝副总理宋赛·西潘敦，鉴于老挝诸多项目均由滇企投建，会面后，宋赛特意赴滇企考察访问；乌多姆赛省委委员、省办公厅主任、乌多姆赛中国烈士陵园老中合作专项协调委员会主任万纳·乔山迪率队实地考察丽江市烈士陵园，并召开座谈会；老挝驻华大使坎葆·因塔万参加2019妥乐论坛并在开幕式上致辞；沙湾拿吉省凯山丰威汉市委书记、市长盛通·王乔玛尼率团访问湖南省湘潭市湘乡市；中国云南省委书记、省人大常委会主任陈豪会见老挝人民革命党中央政治局委员、国会主席巴妮·雅陶都等。

值得一提的是，老挝人民革命党中央总书记本扬亲自回复了来自中国湖南省湘西土家族苗族自治州花垣县十八洞村村民的致信，信中他对2018年到访十八洞时村民的热情接待表示感谢，也表示十八洞村脱贫的成功实践给老挝脱贫工作提供了宝贵经验。

四、中国继续援助老挝多个项目

2019年，中国对老挝的援助主要集中在教育和科技领域，扶贫项目继续深入，援助老挝湄公河沿岸公路项目继续进行。

中国援助老挝的教育项目包括：中国华为老挝子公司于2016年开始启动的“未来种子”项目，该项目将资助10名老挝学子赴华学习信息通信技术和中国文化；中国云南省商务厅援助老挝万象赛色塔那海小学新建校舍项目；中国驻琅勃拉邦总领馆向琅勃拉邦巴乌县潘沙旺学校捐赠教学和办公设备；金木棉集团援建波乔省东鹏县会凯村小学项目等。

中国援助老挝的科技项目包括：中国援助老挝工贸部信息系统改造项目；中国援建的“老挝国家电视台LNTV3频道高清系统改造项目”；中国—老挝太阳能科技创新与合作中心在老挝万象正式揭牌并将太阳能发电示范项目向老挝科技部新能源与材料研究所正式移交；中国广东省地震局援建完成老挝地震台网系统建设项目，且部署数字地震台网信息实时处理系统并开展系统操作和运维培训；为落实9月份签署的《中国气象局和老挝自然资源与环境部气象科技合作谅解备忘录》，中国国家气象中心、国家气象信息中心、国家卫星气象中心专家赴老挝气象水文局执行CMACast集成系统维护项目；中国援助老挝国家地震数据中心项目等。

中国援助老挝的扶贫项目包括：广西农业职业技术学院在中国—老挝合作农作物优良品种试验站开展的中老合作社区减贫示范项目；于2018年开启的琅勃拉邦象龙村减贫示范合作施工项目继续深入。

除以上项目之外，老挝四川商会也向老挝中南部受水灾地区捐献现金共计6219万基普（约合人民币4.3万元）。

五、开展全面经济合作，签署多项合作协议

中老铁路自2016年全线开工以来就受到中老两国官方和民间的密切关注，铁路预计划2021年建成通车，至2019年，各标段工程进度均比预计提前。2019年年初，中国南京铁道职业技术学院老挝铁路培训中心在老挝磨丁经济特区正式成立并揭牌，同时中国不同部门在老挝举办培训班为老挝储备铁路人才。中老铁路建设任务加重，为保障建设顺利进行，年内提高通关效率的“新一代查验管理系统”正式在勐腊海关上线运行，出境车辆排号叫号系统正式投入使用，过去“一进一出”出入境通道改为“三进三出”，并对中老铁路物资设立专门窗口及绿色通道，2019年1—6月，中老铁路建设物资出口共9.76万吨，比上年同期增长2.4%，货值达3.92亿元人民币，增长12.1%。7月底，中老铁路两座跨湄公河特大桥实现首桥合龙和贯通，标志着中老铁路2019年土建工程取得关键性胜利；11月底，总设计76座隧道中的达隆一号隧道进口与横洞小里程顺利贯通，为后续隧道的顺利贯通奠定坚实的基础，也标志着全线198千米隧道群全面进入旱季冲刺的攻坚阶段。12月30日，中老铁路供电项目开工仪式在老挝万象举行。据不完全统计，中老铁路全线建设已经聘用老挝当地员工3万多人次，在岗职工约5000人左右，直接拉动老挝建材业、电力、农业、服务业、物流业等产业发展。据悉，中老铁路老挝

段将计划设置33个站,每天运行39趟次。

2019年,中老两国商业活动数量繁多、内容多样。在老挝成立新三江集团,中国亚洲经济发展协会中老合作委员会在老挝塔銮湖经济专区正式揭牌,vivo首家品牌专卖店在老挝上线,海螺集团自主设计的全流程智能水泥工厂老挝琅勃拉邦项目进入安装阶段,亿金集团和老挝公安部合资成立老挝国家消防总公司并获得老挝消防器材、施工、检测、验收以及人员培训45年独家经营权,中国国家发改委鼓励生产产品天脊牌硝酸磷肥在老挝实现首次出口,中国海关总署允许进口符合检疫要求的老挝西瓜,广西进境水果指定口岸增至7个完成水陆空铁全面覆盖,福建开通老挝和柬埔寨旅游往返包机航线等。中国国内召开中国西部国际投资贸易洽谈会、滇老旅游合作双边会谈、中老旅游暨文化交流启动会等会议。此外,广西壮族自治区交通运输厅启动实施大湄公河次区域(中国—老挝—越南)国际道路运输(中国交通运输部主办),云南省人民政府办公厅成立中国老挝磨憨—磨丁经济合作区建设领导小组等。各领域各行业多措并举加快中老命运共同体构建,共同推动"一带一路"建设持续发展。

2019年,中老两国金融方面合作日益深入。2018年中国—老挝首条双边本外币现钞陆路跨境调运通道建立,仅在2019年5月末,通过银行开展人民币跨境结算已累计超1亿元;银联国际与老挝外贸银行合作在老挝国内开通"云闪付",该业务已在泰国、越南、马来西亚等8个东南亚国家开通;第11届中国—东盟金融合作与发展领袖论坛暨建设面向东盟的金融开放门户峰会在中国广西南宁举行,会议主要围绕金融开放门户进行。

2019年,仅在1—5月中国企业承包老挝工程的新签合同额就达到14.1亿美元,比上年同期增长175.8%;双边贸易额达15.8亿美元,增长15.6%。中老双方签署合作协议主要集中在能矿和经济金融领域。其中,能矿项目:老挝能源综合大厦项目的股东协议以及总包合同,川圹省金矿勘探开采合作项目签约协议,《老挝人民民主共和国太阳能与风能发展总体规划研究技术合作备忘录》《波里坎塞光伏项目合同》《老挝阿速坡省300兆瓦光伏项目EPC合同》;经济金融项目:银联国际与老挝金融机构签署合作协议成立合资公司共同运营老挝国家银行卡支付系统,云南农信社与老挝外贸银行的《现钞跨境调运协议》,老挝波乔省《勐蒙县本络温泉公园开发项目可行性谅解备忘录》;基础设施项目:《老挝首都万象至中老边境磨憨/磨丁国际口岸高速公路项目合作框架协议》,老挝国道北13号公路项目签约;农业合作项目:中国万马国际控股集团与老挝农林部农业服务国营公司签署在老农业合作项目,中国太阳纸业控股老挝有限责任公司与老挝沙湾拿吉省签署开发建设生态高效产业园协议备忘录;科技合作项目:中国一批科技企业入驻老中科技园区并进行现场签约等。其中,2019年7月中老签署的《关于开发建设老挝国家输电网可行性研究谅解备忘录》,意味着中老电力合作打开新的大门。外商在老挝投资建设的水电站中,中国投资建设的水电站占70%以上。2019年,进入商业运行的水电站有2014年开工的南塔河1号水电站,建成交付的水电站有2016年开工的东萨宏水电站,开始勘探准备工作的水电站有北本水电站,在建水电站有南俄3水电站、南俄4水电站、南欧江梯级水电项目、色拉龙一级水电站等。

据中国商务部统计,截至2019年6月,中国对老在外各类劳务人员达26119人,位于东盟国家第二,全球第七;中国对老工程承包新签合同额达15.8亿美元,同比增长198.9%,增幅位居东盟国家第一。据中国海关总署统计,2019年中老双边贸易额达18.9亿美元,比上年增长12.5%,增幅在东盟国家中排名第二。

六、科教文卫各领域合作全面开花,中老文化交往硕果累累

(一)职业教育培训合作增多

老挝是中国在东南亚提供政府奖学金最多的。2019年中老两国的教育培训除了以往的汉语培训、学校师生培训、老挝官员干部培训之外,因为中老铁路建设如火如荼,中国南京铁道职业技术学院老挝铁路培训中心在磨丁经济特区正式成立并揭牌,未来将为老挝输出大批本土化铁路高技能人才。

汉语培训方面,老挝国立大学孔子学院、苏发努冯大学孔子学院举办多个汉语培训班。学校师生培训方面,中国湖南省、云南省、浙江省等省份的职业技术学校与老挝的学校交往频繁并积极给老挝师生提供留学培训机会,促进共同发展。2019年中国开展老挝官员干部培训的院校包括广西百色干部学院、湖南岳麓书院等。此外,中国商务部在老挝建国阵线培训中心主办"2019年老挝农产品加工技术海外培训班",中老友谊学校举办"一带一路"中老职业教育合作论坛,致力于为中老两国经济文化交往提供更多人才。

(二)影视合作带动文化双向输出

为使老挝民众更了解中国以及中华文化的魅力,中国在老挝开展一系列活动,比如在老挝国家图书馆举办"2019中国电影周",免费放映老挝语配音的中国10部优秀影片;中国广西广播电视台与老挝国家电视台共同主办中国电视剧《红楼梦(1987版)》老挝语译制研讨会等。除了给老挝民众带去中华文化,中国也积极推动宣传老挝文化的独特魅力,比如中老合作的首部电影《占芭花开》2019年在万象公映,同时也正在筹备两国合作拍摄首部电视剧。

（三）卫生医疗跨国合作持续加强

2019年4月，中老两国同意续签《卫生合作谅解备忘录》。此次国家层面继续签署卫生合作谅解备忘录既是对中老两国过去在卫生医疗领域合作取得成果的肯定，也表明未来两国在该领域持续深入合作的愿景。

在医疗理论研究方面。中老两国联合召开多个会议，互相交流理论知识与临床经验。包括2019年"澜湄周"中老缅泰医院管理论坛暨第4届中老医院院长论坛，"4.25世界疟疾日"宣传暨疟疾、登革热跨境联防联控研讨会，中国云南省第一人民医院和老挝琅勃拉邦省医院举办医疗卫生服务合作体建设项目工作研讨会，在医疗实际运用方面。第一，中老双方在卫生医疗领域多个项目上达成共识，包括中国杭州联众医疗科技股份有限公司与老挝卫生部围绕嵌入式门诊系统推进的老挝医疗云平台合作项目，中国云南省第一人民医院在老挝琅勃拉邦省医院建成老挝中北部地区首个临床技能培训中心，中国昆明海关和老挝琅南塔省卫生厅签署防控虫媒传染病跨境传播合作协议等；第二，落实相关协议产生的相关成果，包括落实中老双方关于传统医药资源保护与可持续利用合作备忘录的《老挝草药典》成稿并在老挝卫生部举办交稿仪式等；第三，中国通过不同方式为老挝医护人员提供医学理论和临床技能培训，并经常与老挝一道就应急准备、疫情暴发确认核实、病例救治、双边协作、联防联控和卫生应急联合演练等共同学习、交流经验并分享探讨。

（四）中国科技助力"数字老挝"建设

中国华为在2019年6月举办的老挝通信展上为老挝总理通伦以及老挝邮电与通信部部长展示了5G、智慧城市、智慧政务、HUAWEI CLOUD等最新解决方案。7月，中国广西柳工机械股份有限公司协办由老挝公共工程与交通运输部主办的老挝道路建设技术与发展研讨会，会议主要聚焦老挝道路建设技术与装备发展。

（五）打造人文交流品牌，讲好中国故事

2019年，老挝国立大学孔子学院综合楼正式移交启用。多年来，孔子学院在老挝打造了多个文化交流品牌，包括"中华文化进校园"、"汉语桥"比赛、"中国梦·老挝情"歌曲大赛等具有广泛影响的活动。

由老挝中国文化中心与老挝国家美术学院合办的"老挝画家赴华创作汇报展"活动已经举办多年，2019年举办的画展主要展出的是由2018年前往中国广西采风的老挝知名画家的作品，计划下一个采风地点为中国四川，作品将于2020年展出。画展举办的目的在于加强中老两国文化和旅游交流。

以走促亲、以亲促心的广西人文交流品牌"文化走亲东盟行"2019年走进老挝万象，表演精彩节目，还特别推出富有广西民族特色的非物质文化遗产展示，中国壮族文化与老挝佬族文化有共通之处，此次文化交流活动引起老挝民众共鸣，促进中老两国民心相通。

中国云南、广西分别开启"中国寻根之旅夏令营"，将老挝华文学校的学生邀请到中国亲身体验中华文化，意在增加老挝华裔对中华文化的了解，肩负起传承中华文化、续写中老友谊篇章的责任。

七、中老联合执法守卫边境和国家安全

边境安全一直是国家安全的重中之重，中老两国都非常重视两国安全合作。自2011年开启中老缅泰湄公河联合巡逻执法以来，截至2019年12月底，共开展89次，派出执法船艇738艘次，执法队员13943人次，总航程46000多千米，共同维护湄公河的安全稳定。2019年，举办第2届中国—老挝边境国防友好交流活动，进行首次边境联合反恐演练，举办第3届中国与东盟等周边国家警察院校长论坛，继续与老挝禁毒机构加强禁毒机制建设并继续推广罂粟替代种植等。2019年，中国警方通过与老挝警方合作，赴老挝抓捕上百名电信诈骗犯罪嫌疑人回国审判。

2019年9月，中老双方共同赴老挝乌多姆赛省中国烈士陵园祭奠中国援老革命先烈表达哀思，中老双方都表达积极推进《行动计划》的意愿，携手为地区安全和构建人类命运共同体作出贡献。（杨梦平）

中国和马来西亚交往与合作

2019年，马来西亚通过恢复重启"一带一路"建设项目，深化和中国的交流与合作，中马关系在官方往来、经贸合作、社会文化交流等方面保持稳定发展。

一、中马高层保持密切互访

（一）中国国家主席习近平会见马来西亚首相马哈蒂尔

2019年4月25日，中国国家主席习近平在北京人民大会堂会见马来西亚总理马哈蒂尔。

习近平在会见马哈蒂尔时指出，中国和马来西亚建交45年，一半时间在马哈蒂尔先生总理任内，你对中马关系发展作出重要贡献。当前，两国关系站在了新的历史起点上。我们要以共建"一带一路"为机遇，为中马关系开创美好未来。双方要坚持中马友好，相互尊重和信任；照顾彼此重大关切，相互理解和支持。共建"一带一路"可以推动中国全方位开放，这为世界各国、特别是周边国家带来更大机遇。中马共建"一带一路"基础扎实，前景可期，双方要加强规划，做大合作平台，推进高质量合作，要把"两国双园"做大做强，使其成为"陆海新通道"重要节点，促进两国和地区联通和发展。总理先生崇尚"亚洲价值观"，倡导发

展中国家团结合作，在当前形势下有重要现实意义。双方要加强多边协作，推动中国—东盟合作提质升级。中方支持马方明年当好亚太经合组织会议东道主，推动区域经济一体化和经济全球化，推动构建开放型世界经济。

马哈蒂尔表示，中华人民共和国成立70年，成功解决了14亿人口的温饱问题，并使人民过上日益幸福的生活，这本身就是了不起的成就。我来中国，就是要借鉴思考中国发展的成功经验。马中友好历史悠久。马方珍视对华关系，愿同中方加强沟通合作，推动马中关系沿着确定的轨道继续高水平发展。共建“一带一路”是伟大的倡议，潜力巨大，它不仅可以解决制约各国发展的基础设施和交通运输瓶颈问题，还能解决国家之间的发展不平衡，促进文明对话交流，有助于从根本上铲除人类面临的战乱、极端主义、恐怖主义等问题的根源。国际社会需要更好地了解和认识“一带一路”，它有利于世界。马方支持“一带一路”倡议。马来西亚是海上丝绸之路沿线国家，具有独特的区位优势，马方期待通过共建“一带一路”加快自身发展。马方愿同中方加强在国际和地区事务中协调合作，携手推动东盟—中国关系发展。

（二）中国国务院总理李克强会见马来西亚总理马哈蒂尔

2019年4月25日，中国国务院总理李克强在北京钓鱼台国宾馆会见马来西亚总理马哈蒂尔。

李克强在会见马哈蒂尔时表示，中国和马来西亚同为本地区重要国家，互为友好邻邦。两国关系长期友好，在双多边开展了一系列富有成效的务实合作。今年适逢中马建交45周年，我们愿同马方巩固政治互信，弘扬传统友谊，挖掘合作潜力，扩大人文交流，推动中马全面战略伙伴关系迈上新台阶。中方愿将“一带一路”倡议同马方战略加强对接，按照国际化、市场化、法治化原则，推进双方贸易、投资等合作。中方鼓励本国有实力、有信誉的企业赴马投资兴业，愿同马方深化数字经济、电子商务等新兴产业领域合作，扩大农业、科技等领域的合作。欢迎更多马来西亚优质农产品进入中国市场。中马同为重要发展中国家，我们愿同包括马方在内的东盟国家持续深化区域合作，特别是加快推进“区域全面经济伙伴关系协定”（RCEP）谈判，推动中国—东盟关系和东亚合作取得更大发展。

马哈蒂尔表示，马来西亚长期以来同中国友好，希望这一友好关系继续发展下去。中国是一个拥有14亿人口的大市场，马来西亚从中国的发展中受益，愿在各领域加强对华关系。马方支持“一带一路”倡议，欢迎中国企业来马投资，愿同中方开展经贸、科技、农业等领域的合作，这有利于促进马来西亚自身发展。

会见后，两国总理共同见证马来西亚东海岸铁路沿线开发、恢复“马来西亚城”项目、加强棕榈油贸易等双边合作文件签署。

二、多项“一带一路”共建项目重启

（一）马来西亚宣布重启东海岸铁路项目

2019年4月12日，马来西亚总理署表示，在历经数个月的协商之后，马来西亚铁路衔接公司与中国交通建设股份有限公司签署一份补充协议，马来西亚将恢复东海岸铁路项目；同时，两国同意将项目造价从原本的655亿令吉降至440亿令吉。

（二）马来西亚宣布重启“大马城项目”

2019年4月19日，马来西亚总理马哈蒂尔通过记者会宣布重启由中资参与、开发总值达1400亿令吉的“大马城项目”。马哈蒂尔表示，大马城项目是城市规划的“开拓者”，预计将对马来西亚的城市发展产生巨大影响，吸引主要的国际金融机构、跨国公司和财富500强企业；同时，重启该项目有利于进一步巩固中马双边关系。

关于项目的细节，马哈蒂尔表示，最初的开发计划有变动，现在项目将包括10,000套经济适用房以及一个人民公园，本地人将参与整个建设，并优先使用当地的建材。

三、中马双边贸易额继续增长，结构不断优化

根据《马来西亚贸易统计报告》，中国从2009年起已经连续第11年成为马来西亚的最大贸易伙伴，贸易总额3166亿令吉（约合5153亿元人民币），占马来西亚贸易额的17.2%。此外，2019年马来西亚从中国获得5亿令吉投资，并在中国投资5.4亿令吉。

1990至2019年期间，马来西亚和中国之间的贸易结构不断优化。中马两国早期的贸易均以初级产品为主，马来西亚在1990年对中国最大出口产品为动植物油和脂肪，而中国对马来西亚出口主要为初级制成品，如粮油食品、农副产品、轻纺工业制品等，双方贸易以互通有无为目的。但从20世纪90年代初起，双方贸易结构发生显著变化，逐渐从以初级产品为主，过渡到以附加值较高的制成品为主。2019年，机械和运输设备成为马来西亚对华贸易的最大进出口产品。

此外，马来西亚还是中国游客出境游的热点地方，赴马旅游的中国游客增长迅速；仅2019年1月到9月就达240万多人，居入境马来西亚外国游客第1位。

四、马来西亚从中国引进近海多任务舰

2019年4月14日，马来西亚皇家海军从中国引进的第一艘近海多任务舰在双柳基地举行下水仪式，该舰被命名为“KERIS”（马来短剑）号，由武船集团建造。

该舰是中国出口到马来西亚的第一种水面舰艇，总长度约68.8米，满载排水量680吨，最高速度22节，巡航速度15节，最大航程2000海里。首批采购四

艘，计划于12月正式交付马来西亚海军，总价值2.5亿美元左右（约合16.77亿元人民币），单价约6000万美元。

向中国采购近海多任务舰是马来西亚皇家海军“15—to—5舰队转型计划”的一部分。马来西亚皇家海军计划未来经过淘汰老舰，集中采购和制造五个种类的新舰：近海多任务舰、多功能支援舰、濒海战斗舰、新型巡逻艇、潜艇。达成海军舰艇现代化和国产化转型。其中近海多任务舰总计划订购18艘，由中船集团与马来西亚宝德船厂合作。首批2艘由中国建造，其余经技术转让后由马来西亚宝德船厂自行建造。（赵丹）

中国和缅甸交往与合作

2019年，缅甸与中国的关系继续保持良好发展势头，各领域交流密切。政治层面，缅甸民盟政府倾向于更加积极的巩固、发展与中国的双边关系，发展中缅两国的睦邻友好关系。经贸层面，中缅双方通过政府和企业间密切交流与合作，工程项目进展顺利，贸易与投资金额稳步提升，促进了中缅双方的互利共赢。文化等其他会面，中缅双方合作开展一些交流项目，同时中国也为缅甸提供一些社会援助，增进了中缅两国的民心相通。

一、双边政治关系

（一）两国高层保持密切交流

2019年4月10日，缅甸国防军总司令敏昂莱访问中国，中国国家主席习近平与其会谈。习近平表示，当前中缅关系总体向好，各领域、各层次交流合作不断扩大，共建“一带一路”取得新进展。中方高度重视中缅关系，愿一如既往同缅方加强战略沟通，深化互利合作，不断丰富中缅全面战略合作伙伴关系内涵，给两国人民带来更多利益，为地区稳定和繁荣做出贡献。习近平还表达对加强中缅军事合作、缅甸国内和平进程和维护两国边境安全问题的关切。敏昂莱表示，缅中有着悠久的传统友谊，感谢中方长期以来对缅甸国家和军队发展给予的宝贵支持。缅方将继续积极参与“一带一路”建设，加强务实合作，切实维护缅中边境地区稳定。

2019年4月24日，缅甸国务资政昂山素季访问中国并出席第2届“一带一路”国际合作高峰论坛和北京世界园艺博览会开幕式。中国国家主席习近平会见昂山素季，并表示中方高度赞赏缅甸政府专门成立共建“一带一路”实施指导委员会，愿同缅方加强“一带一路”框架内互利合作，加快推进中缅经济走廊建设。昂山素季表示，感谢中国支持缅甸实现和平稳定发展的努力。相信共建“一带一路”将为世界和本地区带来福祉，也会深化缅中友谊与合作。缅方愿同中方共同努力，维护边境地区安全稳定。4月25日，中国国务院总理李克强会见昂山素季，双方就务实“一带一路”合作、推动中缅关系向前发展交换意见，并见证中缅多项双边合作文件签署。11月，缅甸国防军总司令敏昂莱访华并出席东盟防长扩大会反恐专家组实兵演习结束仪式。

（二）两国政府保持友好合作

2019年1月上、中旬，中国外交部亚洲事务特使孙国祥率团访问缅甸各政治力量，就中缅边境安全及缅甸和平工作进展情况等进行深入交流和会谈。1月23日，中国驻缅甸大使洪亮与缅甸政府代表签署澜湄合作专项基金2018年缅方项目协议。中国政府将资助缅甸开展包括提升澜湄合作意识、农村发展与减贫、跨境食品检疫、农产品深加工等19个项目的培训工作。2月18日，缅甸国务资政昂山素季召开“一带一路”指导委员会会议，称赞“一带一路”给缅甸乃至整个地区带来良好利益，认为缅甸要把握这一机遇，协调好相关建设和政策。2月28日，缅甸议会通过东盟—中国香港贸易协定和投资协定，将进一步加强和中国香港的经贸合作。3月6日，中国外交部亚洲事务特使孙国祥访问缅甸，并代表中国政府向缅甸促进和平的3家政府机构援助100万美元。3月26日，缅甸举办庆祝澜湄合作机制建立3周年“澜湄周”活动。6月12日，中国商务部部长助理李成钢与缅甸计划与财政部副部长貌貌温在缅甸内比都共同主持召开中缅经济、贸易和技术联委会第五次会议。6月16日，中国西藏自治区人大代表团访问缅甸。6月18日，新任中国驻缅甸大使陈海向缅甸总统递交国书，温敏总统接见陈海大使并表示将继续深化缅中全面战略合作伙伴关系。8月27日，中国国务委员兼外交部长王毅会见缅甸国务资政部部长觉丁瑞。9月21日，缅甸副总统瑞敏出席在中国广西南宁举办的第16届中国—东盟博览会并致辞。10月18—22日，缅甸国防部部长盛温访华并分别出席在武汉举行的第7届世界军人运动会开幕式及在北京举行的第9届北京香山论坛。10月24日，中国驻缅甸大使陈海率缅中企业家一行访问缅甸勃固省，会见勃固省首席部长温腾，双方就“一带一路”和中缅经济走廊建设项下的中缅区域经贸合作等交换意见。12月7日，中国国务委员兼外长王毅访问缅甸，先后与昂山素季、温敏、敏昂莱进行会谈。王毅表示，中国坚定支持缅甸走符合自身国情的发展道路，坚定支持缅甸在国际舞台维护正当权益和尊严，坚定支持缅甸维护发展稳定大局的努力。

二、双边经济关系

中缅两国优势互补，经贸关系紧密、互联互通持续推进、务实合作前景可期。

(一)双边贸易与投资

2019年中国是缅甸进出口的主要目的地。据缅方统计,2018—2019财年,中缅贸易总额113.6亿美元,约占缅甸贸易总额的32.5%。截至2019年12月,缅甸投资与公司管理局累计批准中国大陆地区对缅投资额209.35亿美元,占缅甸批准外商投资总额的25.21%。据中国海关总署统计,2019年中缅贸易额187亿美元,比上年增长22.8%,其中,中国对缅出口123.1亿美元,自缅进口63.9亿美元,分别增长16.7%和36.4%。中资企业在缅开设纺织制衣厂及上下游企业400余家,为缅甸当地创造近40万就业岗位。

2019年1月30日,缅甸中央银行发布通告,宣布增加人民币为官方结算货币。意味着受许可银行使用人民币进行国际支付、结算的业务,有力促进中缅金融合作和边境贸易发展。2018—2019财年,缅甸边境贸易总额达102.56万亿美元,前10个月,受缅北武装冲突影响,中缅边贸总额51.28亿美元,占同期缅甸边贸总额的58.36%,比上年同期减少8.96亿美元。2019年,中缅边民互市进出口总额49.7亿元,比上年增长22%,累计参贸边民近60万人次。2019年,中国企业在缅新签工程承包合同额63.1亿美元,比上年增长128%;完成营业额18.6亿美元,增长59.3%。2019年中国通过中缅油气管道进口天然气超50亿立方米。

中国是缅甸最大的贸易伙伴、出口市场和进口来源国,也是缅甸重要的投资来源国。2019年,中国是缅甸外资投资第二大来源国,达2.4亿美元,缅甸对华投资215万美元。缅甸与中国香港经贸关系发展迅猛。仅2019年10月至11月,中国香港在缅投资3个项目,投资额达8.02亿美元,在所有对缅投资的国家和地区中居首位。截至2019年10月,共有199家香港企业入缅投资,累计投资额达84.8亿美元。中国香港已成为缅甸吸引外资第三大来源地,仅次于新加坡和中国大陆。

(二)经济合作活动与文件签署

1. 中缅经济合作顺利开展。2019年,中国云南富滇银行瑞丽分行授信中缅跨境电商产业园项目8000万元人民币。中国工商银行仰光分行推出“中缅通”,涉及多币种存款、中缅跨境汇款、企业网银、中缅贸易融资、跨币种保函五大系列产品。3月6日,中缅三个边境经济区(木姐、清水河、甘拜地)的建设合作项目举行项目意向书征集第一次会议。4月,第2届“一带一路”高峰论坛举办期间中缅合作建设的木姐—曼德勒铁路完成项目可行性研究并提交缅甸政府。4月5日,中国能源建设股份有限公司承建的缅甸孟邦直通燃气电站项目竣工。该发电项目总装机容量为118.9MW,合同额1.1亿美元,是中资企业在缅甸境内获得的第一个世界银行贷款项目。8月12日,中缅经济走廊滚弄清水河边境经济合作区专家研讨会在缅甸仰光举行,双方专家达成多项共识。8月23日,中国驻缅甸大使馆同仰光省政府共同在仰光举办仰光省项目开发对接会,中资企业及金融机构代表出席活动。9月22日,由中国商务部及缅甸投资与对外经济关系部联合主办的中缅投资合作项目推介对接会在仰光举行。9月23日,中缅投资合作工作组会议在缅甸内比都举行。会议围绕编制中缅经贸合作五年规划展开,双方就切实推动双边港口、铁路、公路、电网等领域重大项目合作、加强资金融通、以发展合作带动民生改善、充分发挥滇(中国云南)缅合作潜力等议题进行务实交流和深入探讨,达成多项共识。9月26日,第126届中国进出口商品交易会(广交会)缅甸推介会在缅甸工商联举行。10月21日,由中国驻缅甸使馆主办的缅甸宣传部与在缅主要中资企业座谈会在内比都举行。11月6日,第8次滇(中国云南)缅经贸合作论坛在仰光举行。同日,由中国上海市政府主办的缅甸仰光投资推介会在上海举行,缅甸仰光市市长貌貌梭率团出席。上海市政府表示将把参与建设“仰光产业新城”项目,作为双方合作的重要抓手。11月21日,缅中地方政府合办的首届缅甸(腊戌)—中国(临沧)边境经济贸易交易会在缅甸腊戌开幕。11月22日,中国工商银行行长谷澍率团访问缅甸,并表示将推动中缅金融合作,服务缅甸经济发展。11月27日,中国驻缅甸大使馆经商参赞谭书富拜会缅甸掸邦首席部长林突,双方就发挥掸邦自然禀赋,深化双边在电力、农业等领域的对接与合作交换意见。11月29日,中国驻缅甸大使陈海率企业代表访问缅甸伊洛瓦底省,会见伊洛瓦底省首席部

9月22日,中缅投资合作项目推介对接会在缅甸仰光举行　(百度网)

长拉莫昂，并参加中缅经贸交流暨伊洛瓦底省投资推介会。

2. 中缅签署新经济合作文件。在2019年4月25—27日举行的第2届“一带一路”国际合作高峰论坛上，中缅双方签署中缅经济走廊早期收获项目清单，涵盖了中缅边境经济合作区、中缅500kV电网互联互通、木姐—曼德勒铁路、皎漂—内比都公路和皎漂深水港等项目，为中缅经济走廊建设走深走实奠定坚实基础。9月22日，中缅投资合作项目推介对接会后，中缅双方举行项目签约仪式，共签署包括中国机电商会同缅甸工商联合作备忘录、缅甸马圭省太阳能光伏项目谅解备忘录等5份合作文件。9月26日，中国对外贸易中心与缅甸工商联签署合作谅解备忘录。10月24日，中国浙江江南国际公司与缅甸勃固省政府签署工业区开发合作土地租赁谅解备忘录。11月5日，中缅合作的缅甸皎漂燃气电站项目购电协议签约仪式在缅甸内比都举行。缅甸电力能源部部长温凯、中国驻缅甸使馆经商参赞谭书富出席签约仪式并致辞。缅甸皎漂燃气电站项目由中国电建海外投资公司与缅甸Supreme公司共同开发。该项目位于缅甸若开邦皎漂市，装机容量13.5万千瓦。11月29日，中缅双方共同见证中国云南能投联合外经与伊洛瓦底发展公司就在缅甸勃生工业园内电站签署合作意向协议，缅方为中资制衣厂Texplus授予投资许可证。

三、双边文化及其他领域交流

（一）中缅文化和旅游交流

文化领域。2019年1月19日，“中缅情·合家欢”2019中国缅甸新春联欢晚会在缅甸仰光亮相。这是“跨国春晚”首次来到缅甸，也是一次跨越国界的艺术交流，中缅两国艺术家的精彩表演，展现出中缅一家亲、人民合家欢的温馨场景和美好画卷。5月21日，中国援助缅甸国家艺术剧院维修改造项目开工仪式在仰光举行。中国驻缅甸大使陈海、缅甸宗教事务与文化部部长昂哥共同考察项目施工现场，慰问中缅双方员工。缅甸国家艺术剧院由中国政府在上世纪80年代末90年代初出资援建，是象征中缅胞波友谊的标志性工程之一，也是中缅文化艺术交流的重要平台，此次维修改造包括更新升级剧院的观众厅、舞台、贵宾室等设施，更换灯光、扩音器等设备。6月22日，缅甸库玛拉毕万萨长老率领的高僧代表团访问中国，先后到达昆明、北京、西安参观访问，受到中国佛教协会的热情接待。9月27日，2019年缅甸“中国电影节”开幕仪式在缅甸内比都举行，中国驻缅甸大使陈海、缅甸宣传部副部长昂腊吞出席。此次“中国电影节”为期7天，将在内比都、仰光、曼德勒、腊戌四地展映《最后一公里》《6年6天》《旋风女队》《奇门遁甲》《西虹市首富》等5部缅甸语配音的中国影片。10月26日，缅中友好协会、中国云南德宏传媒集团等单位合作共建的“胞波书社”在仰光缅甸国际教育中心挂牌剪彩。11月9日，由缅中交流合作协会主办的中缅友好人士代表赴华交流经验座谈会在缅甸仰光举行。12月21日，缅甸中国企业商会2020年迎新春联谊会在仰光举行。

旅游领域。截至2019年9月，中国赴缅甸旅游的游客达194.2万人次，与上年同期相比增加114.5万人次。为满足不断增长的航空市场需求，截至2019年10月，中缅直飞航线达26条，比上年增加3倍，覆盖中国16个大城市。9月3日，缅甸酒店与旅游部发布通告表示，为了简化入境手续吸引更多国际游客，缅甸将把自2018年10月1日起施行的对包括中国香港、澳门特区在内的游客实行免签、对乘飞机入境的中国大陆游客实行落地旅游签，试行期为一年的政策延长一年至2020年9月30日。

（二）中国对缅甸的教育体育及医疗援助

教育领域。截至2019年底，中国驻缅甸大使馆已在缅甸主要省邦建设23所中缅友谊学校。中缅友谊学校项目是由中国驻缅甸大使馆和缅甸教育部共同实施的教育合作项目，自2016年开始实施。

体育领域。8月11日，中国援建缅甸国家体育馆维修改造工程在仰光举行开工仪式，中国驻缅甸大使陈海在致辞时说，缅甸国家体育馆是中国政府于20世纪80年代援建，是象征中缅友谊的标志性工程。多年来，该体育馆承担了大量重要赛事活动，为促进缅甸体育事业发展发挥了重要的作用。目前，体育馆部分设施已经难以适应现代体育训练和比赛的需要，中国政府将无偿对体育馆进行维修改造，项目完工后，缅甸国家体育馆的面貌将焕然一新。

医疗领域。5月10日，第二座中缅友好医院——位于缅甸中部马圭省的纳茂人民医院完成升级改造工程正式竣工并投入使用。缅甸国务资政昂山素季在现场致辞时表示，中缅两国携手合作发挥的力量在各个领域开始显现，中缅友好合作应当不断加强。纳茂人民医院是当地最大医院，为全镇30万人提供医疗服务，但是经过多年运营，这所医院设备陈旧，床位紧张，也没有急诊大楼。2018年12月，中国驻缅甸大使馆和缅中交流合作协会开始为纳茂人民医院修建全新的急诊中心，修缮原有病房和门诊大楼，配备先进的医疗设备，并对医护人员进行培训。短短5个月的时间，全新的急诊中心楼拔地而起，整个医院的面貌焕然一新。8月30日，2019中国云南省缅甸“光明行”活动在仰光迪德谷瑞比罕医院启动，活动由云南民间国际友好交流基金会、云南省卫生健康委员会、昆明医科大学第二附属医院、缅甸维萨卡基金会等共同举办。此次云南省“光明行”活动持续5天，为200名白内障患者实施手术，手术所需的药品和耗材由云南省医疗队提供。同时，为支持迪德谷瑞比罕医院发展和改善医院医疗条件，中方还将向医院捐款用于治疗白内障，并在手术结束后将15套白内障手术器械全部捐赠给医院使用。10月18日，中国—东盟重大热带疾病防治与医疗技术培训班在仰光开班。10月19日，缅甸政府表示中国还将帮助缅甸建设疾病医疗控制中心。

（三）中缅人力资源合作

中国通过官员研修、职业教育、学历学位等多种方式与缅甸开展人力资源合作，帮助缅甸人民加强其自身能力建设和可持续发展能力。缅甸各级官员、友好人士和技术人员参加研修班和培训班，培训内容涵盖农业、医疗、卫生、教育、扶贫、贸易便利化等缅甸当前发展所重点关注的领域。

2019年1月18日，为期7天的首届中缅边境外贸口岸管理暨缅北地区基层官员“一带一路”交流研修班在中国云南临沧举行结业典礼，来自缅甸腊戍、滚弄、果敢、户板和中国临沧的76名学员参加活动。8月30日，缅甸商务部第二、第三级汉语培训班结业仪式在缅甸内比都举行。缅甸商务部副部长、中国驻缅甸大使馆经商参赞、东方孔子课堂内比都教学点负责人及培训学员共80多人参加活动。9月23日，2019缅甸公务员培训师研修班在缅甸中部城市彬乌伦缅甸中央公务员学院举行开班仪式，来自中国国家行政学院的7名教师将在为期五天的研修班中，与缅甸中央公务员学院的教师们分享中国的治国理政经验。此次研修班是中国首次在缅甸举办习近平新时代中国特色社会主义思想和治国理政专题研修班。10月21日，由中国商务部和缅甸农业、畜牧与灌溉部合办，袁隆平农业高科技股份有限公司承办的缅甸杂交水稻技术海外培训班开班典礼在农业研究所（内比都）举行。60名来自缅甸农业领域的官员、技术人员、种植大户参加活动。10月22日，2019年缅甸法官研修班在中国云南昆明开班。在为期10天的研修中，研修班的缅甸法官们参访云南相关法院并与云南法官进行座谈交流。11月4日下午，2019年缅甸法官研修班在中国最高人民法院举行结业典礼。中国最高人民法院大法官胡云腾在致辞时表示，随着“一带一路”倡议深化，中缅两国司法机关的交流合作越来越密切。希望以研修班的成功举办为契机，进一步促进两国司法交流与合作，尤其在打击毒品犯罪和电信诈骗犯罪方面的合作，推动两国司法友好关系不断迈上新台阶。11月27日，缅甸“百人校长团”的第一批总共32位大学校长或系主任启程访华。这一交流活动得到中国缅甸驻曼德勒总领事馆以及中国云南大学的大力支持。校长团将先在云南大学进行为期一周的学习交流，之后前往北京师范大学、复旦大学交流学习。此次缅甸大学校长团访华参观学习，将有力推动中缅高等教育合作。（祝湘辉　代珊瑞）

中国和菲律宾交往与合作

一、高层互访与交往

2019年4月25日，中国国家主席习近平在北京人民大会堂会见来华出席第2届“一带一路”国际合作高峰论坛的菲律宾总统杜特尔特。习近平指出，过去3年，中菲关系完成转圜、巩固、提升“三部曲”，步入新的发展阶段。实践证明，中菲坚持睦邻友好顺应历史潮流，符合人民期待，是唯一正确选择。双方要坚持睦邻友好的大方向，共创携手发展的大格局，发挥妥处分歧的大智慧，把握世界发展的大潮流。中方愿同菲方深化发展战略对接，在共建“一带一路”框架内打造合作亮点，深化中菲两国以及地区各国联通和发展。双方要重信守诺，发扬伙伴精神，保持南海和平稳定，加强海上合作。中方将继续在禁毒、反恐等问题上全力支持菲律宾人民的正义事业。杜特尔特表示祝贺中华人民共和国成立70年取得的巨大成就。中国是菲律宾持久可靠的好朋友。菲方将坚持独立自主的外交政策。菲方对共建“一带一路”充满信心，愿用好“一带一路”合作带来的机遇，实现国家发展目标。菲方愿妥善处理好海上问题，不使其影响两国关系的发展。

8月29日晚，中国国家主席习近平在北京钓鱼台国宾馆会见菲律宾总统杜特尔特。习近平表示，愿同杜特尔特一道，继续从战略高度和长远角度把握好时和势，引领好中菲关系发展，这不仅有利于两国和两国人民，也将为地区和平稳定增添正能量。习近平强调，要持续推进“一带一路”倡议同菲方“大建特建”规划对接。习近平指出，中菲一直就南海问题保持有效沟通。双方要搁置争议，排除外来干扰，集中精力搞合作、办实事、谋发展。只要双方把这个问题处理妥当了，中菲关系的气氛就好了、基础就稳了，地区和平稳定也就有了一份重要保障。双方在海上油气共同开发方面步子可以迈得更大些。“南海行为准则”是为南海建章立制的创举，双方要致力于推动早日达成“准则”，展示中菲共同维护地区长治久安的坚定立场和积极姿态。杜特尔特祝贺中华人民共和国成立70周年，表示中国成功发展的经验值得菲律宾学习借鉴。杜特尔特表示，在香港问题上，菲律宾完全尊重中国的法律以及依法维护法治的权利。杜特尔特表示，我主张选择合作而非对抗的方式和平解决南海争议，维护地区友好合作、和平稳定大局，这符合本地区各方利益。菲方愿同中方加快推进海上油气共同开发。菲律宾作为现任东盟—中国关系协调国，致力于推动各方早日达成“南海行为准则”。会见后，两国元首共同见证双边合作文件交换仪式。双方还宣布成立油气合作政府间联合指导委员会和企业间工作组，推动共同开发取得实质性进展。

2019 年 3 月，菲律宾外长洛钦访华。3 月 20 日，中国国务委员兼外交部长王毅在北京钓鱼台国宾馆同菲律宾外长洛钦举行会谈。王毅表示，中菲关系提升为全面战略合作关系，进入新的发展阶段。双方政治互信不断深化，务实合作成果丰硕，积极探索海上合作，携手维护南海和平稳定，着力推进安全、发展、人文三大支柱领域合作，稳步拓展共建“一带一路”，不断推动中菲关系提质升级。洛钦表示，菲中友谊历史悠久。菲方愿同中方巩固政治互信，深化各领域合作，共同探索推进海上合作，维护海上和平稳定，不断推动菲中关系取得新进展。7 月 30 日，中国国务委员兼外交部长王毅在泰国曼谷会见菲律宾外长洛钦。王毅表示，中菲合作已结出丰硕成果，使菲律宾人民获得了实实在在的好处。中方始终把菲律宾作为中国周边外交的优先方向之一，愿同菲方进一步密切高层往来，深化政治互信，推动“一带一路”倡议同“大建特建”规划深度对接，加速推进包括基础设施建设、电信、油气开发等领域的互利合作。洛钦表示，菲中有着坚实的互信与友谊。菲方愿同中方密切高层交往，加强对话沟通，推进互利合作，开展海上油气开发合作。东盟聚焦本地区发展繁荣，致力于维护东盟的中心地位，不应参与任何带有地缘遏制色彩的所谓战略。12 月 16 日，中国国务委员兼外长王毅在马德里出席亚欧外长会议期间会见菲律宾外长洛钦。王毅积极评价中菲关系良好发展，表示中方愿同菲方认真落实两国元首重要共识，根据“中菲关于油气开发合作谅解备忘录”精神，积极推动中菲油气开发合作取得实质性进展。洛钦赞同王毅有关双边关系的积极评价，表示菲方已做好准备，愿同中方共同努力，推动菲中油气开发合作取得积极进展。

二、军事交流合作

2019 年 1 月 17 日至 21 日，由中国海军导弹护卫舰芜湖舰、邯郸舰和综合补给舰东平湖舰组成的海军 539 编队，对菲律宾进行为期五天的友好访问。1 月 20 日，菲律宾国防部部长洛伦扎纳在菲海军司令恩皮德拉德中将陪同下，抵达编队停靠的马尼拉港，中国驻菲大使赵鉴华、编队指挥员许海华少将、杜乃华少将等在码头迎接。芜湖舰为洛伦扎纳登舰举行欢迎仪式。洛伦扎纳登舰后检阅了中国海军舰艇仪仗队。洛伦扎纳一行在芜湖舰舰长杨凯引导下，先后参观舰载直升机、舰艏舰空导弹发射平台和主炮、驾驶室和反舰导弹发射平台等。在芜湖舰会议室，许海华少将、杜乃华少将向洛伦扎纳介绍中国海军和 539 编队在亚丁湾、索马里海域执行护航任务有关情况。洛伦扎纳对中国海军编队访菲表示热烈欢迎，对编队热情接待表示诚挚感谢。洛伦扎纳表示，中菲两军关系是两国关系的重要组成部分，支持两国海军不断加强友好交往和务实合作，包括高层互访、专业人员交流和舰艇互访等，欢迎中国海军舰艇再次访菲。

1 月 25 日，菲律宾国防部副部长卢纳到访北京并会见中国国防部部长魏凤和，魏凤和说，近年来，中菲关系实现由转圜、巩固到提升的发展。中国军队愿同菲方一道，落实两国领导人共识，把握正确方向，推进务实合作，加强多边协调，妥处矛盾分歧，推动两国军事合作深入发展，为地区安全稳定作出贡献。卢纳说，菲方重视发展对华关系，愿同中方加强交流合作，推动两国两军关系健康稳定发展。

4 月 21 日，应邀参加中国人民解放军海军成立 70 周年多国海军活动的菲律宾海军“塔拉克”号登陆舰抵达青岛港，这也是这艘菲律宾海军最大战舰首次造访中国。菲律宾海军“塔拉克”号登陆舰编队指挥员泰戈莫里拉代表菲律宾政府、菲律宾军队、菲律宾海军，以及海军司令罗伯特·埃姆佩德拉德将军，表达对于中方邀请“塔拉克”号参加中国人民海军成立 70 周年庆典的感谢。泰戈莫里拉表示，“塔拉克”号的到来代表着菲海军与中国海军缔结更加密切关系，以及与各国海军加强友谊与合作关系的强烈意愿，“塔拉克”号还将参与一些建立互信机制的活动，将会邀请中方海军及政府领导人参加。

三、经贸合作

菲律宾驻华大使馆提供的数据显示，2019 年中国成为菲律宾最大的出口市场，约占菲律宾出口总额的 27.4%；中国也成为菲律宾的主要投资来源国之一，来自中国的投资占比约为 1/3，比 2018 年增长 174%。2019 年中国赴菲旅游人数达 168 万人次。

1 月 17 日至 21 日，由中国海军导弹护卫舰芜湖舰、邯郸舰和综合补给舰东平湖舰组成的海军 539 编队，对菲律宾进行友好访问　（百度网）

（一）双边贸易

2019 年，中菲两国贸易保持持续快速增长势头。据中国海关统计数据，2019 年中菲双边货物贸易额（中国仅包括大陆地区，下同）达到 609.5 亿美元，比上年增长 9.5%。其中，中国对菲律宾出口 407.5 亿美元，增长 16.3%；中国自菲律宾进口 202.0 亿美元，下降 2.0%。

（二）投资

据中国商务部统计，截至 2019 年末，中国对菲律宾直接投资存量 6.64 亿美元。根据菲律宾中央银行统计，2019 年前 11 个月，中国是菲权益资本流入第四大来源地，也是菲律宾净权益资本配置（权益资本流入与权益资本流出差额）第二大来源地，金额达 1.04 亿美元，占比达 12.3%，比 2016 年的比重提升超过 11 个百分点。

（三）承包劳务

据中国商务部统计，2019 年中国企业在菲律宾新签承包工程合同 379 份，新签合同额 62.41 亿美元，完成营业额 27.60 亿美元。累计派出各类劳务人员 2233 人，年末在菲律宾劳务人员 4597 人。新签大型承包工程项目包括中交一公局集团有限公司承建菲律宾马尼拉滨海新城项目一期 A 岛和二期 B 岛项目，中国土木工程集团有限公司承建马卡蒂市地铁项目，中国华为技术有限公司承建菲律宾电信项目，中国能源建设集团国际工程有限公司承建菲律宾 Palauig1100MW LNG 联合循环电站项目等。中国在菲承包工程总体呈现政府间项目和商业性项目齐头并进、互相促进的良好态势。在中国驻菲律宾大使馆经商处登记的中国企业有近百家，其中大多是大中型企业的分支机构。主要有中国中铁、中国铁建、中国路桥、中国港湾、中电建、中能建等经营工程承包的大型企业，也有华为、中兴等电信设备供应商，国航、南航、厦航、东航、中国远洋等经营海空运输、船舶代理企业以及中国国家电网公司等。

四、经贸洽谈与人文交流

2019 年 1 月 14 日，由中国海南省商务厅主办、驻菲律宾使馆经商处支持、菲华青商会协办的 2019 中国（海南）·菲律宾经贸交流座谈会在马尼拉成功举办。海南省副省长沈丹阳、海南省商务厅副厅长荣延松、中国驻菲律宾大使馆金远商务参赞、菲律宾总统中国特使施恭旗、菲华商联总会理事长黄年荣、菲华各界联合会主席蔡志河、菲华青商会会长施逸川、菲律宾校友联总商会主席孙明强、菲律宾中国商会秘书长高铭森等出席并致辞。金远参赞表示，多年来海南省与菲律宾经贸往来密切，文化互动频繁。希望双方能在“一带一路”框架下，不断深化全方位交流合作，努力推动双方交流向更大规模、更宽领域、更深层次发展。沈丹阳副省长向与会嘉宾简要介绍中国（海南）自由贸易试验区的有关政策及最新进展，推介海南向外资开放的旅游业、现代服务业和高新技术产业等重点领域，阐述自贸试验区 16 条重大政策举措。会后，海南省商务厅与菲华青商会签署合作备忘录。

4 月 25—28 日，中国农业农村部副部长余欣荣率团访问菲律宾。余欣荣分别会见菲农业部副部长戈尔戈尼奥和国际水稻研究所副所长杰奎琳。全面了解中菲农业合作的共识及可能性，重点就召开中菲农业渔业联委会、农产品准入及贸易、农业基础设施建设、以及深化渔业合作等交换意见。深入探讨水稻技术研发以及水稻种质资源保存等工作。余欣荣还与在菲律宾农业企业代表举行座谈会，并深入菲农村和农民家中调研，了解菲农业发展、农村建设和农民生活情况。

7 月 26 日，由中国公共外交协会和菲律宾总统府新闻部主办、中国驻菲大使馆特别支持、环球网与菲律宾雅典耀大学孔子学院承办的“一带一路”中国——菲律宾人文交流与经济合作论坛在菲律宾首都马尼拉举行。论坛分为主论坛及“中菲智库媒体对话”“中菲基础设施建设合作”“中菲文化与健康产业合作”三个分论坛。菲律宾前总统阿罗约在主旨演讲中表示，菲律宾乐见中国改革开放取得的经济成就，认可中国在全球经济中的引领地位，尤其是在维护全球化与自由贸易中的作用。菲律宾愿意积极参与中国“一带一路”建设，尤其是杜特尔特“大建特建”基础设施建设计划与之不谋而合，相信在两国的友谊下，中菲关系将进一步深化。此外，阿罗约呼吁加强中菲两国间青年交流，尤其是让菲青年到中国去实地感受中国所取得的经济成就。中国公共外交协会副会长胡正跃在致辞中表示，中国扩大对外开放的决心坚定不移。中菲双方近年来政治互信不断加深，机制保障健全，各领域务实合作取得扎实进展，互利合作方向明确，未来前景无可限量。

7 月 27 日，“一带一路”中菲人文交流与经济合作论坛中国智库、媒体及企业代表团赴菲律宾雅典耀大学孔子学院参访交流。中国公共外交协会副会长胡正跃、前中国外文局局长周明伟、孔子学院院长黄淑琇、孔子学院中方院长梁广寒、菲律宾中国研究协会主席班乐义及其同事等约 50 人出席活动。与会嘉宾一致认为，要通过对话解决分歧，进一步加强智库、媒体、体育、艺术及文化等领域的交流，促进民心相通，传递中菲友好合作正能量，为两国关系健康发展作出积极贡献。

7 月 31 日，中国国务委员兼外交部长王毅在泰国曼谷出席中国—东盟菁英奖学金启动仪式，东盟各国外长及东盟秘书长参加。王毅在致辞中表示，去年 11 月，李克强总理在中国—东盟领导人会议上宣布设立中国—东盟菁英奖学金的好消息。今年 9 月，首批近百名奖学金获得者将陆续前往中国学习深造。这充分体现“东盟效率”和“中国速度”。民心相通，重在教育合作。中方倡议设立菁英奖学金，就是希望以教育合作为载体，加强双方民众尤其是青年一代沟通交流，增进相互理解和友谊，拉近心与心的距离。泰国外长和菲律宾外长洛钦分别致辞，感谢中方为东盟学生提供奖学金，表示加强教育交流一直是东盟—中国合作的重点领域，这有利于增进双方人民相互了解和互信。青年是东盟—中国未来关系的重要支柱。中国—东盟菁英奖学金项目将有力促进东盟—中国战略伙伴关系发展。（杨超）

中国和新加坡交往与合作

2019年，中国与新加坡高层互动频繁，合作紧密，政治互信增强，经贸关系得到进一步发展。中国与新加坡全面深化合作，成果丰硕。

一、中新两国高层互动频繁

（一）*新加坡总统和总理访问中国*

2019年，新加坡总统哈莉玛·雅各布和新加坡总理李显龙分别访华，与中国领导人举行会晤和会谈。4月25—29日，李显龙赴中国出席第2届“一带一路”国际合作高峰论坛，并在论坛高级别领导人会议上发表演讲；与中国国家主席习近平、国务院总理李克强分别举行会谈。见证两国签署成立新加坡—上海全面合作理事会、加强第三方市场合作实施框架、实施原产地电子数据交换系统、海关执法合作以及设立联合投资平台等5份谅解备忘录。

5月14—16日，哈莉玛·雅各布赴中国出席亚洲文明对话大会并在开幕式上致辞。与中国国家主席习近平、国务院总理李克强举行双边会晤，与中共中央书记处书记王沪宁举行会晤。

（二）*新加坡副总理来华访问*

2019年3月，新加坡副总理尚达曼来华出席中国发展高层论坛；4月，新加坡副总理张志贤来华出席第7届中新领导力论坛和苏州工业园区建设25周年成果汇报会；5月，新加坡副总理兼财政部部长王瑞杰来华出席浦江创新论坛并访问北京、上海和深圳；10月，王瑞杰再次来华出席中新双边合作机制会议并访华，中国国务院副总理韩正在重庆会见王瑞杰并共同主持中新双边合作联合委员会（JCBC）第15次会议。此次会议宣布中新自由贸易协定升级版自2019年10月15日起生效，有关原产地规则条款在2020年1月1日生效；11月，新加坡国务资政兼社会政策统筹部部长尚达曼来华出席2019创新经济论坛。

中新第三个政府间合作项目——中新（重庆）战略性互联互通示范项目建设加速推进。

（三）*中方领导人访问新加坡*

2019年6月，中国全国人大常委会副委员长吉炳轩受邀访问新加坡；7月，中国国务委员兼外交部长王毅在泰国曼谷出席中国—东盟外长会并会见新加坡外长维文；9月，中共中央政治局委员、重庆市委书记陈敏尔应邀访问新加坡。

二、中新贸易保持增长

高层互访，《中新自由贸易协议》升级版生效，对促进中国与新加坡双边贸易发挥重要作用。

据新加坡国际企业发展局统计，2019年，中国与新加坡双边货物进出口额为1006.7亿美元，比上年增长0.6%。其中：新加坡对中国出口516.3亿美元，增长2.4%，占其出口总额的13.2%，提升1.0个百分点；新加坡自中国进口490.5亿美元，下降1.2%，占其进口总额的13.7%，提升0.3个百分点。新加坡贸易顺差25.8亿美元，增长243.2%。从出口商品结构上看，机电产品一直是新加坡对中国出口的主力产品，2019年出口额为224.5亿美元，增长3.2%，占新加坡对中国出口总额的43.5%。化工产品、塑料橡胶和贵金属及制品是新加坡对中国出口的第二至第四大类商品，2019年分别出口68.6亿美元、59.8亿美元和52.5亿美元，增减幅度分别为-5.7%、-3.9%和81.3%，占新加坡对中国出口总额的13.3%、11.6%和10.2%。

机电产品是新加坡自中国进口的首位商品，2019年进口299.7亿美元，下降4.0%，占新加坡自中国进口总额的61.1%。在机电产品中，电机和电气产品进口194.4亿美元，下降6.7%；机械设备进口105.3亿美元，增长1.2%。矿产品和贱金属及制品是新加坡自中国进口的第二和第三大类商品，2019年分别进口73.6亿美元和21.2亿美元，前者增长14.1%，后者下降15.7%，占新自中国进口总额的15.0%和4.3%。除上述产品外，化工产品、光学钟表医疗设备和运输设备等也是新加坡自中国进口的主要大类商品，2019年分别合计占新加坡自中国进口总额的8.3%。中国是新加坡机电产品、贱金属及制品、家具玩具和纺织品及原料的首位进口来源地，占新加坡同类产品市场份额的19.2%、19.6%、34.6%和26.0%，中国产品竞争者主要来自中国台湾省、马来西亚和日本等。

据中国商务部公布的统计数据，2019年中新贸易额899.4亿美元，增长8.7%。其中，中国对新出口547.2亿美元，自新进口352.2亿美元，分别增长11.6%和4.4%。两国公布的贸易统计数据不一致，主要原因是统计口径不同。

三、新加坡对中国投资大幅增长

新加坡一直是中国的主要外资来源地。2019年，新加坡对华投资75.9亿美元，增长45.7%。中国企业对新加坡投资31.4亿美元，下降11.5%。截至2019年，中新两国围绕金融服务、航空产业、交通物流、信息通信等重点领域累计签约199个项目，签约总金额达

270 亿美元。其中,两国金融合作成效十分明显。

中新两国企业在"一带一路"框架下的务实合作有序开展。新加坡盛裕集团与丝路基金成立5亿美元的共同投资平台。新加坡大华银行、新加坡交易所与中国国际商会签署合作备忘录。新加坡星展银行与中国出口信用保险公司签订合作协议,支持"一带一路"沿线特别是东盟国家基础设施等领域项目合作等。

2019 年,中国企业在新加坡新签工程承包合同额 50.6 亿美元,比上年增长 81.1%;完成营业额 35.5 亿美元,增长 37.5%。

四、中新共同推进 RCEP 谈判进程

中新共同推进《区域全面经济伙伴关系协定》的谈判进程,新加坡贸易与工业部部长陈振声说,在印度、澳大利亚、印度尼西亚和泰国等协定成员国大选后,RCEP 前景将会显得更为明朗,RCEP 将成为全球最大的自由贸易协定,成员国将获得地缘经济和地缘战略的利益。自 2013 年 5 月举行 RCEP 首轮谈判以来,截至 2019 年,RCEP 谈判历时 7 年,共举行 3 次领导人会议、19 次经贸部部长会议和 28 轮谈判。RCEP 的 15 个成员国,除印度外,全部完成谈判。

五、中新合作成果丰硕

2019 年 4 月下旬,第 2 届"一带一路"国际合作高峰论坛期间,在中新两国元首的见证下,两国签署 5 份谅解备忘录,分别是:(1)成立新加坡—上海全面合作理事会,在"一带一路"倡议、金融服务、科技与创新、经商环境便利化、城市治理以及人文交流等 6 领域深化合作;(2)加强第三地市场合作实施框架。强化双方物流、电子商务、基础建设以及金融法律等专业服务与第三地国家合作;中新双方将建立并更新项目列表,关注两国在第三地市场的合作项目;(3)合作实施原产地电子数据交换系统,并于 2019 年 7 月 1 日初步上线;(4)加强海关执法合作;(5)成立联合投资平台。

6 月 7 日,2019 年慧眼中国环球论坛开幕式在新加坡举行　（百度网）

六、中国各省区市与新加坡的合作进一步增强

(一)中共海南省委书记、省人大常委会主任刘赐贵访问新加坡

2019 年 2 月 21—24 日,中共海南省委书记、省人大常委会主任刘赐贵率团访问新加坡,拜会新加坡贸工部部长陈振声,出席中国(海南)新加坡经贸座谈会,并赴新加坡淡马锡集团、能源公司、港务集团、新翔邮轮公司等参观考察。中国驻新加坡大使洪小勇大使陪同有关活动。22 日上午,刘赐贵书记拜会陈振声部长时介绍海南建设自由贸易试验区和自由贸易港建设情况,以及分步骤、分阶段建立自由贸易港政策和制度体系的最新情况和进展,希望在海南自由贸易试验区建设过程中学习借鉴新加坡自由港建设的经验和做法,欢迎新加坡企业参与海南自由贸易试验区建设,共享海南发展机遇。陈振声部长根据新加坡发展经验,对海南发挥自身优势、集中力量重点发展优势产业提出建议。陈振声部长表示,海南与新加坡地缘相近,人缘相亲,将继续关注并支持新加坡与海南的合交流与合作。

(二)中国甘肃省省长唐仁健率团访问新加坡

2019 年 5 月 6—9 日,中国甘肃省省长唐仁健率团访问新加坡。访新期间,唐仁健省长先后拜会新加坡国务资政兼国家安全统筹部部长张志贤、贸工部部长陈振声,见证"甘肃省商务厅—新加坡企业发展局经贸合作谅解备忘录"签署,出席甘肃特色产品(新加坡)展示展销中心揭牌仪式及兰州大学新加坡校友会成立仪式。

(三)中国广西壮族自治区党委书记、自治区人大常委会主任鹿心社率团访问新加坡

2019 年 5 月 11—14 日,广西壮族自治区党委书记、自治区人大常委会主任鹿心社率团访问新加坡,拜会新加坡总理李显龙、国务资政兼国家安全统筹部部长张志贤、贸工部部长陈振声,就加强广西与新加坡务实合作进行深入交流。访新期间,鹿心社书记与新加坡人力部部长兼内政部第二部长杨莉明共同出席国际陆海贸易新通道广西推介会、中国—东盟多式联运联盟落户南宁启动仪式,并见证广西与新加坡企业间多个合作项目签约。

七、慧眼中国环球论坛开幕式和"通商中国奖"颁奖晚宴在新加坡举行

6 月 7 日,2019 年慧眼中国环球论坛开幕式和"通商中国奖"颁奖晚宴在新加坡举行。新加坡副总理兼财政部部长王瑞杰,新加坡通商中国主

席李奕贤,全球绿色发展署大会主席兼理事会主席潘基文,中共广东省委常委、宣传部部长傅华等出席慧眼中国环球论坛并致辞。新加坡总理李显龙出席"通商中国奖"颁奖晚宴并举行总理对话会。中国驻新加坡大使洪小勇出席活动。

本次论坛的主题是"共商全球新格局,推动可持续发展"。50余名嘉宾就可持续发展、粤港澳大湾区、"一带一路"、绿色可持续经济、未来科技经济等议题开展交流,来自全球政商企各界人士600人余出席活动。

李显龙总理在对话会上表示,新加坡和中国建交近30年来,双方历代领导人能够维持良好关系,两国相互理解对方的核心利益,相互关照对方的核心关切,共同解决所遇到的问题,在诸多领域不断深化合作,如开展苏州工业园、天津生态城、新中战略性互联互通示范项目等合作。当前,中美经贸摩擦对世界经济发展造成不利影响,中美也应建立互信以改善局面。美国和世界各国应接受中国已经取得巨大发展并将继续壮大的事实,阻止中国不断强大是不可能的事,更非明智之举。中国改革开放和融入国际社会给自身带来了巨大经济发展成就,需肩负起更大的国际责任,继续以建设性的姿态参与到国际新秩序构建中,造福国际社会。包括新加坡在内的许多国家与中美两国都有广泛和深入的合作关系,希望继续和两国维持友好关系。

李显龙总理指出,目前,中国经济发展面临挑战,但中国显示出了应对恶化局面的信心,并采取相应政策手段推动经济发展。一种观点认为中国在面对外部压力时才会对外开放和转型,实际情况并非如此。改革开放是中国自己选择的道路,并引领中国一路走到今天。2001年中国加入世界贸易组织时,确实出现一些外部压力促使中国进行改革,中国在入世过程中经历了一系列阵痛,但中国所付出的努力带来了有利的改变,这些改变最终也符合中国自身利益。

王瑞杰副总理在慧眼中国环球论坛开幕式上表示,可持续发展对实现经济增长和改善人民生活至关重要,在这方面,中国积极开展国际合作,并付出巨大努力来实现可持续发展目标。例如新中天津生态城项目经过十年的发展,从一片盐碱地变成一座低碳宜居的新城。中国也为《巴黎协定》的推进发挥了重要作用。中国和联合国环境规划署联合发起的"一带一路"绿色发展国际联盟为政府、企业、研究机构和民众提供了"一带一路"绿色发展的良好平台,新方将与各方携手合作,支持绿色"一带一路"的发展。中国的粤港澳大湾区建设也在多个领域为企业提供了新的合作机遇,并将带动创新、低碳、绿色发展,新加坡和粤港澳大湾区可在新的基础设施领域发展合作。

张徐民公参作为慧眼中国环球论坛开幕主题讨论嘉宾,参与"共商全球新格局下的可持续发展"环节讨论,介绍了中国在中美关系、知识产权保护、改善营商环境等方面的立场。 (谢柱军)

中国和泰国交往与合作

2019年,中泰关系呈现全方位、宽领域、深层次、立体化的蓬勃发展格局。

一、高层交往频繁,一带一路合作有成效

(一)高层交往频繁

2019年2月16日,应泰国外长敦邀请,中国国务委员兼外交部部长王毅赴泰国清迈与敦举行战略磋商。双方就共同关心的国际和地区问题深入沟通,达成广泛共识。王毅部长表示中方支持东盟共同体建设,将全力支持泰国履行东盟轮值主席国职责,愿与泰方积极推动"一带一路"倡议与东盟互联互通总体规划对接,促进区域联通和可持续发展,办好中国—东盟媒体交流年,提升防务安全合作水平,推动中国—东盟关系和东亚合作取得更大发展。敦外长表示泰中拥有高度互信和深厚友情,双方高层交往频繁,经贸合作富有成果。中国倡导的"一带一路"合作将给泰国自身发展以及泰中合作带来更多机遇。

4月26日,中国国家主席习近平在北京人民大会堂会见泰国总理巴育,习近平指出中方愿同泰方加强发展战略对接,高质量推进共建"一带一路"合作,建设好中泰铁路,发展好"东部经济走廊",引领好创新合作,打造好民心工程,为两国关系发展注入强劲动力。巴育祝贺中华人民共和国成立70年来取得的巨大发展,并高度评价中国在经济增长、减贫、环境保护领域取得的成就。同日,中国国务院总理李克强、副总理韩正也分别与巴育会晤,巴育表示作为东盟轮值主席国,泰方愿与中方共同推动东盟—中国合作进一步发展。

7月1日,中国驻泰国大使馆在曼谷举办中泰建交44周年庆祝活动,中国驻泰大使吕健发表题为"回顾历史,走向未来:新时代的中泰关系"主题演讲,重申"中泰一家亲";披尼在讲话中讲述中泰建交前后自己的亲身经历,高度评价中国领导人治国理政的经验和成就。在庆祝活动上,与会人士回顾两国交往历程,共同展望美好未来。

7月8日,中国外交部副部长罗照辉与泰国外交部次长布萨雅在北京共同主持中泰第四轮战略对话,布萨雅表示泰国支持"一带一路"倡议,新一届政府坚持对华友好政策。

8月1日,泰国总理巴育在曼谷总理府会见中国国务委员兼外交部长王毅,共商推进泰中战略伙伴关系。巴育表示,泰方愿同中方一道推进泰中铁路建设,

欢迎中国企业扩大赴泰投资，深化泰中第三方市场合作。王毅表示，中泰要密切高层往来，开展包括扶贫等治国理政经验交流，深化发展战略对接，不断扩大贸易规模，打造创新、人工智能等新的合作增长点，携手开拓第三方市场。中方愿扩大进口更多泰优质农产品，推动两国全面战略合作伙伴关系提质升级。

9月20日，中共中央政治局常委、国务院副总理韩正和广西壮族自治区党委书记、自治区人大常委会主任鹿心社在广西南宁分别会见泰国副总理兼商业部部长朱林。

9月29日，中华人民共和国国家勋章和国家荣誉称号颁授仪式在北京人民大会堂举行。中共中央总书记、国家主席、中央军委主席习近平向“友谊勋章”获得者泰国玛哈扎克里·诗琳通公主颁授勋章。玛哈扎克里·诗琳通公主长期致力于推动中泰传统友好合作和两国关系发展并作出杰出贡献。这枚勋章代表中国政府和人民对公主为中泰友谊所做重大贡献的充分肯定，也是“中泰一家亲”的重要体现。

9月30日，中国国家副主席王岐山在北京钓鱼台国宾馆会见诗琳通公主。诗琳通公主感谢中方授予其“友谊勋章”，表示泰国王室高度重视并积极支持泰中关系发展，愿继续为促进泰中友好和务实合作贡献力量。

10月18日，泰国副总理兼商业部部长朱林在曼谷会见到访的中国农业农村部部长韩长赋一行，双方就中泰关系、农业双边及多边合作、农业专家互访、人员交流培训等交换意见。

11月2—5日，中国国务院总理李克强应邀赴曼谷出席东亚合作领导人系列会议，并对泰国进行正式访问，这是泰国新政府成立后中国国务院总理首次访泰，也是李克强总理时隔5年再次来泰。11月2日，第22次中国—东盟10+1领导人会议在曼谷召开，会议商讨东盟共同体建设，并结合2019年东盟“为可持续发展推动伙伴关系”的主题，就东盟未来发展方向、加强东南亚地区各领域可持续发展交换意见。李克强与巴育共同主持会议。11月5日，泰国总理巴育会见中国国务院总理李克强，双方表示要进一步拓展两国在经济、科技创新、政治方面的合作，并签署4份文件。李克强访泰期间，中泰两国政府发表联合新闻声明：双方同意将中泰铁路打造为两国高质量共建“一带一路”合作的成功典范，加快落实《关于廊开—万象铁路连接线的合作备忘录》，加快中老泰铁路贯通，在“陆海新通道”框架下探讨互利合作，促进地区联通和发展；双方将落实好两国政府关于农产品贸易合作的谅解备忘录，抓住电子商务等新业态发展契机，推动贸易可持续发展；双方同意加强粤港澳大湾区和泰国东部经济走廊的合作，探讨成立相关合作机制的可能性，推动两个区域间及更广地区的互联互通建设取得实质性成果。同日，李克强还在曼谷新国会大厦会见泰国国会主席川·立派。双方表示将继续深化两国立法机构的交流与合作，促进民间交往，加强两国在地区和国际事务中的沟通与协调，推动两国关系取得更大发展。

（二）共同推进“一带一路”合作

2019年2月27—28日，中国香港特别行政区行政长官林郑月娥率团访问泰国，出席香港驻曼谷经贸办事处揭幕仪式等活动。中国驻泰国大使吕健会见林郑月娥行政长官并陪同出席有关活动。香港驻曼谷经贸办事处于2月28日揭幕并正式投入运作，这是继新加坡和印尼雅加达之后香港特区政府在东盟国家设立的第三个经贸办事处。香港特区行政长官林郑月娥、泰国副总理颂奇、中国驻泰国大使吕健等主持揭幕仪式。据了解，香港驻曼谷经贸办的服务地域范围覆盖泰国、柬埔寨、缅甸、孟加拉国。

3月18日，澜湄合作专项基金泰国外交部项目“澜湄合作国家协调员能力建设”合作谅解备忘录签约仪式在曼谷举行，中国驻泰国大使吕健和泰国外交部次长布萨雅代表双方签字。泰国外交部副部长威拉萨，前外交部长、湄公学院荣誉顾问德·汶纳，泰国商业部、财政部等政府部门代表，缅甸、柬埔寨、老挝、越南等国驻泰使节或代表出席签约仪式。仪式之后，吕健大使与威拉萨还为“庆祝泰中两国携手推进澜湄合作成果”图片展剪彩并一同参观展览。

3月20日，吕健大使出席泰中记者协会在曼谷举办的“关注中国两会、中国经济对世界和泰国经济影响”研讨会，并发表主旨演讲，介绍中泰共建“一带一路”及务实合作最新进展，提出数字经济与创新合作可成为中泰未来务实合作的的重要新领域。泰国交通部部长阿空及泰商界、学界、媒体代表约200人与会。阿空部长详细介绍泰国在基础设施、互联互通领域的投资规划，特别谈及中泰铁路建设情况，表示泰方将坚定推进铁路项目谈判及建设进程，并最终实现与中老铁路的联通。

4月25日，由中国人民对外友好协会、北京市人民政府联合主办的第2届“一带一路”国际合作高峰论坛地方合作分论坛在北京举行。泰国总理巴育26日上午抵达北京出席论坛并发表演讲，重申泰国及东盟支持“一带一路”倡议，表示坚持国家社会经济的可持续发展，提升泰国在东盟和东南亚的物流中枢地位。泰中直接签署以及泰国参与签署的合作意向、声明有《促进“一带一路”合作　共同推动建立农药产品质量标准的合作意向声明》《泰国反腐败机构与中国国家监委、菲律宾反腐机构签署合作谅解备忘录》《关于进一步推进“一带一路”国家知识产权务实合作的联合声明》等。在论坛设施联通分论坛上，中国国家发展改革委副主任胡祖才与老挝公共工程与运输部部长本占、泰国交通部部长阿空签署三国政府间关于万象—

廊开铁路连接线的合作备忘录:泰中铁路项目合作,中老铁路项目合作,标准轨道技术合作、廊开—万象城轨道互联以及泰老跨境铁路综合大桥项目等。

5月15日,前泰国副总理、泰中文化促进委员会主席披尼·扎禄颂巴出席在北京召开的亚洲文明对话大会,与中共中央政治局委员、中共中央宣传部部长黄坤明等会谈,就亚洲文明有关的议题交换意见。

5月30日,东盟与中日韩10+3高官会在曼谷举行,中国驻东盟大使黄溪连代表中方高官出席会议,就中美经贸摩擦问题阐述中方立场。各方代表赞同中方立场,对当前保护主义抬头和逆全球化消极动向表达关切,表示坚定支持开放包容的自由贸易和以规则为基础的多边贸易体制,支持多边主义,反对以本国利益为先的单边主义和保护主义。同日,中国驻泰国大使吕健会见泰国中华总商会永远荣誉主席、著名侨领吴宏丰先生,接受其向中国外交部定点扶贫项目云南省麻栗坡县和金平县捐赠的扶贫款项1000万泰铢。

6月26日,由福建华侨大学、泰国国家研究院、泰中文化经济协会共同主办的第8届中泰战略研讨会在福建华侨大学厦门校区开幕。来自中泰两国的近百名专家学者齐聚一堂,以“新时代中泰战略合作:新机遇、新愿景”为主题,围绕“经济合作:投资、贸易、金融与电子商务”“社会文化合作:城市化与减少贫困”“科技合作:人力资本与创新发展”“战略对接、外交与防卫合作”“泰国产业与中泰合作”“华侨华人、移民与中泰交往”6个议题展开研讨,为新时代深化中泰两国全面合作出谋划策。

8月1日,泰国副总理颂奇会见到访曼谷的中国香港贸发局新任主席林建岳一行,双方就香港参与泰国东部经济走廊,特别是东部经济走廊创新区和数字创业与创新促进区的投资建设合作深入交换意见。颂奇表示,泰方愿与香港探索建立相关合作机制,并邀请双方私营部门加入,积极参与并推动粤港澳大湾区框架下有关合作。

12月17日,泰国总理府事务部部长贴宛·立巴潘洛参加在北京举行的首届澜湄水资源合作部长级会议。会议通过《澜湄水资源合作部长级会议联合声明》《澜湄水资源合作项目清单》等成果文件,并见证澜湄水资源合作中心与湄公河委员会秘书处签署合作谅解备忘录。

12月24日,中国驻泰国大使吕健分别与泰国国家水资源办公室秘书长颂起亚、农业与合作社部次长安南、自然资源与环境部次长乍都蓬在曼谷签署中泰澜湄合作专项基金框架下的3份协议:(1)水资源项目合作协议。根据协议,中方将资助泰国国家水资源办公室开展泰缅界河管理模式研究与合作,为本地区界河管理积累经验。(2)农业项目合作协议。根据协议,中方将资助泰国农业与合作社部在水稻种植、畜牧业草料获取、可持续农业系统发展等方面实施多个项目。(3)减贫项目合作协议。根据协议,中方将资助泰国自然资源与环境部在泰国东北部通过发展林业帮助当地民众脱贫。

二、深化市场合作,开拓第三方市场

2019年,中国首次超越日本,以2600亿泰铢的投资额成为泰国最大的外资来源国。

(一)基础设施合作建设取得新进展

3月29日,由中国建筑集团有限公司(简称中建)承建的泰国素万那普国际机场扩建项目新候机楼举行钢结构封顶仪式。素万那普机场扩建项目是泰国政府“东部经济走廊”计划中的重要项目,也是作为中资企业迄今在泰国承建规模最大的工程。该项目竣工投入使用后,将改善素万那普老航站楼客流量压力过大的状况,助力泰国旅游业发展。

5月21日,中国中建设计集团、中国港湾、中铁同时中标泰国“曼谷拉玛三—道卡农—西外环路高速公路”招标建设项目。

中泰铁路是中泰互利合作的重点项目,该项目自2017年12月开工建设,2019年进入全面建设阶段。2019年4月25日,在第2届“一带一路”国际合作高峰论坛设施联通分论坛上,中国国家发改委副主任胡祖才与泰国交通部部长阿空、老挝公共工程与交通运输部部长本占·辛塔冯签署三国政府间关于万象—廊开铁路连接线的合作备忘录。会议期间中泰双方就中泰铁路曼谷至呵叻合作项目2.3子项目合约进行会谈,中方同意将项目造价预算再减少5.49亿铢。加上之前的一笔26.76亿铢的减计,中方合计两次共为项目造价减计32.25亿铢的预算。第2.3合同项目将更改为新型列车复兴号来运行,取代和谐号,轨道修建也将

6月26日,第8届中泰战略研讨会在厦门举行　　(百度网)

改为碎石铁轨铺设。此次调整后,“2.3合同”的总金额将从之前的385亿泰铢增加到506亿泰铢。11月5日举行的中泰两国总理双边会谈提及中泰铁路项目进展情况,双方在“2.3合约”涉及贷款问题上暂时无法达成协议,将在中泰铁路合作联合委员会第28次会议上继续协商,希望找到最佳解决方案,尽快推进该项目建设。11月下旬,泰国交通部表示,中泰高铁一期工程的合作正在稳步推进,已邀请中方共同确定货币汇率,以及第2.3号合同签署日期。12月22日,中泰高铁2.3合约推迟至2020年5月签署。

12月27日,泰国国家铁路局(SRT)和中国通号联合体(CRSC)在曼谷香格里拉酒店举行“泰国复线铁路通信信号改造项目ST—7南线标段(佛统—春蓬段)”商务合同签约仪式暨新闻发布会。该项目途经59个站点,全长约420千米。此次中标是中国通号“优先优质发展海外市场”战略指引下成功中标的又一个重要海外项目。

(二)积极推进经贸合作

2019年5月20—22日,中国—东盟自由贸易区联合委员会第12次会议在曼谷举行。会议主要围绕着推动双方贸易便利化、减少互相之间贸易障碍等议题展开讨论。会议决定在中国—东盟自由贸易区协定框架下于2019年8月1日起实施指定清单产品原产地证规则。中国—东盟自由贸易区协定自2005年生效至今已经实施15年,2018年中国已成为东盟最大的贸易伙伴国,中国与东盟的贸易总额合计约5897.48亿美元。

5月27—28日,联合国亚洲及太平洋经济社会委员会第75届年会部长级会议在泰国曼谷举行,主题为“增强人民能力,确保包容性和平等”。年会期间,中方与泰国政府、哈萨克斯坦政府、联合国亚太经社会秘书处于27日共同主办“一带一路”主题会议。

6月中旬,泰国可持续农贸发展协会和中国全国城市农贸中心联合会签署谅解备忘录,加大泰国农副产品在中国市场推广力度。

9月9日,第3届中国香港—东盟经贸部长会议在曼谷举行,讨论落实香港与东盟《自由贸易协议》和《投资协议》的进展及后续工作。香港特区政府商务及经济发展局局长邱腾华在会上表示,这两份协定是加强双方经济合作的重要支柱,为企业提供更明确和清晰的营商规则,充分展示香港与东盟就维持自由开放的贸易和投资作出的共同承诺。香港与东盟于2017年11月签订《自由贸易协定》和《投资协定》,其中涉及香港和老挝、缅甸、新加坡、泰国和越南的部分于2019年6月生效。会议期间,邱腾华还分别与泰国副总理兼商务部部长朱林和东盟秘书长林玉辉举行双边会议,讨论全球贸易形势下的区域性贸易议题。

同日,中国船舶工业集团有限公司出口泰国海军船坞登陆舰建造协议签字仪式在北京举行。这是中国首次对外出口船坞登陆舰。

中国制造业企业投资泰国最大项目——中国化学工程承建的通用橡胶(泰国)有限公司轮胎项目于12月28日首胎下线,生产出合格轮胎产品。该项目位于泰国罗勇府中泰工业园区内,是江苏通用科技股份有限公司投建的首个海外生产基地,建设规模为年产100万条全钢子午胎和600万条半钢子午胎。

(三)深入融资合作

2019年4月23日,中国银行副行长孙煜在总行大厦会见泰国进出口银行行长披实和泰国驻华大使毕力亚。双方举行会谈并共同出席《中国银行与泰国进出口银行合作谅解备忘录》签字仪式。根据协议,双方将在融资合作与业务撮合、金融市场交易、债务资本市场等领域开展深入合作。

同日,由深交所、泰交所、工银泰国联合举办的首届中泰资本市场合作研讨会在泰国曼谷召开。中国深圳证券交易所和泰国证券交易所在会上签署备忘录,将合作制订了中泰中小企业(SME)资本市场服务计划,探讨建立中泰创业板市场联盟,进一步探索丰富两国资本市场融资渠道。

6月20日,泰国总理巴育在总理府会见亚投行行长金立群一行,并希望亚投行在湄公河次区域经济发展方面为泰国提供更多资金支持。巴育说,泰国正在推进的多项大型基建投资项目继续需要资金支持,泰国支持亚投行为东盟基础设施建设合作伙伴,期待能在东盟合作机制下展开广泛合作,并共同为本地区的经济繁荣和社会发展作出努力。金立群行长对泰国政府推动的“泰国4.0”国家发展战略表示赞赏,愿与泰国一道推进CLMV湄公河次区域经济广泛合作,并指出“一带一路”倡议与泰国EEC特区发展拥有广阔的合作共赢前景。

(四)高科技投资合作不断加深

2019年5月10日,中国华为集团在泰国安装东南亚地区第一个5G试验台。该5G测试点位于春武里——曼谷东南方向约90千米处。春武里是东部经济走廊的核心,诺基亚、爱立信和泰国电信运营商等厂商也在这里设立5G实验室。泰国数字经济部长比切·杜龙卡韦罗称5G测试平台尚处在试验阶段。

5月27日,泰国国家旅游局与支付宝签署合作意向书,签约双方将在相关网络服务平台推出泰国旅游线路,为中国游客来泰旅游、消费等提供更便捷的服务和安全保障。

8月8日,中国华为集团与泰国电信运营商TrueMove H(以下简称True)在中国成都签署《5G使能数字生活转变——5G领导力合作谅解备忘录》,True还与华为携手合作,成功测试中泰首个5G国际视频通话。

10月22日，泰国副总理颂奇在中国广东深圳与华为集团创始人兼CEO任正非会面，在双方的见证下，泰国国家科学技术开发办、国家创新办与华为集团签署谅解备忘录。

（五）扩大旅游合作

2018年赴泰旅游的中国游客人数就高达1050万人次，2019年上半年到泰国旅游的中国大陆游客达565.04万人次，比上年同期下降4.73%；为泰国带来3104.71亿泰铢（1泰铢约合0.22元人民币）收入，下降4.02%，中国仍是泰国旅游最大的客源输出国。

2019年5月26—31日，泰国旅游协会和泰国国家旅游局联合主办的2019年泰游大中华区路演活动，以“泰游引力，绽FUN精彩”为主题，首选中国厦门、南京和长沙等三个一线城市作为此次推介泰国旅游产品和信息的主要城市。

泰国内阁8月20日决议，将目前对包括中国在内的约20个国家和地区游客实行的免落地签证费措施再延长至2020年4月30日；同时驳回旅游与观光部提出的对中国和印度游客实行1年免签的政策提案。

三、密切人文交流与合作

（一）文化交流形式多样

在中国政府“一带一路”建设的重视与泰国政府重视区域互联互通相契合的背景下，2019年1月1日由泰中文化艺术交流中心、泰国皇家大剧院等多家机构联合主办《中泰一家亲，共筑新时代》中泰华人春晚在泰国曼谷皇家大剧院举行，中泰两国共35支艺术团队用各种艺术表演形式共贺新年。

2月4日，由中国文化和旅游部、泰国旅游和体育部、中国驻泰国大使馆和泰国国家旅游局联合举办的2019年泰国“欢乐春节”新春互致贺词仪式在曼谷举行。2月5日中国农历大年初一，诗琳通公主莅临曼谷唐人街出席2019年“欢乐春节”活动开幕式。2019年泰国“欢乐春节”活动突出文旅融合，于1月24日至2月18日举办。

5月21日，在泰国海军芭提雅基地，举办中泰建交44周年暨中泰国际马拉松活动。

5月28日，由中国国际文化传播中心、曼谷中国文化中心和泰中文化促进委员会共同主办的“庆祝中泰建交44周年《刘三姐》走进泰国”演出活动，在曼谷中国文化中心举行。演出活动以舞蹈《美丽广西》作为开场舞拉开帷幕，京剧《三岔口》、壮剧《拦路歌》、歌曲《壮家妹》《越来越好》、服饰秀《大美壮乡》、桂剧《打棍出箱》、舞蹈《壮族敬酒歌》、歌曲《壮乡美》《人约黄昏后》、彩调剧《刘三姐》片段等丰富多彩、形式多样的演出节目为泰国观众带来一场文化盛宴。

2019年是中泰建交44周年，NBT国家电视台从7月1日起每周一至周五的黄金时段，再度播出25年前由MVTV电视台翻译配音制作的泰语版《三国演义》连续剧。6月27日，曼谷中国文化中心携手泰国政府民联厅下属国家广播电视总台（NBT国家电视台）、泰国MVTV电视台合作举办“三国文化节”，并现场签署三方合作框架协议，共同演绎推动中泰文化合作交流的现代版“桃园三结义”。

8月16日，由中泰记者协会、泰国华人青年商会联合举办的“中泰建交44周年：世界万变但友谊长存”研讨会在泰国曼谷举行，研讨会聚焦两大主题：一是“媒体对中泰关系的促进作用”，二是“44年中成长的中泰经济”。

8月19日，由曼谷中国文化中心、泰国东方大学孔子学院和中国丽水学院联合举办“中泰陶瓷（青瓷）文化交流暨艺术展览”在曼谷中国文化中心开幕，展出来自中国丽水的青瓷作品40余件和泰国的陶瓷作品30余件。

为庆祝中华人民共和国成立70周年，第14届中国电影节暨2019中泰影视交流周8月24日在泰国曼谷中国文化中心开幕。本届电影节持续到9月1日，《流浪地球》等中国电影登陆泰国，用影像搭建中泰人文交流的桥梁。

8月31日，中国驻泰国大使馆政务参赞杨扬出席2019年度“泰国记者看中国”活动开幕式并致辞，全面介绍新中国成立70周年发展成就、展望未来中泰关系发展前景，并就中美贸易摩擦等介绍中方立场。“泰国记者看中国”是由泰国记协主办、中国大使馆支持的中泰媒体交流项目，旨在增进泰媒对华了解，为深化两国媒体合作、促进中泰人文交流搭建平台。

9月15日至12月15日，作为泰国各界庆祝中华人民共和国成立70周年系列活动之一的“秦始皇——中国第一个皇帝与兵马俑”展览在泰国曼谷国家博物馆举行，这是秦兵马俑首次亮相泰国。这次在泰国共展出兵马俑和相关文物133件，其中包括17件（套）一级文物。泰国副总理威萨努表示，本次展览不仅将有助于泰国人了解中国悠久的历史，也有助于增进两国的文化交流。

（二）教育合作进一步深化

3月20日，泰国总理巴育和夫人娜拉蓬副教授与中国驻泰国大使吕健夫妇在曼谷共同见证中国南京艺术学院与泰国甘拉雅尼·瓦塔娜音乐学院签署合作谅解备忘录。这一成果的达成是中泰首次在高等专门艺术院校之间签署正式合作协议，是中泰“一带一路”合作加强人文交流，民心相通方面的一个突破。

4月22日，泰国前副总理奇猜·万那沙提率领的第2届泰中新时代领导精英研习班学员代表赴中国北京研习，学员主要为来自泰国军、政、企业高层的华裔。6月25日，中国驻泰国大使吕健应邀出席第2期“泰中新时代领导精英研修班”结业典礼，为97名研修班学员颁发北京大学结业证书。泰国枢密院大臣格森、研修班学员及华侨崇圣大学师生等900余人出席活动。泰中新时代领导精英研修班由泰国华侨崇圣大学与中国北京大学联合主办,学员多为泰国前政要、军警高官及商界精英。在吕健大使和中国驻泰国大使馆的大力支持下,华侨崇圣大学与北京大学建立长期合作机制。研修班增进了学员们对中国国情和“一带一路”倡议的了解,为进一步推动中泰两国务实合作和共建“一带一路”筑牢人文基础。

4月30日,第18届“汉语桥”世界大学生中文比赛泰国赛区决赛在泰国潮州会馆举办。中国驻泰国大使吕健出席活动并发表致辞。来自泰国13所高校的20名选手参加决赛,清迈大学的杨金玉和皇太后大学的杨慧琴分获一等奖,杨金玉将代表泰国赴华参加“汉语桥”世界大学生中文比赛复赛及决赛。

9月1日,中泰一家亲“友谊杯”泰南大中小学中文比赛在泰国宋卡府合艾市举行。这是泰国南部地区首次同时举行大学、中学、小学三个年龄段的中文比赛,也是迄今泰南地区规模最大的中文比赛,吸引61所中小学和10所大学的1467人报名参赛。

9月9日,由中国国务院侨务办公室主办,北京华文学院承办,泰中文化促进委员会、泰国七世皇学院等协办的“2019年外国政府官员中文学习班”于中国北京举行开班仪式。此次中文学习班为第4期“一带一路”沿线国家政府官员中文学习班,共有35名泰国政府高级公务员参与培训。 (陈红升)

中国和越南交往与合作

2019年,中越两国高层互访和接触频繁,经贸投资合作增长,文化旅游往来频繁。两国继续推进各领域交流合作,两国关系总体上持续稳定发展。

一、两国高层互访交流频繁

2019年1月14日,中国政府级边界谈判代表团团长、外交部副部长孔铉佑同越南政府级边界谈判代表团团长、外交部副部长黎怀忠在越南老街市举行中越政府级边界谈判代表团全体会议,两国政府有关部门和地方政府代表与会。会议期间,两国副外长还举行磋商。

3月13日,中国人民争取和平与裁军协会秘书长安月军率领代表团对越南进行工作访问,与越南和平委员会副主席阮文黄举行会谈。

4月1—2日,正在越南访问的中国宋庆龄基金会主席王家瑞分别会见越共中央政治局委员、胡志明市市委书记阮善仁,以及越共中央对外部部长黄平君、越南祖国阵线中央委员会主席陈青敏、越共中央民运部部长张氏梅。4月25—27日,越南政府总理阮春福出席在中国北京召开的第2届“一带一路”国际合作高峰论坛。中共中央总书记、国家主席习近平会见阮春福。习近平指出,中越是具有战略意义的命运共同体,双方要以“十六字”方针和“四好”精神为指引,和衷共济,携手谱写两国全面战略合作新篇章。阮春福表示,越方一贯重视推动越中全面战略合作伙伴关系持续健康稳定发展,欢迎和支持“一带一路”倡议,愿深化广泛领域互利合作,促进地区发展。中国国务院总理李克强,中共中央政治局常委、中央书记处书记王沪宁分别会见阮春福。4月26日,中国海关总署署长倪岳峰在北京会见越南工贸部部长陈俊英一行,双方就共同落实好两国领导人共识、加强共建“一带一路”合作、商签机制性合作文件、加强缉私执法和检验检疫合作、促进两国农产品贸易发展交换意见。同日,中国公安部政治部主任刘钊在北京会见越南公安部副部长阮文成。

6月28日至7月2日,中国文化和旅游部副部长李群率中国文化和旅游部代表团访问越南,并于7月1日和越南文化体育旅游部副部长郑氏水在河内举行2019年中越文化和旅游部长年度会晤。

7月8—12日,越南国会主席阮氏金银率团对中国进行正式访问。访问期间,中国全国人大常委会委员长栗战书在北京同阮氏金银举行会谈。栗战书说,中国全国人大和越南国会都是共产党领导下的权力机关、立法机关,中国全国人大愿与越南国会一道,围绕推动落实两党两国领导人达成的重要共识和合作协议这条主线,从法律上为双边合作提供保障。阮氏金银说,越中传统友谊是两党两国的共同财富,值得不断发扬传承。越南国会期待与中国全国人大密切交流合作,为越中关系发展作出更大贡献。中国国家主席习近平和全国政协主席汪洋分别会见阮氏金银。

9月9—12日,中国国家禁毒委员会副主任曾伟雄应越南政府邀请率团赴越南出席加强打击跨国毒品犯罪合作部长级会议。会议期间,曾伟雄与越南公安部部长苏林进行双边会晤。9月21日,越南政府副总理武德担出席在中国广西南宁市举行的第16届中国—东盟博览会、中国—东盟商务与投资峰会。

10月14日,中国农业农村部部长韩长赋在越南首都河内会见越南农业与农村发展部部长阮春强,双方就进一步加强中越农渔业合作深入交换意见。

11月5日,越南计划与投资部部长阮志勇率领越南代表团参加第2届中国国际进口博览会。11月11—15日,中国国家移民管理局副局长赵昌华率代表团赴越南参加中越移民边防部门政治工作交流。这是中国国家移民管理局成立后与越南边防部队司令部举行的首次政治工作交流。赵昌华副局长会见越南人民军副总参谋长阮方南、越南国防部边防部队司令部司令黄春战，同越南国防部边防部队司令部政委杜名旺进行工作会谈，就进一步深化政治工作交流深入交换意见，签署会谈纪要。11 月 22 日，中国国家主席习近平在北京人民大会堂接受越南新任驻华大使范星梅递交国书。11 月 27 日，中国外交部副部长罗照辉和越南外交部副部长黎怀忠在北京举行中越政府级边界谈判代表团团长会晤，双方积极评价中越政府级边界谈判机制在加强陆地边境地区管理与合作、推进海上务实合作和维护海上和平稳定中发挥的作用，认识到相向而行管控海上争议至关重要。

12 月 6—10 日，中共中央组织部秘书长臧安民率团访问越南，会见越共中央对外部部长黄平君，同越共中央组织部副部长梅文政、越共中央理论委员会副主席武文贤分别举行会谈，会见越南胡志明市市委副书记武氏蓉，并介绍中共十九届四中全会精神。

二、两国军事交往合作

2019 年，中越两军在高层互访、边海防等方面继续开展交往与合作。

2 月 19—22 日，越南国防部副部长阮志咏率团对中国进行工作访问。中国国务委员兼国防部长魏凤和在北京会见阮志咏。此访越方请求中国国防部为越南的搜寻救助、越南参与联合国维和部队的工兵连提供装备支持。5 月 27 日，中国国务委员兼国防部部长魏凤和率领高级军事代表团抵达河内对越南进行正式友好访问，与越南国防部部长吴春历举行会谈。越南国会主席阮氏金银会见魏凤和。10 月 22 日，中共中央军委副主席许其亮在北京八一大楼会见来华出席第九届北京香山论坛的越南国防部部长吴春历。许其亮说，近年来，习近平总书记和阮富仲总书记引领两党两国关系深入发展，中越两军高层沟通频繁有效，合作机制不断健全，边海防交往日益密切，中国军队愿与越方共同努力，加强战略沟通，密切多边协作，妥善处置分歧，突出合作重点，为中越全面战略合作伙伴关系发展作出更大贡献。吴春历说，越方愿与中方一道，进一步密切高层互访，加强务实合作，使两军关系继续成为两党两国关系的重要支柱。

2019 年，中越海军进行第 26 次和第 27 次北部湾联合巡逻。中越边防部门联合开展法律宣传活动，提升边民法律意识。

2019 年，越南放开对 1979 年中国南疆自卫还击战的讨论和宣传。

三、经贸关系保持发展势头

2019 年，中越两国双边经济合作持续发展，中国继续是越南最大的贸易伙伴，越南继续是中国在东盟的第一大贸易伙伴。

据中国海关总署统计，2019 年中越贸易额 1620.034 亿美元，比上年增长 9.6%。其中，中国对越南出口 978.692 亿美元，增长 16.7%，自越南进口 641.342 亿美元，增长 0.3%。据越南统计总局公布的数据，2019 年中越双边贸易额 1168 亿美元，占越南贸易总额超过 22%，其中，越南从中国进口 753 亿美元，增长 14.9%，越南对中国出口 415 亿美元，增长 0.2%。2019 年，中越两国就越南输华乳制品和山竹的检疫等签订相关协议。4 月 26 日，中越签署越南输华乳制品动物卫生和公共卫生条件议定书。10 月 16 日，中国海关总署发布关于《越南输华乳品检验检疫要求》的公告，宣布准许越南乳制品对华出口；8 月 27 日，中国海关总署发布关于《进口越南山竹植物检疫要求》的公告，宣布允许符合相关要求的越南山竹出口到中国。

2019 年 3 月 14 日，中国阿里巴巴公司与越南 Fado 公司签署合作文件，协助越南企业，尤其是中小型企业通过阿里巴巴展位向全球推销产品。

投资方面，2019 年 1 月 1 日至 12 月 20 日，中国（不含港澳台）对越南直接投资新项目 683 个，注册资金 23.734 亿美元，占越南外国直接投资新注册资金的 14.2%。

越南在中国大力开展旅游推介活动，两国旅游合作继续发展。2019 年 5 月，越南旅游总局组织由该局职能部门和越南旅行社、航空公司、酒店等组成的代表团到中国成都、重庆、深圳等地进行旅游推介活动。2019 年，赴越中国旅客达 580.64 万人次，比上年增长 16.9%，占赴越外国旅客的 32%。

四、交通运输互联互通合作

2019 年 1 月 1 日，中国南宁—越南河内（嘉林）中越国际列车运行满 10 周年，累计运送国际旅客超 40 万人次。南宁站至河内嘉林站全程 396 千米，列车停靠南宁、扶绥、崇左、宁明、凭祥、同登、北江、嘉林共 8 个站，单程运行时间约 12 个小时。数据显示，自开行以来，该趟列车旅客发送量年均增长达 20%。10 年间，国际联运列车成功经受住“山竹”“威尔逊”“海鸥”等台风的考验，安全行驶超 280 万千米。

2019 年中越两国航空公司增开多条直达航线。1 月 9 日，由越南越捷航空执飞的中国青岛至越南芽庄的首条定期直航航线开通；9 月 30 日，中国云南昆明直飞越南海防市定期航线正式首航，这是由中国瑞丽航空有限公司开通的首条云南—海防定期航线；从 11 月 27 日和 28 日起，越南航空公司分别开通胡志明市至中国深圳航线和河内至深圳航线，这是该公司开通的第 15、16 条直飞中国航线。

五、党建理论、人文社会等领域的交流与合作继续发展

中越两党继续加强治国理政经验交流。2019 年 7

月22日,以"中越两国社会主义现代化建设的规律"为主题的第15次中越两党理论研讨会在中国贵州贵阳举行。中共中央政治局委员、中央书记处书记、中宣部部长黄坤明和越共中央政治局委员、中央书记处书记、中央宣教部部长武文赏出席并作主旨报告。会议指出,当前中越两国正处于建设社会主义现代化的重要时期,两国执政党分享带领各自国家发展取得的成功经验,系统研讨各自对领导本国社会主义现代化建设的规律性认识,具有重要意义。

中越人民论坛第11次会议在越南成功举行。2019年12月26—27日,中国人民对外友好协会与越南友好组织联合会共同主办的中越人民论坛第11次会议在越南义安举行。中方代表团团长、中国公共外交协会副会长胡正跃与越方代表团团长、原越南友好组织联合会主席武春鸿分别率团出席。本次会议以"弘扬中越友好,促进民心相通"为主题,中越两国政治、经济、人文等各领域专家代表坦诚交流,就建设两国全面战略合作伙伴关系建言献策。

中越文化、医疗卫生交流合作持续发展。2019年4月2日,由中国宋庆龄基金会和平天使艺术团与越南罗蒙诺索夫小学共同组织的中越青少年文化交流活动在越南河内举行。5月6日,中国广西日报传媒集团和越南广宁省传媒中心在越南下龙市签署合作协议,促进双方交流合作机制化,提升合作质量。7月1日,由中国文化和旅游部、中国驻越南大使馆、越南文化体育旅游部共同主办的"文化产业与旅游发展及推广"展览暨研讨会在越南河内开幕,中越嘉宾和专家学者就文化旅游融合发展进行交流。展览选取广西壮族自治区5家博物馆设计研发的200余件(套)文化创意产品,通过历史文化、山水文化、民族文化和城市文化4个专题展示中方文创产业新成果。12月6—8日,中国河口和越南老街联合举办2019中国红河—越南老街"两国一赛道"国际自行车赛,比赛分为山地赛和公路赛,吸引中越两国800名运动员参赛。12月28日,"同唱友谊歌"——2019中越歌曲演唱大赛总决赛在越南河内举行。本次演唱大赛由中国赛区和越南赛区各选拔出5名(组)选手参加总决赛。在总决赛第1轮比赛中,中越歌手分别用母语演唱;在第2轮比赛中,越方选手用中文演唱《天路》《美丽家园》等中国歌曲,中方选手则用越南语演唱《雨痕》《致旧爱》等越南歌曲;5月27日至6月1日、10月21日至28日,中国云南省人民政府外事办公室、云南省卫生健康委和昆明医科大学第一附属医院组成的云南省医疗队,两次赴越南海防市开展2019年越南海防"光明行"活动,共为当地170名白内障患者提供免费白内障复明手术。

中越继续开展青少年友好交流。2019年6月19—26日,越南青年代表团共100人来华参加第19届中越青年友好会见活动,越南青年代表团赴中国北京、贵州、四川和广西等地访问考察。

六、两国继续推动海上合作开发

中越继续开展北部湾共同渔区联合检查,继续推动北部湾湾口外海域和海上低敏感领域合作磋商。

2019年,中越继续开展北部湾渔业合作。4月24—26日,中越海警在北部湾开展2019年共同渔区海上联合检查。这是自《中越北部湾渔业合作协定》生效以来,两国第17次进行联合执法检查,活动包括业务交流、对渔民的渔船进行检查和监督等。6月5日,《中越北部湾渔业合作协定》实施15周年总结会在中国广东珠海举行。中越双方一致同意在协定于2019年6月30日到期后,继续深化和完善北部湾渔业合作关系,继承和发展北部湾渔业合作机制。会议发表《〈中越北部湾渔业合作协定〉实施15周年总结会联合声明》,一致同意积极推进在现有机制下尽快签订新的合作协议,并在达成新协议前,继续执行现行协定,采取切实措施继续维持在协定水域渔船作业规模和管理机制不变。7月22—26日,中越海警第3次工作会晤在中国浙江杭州举行,会议评价自2016年6月《中国海警局与越南海警司令部合作备忘录》签署以来双方开展的各项合作,并通过讨论确定下一步的合作方向。10月,中越海警继续开展2019年第2次(总第18次)北部湾共同渔区海上联合检查。

继续推进北部湾湾口外海域磋商。4月24—25日,中越北部湾湾口外海域工作组第11轮磋商和海上共同开发磋商工作组第8轮磋商在越南林同省大叻市举行。12月25—26日,中越北部湾湾口外海域工作组第12轮磋商和海上共同开发磋商工作组第9轮磋商在中国北京举行。双方就中越海上划界与共同开发等问题深入交换意见,一致强调要继续认真落实两党两国领导人达成的重要共识和《关于指导解决中越海上问题基本原则协议》,稳步推进北部湾湾口外海域划界谈判,并积极推进海上共同开发。

继续推进海上低敏感领域合作。11月19—20日,中越海上低敏感领域合作专家工作组第13轮磋商在越南胡志明市举行。双方就过去一段时间的南海形势交换意见,总结第12轮磋商以来已签署项目的落实情况,积极评价各项目取得的成果。在磋商中,双方还讨论未来合作方向,同意继续认真落实两党两国领导人达成的重要共识及《关于指导解决中越海上问题基本原则协议》,在符合国际法及各自能力的基础上,继续推动海洋环保领域的新合作项目。会后,双方组长签署会谈纪要。

七、中国各省市与越南的交流合作不断扩大

中国广东省与越南在经贸投资等领域的合作不断加强。2019年6月24日,越南—中国广东合作协调会

第七次会议在广州举行，中国广东省副省长欧阳卫民和越南外交部副部长黎怀中分别致辞。会议围绕广东与越南深化产能和贸易合作、基础设施建设、经贸合作区升级发展等议题进行深入交流。6月25日，在越南—中国广东合作协调会第七次会议框架内，2019年深化越南—中国（广东）投资贸易合作论坛举行，中国广东和越南政府部门、商协会、企业界代表等300多人参加。8月28日，由中国广东省商务厅与广告和贸易展会股份公司联合举办的2019年中国广东（越南）进出口商品交易会在越南河内国际展览中心开幕，双方企业在展会上展示大米、咖啡、橡胶、纺织服装辅料、棉纱、手工艺品、厨具和电器设备等产品。广东省企业在越南积极开展各项投资项目，其中包括海防市安阳工业区。

中国四川省与越南不断拓展经贸合作领域。2019年5月17日，越南旅游推介会在中国四川成都举行。会上，四川省文化和旅游厅与越南国家旅游总局签订《旅游合作备忘录》，双方将在旅游信息与发展经验交流、促进双方旅游企业合作、人力资源的培训和发展、提高旅游服务质量等方面加强交流与合作。6月13日，由越南驻华大使馆与中国新华集团联合主办的越南—中国（四川）经贸、农业与物流合作交流会在成都举行，30余家越南企业组团来川寻找合作机遇，涉及农产品、乳制品、水果种植及加工、海港和物流服务等行业。越南已成为四川在东盟国家中最大的贸易伙伴。

中国浙江省不断加强与越南的经贸往来。2019年8月1—3日，由浙江省商务厅主办、浙江远大国际会展有限公司承办的2019年浙江国际贸易（越南）展览会暨第八届浙江出口商品（越南）交易会在越南胡志明SECC展览中心举办。展会以“提升浙越经贸，挖掘合作潜能”为主题，展出面积达到4000平方米，展位150个，106家企业参展。

八、中越边境开放合作继续推进

2019年，中国广西、云南两省（自治区）与越南边境经贸文化、互联互通建设持续发展，中越边境开放合作继续推进。

越南继续是中国广西最大的贸易伙伴。2019年，广西与越南进出口总额1753.9亿元人民币，比上年增长0.3%。3月19日，应越共中央政治局委员、政府副总理兼外长范平明邀请，中国广西壮族自治区党委书记鹿心社对越南进行友好访问。鹿心社在越南河内会见越南政府总理阮春福，会见结束后，阮春福和鹿心社共同见证中国广西政府与越南工贸部签署关于加强经贸领域合作的备忘录。3月21—22日，2019年中国广西与越南广宁、谅山、高平、河江边境4省党委书记新春会晤联谊活动在越南谅山举行。中国广西与越南边境四省联合工作委员会第10次会晤同期在谅山举行。12月1—7日，主题为“拓宽合作，稳固发展”的2019中越（东兴—芒街）国际商贸·旅游博览会在越南广宁芒街举行。本届博览会设400个展位，其中中国企业展位100个，越南企业展位300个。展出的产品有农产品、食品、电子产品、建材、家电等。

2019年，中国云南与越南进出口总额308.8亿元人民币，比上年增长12.8%。10月24—26日，第9次中国云南与越南广宁—海防—河内—老街五省市经济走廊合作会议在越南广宁省下龙举行。五省市签署《会议纪要》，并就继续开展“光明行”活动、加强医疗卫生和旅游合作、建立友好城市等方面签署一系列合作协议。11月12—17日，第19届中越（老街）边境经济贸易交易会在越南老街省金城商贸区会展中心举行。本届交易会设800个展位，其中中方展位205个，越方展位551个，第三国展位44个。参展的商品主要包括农林水产品、机器设备、原材料、化工产品、建筑材料、家用电器、鞋类、日用品、手工艺品等。自2001年以来，中国河口瑶族自治县和越南老街省两地已轮流举办19届边交会。边交会已成为推进中国云南省与越南北部省市经贸合作的重要平台，推动双方在经贸、文化、旅游等领域交流合作。

中越边境口岸基础设施互联互通建设取得成效。3月19日，中国东兴—越南芒街口岸北仑河二桥正式开通启用。3月21日，中国浦寨—越南新清货运专用通道正式通车运行。

（李碧华）

12月1日，2019越中（芒街—东兴）国际商贸·旅游博览会在越南广宁省芒街市开幕　　（百度网）

重要节会展会

第16届中国—东盟博览会

中国—东盟博览会概况

中国—东盟博览会（CHINA - ASEAN Exposition 简称 CAEXPO），2003年由中国国务院总理温家宝在第7次中国与东盟（10+1）领导人会议上倡议，并于2004年开始每年在中国广西南宁举办的国家级、国际性经贸交流盛会。中国—东盟博览会由中国和东盟10国经贸主管部门及东盟秘书处共同主办，广西壮族自治区人民政府承办。中国—东盟博览会以“促进中国—东盟自由贸易区建设、共享合作与发展机遇”为宗旨，搭建融政治外交、经贸合作、人文交流于一体与东盟全方位合作的新平台。

中国—东盟博览会是目前中国境内唯一由多国政府共办且长期在一地举办的展会。自2004年以来，中国—东盟博览会已成功举办15届，同期成功举办15届中国—东盟商务与投资峰会，在服务国家周边外交、促进中国—东盟自由贸易区建设、推动共建21世纪海上丝绸之路等方面取得显著成效，成为合作共赢的典范。2014年2月，中共中央办公厅、国务院办公厅行文将中国—东盟博览会与博鳌亚洲论坛、夏季达沃斯论坛并列为“国家层面举办的重点涉外论坛和展会”，“具有特殊的国际影响力”，每年举办一次，中国领导人每年保持现有规格出席。2015年3月，中国—东盟博览会作为重要合作机制被写入《推动共建丝绸之路经济带和21世纪海上丝绸之路的愿景与行动》，以其平台的建设性作用服务“一带一路”建设。

中国—东盟博览会具有进口与出口相结合、投资与引资相结合、商品贸易与服务贸易相结合、展会结合，相得益彰，既是经贸盛会，也是外交舞台、经贸活动与文化交流相结合等六大特色。常设商品贸易、投资合作、先进技术、服务贸易、“魅力之城”等5个专题。

从2007年第4届中国—东盟博览会起，每届确定一个东盟国家为主题国。主题国一般按东盟国家国名英文首字母顺序依次出任。第4～15届中国—东盟博览会主题国分别为：文莱、柬埔寨、老挝、印度尼西亚、马来西亚、缅甸、菲律宾、新加坡、泰国、越南、文莱、柬埔寨。从2014年第11届中国—东盟博览会起，设特邀合作伙伴。即根据有关国家的申请和筹备情况，由中国—东盟博览会秘书处代表中国—东盟博览会各共办方邀请中国和东盟以外的 RCEP 成员国和“一带一路”沿线国家担任特邀合作伙伴，中国—东盟博览会从服务“10+1”向服务 RCEP 及“一带一路”拓展，推动中国和东盟作为一个整体与区域外国家的交流，创造更多商机。第11～15届中国—东盟博览会特邀合作伙伴分别为：澳大利亚、韩国、斯里兰卡、哈萨克斯坦、坦桑尼亚。

中国—东盟博览会举办以来，获得多个会展业奖项。2005年，中国—东盟博览会被评为中国十大知名品牌展会，博览会常设机构——中国—东盟博览会秘书处获中国会展业特别贡献奖。2006年，中国—东盟博览会获“2006年中国十大最具影响力的政府主导型展会”称号。2007年，中国—东盟博览会获得“2007年中国十大最具影响力的国家级品牌展会”称号。2008年，中国—东盟博览会在第6届中国会展节事财富论坛上入选“2008年度十大会展”。2009年，中国—东盟博览会在第7届中国会展业高峰论坛上入选“2009年中国十大国家级品牌展会”。2010年，中国—东盟博览会获“中国会展产业金手指奖·十大影响力展览会”“新世纪十年·中国会展杰出典范奖”“新世纪十年·中国十大品牌展会”“十大经贸博览类节庆最具魅力品牌奖”“2010年中国十佳展览会”“2010中国十大最具国际影响力展会”“2010年‘中国会展之星’品牌展会，中国十大政府主导型展会”“2010中国十大影响力展会”等称号。2011年，中国—东盟博览会在广州会展经济论坛、中国会展经济年度研讨会上获“2011年中国十佳品牌展会”称号。2012年，中国—东盟博览会在中国会展产业论坛获“2011～2012年度中国十大品牌展览会”称号，在中国会展业年度研讨会上获“2012中国会展业年度十佳品牌展会项目”奖，在中国会展行业年会上获“2012年度中国十大影响力展览会”称号。2013年，中国—东盟博览会在南京中国会展产业论坛获2012年度“十大影响力会展”称号；在中国会展业年度研讨会上获“2013年度中国十佳品牌展会项目”奖。2014年，中国—东盟博览会在中国会展业年度研讨会上获“2014年度中国十佳品牌会展项目”奖。中国—东盟博览会林木展获国家林业局、中国农林水利工会全国委员会颁发的“2014年中国林业产业突出贡献奖”。2015年，中国—东盟博览会获中国会展经济研究会颁发的“2015中国会展业年度十佳品牌展会项目”奖。

2018年9月12～15日，第15届中国—东盟博览会在中国广西南宁举办。本届博览会展区面积1.24万平方米，设展位6600个，其中东盟国家展位1446个，柬埔寨、印度尼西亚、老挝、马来西亚、缅甸、菲律宾、泰国、越南8个东盟国家包馆。11位中外领导人和前政要、259位部长级贵宾出席本届博览会，其中东盟及区域外部长级贵宾122位。本届中国—东盟博览会参展企业2780家，比上年增长2.6%；采购商团组112个，增长15%；有组织的专业观众超过1.1万人，增长10%;举办高层论坛35个、贸易投资促进活动91场;签订经济合作项目530个,其中国际项目76个,国内项目454个。

第16届中国—东盟博览会于2019年9月21日至24日在广西南宁举行,主题为“共建‘一带一路’、共绘合作愿景”,主题国是印度尼西亚。本届展览会总面积为13.4万平方米,比上届增加1万平方米,总展位数7000个。柬埔寨、印尼、老挝、马来西亚、缅甸、泰国、越南7个东盟国家包馆。本届博览会有来自30多个国家的2848家企业参展,比上届增长2.4%;采购商团组122个,比上届增加8.9%;有组织的专业观众超过12000人,比上届增长10%;举办贸易投资促进活动90场,高层论坛33个。

第16届中国—东盟博览会招商招展

2019年2月22日,中国—东盟博览会秘书处在官方网站发布第16届中国—东盟博览会参展参会公告。

3月13日,第16届中国—东盟博览会高官会在中国广西南宁举行。会议对第16届中国—东盟博览会举办时间、主题等筹办事项进行交流磋商,议定“共建‘一带一路’,共绘合作愿景”的主题,并举行“魅力之城”专题展区抽签仪式。

4月23日,2019中国—东盟博览会合作伙伴座谈会在中国广西北海召开。中国—东盟博览会秘书处、广西国际博览集团有限公司与太平洋建设集团有限公司等20多家合作伙伴的代表参会,共同探讨新合作、新机遇。

经大力招商招展,中外企业申请展厅数超过规划数,中国国内各展区安排完毕。

9月4日,第16届中国—东盟博览会11个“魅力之城”全部确定。

9月20日,在第16届中国—东盟博览会、第16届中国—东盟商务与投资峰会新闻吹风会上,中国商务部新闻发言人高峰表示,本届展会呈现三个新特点:一是紧扣新愿景、保持高规格;二是展览整体水平实现新提升、企业深化合作的意愿强烈;三是突出新热点、提高经贸实效。2019年是落实《中国—东盟战略伙伴关系2030年愿景》的开局之年、中国—东盟媒体交流年,第16届中国—东盟博览会通过展览、论坛、活动,深化经贸、互联互通、金融等多领域合作,推动中国—东盟全方位友好合作提升到新水平。展览规模扩大,展览总面积为13.4万平方米,比上届增加1万平方米。参展企业总数2848家,比上届增长2.4%。东盟方面参展的大企业、优质实力企业比往届更多,柬埔寨、印尼、马来西亚等一些行业龙头企业首次参展。有7个东盟国家包馆,其中印度尼西亚为主题国。“一带一路”沿线国家参展规模扩大,“一带一路”国际展区规模比上届增59%,新增以美容护肤品为特色的韩国商品展,有来自波兰、韩国、澳大利亚、巴基斯坦、印度等20个国家的131家企业参展,展示各国特色产品。波兰作为特邀合作伙伴,计划展示国家形象和优势特色商品,并举办国家推介会、中波企业家圆桌会等活动。围绕国际陆海贸易新通道、中国(广西)自由贸易试验区、面向东盟的金融开放门户、粤港澳大湾区建设、中国—东盟信息港等合作热点,设置专门展区,举办专题活动,推动重要机制和重大项目落地。

第16届中国—东盟博览会、中国—东盟商务与投资峰会开幕大会

2019年9月21日上午,以“共建‘一带一路’,共绘合作愿景”为主题的第16届中国—东盟博览会、中国—东盟商务与投资峰会,在中国广西南宁开幕。中共中央政治局常委、中国国务院副总理韩正,第16届中国—东盟博览会主题国印度尼西亚总统特使、海洋统筹部部长卢胡特,缅甸副总统敏瑞,柬埔寨副首相贺南洪,老挝副总理宋赛·西潘敦,泰国副总理兼商业部部长朱林·拉萨纳维席,越南副总理武德担,文莱财政与经济部第二部长拿督刘光明,马来西亚国际贸易和工业部部长拿督达尔·雷金,新加坡贸易及工业部高级政务部部长许宝琨,菲律宾贸工部副部长阿普度加尼·马卡托曼,东盟副秘书长阿拉丁·里诺,第16届中国—东盟博览会特邀合作伙伴波兰企业与技术部国务秘书马钦·奥切帕,中国商务部副部长、国际贸易谈判副代表俞建华,中国国际贸易促进委员会会长高燕,中共广西壮族自治区委员会书记、广西壮族自治区人大常委会主任鹿心社等共同为第16届中国—东盟博览会和商务与投资峰会启幕。中国与东盟各国多个部

9月21日,第16届中国—东盟博览会、中国—东盟商务与投资峰会开幕大会在中国广西南宁国际会展中心举行 (百度网)

委的部长、地方行政长官、金融机构负责人、商协会会长、有关国际组织负责人、企业家、专家学者以及各界人士代表出席开幕大会。中国广西壮族自治区主席陈武和本届博览会主题国印度尼西亚贸易部部长恩卡迪亚斯托·卢吉塔共同主持开幕大会。开幕大会在南宁国际会展中心金桂花厅举办。主题国印度尼西亚、特邀合作伙伴波兰的艺术家们分别带来具有异域风情的暖场表演。会场四周悬挂着第16届中国—东盟博览会中国、东盟10国魅力之城以及波兰的城市风光图片,展现12个国家城市的独特景致。

上午9时,开幕大会开始。中共中央政治局常委、中国国务院副总理韩正发表主旨演讲。印度尼西亚总统特使、海洋统特部部长卢胡特、缅甸副总理敏瑞、柬埔寨副首相贺南洪、老挝副总理宋赛·西潘敦、泰国副总理兼商业部部长朱林·拉萨纳维席、越南副总理武德担分别发表演讲,波兰企业与技术部国务秘书马钦·奥切帕致辞。中共广西壮族自治区委员会书记、广西壮族自治区人大常委会主任鹿心社,中国商务部副部长、国际贸易谈判副代表俞建华,中国国际贸易促进委员会会长高燕分别代表博览会举办地、博览会共办方、商务与投资峰会先后致辞。亚洲基础设施投资银行行长金立群、小米集团董事长兼首席执行官雷军发表演讲。

伴随着悠扬的音乐,启幕嘉宾来到启幕台前拓印成果画卷,"一带一路"建设"五通"成果由纯白逐渐变为彩色,并在大屏幕中拼接成卷。随后,一条色彩缤纷的"2030愿景"长卷从舞台上方飞过,长卷上绘制的11国重点建设项目,象征着互利共赢、合作共享的美好未来。开幕大会上还穿插进行《中国—东盟媒体交流年　中国—东盟电视周》启动仪式,中国和东盟的媒体主管部门代表共同开启"精彩视界"装置,寓意中国与东盟各国媒体之间友好交流、真诚合作的美好愿景。

第16届中国—东盟博览会经贸成效

9月21日,第16届中国—东盟博览会项目集中签约仪式和重大项目专场签约仪式分别在中国广西南宁举行,会上共组织签订国际、国内经济合作项目122个,重大项目16个。签约项目涵盖新产业、新材料等"双百双新"产业项目,涉及10多个领域,以新型装备制造、高新信息技术、高端医药制造、芯片研发、科技农业项目为主,占签约总量的60%。

国际合作方面,中国与东盟国家签订合作项目占国际经济合作项目的24%,中国利用外资项目占84%。项目涉及化工制造、空港物流、汽车核心零配件、智能通信等行业,以及东盟、美国、德国、英国、澳大利亚、意大利等国家和中国香港、台湾地区。中国广西、云南等西部省(自治区、直辖市)积极借助西部陆海新通道发展机遇,与东盟国家共享通道资源。中国云南银丰投资有限公司在柬埔寨投资建设建筑材料工业园,中国广西崇左扶绥县与新加坡丰树管理有限公司合作丰树扶绥空港现代物流产业园。一些东盟国家的企业借助中国—东盟博览会平台开拓与中国企业合作的新领域,中国中粮生物质能源有限公司与泰国两仪能源公司合作燃料乙醇项目,中国移动亚太公司澄天伟业印尼公司及印尼蔓塔电信科技公司分别与中印尼经贸合作区有限公司开展信息中心及智能卡项目的合作。

中国国内经济合作方面,集中签约仪式所签订的国内经济合作项目,均为前景好、质量高、投资大、后劲足的项目。其中,20亿元以上项目10个,50亿元以上项目2个,项目规模明显扩大。

在重大项目专场签约仪式上,共签订战略框架协议项目5个,投资类项目11个。重大项目覆盖5G、大数据分析、工业互联网、医药研制、智能制造、智慧城市等领域,涉及德国、印度尼西亚等国家和中国香港地区,以及广东、北京、浙江、上海、山东等多个省市。

第16届中国—东盟博览会展区设置

第16届中国—东盟博览会围绕盛会主题,设置商品贸易、投资合作、先进技术、服务贸易和"魅力之城"五大专题,分别在中国广西南宁国际会展中心、中国广西农业会展中心、中国广西南宁华南城三个展区设展。

南宁国际会展中心会场　设9个展区。投资合作展区展示内容包括中国与东盟国家园区企业和投资合作项目、中国省市投资合作项目;商品贸易展区设东盟国家展馆,展示内容包括东盟国家食品与饮料、生活消费品、大宗原材料、服务业产品等;"一带一路"国际展区展示"一带一路"沿线国家特色产品,展示特邀合作伙伴波兰国家形象;国际陆海贸易新通道展区展示沿线各省区市共建新通道成果以及物流、金融、大数据等商机;服务贸易展区展示中国和东盟各国的金融服务、人才合作、物流服务等;国际经济与产能合作展区展示国际工程承包、劳务合作、基础设施建设、资源开发、信息科技、能源开发、金融合作等;中国(广西)自由贸易试验区展区展示中国(广西)自由贸易试验区的试点任务、片区范围、功能定位及其在陆海贸易新规则深化沿边开放和引领中国—东盟开放合作等方面的探索和改革;先进技术展区展示人工智能、先进制造、大健康、创新创业、互联网+科技支撑西部陆海新通道发展创新成果展、中国—东盟创新合作成果等;"魅力之城"展区综合展示"魅力之城"在贸易、投资、科技文化、旅游等方面的发展和商机。11个"魅力之城"分别为新加坡、柬埔寨贡布省、菲律宾桑托斯将军城、文莱斯里巴加湾市、中国成都市、越南安江省、泰国武里南府、马来西亚雪兰莪州、老挝占巴塞省、缅甸马圭省、印度尼西亚群岛。

广西农业会展中心会场　博览会农业展主展场,主要展示渔牧产品、优质水果、绿色农产品及食品、茶叶、东盟特色咖啡及食品、农业电子商务等。

华南城会展中心会场　博览会轻工展主展场，主要展示日用消费品、工艺饰品、益智玩具、休闲运动产品等。

第 16 届中国—东盟博览会农业展

2019 年 9 月 21—24 日在中国广西农业会展中心举行。主题为“绿色农业引领未来·丝路合作创新发展”。本届农业展从广西展览馆移址到广西农业会展中心，展览规模由 1 万平方米扩大至 2 万平方米，设立农业产业园区展示区、投资促进展示区和贸易促进展示区。456 家中国大陆地区企业、45 家东盟国家和中国港澳台地区的农业企业参展，参展产品 3000 多个，展位 1000 个。农业展已连续成功举办 10 届，本届继续集中展示中国和东盟国家的农业精品，涵盖渔牧产品、优质水果、绿色农产品及食品、电子商务、茶叶和东盟特色咖啡及食品等类别。农业展期间还举办第 4 届中国—东盟农业合作论坛、第 3 届“一带一路”农业投资合作论坛、第 4 届中国—东盟农业国际合作展以及中国（广西）—东盟野生茶树资源保护与开发利用论坛等系列活动。

9 月 21 日，第 4 届中国—东盟农业合作论坛在中国广西南宁举办。论坛以“深化农业科技交流　共促农业高质量发展”为主题，探讨在共建“一带一路”和中国—东盟战略伙伴关系大框架下，拓宽“南宁渠道”作用，完善中国—东盟农业交流与合作平台，提高服务保障工作水平，促进农业人才、技术、信息、资本等要素充分流动。

9 月 20 日，主题为“保护生态，信息共享；资源利用，合作共赢”的 2019 中国（广西）—东盟野生茶树资源保护与开发利用论坛在南宁举办。这是中国野生植物资源领域首个国际论坛，开启该领域国际合作与交流的里程碑。

同日，第 3 届“一带一路”农业投资合作论坛在中国广西南宁开幕。论坛以“互利共赢　促投资　创未来”为主题，紧扣国别贸易法规、投资政策与环境、金融服务等重要议题展开深入讨论，邀请国内外地方政府及企业进行推介和招商，搭建互利共赢的多双边农业合作和企业间对话交流平台。

第 4 届中国—东盟农业国际合作展在南宁国际会展中心 D1 展厅举办。展览以“海上丝绸之路　共建农业繁荣”为主题，占地面积 2600 平方米，分为贸易促进区、投资合作区、多功能产业展示区和“一带一路”农业产业园展示区。中国广西作为东道主，在展区中独立特装参展，展示面积 144 平方米，共吸引 85 家广西优秀农业企业参展。此外，还有来自黑龙江、山西、河南、山东、安徽等 22 个省的数百家企业参展。除成果展示外，还设置采购洽谈对接会及项目推介等多种活动。

第 16 届中国—东盟博览会轻工展

2019 年 9 月 20—23 日在中国广西南宁华南城举行。本届轻工展以“轻工为媒，花开世界”为主题，有 300 多家企业参展，汇聚中国国内和国际知名商家的品牌产品，吸引来自东盟国家及“一带一路”沿线国家如尼泊尔、巴基斯坦等国家优质特色产品参展。现场还设有 VR 科技体验区、5G 时代体验展示区，让观众近距离了解科技发展的最新成果。会间举办 2019 中国—东盟智慧轻工发展论坛、中国—东盟融媒体与产业合作发展论坛、采购商对接会、咖啡冲煮大赛、商务洽谈会、项目签约、东盟风情表演等活动。

中国—东盟博览会系列专业展

中国—东盟博览会文化展和动漫游戏展　7 月 5 日，2019 中国—东盟博览会文化展暨动漫游戏展启幕仪式在中国广西南宁举行。广西壮族自治区副主席李彬，青海省副省长杨逢春，东盟国家驻南宁总领事馆官员等嘉宾出席启幕仪式。广西壮族自治区文化和旅游厅厅长甘霖，广西国际博览事务局副局长、中国—东盟博览会秘书处副秘书长杨雁雁在启幕仪式上致辞。

7 月 5 日，2019 中国—东盟博览会文化展暨动漫游戏展在中国广西南宁启幕　（百度网）

文化展于 2019 年 7 月 5—8 日在中国南宁国际会展中心举办。以“共建 21 世纪海上丝绸之路，促进中国—东盟文化合作”为主题。由中国—东盟博览会秘书处、广西壮族自治区文化和旅游厅、广西壮族自治区广播电视局、广西国际博览集团有限公司共同主办。中国广东、江西、海南、山东、青海等省份和来自越南、巴基斯坦等国家的企业参展。本届文化展展示内

容包括文化综合产业、战略合作主题推介、国际(东盟)创意文化生活、新闻出版广播影视、旅游文化、数字与科技文化、文化艺术、文化精品长廊等,举办的文化活动主要有国际舞蹈文化节、国际(东盟)精品购物节、文化合作项目推介会、文化产品采购对接会、花道艺术大赛、茶艺仙子大赛、好少年礼仪大赛、香道文化大赛、特色民俗文化动漫展演等。本届文化展专设国际(东盟)创意文化生活展区,集中展示东盟及"一带一路"沿线国家文化礼品、创意文化精品、时尚设计精品、个人创意精品等。本届文化展的最大亮点是设置中华人民共和国建国70周年文化成果展示,举行建国70周年文化展演等,庆祝新中国成立70周年。

动漫游戏展于2019年7月5—7日在中国南宁国际会展中心举办。由中国—东盟博览会秘书处、广西壮族自治区文化和旅游厅、广西壮族自治区商务厅、广西壮族自治区广播电视局和广西国际博览集团有限公司共同主办。设置B2B商务展和B2C消费展。B2B商务展内容包括动漫授权、动漫出版、发行及播放、产业基地、创新创业合作、游戏产品、大型游艺设备、广西展区等;B2C消费展有动漫衍生品展区、游戏衍生品展区和表演竞赛区。展会期间还举办中国—东盟产业合作商务洽谈会、电子竞技大赛、次元文化大赏、电竞嘉年华、Cosplay大赛等活动,以加强行业交流,为游戏企业开拓海外市场搭建平台。

中国—东盟博览会印尼展　2019年7月11—13日在印度尼西亚首都雅加达国际会展中心举行。展览由中国—东盟博览会秘书处、广西壮族自治区商务厅、广西国际博览集团有限公司共同主办,广西东博会国际会展有限公司承办。中国驻印尼大使馆经商参处公使衔参赞王立平、中国—东盟博览会秘书处副秘书长杨雁雁、印尼投资协调委员会副主席法拉、印尼工业部监察长森托·瓦斯托、印尼贸易部国家出口发展总司出口发展合作司司长马洛普·南戈兰出席开幕式并致辞,印尼中华总商会副总主席张锦雄、印尼工商会馆中国委员会副总主席张锦泉、印尼中国商务理事会常务副理事长许再山、印尼雅加达国际会展中心展馆总经理傅志宽等出席开幕式并见证剪彩。

展会展览面积4000平方米,中国参展企业近百家,其中不乏中国500强企业及优秀中小企业,主要展示符合印尼国家市场需求的机械设备、高新技术、日用消费品、农产品、食品等五大类产品。展会邀请一批印尼专业买家到会采购,效果良好。中国广西气象装备和服务领域的现代化成果首次在境外亮相,展示中国气象的先进设备和技术,共享气象预测的先进成果。

中国—东盟博览会旅游展　2019年10月18—20日在中国广西桂林国际会展中心举行。由国家文化和旅游部、广西壮族自治区人民政府共同主办,广西壮族自治区文化和旅游厅、中国—东盟博览会秘书处、桂林市人民政府承办。旅游展以"坚持创新引领,深化中国—东盟旅游开放合作"为主题。展览总面积2.5万平方米,设置"一带一路"主题馆、境外旅游专业展馆、广西国际友城旅游联盟展馆、国际旅游商品展馆、旅游消费展馆、广西旅游形象展馆和国内旅游专业展馆7大展区,并新增高铁旅游展区以及瓦窑小镇分展区。共有71个国家和地区组团参展参会,其中东盟10国全部参展,中国国内24个省(自治区、直辖市)组团参展,300名境内外专业买家参会,参展商约800家。展会期间举办粤桂黔滇产业项目对接、旅游推介、买卖家配对洽谈、专业买家旅游线路考察、主宾国(缅甸)系列活动、旅游项目投资洽谈及签约等会议活动,促进各国旅游交流。

中国—东盟博览会林产品及木制品展　11月23—25日,2019中国—东盟博览会林产品及木制品展在中国广西南宁国际会展中心举行,由广西壮族自治区人民政府主办,广西壮族自治区林业局、中国—东盟博览会秘书处、中国林产品工业协会、广西博览集团有限公司协办。展会以"绿色、创新、科技、健康"为主题。展区面积25000平方米,集中展示中国广西林业产业、木工机械、林业装备、实木家具、红木家具等。展期开展系列专业论坛以及多场贸易投资促进、文化类活动,推动行业对接和企业交流,助力林业产能项目和装备制造合作。

中国—东盟博览会机电产品展(越南)　2019年11月27—30日在越南胡志明国际会展中心举办。由中国—东盟博览会秘书处、越南贸促局、广西壮族自治区商务厅、广西国际博览集团有限公司共同主办。越南工贸部贸促局副局长黎煌才、中国驻越南胡志明市总领事吴骏、中国—东盟博览会秘书处秘书长王雷等出席

10月18日,2019中国—东盟博览会旅游展在中国广西桂林开幕(百度网)

开幕式并致辞。本次博览会展览面积2500平方米，有近70家中国知名企业参展，重点展示机械设备（砖机设备、数控机床、食品机械、工程机械等），电子电器（智能消费电子、监控器、音响设备等），新能源及设备（太阳能板、变压器、变频器等），运输车辆（电动越野车、牵引车、汽车等），建筑材料等符合越南市场需求的优质产品。展会现场，中国和越南多家企业达成合作，总成交额近2000万元人民币。展会期间，配套举办贸易对接会，组织参展企业代表参观考察重点工业园区并座谈，促进交流合作，进一步提升经贸成效。

第13届中国—东盟社会发展与减贫论坛

2019年6月26—28日在中国广西南宁举行。由中国国务院扶贫办与广西壮族自治区人民政府联合主办。中国和东盟9国的政府官员、专家学者、媒体记者以及国际组织、使领馆、企业、非政府组织代表200多人参加。中国国务院扶贫办副主任陈志刚、柬埔寨农村发展部大臣乌拉本、菲律宾国家减贫委员会秘书长弗朗科、老挝农业与林业部副部长通帕·翁马尼分别在开幕大会上致辞，广西壮族自治区主席陈武出席开幕大会并致欢迎辞。本届论坛以“面向联合国可持续发展目标的中国—东盟减贫合作”为主题。参会代表围绕跨境电商、区域互联互通、产业转移等议题进行深入研讨，分享中国与东盟国家富有成效的扶贫方式和方法，推介成功案例。

中国—东盟环境合作论坛

2019年9月17—18日在中国广西南宁举行。由中国—东盟环境保护合作中心与广西生态环境厅共同举办。以“推动区域绿色增长：生态城市建设与海洋生态系统可持续管理的最佳实践”为主题。中国和东盟成员国环境部门、东盟秘书处、国际相关组织代表及研究机构专家等350余人，围绕推动区域绿色增长展开研讨。中国生态环境部国际合作司巡视员宋小智、东盟秘书处共同体事务局局长李荣荣、广西生态环境厅厅长檀庆瑞出席论坛并发言。与会嘉宾围绕生态文明和绿色发展的理念与实践展开研讨和对话，为“一带一路”绿色发展提供理论支撑和政策建议。

中国—东盟市长论坛

2019年9月18日在中国广西南宁举行。由中国市长协会、广西住房和城乡建设厅和南宁市人民政府主办。以“推动中国—东盟城市合作可持续发展，共创丝路美好未来”为主题。设置城市可持续发展与互联互通、城市可持续发展与工商界合作、城市可持续发展与改善民生三个议题。来自中国和东盟各国105个城市的300位嘉宾与会。柬埔寨王国政府顾问、柬中友好协会会长艾森沃，柬埔寨国务大臣密速皮等东盟友好人士及广西壮族自治区主席陈武，中国市长协会副会长、中国住房和城乡建设部原副部长齐骥，广西壮族自治区住房和城乡建设厅厅长周家斌，南宁市市长周红波出席论坛。

第14届中国—东盟文化论坛

2019年9月20日在中国南宁广西民族博物馆举行。由中国文化和旅游部、广西壮族自治区人民政府主办。以“‘一带一路’背景下的文化与旅游融合发展”为主题。中国文化和旅游部副部长张旭，中共广西壮族自治委员会常委、宣传部长范晓莉，泰国文化部副部长巴拉梅·安披切，马来西亚旅游、艺术和文化部秘书长拿督依斯汉·依萨，中国—东盟中心秘书长陈德海，以及各国高校代表、文学艺术界名人出席。与会各方就文化产业、艺术创作、文化遗产、公共文化、文化人才、节庆活动、艺术教育等多个领域开展对话交流，进一步增进了解，深化合作。

第11届中国—东盟金融合作与发展领袖论坛暨建设面向东盟的金融开放门户峰会

2019年9月22日在中国广西南宁举行。由广西壮族自治区人民政府、中国金融学会、中国银行业协会、中国证券业协会、中国保险行业协会共同主办。以“共建金融开放门户，共享金融合作未来”为主题。中共广西壮族自治区委员会常委、自治区常务副主席秦如培主持论坛开幕式。世界银行副行长华敬东、广西壮族自治区人民政府秘书长黄洲以及来自中国、东盟、欧美各国及“一带一路”沿线有关国家和地区的金融领袖、企业精英出席。中国人民银行副行长陈雨露、柬埔寨国家银行行长谢振都、泰国中央银行行长助理阿蓉狄、老挝中央银行办公厅厅长裴萨塔蓬·吉翁维奇斯、缅甸中央银行外汇管理局局长杜眉图温分别在论坛上作主题演讲。与会人员围绕谋划广西金融开放门户建设、加强中国与东盟各国金融合作等重要问题展开深入研讨。广西壮族自治区地方金融监管局与建设银行广西分行签署合作办学框架协议，柳州银行与柬埔寨加华银行、桂林银行与马来西亚丰隆银行分别签署战略合作协议。当天，中国太平保险集团东盟保险服务中心、中银香港东南亚业务营运中心正式启用。（郑颖瑜）

第16届中国—东盟商务与投资峰会

中国—东盟商务与投资峰会概况

2003年10月，中国国务院总理温家宝在印度尼西亚巴厘岛举行的第7次中国与东盟10+1领导人会议上提出，每年举办中国—东盟商务与投资峰会和中国—东盟博览会，作为推动中国—东盟自由贸易区建设的一项实际行动。这一战略性建议得到东盟各国领导人的积极响应，并写入主席声明。2004 年 11 月，第 1 届中国—东盟商务与投资峰会和第 1 届中国—东盟博览会在中国南宁举行。

中国—东盟商务与投资峰会由中华人民共和国商务部、中国国际贸易促进委员会、中国广西壮族自治区人民政府共同主办，东盟工商会、中国—东盟商务理事会、文莱国家工商会、柬埔寨总商会、印度尼西亚工商会馆、老挝国家工商会、马来西亚全国工商总会、缅甸工商会联合会、菲律宾工商会、新加坡工商联合总会、泰国工业联盟、越南工商会协办，中国—东盟商务与投资峰会秘书处承办。其宗旨为推动中国与东盟的全面经济合作，推动中国—东盟自由贸易区的建设，搭建中国与东盟各国政府宣传经贸政策的平台，促进中国与东盟工商界的了解与合作，促进政府、学术界和企业界之间更广泛的互动和对话，表达工商界对政府的意愿。自 2014 年起，中国—东盟商务与投资峰会和中国—东盟博览会合并举办。至 2019 年，已举办 16 届中国—东盟商务与投资峰会和中国—东盟博览会。

2019 年 9 月 21—24 日，第 16 届中国—东盟商务与投资峰会在中国广西南宁国际会展中心举行。9 月 21 日，第 16 届中国—东盟商务与投资峰会和中国—东盟博览会合并开幕。中共中央政治局常委、中国国务院副总理韩正出席并发表主旨演讲。本届峰会创新办会模式，将年会与全年办会相结合，除了每年 9 月在南宁举办的年会活动外，还在年内其他时间在不同城市举办峰会框架下各类专题活动，以进一步丰富峰会内容，延伸峰会价值链。峰会共举办 17 场活动，包括 8 场年会活动、9 场专题活动。峰会期间举办印尼领导人与中国企业 CEO 圆桌座谈会、中国—东盟商界领袖论坛、电视论坛《对话独角兽》、中国—东盟水果产业发展论坛等重要活动。年内举办的系列专题活动包括 2019 中日韩健康产业论坛、中国—东盟人工智能峰会等。

9 月 21 日，印尼领导人与中国企业 CEO 圆桌对话会在中国广西南宁举办（百度网）

中日韩健康产业论坛

2019 年 5 月 23 日在中国广西桂林举办。由中国国际贸易促进委员会和广西壮族自治区人民政府主办。论坛以“投资健康产业共享发展机遇”为主题。中国贸促会副会长张慎峰、广西壮族自治区人大常委会副主任杨静华、国家卫健委综合监督局副局长何翔、桂林市市长秦春成、中日韩三国合作秘书处副秘书长韩梅分别致辞。嘉宾就健康产业合作发展的热点话题进行深度探讨，共同探索建立中日韩三国健康产业合作对话机制，为促进大健康产业繁荣发展出谋献计。来自中日韩三国康养、旅游、生物医药、医疗器械、食品保健等领域的近 200 家企业、商协会和研究机构代表共 350 多人出席。论坛还举办主旨演讲、主题演讲、中日韩健康产业合作项目推介、康养产品展示、合作洽谈、项目考察等系列活动。

“东融”发展论坛

2019 年 7 月 22 日，2019 年中国—东盟商务与投资峰会“东融”发展论坛在中国广西贺州举办。论坛以“共享湾区机遇开放创新发展”为主题。包含开幕式、主旨演讲、桂粤港澳产业合作项目推介、“寿城融入大湾区”专家圆桌座谈会等活动。来自广西及大湾区制造业、健康产业、金融业等领域的嘉宾，围绕广西东融大湾区的市场对接、产业融合等方面深入交流，建言献策。论坛还设有粤港澳大湾区百家企业产业合作洽谈会环节，推动企业对接，促进产业合作。

电视论坛《对话独角兽》

2019 年 9 月 18 日在中国广西南宁举行。中共广西壮族自治区委员会常委、南宁市委书记王小东，北京中关村科技园区管理委员会主任翟立新出席活动并致辞。活动旨在促进企业间的合作创新，带动广西瞪羚企业的发展，进而促进产学研、产业上下游的协同创新和地区经济发展。活动期间，举办国家双创示范基地双创云平台揭牌仪式、电视论坛、项目对接、政企座谈等 6 场活动，促成北京中关村独角兽企业与广西合作落地项目 5 个、自治区外企业入驻项目 5 个、广西瞪羚企业加速成长计划项目 10 个。

中国—东盟商界领袖论坛

2019 年 9 月 21 日在中国广西南宁举行。由中国贸促会、广西壮族自治区人民政府共同主办，东盟 10 国工商会和中国—东盟中心协办。论坛主题为“共建陆海新通道，共享发展新机遇”。中共广西壮族自治区委员会书记、自治区人大常委会主任鹿心社，新加坡贸易与工业部高级政务部长许宝琨，中国贸促会会长高燕，波兰前总统科莫罗夫斯基，柬埔寨商业部长潘索萨，中国—东盟中心秘书长陈德海出席开幕式并致辞。中国和东盟国家政府和贸促机构官员、商界领袖、企业和金融机构代表、专家学者、媒体以及国际组织代表等400人出席。本届论坛发布中国—新加坡工商界共商共建共享国际陆海贸易新通道倡议。与会嘉宾围绕陆海贸易新通道建设、中国(广西)自贸试验区规划发展、中国—东盟合作前景、物流和产业合作机遇等建言献策。

印尼领导人与中国企业 CEO 圆桌对话会

2019年9月21日在中国广西南宁举办。对话会以“中印尼经贸合作　实现共同发展”为主题。中国贸促会会长、中国—东盟商务与投资峰会组委会主任高燕，中共广西壮族自治区党委常委、组织部部长曾万明，印度尼西亚总统特使、海洋统筹部部长卢胡特出席会议并致辞。印度尼西亚驻中国大使周浩黎主持对话会。卢胡特分别与中国大唐集团有限公司、中国交通建设集团有限公司、中国国家开发银行、山东魏桥印尼宏发韦立氧化铝公司、上汽通用五菱印尼汽车股份有限公司等企业高管，围绕基础设施建设、金融、汽车制造等领域的议题进行一对一对话，推动双方在电力、基础设施建设、金融、汽车制造、有色冶炼等领域项目合作共计185亿美元，其中项目投资28.5亿美元，金融机构贷款项目150亿美元，贸易项目6.5亿美元。对话会有效促进印度尼西亚政府和中国企业间的沟通，有助于中国企业深入了解印度尼西亚国家投资政策和营商环境，为巩固双边经贸合作关系，尤其是重大项目的实施奠定基础。

第1届中国—东盟人工智能峰会暨中国—东盟信息港合作伙伴签约仪式

2019年9月9日在中国广西南宁国际会展中心举行。以“共驱AI，赋能未来”为主题。由广西壮族自治区人民政府、新华通讯社、中国国际贸易促进委员会、北京理工大学共同主办。广西壮族自治区主席陈武，中国国际贸易促进委员会原会长、中国国际商会荣誉顾问姜增伟，新华通讯社副社长刘正荣，泰王国驻南宁总领事馆总领事蔡乐·蓬蒂窝拉卫，中国国务院办公厅政府信息与政务公开办公室副主任李辉，华为技术有限公司高级副总裁、华为云业务总裁郑叶来等先后致辞，中共广西壮族自治区委员会常委、自治区常务副主席秦如培主持峰会致辞环节。开幕仪式上还举行中国—东盟信息港合作伙伴签约仪式、中国—东盟金融信息服务平台上线仪式、“空天地一体化感知新型智慧城市”合作启动仪式、“天池大赛—数智广西·全球数据智能大赛”颁奖仪式等活动。中国和东盟各国国家政府部门要员、企业家、专家学者等出席，共同探讨智能算法、智慧政府、智慧生活、5G技术、智能制造、城市管理等领域的应用发展，会议人数超过1600人。

中国—东盟工商会会长联席会议

2019年9月21日在中国广西南宁举办。中共广西壮族自治区委员会常委、自治区副主席严植婵出席会议并致辞，东盟各国国家工商会代表出席。会议采取闭门形式进行，审议并通过《中国—东盟商界领袖论坛轮值主席制度》，并为本届和下届中国—东盟商界领袖论坛轮值主席颁发证书。新加坡工商联合总会主席张松声担任本届论坛轮值主席，泰国工业联合会副会长维拉猜担任下届轮值主席。轮值主席由国家工商会负责人担任，一任一年。轮值期间，轮值主席所在国家工商会围绕中国与东盟共同关注的热点话题，结合本国或东盟各国与中国的经贸合作重点领域，策划领袖论坛等经贸活动的主题、形式和内容，致力于促进本国政府在轮值期间推动“一带一路”倡议与本国发展战略对接。轮值主席定期通报任期内领袖论坛等经贸活动的工作设想和需协调的事项。积极推动和邀请本国领导人或经贸主管部门负责人出席领袖论坛，与中国企业家围绕两国的重大合作领域进行交流与探讨。同时，负责对外联络相关工作。

中国—东盟水果产业发展论坛

2019年9月22日在中国广西南宁举行。是中国—东盟商务与投资峰会框架下举办的首个水果类专业论坛。由中国贸促会和广西壮族自治区人民政府联合主办。中国和越南、泰国、老挝、柬埔寨、印尼等国家的政府官员、水果行业企业家和专家学者共300人参加。论坛以“创新中国—东盟水果跨境供应链”为主题。论坛聚合数百家跨境企业成立广西国际商会跨境贸易委员会，并成功整合中国与东盟国家上下游的产销资源，签订30亿元人民币的东盟水果进口采购框架协议。启动中国—东盟跨境物流管理平台，创新多国协同的跨境大物流模式，提高水果通关效率。广西运多多与重庆供销集团、重庆长安民生等单位开展合作，开启国际陆海贸易新通道上东盟农产品直供中国的新模式。

“一带一路”西部陆海新通道沿线省区市贸易投资洽谈会

2019年9月22日在中国广西南宁举办。中国贸促会副会长张慎峰和广西壮族自治区人大常委会副主任张晓钦出席会议并致辞。广西壮族自治区相关政府机构代表、产业园区负责人、西部陆海新通道沿线省区市贸促会和企业负责人、专家学者、新闻媒体代表等共200人参加会议。与会嘉宾围绕“一带一路”倡议和西部陆海新通道总体规划，共同探讨构建西部陆海新通道沿线省区市经贸合作机制，探索共同发展路径，加强区域间经贸合作，进而推动中国与东盟之间的贸易往来，切实推进“一带一路”建设走深走实。洽谈会还设置口岸推介以及企业对接洽谈等环节。西部陆海新通道沿线省区市贸促会代表签署《“一带一路”西部陆海新通道沿线省区市贸易投资合作行动计划》，全面发挥沿线省区市贸促系统力量，共同参与打造西部陆海新通道。

9月19日，“我心中的歌”——南宁市庆祝中华人民共和国成立70周年群众文化活动暨第21届南宁国际民歌艺术节“大地飞歌·2019”开幕晚会在中国南宁广西体育中心体育馆举行　（百度网）

第2届“一带一路”新经济发展论坛暨中国—东盟数字贸易枢纽中心、西部陆海新通道数字贸易枢纽中心启动仪式大会

2019年9月22日在中国广西南宁举办。以“激活新经济　畅通新通道　扬帆自贸区”为主题。中国贸促会副会长张慎峰和广西壮族自治区副主席李彬出席大会并致辞。来自广西壮族自治区相关政府机构代表、产业园区负责人、自治区内外商协会负责人、全国有关企业高管、专家学者、新闻媒体代表等共200人参加。与会嘉宾分别围绕发展新经济、打造西部陆海新通道、建设中国—东盟数字贸易枢纽中心和西部陆海新通道数字贸易枢纽中心、广西建设自贸区等议题发表演讲。大会设置领导致辞、数贸中心启动仪式、数贸中心推介、嘉宾对话等环节，同时举行数贸中心揭牌仪式和数贸中心签约仪式，共计45个项目在论坛上进行集中签约，重点引进一批数字贸易企业、瞪羚企业、科创企业等，全力打造面向东盟的全球数字贸易总部基地。（郑颖瑜）

第21届南宁国际民歌艺术节

第21届南宁国际民歌艺术节开幕晚会

2019年9月19日，“我心中的歌”——南宁市庆祝中华人民共和国成立70周年群众文化活动暨第21届南宁国际民歌艺术节“大地飞歌·2019”开幕晚会在中国南宁广西体育中心体育馆举行。晚会由序篇“歌声嘹亮”、第一篇章“一江诗画一城歌”、第二篇章“‘一带一路’唱友情”、第三篇章“扬帆追梦再出发”、尾篇“我和我的祖国”五个部分组成。壮、苗、蒙古等民族歌曲悦耳动听，俄罗斯、意大利、马来西亚、印度尼西亚等多国民歌共唱“一带一路”的情缘。

序篇部分“歌声嘹亮”是本届民歌艺术节创新设计的一个环节。来自中共南宁市直属机关工委、中共南宁市委教育工委、南宁市国资委以及南宁市各县（区）、开发区共18支拉歌方阵队1260名队员齐唱《听妈妈讲那过去的故事》《万泉河水清又清》《保卫黄河》《中国人民解放军军歌》《歌唱祖国》等优秀歌曲。感染力强、声势浩大的台上台下互动性拉歌，点燃全场热烈氛围。

第一篇章“一江诗画一城歌”，以“礼赞”“水赞”“琴赞”“舞赞”“歌赞”的形式共唱“赞歌”。由古诗词改编的原创古风歌曲《水知道》展示“百里秀美邕江”的历史文化底蕴。来自南宁的歌手李向哲用歌声赞颂邕江之美。

第二篇章“‘一带一路’唱友情”，汇聚来自中国、东盟各国、世界各地的美妙歌声，歌颂中国与世界各国的深厚友谊，展现中外文化之美与合作共赢的丝路精神，唱出共同发展的美好愿景。

第三篇章“扬帆追梦再出发”，集中展示新时代原创的主旋律歌曲，表达南宁市各族各界干部群众对新中国生日的祝福。

尾篇，全场观众热血澎湃地合唱《我和我的祖国》，在中华人民共和国成立70周年之际献上一份诚挚的祝福，表达对祖国最深厚的情谊。

本届民歌艺术节将“爱国情怀”贯穿始终，同时充分融入南宁元素、民族元素、时代元素，是南宁市向中华人民共和国成立70周年献礼，服务第16届中国—东盟博览会、中国—东盟商务与投资峰会的重要群众文化活动。

“绿城歌台”群众文化活动

2019年9月14—23日在南宁举办。“绿城歌台”群众文化活动紧紧围绕“我和我的祖国”主题，与庆祝中华人民共和国成立70周年系列群众文化活动紧密

结合，立足于本土文化，吸引众多外国艺术家共同参与，各歌台的内容、形式、风格等方面均有创新，突出国际性、民族性、现代性和艺术性。全市设置13个歌台，共18场演出，有来自12个国家的110名外国演员在“绿城歌台”献艺。

中心歌台 南宁民歌湖大舞台作为中心歌台，精心策划推出4台主题不同的精彩演出。

9月14日，“同饮一江水 两广一家亲”粤桂文化交流专场演出开启。邀请来自广东省广州、深圳等地的艺术家到壮乡歌台，与广西南宁、北海、钦州、防城港、崇左、梧州等地的本土艺术家同台献艺，以演出为桥梁，搭建两广文化旅游交流新平台，积极推动珠江—西江经济带与北部湾城市群文化和旅游的深度融合，携手谱写新时代粤桂文化和旅游交流的新篇章。

9月15日，中国—荷兰（南宁）文化交流专场演出绽放出横跨8000千米亚欧文化碰撞的火花。荷兰艺术家与广西本土艺术家切磋交流，相互学习，推动中荷文化交流互鉴。

9月19日，2019年“春雨工程”内蒙古文化和旅游志愿者广西行（南宁）专场演出洋溢着浓厚的民族文化色彩。表演艺术家全部是来自内蒙古呼伦贝尔的文化志愿者，他们将蒙古族、朝鲜族、达斡尔族、鄂温克族、鄂伦春族等原汁原味的优秀民族歌舞节目带到壮乡南宁，用嘹亮悠长的呼麦、马头琴等表演，为观众献上民族特色浓郁、地域特色鲜明的视听盛宴。

9月20日，“最美山歌献祖国”2019年南宁国际民歌艺术节“绿城歌台”开幕式在中心歌台上演。2000多名观众到场观看演出。来自良庆区的150名歌手首先用嘹啰山歌点燃气氛，随后“壮乡美·民歌颂祖国”“民歌美·歌海丝路传”“丝路美·奋进新征程”三个篇章徐徐展开。在“壮乡美·民歌颂祖国”篇章，小朋友们用热情欢快的歌舞演绎广西经典爱国民歌《壮锦献给毛主席》《壮家少年在红旗下成长》。男女对唱《邕江颂》表达对邕城母亲河邕江的深情赞歌。在“民歌美·歌海丝路传”篇章，中外民歌联唱《半个月亮爬上来》《天路》《我的太阳》《喀秋莎》拨动人心弦。在“丝路美·奋进新征程”篇章，歌舞《我们都是追梦人》《鼓舞新时代》《复兴中国梦》激发观众浓浓的爱国情怀。最后，整台演出在全场观众高唱《我和我的祖国》的动人旋律中落下帷幕。

江南区歌台 9月20日，2019年江南区平话文化旅游节暨“绿城歌台”江南区歌台在融晟天河·海悦城举行。以“平话情韵·活力江南”为主题。活动在旋律优美的平话山歌和场面壮观的《平话声屏》舞曲中拉开序幕，舞蹈《平话娃娃闹花灯》、音乐情景剧《活力江南》《江南原创歌曲联唱》等具有平话元素的节目精彩纷呈。舞蹈《不忘初心》《共圆复兴梦想》等精品节目，充分展示60万江南区平话人不忘初心，自强不息的意志。活动在《我和我的祖国》快闪节目中圆满落幕。

兴宁区歌台 9月21日，2019年南宁国际民歌艺术节“绿城歌台”暨兴宁区文化旅游购物节在兴宁区朝阳广场举办。主题为“千年古城·魅力新兴宁”。歌舞节目《兴宁乐章》拉开演出序幕。戏曲舞蹈《邕城戏韵》《铜鼓敲出壮乡情》《邕嫁》等节目将壮族元素与南宁非遗项目有机结合，使观众耳目一新。来自法国、俄罗斯、澳大利亚的艺术家带来的原生态民间音乐与歌舞，展现异域的别样风情。演出在《再一次出发》的歌声中圆满结束。

武鸣区歌台 9月21日，“我和我的祖国”南宁市庆祝中华人民共和国成立70周年暨2019年南宁国际民歌艺术节“绿城歌台”群众文化活动在武鸣区文化馆举行。主题为“奋进新时代·扬帆新征程”。舞蹈《鼓舞壮娃》拉开演出序幕。小组唱《山间飞出金凤凰》《红旗颂》、舞蹈《田间韵》《卡塔克舞》《打糯香》、合唱《少年少年，祖国的春天》等精彩节目先后上演。最后的节目为全场大合唱《我和我的祖国》，传递出艺术家和观众对中国的美好祝愿。

横县歌台 9月21日在横县横州公园举行。以“醉美花乡”为主题。活动在欢快热烈的舞蹈《山歌好比春江水》中拉开帷幕。来自北非的奈布奈特舞蹈团表演舞蹈《北非手骨舞》，来自俄罗斯的星海拉丁舞蹈团表演《斑斓星海》等拉丁舞，异域歌舞别有一番风情。横县文艺工作者和横县青少年献上《我爱你中国》《丝路茉莉》《花开的时节》等富有本土特色文艺节目。演出在全场观众和演员齐唱《我和我的祖国》中圆满结束。

隆安县歌台 9月21日在隆安蝶城文化广场举行。以“砥砺奋进七十载·决战脱贫奔小康”为主题。演出分为“礼赞祖国”“奋进的旋律”两个篇章。大型歌舞《我的祖国》大气磅礴。舞蹈《笔墨春秋》独具古韵，五言壮欢山歌《三叉江欢歌》、丝弦戏《夜袭昆仑关》、舞蹈《骆越神韵》富有民族特色。兰达舞《风情无限》富有浓郁泰国特色。德国动感唱跳组合带来的歌舞《chicago &spanish show》热烈奔放。快板表演《脱贫攻坚暖那乡》道出隆安县脱贫攻坚发生的变化。活动以快闪表演《我和我的祖国》完美收官。

马山县歌台 9月21日在马山县人民会堂举办。以“鼓乡歌海·祥寿马山”为主题。演出以鼓舞节目《歌唱祖国》开场，舞蹈《苗妹妹》、歌曲《南湖的船党的摇篮》、歌伴舞《壮族老家等你来》等节目坚持原生态、大众化、民族化特点，充分展示以“马山文化三宝”为核心的马山文化元素，庆祝新中国成立70周年，唱响新时代壮美华章。外国友人和上林县带来交流节目。活动以全体演员齐声唱响《我和我的祖国》落下帷幕。

上林县歌台 9月21日在上林县人民会堂举办。

主题为“养生上林·常来长寿”。演出以歌舞《复兴中国梦》开始。澳大利亚班达伯格市管弦乐队带来管弦乐演奏《我是澳大利亚人》《羊毛剪子喀嚓嚓》,柬埔寨艺术家带来宫廷舞蹈《神秘的色彩》,魅力四射的异国文艺表演掀起高潮。马山县带来《俏妹牧羊趣》等表演,展现马山悠久灿烂的民族文化和壮乡人积极进取的品质。

青秀区歌台　9月22日在民歌湖水上舞台举行。以“歌声飘过70年”为主题。演出分激情岁月、世纪春天、祝福祖国三个乐章。歌伴舞《英雄赞歌》、情景歌舞《过雪山草地》《沂蒙颂》《万泉河水清又清》,小组唱《咱们工人有力量》《在希望的田野上》,以及经典歌曲联唱《年轻的朋友来相会》《乡恋》《牧羊曲》《我们的生活充满阳光》等脍炙人口的歌曲和熟悉的旋律,引起观众共鸣。最后,全场合唱《歌唱祖国》,寄托大家对祖国的美好祝愿。

良庆区歌台　9月22日在良庆区大沙田滨江广场举行。以“我为祖国唱山歌”为主题。大型舞蹈《壮乡鼓韵》拉开晚会序幕,独具特色的壮乡铜鼓舞蹈,带领观众追溯嘹啰山歌文化起源,领略壮乡山水的柔美;精心创编的民族舞蹈串烧《嘹啰相会》,表现壮族、苗族、彝族同胞相聚良庆,以歌相会、以舞传情,唱响民族团结的时代赞歌;《百狮贺喜》融合良庆那马非遗传承项目,给观众呈现一场美轮美奂的民俗杂技舞蹈表演。缅甸暹罗舞蹈团颇具东盟异域风情的舞蹈《暹罗》、德国动感唱跳组合带来歌曲演唱串烧《热火青春》等节目,为观众展示异国的优秀文化。

邕宁区歌台　9月22日在邕宁区万达茂举行。以“国庆70年·邕宁日子甜”为主题。那路八音队和蒲庙花婆队带来的《喜迎八方宾朋》表演拉开活动的序幕,歌台上吹奏起这片土地上最亲切的乡音,歌台下扮成花婆的表演者们为现场观众分发福袋,共同欢迎八方宾朋的到来。《龙粉香》《唱起嘹啰赶歌圩》等民俗歌舞表演一一上演,为观众展示邕宁区特色民族文化。来自乌克兰、尼泊尔的表演团体分别带来《丰收喜悦》《莎布鲁舞》等歌舞表演,让现场观众领略异国风采。南宁市独唱演员陈春燕带来邕宁区原创曲目《扶贫花开八尺江》,歌唱邕宁区扶贫攻坚的奋斗成果。

宾阳县歌台　9月22日在宾阳县文化广场举行。以“炮龙腾飞·盛世中国”为主题。开场舞《八桂欢歌》瞬间点燃观众热情。来自隆安县的歌手演唱歌曲《丰收的季节》和《花与苍穹》,悠扬的歌声让人感受到骆越文化的迷人风采。桑巴风情舞蹈团表演的《无限火力》和柬埔寨的宫廷舞《神秘色彩》,原生态的民间音乐与热情洋溢的民族歌舞,将现场气氛推向高潮。歌台成为一场中外艺术家以歌传情、以舞会友的友好盛会。

西乡塘区歌台　9月23日,南宁国际民歌艺术节“绿城歌台”暨西乡塘区香蕉文化旅游节在美丽南方举行。以“魅力城西·辉煌绽放”为主题。人们跳起丰收的舞蹈,唱响山歌,舞起香蕉龙,龙狮、八音鼓乐开路,巡游队伍高举风调雨顺、国泰民安等吉利好辞旗幡,推车、担挑、肩扛、手提丰收成果巡游,同时也祈求来年有更好的收成。

2019年中国—东盟(南宁)戏剧周

2019年9月12—18日在中国广西南宁举办。来自中国、文莱、柬埔寨、缅甸、印度尼西亚、新加坡等国家的19个优秀院团开展23场演出,举办26场活动。戏剧周荟萃东盟国家多种戏剧品种,包括孔剧、音乐剧、儿童剧、木偶剧等,让观众感受到浓郁的东盟风情。戏剧周首次设置主题国,由印度尼西亚担任。活动促进印度尼西亚与各国的人文交流,同时也向世界推广印尼丰富的艺术和文化资源。

戏剧周开幕　9月12日在中国广西南宁开幕,由南宁市人民政府、广西壮族自治区文化和旅游厅联合主办,中国文化和旅游部国际交流与合作局、中国—东盟中心指导。中国成都市川剧研究院为戏迷们奉献开幕大戏川剧《尘埃落定》。

中国—东盟戏剧及非物质文化遗产展览　9月15—18日在南宁市博物馆举办。展出艺术品200余件,涉及戏剧、摄影、油画、木偶以及地方非物质文化遗产等种类。

中国—东盟(南宁)戏剧周大联欢　9月18日晚在南宁民歌湖大舞台举行。大联欢以“丝路起航新时代,戏海扬帆新征程”为主题,分为《有朋远来》《粉墨春秋》《朱槿花开》《丝路花雨》《壮美中国》五大篇章。参加本届戏剧周活动的中国与东盟各国艺术家及相关文化机构代表、文化名人参与大联欢。在联欢活动中,各国艺术家同台献艺,艺术家与观众激情互动,共享中国—东盟戏剧交流合作结出的丰硕成果。(郑颖瑜)

东盟国家重要展会

马来西亚国际家具展

2019年3月8—11日在马来西亚国际贸易展览中心和太子世界贸易中心举行。由马来西亚博闻有限公司主办。以“创意彰显,匠心互联”为主题展示新产品系列。展会面积10万平方米。共有来自14个国家的600家参展商参展,其中马来西亚企业346家,国外企业254家。展会以设计为基石,设置Millennials@ Design专区,这是特别为年轻设计师策划的展出特区。展会吸引20478名买家,其中包括来自130个国家和地区的6112名国际买家，比上年增长4%，北美和远东地区的买家人数显著增加。展会期间创下10.1亿美元销售额，比2018年的9.84亿美元增长3%，作为东南亚最大的家具展之一，在其举办25年的历史中首次突破了10亿美元销售额。

第7届新加坡海事展

2019年4月9—11日在新加坡滨海湾金沙会展中心举办。来自59个国家的348家企业参展，参展产品覆盖船舶设计、船舶建造、船用设备及配件，参观客商超过10000名。展会举办周期为两年一届，为亚洲地区企业以及来自世界各地的参展企业、采购商、参观者提供交流合作的契机。

第29届越南（河内）国际贸易博览会暨电子产品展

2019年4月10—13日在越南河内国际展览中心举办。由越南工贸部主办。来自23个国家和地区的500家企业参展，设展位600个，展示机械设备、辅助工业、电子、食品、饮料等多种多样的高质量产品。参展企业来自阿尔及利亚、古巴、韩国、印度尼西亚、中国、尼泊尔、老挝、蒙古、柬埔寨、波兰、俄罗斯等国家和地区。越南国际贸易博览会自1991首开以来已连续举办28届。

菲律宾国际食品及加工展 WOFEX 展会

2019年8月7—10日在菲律宾马尼拉世界贸易中心和SMX会展中心举办。展会共有来自菲律宾、中国、韩国、美国、越南、德国、马来西亚、乌克兰等30多个国家和地区的1200多家企业参展。全球100多个国家的43200多名采购商参观此次展会。展会每年举办一次，至2019年已举办19届，是菲律宾规模最大的食品展。

2019 文莱国际石油石化技术设备展

2019年8月21—22日在文莱马拉奕诗里亚社区会堂举办。由新加坡FIREWORKS展览集团主办。展会汇集众多国际知名的油气公司齐聚文莱石油开采工业中心马拉奕，展示石油和天然气工业的最新发展成就，同期举办2019年文莱国际油气技术研讨会及石油天然气会议。

泰国国际防务展

2019年11月18—21日在泰国曼谷国际展览中心举办。由泰国国防部主办。泰国副总理巴威出席开幕式。防务展每两年一届，是泰国唯一一个涉及国防领域的专业高端展览会，专注于泰国海陆空三方安全防护工作。展品内容包括坦克装甲车辆、军事飞机、武器和弹药、炸药、榴弹发射器、迫击炮、电子系统与设备、多功能军用车、单兵装备、各类安防产品等。中国国家国防科技工业局组织7家军贸公司以“中国军工”国家展团形式首次参展，针对东南亚市场推出相应产品，成体系展出覆盖陆海空天网的高技术武器系统。

2019 澜湄合作经济技术展览会

2019年11月25—28日在老挝万象举行。由中国贸促会、老挝工贸部共同主办，中国国际商会承办，老挝国家工商会协办。该展览会每年在中国和湄公河五国巡回举办，迄今已经举办4届。本届展览会总面积2000平方米，展出的技术涉及卫星、基础设施、交通、能源、电力、建筑建材、农业等领域。中国云南、海南两省以整体形象展出，推介地方项目、优质企业及特色产品。11月25日下午举办澜湄合作经贸研讨会暨对接交流会，中国、老挝政商界人士就如何深化中老经贸合作、老挝投资环境等议题进行广泛交流。赛色塔综合开发区代表向与会代表介绍工业园区的发展现状，邀请中国企业借助工业园区，开拓东南亚地区市场。

第30届印度尼西亚国际机械制造展览会

2019年12月4—7日在印度尼西亚雅加达国际会展中心举办。由奥伟展览集团主办。展出动力传动与控制、空压、机床、工业零配件、制造和过程自动化、精密工具等设备。

柬埔寨国际建筑行业展览会

2019年12月5—7日在柬埔寨金边钻石岛会议展览中心举办。由柬埔寨建筑商协会主办。展会全面展示柬埔寨市场上从国外进口的建筑材料、技术装备和服务，展出一系列房地产项目和与建筑业相关的保险、金融类服务项目。来自美国、中国、日本、新加坡、韩国、越南、马来西亚、泰国等国家展商参展，展位300个，观众8500多人次。

第3届缅甸国际纺织及机械展

2019年12月6—8日在缅甸仰光举办。由中国纺织品进出口商会和浙江省商务厅、重庆市商务委联合举办。展位260个，展品涵盖纺织面料、纱线、服装、小型服装机械及相关终端消费品等。

2019年越南国际服装展

2019年12月11—15日在越南河内友谊文化宫举行。着重推介越南一流纺织品服装、皮革制鞋、装饰品品牌。设展位150多个，越南100家纺织服装、皮革制鞋、化妆品生产企业参展。展会期间还首次举办题为“时尚的兴趣与时代之美”的越南时装和国际美容周活动。

（郑颖瑜）

新 闻 人 物

朱丽华

2019 年 12 月获得 2019 年度中国浙江省三八红旗手荣誉称号。2020 年 5 月，被评为感动中国 2019 年度人物。2020 年 10 月，被授予 2019 年度全国三八红旗手荣誉称号。1957 年 10 月出生于中国浙江嘉兴，1994 年 10 月加入中国共产党。职业中医师。浙江省盲人协会副主席、嘉兴市政协委员、嘉兴市盲人协会主席，嘉兴丽华推拿诊所所长、嘉兴市南湖区丽华中医诊所负责人。43 年前，朱丽华因两次意外事故造成双眼彻底失明，但她用奋斗来追逐光明，靠着自己的双手推出了璀璨人生。她刻苦钻研中医推拿技术，成为嘉兴市首位盲人中医师。她从事推拿工作 30 余年，开创了自己的诊所，为 22 万多人次患者缓解病痛，并带动 100 多名残疾人就业。她热心公益、慈善事业，无私奉献，累计资助贫困学生 480 人次，为希望工程捐款累计达 373 万元。曾获全国自强模范、浙江省优秀共产党员、浙江省道德模范等荣誉称号。

张富清

2019 年 5 月入选中国好人榜；6 月，被中共中央宣传部授予时代楷模称号；被中共中央授予全国优秀共产党员称号；7 月，被表彰为全国模范退役军人；9 月，获得第七届全国道德模范“全国敬业奉献模范”奖；9 月，获得共和国勋章、被授予“最美奋斗者”荣誉称号；2020 年 5 月，被评为感动中国 2019 年度人物。1924 年 12 月出生于陕西洋县，1948 年 3 月参加中国人民解放军，1948 年 8 月加入中国共产党。1955 年 1 月转业到湖北省恩施土家族苗族自治州来凤县，先后在城关粮油所、县粮食局、县纺织公司、三胡区、卯洞公社、县外贸局、县建设银行工作，1984 年 12 月离休。在解放大西北系列战斗中英勇善战、舍生忘死，荣立西北野战军特等功一次、军一等功一次、师一等功一次、师二等功一次和团一等功一次，并被授予军战斗英雄称号、师战斗英雄称号和人民功臣奖章。60 多年来，张富清刻意尘封功绩，连儿女也不知情。2018 年 12 月，在湖北省恩施州来凤县人社局退役军人信息采集点，他的事迹才被人们发现。

顾方舟

2019 年 1 月 2 日在中国北京逝世。被评为 2019 年度“全国最美医生”；2019 年 9 月 17 日，中国国家主席习近平签署主席令，授予顾方舟“人民科学家”国家荣誉称号；2019 年 9 月 15 日，获“最美奋斗者”荣誉；2019 年 12 月 18 日，入选“中国海归 70 年 70 人”榜单；2020 年 5 月 17 日，被评为感动中国 2019 年度人物。

1926 年 6 月 16 日生于中国上海，祖籍浙江宁波。1948 年加入中国共产党。第三世界科学院院士，英国皇家内科学院（伦敦）院士，欧洲科学、艺术、文学学院院士，医学科学家、病毒学专家，中国医学科学院北京协和医学院原院长、一级教授。对脊髓灰质炎的预防及控制研究长达 42 年，是中国组织培养口服活疫苗开拓者之一，被称为“中国脊髓灰质炎疫苗”之父。

长期从事“脊灰”减毒活疫苗研究，建立“脊灰”病毒的分离与定型方法，制定“脊灰”活疫苗的试制与安全性标准。主持制定中国第一部“脊灰活疫苗制造及检定规程”，指导中国后来20多年数十亿份疫苗的生产与鉴定。1957年，首次用猴肾组织培养技术分离出病毒，并用病原学和血清学的方法证明I型为主的“脊灰”流行。1958年，从患者粪便中分离出脊髓灰质炎病毒并成功定型，为免疫方案的制定提供科学依据。1959年年底，中国官方采纳他的建议，中国脊髓灰质炎活疫苗的研究工作展开。1960年，经过动物试验和人体试验，他带领团队研制出脊髓灰质炎活疫苗。1981年起，从“脊灰”病毒单克隆抗体杂交瘤技术入手研究。1982年，研制成功“脊灰”单克隆抗体试剂盒，在“脊灰”病毒单克隆抗体杂交瘤技术上取得成功，并建立起三个血清型、一整套“脊灰”单抗。2000年，中国消灭脊髓灰质炎证实报告签字仪式在中国卫生部举行。

1959年，获中国医学科学院先进工作者称号；1987年，入选英国伦敦皇家内科医学院院士；1990年，入选欧洲科学、艺术、文学科学院院士；1992年，当选第三世界科学院院士。

流沙河

2019年11月23日在中国成都去世。本名余勋坦，1931年11月11日生于中国四川金堂。中国现代诗人、作家、学者、书法家，出版小说、诗歌、散文、翻译小说、研究专著等22种。主要作品有《流沙河诗集》《故园别》《游踪》《台湾诗人十二家》《隔海谈诗》《台湾中年诗人十二家》《流沙河诗话》《锯齿啮痕录》《庄子现代版》《流沙河随笔》《Y先生语录》《流沙河短文》《流沙河近作》等，其中诗作《就是那一只蟋蟀》《理想》被中学语文课本收录。

1947年春，考入四川省立成都中学高中部，兴趣迅速转向新文学，沉迷于巴金的小说、鲁迅的杂文、曹禺的戏剧和艾青、田间、绿原的诗歌。同时开始向报纸投稿，陆续发表十来篇短篇小说、诗、译诗、杂文。1949年，以最高分考入四川大学农化系，就读半年后离校投身“创造历史的洪流”。1950年，到《川西农民报》任副刊编辑。1952年，调四川省文联，历任创作员、《四川群众》编辑、《星星》编辑。1957年1月1日，创办《星星》诗刊，这是中华人民共和国成立后第一份官办诗刊。1978年，到金堂县文化馆任馆员。1979年，加入中国作家协会，同年复出发表作品。年底调回四川省文联，任《星星》编辑、中国作家协会理事。1982年，在诗刊《星星》上开辟专栏，最早介绍中国台湾现代诗作。后来，他把这一系列结集出版《台湾诗人十二家》，引起轰动，成为将中国台湾诗作介绍至大陆的第一人。1985年起，专职写作。2009年起，在成都市图书馆开始固定讲座。2012年，出版《白鱼解字》。

樊锦诗

2019年8月获得第4届“吕志和奖—世界文明奖”“正能量奖”。2019年9月17日，中国国家主席习近平签署主席令，授予她“文物保护杰出贡献者”国家荣誉称号。2019年12月6日，获2019第7届“中华之光—传播中华文化年度人物”奖。2020年5月17日，被评为感动中国2019年度人物。1938年7月生于中国北平，祖籍浙江杭州。1963年，毕业于北京大学历史系考古学专业，同年9月到敦煌文物研究所工作，1977年任副所长，1984年8月任敦煌研究院副院长，1998年4月任敦煌研究院院长，2015年1月起任敦煌研究院名誉院长。1988年任副研究员，1994年任研究员。1995年为兰州大学兼职教授，1998年为兰州大学敦煌学专业博士生导师，1999年被聘为中国教育部人文、社会科学重点研究基地兰州大学敦煌研究所名誉所长、学术委员会副主任。兼任中国敦煌吐鲁番学会副会长。

诺罗敦·帕花黛维

2019年11月18日在泰国医院因病逝世。柬埔寨国王最高顾问，宪法理事会理事，柬埔寨皇家舞团导演、舞蹈家、社会活动家，曾任柬埔寨文化艺术部大臣。帕花黛维逝世后，柬埔寨国王诺罗敦·西哈莫尼通过社交平台表达悲痛之情，并祈福。2019年11月18日，为感恩诺罗敦·帕花黛维公主对国家的艺术、文化、高棉文明所作的贡献，柬埔寨首相洪森宣布11月20日为大公主哀悼日，各政府机构与私营企业降半旗致哀。生于1943年1月8日，是柬埔寨已故国父诺罗敦·西哈努克的长女，诺罗敦·拉那烈亲王的胞姐，生母为聂莫尼帕甘托（Neak Moneang Phat Kanthol）。共育有5名子女。柬埔寨皇家舞也称柬埔寨宫廷舞，它不仅是一种传统舞蹈，更是高棉文化的象征。1948

年，诺罗敦·帕花黛维公主5岁时开始学习柬埔寨皇家舞。1958年，在柬埔寨皇家舞团进行首演。1961年，获柬埔寨首席皇家舞演员称号。1960—1970年，出任古典舞教授。1975—1979年，波尔布特执政期间，由泰国难民营辗转至法国。1991年10月23日，《巴黎协定》签署后回国。1991—1993年，出任柬埔寨文化部副大臣。1993—1998年，出任柬埔寨王国政府高级顾问，负责文化事务。1998～2004年，出任柬埔寨文化艺术部大臣，任职期间，联合国教科文组织将柬埔寨皇家舞列入人类非物质文化遗产。2004—2016年，任柬埔寨参议院议员及国际舞蹈委员会名誉委员。2018年中柬建交60周年之际，率团到中国北京演出，是首任柬中友好协会主席。曾带领柬埔寨舞团在世界各地巡演及宣传柬埔寨皇家舞。

徐清华

2019年11月27日在新加坡逝世，享年88岁。印度尼西亚房地产企业家，芝布特拉集团创始人，印度尼西亚房地产商协会创始人之一、协会首任总主席（1972—1974），2019年福布斯全球亿万富豪榜排名第1941位。印度尼西亚财政部长斯丽·穆利娅妮对徐清华的去世表示深切哀悼。她说，徐清华非常重视印度尼西亚住宅区建设，并作出巨大贡献。还说："徐清华是一位不图名利的知名人士，他始终以一个愿景兴建住宅区，还致力于环境保护。"她谈到，徐清华对艺术的热爱也为印度尼西亚留下难忘的回忆。徐清华不仅经营企业，还努力使其企业员工过上好生活。印度尼西亚房地产商协会全国协商会议27日向徐清华的逝世默哀致敬。

佐科·维多多

2019年10月再次宣誓就任印度尼西亚总统。1961年6月21日生于印尼爪哇省梭罗市一穷困木匠家庭，曾经先后就读于苏拉卡尔塔公立第一初中、苏拉卡尔塔公立第六高中。1985年，毕业于加札马达大学，获得林学院工程专业学位。2002年与一批同行朋友创立印度尼西亚手工与家具工业协会，并被推举为主席。2005年步入政坛，历任梭罗市长、雅加达特区首长、印度尼西亚总统。

在担任梭罗市长期间，致力于降低犯罪率、振兴经济，建立一个清明廉洁的地方政府。担任雅加达特区首长后，无论整顿交通还是治理水患，都取得不俗成绩，赢得雅加达特区乃至印度尼西亚社会认可。基层出身的他向来与各族群相处融洽，在国内深得民众拥戴。

2014年3月16日，印度尼西亚最大反对党民主斗争党总主席梅加瓦蒂宣布，该党将提名雅加达特区首长为总统候选人。2014年7月22日晚，印度尼西亚选举委员会宣布2号总统候选人组合佐科—卡拉以53%得票率当选为新一届总统和副总统。2014年10月20日，印度尼西亚总统佐科宣誓就职，任期至2019年。2019年4月18日，佐科宣布在印度尼西亚总统大选中胜出。

吉迪恩—苏卡穆约

印度尼西亚羽毛球运动员，2019年12月5日双双入选世界羽联年度最佳运动员候选名单。马库斯·费尔纳迪·吉迪恩生于1991年3月9日，凯文·桑加亚·苏卡穆约生于1995年8月2日。2019年11月12日，世界羽联公布最新一期各单项世界排名，印度尼西亚组合吉迪恩—苏卡穆约排名第一。从2017年开始，这对组合一直占据世界羽联男双排名的榜首。2019年这对组合再接再厉，获2019年11月10日中国福州公开赛S750男双冠军、2019年马来西亚大师赛S500男双冠军、2019年印度尼西亚大师赛S500男双冠军、2019年印度尼西亚公开赛S1000男双冠军、2019年日本公开赛S750男双冠军、2019年中国公开赛S1000男双冠军。

苏卡穆约（左）　　吉迪恩（右）

巴哈鲁丁·优素福·哈比比

2019年9月11日逝世。印度尼西亚前总统，印度尼西亚航空工业与科学技术专家，被誉为印度尼西亚"科技之父"。1936年生于印度尼西亚南苏拉威西巴雷，在万隆工业学院毕业后前往联邦德国亚深技术学院深造，1965年获得工程学博士学位。在联邦德国飞机制造厂工作多年，在航空技术方面有丰富经验。

1973 年,应印度尼西亚总统苏哈托之邀回到印度尼西亚,担任总统科学技术顾问。1982 年被印度尼西亚政府授予玛哈普特拉·阿迪帕拉达纳勋章。1983 年,被美国《航空和太空工艺周刊》评选为在航空与太空工艺方面最有功绩的科学家之一。曾获得过西班牙颁发的航空大十字勋章、荷兰授予的荷兰皇室大十字骑士勋章、意大利授予的大十字骑士勋章。1986 年,被美国国家工程学会选为三位亚洲工程技术专家之一,并被美国国民工程学院吸收为院士。1998 年 5 月 21 日,印度尼西亚总统苏哈托宣布辞职,按宪法规定由副总统哈比比继任第三任印尼总统。哈比比逝世后,印度尼西亚政府号召政府部门下半旗致哀直至 2019 年 9 月 14 日。哈比比遗体葬于印度尼西亚加里巴达烈士陵园,由总统佐科主持国葬礼,印度尼西亚政府高官与社会各界精英出席葬礼。

玛哈达丹龙本

2019 年(佛历 2562 年)在老挝首都万象市主持湄公河五国朝圣活动施舍仪式。老挝佛教协会主席。1930 年(佛历 2473 年)2 月 10 日生于沙湾拿吉省宋孔县纳噶拉村。1943 年(佛历 2486 年)6 月 7 日,13 岁的玛哈达丹龙本在纳噶拉村四皮帕拉姆寺剃度出家成为一名沙弥。1944 年(佛历 2487 年),在寺庙里开始在贝叶上学习吉篾语等古文字。1950 年(佛历 2493 年)1 月 14 日,在 24 位僧侣的见证下受具足戒成为一名比丘。1957 年(佛历 2500 年),本科毕业并修七加行。1978—2007 年(佛历 2521—2550 年),任沙湾拿吉省佛教协会主席兼老挝建国阵线委员。2011 年(佛历 2554 年)任老挝佛教协会副主席,分管南部五省。2015 年(佛历 2558 年)12 月 17 日,就任老挝佛教协会主席。2018 年(佛历 2561 年)11 月 12 日,第一届越老柬佛教高层会议在老挝万象举行,达丹龙本出席并在开幕式上致辞。12 月 24 日,中国佛教协会副会长、深圳弘法寺方丈印顺法师应邀赴老挝进行友好访问,并与达丹龙本进行会谈,促进中老佛教友好交流。

湄公河五国朝圣活动始于 2017 年,2019 年举办第二届,从泰国清莱府出发,途经缅甸、越南、老挝,最后在柬埔寨暹粒省结束,全程 2000 千米。

格玛妮·翁芭茜

2019 年万象市政府主办的宋干小姐冠军。宋干源于老挝语音译,意思是泼水节。泼水节是老挝人民一年一度最重要的节日,相当于中国的春节。宋干小姐选拔大赛是每年泼水节中最重要的活动之一,受到老挝民众的广泛关注。格玛妮·翁芭茜生于 1998 年。2019 年 4 月 14 日,老挝新年期间,格玛妮·翁芭茜连同在选拔大赛中获得其他奖项的 7 名佳丽进行花车巡游,这个风俗是老挝的传统文化,来源于一个神话故事。荣获宋干小姐桂冠之后,格玛妮·翁芭茜参加老挝一档名为《The Survival Laos》的综艺节目,她在节目中不畏挑战,表现可圈可点。年内,格玛妮·翁芭茜还赴中国香港参加 miss Chinese 2019 选拔赛。

李宗伟

2019 年 6 月 13 日因健康原因宣布退役,结束长达 19 年的职业羽毛球选手生涯。马来西亚著名羽毛球男子单打运动员。1982 年 10 月 21 日出生于马来西亚霹雳吉辇县峇眼色海,祖籍中国福建南安。11 岁开始接触羽毛球,15 岁代表马来西亚参加国际比赛,17 岁时被征召进入马来西亚国家羽毛球队。在他的职业生涯中赢得过许多国际级的冠军头衔,其中包括 12 次马来西亚公开赛冠军,6 次日本公开赛冠军,4 次全英公开赛冠军。2008 年 8 月 21 日成为国际羽联世界排名第一的球手,并曾占据男单世界第一位置长达 349 周,创羽坛最长纪录。2008 年,在赢得北京奥运会羽毛球男子单打银牌之后,成为第六位在奥运夺得奖牌的马来西亚人,受封拿督称号。2012 年,他再次在伦敦奥运会羽毛球男子单打中败给中国选手林丹夺得银牌。2015 年 11 月,在中国公开赛取得冠军后,达成首要超级系列赛大满贯。2016 年,他在里约奥运会第三度获得羽毛球男子单打比赛银牌,受封拿督威拉称号。

吴尚雄

2019 年 10 月 12 日,负责协调举办第 2 届中国—马来西亚翻译、语言和文化国际研讨会暨第 2 届全国大学生马来语演讲大赛。马来西亚理科大学人文学院副院长,马来西亚一带一路研究中心理事,马来西亚翻译与创造协会理事,副教授(博士),硕博导师。1971

年9月22日生于马来西亚柔佛州麻坡县,祖籍中国福建惠安。曾就读于马来西亚柔佛州麻坡高级中学;后获得马来西亚理科大学翻译与口译荣誉学士学位、翻译研究硕士学位及翻译研究博士学位。主要研究方向是中马翻译理论与实践、文学翻译、翻译史,著有《中马文化可译性》《中马商号:语言、文化与翻译》《中马翻译的语言误区》《英马合約法律术语对照》《英马刑事法律术语对照》《中华圣贤智慧》(马来文版)《中国熟语精选》《中马成语对照》等11部专著,《文学翻译探讨》《技术文本翻译初探》《中马文明交流:翻译、语言与文化》等编著10部,《诗歌与班顿的对比研究》《中国管理秘诀》《中华术语第一集》《宋词精选》等译著11部,发表学术论文100多篇。获得2015国家书籍奖及2014年马来西亚国际发明、创新与技术展览会金奖。参与推动与中国相关高校的合作项目,为中国各高校马来语专业赴马来西亚留学生提供质量优良、丰富多彩的课程及文化、实践活动。在他的协调下,包括北京外国语大学、广东外语外贸大学、广西民族大学在内的多所中国高校与马来西亚理科大学开展校际合作。

东姑麦润

2019年5月2日受首相马哈蒂尔提名,被最高元首苏丹阿卜杜拉委任为联邦首席大法官,成为史上第一位上任马来西亚最高司法职位、领导该国司法机构的女性。东姑麦润于1982年毕业于马来亚大学并取得法学学士学位;同年加入马来西亚司法部门,相继担任吉兰丹州南部发展委员会(KESEDAR)和芙蓉市议会的法律顾问。此后,曾在马来西亚总检察署和地方法院服务,并于2006年被任命为司法专员。2007年9月至2013年1月,在吉隆坡高等法院和莎阿南高等法院担任法官。2013年1月,被委任为马来西亚上诉法院常任法官。2018年11月,被任命为马来西亚联邦法院常任法官。

在时任联邦首席大法官里察马拉尊于2019年4月退休后,东姑麦润于同年5月2日获马来西亚最高元首苏丹阿卜杜拉御准并受委为新任联邦首席大法官,成为马来西亚第一位担任联邦首席大法官的女性。

吴佩敏

缅甸政治家、作家和医生。2019年4月4日,中共中央政治局委员、中宣部部长黄坤明在北京会见吴佩敏,双方就加强沟通合作,深化宣传文化务实合作展开交流。2019年5月9日,中国驻缅甸大使洪亮在缅甸内比都辞行拜会吴佩敏,吴佩敏表示,缅甸愿与中国在"一带一路"框架下加强媒体等领域合作,促进两国民心相通,推动中缅全面战略合作伙伴关系不断向前发展。11月9日,吴佩敏出席在缅甸曼德勒举行的第5届伊洛瓦底文学节开幕式并致辞。11月18日,中国新任驻缅甸大使陈海在缅甸仰光会见吴佩敏,双方就新闻媒体和影视文化等领域交流合作交换了意见。

1949年12月生于若开邦丹兑,信仰佛教,出版40多本小说和翻译作品等,1995年获缅甸国家文学奖。1975年毕业于仰光第一医科大学,获医学学士学位,1977—1988年一直从事医生工作。之后投入文学写作,曾在泰国曼谷的印度支那媒体纪念基金会接受记者培训。曾担任缅甸新闻委员会副主席、《人民时代杂志》主编、文学界书店和缅甸图书出版社主编。2016年3月22日,缅甸总统吴廷觉提名吴佩敏为宣传部部长,5月24日通过联邦议会批准。

庄前进

菲华商联总会理事长,兼任菲律宾成衣厂商名誉会长、菲律宾纺织工业联合会副董事长、菲律宾锦绣庄氏宗亲会董事、大地针织厂董事长、马来渊纺织厂董事长等。2019年5月30日至6月1日,参加2019世界华侨华人社团联谊大会代表团赴中国上海实地考察上海历史发展、城市建设和科技发展等。祖籍中国福建晋江青阳莲屿。菲华商联总会创建于1954年3月29日,是菲律宾华侨华人工商界的最高机构,始终保持着与菲律宾高层的沟通,强调菲中友好的历史性与重要性,努力做好菲中两国的民间交往桥梁。在2011年3月28日举行的菲华商联总会第28次全菲代表大会上,庄前进当选为第29届理事长。2014年9月29日,菲华商联总会成为首批海外华侨华人互助中心之一,庄前进出任中心主任。

曼尼·维拉

菲律宾最大房屋建筑商 Vista&Landscapes 董事长，其领导的维拉集团公司控股的家居连锁公司 All Home Corporation 成为2019年获得菲律宾监管机构批准的第三家上市公司，也是维拉集团旗下的第四家上市公司。在美国《福布斯》杂志 2019 年世界富豪榜中，菲律宾共有 17 名富豪上榜，曼尼·维拉居首位全球排名第 317 位，估计净资产为 55 亿美元。1949 年 12 月 13 日出生，就读于菲律宾大学，1970 年获得工商管理学士学位，1973 年获得工商管理硕士学位。1998 年，被选为菲律宾众议院议长；2006 年 7 月被选为菲律宾参议院议长。All Home 定位为菲律宾开创性的一站式家居连锁商场，其股票的发行期限为 2019 年 9 月 30 日至 10 月 4 日，10 月 10 日在菲律宾证券交易所主板上市。

埃曼努尔·达披德兰·帕奎奥

菲律宾职业拳击运动员。政治家。2019 年 7 月 21 日，在美国拉斯维加斯进行的 WBA 次中量级拳王统一战中，经过 12 回合激战，最终战胜基斯·瑟曼，成功卫冕 WBA 次中量级超级拳王冠军。1978 年 12 月 17 日生于棉兰老岛布基农省，现为菲律宾参议员，曾为国际拳击组织和《拳击》杂志轻中量级拳王，先后夺得 8 个不同级别的世界拳王金腰带。在政治生涯中，2010 年当选众议员；2016 年改竞选参议员，顺利当选。

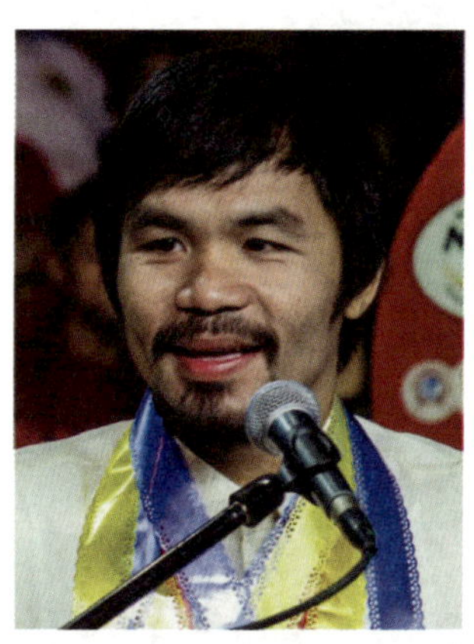

卓顺发

进入 2019 年福布斯亚洲（Forbes Asia）的“亚洲慈善英雄榜”（Heroes of Philanthropy），善济医社主席。1960 年生于新加坡“10 英里”一带。1984 年创立新加坡罗敏娜控股有限公司，2000 年在新加坡股票交易所上市。长期致力于慈善事业，从 2008 年担任新加坡慈善社团：善济医社，董事会义务执行主席至今。2009 年成立新加坡罗敏娜基金，担任执行主席，全力投入慈善事业。被新加坡总统授予太平绅士 JP，还有拿督斯里 DatoSri 等荣誉称号。福布斯亚洲每年都会选出亚太区在慈善方面的卓越人士进入“亚洲慈善英雄榜”，其中包括企业家、亿万富豪和演艺界明星。

炳·廷素拉暖

2019 年在泰国曼谷逝世。泰国军人、政治家，1920 年 8 月 26 日生于泰国南部宋卡府帽央区，其姓氏“廷素拉暖”为泰国国王拉玛六世所赐。早年从军，随后进入政坛。曾担任国会上议院议员、陆军司令、国防部长等职务，并于 1980—1988 年担任泰国总理兼国防部长，从总理职位卸任后，被泰国国王普密蓬·阿杜德任命为枢密院主席。2016 年 10 月 13 日，泰国国王普密蓬·阿杜德去世，炳·廷素拉暖被任命为摄政王。曾多次访问中国，为推进中泰友好关系做出重要贡献。

范日旺

2019 年 3 月登上福布斯全球富豪榜，排名第 239 位，财富值 66 亿美元。越南商人，任越南最大的私人企业 Vingroup 集团董事长。1968 年 8 月 5 日出生，籍贯越南河静省。1987 年考上河内矿业地质大学并赴莫斯科留学就读地质专业。1993 年，在乌克兰创立 Technocom 食品公司，主要生产经营方便面。2000 年回到越南。2010 年，将位于乌克兰的 Technocom 食品公司以 1.5 亿美元的价格卖给了雀巢公司后集中投资越南房地产行业。2012 年，成立 Vingroup 集团，任董事长。Vingroup 投资业务涵盖房地产、酒店、超市商场、汽车、手机、医院、制药、教育、有机农业等领域，成为越南最有价值的上市公司之一。2013 年 3 月，首度登上福布斯全球富豪榜，排名第 974 位，财富值 15 亿美元，是首位登上福布斯全球富豪榜的越南商人。

（周明钧　梁薇　黄旭文　杨梦平　赵丹　代珊瑞　杨超　谢柱军　唐卉　李碧华）

大　事　记

2019 年

1 月

1 日　泰国接替新加坡，正式担任东盟轮值主席国。

△中国南宁至越南河内（嘉林）国际列车开行 10 周年，该列车累计运送国际乘客超 40 万人次，在中国—东盟自由贸易区建设中发挥了重要作用。

2 日　中共中央总书记、国家主席、中央军委主席习近平在北京举行的《告台湾同胞书》发表 40 周年纪念会上发表重要讲话。

6 日　马来西亚《星报》消息，马来西亚王宫事务主管万·艾哈迈德发布声明表示，穆罕默德五世按联邦宪法第 32(3) 条辞去第 15 任国家元首的职务，这是马来西亚首位在任内宣布辞职的国家元首。

6 日　应越南政府总理阮春福的邀请，老挝人民民主共和国政府总理通伦·西苏里率领老挝政府高级代表团出席并共同主持 6 日在河内召开的越老政府间联合委员会第 41 次会议。

7 日　《日本经济新闻》与荷兰学术信息企业爱思唯尔合作，为探索各国的研究开发能力，汇总一份世界研究人员最为关注的尖端技术的各研究主题排行榜。在前 30 项主题上，中国有 23 项高居首位。

9 日　由导弹护卫舰芜湖舰、邯郸舰和综合补给舰东平湖舰组成的中国海军第三十批护航编队抵达柬埔寨西哈努克港，开始对柬埔寨进行为期 4 天的友好访问。

10 日　英国与东盟代表会晤在东盟秘书处驻地雅加达举行。英国外交部常务次官西蒙·麦克唐纳和英国外交部高级官员、东盟 10 国驻印尼大使、东盟副秘书长黄英俊和阿拉丁·里诺等共同出席会晤。

11 日　嫦娥四号着陆器、玉兔二号巡视器顺利完成互拍成像，任务取得圆满成功，实现探月工程“五战五捷。中共中央国务院中央军委致电祝贺嫦娥四号任务取得圆满成功。

14 日　由中国提供优买信贷资金支持的金边第三环城公路项目开工，柬埔寨首相洪森、中国驻柬大使王文天等出席开工仪式。

15 日　亚太议会论坛第 27 届年会在柬埔寨暹粒市隆重开幕。本届年会的主题为“加强议会伙伴关系，促进和平、安全与可持续发展”。

16—19 日　第 22 届东盟旅游部长会议和第 38 届东盟旅游论坛在越南下龙市成功举办。18 日闭幕式上，文莱接替越南成为东盟旅游下一任东道主和主席

17—18 日　以“为可持续发展推动伙伴关系”为主题的东盟国家外长非正式会议在泰国清迈举行。本次会议是泰国担任东盟轮值主席国以来首次召开的外长会议。

17—21 日　由中国海军导弹护卫舰芜湖舰、邯郸舰和综合补给舰东平湖舰组成的海军 539 编队，对菲律宾进行友好访问。

20—23 日　应中华人民共和国国务院总理李克强邀请，柬埔寨王国首相洪森于 1 月 20—23 日对中国进行正式访问。访问期间，国家主席习近平会见洪森首相，国务院总理李克强同洪森首相举行会谈，全国人大常委会委员长栗战书、全国政协主席汪洋分别会见洪森首相。23 日，中华人民共和国政府和柬埔寨王国政府发表联合新闻公报。

20 日　为庆祝老挝人民军成立 70 周年，老挝人民民

主共和国在首都万象举行盛大阅兵式。

21 日 第 22 届东盟—欧盟外长会议在比利时布鲁塞尔召开。东盟各国和欧盟 24 个国家外长出席会议。双方就《东盟—欧盟自由贸易协定》达成一致。东盟高度评价欧盟是东盟经济与发展领域的首要合作伙伴。

△越南媒体报道，越共中央总书记、国家主席阮富仲在越南首都河内会见中国驻越南大使熊波时表示，进一步巩固和发展越中友好不仅有利于各自国家建设，也将为地区乃至世界的和平稳定与发展繁荣作出积极贡献。

21—22 日 文莱举办为期两天的第 11 届东盟—日本反恐对话 AJCT 对话。AJCT 对话于 2006 年启动，旨在就当前与恐怖主义有关的形势交换意见，并讨论由日本—东盟一体化基金（JAIF）资助的各种项目，这些项目有助于全区域的反恐措施。

22 日 第 9 届东盟国家警察首长训练合作会议在文莱召开，文莱皇家警察局局长表示，本次会议以强化能力建设，非常贴切当前科技飞速进展，网络犯罪飙升，区域安全面对更多新挑战与威胁的局面。

24 日 越南国防部副部长阮志咏与到访的加拿大国防部国际安全政策局局长德里克·乔伊斯少将进行会谈，并在记者招待会上共同表示越南将与加拿大建立副部长级国防政策对话机制。

31 日 59 岁的苏丹阿都拉任第 16 任马来西亚最高元首，于 31 日宣誓就职。

25 日 2019 年“中国—老挝旅游年”在老挝万象开幕。中国国家主席习近平致贺词，对旅游年的开幕表示热烈祝贺。2018 年 5 月，习近平在北京与到访的老挝国家主席本扬达成 2019 年共同举办“中老旅游年”的重要共识。

28 日 《国际在线》报道，中国驻东盟大使黄溪连近日接受记者采访时说：“根据中国海关总署公布的最新贸易数据，2018 年中国与东盟贸易额达 5878.7 亿美元，比上年增长 14.1%，再创历史新高，发展成果和势头喜人。中国已连续 10 年成为东盟第 1 大贸易伙伴，东盟则连续 8 年成为继欧盟和美国之后的中国第 3 大贸易伙伴。”

29 日 中国国家主席习近平就菲律宾苏禄省发生爆炸袭击事件向菲律宾总统杜特尔特致慰问电。以个人的名义，对遇难者表示深切的哀悼，对伤者和遇难者家属表示诚挚的慰问。习近平强调，中方坚决反对任何形式的恐怖主义，强烈谴责针对无辜平民的暴力恐怖行径，愿同包括菲律宾在内的国际社会一道，共同打击恐怖主义，维护国际和地区和平稳定。

30 日 中国国务院总理李克强和柬埔寨首相洪森分别向“中柬文化旅游年”开幕式致贺词。李克强在贺词中表示，中柬传统友谊源远流长，彼此互为好邻居、好朋友、好伙伴、好兄弟。洪森表示，中柬两国传统友谊历久弥坚，各领域合作日益密切，成果丰硕。“中柬文化旅游年”开幕对深化“一带一路”框架下中柬友好合作，实现互利共赢，推动两国旅游发展具有重要意义。

31 日 中国新一代远洋综合科考船“科学”号完成西太平洋综合考察航次后返回青岛西海岸新区的母港。科学家在本航次中维护升级了中国的西太平洋实时科学观测网，实现了多项重大突破。中国首次实现深海 6000 米数据北斗卫星实时传输。

2 月

1 日 《求是》杂志第 3 期发表中共中央总书记、国家主席、中央军委主席习近平的重要文章《推动我国生态文明建设迈上新台阶》。

5 日 菲律宾总统杜特尔特发表贺词向华人拜年，祝愿新的一年给菲律宾华人社会和整个国家带来希望、鼓舞和更多成绩。他表示，菲律宾和中国之间的友谊和合作为两国带来更大的繁荣和经济增长，在和谐和多样性中培育出一种独特的文化。

18 日 《人民日报》报道，中国华电集团公司投资建设的 BOT（建设—运营—移交）项目于 2010 年 4 月开工，2013 年 12 月投产发电，多年平均发电量 11.99 亿千瓦时。截至 2019 年，额勒赛水电站累计发电量超 52 亿千瓦时，并获得柬埔寨有关部门颁发的“良好社会贡献奖”“环保管理工作优秀奖”“运行优异发电企业奖”“安全发电优秀企业奖”等奖项。洪森首相两次到水电站视察，表彰其为柬社会和经济全面发展与消除贫困作出的贡献，称其契合中国提出的“一带一路”倡议，“这是中国人民送来的珍贵礼物”。

19 日 中国国务委员兼国防部部长魏凤和在北京会见越南国防部副部长阮志咏。魏凤和说，中越友谊根基深厚，理想信念相通，关系特殊重要，是具有战略意义的命运共同体。阮志咏表示，越共中央、中央军委珍视越中传统友谊，有意愿有信心把两国两军关系推向更高水平,更好造福两国人民。

20 日 2019 年"中国—东盟媒体交流年"开幕式在北京举行,中共中央政治局委员、中宣部部长黄坤明出席开幕式,并宣读习近平主席贺信。习近平在贺信中指出,中国和东盟国家山水相连、人文相通,友好交往源远流长,举办中国—东盟媒体交流年是深化双方战略伙伴关系的重要举措。

22—27 日 "东盟英才中国行"活动在新疆举行,开启 2019"中国—东盟媒体交流年"的首行。来自印度尼西亚、马来西亚的 11 位媒体人走访南北疆各地,采访职业技能教育培训中心学员,感受优秀的民族传统文化,了解当地居民生活。他们普遍认为,当前新疆社会和谐稳定,文化丰富多彩,经济发展和民生保障"看得见",期待与中国共享经验。

24—26 日 越共中央总书记、国家主席阮富仲及越南高级代表团分别访问老挝(24—25 日)和柬埔寨(25—26 日),这是阮富仲以越共中央总书记、国家主席的身份对老挝和柬埔寨进行的首次访问。

26 日 一列满载火龙果、龙眼等东南亚水果的冷链集装箱班列缓缓驶出广西国铁凭祥口岸物流中心,开往上海闵行。这是国铁凭祥口岸物流中心启用以来发出的首趟冷链集装箱班列,也是广西凭祥与上海间首次开行冷链集装箱班列,为发挥铁路口岸跨境物流运输功能、推进东盟和长江三角地区贸易畅通起到积极促进作用。

27—28 日 美国总统特朗普与朝鲜最高领导人金正恩在越南河内举行第 2 次会晤。

28 日 东盟与美国联合合作委员会第 10 次会议在印度尼西亚雅加达举行。这是大使级年度会议,目的在于对东盟与美国战略对话关系框架内各项活动和项目展开情况进行评价。同日,据越通社报道,应新加坡三军总长王赐吉中将的邀请,以越共中央委员、中央军委常委、越南人民军总参谋长、国防部副部长潘文江为首的越南人民军高级军事代表团于 2 月 28 日至 3 月 2 日对新加坡进行正式访问。

3 月

1 日 中国驻柬埔寨大使王文天同洪森首相共同出席援柬特本克蒙省医院项目开工仪式。柬多位政府高官和当地民众 1 万余人出席。洪森表示,中柬是全面战略合作伙伴,长期以来中国坚定支持柬埔寨独立自主,为柬提供大量帮助,柬埔寨很自豪有中国这样的好朋友。特本克蒙医院项目为中国对柬埔寨无偿援助项目,建筑规模 2.4 万平方米,能够提供 300 个床位。

△应越共中央总书记、国家主席阮富仲邀请,朝鲜劳动党委员长、国务委员会委员长金正恩对越南进行正式友好访问。1 日下午,阮富仲以国家元首最高规格迎接朝鲜最高领导人金正恩来访。

△《联合早报》报道,新加坡国防部长黄永宏辩论国防预算时表示,新加坡将购买 4 架美国 F—35 战斗机,未来还可能追加 8 架。他称购买意愿已经获得美国行政部门和国防部的同意,特朗普 2 月写信给新加坡总理李显龙,对此决定表示欢迎。

5 日 中国航天科技集团有限公司第四研究院 200 吨推力的先进固体发动机地面热试车获得圆满成功。发动机采用多项新技术,综合性能达到世界一流水平,可为中国新一代固体运载火箭的研制提供更强劲、性价比更高的先进动力,有力增强固体运载火箭在商业航天发射市场的竞争力。

6—8 日 东盟高官会在泰国清莱府举行。会议认为,为促进东盟共同体建设,东盟应努力落实 2019 年优先事项,以促进可持续发展,其中包括以人为中心、不让任何人掉队等目标。

7 日 美国《华尔街日报》网站报道,马来西亚通信和数字服务公司明讯已与中国华为签署协议,将加快马来西亚的 5G 建设。

9—10 日 柬埔寨—老挝—越南发展三角区协调委员会第 12 次会议框架内的高级官员会议于 9 日上午在柬埔寨桔井省开幕,并于 10 日举行柬埔寨—老挝—越南发展三角区协调委员会第 12 次会议。

13 日 中国和柬埔寨两军"金龙—2019"联合训练在柬埔寨贡布省王家军步兵 70 旅综合训练场举行开训仪式。金龙系列联合训练是中柬两军务实合作的一个重要项目。

14—15 日 由越南、澳大利亚和欧盟共同主持召开的东盟地区论坛海洋安全中期工作组第 11 次会议在越南岘港举行,有东盟地区论坛 27 个成员国、有关国际组织和越南的 80 多名官员和从事海洋安全与合作领域的一流专家参加,具体讨论海洋安全情况,国家合作机制、政策和措施,航行安全、海洋环境保护和可持续发展等同海洋合作与安全有关的内容。

18—21 日 菲律宾外交部部长洛钦访问中国。20

日，中国国务委员兼外交部部长王毅在北京同洛钦举行会谈。王毅表示，在两国元首关心和引领下，中菲关系过去3年完成转圜、巩固、提升“三部曲”。中方愿同包括菲律宾在内的东盟国家一道，争取在3年内完成“南海行为准则”磋商，积极探讨商签“一带一路”合作文件。菲律宾 Rappler 新闻网20日称，这是洛钦上任后首次正式访问中国，背景是菲律宾和中国正讨论共同开发南海油气资源。洛钦在和王毅的联合记者会上表示，菲中两国从来不是敌人，中国从不干涉别国内政，从未利用自身体量和优势施压。

19日 中国东兴—越南芒街口岸北仑河二桥正式开通启用，这座连接中越两国的陆路通道将为中越边境口岸物流发展和边境贸易提供互联互通支撑。

20日 中国国家主席习近平就印度尼西亚巴布亚省发生洪水灾害向印度尼西亚印总统佐科致慰问电。

21—22日 2019年中国广西与越南边境四省党委书记新春会晤联谊活动在越南谅山举行。中共广西壮族自治区委员会书记鹿心社与越共谅山省委书记林氏芳清、广宁省委书记阮文读、高平省委书记赖春门、河江省委书记赵才荣进行工作会谈，共同签署会谈纪要。中国驻越南大使熊波、越南外交部副部长黎怀忠出席并致辞，越共中央对外部副部长阮俊峰出席。这次广西与越南边境四省党委书记新春会晤是连续第四年举行。

22日 由中国发展研究基金会主办的2019中国发展高层论坛·学术峰会在北京举行。峰会主题是“深化改革开放，推动高质量发展”。

△中国企业承建的柬埔寨首条高速公路金港高速（金边—西哈努克省），在柬埔寨磅士卑省4号公路39千米处举行开工仪式。柬埔寨首相洪森、中国外交部副部长孔铉佑、中国驻柬大使王文天等中柬嘉宾和部分驻柬外国使节出席仪式。

24日 据泰国选举委员会24日晚的初步计票结果，支持现任总理巴育的人民国家力量党在当天举行的泰国国会下议院选举中得票暂时领先。泰国选举委员会网络直播的计票结果显示，截至当地时间24日晚10时，在对全国92%的选票进行统计后，人民国家力量党获得约750万票，位列第一。反现政府的为泰党和新未来党分别获得约704万票和约516万票，居于第二和第三位。传统大党民主党获得约319万票，排名第四。

25—26日 2019年东盟互联互通协调委员会第一次会议和东盟“可持续基础设施建设领导机构”第三次会议在印度尼西亚雅加达东盟秘书处总部举行。会议对《东盟互联互通总体规划2025》落实工作取得积极进展给予高度评价。会议通过2019年东盟轮值主席国泰国的互联互通优先事项和开展《东盟互联互通总体规划2025》的2019—2021年工作计划。

27日 文莱达鲁萨兰国苏丹哈吉·哈桑纳尔·博尔基亚对越南进行国事访问，越南和文莱达鲁萨兰国发表关于建立全面伙伴关系的联合声明。

26—29日 博鳌亚洲论坛2019年年会在海南博鳌举行。本次年会以“共同命运、共同行动、共同发展”为主题。中国国务院总理李克强应邀出席开幕式并发表主旨演讲。老挝总理通伦、卢森堡首相贝泰尔、圣多美和普林西比总理热苏斯、韩国总理李洛渊应邀出席年会。

30日 泰国政府宪报网站公布国王玛哈·哇集拉隆功的公告，称因前总理他信逃案的行为非常不合适，撤销所有授予他的勋章和奖章，自29日起生效。他信自2001年至2006年担任泰国总理。2006年遭军方政变推翻后，除2008年曾短暂回国外，长期流亡海外。

4月

1日 中共中央政治局委员、中宣部部长黄坤明在北京会见老挝人民革命党中联部部长顺通一行。

△菲律宾星报报道，美菲“肩并肩—2019”联合军演自1—12日在南海进行。这是两国第35次军演，有4000名菲军士兵，3500名美国士兵和约50名澳大利亚士兵参加。

2日 据马来西亚《诗华日报》报道，马来西亚总理马哈蒂尔昨晚在出席一场名为“亚洲之虎崛起大会”的闭幕礼上表示，马来西亚人民可以学习中国人的勤奋，因为这正是中国在短短数十年内，让国家科技达到国际先进水平的原因。

4日 中国—菲律宾南海问题双边磋商机制第4次会议3日在马尼拉举行。在今天（4日）的中国外交部例行记者会上，发言人耿爽表示，中菲双方就南海形势、海上活动等各自关心的问题坦诚、友好、建设性地交换了意见，取得了丰硕成果。

△以“为经济可持续发展联手推动伙伴关系”为主题的由东盟驻布鲁塞尔委员会举办的2019年东盟贸易投资论坛在比利时布鲁塞尔举行，比利时和欧洲领先企业的近200名代表参会。该论坛是东盟各国企

业介绍其发展优势与投资合作商机的良好平台。

△东南亚国家联盟，亚洲开发银行和主要金融家启动一项设施，以刺激超过10亿美元的东南亚绿色基础设施投资。该项目是亚欧开发银行框架下新的“绿色和包容性基础设施窗口”的一部分，这是由东盟各国政府和亚洲开发银行于2011年建立的区域融资计划。

4日和5日 中国驻越南大使熊波等外交人员、驻越中资机构和留学生代表4日前往位于越南北部太原省的中国烈士陵园，祭奠长眠于此的139名中国援越抗美烈士。越中友协副主席阮荣光等越方代表参加祭扫活动。5日，中国驻老挝大使姜再冬等外交官赴老挝川圹省，与川圹省委省政府共同祭扫中国烈士陵园。

10日 中国国家主席习近平在北京人民大会堂会见来华访问的缅甸国防军总司令敏昂莱。习近平说，中缅军事合作是两国全面战略合作伙伴关系的重要组成部分。两军要深化务实交流合作，共同打造基于互信互利、并致力于维护两国共同安全和发展利益的两军关系。

△在中国科学院上海天文台举行的新闻发布会上，包括中国上海在内的全球多个地方同步公开黑洞“照片”。这是全球200多位科学家历时两年多、首次利用一个口径如地球大小的虚拟射电望远镜，在近邻巨椭圆星系M87的中心成功捕获的世界首张黑洞图像。

12日 中国交建公司与马来西亚铁路衔接公司负责人在中马双方政府部门代表见证下，签署东海岸铁路项目有关补充协议，就继续实施建设东海岸铁路达成一致。根据补充协议，东海岸铁路总造价为440亿马币（约合711亿元人民币），线路全长640千米，计划于2026年底前完工。

22—23日 第25届东盟经济部长非正式会议在泰国普吉岛召开。东盟经济部长23日签署《东盟服务贸易协议》和《东盟全面投资协议》第四次修正协定书，旨在进一步促进区域一体化和吸引更多外国投资者。

23日 新加坡“坚强”号护卫舰、文莱“达鲁塔克瓦”号巡逻舰、泰国海军“纳黎萱”号导弹护卫舰和“邦巴功”号护卫舰、越南“陈兴道”号护卫舰和越南“丁先皇”号护卫舰、菲律宾“达拉”号登陆舰、马来西亚“莱库”号护卫舰、缅甸“辛漂信”号导弹护卫舰参加在青岛港举行的中国海军成立70周年活动。

△中国在青岛举行中国人民解放军海军成立70周年纪念大会，中共中央总书记、国家主席、中共中央军委主席习近平登上检阅台，下达检阅开始命令。中国人民解放军海军32艘舰艇、39架战机，分别编为6个群、10个梯队，依次接受检阅。

24—25日 中国国家主席习近平在北京人民大会堂会见出席第2届“一带一路”国际合作高峰论坛的缅甸国务资政昂山素季、菲律宾总统杜特尔特、越南政府总理阮春福和印度尼西亚副总统卡拉。

24日 中越海警开始在北部湾进行2019年共同渔区海上联合检查。越通社报道称，越南方面由越南海警司令部一区副司令梁高凯（音）带队，越南海警8003、8004船参与行动，中国方面则由中国海警局南海分局副局长刘添荣带队，中国海警3305、46305船参与检查。报道介绍，双方在越南海警8004船上举行会谈，就在该地区进行渔业检查达成共识，其中包括监督中越北部湾渔业合作协定的执行情况。报道称，这是自该协定生效以来，两国第17次进行联合执法检查。活动包括业务交流、对渔民的渔船进行检查和监督等。

24—28日 马来西亚总理马哈蒂尔应中国国家主席习近平邀请，24—28日赴华出席第2届“一带一路”国际合作高峰论坛。

24—26日 中国—东南亚国家“海上联演—2019”在青岛及其东南海空域举行。联演以共同维护海上安全为背景，以联合应对海盗威胁和海上应急医疗救援为主题，主要演练编队离港、编队通信、编队运动、临检拿捕、联合搜救、伤员转运救治、人员换乘、编队分航等8项内容。中方派出5艘水面舰艇、东南亚国家派出7艘水面舰艇参演。

25日 正在中国北京出席第2届“一带一路”国际合作高峰论坛的柬埔寨首相洪森获得北京大学授予的“国际关系荣誉教授”称号。

26日 中国国家主席习近平在北京国家会议中心出席第2届“一带一路”国际合作高峰论坛开幕式，并发表题为《齐心开创共建“一带一路”美好未来》的主旨演讲，强调共建“一带一路”为世界各国发展提供了新机遇，也为中国开放发展开辟了新天地。面向未来，我们要秉持共商共建共享原则，坚持开放、绿色、廉洁理念，努力实现高标准、惠民生、可持续目标，推动共建“一带一路”沿着高质量发展方向不断前进。

29日 第3届东盟社区论坛在印度尼西亚雅加达东

盟秘书处总部举行,东盟各国代表团、各研究中心、社会组织等代表参加论坛。

30日 中共中央总书记、国家主席习近平在北京同到访的老挝人民革命党中央总书记、国家主席本扬·沃拉吉举行会谈,一致强调要推动中老命运共同体建设取得新成果,更好造福两国和两国人民。会谈以后,习近平与本扬·沃拉吉签署《中国共产党和老挝人民革命党关于构建中老命运共同体行动计划》。

5月

1日 上午,东盟防长扩大会实兵演习进入海上演练阶段,代表中国海军参加此次海上演练的湘潭舰及各国参演舰艇陆续驶离韩国釜山港,向演练海区航渡。下午2时许,海上演练科目正式开始。海上联演阶段,参演各国舰艇共同完成通信操演、武力营救遭海盗劫持船舶等课目的演练。

2日 "蓝色突击—2019"中泰海军联合训练正式开始,分岸港训练和海上训练两个阶段进行,中泰双方水面舰艇和陆战队开展装载、航渡、编队防御、立体登陆、实弹射击以及海上搜救、临检拿捕等训练科目和行动。泰国海军"纳黎萱"号护卫舰参加演习。

△东盟与中日韩财长和央行行长在斐济举行会议,探讨有关应对美中贸易争端对该地区造成消极影响的措施,同时加强各国合作,应对金融危机,扩大各国之间的货币兑换协议。

3日 据中国在文莱最大投资项目恒逸石化大摩拉岛综合炼化项目负责人介绍,首批原油已进入厂区储罐,标志着这一项目进入生产试运行阶段。恒逸实业(文莱)有限公司首席执行官陈连财当天说,项目一期工程原油加工能力为每年800万吨,有望在2019年三季度正式投产运营。文莱能源、人力和工业部长哈吉·苏尼此前表示,项目投产后,第一年就有望使文莱国内生产总值增加13.3亿美元,并将创造1600多个就业机会。

4日 中国国家主席习近平向泰王国国王哇集拉隆功致加冕贺电。习近平在贺电中表示,我谨代表中国政府和中国人民,并以我个人的名义,向你和泰国人民致以诚挚的祝贺和良好的祝愿。你是中国人民的老朋友,长期关心支持中泰友好事业。我高度重视中泰关系发展,愿同你一道努力,继续弘扬中泰传统友谊,深化共建"一带一路"合作,推动两国全面战略合作伙伴关系取得更大进展。

6日 东盟常委会与联合国各合作委员会在印度尼西亚雅加达东盟秘书处总部召开会议。这是东盟与联合国大使级的年度会议,旨在检查2016—2020年阶段东盟和联合国行动计划框架各项目开展进度及合作情况。

8日 新加坡国会通过《防止网络假信息和网络操纵法案》,政府有权要求个人或网络平台更正或撤下对公共利益造成负面影响的假新闻。新法生效后,政府可以责令发出假信息的网站做出更正或撤下,不愿遵守法令的网络平台可被判罚款高达100万新元(约合500万元人民币)。恶意散播假信息、企图损害公共利益的个人,可被判坐牢长达10年、罚款最高10万新元(约合50万元人民币)。

9日 由柬埔寨农林渔业部和中国驻柬大使馆联合主办的柬埔寨香蕉出口中国首发仪式在柬首都金边举行,这是柬新鲜水果首次直接向中国市场出口。

12日和14日 12日,代表中国海军参加东盟防长扩大会海上实兵演习的海军湘潭舰,圆满完成海上实兵演习科目,顺利抵达新加坡樟宜港。14日,新加坡国防部部长黄永宏在东部战区海军副司令员柏耀平、驻新加坡国防武官姜建荣陪同下参观中国海军湘潭舰。

14日 中国国家主席习近平在北京人民大会堂分别会见出席亚洲文明对话大会的新加坡总统哈莉玛、柬埔寨国王西哈莫尼。

15日 亚洲文明对话大会在北京国家会议中心开幕。大会以"亚洲文明交流互鉴与命运共同体"为主题,包含四大板块、110多项相关活动。中国国家主席习近平发表题为《深化文明交流互鉴共建亚洲命运共同体》的主旨演讲。全球近百个国家代表出席大会,有超百万人次畅享亚洲美食。为促进亚洲及世界各国文明开展平等对话、交流互鉴、相互启迪提供一个新平台。

16—18日 落实《东海各方行为宣言》第17次高官会在中国浙江杭州举行。在各场会议上,各方就东海形势交换意见,核查《东海各方行为宣言》落实情况,继续就《东海行为准则》进行谈判。

19日 第25次东盟—中国高官磋商会议在中国浙江杭州举行,旨在回顾东盟合作进程,就促进东盟伙伴关系的措施交换意见,为将于2019年8月召开的东盟—中国外交部长级会议做好准备。

21日 中国国家主席习近平向印度尼西亚总统佐

科・维多多致贺电，代表中国政府和中国人民，并以个人名义祝贺他胜选连任印度尼西亚总统。

24 日 东盟—澳大利亚联合合作委员会在印度尼西亚首都雅加达东盟秘书处总部召开第九次会议，讨论东盟—澳大利亚合作情况及未来发展方向。

25 日 泰国新一届国会下议院 25 日在曼谷举行首次会议，民主党议员、前总理川・立派当选下议院议长。

25—27 日 中国国务委员兼国防部部长魏凤和应越南国防部部长吴春历邀请对越南进行友好访问。越南国会主席阮氏金银 27 日在河内国会大厦会见魏凤和。

25—31 日 越南文化体育旅游部属下艺术表演局主持，并同国际合作局、越南音乐家协会、海防市文化体育局和相关单位在海防大剧院联合举行 2019 年东盟音乐联欢会。本次联欢会吸引柬埔寨、老挝、印度尼西亚、马来西亚、菲律宾、泰国等东盟成员国的 60 多名艺术家参加。东道主越南也有代表北部、中部和南部的 4 个代表团 100 名艺术家参加。

28 日 2019 年东盟中国音乐周在中国广西南宁举行。来自 25 个国家和地区的 256 名艺术家和演艺专家参加，其中包括东盟各国的 110 名音乐家。在 2019 年东盟中国音乐周框架内，将举行 40 多场音乐会、音乐演讲会和音乐论坛，各国艺人将分享其新作品和对艺术的感悟。此外，老挝、文莱、泰国、缅甸和印度尼西亚等东盟各国民间音乐研讨会也首次在 2019 年东盟中国音乐周框架内举行。

28—30 日 中国国务委员兼国防部部长魏凤和应新加坡国防部部长黄永宏邀请对新加坡进行友好访问。新加坡总理李显龙 30 日上午在总统府会见魏凤和。

28—31 日 东盟高官会及东盟联合磋商会、东盟与中日韩 10 + 3 高官会、东亚峰会高官会、东盟地区论坛高官会、关于东帝汶申请加入东盟的第 7 次东盟协调理事会工作组会议等相关会议在泰国首都曼谷举行。泰国外交部常务秘书 BusayaMathelin 主持东盟高官会。上述会议是为预计于 6 月 23 日至 24 日举行的东盟峰会和第 52 届东盟外长会议以及预计于 7 月 31 日至 8 月 3 日举行的东盟与对话伙伴国会议做准备。

31 日 中国国家主席习近平同马来西亚最高元首阿卜杜拉互致贺电，庆祝两国建交 45 周年。习近平在贺电中指出，中国和马来西亚是友好近邻和重要合作伙伴。建交 45 年来，中马关系历久弥坚，务实合作成果丰硕，给两国人民带来实实在在的利益，为地区稳定和发展作出积极贡献。

△中国国务院总理李克强在北京中南海紫光阁会见柬埔寨副首相兼外交大臣布拉索昆。李克强表示，中柬传统友谊深厚，两国始终相互尊重、平等合作，致力于发展经济、改善民生，实现共同发展。

△中国国务委员兼国防部部长魏凤和上将应邀出席在新加坡举行的第 18 届香格里拉对话会。魏部长就“中国与国际安全合作”议题作大会发言，并会见多国代表团团长，就广泛议题进行交流。

△中马“两国双园”国际产能合作座谈会在北京举行，中国、马来西亚相关政府部门、企业、商协会代表共 170 人参会，就“一带一路”背景下如何深化中国—马来西亚钦州产业园区和马来西亚—中国关丹产业园区国际产能合作，加快产业导入，创新合作模式，促进合作共赢进行探讨交流。

6 月

1 日 泰国首都曼谷召开东盟地区论坛高官会。这是定于 2019 年 8 月举行的东盟外交部长会议前夕年度系列活动之一。

3 日 第 34 届东盟—日本论坛在越南河内召开。据报道，2018 年日本继续成为东盟的头等贸易伙伴，双边贸易额达 2190 亿美元，日本对东盟的外商直接投资达 132 亿美元，在对东盟投资的国家中位居第二。

5 日 从中国科学技术大学获悉，国际期刊《科学》近日刊登该校杜江峰院士领导的研究团队的最新成果。他们在世界上首次观察到宇称时间对称。这个观测方法及其过程突破传统量子体系中对量子系统的调控方法，加深量子系统相互作用的理解，有助于人们更好地认识微观世界的奇妙性质。

△中国在黄海海域用长征十一号海射运载火箭，将技术试验卫星捕风一号 A、B 星及五颗商业卫星顺利送入预定轨道，试验取得成功，这是中国首次在海上实施运载火箭发射技术试验。

6 日 镁瑞丁国际中心在美国首都华盛顿举行湄公河流域各国与美国合作的镁瑞丁外交论坛。美国政府、国会、国际研究组织、企业等代表出席论坛并发言。柬埔寨、老挝、缅甸、泰国和越南等湄公河流域国家驻美国大使、代办参加活动。

7 日 经中老双方商定，中国人民解放军南部战区与老挝人民军边防部队在中老边境地区共同开展第 2 届中老边境国防友好交流活动，中国和老挝两军首次在滇南边境地区，以边境联合反恐为背景组织实兵实弹演练，检验两军部队联合筹划、联合指挥、联合行动、联合保障等能力。参加这次演练的官兵来自解放军驻澳门部队、陆军边防某旅和老挝人民军某装甲团、边防部队的部分兵力。演练以中老两军边防部队联合巡逻队执行边境封控任务为背景展开。

△越南以高票（192/193）当选联合国安理会 2020—2021 年任期非常任理事国，这是越南第 2 次当选联合国安理会非常任理事国。

13 日 世界气象组织秘书长彼得里·塔拉斯 13 日表示，中国在气象服务和气象卫星技术方面，已达世界领先水平，期待中国气象服务能够在“一带一路”框架下惠及世界更多国家。

14 日 东盟—韩国中心在首尔举行东盟周活动，庆祝东盟韩国建立对话关系 30 周年。韩国—东盟中心秘书长李赫、首尔市长朴元淳、东盟 10 国驻韩国大使、各国驻韩外交官等一同出席活动。

19 日 越南政府总理阮春福就中国四川 6 月 17 日晚发生地震，给灾区居民造成重大人员伤亡和财产损失，向中国国务院总理李克强致慰问电。

22 日 东盟议会联盟与东盟领导人会晤及东盟政治安全共同体理事会第 19 届会议和东盟协调委员会第 23 届会议在泰国曼谷举行。

△主题为“齐心协力推动可持续发展”的第 34 届东盟峰会等系列会议在轮值主席国泰国首都曼谷举行。东盟外长会就如何加强东盟共同体建设、东盟与合作伙伴的关系、东盟在地区安全架构中的中心地位等议题进行讨论，就地区和全球事务交换意见。东盟经济部长特别会议、东盟政治安全共同体理事会会议、东盟协调理事会会议等多个会议也分别举行。

27—28 日 题为“信息通信技术（ICT）可持续发展湄公河—澜沧江论坛”研讨会在老挝首都万举行，老挝、柬埔寨、中国、缅甸、泰国和越南的代表团一同出席。

27—29 日 首届中国—非洲经贸博览会在湖南长沙举办。

30 日 《越南—欧盟自由贸易协定》和《越南—欧盟投资保护协定》签字仪式在河内举行。

7 月

1 日 越南—日本投资促进会议在日本首都东京举行。越南政府总理阮春福主持会议。越日两国 1200 名企业家、投资者出席。同日，越南政府和日本两国职能机关代表在东京签署关于派遣越南特殊技能劳务赴日本工作的合作备忘录。

5 日 东盟与新西兰联合合作委员会第 7 次会议在印尼雅加达举行。

9 日 中国国家副主席王岐山在北京中南海会见马来西亚副总理旺·阿兹莎。王岐山表示，当前，中国正在努力实现“两个一百年”奋斗目标，马来西亚也矢志完成“2030 宏愿”，两国领导人共同确定中马全面战略伙伴关系，为中马关系指明方向。双方应以建交 45 周年为契机，密切各领域、各层级往来，深化共建“一带一路”等领域互利合作，加强人文交流和社会治理经验互学互鉴，不断拉紧双方利益纽带，传承中马友好情谊，更好造福两国人民。

△以“中老两国社会主义现代化建设的规律”为主题的第 8 次中老两党理论研讨会在福建厦门举行。中共中央政治局委员、中央书记处书记、中宣部部长黄坤明和老挝人民革命党中央政治局委员、中央书记处书记、中组部部长占西，老挝人民革命党中央书记处书记、中宣部部长吉乔出席开幕式。

△美国媒体报道，美国海军“独立”级“蒙哥马利”号濒海战舰于本月 6 日抵达新加坡樟宜海军基地，成为自 2013 年 4 月以来第 4 艘被轮派常驻新加坡的美国战舰。美军称，此举是美国推行的自由与开放印太战略的重要部分。

8—12 日 应中共中央政治局常委、中国全国人民代表大会常务委员会委员长栗战书的邀请，越南国会主席阮氏金银对中国进行正式访问。11 日，栗战书在北京与阮氏金银举行会谈。12 日，中国国家主席习近平在北京人民大会堂会见越南国会主席阮氏金银。习近平请阮氏金银转达对阮富仲总书记、国家主席的诚挚问候。习近平指出，中越是“同志加兄弟”，也是具有战略意义的命运共同体。明年是中越建交 70 周年，双方要不忘初心，着眼大局，弘扬友好，深化合作，在新起点上推动双边关系再上新台阶。

10—12 日 题为“可持续安全”的第 13 届东盟国防部长会议在泰国首都曼谷开幕。东盟 10 国国防部长、东盟秘书长林玉辉等出席。

14—18 日 第 3 届东盟高级经济官员会议在泰国首都曼谷举行。东盟各成员国代表在会上一致同意将《相互承认协议》和争端解决机制意向书升级协议递交将于 2019 年 9 月在曼谷举行的东盟经济部长会议审议。此前,4 月 4 日和 5 日在老挝万象举行的第 2 届东盟高级经济官员会议上通过了长达 7 年谈判的《相互承认协议》。该协议生效之后将有助于降低生产成本,同时为东盟各成员国的汽车进出口活动创造便利条件。

18 日 根据中国海关总署发布的外贸进出口数据,2019 年上半年,中国对东盟进出口货物总值达约 2 万亿人民币(约合 2940 亿美元),同比增长 10.5%,占中国进出口货物贸易总值的 13.5%。东盟已经超越美国,成为中国第 2 大贸易伙伴。

20—21 日 中国—东盟商务与投资峰会举行。主题为"共建'一带一路',共绘合作愿景"。中国贸促会副会长卢鹏起介绍,本届峰会创新办会模式,除了每年 9 月在南宁举办的年会活动外,全年其他时间还将在不同城市举办峰会框架下各类专题活动。今年峰会共举办 17 场活动,包括 8 场年会活动、9 场专题活动。商务部部长助理李成钢表示,中国与东盟双边贸易额持续增长。中国已连续 10 年保持为东盟第 1 大贸易伙伴,东盟已成为中国第 2 大贸易伙伴。

21—22 日 题为"越中两国社会主义现代化建设的规律"的第 15 次越中两党理论研讨会在中国贵州贵阳举行,中共中央政治局委员、中央书记处书记、中宣部部长黄坤明率领的中国共产党代表团与越共中央政治局委员、中央书记处书记、中央宣教部部长武文赏率领的越南共产党代表团与会。

22 日 第 12 届东盟—中国教育交流周在中国贵州贵阳举行,中国、东盟各国以及俄罗斯、瑞士和哈萨克斯坦等 7 个特邀伙伴国的 2400 余名代表和学生参加。

22—27 日 东南亚教育部长组织第 50 届理事会会议在马来西亚雪兰莪州双威镇举行。马来西亚教育部部长玛斯里马立主持会议。本届会议有东南亚教育部长组织 11 个成员国的教育部长、政府官员、正式代表以及该组织地区中心、战略伙伴等代表一同出席。

23 日 第 4 次越南与柬埔寨国防政策对话会在金边柬埔寨国防部总部举行。

25 日 应老挝国防部副部长 OnsiSensuk 中将邀请,越南国防部副部长阮志咏上将率领越南国防部高级代表团赴老挝共同主持第 1 次老挝—越南国防政策磋商。

△13 时 00 分,中国民营航天运载火箭首次成功发射并高精度入轨。

31 日 中国国务院新闻办公会就相关情况举行发布会。第 16 届中国—东盟博览会于 9 月 20—23 日举办。

△第 52 届东南亚国家联盟外长会议在泰国首都曼谷举行。会议旨在讨论推进东盟共同体建设、加强与对话伙伴合作等议题,为 11 月举行的第 35 届东盟峰会和相关会议做准备。

8 月

1 日 东盟与欧盟外长会议、东盟—美国部长级会议、第 12 次"湄公河下游倡议"(LMI)部长级会议、第 26 届东盟地区论坛、第 9 届东亚峰会外长会和第 20 届东盟与中日韩外长会议同日在泰国曼谷举行。在东盟与欧盟外长会议上,双方就网络安全合作发表联合声明。

3 日 第 12 届湄公河—日本外长会议、第 9 届湄公河—韩国外长会议在泰国首都曼谷举行。

6—8 日 据越通社报道,为落实越南与菲律宾两国国防部所签署的协议,越南与菲律宾第 4 次国防政策对话会在菲律宾马尼拉举行。

8 日 东南亚国家联盟在印度尼西亚举行东盟秘书处新总部工程落成典礼暨东盟成立 52 周年庆祝仪式,印度尼西亚总统佐科·维多多,东盟秘书长林玉辉与东盟各国外长等一同出席。

9 日 中共中央、国务院印发《关于支持深圳建设中国特色社会主义先行示范区的意见》。

△老挝人民革命党中央总书记、国家主席本扬·沃拉吉本扬访问越南。

16 日 印度尼西亚总统佐科·维多多在国会发表国情咨文,正式向国会提出一项计划,即将首都从拥挤的爪哇岛上的雅加达迁往加里曼丹省。新都落址在婆罗洲东加里曼丹省,距雅加达约 1400 千米。根据规划,新都将在 2020 至 2021 年间破土动工,并将于 2024 年左右将政府机关陆续迁入。

18 日 中国—老挝"和平列车—2019"人道主义医学救援联合演训活动在老挝进行。

△越南外交部同东盟妇女小组在河内联合举行“2019年东盟家庭日”活动。

22日 中共中央总书记、国家主席、中央军委主席习近平就中国旅游团在老挝发生严重交通事故同老挝人民革命党中央总书记、国家主席、中央国防治安委员会主席本扬互致口信。习近平强调，为人民服务是中老两党的共同宗旨。我愿同你一道，推动两党两国关系在新时代不断走深走实，持续开展中老命运共同体建设。

23日 2019年东盟智慧城市网络(ASCN)会议开幕式在泰国首都曼谷举行，会议通过ASCN的参照条款(TOR)并将其提交至拟于2019年年底在曼谷举行的第35届东盟峰会审议。

27日 中国国务委员兼外交部部长王毅在北京同缅甸国务资政府部部长党丁瑞举行会谈。王毅表示，中缅山水相连，有着“胞波”情谊。中方将继续支持缅甸在国际舞台维护国家尊严和合法权益，为缅方的正当立场仗义执言。

28日 应中国国家主席习近平邀请，菲律宾共和国总统罗德里戈·罗亚·杜特尔特于8月28日至9月1日访问中国。29日晚，习近平在北京钓鱼台国宾馆会见菲律宾总统杜特尔特。会见后，两国元首共同见证双边合作文件交换仪式。双方还宣布成立油气合作政府间联合指导委员会和企业间工作组，推动共同开发取得实质性进展。

29日 第40届东盟议会联盟大会在泰国首都曼谷闭幕。泰国国会下议院议长、第40届东盟议会联盟大会主席川·立派在闭幕式上向越南国会主席阮氏金银移交下一届东盟议会联盟大会轮值主席国职务。

△以“提高东盟人们健康水平”为主题的第14届东盟卫生部长会议在柬埔寨暹粒举行。

30日 2019年国际篮联篮球世界杯开幕式在北京水立方举行，中国国家主席习近平出席篮球世界杯开幕式。

9月

2日 东盟和美国开启为期5天的首次海上联合演习。据法新社等多家媒体2日报道，这场演习有来自美国和东盟10国的8艘军舰、4架飞机、1250名人员参加。泰国《曼谷邮报》2日称，泰国、文莱、菲律宾、新加坡、缅甸各派出一艘舰船参加演习。

3日 泰国总理兼国防部部长巴育在曼谷会见缅甸国防军总司令敏昂莱，双方同意共同致力于解决边境问题，在打击毒品、海上安全以及渔业等方面加强合作。

4日 以“通过伙伴关系与创新促进能源转型”为主题的第37届东盟能源部长会议和相关会议在泰国首都曼谷举行。

△东盟与韩国国防部副部长会晤在韩国首都首尔举行。

6日 第51届东盟经济部长会议及相关会议在泰国首都曼谷开幕。东盟各成员国及其各伙伴国经济部门领导一同出席。

9日 东盟打击海上毒品犯罪工作组第4次研讨会在越南河内召开，来自东盟9个成员国和东盟秘书处以及对话伙伴国—中国的60名代表出席。参会代表一致认为，东盟打击海上毒品犯罪工作组是地区的一个重要合作机制，成为各国在预防和打击海上毒品犯罪过程中交换相关信息、分享经验和加强合作的平台。

△中国船舶工业集团有限公司出口泰国海军船坞登陆舰建造协议签字仪式在北京举行。这是中国首次对外出口船坞登陆舰，也是中泰两国开展全面战略合作的又一重大成果。

10—13日 应新加坡政府邀请，中共中央政治局委员、重庆市委书记陈敏尔率中共代表团访问新加坡。新加坡人民行动党秘书长、政府总理李显龙在总统府会见陈敏尔。李显龙请陈敏尔转达对习近平主席和李克强总理的良好祝愿，表示新方坚定支持“一带一路”建设，期待分享中国发展机遇。

12日 习近平总书记在视察中共中央北京香山革命纪念地时指出，我们缅怀这段历史，就是要继承和发扬老一辈革命家“宜将剩勇追穷寇，不可沽名学霸王”的革命到底精神，坚持立党为公、执政为民的革命情怀，谦虚谨慎、不骄不躁、艰苦奋斗的优良作风。历史充分证明，中国共产党和中国人民不仅善于打破一个旧世界，而且善于建设一个新世界。展望未来，中国的发展前景无限美好。

16—19日 东盟联合磋商会在泰国曼谷举行，目的在于为第35届东盟峰会及其系列会议、东盟高级官员会议、东盟与中日韩高官会、东亚峰会高官会、关于东帝汶申请加入东盟的东盟协调委员会工作小组第8次会议等做准备。

17 日 第12届中国—东盟智库战略对话论坛在广西南宁举行。论坛由中国社会科学院、国务院参事室和广西壮族自治区人民政府主办，广西社会科学院、广西壮族自治区人民政府参事室、中国—东盟博览会秘书处共同承办。论坛以“汇聚智慧共识，共绘合作发展愿景”为主题，设置“新时代中国—东盟命运共同体建设”“推进中国—东盟次区域合作”“中国—东盟跨境旅游合作与人文交流”等多个议题。

△习近平签署主席令，根据全国人大常委会关于授予国家勋章和国家荣誉称号的决定，授予42人国家勋章、国家荣誉称号。其中“共和国勋章”8人，“友谊勋章”6人，国家荣誉称号28人。

18 日 主题为“光荣伙伴、可持续共识”的第39届东盟国家警察首长会议在越南河内举行。会议旨在促进各国继续合作预防打击区内发生的10类犯罪，即非法贩卖毒品、恐怖主义、武器走私、人口贩运、商业犯罪、银行和信用卡诈骗、高科技罪犯、制作假旅行证、跨国欺诈、非法交易野生动物和海洋领域的犯罪。

19 日 第3次越南—泰国防务政策对话在越南胡志明市举行。越南国防部副部长阮志咏上将和泰国国防部常务秘书 Natt Intracharoen 大将共同主持对话会。

20 日 中央政协工作会议暨庆祝中国人民政治协商会议成立70周年大会召开。习近平出席大会并发表讲话强调，人民政协是中国共产党把马克思列宁主义统一战线理论、政党理论、民主政治理论同中国实际相结合的伟大成果，是中国共产党领导各民主党派、无党派人士、人民团体和各族各界人士在政治制度上进行的伟大创造。

21—24 日 第16届中国—东盟博览会在广西南宁举行，主题为“共建‘一带一路’、共绘合作愿景”，主题国是印度尼西亚。有来自30多个国家的2848家企业参展，重点突出《中国—东盟战略伙伴关系2030年愿景》内容，推动合作迈上新台阶。中共中央政治局常委、国务院副总理韩正9月20日在广西南宁先后会见出席第16届东盟—中国博览会和东盟—中国商务与投资峰会的缅甸副总统敏瑞、越南政府副总理武德担、柬埔寨副首相贺南洪、老挝政府副总理宋赛、泰国副总理兼商业部部长朱林和印度尼西亚总统特使、海洋统筹部部长卢胡特。

24 日 中国国家发改委副主任宁吉喆在发布会上表示，2018年年末，中国发电装机容量达19亿千瓦，居世界第一；铁路营业里程13.2万千米，其中，高速铁路3万千米，分别居世界第二和第一；公路里程485万千米，其中，高速公路14.3万千米，居世界第一。

25 日 中国海军两栖攻击舰下水仪式在上海举行，该舰是中国自行研制的首型两栖攻击舰，具有较强的两栖作战和执行多样化任务的能力。

27 日 执行远航实习访问任务的中国海军戚继光舰抵达文莱摩拉港开始对文莱进行为期3天的友好访问。

30 日 中国国家副主席王岐山在北京钓鱼台国宾馆会见泰国公主诗琳通。王岐山表示，昨天，习近平主席向诗琳通公主颁授中国国家最高涉外荣誉“友谊勋章”。这枚勋章代表了中国政府和人民对公主为中泰友谊所做重大贡献的充分肯定，也是“中泰一家亲”的重要体现。

△越共中央总书记、国家主席阮富仲致电中共中央总书记、国家主席习近平，热烈祝贺中华人民共和国成立70周年。

10月

1 日 庆祝中华人民共和国成立70周年大会、阅兵式、群众游行和联欢活动在北京隆重举行。习近平发表重要讲话。习近平在讲话中指出，70年来，在中国共产党坚强领导下，中国人民勇于探索、不断实践，成功开辟了中国特色社会主义道路，推动中国特色社会主义进入新时代，中国大踏步赶上了时代，中国人民意气风发走在了时代前列。中华民族迎来了从站起来、富起来到强起来的伟大飞跃，迎来了实现伟大复兴的光明前景。

△文莱苏丹哈桑纳尔、柬埔寨国王西哈莫尼、新加坡总统哈莉玛、菲律宾总统杜特尔特、缅甸总统温敏、马来西亚最高元首阿卜杜拉、泰国国王哇集拉隆功、印度尼西亚总统佐科等东盟国家政要致电或致函中国国家主席习近平，热烈祝贺中华人民共和国成立70周年。

1—2 日 老挝政府总理通论·西苏里应越南政府总理阮春福的邀请对越南进行正式访问。两国总理会谈后在经济、投资、教育、金融、银行、能源和航空领域签署并交换8份合作文件。并共同发表《越南—老挝联合声明》。

3—4 日 东盟一体化倡议工作组第59次会议和第9次东盟一体化倡议工作组与东盟合作伙伴磋商会议在印度尼西亚举行。第59次会议是为了核查《东盟一体化倡议》所示的项目执行情况和提出有关有效落实东盟一体化倡议第3阶段工作计划的建议。迄今，经过3年执行，在东盟一体化倡议第3阶段工作计划的26个行动计划中，19个行动计划已经执行，占73.1%，覆盖粮食农业、贸易便利化、中小型企业、教育、公共卫生等5大战略领域。其中101个项目已获得通过和在展开中，其资金总额为2596万美元。新加坡、印度、德国、欧盟和日本是东盟的最大资助伙伴。

8日 第15届东盟环境部长级会议和第15届东盟跨境烟霾污染会议及系列会议在柬埔寨暹粒召开，东盟各国和中日韩3国部长出席。通过第15届东盟环境部长级会议及系列会议，各国对本地区环境合作，可持续环保等问题展开讨论，分享相关构想和进行评估。会议期间，会议组委会颁发有关东盟绿化倡议的奖项。

9日 中国国务院总理李克强在北京人民大会堂会见来华出席2019年中国北京世界园艺博览会闭幕式的柬埔寨副首相贺南洪。

10日 新华社报道，2019年上半年，东盟上升为中国第二大贸易伙伴。

13—15日 东盟—中国落实《东海各方行为宣言》联合工作组第30次会议（13—14日）、东盟—中国落实《东海各方行为宣言》第18次高官会（15日）在越南大叻举行。

14日 越南政府总理阮春福在政府总部会见到访的中国农业农村部部长韩长赋，双方就有关农业合作、农村发展、农业科技应用、农产品加工、部分双边合作机制等问题进行讨论。

△新加坡贸易与工业部部长陈振声同澳大利亚联邦贸易部长伯明翰宣布，正式启动两国数字经济协定谈判。新加坡总理李显龙和澳大利亚总理斯科特·莫里森于2019年6月就数字经济协定达成协议。该协议涵盖双边合作多个新领域，包括数字贸易便利化、电子发票、电子支付、金融科技、数字身份和人工智能等。

15日 东盟信息宣传指导委员会称，据东盟信息文化委员会第54次会议和东盟各国社会文化高官会议推选结果，2020年被选为东盟特色年。据此，东盟秘书处启动2020年东盟识别标志设计大赛。此次大赛的参赛对象为年龄在18～35岁的东盟公民。参赛者限制为个人。

17日 中国国家副主席王岐山在北京中南海会见新加坡副总理兼财政部部长王瑞杰。

18—21日 应印度尼西亚政府邀请，中国国家主席习近平特使、国家副主席王岐山赴印尼首都雅加达出席佐科总统连任就职仪式并对印尼进行友好访问。20日，王岐山出席佐科总统连任就职仪式，在与佐科总统会见时首先转达习近平主席对佐科总统连任就职的热烈祝贺、亲切问候和良好祝愿。王岐山表示，中国和印尼是好邻居、好朋友、好伙伴，同为亚洲乃至世界发展中大国，两国关系的重要性超越双边范畴。中方赞赏佐科总统致力于推动中印尼全面战略伙伴关系，积极支持和参与“一带一路”倡议与印尼发展战略对接。在印尼期间，王岐山还赴梭罗市访问，考察雅万高铁1号隧道。

21—22日 主题为《东盟地区在克服战争遗留炸弹地雷后果中的性别平等和赋权》的研讨会在老挝首都万象举行，来自东盟10国的代表出席。

22日 中央军委副主席许其亮在北京八一大楼会见来华出席第9届北京香山论坛的越南国防部部长吴春历。许其亮说，中越是具有战略意义的命运共同体。近年来，习近平总书记和阮富仲总书记引领两党两国关系深入发展。中越两军高层沟通频繁有效，合作机制不断健全，边海防交往日益密切。中国军队愿与越方共同努力，加强战略沟通，密切多边协作，妥善处置分歧，突出合作重点，为中越全面战略合作伙伴关系发展作出更大贡献。

△越南农业与农村发展部在首都河内举行越南首批对华出口乳制品发布仪式。越南TH集团成为首家获准对华出口乳制品的越南企业，获准产品包括巴氏杀菌乳和调制乳。

23—24日 第14届东盟与中日韩外交学院院长会议在越南河内召开。

25日 主题为“东盟智慧对接促进数字化转型”的第19届东盟电信和信息技术部长会议和相关会议在老挝首都万象闭幕。会议提出至2025年东盟数字总体计划发展方向，审议通过2020—2021年具体合作计划和项目。

29日 中国国家主席习近平向柬埔寨王国国王西哈莫尼发去贺电，祝贺西哈莫尼国王登基15周年。习近平在贺电中指出，西哈莫尼国王登基以来，为维护民族团结、促进国家发展作出重要贡献，深受柬埔寨人民爱戴。中柬建交60多年来，两国人民始终风雨同舟、守望相助，结下了深厚友谊。

11 月

2—4 日 第 35 届东盟峰会及东亚合作领导人系列会议在泰国暖武里府蒙通他尼国际会展中心举行。第 35 届东盟峰会中的系列会议和活动有:东盟商务与投资峰会、东盟政治与安全理事会会议、东盟协调委员会会议、东南亚友谊与合作条约签约仪式、东盟外长与东盟社会团体代表见面活动、东盟与国际足联关于足球运动的合作备忘录签署仪式,以及东盟与各伙伴国和国际组织的会议等。中国国务院总理李克强出席东亚合作领导人系列会议并对泰国进行正式访问。

3 日 中国国务院总理李克强在泰国曼谷出席的东亚合作领导人系列会议有:第 22 次东盟—中国 10 + 1 领导人会议、东盟与中日韩 10 + 3 领导人会议、区域全面经济伙伴关系协定第 3 次领导人会议。李克强在出席第 22 次东盟—中国 10 + 1 领导人会议与东盟各国领导人会议宣布制定《落实东盟—中国面向和平与繁荣的战略伙伴关系联合宣言的行动计划(2021—2025)》,发表涉及"一带一路"、智慧城市、媒体交流合作的声明,宣布 2020 年为东盟—中国数字经济合作年。

4 日 据东盟秘书处公布的 2019 年东盟投资报告显示,东盟吸引外国直接投资(FDI)连续 3 年增长,由 2017 年的 1470 亿美元增长至 2018 年的 1550 亿美元。东盟吸引 FDI 占全球外商直接投资总额由 2017 年的 9.6% 增长至 2018 年的 11.5%。报告指出,服务业是东盟吸引最多外国直接投资资金的领域,由 1999—2003 年阶段的 50% 增至 2014—2018 年阶段的 66%,高于服务业占 GDP 的比例。服务业的 FDI 资金主要涌进金融、批发和零售、房地产等领域。

5 日 第 2 届中国国际进口博览会在上海国家会展中心开幕。中国国家主席习近平出席开幕式并发表题为《开放合作　命运与共》的主旨演讲。参加的国别、地区、国际组织和参展商均超过首届,世界 500 强和行业龙头企业参展数量超过 250 家,境外采购商由去年 3600 人左右增至 7000 多人。

△中国国务院总理李克强在曼谷总理府同泰国总理巴育举行会谈。李克强祝贺泰方成功主办东亚合作领导人系列会议。他表示,中泰是亲密友好邻邦,两国关系始终健康稳定发展。前不久,习近平主席为诗琳通公主颁授"友谊勋章",体现中泰两国人民之间深厚的友谊。中方愿同泰方巩固政治互信,深化互利合作,密切人文交流,推动中泰全面战略合作伙伴关系不断深入发展。会谈后,两国总理共同见证中泰科技创新、新闻等领域双边合作文件的签署。双方发表政府间联合新闻声明。

8 日 中国外交部亚洲事务特使孙国祥访问缅甸,分别拜访缅甸全国和平与和解中心、缅甸和平委员会和联合监督停火委员会。他对记者说,"中国作为缅甸的好邻居好伙伴,一直非常关心缅甸和平进程以及各个领域的发展,我们尽可能为缅甸和平进程提供力所能及的帮助。"此次,中国政府拿出 100 万美元现汇援助,不仅体现两国之间的胞波情谊,更是显示出中国对缅甸和平进程的重视程度。

11 日 第 13 届东盟国防部长会议在泰国曼谷举行,会议主题为"可持续安全"。东盟 10 国国防部长以及东盟秘书长出席。会议主要讨论东盟内部安全合作和地区问题,特别是在应对地区安全威胁和打击恐怖主义方面的合作。会后通过的"联合声明"强调共同努力维护该地区安全与稳定的重要性,表示东盟各国将致力于探索新的可持续安全互利合作领域。

△第 48 届东盟交通运输高官会议和东盟与各对话伙伴国交通运输高官会议在越南河内召开。出席会议的有东盟 10 国和中日韩 3 国、东盟秘书处、美国—东盟商务理事会等 200 名代表。会议讨论重点问题是为即将于 11 月 14—15 日举行的第 25 届东盟交通运输部长级会议作准备。会议还讨论完善签署《关于实施东盟服务业框架协议第 11 次一揽子计划》《东盟航空和海上搜寻救难协议》等所需的手续。

13 日 东盟防长扩大会反恐专家组联合实兵演习在中国桂林南部战区陆军某旅综合训练场举行,共有来自东盟 10 个成员国和 8 个对话伙伴国及东盟军事医学中心的 10 架飞机、60 余台装甲装备、800 余名官兵参演,演习到 22 日结束。

14 日 老挝人民革命党中央总书记、国家主席本扬在万象会见到访的中国国务委员兼国防部部长魏凤和。本扬欢迎魏凤和访问老挝,请他转达对习近平总书记的诚挚问候和美好祝愿。魏凤和转达习近平总书记对本扬的亲切问候和良好祝愿。

14—15 日 第 25 届东盟交通运输部长级会议和东盟与伙伴国交通部长会议在越南河内举行。会议集中讨论政府级多边合作文件内容,以促进东盟和东盟与中日韩的交通互联互通;听取东盟交通发展战略计划(2016—2025 年)框架下的各项目计划实施情况汇报;审议通过 2020 年东盟交通合作相关项目和行动计划;讨论促进东盟与对话伙伴和其他伙伴在航空等领域的合作等。

16—19 日 应老挝人民革命党中央政治局委员、建国阵线中央委员会主席赛宋蓬邀请，中共中央政治局常委、全国政协主席汪洋对老挝进行正式访问，分别会见老挝人民革命党总书记、国家主席本扬，政府总理通伦，国会主席巴妮，并与赛宋蓬举行会谈。会见本扬时，汪洋转达习近平总书记、国家主席的亲切问候和良好祝愿。访问期间，汪洋还会见琅勃拉邦省省委书记兼省长坎康，考察中老铁路建设情况，出席在老挝华侨华人代表座谈会及中老旅游年有关活动，并向老挝前国家主席凯山·丰威汉铜像敬献花篮。

17 日 第 10 次东盟—中国国防部长非正式会晤在泰国曼谷举行。会议由中国国务委员兼国防部部长魏凤和、东盟轮值主席国泰国副总理巴威共同主持。东盟和中国国防部长已同意再度举办东盟—中国海上联合军演。当日上午，泰国总理兼国防部部长巴育在曼谷会见到访的中国国务委员兼国防部部长魏凤和。

18 日 第 6 届东盟防长扩大会在泰国曼谷举行。中国国务委员兼国防部部长魏凤和出席并发言。会议讨论通过《东盟防长扩大会关于推动可持续安全合作的联合声明》。会议期间，魏凤和分别会见美国、澳大利亚、韩国、新西兰、马来西亚、印度尼西亚等国防部部长，就加强军事交流与合作以及共同关心的问题交换意见。

19—20 日 中越低敏感领域工作组第 13 轮谈判在越南胡志明市举行。越方工作组组长为越南外交部国家边境委员会海洋司司长阮孟东，中方工作组组长为中国外交部边境海洋事务司代表杨仁火。会上，双方就未来合作方向进行讨论，一致同意在严格落实两党、两国领导人所达成的各项重要共识、《关于指导解决中越海上问题基本原则协议》、符合国际法和各自实际情况等的基础上促进海洋环境保护领域的新兴合作项目，力争早日签署《关于海上搜寻救难合作协议》和《关于开通解决海上渔业活动突发事件联系热线的协议》，为两国人民带来利益。

20 日 美国国防部部长马克·埃斯珀抵达越南首都河内展开访问，这是其出任美国防长以来首次到访越南。

22 日 越南驻中国特命全权大使范星梅在北京人民大会堂向中国国家主席习近平递交委任书。范星梅大使向习近平主席转达越共中央总书记、国家主席阮富仲的慰问，同时，传达越南党、国家高层领导邀请中共中央总书记、国家主席习近平在 2020 年越中建交 70 周年纪念期间访问越南。习近平主席表示，中越关系在总体上积极发展，双方应抓住两党、两国关系发展方向，两国保持高层互访，大力促进互利合作，扩大民间交流，推动两国关系取得新进展。

22—23 日 东盟首席法官理事会第 7 次会议在泰国普吉岛举行。

25 日 中共中央政治局委员、中央书记处书记、中央办公厅主任丁薛祥，中共中央政治局委员、中央书记处书记、中宣部部长黄坤明在北京分别会见由中央政治局委员、中央书记处书记、中宣部部长坎潘和中央委员、中央办公厅主任通沙立率领的老挝人民革命党代表团。

△第 22 次东盟银行会议在柬埔寨首都金边举行，来自东盟 10 国一流金融服务供应商的 500 多名代表出席。会议由柬埔寨银行协会和东盟银行家协会联合举办。

△主题为“加强陆军合作，面向东盟 2025—携手迈进”的第 20 届东盟陆军司令会议在印度尼西亚西爪哇省万隆市举行。

25—26 日 为期两天的韩国—东盟特别峰会在韩国釜山举行。峰会签署系列文件。峰会分为两个阶段进行，韩国和东盟领导人在第 1 阶段会议上签署《韩国—东盟关于构建和平繁荣伙伴关系的联合声明》。峰会在第 2 阶段会议后发表《韩国和东盟特别峰会联合主席声明》，总结与会各国领导人在本次峰会上的协商内容、双方各领域合作情况和峰会取得的具体成果等。

27 日 中国外交部副部长罗照辉和越南外交部副部长黎怀忠在北京举行中越政府级边界谈判代表团团长会晤。双方同意继续在口岸开放、升级工作中密切配合，推进跨境经济合作区建设，有效落实《合作保护和开发德天瀑布旅游资源协定》和《北仑河口自由航行区航行协定》，促进双方人员往来，加强边境地区基础设施建设，更好地服务两国经济社会发展。双方重申将继续落实好两党两国领导人重要共识，严格遵守《关于指导解决中越海上问题基本原则协议》，稳步推进海上共同开发，共同维护海上和平稳定和两国关系大局。

△第 13 届东盟打击跨国犯罪部长级会议和系列会议在泰国首都曼谷举行，东盟 10 个成员国和东盟副秘书长黄英俊参加。

28 日 第 10 届东盟与中日韩打击跨国犯罪部长级会议在泰国首都曼谷举行。

△中越边境地区检察机关会晤第2次会议在越南广宁省下龙市举行。中越两国最高人民检察院以及越南广宁、谅山、奠边、莱州、河江、老街、高平等边境省份和中国广西壮族自治区、云南省的人民检察院领导一同出席会议。

28—29日 东盟高级经济官员非正式会议在越南广宁省下龙市召开。

30日 第30届东南亚运动会在菲律宾首都马尼拉举行。

12月

1日 中国驻泰国大使馆举办专场活动,祝贺诗琳通公主荣获中国"友谊勋章"。

2日 主题为"致力于东盟共同体可持续发展的科学、技术与革新"的2019年东盟青年科学家会议在越南河内举行。会议为期5天,是越南担任东盟轮值主席国的2020年内为青年和知识分子举办的系列活动之一。有东盟各成员国的140名青年博士和科学家参加会议。

5—6日 5日,由越南主持召开的第9届东盟海事论坛在岘港召开,东盟10国和东盟秘书处的50名代表出席。6日,第7届东盟海事扩大论坛召开,东盟10国政府官员以及澳大利亚、中国、印度、日本、新西兰、韩国、俄罗斯和美国等代表参加。

6日 越南政府与美国政府关于海关互助的协定签字仪式在河内举行。越南财政部副部长武氏梅称,"越南一向非常重视越美全面伙伴关系,越美两国经贸关系取得突破性进展,双向贸易额达600亿美元。2010—2019年,两国出口额年均增长16%以上。美国继续成为越南最大出口市场和越南第3大贸易伙伴。

7日 中国国务委员兼外交部部长王毅在内比都同缅甸国务资政兼外长昂山素季举行会谈。王毅表示,明年是中缅建交70周年,双方应办好系列庆祝活动,规划筹备好两国高层交往,全面推进经贸、人文等领域合作。双方要弘扬"胞波"情谊,深化全面战略合作,携手共建命运共同体。

8—9日 东盟—中国中心第9届联合理事会会议在中国西安举行。会议对该中心开展23个重点项目的180项活动进行评价,旨在宣传东盟国家与中国的经贸、投资、互联互通、文化交流、教育合作潜力和机遇。会议还通过2020年工作计划。

14日 澳大利亚考古学家在《自然》杂志上发表论文说,他们在印度尼西亚发现的一幅描绘"半兽人"围猎动物的岩画至少有4.4万年历史,是迄今已知最古老的人类岩画艺术。此前普遍认为最早的岩画艺术出自欧洲。

15日 由人民日报社主办,四川省人民政府新闻办公室和《四川日报》报业集团共同承办的第10届10+3媒体合作研讨会在四川成都举行。来自东盟10国和中日韩3国的媒体代表参会,共话创新驱动型合作。本届研讨会的主题是"开放包容的中国,发展繁荣的亚洲"。与会媒体代表围绕"交流互鉴共建亚洲命运共同体""合作共赢构建创新驱动型合作""融合发展助力东亚民心相通"开展讨论和对话。

△老挝人民革命党中央书记处书记、新闻文化与旅游部部长吉乔访问新华社,同新华社负责人就举办第2届"一带一路"老—中合作论坛等深入交换意见。

16日 由中国航天科技集团有限公司所属中国运载火箭技术研究院抓总研制的长征三号乙运载火箭以"一箭双星"的方式,将第52、53颗北斗导航卫星送入中圆地球轨道。至此,北斗三号在该轨道上规划的24颗卫星已全部到位,标志着全球系统核心星座部署完成。

△中国驻东盟使团在印尼雅加达举办庆祝2019年中国—东盟合作成果迎新年招待会。东盟秘书处副秘书长康富、德尼,中国—东盟关系协调国菲律宾常驻代表诺艾尔大使、东盟常驻代表委员会和对话伙伴国大使及代表、东盟秘书处官员、印尼外交部代表、印尼智库和媒体代表、华人华侨代表约300人与会。

17日 中国第1艘国产航空母舰山东舰在海南三亚某军港交付海军。中共中央总书记、国家主席、中央军委主席习近平出席交接入列仪式。

△中央军委副主席许其亮在北京会见到访的印度尼西亚国防部部长普拉博沃。许其亮说,在习近平主席和佐科总统共同引领下,两国全面战略伙伴关系保持良好发展势头。两军关系是两国关系的重要组成部分,希望双方落实好两国领导人重要共识,探讨深化各领域务实合作,推动两国全面战略伙伴关系发展,造福两国人民。

20日 庆祝澳门回归祖国20周年大会暨澳门特别行政区第五届政府就职典礼在澳门举行,中共中央总书记、国家主席、中央军委主席习近平出席大会并发表重要讲话。

(马金案　游悠)

文　献

重 要 文 件

深化中国—东盟媒体交流合作的联合声明

中华人民共和国和东南亚国家联盟成员国国家元首或政府首脑于2019年11月3日齐聚泰国曼谷，出席第22次中国—东盟领导人会议；

重申在东盟诸多对话伙伴关系中，中国—东盟关系是最富内涵的关系之一，双方致力于促进睦邻友好与互利合作；

忆及在2018年11月14日召开的第21次中国—东盟领导人会议上，中国和东盟欢迎将2019年确定为中国—东盟媒体交流年；

重申中国与东盟媒体交流合作和共同发展对增进双方人民相互了解和长久友谊以及深化中国—东盟关系具有重要意义；

秉持"和平合作、开放包容、互学互鉴、互利共赢"精神和共商共建共享原则，一致同意：

一、鼓励中国与东盟成员国政府进一步加强媒体政策和议题交流；

二、加强新闻报道和产品合作。坚持可信、客观的新闻报道，积极发挥新闻传播对增进中国与东盟国家相互了解、促进双方经济社会协调发展的作用，形成更大合力；

三、提升媒体内容合作水平。鼓励中国和东盟国家媒体共同制作电影、电视剧、纪录片和新媒体产品；

四、鼓励中国和东盟国家在各自平台上播出对方优秀影视作品，实现互利共赢；

五、鼓励双方传媒机构参加在中国和东盟国家举办的影视节展；

六、深化媒体产业合作。加强中国和东盟国家媒体技术研发和设备生产合作，拓展数字化、数据分析、网络联通等产业合作；

七、鼓励通过人员交流和研讨会等形式，加强中国和东盟国家媒体专业人员的培训教育；

八、采取切实有效措施，不断深化媒体交流合作，为推动中国—东盟战略伙伴关系发展作出新贡献。

（文件来源：中国外交部网站）

中国—东盟智慧城市合作倡议领导人声明

我们，中华人民共和国和东南亚国家联盟成员国的国家元首或政府首脑，于2019年11月3日齐聚曼谷，出席第22次中国—东盟领导人会议；

认识到把握当前数字革命和第四次工业革命机遇，应对快速城镇化带来的挑战，构建区域智慧城市生态系统的重要性；

认识到中国和东盟共同致力于最大程度扩大智慧城市项目对居民的积极影响，包括提升经济竞争力、促进环境可持续发展、提高生活质量等；同时最大程度降低城镇化的负面影响，如城市拥堵、水和空气污染、媒介性传播疾病、绿地缩减、贫困、交通不便、不平等加剧、城乡差距、安全保障措施不足等；以及解决节能和环保面临的问题；

忆及2018年11月14日第21次中国—东盟领导人会议发表的《中国—东盟战略伙伴关系2030年愿景》以及2018年11月15日第13届东亚峰会发表的《东亚峰会领导人关于东盟智慧城市的声明》，重申我们致力于在共同关心的领域拓展科技创新合作，包括在智慧城市等领域实现创新驱动发展，支持东盟智慧城市网络建设。

一致同意：

一、交流最佳实践。鼓励智慧城市主管部门、地方政府和研究机构在智慧城市政策制定和规划等方面加强合作，推动智慧城市高质量、可持续发展；

二、拓展标准合作。推动智慧城市技术产业、重点应用领域、整体解决方案的标准交流、互认，制定并应用合适的国际标准和相关政策、符合性评估方案，加强标准化能力建设，根据每个城市的具体需求、优先侧重点和发展水平，探索本地化的标准应用；

三、促进技术创新。加强信息交流，共享技术成果，开展联合研究，分享创新机遇，共同提升创新能力，积极推动智慧城市各领域合作，包括数字技术以及可再生能源、节能和清洁技术应用等创新能源解决方案；

四、支持私营部门合作。扩大资金、技术、项目需求等信息交流；积极推动初创公司等企业间、企业与区域和国际组织合作，促成智慧城市重点合作项目落地；

五、打造合作平台。依托东盟智慧城市网络和东盟可持续城市化战略等东盟行业平台和倡议，促进各方沟通交流，展示推广各国智慧城市发展理念、先进技术和解决方案、商业模式和最佳实践，提升同多边机构等利益相关方的伙伴关系，利用各方资源和专业技术推动智慧城市项目实施；

六、建立互惠伙伴关系。支持中国南宁、厦门、杭州、济南、昆明、深圳、南京、成都等城市同东盟城市，特别是东盟智慧城市网络相关城市建立互惠互利的城市伙伴关系，鼓励双方有关私营部门和机构建立伙伴关系，促进学习交流和经验分享；

七、增强文化联系。加强中国和东盟城市的文化联系，增进跨文化理解，促进民心相通；

八、加强能力建设与知识分享。鼓励高校、企业、研究机构积极开展培训项目，联合培养智慧城市领域人才，鼓励智慧城市相关政府部门、研究机构、企业及其他利益相关方开展交流，分享知识、技术和创新性解决方案。

（文件来源：中国外交部网站）

中国—东盟关于“一带一路”倡议与《东盟互联互通总体规划 2025》对接合作的联合声明

我们，中华人民共和国和东南亚国家联盟成员国的国家元首或政府首脑，于 2019 年 11 月 3 日在泰国曼谷出席第 22 次中国—东盟领导人会议；

忆及 2018 年 11 月 14 日发表的《中国—东盟战略伙伴关系 2030 年愿景》、2016 年 9 月 7 日发表的《第 19 次中国—东盟领导人会议暨中国—东盟建立对话关系 25 周年纪念峰会联合声明》以及 2017 年 11 月 13 日发表的《中国—东盟关于进一步深化基础设施互联互通合作的联合声明》和《中国—东盟产能合作联合声明》，致力于拓展和深化互利合作，进一步加强中国—东盟战略伙伴关系；

重申中方支持东盟实现《东盟愿景 2025》目标的努力，支持维护东盟在不断演变的区域架构中的中心地位；

认识到“一带一路”倡议与《东盟互联互通总体规划 2025》对接合作有助于区域互联互通、和平稳定、经济繁荣和可持续发展，欢迎双方共同努力进一步密切中国—东盟合作，赞赏地注意到中方建设中国—东盟命运共同体的愿景；

注意到“一带一路”倡议提出的政策沟通、设施联通、贸易畅通、资金融通和民心相通五大重点合作领域，以及《东盟互联互通总体规划 2025》提出的可持续基础设施、数字创新、无缝衔接的物流、良好的规章制度、人员往来五大战略目标；

认识到对接“一带一路”倡议与《东盟互联互通总体规划 2025》的共同重点领域对于提升中国与东盟互联互通水平的重要性，这将有助于促进区域各项互联互通战略对接，实现互利共赢；

认识到《东盟互联互通总体规划 2025》和 2019 年 4 月 27 日于北京发布的《第二届“一带一路”国际合作高峰论坛圆桌峰会联合公报》中的共同优先领域，进一步认识到东盟十国均已同中国签署共建“一带一路”双边合作文件，赞赏“一带一路”倡议与《东盟互联互通总体规划 2025》对接取得的进展和创造的机遇；

重申中国和东盟致力于“一带一路”倡议和《东盟互联互通总体规划 2025》对接，加强区域互联互通，注意到东盟区域倡议“东盟印太展望”提出开放、透明、包容和东盟中心地位等原则，并将互联互通再联通作为优先合作领域；

赞赏促进“一带一路”倡议与《东盟互联互通总体规划 2025》互利互惠、高质量合作的努力，以实现高标准、惠民生、可持续发展目标。注意到“一带一路”倡议提出和平合作、开放包容、互学互鉴、互利共赢的平等合作精神，共商共建共享原则和开放、绿色、廉洁理念。

在此声明：

一、欢迎东盟在《东盟互联互通总体规划 2025》框架下，启动东盟各国首批经济可行的互联互通基础设施优先项目，通过提升互联互通水平、利用各方投资，加强和完善现有经济走廊和运输通道建设，鼓励中国积极支持东盟基础设施项目建设和融资，推动铁路、公路、港口、机场、电力和通讯等领域的互联互通，营造更好的商业和投资环境；

二、利用私人资本促进东盟创新性基础设施融资。鼓励亚洲基础设施投资银行、亚洲开发银行、世界银行等金融机构以及丝路基金等基金充分利用私人资本、加强能力建设，通过区域内多样化和可持续的融资支持基础设施建设；

三、落实《关于修订 < 中国—东盟全面经济合作框架协议 > 及项下部分协议的议定书》，促进相互间的贸易投资，进一步探索产能等其他共同感兴趣的合作领域；

四、重申坚定维护世界贸易组织等以规则为基础、开放、透明、非歧视、包容的多边贸易体制，坚决反对日益上升的保护主义和逆全球化思潮；

五、进一步重申致力于在 2019 年结束区域全面经济伙伴关系协定谈判，共同达成一个现代、全面、高质量和互利共赢的经济伙伴关系协定；

六、抓住第四次工业革命机遇，扩大创新、智慧城市、数字经济、供应链和劳动力数字化、人工智能、大数据、物联网、信息通信技术、电子商务、中小微企业等领域合作；

七、支持东盟智慧城市网络建设，应对快速城镇化带来的挑战。欢迎将 2020 年确定为中国—东盟数字经济合作年；

八、支持教育、青年、旅游、人力资源、科技、媒体、智库和地方政府等领域合作，打造中国—东盟菁英奖学金旗舰项目，加强民生领域合作，促进民心相通；

九、通过中国—东盟相关合作机制促进政策对话，增进相互理解，密切互联互通合作；

十、支持互联互通再联通倡议，注意到现有次区域合作机制下持续加强的互联互通合作，包括澜沧江—湄公河合作、大湄公河次区域经济合作、东盟—湄公河流域开发合作、三河流域经济合作战略、中国—东盟东部增长区合作等，均有助于缩小地区发展差距；

十一、依托东盟互联互通协调委员会同中国—东盟互联互通合作委员会中方工作委员会会议等有关双多边平台，加强互联互通倡议和具体项目合作，推动“一带一路”倡议和《东盟互联互通总体规划 2025》的落实和对接。

（文件来源：中国外交部网站）

中国共产党和老挝人民革命党关于构建中老命运共同体行动计划

中老同为社会主义友好邻邦，两国山水相连，传统友谊源远流长。中老两党 1959 年建立直接联系、两国 1961 年建立外交关系，此后两党两国关系不断拓展和深化。

2000 年中老确立“长期稳定、睦邻友好、彼此信赖、全面合作”方针，2009 年两国关系提升为全面战略合作伙伴关系。近年来，在两党两国最高领导人的关心和引领下，中老关系步入历史最好时期。2013 年 9 月，习近平总书记、国家主席同来华访问的时任老挝党中央总书记、国家主席朱马里会谈时,首次提出“中老关系不是一般意义的双边关系,而是具有广泛共同利益的命运共同体”。2016 年 5 月,本扬总书记、国家主席对华进行正式友好访问时,双方第一次在联合声明中阐明中老“是具有战略意义的命运共同体”。2017 年 11 月,习近平总书记、国家主席在中国共产党第十九次全国代表大会闭幕后首次出访就选择老挝,两党两国最高领导人在会谈时再次确认了这一共识,为构建中老命运共同体注入了强劲动力。2018 年 5 月,本扬总书记、国家主席访华期间,两党两国最高领导人一致决定启动制定《构建中老命运共同体行动计划》。

为落实上述重要共识,谋划下一阶段两党两国关系发展的原则和方向,推动中老命运共同体建设走深走实,值此本扬总书记、国家主席对华进行国事访问之际,经友好协商,中国共产党和老挝人民革命党一致同意签订并实施《构建中老命运共同体行动计划》(以下简称《行动计划》)。内容如下:

一、序言

中老理想信念相通、社会制度相同、发展道路相近、前途命运相关。无论是在革命战争年代,还是在社会主义建设时期,两党两国和两国人民都结下了深厚友谊,打造了和平共处、互利共赢的典范。当前,双方致力于在新型国际关系基础上,探索打造新型社会主义国家间关系,携手发展具有各自特色的社会主义事业。

双方一致认为,面对当今世界百年未有之大变局,各国需要凝聚共识、携手前行、共克时艰。2019 年是中老建立全面战略合作伙伴关系十周年。站在新的历史起点上,双方决定进一步打造中老命运共同体。

中老构建命运共同体,是双方在深刻把握国际和地区形势以及着眼两国关系长远发展基础上作出的重要战略抉择。中老两党在各自国家是领导核心,两党关系始终引领两国关系发展。两国命运共同体不仅包含人类命运共同体的普遍内涵,更意味着双方拥有共同的价值追求、突出的政治纽带、特殊的友好感情。

中老构建命运共同体,要坚定支持彼此加强党的领导和社会主义制度。坚持相互尊重、大小国家一律平等。坚持和平共处五项原则。坚持不结盟、不对抗、不针对第三方,不以意识形态画线。坚持在国际和地区事务中密切协调配合和相互支持,维护各自国家正当权益。坚持共商共建共享,推动建设开放型世界经济,维护地区和世界的发展与繁荣。

中老构建命运共同体,关键在行动。要进一步凸显中老命运共同体在两党两国关系中的地位和作用,突出战略性、全局性、统领性、规划性,从更高站位、更大视角、更广领域、更深层次把握双边关系发展方向、绘制双边关系发展蓝图,推动两党两国关系实现更快更好发展,切实造福两国以及地区各国人民,为人类进步事业作出更大贡献。

二、总体目标及行动举措

(一)总体目标:中老双方愿在现有良好合作基础上,进一步加强协调和合作,着眼未来 5 年,围绕政治、经济、安全、人文、生态五个方面,推进战略沟通与互信、务实合作与联通、政治安全与稳定、人文交流与旅游、绿色与可持续发展“五项行动”,为中老关系长远发展规划时间表和路线图,让中老命运共同体落地生根、开花结果,为人类命运共同体建设发挥先行者和示范者作用。“五项行动”内容将在如下举措中具体体现。

(二)行动举措

1. 坚持互尊互信,巩固命运共同体政治基础。

1.1 加强各层级往来,保持双方“走亲戚”式的交往态势。发挥高层引领作用,保持两党总书记年度会晤传统,及时就双边关系重大问题和国际地区形势加强战略沟通。中方欢迎老方领导人以访问、参会等多种形式经常来华。老方欢迎中方派遣代表团、专家组赴老交流、讲学、参会、访问。

1.2 开展全方位、多层次、机制性对话交流。加强两国议会和统战组织的往来与合作。落实好两党中联部部领导年度会晤机制,开展好两党中央在综合协调、政策研究、纪检监察、干部组织、舆论宣传等领域的对口交流与合作,拓展两党地方、基层组织和群众组织交往合作。实施好《中老两国外交部关于加强新形势下合作的协议》,保持两部经常性交往机制。

1.3 执行好 2016 年至 2020 年两党合作计划,编制并执行 2021 年至 2025 年两党合作计划,提升干部培训合作质量,为两党长期执政和发展提供坚实人才储备。利用云南、湖南、广西等省(区)的培训资源,推动两党干部培训合作向纵深发展。

1.4 加强治党治国经验交流。办好两党理论研讨会,提高各自管党治党、治国理政的能力和水平。应老方要求安排中方专家组赴老开展专题讲学。在中国共产党与世界政党(高层)对话会框架内适时举办“中老 +”命运共同体对话会。

1.5 加强纪检监察领域的交流合作。推进中老铁路廉政建设。深化反腐败执法合作和追逃追赃合作。加强在《联合国反腐败公约》、中国—东盟等多边机制中的沟通协调。

1.6 加强在国际和地区事务中的协调配合、相互支持。

2. 坚持合作共赢,拉紧命运共同体利益纽带。

2.1 遵循共商共建共享原则,有序推进中国共建“一带一路”倡议与老挝“变陆锁国为陆联国”战略的对接,落实好两国共建“一带一路”合作规划纲要,致力于实现高质量、可持续的共同发展。老方积极支持并参与中国主办的“一带一路”国际合作高峰论坛。

2.2 稳步实施《关于共建中老经济走廊的合作框架》,以中老铁路为依托,开展以互联互通和产能与投资合作为重点的经济贸易合作,统筹推进中老交通、产能、电力、矿产、农业、旅游、数字经济等领域务实合作。适时将老挝纳入国际陆海贸易新通道建设。稳步实施中老铁路项目,提早为铁路开通后的运营、维护做好准备,将其打造为共建“一带一路”示范项目。推进实施并运营好万象—万荣高速公路项目。深化中老电力合作战略伙伴关系,加强两国电力合作。推进老挝信息通信基础设施及大数据中心建设,服务未来老挝数字经济发展,依托“老挝一号”通信卫星,着力培养老挝卫星测控和卫星应用人才,更有效服务老挝经济社会发展。全力打造好中老磨憨—磨丁经济合作区和万象赛色塔综合开发区,壮大跨境合作和经贸合作区建设。

2.3 落实好《中老经贸合作五年规划》及其补充协议,改善贸易基础设施,加强口岸建设,深化海关检验检疫合作,推动电商合作,扩大中老双边贸易。中方愿积极推进两国农产品贸易,支持老方参加中国国际进口博览会。引导和鼓励各自企业到对方国家投资兴业,改善营商环境,提供合作便利,促进双方投资健康发展。依托共建“一带一路”,推进金融领域合作,形成更为灵活务实的融资安排,以适当的方式帮助老方改善宏观经济和金融状况。中方帮助老方培养科研人才,提高其科研能力和水平，推动科技成果应用于老挝国家发展。

2.4　大力加强民生、减贫等领域务实合作，推动老方早日摆脱欠发达状态。全面落实"援老八大工程"，积极开展减贫交流与对话，开展村级减贫试点项目，实施好援老挝减贫示范合作项目。中方将根据老方的实际需求，在力所能及的范围内，支持老挝经济社会发展。

2.5　中方鼓励有关省（区、市）发挥自身的区位和资源优势，在对老合作方面形成各展所长、互补互助的良好态势。依托澜沧江—湄公河合作、中国—东盟博览会、中国云南—老挝北部合作工作组等平台和机制，努力将云南、湖南、广西、广东等省区打造为对老合作高地。

2.6　加强经济社会发展规划及宏观经济人才培养合作。中方发挥在资金、技术、管理、人才等方面的优势，帮助老挝挖掘经济增长潜力，增强内生发展动力，早日形成一定制造加工业基础，推动产业集群式发展，更好地与地区和国际市场接轨。中方向老挝派遣农业专家，帮助培养农民致富带头人，共同建设中老现代化农业产业合作示范园区，提高农业产量和农产品附加值，鼓励发展可持续农业和外向型农业。

2.7　双方进一步深化在中国—东盟（10+1）合作、东盟与中日韩（10+3）合作、澜沧江—湄公河合作、东亚峰会等地区机制内的协调和配合，推进区域经济一体化。

2.8　充分发挥中老经贸和技术合作委员会、产能与投资合作等机制作用，加强政策沟通与经验交流，统筹规划双边经贸合作，推动中老经贸关系健康、可持续发展。

2.9　双方尽早就签署老挝97%税目输华产品零关税换文达成一致，共同推动双方经贸合作不断发展。

3. 坚持守望相助，筑牢命运共同体安全防线。

3.1　双方共同维护各自安全稳定，防止外部势力介入。加强信息和情报交流，推进理论和政策研究，协调立场和观点，妥善应对"和平演变"威胁。

3.2　进一步深化两军合作。加强两军高层领导会晤，发挥好高层交往的引领作用。依托现有两军合作协调委员会会议机制，统筹协调两军各领域交往合作事项。中方愿加强对老挝军队援助，深化两军政治工作领域务实交流，加强边防合作。中方继续为老军培训各类指挥军官和技术人才，开展中青年军官交流。推动中老两军"和平列车"卫勤演训暨义诊活动机制化，加强军事医学领域交流合作。

3.3　深化两国执法安全合作。继续开展在打击跨境犯罪、打击各种形式的人口拐卖、非法出入境、湄公河联合执法、"一带一路"安保等领域合作。加强情报交流，携手打击各种形式的恐怖主义。中方加强对老方执法安全类援助和培训，与老挝共建"平安城市"。

3.4　中老加大保护在本国工作、生活的对方国家公民生命、财产安全及双方重大合作项目安全。

3.5　双方加强在东盟地区论坛等地区多边安全对话合作机制中的协调与配合。

4. 坚持相知相亲，夯实命运共同体民意基础。

4.1　深化人文交流与合作。推进重大合作项目时，注重开展人文、民生等配套合作。积极开展社会治理经验交流。

4.2　加强教育领域合作。推进双方高等教育学历学位互认。中方欢迎老挝优秀学生来华留学。开展职业教育合作办学，服务中老大项目建设。依托孔子学院平台，加强中老语言文化教学合作，促进文化交流。加强双方高校、智库合作，推动成立中老命运共同体合作研究中心。

4.3　加强中老卫生健康领域交流与合作。双方有序推进万象玛霍索医院和琅勃拉邦中老友谊医院援建项目，实施"中老边境医疗卫生服务合作体建设项目"，提升老方医疗水平及医院管理能力。开展公共卫生交流与信息合作，推动双方医院开展远程医疗合作，实施登革热、疟疾等疾控合作项目，推进跨境疫情疫病联防联控合作，中方帮助老方培养更多专科医生。

4.4　深化中老在新闻、出版、电影领域交流合作。利用好双多边媒体交流合作机制，开展联合采访、联合制作、人员培训等合作。推动双方在新闻节目互换、图书翻译出版、影视节目交流等方面加强合作。鼓励中老在对方国家翻译出版各自书刊。中方向老方介绍电影制作和发行经验。举办或共同参加媒体合作研讨活动，分享彼此在管理新媒体和引导舆论方面的经验。

4.5　积极开展文化交流与合作。在两国政府文化合作协定框架下，商签新一期文化和旅游合作执行计划。做好中国在老烈士陵园修缮和维护并发挥好其在弘扬中老传统友好关系上的教育宣传作用。支持两国文化机构交流与合作，举办演出、展览、民俗、节庆、文化巡演、边民联欢等活动，探讨开展文化产业合作。老方支持中国文化中心等中国在老挝文化机构运作。

4.6　大力推进旅游合作，不断提升旅游便利化水平。中方将鼓励更多中国游客赴老挝旅游，共同办好2019年中老旅游年。

4.7　加强两国群团（工会、青年、妇女）组织、企业、中央及地方行业协会间友好交流合作。鼓励两国地方政府特别是边境地区建立友城关系，推动边境一线村庄缔结友好村寨。

5. 坚持共生共治，推动命运共同体持续发展。

5.1　双方进一步开展生态环境领域合作，加强生态环保理念和法规标准研讨交流，重点围绕环境监管和执法体系建设、治理体系和治理能力建设等互学互鉴。加强水文气象合作和水资源管理合作。中方加大对老挝环保和自然资源管理人才培训力度。

5.2　中方帮助老挝实现经济社会和生态环境平衡发展，提升老挝落实联合国2030年可持续发展议程能力。制定中老环境合作战略，打造双边合作示范项目，共同开展气候变化、环境监测、污染治理、生态和自然资源保护、有害垃圾处理及环境管理能力建设等合作。

5.3　双方加强在防灾减灾等领域合作。完善多层次防灾减灾救灾合作对话机制，扩大在洪旱灾害监测与风险评估、灾害应急、灾后重建等领域的交流与合作。在灾害应急期间，应老方要求，中方将提供基于空间技术的灾害应急快速制图服务。

5.4　双方积极开展在野生动植物保护领域的合作，加强在政府间协议、国际公约等多边场合的立场沟通与协商。

三、落实机制

中老双方有关部门和地方根据实际情况，细化落实本《行动计划》涉及本单位内容。双方分别由两党中联部作为落实《行动计划》牵头部门，负责沟通协调、监督实施、总结评估、对外宣介等工作。在执行过程中出现的问题，双方应通过友好协商解决。

本《行动计划》于二〇一九年四月三十日在北京签署，一式两份,每份均用中文和老挝文写成,两种文本具有同等效力,有效期五年,自签署之日起生效。期满后,双方视情签署新的行动计划。

中国共产党 老挝人民革命党
中央委员会总书记 中央委员会总书记
习近平 本扬·沃拉吉

(文件来源:中国外交部网站)

中华人民共和国政府和泰王国政府联合新闻声明

(2019 年 11 月 5 日,曼谷)

一、应泰王国总理巴育·占奥差邀请,中华人民共和国国务院总理李克强于 2019 年 11 月 2 日至 5 日出席在泰国举行的东亚合作领导人系列会议并对泰国进行正式访问。

二、访问期间,李克强总理在泰国总理府会见巴育·占奥差总理,在国会大厦会见国会主席兼下议院议长川·立派。

三、双方认为,在地区和国际局势不断演变背景下,此次访问是两国全面战略合作伙伴关系发展中又一重要里程碑,为双边关系未来发展指明了方向。

双边关系

四、双方一致认为,2019 年对中泰两国都是具有重要意义的一年。巴育总理祝贺中华人民共和国成立 70 周年,祝贺中国共产党过去 70 年领导国家发展取得卓越成就,祝愿中国人民顺利实现"两个一百年"奋斗目标和中华民族伟大复兴的中国梦。李克强总理祝贺泰王国及泰国人民圆满举行哇集拉隆功国王陛下加冕典礼,祝贺巴育总理成功连任,支持泰国政府为实现政治稳定、经济发展、民生改善所作的努力,祝愿泰国如期实现国家发展战略规划(2019—2038)目标。双方一致认为,中国政府在中华人民共和国成立 70 周年之际授予诗琳通公主殿下"友谊勋章"是中泰传统友谊的重要体现。

五、双方对双边关系活跃的发展势头感到满意,同意用好中泰经贸合作联委会、战略对话、防务安全磋商、科技合作联委会、铁路合作联委会、数字经济合作部级对话等双边合作机制平台,进一步深化拓展相关合作。双方高度重视加快落实中泰两国政府关于战略性合作共同行动计划(2017—2021)并取得可视化成果。

六、双方一致认为,在世界经济波动背景下,通过经济合作框架和基础设施联通促进中泰两国互联互通至关重要,有助于两国、次区域和区域发展繁荣。

政治和安全

七、双方一致同意尊重彼此国家发展道路,加强治国理政经验与实践交流,在涉及对方核心利益和重大关切问题上给予理解支持。泰方重申将继续支持一个中国原则,完全支持两岸关系和平发展和中国和平统一大业。泰方还重申支持中国"一国两制"方针。

八、双方对两国政府、议会、政党、军方和地方间密切交往表示欢迎,支持双方继续加强交流,为两国各领域关系发展作出贡献。

九、双方对两国国防部和军队通过联演联训、人员培训、国防工业合作和多边安全协作建立的紧密防务合作关系予以肯定。

十、双方同意继续推进执法合作,加强在根除毒品走私、打击跨国犯罪、反恐、切断恐怖主义资金、反洗钱领域的合作。

经贸、投资和旅游

十一、双方对两国在《中华人民共和国政府和泰王国政府关于共同推进"一带一路"建设谅解备忘录》框架下的合作进展感到满意,同意将中泰铁路打造为两国高质量共建"一带一路"合作的成功典范,加快落实《关于廊开—万象铁路连接线的合作备忘录》,加快中老泰铁路贯通,在"陆海新通道"框架下探讨互利合作,促进地区联通和发展。

十二、双方同意加强协调配合,提升两国贸易便利化水平,促进互利共赢。双方将落实好两国政府关于农产品贸易合作的谅解备忘录,抓住电子商务等新业态发展契机,推动贸易可持续发展。中方欢迎泰方作为主宾国出席 2019 年 11 月在上海举办的第二届中国国际进口博览会。

十三、双方同意加强粤港澳大湾区和泰国"东部经济走廊"(EEC)合作,探讨成立相关合作机制的可能性,推动两个区域间及更广地区的互联互通建设取得实质性成果。

十四、双方同意推动产业规划政策深度对接,依托中泰罗勇工业园等合作平台持续扩大产能合作,特别是用好泰国作为湄公河流域国家供应链、物流链交汇点的战略地位,加强下一代汽车、高科技医疗设备、新能源及节能型交通工具、橡胶等优势产业互利合作,打造产业集群。泰方欢迎中国企业加大对"东部经济走廊"(EEC)的投资。双方同意拓展 EEC 三方合作,认为该理念将成为推进类似合作的典范,造福更广泛的区域。

十五、双方同意进一步深化金融领域合作,支持扩大本币在贸易与投资中的使用,推动金融机构与金融服务网络化布局,切实加强跨境监管合作。

十六、双方对两国旅游人数增长表示满意。两国领导人一致同意加强旅游合作,推动人员往来。双方将进一步加强旅游市场监管与安全合作,切实保障游客安全,促进两国游客数量与旅游质量双增长,推动旅游业可持续发展,并探索开展旅游配套产业合作。

科技和创新

十七、双方一致认为,创新合作是两国共建"一带一路"的亮点。双方将推动通信技术、开放创新中心、高科技产业园、技术转移中心等项目发展,加强数字经济、智慧城市、通信技术融合应用、软件和 IT 服务、通信基础设施互联互通、工业数字化转型、网络安全、云计算、人工智能等领域合作。双方一致同意建设数字丝绸之路。

十八、双方将通过联合研究开发、专家学者及研究人员交流、技术转移等方式,继续推动科学、技术和创新合作,以促进两国经济社会繁荣和可持续发展。双方同意在生物、绿色循环经济和前沿科技领域探讨合作。

教育和人文

十九、双方对当前教育合作谅解备忘录框架下的合作表示满意,同意通过联合办学、专项交流、学术交流、远程授课等方式,加强各层次、各领域教育合作,为两国发展建设提供人才和智力支撑。

二十、双方同意推动落实《中华人民共和国文化和旅游部与泰王国文化部 2019 年至 2021 年文化交流执行计划》取得具体成果,并探讨明年共同举办文化活动,庆祝两国建交 45 周年。

二十一、双方同意加强媒体和信息领域合作,通过媒体交流互访、新闻及纪录片交流、举办论坛和节庆活动等方式,推动人文交流和媒体行业发展。

地区和国际合作

二十二、中方赞赏泰方今年担任东盟轮值主席国为推动中国—东盟关系和东亚合作发展所作贡献，祝贺泰国成功举办东亚合作领导人系列会议。

二十三、双方对持续强劲、稳健和互惠的中国—东盟关系表示满意，将共同努力确保中国—东盟战略伙伴关系保持活力，成为本地区和平、稳定、繁荣和可持续发展的关键支柱之一。双方将通过东盟与中日韩、东亚峰会、东盟地区论坛及东盟防长扩大会议等现有东盟领导机制，继续加强以东盟为中心的区域构架。双方欢迎继续深入对接"一带一路"倡议与《东盟互联互通总体规划2025》，推动"互联互通再联通"，共同打造中国—东盟蓝色经济伙伴关系。

二十四、双方同意加强在中国—东盟、澜沧江—湄公河合作、三河流域经济合作战略等区域、次区域框架下的合作。泰国欢迎中国成为三河流域经济合作战略首批发展伙伴。双方一致认为澜沧江—湄公河合作同三河流域经济合作战略本质上互补。

二十五、双方支持各方为全面有效落实《南海各方行为宣言》、在2021年底前或更早时间内达成富有实质内涵的"南海行为准则"所付出的努力，赞赏完成"准则"单一磋商文本草案第一轮审读，欢迎启动第二轮审读，支持开展包括海洋环境保护在内的海上务实合作，将南海打造成和平、稳定、繁荣之海。

二十六、双方将加强在联合国、亚太经合组织、亚欧会议等多边机制中的协调与配合，维护联合国宪章宗旨和原则，共同维护发展中国家利益。

二十七、双方一致同意，携手应对世界范围内保护主义、单边主义不断抬头的挑战，共同维护以规则为基础的多边贸易体制，推动经济全球化朝着开放、包容、普惠、平衡、共赢方向发展。双方欢迎有关各方整体上完成区域全面经济伙伴关系协定谈判，共同解决遗留问题以在明年签署协定。

二十八、李克强总理感谢泰王国政府的热情接待，欢迎巴育总理在双方方便时对中国进行正式访问。巴育总理表示感谢并接受了邀请。　　（文件来源：中国外交部网站）

中华人民共和国政府和柬埔寨王国政府联合新闻公报

一、应中华人民共和国国务院总理李克强邀请，柬埔寨王国首相洪森于2019年1月20日至23日对中国进行正式访问。访问期间，国家主席习近平会见了洪森首相，国务院总理李克强同洪森首相举行会谈，全国人大常委会委员长栗战书、全国政协主席汪洋分别会见了洪森首相。

二、柬方高度评价中国改革开放伟大成就，衷心祝愿中国在以习近平总书记为核心的中共中央领导下，不断朝着实现"两个一百年"奋斗目标胜利迈进。相信中国人民将把中国建设成富强民主文明和谐美丽的社会主义现代化强国。

中方重申尊重柬埔寨的独立、主权和领土完整，支持柬埔寨根据自身国家利益选择的独立政策和发展道路。中方衷心祝愿柬埔寨在西哈莫尼国王庇佑下，在以洪森首相为首的新一届王国政府领导下，不断取得国家建设事业新的更大成就。

三、双方一致认为，中柬传统友谊源远流长，是两国人民的宝贵财富。过去一年，双方以建交60周年为契机，进一步增进传统友好，深化"一带一路"合作，为两国人民带来实实在在的利益，也为地区乃至世界的和平与繁荣作出了积极贡献。在新的历史时期，双方要进一步加强全面战略合作，为构建中柬具有战略意义的命运共同体制定行动计划，重点加强政治、经济、安全、人文四大领域合作，推动两国关系在下一个60年取得更大发展。

四、双方同意继续保持密切的高层交往，及时就重大问题进行战略沟通。加强政府、议会、政党、群众团体和地方之间的交往，深化治国理政经验交流。发挥好中柬政府间协调委员会的作用，统筹协调和推进各领域务实合作。

五、双方同意继续加强外交、国防和执法安全领域交流合作。落实好两国外交部关于加强新形势下合作的协议。加强在军事训练、院校教育、医疗卫勤等领域的务实合作。深化在打击跨国犯罪、非法网络赌博、拐卖人口、电信诈骗、恐怖主义以及禁毒、执法能力建设、案件协查等方面的合作。双方同意将2019年定为中柬执法合作年。

六、双方同意加快"一带一路"倡议和"四角战略"对接，落实好两国政府关于共同推进"丝绸之路经济带"和"21世纪海上丝绸之路"建设的合作规划纲要。中方将继续为柬埔寨发展经济、可持续性发展、改善民生提供力所能及的帮助。

七、双方同意以交通、产能、能源、贸易、民生"五大版块"为重点，加强下阶段"一带一路"框架下的务实合作。双方愿全面加强贸易、投资、基础设施等领域合作，提升两国经贸合作规模和水平。加强在中国国际进口博览会、中国—东盟博览会等平台合作，加快商谈水果等农产品输华议定书，用好电子商务等领域合作机制，争取2023年双边贸易额达到100亿美元。双方同意充分发挥中国—东盟自贸协定对促进双边贸易的应有作用，并愿适时探讨启动中柬双边自贸协定可研。双方对2019年1月10日举行的西哈努克港经济特区协调委员会第三次会议结果表示满意。中方愿继续支持有实力、信誉好的企业赴柬投资、开展基础设施领域合作，愿与柬方携手推动西哈努克港经济特区、金边至西哈努克港高速公路、吴哥国际机场等基础设施领域重点项目顺利实施。柬方对此表示感谢。双方将继续支持企业办好农业、制造加工业等园区，加强两国电源和电网建设合作，推动清洁能源开发利用，尽快启动乡村供水二期、乡村道路二期、教育环境与设施改善等民生工程项目建设。双方一致同意为两国上述合作创造良好条件和氛围。

八、双方同意深化农业、林业、渔业、科技、环境保护、数字基础设施以及城镇化等领域的全方位合作。适时召开农业合作指导委员会第二次会议，共同编制柬埔寨现代农业发展规划，加强水稻育种科技和农产品深加工技术合作。启动实施柬埔寨珍贵树种繁育中心项目。加强两国青年科学家交流、科研平台建设、技术转移等合作。共同推进中柬环境合作中心的设立工作。

九、双方同意将2019年确定为"中柬文化旅游年"，并以此为契机，进一步扩大民间交往，增进两国人民特别是青年一代的了解和友谊。支持两国文化旅游与贸易促进机构以及对口友好协会、智库、媒体、非政府组织加强交流。落实好中国政府奖学金、青年技术人才培训、义诊医疗等工作。继续开展吴哥古迹、柏威夏古寺及其他文化遗产的保护和修复工作。

十、柬方重申继续坚定奉行一个中国政策，承认中华人民共和国政府是代表全中国的唯一合法政府，台湾是中国领土不可分割的一部分，反对任何形式的"台湾独立"，继续支持两岸关系和平发展和中国的和平统一大业。中方对此表示高度赞赏。

十一、双方对南海局势保持稳定并持续向好发展感到高兴,呼吁有关各方继续全面有效完整落实《南海各方行为宣言》,深化海上务实合作,推进"南海行为准则"磋商。柬方赞赏和支持中方提出的争取三年完成"准则"磋商的愿景,愿与各方共同努力,保持"准则"磋商积极势头,争取在协商一致基础上早日达成"准则",将南海建设成为和平之海、友谊之海、合作之海。

十二、双方同意继续加强在澜沧江—湄公河合作、中国—东盟合作、东亚合作、亚欧首脑会议、联合国等多边框架下的协调配合。共同坚持多边主义,维护以世界贸易组织为核心的多边贸易体制。推动构建相互尊重、公平正义、合作共赢的国际关系,建设人类命运共同体。

十三、访问期间,双方签署了涉及民生、交通、基础设施等领域的合作文件。

十四、双方对洪森首相访华取得的成果表示满意,一致认为此访为推动两国全面战略合作伙伴关系发展注入了新动力。洪森首相对访华期间受到中方热情友好接待表示感谢。

2019 年 1 月 23 日于北京

(文件来源:中国外交部网站)

老挝柬埔寨总理联合声明

2019 年 9 月 12 日,在对柬埔寨进行正式访问期间,老挝总理通伦·西苏里已与柬埔寨首相洪森进行会谈。会谈后,双方发表了联合声明。

声明指出,柬埔寨与老挝已一致同意把两国关系提升为长期战略伙伴关系,旨在巩固和加强传统友谊和在政治安全、经济和文化社会等领域上的合作。两国将继续本着国际法,尤其是联合国宪章和东盟宪章中各项原则继续推动双边友好关系发展。

柬埔寨与老挝和重申了一道努力促进双边经济合作,从而加强贸易交流和投资,促进在农林渔业、金融、交通、电信和劳务与职业培训、水文气象和环境等领域的合作等的重要性。

两国一致同意加强能源领域的合作,同时一致同意鼓励双边有关机关确保柬老两国之间的高压输电线路安装工作如期完成。两国还表示希望促进地区能源贸易。双方一致同意在地区和次区域合作框架内加强合作,从而促进地区经济全面和深入发展。

两国领导已见证了 5 项合作文件签字仪式。合作领域涵盖能源和电力采购等。 (文件来源:越南通讯社网站)

第 9 届马来西亚—新加坡领导人务虚会联合声明

(2019 年 4 月 9 日)

1. 首相马哈蒂尔和李显龙总理于 2019 年 4 月 9 日在布城举行第九届马来西亚—新加坡领导人务虚会。两位领导人重申了他们对这一持续年度参与的新承诺,将其作为合作和讨论共同关心的问题的平台。

2. 回顾两国紧密的历史联系和 54 年的外交关系,两位领导人重申了在平等和相互尊重的基础上维护重要关系和改善双边关系的承诺。一年来,不断的互访交流表明两国致力于开拓新的合作领域。领导人重申致力于以友好和建设性的方式解决关切的问题。

3. 总理马哈蒂尔·穆罕默德博士祝贺李显龙总理新加坡成功担任 2018 年东盟轮值主席国。领导人还欢迎东盟智慧城市网络的发展,作为开展智慧城市项目以改善东盟公民生活的平台。领导人重申东盟在维护地区稳定和促进更紧密经济一体化方面的重要性。他们重申支持以东盟为中心、开放、透明、包容和以规则为基础的区域架构。两位领导人重申了对全面有效实施《东盟 2025:共同前进》的承诺,以及东盟领导人对具有韧性和创新性的东盟的愿景。

4. 两位领导人强调了马来西亚和新加坡之间牢固的双边经济关系,并强调在当前不确定的全球环境中深化贸易和投资合作的重要性。

5. 新加坡和马来西亚一直是主要的经济伙伴。新加坡是马来西亚最大的游客来源地,每年约有 120 万马来西亚游客到访新加坡。两国互为第二大贸易伙伴。从 2016 年到 2018 年,双边贸易平均每年增长 12%。同样,两国也是彼此重要的投资伙伴。

6. 领导人注意到新加坡和马来西亚商界之间的紧密联系。他们注意到两国公司广泛合作的广阔空间,特别是在数字经济和工业4.0等领域。

7. 领导人欢迎马来西亚和新加坡在落实工作组围绕丹绒比艾附近新山港界和新加坡大士附近港界海事问题的建议方面取得进展,以解决当地局势,为海上问题铺平道路。区域的边界划分。领导人欢迎成立委员会,在落实工作组的建议后,在一个月内开始就该地区的海洋划界进行谈判,并指出该委员会将由联合国秘书长担任主席。马来西亚外交部和新加坡外交部常务秘书。

8. 领导人期待召开马新联合技术委员会第八次会议,讨论国际法院对白礁岛、中岩礁和南礁的判决,以解决两国悬而未决的海上划界问题。

9. 两位领导人期待根据《马来西亚政府和新加坡共和国政府关于根据海峡殖民地精确划定领海边界的协议》确定国际边界点的实际位置和 1995 年 8 月 7 日签署的 1927 年柔佛领海协议。

10. 领导人还欢迎两国达成协议,新加坡取消实里达机场的仪表着陆系统程序,马来西亚无限期暂停巴西古当空域的永久禁区。这将允许进出实里达机场的航班根据新加坡航空信息出版物基于目视进近。

11. 领导人指出,已经成立了一个高级委员会来审查吉隆坡和新加坡区域管制中心之间于 1974 年签署的关于新加坡到达、离开和飞越的行动协议书。

12. 领导人重申加强马来西亚—新加坡交通连通性的重大好处。在这方面,两位领导人都承认全面缓解铜锣湾和二环线拥堵的重要性。他们同意探索进一步的举措,包括使用新技术,以提高安全性和检查站的效率。

13. 两位领导人对新山—新加坡捷运系统(RTS)连接项目的讨论取得的进展表示欢迎。两位领导人都指出,马来西亚已提议,新加坡已同意考虑,从 2019 年 4 月 1 日起暂停 RTS Link 项目六个月,其方式类似于吉隆坡—新加坡高速铁路项目。两位领导人都指示他们的官员进一步审议此事,并最终确定暂停的条款。

14. 马来西亚赞赏新加坡通过双方于 2018 年 9 月 5 日交换法律文件,同意暂停吉隆坡—新加坡高铁项目至 2020

年5月31日。以降低成本为目标。

15. 领导人注意到双方有兴趣在1962年柔佛河水协议(1962协议)。

16. 领导人还注意到双方在根据1962年协议审查水价的权利上的不同立场。两位领导人同意双方总检察长讨论这些不同的立场。

17. 双方将寻求友好解决方案,包括在双方同意的基础上通过仲裁解决争端的可能性。

18. 领导人对马来西亚依斯干达联合部长委员会(JMCIM)的持续合作表示满意。两国领导人期待今年晚些时候在新加坡召开JMCIM第十四次会议,总结各自移民、旅游、交通、环境、标志性项目和产业合作工作组取得的进展。新加坡注意到马来西亚最近宣布扩大马来西亚依斯干达。两位领导人都承认在马来西亚依斯干达的发展方面进一步合作的前景。

19. 领导人重申他们致力于促进和探索进一步的联系,以改善马来西亚和新加坡之间的联系。他们注意到马来西亚正在就新加坡和巴西古当渡轮码头之间的新渡轮航线进行讨论。他们还注意到马来西亚要求根据马来西亚半岛和新加坡之间的渡轮码头建设和运营以及渡轮服务运营协议延长樟宜渡轮码头的土地租赁。

20. 领导人赞扬通过马来西亚—新加坡环境联合委员会(MSJCE)等平台,以及2018年9月在马来西亚布城举行的最后一次MSJCE会议的成果,在具有跨境影响的环境问题上进行的合作。两国重申了加强现有双边环境合作的承诺,包括具有跨界影响的问题,特别是在监测海洋和空气质量以及跨界废物流动方面。两位领导人重申了增强能力以解决共同关心的领域的重要性,并强调了信息共享和实施缓解措施的重要性。

21. 领导人重申,两国的历史和文化联系是加强两国关系的基础,并通过文化交流进一步加强。领导人期待2019年下半年以"青年"为主题的首届马新文化三年展在吉隆坡开幕。

22. 领导人欢迎在青年和体育领域的潜在合作,特别是通过志愿服务、领导力和交流计划发展电子竞技和赋予青年权力的可行性。

23. 两位领导人都注意到新加坡通信和信息部与马来西亚通信和多媒体部在一年一度的马来西亚—新加坡信息和通信领域联合委员会上正在进行的交流。领导人还注意到在2019年10月之前达成促进数据、网络安全和数字经济合作的谅解备忘录方面取得的进展。

24. 领导人欢迎新加坡的EZ-Link和马来西亚的Touch'n Go在推出跨境Combi Card方面取得的良好进展,供在两国旅行的驾车者使用。正式实施后,双币Combi Card将允许用户使用同一张卡支付两国的道路通行费和停车费。

25. 他们还注意到新加坡NETS与马来西亚PayNet之间的合作伙伴关系,以接受新加坡银行在马来西亚发行的NETS ATM卡和马来西亚银行在新加坡发行的MyDebit ATM卡。目前,新加坡消费者可以使用他们的NETS提款卡在全马超过3500个受理点进行支付,这标志着NETS提款卡首次可用于在新加坡境外进行支付。从2019年第三季度起,新加坡将接受MyDebit ATM卡。

26. 领导人承认两国机构和机构之间的双边合作,以及与美国和瑞士的合作,在调查犯罪、共享银行账户信息、资金转账和其他与一马发展公司(1MDB)相关的交易方面资金流动和资产回收。他们指出,新加坡法院已下令将约1500万新元的1MDB相关资金返还给马来西亚,并且正在努力进一步追回资产。根据新加坡法律,新加坡当局还在获取金融机构持有的记录和协助证人面谈方面提供司法协助。领导人鼓励两国当局继续保持良好的工作关系。

27日,李显龙总理邀请敦马哈迪·穆罕默德总理和西蒂·哈斯玛·穆罕默德·阿里总理出席2019年8月9日新加坡国庆200周年大游行,敦马哈迪总理接受了邀请。李总理期待着接待首相敦马哈迪博士参加这一重要的里程碑式的庆祝活动。

28. 领导人期待新加坡在2020年举办第10次务虚会。

(文件来源:新加坡外交部网站)

(张 磊)

论文摘要

《"一带一路"视域下文化"走出去"的逻辑理路——基于广西文化"走东盟"的实践思考》 陈立生(广西社会科学院)撰,载《学术论坛》2019年第6期。指出文化"走出去"是提升中国文化国际影响力和树立国家国际形象的重要窗口。自中国提出文化"走出去"战略以来,国家相关部委和各省区市扎实推进文化"走出去"并取得丰硕成果。随着"一带一路"倡议的提出和推进,文化"走出去"担负着讲好中国故事,促进文明互鉴、民心相通的重要使命。文章基于广西文化"走东盟"的实践,在总结广西文化"走出去"的实践和成果基础上,对文化"走出去"进行学理思考,探讨如何进行文化内涵挖掘讲好中国故事,通过梳理优势明确重点方向,补齐短板,创新路径,充分发挥文化"走出去"的软动力功能,助力"一带一路"建设走深走实。

《中国东盟电力互联的动力与困境——基于区域性公共产品理论的研究》 张锐(全球能源互联网发展合作组织经济技术研究院)、王晓飞(全球能源互联网发展合作组织东南亚—南亚办公室)撰,载《国际关系研究》2019年第6期。指出中国东盟电力互联是一个典型的区域性公共产品,有利于实现区域内能源资源的优化配置,塑造更为紧密的中国—东盟命运共同体。其发展动力源于双方互补的电力供需契合,也基于东盟能源转型的诉求。近年来,双边电力互联陷入供给不足和进展滞缓的困境之中,电力贸易规模始终有限,跨国电网建设停滞不前,诸多倡议长期停留在纸面。造成合作困境的原因具体包括:东盟国家优先发展国内电力基础设施、现有的多边合作机制缺乏成效、建设资金不足、社会层面存在反对意见和域外国家的影响。尽管面临诸多阻碍,中国东盟电力互联也迎来"一带一路"建设、湄澜合作机制等发展机遇,需要各方及时把握。

《中国木质林产品出口东盟的本地市场效应研究》 谭丹(中南林业科技大学经济学院)、詹小灵(中南林业科技大学经济学院)撰,载《林业经济》2019年第12期。文章采用2001—2016年中国向东盟国家出口木质林产品的面板数据,检验了中国木质林产品出口东盟的本地市场效应。实证结果表明:中国对东盟木质林产品出口不存在本地市场效应,传统要素禀赋是中国对东盟木质林产品出口的主要原因;细分产品类别上看,原木、锯材、纸品和木质家具存在需求规模的本地市场效应,而单板存在需求规模的逆向本地市场效应,其他木材、单板、木制品和木质家具则存在需求结构的逆向本地市场效应。基于实证结果,提出了相关的政策建议。

《文化认同是中国对东盟文化产品出口的催化剂吗——基于LSDV的实证检验》 彭雪清(广西大学)、陈修谦(广西财经学院)撰,载《国际经贸探索》2019年第12期。文章使用东盟10个国家与中国在2004—2017年的贸易相关数据建立长面板固定效应模型,以文化认同为解释变量,以市场开放度、人均GDP、人口规模及地理距离作为控制变量,基于LSDV回归,结合混合OLS回归、面板泊松回归的对比验证,通过滞后一期的两步GMM内生性检测及分时段稳健性检验了文化认同正面影响中国对东盟文化出口。实证分析显示:中国—东盟文化认同是中国对东盟文化产品出口的催化剂,其对文化贸易的影响基本符合林德的偏好需求理论。用Hofstede文化维度数据建立引力模型进行影响机制分析文化认同通过文化距离的影响进而影响中国的文化产品出口。

《"一带一路"背景下中国与东盟区域金融合作的创新路径》 赵丽君(中原工学院)撰,载《对外经贸实务》2019年第12期。指出东盟作为最具活力的经济体之一,是中国对外贸易的重要合作区域,同时也是扩大对外开放、推进"一带一路"建设的重要地区。从金融业务合作规模、合作业务品类与合作机构数量等方面,研究中国与东盟区域金融合作现状与新机遇,并深入探讨双方区域金融合作面临的困境具有重要意义。分析发现,中国与东盟区域金融合作仍面临政策协调难度大、网络支付体系匹配度较差及金融交易安全问题突出等困境。基于未来中国与东盟区域金融合作方向,可从机制创新、支付方式创新、金融平台创新等五个方面,加强中国与东盟区域金融合作。

《"一带一路"视阈下中国—东盟南海海洋环境保护合作机制的构建》 薛桂芳(上海交通大学)撰,载《政法论丛》2019年第6期。指出南海是周边国家赖以生存和可持续发展的宝贵财富,但由于资源的过度开发利用等人为因素和自然灾害,南海的海洋环境污染和生态退化情况堪忧。根据国际法,南海沿岸国有责任和义务通过区域合作对其加以保护,以实现南海资源与环境的可持续发展。但由于复杂的政治、经济和社会环境,内部主导力量的缺位,各国对海洋环境保护合作的政治意愿与行动有限,南海海洋环境保护合作机制的建立进程十分缓慢。东盟作为最早推动合作的区域性组织,在该区域环境保护合作机制的发展方面的影响和作用至关重要;而中国作为南海最大的沿岸国和资源利用国,应充分利用"一带一路"建设的契机和与东盟多年的良好合作关系,共同构建南海海洋环境保护合作机制的法律体系、组织设置与具体制度安排,形成南海海洋环境保护合作的长效机制。

《基于媒体计算的中国形象"他塑"模型建构——以印度尼西亚等东盟国家为例》 张美云、杜振吉(三亚学院)撰,载《海南大学学报(人文社会科学版)》2019年第6期。指出国家话语体系重要维度的国家形象建构,不仅包含自我认知与自我宣传,还包括国际社会其他国家和民族基于自身文化想象与现实观察的"他塑"形象,是由"自塑"与"他塑"共同合塑而成的。文章以建构主义理论为基础,以"他塑"的一个重要渠道——社交媒体传播为突破,面向印度尼西亚等东盟国家,探讨如何运用媒体计算技术,获取国外社交媒体对中国形象的呈现结果,构建"他塑"的中国形象可视化动态模型,做到知己知彼,并有针对性地以己之事实纠正他者之误读,为中国形象及对外传播话语体系建构提供新的思路。

《"一带一路"视角下中国与东盟贸易竞争力研究——基于改进的显性比较优势指数的分析》 吴海文(国家市场监督管理总局认证认可技术研究中心)、张少雪、刘梦影(首都经济贸易大学)撰,载《国际经济合作》2019年第6期。文章基于改进的显性比较优势指数测算中国与东盟的贸易竞争力,结果显示,与东盟国家相比,中国在农产品、采矿业和服务业产品出口中处于劣势地位,在制造业整体上处于优势地位。细分不同类型制造业,中国在资本密集型制造业出口和技术密集型制造业出口中处于优势地位。在进一步深化双边合作中,中国与东盟可以加强在制造业和服务业方面的合作往来,以此促进双边共赢。

《探索后冷战时代东南亚地区的演进之道》 翟崑(北京大学)撰,载《东南亚研究》2019年第6期。指出进入21世纪尤其是中共十八大以来,中国关于东南亚的学术研究和应用研究同时加强,学以致用渐成风气。这主要源于两种动力:一种是政策动力,另一种是学界动力。加强中国的东南亚研究,服务国家对外战略,具有很强的时代性和当下性,需要在宏观层面把握后冷战时代东南亚地区的演进之道和发展大势:一是东南亚在后冷战时代出现整体向好的转折性变化;二是东南亚国家能够更加主动地塑造新的空间观;三是东盟创建"东盟+"结构,成为新一代地区架构师;四是多种动力互动形成东南亚演进的系统动力学;五是后冷战时代东南亚地区的演进具有很强的自主性和创造性,可以从韧性、创造性、权力结构、联通性等四个方面进行解释;六是东南亚仍然面临巨大的发展困境;七是中国需要改进对东南亚的认知与行动,与东盟共同创造"第三个奇迹"。

《"一带一路"背景下中国公民在东盟十国的安全风险和保护研究》 魏冉(外交学院)撰,载《东南亚研究》2019年第6期。指出近年来,在东盟国家发生的中国公民安全事件呈逐年增长之势,且类别多样,其中涉及游客安全事件数量最多。从安全事件发生的国别来看,泰国最多,文莱最少。其中,既有当事国基础设施、治安环境、中国领事保护宣传平台普及程度不够等客观原因,也有中国公民自身的主观原因。针对中国公民安全风险的相关保护措施已经纳入高层互访议程。中国外交部、驻东盟国家使领馆通过增设领事机构、运用法律手段、建立"线上线下""动静结合"的领事保护预防机制等措施维护中国公民安全,并取得一定成效,但也存在一些不足。为贯彻落实"外交为民"的宗旨,可以继续通过提高"安全提醒"发布的频次和效力、深入打造内外联动的领事保护预防体系、对不同的安全事件采取更具针对性的措施等途径,切实提高安全利益领事保护能力。同时,中国公民自身也要增强风险意识和法律意识,增强安全防范能力。

《论中国与东盟"投资者—东道国"仲裁机制之完善》 杨海涛(广西民族大学)撰,载《齐鲁学刊》2019年第6期。指出《中国—东盟投资协议》为中国与东盟创设"投资者—东道国”仲裁机制。该机制对于维护投资者与东道国的利益平衡,解决双方间的投资纠纷,促进实现中国—东盟自由贸易区国际投资的可持续健康发展起到重要作用。但该机制在实施规范、实施机构、实施方式与程序方面存在不足,制约了机制功能的发挥,亟须结合域外经验与自贸区的实际情况,采取有效策略予以完善。

《菲律宾媒体南海话语合法性的构建:基于甘姆森“诠释包裹”的框架分析》 叶淑兰、易妍(华东师范大学)、王乃一(上海财经大学)撰,载《华东师范大学学报(哲学社会科学版)》2019 年第 6 期。指出南海问题一直是影响中美、中国与东盟国家关系的重要议题。文章运用国际政治与传播学交叉研究视角,在甘姆森“诠释包裹”框架理论基础上,分析菲律宾媒体如何建构南海话语的合法性。研究发现,菲律宾媒体的话语建构存在受害者、守法者以及合作者三大框架,同时使用包含隐喻对潜意识的调用、二元对立的描述、短语警句的情绪动员、逻辑性数据的运用以及视觉影像的冲击这五方面的策略。菲律宾南海话语合法性的构建给中国造成了相当大的国际舆论压力,这需要进一步思考中国如何加强南海法理理据的对外传播、主动设置与引领南海议题等问题,从而加强与海外媒体的话语沟通和合作,提升南海话语传播的技巧与艺术,讲好中国的南海故事。

《中国与东盟共建区域价值链问题探讨——以制造业为例》 张彦(暨南大学)撰,载《国际展望》2019 年第 6 期。指出后危机时代,全球价值链分工体系出现深度调整,“链主”通过再工业化战略对中国制造业的全球价值链攀升路径进行立体式施压,导致中国制造业在现有全球价值链体系中面临嵌入遭低端锁定、重构还为时过早、攀升被围追堵截的三重发展困境。面对“链主”的创新围堵,中国与“一带一路”沿线国家特别是与作为海上丝绸之路首站的东盟共建区域价值链成为务实选择。中国与东盟共建区域价值链既有能动性、区域性、依赖性、互补性等基础,同时也面临外部因素、竞争性、动力问题等挑战,中国与东盟应取长补短,从认知、原则、路径三个方面完善区域价值链的顶层设计,按照硬件、软件、驱动“三位一体”的路径,循序渐进地打造区域价值链合作范本,为“一带一路”区域价值链的建构奠定坚实基础。

《中国对东盟十国直接投资的产业升级效应分析》 陈元清(天津师范大学经济学院)撰,载《山西大学学报(哲学社会科学版)》2019 年第 6 期。指出伴随中国—东盟自由贸易区的建成和“一带一路”建设的发展,中国对东盟十国的直接投资呈现快速增长态势。基于 2008—2017 年中国对东盟十国的直接投资数据,构建面板数据模型,对中国对外直接投资与国内产业升级的关系进行实证分析。研究结果表明:中国对外直接投资对国内产业升级具有正向影响,且其促进作用显著;除通货膨胀因素外,中国本土的技术创新、东道国的经济自由度和通货膨胀以及市场规模等因素,对中国产业升级也具有显著影响作用。

《中国—东盟股票市场一体化进程及其时变特征研究——基于 DCC—GARCH 模型》 李小好(中央财经大学)、蔡幸(广西财经学院)撰,载《学术论坛》2019 年第 5 期。文章基于 DCC—GARCH 模型,采用 2002 年 2 月至 2018 年 6 月中国与东盟五国股指收益率数据,对中国与东盟主要股票市场一体化进程及其时变特征进行实证研究。研究发现:中国与东盟五国股票市场动态相关系数在样本期显著增加,说明近年来中国与东盟主要国家股票市场一体化水平有较大提升;除泰国外,A 股与新加坡、马来西亚、印度尼西亚、菲律宾四国股票市场一体化进程具有显著的时变特征;重大经济事件的冲击、国内金融市场的发展和开放进程对区域股市的一体化进程产生重要影响。不断深化中国—东盟金融合作机制建设,可以为加快中国与东盟主要国家股票市场一体化进程提供制度保障;加快中国—东盟金融基础设施建设,可以为扎实推进中国与东盟主要国家股票市场一体化进程提供物质保障和技术支持;积极探索,先行先试,可以为扎实推进中国与东盟主要国家股票市场一体化进程提供方案借鉴。

《中国—东盟南海合作回顾与展望:基于规则构建的考量》 吴士存、陈相秒(中国南海研究院)撰,载《亚太安全与海洋研究》2019 年第 6 期。指出 2016 年下半年以来,中国与东盟有关国家间的海上务实合作稳步推进,取得不少新进展,呈现出全新的局面,但仍面临域外大国争夺地区影响力、声索国内部政治斗争等不确定因素的干扰。伴随着“南海行为准则”案文磋商的加速推进,中国与东盟国家间有望建立基于规则、开放的南海合作新秩序。大国竞争的持续加剧,将使得中国与东盟国家的南海合作渐渐陷入地缘政治竞争的漩涡之中。抓住“准则”磋商的契机,为南海合作订立一套行之有效的规则、规范和制度体系,是中国与东盟国家最为现实的选择。

《人民币国际化对中国—东盟股票市场一体化的影响研究——基于随机波动时变参数结构向量自回归模型》 李小好(中央财经大学)、吴彦辉(广西职业师范学院)撰,载《广西大学学报(哲学社会科学版)》2019 年第 6 期。基于 2002 年 2 月至 2018 年 6 月的日度数据,采用跨市场收益离散度指标(CMD)分段考察人民币国际化启动前后中国—东盟主要国家股票市场一体化进程,发现 CMD 指数显著下降,中国与东盟主要国家股市确实出现一体化程度加深的趋势。在此基础上构建带有随机波动时变参数结构向量自回归模型(SV—TVP—SVAR)进行的实证分析表明:人民币国际化程度提升对中国—东盟股票市场一体化具有显著的正向影响;随着中国经济进入新常态,这种影响有所减弱。

《中国与东盟旅游服务贸易竞争力测评与提升路径》 刘庆(广西大学)撰,载《经济问题》2019 年第 11 期。指出通过出口市场占有率指数、TC 指数、RCA 指数、MI 指数四个指数测评中国与东盟旅游服务贸易竞争力,运用“钻石模型”借助计量经济学模型分析影响中国旅游服务贸易竞争力的主要因素,认为通过文旅融合全球联动推广,打造个性化住宿业,培育符合现代旅游业需求的中高级旅游人才,完善互联网和交通等基础建设,发挥旅游和相关产业的集群效应,增进沟通互信妥善处理区域间旅游贸易深化合作,将有助于提升中国旅游服务贸易竞争力,开辟中国—东盟旅游合作新前景。

《百年变局下的亚太区域秩序构建与中国角色》 沈铭辉、李天国(中国社会科学院亚太与全球战略研究院)撰,载《当代世界》2019年第11期。指出在百年未有之大变局背景下，中国、美国、日本、东盟作为亚太区域最重要经济体，彼此互动频繁，亚太区域秩序正在发生深刻变化。在此过程中，中国以构建区域新秩序和新关系为重点，推动“一带一路”多层次务实合作，整合“碎片化”区域架构，不断提高深层次开放水平并提供国际公共产品，为亚太区域秩序构建提供新动力。展望未来，亚太区域大国需要在弥合分歧的基础上，不断探索新的合作领域。中国作为亚太区域大国，可继续加强与东盟的务实合作，维护APEC等亚太多边合作平台，防范区域制度性分裂，推动构建包容性亚太区域新秩序。

《百年变局下的澜湄合作进程与中国角色》 卢光盛、王子奇（云南大学）撰，载《当代世界》2019年第11期。指出当今世界正处于百年未有之大变局，澜湄区域作为世界政治经济的热点地区不可避免地受到“大变局”的影响和冲击，中国首倡的澜湄合作也呈现出一系列新变化：“澜湄合作”愈发成为中国推进周边外交和塑造良好周边环境的着力点；澜湄国家命运共同体作为人类命运共同体先行先试的意义愈加凸显；澜湄区域内大国博弈日益加剧，区域内国际制度竞争愈加激烈。与此同时，澜湄区域始终坚持开放的地区主义，一体化程度不断加深的趋势没有改变；澜湄区域内的主要矛盾依然没有改变，发展仍是澜湄区域的当务之急；中国作为澜湄合作首倡国，不断发挥支撑、引领作用。继续提高澜湄合作制度化水平，推动澜湄合作与中国—东盟合作协调、对接，加强与印度、日本等域外大国在澜湄次区域一体化进程中的合作，是进一步深化澜湄合作，推动周边人类命运共同体建设走深、走实的重要路径选择。

《中国—东盟自贸区背景下中国企业对越南投资研究》 金丹、杜方鑫（广西大学）撰，载《国际贸易》2019年第10期。指出中国企业赴越南投资起步较晚，但增长较快。“一带一路”倡议与越南“两廊一圈”战略的高度契合给中国企业赴越南投资带来新的机遇，但中国企业也面临政治、金融、安全等多重风险。因此，中国企业赴越投资应把握政策机遇，加强投资风险防范；加强市场调研，避免盲目投资；对内要搞好生产管理，承担必要的社会责任；对外要注重外部公关，处理好与当地行为主体的关系。

《“一带一路”倡议下中国—东盟金融合作的路径探析》 云倩（广西社会科学院）撰，载《亚太经济》2019年第5期。指出东盟是中国推进“一带一路”建设和扩大对外开放的优先方向，随着“一带一路”建设不断走深走实，中国—东盟之间将产生较大规模的金融需求。目前中国—东盟金融合作已取得较大成效，但也还存在一些现实问题需要解决。为满足日益增长的跨境金融服务需求，深化“一带一路”倡议下中国与东盟的金融合作，建议采取加强顶层设计、强化面向东盟的金融市场合作、搭建中国—东盟金融数据信息共建共享平台、稳步推动跨境金融创新、加强金融监管合作等措施。

《中美战略竞争背景下的《东盟印太展望》及合作建议》 袁波、王蕊、潘怡辰（商务部国际贸易经济合作研究院）撰，载《国际经济合作》2019年第5期。指出2019年以来，中美战略竞争冲突屡次升级，美国国防部6月发布的《印太战略报告》再次明确将中国视为“修正主义”国家及区域重大挑战，提出将建立盟友和伙伴网络，并呼吁更多的区域国家加入其中，从而加剧这一区域的紧张态势。当前，亚太各国高度关注中国的表态与做法，近期发布的《东盟印太展望》为中国应对美国印太战略，主动参与塑造印太区域合作提供可以利用的平台载体。中国可以积极支持《东盟印太展望》，将其作为与美国版印太战略对接、沟通的重要平台，提出参与印太区域合作的理念与主张，争取战略主动。

《中美经贸摩擦与中国—东盟区域价值链的体系构建》 胡艺（武汉大学美国加拿大经济研究所、经济发展研究中心）、沈铭辉（中国社会科学院亚太与全球战略研究院）撰，载《云南社会科学》2019年第5期。指出中美经贸摩擦是中国经济规模不断增长引起的中美竞争加剧所致，中美价值链竞争折射出的是两国经济竞争的本质和根源。中国和东盟在全球价值链中既有竞争又有合作，在上游受美欧日技术溢出影响较大，在下游相当程度受美国市场需求影响的现状下，中国—东盟区域价值链体系远未形成。中美经贸摩擦加速了价值链从中国向东盟的转移，严重扭曲了中国与东盟在全球价值链中的贸易与投资。东盟拥有承接价值链转移的经济增长和劳动力数量优势，但在劳动力素质、内部资本形成和基础设施条件上仍显不足，充满不确定性。东盟可作为中国构建区域价值链体系的优先对象，中国可通过主动构建与东盟的区域价值链体系以积极应对中美经贸摩擦的影响，但需处理好GVC、RVC和NVC的关系，同时重视长期战略和短期策略，整合好“一带一路”、RCEP和CAFTA等合作机制，并推动投资保障机制和贸易开放政策的落实。

《“一带一路”背景下中国—东盟跨境电子商务发展的策略研究》 李霞、柯琦（广西财经学院）撰，载《对外经贸实务》2019年第9期。指出“一带一路”倡议的提出给中国—东盟跨境电商的发展带来前所未有的机遇，中国—东盟跨境电商也是践行“一带一路”倡议非常重要的形式之一。目前，中国与东盟国家开展跨境电商业务时面临许多困境。结合中国—东盟跨境电商发展的现状，研究认为推进中国—东盟跨境物流体系建设、加快网络基础设施建设、打造中国—东盟跨境电商绿色通道及大力培养跨境电商人才是促进中国—东盟跨境电商发展的主要因素。

《中国—东盟投资便利化法律机制研究——以中国（广西）自贸区建设为背景》 魏艳茹（广西大学）撰，载《广西大学学报（哲学社会科学版）》2019年第5期。指出作为与投资促进、投资保护、投资自由化并列存在的同位概念，投资便利化对于吸引外资促进经济增长和实现可持续发展意义非凡。中国—东盟投资便利化法律机制包含重要的投资便利化因素，但仍存在如下重大缺漏：“碎片化”状态阻碍自贸区内投资便利化水平的统一与提高，未设定投资便利化牵头机构或者联络点、协调机构，未建立利益相关者在投资规则领域的建设性参与机制，投资便利化国际合作架构中缺乏定期协商机制。因此，需在借鉴上述各方面之成例的基础上进行有针对性地完善。

《中国东盟“一带一路”合作：主要进展、多元认知及推进路径》 郭延军（外交学院）撰，载《当代世界》2019年第9期。

指出东南亚是中国周边外交的优先方向，也是"一带一路"建设的优先方向，"一带一路"倡议在东南亚的实践具有标志性和示范性意义。近年来，"一带一路"建设在东南亚快速推进，为中国—东盟合作注入新活力。东盟各国政府对"一带一路"建设的态度从最初的观望、谨慎逐渐转变为欢迎和支持，显示出"一带一路"建设在东南亚的巨大发展潜力。与政府层面相比，东盟智库层面对"一带一路"的认知仍处于逐步深化过程中，呈现出明显的多元化特点。在此背景下，应深入分析东盟各国政府和智库对"一带一路"倡议的多元认知和关切，制定有针对性的合作策略，以更好地在东南亚地区推进"一带一路"建设。

《中国—东盟自贸区投资保险制度探究》 蒋德翠（广西财经学院）、曾丽蓓（柳州银行）撰，载《财会月刊》2019 年第 18 期。指出随着"一带一路"倡议各项措施的推进，中国与东盟国家的相互投资发展速度逐年上升。中国—东盟自贸区虽然充满着投资的商机，但同时也存在不稳定的因素，如海外投资者在投资过程中可能会面临国家征收、战争内乱、汇兑以及政府违约等各种政治风险而遭受巨大损失，这就亟须海外投资保险对其予以救济。文章对规范中国—东盟自贸区内投资保险的单边投资保险制度、双边投资保险制度和多边投资担保制度进行具体分析，进而从国家层面、企业层面提出防范和降低中国海外投资者因政治风险造成损失的有效对策。

《中国对外直接投资、投资效率与经济增长——以中国—东盟国家为例》 朱顺和（澳门科技大学）、孙穗（广西财经学院）撰，载《工业技术经济》2019 年第 9 期。指出近年来中国对外直接投资的持续稳定增长，以及"一带一路"倡议的推进，使东道国实体经济行业结构得到优化，进出口贸易增长，促进了东道国的经济增长。采用东盟 10 国 2003—2017 年数据，运用面板数据模型，实证分析中国对外直接投资与东盟国家投资效率对东盟国家经济增长的影响。实证研究表明：中国对外直接投资对东盟国家经济增长有显著积极影响；东盟国家当年投资效率对其经济增长没有明显作用，但是前一年投资效率对经济增长却有显著正向影响；中国对外直接投资与东盟国家投资效率交互作用项对东盟国家经济增长呈负向影响，但均不显著。

《中国赴东盟旅游流重心移动轨迹及旅游市场态分析》 刘亚萍、于杰、王富强（广西大学）撰，载《旅游科学》2019 年第 4 期。本文引入重心模型及旅游市场态模型，分析 2002—2016 年中国赴东盟旅游流重心移动轨迹及旅游市场态变化特点。结果表明：(1)中国赴东盟旅游流重心主要集聚在泰国湾和磅逊湾区域，旅游流重心大体呈现先向南移动，再向北折回，此后又向南移动的规律。中国游客早期主要集中流向"新马泰"3 个旅游市场成熟的东盟国家。(2)泰国、新加坡、马来西亚和越南在金牛市场和明星市场波动；柬埔寨、缅甸由瘦狗市场上升为幼童市场；老挝、菲律宾、印度尼西亚在瘦狗市场和幼童市场波动。(3)中国赴东盟旅游流重心移动轨迹与东盟各国旅游市场态变化相互印证，两者变化规律相一致；中国赴东盟旅游流重心轨迹移动方向受旅游市场增长率影响。

《拟态环境下"一带一路"倡议在东盟的传播与国际话语权建构》 谢卓华（广西财经学院新闻与文化传播学院）撰，载《新闻爱好者》2019 年第 8 期。指出东盟是中国落实"一带一路"倡议的重点区域和优先方向。为了推动东盟各国对"一带一路"倡议的理性认知和主观认同，中国必须把握拟态环境下"一带一路"倡议在东盟的传播特征和影响机制，以全球化视野树立一体化的大传播战略思维，从宏观和微观两个层面开展国际话语权建设，回应东盟对"一带一路"倡议的关切和疑虑。

《"一带一路"倡议下中国对东盟研究的智力支持》 高璇雨、孟玉、贾丹丹、冯忠江（河北师范大学）、刘超（河北省环境演变与生态建设实验室、河北才汇土地评估有限公司）撰，载《世界地理研究》2019 年第 4 期。指出东盟作为"21 世纪海上丝绸之路"的重要枢纽，在"一带一路"倡议中扮演着愈加重要的角色。通过梳理东盟研究智力支持与"一带一路"倡议"五通"的作用机理，运用文献计量及空间分析的方法，分别对东盟国家的研究机构、研究人才、研究方法、研究成果、语言专业培养以及联系机制等进行多角度解析，旨在揭示"一带一路"倡议下东盟研究的现状和问题，并提出相应对策措施。立足于东盟研究智力支持的现状与问题，提出：整合优化组织机构、重视人才培养与就业相对接、打破学科壁垒，优化成果质量、加强非通用语人才培养与衔接、建设有效沟通平台等相应针对性对策建议。

《印尼的"印太"构想：特征、动因、影响及中国应对》 韦红、李颖（华中师范大学）撰，载《印度洋经济体研究》2019 年第 4 期。印度尼西亚"印太"构想的目标是要在印太地区建立和平、稳定、繁荣的地区环境，其特征表现为：安全和经济两大目标同时推进；强调积极合作和包容性制度制衡；依托东盟和环印度洋联盟等多边机制平台。印度尼西亚希望通过"印太"构想，在大国竞争中维护自身安全利益，重塑印度尼西亚强国身份，拓展印度尼西亚经济利益。印度尼西亚的"印太"构想推动《东盟的印太展望》的形成发表。印度尼西亚的"印太"构想具有针对中国的倾向，但是也为中国化解美国等国的"印太"战略压力提供契机。面对印度尼西亚的"印太"构想，中国需要依靠现有机制和印太地区关键国家，在政治、经济、安全领域齐头并进，共推合作，推动印太地区公正合理新秩序建设。

《基于国别差异视角的东盟国家金融合作需求》 申韬（广西大学）、钟碧兰（中国人民银行桂林市中心支行）撰，载《社会科学家》2019 年第 8 期。指出在共建 21 世纪海上丝绸之路背景下，广西与东盟国家区域金融一体化逐步形成，双边金融合作将推升到一个历史性、全局性的新高度。文章通过系统梳理相关研究文献，深入分析广西—东盟金融合作现状、存在问题，通过因子分析对 2006—2017 东盟 10 国金融业发展水平进行评价，并运用聚类分析法将东盟 10 国的金融业发展水平划分为高、中和低三类，结合广西和东盟各国未来经济发展规划，基于三大类别深度剖析双边金融合作的现实需求和潜在需求，精准定位未来的金融合作方向，为实现国家政府之间的顶层制度设计有机衔接和双边金融市场、金融机构之间的基层互动奠定基础。

《全球海洋治理视域下的南海海洋治理》 刘天琦（海南大学）撰，载《海南大学学报（人文社会科学版）》2019 年第 4

期。指出全球海洋治理是全球治理理论在海洋领域的实际应用,南海海洋治理则是全球海洋治理的重要组成部分。受全球海洋治理机制供给不足的影响,南海区域合作治理的法律基础薄弱,东盟等非国家行为体发挥作用有限,海洋治理效率较低。域外大国利用资源优势对南海治理的介入及域内各国经济发展不平衡影响合作治理深度等同样是治理进程中面临的挑战。为应对治理中的现实困境,域内各国应积极探索新的发展方向,加快推进"南海行为准则"的磋商进程,推动"蓝色伙伴关系"的构建。同时,中国应提高自身海洋治理能力与东盟共同推进南海海洋治理问题解决。

《他者眼中的中国形象——基于东盟国家大众媒体涉华报道的舆情分析》 罗奕(广西艺术学院)撰,载《传媒》2019 年第 14 期。指出国家形象是人们(形象主体)在一定条件下对一个国家(形象客体)由其客观存在所决定的外在表现的总体印象和评价,需要从主客体关系来讨论。文章通过对新加坡、马来西亚、印度尼西亚、菲律宾、泰国和越南六国大众媒体的涉华报道进行舆情监测,了解这六国媒体作为"他者"是如何对中国国家形象进行建构的。文章认为,这些报道虽然存在偏差,不能"面面俱到",但在"一带一路"倡议的时代背景下,对中国国家形象传播策略的制定有十分重要的参考价值。

《"一带一路"倡议下中国与东盟经贸合作模式新构的研究》 陈秀莲(广西大学)撰,载《国际贸易》2019 年第 7 期。文章分析中国与东盟经贸合作模式的历史轨迹,对"一带一路"倡议下双方经贸合作模式存在的问题进行剖析,指出在"一带一路"建设下中国与东盟经贸合作存在空间经贸合作以陆地为主、海洋经贸合作呈碎片化、存在严重的不对称经济依赖关系,且部分国家不对称程度越来越大、经贸协调机制需要完善等问题,提出结合全球价值链的"陆地为依托,海洋寻突破"共赢共生的总模式,以及在总模式下构建与差异化分工合作相适应的"多中心组团式海洋经贸合作圈"空间性经贸合作、与区域价值链和技术创新相适应的"融合海洋因子 + 点式与梯级"功能性经贸合作、与规则重塑相适应的"陆海协调机制 + 多平台协调"时间性经贸合作等三大子模式。

《中国企业投资东盟的税务筹划研究》 王素荣、赵珊珊(对外经济贸易大学)撰,载《北京联合大学学报(人文社会科学版)》2019 年第 3 期。指出东盟成员国是"一带一路"倡议的重要参与国。东盟成员国因其良好的地理位置和丰富的矿产资源而成为中国企业对外投资的重要区域。但中国企业的管理者,大多不了解东盟各国的税收制度,也不会利用税收协定网络进行税务筹划。文章在分析东盟各国税收制度和税收优惠政策的基础上,论述如何利用公司组织形式、如何设计股权架构、如何选择债权来源对投资东盟进行税务筹划,以期为中国企业海外投资降低税负提供参考。

《中国—东盟跨境安全治理:制度困境与优化策略》 金新(西安交通大学马克思主义学院、国际问题研究中心)撰,载《国际论坛》2019 年第 4 期。指出近年来,随着缅北冲突、湄公河航运安全等东盟安全问题的凸显和外部化,中国与东盟国家的边境地带面临着一系列外源性安全威胁,对跨境安全治理的功能性需求已成为紧迫的现实。随着治理实践的展开,中国—东盟跨境安全领域已初步形成一套安全治理的制度架构,包含多边和双边两个层次的治理机制。这一制度架构在治理实践中存在三个层面的制度困境:一是结构性困境,表现为制度覆盖范围不充分、制度架构碎片化、制度发展程度低等结构层面的内在缺陷;二是过程性困境,表现为制度架构在其机制运行过程中面临着多种阻碍因素,治理合作的推进困难重重;三是效能性困境,表现为制度架构难以完成预期的治理目标,存在治理失灵的问题。化解制度困境的关键,在于优化治理体系,推动治理模式的转型:第一,从低制度化治理转变为高制度化治理,以消解治理制度的结构性困境;第二,从一元治理转变为多元治理,以弱化治理制度的过程性困境;第三,从消极治理转变为积极治理,以应对治理制度的效能性困境。

《第三方汇率变动对中国—东盟出口贸易的影响分析》 唐文琳、李雄师、黄娴静(广西大学)撰,载《广西大学学报(哲学社会科学版)》2019 年第 4 期。指出随着中国—东盟贸易规模的增加和中国汇率机制改革的推进,有必要就汇率变动对中国—东盟贸易的影响进行深入分析。文章借助 Cushman 的数理模型,构建第三方汇率变动影响中国向东盟出口贸易的理论机制,同时,采用 2SLS 方法对中国—东盟出口动态面板进行实证研究。研究结果表明,中国向东盟的出口贸易确实存在第三方汇率效应,其中:人民币对日元、人民币对韩元的第三方汇率效应较为显著,而人民币对美元、人民币对欧元的第三方汇率效应并不显著。不考虑第三方汇率的影响,则有可能会低估人民币汇率变动增强对中国向东盟出口贸易的影响。在中国人民币汇率改革进程中,应保持人民币与各国汇率基本稳定。

《中国—东盟命运共同体背景下刑事情报合作研究》 蒋巍(广西警察学院侦查学院)撰,载《社会科学家》2019 年第 7 期。指出构建中国—东盟命运共同体需要和平、稳定和繁荣。中国—东盟刑事情报合作是中国与东盟共同打击跨国犯罪活动,促进和保障中国—东盟经济合作,实现地区和平稳定的重要举措。在恐怖主义和跨国犯罪形势日益严峻的背景下,应当进一步加强中国—东盟刑事情报合作,解决在合作实践中存在的问题。

《中国与东盟国家文化产品贸易效率及潜力分析》 张欣、王子泰、陈宇豪(哈尔滨工业大学)撰,载《统计与决策》2019 年第 13 期。文章以 2002—2016 年中国对东盟国家的创意文化产品出口数据为基础,利用随机前沿引力模型实证分析影响中国文化产品出口的因素,测算中国与东盟国家间文化产品出口潜力。结果显示,传统因素如市场规模、经济发展水平、地理距离等仍然是影响中国文化产品出口的主要因素;贸易自由度、国民宽带使用量等也在不同程度上对文化产品出口产生影响。我国与东盟国家间文化贸易效率整体较高,存在一定的贸易潜力,说明自贸区建设对双边文化产品贸易起到积极推动作用。

《东盟版"印太"愿景:对地区秩序变化的认知与战略选择》 张洁(山西大学、中国社会科学院)撰,载《太平洋学报》2019 年第 6 期。指出现阶段的中美博弈主要围绕地区秩序的调整与重构展开，即“中国方案”与美国“印太”战略的较量。美国“印太”战略遏制中国的意图明显，同时力图通过承认东盟的中心地位，获取东盟国家的支持。面对中美博弈，印尼提出了东盟版的“印太”愿景，强调地区包容性，协调中美方案的对接与共存，其根本目的是维护东盟的统一性与中心地位。目前，印尼正在推动东盟国家就“印太”愿景达成共识，并争取获得大国的认可。鉴于此态势，中国应坚持包容、开放的地区合作理念，与美国形成有限竞争与合作并存的态势，有选择地回应东盟版“印太”愿景，同时积极开展与日本、印度等国“在第三方市场合作”，引导地区秩序朝对话而非对抗、互利而非“零和”的方向发展。

《跨境农产品供应链脆弱性的影响因素——基于中国—东盟的实证分析》　隋博文（青岛大学商学院、北部湾大学经济管理学院）、谭翔（广东省农业科学院农业经济与农村发展研究所）撰，载《中国流通经济》2019 年第 6 期。文章从供应链脆弱性含义出发，基于政策变化、价格波动、供求变动和信息阻滞、利益冲突、物流桎梏共 6 个维度构建跨境农产品供应链脆弱性影响因素的分析框架、基本假设及相应测度。在对山东、广东、河南、广西、云南等中国东中西部具有代表性的五省区面向东盟的跨境农产品供应链核心企业及其成员企业调研基础上，运用结构方程模型对跨境农产品供应链脆弱性影响因素进行实证。结果表明，政策、价格、供求等外部因素和信息阻滞、利益冲突、物流桎梏等内部因素均对跨境农产品供应链脆弱性产生显著的正向影响。我国应加强政策、价格、供求等市场信息的搜集和研判，建立健全相应对接协调机构、平台和机制，减缓乃至防止外部因素对跨境农产品供应链脆弱性的冲击；加快信息技术、利益格局和物流要素等内部“短板”的补齐、调整或完善，打破和化解跨境农产品供应链内部的利益藩篱及其固有冲突，科学合理地进行包括直接和非直接利益在内的利益格局重构，打造我国涉农涉外行业企业占据主动地位、优势互补、互利共赢的跨境农产品供应链体系；同时加快基于“互联网 +”、跨境电商、区块链等技术（平台）的跨境农产品供应链信息互联互通建设和基于供应链的跨境农产品物流一体化协同运作，提高跨境农产品供应链信息共享水平和资源配置能力。

《“一带一路”倡议下中国与东盟农业投资合作特点与展望》姜晔、茹蕾、杨光、陈瑞剑（农业农村部对外经济合作中心）撰，载《世界农业》2019 年第 6 期。指出东盟地处“一带一路”建设的重要节点，农业合作是“一带一路”建设的重要领域，中国—东盟农业合作优势互补、基础良好、成效显著，农业投资合作发展尤为迅速。东盟在中国农业对外投资中地位显著，中国在东盟农业投资企业数量多、投资金额大、合作领域和产业链广泛，带动当地农业和经济发展成效明显。政府间合作正在由援助、技术合作向战略顶层对接全面拓展，企业投资合作正在从独立经营模式向园区集聚模式转型。下一步，建议从战略对接、产业合作、模式创新、平台搭建、政策支持等方面加强中国—东盟农业合作，推动合作层次不断提升。

《中国—东盟高等教育合作特点及其发展空间》　王喜娟、朱艳艳（广西民族大学）撰，载《高教发展与评估》2019 年第 3 期。指出“民心相通”是增进合作交流的关键节点。作为“第四外交”，教育不仅是中国—东盟合作与交流的重要领域和载体，更是促进民心相通的桥梁。深化中国—东盟的高等教育合作，不仅只是繁荣高等教育发展的需要，更是推动“一带一路”倡议实现区域成功的需要，亦是推动中国—东盟稳定发展、互利共赢、搁置争端、共谋发展的必然选择。在“一带一路”倡议推进的过程中，中国—东盟高等教育合作是“中国—东盟命运共同体”建设的战略需求，是“民心相通”的重要内容，更是培养“中国—东盟命运共同体”建设人才的重要机制。回望中国—东盟高等教育走过的历程，可以发现双方的合作呈现出了“对等性”、“偏单向性”、“差异性”、“政府主导性”及“内部竞争性”等特点。为了切实助力“一带一路”建设，打造“中国—东盟教育共同体”，需要造势与蓄能，打造高等教育“我的优势”；着力挖掘教育输出与援助的“对口需求”等。

《跨境贸易背景下中国与东盟农产品贸易结构分析》　朱婷（海南外国语职业学院）撰，载《商业经济研究》2019 年第 10 期。指出随着社会经济的快速发展，国际贸易量急剧增长，国际贸易的形式也向多元化趋势发展。自中国—东盟自贸区组建以来，双边贸易得到快速增长，中国一直是东盟最大的贸易伙伴，东盟也一跃成为中国第三大贸易伙伴。农产品贸易是中国与东盟贸易合作的重要组成部分，在跨境贸易背景下，中国与东盟农产品贸易总额不断扩大，但通过分析其贸易结构，发现中国出口产品多为低附加值的劳动密集型产品，市场竞争力较低，产品结构较为单一，说明中国与东盟的农产品贸易结构是一不种可持续的、不利于经济长期发展的贸易结构。因此，有必要采取各种措施努力改善双方的农产品贸易结构，力求构建更为稳固和谐的双边体系。

《“南海行为准则”谈判主要争议问题研究》　王玫黎、李煜婕（西南政法大学）撰，载《国际论坛》2019 年第 5 期。中国和东盟已就“南海行为准则”的框架和单一磋商文本达成一致，正稳步推进案文磋商。2002 年签署的《南海各方行为宣言》在实施过程中各声索国间争议最大的地理范围、法律地位、争端解决以及合作义务等成为“南海行为准则”案文磋商的争议焦点。从东盟与中国协商南海问题 20 年态度的变化来看，其立场受南海域外大国影响明显。中国可在“双轨思路”指导下，运用外交谈判与完善区域法律机制相结合的方法，恪守双边平等协商具体争端的原则，与东盟及相关国家就南海区域开发合作、法律制度构建以及海洋安全的共同维护等问题，继续深入探讨并磋商议定“南海行为准则”案文的具体内容、范围、效力、争端解决方式并由此推进南海地区规则体系的构建。

《中国—东盟民族体育文化融合发展研究》　黄东教、李乃琼（北部湾大学）撰，载《体育文化导刊》2019 年第 5 期。通过访谈法、逻辑分析法等对中国—东盟民族体育融合发展进行研究。研究发现：东盟民族体育具有本土性衍生、宗教性依附、区域性联结等文化特征，中国与东盟民族体育的融合具有“中国—东盟合作”与“一带一路”战略的行动支撑、“命运共同体”下区域民族体育的话语共建、民族体育文化“走出去”的智慧探索等时代价值。提出发展对策：强化理论思维，引导融合走向；加速政策供给，提速融合步伐；优化空间布局，助推融合效率；推行示范工程，打造融合标杆；加强民间沟通,赢得融合民心等。

《亚洲安全治理转型的历史分析与趋势展望》 王亚军(同济大学)撰,载《国际安全研究》2019年第3期。指出冷战对亚洲安全格局产生根本影响,助推美国在亚洲安全格局中的主导地位,由此形成支离破碎、犬牙交错的地缘安全格局,迟滞地区国家探索亚洲安全治理的进程,导致多种安全观剧烈碰撞、相互影响并复杂互动,使亚洲形成两极之间的中间地带,为世界走向多极化创造条件。从公共产品供给角度分析,亚洲安全治理主要存在美国主导的亚洲安全治理、东盟主导的地区安全合作和以中国为代表的亚洲新安全观及其实践,各种类型的安全治理在现实中并存共生,相互影响,相互作用,形成当今亚洲复杂多元的安全治理体系。中国在积极倡导新型安全理念、共同维护地区安全、探索安全治理新模式、强化大国战略互信、管控周边难点热点问题等方面,采取一系列负责任、建设性、可预期的政策和举措,并取得积极效果。亚洲安全架构建设依然任重道远,中国要以新安全观为指引,积极推动新安全观同地区各方安全理念和治理模式对接,推进亚洲地区安全架构建设,深化同有关国家的互信合作,推动构建亚洲命运共同体,在促进亚太安全治理和推动亚太安全新格局的构建中承担更大责任,发挥更大作用,作出更大贡献。

《美国介入南海争端:战略误判与战略意图》 邵建平、刘盈(红河学院)撰,载《亚太安全与海洋研究》2019年第3期。指出战略意图是国际关系分析的重要概念,但战略意图具有不确定性,会引发国家间的战略猜疑。作为霸权守成国,美国近年来对南海争端存在严重的战略误判,将中国的正当维权行为视为对其地区霸权的挑战。美国打着“维护航行和飞越自由、捍卫国际法、推动南海问题和平解决”的旗号,高调介入南海争端,将其作为制衡中国和平崛起、维护自身海洋霸权的抓手。为应对美国的强势介入,实现在南海维权与维稳的平衡,中国在继续捍卫南海主权权益的同时,要继续推进“双轨策略”,继续倡议“搁置争议、共同开发”,并争取有实质性突破,夯实中国—东盟在南海的合作。

《中国农产品出口东盟市场的影响因素研究——基于二元边际的实证研究》 杨逢珉、文峰、韦灵慧(华东理工大学)撰,载《国际商务研究》2019年第3期。指出随着中国—东盟自由贸易区的建立和发展,中国与东盟的农产品贸易也日益紧密。文章根据联合国商品贸易数据库HS—92版本的六分位农产品数据,结合企业异质性理论发现,中国农产品出口东盟市场的集约边际小于扩展边际,但集约边际的贡献率高于扩展边际的贡献率。实证结果表明:各变量对集约边际和扩展边际的影响程度不同,贸易成本和进口国相对农业生产率对二元边际的影响均为负,进口国的相对GDP、农业经济规模和金融危机对中国农产品出口东盟市场的集约边际具有正向作用,而对扩展边际具有负向作用。

《我国与东盟国家贸易关系及贸易潜力研究——基于扩展贸易引力模型》 石超、张荐华(云南大学)撰,载《广西社会科学》2019年第5期。文章通过分析历史数据和测算贸易结合度,发现整体上我国同东盟各国双边贸易的贸易结合度取值都比较高,贸易联系较为紧密。在贸易潜力方面,以传统引力模型为基础,通过构建出口和进口贸易引力模型,并选取中国与东盟十国2010—2016年的面板数据,对中国与东盟国家出口和进口贸易的影响因素及贸易潜力进行实证分析,分别得出中国与东盟十国出口和进口贸易潜力,再根据标准划分为潜力巨大型、潜力开拓型和潜力再造型三种不同的类型。

《“一带一路”背景下中国与东盟国家海洋贸易的研究——以粤桂琼闽四省自治区为例》 陈秀莲(广西大学)撰,载《福建论坛(人文社会科学版)》2019年第5期。文章对涉及水产品、船舶等33种商品进行HS编码与SITC编码转换后,以中国各省对东盟国家海洋商品贸易的海关数据为样本,分析中国南部沿海广东、广西、海南、福建与东盟国家水产品、石油及制品、其他海洋资源型产品和船舶等产品的贸易概况。运用改进的竞争优势指数等对双方海洋贸易强度、竞争优势和产业内贸易的格局和演变情况做了研究,指出:双方海洋贸易由资源型产品为主向资本技术密集型产品为主转变;各省自治区与东盟的海洋贸易关系较为松散;海洋商品竞争优势地理分布不均衡;产业内贸易水平普遍较低,除个别产品、个别国家外,均为产业间贸易。在此基础上,提出以“21世纪海上丝绸之路”为新助力、进一步优化升级海洋货物贸易结构、发展海洋产业内贸易等对策建议。

《“一带一路”与中国在东南亚的“高铁外交”实践》 林创伟、谭娜、何传添(广东外语外贸大学)撰,载《国际经贸探索》2019年第4期。文章基于2003—2015年中国对东盟国家的直接投资和贸易数据,使用引力方程及分位数模型,考察中国对东盟国家的直接投资对其进出口贸易的异质性影响及影响机制。研究发现:中国对东盟国家的直接投资具有明显的贸易创造效应。平均而言,当其他因素不变时,中国对东盟国家的直接投资流量每增加1个百分点,对东盟国家当年的出口将会增加0.53%,进口将会增加0.62%。并且,中国对东盟直接投资的贸易创造效应存在明显的异质性。当贸易额相对较低时,对外直接投资对进出口贸易有较大的创造效应;但当贸易额相对较高时,贸易创造效应较小。进一步研究发现,资源寻求型是中国对东盟国家直接投资的一个主要投资动机,东盟国家丰富的资源禀赋对中国直接投资有明显的促进作用;但并未发现显著的效率寻求型和市场寻求型投资动机。在考虑“一带一路”倡议的影响、加入滞后期、使用面板数据以及能源行业产出等因素后,结果仍然是稳健的。

《中国—东盟文化多样性与相似性测度及其投资效应研究》 韦永贵、李红、牛晓彤(广西大学)撰,载《世界地理研究》2019年第2期。指出文化是影响地缘经济合作的重要因素,对文化进行测度并佐证文化的经济效应,对于地缘经济合作的有效开展具有重要意义。以中国—东盟地缘经济区为例,基于语言、族群、宗教等多维度对中国和东盟国家的文化多样性及相似性进行测度,发现:(1)东盟国家存在较高的文化多样性,但在整体文化多元中又存在显著的单一类别文化极化现象;(2)相对而言,中国与新加坡、越南、老挝、缅甸、柬埔寨的文化相似性较高,与菲律宾、文莱的文化相似性较低。进一步,基于文化多样性与文化相似性的测算结果实证研究二者对中国—东盟投资合作的效应,发现:东盟国家的文化多样性对中国企业投资东盟国家具有显著的负向效应,而中国与东盟国家存在的文化差异对中国投资东盟国家同样具有负向作用；中国与东盟国家开展文化外交活动有利于促进双方的文化认同并增信释疑，对中国与东盟国家的投资合作有正向的直接和间接溢出效应。

《“一带一路”倡议下推进中国—东盟合作的政治外交策略研究》 金丹（广西大学）撰，载《和平与发展》2019 年第 2 期。指出东盟是中国“21 世纪海上丝绸之路”倡议的重点区域。与东盟各国保持顺畅的政策沟通，对促进双边关系深入发展、推动双方合作迈上新台阶具有重要引领作用。但由于受地区和国际因素影响，中国与东盟国家的双边及多边关系依然面临着政治与安全互信赤字、经贸发展不平衡、域外国家挑衅、南海主权争端、极端民族主义情绪干扰和多重合作机制带来的冲突等诸多困难和挑战，加之中国与东盟各国在政策沟通方面存在差异，改善双方的政策沟通现状需要先易后难，循序渐进，分类施策，重点突破。

《空间视角下中国在东盟 OFDI 的影响因素分析》 屠年松（昆明理工大学）、曹建辉（昆明理工大学东盟研究中心）撰，载《投资研究》2019 年第 4 期。指出国际投资一直是研究热点，而第三方效应对中国的 OFDI 具有重要影响。基于 2003—2017 年中国在东盟的直接投资数据，通过计算莫兰指数和吉尔里指数，并构建三种空间计量模型，实证分析第三方效应对中国在东盟 OFDI 的影响。结果表明：中国 OFDI 的集聚效应、第三方市场潜力和第三方不可观测因素均对中国在东盟的 OFDI 具有显著影响。另外，中国在东盟的 OFDI 也受到东道国市场规模、贸易和吸收外资能力等指标的影响。因此，在国际投资环境不稳定时，国内企业在投资对象选择上应注重均衡性投资，同时中国政府也应及时建立兼顾投资风险和收益的金融保障机制。

《“一带一路”倡议背景下中国与东盟贸易发展研究》 陶斌智（广西师范大学）撰，载《河南社会科学》2019 年第 4 期。指出中国与东盟关系正从“黄金十年”跨入“钻石十年”，“一带一路”倡议将为中国与东盟贸易发展提供新机遇、新动力。通过运用 SWOT 分析法，认为中国与东盟应借助中国—东盟自由贸易区良好的发展态势，充分利用东盟共同体建成、自贸区升级谈判达成、互联互通提速等机遇，优化贸易结构、改善贸易环境，打造贸易融资平台、实施通关便利化改革，壮大产业内贸易、升级跨境电商，增进政治互信、推动地区一体化进程。

《中美贸易战背景下的中国—东盟关系：影响、风险与应对》 卢光盛、聂姣（云南大学）撰，载《南洋问题研究》2019 年第 1 期。指出中美贸易战是 2018 年最重要的外交事件之一，对中美两国将产生持久和深刻的影响，并且这种影响将不可避免地扩散到两国之外。作为介于中美之间的“第三方”，东盟国家即使希望但也不可能独善其身，这已经并将继续在贸易及其之外的更多领域表现出来。展望未来，南海问题、“印太战略”以及美湄合作等有可能成为美国打压中国的“后手拳”，这必将进一步考验中国—东盟关系。在此背景下，尽可能地减少中美贸易战的“外溢”效应，避免中美关系对中国—东盟关系产生连锁负面影响，甚至反过来将中国—东盟关系打造成贸易战的破局点，形成“东方不亮西方亮”的有利格局，是当前中国外交的迫切任务。中国应通过深入对接中国—东盟发展战略，扩大对东南亚的市场开放，加快推进 RCEP 顺利达成协议，加强与第三方市场合作等方式，抓住“战略机遇期”，构建中国—东盟的高水平战略伙伴关系。

《中国对东盟 10 国直接投资效率及影响因素研究》 付韶军（外交学院国际经济学院、中国人民大学六西格玛管理研究中心）、王茜（三井住友银行（中国）有限公司北京分行）撰，载《兰州学刊》2019 年第 3 期。指出东盟国家是中国的近邻，中国对东盟国家的直接投资规模不断增长、投资深度不断加强，但同时也面临诸如投资效率不高、区位分布不平衡等一系列问题。并采用 2005—2016 年度数据，构建中国对东盟国家直接投资随机前沿引力模型，实证分析中国对东盟国家直接投资效率的重要影响因素，实证结果表明：东道国的市场规模、经济发展水平、贸易开放度、法律制度和政府效率等指标对中国对外直接投资效率存在正效应，促进中国投资效率提升，而距离、东道国稳定程度、东道国民主自由等指标对中国对外直接投资效率存在负效应，对中国投资效率提升产生了阻碍作用。促进中国对东盟国家投资的健康持续发展的对策：（1）加强与东盟国家的国际产能合作；（2）有效利用多双边合作机制，与东盟国家相向而行；（3）增强中国企业的风险防控意识，提高对外投资抗风险能力；（4）促进对东盟国家直接投资的多元化发展。

《东盟贸易便利化对中国出口贸易的影响》 曾倩（西北大学）、曾先峰（西安外国语大学）、岳婧霞（北京交通大学）撰，载《经济体制改革》2019 年第 2 期。文章选取 2010—2017 年中国与东盟 10 国的面板数据，以运输效率、海关环境、规制环境和电子商务等 4 个影响贸易便利化水平的关键要素为一级指标及其 17 个二级指标构建指标体系，用主成分分析法测算并实证分析得出的结果：东盟贸易便利化处于“一般便利”水平，其每提高 1%，中国出口贸易就扩大 1. 18%，对中国的出口贸易影响显著。因此，应加快中国和东盟的基础设施合作；促进中国—东盟自贸区立法；增加政府规制的透明度；在自贸区内给予电子商务法律法规和政策的良好支持。

《“一带一路”引领下中国—东盟贸易结构演进及发展策略》 王鹏飞（广西民族师范学院）撰，载《商业经济研究》2019 年第 6 期。指出自 1991 年中国与东盟开启对话以来，双方始终保持频繁的经贸往来关系，在双方共同努力下，2010 年中国—东盟自由贸易区启动，经贸往来深度合作，东盟已成为中国第三大贸易伙伴。在全球经济一体化、自由化背景下，中国—东盟贸易量强势增长，合作领域不断扩大，且贸易结构不断演进，深刻影响着双方经贸战略关系。对中国—东盟贸易发展现状进行描述，并对“一带一路”引领下双方贸易结构演进趋势展开分析；最后以“一带一路”倡议为契机，提出中国—东盟贸易发展策略建议，以期能够建立高效便利的贸易体系，促进双边贸易长久发展。

《“一带一路”背景下面向东盟的中国价值观传播对策研究》 党东耀（郑州大学新闻与传播学院）撰，载《新闻爱好者》2019 年第 3 期。指出“一带一路”倡议是中国与沿线国家打造“命运共同体”的重要载体，它的实施有赖于相关国家对中国价值观的认同。东盟作为中国的邻国，是“一带一路”建设的重点方向，东盟十国对“一带一路”的回应备受关注，对中国价值观的认知和认同至关重要。通过研究东盟对“一带一路”的认知状况，对在“一带一路”背景下面向东盟国家的中国价值观进行国际传播提出对策。

《中国面向东盟“两区”建设问题与突破路径探讨》 王桀、贾晨昕、吴信值（云南大学）撰，载《亚太经济》2019 年第 2 期。指出中国面向越南、老挝、缅甸的边境口岸是连接中国与东盟的重要节点，在“一带一路”建设中具有重要地位。中国主导的边境旅游实验区和跨境旅游合作区建设面临诸多挑战。文章在分析云南、广西“两区”建设现状和问题的基础上，对突破路径进行探讨，提出建设三类“国际和平公园”的对策建议。

《“一带一路”下中国与东盟国际多式联运承运人责任形式研究》 李璐玲、张柯（首都经济贸易大学）撰，载《辽宁大学学报（哲学社会科学版）》2019 年第 2 期。指出“一带一路”倡议的推进，对我国国际多式联运提出了更高的要求。东盟作为中国重要的贸易伙伴，相关国际多式联运发展迅速。但由于东盟地区的特殊性，使中国—东盟国际多式联运问题更加复杂。文章从此背景出发，针对中国与东盟国际多式联运承运人责任形式问题，通过对比中国与东盟国家相关法律制度，提出可行的法律机制构建方案。

《中美贸易摩擦对中国—东盟天然橡胶贸易的影响》 周曙东、周润（南京农业大学）撰，载《世界农业》2019 年第 3 期。指出自 2018 年美国贸易代表办公室宣布启动对中国的 301 条款调查起，中美贸易摩擦持续升级。文章主要关注中美贸易摩擦形势下，中国与东盟天然橡胶贸易情况，并运用 GTAP 模型分析中美贸易摩擦对东盟主要天然橡胶生产国出口情况的影响。结果表明：中国与东盟在天然橡胶贸易上存在互补关系，联系紧密；东盟主要天然橡胶出口国受中美贸易摩擦影响，出口值明显下滑，造成每年平均直接出口损失合计 6.5 亿美元以上。中国应加深与东盟各国的经贸合作，共同应对贸易摩擦带来的机遇和挑战。

《“一带一路”背景下中国—东盟农业技术合作调研报告——基于东盟国家需求视角》 吕玲丽、邓覃宇（广西大学）撰，载《世界农业》2019 年第 2 期。指出在“一带一路”背景下，中国与东盟国家的农业技术合作潜力被激发，推动农业技术合作是国际农业合作深度发展的重要方式。通过对东盟国家进行调研，发现目前东盟国家使用农业技术的来源以祖传技术为主，当地农业相关部门推广技术为辅；在与中国农业技术合作方面，技术种类集中于农业机械、种子，合作模式以东盟国家企业主导为主。当前东盟国家对农业机械、种子、农产品加工技术有着巨大的需求，中国依然是东盟国家最理想的合作伙伴。

《中国东盟产能合作的发展、困境及前进之路》 尤宏兵、李安琪（南京理工大学）撰，载《对外经贸实务》2019 年第 3 期。指出中国—东盟经贸合作、产能合作由来已久，且东盟一直是我国十分重要的经贸伙伴。“一带一路”倡议为中国—东盟产能合作创造新的舞台。中国—东盟双边投资加快，产能合作领域不断扩大，产能合作平台建设初见成效，政策推进力度逐渐加大。但中国—东盟称能合作的前进之路仍有以下障碍：双方目标的协同性有待提高，东盟各国不同程度存在投资壁垒；企业缺乏成熟经验及政府支持，区位集聚、产业园区建设仍存在较大缺陷。中国—东盟产能合作应走科学之路，做好“四个”加强，即加强沟通常态化、加强产能合作顶层设计、加强多元化产能合作模式的探索及加强产能合作服务体系建设。

《中国与东盟国家环境产品贸易：挑战与对策》 黄成亮（广西民族大学相思湖学院）撰，载《对外经贸实务》2019 年第 3 期。指出随着中国—东盟自贸区升级版协议的达成，中国与东盟国家间经贸往来日益加深，在区域经济快速发展同时，中国与东盟也面临着严峻的环境问题，各方越来越重视经济、贸易的可持续发展。文章分析中国与东盟国家环境产品进出口额变化、产品结构及市场分布，并探讨发展环境产品贸易过程中面临的主要挑战：非关税壁垒、产品创新能力不足及贸易模式单一等问题制约着贸易的进一步发展，最后针对如何扩大中国与东盟环境产品贸易提出对策建议。

《中国企业投资越南基础设施建设探讨——中国企业投资东盟国家基础设施建设系列研究之二》 张协奎、陈敬安（广西大学）撰，载《广西大学学报（哲学社会科学版）》2019 年第 2 期。指出中国开展对越南基础设施投资是深化中越伙伴关系、实现共建共赢的重要举措和现实需求。在梳理国内外文献相关研究的基础上，全面分析越南基础设施供给状况和投资需求潜力，针对越南国内基础设施建设不完善、供不应求的现状，从投资国和东道国双重视角系统研究中国企业对越南基础设施投资前景，并从大量具体投资项目中总结中国企业对越南基础设施投资面临的诸如中越基础设施投资合作机制不完善、投资规模小、工期慢、项目风险大等问题，进而提出加强政治互信、注重战略对接、树立品牌效应、促进企业与当地社会有效融合、做好风险管控等对策建议。

《全球价值链下的中国与东盟经贸关系》 王勤（厦门大学）撰，载《国际贸易》2019 年第 2 期。指出在新的国际产业分工格局下，中国和东盟是全球价值链和生产网络的重要节点。与之相应，中国与东盟的经贸关系也以全球价值链为基础，表现为中间产品占双边贸易的半壁江山。当前，全球价值链面临着调整与重组，我国应有计划地逐步在中国—东盟区域构建与跨国公司主导的全球价值链平行的、以中国企业为主导的区域产业链或供应链，从而构建新型的中国—东盟经贸关系的微观基础。

《东盟英文媒体涉“一带一路”报道之舆情与中国国家身份建构》 陈雅莉（江西师范大学）撰，载《广西社会科学》2019 年第 2 期。文章对 2016 年 1 月至 2017 年 6 月《海峡时报》《新海峡时报》《雅加达邮报》《曼谷邮报》《马尼拉公报》5 家东盟英文媒体涉“一带一路”议题的相关报道进行框架研究和文本分析发现，东盟英文媒体涉“一带一路”报道积极框架的运用比率为 72.6%。其中，90.9%（占所有样本比例为 66%）的文章通过合作框架、领袖框架等将中国建构为具有“利他性”特征的“世界性公民”；在 27.4% 的负面报道中，75.9% 的文章来自欧美通讯社（路透社、法新社等），所涉议题包括部分欧盟国家的质疑(9.8%)、印度的负面言论(4.7%)、东盟国家对中国地缘政治意图的疑虑(4.7%)等。对此,要打造有意义的“海上丝绸之路”经济带,中国对东盟的传播策略中,最根本的是与东盟国家增进政治互信、强化观念共识、诉诸文化共性,平衡经济全球化与地方利益诉求,积极维护中国“利他性”国家身份假设。

《“一带一路”背景下中国与东盟国家贸易及跨境物流协作潜力分析》 杨正璇、胡志华、刘婵娟(上海海事大学)撰,载《计算机应用与软件》2019 年第 2 期。指出“一带一路”倡议顺应时代发展,统筹海陆,面向全球,为我国和东盟之间的贸易和物流发展带来了新的挑战和机遇。在此背景下,从中国对东盟直接投资、中国和东盟物流绩效现状、双方贸易互补性等方面进行分析和探讨。根据联合国商品统计数据库和世界银行统计数据库相关数据,运用 Eviews 进行中国和东盟国家贸易与跨境物流的格兰杰因果关系检验。研究发现:东盟和中国的物流发展分别是影响对方贸易发展的原因。应紧抓“一带一路”建设机遇,充分利用双边贸易互补性,深化同东盟各国的贸易及跨境物流协作,拓宽贸易合作领域,同时改善物流发展硬件和软件环境,实现双方经济共同增长。

《“21 世纪海上丝绸之路”背景下中国与东盟国家发展船舶贸易的对策》 陈秀莲(广西大学)撰,载《对外经贸实务》2019 年第 2 期。文章对中国与东盟国家的船舶贸易主要围绕着进出口情况、贸易结构等情况进行分析,在“一带一路”建设的新形势下,结合“海上丝绸之路”中贸易的要求,探讨中国与东盟国家开展船舶贸易存在的问题并提出诸如以“21 世纪海上丝绸之路”为新助力开展船舶贸易、优化船舶贸易方式、进一步调整造船产业结构、首要考虑海洋工程装备的合作、进一步优化对东盟国家出口的市场结构、发展船舶产业内贸易、提供融资扶持等对策建议。

《中国和东盟各国农产品比较优势分析》 孙铭壕、钱馨蕾(中国社会科学院)撰,载《技术经济与管理研究》2019 年第 1 期。指出中国—东盟自由贸易区建立后,国家间农产品贸易总量迅速增长。根据国际贸易理论,国家出口本国比较优势产品,进口比较劣势产品,能提高社会总福利。文章以中国和东盟各国为研究对象,探讨各个国家在哪些农产品出口上具有比较优势,以期指导和预测中国未来农产品出口的种类和方向。文章采用显性比较优势指数(RCA)对中国和东盟国家的农产品出口比较优势进行对比分析,并对农产品进行细化研究,发现虽然中国与东盟的贸易总额不断扩大,但贸易规模较小,较之东盟各传统农业国,中国在农产品出口方面不具备比较优势,但中国可以发挥资本优势,出口深加工、精加工的高附加值农产品,与东盟国家形成贸易互补模式。

《中国与东盟高新技术产品贸易动态波动研究——基于修正的 CMS 模型的因素测算》 樊兢(广西财经学院)撰,载《经济体制改革》2019 年第 1 期。文章以 2001—2016 年中国与东盟高新技术产品贸易数据为基础,运用修正的恒定市场份额模型(CMS)对高新技术产品贸易波动因素进行分解和测算。结果显示:中国对东盟高新技术产品出口波动最主要的因素是价格竞争力效应,市场需求效应、出口商品结构效应偏弱,但近年来价格竞争力效应有所下降;相比之下,东盟对中国高新技术产品出口波动最主要的因素是市场需求效应,出口商品结构效应和价格竞争力效应都偏弱,近年来市场需求效应有上升趋势。

《2017 年东南亚国家“一带一路”五通指数解读》 陈艺元(北京大学)撰,载《东南亚研究》2019 年第 1 期。指出“一带一路”五通指数是量化“一带一路”沿线国家“互联互通”水平与进展的综合性指数。文章基于 2017 年“一带一路”五通指数结果,对“一带一路”沿线东南亚地区 11 个国家与中国互联互通发展程度进行解读。根据测算结果,2017 年度东南亚地区“五通”发展整体情况继续蝉联各大区域之首,区域内一些国家进步明显。东南亚地区整体上属于连通型地区,高于“一带一路”沿线国家整体良好型联通度一个等级。其中,东南亚 11 国中畅通型国家有 4 个,占比 36.4%,连通型国家 4 个,互联互通程度处于较高档次的国家占该地区国家数达 72.3%。然而,中国进一步提升与东南亚地区的互联互通水平,仍需及时总结实践经验,改进方式方法,注意防范和化解大国竞争、国内政治等内外因素在地区和国别层面的传导和影响。

《东盟防长扩大会议机制的缘起及其运作——兼论中国的立场与作为》 薛志华(武汉大学)撰,载《东南亚研究》2019 年第 1 期。指出东盟防长扩大会议机制是东盟为进一步深化同对话伙伴国在非传统安全、维护地区和平与稳定等问题上的讨论与合作而建立的安全合作机制。这一会议机制具有三大特色:第一,坚持东盟的主导地位;第二,要求大国的政治承诺和对规范的认同;第三,追求务实的安全合作。东盟通过运用议题设置、制度建设、决策程序等诸多手段维持其主导地位,并通过政治承诺与规范认同的方式协调大国行为。由于东盟缺乏必要的物质实力,大国对于政治承诺与规范认同的漠视使这一会议机制面临失灵的风险。东盟在建构规范约束其他大国行为的过程中,其自身也被建构的规范所约束。这为中国通过影响规范创设进而影响东盟决策提供了切入点。中国可以通过加强与东盟成员国的双边关系影响这一会议机制的议题设置,也可以将这一会议机制作为在新时代调适中美关系的抓手,推进与亚太其他国家的务实安全合作,推动构建新型国际关系。

《“一带一路”倡议下中国与东盟国家海洋经贸合作对策研究——基于空间布局的视角》 陈秀莲(广西大学)撰,载《国际经济合作》2019 年第 1 期。指出中国建设海洋强国、开“21 世纪海上丝绸之路”建设、中国—东盟自贸区升级等新形势下,研究中国与东盟国家的海洋经贸往来,加快彼此经济合作有着重要的意义。文章对中国与东盟国家的海洋经贸空间布局现状进行分析,在此基础上,提出构建“海洋经贸合作圈”的“多园四区一核一圈”空间维度合作模式,以中国和东盟国家的重要城市和重要港口为增长极,以国际通道和交通基础设施的建设为主轴开展空间合作,加快建设内陆成为海洋经贸合作核心区的辐射和支撑,推动海陆联动发展的内陆腹地建设等空间合作布局建议。

《中国—东盟农产品贸易便利化水平测评体系构建》 王自娜(郑州科技学院院)撰,载《农业经济》2019 年第 1 期。指出自从中国—东盟自贸区成立，人民更加关注贸易的便利化问题。中国是东盟进行合作的第三大贸易伙伴国家，而且地理位置又处与东盟接壤，所以双方的贸易发展很有前途，双方应该加强贸易合作的关系，中国—东盟自贸区的成立更加促进了两国之间的贸易合作，使双方的贸易变得更便利。

《论中国—东盟经济关系发展的新格局》 王勤（厦门大学）撰，载《太平洋学报》2019 年第 1 期。指出伴随着中国与东盟战略伙伴关系的确立，中国—东盟区域经济一体化进程加快，中国与东盟经贸合作不断扩大和深化，中国—东盟经济关系已迈入新时代。在“一带一路”建设中，东盟具有举足轻重的地位与作用，东盟是“一带一路”基础设施互联互通的重点地区，是“一带一路”国际产能和装备制造的合作区，是中国企业“走出去”的聚集地。当前，中国与东盟可以逐步实施“一带一路”与东盟共同体蓝图、东盟互联互通总体规划、各国“工业4.0”的战略对接，实现优势互补和合作共赢。

《中国对东盟直接投资效率及影响因素实证分析》 屠年松、王浩（昆明理工大学）撰，载《国际商务（对外经济贸易大学学报）》2019 年第 1 期。文章在分析中国对东盟直接投资状况的基础上，选取 2006—2015 年相关变量的面板数据，运用时变随机前沿投资引力模型，测算中国对东盟直接投资的效率、前沿直接投资潜力，并研究影响中国对东盟直接投资的非效率因素。研究显示：2006—2015 年，中国对东盟直接投资的总体效率逐年递增，但效率值处于 0.242～0.569 的较低区间，直接投资的非效率因素以 0.116 的速度随时间递减；中国对东盟直接投资效率国别间差异明显，效率值在 0.7 以上的国家只有两个。在此基础上，从合理引导产业转移、参与大湄公河次区域基础设施建设、政府和民间相结合三个方面提出对策建议。

《海上通道对中国—东盟贸易潜力的影响研究》 陈乔、程成（广西大学）撰，载《国际商务（对外经济贸易大学学报）》2019 年第 1 期。文章采用 1994—2015 年涵盖全球 45 个国家的面板数据，运用固定效应、混合效应、随机效应模型，分阶段、分国别量化评估海上通道对中国—东盟贸易潜力的影响。结果显示：中国—东盟自由贸易区对中国进口贸易促进作用正逐年减弱，对出口贸易促进作用正逐步增强；航运距离与进出口贸易成反比，航运距离缩短 1%，中国对东盟的进口增加 0.57%，出口增加 0.18%；货物周转时间与进出口贸易呈显著负相关，且对进口贸易的阻碍作用小于出口贸易；中国对东盟国家进口属于贸易不足型，出口属于贸易适度型，且不同成员国个体贸易潜力差异明显。

《国际金融风险因素与中国对东盟直接投资的区位选择》 王贞力（云南大学）、林建宇（云南民族大学）撰，载《南京审计大学学报》2019 年第 1 期。文章从汇率、利率、通货膨胀率、金融业基础设施四个角度，构建模型讨论金融风险与中国对东盟直接投资区位选择的相关关系，得出结论：东盟汇率变动、利率变动和通货膨胀率变动与中国对其直接投资量的变动都呈负相关关系，东盟金融市场中汇率提高、利率升高和通货膨胀率增加均会导致中国对其直接投资量的降低；金融业基础设施与中国对东盟直接投资的关系存在不确定性，静态面板中两者呈正相关关系，动态面板中两者呈负相关关系，说明不管金融业基础设施建设是否完善，中国对其直接投资的热度不减。最后结合中国与东盟宏观经济发展现状，提出推进人民币国际化进程、避免国际结算风险的政策建议。

《中国和东盟国家跨境电商平台交易风险评价研究》 滕剑仑、张照远（广西财经学院）撰，载《会计之友》2019 年第 2 期。指出“一带一路”进一步促进中国和东盟国家之间的贸易合作关系，在互联网技术迅猛发展的背景下，跨境电商通过平台实现交易，对带动东南亚经济发展意义重大。但是目前跨境电商平台因国别政治因素、市场发展情况不同，存在不同国家之间交往惯例差异的风险。以累积前景理论为基础，利用层次分析法目标明确、数据量要求不严格的优势，对跨境电商平台的交易风险评价进行指标遴选和权重计算。通过问卷调查采用李克特量表法和德尔菲法进一步筛选重要影响因素指标，利用模糊层级分析法算出各种因素的总体权重，并随机抽取 5 个交易商进行交易风险评价的应用研究。最后提出从社会交往习惯、社会发展影响和经济开发程度影响等方面加强风险控制的建议。

《中国与东盟国家经济增长的空间溢出——基于空间面板杜宾模型的实证分析》 徐东波、刘雅珍（南京大学）、孙若涵（贵州财经大学）撰，载《经济问题探索》2019 年第 1 期。指出随着“一带一路”国际合作的逐步扩大，中国对外贸易增长重心逐渐向“一带一路”沿线国家和地区转移，中国与周边国家间的经贸往来与合作将是今后中国发展对外经贸合作的侧重点，其成效也将直接影响“一带一路”国际合作的成果。东盟国家是“一带一路”倡议实施的海上地理起始区域，也是“一带一路”倡议在实施过程中优于其他国家和地区的重要区域。从经贸往来变化情况看，近年来，中国与东盟国家在商品和服务的进出口贸易、投资、人员往来等方面联系紧密，交流频繁。文章试图用空间计量方法，构建静态和动态空间权重矩阵，通过动态空间面板计量经济模型，考察 2000—2016 年中国与东盟十国经济增长的空间相关性。研究表明，中国与东盟十国的经济增长存在显著的正向空间相关性。〔马静（广西社会科学院）〕

重要研究成果题录

东盟国家形势回顾与展望

“东南亚地区形势 2018—2019 年回顾与展望——专家访谈录”，东南亚纵横编辑部撰，载《东南亚纵横》2019 年第 1 期。

“东盟：2018 年回顾与 2019 年展望”，罗圣荣、李代霓撰，载《东南亚纵横》2019 年第 1 期。

“文莱：2018 年回顾与 2019 年展望”，马静、马金案撰，载《东南亚纵横》2019 年第 1 期。

“柬埔寨：2018 年回顾与 2019 年展望”，梁薇撰，载《东南亚纵横》2019 年第 1 期。

“老挝：2018 年回顾与 2019 年展望”，卫彦雄撰，载《东南亚纵横》2019 年第 1 期。

“缅甸:2018 年回顾与 2019 年展望”,彭丽颖、邓起杰、祝湘军撰,载《东南亚纵横》2019 年第 1 期。

“菲律宾:2018 年回顾与 2019 年展望”,吴杰伟、邱伟龙撰,载《东南亚纵横》2019 年第 1 期。

“新加坡:2018 年回顾与 2019 年展望”,张磊撰,载《东南亚纵横》2019 年第 1 期。

“越南:2018 年回顾与 2019 年展望”,聂慧慧撰,载《东南亚纵横》2019 年第 1 期。

“印度尼西亚:2018 年回顾与 2019 年展望”,杨晓强、谢春柳撰,载《东南亚纵横》2019 年第 2 期。

“泰国:2018 年回顾与 2019 年展望”,唐卉、陈红升撰,载《东南亚纵横》2019 年第 2 期。

“2018—2019 年东盟经济的分析与预测”,王勤撰,载《东南亚纵横》2019 年第 2 期。

“东盟地区 2018 年货币政策回顾与 2019 年展望,”廖淑萍撰,载《国际金融》2019 年第 1 期。

东盟国家政治

“1965 年事件后的流亡印度尼西亚共产党和印度尼西亚左翼势力状况研究”,张猷撰,载《东南亚纵横》2019 年第 4 期。

“越南国防法”,李碧华撰,载《东南亚纵横》2019 年第 4 期。

“印度南海政策的架构与中印关系透析”,师学伟撰,载《东南亚纵横》2019 年第 2 期。

“印度尼西亚民主转型中的军队改革研究(1998—2008 年)”,潘玥撰,载《东南亚纵横》2019 年第 5 期。

“苏加诺的伊斯兰社会主义思想和实践”,赵雪峰撰,载《东南亚纵横》2019 年第 5 期。

“东盟扩员的制度困境——以东帝汶为例”,周士新撰,载《东南亚纵横》2019 年第 6 期。

“柬埔寨学界对‘一带一路’倡议的认知述评”,赵申洪撰,载《东南亚纵横》2019 年第 6 期。

“东盟的‘印太’战略及其在中美博弈中的角色”,张屹撰,载《亚太经济》2019 年第 6 期。

“缅甸外国投资者与东道国争端解决机制研究”,张晓君、Thin Thin Oo 撰,载《学术论坛》2019 年第 5 期。

“战后东南亚地区和解——兼论东盟在东南亚地区和解中的作用”,和春红撰,载《长江论坛》2019 年第 5 期。

“印太视角下的‘东盟中心地位’及美国—东盟关系挑战”,韦宗友撰,载《南洋问题研究》2019 年第 3 期。

“区域大国区域安全治理的多重角色——印度和印度尼西亚的案例比较分析”,郑先武撰,载《国际观察》2019 年第 5 期。

“‘陆地换海洋’:文莱与马来西亚解决领土争端研究”,戴渝龙撰,载《东南亚研究》2019 年第 6 期。

“‘海洋命运共同体’理念下对海洋保护区工具价值的审视——以马来西亚在南海建立海洋公园的法律分析为例”,蒋小翼、何洁撰,载《广西大学学报(哲学社会科学版)》2019 年第 5 期。

“社交媒体与马来西亚政治民主化”,陈文胜撰,载《东南亚研究》2019 年第 4 期。

“越南建设海洋保护区的实践及其启示”,蒋小翼、禤嘉慧撰,载《亚太安全与海洋研究》2019 年第 4 期。

“独立后的马来西亚印度人政治”,石沧金撰,载《南亚东南亚研究》2019 年第 1 期。

“印尼恐怖主义活动中的女性:性别视角的分析”,潘玥撰,载《东南亚研究》2019 年第 2 期。

“日本构建与印尼‘心心相印’伙伴关系研究:路径与策略”,韦红、李颖撰,载《东南亚研究》2019 年第 1 期。

“美国对菲律宾的初期殖民政策:修士问题与‘塔夫脱使团’”,陈冬梅撰,载《东南亚研究》2019 年第 5 期。

“文明、进步与训政:孙中山训政思想与美帝的菲律宾经验”,吴双撰,载《开放时代》2019 年第 6 期。

“杜特尔特执政后美菲同盟关系演变”,宋清润撰,载《和平与发展》2019 年第 4 期。

“冷战后越南与菲律宾南海对冲战略差异研究”,邓佳撰,载《南洋问题研究》2019 年第 2 期。

“制度性吸纳与东亚威权主义政府执政地位的保持——对韩国、新加坡和菲律宾的比较分析”,唐睿撰,载《东南亚研究》2019 年第 3 期。

“黎刹的‘遗产’与菲律宾‘负面化’对华认知的转圜”,张明亮撰,载《东南亚研究》2019 年第 3 期。

“试析菲律宾杜特尔特政府的‘宾汉隆起’政策”,王胜撰,载《东南亚研究》2019 年第 3 期。

“‘特朗普冲击’下的新加坡双向动态平衡倾向”,李冬青、丁裕森撰,载《东南亚纵横》2019 年第 6 期。

“新加坡数字政府建设的实践与经验借鉴”,胡税根、杨竞楠撰,载《治理研究》2019 年第 6 期。

“新加坡税制改革的成效、经验及其启示”,蓝相洁、李迪撰,载《税务研究》2019 年第 4 期。

东盟国家外交

“泰国在东盟区域经济一体化进程中的地位、作用及其发展趋势”,任志远撰,载《东南亚纵横》2019 年第 3 期。

“革新开放与越南对东盟外交政策的调整”,吴改撰,载《东南亚纵横》2019 年第 5 期。

“东盟国家应对日本安倍政府印太战略研究”,于海龙撰,载《东南亚纵横》2019 年第 5 期。

“东盟劳工移民治理及其对东盟共同体建设的意义”,蒋琛娴撰,载《东南亚纵横》2019 年第 5 期。

东盟国家经济

“泰国新能源发展:动因、成效与前景”,皱春萌、孙建华撰,载《东南亚纵横》2019 年第 5 期。

“东盟经济共同体与数字化商业时代:在两难之间”,E·A·勘纳耶夫撰,载《东南亚纵横》2019 年第 4 期。

“增加值视角下东亚区域服务贸易分工地位比

较”,马莉莉、张亚楠撰,载《亚太经济》2019 年第 6 期。

“东南亚何以成为韩国对外经济合作重点”,董向荣、金旭撰,载《世界知识》2019 年第 21 期。

“印度尼西亚银行间市场系统风险传染效应的实证分析”,谭春枝、邓清芸、赵靖撰,载《广西民族大学学报(哲学社会科学版)》2019 年第 3 期。

“东盟的‘再工业化’:政策、优势及挑战”,吴崇伯、姚云贵撰,载《东南亚研究》2019 年第 4 期。

东盟国家社会

“东盟跨境烟霾问题及其治理合作”,毕世鸿、张程岑撰,载《南洋问题研究》2019 年第 3 期。

“马来西亚农食产品监管体系及法规标准体系研究”,席静、李志勇、曹晓钢、王君、魏霜撰,载《现代农业科技》2019 年第 21 期。

“马来西亚穆斯林脱教的法律问题及其影响”,陈中和撰,载《南洋问题研究》2019 年第 3 期。

“东南亚伊斯兰极端主义思想的扩散:诱因、影响及应对”,王利文撰,载《南洋问题研究》2019 年第 2 期。

“傲慢与偏见——缅甸‘罗兴亚人’问题的国际反应”,钟梅、卢光盛撰,载《南亚研究》2019 年第 2 期。

“马来西亚华文报业的功能定位与跨族群角色转型”,彭伟步撰,载《东南亚研究》2019 年第 2 期。

“受众理论视角下的‘一带一路’话语传播——基于马来西亚华人社会回应数据库的分析”,谢婷婷、骆立撰,载《东南亚研究》2019 年第 1 期。

“印度尼西亚与澳大利亚难民治理合作研究”,宋婉贞撰,载《南洋问题研究》2019 年第 4 期。

“国族与部族:印度尼西亚的双轨认同”,孙云宵撰,载《文化纵横》2019 年第 3 期。

“菲律宾民间选美文化的社会历史成因”,霍然撰,载《南亚东南亚研究》2019 年第 5 期。

“菲律宾民族问题解析”,哈正利、杜鹏撰,载《青海民族研究》2019 年第 4 期。

“新加坡引领社会思潮的经验及启示”,刘波撰,载《人民论坛》2019 年第 20 期。

“家庭分合与地方互动:老挝佬族的家屋生命”,苏世天撰,载《广西民族大学学报(哲学社会科学版)》2019 年第 4 期。

“老挝苗族的分布格局、迁徙路径研究——海外苗族研究系列之一”,郝国强撰,载《广西民族研究》2019 年第 2 期。

东盟国家文化、教育

“革新以来越南共产党意识形态的建构、传播与认同”,闫杰花撰,载《当代世界与社会主义》2019 年第 6 期。

“泰国高等教育国际化发展现状及其启示”,李天胜、钟春妮撰,载《北部湾大学学报》2019 年第 11 期。

“马来西亚电视发展现状研究”,李宇撰,载《现代视听》2019 年第 11 期。

“马来西亚语言教育政策及其对汉语国际推广的启示”,王烈琴、李卓阳撰,载《渭南师范学院学报》2019 年第 11 期。

“从马来西亚独中教材《华文》看中国现当代文学的海外传播”,彭贵昌撰,载《暨南学报(哲学社会科学版)》2019 年第 10 期。

“近年马来西亚、新加坡汉语方言使用状况”,陈李茂,载《方言》2019 年第 3 期。

“马来西亚华语名词语义韵变异现象考察”,李玉红、方清明撰,载《华文教学与研究》2019 年第 2 期。

“马来西亚粤语广播的发展与受众特点分析”,彭雨晴撰,载《出版广角》2019 年第 5 期。

“马来西亚华语中的情态补语”,齐环玉、郭熙撰,载《汉语学报》2019 年第 1 期。

“印尼华文教育的历史发展与华族身份认同调适——基于印尼华文文学作品的视角”,马峰撰,载《民族教育研究》2019 年第 6 期。

“印度尼西亚现代小说中的民族认同建构——以《错误的教育》《扬帆》《巴厘舞女》为例”,张燕撰,载《解放军外国语学院学报》2019 年第 5 期。

“印度尼西亚普兰巴南神庙石雕壁画中的乐舞图像考察”,杨民康撰,载《民族艺术》2019 年第 4 期。

“印度尼西亚的语言教育和政策”,杨绪明、宁家静撰,载《北部湾大学学报》2019 年第 8 期。

“新加坡中小学性教育课程的人本逻辑”,杨素萍、刘玉婉撰,载《教育研究与实验》2019 年第 5 期。

“新加坡师范生公费教育内部质量保障机制探究”,王晓芳、周钧、孔祥渊撰,载《外国教育研究》2019 年第 8 期。

“新加坡汉传佛教的现代化实践”,圣凯撰,载《世界宗教文化》2019 年第 3 期。

“海上丝绸之路与汉语闽南方言在东南亚一带的传播——新加坡和马来西亚闽南方言音系个案研究”,马重奇撰,载《西南民族大学学报(人文社科版)》2019 年第 1 期。

“论越南使臣阮攸对杜甫的接受与承继”,严艳撰,载《中国文化研究》2019 年第 4 期。

“越共十二大以来越南政治思想工作探析”,蒋海蛟撰,载《当代世界与社会主义》2019 年第 4 期。

“老挝克木人铜鼓文化考察”,李富强、卫彦雄、吕洁撰,载《广西民族研究》2019 年第 4 期。

“柬埔寨少数民族双语教育的发展、问题及启示”,莫海文撰,载《民族教育研究》2019 年第 2 期。

东盟国家历史

“陈荆和编校《大越史记全书(校合本)》校点误例辨证”,梁允华撰,载《东南亚纵横》2019 年第 5 期。

“马来西亚华文教育与五福书院历史探源”,王琛发撰，载《地方文化研究》2019 年第 4 期。

“印度尼西亚民主转型中的军队改革研究（1998—2008 年）”，潘玥撰，载《东南亚纵横》2019 年第 5 期。

“美国对菲律宾 1965 年总统大选的态度与政策”，尹蒙蒙撰，载《历史教学问题》2019 年第 3 期。

“王朝民族主义对越南民族国家建构的历史作用”，何平、王云裳撰，载《烟台大学学报（哲学社会科学版）》2019 年第 6 期。

“30 多年来越南革新事业的成就、经验与教训”，黎有义、潘金娥撰，载《毛泽东邓小平理论研究》2019 年第 10 期。

“11—14 世纪的越南仿耀州窑系青瓷及相关问题研究”，霍巍、韦莉果撰，载《江汉考古》2019 年第 5 期。

“越南阮朝的道教管理制度研究”，孙瑞雪撰，载《宗教学研究》2019 年第 3 期。

“越南阮朝初期‘京—城’政区体制的内涵与消亡（1802—1832）”，韩周敬、郭声波撰，载《云南大学学报（社会科学版）》2019 年第 1 期。

“论清代中国商人入越开发对越南社会的影响”，郑维宽撰，载《云南大学学报（社会科学版）》2019 年第 1 期。

“缅甸末代王孙与近代中缅边境的反英势力”，姚勇撰，载《中国边疆史地研究》2019 年第 3 期。

东南亚华人华侨

“越南华族学生的民族语言教育政策研究——以胡志明市华文教育为例”，彭振声撰，载《东南亚纵横》2019 年第 5 期。

“从语言看印度尼西亚华人的身份认同——对印度尼西亚巴淡岛和石叻班让岛华人的调查”，陈丽梅撰，载《东南亚纵横》2019 年第 5 期。

“二战以来泰国华人社会的变化及其对泰国华文报纸发展的影响”，黄海云撰，载《东南亚纵横》2019 年第 6 期。

“东南亚华人乩童仪式传统——以新加坡兴化人‘坛班’为例”，郑莉撰，载《世界宗教研究》2019 年第 5 期。

“逃离式加入与分裂式归附——基于泰北华人的研究”，黎相宜、古若愚撰，载《中山大学学报（社会科学版）》2019 年第 6 期。

“海南侨乡和东南亚华人的水尾圣娘信仰考察”，石沧金撰，载《世界宗教研究》2019 年第 2 期。

“马来西亚伯拉纳干华人美食及其象征意义”，陈志明、马建福撰，载《北方民族大学学报（哲学社会科学版）》2019 年第 2 期。

“缅甸华语戏剧与公共表演初探”，石峻山、郭超撰，载《艺术百家》2019 年第 6 期。

中国与东盟关系

“‘一带一路’倡议下中国—东盟金融合作的路径探析”，云倩撰，载《亚太经济》2019 年第 5 期。

“‘一带一路’倡议与中国—东盟关系”，赵洪撰，载《边界与海洋研究》2019 年第 1 期。

“‘一带一路’视域下东亚经济一体化进程中的国别要素间障碍分析”，胡玥、陈长风、崔梓馨撰，载《产业与科技论坛》2019 年第 23 期。

“命运共同体背景下中国—东盟博览会创新发展研究”，严薇、高欣撰，载《知识经济》2019 年第 31 期。

“‘百年大变局’下的中国与东盟关系”，刘喆撰，载《南京大学学报（哲学·人文科学·社会科学）》2019 年第 5 期。

“中国—东盟关系发展过程中的身份建构——兼论构建‘中国—东盟命运共同体’的必要性”，陆广济撰，载《天府新论》2019 年第 5 期。

“‘一带一路’倡议下中国—东盟国家全球价值链地位提升路径”，黄志敏、张正华撰，载《西部金融》2019 年第 8 期。

“印尼外资政策变化及其对‘一带一路’建设的影响”，刘胜、胡安琪撰，载《东南亚研究》2019 年第 2 期。

“安全感知、发展诉求与菲律宾对华政策转变”，席桂桂、凌胜利撰，载《东南亚研究》2019 年第 5 期。

“中国在南海问题上面临的‘新加坡考验’——根源、限度及启示”，黄凤志、谢斌撰，载《太平洋学报》2019 年第 6 期。

中国与东盟经济合作

“中国—东盟边民互市贸易的问题与对策研究”，李隽波、赵约翰撰，载《对外经贸》2019 年第 10 期。

“‘一带一路’背景下对东盟纺织业的投资策略研究”，林丽钦撰，载《北部湾大学学报》2019 年第 12 期。

“中国—东盟产能合作影响机制研究——基于经济、政治和文化视角”，申韬、姚云风撰，载《改革与战略》2019 年第 4 期。

“中国广西建设面向东盟的金融开放门户的 SWOT 分析”，吴望春、李春华撰，载《东南亚纵横》2019 年第 6 期。

“建设西部陆海新通道：中国广西的现状、问题及对策”，刘娴撰，载《东南亚纵横》2019 年第 6 期。

“孟中印缅经济走廊的贸易效率及潜力研究——基于随机前沿引力模型分析”，王领、陈珊撰，载《亚太经济》2019 年第 4 期。

“中国面向东盟“两区”建设问题与突破路径探讨”，王桀、贾晨昕、吴信值撰，载《亚太经济》2019 年第 2 期。

“中国—东盟跨境电子商务与贸易增长的互动关系研究”，张建中、钟雪撰，载《改革与战略》2019 年第 12 期。

“中国—东盟产能合作影响机制研究——基于经济、政治和文化视角”，申韬、姚云凤撰，载《改革与战略》2019 年第 4 期。

“‘一带一路’背景下广西——东盟野生食用菌资源合作开发的可持续性研究”，梁剑撰，载《中国食用菌》2019 年第 12 期。

“‘一带一路’框架下拓展中国东南沿海省份与东盟海洋经济合作研究——以福建省为例”，卢文静撰，载《科技和产业》2019 年第 10 期。

“‘一带一路’倡议下中国——东盟信息化合作研究”，韦倩青、李怡凡、苏宣云撰，载《市场论坛》2019 年第 10 期。

“新时代背景下中国—东盟深化旅游合作探析”，梁儒谦、王冠、刘静撰，载《现代经济信息》2019 年第 24 期。

“广西—东盟农产品跨境电商冷链物流发展分析”，杜凤蕊撰，载《对外经贸实务》2019 年第 10 期。

“多重视角下双边汇率变动对中国—东盟产能合作影响研究”，申韬、徐静怡、曹梦真撰，载《区域金融研究》2019 年第 9 期。

“中国—东盟黄金市场在人民币国际化进程中的作用研究”，郭敏撰，载《区域金融研究》2019 年第 9 期。

“‘一带一路’倡议下跨境邮轮旅游合作路径——以广西—东盟邮轮旅游为例”，孙琳、叶欣梁撰，载《对外经贸实务》2019 年第 8 期。

“中国—东盟农产品贸易竞争性与互补性分析”，药泽琼、刘文丽、郑菲、郭志超撰，载《农业展望》2019 年第 7 期。

“马来西亚海洋渔业发展和中马开展南海渔业合作思考”，郑泽民撰，载《海南师范大学学报（社会科学版）》2019 年第 5 期。

“中国—印度尼西亚能源合作：进展、动因及挑战”，耿伟伟、宋秀琚撰，载《东南亚纵横》2019 年第 3 期。

“一带一路背景下中国—菲律宾渔业合作前景分析”，缪苗、刘晃、陈军、王佳迪撰，载《江苏农业科技》2019 年第 19 期。

“‘一带一路’发展下中国和新加坡区域经济合作新格局”，刘光辉撰，载《对外经贸实务》2019 年第 7 期。

“一带一路背景下印度和越南对华贸易探析”，金钢撰，载《对外经贸实务》2019 年第 3 期。

中国与东盟政治、外交合作

“中国—东盟合作打击跨国网络犯罪问题研究”，蒋巍、蓝彩箫撰，载《东南亚纵横》2019 年第 6 期。

“难民还是边民？中缅边境战争涌入者身份研究”，周鑫撰，载《东南亚纵横》2019 年第 6 期。

“中国—东盟南海合作回顾与展望：基于规则构建的考量”，吴士存、陈相秒撰，载《亚太安全与海洋研究》2019 年第 6 期。

“中国—东盟产能合作影响机制研究——基于经济、政治和文化视角”，申韬、姚云凤撰，载《改革与战略》2019 年第 4 期。

“中泰合作对接‘一带一路’的机遇与挑战”，周方冶撰，载《当代世界》2019 年第 7 期。

“中国—东盟小多边合作机制构建的地区公共产品偏好”，王勇辉、张正撰，载《印度洋经济体研究》2019 年第 6 期。

“中国—东盟自由贸易区争端解决机制的检视与完善——以公私兼容、制度内外为视角”，潘星容撰，载《山东社会科学》2019 年第 12 期。

“论中国与东盟国家在《南海行为准则》框架下构建打击南海海上跨国犯罪的法律机制”，王勇撰，载《政治与法律》2019 年第 12 期。

“中美贸易摩擦与中—美—东盟三角关系互动”，蒋琛娴撰，载《区域与全球发展》2019 年第 6 期。

“论中国两次对菲南海维权斗争”，曾勇、万雪飞撰，载《印度洋经济体研究》2019 年第 5 期。

“‘21 世纪海上丝绸之路’框架下中国——东盟渔业法律机制探究”，陈盼盼撰，载《资源开发与市场》2019 年第 12 期。

“东盟标准化体系及纺织服装标准法规发展概况浅析”，董新昕、兰丽丽、冷艳红撰，载《标准科学》2019 年第 9 期。

“中国—东盟旅游安全联动机制构建研究”，翟青青撰，载《合作经济与科技》2019 年第 15 期。

中国与东盟文化、教育交流合作

“中国与东盟国家遗传资源文献共享机制研究”，刘雪凤、马晓晨、吴凡撰，载《东南亚纵横》2019 年第 4 期。

“跨国主义社会场域下的中泰媒体合作——以泰国《星暹日报》为例”，罗奕、罗恒撰，载《传媒》2019 年第 20 期。

“‘一带一路’背景下中国与东盟国家间非遗贸易发展研究”，李侠、李岐、王显毅撰，载《中国经贸导刊（中）》2019 第 12 期。

“‘一带一路’中国—东盟数字人文与特色馆藏的普适性平台功能定位建构研究”，李美、黄刚撰，载《大众科技》2019 年第 12 期。

“儒家文化与东盟方式的契合论析”，赖征世、吴世韶撰，载《广西社会主义学院学报》2019 年第 6 期。

“基于广西视角的东盟影视传播路径探析”，敬鹏林撰，载《数字传媒研究》2019 年第 12 期。

“‘一带一路’视域下四川地区与东盟地区高校教育合作研究”，李玲、杨茜撰，载《知识经济》2019 年第 34 期。

“东盟区域旅游人才培养质量保障体系研究”，胡爱清撰，载《广东农工商职业技术学院学报》2019 年第 4 期。

“面向东盟对外汉语教育服务质量的影响因

素——以广西民族师范学院为例”，易春燕、黄珊撰，载《广西民族师范学院学报》2019年第5期。

“教育服务感知质量影响留学行为意向案例研究——以贵州大学东盟留学生为调查对象”，季飞、吴舢妤撰，载《贵州大学学报(社会科学版)》2019年第4期。

“水尾圣娘信仰在马来西亚的传播及现状”，陈智慧、杨兹举、丁晓辉撰，载《文化学刊》2019年第12期。

“基于手机游戏的中国传统文化海外传播分析——以马来西亚为例”，于小博、陈墨白撰，载《中国教育学刊》2019年第7期。

“印尼汉语教学中的当代中国发展影响研究”，何美兰撰，载《河北师范大学学报(教育科学版)》2019年第4期。

“中华龙狮文化海外传播实证研究——以新加坡为例”，熊坚撰，载《体育文化导刊》2019年第1期。

中国与东盟区域、次区域合作

“中国、老挝、缅甸和泰国澜沧江—湄公河国际航运现状及未来发展趋势研究”，李睿、肖克平撰，载《东南亚纵横》2019年第5期。

“中国的澜沧江—湄公河合作研究：概况与热点”，兰良平撰，载《东南亚纵横》2019年第4期。

“基于大数据参与次区域合作的地方政府治边模式创新研究——以澜沧江—湄公河合作下的中国云南省为例”，周俊华、王浩然撰，载《东南亚纵横》2019年第4期。

“澜沧江—湄公河环境利益合作网络主体治理效益评价”，黄德春、宋佳、贺正齐、许晶荣撰，载《亚太经济》2019年第4期。

“东盟引资政策的演变：由国别到区域合作的转向”，王伟、王玉主撰，载《南洋问题研究》2019年第1期。

“中国与东增区的合作现状、挑战及应对”，许利平、吴汪世琦撰，载《太平洋学报》2019年第12期。

“中国—东盟次区域跨境旅游一体化合作研究”，张鑫撰，载《华北理工大学学报(社会科学版)》2019年第5期。

“面向工业4.0的中国与东盟区域合作”，王勤撰，载《创新》2019年第5期。

中国与东盟国家比较研究

“澜沧江—湄公河合作机制下中国对湄公河五国投资环境比较研究”，周象玲撰，载《东南亚纵横》2019年第4期。

“角力湄公河：中国、日本和印度在湄公河次区域的基础设施投资比较研究”，贺嘉洁撰，载《东南亚纵横》2019年第4期。

“中国西南岩画与东盟岩画的比较研究”，黄健毅、李春霞撰，载《广西民族师范学院学报》2019年第6期。

“马来西亚乡村旅游发展模式对海南的启示——基于马里马里村与什寒村的比较”，耿松涛、蔡芯华撰，载《理论观察》2019年第10期。

“华文阅读现状与能力提升建议——以马来西亚美里培民中学和中国首都师范大学附属中学对比分析为例”，郭苇、张文彦、张凯、周建设撰，载《内蒙古师范大学学报(教育科学版)》2019年第6期。

“中国与印度尼西亚大米标准比对研究”，马庭瑞、唐继微、廖欣然、王欢撰，载《标准科学》2019年第2期。

“中国与新加坡贸易便利化水平比较及对中国的改进建议”，刘强撰，载《国际贸易》2019年第12期。

“中国与新加坡思想政治教育比较探究”，刘奕、许童撰，载《中学政治教学参考》2019年第18期。

“媒介依赖理论视角下的智能手机使用心理与行为——中国与新加坡大学生手机使用比较研究”，蒋俏蕾、郝晓鸣、林翠绢撰，载《新闻大学》2019年第3期。

“中国共产党与越南共产党党内法规制度建设比较研究”，马树颜、臧秀玲撰，载《马克思主义研究》2019年第9期。

相关研究综述及评论

“第12届中国—东盟智库战略对话论坛会议综述”，云倩撰，载《东南亚纵横》2019年第6期。

“《东盟的印度洋—太平洋展望》评析”，葛红亮、王娜娜撰，载《东南亚纵横》2019年第6期。

“中国与东盟旅游服务贸易研究综述”，刘庆撰，载《环渤海经济瞭望》2019年第9期。

“30年来中国—东盟高等教育合作机制研究综述”，杨林伟、朱耀顺、李富娜撰，载《昆明理工大学学报(社会科学版)》2019年第4期。

“中国游客赴马来西亚的安全感知研究——基于网络文本分析”，何月美、邹永广、莫耀柒撰，载《世界地理研究》2019年第6期。

“马来西亚华文媒体中的‘一带一路’倡议——基于对《星洲日报》相关新闻报道的批评性话语分析”，聂浩撰，载《青年记者》2019年第30期。

“国内学者关于马来西亚华文教育研究现状分析——基于CiteSpace的可视化分析”，蒋炳庆、刘迪撰，载《昆明学院学报》2019年第4期。

“中国与南亚东南亚乡村的现状和未来——首届‘一带一路’乡村振兴国际论坛会议综述”，冯璐、曾艳、赵鸭桥、唐丽霞撰，载《中国农业大学学报(社会科学版)》2019年第4期。

“印度尼西亚2019年大选评析”，梁英明撰，载《东南亚研究》2019年第4期。

“滇藏缅印交角地区藏缅语族群史国外研究述评”，方天建撰，载《云南师范大学学报(哲学社会科学版)》2019年第3期。

〔马静(广西社会科学院)〕

投资贸易指南

中国投资贸易指南

中国商务部 海关总署公告2018年第108号

（公布2019年出口许可证管理货物目录）

依据《中华人民共和国对外贸易法》《中华人民共和国货物进出口管理条例》《消耗臭氧层物质管理条例》等法律、行政法规和有关规章，现公布《2019年出口许可证管理货物目录》（以下简称为目录），并就有关事项公告如下：

一、出口目录内所列货物的对外贸易经营者，应向商务部或者受商务部委托的地方商务主管部门申请取得《中华人民共和国出口许可证》（以下简称为出口许可证），凭出口许可证向海关办理报关验放手续。

（一）对外贸易经营者出口活牛（对港澳出口）、活猪（对港澳出口）、活鸡（对香港出口）、小麦、玉米、大米、小麦粉、玉米粉、大米粉、药料用麻黄草（人工种植）、煤炭、原油、成品油（不含润滑油、润滑脂、润滑油基础油）、锯材、棉花等货物的，凭配额文件申领出口许可证；出口甘草及甘草制品、蔺草及蔺草制品的，凭配额招标中标文件申领出口许可证。

以加工贸易方式出口本款所列货物的，凭配额文件、货物出口合同申领出口许可证。其中，出口甘草及甘草制品、蔺草及蔺草制品的，凭配额招标中标文件、海关加工贸易进口报关单申领出口许可证。

（二）对外贸易经营者出口活牛（对港澳以外市场）、活猪（对港澳以外市场）、活鸡（对香港以外市场）、牛肉、猪肉、鸡肉、天然砂（含标准砂）、矾土、磷矿石、镁砂、滑石块（粉）、萤石（氟石）、稀土、锡及锡制品、钨及钨制品、钼及钼制品、锑及锑制品、焦炭、成品油（润滑油、润滑脂、润滑油基础油）、石蜡、部分金属及制品、硫酸二钠、碳化硅、消耗臭氧层物质、柠檬酸、维生素C、青霉素工业盐、白银、铂金（以加工贸易方式出口）、铟及铟制品、摩托车（含全地形车）及其发动机和车架、汽车（包括成套散件）及其底盘等货物的，需按规定申请取得出口许可证。其中，消耗臭氧层物质的货样广告品需凭出口许可证出口。以一般贸易、加工贸易、边境贸易和捐赠贸易方式出口汽车、摩托车产品的，需按规定的条件申请取得出口许可证；以工程承包方式出口汽车、摩托车产品的，凭中标文件等材料申领出口许可证。以上述贸易方式出口非原产于中国的汽车、摩托车产品的，凭进口海关单据和货物出口合同申领出口许可证。

以加工贸易方式出口本款所列货物的，除另有规定以外，凭有关批准文件、海关加工贸易进口报关单和货物出口合同申领出口许可证。其中，申领润滑油、润滑脂、润滑油基础油等成品油出口许可证，需提交省级商务主管部门申请函；出口除润滑油、润滑脂、润滑油基础油以外的成品油的，免于申领出口许可证。

（三）对外贸易经营者以边境小额贸易方式出口第一款所列货物的，由省级地方商务主管部门根据商务部下达的边境小额贸易配额和要求签发出口许可证。以边境小额贸易方式出口甘草及甘草制品、蔺草及蔺草制品、消耗臭氧层物质、摩托车（含全地形车）及其发动机和车架、汽车（包括成套散件）及其底盘等货物的，需按规定申领出口许可证。以边境小额贸易方式出口本款上述情形以外的目录所列货物的，免于申领出口许可证。

（四）对外贸易经营者出口铈及铈合金（颗粒<500微米）、钨及钨合金（颗粒<500微米）、锆、铍的，可免于申请出口许可证，但需按规定申请取得《中华人民共和国两用物项和技术出口许可证》。

（五）我国政府对外援助项下提供的目录内货物不纳入出口配额和许可证管理。

二、继续暂停对润滑油（海关商品编号27101991）、润滑脂（海关商品编号27101992）、润滑油基础油（海关商品编号27101993）一般贸易出口的国营贸易管理。对外贸易经营者以一般贸易方式出口上述货物的，凭货物出口合同申领出口许可证。以其他贸易方式出口上述货物的，按商务部、发展改革委、海关总署公告2008年第30号的规定执行。

三、为实施出口许可证联网核销，商务部或者受商务部委托的地方商务主管部门可根据管理需要，对属于“非一批一证”制的货物在出口许可证备注栏内签注“非一批一证”。“非一批一证”制货物出口许可证在有效期内可多次通关使用，但不超过12次。出口许可证通关超过12次的，海关停止接受报关。

属于“非一批一证”制的货物为：加工贸易方式出口的货物；补偿贸易项下出口的货物；小麦、玉米、大米、小麦粉、玉米粉、大米粉、活牛、活猪、活鸡、牛肉、猪肉、鸡肉、原油、成品油、煤炭、摩托车（含全地形车）及其发动机和车架、汽车（包括成套散件）及其底盘。

对消耗臭氧层物质出口实行“一批一证”制，即出口许可证在有效期内一次报关使用。

四、为维护对外贸易秩序，对甘草、甘草制品和天然砂（对台港澳地区）实行指定口岸报关出口。其中，甘草出口的报关口岸指定为天津海关、上海海关、大连海关；甘草制品出口的报关口岸指定为天津海关、上海海关；天然砂出口（对台港澳地区）的报关口岸限定于企业所在省（自治区、直辖市）的海关。对镁砂、稀土、锑及锑制品等货物暂停实行指定口岸报关出口。

五、受商务部的委托，省级地方商务主管部门和沈阳市、长春市、哈尔滨市、南京市、武汉市、广州市、成都市、西安市等副省级市商务主管部门按分工实施货物出口许可，并签发出口许可证。本公告所称省级地方商务主管部门，是指各省、自治区、直辖市、计划单列市及新疆生产建设兵团商务主管部门。

六、本公告自2019年1月1日起执行。2017年12月22日商务部、海关总署公布的《2018年出口许可证管理货物目录》同时废止。

商务部公告2018年第110号
（公布2019年货物进口许可证发证目录）

根据《货物进口许可证管理办法》（商务部令2004年第27号）、《重点旧机电产品进口管理办法》（商务部、海关总署、质检总局令2008年第5号）和《2019年进口许可证管理货物目录》（商务部、海关总署公告2018年第107号），现公布《2019年货物进口许可证发证目录》（见附件），并就有关事宜公告如下：

一、2019年实行进口许可证管理的货物包括消耗臭氧层物质和重点旧机电产品，由商务部和商务部委托的省级地方商务主管部门（以下简称委托机构）负责实施货物进口许可。

（一）重点旧机电产品进口许可证及在京的属于国务院国资委管理的对外贸易经营者申领的进口许可证，由商务部配额许可证事务局（以下简称许可证局）负责签发。

（二）消耗臭氧层物质进口许可证，由委托机构负责签发。

二、进口许可证的签发，应严格按照《货物进口许可证管理办法》《重点旧机电产品进口管理办法》《2019年进口许可证管理货物目录》和《进口许可证签发工作规范》（商配发〔2007〕360号）等有关规定执行。许可证局负责对进口许可证签发业务进行监督检查和指导。

本公告自2019年1月1日起执行。商务部公告2017年第96号同时废止。

2019年货物进口许可证发证目录

货物种类	海关商品编号	商品名称及备注	单位
商务部负责签发以下货物的进口许可证			
旧机电产品目录			
一、化工设备	8419409090	其他蒸馏或精馏设备	台/千克
	8419609010	液化器（将来自级联的UF6气体压缩并冷凝成液态UF6）	台/千克
二、金属冶炼设备	8454309000	其他金属冶炼及铸造用铸造机	台
三、工程机械	8426200000	塔式起重机	台/千克
	8426411000	轮胎式起重机	台/千克
	8426419000	其他带胶轮的自推进起重机械	台/千克
	8426491000	履带式自推进起重机械	台/千克
	8426499000	其他不带胶轮的自推进起重机械	台/ 克
	8426990000	其他起重机械	台/千克
	8427209000	其他机动叉车及有升降装置工作车（包括装有搬运装置的机动工作车）	台/千克
	8427900000	其他叉车及可升降的工作车（工作车指装有升降或搬运装置）	台/千克
	8428109000	其他升降机及倒卸式起重机	台/千克
四、起重运输设备	8426193000	龙门式起重机	台/千克
	8426194100	门式装卸桥	台/千克
	8426194200	集装箱装卸桥	台/千克
	8427101000	有轨巷道堆垛机	台/千克
	8427102000	无轨巷道堆垛机	台/千克
	8428602100	单线循环式客运架空索道	台/千克
五、造纸设备	8439100000	制造纤维素纸浆的机器	台/千克
	8439200000	纸或纸板的抄造机器	台/千克
	8439300000	纸或纸板的整理机器	台/千克
六、电力、电气设备	8501641090	其他输出功率超过750千伏安但不超过350兆伏安的交流发电机	台/千瓦
	8501642010	由使用可再生燃料锅炉和涡轮机组驱动的交流发电机（输出功率超过350兆伏安但不超过665兆伏安）	台/千瓦
	8501642090	其他输出功率超过350兆伏安但不超过665兆伏安的交流发电机	台/千瓦
	8501643010	由使用可再生燃料锅炉和涡轮机组驱动的交流发电机（输出功率超过665兆伏安）	台/千瓦
	8501643090	其他输出功率超过665兆伏安的交流发电机	台/千瓦
	8502120000	输出功率超过75千伏安但不超过375千伏安的柴油发电机组（包括半柴油发电机组）	台/千瓦
	8502131000	输出功率超过375千伏安但不超过2兆伏安的柴油发电机组（包括半柴油发电机组）	台/千瓦
	8502132000	输出功率超过2兆伏安的柴油发电机组（包括半柴油发电机组）	台/千瓦
	8502200000	装有点燃式活塞内燃发动机的发电机组（内燃的）	台/千瓦

续表

货物种类	海关商品编号	商品名称及备注	单位
七、食品加工及包装设备	8419810000	加工热饮料或烹调、加热食品的机器	台/千克
	8421220000	过滤或净化饮料的机器及装置(过滤或净化水的装置除外)	台/千克
	8422301010	乳品加工用自动化灌装设备	台/克
	8422301090	其他饮料及液体食品灌装设备	台/千克
	8434200000	乳品加工机器	台/千克
	8438100010	糕点生产线	台/千克
八、农业机械	432313100	免耕直接水稻插秧机	台/千克
	8432393100	非免耕直接水稻插秧机	台/千克
	8433510001	功率在160马力及以上的联合收割机	台/千克
	8433510090	功率在160马力以下的联合收割机	台/千克
	8433530001	功率在160马力及以上的土豆、甜菜收割机	台/千克
	8433591001	功率在160马力及以上的甘蔗收割机	台/千克
	8433592000	棉花采摘机	台/千克
	8433599001	自走式青储饲料收割机	台/千克
	8433599090	其他收割机及脱粒机	台/千克
九、印刷机械	8440102000	胶订机	台/克
	8443120000	办公室用片取进料式胶印机(展开片尺寸不超过22厘米×36厘米,用税目84.42项下商品进行印刷的机器)	台/千克
	8443140000	卷取进料式凸版印刷机(用税目84.42项下商品进行印刷的机器,但不包括苯胺印刷机)	台/千克
	8443150000	除卷取进料式以外的凸版印刷机(用税目84.42项下商品进行印刷的机器,但不包括苯胺印刷机)	台/千克
	8443160001	线速度在350米/分钟及以上、幅宽在800毫米及以上的苯胺印刷机(柔性版印刷机,用税目84.42项下商品进行印刷的机器)	台/千克
	8443160002	线速度在160米/分钟及以上、幅宽在250毫米及以上但少于800毫米的机组式柔性版印刷机(具有烫印或全息或丝网印刷功能单元)	台/千克
	8443160090	其他苯胺印刷机(柔性版印刷机,用税目84.42项下商品进行印刷的机器)	台/千克
	8443198000	未列名印刷机(网式印刷机除外,用税目84.42项下商品进行印刷的机器)	台/千克
十、纺织机械	8453100000	生皮、皮革的处理或加工机器(包括鞣制机)	台
十一、船舶	8901101010	高速客船(包括主要用于客运的类似船舶)	艘
	8901101090	其他机动巡航船、游览船及各式渡船(包括主要用于客运的类似船舶)	艘
	8903920001	长度超过8米但在90米以下的汽艇(装有舷外发动机的除外)	艘
	8903920090	其他汽艇(装有舷外发动机的除外)	艘
	8903990001	长度超过8米但在90米以下的娱乐或运动用其他机动船舶或快艇(包括划艇及轻舟)	艘
	8901109000	非机动巡航船、游览船及各式渡船(以及主要用于客运的类似船舶)	艘
	8901909000	非机动货运船舶及客货兼运船舶	艘
十二、硒鼓	8443999010	其他印刷(打印)机、复印机及传真机的感光鼓和含感光鼓的碳粉盒	千克
十三、X射线管	9022300000	X射线管	个
委托机构负责签发以下货物的进口许可证			
消耗臭氧层物质目录			
消耗臭氧层物质	2903191010	1,1,1-三氯乙烷(甲基氯仿),用于清洗剂的除外	千克
	2903191090	1,1,1-三氯乙烷(甲基氯仿),用于清洗剂的	千克
	2903399020	溴甲烷(甲基溴)	千克
	2903710000	一氯二氟甲烷	千克
	2903720000	二氯三氟乙烷	千克
	2903730000	二氯一氟乙烷	千克
	2903740000	一氯二氟乙烷	千克
	2903750010	1,1,1,2,2-五氟-3,3-二氯丙烷	千克
	2903750020	1,1,2,2,3-五氟-1,3-二氯丙烷	千克
	2903750090	其他二氯五氟丙烷	千克
	2903760010	溴氯二氟甲烷	千克
	2903760020	溴三氟甲烷	千克
	2903771000	三氯氟甲烷	千克

续表

货物种类	海关商品编号	商品名称及备注	单位
	2903772011	二氯二氟甲烷	千克
	2903772012	三氯三氟乙烷,用于清洗剂的除外(CFC－113)	千克
	2903772014	二氯四氟乙烷(CFC－114)	千克
	2903772015	一氯五氟乙烷(CFC－115)	千克
	2903772016	一氯三氟甲烷(CFC－13)	千克
	2903791011	一氟二氯甲烷	千克
	2903791012	1,1,1,2－四氟－2－氯乙烷	千克
	2903791013	三氟一氯乙烷	千克
	2903791014	1－氟－1,1－二氯乙烷	千克
	2903791015	1,1－二氟－1－氯乙烷	千克
	2903791090	其他仅含氟和氯的甲烷、乙烷及丙烷的卤化衍生物	千克
	2903799021	其他仅含溴、氟的甲烷、乙烷和丙烷	千克
	3824710011	二氯二氟甲烷和二氟乙烷的混合物(R－500)	千克
	3824710012	一氯二氟甲烷和二氯二氟甲烷的混合物(R－501)	千克
	3824710013	一氯二氟甲烷和一氯五氟乙烷的混合物(R－502)	千克
	3824710014	三氟甲烷和一氯三氟甲烷的混合物(R－503)	千克
	3824710015	二氟甲烷和一氯五氟乙烷的混合物(R－504)	千克
	3824710016	二氯二氟甲烷和一氟一氯甲烷的混合物(R－505)	千克
	3824710017	一氟一氯甲烷和二氯四氟乙烷的混合物(R－506)	千克
	3824710018	二氯二氟甲烷和二氯四氟乙烷的混合物(R－400)	千克
	3824740011	二氟一氯甲烷、二氟乙烷和一氯四氟乙烷的混合物(R－401)	千克
	3824740012	五氟乙烷、丙烷和二氟一氯甲烷的混合物(R－402)	千克
	3824740013	丙烷、二氟一氯甲烷和八氟丙烷的混合物(R－403)	千克
	3824740014	二氟一氯甲烷、二氟乙烷、一氯二氟乙烷和八氟环丁烷的混合物(R－405)	千克
	3824740015	二氟一氯甲烷、2－甲基丙烷(异丁烷)和一氯二氟乙烷的混合物(R－406)	千克
	3824740016	五氟乙烷、三氟乙烷和二氟一氯甲烷的混合物(R－408)	千克
	3824740017	二氟一氯甲烷、一氯四氟乙烷和一氯二氟乙烷的混合物(R－409)	千克
	3824740018	丙烯、二氟一氯甲烷和二氟乙烷的混合物(R－411)	千克
	3824740019	二氟一氯甲烷、八氟丙烷和一氯二氟乙烷的混合物(R－412)	千克
	3824740021	二氟一氯甲烷、一氯四氟乙烷、一氯二氟乙烷和2－甲基丙烷的混合物(R－414)	千克
	3824740022	二氟一氯甲烷和二氟乙烷的混合物(R－415)	千克
	3824740023	四氟乙烷、一氯四氟乙烷和丁烷的混合物(R－416)	千克
	3824740024	丙烷、二氟一氯甲烷和二氟乙烷的混合物(R－418)	千克

本公告自2019年1月1日起执行。商务部公告2017年第96号同时废止。

关于修改《外商投资企业设立及变更备案管理暂行办法》的决定

(商务部令2018年第6号)

《关于修改〈外商投资企业设立及变更备案管理暂行办法〉的决定》已经商务部第4次部务会议审议通过,现予公布,自2018年6月30日起施行。

中国商务部部长　钟山

2018年6月29日

关于修改《外商投资企业设立及变更备案管理暂行办法》的决定

为贯彻落实党中央、国务院决策部署,在全国推开外资企业设立商务备案与工商登记“一套表格、一口办理”,优化外商投资企业设立备案程序,进一步提升外商投资便利化水平,商务部决定,对《外商投资企业设立及变更备案管理暂行办法》(商务部令2017年第2号)作如下修改:

一、将第五条第一款、第二款修改为:设立外商投资企业,属于本办法规定的备案范围的,全体投资者(或外商投资股份有限公司董事会)指定的代表或共同委托的代理人在向工商和市场监督管理部门办理设立登记时,应一并在线报送外商投资企业设立备案信息。

由于并购、吸收合并等方式,非外商投资企业转变为外商投资企业,属于本办法规定的备案范围的,在向工商和市场监督管理部门办理变更登记时,应一并在线报送外商投资企业设立备案信息。

增加一款,作为第五条第三款:“备案机构自取得工商和市场监督管理部门推送的备案信息时,开始办理备案手续,并应同时告知投资者。”

二、删除第七条第一款、第三款,删除第二款中的“登记前或”。

三、删除第八条第一款中的“通过综合管理系统”,并将该款第(三)项中的“或全体发起人”修改为“或外商投资股份有限公司董事会”。

四、删除第九条。

五、将第十二条第一款中的“外商投资企业或其投资者在线提交《设立申报表》或《变更申报表》及相关文件后,备案机构对填报信息形式上的完整性和准确性进行核对”修改为“备案机构取得外商投资企业设立或变更备案信息后,对填报信息形式上的完整性和准确性进行核对”;将第二款最后一句修改为“外商投资企业或其投资者应于5个工作日内就同一设立或变更事项向备案机构另行申请补充备案信息。”

六、删除第十三条中的“外商投资企业名称预核准材料

(复印件)或”。

此外,对相关条款的顺序和附件相关内容作相应调整。

外商投资企业设立及变更备案管理暂行办法

第一章　总则

第一条　为进一步扩大对外开放,推进外商投资管理体制改革,完善法治化、国际化、便利化的营商环境,根据《中华人民共和国中外合资经营企业法》、《中华人民共和国中外合作经营企业法》、《中华人民共和国外资企业法》、《中华人民共和国公司法》及相关法律、行政法规及国务院决定,制定本办法。

第二条　外商投资企业的设立及变更,不涉及国家规定实施准入特别管理措施的,适用本办法。

第三条　国务院商务主管部门负责统筹和指导全国范围内外商投资企业设立及变更的备案管理工作。

各省、自治区、直辖市、计划单列市、新疆生产建设兵团、副省级城市的商务主管部门,以及自由贸易试验区、国家级经济技术开发区的相关机构是外商投资企业设立及变更的备案机构,负责本区域内外商投资企业设立及变更的备案管理工作。

备案机构通过外商投资综合管理信息系统(以下简称综合管理系统)开展备案工作。

第四条　外商投资企业或其投资者应当依照本办法真实、准确、完整地提供备案信息,填写备案申报承诺书,不得有虚假记载、误导性陈述或重大遗漏。外商投资企业或其投资者应妥善保存与已提交备案信息相关的证明材料。

第二章　备案程序

第五条　设立外商投资企业,属于本办法规定的备案范围的,全体投资者(或外商投资股份有限公司董事会)指定的代表或共同委托的代理人在向工商和市场监督管理部门办理设立登记时,应一并在线报送外商投资企业设立备案信息。

由于并购、吸收合并等方式,非外商投资企业转变为外商投资企业,属于本办法规定的备案范围的,在向工商和市场监督管理部门办理变更登记时,应一并在线报送外商投资企业设立备案信息。

备案机构自取得工商和市场监督管理部门推送的备案信息时,开始办理备案手续,并应同时告知投资者。

第六条　属于本办法规定的备案范围的外商投资企业,发生以下变更事项的,应由外商投资企业指定的代表或委托的代理人在变更事项发生后30日内通过综合管理系统在线填报和提交《外商投资企业变更备案申报表》(以下简称《变更申报表》)及相关文件,办理变更备案手续:

(一)外商投资企业基本信息变更,包括名称、注册地址、企业类型、经营期限、投资行业、业务类型、经营范围、是否属于国家规定的进口设备减免税范围、注册资本、投资总额、组织机构构成、法定代表人、外商投资企业最终实际控制人信息、联系人及联系方式变更;

(二)外商投资企业投资者基本信息变更,包括姓名(名称)、国籍/地区或地址(注册地或注册地址)、证照类型及号码、认缴出资额、出资方式、出资期限、资金来源地、投资者类型变更;

(三)并购设立外商投资企业交易基本信息变更;

(四)股权(股份)、合作权益变更;

(五)合并、分立、终止;

(六)外资企业财产权益对外抵押转让;

(七)中外合作企业外国合作者先行回收投资;

(八)中外合作企业委托经营管理。

其中,合并、分立、减资等事项依照相关法律法规规定应当公告的,应当在办理变更备案时说明依法办理公告手续情况。

前述变更事项涉及最高权力机构作出决议的,以外商投资企业最高权力机构作出决议的时间为变更事项的发生时间;法律法规对外商投资企业变更事项的生效条件另有要求的,以满足相应要求的时间为变更事项的发生时间。

外商投资的上市公司及在全国中小企业股份转让系统挂牌的公司,可仅在外国投资者持股比例变化累计超过5%以及控股或相对控股地位发生变化时,就投资者基本信息或股份变更事项办理备案手续。

第七条　外商投资的上市公司引入新的外国投资者战略投资,属于备案范围的,应于证券登记结算机构证券登记后30日内办理变更备案手续,填报《变更申报表》。

第八条　外商投资企业或其投资者办理外商投资企业设立或变更备案手续,需上传提交以下文件:

(一)外商投资企业名称预先核准材料或外商投资企业营业执照;

(二)外商投资企业全体投资者(或全体发起人)或其授权代表签署的《外商投资企业设立备案申报承诺书》,或外商投资企业法定代表人或其授权代表签署的《外商投资企业变更备案申报承诺书》;

(三)全体投资者(或外商投资股份有限公司董事会)或外商投资企业指定代表或者共同委托代理人的证明,包括授权委托书及被委托人的身份证明;

(四)外商投资企业投资者或法定代表人委托他人签署相关文件的证明,包括授权委托书及被委托人的身份证明(未委托他人签署相关文件的,无须提供);

(五)投资者主体资格证明或自然人身份证明(变更事项不涉及投资者基本信息变更的,无须提供);

(六)法定代表人自然人身份证明(变更事项不涉及法定代表人变更的,无须提供);

(七)外商投资企业最终实际控制人股权架构图(变更事项不涉及外商投资企业最终实际控制人变更的,无须提供);

(八)涉及外国投资者以符合规定的境外公司股权作为支付手段的,需提供获得境外公司股权的境内企业《企业境外投资证书》。

前述文件原件为外文的,应同时上传提交中文翻译件,外商投资企业或其投资者应确保中文翻译件内容与外文原件内容保持一致。

第九条　经审批设立的外商投资企业发生变更,且变更后的外商投资企业不涉及国家规定实施准入特别管理措施的,应办理备案手续;完成备案的,其《外商投资企业批准证书》同时失效。

第十条　备案管理的外商投资企业发生的变更事项涉及国家规定实施准入特别管理措施的,应按照外商投资相关法律法规办理审批手续。

第十一条　备案机构取得外商投资企业设立或变更备

案信息后，对填报信息形式上的完整性和准确性进行核对，并对申报事项是否属于备案范围进行甄别。属于本办法规定的备案范围的，备案机构应在3个工作日内完成备案。不属于备案范围的，备案机构应在3个工作日内在线通知外商投资企业或其投资者按有关规定办理，并通知相关部门依法处理。

备案机构发现外商投资企业或其投资者填报的信息形式上不完整、不准确，或需要其对经营范围作出进一步说明的，应一次性在线告知其在15个工作日内在线补充提交相关信息。提交补充信息的时间不计入备案机构的备案时限。如外商投资企业或其投资者未能在15个工作日内补齐相关信息，备案机构将在线告知外商投资企业或其投资者未完成备案。外商投资企业或其投资者应于5个工作日内就同一设立或变更事项向备案机构另行申请补充备案信息。

备案机构应通过综合管理系统发布备案结果，外商投资企业或其投资者可在综合管理系统中查询备案结果信息。

第十二条　备案完成后，外商投资企业或其投资者可凭外商投资企业营业执照（复印件）向备案机构领取《外商投资企业设立备案回执》或《外商投资企业变更备案回执》（以下简称《备案回执》）。

第十三条　备案机构出具的《备案回执》载明如下内容：

（一）外商投资企业或其投资者已提交设立或变更备案申报材料，且符合形式要求；

（二）备案的外商投资企业设立或变更事项；

（三）该外商投资企业设立或变更事项属于备案范围；

（四）是否属于国家规定的进口设备减免税范围。

第三章　监督管理

第十四条　商务主管部门对外商投资企业及其投资者遵守本办法情况实施监督检查。

商务主管部门可采取抽查、根据举报进行检查、根据有关部门或司法机关的建议和反映的情况进行检查，以及依职权启动检查等方式开展监督检查。

商务主管部门与公安、国有资产、海关、税务、工商、证券、外汇等有关行政管理部门应密切协同配合，加强信息共享。商务主管部门在监督检查的过程中发现外商投资企业或其投资者有不属于本部门管理职责的违法违规行为，应及时通报有关部门。

第十五条　商务主管部门应当按照公平规范的要求，根据外商投资企业的备案编号等随机抽取确定检查对象，随机选派检查人员，对外商投资企业及其投资者进行监督检查。抽查结果由商务主管部门通过商务部外商投资信息公示平台予以公示。

第十六条　公民、法人或其他组织发现外商投资企业或其投资者存在违反本办法的行为的，可以向商务主管部门举报。举报采取书面形式，有明确的被举报人，并提供相关事实和证据的，商务主管部门接到举报后应当进行必要的检查。

第十七条　其他有关部门或司法机关在履行其职责的过程中，发现外商投资企业或其投资者有违反本办法的行为的，可以向商务主管部门提出监督检查的建议，商务主管部门接到相关建议后应当及时进行检查。

第十八条　对于未按本办法的规定进行备案，或曾有备案不实、对监督检查不予配合、拒不履行商务主管部门作出的行政处罚决定记录的外商投资企业或其投资者，商务主管部门可依职权对其启动检查。

第十九条　商务主管部门对外商投资企业及其投资者进行监督检查的内容包括：

（一）是否按照本办法规定履行备案手续；

（二）外商投资企业或其投资者所填报的备案信息是否真实、准确、完整；

（三）是否在国家规定实施准入特别管理措施中所列的禁止投资领域开展投资经营活动；

（四）是否未经审批在国家规定实施准入特别管理措施中所列的限制投资领域开展投资经营活动；

（五）是否存在触发国家安全审查的情形；

（六）是否伪造、变造、出租、出借、转让《备案回执》；

（七）是否履行商务主管部门作出的行政处罚决定。

第二十条　检查时，商务主管部门可以依法查阅或者要求被检查人提供有关材料，被检查人应当如实提供。

第二十一条　商务主管部门实施检查不得妨碍被检查人正常的生产经营活动，不得接受被检查人提供的财物或者服务，不得谋取其他非法利益。

第二十二条　商务主管部门和其他主管部门在监督检查中掌握的反映外商投资企业或其投资者诚信状况的信息，应记入商务部外商投资诚信档案系统。其中，对于未按本办法规定进行备案，备案不实，伪造、变造、出租、出借、转让《备案回执》，对监督检查不予配合或拒不履行商务主管部门作出的行政处罚决定的，商务主管部门应将相关诚信信息通过商务部外商投资信息公示平台予以公示。

商务部与相关部门共享外商投资企业及其投资者的诚信信息。

商务主管部门依据前二款公示或者共享的诚信信息不得含有外商投资企业或其投资者的个人隐私、商业秘密，或国家秘密。

第二十三条　外商投资企业及其投资者可以查询商务部外商投资诚信档案系统中的自身诚信信息，如认为有关信息记录不完整或者有错误的，可以提供相关证明材料并向商务主管部门申请修正。经核查属实的，予以修正。

对于违反本办法而产生的不诚信记录，在外商投资企业或其投资者改正违法行为、履行相关义务后3年内未再发生违反本办法行为的，商务主管部门应移除该不诚信记录。

第四章　法律责任

第二十四条　外商投资企业或其投资者违反本办法的规定，未能按期履行备案义务，或在进行备案时存在重大遗漏的，商务主管部门应责令限期改正；逾期不改正，或情节严重的，处3万元以下罚款。

外商投资企业或其投资者违反本办法的规定，逃避履行备案义务，在进行备案时隐瞒真实情况、提供误导性或虚假信息，或伪造、变造、出租、出借、转让《备案回执》的，商务主管部门应责令限期改正，并处3万元以下罚款。违反其他法律法规的，由有关部门追究相应法律责任。

第二十五条　外商投资企业或其投资者未经审批在国家规定实施准入特别管理措施所列的限制投资领域开展投资经营活动的，商务主管部门应责令限期改正，并处3万元以下罚款。违反其他法律法规的，由有关部门追究相应法律责任。

第二十六条　外商投资企业或其投资者在国家规定实施准入特别管理措施所列的禁止投资领域开展投资经营活动的，商务主管部门应责令限期改正，并处3万元以下罚款。违反其他法律法规的，由有关部门追究相应法律责任。

第二十七条　外商投资企业或其投资者逃避、拒绝或以其他方式阻挠商务主管部门监督检查的，由商务主管部门责令改正，可处1万元以下的罚款。

第二十八条　有关工作人员在备案或监督管理的过程中滥用职权、玩忽职守、徇私舞弊、索贿受贿的，依法给予行政处分；构成犯罪的，依法追究刑事责任。

第五章　附则

第二十九条　本办法实施前商务主管部门已受理的外商投资企业设立及变更事项，未完成审批且属于备案范围的，审批程序终止，外商投资企业或其投资者应按照本办法办理备案手续。

第三十条　外商投资事项涉及反垄断审查的，按相关规定办理。

第三十一条　外商投资事项涉及国家安全审查的，按相关规定办理。备案机构在办理备案手续或监督检查时认为该外商投资事项可能属于国家安全审查范围，而外商投资企业的投资者未向商务部提出国家安全审查申请的，备案机构应及时告知投资者向商务部提出安全审查申请，并暂停办理相关手续，同时将有关情况报商务部。

第三十二条　投资类外商投资企业（包括投资性公司、创业投资企业）视同外国投资者，适用本办法。

第三十三条　香港特别行政区、澳门特别行政区、台湾地区投资者投资不涉及国家规定实施准入特别管理措施的，参照本办法办理。

第三十四条　香港服务提供者在内地仅投资《〈内地与香港关于建立更紧密经贸关系的安排〉服务贸易协议》对香港开放的服务贸易领域，澳门服务提供者在内地仅投资《〈内地与澳门关于建立更紧密经贸关系的安排〉服务贸易协议》对澳门开放的服务贸易领域，其公司设立及变更的备案按照《港澳服务提供者在内地投资备案管理办法（试行）》办理。

第三十五条　商务部于本办法生效前发布的部门规章及相关文件与本办法不一致的，适用本办法。

第三十六条　自由贸易试验区、国家级经济技术开发区的相关机构依据本办法第三章和第四章，对本区域内的外商投资企业及其投资者遵守本办法情况实施监督检查。

第三十七条　本办法自公布之日起施行。《自由贸易试验区外商投资备案管理办法（试行）》（商务部公告2015年第12号）同时废止。

外商投资企业设立及变更备案监督检查指引

一、为加强对不涉及国家规定实施准入特别管理措施的外商投资企业设立及变更事中事后监管，规范对外商投资企业及其投资者的监督检查工作，依据《外商投资企业设立及变更备案管理暂行办法》（以下简称《备案办法》）及相关法律、行政法规及国务院文件，制定本指引。

二、本指引所称外商投资企业设立及变更备案监督检查（以下简称监督检查），是指商务主管部门和依据《备案办法》第三十六条行使监督检查职能的自由贸易试验区、国家级经济技术开发区的相关机构（以下统称检查机构）对本区域内外商投资企业及其投资者（以下简称检查对象）遵守《备案办法》的情况进行检查，并对违反《备案办法》的行为实施行政处罚的活动。其中，商务部负责指导全国范围内监督检查工作，其他检查机构负责在本区域内组织、开展监督检查工作。

检查机构进行监督检查应以随机抽查为主。此外，可应举报、根据有关部门或司法机关建议和反映情况，或依职权启动检查。

三、监督检查应坚持以下原则：

依法监管原则。严格执行有关法律法规，规范监管行为，落实监管责任，确保事中事后监管依法有序进行。

公正透明原则。坚持检查事项公开、程序公开、结果公开，保障检查对象权利平等和机会平等。

协同高效原则。建立健全协同监管与信息共享机制，形成监管合力，提高监管效率。

谁检查谁反馈原则。检查机构负责向被检查对象反馈各自实施的检查结果。

四、检查机构应在外商投资综合管理信息系统（以下简称综合管理系统）中建立监督检查人员名录库，监督检查人员应具有行政执法资格。

采取随机抽查方式进行监督检查的，检查机构应根据本区域外商投资企业设立及变更备案的具体情况制定年度抽查计划，确定抽查频率和抽查比例。原则上抽查频率应不少于每年度两次。检查机构应通过综合管理系统随机抽取监督检查人员和检查对象。执行每次检查任务的工作人员应不少于2人。随机抽取的检查人员中，与检查对象有利害关系的，应依法回避。检查人员现场监督检查应佩戴执法标识，出示“行政执法证”。

抽查分为不定向抽查和定向抽查。不定向抽查指检查机构按照公平、规范的要求，根据外商投资企业的备案编号，按照不少于3%的比例随机抽取本区域内的企业，生成抽查名单，对名单内检查对象遵守《备案办法》的情况进行检查。定向抽查指检查机构按照外商投资企业投资规模、所属行业、地理区域等特征，以适当比例随机抽取本区域内企业，生成抽查名单，对名单内检查对象遵守《备案办法》的情况进行检查。

随机抽取的检查对象中，在最近一次检查中未发现违法违规及违反《备案办法》行为，且两次检查期间内未发生需办理备案手续的变更事项的，可不列入本次抽查名单。对于投诉举报多、列入经营异常名录或有严重违法记录等情况的检查对象，以及涉及群众生命财产安全的特殊行业、重点区域的检查对象，不受限制。

五、公民、法人或其他组织发现外商投资企业或其投资者存在违反《备案办法》行为的，可以向检查机构举报。检查机构应公布举报受理方式（电话号码、电子邮件及邮寄地址等）。采取书面形式并实名举报，并提供相关事实和证据的，检查机构接到举报后应及时进行必要的检查，并将检查结果书面反馈举报人。

六、有关部门或司法机关在履行其职责的过程中，发现外商投资企业或其投资者有违反《备案办法》行为的，可以向检查机构提出监督检查建议。检查机构接到相关建议后应当及时进行检查，并将检查结果反馈有关部门或司法机关。

七、对于未按《备案办法》规定进行备案，或曾有备案不实、对监督检查不予配合、拒不履行检查机构作出的行政处罚决定记录的外商投资企业或其投资者,检查机构可依职权对其启动检查。

其中应备案而未按《备案办法》规定进行备案的,检查机构应通过信息共享机制定期比对工商市场主体登记注册信息与外商投资企业备案信息,发现问题后可对相关企业启动检查。

八、检查机构依照《备案办法》第十九条规定的监督检查内容进行现场查验或书面检查,应至少提前3个工作日向检查对象下达《外商投资企业设立及变更备案检查通知》,并告知检查时需查阅或要求提交的文件材料。

九、检查机构应在现场查验或收到检查对象提交的全部备查材料后20个工作日内将检查结果书面告知检查对象。

十、检查机构应制作检查工作记录表,如实记载检查情况,并将有关内容记入商务部外商投资诚信档案系统。

十一、检查对象存在《备案办法》第四章第二十四条、二十五条、二十六条、二十七条中所列行为的,检查机构应根据具体情况责令其在1~30个工作日内予以改正;符合罚款条件的,可依据相关规定对其作出罚款处罚。实施罚款应符合《行政处罚法》的有关规定。相关处罚情况将通过商务部外商投资信息公示平台予以公示。

十二、检查机构应发挥协同监管作用,对于监督检查过程中发现的检查对象可能存在不属于本部门管理职责的违法违规行为和监督检查结果,应及时通报公安、国有资产、海关、税务、工商、证券、外汇等相关监管部门,并按照国家社会信用信息平台建设的总体要求,通过商务部外商投资诚信档案系统与相关监管部门共享相关信息。

十三、对于因违反《备案办法》而公示的不诚信记录,检查对象改正违法违规行为,且在履行相关义务后3年内未再发生违反《备案办法》行为的,检查机构应在公示平台中移除该不诚信记录。

十四、各省、自治区、直辖市、计划单列市、新疆生产建设兵团、副省级城市的商务主管部门,以及各自由贸易试验区、国家级经济技术开发区的相关机构可依据本指引制定本区域监督检查实施细则,并抄报国务院商务主管部门。

十五、《外商投资企业设立及变更备案检查通知》样式由国务院商务主管部门统一制定。

十六、《港澳服务提供者在内地投资备案管理办法(试行)的监督检查工作参照本指引执行。

文莱投资贸易指南

一、对外贸易的法规和政策规定

(一)贸易主管部门

文莱财政与经济部是文莱对外贸易归口管理部门,牵头参与对外贸易谈判、商签自由贸易区协定、负责对外贸易促进等工作。

(二)贸易法规体系

文莱与贸易相关的主要法律包括海关法、消费法以及一系列涉及食品安全和清真要求的法规。2001年和2006年分别颁布证券法和银行法,2010年出台全球首个清真药品、保健品生产认证标准,2015年颁布《竞争法》,2016年颁布《破产法》和《公司法修正案》。具体如下:

文莱与贸易相关的主要法规

法规名称	主要内容
海关法及相关规定(2006年)	有关海关规定。包括特别关税、关税返还、对违反规定的处罚等
进口商品估价规定(2001年)	根据世贸规则明确海关估价
①东盟通用特别关税条例(2005年);②中国—东盟全面经济合作框架协议下东盟—中国早期收获计划商品关税条例(2005年);③中国—东盟全面经济合作框架协议下海关货物贸易协议(2006年)	实施有关东盟贸易协议
公司法(1957年)	公司注册法规等
破产法(2016年)	企业破产保护及相关处理规定
竞争法(2015年))	企业市场竞争相关规定
证券法(2001年)	政府间金融往来、为经营商及有关个人在管理和交易证券方面提供建议
银行法(2006年)	指定主管部门、执照颁发、经营管理、监控等
投资促进法(2001年)	促进投资相关规定
清真肉类法	规范清真肉类产品的进口和市场供应
清真医药制品、传统药品及保健品生产与处理指引(2010年)	清真药品和保健品的生产、认证标准
商标法(2000年)	商标注册、保护等
公共卫生(食品)条例(2001年)及公共卫生(食品)法(2002年)	食品安全
反恐怖主义融资规定(2013年)	反恐融资,包括冻结与恐怖主义活动有关的资产,要求金融机构或非金融机构的相关部门向文莱金管局报告可疑资产
汇票法(1999,2015)	票据种类、主管部门、持票人义务、出票、背书、承兑、遗失等
捕捞限制法(1983,2012)	捕捞限制区域
营业执照规定(1984,2015)	营业执照申请等事务,主管部门、执照格式等

资料来源:文莱总检察署

(三)贸易管理的相关规定

文莱实行自由贸易政策,除少数商品受许可证、配额等限制外,其余商品均放开经营。

1. 进口管理。出于环境、健康、安全和宗教方面的考虑,文莱海关对少数商品实行进口许可管理,详见下表:

进口许可商品	许可证发证单位	联系电话、电邮
出版物、印刷品、电影、音像制品、宗教书籍、护身符商品及带有可疑图像或照片的商品	皇家警察局	00673－2459500 info@ police. gov. bn
	伊斯兰宣教中心	00673－2382525 info@ pusat－dakwah. gov. bn
	内安局	00673－2223225 info@ internal－security. gov. bn
清真食品以及新鲜、冷藏、冷冻的肉类	清真进口许可证理事会	00673－2382525 info@ religious－affairs. gov. bn
	卫生部	00673－2381640 info@ moh. gov. bn
	农业局	00673－2380144 info@ agriculture. gov. bn
	皇家海关	00673－2382333 info@ customs. gov. bn
军火、爆炸物、鞭炮、危险武器、废金属	皇家警察局	00673－2459500 info@ police. gov. bn
植物、农作物活牲畜、蔬菜、水果、蛋	农业局	00673－2380144 info@ agriculture. gov. bn
鱼、虾、贝类、水生物及捕鱼设备	渔业局	00673－2382068 info@ fisheries. gov. bn
有毒物品、化学品及放射性物品	卫生部	00673－2381640 info@ moh. gov. bn
无线电发射与接收装置、通信设备(如电话机、传真机、步话机等)资讯通信技术	管理局	00673－2333780 aiti@ brunet. bn
药品,草本及保健食品、软饮料、点心	卫生部	00673－2381640 info@ moh. gov. bn
二手车及非机动车	陆路交通局	00673－2451979 info@ land－transport. gov. bn
	皇家海关	00673－2382333 info@ customs. gov. bn
带有国旗、国徽或皇家标记的徽章、旗帜和纪念品	风俗管理局	00673－2243971 info@ adat－istiadat. gov. bn
文莱制造或发掘的历史文物	博物馆局	00673－2244545 info@ museums. gov. bn
米、糖、盐	信息技术及国家储备局	00673－2423151 info@ itss. gov. bn
广播设备	首相府	00673－2242780 info@ jpm. gov. bn

资料来源:文莱国家单一窗口

没有商业价值的样品可免税进口;对于有商业价值的样品进口,需交抵押金,如果样品在3个月内出境,可退还抵押金。

禁止进口商品包括:鸦片、海洛因、吗啡、淫秽品、印有钞票式样的印刷品等;酒精饮料进口受到严格限制。

文莱政府此前宣布从2017年1月1日起,废除执行多年的水泥进口配额制度,不再对进口水泥实行总量控制。文莱政府宣布废除水泥进口配额有利于提高国内市场活跃度,促使水泥价格下降,降低基础设施建设成本。

2. 出口限制。除了对石油天然气出口控制外,对动物、植物、木材、大米、食糖、食盐、文物、军火等少数物品实行出口许可证管理,其他商品出口管制很少。

(四)进出口商品检验检疫

文莱公共卫生(食品)条例规定所有食品,无论是进口产品还是本地产品,都要安全可靠,具有良好品质,符合伊斯兰教清真食品的要求,尤其对肉类的进口实行严格的清真检验。对于某些动植物产品,如牛肉、家禽,需提交卫生检疫证书。进口食用油不能有异味、不含任何矿物油,动物脂肪须来自在屠宰时身体健康的牲畜并适合人类食用,动物脂肪和食用油须是单一形式,不能将两种或多种脂肪和食用油混合。脂肪和食用油的包装标签上不得有“多不饱和的”字眼或相似字眼。非食用的动物脂肪须出具消毒证明。进口活动物必须有兽医证明。

大豆奶应是从优质大豆中提取的液体食品,可包括糖、无害的植物物质,除了允许的稳定剂、氧化剂和化学防腐剂外,不得含有其他的物质,并且其蛋白质含量不少于2%等。

此外,该条例对食品添加剂、包装以及肉类产品、鱼类产品、调味品、动物脂肪和油、奶产品、冰淇淋、糖与干果、水果、茶、咖啡、无酒饮料、香料、粮食等,都规定了相应的技术标准。对食品的生产日期、保质期、食品容器及农药最大残留量、稳定剂、氧化剂、防腐剂等都有明确的规定。

(五)海关管理规章制度

1. 管理制度。2006年新《海关条例》对特别关税、关税返还、处罚方式等做了规定,2017年3月16日,文莱财政部正式发布《2012年海关进口税和消费税法令》修正法案。该法案旨在通过对部分日常消费品的进口关税和消费税的调整,改变民众的消费习惯,提高民众的安全、健康、幸福指数。其中包括大幅降低汽车零配件、新轮胎进口关税,以减轻民众养车成本并提高汽车安全性;对含高量糖分、味精的食品饮料新征收消费税,同时调高塑料商品的消费税,引导民众选择更加健康的生活方式。该修正案已于2017年4月1日正式实施。《2012年海关进口税和消费税法令》查阅网址为:bn. mofcom. gov. cn/article/jmxw/201703/20170302540406. shtml。

2. 关税税率。文莱总体关税税率很低。2010年1月,中国—东盟自贸区正式建成,文莱作为东盟六个老成员国之一,2012年1月1日完成所有正常产品的降税(到零),2015年完成所有高度敏感产品的降税(到50%),2018年完成所有一般敏感产品的降税(到5%)。

二、对外国投资的市场准入

(一)投资主管部门

2015年10月,文莱苏丹改组内阁,随后对投资管理部门进行重大调整,新设“利用外资及下游产业投资指导委员会”(FDI and Downstream Industry Investment Steering Committee)及其常设办事机构“外资行动与支持中心”(FDI Action and Support Center,简称FAST,负责外资项目审批及协调落实工作;新设法定机构“达鲁萨兰企业”(Darussalam Enterprise,简称DARe),负责提供外资项目用地及落地后的管理服务工作;文莱经济发展局(Brunei Economic Development Board,简称BEDB)职能简化,仅负责对外招商引资。

(二)投资行业的规定

1. 禁止的行业:包括武器、毒品及与伊斯兰教义相悖的行业等。

2. 限制的行业:林业不对外资开放。

3. 鼓励的行业:包括化工、制药、制铝、建筑材料及金融业等行业。2001年投资促进法将部分产业纳入先锋行业,投资享受税收优惠,以吸引外来投资。具体清单见3.4.2行业鼓励政策。

(三)投资方式的规定

文莱对大部分行业外资企业投资没有明确的本地股份

占比规定,对外国自然人投资亦无特殊限制,仅要求公司董事至少1人为当地居民。外资在文莱投资可成立私人有限公司、公众公司或办事处,但文莱本地小型工程一般仅向本地私人有限公司开放。

文莱经济以油气资源产业为支柱,其他产业尚不发达。因此,外国直接投资以绿地投资为主,外资并购案例极少,政府没有出台专门针对外资并购的法律法规,具体操作时应向有关主管部门充分咨询过户手续及审批期限,必要时可寻求中国驻文莱大使馆经商处协助。

(四)特殊经济区域的规定

文莱政府在国内共划出8个工业区以吸引外国投资。其中双溪岭工业区(Sungai Liang Industrial Site)是最主要的工业区,规划面积283公顷,主要用于油、气下游和高科技产业。在该区最大的外来投资项目是日本投资的甲醇厂项目,总投资6亿美元,设计产能85万吨,2010年5月第一批产品出口中国。

文莱8个工业区

工业区名称	规划面积(公顷)	主要用途
PMBIS/and(大摩拉岛)	955	化工产业园区、大型造船维修厂、综合海洋供给基地
Salam bigar(萨兰碧加)	137.2	轻工业、水产养殖加工
Rimba(林巴)	15	高新电子产业
Bukit Panagal(蓬加山)	50	高能耗产业
Telisai(特里塞)	3000	种养殖业
BIC(生物创新走廊)	500	清真食品药品加工
Sungai Liang(双溪岭工业区)	283	石化产业中心
Anggerek Desa(安格列克)	50	科技园,计算机产业

资料来源:文莱经济发展局

三、对外国投资的优惠

(一)优惠政策框架

文莱政府于1975年颁布投资促进法,2001年在该法基础上颁布新的投资促进法令,延长了对部分鼓励投资产业的税收优惠期。

(二)行业鼓励政策

根据投资促进法,在以下产业投资享受税收优惠:

1. 先锋产业。即有限责任公司达到以下要求:(1)符合公众利益;(2)该产业文莱未达到饱和程度;(3)具有良好发展前景,产品应具有该产业的领先性,可以获得先锋产业资格证书,并享受以下优惠:免收所得税;免30%的公司税;免公司进口机器、设备、零部件、配件及建筑构件的进口税;免原材料进口税;为生产先锋产品而进口的原材料免征进口税;可以结转亏损和津贴。先锋产品包括:航空食品、搅拌混凝土、制药、铝材板、轧钢设备、化工、造船、纸巾、纺织品、听装、瓶装和其他包装食品、家具、玻璃、陶瓷、胶合板、塑料及合成材料、肥料和杀虫剂、玩具、工业用气体、金属板材、工业电气设备、供水设备、宰杀、加工清真食品、废品处理工业、非金属矿产品制造。

先锋产业的免税期(从生产日开始计算)

注册资本金额	免税期
50万~250万文元	5年
250万文元以上	8年
高科技园区内	11年
免税期延长	每次3年,总共不超过11年
(高新区)免税期延长	每次5年,总共不超过20年

2. 先锋服务公司。即符合公众利益,并从事以下经营活动的公司:涉及实验、顾问和研发的工程技术服务、计算机信息服务和其他相关服务、工业设计的开发和生产、休闲和娱乐的服务、出版、教育产业、医疗服务、有关农业技术的服务、有关提供仓储设备的服务、组织展览和会议的服务、金融服务、商业顾问、管理和职业服务、风险资本基金业务、物流运作和管理、运作管理私人博物馆、部长指定的其他服务和业务,可享受免所得税以及可结转亏损和补贴待遇。免税期8年,可延长,但不超过11年。

3. 出口型生产企业。即从事农业、林业或渔业的企业,若产品出口不低于其销售总额的20%,且年出口额不低于两万文元,文莱工业与初级资源部可认定其为出口型生产企业并颁发证书。出口型企业申请续期每次不超过5年,最长不超过20年。

出口型生产企业中,非先锋企业可免税8年;先锋企业可免税6年;续期总共不超过11年。出口型生产企业如果满足下列条件之一,可获15年免税期:一经或者将要发生不低于5000万文元的固定资产开支;固定资产开支在50万文元以上、5000万文元以下,本地公民或持居留证许可人士占股40%以上,且该企业已经或将要促进文莱经济或科技发展。

出口型生产企业免税范围包括:所得税;机器设备、零部件、配件或建筑结构的进口税;原材料进口税。

4. 服务出口企业。企业出口下列服务,自服务提供日起最长可获得11年的免除所得税及抵扣补贴与亏损的待遇:建筑、分销、设计及工程服务;顾问、管理监督、咨询服务;机械设备装配以及原材料、零部件和设备采购;数据处理、编程、计算机软件开发、电信及其他信息通信技术服务;会计、法律、医疗、建筑等专业服务;教育、培训;文莱工业与初级资源部认可的其他服务。

5. 国际贸易企业。即从事国际贸易的行业,只要符合下列条件之一,自开始进出口业务之日起可获得8年的免税期。(1)从事合格制成品或文莱本地产品国际贸易的年出口额超过或有望超过300万文元;(2)从事合格商品转口贸易的年出口额超过或有望超过500万文元。

(三)地区鼓励政策

文莱暂无地区鼓励政策。

四、外国企业在文莱获得土地的规定

(一)文莱土地法的主要内容

按照文莱《土地法》,土地归国王所有,国民可以购买使用。但是土地使用需要经过土地规划管理部门的规划,经过规划的土地方可使用。土地规划的有效期满后,使用者是否可以继续使用该土地,须由法院裁定。

(二)外资企业获得土地的规定

文莱法律规定,外国人在文莱不能获得土地所有权和买卖权，外国人和侨民只能租用土地。外国直接投资者可以购买分层产权房产。2014年5月，文莱经济发展局与中国葫芦岛市钢管工业有限公司签署土地租赁协议。2016年年初，文莱推出网上土地交易系统，可在网上平台办理土地所有权过户、土地租赁、延长土地租期等业务。

五、环境保护的法律规定

（一）环保管理部门

文莱政府主管环境保护的部门是环境、园林及公共娱乐局（Jabatab Alam Sekitar Taman Rekreasi），又称JASTRE，隶属发展部。主要职责是：开展环境管理和保护，以提高民众生活质量，推动国家经济发展和繁荣。主要职能包括：环境保护，风景区、公园及公共娱乐设施建设与管理，垃圾管理以及国际环境领域合作等。

网址：www. env. gov. bn

电话：00673－238222

传真：00673－2383644

电邮：info_env@ env. gov. bn

（二）主要环保法律法规名称

1.《环境保护与管理法2016》：正在修订中，目前已进入刊登政府公报前的最后审核阶段；

2.《有害废弃物（出口与转运控制）法2013》；

3.《文莱工业发展污染控制准则》：2002年颁布实施，主要控制各类开发及建筑项目的废气、废水及其他废弃物的排放；

4.《文莱环境影响评估准则》：适用领域涵盖农业、机场、排水、土地回填、渔业、林业、住房、工业、基础设施、港口、采矿、石油、发电及输变电、采石、铁路、运输、休闲娱乐开发、废物处理和供水等。

涉及投资环境影响评价的规定可查询网址：www. env. gov. bn。

（三）环保法律法规基本要点

1. 投资商应在项目计划初期对环境因素予以考虑。包括项目位置、采用清洁技术、污染控制措施、废物监管等。

2. 项目发展商需提供的说明材料。（1）将在项目场地上开展的贸易及加工；（2）申请人将为控制土地、空气、水及噪音污染采取的措施；（3）废料的管理和处理等；（4）全面的环境影响评估报告。

（四）环保评估相关规定

自2010年起，文莱新建工程项目必须通过环境评估。企业需要聘请专门机构进行环境评估，并向文莱发展部环境与公园司提交环境评估报告，评估费用根据项目规模而定。文莱正在考虑针对能源行业实施更高的环保标准。

六、保护知识产权规定

（一）有关知识产权保护的法律规定

文莱知识产权法正在草拟中。文莱的新商标法律《1999年紧急（商标）条规》于2000年6月1日生效。文莱目前是世界贸易组织（WTO）的成员，已加入世界知识产权组织（WIPO），但尚未加入《商标国际注册马德里协定》等有关商标保护的国际条约。

有关知识产权保护的具体规定可与文莱高等法院和总检察署联系。

（二）知识产权侵权的相关处罚规定

文莱法律规定，违反知识产权保护规章的行为，受法律制裁，具体可向文莱总检察长署咨询及购买相关文件。

（三）与投资合作相关的主要法律

与投资相关的法律包括《合同法》《土地法》以及《投资促进法》。各项法规可通过文莱检察总署网站查询。

七、对中国企业投资合作的保护政策

（一）中国与文莱签署双边投资保护协定

2000年中国与文莱签订《鼓励和相互保护投资协定》，并于2004年签署《促进贸易、投资和经济合作谅解备忘录》。

（二）中国与文莱签署的其他协定

中、文两国签署的其他协定包括：《中华人民共和国海关总署和文莱达鲁萨兰国初级资源与旅游部关于文莱输华野生水产品检验检疫和兽医卫生要求议定书》（2019年）、《中华人民共和国海关总署和文莱达鲁萨兰国初级资源与旅游部关于文莱鲜食甜瓜输往中国植物检疫要求的议定书》（2019年）、《中华人民共和国政府与文莱达鲁萨兰国政府在共同推进“一带一路”倡议框架下的合作规划》（2018年）、《中华人民共和国政府与文莱达鲁萨兰国政府关于建立政府间联合指导委员会的谅解备忘录》（2018年）、《关于共同推进“丝绸之路经济带”和“21世纪海上丝绸之路”建设的谅解备忘录》（2017年）、《关于加强基础设施领域合作的谅解备忘录》（2017年）、《中国商务部与文莱工业及初级资源部关于农业领域经贸合作的谅解备忘录》（2012年）、《关于能源领域合作谅解备忘录》（2011年）、《中国农业部与文莱工业及初级资源部农业合作谅解备忘录》（2009年）、《旅游合作谅解备忘录》（2006年）、《最高法院合作谅解备忘录》（2004年）、《高等教育合作谅解备忘录》（2004年）、《最高人民检察院和文莱达鲁萨兰国总检察署合作协议》（2002年）、《中国公民自费赴文旅游实施方案的谅解备忘录》（2000年）、《文化合作谅解备忘录》（1999年）、《卫生合作谅解备忘录》（1996年）、《民用航空运输协定》（1993年）。

（三）中国与文莱签署的其他协定

包括：《民用航空运输协定》（1993年）、《卫生合作谅解备忘录》（1996年）、《文化合作谅解备忘录》（1999年）、《中国公民自费赴文旅游实施方案的谅解备忘录》（2000年）、《最高人民检察院和文莱达鲁萨兰国总检察署合作协议》（2002年）、《高等教育合作谅解备忘录》（2004年）、《最高法院合作谅解备忘录》（2004年）、《旅游合作谅解备忘录》（2006年）。

（四）其他相关保护政策

文莱是《区域全面经济关系协议（RCEP）》成员之一，《区域全面经济关系协议（RCEP）》的成员国之一，该协议完成谈判后将为成员间的投资提供更多便利和保护。

柬埔寨投资贸易指南

一、对外贸易的法规和政策规定

（一）贸易主管部门

柬埔寨商业部为柬埔寨贸易主管部门。

（二）贸易法规体系

柬埔寨与贸易相关的法律法规主要包括《进出口商品关税管理法》《关于制衣行业原产地证书、商业发票、出口许可证核发的规定》《关于商业公司贸易行为的规定》《关于实施装运前检验服务的规定》《加入世界贸易组织法》《关于风险管理的次法令》《关于成立海关与税收署风险管理办公室的规定》等。

（三）贸易管理的相关规定

柬埔寨商业部负责出口审批手续。在多数情况下，进口货物无须许可证。但部分产品需要获得相关政府部门特别出口授权或许可后方可出口。

1. 出口优惠。世界银行 7 月 1 日发布 2016 年最新人均国民总收入的划分标准，2015 年柬埔寨人均国民总收入（GNI）已经超过 1020 美元，已脱离低收入国家行列，上升为中等偏下收入国家。欧盟驻柬埔寨大使乔治·艾德加表示，如果一个国家被联合国规定要退出欠发达国家（LDC）行列之后，这个国家还有 3 年时间享受欧盟的“除武器外全部免税”（EBA），尽管柬埔寨在未来几年内脱离最不发达国家（LDC）行列，但柬埔寨还有一定时间享受欧盟优惠关税政策。目前，柬埔寨享受了欧盟“除武器外全部免税（EBA）”和美国普惠制（GSP）等优惠关税，使符合条件的产品可以免除配额和关税进入欧盟和美国市场，这两种优惠大约占柬埔寨出口总额的超过 60%。

2020 年 2 月 12 日，欧盟决定撤销柬埔寨部分商品关税优惠，受影响商品占柬埔寨输往欧盟商品总额的两成。除非欧盟国会和欧盟理事会反对，这项决定将于 2020 年 8 月 12 日正式生效。

2. 出口商品当地含量及原产地原则。柬埔寨目前无当地含量要求，即不限制使用进口原材料、零部件（对健康、环境或社会有害的原材料、零部件除外）。

在柬埔寨，出口商应重视普惠制的原产地规则要求。普惠制下出口至美国的产品，原产地规则对当地含量的最低要求为 35%（符合条件的东盟成员国，即柬埔寨、泰国、印尼和菲律宾，在原产地规则要求中视为同一国家）。在“除武器外全部免税”下，原产地规则要求出口产品至少有 40% 的含量出自出口国。

3. 出口优惠。根据投资法修正法，由柬埔寨投资委员会批准的出口型合格投资项目可享受免税期或特别折旧。其出口产品增值税享受退税或贷记出口产品的原材料。

4. 出口限制。禁止或严格限制出口的产品包括文物、麻醉品和有毒物质、原木、贵重金属和宝石、武器等，2013 年年初，柬埔寨政府明令禁止红木的贸易与流通。半成品或成品木材制品、橡胶、生皮或熟皮、鱼类（生鲜、冷冻或切片）及动物活体需缴纳 10% 的出口税。服装出口需向商业部缴纳管理费。普惠制下服装出口至美国或欧盟的，需获得出口许可证。

5. 矿产品出口。为加强对矿产品出口的有效监管，柬埔寨明确了矿产品出口法律程序及手续。矿产品出口公司须完成 2 项出口审批：一是拥有矿产执照的出口公司，须向矿产能源部提交既定时间内（最多 1 年）的出口计划，以获得原则性批准的出口配额（EQAP）；二是拥有配额后，每次装运还需获得矿产能源部的出口许可及财经部下属海关总署的批准。出口公司须在装货前 7 天通知矿产能源部进行检查，装运离境 10 天内向矿产能源部提交海关支持文件报告。对于违反规定的出口公司，矿产能源部将拒绝签发新的出口许可、暂停出口配额 3 个月，并面临一段时间内被政府列入黑名单的处罚。

6. 免税进口。根据投资法修正法，由柬埔寨投资委员会批准的出口型合格投资项目可免税进口生产设备、建筑材料、原材料和生产投入附件。为取得生产用原材料免税进口批件，进口公司应每年向柬埔寨投资委员会申报拟进口材料的数量和价值。

（四）进出口商品检验检疫

柬埔寨财经部海关与关税署、商业部进出口检验与反欺诈局联合负责进出口商品检验。检验地点为工厂或进出口港口。柬埔寨全部进出口货物均接受检验，政府正计划逐年降低检验比率。价值 5000 美元或以上的进口货物，在出口国进行装运前检验。检验报告和其他装船前检验文件将被递交柬埔寨海关，货物抵达柬埔寨后，货主凭检验单据到海关交纳税款并提出货物。

（五）海关管理规章制度

1. 管理制度。柬埔寨政府近年来不断改进海关管理制度，致力于实现简洁、高效、透明和可预测的海关管理。

2006 年，柬埔寨起草完成并通过《关于通过风险管理实施贸易便利化的次法令》，准备实施基于贸易商档案数据的风险管理系统，即通过利用电脑系统分析贸易商档案数据、商品和/或原产地进行海关监管。为此，柬埔寨政府还采用计算机化海关清关综合系统——自动海关数据系统。

此外，为简化海关程序，政府决定推行使用“海关一站式服务系统”，并计划在西哈努克港安装自动海关数据系统终端。柬埔寨政府希望借此减轻贸易活动的行政负担，并减少腐败滋生的机会。

2. 关税税率。除天然橡胶、宝石、半成品或成品木材、海产品、沙石等 5 类产品外，一般出口货物不需缴纳关税。所有货物在进入柬埔寨时均应缴纳进口税，投资法或其他特殊法规规定享受免税待遇的除外。进口关税主要由四种汇率组成：7%、15%、35% 和 50%。

在东盟自由贸易协定的共同有效关税体制下，从东盟其他成员国进口、满足原产地规则规定的产品可享受较低的关税税率。按照整体关税减让时间表规定，到 2010 年，除少数特例商品外，柬埔寨关税税率降至 0～5%。

二、外国投资市场准入规定

（一）投资主管部门

柬埔寨发展理事会是唯一负责重建、发展和投资监管事务的一站式服务机构，由柬埔寨重建和发展委员会和柬埔寨投资委员会组成。该机构负责对全部重建、发展工作和投资项目活动进行评估和决策，批准投资人注册申请的合格投资项目，并颁发最终注册证书。

但对于下列条件的投资项目，需提交内阁办公厅批准：（1）投资额超过 5000 万美元；（2）涉及政治敏感问题；（3）矿产及自然资源的勘探与开发；（4）可能对环境产生不利影响；（5）基础设施项目，包括 BOT、BOOT、BOO 和 BLT 项目；（6）长期开发战略。

（二）投资行业的规定

柬埔寨政府视外国直接投资为经济发展的主要动力。柬埔寨无专门的外商投资法，对外资与内资基本给予同等待遇，其政策主要体现在《投资法》（本法于 1994 年 8 月 4 日柬埔寨王国第一届国会特别会议通过，1997 年、1999 年两度修订）及其《修正法》（2003 年 2 月 3 日柬埔寨王国第二届国会通过）等相关法律规定中。

1. 鼓励投资的领域。《投资法》十二条规定，柬埔寨政府鼓励投资的重点领域包括：创新和高科技产业、创造就业机会、出口导向型、旅游业、农工业及加工业、基础设施及能源、各省及农村发展、环境保护等，在依法设立的特别开发区投资。投资优惠包括免征全部或部分关税和赋税。

2. 限制投资领域。《投资法修正法实施细则》(2005 年 9 月 27 日颁布)列出禁止柬埔寨和外籍实体从事的投资活动,包括:神经及麻醉物质生产及加工;使用国际规则或世界卫生组织禁止使用、影响公众健康及环境的化学物质生产有毒化学品、农药、杀虫剂及其他产品;使用外国进口废料加工发电;《森林法》禁止森林开发业务;法律禁止的其他投资活动。

此外,该细则还列出了"不享受投资优惠的投资活动"和"可享受免缴关税,但不享受免缴利润税的特定投资活动"。

3. 对外国公民的限制。《投资法》对土地所有权和使用做出规定:(1)用于投资活动的土地,其所有权须由柬埔寨籍自然人,或柬埔寨籍自然人或法人直接持有 51% 以上股份的法人所有。(2)允许投资人以特许、无限期长期租赁和可续期短期租赁等方式使用土地投资人有权拥有地上不动产和私人财产,并以之作为抵押品。

4. 矿产投资。2016 年 6 月,柬埔寨政府出台《矿产勘探和工业开采执照管理条例》。根据条例,面积小于 200 平方千米的矿产勘探与开采执照,由柬埔寨矿产能源部批准;大于 200 平方千米的矿区勘探开采执照,由柬埔寨政府批准。任何自然人和法人都有权在规定的条件内提出超过一个矿区的勘探申请。执照有效期为三年,到期之后可申请延期两次,每次为期两年。已获政府授予矿产勘探和开采权的企业须在 180 天内提出新的勘探和开采申请,否则其执照将被没收。据统计,目前有 70 多家外资公司在柬埔寨从事矿业,中国公司占据大份额,其他企业来自澳大利亚、美国、法国、马来西亚、越南等国家。

(三)投资方式的规定

1. 外国直接投资。在柬埔寨进行投资活动比较宽松,不受国籍限制(土地法有关土地产权的规定除外)。除禁止或限制外国人介入的领域外,外国投资人可以个人、合伙、公司等商业组织形式在商业部注册并取得相关营业许可,即可自由实施投资项目。但拟享受投资优惠的项目,需向柬埔寨发展理事会申请投资注册并获得最终注册证书后方可实施。获投资许可的投资项目称为"合格投资项目"。

2. 合资企业。合格投资项目可以合资企业形式设立。合资企业可由柬埔寨实体、柬埔寨及外籍实体或外籍实体组成。柬埔寨王国政府机构亦可作为合资方。股东国籍或持股比例不受限制,但合资企业拥有或拟拥有柬埔寨王国土地或土地权益的除外。在此情况下,非柬埔寨籍实体的自然人或法人合计最高持股比例不得超过 49%。

3. 合格投资项目合并。两个或以上投资人,或投资人与其他自然人或法人约定合并组成新实体,且新实体拟实施投资人合格投资项目,并享受合格投资项目最终注册证书规定投资优惠及投资保障的,新实体需向投资委员会书面申请注册为投资人,并申请将合格投资项目最终注册证书转让新实体。

4. 收购合格投资项目。投资人或其他自然人或法人收购合格投资项目所有权,且拟享受合格投资项目最终注册证书规定投资优惠及投资保障的,应向投资委员会提出收购申请,将合格投资项目最终注册证书转让新实体。收购人为未注册自然人或法人的,需先申请注册为投资人。投资人股份转让造成受让方取得投资人控制权的,投资人须向投资委员会提出转让申请,并提供受让人名称和地址。

5. BOT 方式。目前在柬埔寨开展 BOT 项目的主要以中资公司为主,涉及行业包括水电站、输变电网等,特许经营期限没有特殊规定,水电站的经营期限一般是 30 ~ 40 年。

(四)特殊经济区域的规定

2005 年 12 月,《关于特别经济区设立和管理的 148 号次法令》颁布,特别经济区体制在柬埔寨开始施行。柬埔寨发展理事会下设的柬埔寨特别经济区委员会是负责特别经济区开发、管理和监督的一站式服务机构,特别经济区管委会是在特别经济区现场执行一站式服务机制的国家行政管理单位,由柬埔寨特别经济区委员会设立,并在各特别经济区常驻。至 2008 年底,斯登豪、曼哈顿、柴柴、欧宁、金边和西哈努克等 6 个特别经济区已获政府正式批准,另有 5 个也已取得特别经济区委员会许可。

特别经济区法令规定特别经济区委员会应向全部特别经济区提供优惠政策;《投资法修正法》规定,位于特别经济区的合格投资项目有权享受与其他合格投资项目相同的法定优惠政策和待遇。

迄今,柬埔寨政府正式批准 49 个经济特区,获批的经济特区主要分布在国公省、西哈努克省、柴帧省、卜迭棉芷省、茶胶省、干拉省、贡布省、磅湛省和金边市。其中,西哈努克省经济特区数量最多,包括中国江苏红豆集团与柬埔寨国际投资开发集团合资建立的西哈努克港经济特区。

在柬埔寨经济特区投资,可享受税收、设备和原材料进口、产品出口等方面的优惠政策。近年来,柬埔寨经济特区吸引外资呈增长趋势。在柬埔寨经济特区投资的外商主要来自日本、中国、中国台湾、马来西亚和新加坡,行业涉及服装、制鞋、电子、农产品加工等。

三、外国投资优惠政策

(一)优惠政策框架

柬埔寨政府给予外资与内资基本同等的待遇,《投资法》(1994 年 8 月 4 日柬埔寨王国第一届国会特别会议通过)及其修正法(1997 年、1999 年两度修订)为外国投资提供了保障和相对优惠的税收、土地租赁政策。此外,外国投资同样可享受美、欧、日等 28 个国家/地区给予柬埔寨的普惠制待遇。

1. 投资保障。柬埔寨政府对投资者提供的投资保障包括:(1)对外资与内资基本给予同等待遇,所有的投资者,不分国籍和种族,在法律面前一律平等。(2)柬埔寨政府不实行损害投资者财产的国有化政策。(3)已获批准的投资项目,柬埔寨政府不对其产品价格和服务价格进行管制。(4)不实行外汇管制,允许投资者从银行系统购买外汇转往国外,用以清算其与投资活动有关的财政债务。

2. 投资优惠。经柬埔寨发展理事会批准的合格投资项目可取得的投资优惠包括:(1)免征投资生产企业的生产设备、建筑材料、零配件和原材料等的进口关税。(2)企业投资后可享受 3 ~ 8 年的免税期(经济特区最长可达 9 年),免税期后按税法交纳税率为 9% 的利润税。(3)利润用于再投资,免征利润税;分配红利不征税。(4)产品出口,免征出口税。

(二)行业鼓励政策

柬埔寨行业鼓励政策主要体现在农业和旅游业。

1. 农业。在吸引外商投资农业产业上,柬埔寨政府依据《投资法》对开发种植 1000 公顷以上的稻谷、500 公顷以上的经济作物、50 公顷以上的蔬菜种植项目;对畜牧业存栏在

1000头以上、饲养100头以上的乳牛项目、饲养家禽10000只以上项目以及占地5公顷以上的淡水养殖、占地10公顷以上的海水养殖项目均给予支持和优惠待遇。主要鼓励措施:(1)项目在实施后,从第一次获得盈利的年份算起,可免征盈利税的时间最长为8年。如连续亏损则被准许免征税。如果投资者将其盈利用于再投资,可免征其盈利税。(2)政府只征收纯盈利税,税率为9%。(3)分配投资盈利,不管是转移到国外,还是在柬国内分配,均不征税。(4)对投资项目需进口的建筑材料、生产资料、各种物资、半成品、原材料及所需零配件,均可获得100%免征其关税及其他赋税,但该项目必须是产品的80%供出口的投资项目。

2. 旅游业。自第一届王国政府提出优先发展旅游业的战略以来,柬埔寨旅游业的经济功能受到了充分重视,为旅游业的产业化发展奠定了良好基础。十多年来,旅游业成为柬埔寨国民经济的主要增长点和支柱产业。全国大多数省市都把发展旅游业作为首要工作之一,将旅游产业定位于"优先发展行业""支柱产业""特色产业"来加快发展。

四、外国企业在柬埔寨获得土地的规定

(一)土地法的主要内容

柬埔寨《土地法》于1992年颁布,并于2001年8月修正。2001年土地法修正案主要目的是明确不动产所有权体制,以保障不动产所有权及相关权益。该法还旨在建立现代化土地注册体系,以保障人民拥有土地的权利。

《土地法》指定土地管理城市规划和建设部作为不动产权属证明文件的核发部门,并负责国有不动产的地籍管理工作。在所有权规定方面,严禁外籍自然人和法人拥有土地。《宪法》规定:全部自然人或法人均可单独或集体拥有所有权。仅限于柬埔寨籍自然人或法人有权拥有土地(第四十四条)。2001年《土地法》还规定仅限于柬埔寨自然人或法人可拥有土地所有权,外籍人士伪造身份证件已在柬埔寨拥有土地的,应受到惩罚(第八条)。柬埔寨籍法人是指柬埔寨公民或公司持有51%或以上股份的公司。此外,《土地法》规定:除为公共利益外,不得剥夺所有权。需剥夺所有权的,应按法律法规规定的形式和程序进行,并应提前予以公平、公正的补偿。

土地特许　柬埔寨土地特许分为三类:社会特许、经济特许及适用开发或开采特许。社会特许受益人可在国有土地上修建住宅或开垦国有土地谋生。经济特许受益人可整理土地进行工业或农业开发。使用、开发或开采特许包括矿产开采特许、港口特许、机场特许、工业开发特许、渔业特许,不受2001年《土地法》管辖(第四十九条、五十条)。

土地特许仅在特许合同规定的时间内设定权利(第五十二条)。土地特许面积不超过1万公顷,特许期限不超过99年(第五十九、六十一条)。

土地租赁　土地租赁分为两种:无限期租赁和固定期限租赁。固定期限租赁包括短期可续租租赁和15年或以上长期租赁。长期租赁构成对不动产的诉权,该权利可用于等值回报或继承转让。(第一百〇六条、一百〇八条)。

抵押　不动产所有人可以其不动产作为抵押品,通过抵押或质押方式保证支付债务(第一百九十一条)。

土地使用限制　1994年颁布的《土地使用规划、城市化与建设法》管辖柬埔寨全境范围内的土地使用。本法和很多土地使用规划均极其笼统,投资者在实施投资项目之前应认真核对实际的规划规则。2010年12月,柬埔寨内阁通过法律草案,允许外国人购买柬埔寨业主房屋一楼以上的房产。

(二)外资企业获得土地的规定

根据柬埔寨《土地法》(2001年)规定,禁止任何外国人(包括自然人和外商控制的法人)拥有土地,但合资企业可以拥有土地,其中外方合计持股比例最高不得超过49%。由于近30年的战乱,柬埔寨土地体系遭到严重破坏,许多土地所有权权属证明文件及地块登记资料丢失,造成目前仍有大量与土地所有权相关的纠纷。因此,很重要的一点是投资者在与柬埔寨公司订立土地使用、租赁或按土地所有权分配利益的合同之前,应核实土地所有人的所有权。

柬埔寨政府暂停批准经济特许地。2012年5月7日,柬埔寨首相洪森签发《提高经济特许地管理效率》的政府令,宣布自即日起暂停批准新的经济特许地。该法令要求政府各部门、各有关单位必须认真执行政府关于提供经济特许地的合同规定,不影响社区和当地居民的生活环境;对于已经获得经济特许地,但未按法律原则和合同规定进行开发,或者利用特许地经营权开拓更大土地,转售空闲土地,违背合同,侵犯社区人民土地的公司,政府将收回其经济特许地;对于之前已获政府批准的经济特许地,政府将继续依照法律原则和合同执行。2014年,柬埔寨政府开始对现有经济特许地开发情况进行清查,对不按计划开发的公司,政府将收回经济特许地。

五、环境保护法律规定

(一)柬埔寨环保部门

柬埔寨环境保护主管部门是环境保护部,其主要职责是:通过防止、减少及控制污染,保护并提升环境质量和公共卫生水平;在柬埔寨王国政府决策前,评估项目对环境造成的影响;保障合理及有序的保护、开发、管理及使用柬埔寨王国自然资源;鼓励并为公众提供机会参与环境和自然资源保护;制止影响环境的行为。

(二)主要环保法律法规

柬埔寨国民议会于1996年11月18日通过了柬埔寨第一部《环境保护法》。环境保护部与柬埔寨其他有关部门制定了一系列环保规章,就柬埔寨领空、领水、领地内或地表上进口、生成、运输、再生、处理、储存、处置、排放的污染物、废物和有毒有害物质的来源、类型和数量;噪音、震动的来源、类型和影响范围都进行了明确规定。

(三)环保法律法规基本要点

根据柬埔寨《环境保护法》,任何私人或公共项目均需要进行环境影响评估;在项目提交柬埔寨王国政府审定前,由环境保护部予以检查评估;未经环境影响评估的现有项目及待办项目均需进行评估。环境保护部与有关部门有权要求任何工厂、污染源、工业区或自然资源开发项目所在区域的所有人或负责人安装或使用监测设备,提供样品,编制档案,并提交记录及报告供审核。环境保护部应依据公众建议,提供其相关作为信息,并鼓励公众参与环境保护和自然资源管理。企业不得拒绝或阻止检查人员进入有关场所进行检查,否则将处以罚款,有关责任人还可能被处以监禁。

(四)环保评估的相关规定

柬埔寨日益重视环境问题,并正在努力建立其环评体系。柬埔寨于1999年颁布了有关环境影响评价的法令,规定项目须在其环评报告经柬埔寨发展署(CDC)批准后方可实施。柬埔寨环境保护和资源管理法(EPNRM)中规定了环境影响评价的具体适用范围,主要集中在工业、农业、旅游业以及基础设施建设4个领域内。环境保护部是环境影响评价的主要管理部门,其他各部门如水利、能源、交通等,为其所负责领域内的项目环境影响评价提供相关意见。同时,各级环境部门须负责同级政府部门之间的协调合作,保证环评的顺利施行。

在环评初期,申请人须将项目方案递交至环境影响管理机构,并公布项目方案中的详细计划。法令还对其公示方式进行了严格规定,公众有权在公示期30天内对项目方案提出书面异议并提交环境影响管理机构,同时抄送项目申请人。收到公众的书面异议后,项目申请人须在确定环境影响评价的具体范围时进行公众咨询,并将咨询结果和相关文件连同环评职责书一并交由EIA(环境影响评价)专门委员会审查。在专委会正式确定职责范围之前,公众还可以通过在专委会中的代表对项目方案提出二次异议。

柬埔寨虽然1999年就颁布实施了环评法令,但由于条件所限,直到2004年才有部分建设项目开展环评工作。柬埔寨环评人员和法律法规尚处于起步阶段,柬埔寨国家环评法令规定,项目在获得审批和动工之前,必须完成环境影响评估工作,并向环保部送交环评报告书。

六、保护知识产权规定

(一)当地有关知识产权保护的法律法规

柬埔寨已于1995年成为世界知识产权组织成员,并于1999年加入《巴黎公约》。进入新世纪以来,柬埔寨政府已通过一系列保护知识产权的法律法规,取得长足进步。最新颁布的法律法规包括:《商标、商号与反不正当竞争法》(2002年)、《版权与相关权利法》(2003年)、《专利、实用新型与工业设计法》(2003年)、《育种者权利和植物品种保护法》(2008年)。此外,柬埔寨政府还准备颁布下列法律:《未披露信息与商业秘密保护法》《集成电路版图设计保护法》《地理标志保护法》。

1. 商标商号。2002年颁布的《商标、商号与反不正当竞争法》(下文简称《商标法》)是柬埔寨第一部知识产权保护法,该法规定应通过注册取得商标专有权。如申请人在申请材料中能够证明其已在《巴黎公约》任一成员国提交该商标全境或区域注册申请的,可取得商标注册的优先权。该法还对注册程序、失效、集体商标、商标许可、商号、侵权和赔偿、边境保护措施、所有权转让或变更等均做出规定。

柬埔寨《商标法》仅认可“一国用尽原则”,因此,权利所有人对分销和进口享有专有权,并可通过委托或分销协议方式转让给独家分销商。

2. 版权。2003年颁布的《版权与相关权利法》(简称《版权法》)旨在为作家、表演者提供与其作品相关的权利,保护文学作品、文化表演、表演者、唱片制作人、广播机构节目,以保证这些文化产品能够得到公正合法的使用。作品作者对该作品享有可针对任何人行使的专有权,包括精神权利和经济权利——作者的精神权利永久有效,不可剥夺,且不得扣押或设定追溯期限。作者的经济权利是指通过授权复制、公开发表或创作衍生作品等,实现其作品价值的专有权,经济权利保护自作品创作完成之日起开始,至作者去世后50年止。

3. 专利、实用新型和工业设计。2003年颁布的《专利、实用新型与工业设计法》,主要目的为保护在柬埔寨授予的专利、实用新型和注册的工业设计。专利是指为保护发明所授予的权利,有效期为20年。实用新型证书主要是为保护具备新颖性及可实现产业化的实用新型,有效期为7年,不可延期。具备新颖性的工业设计可申请注册,有效期为5年,注册后可连续延期两次,每次5年。

(二)知识产权侵权的相关处罚规定

柬埔寨关于知识产权的保护工作尚待进一步完善,主要是商业部负责打击假冒伪劣商品的部门对盗版光碟进行没收和销毁,尚无明确的处罚细则。

七、投资合作相关法律及对中国企业投资合作保护政策

(一)投资合作相关法律

《投资法》制约所有柬埔寨人和外国人在柬埔寨境内的投资活动,对投资主管部门、投资程序、投资保障、鼓励政策、土地所有权及其使用、劳动力使用、纠纷解决等作出明确的规定。

《投资法修正法》是对《投资法》的补充和修正。在投资申请、投资项目购进与合并、合资经营、税收、土地所有权及其使用、劳动力、惩罚等方面给出相关定义,并作出明确规定。

《关于柬埔寨发展理事会组织与运作法令》规定柬埔寨投资主管部门——柬埔寨发展理事会的组织结构、职权任务和运作方式。

《关于特别经济区设立和管理的第148号法令》(2005年12月颁布)规定了建立经济特区的法律程序、经济特区的管理框架与任务、对经济特区的鼓励措施、对出口加工生产区的特别措施、劳动力管理与使用、职业培训、侵权与纠纷的解决。

《商业管理与商业注册法》对商业公司的成立、组织、运作、解散、转让和变更做出规定,对公司的类型进行划分。

《商业合同法》规定所有类型合同的成立、履行、解释和执行。它也进一步详细地描述了某些类型的合同,比如销售合同、租赁合同、借贷合同、个人财产抵押和担保。

(二)柬埔寨对中国企业投资合作的保护政策

1. 中国与柬埔寨签署双边投资保护协定。1996年7月,中国与柬埔寨签署《中华人民共和国政府和柬埔等政府关于促进和保护投资协定》。

2010年1月1日,中国—东盟自由贸易区的全面建成,进一步为中柬合作开辟更加宽广和畅通的渠道,提供更多的机会。2010年,中柬双方签署16项协议,涉及基础设施建设、水利资源开发通信技术、能源开发等领域。

2. 中国与柬埔寨签署避免双重征税协定。中国已于2016年与柬埔寨签署避免双重征税协定。

3. 中国与柬埔寨签署的其他协定。双边签署的其他协定包括:《中柬贸易协定》(1996年7月)、《中柬文化协定》(1999年2月)、《中柬旅游合作协定》(1999年2月)、《中柬关于成立经济贸易合作委员会协定》(2000年11月)、《中柬农业合作谅解备忘录》(2000年11月)、《中柬关于旅游规划合作的谅解备忘录》(2004年4月)、《中柬领事条约》(2010年2月)、《关于柬埔寨精米及碎米输华的植物卫生要求议定书》、《关于柬埔寨木薯干输华的植物检验检疫要求议定书》、《关于柬埔寨香蕉输华植物检疫要求的议定书》(2018年8月)、《关于给予柬97%税目输华产品零关税待遇的换文》、《中柬航空运输协定》、《中柬经济技术合作协定》、《中柬经济文化合作协定》、《中国国家知识产权局与柬埔寨工业及手工业部关于中国专利在柬埔寨登记生效的谅解备忘录》(2018年3月)等。

印度尼西亚投资贸易指南

一、对外贸易法规和政策规定

(一)贸易主管部门

印尼主管贸易的政府部门是贸易部,其职能包括制定外贸政策,参与外贸法规的制定,划分进出口产品管理类别,进口许可证的申请管理,指定进口商和分派配额等事务。

(二)贸易法规体系

主要包括《贸易法》《海关法》《建立世界贸易组织法》《产业法》等。与贸易相关的其他法律还涉及《国库法》《禁止垄断行为》和《不正当贸易竞争法》等。

(三)贸易管理的相关规定

除少数商品受许可证、配额等限制外,大部分商品均放开经营。2007年年底,印尼贸易部实行进出口单一窗口制度,大大简化了管理程序。

1. 进口管理。印尼政府在实施进口管理时,主要采用配额和许可证两种形式。适用配额管理的主要是酒精饮料及包含酒精的直接原材料,其进口配额只发放给经批准的国内企业。适用许可证管理的产品包括工业用盐、乙烯和丙烯、爆炸物、机动车、废物废品、危险物品,获得上述产品进口许可的企业只能将其用于自己的生产。其中,氟氯化碳、溴化甲烷、危险物品、酒精饮料及包含酒精的直接原材料、工业用盐、乙烯和丙烯、爆炸物及其直接原材料、废物废品、旧衣服等九类进口产品主要适用自动许可管理;丁香、纺织品、钢铁、合成润滑油、糖类、农用手工工具等六类产品主要适用非自动许可管理。为方便进口,印尼贸易部2009年大力推行网上办理进口许可证,目前大部分工作已经完成,办理进口许可证过程更加简便,原本手工办理许可证需要5~10天时间,利用网上全国一站式服务只需8小时。2015年7月,印尼贸易部颁布2015年第48号贸易部长条例,对原进口条例进行修订,要求进口商在产品抵港前办理进口许可证。该条例已于2016年1月1日正式实施。

2010年,印尼开始实施新的进口许可制度,将许可证分为两种:即一般进口许可证和制造商进口许可证。印尼关税税目中约20%的产品涉及进口许可证要求,涉及对其国内产业的保护,如大米、糖、盐、部分纺织品和服装产品、丁香、动物和动物产品以及园艺产品。印尼的进口许可证要求极其复杂,且缺乏透明度,许多世贸组织成员已对此表示严重关切。印尼政府采用进口数量控制的产品如下:大米、糖、动物及动物产品、盐、酒精饮料和部分臭氧消耗物资。上述产品的进口数量是每年在印尼政府部长级会议上根据国内产量和消费量来决定,并通过印尼进口许可证制度来实施。2010年8月,印尼财政部颁布《有关汽车在自由贸易区和自由港口进口和出口规则的财政部长条例》。

2. 出口限制。出口货物必须持有商业企业注册号/商业企业准字或由技术部根据有关法律签发的商业许可以及企业注册证。出口货物分为四类:受管制的出口货物、受监视的出口货物、严禁出口的货物和免检出口货物。受管制的出口货物包括咖啡、藤、林业产品、钻石和棒状铅。受监视的出口货物包括奶牛与水牛、鳄鱼皮(蓝湿皮)、野生动植物、拿破仑幼鱼、拿破仑鱼、棕榈仁、石油与天然气、纯金银、钢铁废料(特指源自巴淡岛的)、不锈钢、铜、黄铜和铝废料。严禁出口的货物包括幼鱼与金龙鱼等,未加工藤以及原料来自天然森林未加工藤的半成品,圆木头,列车铁轨或木轨以及锯木,天然砂、海砂,水泥土、上层土(包括表面土),白铅矿石及其化合物、粉,含有砷、金属或其化合物以及主要含有白铅的残留物,宝石(除钻石),未加工符合质量标准的橡胶,原皮,受国家保护野生动植物,铁制品废料(源自巴淡岛的除外)和古董。除以上受管制、监视和严禁的出口货物外,其余均属免检的出口货物。

从2014年1月12日起,印尼政府禁止矿产公司出口矿物矿石产品。矿产公司只能在境内从事精炼加工活动。禁止出口货物受2012年贸易部长条例第44条规制。

(四)进出口商品检验检疫

1. 卫生与植物卫生措施。印尼所有进口食品必须注册,进口商必须向印尼药品食品管理局申请注册号,并由其进行检测。检测过程烦琐且费用昂贵,每项检测费用从5万印尼盾(约合6美元)到250万印尼盾(约合300美元)不等,每一件产品的检测费用在100万印尼盾(约合120美元)到1000万印尼盾(约合1200美元)之间。此外,印尼药品食品管理局在测试过程中要求提供详细的产品配料和加工工艺情况说明,这可能侵害商业秘密。这些规定加重了出口商的负担。

2007年11月,印尼针对新鲜球茎蔬菜采取更为严格的检验检疫措施和技术要求,以提高印尼新鲜植物产品的国际竞争力。此次颁布的植物产品进口检验检疫要求是印尼政府自2007年第二次针对进口植物产品的修改规定,重点对以球茎形式进口的新鲜蔬菜的检验检疫和技术两方面提出要求。在检验检疫方面,该规定扩大证书要求范围,除须具备与2005年法规相同的原产国权威机构签发的证书外,经转运的产品还须提供被转运国授权的证书。在技术要求方面,该规定加严原产国无虫害地区的调查及对植物性检疫虫害进行风险分析。上述规定在一定程度上提高了中国植物产品的出口门槛。

2. 国家标准。2009年以来,印尼政府开始在食品、饮料、渔业等诸多行业强制推行国家标准。印尼贸易部出台新规定,要求包括进口产品在内的所有产品必须附有印尼文说明。印尼海洋渔业部规定要求81种渔业产品必须符合印尼国家标准,甚至将捕鱼工具、渔产加工程序及微生物学测试程序等也列入印尼国家标准。印尼工业部等政府部门在2011年对电线、电子、汽车零部件、家电、五金建材、玩具等几十种产品强制推行国家标准。

印尼贸易部出台新规,要求包括进口产品在内的所有产品必须附有印尼文说明。

(五)海关管理规章制度

1. 管理制度。印尼关税制度的基本法律是1973年颁布的《海关法》。现行的进口关税税率由印尼财政部于1988年制定。自1988年起,财政部每年以部长令的方式发布一揽子“放松工业和经济管制”计划,其中包括对进口关税税率的调整。印尼进口产品的关税分为一般关税和优惠关税两种。印尼关税制度的执行机构是财政部下属的关税总局。为促进进出口贸易,改善投资环境,印尼财政部关税局2009年宣布,决定在部分港口推行和提供每周7日每日24小时的海关和港口服务。

2. 关税税率。根据世贸组织统计,印尼2012年简单平均约束关税为37.1%,简单平均最惠国适用关税税率为

7.8%,其中农产品为9.5%,非农产品为7.5%。印尼对汽车、钢铁以及部分化学产品不征收关税,并将大多数关税约束在40%左右。

根据《中国—东盟全面经济合作框架协议货物贸易协议》,中国和印尼逐步削减货物贸易关税水平。中国—东盟自由贸易区在2010年初建成后,中国和印尼90%以上的进出口产品实现零关税。

二、外国投资市场准入规定

(一)投资主管部门

印尼主管国内投资和外国投资的政府部门分别是:投资协调委员会、财政部、能矿部。他们的职责分工是:印尼投资协调委员会负责促进外商投资,管理工业及服务部门的投资活动,但不包括金融服务部门;财政部负责管理包括银行和保险部门在内的金融服务投资活动;能矿部负责批准能源项目,而与矿业有关的项目则由能矿部的下属机构负责。

(二)投资行业的规定

1. 鼓励、限制、禁止投资的领域。根据2007年第25号《投资法》,国内外投资者可自由投资任何营业部门,除非已为法令所限制与禁止。法令限制与禁止投资的部门包括生产武器、火药、爆炸工具与战争设备的部门。另外,根据该法规定,基于健康、道德、文化、环境、国家安全和其他国家利益的标准,政府可依据总统令对国内与国外投资者规定禁止行业。相关禁止行业或有条件开放行业的标准及必要条件,均由总统令确定。

2007年7月4日,印尼颁布第25号《投资法》的衍生规定,即《2007年关于有条件的封闭式和开放式投资行业的标准与条件的第76号总统决定》和《2007年关于有条件的封闭式和开放式行业名单的第77号总统决定》。根据这两个决定,25个行业被宣布为禁止投资行业,仅能由政府从事经营,禁止外商投资的行业主要包括无线电广播与电视广播、公路设备、经营机动车辆定期检验、含酒精饮料工业、糖精工业和黑锡金属工业等。另外,有43个行业鼓励中小型企业投资,36个行业为有条件开放的投资行业。

此外,外国投资者可以投资绝大部分营业部门。依照印尼《投资法》的规定,外国直接投资可以设立独资企业,但必须参照《禁止类、限制类投资产业目录》规定,属于没有被该目录禁止或限制外资持股比例的企业。2016年5月,印尼调整了该目录,对外资开放了更多行业。

2. 2009年调整的外资政策。2009年初,印尼颁布新的《矿产和煤炭法》。根据该法,外国公司不再被禁止申请和持有矿业许可权,这是印尼矿业领域利用外资政策的重大突破。但新法规定,已在印尼获得矿产经营准字(IUP)和矿产经营协议(PUP)的已生产的企业,需建设矿产冶炼加工厂,而按照原有工作合同生产的企业,最迟在新法实施后5年内建立上述冶炼厂。按照新法规定,企业面临采矿期被缩短,采矿面积也被缩小的局面。在企业缴纳正常的所得税和矿产税之外,新法还增加了一项税率为10%的附加税,中央和地方政府分别得到4%和6%。印尼能矿部颁布的相关实施细则规定,对优先使用本土公司提供的矿业服务、外资公司向当地政府或企业转让股权等问题做出具体规定。

2009年以来,印尼的外资政策调整还包括:根据2009年通过的新电力法,印尼向私营企业开放电力投资领域。政府拟修改《非鼓励投资目录》,放宽医疗、教育、物流、电信等行业的外资准入。与此同时,印尼对外资进入某些领域做出限制:(1)限制外企在基建工程投资。印尼国家计委称,将限制外国企业在政府基础设施工程的投资,以保护国内企业市场份额。外资企业只被允许参加基础设施部门建筑价值在1000亿印尼盾以上,其他部门采购和服务价值在200亿印尼盾以上的投标。此外,外资企业只许参加合同价值在10印尼盾以上的服务咨询投标。(2)限制外国投资者拥有农用地股权。印尼农业部表示,将限制外国投资者对与食品有关的土地如稻田的所有权,其拥有的股份比例不得超过49%。

3. 2010年调整的外资政策。(1)2010年,印尼政府采购须使用国货。为更好地扶植国内工业发展,印尼政府拟修改有关条件,规定今后凡政府单位采购价值超过50亿印尼盾(约合56万美元),必须使用本国的物资与服务。(2)出台绿色建筑法令。印尼于2010年实施首个绿色建筑标准法令,该法令以大城市的酒店、办公楼和公寓等碳排放量较大的建筑为对象,设定符合绿色建筑标准的9项条件,包括环保材料、低碳燃料、水和废物管理以及室内空气质量等。法令要求,绿色建筑所使用的材料应来源于当地且具有绿色证书,该证书由印尼环境部指定的独立机构出具。(3)强力推行投资审批一站式服务制度。(4)促使商业银行合理增加信贷以支持实体经济发展。(5)印尼政府2010年取消大宗商品出口信用证限制,允许外国游客在印尼购物可获10%的退税,并与巴新、香港签订避免双重征税协定。

4. 2011年调整的外资政策。(1)加大政策扶持力度,通过资金奖励和提供辅助设备,吸引投资者发展经济特区基础设施建设。根据147号政府条例,对经济特区投资可享受5年内减免所得税30%的优惠。(2)出台税收的鼓励措施,主要有:①外企自用机械设备、零配件及辅助设备等资本物资免征进口关税和费用;②外企两年自用生产原材料免征进口关税和费用;③生产出口产品的原材料可退还进口关税;④位于印尼东部的外企,65%产品出口,雇用外籍人员不受限制;⑤外企用于研究开发、奖学金、教育和培训以及废物处理的开支可列入成本并从毛收入中提扣;⑥对政府鼓励的重点领域,可提供8~10年亏损结转或提高设备及建筑物折旧率;⑦在印尼东部地区投资,土地和建筑物税在8年内减半征收;⑧在开创性行业的投资,企业所得税可由政府承担10~12年;⑨政府对保税区和设在全国15个地区的综合开发区的外国投资还给予一些优惠待遇。(3)印尼政府暂停颁发矿业经营许可证。(4)印尼国会通过新《园艺业法》。新《园艺业法》规定外国投资最多只能占到30%,并且必须把资金存放在印尼国内的银行。

5. 2012年调整的外资政策。(1)自2011年12月1日起,印尼的投资者可以申请免税优惠,相关的执行准则已经出台。(2)2012年9月出台新的投资批准制度,以提高投资便利化水平和进一步改善投资服务。

6. 2013年调整的外资政策。(1)印尼政府于2013年推出供工程用途的外国贷款限额。在2013~2015年间的最高贷款限额介于60~61亿美元之间。(2)从2014年起,营业执照办理时间从17天缩短为10天。(3)印尼央行颁布新规,要求印尼国内银行贷款总额的20%以上必须贷给中小微型企业。

7. 2014年调整的外资政策。印尼官方投资统筹机构2013年12月24日公布了最新修订的投资负面清单。(1)第一类为对外资更加开始领域,陆路交通客站和车辆常规检验部门的外资可持股比例从零放宽到49%,为此次放宽幅度最大的两个行业。其他两个行业为制药业和金融风险投资业,外资可持股比例分别从原来的75%和80%调整至85%。广告业外资可持股比例亦从零放宽至49%,但仅限东盟国家。(2)第二类为新设定的外资可持股领域,固定通讯、多媒体综合网络电信、多媒体服务供应商的外资可持股比例分别为65%,65%和49%。(3)第三类为公私合营的基础设施项目领域,其中机场、港口和陆路交通客站(含铁路)的经营管理外资可持股权分别为49%、95%和49%,供水95%,收费公路95%,10兆瓦以下发电厂49%,10兆瓦以上的100%,输电和配电分别为100%。此外,此次修订负责清单还收紧了几个外资可持股比例领域,如货物分销业和仓储业从100%缩减至33%。农业领域外资可持股比例因须与2010年颁布的园艺法规定相配套,从95%缩减至30%。(4)负面清单中完全禁止类的产业有部分化学品、特殊交通设施和博彩业等,部分禁止类的产业有制糖、矿业和医药等。

8. 2017年调整的外资政策。印尼外商投资协调委员会(BKPM)于2017年12月4日颁布了13号令——Regulation No. 3 of 2017 on Guidelines and Procedures for the Implementation of Capital Investment Licensing and Facilities。13号令将于2018年1月2日在印尼国家BPKM生效,且最迟应在2018年7月2日前在地方省级、市级的BPKM实施。新的13号令在申请投资许可证、批准流程简化、股份减持义务延期、外资代表处运营期限等方面作出了新的规定,对于原有印尼外商投资审查制度进行了较大变更。

新规将BKPM原颁发的“投资许可证”(lzin Prinsip)更名为“投资申请”(Pendaftaran Penanaman Modal)。这意味着BKPM旨在改变原有的审批体制,对于无须在公司运营前进行前期准备且满足特定条件行业要求(比如不需要建设厂房,引进生产经营设备的行业)的行业领域,允许其直接申请营业许可证,而无须根据此前的规则先申请临时投资许可证待公司具备生产经营条件后再申请正式的营业许可证。

新规规定某些特定业务领域(主要包括建筑施工、基础设施建设等业务领域)的外资投资者/公司可以直接申请营业许可证,而无须先获得投资申请后再申请营业许可证。

对于不需要生产筹备期的行业,比如无须建设厂房,引进生产经营设备,新规允许外资投资者/公司可以直接申请营业许可证,但必须满足下列条件:

(1)依照现行规定已注册外资公司;

(2)获得税务登记号码(NPWP);

(3)已有办公室(签署了租赁合同)。

新规再次强调了禁止外资公司的股权代持。根据新规,可以要求投资者作出股权不存在代持的公证声明。此项规定增加了外资公司股权代持的法律风险。以往所有的旨在规避股权代持的所谓股份质押和借款安排,均存在被认定代持而无效的风险。新规允许公司在股东同意并满足以下信息的情况下不履行股权减持义务:

(1)对于外资合资公司(JV),印尼股东同意公司不履行减持义务;

(2)对于外商全资公司(WFOE),所有股东申明没有和任何印尼方达成出售股份的协议。

新规规定投资额在100亿印尼盾(不包括土地和对建筑物的投资)以下的公司若要申请延长投资许可期限,需要将投资额增加到100亿印尼盾(不包括土地和建筑物的投资)以上。新规规定,如外资公司不满足以下任一条件只可申请有效期为一年的“临时营业许可证”:

(1)最新财务报表显示公司净资产超过100亿印尼盾,不包括土地和建筑物的资产;

(2)最新财务报表显示公司年度收入额超过500亿印尼盾。“临时营业许可证”可以申请延长一次,一次延长一年。新规规定外资区域代表处的许可证有效期为3年,且可以延长。但是新规没有规定可以延长的次数和期限。新规将公司分支机构设立的批准机构由以往的省级政府变更为了BKPM。

9. 2018年调整的外资政策。2018年11月,印尼政府修订并公布了投资负面清单,大幅放宽外资准入或持股比例。外国投资者可以在互联网服务、制药、针灸服务设施、商业性画廊、艺术表演画廊及旅游开发等行业拥有100%股权。此次被排除出投资负面清单的有五大领域54项业务,允许外国投资者拥有100%股权。这些投资领域包括制药行业、针灸服务设施、艺术表演画廊、商业画廊、旅游业开发、市场调研服务;包括固定电信网络、移动电信网络、电信服务内容、互联网接入、信息服务中心或呼叫中心等在内的数据通信服务;海上石油天然气钻井、地热钻井、地热发电厂、职业培训、征信调查等。印尼政府希望该项投资放宽政策能够吸引更多的外商投资印尼。本轮投资负面清单调整是印尼政府推出第16套经济改革措施的重要内容。该套经济改革措施还包括减税、出口收入回流等措施,意在增加外国投资者信心和弥补贸易逆差。

(三)投资方式的规定

1. 合资企业。根据2007年第25号《投资法》及相关规定,在规定范围内,外国投资者可与印尼的个人、公司成立合资企业。

2. 独资企业。依照印尼《投资法》的规定,外国直接投资可以设立独资企业,但须参照《非鼓励投资目录》规定,属于没有被该《目录》禁止或限制外资持股比例的行业。

3. 外资并购。外国投资者可以通过公开市场操作,购买上市公司的股票,但受到投资法律关于对外资开放行业相关规定的限制。印尼市场中多数律师所和咨询公司提供此项服务。

三、外国投资优惠政策

(一)优惠政策框架

1. 旅游业优惠。东盟旅游部长会议(东盟旅游论坛)于1999年1月在新加坡举行,各国一致同意对外资投资旅游业提供以下优惠:(1)兴建观光旅馆、休闲中心、高尔夫球场可免税,外资可持有100%股权;(2)旅游设施进口手续简化并免征关税。(3)印尼考虑将旅游土地使用年限延长为70年(目前为30年),使旅游业成为吸引外资的火车头。印尼投资部考虑像泰国一样成立投资单一窗口,帮助外商办理各项繁杂事务;投资部还将授权印尼驻外使领馆办理外商投资申请前的协调、咨询事务,以使外商能在入境10天内完成所有行政手续。

2. 制造业优惠。1998年12月,东盟各国首脑峰会在越南河内召开,这次会议发表了包括《河内宣言》《河内行动计划》《东南亚自由贸易区》和《共同优惠税率计划》在内的《大胆措施方案》。在该方案中,印尼对外商的优惠措施有:所有制造业均允许外资拥有100%股权(包括经审核的批发零售业)。外商可拥有已登记注册的新银行的100%股权。1亿美元以下的投资案,审核时间将在10天内完成。

3. 税收优惠。(1)1999年1月,印尼政府第七号总统令,公布了恢复鼓励投资的“免税期”政策。对纺织、化工、钢铁、机床、汽车零件等22个行业的新设企业给予3到5年的所得税免征。如投资项目雇用工人超过2000人,或有合作社20%以上的股份,或投资额不少于两亿美元,则增加1年优惠。对于已超过30%的规模进行扩大再生产的项目,减免其资本货物以及两年生产所需材料的进口关税。对于某些行业或一些被视为国家优先出口项目和有利于边远地区开发的项目,政府将提供一些税收优惠。上述行业及项目将由总统令具体决定。对出口加工企业减免其进口原料的关税和增值税及奢侈品销售税。对位于保税区的工业企业,政府还有其他的鼓励措施。(2)根据印尼《有关所规定的企业或所规定的地区之投资方面所得税优惠的第1号政府条例》,印尼政府对有限公司和合作社形式的新投资或扩充投资提供所得税优惠。提供的所得税优惠包括:①企业所得税税率为30%(根据新《所得税法》,2010后为25%),可在6年之内付清,即每年支付5%;②加速偿还和折旧;③在分红利时,外资企业所缴纳的所得税税率是10%,或者根据现行的有关避免双重征税协议,采用较低的税率缴税;④给予5年以上的亏损补偿期,但最多不超过10年。上述所得税优惠,由财政部长颁发,并且每年给予评估。(3)印尼政府2013年将为企业获得税收优惠进一步简化手续,并降低获得免税期和免税津贴的标准。根据印尼政府现行规定,在基础金属、炼油、天然气、有机基础化学、可再生能源和电信设备等5个工业部门,投资额超过1万亿印尼盾(约合1亿美元)的企业,可获得5至10年的所得税免税期。同时,对在印尼偏远落后地区投资的129个劳动密集型行业的企业,最低投资额500亿印尼盾(约合500万美元)且投资期限超过6年的,可最多按总投资的30%降低应纳税所得。印尼将改变目前仅对投资额超过1万亿印尼盾(约合1亿美元)给予优惠待遇的政策,视不同情况对有关企业给予同等优惠待遇,以吸引更大规模的投资,促进印尼经济发展。同时,将增加可获得税收优惠的产业部门,让更多领域的企业投资获得税收优惠,并对企业申请较少的产业部门减少或取消优惠政策。

(二)行业鼓励政策

1. 行业优惠。自2007年1月1日起,印尼政府对6种战略物资豁免增值税,即原装或拆散属机器和工厂工具的资本物资(不包括零部件),禽畜鱼饲料或制造饲料的原材料,农产品,农业、林业、畜牧业和渔业的苗或种子,通过水管疏导的饮用水,以及电力(供家庭用户6600瓦以上者例外)。

2007年2月,为吸引外商进入印尼,与当地企业合作从事鱼类加工业,印尼政府采取多项税收措施,具体包括免除国内加工鱼产品的出口税,减轻渔业加工机械进口税,减免收入税及增值税,在综合经济开发区和东部地区投资的企业还可获得土地建设税减免优惠。2009年,印尼政府进一步明确对工业发展用机器、货物和原料免征进口税。2010年,对部分行业的投资给予财政奖励或税收优惠。印尼政府对至少10个营业部门提供财政奖励以支持其发展,即食品饮料业、纺织业、电子行业、交通运输业、通讯信息产业、基础金属与机器工业、石化工业、农畜产品加工业、林业和海洋产品加工业、创意产业。此外,印尼政府还拟对环保型企业、大型投资项目、在落后地区投资的基建项目,以及具有较多附加值、提供广泛就业机会和运用先进科技的工业部门提供税收减免等优惠。

2011年以来,推出财政奖励政策,大力支持资本和劳动力密集型产业的发展。针对包括原金属、炼油、天然气、有机基础化学、可再生能源和电信设备等5个工业部门,投资规模在1万亿盾(约合1.17亿美元)以上的,免除其开始商业运行后5~10年的税款,对已投资印尼但经营尚不足一年的企业也可以享受到此项优惠税收政策。同时对符合印尼产业导向和优先发展领域的120个产业和地区提供相应的税收优惠。为了提高本国钢铁产能,印尼政府一直鼓励钢铁工业和炼油厂的投资建设,包括给予长达15年的免税期,并给予两年期的减税50%优惠。

2. 投资便利。印尼中央与地方政府实行投资审批一站式服务。实行一站式服务之后,每个部门都派代表到投资统筹机构办事处,以便加快办理审批手续。依据《投资法》第30条第7款,需要中央政府审批的投资领域包括对环保有高破坏风险的天然资源投资,跨省级地区的投资,与国防战略和国家安全有关的投资。

2013年10月印尼采取的配套政策焦点是为提高在印尼进行投资或经商提供的便利。政策主要将适用于雅京首都专区,为提高经商便利,该经济政策配套由八个方面组成,即:开始经营业务、安装电力、缴税和缴保险费、解决有关合约而提出的民事诉讼、解决破产案件、有关注册土地和建筑物所有权、房屋建造许可证,以及获得贷款便利。

2018年7月6日,印尼OSS系统正式启动。OSS是Online Single Submission的首字母缩写,意为一站式线上提交,设立该系统一是为了方便外国投资者处理注册公司、办理许可证等一系列在印尼投资所需要的手续,二是为了减少办理许可证过程中的繁杂过程。

3. 地区鼓励政策。印尼为了平衡地区发展,按照总体规划部署和各地区自然禀赋、经济水平、人口状况等特点,将重点发展“六大经济走廊”(Economic Corridors),即爪哇走廊—工业与服务业中心、苏门答腊走廊—能源储备、自然资源生产与处理中心、加里曼丹走廊—矿业和能源储备生产与加工中心、苏拉威西走廊—农业、种植业、渔业、油气与矿业生产与加工中心、巴厘—努沙登加拉走廊—旅游和食品加工中心、巴布亚—马鲁古群岛走廊—自然资源开发中心。

印尼政府将按照规划出台政策和措施,对在上述地区发挥比较优势的产业提供税务补贴等优惠政策,优先鼓励发展当地规划产业。除爪哇岛等地区外,未来几年印尼的发展重点,将是包括巴布亚、马鲁古、苏拉威西、加里曼丹、努沙登加拉等在内的东部地区,将进一步出台向投资当地的企业提供税务补贴等优惠政策。

四、外国企业在印尼获得土地的规定

(一)土地征用法案

印尼的土地征用法一直被视为实施基础设施项目的主要障碍。2011年12月,印尼国会批准名为“民心工程的土地征用”第2/2012号法律的土地征用法案,该法案涉及的项目有铁路、港口、机场、道路、水坝和隧道等。该法案通过明确表示政府会将土地用于基础设施项目的建设,通过给被征地人更合理的补偿,来获取基础设施建设用地。根据印尼的法律程序,众议院通过法案后,必须再颁布一条总统法令来明确有关补偿和新法案适用的项目类别等条例实施细则,还需要财政部等其他部门出台进一步的配套条例。

在框架方面，该法案本身仅适用于政府项目，但根据公私合作伙伴计划，私营部门的投资者可通过与国有企业合作的方式参与。此外，除了设定土地征用程序的完成期限为583天以外，该方案还为项目选址设置了一个两年的最终决议期限，可延长一年。这种时间限制对于推进项目以及为项目流程提供法律确定性而言是至关重要的，因为过去按照之前的条例，监管力度薄弱，导致土地征用工作受到拖延。关于适用范围，新条例不适用于以往项目，因此实施对象只有尚未开始土地征用活动的项目。因此，之前的条例对已经开工的项目仍然有效，但如有需要，这些项目可在2014年初应用新条例。

土地价格投机和补偿问题在总统条例中也得到了解决。根据该法案，国家机构所需土地可在与权利人协商后征用，而且权利人有权直接向最高法院提出上诉，法院有义务在74日内解决法律纠纷。独立评审小组将对土地进行估价，土地所有人得到的补偿将基于土地价格以及认为因放弃土地而造成的损失，也可进行上诉。

（二）外资企业获得土地的规定

印尼实行土地私有，外国人或外国公司在印尼都不能拥有土地，但外商直接投资企业可以拥有以下三种受限制的权利：建筑权，允许在土地上建筑并拥有该建筑物30年，并可再延期20年；使用权，允许为特定目的使用土地25年，可以再延期20年；开发权，允许为多种目的开发土地，如农业、渔业和畜牧业等，使用期35年，可再延长25年。

五、环境保护法律法规

印尼主管环境保护的部门是环境国务部，基础环保法律法规是1997年的《环境保护法》。《环境保护法》主要规定了环境保护目标、公民权利与义务、环境保护机构、环境功能维持、环境管理、环境纠纷、调查及惩罚违反该法的行为。

1997年的《环境保护法》是印尼环境保护的基本法，是制定和执行其他单项法律法规的依据，其他环境单项法律法规不得与本法相冲突和抵触。

本法较注重对生态和环境的保护，明确规定："环境可持续发展是指在经济发展中充分考虑到环境的有限容量和资源，使发展既满足现代人又满足后代人生存需要的发展模式。"这表明，印尼在发展经济的同时，对自然资源的利用采取优化合理的方式，关注到环境的承载能力，力求使人民获得最大利益，形成人与环境之间的平衡和谐关系。

六、保护知识产权规定

（一）印尼当地有关知识产权保护的法律规定

印尼现行的知识产权法主要有2001年《专利法》、2001年《商标法》、2002年《著作权法》、2000年《商业秘密法》、2000年《工业设计法》、2000年《集成电路布图设计法》和2000年《植物品种保护法》。

印尼加入的国际条约包括：《保护工业产权巴黎公约》《专利合作条约》《商标法条约》《伯尔尼公约》以及《WIPO版权条约》和《WIPO表演和录音制品条约》《与贸易有关的知识产权协议》，也是世界知识产权组织的成员国。

《专利法》规定，专利保护期为20年，期满后不得续展。《商标法》规定，商标保护期为10年，保护期可以续展。《著作权法》规定，有效期分别不同情况为作者生前及其死后50年和首次发表后50年。

（二）知识产权侵权的相关处罚规定

印尼法律规定，违反知识产权保护法规的行为，将受到法律制裁，包括经济处罚和刑事处罚。

七、投资合作相关法律对中国企业投资合作保护政策

（一）印尼与投资合作相关的主要法律

主要法律有：《投资法》《公司法》《所得税法》《劳动法》《知识产权法》《破产法》《贸易法》《海关法》等。

（二）印尼对中国企业投资合作的保护政策

1. 中国与印尼签署双边投资保护协定。中华人民共和国政府和印尼共和国政府关于促进和保护投资协定（1994年11月18日）。中华人民共和国政府和印尼共和国政府关于扩大和深化双边经济贸易合作的协定（2011年4月29日）。

2. 中国与印尼签署避免双重征税协定。中华人民共和国政府和印尼共和国政府关于对所得避免双重征税和防止偷漏税的协定（2015年3月26日）。

老挝投资贸易指南

一、对外贸易法规和政策规定

（一）贸易主管部门

老挝贸易主管部门为老挝工业与贸易部（下设省市工业与贸易厅、县工业与贸易办公室），主要职责是制订、实施有关法律法规，发展与各国、地区及世界的经济贸易联系与合作，管理进出口、边贸及过境贸易，管理市场、商品及价格，对商会或经济咨询机构进行指导以及企业与产品原产地证明管理等。

（二）贸易法规体系

老挝与贸易相关的主要法律有《投资促进管理法》《关税法》《企业法》《进出口管理令》《进口关税统一与税率制度商品目录条例》等。

（三）贸易管理的相关规定

老挝所有经济实体享有经营对外经济贸易的同等权利，除少数商品受禁止和许可证限制外，其余商品均可进出口。

1. 禁止进口商品。枪支、弹药、战争用武器及车辆；鸦片、大麻；危险性杀虫剂；不良性游戏；淫秽刊物等5类商品禁止进口。

2. 禁止出口商品。枪支、弹药、战争用武器及车辆；鸦片、大麻；法律禁止出口的动物及其制品；原木、锯材、自然林出产的沉香木；自然采摘的石斛花和龙血树；藤条；硝石；古董、佛像、古代圣物等9类商品禁止出口。

3. 进口许可证管理商品。活动物、鱼、水生物；食用肉及其制品；奶制品；稻谷、大米；食用粮食、蔬菜及其制品；饮料、酒、醋；养殖词料；水泥及其制品；燃油；天然气；损害臭氧层的化学物品及其制品；生物化学制品；药品及医疗器械；化肥；部分化妆品；杀虫剂、毒鼠药、细菌；锯材；原木及树苗；书籍、课本；未加工宝石；银块、金条；钢材；车辆及其配件（自行车及手扶犁田机除外）；游戏机；爆炸物等25类商品进口需许可证。

4. 出口许可证管理商品。活动物（含鱼及水生物）；稻谷、大米；虫胶、树脂、林产品；矿产品；木材及其制品；未加工宝石；金条、银块等7类商品出口需许可证。

（四）进出口商品检验检疫

老挝对各类动植物产品的进口有检疫要求，要求对进口产品的特征及进口商的相关信息进行检查。

1. 动物检疫。根据老挝动物检疫规定，活动物、鲜冻肉及肉罐头等进口商须向农林部动物检疫司申请动物检疫许可证。商品入境时由驻口岸的动物检疫员查验产地国签发的动物检疫证和老挝农林部签发的检疫许可证。

2. 植物检疫。老挝农林部负责植物检疫工作，进口植物及其产品须在老挝的边境口岸接受驻口岸检查员检查，并出示产品原产国有关机构签发的植物检疫证。

（五）海关管理规章制度

1. 管理制度。老挝政府于1994年12月颁布实施《统一制度和进口关税商品目录条令》，2005年5月颁布实施《关税法》及2001年10月颁布实施《商品进出口管理法令》等法律法规，对海关管理作了系列规定。其中《关税法》对进出口商品限制、禁止种类、报关、纳税、仓储、提货、出关、关税文件管理及报关复核等做了相关规定。

2. 关税税率。老挝关税分自主关税、协定关税、优惠关税、减让关税和零关税等5种不同的税率。详情可参看《统一制度和进口关税商品目录条令》及有关关税调整通知等文件。

3. 报关流程。货物进入仓库—过磅—做仓库临时报关单—打货物临时报关单、报海关审核、报海关领导签字、打税单上税、海关检验货物、付仓库费—海关做记录、进关。

4. 报关所需材料。老挝计划投资部批文、企业投资许可证、企业申请报告、企业营业执照（复印件）、企业税务登记（复印件）和货物老文清单（含数量、价格、重量、规格等）。

二、外国投资市场准入规定

（一）投资主管部门

工贸部、计划投资部、政府办公厅分别对老挝投资的一般投资、特许经营投资和经济特区投资负责。

（二）投资行业的规定

除危及国家稳定，严重影响环境、人民身体健康和民族文化的行业和领域外，老挝政府鼓励外国公司及个人对各行业各领域投资并出台了《老挝鼓励外国投资法》。老挝现行的外国投资法律是2009年颁布的《投资促进法》，2011年4月颁布了《投资促进法实施条例》，对投资促进法部分条款作出了进一步的规定。老挝国家主席本扬·沃拉吉在2016年11月的国民议会上颁布了新修订的《投资促进法》。修改后的法案共有12部分，109个条款。新的法规旨在为投资者扩大特许权范围，最大限度刺激老挝的投资效益。新修订的《投资促进法》具体内容可登录老挝计划投资部网站：www.investlaos.gov.la。

1. 禁止投资的行业。各种武器的生产和销售；各种毒品的种植、加工及销售；兴奋剂的生产及销售（由卫生部专门规定）；生产及销售腐蚀、破坏良好民族风俗习惯的文化用品；生产及销售对人类和环境有危害的化学品和工业废料；色情服务；为外国人提供导游。

2. 政府专控的行业。石油、能源、自来水、邮电和交通、原木及木材制品、矿藏及矿产、化学品、粮食、药品、食用酒、烟草、建材、交通工具、文化制品、贵重金属、教育。

3. 专为老挝公民保留的职业。（1）工业手工业部门：制陶；金、银、铜及其制品的打制；手工织布和编纺刺绣；工厂的织布、缝纫工作；竹篾、藤凉席的制作；佛像、木雕制作；玩具的制作；棉或木棉服装和被褥的制作；铁匠；电焊工。（2）金融部门：金、银、铜及其有价物品的销售。（3）商业部门：流动和固定零售；成品油零售。（4）财政部门：财务监督或提供财务服务工作。（5）教育部门：为外国人教授老挝语。（6）文化部门：老挝传统乐器制作；手工字母排版；各种广告牌的设计和制作；各种场所的装修。（7）旅游部门：导游和导游的分配。（8）交通、运输、邮电和建设部门：各种运输车辆的驾驶；建筑行业的各种载重车（推土机、自卸车等）的驾驶；铲土机、平地机、打夯机、挖土机的操作；各种信件、报纸、文件的发送；密码工作；汽车美容。（9）劳动和社会服务部门：普通工人、清洁工、保安；为外国人提供家政服务；美容、烫发和理发；文书和秘书工作。（10）食品部门：米线制品的生产。

老挝对国产水泥、钢筋、洗洁精、PVC管、镀锌瓦、水泥瓦实行保护政策。

（三）投资方式的规定

外国投资者可以按照“协议联合经营”、与老挝投资者成立“混合企业”和“外国独资企业”等3种方式到老挝投资。

“协议联合经营”是指老挝投资法人与外方在不成立新法人的基础上联合经营。

“混合企业”是指由外国投资者和老挝投资者依照老挝法律成立、注册并共同经营、共同拥有所有权的企业。外国投资者所持股份不得低于注册资金的30%。

“外国独资企业”是指由外国投资者独立在老挝成立的企业，形式可以是新法人或者分公司。

矿产、水电行业为老挝外资投资的主要领域。中国、越南、泰国分别是老挝前三大投资国。

（四）特殊经济区域的规定

2011年底，老挝政府颁布《2011年至2020年老挝开发经济特区和专业经济区战略规划》，规划到2015年建立14个经济特区和专业经济区。截至2016年，老挝政府批准设立12个经济开发区，即：沙湾—色诺经济特区、金三角经济特区、磨丁—磨憨跨境经济合作区、万象嫩通工业贸易园、赛色塔综合开发区、东坡西专业经济区、万象隆天专业经济区、普乔专业经济区、塔銮湖专业经济区、他曲专业经济区、占巴塞经济专区和琅勃拉邦经济专区。

老挝《投资促进法》规定，经济特区及专业经济区经营期限最长不超过99年，如对老挝经济社会发展贡献突出，在获得老挝政府同意后，可适当延长经营期限。老挝国会于2016年进行了《投资促进法》修订版的审议工作，目前该法案将特许年限由99年修改为50年，根据适当情况可以延长，原已确定的投资项目年限维持不变。

三、老挝对外国投资的政策

（一）优惠政策框架

老挝对外国投资给予税收、制度、措施、提供信息服务及便利方面的优惠政策。

（二）行业鼓励政策

老挝鼓励外国投资的行业有：（1）出口商品生产；（2）农林、农林加工和手工业；（3）加工、使用先进工艺和技术、研究科学和发展、生态环境和生物保护；（4）人力资源开发、劳动者素质提高、医疗保健；（5）基础设施建设；（6）重要工业用原料及设备生产；（7）旅游及过境服务。

（三）税收优惠政策

进口用于在老挝国内销售的原材料、半成品和成品可享受减征或免征进口关税、消费税和营业税。即：进口经有关部门证明并批准的原材料可免征进口关税和营业税；进口老挝国内有但数量不足的半成品5年内可按最高正常税率减半征收进口关税和营业税；进口经有关部门证明并批准的老挝国内有但数量不足或质量不达标的配件可按照东盟统一关税目录中的税率征收配件关税及消费税。

进口的原材料、半成品和成品在加工后销往国外的，可享受免征进口和出口的关税、消费税和营业税。

经老挝计划投资部批准进口的设备、机器配件可免征进口关税、消费税和营业税。

经老挝计划投资部或相关部门批准进口的老挝国内没有或有但不达标的固定资产可免征第一次进口关税、消费税和营业税。

经老挝计划投资部或相关部门批准进口的车辆(如载重车、推土机、货车、35座以上客车及某些专业车辆等)可免征进口关税、消费税和营业税。

(四)地区鼓励政策

老挝政府根据不同地区的实际情况给予投资优惠政策：(1)一类地区，指没有经济基础设施的山区、高原和平原。免征7年利润税，7年后按10%征收利润税。(2)二类地区，指有部分经济基础设施的山区、高原和平原。免征5年利润税，之后3年按7.5%征收利润税，再之后按15%征收利润税。(3)三类地区，指有经济基础设施的山区、高原和平原。免征两年利润税，之后两年按10%征收利润税，再之后按20%征收利润税。免征利润税时间按企业开始投资经营之日起算；如果是林木种植项目，从企业获得利润之日起算。

此外，企业还可以获得如下4项优惠：(1)在免征或减征利润税期间，企业还可以获得免征最低税的优惠。(2)利润用于拓展获批业务者，将获得免征年度利润税。(3)对直接用于生产车辆配件、设备，老挝国内没有或不足的原材料，用于加工出口的半成品等进口可免征进口关税和赋税。(4)出口产品免征关税。

对用来进口替代的加工或组装的进口原料及半成品可以获得减征关税和赋税的优惠；经济特区、工业区、边境贸易区以及某些特殊经济区等按照各区的专门法律法规执行。

四、外国企业在老挝获得土地的规定

(一)土地法的主要内容

老挝实行土地公有制，土地所有权禁止交易。地产市场的交易仅为土地使用权交易。老挝土地法根据老挝宪法的规定将土地国家所有权制度确立为国家唯一的土地所有权制度，即作为土地唯一所有者的国家对于自己所有的土地依法享有的占有、使用、收益和处分的权利。国家按照法律和规划统一管理全部土地，保证有目的和有成效地使用土地。

老挝《土地法》(1997年颁布)规定，全国范围内的土地划分为以下八个类型：农业用地、林业用地、建筑用地、工业用地、交通用地、文化用地、国防、治安用地和水域用地。关于各类土地范围划分权和程序方面，中央一级政府在全国范围内分配和划分各类土地，然后向国会提议以便审议通过。地方政府在自己负责的范围内规定各类土地的范围，使之符合政府制定的土地类型范围的规定，然后向自己的上级政府提议以便审议通过。

老挝《土地法》规定，一旦认为有必要，可以把一种土地类型转向另一种类型，但在用作其他目标前，必须事先征得有关部门的许可并不得对自然环境和社会造成不良影响。

(二)外资企业获得土地的规定

老挝《土地法》对本国人与外国人在土地使用形式上做了区分。本国个人、家庭及组织享有土地使用权和土地租赁权，而外国人、无国籍人仅仅享有土地租赁权。两者区别在于：土地租赁是从土地使用权中分离出来的一项独立财产权利。老挝《土地法》没有对土地使用权的期限做出规定；土地使用权一般要求支付地租，但也可无偿。土地租赁为有偿形式，租金是必要条件：土地使用权具有流通性，可让与作为抵押权的标的，设定权利抵押权。而土地租赁权一般不得让与，转租也受到限制或禁止。

外国人以及其他组织没有土地的使用权，只享有土地租赁权。其如果需要从老挝公民手中租赁已开发的土地，则应由土地所在地的省、市或特区政府向财政部建议审批。至于外国人及上述个人的组织，是由土地所在地的省、市或特区政府向财政部建议决定。根据外国人投资的项目、产业、规模、特性，其租期最高不得超过50年，但可按政府的决定视情形续租。

(三)老挝目前实行土地特许经营的项目

1. 农业项目。老挝实行土地特许经营的农业项目有360个，按项目数量排序主要有：咖啡(59个)、牲畜(58个)、麻风树(49个)、木薯(34个)、水果蔬菜(31个)、大米(12个)、甘蔗(10个)；按占地面积排序居前者有：甘蔗(3.4969万公顷)、畜牧(3.1494万公顷)、麻风树(2.5179万公顷)。咖啡种植项目95%位于老挝南部占巴色省，种植总面积1.9105万公顷。甘蔗项目几乎全是泰国投资，多位于老挝南部靠近泰国的地方。中国投资老挝的农业项目占地1.3万公顷，其中5个木薯种植项目覆盖1万公顷土地。

2. 林业项目。老挝实行土地特许经营的林业项目有367个，最常见的是橡胶种植园，共有225个项目，覆盖13万公顷土地。其次是49个桉树项目，覆盖9.5万公顷土地。中国以86个项目占地8.6万公顷名列林业项目第一位，其后是越南和印度。中国企业投资的橡胶园主要在老挝北部，便于采购商运输到云南西双版纳加工。越南主要投资的项目也是橡胶，相较中国每个项目平均只有341公顷土地，越南投资橡胶项目平均占地面积为1477公顷。

3. 采矿项目。采矿业564个项目占地接近55万公顷，即老挝土地特许经营项目总面积的一半。3个最主要的产品类别分别是：锌矿(18.9万公顷)，铜矿(8.6万公顷)，铁矿(5.7万公顷)。项目数量最大类别是沙和碎石开采项目，共165个项目，但总面积仅为2987公顷。就采矿业投资项目数量而言，中国有69个项目，越南32个项目，泰国9个项目。但是从项目面积看，越南在采矿业投资的土地面积为23.2万公顷，中国则仅有9.7万公顷。

4. 其他项目。电力、制造、加工业特许经营项目共829个项目占地2.2万公顷。通信、服务、旅游、运输、贸易特许经营项目共520个项目占地7.7万公顷。

由于老挝土地投资及特许经营项目的规模急剧扩大，无论政府还是民间都对其影响予以关注。2012年6月老挝政府停止橡胶及桉树的特许经营许可，进行全国范围内的土地特许经营情况审查复核，对项目影响进行重新评估，土地特许经营权的审批程序趋于严格。

五、环境保护法律规定

(一)环保管理部门

老挝环保管理部门包括自然资源环境部、部派驻处、省/直辖市自然资源环境厅、县和村委会等5级机构。主要职责有：(1)制定和实施环保法律法规；(2)研究、分析和处理项目环保问题;(3)颁发或没收环保许可证;(4)指导环评工作;(5)开展环保国际合作等。

(二)主要环保法律法规

老挝主要环保法律法规有《环境保护法》(1999年4月颁布实施)、《环境保护法实施令》《水和水资源法》《水和水资源法实施令》等。2013年3月,老挝颁布新修订的《环境保护法》。

(三)环保法律法规基本要点

老挝环保法规定,个人或组织在实施项目中必须负责预防和控制水、土地、空气、垃圾、有毒化学物品、辐射性物品、振动、声音、光线、颜色和气味等污染;禁止随意向沟渠、水源等倾倒、排放超标污水和废水;禁止排放超出空气质量指标的烟雾、气体、气味、有毒性化学品和尘土;生产、进口、使用、运输、储藏和处理有毒化学物品或辐射性物品必须按照相关规定执行;禁止随意倒放垃圾,必须在扔弃、燃烧、埋藏或销毁前行划定或区分垃圾倒放区域;禁止进口、运输、移动危险物品通过老挝水源区、境内或领空。个人或组织违反环保法的,情节较轻者处以教育、罚金;情节重者可按相关民事法律和刑事法律进行处罚。

(四)环保评估的相关规定

2010年2月16日,老挝对《环境评价条例》进行修订。此次修订严格了环评程序,进一步完善公众参与制度。新修订的《环境评价条例》将所有项目分成两大类,一类包括小规模投资项目和对环境与社会影响小的项目,这类只要求IEE;一类是大规模投资的项目,包括复杂的和显著影响环境与社会的项目,要求EIA环评机构:自然资源和环境部、费用根据项目类型、规模收取,没有统一收费标准,需要双方洽谈;环评报告上交自然资源和环境部环境监察中心后在半年内给予答复,如未通过则需重新评估。

六、保护知识产权规定

(一)老挝当地有关知识产权保护的法律规定

老挝政府于1995年颁布实施《商标令》,2008年1月颁布实施《知识产权法》。

《商标令》规定,在老挝的个人或法人可以向老挝科技部提出商标注册申请。商标保护期为10年,可延长10年/次。连续5年不用或者商标注册批准证书过期,则失去效力。

《知识产权法》规定,知识产权包括工业产权、物种和专利3大类。工业产权保护期限一般为10~20年,期间支付费用;物种保护期乔木类为25年、灌木类为15年,期间支付费用;专利保护期为创作者终生及死后50年。

(二)知识产权侵权的相关处罚规定

老挝《知识产权法》规定,违反知识产权保护规章的行为,受法律制裁。

七、投资合作相关法律及对中国企业投资合作保护政策

(一)老挝与投资合作相关的主要法律

1.《投资促进法》。2010年3月,老挝国家主席签署第75号主席令,正式颁布实施老挝新版《投资促进法》。新版《投资促进法》由原来的《国内投资促进管理法》和《外国投资股促进管理法》合并而成,并对其中8处作了修订和完善,如:投资方式、投资类型、审批程序、一站式投资服务、投资指导目录、优惠政策、专门经济区开发投资以及中央与地方管理职能划分等内容。

2.《民法》。规定老挝的自然人之间、法人之间以及自然人与法人之间的财产关系,为私有财产提供保护。

3.《企业法》。规定企业成立、组织、运作、解散、转让和变更,划分企业类型,规范企业章程。

4.《矿产法》。1997年5月实施,后进行修订。对矿产资源的所有权、保护和开发、环境保护、矿山经营者权益和当地居民权益和保护等做出规定。

(二)老挝对中国企业投资合作的保护政策

1. 中国与老挝签署双边投资保护协定。中国与老挝于1988年12月签署了《中老贸易协定》和《中老边境贸易的换文》。1993年1月31日,老挝与中国签署了《中华人民共和国政府和老挝人民民主共和国政府关于鼓励和相互保护投资协定》,该协定于1993年6月1日起生效。2016年11月,中老双方签署了《关于加强两国边境地区经贸合作的协定》。

2. 中国与老挝签署避免双重征税协定。中国与老挝于1999年1月签署了《中老避免双重征税协定》。

3. 中国与老挝还签署了《中老汽车运输协定》(1993年12月)、《中老澜沧江—湄公河客货运输协定》(1994年11月)、《中老旅游合作协定》(1996年10月)、《中老关于成立两国经贸技术合作委员会协定》(1997年5月)、《中国、老挝、缅甸和泰国四国澜沧江—湄公河商船通航协定》(2000年4月)等协定,在投资、旅游、运输等方面规定了相关保护政策。

2020年1月6日,中国人民银行与老挝银行签署了双边本币合作协议,允许在两国已经放开的所有经常和资本项下交易中直接使用双方本币结算,有利于进一步深化中老货币金融合作,提升双边本币使用水平,促进贸易投资便利化。

4. 其他相关保护政策。中国与老挝签署《中老领事条约》(1989年10月)、《中老民事刑事司法协助条约》(1999年1月)、《中华人民共和国和老挝人民民主共和国引渡条约》(2002年2月)等协定,在司法方面规定相关保护政策。2002年11月,中国与东盟国家签署《中国—东盟全面经济合作框架协议》。2004年11月29日,在老挝万象召开的第8次中国—东盟领导人会议上,中老签署《货物贸易协议》和《争端解决机制协议》。

马来西亚投资贸易指南

一、对外贸易法规和政策规定

(一)贸易主管部门

马来西亚主管对外贸易的政府部门是国际贸易和工业部,主要职责是负责制订投资、工业发展及外贸等有关政策,拟定工业发展战略,促进多双边贸易合作,规划和协调中小企业发展,促进和提升私人企业界和土著的管理和经营能力。

(二)贸易法规体系

主要对外贸易法律有《海关法》《海关进口管制条例》《海关出口管制条例》《海关估价规定》《植物检疫法》《保护植物新品种法》《反补贴和反倾销法》《反补贴和反倾销实施条例》《2006年保障措施法》《外汇管理法令》等。

(三)贸易管理的相关规定

马来西亚实行自由开放的对外贸易政策,部分商品的进出口会受到许可证或其他限制。

1. 进口管理。1998年马来西亚海关禁止进口令规定了四类不同级别的限制进口。第一类是14种禁止进口品,包括含有冰片、附子成分的中成药,45种植物药以及13种动物及矿物质药。第二类是需要许可证的进口产品,主要涉及卫

生、检验检疫、安全、环境保护等领域。包括禽类和牛肉(还必须符合清真认证)、蛋、大米、糖、水泥熟料、烟花、录音录像带、爆炸物、木材、安全头盔、钻石、碾米机、彩色复印机、一些电信设备、武器、军火以及糖精。目前大约有27%的税目产品需要进口许可证。第三类是临时进口限制品,包括牛奶、咖啡、谷类粉、部分电线电缆以及部分钢铁产品。第四类是符合一定特别条件后方可进口的产品,包括动物、动物产品、植物及植物产品、香烟、土壤、动物肥料、防弹背心、电子设备、安全带及仿制武器。

为了保护敏感产业或战略产业,马来西亚对部分商品实施非自动进口许可管理,主要涉及建筑设备、农业、矿业和机动车辆部门。如所有重型建筑设备进口须经国际贸易和工业部批准,且只有在马来西亚当地企业无法生产的情况下方可进口。马来西亚海关负责发放进口许可证,国际贸易及工业部及其他部门负责进口许可证的日常管理工作。

2. 出口管理。马来西亚规定,除以色列外,大部分商品可以自由出口至任何国家。但是,部分商品需获得政府部门出口许可,其中包括:短缺物品、敏感或战略性或危险性产品,以及受国家公约控制或禁止进出口的野生保护物种。此外,马来西亚《1988年海关令(禁止出口)》规定对三类商品的出口管理措施:第一类为绝对禁止出口,包括禁止出口海龟蛋和藤条;禁止向海地出口石油、石油产品和武器及相关产品。第二类为需要出口许可证方可出口;第三类为需要视情况出口。大多数第二和第三类商品为初级产品,如牲畜及其产品、谷类、矿物/有害废弃物;第三类还包括武器、军火及古董等。

国际贸易与工业部及国内贸易与消费者事务部负责大部分商品出口许可证的管理。

3. 进出口商品检验检疫。马来西亚要求所有肉类、加工肉制品、禽肉、蛋和蛋制品必须来自经农业部兽医服务局检验和批准的工厂,所有进口产品必须获得兽医服务局颁发的进口许可证。

所有向穆斯林供应的肉类、加工肉制品、禽肉、蛋和蛋制品必须通过清真认证,牛、羊、家禽的屠宰场以及肉蛋加工设备必须获得伊斯兰发展署的检验和批准。

4. 海关管理规章制度。(1)管理机构。马来西亚皇家海关是管理商品的进出口、边境控制以及贸易便利化的政府部门。(2)管理制度。马来西亚关税有两种归类系统:一种用于东盟内部贸易,税则号为6位数字;另一种用于与其他国家贸易。国际贸易及工业部下属关税特别顾问委员会负责对关税进行评审,每年在政府预算中公布。(3)关税水平。马来西亚99.3%的关税是从价税,0.7%是从量税、混合税和选择关税。世界贸易组织公布数据显示,2016年,马来西亚最惠国关税简单平均关税税率约为5.8%,农产品最惠国平均简单关税税率为8.4%,非农产品该税率为5.4%。(4)金融管制。无论是马来西亚居民还是非居民,每次出入马来西亚所携带外币或旅行支票数额不受限制,但如超过10000美元,则需向海关申报;非居民携带外币或旅行支票出境,如数额在入境时申报的数额内,不受限制;如需携带超过数额限制的现金或旅行支票出境,需事先向马来西亚国家银行取得书面许可。(4)海关舱单。近期,马来西亚海关对关于海关舱单的规定做出了修改,规定自2018年10月1日起所有从马来西亚进出口及中转的货物,客户必须提供样单中货物描述部分正确的6位货物HS编码。缺失HS CODE或信息有误,将会影响货物在马来西亚清关放行,并可能造成海关罚款或其他责任后果。

二、外国投资市场准入规定

(一)投资主管部门

马来西亚主管工业领域投资的政府部门是贸工部下属的马来西亚投资发展局(www.mida.gov.my),主要职责是:制定工业发展规划;促进制造业和服务业领域的国内外投资;审批工业执照、外籍员工职位以及企业税务优惠;协助企业落实和执行投资项目。

马来西亚其他行业投资由马来西亚总理府经济计划署(EPU)及有关政府部门负责,EPU负责审批涉及外资与土著(Bumiputra)持股比例变化的投资申请,而政府部门则负责其他业务有关事宜的审批。

(二)投资行业规定

1. 限制的行业。外商投资下述行业会在股权方面受到严格限制:金融、保险、法律服务、电信、直销及分销等。一般外资持股比例不能超过50%或30%。

2. 新开放领域。2009年4月,马来西亚政府为了进一步吸引外资,刺激本国经济发展,开放了8个服务业领域的27个分支行业,允许外商独资,不设股权限制,包括:(1)计算机相关服务领域。包括电脑硬件咨询服务,软件应用服务(包括软件系统咨询服务、系统分析服务、系统设计服务、电脑程序服务、系统维护服务),资料处理服务(包括资料输入服务、资料处理与制表服务、共享服务等),数据库服务,电脑维修服务,其他(包括资料准备、训练、资料修复、内容开发等服务)。(2)保健与社会服务领域。包括兽医服务,老人院及残疾中心提供的服务,孤儿院服务,育儿服务(包括残疾儿童中心提供的服务),为残疾人士提供的职业培训服务。(3)旅游服务领域。包括主题公园,旅行社(仅限国内旅游部分),酒店与餐馆(仅限四星级及五星级酒店),食品服务(仅限四星级及五星级酒店),饮品服务(仅限四星级及五星级酒店)。(4)运输服务领域。(5)体育及休闲服务领域。(6)商业服务领域。包括区域分销中心,国际采购中心,科学检验与分析服务(包括成分与纯度化验分析服务、固体物检验分析服务、机械与电子系统检验分析服务、科技监督服务等),管理咨询服务(包括常规服务、金融、人力资源、产品与公关服务等)。(7)租赁服务领域。包括船只租赁(不包括沿海及岸外贸易)、国际货轮租赁(光船租赁)。(8)运输救援服务领域。包括海事机构服务、船只救护服务。

为进一步刺激外资流入,马来西亚政府在2012年逐步开放17个服务业分支行业的外资股权限制,包括:电讯领域的服务供应商执照申请、电讯领域的网络设备供应与网络服务供应商执照申请、快递服务、私立大学、国际学校、技工及职业学校、特殊技术与职业教育、技能培训、私立医院、独立医疗门诊、独立牙医门诊、百货商场与专卖店、焚化服务、会计与税务服务、建筑业、工程服务以及法律服务。

马来西亚服务业发展理事会(MSDC)是分支领域开放的监管单位,负责审查服务业限制领域发展的有关规定,监督和协调各部门相关工作。

3. 鼓励的行业。马来西亚政府鼓励外国投资进入其出口导向型的生产企业和高科技领域。

马来西亚比较适合外国投资的产业包括:农业生产、农产品加工、林业、橡胶制品、棕油产品、石油化工、医药、木材、纸浆制品、纺织、非金属矿物制品、钢铁业、有色金属、机械设备及零部件、交通设备及部件、电子电器、专业医学、科学测量仪器制造、相机及光学产品、塑料制品、酒店与旅游业、影视制作以及一些制造业相关的服务业等。2003 年 6 月开始,外商投资制造业的新项目可以 100% 持股。

（三）投资方式的规定

1. 直接投资。外商可直接在马来西亚投资设立各类企业,开展业务。直接投资包括现金投入、设备入股、技术合作以及特许权等。

2. 跨国并购。马来西亚允许外资收购本地注册企业股份,并购当地企业。一般而言,在制造业、采矿业、超级多媒体地位公司、伊斯兰银行等领域或鼓励外商投资的五大经济发展走廊,外资可获得 100% 股份;马来西亚政府还先后撤销了 27 个服务业分支领域和上市公司 30% 的股权配额限制,进一步开放了服务业和金融业。

3. 股权收购。马来西亚股票市场向外国投资者开放,允许外国企业或投资者收购本地企业上市,2009 年,马来西亚首相纳吉布宣布取消外资公司在马来西亚上市必须分配 30% 土著股权的限制,变为规定的 25% 公众认购的股份中,要求有 50% 分配给土著,即强制分配给土著的股份实际只有 12.5%;此外,拥有多媒体超级地位、生物科技公司地位以及主要在海外运营的公司可不受土著股权需占公众股份 50% 的限制。纳吉布同时废除外资委员会(FIC)的审批权,拟在马上市的外资公司直接将申请递交给马来西亚证券委员会。

（四）特色经济区域的规定

中马钦州产业园区与马中关丹产业园是首个中国政府支持的以姊妹工业园形式开展双边经贸合作的项目。2012 年 4 月 1 日,中马钦州产业园区正式开园;2013 年 2 月 5 日,马中关丹产业园举行了盛大的启动仪式,标志着"两国双园"模式的全面启动,将进一步推进双边各领域全方位合作。作为中国—东盟经贸合作的示范项目,"中马钦州产业园"与"马中关丹产业园"这两个姊妹园区可有效利用中马双方的资源、资金、技术和市场等互补优势,提升区域发展水平,促进中国与东盟国家间的互联互通。

1. 中马钦州产业园区(QIP)。(1)基本规划:园区毗邻钦州保税港区和国家级钦州港经济技术开发区,园区规划面积 55 平方公里,计划分三期实施开发建设:一期为包含居住、产业、商业及行政办公用地的综合区,面积为 15.11 平方公里;二期为生活性服务中心、产业区和居住区,面积 18.1 平方公里;三期为智慧生态区及产业区,面积 22.2 平方公里。(2)开发模式:园区开发由中马双方牵头企业在华成立中马钦州产业园区投资合作有限公司,作为园区开发主体,由中方控股 51%,马方占股 49%,共同从事土地开发和园区基础设施建设。(3)产业指引:园区采取产业与新城融合发展、产业链与服务链共同打造的模式,合理布局工业与服务业。重点发展三类产业:一是综合制造业,包括汽车零配件加工、船舶零配件、工程与港口机械装备、食品加工、生物技术等产业;二是信息技术产业,包括电子信息产业、信息和通信技术产业、云计算数据中心等;三是现代服务业,包括金融、大宗商品交易、现代物流仓储、教育服务等生产性服务业和服务配套、房地产等生活性服务业。

2. 马中关丹产业园(MCKIP)。(1)基本规划:产业园位于彭亨州关丹市格宾(GEBENG)工业区内,面积 1500 英亩(约 6.07 平方公里),距离关丹港仅 5 公里,关丹市区 25 公里,关丹机场 40 公里,距离吉隆坡 250 公里,地理位置优越,交通便利。关丹港距离钦州港 1104 海里,航行仅需 3 ~ 4 天,到中国其他港口也只需 4 ~ 8 天时间。(2)开发模式:由中马双方牵头企业在马成立合资公司作为产业园开发主体,由马方占股 51%,中方占股 49%,共同从事土地开发和基础设施建设以及后期招商工作。(3)产业指引:十大重点产业包括:塑料及金属行业设备、汽车零部件、纤维水泥板、不锈钢产品、食品加工、碳纤维、电子电器、信息通讯、消费类商品以及可再生能源。(4)优惠政策:目前,马方对产业园提出的优惠政策主要分为财政优惠和非财政优惠两类。其中,财政优惠包括:①自第一笔合法收入起 10 年内 100% 免缴所得税,或享受 5 年合格资本支出全额补贴;②工业园开发、农业及旅游项目免缴印花税;③机械设备免缴进口税及销售税。非财政优惠包括:①地价优惠;②工业园基础设施相对成熟;③外籍员工政策相对灵活;④人力资源丰富。

3. 自由贸易区与保税工厂。为了鼓励与欢迎外资投资发展劳动密集型和出口导向型工业,马来西亚于 1968 年制订"投资奖励法案",1971 年制订"自由贸易区法案",1972 年修订海关法中相关条款实施保税工厂制度,从而基本上完备了以外资企业为中心发展劳动密集型和出口导向型工业的经济体制。马来西亚政府在 1990 年制定了《自由区法》,以促进旅游业、制造业等以贸易为目的的免税区经济的发展,其中自由工业区是特别为制造业者从事生产或装配主要供应外销产品而设置的区域,使区内业者享受最低的关税管制,并可免税进口生产所需的原材料、零部件和机械设备,减少其制成品出口的手续。目前,马来西亚共设立了 18 个自由工业区,但自由工业区毕竟有限,且许多企业根据自身特点无法在自由工业区内设立工厂,马来西亚政府为了促进出口导向型和劳动密集型产业的布局更加合理,允许其他企业申请设立保税工厂,享有与自由工业区工厂同等优惠政策。

4. 非财务优惠措施。豁免遵守外国投资委员会条例。享有宽松的外汇管理,其中包括:向国民支付或收取外币;向境内银行及非国民借贷任何数额的外币;可用外币在境内及境外投资;可将出口收入保留在境内;聘请外国专门人才无限制,境外专业人才可进口或购买免税汽车自用。

三、外国投资优惠政策

（一）优惠政策框架

马来西亚投资政策以《1986 年促进投资法》《1967 年所得税法》《1967 年关税法》《1972 年销售税法》《1976 年国内税法》以及《1990 年自由区法》等为法律基础,这些法律涵盖了对制造业、农业、旅游业等领域投资活动的批准程序和各种鼓励与促进措施。

2010 年,马来西亚联邦政府出台一系列新的举措,以促进投资增长。包括设立国家投资委员会,由马贸工部长和首相府绩效管理实施署长作为联席主席,委员由马财政部、首相府经济计划署、央行、绩效管理实施署、贸工部、投资发展局、统计局的官员组成,负责实时审批投资项目;将投资主管机构马投资发展局(原名工业发展局)企业化,授予更多权限,以提高该机构施政灵活性,吸引更多投资;修订了《促进行动及产品列表》(即鼓励外商投资产业目录);关注五大经济发展走廊吸引投资情况,强化各走廊发展局的职能。

鼓励政策和优惠措施主要是以税务减免的形式出现的,

分为直接税激励和间接税激励两种。直接税激励是指对一定时期内的所得税进行部分或全部减免；间接税激励则以免除进口税、销售税或国内税的形式出现：

1. 投资税务补贴（Investment Tax Allowance，ITA）。获得新兴工业地位（Pioneer Status，PS）称号的企业可享受为期5年的所得税部分减免，仅需就其法定收入的30%征收所得税。即：获得投资税务补贴的企业，可享受为期5年合格资本支出60%的投资税务补贴。该补贴可用于冲抵其纳税年法定收入的70%，其余30%按规定纳税，未用完的补贴可转至下一年使用，直至用完为止。

享受新兴工业地位或投资税务补贴的资格是以企业具备的某方面优势为基础的，包括较高的产品附加值、先进的技术水平以及产业关联等。符合这些条件的投资被称为“促进行动”（promoted activities）或“促进产品”（promoted products）。马政府专门制订了有关制造业的《促进行动及产品列表》。除制造业外，两项鼓励政策均可适用于其他行业申请，如农业、旅游业及制造业相关的服务业等。

2. 再投资补贴（Reinvestment Allowance，RA）。再投资补贴主要适用于制造业与农业。运营12个月以上的制造类企业因扩充产能需要，进行生产设备现代化或产品多样化升级改造的开销，可申请再投资补贴。合格资本支出额60%的补贴可用于冲抵其纳税年法定收入的70%，其余30%按规定纳税。

3. 加速资本补贴（Accelerated Capital Allowance，ACA）。使用15年的再投资补贴后，再投资在“促进产品”的企业可申请加速资本补贴，为期3年，第一年享受合格资本支出40%的初期补贴，之后两年均为20%。除制造业外，加速资本补贴还适用于其他行业申请，如农业、环境管理及信息通信技术等。

4. 农业补贴。马来西亚的农业企业与合作社/社团除了农业《促进行动及产品列表》，也可申请新兴工业地位或投资税务补贴的优惠。《1967年所得税法》规定，投资者在土地开垦、农作物种植、农用道路开辟及农用建筑等项目的支出均可申请资本补贴和建筑补贴。考虑到农业投资计划开始到农产品加工的自然时间间隔，大型综合农业投资项目在农产品加工或制造过程中的资本支出还可单独享受为期5年的投资税务补贴。

5. 多媒体超级走廊地位。马政府于1996年推出信息通信技术计划，即多媒体超级走廊，简称MSC，目标是成为全球信息通讯产业中心。经多媒体发展机构核准的信息通讯企业可在新兴工业地位的基础上，享受免缴全额所得税或合格资本支出全额补贴（首轮有效期为5年），同时在外资股权比例及聘请外籍技术员工上不受限制。

6. 运营总部地位。国际采购中心地位和区域分销中心地位。为进一步加强马来西亚在国际上的区域地位，经核准的运营总部、区域分销中心和国际采购中心除了100%外资股权不受限制以外，还可享受为期10年的免缴全额所得税等其他优惠。

7. 新兴工业地位。获得新兴工业地位称号的企业可享受为期5年的所得税部分减税，仅需就其法定收入的30%征收所得税。

（二）行业鼓励政策

1. 五大经济特区。近年来，马来西亚政府鼓励外资政策力度逐步加大，为平衡区域发展，陆续推出五大经济发展走廊，基本涵盖了西马半岛大部分区域以及东马的两个州，凡投资该地区的公司，均可申请5～10年免缴所得税，或5年内合格资本支出全额补贴。根据具体区域实际情况，联邦政府制定了不同的重点发展行业：（1）伊斯干达开发区（Iskandar Malaysia）：位于马来半岛南端柔佛州，占地面积约2200平方公里，重点推动服务业成为经济发展的关键动力。截至2018年，依斯干达开发区吸引的投资额累积已达2853亿马币。伊斯干达的发展受到依据《伊斯干达开发区管理机构法》（2007）设立的法定机构伊斯干达开发区管理局的监管。鼓励投资行业包括：旅游服务、教育服务、医疗保健、物流运输、创意产业及金融咨询服务等。（2）北部经济走廊（Northern Corridor Economic Region，NCER）：涵盖了马来半岛北部玻璃市州、吉打州、槟州及霹雳州北部区域，占地面积约1.8万平方公里，重点鼓励投资行业包括农业、制造业、物流业、旅游及保健、教育及人力资本和社会发展等。北部经济走廊的发展受到依据《北部经济走廊执行机构法》（2008）设立的北部经济走廊执行局的监管。（3）东海岸经济区（East Coast Economic Region，ECER）：包括东海岸吉兰丹州、登加楼州、彭亨州及柔佛州的丰盛港地区，占地面积约6.7万平方公里，重点鼓励投资行业包括旅游业、油气及石化产业、制造业、农业和教育等。中马两国合作开发的马中关丹产业园区，就位于东海岸经济区范围内。由东海岸经济特区发展委员会管理。（4）沙巴发展走廊（Sabah Development Corridor，SDC）：涵盖了东马沙巴州大部分地区，占地面积约7.4万平方公里，重点鼓励投资行业包括旅游业、物流业、农业及制造业等。由沙巴经济发展投资局管理。（5）沙捞越再生能源走廊（Sarawak Corridor of Renewable Energy，SCORE）：位于东马沙捞越州西北部，占地面积约7.1万平方公里，砂州拥有丰富的能源资源，重点鼓励投资行业包括油气产品、铝业、玻璃、旅游业、棕油、木材、畜牧业、水产养殖、船舶工程和钢铁业等。由区域性走廊发展局负责监督和管理。

2.“大吉隆坡”计划。马来西亚“大吉隆坡”计划全线启动。大吉隆坡/巴生河谷地区（Greater KL/Kalang Valley）：经济转型计划（ETP）中提出的国家关键经济领域（NKEAs）之一，位于吉隆坡—巴生河谷流域，涵盖了吉隆坡附近10个城市，占地面积约2800平方公里。概念参考了大伦敦（Greater London）和大多伦多地区（Greater Toronto Area），计划从基础设施、人民收入和居住环境三方面着手，将吉隆坡打造成为世界前二十大适合居住的国际大都市之一。

四、外国企业在马来西亚获得土地的规定

马来西亚宪法规定土地事务属于州务管辖范畴，各州均设有土地局，各州在联邦政府监督下，可制定本州的土地政策。宪法和国家土地法均规定，马来西亚土地可以作为私有财产受法律的保护，可自由买卖。获得土地的方式主要分两种，一种是永久拥有权（Freehold），可以获得永久地契（目前此权限已很难获得），另一种是租赁性拥有权（Leasehold），可获有效期为99年的租契。日前，联邦政府公布了新的修订政策，允许业主在99年地契到期之前支付一定费用，便可再延续新的99年所有权。

（一）土地法的主要内容

1966年1月1日起生效的《1965年国家土地法》是马来西亚最主要的土地法律框架，此外，马来西亚现行的主要土地法律还包括：《1976年地方政府法》（171号法令）、《1960

年土地征用法》和《1976 年城镇与乡村规划法》(172 号法令)及其 1995 年修正案(993 法案)。之后各州又颁布了自己的“马来人保留地法”等法律法规。

《1965 年国家土地法》确定了联邦政府与州政府的权限、土地用途的分类、土地所有权转移、土地的买卖、没收、划分及抵押等内容。同时,无论何种用途的土地,必须在地契注明的规定时间内开发,如果违反,将无条件收回土地。《1976 年城镇与乡村规划法》及其 1995 年修正案规定,申请取得土地以及更改土地用途的方案必须呈报审批,只有在不违反地方政府规划原则与目标的情况下,方可获得批准。《1960 年土地征用法》规定政府部门、企业或个人不得随意征用土地,只有州政府有权征用州内土地及改变土地使用性质,联邦政府征用土地也要通过州政府进行,并向后者支付费用。凡征用土地,必须公布征用理由和确定补偿标准。“马来人保留地法”将土地总面积约 1/4 划为“马来人保留地”,并规定除非获得州政府批准,否则不能出售、出租或抵押给非马来人。

(二)外资企业获得土地的规定

马来西亚总理府经济计划署(EPU)公布的 2010 年 1 月 1 日生效的《产业购置指南》是马来西亚对外资最主要的产业规定,明确了各机构在外资购置产业申请事宜的审批权限。

需要报 EPU 审批的产业购置包括:(1)直接购置价值超过 2000 万马币的非住宅产业,降低当地土著企业或政府机构的股份比例;(2)通过并购控股方式,间接购置土著企业或政府机构的价值超过 2000 万马币的非住宅产业。这两种购置申请,均有强制的 30% 土著股权限制,且外资企业缴纳的资本不得低于 25 万马币。

无须 EPU 批准,但要报相关部门审核的产业购置包括:(1)购置价值超过 50 万马币的商业房屋,2014 年财政预算案将此金额提高至 100 万马币;(2)价值超过 50 万马币或购置面积为 5 英亩以上的农业用地,用于农业投资、高新技术的商业投资、农业旅游项目开发或开展出口型农产品加工;(3)购置价值超过 50 万马币的工业用地;(4)购置价值超过 50 万马币住宅。

禁止外资购置的产业有:(1)价值 50 万马币以下的产业;(2)州政府划分的中/低成本住宅;(3)“马来人保留地”上的产业;(4)州政府分给土著企业开发项目的产业。

无须 EPU 批准的产业购置包括:购置马来西亚“第二家园计划”的住宅;多媒体超级走廊(MSC)区域内具 MSC 地位的公司,为了企业运营或员工住宿所购置的产业、在马来西亚任一发展走廊由政府相关机构批准的公司购置的产业;获得马来西亚国际伊斯兰金融中心(MIFC)秘书处颁发执照的公司购置的产业;公司的员工宿舍(外资控股的公司需购置 10 万马币以上的住宅),该业务由州政府批准;遗嘱或法院判决书要求转移给外资的产权;制造业公司购置的产业;联邦州政府、州务大臣/首席部长公司及其他政府关联公司(GLCS)购置的产业;私有化转型机制下的产业;获得财政部、贸工部等相关部门颁发的国际采购中心、运营总部、代表处、区域办事处、纳闽离岸公司以及生物科技公司等特殊地位公司所购置的产业。

五、环境保护法律规定

(一)环保管理部门

马来西亚政府环保主管部门是天然资源和环境部下属的环境局,主要负责环境政策的制定及环境保护措施的监督和执行。环境局下设负责处理空气、河流、水利以及工业废物的部门。

(二)主要环保法律法规名称

马来西亚基础环保法律法规包括《1974 年环境素质法》和《1987 年环境素质法令》(指定活动的环境影响评估)。涉及投资环境影响评估的法规包括《1990 年马来西亚环境影响评估程序》《1994 年环境影响评估指南》(海边酒店、石化工业、地产发展、高尔夫球项目发展)。

(三)环保法律法规基本要点

根据《马来西亚环境素质法》,投资者必须在提交投资方案时关注到环境因素,进行投资环境评估,在生产过程中控制污染,尽量减少废物的排放,把预防污染作为生产的一部分。根据《1987 年环境素质法令》(指定活动环境影响评估),以下投资须进行环境影响评估:将森林地改为农业生产地,土地面积达 500 公顷或以上;水库、人工造湖的建造,水面面积达 200 公顷或以上;涉及面积 50 公顷以上住宅地开发;石化及钢铁项目;电站项目等。

根据《1974 年环境素质法》,马来西亚污染事故处理或赔偿的标准主要根据污染事故的性质、影响以及造成的后果来加以判定。空气污染、噪音污染、土壤污染、内陆水污染,视情况处以不超过 10 万马币的罚款或 5 年以下的监禁,或二者兼施;污水排放、油污排放、公开焚烧、使用有毒物质或特定设备进行生产,处以不超过 50 万马币的罚款或 5 年以下的监禁,或二者兼施。

(四)环保评估的相关规定

马来西亚环境评估主管机构为环境局。

马来西亚环境评估程序分两种:

1. 初步环境评估。要求初步环境评估的项目主要包括农业、机场、水库及灌溉、土地开垦、渔业、林业、住宅开发、石化、钢铁、纸浆,基础设施、港口、矿产、油气行业、电站、铁路、交通、垃圾废物处理、供水等。

具体申请程序:将符合政府整体规划的初步环评报告提交给环境局(12 份报告提交州环境局,3 份报告和电子版的摘要提交国家环境局总部)→州环境局召开初期环境评估技术委员会审核、若要求另行提供有关材料,需在两周内提交→若符合《1974 年环境素质法》,则批准该项目。

初步环境评估由州环境局牵头审核,审批时间为 5 周。

2. 详细环境评估。要求详细环境评估的项目主要包括钢铁厂、纸浆厂、水泥厂、煤电站、水坝、土地开垦、垃圾废物处理、伐木、化工产业、炼油、辐射危害行业等。

具体申请程序:将详细环评报告提交给环境局(50 份报告和电子版的摘要提交国家环境局总部)→国家环境局将报告公示,征求公众意见→国家环境局召开临时委员会审核→若要求另行提供有关材料,需在两周内提交、若符合《1974 年环境素质法》,则批准该项目。

详细环境评估由国家环境局总部牵头审核,审批时间为 12 周。

六、保护知识产权规定

(一)马来西亚当地有关知识产权保护的法律法规

马来西亚涉及保护知识产权和工业产权的法律法规包括《专利法》《商标法》《工业设计法》《版权法》和《集成电路设计布局法》。

《专利法》规定,专利保护期限为 20 年,工业创新证书保护期限为10年。保护期间应按规定缴纳年费，否则将导致专利失效。

《商标法》规定，商标保护期限为10年，之后每次申请可再延长10年。

《工业设计法》规定，工业设计最初保护期限为5年，之后可申请延长两次，每次5年，总保护期限为15年。

《版权法》规定，文学、音乐或艺术著作保护期是作者有生之年，加上逝世后的50年；录音、广播及电影保护期为作品出版或制作后的50年。

《集成电路设计布局法》规定，商业开发的保护期是开发之日起10年，未进行商业开发的保护期是从创作完成之日算起15年。

（二）知识产权侵权的相关处罚规定

马来西亚法律规定，违反知识产权保护法律法规，将受到法律制裁。

七、投资合作相关法律及对中国企业投资合作保护政策

（一）马来西亚与投资合作相关的主要法律

《合同法》规定了合同的订立、撤销、履行、代理等内容，是马来西亚民商法律的基础。

《公司法》对公司登记成立、股份债券、抵押登记、公司管理、股份公司、公司账目与审计以及公司清盘做出了详细规定，还明确了投资公司、外国公司的概念。

《工业协调法》规定了从事制造业的公司，如果投资超过250万马币，或其全职雇员超过75人，必须向贸工部（MITT）申请工业执照；工业执照需每年申请更新。

《投资促进法》是马来西亚工业投资促进方面最重要的法律，投资优惠措施以直接或间接税赋减免形式出现，直接税激励指对一定时期内所得税进行部分或全部减免，间接税激励则以免除进口税、销售税或消费税的形式出现。

《劳资关系法》调整资方、劳工和工会之间的关系，预防与解决劳资争端。

（二）马来西亚对中国企业投资合作保护政策

1. 中国与马来西亚签署双边投资保护协定。1988年11月21日，中国和马来西亚签署了《中华人民共和国政府和马来西亚政府关于相互鼓励和保护投资的协定》。

2. 中国与马来西亚签署避免双重征税协定。1985年11月23日，中马双方签署了《中华人民共和国政府和马来西亚政府关于对所得避免双重征税和防止偷漏税的协定》，协定于1987年1月1日起正式生效。

3. 中国与马来西亚签署的其他协定。中马两国经贸关系由来已久。除上述投资保护和避免双重征税协定外，近年来，两国政府先后签署了《海运协定》《贸易协定》《民用航空运输协定》《资讯谅解备忘录》《科学工艺合作协定》《体育协定》和《教育谅解备忘录》等10余项合作协议。1999年5月31日，中马双方签署了《中华人民共和国政府和马来西亚政府关于迈向21世纪全方位合作的框架文件》。2000年4月12日，中马双方签署了《中华人民共和国政府和马来西亚政府就中国加入WTO的双边协议》。2009年2月8日，中马双方签署了《中马双边本币互换协议》。2012年2月8日，中国人民银行与马来西亚国家银行续签了该协议，有效期三年。2009年6月3日，中马双方签署了《中华人民共和国政府和马来西亚政府关于部分互免持外交、公务（官员）护照人员签证的协定》。2011年4月28日，中马双方签署了《中华人民共和国政府和马来西亚政府关于扩大和深化经济贸易合作的协定》。2012年6月15日，中马双方签署了《中华人民共和国政府和马来西亚政府关于马中关丹产业园合作的协定》。2013年10月4日，中马双方签署了《中华人民共和国政府与马来西亚政府经贸合作五年规划（2013～2017年）》。2015年11月23日，中马双方签署了《关于进一步推进中马经贸投资发展的合作计划》。2015年11月23日，中马双方签署了《关于加强产能与投资合作的协定》。2015年11月23日，中马双方签署了《关于政府市场主体准入和商标领域合作谅解备忘录》。2015年11月23日，中马双方签署了《马来西亚输华棕榈油质量安全的谅解备忘录》。2016年11月1日，中马双方通过联合进展报告确认了《经贸合作五年规划（2013～2017）》取得的成果。2017年5月，在第一届“一带一路”国际合作高峰论坛期间，中马双方签署了《中马“一带一路”合作谅解备忘录》《“一带一路”融资指导原则》《中马交通基础设施合作备忘录》《中马水资源领域谅解备忘录》和《关于马来西亚菠萝输华植物检疫要求的议定书》。2018年8月，中马双方签署了《中华人民共和国海关总署与马来西亚农业与农基产业部关于马来西亚冷冻榴梿输华检验检疫要求的议定书》，并续签《中国人民银行与马来西亚国家银行双边本币互换协议》。

4. 其他相关保护政策。2005年7月《中国—东盟全面经济合作框架协议货物贸易协议》正式实行，至2007年1月，中国和东盟6个成员国（泰国、马来西亚、印度尼西亚、菲律宾、新加坡、文莱）的60%的商品关税降至5%以下；2010年中国—东盟自由贸易区全面建成，绝大多数产品正常关税降为零。为进一步提高本地区贸易投资自由化和便利化水平，2013年10月，李克强总理在中国—东盟领导人会议上倡议启动中国—东盟自贸区升级谈判。2014年8月，中国—东盟经贸部长会议正式宣布启动升级谈判。经过4轮谈判，2015年11月22日，在李克强总理和东盟十国领导人的共同见证下，中国商务部部长与东盟十国部长分别代表中国政府与东盟十国政府，在马来西亚吉隆坡正式签署中国—东盟自贸区升级谈判成果文件——《中华人民共和国与东南亚国家联盟关于修订＜中国—东盟全面经济合作框架协议＞及项下部分协议的议定书》。议定书于2016年7月1日正式生效。

缅甸投资贸易指南

一、对外贸易法规和政策规定

（一）贸易主管部门

缅甸贸易主管部门为缅甸商务部，负责办理批准颁发进出口营业执照、签发进出口许可证，管理举办国内外展览会、办理边境贸易许可、研究缅甸对外经济贸易问题、制订和颁布各种法令法规等。下设贸易司和边贸司，边贸司在各边境口岸设有边境贸易办公室负责办理边境贸易各种事务。缅甸私商从事对外贸易须向进出口贸易注册办公室领取营业执照，申领进出口许可证，在国家政策许可范围内自由从事对外贸易活动。

2014年5月，投资委员会进行改组，由能源部长泽亚昂任投资委主席，饭店与旅游部长特昂任副主席，投资与公司局局长昂乃乌和国家计划与经济发展部部长，甘佐博士任秘书长，环保林业部长、计划发展部副部长等为投资委员会成员。

为提高外商在缅投资注册效率，缅甸 2013 年在仰光、2014 年在曼德勒开设国内外投资注册等业务的一站式窗口，窗口单位有计划发展部、商务部、税收部门、缅甸央行、海关、移民局、劳工部、工业部、投资与公司管理局、投资委等，为获准的国内外企业提供注册、延期及其他服务。

（二）贸易法规体系

现行与贸易管理相关的法律和规定有：《缅甸联邦进出口贸易法》（2012 年）；《缅甸联邦贸易部关于进出口商必须遵守和了解的有关规定》（1989 年）；《缅甸联邦关于边境贸易的规定》（1991 年）；《缅甸联邦进出口贸易实施细则》（1992 年）；《缅甸联邦进出口贸易修正法》（1992 年）；《重要商品服务法》（2012 年）；《竞争法》（2015 年）；《竞争法》实施细则（2017 年）；《消费者保护法》（2019 年）；《进口保护法》《破产法》（2020）。

（三）贸易管理的相关规定

1988 年以来，缅甸政府实行市场经济，允许私人从事对外贸易，对外贸易实行许可证管理制度。1989 年 3 月 31 日，政府颁布《国营企业法》，宣布实行市场经济，并逐步对外开放，军政府放宽了对外贸的限制，允许外商投资，农民可自由经营农产品，私人可经营进出口贸易，并开放了同邻国的边境贸易。

自 2006 年以来，在中缅边境地区出口的木材及矿产品贸易，需获得缅甸商务部、林业部木材公司出具的证明及中国驻缅甸使馆经商处的证明。

缅甸已于 2014 年 4 月 1 日起停止原木出口，木材必须经加工后方可出口。2012～2016 年，缅甸逐年递减 15% 的柚木和 20% 的硬木采伐量，并分别减少 75% 和 22% 勃固山脉的柚木和硬木采伐量。

2014 年 4 月，缅甸商务部宣布废除出口许可证取消罚金。缅甸商务部之前规定，产品出口要事先申请出口许可证，若此笔出口交易最终未达成或出口金额不足许可证申请金额，出口企业需要缴纳一笔出口许可证取消罚金，罚金约为不足差额的 5%。此笔费用的取消受到缅甸出口企业的欢迎。

缅甸商务部表示，自 2015 年 1 月 1 日起，所有汽车进口商须在车辆发运前申请进口许可。

2015 年 3 月 23 日，缅甸商务部通知缅甸工商联，随着越来越多的外国人进入缅甸以及根据市场需要，各经营商可以从国外合法进口各类红酒。经营商在申请进口许可证时，需事先与国外供货商签订合同，并从相关部门申办酒类销售执照，红酒销售时需每瓶粘贴完税标志。缅甸商务部于 2015 年 7 月宣布，鲜花、豆类、水果、咖啡豆、胡椒、玉米、药品、畜牧水产，以及农村发展部允许出口的鱼类、服装、高价值水产品和传统食品的出口将无须再申请出口许可证；取消化工产业及其相关物资、医用手术器械（需持卫生部证明）教学用具、油墨、相关化妆品的物资、轮胎配件、丝绸等商品的进口许可申请。2016 年底，缅甸商务部宣布，咖啡、茶叶、橡胶和橡胶制品、铝和相关材料、金属和相关材料、铁路机车和相关发动机及汽车配件等进口免于申请进口许可手续。

2017 年 6 月 12 日，缅甸商务部发布公告，允许外资企业从事化肥、种子、农药、医疗设备和建材等五类商品的贸易。2017 年，缅甸商务部发布通告，从 10 月 9 日开始，缅甸政府重新批准活牛出口，标志着缅甸长达 15 年的活牛出口禁令被取消。

2018 年 5 月，缅甸商务部发布通告，允许外资企业在缅甸从事批发和零售业务（小型市场及便利店除外），但拟从事相关业务的外资企业需要向商务部申请相关执照。2019 年 3 月缅甸颁布消费者保护法，规定自 2020 年 3 月开始，在缅甸销售的商品必须标有缅文说明，包括使用方法、储存方式、过敏警告及可能产生的副作用等。2019 年 11 月，缅甸联邦政府汽车进口管理委员会发布公告，对 2020 年从国外进口不同类型汽车的生产年份作出规定。

2020 年 2 月，缅甸发布 2020～2025 年第二个五年国家出口战略（NES），将宝石和珠宝、基础农产品、纺织服装、机械电器设备、林渔业以及数字产品等 6 个行业列为优先行业。五个服务行业——数字产品、物流、质量控制、贸易信息以及创新创业也将获得支持。2020 年 3 月 6 日，缅甸正式加入东盟单一窗口系统。缅甸可在东盟区域内以电子化方式交换原产地证书，以减少纸面文书工作。缅甸进出口商可以更轻松地获取和填报原产地证书。2020 年 3 月 16 日，为减少新冠疫情对经济影响、保持就业率和维持工厂正常运营，缅甸政府宣布免除本年度 2% 的出口预提税、减免其他税收和降低银行贷款利率。2020 年 4 月 1 日，缅甸商务部宣布即日起，进出口商可通过网站申请进出口许可证。91 种进口商品和 73 种出口商品在网上办理申请手续。允许网上办理进口手续的商品包括：药品、医用设备、食品、化肥、食用棕榈油和油料作物、奶和奶制品、电子产品、能源产品、成品油、摩托车、自行车等。允许网上办理出口手续的商品包括：农产品、铅矿、白糖、天然气等。另外在抗击新冠肺炎疫情期间，减免所有药品的进口许可证费用，并减少其他一些进口商品的进口许可证费用。同时放宽对 2000 多种出口商品的限制。2020 年 4 月 1 日，缅甸计划、财政与工业部宣布从国外进口的酒类进口税增加 10%。税务局称，根据 1992 年税务法第 3（d）条对 2017 年缅甸税务清单中的 18 种酒类 40% 的进口税调高至 50%。酒精含量在 80% 以下的 18 种酒类包括红酒、威士忌、伏特加酒等。

（四）进出口商品检验检疫

缅甸进出口检验检疫工作由农业、畜牧与灌溉部主管。

《缅甸植物检疫法》（1993 年）规定禁止有害生物通过各种方法进入缅甸；切实有效抵制有害生物；对准备运往国外的植物、植物产品，必要时给予消毒、灭菌处理，并发给植物检疫证书。无论是从国外进口的货物，还是旅客自己携带的物品入境时，都必须接受缅甸农业服务公司的检查、检疫。

《缅甸植物细菌防疫法》（1993 年）规定，任何人未取得进口许可证，不准从国外进口植物、植物产品、细菌、有益生物和土壤。必要时对即将运往国外的植物或植物产品进行杀虫和灭菌工作，发给无菌证书。根据接收国的需要，规定进行检验的方法。

《缅甸联邦对从事进出口贸易的最新规定》对进出口需要申报进行植物检疫的商品做了详细规定。

2020 年 1 月 18 日，中国国家主席习近平对缅甸进行国事访问期间，中缅双方签署《中华人民共和国海关总署与缅甸联邦共和国农业、畜牧业和灌溉部关于缅甸大米输华植物检验检疫要求议定书》、《中华人民共和国海关总署和缅甸联邦共和国农牧灌溉部关于中国从缅甸输入屠宰用肉牛的检疫和卫生要求议定书》、《中华人民共和国海关总署与缅甸联邦共和国农业、畜牧灌溉部关于中国从缅甸输入热加工蚕茧检疫和卫生要求议定书》，缅甸碎米、屠宰用肉牛、热处理蚕茧可在检验检疫后正式对华出口。

（五）海关管理规章制度

《缅甸海关进出口程序》（1991 年）对禁止进出口的物品做了详细规定，《缅甸海关计征制度及通关程序》对进出口关税、通关程序做了详细规定。

与海关管理相关的法规还有：《海洋关税法》（1978 年）、《陆地海关法》（1924 年）、《关税法》（1953 年）、《国家治安建设委员会 1989 年第 4 号令》、《商业税法》（1990 年）、《进出口管制暂行条例》（1947 年）和《外汇管制法》（1974 年）。

目前，中方与缅方正在推动输华产品零关税税目扩大事宜。目前，缅甸 95% 的输华产品享受零关税待遇，若此项协议达成，缅甸 97% 的输华产品将享受零关税待遇。

2017 年缅甸根据世界海关组织 H. S2017 及 2017 年东盟统一关税命名法（AHTN）编制新版关税表。世界海关组织所有成员国关税代码都是 6 位数字，东盟所有成员国关税代码都是 8 位数字。2017 年缅甸海关税则为 10 位数字，在 AHTN8 位数字的基础上增加 2 位数字进行统计。

二、对外国投资的市场准入规定

（一）投资主管部门

缅甸投资委员会（Myanmar Investment Commission）是主管投资的部门。其主要职能：根据《缅甸投资法》的规定，投资委对申报项目的资信情况、项目核算、工业技术等进行审批、核准并颁发项目许可证，在项目实施过程中提供必要帮助、监督和指导，同时也受理许可证协定时限的延长、缩短或变更的申请等。

缅甸投资委员会由相关经济部门领导组成，国家投资与对外经济关系部下属的投资与公司管理局主管公司设立及变更登记、投资建议分析及报批、对投资项目的监督等日常事务。

为提高外商在缅投资注册效率，于 2013 年在仰光、2014 年在曼德勒、内比都开设国内外投资注册等业务的一站式窗口。窗口单位有计划与财政部、商务部、税收部门、缅甸央行、海关、移民局、劳工部、工业部、投资与公司管理局、投资委等，为获准的国内外企业提供注册、延期及其他服务。

（二）投资行业的规定

2016 年 10 月颁布的《缅甸投资法》及 2017 年 3 月发布的《缅甸投资法实施细则》对在缅投资有关事宜作出了规定。

1.《缅甸投资法》禁止对以下项目进行投资：（1）可能带入或导致危险或有毒废弃物进入联邦的投资项目；（2）除以研发为目的的投资外，可能带入境外处于试验阶段或未取得使用、种植和培育批准的技术、药物和动植物的投资项目；（3）可能影响国内民族地方传统文化和习俗的投资项目；（4）可能危及公众的投资项目；（5）可能对自然环境和生态系统带来重大影响的投资项目；（6）现行法律禁止的产品制造或服务相关项目。根据《缅甸投资法》有关规定，缅甸投资委将制定并及时修订限制投资的行业。2017 年 4 月发布的限制投资行业分为 4 类：只允许国营的行业、禁止外商经营的行业、外商只能与本地企业合资经营的行业、必须经相关部门批准才能经营的行业。

2. 只允许国营的行业包括：根据政府指令进行的安全及国防相关产品制造业、武器弹药制造及服务、仅限政府制定邮政运营主体运营的邮政服务及邮票发行、航空交通服务（包括航班信息服务、警告、航空咨询服务、航空管理）、导航、自然林管理、放射性物质（如铀、钍等）可行性研究及生产、电力系统管理、电力项目监管等 9 项。

3. 禁止外商投资的行业：使用缅语或缅甸少数民族语言的新闻出版业、淡水渔业及相关服务、动物产品进出口检验检疫、宠物护理、林产品加工制造、依据矿业法开展的中小型矿产勘探开采及可行性研究、中小型矿产加工冶炼、浅层油井钻探、签证及外国人居留证件印制发行、玉石和珠宝勘探开采、导游、小型市场及便利店等 12 项。

4. 外商只能与本地企业合资经营的行业：渔业码头及渔业市场建设、渔业研究、兽医、农业种植及销售和出口、塑料产品制造及国内销售、使用自然原料的化学品制造及国内销售、易燃品制造及国内销售、氧化剂和压缩气体制造及国内销售、腐蚀性化学品制造及国内销售、工业化学气体制造及国内销售、谷物加工产品制造及国内销售、糕点生产及国内销售、食品（牛奶及奶制品除外）加工及销售、麦芽酒生产及国内销售、酒精及非酒精饮料生产加工及国内销售、饮用纯净水生产及国内销售、冰块生产及国内销售、肥皂生产及国内销售、化妆品生产及国内批发、住房开发销售及租赁、本地旅游服务、海外医疗交通服务等共 22 项。

5. 必须经相关部门批准的行业：需经内政部批准的使用麻醉品和精神药物成分生产及销售药品行业，需经信息部批准的使用外语出版刊物、广播节目等 6 个行业，需经农业畜牧与灌溉部批准的海洋捕捞、畜牧养殖等 18 个行业，需经交通与通讯部批准的机动车检验、铁路建设及运营等 55 个行业等等，共有 10 个部委辖下的 126 个行业。

（三）投资方式的规定

1. 自然人合作。缅甸法律法规并不禁止自然人在当地开展投资合作。但是，出于项目风险隔离以及规范操作的考量，通常投资者会设立项目公司进行项目的落地操作。项目公司的股东可以是法人也可以是自然人。

2. 外商投资方式。外商在缅投资可以根据缅甸公司法设立子公司（私人有限公司或公众有限公司）、海外法人（Overseas Corporation，相当于分公司或代表处，缅甸公司法不再区分前两者的注册形式）。在不违反限制投资行业有关规定（参见 3.2.2 所述）的前提下，外商可以自由选择采取独资、合资、合作或者并购等方式进入缅甸。缅甸公司法对于公司股东出资形式没有限制，现金、设备或技术投资等都可以作为股东出资方式。缅甸并不禁止外国投资者以二手设备出资，但在向缅甸投资委员会申报投资许可以及设备进口清单时应当列明设备有关情况。

3. 工业园区。缅甸鼓励外国投资者建立工业园区，2017 年 4 月 1 日颁布的《鼓励投资行业分类》里面包括了工业区或工业园区建设。

4. 安全审查。缅甸目前缺少外资并购安全审查的明确机制，但是达到法律要求（如投资金额较大等）所有外商投资都应当根据《缅甸投资法》获得缅甸投资委员会的许可，缅甸投资委员会在审核相关投资时可能就相关安全问题进行审查。2015 年颁布的《竞争法》禁止从事限制市场竞争行为，包括通过并购、业务整合、购买和兼并其他企业、设立 JV 或其他缅甸竞争委员会指明的行为等，意图在特定时间内极端提升市场支配地位，或意图降低只有少数企业的相关市场的竞争程度。但由于相关部委以及缅甸竞争委员会尚未明确相关规定的有关细节，目前没有正在实施的经营者集中审查制度。

5. 投资咨询。为更好地吸引外资，便利投资流程，缅甸投资委员会设立了一站式服务中心，其中包括不同行业主管部门派驻的相关人员，可以对于投资者感兴趣的问题提供法律政策方面的指引。除此以外，建议投资者在进行并购之前充分了解并购对象，通过专业中介机构对并购对象进行法务、财务和税务尽职调查。考虑到缅甸市场的特殊性，建议投资者亲自前往缅甸深入并购对象业务和市场一线，实地考察了解并购对象公司内部治理、客户和市场相关情况。必要时可以与在缅的相关商协会进行沟通，侧面了解并购对象的经营情况和商誉。由于缅甸缺少相关的投资审查机制，缅甸政府也鲜有公开相关信息，因此近年缺少在当地开展并购受到阻碍（特别是投资审查受阻）的案例。

（四）特殊经济区域的规定

1. 经济特区介绍。缅甸正同期推进“土瓦经济特区”、“迪洛瓦经济特区”及“皎漂经济特区”等3个特区的建设。

2. 经济特区法规。为吸引外来投资，缅甸于2014年1月23日修订出台了新的《缅甸经济特区法》，2015年8月27日发布了《缅甸经济特区细则》，第29条对投资人应享有的特殊待遇作了明确表述：如投资人在该特区内可从事的行业有：①原料加工、机械化深加工、仓储、运输、服务；②投资项目所需的原材料、包装材料、机器零配件、机械用油可以从国内外进口；③向缅甸国内或出口生产的产品；④经特区管委会批准，投资人和国外服务商可以在特区内设办事处；⑤经特区管委会同意，从事其他法律不禁止的经济业务。

此外，在特区可以开展的行业还有：建深水港、钢铁厂、化肥厂、原油炼油厂、油气厂、火电厂、天然气发电厂等工业项目；在特区还可以开展服务业、修建从项目所在地通往边境地区的公路、铁路，修建输变电线路、铺设油气管道，建立包括住宅、旅游景点和度假设施在内的基础设施，经管委会批准的不违反现行法律的其他经济项目。

3. 特区优惠政策。《经济特区法》还规定了对投资者和投资建设者的优惠政策。投资者在免税区开始商业性运营之日起的第一个7年期间，免除所得税；在业务提升区开始商业性运营之日起的第一个5年期间，免除所得税；在免税区和业务提升区投资的第二个5年期间，减收50%所得税；在免税区和业务提升区投资的第三个5年期间，如在一年内将企业所得的利润重新投资，对投资的利润减收50%所得税。投资建设者在经济特区开始商业性运营之日起的第一个8年期间，免除所得税；在第二个5年期间，减收50%所得税；在第三个5年，如在一年内将企业所得的利润重新投资，对投资的利润减50%所得税。除此之外，该法还对土地使用、保险业务等做了相关规定。目前，缅甸尚未就经济技术开发区、出口加工区和保税区出台专门的法律法规。

（五）外国公司承包当地工程有的规定

1. 许可制度。缅甸政府欢迎有实力、讲信誉的外国企业赴缅甸承揽工程项目。目前，缅甸尚无涉及外国自然人在当地承揽工程承包项目的明文规定，对资质亦无明文限制。2019年11月，中国科协与缅甸工程理事会在仰光签署了中缅工程师资格互认协议。2013年5月，缅甸总统府发布了政府部门招标准则，主要内容如下：(1)总则：政府部门须为招标成立招标工作委员会、计算底价委员会，投标审核委员会、质量检查委员会等，各委员会须制定相关规则，在官方报纸连续一周公布项目类型，在规定日期公开开标，并按照投标规则选择最低价投标者。(2)采购方面：政府部门须公布采购货物的种类和标准；优先采购政府工厂产品。(3)建筑方面：任何公司均需公开参与竞标；对劳工费、业务服务费提出最低百分率者给予优先，对低价进行破坏性竞争的公司予以通报，不予选择。(4)服务方面：中标公司可按规定价格收取服务费（公路和桥梁通行费等）；投标条件相同的情况下，对提供就业机会较多的公司给予优先。(5)租赁方面：国有企业转让给私营企业，须由私营化委员会通令办理；如有相同的最高价者，可由两者继续竞价，从中进一步挑选；竞标业务须在付清标费后移交；租赁的国有建筑，租赁期满后须原样交还。

2. 禁止领域。虽无明文规定，但一般来讲，涉及缅甸国防的敏感项目、贵重矿产资源（如金矿、玉矿）的开发、少数民族地区政府的项目一般不允许外国公司介入。

3. 招标方式。工程建设项目一般实行公开招标制度，对于部分工期紧张、前期项目的延续性项目、国家高层领导有明确指示的项目，也可能会采取有限邀标或者议标的方式。由企业带资参与的卖方信贷项目，则一般只采取议标方式。

三、外国投资优惠政策

（一）优惠政策框架

《缅甸投资法》规定了按照投资地域区分的免税政策，共分三类地区：第一类为最不发达地区（简称一类地区），第二类为一般发达地区（简称二类地区），第三类为发达地区（简称三类地区）。在一类地区投资的企业至多连续7年免征所得税，二类地区至多免征5年，三类地区至多免征3年。在联邦政府批准后，投资委将根据情况调整该地区分类。所得税豁免仅适用于依委员会通知所指定的鼓励投资行业。土地保障政策：根据《缅甸投资法》，取得MIC许可或认可的企业，可以长期租赁土地，租赁期限最长可以达70年(50+10+10)。

税收优惠政策：根据《缅甸投资法》，取得MIC许可或认可的企业，可以向缅甸投资委员会申请税收优惠政策，如所得税、进口设备关税等减免。此外，投资委将视情审批以下税务减免情形：(1)在投资项目建设期或筹备期间对确需进口的机械、设备、器材、零部件及无法在本地取得的建筑材料和业务所需材料，豁免和（或）减少关税或其他境内税种；(2)对出口导向的投资项目为生产出口产品，而进口的原材料和半成品，豁免和（或）减少进口关税或其他境内税种；(3)对为生产出口产品而进口的原材料和半成品，退还进口关税和（或）其他境内税种；(4)若经委员会批准增加投资致使投资期限内原投资项目规模扩大，在投资项目建设期或筹备期间对确需进口的机械、设备、器材、零部件、无法在本地取得的建筑材料和业务所需材料的关税或其他境内税种的豁免和（或）减轻，亦相应调整扩大。

经投资者申请，委员会审核后，可以授予下列税收减免优惠：(1)若将已获投资许可或投资认可的投资项目所得利润，在1年内再投资于同一类项目或相似类型项目，则其所得税可以获得减免；(2)为所得税纳税评估目的，自投资项目开始运营的年度起，以一个低于投资中所使用的机械、设备、建筑物或资产规定寿命的期限进行加速折旧的权利；(3)自应纳税所得额中扣除与投资项目有关并为联邦经济发展实际需要的研发费用的权利。

（二）行业鼓励政策

行业鼓励政策：2017年4月1日，缅甸投资委员会发布2017第13号通知《鼓励投资行业分类》，根据清单共计20类行业被列为缅甸鼓励行业，工业区或工业园区，新的市区，公路、桥梁、铁路线，海港、河港、无水港的建设，发电、输电和配电等属于鼓励行业。符合鼓励清单范围的行业,可以享受所得税的减免优惠。

2017 年 6 月,缅甸投资委员会再次发布通知鼓励投资者投资 10 个行业,并且缅甸投资委及地方政府部门将对投资者提供必要协助。这 10 个行业包括:(1)农业及相关服务行业,包括农产品加工业;(2)畜牧业及渔业养殖;(3)有助于增加出口的行业;(4)进口替代行业;(5)电力行业;(6)物流行业;(7)教育服务;(8)健康产业;(9)廉价房建设;(10)工业园区建设。

(三)地区鼓励政策

地区发展鼓励政策:《缅甸投资法》第 75 条,将欠发达地区指定为"一类区域",位于一类区域的投资至多连续 7 年的企业所得税豁免待遇;一般发达地区指定为"二类区域",位于二类区域的投资至多连续 5 年的企业所得税豁免待遇;发达地区指定为"三类区域",位于三类区域的投资至多连续 3 年的企业所得税豁免待遇。

《缅甸投资法》规定在一类地区投资可最多享有 7 年免所得税待遇,包括 13 个省邦的 160 余个镇区;在二类地区投资可最多享有 5 年免所得税待遇,包括 11 个省邦的 122 个镇区;在三类地区投资可最多享有 3 年免所得税待遇,包括曼德勒省的 14 个镇区和仰光省的 32 个镇区。投资于符合《鼓励投资行业分类》所规定行业的项目可享受以上免税待遇。

四、外国企业在缅甸获得土地的规定

(一)土地法的主要内容

缅甸土地为国家所有,1991 年 11 月 13 日缅甸政府颁布《缅甸关于中央空地、闲地、荒地管理委员会的职责与权力的命令》,同年 12 月 12 日,颁布《缅甸空地、闲地、荒地管理实施细则》。细则规定:

1. 土地使用权申请。空地、闲地、荒地中央管理委员会有权为拟从事种植、养殖业的公民审批种植业、养殖业的土地使用权。使用空地、闲地和荒地从事种植业和养殖业投资的申请者必须是缅甸联邦公民,申请的组织,其成员必须全是缅甸联邦公民,该组织必须是依现行法律成立的组织;提出申请的个人或组织,必须出具为拟申请从事的种植/养殖业拥有足够资金的证明;提出申请的个人或组织,必须出具拟申请从事的种植养殖业实施细则。

2. 地税和利润的减免。对投资使用的土地将按以下规定免收地税:(1)种植业。①种植长年果树地,从开始种植之年起,8 年内免收地税。②种植园林作物,从开始使用之年起,6 年内免收地税。(2)养殖业。①用于养鱼业的土地,从开始使用之年起,3 年内免收地税。②用于家禽牲畜饲养业的土地。如用于饲养水牛、黄牛和马,从开始使用之年起,8 年内免收地税。饲养绵羊和山羊,从开始使用之年起,4 年内免收地税。饲养猪,从开始使用之年起,3 年内免收地税。饲养鸡、鸭,从开始使用之年起,4 年内免收地税。已投资用于种植业和养殖的土地,其生产或服务性行业的利润税,自生产或服务业创造利润之年起至少 3 年内免征利润税。

3. 土地使用期限规定。已投资使用土地期限规定:(1)用于长年果树种植和园林作物种植的土地,主要不违犯规定,从批准使用之年起,30 年内有效;(2)季节性作物,只要不违犯规定,使用期无限;(3)用于饲养鱼的土地,只要不违犯规定,从批准使用之年起,30 年内有效;(4)用于饲养家禽及牲畜的土地,只要不违犯规定,从批准使用之年起,30 年内有效。

(二)外资企业获得土地的规定

根据 1987 年《限制不动产转让法》,缅甸禁止外国人及外资企业获得土地的所有权或者长期租赁土地(时长超过 1 年),但获得缅甸投资委员会许可的外国人或者外资企业可以长期租赁土地(最长不超过 70 年)。

五、缅甸环境保护法律规定

(一)环保管理部门

缅甸环境保护部隶属于缅甸林业部。根据职能分工,涉及保护环境的相关政府部门还有家畜饲养和渔业部、野生动物保护委员会、林业部、农业服务局等。

(二)主要环保法律法规名称

缅甸关于环境保护方面的法律主要有:《缅甸植物检验检疫法》《缅甸肥料法》《缅甸动物健康和发展法》《缅甸空地、闲地、荒地管理实施细则》《缅甸森林法》和《缅甸野生动植物和自然区域保护法》和《环境保护法》。

缅甸《环境保护法》由联邦议会通过并于 2012 年 3 月 30 日正式颁布。

(三)环保法律法规基本要点

1.《缅甸环境保护法》。该法规定环保部职责,并要求对涉及自然资源开发、工业等领域的项目需提前办理项目许可,在工业区、经济特区企业或环保部指定的企业需履行相应的责任。环保部具体职责如下:(1)落实环保政策。(2)制定全国及地方环境管理工作计划。(3)制定、实施和监管环境保护及改善,防止、控制和减少污染的相关工作措施。(4)为维护和提高环境质量,规定烟雾排放、污水排放、废弃固体、生产环节及产品等环境质量标准。(5)向委员会提出与环境相关的法律法规建议,为实现可持续发展,提出最佳的经济活动环保方案及制约方案等意见。(6)协助调解环境纠纷,并视情成立工作组。(7)负责规定工业、农业、矿业、排污等领域的化学废弃危险品的分级分类。(8)规定对环境具有现实及中长期影响的物品种类。(9)进一步加强包括有毒物质在内的废弃固体、污水、烟雾等处理设施建设。(10)规定工业区、建筑物等地的污水处理工作要求及机器、车辆等排放指标。(11)开展与环境事务相关的国际、地区及国家间协议方案的讨论、合作和落实工作。(12)按照联邦政府及委员会的工作意见,落实被缅甸认可的国际、地区及国家间协议。(13)针对政府部门、组织或个体从事的生产经营活动,制定环境监测制度和社会影响评估规范。(14)为保护臭氧层、生物多样性、海滩环境,减缓全球变暖、气候异常,治理沙漠化及管理持续污染物,制定环境管理、维护工作要求。(15)管理处理环境污染赔付,环境服务机构赢利缴纳及自然资源开采经营企业的部分利润的归口缴纳工作。(16)完成联邦政府交办的其他环保工作。

2.《缅甸动物健康和发展法》。该法规定在单独规范动物健康和发展工作的同时,就促进家畜发展、防止和控制动物传染性疾病、规范兽医行医资格、规范动物及动物产品和饲料的国际贸易、对动物及动物产品和饲料进行进出境检验检疫,以及防止虐待动物等作了综合性规定。

3.《缅甸植物检验检疫法》。该法规定进出境植物检验检疫主要针对植物及植物产品等货物进出口进行检验检疫,同时对进出境旅客携带的物品如水果、花卉等植物进行检验检疫。该法规定,植物及植物产品进口需要获得缅甸农业服务局批准发放的进口许可证和检疫证书,并规定了申领许可和申请检疫的程序。

4.《缅甸空地、闲地、荒地管理实施细则》。该法规定任何组织和个人只要符合条件并履行必要的程序,均可申请投资空地、闲地和荒地,从事种植业和养殖业,并根据相关规定享受一定的地税和利润税减免。

5.《缅甸森林法》。该法规定为了环境保护的需要,保证林产品的产量,经政府批准,林业部可以建立以下类型的储备林:(1)商业采伐储备林;(2)供应当地储备林;(3)分水或集水储备林;(4)保护环境和生物差异储备林;(5)其他类型储备林。同时,为保护水资源和森林资源,保护旱地森林和红树森林,运输林产品应当持有有效的运输通行证,并接受林业局设立的税务站的检查和收费。违反森林法相关规定者,将会受到一定金额的罚款和6~36个月的监禁。

6.《缅甸野生动植物和自然区域保护法》。该法规定,自然区域是指为保护野生动植物、生态系统或者重要的自然风景区以及有代表性的地理、地貌特征而划定并加以保护的专门区域。分为科学研究保护区、自然保护区、国家森林公园、国家海洋公园、鸟兽禁猎区、意义重大的地球物理保护区等。该法律规定:(1)除了科学研究、环境调查和环境改造外,禁止在自然区域开展其他活动;(2)科学研究在自然区得到保护;(3)在不对自然生态造成损害的前提下,允许公众以休闲娱乐为目的参观国家公园;(4)保护区内野生动植物资源及其可持续发展;(5)与国际组织开展交流合作,保障禁猎区内野生动植物的生存和繁衍,保护候鸟栖息地和湿地;(6)在地球物理保护区内,保护并保存独特地理地貌特征和传统风俗习惯;(7)受保护的濒危野生动物分为三类:即完全受保护的野生动物物种、正常受保护的野生动物物种、季节性受保护的野生动物物种,未经林业部长批准和相关部门核准,捕猎、杀死、饲养、保管、销售、运输、转让、出口野生动物,将处以一定金额的罚款和相应时间的监禁。

(四)环境评估的相关规定

2015年12月,缅甸自然资源与环境保护部发布了《环境影响评估程序》。该文件规定,经缅甸自然资源与环境保护部认定,对环境有潜在负面影响的投资项目,须事先提交环境评估报告(EIA);规模较小、对环境潜在影响较小的项目,只需提交初步检验报告(IEE)。共有包括能源、农业、制造业、垃圾处理、供水、基础设施、交通、矿业等领域在内的141类投资项目须提交EIA或IEE。EIA必须委托有相关资质的第三方机构开展,负责审议EIA报告的责任方由自然资源与环境保护部组建,由相关部门的专家、政府机构、专业机构和公民社会团体组成。环评费用、时间没有明确规定,但总体上环评周期较长,需要半年或更长时间。企业需与环保部门加强联系,根据环保部要求提供相关材料,完成具体审批手续。

缅甸环保部门联系方式:0095-67-431343、433019

六、保护知识产权规定

(一)当地关于知识产权保护的法律法规

自2019年1月起,缅甸先后密集出台了一系列的知识产权有关法律,包括2019年1月30日颁布的《商标法》和《工业设计法》,2019年3月11日颁布的《专利法》,2019年5月24日缅甸颁布新《著作权法》。根据以上三部知识产权相关法律的规定,缅甸政府将设立缅甸知识产权办公室(Myanmar Intellectual Property Office)来监管商标、工业设计和专利相关事宜。

1. 商标。根据新《商标法》,缅甸的商标注册将采用申请在先原则(First to File),即两个以上的申请人分别申请同样的商标的,商标权授予最先申请的人。这一原则也与东盟大多数国家的通行原则相一致。商标注册有效期为10年,到期可以续展。此外,在新法生效前注册的商标需在新法生效后重新进行登记。

2. 专利。《专利法》采纳的也是申请在先原则(First to File)。缅甸《专利法》将专利分为发明专利(Invention Patent)和小型专利(Petty Patent,类似我国的实用新型专利)。发明专利应当具有新颖性、创造性和实用性,而小型专利仅需要具有新颖性和实用性。发明专利的有效期为20年,而小型专利的有效期为10年。

3. 工业设计。《工业设计法》也采取了申请在先原则(First to File)。可以注册的工业设计必须具有新颖性和原创性。工业设计有效期为5年,可以续期2次,每次5年,因此其总共有效期最多不超过15年。

4. 著作权。根据新颁布的《著作权法》,文学作品的著作权的保护期限为作者的生前加死后50年,声音和影像作品的保护期限为发表之日起50年,实用艺术品(works of applied art)的保护期限为25年。需要注意的是,缅甸并非《伯尔尼公约》的缔约国,根据《著作权法》外国人创作的作品只有在缅甸首先发表或在其他国家发表后30日内在缅甸发表的,才可以受到《著作权法》保护。

(二)知识产权侵权的相关处罚规定

2019年颁布的《商标法》、《工业设计法》、《专利法》和《著作权法》就相关知识产权保护提供了更加细致的规定。对于不同情形的侵权行为可以处以不同年限的有期徒刑以及罚金等。

著作权保护方面,新颁布的《著作权法》显著提高了原有法律的处罚标准。根据1914年颁布的《缅甸著作权法》,制作侵犯他人著作权的复制品的,依据法律规定应当被处以每件20缅币的罚款,但总额不超过500缅币。新《著作权法》对于侵权行为的处罚标准提高到了100万缅币和1年有期徒刑,反复侵权的最高可以处以10年有期徒刑和1000万缅币罚款。

七、投资合作相关法律及对中国企业投资合作保护政策

(一)缅甸与投资合作相关的主要法律

缅甸与投资合作相关的主要法律有:《缅甸联邦外国投资法》《缅甸联邦外国投资法实施细则》《缅甸联邦外国投资委员会1989年第一号令》《缅甸联邦贸易部关于国内外合资企业的规定》《外国对缅甸联邦投资程序及优惠政策》《缅甸联邦公民投资法》《缅甸联邦公民投资法实施细则》《缅甸允许私人投资的经济项目》等。

2012年11月2日缅甸联邦共和国总统登盛签署新的《缅甸外国投资法》。

2013年1月31日,缅甸国家计划和经济发展部颁布《缅甸外国投资法实施细则》。

(二)中国与缅甸签署双边投资保护协定

2001年12月12日,中国和缅甸签订中华人民共和国政府和缅甸联邦政府关于鼓励促进和保护投资协定》,协定对给予彼此国家投资者最惠国待遇、国民待遇及例外、征收、损害及损失补偿等内容作出了明确规定。

(三)中国与缅甸签署避免双重征税协定

中国与缅甸尚未签署避免双重征税协定。

(四)中国与缅甸签署的其他协定

1971年,中缅政府签署贸易协定,双方给予最惠国待遇;

1994 年,《中华人民共和国政府和缅甸联邦政府关于边境贸易的谅解备忘录》;1995 年 6 月 29 日,《中华人民共和国政府和缅甸联邦政府关于农业合作的协定》;1997 年 5 月 28 日《中华人民共和国政府和缅甸联邦政府关于成立经济贸易和技术合作联合工作委员会的协定》;2000 年 2 月 3 日,《中华人民共和国政府和缅甸联邦政府农业合作谅解备忘录》;2001 年 12 月 12 日,《中华人民共和国政府和缅甸联邦政府渔业合作协定》;2001 年 7 月,《中缅两国关于开展地质矿产合作的谅解备忘录》;2004 年 3 月 24 日,《中华人民共和国政府和缅甸联邦政府关于促进贸易、投资和经济合作的谅解备忘录》;2004 年 7 月 12 日,《中华人民共和国政府和缅甸联邦政府关于信息通讯领域合作的谅解备忘录》;2006 年 2 月,《中缅航空运输协议》等。

菲律宾投资贸易指南

一、对外贸易的法规和政策规定

（一）菲律宾贸易主管部门

贸工部(DTI)是菲律宾外贸政策的制定及管理部门,成立于 1898 年 6 月,其前身为菲律宾商务部。其主要职责为制定综合的工业发展战略和进出口政策,创造有利于产业发展和投资的环境,负责双边和多重、投资贸易合作谈判,支持中小企业发展,审批外资企业在菲律宾设厂,颁发进出口许可证等。贸工部下设的进口服务署主要负责特定产品进口法规的实施以及发起和指导反倾销、反补贴及保障措施的初步调查。下设的产品标准化局主要负责产品技术标准的法规的管理和实施。

贸易管理机关还有:海关总署、国家经济发展署、中央银行、环境管理署、卫生部、技术转让署、食品和医药品局、危险药品局、渔业和水产资源局、国家肉类检疫委员会、计划工业局、能源管理署和服装纺织品出口局等。

（二）贸易法规体系

菲律宾是世界贸易组织(WTO)和亚太经合组织(APEC)成员,也是东南亚国家联盟(ASEAN)的成员国,实行多边的、自由的、外向型的贸易政策,同时对国内幼稚产业进行适当保护。菲律宾政府对其贸易政策不断进行调整,并出台了一系列出口鼓励措施。

菲律宾管理进出口贸易的相关法律主要包括:《海关法》《出口发展法》《反倾销法》《反补贴法》和《保障措施法》等。

（三）贸易管理的相关规定

1. 进口商品管理。《菲律宾海关现代化和关税法》(CMTA)将进口商品分为四类:自由进口商品;管制进口商品;限制进口商品;禁止进口商品。(1)禁止进口商品(《CMTA》第 3 章第 118 节):包含颠覆国家政权内容或违反菲律宾法律的印刷制品;用于非法堕胎的商品、工具、药物、广告印刷品等;包含不道德内容的印刷品或媒体制品;包含金、银等贵金属且未标明质量纯度的商品;违反本地法规的食品、药品;侵犯知识产权的商品;其他主管部门发布法律法规禁止进口的商品。(2)限制进口商品(《CMTA》第 3 章第 119 节):除非法律或法规授权允许,否则禁止进口以下商品:枪支弹药、爆炸物等武器;赌博用具;彩票和奖券;菲律宾总统宣布禁止的毒品、成瘾性药物及其衍生物;有毒有害危险品;其他受到限制的商品。(3)管制进口商品(《CMTA》第 3 章第 117 节):管制进口商品必须获得相应主管部门的许可证或授权才可进口,受管制的进口商品清单可以在菲律宾国家贸易资料库中查看。(4)自由进口商品(《CMTA》第 3 章第 116 节):除禁止进口商品、限制进口商品、管制进口商品外的商品,除非法律法规另有规定,否则可自由进出菲律宾。

2. 出口商品管理。出口商品同样按照《菲律宾海关现代化和关税法》,菲律宾政府一般对出口贸易采取鼓励政策,主要包括简化出口手续并免征出口附加税,进口商品再出口可享受增值税退税、外汇资助和使用出口加工区的低成本设施等。矿产品分为禁止出口商品、限制出口商品、管制出口商品、自由出口商品。

（四）进出口商品检验检疫

菲律宾是《关税与贸易总协议》东京回合中《技术贸易壁垒协议》的签约国。该技术协议要求政府机构在采用标准程序和建立争端解决审议程序时要公开,目的是确保政府机构遵守这些规定。菲律宾产品质量局是负责产品质量标准的机构,它通过质量管理认证的手段来促进产品质量的提高,对进口商品粘贴合格标志来管理进口商品。适用的标准是 ISO9000 和 ISO14000。

1. 工业品。有 28 种产品要在当地进行产品标准检验,包括:照明用品、电线电缆、卫生洁具、家用电器、轮胎和水泥等。至于其他产品,海关通常接受产品质量证明或原产国标准证明。产品生产者应依据本国或普遍国际标准进行生产,其产品上要附有产品标准质量标志。

2. 涉及民生、健康、安全和财产的商品。菲律宾贸工部要求出具产品标准许可和产品标准局的证明。这些产品包括:医用氧气、消费品、电器和防火设备、建筑材料等。非公制的度量衡用品、仪器、仪表的进口由产品标准局事先发放许可。

3. 环保的要求和规定。菲律宾环境和自然资源部主要负责实施政府的环境保护政策。进口商要符合环保的要求和规定。

4. 食品健康和安全规定。食品方面,如成分、添加剂、非酒精饮料及混合物、糖果类、咖啡、茶、点心、乳制品、蔬菜、水果、肉类等必须符合食品法典委员会(Codex Alimentarius Commission)和世界动物卫生组织(OIE)制定的标准;新鲜、冷冻鱼类产品必须取得菲律宾农业部 1999 年颁布的《195 号行政法规》中规定的国际健康证和卫生植物检疫证;如果进口来自有害虫区的蔬菜和水果,则应具有消毒证明;化妆品、医药在生产时必须取得生产许可证,并提供国际认证机构的临床试验报告。对于危险品的进口,必须依照菲律宾卫生部标准张贴标签、销售。相关危险品包括刺激物和腐蚀性、易燃和放射性物质。

5. 植物及植物产品。目前,植物及植物产品进入菲律宾市场须办理如下检疫手续:出口商将发票和箱单传给菲律宾进口商,进口商凭出口商的发票和箱单向菲律宾农业部农作物局植物检疫处(BPI)申请进口许可证,该证会注明每种产品离岸前的要求。进口商将该证交给出口商,出口商提请出口国检疫部门对产品进行离岸检疫并出具检疫证明。出口商将检疫证明和其他运输单据一起以适当途径转交菲律宾进口商。在货物到达菲律宾港口后,进口商将进口许可证和出口国的检疫证明提供给菲律宾检疫部门。菲律宾检疫部门根据进口许可证和检疫证明进行复验,合格后方可入关。

6. 动物、动物产品及其副产品。菲律宾农业部动物产业局是负责动物、动物产品及其副产品进出口检疫的政府部门。动物产业局对不同动物的进出口有不同的进出口程序和检疫规定。

（五）海关管理规章制度

2016年5月3日，菲律宾颁布新的进出口管理法律《菲律宾海关现代化与关税法》（CMTA），进口关税税率由菲律宾关税委员会确定公布，出口关税的税率由海关总署确定，并由海关通过菲律宾中央银行征收。菲律宾对大部分进口产品征收从价关税，但对酒精饮料、烟草制品、手表、矿物燃料、糖精等产品征收特定关税。海关对汽车、烟草、汽油、酒精以及其他非必要商品征收进口环节消费税。进口产品还应向菲律宾海关当局缴纳12%的增值税，征税基础为海关估价价值加上所征关税和消费税。

2018年起菲律宾全面实施中国—东盟自贸区（ACFTA）优惠关税（最新升级版已于2019年起开始实施），中菲贸易进出口关税大幅下降。随着中国与东盟之间基本实现自由贸易，资金、资源、技术和人才等生产要素的流动效率显著提高，双方经济合作达到更高的水平。

1. 进口关税。菲律宾进口关税税率一般为0% ~30%。具体商品的税率可从关税委员会的网页查阅。

2. 进口配额。菲律宾对大米等部分农产品实行关税配额管理措施，对配额内的产品征收正常关税，对配额外的商品则征收高关税。

3. 东盟内部零关税。根据东盟内部协议规定，菲律宾对东盟成员国全部产品进口实行零关税。

4. 出口关税。菲律宾仅对原木征收20%的出口关税。

5. 出口退税出口优惠。根据菲律宾出口发展计划，在菲律宾投资署（BOI）或经济区管理署（PEZA）注册且符合规定的出口企业可享受相应的税收优惠，包括企业所得税减免、进口关税及费用减免等，相关政策可在投资署网站或经济区管理署网站查询。

二、外国投资的市场准入规定

（一）投资主管部门

贸工部是负责投资政策实施和协调、促进投资便利化的主要职能部门。贸工部下设的投资署（BOI）、经济特区管理委员会（PEZA）负责投资政策包括外资政策的实施和管理。此外，菲律宾在苏比克、克拉克等地设立了自由港区或经济特区，并成立了相应的政府机构进行管理。

（二）投资行业的规定

菲律宾政府将所有投资领域分为三类，即优先投资领域、限制投资领域和禁止投资领域。

1. 优先投资领域。对于优先投资领域，菲律宾政府定期制定《投资优先计划》，列出政府鼓励投资的领域和可以享受的优惠条件，引导内外资向国家指定行业投资。优惠条件包括减免所得税、免除进口设备及零部件的进口关税、免除进口码头税、免除出口税费等财政优惠，以及无限制使用托运设备、简化进出口通关程序等非财政优惠。

2017年3月，菲律宾政府批准了由菲律宾投资署制定的《2017 ~2019年投资优先计划》（IPP），该计划与杜特尔特的经济社会发展十点计划和国家工业综合战略相一致。计划中所列项目将获得所得税减免等税收优惠政策。计划中所列的优先经济活动包括农产品加工业、农业和渔业；战略性服务业；基础设施和物流（包括由地方政府部门参与的PPP项目）；包容性商业模式；与环境或气候变化有关的项目。除制造业以外，基础设施项目、电力和能源等也是投资热点。具体内容可查询菲律宾投资署网站。

2. 银行业开放。2014年7月，菲律宾国会通过了新的外资银行法修正案，全面开放外资银行准入和经营范围。此前法律规定，只允许外资银行购买或拥有本地银行60%的股份或设立分行，为此许多外商一直在呼吁菲律宾放开对外资银行的限制。菲律宾政府宣称，此举也是菲律宾迈向东盟经济一体化包括金融一体化的需要。

3. 限制外资清单。菲律宾政府不定期更新外国投资负面清单，2018年10月31日，菲总统府发布了第11版的外国投资负面清单（FINL），更新了开放给外国投资的行业，以及只限菲律宾公民的行业。

2020年初，菲律宾众议院三读通过了第78号众议院法案，旨在对《公共服务法》进行修订。该法案将“公共服务”与“公用事业”区分开来，公共事业只是公共服务的一个子集，仅输配电、供水和污水处理系统对外资所有权有限制。修正案还建议，除非法律根据国家经济发展署的建议另有规定，否则任何其他行业或服务均不得被视为公用事业。该法案通过后将放宽部分行业外资股权限制。目前该法案尚待参议院批准。

（三）投资方式的规定

1. 股权限制。对于绝大多数公司，菲律宾公民须拥有至少60%的股份以及表决权，不少于60%的董事会成员是菲律宾公民。如果公司不能满足上述关于菲律宾公民所占比例的要求，则必须满足以下条件：（1）经投资署批准，属于先进项目，菲律宾公民无法承担，且至少70%的产品用于出口。（2）从注册之日起30年内，必须成为菲律宾本国企业。但是产品100%出口的公司无须满足该要求。（3）公司涉及的先进项目领域不属于宪法或其他法律规定应由菲律宾公民所有或控制的领域。

2. 跨国并购。菲律宾关于并购等商业行为有一系列法律法规，其中《公司法》对并购的手续和流程进行了相关规定，《反垄断和限制贸易的合并法》（Republic Act 3247）明确了由于并购等行为造成的垄断或贸易阻碍的情形及相关处罚措施。如无法律明文禁止，外资企业可按菲律宾国内企业收并购流程并购菲律宾企业，具体做法如下：（1）首先由双方董事会各自通过并购方案，并至少在专门召开的股东或成员大会两周前提交方案。股东大会上，2/3以上股权票或2/3以上成员票赞成即为方案通过（并购方案如需修改，亦须在股东大会上获得相同比例的赞成票）。（2）方案获股东大会通过后，合并双方总裁或副总裁在注明合并方案、投票情况的合并书上签字，由董事会秘书或秘书助理认证后，提交至证券交易委员会（SEC）批准（如合并涉及银行、银行业金融机构、信托公司、保险公司、公用事业、教育机构或其他由特别法律规范的特别行业，需先由相关政府机构出具推荐函）。（3）SEC认定并购行为不与《公司法》或其他相关法律抵触后，出具并购许可，并购行为自此生效。

在菲律宾，律师事务所或会计师事务所均可咨询并购事宜。

（四）特殊经济区域的规定

1. 经济特区法规。根据7727号共和国令（1992年基地转化和发展法）等法令设有克拉克自由港、苏比克湾自由港、弗德克工业区、卡加延、三宝颜等独立经营的经济区。

根据7916号共和国令(1995年特殊经济区法),菲建设了一系列单独关税区——特殊经济区(Special Economic Zone,SEZ),以改善投资环境、提供优惠政策,从而吸引本地和外国投资并创造就业机会。经济区管理署(PEZA)为此类经济区监管机构。

2. 经济区介绍。根据PEZA最新数据,菲目前共有379个各类经济区,分为以下几类:(1)工业园区。工业园区指为工业发展所设立的专门区域,拥有一定的基础设施,如道路、供水、排水系统、厂房和住宅。(2)出口加工区。出口加工区是区域内企业主要为出口导向型的工业园区。出口加工区的优惠政策包括进口设备、原材料和零部件的关税减免等。(3)自由贸易区。自由贸易区设在交通枢纽附近,如海港或空港周边。进口的货物可以免交进口关税,并在此进行卸货、分类、重新包装等。但如果这些货物进入非自由贸易区,仍需缴纳关税。(4)旅游经济区。旅游经济区指专门为旅游业发展而设立的经济特区,区域适合建立旅游休闲设施,比如体育休闲中心、宾馆、文化和会议设施、餐饮中心等以及相应的基础设施。(5)IT园区或中心。IT园区或中心指专门为IT项目或服务设立的区域,可以是一片区域或一栋建筑,其整体或部分将具备为IT企业提供相应设施和服务的条件。

3. 经济区优惠政策。根据各经济区内的企业从事不同性质的活动,可享受的优惠政策包括:(1)进口固定设备、原材料、零部件、良种牲畜和基因材料等免除关税;(2)传统项目4年免所得税,先锋项目6年免所得税;(3)免所得税后的收入,仅需根据5%的税率纳税,以此替代其他各项国家和地方税收;(4)扣除进口替代品课税;(5)免除码头费用、出口税和进口费;(6)减免国内固定设备、良种牲畜和基因材料的课税;(7)可征税收入中额外减去人工费用;(8)托运设备的非限制使用;(9)外国投资者和家庭的永久居留权;(10)雇用外国公民;(11)可不经菲律宾中央银行审批汇出收入;(12)免除地方营业税;(13)如果已交纳5%综合所得税,外企在菲律宾分支机构免纳利润汇回税。需要注意的是,菲律宾央行规定外国直接投资者(FDI)从2015年4月19日起,必须在向菲境内实际汇入资金后一年内在菲央行登记注册。

三、外国投资优惠政策

(一)财政优惠政策

1. 免所得税。新注册的优先项目企业将免除6年的所得税,传统企业免交4年所得税。扩建和升级改造项目免税期为3年,如项目位于欠发达地区,免税期为6年。

新注册企业如满足下列其中一个条件,还将多享有1年免税奖励:(1)本地生产的原材料至少占总原材料的50%;(2)进口和本地生产的固定设备价值与工人的比例不超过每人1万美元;(3)营业前3年,年外汇存款或收入达到50万美元以上。

2. 可征税收入中减去人工费用。

3. 减免用于制造、加工或生产出口商品的原材料的赋税。

4. 可征税收入中减去必要和主要的基建费用。

5. 进口设备的相关材料和零部件减免关税。

6. 减免码头费用以及出口关税。

7. 自投资署注册起免除4~6年地方营业税。

(二)非财政优惠措施

菲律宾制定了以下优惠措施:(1)简化海关手续;(2)托运设备的非限制使用:托运到菲的设备贴上可出口的标签;(3)进入保税工厂系统;(4)雇用外国公民:外国公民可在注册企业从事管理、技术和咨询岗位5年时间,经投资署批准,期限还可延长。总裁、总经理、财务主管或者与之相当的职位可居留更长时间。

(三)行业鼓励政策

菲律宾投资署每年制定一部"投资优先计划",规定政府优先发展的项目领域,该计划经总统批准后发布,计划详情可以查询菲律宾投资署网站:www.boi.gov.ph,需要注意的是,这些领域中有一些是限制或禁止外国投资的领域。

(四)地区鼓励政策

2017~2019年菲律宾投资优先计划取消了对部分产业补贴的区域性限制。旧版投资优先计划中,仅民多洛、棉兰老岛穆斯林自治区和巴拉望的农产品加工产业享受补贴。为了刺激制造业发展,创造更多就业,新版投资优先计划中完全取消了这一类区域性限制。此外,放宽了对旅游业补贴的区域性限制,马尼拉、麦克坦岛和长滩都被包括在补贴范围之内,以刺激兴建更多的旅游设施。

四、外国企业在菲律宾获得土地的规定

(一)土地法的主要内容

菲律宾土地归私人所有。菲律宾禁止外国人拥有土地,但可以购买高层住宅,不能购买别墅。具有双重国籍的菲律宾人可以100%拥有地产权,但必须在菲律宾出生后移民到其他国家并取得他国身份的。

土地管理部门除环境与自然资源部、土地管理局外,还有其他部门如房产与城市发展协调委员会和国家经济发展署等直接或间接地控制土地的使用、甚至法院都有权利颁发土地所有权证明。

土地交易法律程序:(1)买卖双方通过律师签订并得到公证的合同;(2)向城市资产评估办公室递交国内收入局出具的土地税申报;(3)买方向市财政局交付地产税;(4)市资产评估员对资产进行评估;(5)买方向市资产评估办公室支付交易税;(6)向国内收入局缴纳资产收益税及印花税;(7)交易资产注册:更换产权所有者名称;(8)新产权所有人获得新产权证的影印件以及向资产评估办公室索取税收申报表。

(二)外资企业获得土地的规定

菲律宾宪法规定,外国人不得在菲律宾购买土地,但外国公民或公司可以先成立一家菲律宾公司。公司的股权外方占40%以下(含40%),菲方占60%以上(含60%),并且公司至少有5人,公司成立后,必须在菲开立主要的公司银行账户。账户的户头可以单独为外国公民,可以由外国公民控制房产收入所获得的资金。该公司在购买菲律宾土地前,须得到菲律宾投资委员会(BOI)的许可,才可进行土地买卖的交易。

投资者租赁法案(第7652号共和国法案)允许外国投资者在菲律宾租用商业用地最长不超过75年(过去规定为50年)。根据该法,任何到菲律宾投资的外国投资者在遵守菲律宾法律和下列条件的情况下,可租赁私人土地:(1)土地租赁合同期限为50年,仅可一次性延长25年;(2)租赁的土地仅做投资用途;(3)租赁合同应符合《综合土地改革法》和

《地方政府法案》。

五、外资公司参与当地证券交易的规定

菲律宾允许外国公司参与菲律宾证券交易所的证券投资交易,但所持公司股份会有上限,通常为40%。菲律宾证券交易所每月都会发布外国持有股票情况报告。

六、环境保护法律规定

(一)环保管理部门

菲律宾的环保管理部门是环境管理局(EMB),负责污染防治以及环境影响评估,在中央、区域、省和社区各级均有分支机构。

(二)主要环保法律法规名称

主要相关法律法规包括《宪法》、1976年《污染控制法》、1978年关于建立环境影响报告书制度的总统令、1988年《环境法典》、1990年《有毒物质、有害物质和核废料控制法》、1999年《洁净空气法》、2000年《生态固体废物管理法》、2004年《洁净水法》等。

(三)环保法律法规基本要点

如果投资项目或其执行有可能影响到环境质量,菲律宾1586号总统令要求项目内容中要包含"环境影响评估",以确保项目可能带来的环境影响问题得以解决,使其与国家可持续发展目标协调一致。根据项目地点和性质的不同,项目执行单位要准备一份"环境影响声明"或"初始环境检测报告"。最终报告将递交至菲律宾环境与自然资源部,附带文件还包括其他政府部门的批准文件和地方政府对项目的批准文件。复核后,菲律宾环境与自然资源部决定发放或拒发"环境合格证"。如无此证,项目就不能合法执行。

"环境合格证"包括了所有项目实施应该遵守的环境法律、法规和规章,确保项目连续执行。如果被拒发"环境合格证",项目方应该递交一份新的"环境影响声明",选择另外的项目地点或变更设计及执行。

1586号总统令同时列出了项目可能对环境产生影响的领域:一是自然环境,包括土地、水、空气、地上生命、水中生命和生态平衡;二是社会经济,包括人口、生活方式、建筑、少数民族文化、名胜古迹、健康和当地经济。该总统令还举例说明有能对环境造成的负面影响:(1)水和空气污染;(2)历史和考古遗迹的破坏;(3)野生动物栖息地的破坏;(4)城市拥挤程度上升;(5)对健康的威胁;(6)土地的不当使用。

第8749号共和国法案《洁净空气法》,该法律旨在在整个菲律宾范围内实现并保持符合国家空气质量标准的清洁空气,同时将对经济的潜在影响降至最低。该法案颁布了空气污染物标准(初版),并规定处罚方式如下:固定源污染超目标,根据偿付能力、是否疏忽、污染历史处以每污染持续日10万比索以下罚金(每三年增长10%,起自1999年),至污染消除为止,此外还可处以停止或中止施工、营业等处罚措施,如三次违反该法,将永久停业;机动车污染超标,将扣留机动车直至交清罚款(初犯2000比索以下,再犯2000至4000比索,累犯4000至6000比索并处吊销驾照一年)并修理车辆直至符合标准;其他污染源的,处每污染持续日1万至10万比索罚金,或6个月至6年监禁,或两者皆有。

第9275号共和国法案《洁净水法》,旨在保护水源免受陆源(工业和商业机构、农业和社区或家庭活动)的污染,通过利益相关者多方参与的方法,制定了预防和减少污染的全面综合战略。该法案界定构成水体污染行为的要件,并规定处罚方式如下:对每污染持续日处以1万至20万比索的罚金(每两年增长10%,起自2004年),此外还可处停止或中止施工、营业、减少工程量、暂停水供给等处罚措施,直至污染方改进相应的排放保护机制和设备,直到排放达到该法标准为止。因重大疏忽或故意不采取清理措施的,处以2至4年监禁并处每污染持续日5万至10万比索罚金;如造成人员因污染重大伤亡或死亡,则处以6年零1日至12年监禁,并处每污染持续日50万比索罚金。严重违法行为可提起刑事诉讼,包括以下情形:一是故意排放6969号共和国法案规定标准以上的有毒污染物的;二是2年内发生5次或以上侵权行为的;三是无视相关部门处罚,拒交罚金或继续营业的。上述三种情形下,处以每污染日50万至300万比索的罚金,或判处6至10年监禁,或两者皆有。内湖区水体污染的参照4850号共和国法执行。

(四)环保评估相关规定

菲律宾负责环保评估的机构为环境管理局。

投资者须向环境管理局提出要求取得"环境合格证"的申请,并随申请附上项目介绍。项目介绍应包括项目将使用的基础材料、项目建设的程序和应用的科技、项目完工后的产量和(废水、废气等)排放量、投资人资产证明、项目所在区域地图、人力资源要求等内容。

环境管理局委员会每月召开两次会议接受申请,并进行讨论。如申请满足所有程序要求,且项目对周边环境无严重影响,将于会上批准申请,并由环境与自然资源部发放"环境合格证"。根据项目不同,整个周期在2~6个月之间。

七、外国公司承包当地工程的规定

菲律宾没有专门适用于国际工程承包的法律规则,其对国际工程承包法律关系的调整,主要是由国内一些相关法律来进行,而且对国际工程承包中的执照、承包商的登记、监督和管理都有专门的部门负责。

(一)许可制度

1. 国际工程承包法律法规。主要有:《合同法》《外国投资法》(共和国第7042号法令)、《承包执照法》(共和国第4566号法令)、《BOT法》(共和国第6957号法令,后经修改为第7718号法令)、《政府采购法》(共和国第9184号法令)、《建筑行业仲裁法》(第1008号行政命令)、《建筑业职业安全与卫生指导方针》(菲律宾劳工部1998年第13号令),菲律宾承包商认证协会的相关规定。

2. 国际工程承包管理机构。菲律宾管理特别事务的专门机构非常多,外国承包商在菲律宾从事工程承包主要由以下机构进行管理和调整:(1)菲律宾证券交易委员会。根据菲律宾法律,外国承包商若要在菲律宾承包建筑工程,从事建筑业活动,首先必须到菲律宾证券交易委员会注册登记。(2)菲律宾有关政府部门。菲律宾政府项目通常需要经过国家经济发展署立项审批,预算部、财政部为出资方或贷款担保人,公造部、农业部等部门作为业主单位负责招标、监督执行等具体实施工作。目前,中国公司在菲律宾承包工程仍以政府项目为主。(3)菲律宾承包商认证协会。该协会负责审查外国承包商的资格,外国承包商在菲律宾承包建筑工程,从事建筑业活动,必须持有菲律宾承包商认证协会颁发的特别执照,否则不能开展业务。(4)菲律宾建筑行业仲裁委员会。该仲裁委员会专门管辖建筑行业因争议和纠纷而提起的调解或仲裁。(5)菲律宾建筑工业局。该工程局有权对工程承包商进行监督和管理,当承包商不遵守相关的建筑行业法律法规时，可以将其列入“黑名单”，限制其经营政府工程承包业务。(6)菲律宾劳动就业部。该部门负责制订建筑行业职业安全与卫生方面的法规，规范建筑行业的职业安全与卫生。(7)菲律宾劳动条件局。该部门负责审核工程承包商递交的建筑施工安全与卫生制度。

(二)禁止领域

根据菲律宾《政府采购法》及2019年第6号决议，政府项目的承包商外资比例不能超过40%，或联营体中外国承包商的承担的合同额不能超过40%。也即，就算外国承包商获取了AAAA类PCAB执照，也不能在菲律宾承接政府类项目，而只能承接私人项目。

(三)招投标方式

根据菲律宾承包商认证协会的规定，外国承包商在菲律宾承包工程，必须遵守菲律宾第1594号总统令关于政府工程招投标的规定。

1. 招标。无论国内或国外投资的工程项目，都适用相同的公开招标程序：(1)工程成本超过500万比索的项目，招标广告应在一段合理的期间至少在全国范围内定期发行的两家报纸上公告至少3次，公告期间根据招标项目的规模和复杂性决定，但不能少于两周。(2)工程成本为500万比索或500万比索以下的项目，招标广告必须在两周内在工程所在地区公开发行的一家报纸上至少公告两次。(3)若招标项目需要专业技术，发包方可直接对掌握该专业技能的承包商发出投标邀请。

2. 投标人资格预审。投标人参加资格预审必须提交法定的各种文件，这些文件必须经过投标人宣誓和公证。

法律方面：(1)菲律宾承包商认证协会发放的有效承包商执照。(2)合营企业须提交有效的合营企业协议。(3)授权政府部门、代理机构或公司的领导或其授权代表的与资格审查相关的文件和信件。(4)投标人陈述其没被列入菲律宾建筑行业局“黑名单”的声明。

技术方面：(1)按照资格预审通知里的详细规定填写的、投标人最近3年承包并已完工的、与招标项目性质和复杂性相类似的所有政府或私营工程项目的报表。针对每一个工程，投标人的报表都应包括：工程项目的名称、业主的名称与地址、工程性质、承包商的地位(总承包、分包，或合营企业的一方)、完工的总承包价、决标工期、完工日期和工程期限。报表应由相应的承包商业绩评价等级表，和(或)竣工及业主验收证书加以证实。(2)所有正在进行的政府或私营工程项目的报表，包括已经中标的还未开始建设的项目。报表应列明：工程项目的名称、业主的名称与地址、工程性质、承包商的地位、中标时的总承包价、中标日期、计划和实际完成的比例、未完成的工程的价值、预计的完工时间。报表应由中标通知书和(或)业主的施工通知加以证实。(3)参与建筑施工的主要工作人员的报表，如项目经理、项目工程师、材料工程师和工头等。(4)投标人拥有的，或租用的，或正在购买过程中的可用于建筑施工的设备的清单。财务方面要有投标人最近3个年度的财务审计报表。

3. 投标保证金。需按规定交纳投标保证金。

4. 投标书及其附件。除投标书外，还需提交一系列附件。根据菲律宾法律规定，投标人应把投标书及其附件分装在两个密封的信封里呈给招标人。投标人应在信封上用大写字母写上招标项目和投标人的名字，并写上“在开标时间前请勿启封”。第一个信封里装与工程安排、进度、投标保证有关的各种文件，第二个信封里装投标报价单与财务文件。

5. 承包形式。根据《BOT法》，外国承包商在菲律宾从事工程承包，可选择适用菲律宾BOT法规定的所有承包形式。菲律宾BOT法规定了9种承包形式，即BOT、BT、BOO、BLT、BTO、CAO(承包—增加—经营)、DOT(开发—经营—转让)、ROT(修缮—经营—转让)和ROO(修缮—拥有—经营)。

(四)承揽工程项目的程序

1. 获取信息。在菲律宾可以通过以下几个途径获取工程招标信息：(1)菲政府部门或企业业主在当地媒体上发布招标邀请信息；(2)业主直接邀请；(3)业主通过中国驻菲使馆经商参处、中资企业(菲律宾)协会承包分会发布信息。

2. 招标投标。菲律宾政府工程承包项目根据业务性质分属不同部门管理，如公共工程与公路部负责公路及桥梁等项目，交通部负责铁路、机场、港口等项目，农业部灌溉局主管水利灌溉项目等。使用菲政府财政资金的政府项目，只能由本地企业或外资比例不超过25%的合资企业承揽。通讯、电力、房地产等行业多为私企经营，对外资承包商一般没有限制。

工程项目招投标一般需要经历以下程序，业主或融资方还会有各自具体的要求：(1)招标信息发布；(2)企业报名，递交意向书；(3)资格预审；(4)编制发售招标文件；(5)投标预备会；(6)投标；(7)开标、评标、决授标。

3. 许可手续。外资企业在菲承揽工程项目，均需向菲承包商资格评审委员会(PCAB，隶属菲贸工部)申请特别执照。具体步骤根据企业是否在菲注册略有不同。以在证券委员会注册的中资企业为例，需向PCAB递交外国承包商特殊许可申请表、综合信息表、菲证券委员会出具的公司注册证明、公司章程、公司对授权代表的董事会决议、中国政府部门出具的并由所在地的菲律宾使领馆认可的公司资质证明原件及复印件、菲招标企业出具的工程项目是由外国融资的证明、投标邀请函、母公司出具的背对背保证书、自述书、近6个月财务审计报告、资产负债表、银行账户、用于运输及建设的机动车注册证及发票、国内收入局出具的证明、工程技术人员有关证明、历史记录(有关完工的大型工程合同、证明文件以及菲律宾使领馆认证文件)等PCAB要求一个项目一个执照，承包商需每年更新特别执照。

不同行业的项目业主对承包商的资质要求有所不同，有关程序和手续也有差异，但核心是审查承包商(或设备供应商)在财务、技术等各方面的履约能力(或交付能力)。另一方面，公共项目业主和私营项目业主的资质要求也不相同。公共项目业主要求承包商履行的资格认证手续往往比较复杂，私营项目业主则相对简单。以菲律宾公造部主管的路桥项目为例，承包商须先通过公造部资格审查并注册，审核过程中需提供营业执照、税务登记证、SEC登记证、公司章程、财务审计报告、公司业绩等材料。项目招标时，公造部将在投标邀请函中就具体项目提出资质要求。

八、知识产权保护法律法规

菲律宾全面保护外国投资者的知识产权。在亚太地区的其他国家，对于知识产权的保护，有的国家缺少相应法律，有的国家刚刚起步，而菲律宾在未独立的1946年前就有知识产权保护方面的法律措施，这些措施与美国的法律法规相一致。1997年，菲律宾颁布了《知识产权法典》(RA8293)，并成立了知识产权办公室。菲律宾是下列国家知识产权条约的签字国:《伯尔尼保护文学和艺术作品公约》(1948年布鲁塞尔版本)、《保护工业产权巴黎公约(里斯本修正案)》《保护表演者、录音制品制作者和广播组织罗马公约》。

菲律宾知识产权的核心法规是《菲律宾知识产权法典》(RA8293),其主要内容包括:第一章知识产权办公室,第二章专利法,第三章商标、商品名、服务商标法,第四章版权法,第五章总则。知识产权的执法单位有菲律宾贸工部、知识产权办公室和音像法规委员会。

在菲律宾侵权处罚规定分两种情况:情节较轻时,可由上述执法单位责令停止侵权行为、罚款(6000~10万比索)、吊销执照等。情节较重时(指损失超过20万比索,约合4166美元),可由当事人提起司法诉讼,由上诉法院或高级法院裁决,给予刑事处罚。菲律宾贸工部负责受理侵权投诉,知识产权办公室负责纠纷调解。

九、投资合作相关法律及菲律宾对中国企业投资合作的保护政策

(一)菲律宾与投资合作相关的主要法律

菲律宾有数个涉及投资的重要法律,目前有关方面正在推动将所有促进投资的法律合并成一部法律,进一步规范各部门出台财政或非财政激励政策。

1.《1987年综合投资法典》共和国第226号法令,共和国第7918号法令进行修正。该法典为国内外企业提供一系列国家优先发展领域的综合激励措施。企业需参与“投资优先计划”所列的领域以享受这些优惠措施。如果企业未参与列入“投资优先计划”的领域,在满足以下任一条件后也能享受这些优惠措施:(1)50%以上的产品出口(菲律宾公民所有的企业);(2)70%以上的产品出口(外商持股40%以上的企业)。

2.《1991年外国投资法》共和国第7042号法令,共和国第8179号法令进行了修正。外国公司被允许在菲律宾从事未列入《外国投资限制清单》的行业。在《外国投资限制清单》中列举了禁止和限制外国投资的领域,主要包括两部分:(1)清单A为宪法或其他法律规定禁止和限制外国投资的领域;(2)清单B为外商所有权受法律限制的领域,包括与国防、执法、公众卫生、道德、保护中小企业等相关的领域。

3.《1995年经济特区法案》共和国第7916号法令,共和国第8748号法令进行了修正。该法案于1995年通过,旨在通过发展经济特区促进经济增长菲律宾经济特区署(PEZA)负责该法的实施和给予经济特区内的合格企业优惠政策。经济特区分为工业园区,出口加工区、自由贸易区、旅游经济区、IT园区、农业经济区等各类经济园区。

每个经济特区都朝着政府干预最小化、独立自由区域的目标发展。经济特区不需政府提供特别帮助,自我管理经济、金融、工业及旅游发展,同时与周边区域建立起相应的联系。

4.《1992年基地转型及发展法案》共和国第7227号法令。根据该法案成立了基地转型发展委员会、苏比克湾管理署(SBMA)以及苏比克经济特区和自由港区(SSEFZ)。在苏比克经济特区和自由港区注册的企业将享受各种投资优惠,包括一流的商业、居住和旅游设施。

5.《地区总部、地区生产总部和地区仓储中心相关法案》共和国第8756号法令。该法案明确了关于在菲律宾设立跨国公司地区总部(RHQS)、地区生产总部(ROHQS)和地区仓储中心(RWS)的规定和指南。地区总部是指跨国公司在菲律宾设立、但并不从菲律宾获取收入的分支机构。地区生产总部指跨国公司在菲律宾设立、可以通过提供服务而获取收入的分支机构。

6.《投资者租赁法案》共和国第7652号法令。该法案允许外国投资者在菲律宾租用商业用地最长不超过75年(过去规定为50年)。根据该法,任何到菲律宾投资的外国投资者在遵守菲律宾法律和下列条件的情况下,可租赁私人土地:(1)土地租赁合同期限为50年,仅可一次性延长25年;(2)租赁的土地仅做投资用途;(3)租赁合同应符合《综合土地改革法》和《地方政府法案》。

7.《1994年出口发展法案》共和第7844号法令。该法案向出口商提供优惠政策,鼓励增加在出口方面的投入,包括:(1)设立出口发展委员会;(2)鼓励私营部门参与出口推介活动,包括建立世界水准的菲律宾贸易中心;(3)设立私营部门为主导的融资中心,直接为促进出口服务;(4)为出口商提供财政激励政策。

8.《BOT法》共和国第7718号法令。明确私营企业参与一般由政府负责的基础设施建设和有关服务的政策和规定。

(二)中国与菲律宾签署双边投资保护协定

1992年7月,中菲两国签署《中华人民共和国政府和菲律宾共和国政府关于鼓励和相互保护投资协定》。

1999年11月,中菲两国签署《中华人民共和国政府和菲律宾共和国政府关于对所得避免双重征税和防止偷漏税的协定》,该协议自2002年1月1日生效。

2007年1月,中菲两国签署《中华人民共和国政府和菲律宾共和国政府关于扩大和深化双边经济贸易合作的框架协定》。

2011年8月,中菲两国签署《中菲经贸合作五年发展规划》。

(三)中国与菲律宾签署避免双重征税协定

1999年11月,中菲两国签署了《中华人民共和国政府和菲律宾共和国政府关于对所得避免双重征税和防止偷漏税的协议》,该协议自2002年1月1日起生效。

(四)中国与菲律宾签署的其他协议

中菲两国政府1993年签署了《经济技术合作协议》,同年两国农业部长签署了两国政府间《关于加强农业及有关领域合作协议》。2004年,两国签署《渔业合作谅解备忘录》。2005年,中菲两国政府在马尼拉签署《关于促进贸易和投资合作的谅解备忘录》。2006年,中菲签署《关于建立中菲经济合作伙伴关系的谅解备忘录》。2007年,中菲签署《关于扩大和深化双边经济贸易合作的框架协议》。2009年,中菲签署《中华人民共和国和菲律宾共和国领事协定》。2017年,中菲签署《中菲经贸合作六年发展规划》(2017~2022)。2018年11月,中菲签署《中华人民共和国政府与菲律宾共和国政府关于共同推进“一带一路”建设的谅解备忘录》。

新加坡投资贸易指南

一、对外贸易法规和政策规定

(一)贸易主管部门

新加坡贸易工业部是制定该国整体贸易政策的部门。新加坡国际企业发展局(International Enterprise Singapore,简称企发局或IE Singapore),是隶属于新加坡贸易工业部的法定机构,是新加坡对外贸易主管部门,其前身是成立于1983年的新加坡贸易发展局(贸发局)。企发局下设贸易促进部,并分设商务合作伙伴策划署和出口促进署,主要职责是宣传新加坡作为国际企业都会的形象以及提升以新加坡为基地公司的出口能力。

(二)贸易法规体系

新加坡与贸易相关的主要法律有《商品对外贸易法》《进出口管理办法》《商品服务税法》《竞争法》《海关法》《商务争端法》《自由贸易区法》《商船运输法》《禁止化学武器法》《战略物资管制法》等。

(三)贸易管理的相关规定

1. 开展进出口和转运业务的基本条件。(1)必须在新加坡组建一家公司并向会计与企业管理局注册。(2)注册公司后,需向新加坡关税局免费申请中央注册号码。中央注册号码将允许您通过贸易网系统提交进出口和转运准证申请。

贸易交换网系统是新加坡全国范围内的贸易电子信息交换系统,能让公共和私营部门在此平台上交换电子贸易数据和信息。一般情况下,在新加坡开展进出口或转运业务必须在贸易交换网上获得相关业务准证。

2. 货物进口。货物进口到新加坡前,进口商需通过贸易交换网向新加坡关税局提交准证申请。如符合有关规定,新加坡关税局将签发新加坡进口证书和交货确认书给进口商,以保证货物真正进口到新加坡,没有被转移或出口到被禁止的目的地。一般情况下,所有进口货物都要缴纳消费税。如果进口货物是受管制的货物,必须向相关主管部门提交准证申请并获得批准。

3. 货物出口。非受管制货物通过海运或空运出口,必须在出口之后3天内,通过贸易交换网提交准证申请。受管制货物,或非受管制货物通过公路和铁路出口的,需要在出口之前通过贸易交换网提交准证申请。出口受管制货物还必须事先取得相关主管机构的批准或许可。

4. 货物转运。所有从一个自由贸易区转运至另一个自由贸易区的货物,或在同一个自由贸易区内转运受主管部门管制的货物,必须事先通过贸易交换网取得有效的转运准证才能将货物装载到运输工具上。

(四)进出口商品检验检疫

新加坡对进口商品检验检疫的标准和程序十分严格。负责进口食品、动植物检验检疫的部门是农粮兽医局(简称农粮局或AVA),负责进口药品、化妆品等商品检验的部门是卫生科学局(简称HSA)。

1. 农产品和食品检验。农产品和食品的进口商须向AVA申请执照,只有获得AVA进口执照的贸易商才能在新加坡从事农产品和食品进口业务。AVA有完整的一套食品安全计划,对肉、鱼、新鲜水果和蔬菜、蛋、加工食品等商品的进口来源、包装运输、检验程序、检验标准有不同的要求和详尽的规定。

2. 动物检疫。只有获得AVA执照的进口商才可以在新加坡从事商业用途的动物进口。每次进口动物须向AVA申请许可,并提前获得海关清关许可。所有进口动物需符合AVA的兽医标准。

3. 植物检疫。进口植物及植物产品需出示原产国有关机构签发的植物检疫证书并获得AVA的进口许可。所有进口植物及植物产品必须符合AVA规定的健康标准,除另有规定外,植物及植物产品进口后必须接受AVA检查。受华盛顿公约保护的濒临绝种植物,必须备有CITES许可证方可进口。

4. 药品、化妆品检验。根据《药品法》《有毒物质法》《滥用药物法令》,新加坡所有从事药品进口、批发、零售以及出口的经营者需向HSA取得相关许可方可开展业务。进口药品和化妆品前,需向HSA如实申报其成分、疗效等相关信息,获得批准后方可进口。HSA对进口相关产品进行抽检,一旦与申报不符,即取消其经营相关产品的资格。

(五)海关管理规章制度

新加坡海关管理的主要法律法规有:《海关法》《货物和服务税的条例》《进出口管理条例》《自由贸易区条例》《战略物品管制法》《禁止化学物品》等。

新加坡《海关法》规定,进口商品分为应税货物和非应税货物,应税货物包括石油、酒类、烟类和机动车辆等4大类商品,非应税货物为上述4大类商品之外的所有商品。应税货物和非应税货物进口到新加坡都要征收7%消费税,应税货物除征收消费税外,还需征收国内货物税和关税。

2008年10月中新签署自由贸易协议。根据协议,2009年1月1日起新加坡取消全部自中国进口商品的关税;中国于2010年1月1日对97.1%的自新加坡进口产品实施零关税。

新加坡应纳税商品及关税和国内货物税

商品名称	国内货物税
酒类商品	S$48~70/公升
烟草类商品	S$181~352/千克
石油类商品	S$3.7~7.1/十升
机动车	20%
带引擎的摩托车、自行车	12%

资料来源:新加坡海关

二、外国投资市场准入规定

(一)投资主管部门

新加坡负责投资的主管部门是经济发展局(EDB简称经发局),成立于1961年,是隶属新加坡贸工部的法定机构,也是专门负责吸引外资的机构,具体制订和实施各种吸引外资的优惠政策并提供高效的行政服务。其远景目标是将新加坡打造成为具有强烈吸引力的全球商业与投资枢纽。

(二)投资行业的规定

新加坡的投资环境开放,并鼓励外国投资。无论个人或企业,只要是新加坡主体均可充分享受外资利益,并且,成立新加坡公司不受最低投资金额的限制。本地和外国投资者均适用相同的法律和法规。

从监管的角度来看,在新加城进行商业活动总体上是十分自由的,对在新加坡的外商投资无一般性要求或义务,但仍存在一些受管制的行业,包括银行和金融服务、保险、电信、广播、报纸、印刷、房地产、游戏等,对这些行业的投资需取得政府批准。在这些行业中,特定法律也可能对其设置外国股权限制、特殊许可或其他要求的规定。

1. 广播。根据广播法令,未经媒体发展管理局("媒体局")授予广播执照,任何人不得在或从新加坡提供任何受许可的广播服务。但是,除非媒体局另行批准,如果公司中任何外方持有或控制不少于公司或其控股公司49%的股权或表决权；或对公司或其控股公司进项督导、控制或管理的所有或多数人由任何外方任命或习惯于按照任何外方的指示行事，则任何该等公司不得被授予或持有广播执照。

2. 印刷媒体。在报业和印刷法令下，仅有报业公司方可在新加坡出版报刊。在每个报业公司中，所有董事均为新加坡人，且有2个类别的股份，分别为管理股和普通股。管理股仅可向由媒体局授予书面批准的新加坡公民或公司发行或转让。

3. 法律服务。外国律师事务所允许在或从新加坡提供他们有能力提供的所有法律执业领域中与外国法律相关的法律服务，但是不允许雇用有新加坡执业资格的律师或通过某些类别的注册律师提供与新加坡法律相关、超出国际商业仲裁范围或有关新加坡国际商业法庭的法律服务。但是，一家合格外国律师事务所，作为获得合格法律执业执照的外国律师事务所，允许在或从新加坡提供合格外国律师事务所有能力提供的所有法律执业领域中与外国法律相关的法律服务，及在所有法律领域与新加坡法律相关的法律服务，但是当地的诉讼和一般性执业除外，例如通过有新加坡执业资格的律师或拥有外国执业证书的外国律师提供零售转让、家事法及行政法的服务。

4. 住宅房地产。在住宅房地产法令下，未经新加坡土地管理局土地交易审批部门批准，外国人不能购买某些受限制的住宅房地产；这类受限制的住宅房地产包括空置住宅用地、有地住宅房地产、不是规划法令下经批准的公寓开发的分层有地住宅、店屋（非商业用途）、协会场所、礼拜场所及未在酒店业法令规定下登记的工人宿舍或服务公寓或寄宿公寓。尽管如此，住宅房地产法令第31条允许住房开发商向住房管理署申请收购住宅房地产进行住房开发的资格证书。但是，住房管理署签发的资格证书将要求住房开发商在该住房开发项目内的单位竣工之日起2年内售出全部单位。

此外，新加坡政府还制定了特许国际贸易计划、区域总部奖励、跨国营业总部奖励、金融与资金管理中心奖励等多项计划以鼓励外资进入。同时，经济发展局还推出了一些优惠政策和发展计划来推动企业拓展业务，如创新发展计划、企业研究奖励计划、新技能资助计划等。根据新加坡政府公布的2010年长期战略发展计划，电子、石油化工、生命科学、工程、物流等9个行业被列为奖励投资领域。2017年，新加坡未来经济委员会（CFE）提出七大战略以打造新加坡未来5年至10年经济发展，预计未来新加坡主要成长领域将包括金融、枢纽服务、物流、城市解决方案、科技、信息通信、房地产和先进制造业等。

（三）投资方式的规定

1. 投资方式限制。新加坡对外资进入新加坡的方式无限制。除银行、金融、保险、证券等特殊领域需向主管部门报备外，绝大多数产业领域对外资的股权比例等无限制性措施。

2. 个人投资。给予外资国民待遇，外国自然人依照法律，可申请设立独资企业或合伙企业。

3. 外资并购。外资进入新加坡的方式无限制。除银行、金融、保险、证券等特殊领域需向主管部门报备外，绝大多数产业领域对外资的股权比例等无限制性措施。

4. 投资方式。外国投资者可以通过以下形式在新加坡开展业务活动：（1）公司；（2）分公司；（3）代表处；（4）合伙；（5）有限合伙；（6）有限责任合伙；（7）独资经营。

所有上述企业结构必须在会计与企业管制局（ACRA）注册，并符合以下要求：（1）如果是公司，必须至少委任一名新加坡普通居民为董事；（2）如果是分公司，必须至少委任一名新加坡普通居民为授权代表；（3）如果是独资经营或合伙，当外国投资者一直居住在新加坡境外，必须至少委任一名新加坡普通居民为授权代表。

在新加坡法律下，没有禁止外国投资者在新加坡开展建筑项目的特别法规。但是，在建筑物管制法令下，未分别持有一般承建商许可证或特殊承建商许可证的人不得在新加坡开展一般或特殊建筑施工。在新加坡的建筑公司中，虽然对外国股权没有限制，但是一般承建商许可证或特殊承建商许可证的一个条件是申请许可证的公司必须在新加坡成立。

兼并和收购所有在新加坡成立、注册或开展业务的公司必须遵守合同法、公司法令及其附属法规的原则。此外，上市公司、商业信托及房地产投资信托（"REITs"）还必须遵守证券和期货法令及新加坡收购和兼并守则的相关规则，及其上市的相关证券交易所的规则，如新交所。当进行兼并和收购交易时，也应考虑竞争法令。该法令禁止意图或实际在新加坡防止、限制或扭曲竞争的协议、构成在新加坡任何市场滥用支配地位的行为以及导致或预期可能导致大幅度减少新加坡任何商品或服务市场竞争的并购。

通常，关于收购兼并的主要手续及操作流程，并没有固定的格式与要求。但是，在公司法令下进行的兼并和收购，如安排或合并方案应按照公司法令规定的程序进行。此外，守则也规定了涉及上市公司、商业信托和REITs的收购的某些程序。

建议企业在进行收购兼并之前，委托当地具有一定影响力和公信度的会计师事务所、律师事务所及相关的行业机构，例如环保部门等就收购兼并目标的财务、法律、行业合规性等进行尽职调查，矿业及资源类的企业应对矿业、资源的储量、拥有权、开采权等进行相应调查。

（四）特殊经济区域的规定

1. 商业园和特殊工业园。新加坡境内的商业园和特殊工业园有：（1）商业园：国际商业园、樟宜商业园、洁净科技园、纬壹科技城内的启奥城、媒体工业园和启汇城。（2）特殊工业园。包括：裕廊岛的石油化学工业园，淡滨尼、巴西立、兀兰的晶圆厂房，淡滨尼的先进显示器工业园，大士生物医药园、生物科技园的生物产业园，樟宜机场物流园、裕廊岛的化工物流园和物流产业园，麦波申、大士的食品产业园、岸外海事中心、实里达航空园等。（3）科技企业家园：裕廊东的企业家园、新加坡科学园的iAxil、红山—新达城科技企业家中心、莱市科技园。

新加坡是城市国家，实行全国统一的税收制度，对外资也实行国民待遇，上述园区内无特殊税收优惠政策，各个园区主要根据区内产业发展的特点而建，区内相关产业的配套基础设施比较完备，可发挥产业集群效应。

2. 自由贸易区。通常而言，进口新加坡的所有货物（投资贵金属除外）均须缴付消费税。进口商在将货物进口新加坡时需支付消费税，除非货物有资格享有任何进口减免或进口消费税暂缓缴交或延期方案。进口消费税由新加坡海关收取和管理，关税/货物税亦同，且进口新加坡的货物均应纳税。

目前新加坡有8个自由贸易区：(1)丹戎巴葛码头和吉宝码头—自由贸易区；(2)三巴旺货运码头—自由贸易区；(3)Brani码头—自由贸易区；(4)吉宝物流园—自由贸易区；(5)吉宝物流园链接桥—自由贸易区；(6)巴西班让码头—自由贸易区；(7)裕廊港—自由贸易区；(8)新加坡机场物流园—自由贸易区。

3. 经济特区。新加坡没有经济特区。

4. 海外工业区。新加坡临近的主要海外工业区有：(1)印度尼西亚巴淡岛、民丹岛工业区，该园区距新加坡20公里，仅1小时船程。园区占地面积320公顷，现有外资企业894家。民丹岛工业区，该园区距新加坡50公里，70分钟船程。园区占地面积500公顷，现有外资企业23家。巴淡岛和民丹岛工业园区都具有完备的基础设施和较低的制造成本，工人最低月工资约118美元。主要适合电子加工业、服装鞋帽、玩具等轻工业以及钢铁、钻油等重工业，还可发展贸易、旅游和转运。属于自由贸易区，无进口税，无销售税与奢侈品税，免增值税；可享有东盟特惠关税，享有与52个国家和地区签署的避免双重征税协议优惠，与33个国家和地区达成普惠制协议，允许100%海外控股，无外汇管制。(2)马来西亚伊斯干达开发区。马来西亚政府于2006年11月推出伊斯干达开发区(Iskandar Development Region，简称IDR)，它是马来西亚目前着力打造的境内最庞大的发展计划。马来西亚政府计划将IDR打造成马来西亚半岛南部最发达的地区，以及居住、娱乐、环境和商业完美融合的国际化大都市。IDR位于马来半岛南部的柔佛州，包括南柔佛的新山、哥打丁宜和笨珍等数个地区，占地2217平方公里。IDR陆海空交通方便，与新加坡隔柔佛海峡相望，距离亚洲的主要大城市(如班加罗尔、迪拜、香港、首尔、上海、台北、东京)仅6~8小时飞行航程。从IDR通过公路到吉隆坡仅3个小时车程，距新加坡樟宜国际机场仅55分钟车程。IDR人口约135万，人均GDP约1.48万美元。目前新加坡是该地区最大的外资来源地，一些经济学家将IDR与新加坡的关系喻为深圳之于香港。目前依斯干达开发区的经济支柱为制造业和服务业。根据马来西亚国库有限公司拟订的全面发展计划，除继续加强电子电器、石油化工与油脂化工、食品与农业加工、物流及相关服务业和旅游业5大领域外，依斯干达开发区还将把医疗保健、教育、金融以及信息产业定为新的增长领域。依斯干达开发区的重点规划项目包括物流枢纽、国际教育中心、医疗中心、金融中心等。马来西亚鼓励投资的优惠措施主要包括公司所得税和投资税赋减免、进口税及销售税减免等。(3)中国苏州工业园。中国—新加坡苏州工业园区(简称苏州工业园区)位于中国江苏省苏州市东部，于1994年2月经中国国务院批准设立，同年5月实施启动，区内面积约80平方公里，是中、新两国政府间重要的国际合作项目。中新双方建立了由两国副总理担任主席的中新联合协调理事会，开创了中外经济技术互利合作的新形式。从2001年1月1日起，中、新双方在合资公司的股份从原来的35%和65%调整为65%和35%，中方成为大股东并承担管理权。2019年苏州工业园实现地区生产总值2743亿元，同比增长6.7%。由于新加坡土地资源有限，生产成本较高，新加坡政府鼓励企业赴上述邻近的海外工业区投资。企业如在上述园区投资设厂，可将区域总部、管理中心、研发中心、营销中心等设立在新加坡，既可降低生产成本，也可充分利用新加坡在物流、金融、税收、知识产权保护等各方面的优势条件。

三、外国投资的优惠政策

(一)优惠政策框架

新加坡优惠政策主要依据是《公司所得税法案》和《经济扩展法案》以及每年政府财政预算案中涉及的一些优惠政策。

新加坡采取的优惠政策主要是为了鼓励投资、出口、增加就业机会、鼓励研发和高新技术产品的生产以及使整个经济更具有活力的生产经营活动。如对涉及特殊产业和服务(如高技术、高附加值企业)、大型跨国公司、研发机构、区域总部、国际船运以及出口企业等给予一定期限的减、免税优惠或资金扶持等。政府推出的各项优惠政策，外资企业基本上可以和本土企业一样享受。

新加坡经济发展局为鼓励、引导企业投资先进制造业和高端服务业、提升企业劳动生产力，推出先锋计划、投资加计扣除计划、业务扩展奖励计划、金融与资金管理中心税收优惠、特许权使用费奖励计划、批准的外国贷款计划、收购知识产权的资产减值税计划、研发费用分摊的资产减值税计划等税收优惠措施，以及企业研究奖励计划和新技能资助计划等财政补贴措施。

新加坡国际企业发展局为支持企业开展国际贸易活动、打造环球都市，推出环球贸易商计划。

新加坡标新局为扶持中小企业发展、鼓励创新、提升企业劳动生产力，推出天使投资者税收减免计划、天使基金、孵化器开发计划、标新局起步公司发展计划、技术企业商业化计划、企业家创业行动计划、企业实习计划、管理人才奖学金、高级管理计划、业务咨询计划、人力资源套餐、知识产权管理计划、创意代金券计划、技术创新计划、品牌套餐、企业标准化计划、生产力综合管理计划、本地企业融资计划、微型贷款计划等财税优惠措施。

为了实施新加坡经济战略委员会2010年提出的未来10年——七大经济发展战略，围绕提高劳动生产率、提升企业能力和打造环球都市这三大战略目标，新加坡政府出台一系列优惠措施，比如，推出生产力及创新优惠计划、培训资助计划和特别红利计划，设立了国家生产力基金，通过税收减免鼓励企业并购重组和土地集约化经营，并组建项目融资机构支持企业国际化经营。

特别值得一提的是生产力及创新优惠计划一年共计5.2亿新元。该计划于2010年推出，有效期为2011~2018年。根据该计划，企业在规定的6项经营活动中，符合规定可以享受400%的税额抵扣或每年最高40万新元的补贴。这6项费用包括：研究与开发费用、认可的设计费用、收购知识产权费用、知识产权注册费用、购买/租赁自动化设备、员工培训费用。

(二)行业鼓励政策

1. 先锋企业奖励。享有先锋企业(包括制造业和服务业)称号的公司，自生产之日起，其从事先锋活动取得的所得可享受免征不超过15年所得税的优惠待遇。先锋企业由新加坡政府部门界定。通常情况下，从事新加坡目前还未大规模开展而且经济发展需要的生产或服务的企业，或从事良好发展前景的生产或服务的企业可以申请“先锋企业”资格。

2. 发展和扩展奖励。从政府规定之日起，一定基数以上的公司所得可享受5% ~15% 的公司所得税率,为期 10 年,最长可延长到 20 年。此项政策主要是为鼓励企业不断增加在高新技术和高附加值领域的投资并提升设备和营运水平。曾享受过先锋企业奖励的企业以及其他符合条件的企业均可申请享受此项优惠。

3. 服务出口企业奖励。从政府规定之日起,向非新加坡居民或在新加坡没有常设机构的公司或个人提供与海外项目有关的符合条件的服务的公司,其符合条件的服务收入的 90% 可享受 10 年的免征所得税待遇,最长可延长到 20 年。

4. 区域/国际总部计划。将区域总部(RHO)或国际总部(IHO)设在新加坡的跨国公司,可适用较低的企业所得税税率。区域总部为 15%,期限为 3 ~5 年;国际总部为 10% 或更低,期限为 5 ~20 年。此项政策主要是为鼓励跨国公司将区域或国际总部设立在新加坡。具体优惠企业可与新加坡企业发展局(EBD)进行商谈,企业发展局可根据公司规模和对新加坡贡献为企业量身定做优惠配套。

5. 国际船运企业优惠。拥有或运营新加坡船只或外国船只的国际航运公司,可以申请 10 年免征企业所得税的优惠,最长期限可延长到 30 年。申请企业应具备以下条件:是新加坡居民公司;拥有并运营一定规模的船队;在新加坡的运营成本每年超过 400 万新元;至少 10% 的船队(或最少一只船)在新加坡注册。此类优惠项目由新加坡海运管理局(MPA)负责评估。

6. 金融和财务中心奖励。由新加坡经济发展局审批,此计划是为鼓励企业在新加坡设立金融与资金管理中心(FTC)并鼓励企业提高资金管理能力,立足新加坡开展战略金融和资金管理业务。符合条件企业的资金管理所产生的收费、利息、股息等收益享受 5 ~10 年减至 8% 的优惠税率。偿还给银行及受承认网络公司(供 FTC 活动用途)贷款的利息付款可豁免预扣税。

7. 研发业务优惠。为鼓励企业加大研发力度,新加坡政府规定,自 2009 估税年度起,企业在新加坡发生的研发费用可享受最多 150% 的扣除,并对从事研发业务的企业每年给予一定金额的研发资金补助。

8. 国际贸易商优惠。为鼓励全球贸易商在新加坡开展国际贸易业务,对政府批准的“全球贸易商”给予 3 ~5 年的企业所得税优惠,税率减低为 5% ~10%。此项优惠项目由新加坡国际企业发展局(IES)负责评估。

9. 金融部门激励计划。由新加坡金融管理局审批,该项计划旨在鼓励新加坡境内高增长和高附加值的金融业务的发展。来自债券市场,衍生品市场,股票市场和信贷联合企业等服务和交易等高增长高附加值业务的收入可以按 5% 征税,财务活动的范围将有资格获得 12% 的税率。税收激励期可能持续 5 年、7 年或 10 年。

10. 起步公司税收优惠。新加坡企业发展局推出了起步公司税收优惠计划。新成立的公司享有减免税,在成立后的首三个纳税年度,新公司最先赚取的应纳税的 30 万新元可免税。

此外,新加坡还对部分金融业务、海外保险业务、风险投资、海事企业等行业给予一定的所得税优惠或资金扶持。

(三)地区鼓励政策

因新加坡为城市国家,不仅国土面积小,而且无地区差异,因此,新加坡没有针对地区投资的鼓励政策。

四、外国企业在新加坡获得土地的政策

(一)新加坡土地法的主要内容

新加坡土地主要有国有和私有两种形式,其中国有土地又分为国有土地和公有土地两种。目前国有土地约占 53%,公有土地约占 27%,私有土地约占 20%。

根据《土地征用法》规定,凡为公共目的所需的土地,政府都可强制性征用。为防止该权力被滥用,政府规定了详细的征地程序、操作流程和土地补偿标准。

土地的交易采用拍卖、招标、有价划拨和临时出租等方式,将一定年限的土地使用权出售给使用者。出让后的土地可以自由转让、买卖和租赁,但年限不变。使用期结束后,政府无偿收回土地及其地上附着物;若要继续使用,须经政府批准,再获得一个规定年限的使用期,但须按当时的市价重估地价,第二次买地。

(二)外资企业获得土地的规定

1. 住宅房地产。新加坡第 274 号法案《住宅房地产法》(RPA)中规定了对于向《住宅房地产法》中描述的外国个人或公司出售或转让某些“住宅房地产”(如《住宅房地产法》中定义)的限制。《住宅房地产法》项下的住宅房地产仅限于出售和转让给新加坡公民和“批准购买者”(如《住宅房地产法》中定义的)。在购买任何住宅房地产之前,外国房屋开发商必须根据《住宅房地产法》的规定(该法规定了诸如完成建筑工程的时间计划和所提供的押金等某些特定条件)申请资格证书。任何违反《住宅房地产法》的交易均将被视为无效。

以下是上述一般规则的例外:(1)外国人可以购买特定种类的非限制性财产,例如公寓,无论该公寓是否具有独立产权。但是,外国人不得在未经批准的情况下购买任何组屋。(2)外国人可以作为承租人占有住宅房地产,但租约期限不得超过 7 年(包括任何续期)。

2. 非住宅房地产。外国人可以自由取得、占有和处置非住宅房地产,例如:(1)商业房地产如写字楼和零售商场;(2)根据新加坡第 127 号法案《酒店法》规定注册的酒店;(3)工业房地产。

五、环境保护法律规定

(一)环保管理部门

新加坡环保管理部门是环境与水资源部,主要职责是构建和保障清洁、健康的环境以及水源供应。环境和水资源部下设国家环境局和公共事业局(PUB)两个法定机构,分别负责落实环保政策和水务管理。

(二)主要环保法律法规名称

新加坡环保法律法规包括:《环境保护和管理法》《能源节约法案 2012》《跨境烟霾污染法案 2014》《公共环境卫生法》《水源污化管理及排水法令》《制造业排放污染水条例》《公共事业条例》《污染物控制条例》《媒介和农药防治法》《危险废物(控制出口、进口和传播)法》《辐射防护法》《禁烟法案》等。

(三)环保法律法规基本要点

工业和机动车气体排放是新加坡国内空气污染的两个主要来源。周边土地和森林焚烧产生的跨境烟霾也是在 8 月至 10 月西南季风期间间歇性影响新加坡空气质量的问题之一。城市和工业的综合规划和开发控制已使政府在规划阶段可以采取保护性的空气污染控制措施。此外,立法、严格的实施措施和空气质量监测已有助于新加坡政府在密集的城市开发和存在大规模工业区的情况下保证优良的空气质量。因此,新加坡的空气质量比亚洲很多国家好,而且比得上美国和欧洲一些城市的空气质量。新加坡的空气污染指标在2014年97%的时间里是“良”和“中”。

鉴于国际空气质量标准如《世界卫生组织空气质量指引》〔World Health Organisation Air Quality Guidelines(WHO AQGs)〕在被持续审阅,新加坡国家环境局于2010年7月成立了环境空气质量咨询委员会,为新加坡确保公共卫生所需的一系列空气质量指标提供建议。该委员会于2011年7月完成工作且其建议是基于对《世界卫生组织空气质量指引》为国际认可且严格的评价。

因此,在空气中散布污染物的工业必须安装特别设备以确保散发出来的气体符合国家标准。在工业污水处置方面,规定对工业废水的排放进行污染控制的方法有两种:(1)制定工业废水排放标准,允许自行处理后达标排放;(2)监测排水口,防止污染。在生产废水排放口安装自动监测装置,超标排放时,闸门自动关闭,非新加坡国家环境局人员无法启动闸门。

水污染和水质关乎新加坡污水系统、内陆水体和沿海区域。由于新加坡水资源有限,水污染和水质的严格监控和规制至关重要。由于土壤污染物可能流入或通过地下水进入水系统,因此土壤污染控制也很重要。新加坡的土壤污染控制主要关注对抗土壤中昆虫的已批准杀虫剂的正确使用。

新加坡有毒工业废物的处理、运输和处置依据1988年的《公共环境卫生(有毒工业废物)法令》进行。根据该法令,所有有毒工业废物的收集方需要取得许可。运输超过该法令规定量的有毒工业废物需要取得运输许可。新加坡国家环境局控制的危险物质一般是指可能引发大规模灾难的,具有高度毒性和污染性和/或产生需要通过很大困难才可以处理的毒性废物的物质。此外,新加坡国家环境局依据《环境保护和管理法》、《环境保护和管理(危险物质)法令》和《环境保护和管理(破坏臭氧层物质)法令》〔Environmental Protection and Management (Ozone Depleting Substances) Regulations〕对有害环境的化学品进行管控。任何企业和个人违反《环境保护和管理法》等法规和规定,都视为犯罪。环保部门有权根据违法的严重程度对责任人处以2万新元至10万新元的罚款,逮捕责任人并处以1年以内监禁,或逮捕责任人并提起诉讼。

此外,新加坡标准、生产力与创新局(简称“标新局”)作为国家标准认证机构,推出SS 530建筑服务与设备能源效率标准。采用该标准,电费可节省1/3。在SS 530标准里,对冷气空调设备的要求更严格,符合国际标准和最新科技。和以往标准相比,达到SS 530标准的冷气空调设备能节省30%能源。近年来,由于化工产业和柴油车辆导致二氧化硫和PM2.5浓度超标,新加坡政府决定逐步收紧车辆和燃油的排放标准,国家环境局从2012年8月24日起,每天3次公布PM2.5浓度。新加坡也是东南亚首个每天公布PM2.5的国家。

(四)环保评估的相关规定

根据新加坡政府的要求,企业在新加坡开展投资项目,业主须委托有资质的第三方咨询公司进行污染控制研究分析(Polution Control Studies,PCS),相当于国内的环评。

PCS主要是对工厂产生的三废、噪声、危险化学品等情况,识别可能存在的风险,以及采取的控制措施。开展PCS前期,业主需向咨询公司提供相关资料;咨询公司完成分析报告后,由业主提交新加坡国家环境局(NEA)审批,审批周期约为2~3个月,审批过程中,NEA可能提出问题要求进行解释和澄清;评估费用通常为2万新币。

六、保护知识产权规定

(一)新加坡当地有关知识产权保护的法律法规

新加坡政府一直致力于把新加坡建成重要的区域知识产权中枢,因此十分重视知识产权的保护和鼓励,制定了一系列保护知识产权的法律法规,同时通过资金支持等手段积极营造鼓励创新、方便智力成果产业化的科研、政策和商业环境。

新加坡知识产权办公室(IPOS)是新加坡法律部的法定委员会,根据新加坡第140号法案《知识产权办公室法》成立,旨在管理新加坡的知识产权保护系统;强化公众的知识产权意识和有效利用知识产权意识;就知识产权有关管理,向新加坡政府提出意见并作出建议;以及促进或协助新加坡知识产权代理和知识产权顾问的发展。

新加坡还是众多与知识产权有关的公约和国际组织的成员,包括《巴黎公约》(Paris Convention)、《伯尔尼公约》(Berne Convention)、《马德里协议》(Madrid Protocol)、《专利合作条约》(Patent CooperationTreaty)、《布达佩斯条约》(Budapest Treaty)、《与贸易有关的知识产权协议》(Agreement on Trade - related aspects of IP right)和世界知识产权组织(World Intellectual Property Organization)等。

在新加坡国内受到保护的知识产权有专利、商标、注册外观设计、版权(著作权)、集成电路设计、地理标识、商业秘密和机密信息以及植物品种。新加坡分别制定了单项法规对这些知识产权进行保护。

1. 专利。在新加坡规范专利权保护的法律是《专利法》(Patents Act)。要获得专利法保护必须向新加坡知识产权局提交专利申请,申请中要包含专利的相关信息,包括发明以及操作说明和相关披露。专利法没有明确列出哪些发明是受法律保护的,但规定了不能取得专利的发明,如具有攻击性、不道德以及反社会的行为。而可以获得专利的发明要具有新颖性、创造性和工业应用性。专利有效期是自申请之日起20年,但须申请之日的第4年起每年付费延期。

2. 商标。新加坡保护商标的主要法律是《商标法》(Trade Marks Act)。商标注册可以通过新加坡知识产权局的网站或到该局注册。知识产权局会对商标特性进行审查,整个注册过程通常需要8到10个月。商标注册以后长期有效,但须每10年更新一次。

3. 版权。新加坡规范版权的主要法律是《版权法》(Copyright Act),它的保护范围包括小说、软件程序、剧本、活页乐谱、绘画作品等。在新加坡取得版权需要满足的条件是作品的作者或创作人是新加坡公民或居民,该作品首次在新加坡出版。在新加坡以外的地方取得版权的作品也可以在新加坡得到保护,条件是作品的作者或创作人是加入WTO或《伯尔尼公约》的成员国的国民或居民,该作品首次在WTO或《伯尔尼公约》的成员国出版。版权期限根据受保护对象不同而有所区别,如文学、戏剧、音乐及艺术作品版权期限为作者终生及其去世当年年底以后70年;出版的文学、戏剧、音乐及艺术作品，该版本的版权期限为出版日至出版年年底以后25年；录音及影视作品版权期限为作品出版日至出版年年底以后70年；广播电视节目版权期限为作品制作日至当年年底以后50年；表演的版权期限为演出日期至当年年底以后70年。

（二）知识产权侵权的相关处罚规定

新加坡法律将知识产权侵权行为区分不同情形，可提起民事诉讼，构成犯罪的须承担刑事责任。刑事责任包括罚款和监禁，也可两者并罚。罚款从1000～10万新元不等，监禁根据情形从12个月到5年不等。

七、投资合作相关法律及对中国企业投资合作保护政策

（一）新加坡与投资合作相关的主要法律

与在新加坡投资合作相关的法律主要有：企业注册法、公司法、合伙企业法、合同法、国内货物买卖法、进出口管理法、竞争法等。

（二）中国与新加坡签署双边投资保护协定

1985年11月，中国与新加坡签署了《关于促进和保护投资协定》。

（三）中国与新加坡签署避免双重征税协定

1986年4月，中国与新加坡签署了《避免双重征税和防止漏税协定》。

（四）中国与新加坡签署的其他协定

1992年，两国科技部门签署《科技合作协定》。1999年10月，中国和新加坡政府签署《经济合作和促进贸易与投资的谅解备忘录》，建立了两国经贸磋商机制。双方还签署了《海运协定》《邮电和电信合作协议》和《成立中新双方投资促进委员会协议》等多项经济合作协议。2007年，两国有关部门分别签署《出入境卫生检疫合作谅解备忘录》和《关于在城镇环境治理和水资源综合利用领域开展交流与合作的谅解备忘录》。2008年10月23日，中国和新加坡政府签署了《中华人民共和国政府和新加坡共和国政府自由贸易协定》。同时，双方还签署了《中华人民共和国政府和新加坡共和国政府关于双边劳务合作的谅解备忘录》。2013年10月，双方签署《关于农产品质量安全和粮食安全合作的谅解备忘录》。2015年5月18日，新加坡和中国政府签订备忘录，促进两国在商标注册上的合作。按照备忘录，中国与新加坡将互相交换商标注册信息，以及探讨人员培训事宜。两国将交换的信息还包括彼此如何处理商标纠纷，以及商标相关法律上的变更等。

2017年5月"一带一路"高峰论坛期间，中国与新加坡签署《中华人民共和国政府与新加坡共和国政府关于共同推进"一带一路"建设的谅解备忘录》，两国政府同意共同探讨如何实现一带一路倡议和两国的国家发展目标的对接，包括加强协调、贸易互联互通、资金融通、民心相通以及中新（重庆）战略性互联互通示范项目等领域的合作。2018年11月，中国和新加坡政府签署《中新自由贸易协定升级议定书》，2019年10月正式生效。2019年4月，第二届"一带一路"国际高峰论坛期间，中国与新加坡就成立新加坡—上海全面合作理事会、加强第三方合作实施框架、实施原产地电子数据交换系统、海关执法合作、成立联合投资平台等签署5份合作谅解备忘录。2019年8月，包括中国、美国在内的46个国家签署了《新加坡调解公约》，为调解协议的跨境执行提供新依据。现增至51个国家。2019年10月，在中新双边合作联委会（JCBC）第十五次会议，韩正副总理与新加坡副总理王瑞杰宣布中新双边自贸协定升级版于当月16日正式生效。

泰国投资贸易指南

一、对外贸易法规和政策

（一）贸易主管部门

泰国主管贸易的政府部门是商业部，其主要职责分为两部分，对内负责促进企业发展、推动国内商品贸易和服务贸易发展、监管商品价格、维护消费者权益和保护知识产权等；对外负责参与WTO和各类多双边贸易谈判、推动国际贸易良性发展等。泰国商业部主管对外业务的部门有贸易谈判厅、国际贸易促进厅和对外贸易厅等，主管国内业务的部门有商业发展厅、国内贸易厅、知识产权厅等。

（二）贸易法规体系

主要法律有1960年《出口商品促进法》、1979年《出口和进口商品法》、1973年《部分商品出口管理条例》、1979年《出口商品标准法》、1999年《反倾销和反补贴法》、2000年《海关法》和2007年《进口激增保障措施法》等。

（三）贸易管理的相关规定

1. 进口管理。泰国对多数商品实行自由进口政策，任何开具信用证的进口商均可从事进口业务。泰国仅对部分产品实施禁止进口、关税配额和进口许可证等管理措施。禁止进口产品主要是涉及公共安全和健康、国家安全等的产品，如摩托车旧发动机、博彩设备等；关税配额产品包括桂圆等24种农产品，如大米、糖、椰肉、大蒜、饲料用玉米、棕榈油、椰子油、龙眼、茶叶、大豆和豆饼等，但关税配额措施不适用于从东盟成员国的进口；进口许可分为自动进口许可和非自动进口许可，非自动进口许可产品包括关税配额产品和加工品，如鱼肉、生丝、旧柴油发动机等。自动进口许可产品包括部分服装、凹版打印机和彩色复印机。泰国商业部负责制定受进口许可管理的产品清单。

2. 出口管理。泰国除通过出口登记、许可证、配额、出口税、出口禁令或其他限制措施加以控制的产品外，大部分产品可以自由出口，受出口管制的产品目前有45种，其中征收出口税的有大米、皮毛皮革、柚木与其他木材、橡胶、钢渣或铁渣、动物皮革等。

3. 贸易壁垒。泰国对WTO成员方的平均实施关税是11.2%。

关税高峰　泰国现对大量的进口产品征收超过30%的关税，包括农产品、汽车和汽车零部件、酒精饮料、纤维和一些电子产品。如丝织品、羊毛织物、棉纺织品及其他一些纤维织物的进口关税多为60%，摩托车及一些特殊用途车的进口关税达到或超过80%、大米52%、奶制品216%。

关税升级　泰国对绝大多数工业原材料和必需品，如医疗设备征收零关税；对有选择的一些原材料、电子零配件以及用于国际运输的交通工具征收1%的关税；一些化工原料，如氯化钙、氯化镁等氯化物的关税也仅为1%；对初级产品和资本货物大部分征收5%的关税；对中间产品一般征收10%的关税；对成品一般征收20%的关税；对需要保护的特殊产品征收30%的关税。

关税配额　根据WTO《农业协定》，泰国对24种农产品实行关税配额管理，分别是桂圆、椰肉、牛奶、土豆、洋葱、大蒜、椰子、咖啡、茶、干辣椒、玉米、大米、大豆、洋葱籽、豆油、椰子油、速溶咖啡、土烟丝、生丝等。这些产品在配额内实行低关税，在配额外实行高关税，如大蒜进口配额仅 64.6 吨，配额内关税为 27%，配额外关税高达 57%。

进口限制　泰国规定 42 种产品需要进口许可，包括原材料、石油、工业原料、纺织品、医药品及农产品。泰国禁止进口二手摩托车及其零件和游戏机。产品进口必须满足规定的要求，如缴纳特别费用、需要原产地证明等。进口食品、医药产品、矿产品、武器弹药、艺术品，需要相关部长的特别许可。泰国要求在食品进口登记中提供关于食品生产工艺及组成成分的详细产品经营信息。泰国卫生部食品药品管理局规定所有食品、药品及部分医疗设备的进口均须符合进口许可证的管理。食品进口许可证每三年换一次，每次均需要重新认证，文件送达食品药品管理局后还需重新收费、药品进口许可证每年更换一次，同样需要缴纳有关费用。

技术性贸易壁垒　泰国对 10 个领域的 60 种产品实行强制性认证，包括农产品、建筑原料、消费品、电子设备及附件、PVC 管、医疗设备、LPG 气体容器、表层涂料及交通工具等。泰国卫生部食品药品管理局规定，所有进口食品、药品及部分医疗设备要符合标准、检测、标签和认证要求。进口上述产品必须附有泰文说明产品名称、重量或容量、生产和失效日期的标签，并经泰国卫生部食品药品管理局批准。

政府采购　泰国不是 WTO《政府采购协定》的签署国。在政府采购招标中，泰国对外国投标企业设置一系列限制，使外国企业无法投标或难以中标。如泰国常在招标文件中规定非泰国产品不得参与投标；政府采购部门对投标资格的规定不确定，有权在任何时候接受或拒绝部分或所有投标，甚至可以在招标过程中修改技术要求；投标者对招标结论没有申诉权利等。根据 2000 年 5 月泰国颁布的《对销贸易法》，对金额超过 3 亿泰铢的政府采购合同，外国中标企业须易货回购价值不低于合同金额 50% 的泰国产品，该规定大大提高了外国中标企业的经营成本。

（四）进出口商品检验检疫

泰国负责商品质量监督、检验和标准认证的管理部门主要是卫生部下属的食品与药品监督管理局（FDA）及农业合作部下属的国家农业食品和食品标准局（ACFS）。

FDA 行使职责依据的国内法规和国际协议主要有：泰国 1967 年《药品法》、1975 年《精神类物质法》、1979 年《食品法》、1979 年《麻醉品法》、1988 年《医疗器械法》、1990 年《防止滥用挥发性物质法》、1992 年《化妆品法》、1992 年《危险物质法》和 1971 年《关于精神类物质的国际公约》、1988 年联合国《关于反对非法买卖麻醉品和精神类物质的协定》等。FDA 根据相关法律法规对商品的市场准入进行控制，审核发放各类商品相应的卫生证明、GMP 证明、HACCP 证明和自由销售证明等。进口商必须申请进口许可证后才能进口食品，指定的食品储藏室必须经 FDA 检验后才能使用，进口许可证要每 3 年更新一次；对于特别控制的食品，进口商必须到 FDA 注册，获得批准才能进口。

ACFS 的主要职责是制定初级农产品、食品和加工农产品的标准，发放许可证明，对有关产品的认证机构及企业进行认证等，此外，还协助和参与技术问题、非关税措施及国际标准等方面的对外谈判，其主要工作目标是发展泰国农产品和食品标准体系使其适应国际标准，以扩大泰国农产品和食品的出口额。ACFS 自成立以来，共制定公布了 22 项植物食品标准、10 项动物产品标准、3 项鱼类食品标准和 20 项其他标准。

游客携带植物、活体动物、宠物、动物制品等入境泰国，须事先向泰国农业部申请，获准后凭动植物检验检疫合格单向泰国海关办理通关手续。

（五）海关管理规章制度

《海关法》是泰国实施海关管理的根本法律制度。目前，泰国海关进出口商品代码和关税管理体系是根据 1987 年修订的海关关税法令制定的。泰国政府根据管理需要会对商品代码分类和海关关税进行不定期调整，有关法令和公告可在泰国海关厅网站上查询。

在泰国，大部分进口商品都需要缴纳两部分税，一是海关关税，二是增值税（VAT）。关税计税方法一般为按价计税，也有部分商品按照特定单位税率的方式征税。一般情况下，进口商品关税额计算公式为商品到岸价（CIF）乘以该项商品的进口税率，绝大部分商品的进口关税在 0～80% 之间；增值税的计算公式为进口商品缴纳关税和消费税（部分商品需缴纳）后的总价值乘以 7%。

泰国给予东盟成员国和与其签订多双边贸易协定的国家地区不同程度的关税减让，具体商品的关税税率和减让情况均可以通过 HS 税号或商名称在海关网站上查询，网址为：www. Igtf. customs. go. th.

二、外国投资市场准入的规定

（一）投资主管部门

泰国主管投资促进的部门是泰国投资促进委员会（简称 BOI），负责根据 1977 年颁布的《投资促进法》及 1991 年第二次修正和 2001 年第三次修正的版本制定投资政策。投资促进委员会办公室负责审核和批准享受泰国投资优惠政策的项目、提供投资咨询和服务等。

（二）投资行业的规定

根据《外籍人经商法》，（Alien Business Act，1999 年）有关规定，泰国限制外国人投资的行业有以下三类：

1. 因特殊理由禁止外国人投资的业务。包括（1）报业、广播电台、电视台；（2）水稻种植、旱地种植、果园种植、牧业、林业、原木加工；（3）在泰国领海、经济特区的捕鱼；（4）泰药材炮制；（5）涉及泰国古董或具有历史价值之文物的经营和拍卖；（6）佛像、钵盂制作或铸造；（7）土地交易等。

2. 涉及国家安全稳定或对艺术文化、风俗习惯、民间手工业、自然资源、生态环境造成不良影响的投资业务，须经商业部长根据内阁的决定批准后外国投资者方可从事的行业：（1）涉及国家安全稳定的投资业务，包括生产、销售、修理枪械、子弹、火药、爆炸物及其有关配件，武器、军用船、飞机、车辆，一切占用设备的机件设备或有关配件；国内陆上、水上、空中等运输业，包括国内航空业。（2）对艺术文化、风俗习惯、民间手工业、自然资料、生态环境造成不良影响的投资业务，包括泰国传统工艺品的古董、艺术品买卖，木雕制造，养蚕、泰丝生产、泰绸织造、泰绸花纹印制，泰国民族乐器制造，金器、银器、乌银镶嵌器、镶石金器、漆器制造，涉及泰国传统工艺的盘器、碗器、陶器制造。（3）对自然资源、生态环境造成不良影响的投资业务，包括蔗糖生产，海盐、矿盐生产，石盐生产，采矿业、石头爆破或碎石加工,家具、木材加工等。

3. 本国人对外国人未具竞争能力的投资业务,须经商业部商业注册厅厅长根据外籍人经商营业委员会决定批准后可以从事的行业。包括(1)碾米业、米粉和其他植物粉加工。(2)水产养殖业。(3)营造林木的开发与经营。(4)胶合板、饰面板、刨木板、硬木板制造。(5)石灰生产。(6)会计、法律、建筑、工程服务业。(7)工程建设,但不包含:①外国人投入的最低资本在5亿铢以上的公共基本设施建设、运用新型机械设备、特种技术和专业管理的公共设施、交通设施建设;②部级法规规定的其他工程建设。(8)中介或代理业务,但不包含:①证券交易中介或代理、农产品期货交易、有价证券买卖业务;②为联营企业的生产、服务需要提供买卖、采购、寻求服务的中介或代理业务;③为外国人投入最低资本1亿铢以上的、行销国内产品或进口产品的国际贸易企业提供买卖、采购、推销、寻求国内外市场的中介或代理业务。(9)拍卖业,但不包含:①国际性拍卖业,其拍卖标的物不涉及具有泰国传统工艺、考古或历史价值的古董、古物、艺术品之拍卖;②部级法规规定的其他拍卖。(10)法律未有明文禁止涉及地方特产或农产品的国际贸易。(11)最低资本总额低于1亿铢的百货零售业、最低资本少于2500万铢的商店。(12)最低资本少于100万的商品批发业。(13)宣传广告业。(14)旅店业,不含旅店管理、旅游业、餐饮业。(15)植物新品种开发和品种改良。(16)除部级法规规定的服务业以外的其他服务业等。

外国人除需经商业部长根据内阁决议批准外,还需满足以下两个条件方可从事上述第二类规定的行业:一是泰籍人或按照本法规定的非外国法人所持的股份不少于外国法人公司资本的40%(除非有适当原因,商业部长根据内阁的批准可以放宽上述持股比例,但最低不得低于25%)。二是泰国人所占的董事职位不少于2/5。

对上述属于外商经营企业法所规定的需得到允许方可进行投资的二、三类行业,外国人在泰国开始商业经营的最低投资额不得少于300万泰铢,其他行业最低不少于200万泰铢。最低投资额对在泰国注册的法人来说是指注册资本,对未在泰国注册的外国投资者或法人来说是指来泰经商所汇入的外汇。如果外国人属于《投资促进法》《工业园管理条例》或其他有关法律规定可享受投资优惠或得到经营许可的投资者,则可以从事第二、三类中规定的某些行业。

根据泰国投资促进法的有关规定,在泰国获得投资优惠的企业,投资额在1000泰铢以上(不包括土地费和流动资金),须获得ISO9000国际质量标准或其他相等的国际标准的认证。具体审批标准如下:(1)投资额不超过5亿铢(不包括土地费和流动资金)的项目,产品增加值必须不低于销售收入的20%,但电子产品及其配件、农产品加工和投资促进委员会特别批准的项目除外;新投资项目的负债与注册资本之比不得超过3:1;投资项目必须使用先进生产技术和新机械设备,若需使用旧机器,其效率必须获得权威机构的验证,并获得投资促进委员会的准许;必须有足够的环境保护措施,对环境有不良影响的项目,投资促进委员会将着重审核其工厂设立地点及其污染处理方法。(2)投资额在5亿铢以上(不包括土地费和流动资金)的项目,除按上述规定执行,尚需按投资促进委员会的规定提交项目可行性报告。

以下行业的泰国籍投资者的持股比例不得低于21%:农业、畜牧业、渔业、勘探与采矿业和1999年颁布的《外籍人经商法》附录第一类行业中的服务行业。

(三)投资方式的规定

1. 股权投资。外籍人对泰国开展投资经营活动的方式可分为以下两类:一是按照泰国法律在泰国注册为某种法人实体,具体形式有独资企业、合伙企业、私人有限公司和大众有限公司等;二是成立合资公司(Joint Venture),通常指一些自然人或法人根据协议为从事某项商业活动而组建的实体。根据泰国《民商法典》,合资公司不是法人实体,但是根据《税法典》,合资公司在缴纳企业所得税时被视为单一实体。

2. 上市。泰国法律规定,只有大众有限公司才有资格申请登记加入证券交易市场。根据1992年颁布的《大众有限公司法》(Public Limited Company Act)的有关规定,有限公司可以转为大众有限公司。泰国没有关于外资公司在泰国上市的特殊限制,在泰国注册成立的大众有限公司,符合泰国证券交易委员会(SEC)和股票交易所(SET)的有关规定,即可申请上市。

3. 收购。泰国没有关于跨国并购的专门法律法规,规范收购行为的法律法规包括《民商法典》、《大众有限公司法》和1992年颁布的《证券交易法》(Securities and Exchange Act)。收购行为通常有全资并购、股票收购和资产收购等三种方式。收购私人有限公司,须符合《民商法典》有关规定。而收购上市公司,必须符合《证券交易法》和泰国证券交易委员会的有关规定。

4. 并购流程。根据泰国法律,关于外资在泰国开展收购、并购的主要程序如下:(1)掌握初步信息(前期了解企业股权结构和资产负债状况,评估拟并购股票或资产的价格及企业用工情况、各类许可证所有情况等);(2)发出求购意向书(内容要点包括说明拟并购股票或资产的价格,要求进行法律、财务、税务、生产等方面尽职调查等);(3)法律尽职调查(包括企业基本情况、雇员情况、资产负债状况、各类许可取得情况、环保状况、知识产权状况、争端诉讼情况等);(4)掌握股权或者资产并购的要点(如收购后股权及股东的安排、股票过户细节等,资产并购中关于外籍人拥有土地的限制性规定等);(5)签署股权或资产收购协议。在泰国开展外资并购的咨询机构包括泰国投资促进委员会(BOI)、泰国证券交易委员会(SEC)及各专业律师事务所和会计师事务所。

5. 安全审查。泰国没有专门针对外资并购安全审查及国有企业投资并购方面的法律规定,外来投资者只要不违反泰国《外籍人经商法》对于外籍人禁止或限制投资的有关规定,即可按《民商法典》《大众有限公司法》和《证券交易法》有关规定在泰国开展投资并购。

6. 反垄断调查。泰国关于反垄断和经营者集中方面的法律是《贸易竞争法》(Trade Competition Act,TCA)。该法于1999年正式颁布实施,取代了1979年制定的《价格制定和反垄断法》(Price Fixing and Anti - Monopoly Act)。该法共7章57条,主要就限制市场垄断、鼓励自由竞争等诸多方面作出了法律规定。根据该法,泰国设立贸易竞争委员会(TCC),负责制定构成市场垄断的标准及反垄断法实施细则、处理各项反垄断投诉并进行反垄断调查等。该委员会须经内阁批准,由商业部长担任主席,商业部常务次长担任副主席,财政部常务次长担任秘书长,成员不少于8位但不多于12位。根据该法规定,受法律限制的垄断行为主要包括以下几类:(1)滥用市场支配地位;(2)经营者集中;(3)建立私下协议或集体统一行动以限制市场自由竞争;(4)垄断商品进口渠道损害消费者直接进口权;(5)通过不公平竞争排除或限制竞争对手。

该法同时规定,TCC有权要求市场份额超过75%的企业停止增加或减少市场份额。根据实践,如果一个企业被判定为具有市场支配权应被进行反垄断调查,TCC进一步明确规定,构成市场支配地位的企业判断标准为:(1)占有市场份额33%以上;(2)年销售额超过10亿泰铢。当然这一标准可根据不同行业做出相应调整。2003年,TCC向内阁提交了新的建议方案,其中之一是建议将"市场支配地位企业"由单一企业扩展至有内部关联的多家企业构成的共同体,二是针对不同行业制定出的判断市场支配地位的具体标准。该法对于个别组织的垄断行为免于调查:(1)公共管理部门;(2)纳入财政预算的国有企业;(3)农民团体或者依法成立的合作社;(4)根据有关部门规章规定免于调查的其他企业。

该法规定对于垄断行为的惩治措施包括:刑事诉讼;行政处罚;损失补偿。

目前,中资企业在泰国开展并购投资的案例并不多,尚未发生遭遇阻碍的案例。2007年海尔并购日本三洋(SANYO)泰国有限公司、2010年中国工商银行并购泰国亚洲商业银行(ACL)均在当地引起较大轰动,并取得较大成功。

(四)特殊经济区域的规定

1. 工业园区介绍。泰国工业部下设有工业园管理局(IEAT),负责发展工业园区和科技园区等工业地产。2007年,IEAT第四次修改《工业园机构法案》(Industrial Estate Authority of Thailand Act),以提高工业园内投资者的竞争能力。

根据《工业园机构法案》,泰国的工业园分为两类:一般工业区和自由经营区(原出口加工区)。在一般工业区投资的外国投资者,不必向BOI提交申请,就可以获得工业园内的土地所有权和引进外国技术人员、专家来泰国工作的权利。此外,IEAT还向工业园内的投资者提供便利设施和一条龙服务,如运输服务、仓库、培训中心和医疗服务等。在自由经营区的投资者,还可以享有更多的优惠政策,如无条件向国外出口产品,享受更大的进口物件和原材料便利,除BOI鼓励投资政策提供的优惠条件外,还可以享受更多的税务优惠。

根据IEAT统计,截至目前泰国共在17个府建立了57个各类工业园,包括IEAT独立开发的15个工业园、IEAT与合作者联合开发的42个工业园。泰国各工业园的优惠政策与BOI的地区鼓励政策基本保持一致,根据所处的府分别享受当地最高的投资优惠(包括税收、土地、人员引进及进口机械设备或原材料免税等诸多方面优惠),各入园企业无须特别申请即可享受BOI的投资优惠政策,有关详细情况请参照3.4.3节。

上述工业园的地理位置、基本信息、产业方向、设施状况、优惠政策等请见工业园管理局网站(www.ieat.go.th)。

目前,有2家中资企业与泰国当地企业合作分别参与了两个工业园的开发(均采用"园中园"形式):(1)泰中罗勇工业园,位于泰国安美德城市工业园内,目前已有逾百家中资企业入驻。有关详细信息请见 www.sinothaizone.com/index.asp(2)泰国湖南工业园,位于泰国沙拉武里府甲民武里工业园(Kabinburi industrial zone)内,目前已有近百家企业入驻,大部分为外国企业。

另有大量中资企业入驻泰国不同的工业园。

2. 经济特区介绍。(1)泰国政府经济特区发展委员会已确定了10个边境经济特区,分别位于达府、莫拉限府、沙缴府、宋卡府哒叻府、清莱府、廊开府、纳空帕侬府、北碧府和陶公府境内。(2)当前,泰国正积极推进东部经济走廊(EEC)建设。东部经济走廊是泰国国家级经济特区,是当前泰国执政政府的旗舰项目,被视为经济增长的新引擎,被泰国上下寄予厚望。旨在帮助泰国应对世界科技的高速发展,服务泰国目标产业,让EEC成为连接东盟CLMV国家和对接"一带一路"的新工业基地,提升泰国未来的综合竞争力。2016年6月,泰国政府批准东部经济走廊(EEC)发展规划,涵盖东部海岸的春武里、北柳、罗勇3个府,总面积1.3万平方公里,内容包括连接素旺那普—廊曼—乌塔堡机场三大机场高铁、乌塔堡机场扩建及航空城建设、廉查邦深水港口三期、马达普工业码头三期等大型基础设施项目和其他区域综合开发项目。EEC规划通过引进外资和社会资本投资建成集居住、医疗、旅游、高科技产业园、立体交通于一体的现代化经济特区,现已有160多个外国项目表达了投资意愿,包括波音、空客的飞机维护中心,丰田的混合动力汽车厂,华为、阿里巴巴、京东的大数据中心和物流仓库。目前,连接三大机场高铁等5大基础设施建设项目已陆续开始招标,中资企业对EEC项目关注很高。泰国政府还专门制订了《东部特别经济开发区法案》,在税收、劳工、土地政策等方面制定了一系列新的措施和优惠政策,包括调整优化PPP模式,增加BOI优惠政策等,此类优惠政策均为东部经济走廊量身定做,在泰国其他地区投资不能享受。有关投资优惠政策详细情况,请见EEC网站 https://www.eeco.or.th。(3)2019年1月,泰国南部经济走廊(SEC)整体发展规划方案正式获得泰国内阁批示,主要涵盖春蓬、拉农、素叻和洛坤南部4府。按照整体项目发展规划方案,未来4年将总共投入2000亿铢,从4个方面深度发掘泰南经济潜力。泰国南部经济走廊将是继东部经济走廊(EEC)后,泰国政府推出的又一个能够改变泰国未来经济整体发展趋势的战略计划。

三、外国投资优惠政策

(一)优惠政策框架

根据BOI最新7年投资促进战略(2015~2021),泰国按照行业的重要性给予不同程度的优惠政策,也按项目所在地区及价值不同给予额外优惠。BOI向投资者提供两种形式的优惠政策:一是税务上的优惠权益,主要包括免缴或减免法人所得税及红利税、免缴或减免机器进口税、减免必需的原材料进口税、免缴出口产品所需要的原材料进口税等;二是非税务上的优惠权益,主要包括允许引进专家技术人员、允许获得土地所有权、允许汇出外汇以及其他保障和保护措施等。

非税务优惠适用于所有获BOI批准的项目,税务优惠则根据项目所在地和所属行业等不同情况享受相应的优惠。一般来说,位于受到特别鼓励投资区域的项目、生产出口型的项目或者属于泰国政府鼓励支持产业范畴内的项目均可以获得更大程度的优惠。

此外,为鼓励外商投资,BOI还放宽了对外商持股比例的限制,对于工业企业投资,无论工厂设在何处,允许外商持大部分或全部股份,如果有适当理由,BOI可规定外商在某些受鼓励的行业持股比例的限额。

(二)行业鼓励政策

BOI 将鼓励投资的行业分为 A1、A2、A3、A4、B1、B2 六类,最高可获“8 免 5 减半”的税收优惠并附加其他非税收优惠权益。A1 类:知识型产业,以增强国家竞争力的设计和研发行业为主,包括:垃圾发电、创意产品设计及开发中心、电子设计产品、研究发展项目等。此类行业享受的优惠权益包括:免 8 年企业所得税,并且无投资额度的限制;免机器/原材料进口税及其他非税收优惠权益。

A2 类:发展国家基础设施的行业,具有高附加值的高科技行业,并且在泰国投资较少或者尚未有投资的行业,包括:使用天然原材料生产具有活性成分的产品、生产技术纤维或功能纤维、应用高新科技生产汽车配件、生产活性药物成分等。此类行业享受优惠权益包括:免 8 年企业所得税,免机器原材料进口税及其他非税收优惠权益。

A3 类:对国家发展具有重要意义,并且在国内相关投资极少的高科技行业,包括:生产生物肥料、有机肥料,纳米有机化肥、生物农药,利用现、工业区环境保护项目等。此类行业享受优惠权益包括:免 5 年企业所得税,免机器/原材料进口税及其他非税收优惠权益

A4 类:技术不如 A1 和 A2 类先进,但能增加国内原材料价值以及加强产业链发展的行业,包括:利用农副产品及农业废弃物生产的产品,生产再生纤维、热处理工艺、机械及机械装备,生产以无菌纸为原料的产品等。此类行业享受优惠权益包括:免 3 年企业所得税,免机器人、原材料进口税及其他非税收优惠权益。

B1/B2 类:没有使用高科技,但对产业链发展仍具有重要性的辅助产业。B1 类享受优惠权益包括:免机器/原材料进口税及其他非税收优惠权益。B2 类享受优惠权益包括:免原材料进口税及其他非税收优惠权益。

2015 年 11 月,泰国内阁通过了工业部提交的未来 10 大重点产业建议,10 大重点产业可分为两类,一是泰国原有优势产业,包括新一代汽车制造、智能电子、高端旅游与医疗旅游、农业和生物技术、食品深加工;二是未来产业,包括:工业机器人、航空和物流、生物能源与生物化工、数字经济、医疗中心。10 大重点产业设有配套投资促进优惠政策。

(三)地区鼓励政策

在行业优惠政策基础上,BOI 还在鼓励投资的地区给予了不同程度的额外优惠政策。泰国目前重点鼓励投资的地区为东部经济走廊、南部经济走廊和边境经济特区,详情参见第3.5.2节《经济特区介绍》。此外,在 20 个人均收入较低的府投资也可享受到一些额外优惠。这 20 个府是:加拉信、猜也奔、那空帕农、南、汶干、武里喃、帕、马哈沙拉堪、莫拉限、夜丰颂、益梭通、黎逸、四色菊、沙功那空、萨缴,素可泰、素辇、依布兰普、乌汶以及庵纳乍能。

(四)外国公司承包当地工程的规定

1. 许可制度。泰国承包工程市场有条件向外国企业开放。根据《外籍人经商法》的有关规定,建筑业和工程服务业为限制外籍人从事的行业,外籍人只有与泰籍人组成合资公司或联合体才能承揽泰国的工程项目,且合资公司或联合体必须由泰籍人控股,外籍人投资所占比例不得超过49%。此外,泰国对外国承包商在投标、经营业绩等方面还采取了较为严格的市场准入条件。外国承包商所用外汇管制受当地《外汇管理法》严格监管。工程项目质量、安全、进口材料等方面基本采用国际标准。

2. 禁止领域。从法律方面看,除关于合资公司或联合体外籍人不得持大股的要求外,泰国未针对外国承包商在承包工程领域做出任何限制规定。但在实际操作层面,泰国几家大的本土工程承包商在一些项目招标中(尤其是政府公共项目)占有天然优势地位。总体上看,建筑承包工程行业属于非鼓励外籍公司从事的行业。

3. 招标方式。泰国的承包工程项目可分为两类:一是国家投资的公共项目,通常采取电子竞标(E - Auction)的方式由泰籍法人参与投标,仅有少数项目采取国际招标的形式;二是私人投资的工程项目,目前通行的国际招标、邀标和议标等招标形式均有采用。私人项目一般选择与业主有长期合作关系的承包商承建,近年来通过议标合作的情况比较多见。

四、外国企业在泰国获得土地的规定

(一)土地法的主要内容

泰国关于土地和房产法律主要基于大陆法系的法律体系而制订,主要内容都参照大陆法系国家的相关法律。《泰国土地法》由泰国内务部颁布,自 1954 年 12 月 10 日起实施。土地法包括土地分配、土地所有权的授予和界定、相关文件的发布等内容,明确对于宗教用地、外国人用地、部分行业法人用地的限制条件、并对土地调查、土地交易和费用及处罚条例都作出明确规定。

内务部又于 1999 年和 2008 年颁布对《土地法》的 3 条的修订案,分别对外国人用地、土地相关费用及处罚条款进行调整。除 1954 年《土地法》之外,《泰国工商不动产租赁法》《泰国工业区法》等法律都有涉及外国人在泰用地的规定。

(二)外资企业获得土地的规定

1954 年《土地法》对外国人拥有土地做出规定:“外国人可根据双边条约关于允许拥有房地产权的规定,并在本土地法管辖下拥有土地。”根据该法,外国人及外籍法人根据内务部法规,经内务部部长批准可拥有土地,以作为居住和从事商业、工业、农业、坟场、慈善、宗教等活动需要之用。并针对不同用途对外国人最多可持有的土地面积做了规定。

为了适应经济与社会发展的需要,内务部于 1999 年 5 月 19 日又颁布《土地法》修订案《Land Code Amendment Act No.8》,对《土地法》中有关外国人及外籍法人产业问题做了修改,允许外国人及外籍法人在符合某种规定条件下可以拥有土地产业。其规定主要内容包括:“凡需在泰持有土地的外国人,必须按内务部规定从国外携人不少于4000 万株,并经内务部长批准,可以拥有不超过 1 莱(泰面积单位,1 莱 =1600 平方米)的土地,作为其居住用地。”“上述外国人还必须满足以下条件:(1)其在泰投资必须是有益于泰本国经济社会发展或满足泰投资促进委员会(BOI)规定可予以投资促进的项目;(2)投资持续时间不少于 3 年;(3)持有的土地应在曼谷市区、芭提雅或其他《城市规划法》规定的居住用地范围内。”

对于在泰投资可观并使泰经济受益的外国企业,其在泰经营期间若适用《泰国投资促进法》第 27 条、《泰国工业园管理局法》第 44 条或《泰国石油法》第 65 条规定,在持有泰国土地方面可享受一定特权和豁免。(1)《泰国投资促进法》第 27 条:在获得董事会批准的情况下,投资人可拥有超出其他法律规定范围的土地用于进行投资活动;在投资人是外籍人

的情况，若其在泰投资活动停止或将土地转让给他人，土地局有权收回土地。(2)《泰国工业园管理局法》第44条：在获得董事会批准的情况，工业经营者可在工业园区内拥有超出其他法律规定范围的土地用于工业活动。在投资人是外籍人的情况，若其在泰商业活动停止或转让给他人，须将所有用土地退还给泰工业园管理局或转让给其企业受让者。(3)《泰国石油法》第65条：委员会有权批准特许权获得者拥有超出其他法律规定范围的土地用于石油经营。

按照泰国法律规定，只允许外国人在符合上述条件情况下拥有用于居住的土地，或满足条件的外国企业有限制的拥有用于企业经营之用的土地。外国企业不得自由开展对泰土地的投资业务。此外，即便泰国人占多数(按股权人和股权计算)的合资企业，泰国政府也出台有关条例防范以此为名义从事土地经营的行为。

五、环境保护法律规定

(一)环保管理部门

泰国负责环境保护的政府部门是自然资源和环境部(简称 MNRE)，其主要职责是制定政策和规划，提出自然资源和环境管理的措施并协调实施，下设有自然资源和环境政策规划办公室、污染控制厅、环境质量促进厅等部门。

(二)主要环保法律法规名称

泰国关于环保的基本法律是1992年颁布的《国家环境质量促进和保护法》，此外泰国自然资源和环境部还发布了一系列关于大气和噪音、水、土壤等方面的一系列公告。

(三)环保法律法规基本要点

泰国有关环保法律法规对于空气和噪音污染、水污染、土壤污染、废弃物和危险物质排放等标准都有明确的规定，对于违法违规行为有相应的处罚。此外，泰国1975年第一次提出关于环境影响评估(简称 EIA)的强制要求，目前，相关规定详见1992年国家环境质量促进和保护法第46条。在泰国自然环境委员会的批准下，泰国自然资源和环境部有权规定必须进行 EIA 的项目规模和类型。可能对自然环境造成影响的大型项目，必须向自然资源和环境政策规划办公室提交 EIAS 报告，接受审核和修改。EIAS 报告必须由在自然资源和环境政策规划办公室注册认可的咨询公司出具。

(四)环保评估的相关规定

根据泰国《国家环境质量促进和保护法》(1992年)有关规定，为保护和提高环境质量，经自然环境委员会批准，自然资源和环境保护部应对自然环境可能产生影响并需提交环评报告的由政府部门、国有企业和个人进行的投资或工程项目的类型和规模进行分类，并由部长签发后在政府报刊上进行公布。公布的内容还应包括所需提交的其他相关材料。针对特定投资或工程项目的环评报告如具有普遍性，经自然环境委员会批准，自然资源和环境保护部部长可将之作为范本在政府报刊上予以公示，其他类似的投资或工程项目在同意此范本内容基础上，可免除提交环评报告。

根据上述法律规定，需提交环评报告的投资或工程项目，如由政府部门、国有企业实施或者前两者与民营企业联合实施并需报内阁最终批准的，政府部门或国有企业需在项目可研阶段准备环评报告，并征得国家环境委员会同意后报内阁审批。如有必要，内阁可请有关专家或专业机构参与项目评审。

如投资或工程项目根据有关法律规定需于建设或实施前准备环评报告的，负责人需将该报告同时提交给相关的项目审批机构和环境政策和计划办公室。提交的报告可以采用标准范本的形式，项目审批机构需待环境政策和计划办公室审批同意后方可发放投资或项目实施许可。如环境政策和计划办公室发现提交的环评报告不符合相关要求或材料有缺失，需于收到报告15日内反馈提交人。如各方面材料齐备并符合有关要求，应于收到报告30日内出具初步意见并转专家委员会进行进一步审核。专家委员会应自收到报告起45日内出具审核结果，如规定时间内未能出具审核意见，则视为审核通过。

经国家环境委员会批准，自然资源和环境保护部部长可就环评报告编制人的资格条件提出具体要求，根据此项要求，编制人应为该项领域的专家并获得相关的资质认证。资质证书的申请及发放、成为专家的资格条件和证书换发、暂停、吊销以及有关费用标准等，均需按自然资源和环境保护部制定的有关规章执行。

目前，泰国设有很多从事环评咨询和服务工作的专业事务所，可为企业提供有关服务。

六、保护知识产权的规定

(一)泰国有关知识产权保护的法律法规

泰国有关知识产权保护的法律主要涉及三部：《专利法》(1979年)、《商标法》(1991年)和《著作权法》(1994年)，三部法律分别针对专利、商标和著作权的定义、类型、申请、使用和保护等有关内容做出了明确规定。

(二)知识产权侵权的相关处罚规定

根据泰国《专利法》(1979年)有关规定，未具备本法规定的权利者，不得在产品容器、产品包装上或在发明、外观设计的宣传上使用"泰国专利权""泰国实用新型专利权"，或其他意思、相同的外国文字，或其他意思相同的词语，任何人不得在产品容器、产品包装或发明、外观设计的宣传上使用"正在办理专利"或"正在办理实用新型专利"或其他意思相同的词语(但正在审批中的专利申请或实用新型专利申请不在此限)，如有违犯可处1年以下监禁或罚以20万泰铢以下罚金，或两罪并罚；未经专利权人许可擅自使用属于专利权人所有的产品、技术或外观设计(但为教学和研究需要使用该外观设计专利的不在此限)专利的，可处两年以下监禁，或罚以40万泰铢以下罚金，或两者并罚；任何人未经实用新型专利权人许可，侵犯使用实用新型专利权人各项权利的，可处1年以下监禁，或罚以20万泰铢罚金，或两罪并罚；任何人在申请发明专利、外观设计专利或实用新型专利时向执行工作人员提供虚假材料，以期获得专利证书或实用新型证书的，可处6个月以下监禁，或罚以5000泰铢以下罚金，或两者并罚；因触犯本法受罚者为法人的，其法人执行人或法人代表须受到法律相应规定的处罚，除非该法人行为能被证实与本人无关，或并未得到本人认可。

泰国《商标法》(1991年)和《著作权法》(1994年)未规定有关违法处罚的内容。

七、投资合作相关法律及对中国企业投资合作保护政策

(一)泰国与投资合作相关的主要法律

《民商法典(Civil and Commercial Code)》，明确了自然人、团体和法人之间的民事关系，对法人的设立、组织、经营、变更等行为做出了规定。

《外籍人经商法(Alien Business Act)》，规定外籍人在泰经商行为的根本法律。

《税法典(Revenue Code)》,规定泰国税种、税率和计算方式等税务相关问题的根本法律。

《投资促进法门(nvestment Promotion Act)》(以及历次修改公告),明确了外商在泰投资可以享受的各项优惠权益。

《劳动保护法(Labour Protection Act)》,明确了雇主和雇员的权利及义务。

《外籍人工作法(Alien Employment Act)》,规定外籍人在泰工作的根本法律。

《海关法(Customs Acts)》,规定了商品进出泰国关境的原则和方式,明确了进出口经营者和海关管理机构的权益义务等。

(二)泰国对中国企业投资合作的保护政策

1. 中国与泰国签署双边投资保护协定。1985年3月12日,中泰两国政府在曼谷签署了《中华人民共和国政府和泰王国关于促进和保护投资的协定》。

2. 中国与泰国签署避免双重征税协定。1986年10月27日,中泰两国政府签署了《关于避免双重征税和防止偷漏税的协定》。

3. 中国与泰国签署的其他协定。1994年3月16日,中泰两国政府签署了《关于民商事司法协助和仲裁合作的协定》。2000年3月10日,中泰两国政府在北京签署了《中华人民共和国政府和泰王国关于中国加入世界贸易组织的双边协议》,协议附件中列出了中国给予泰国的货物贸易和服务贸易减让表。

2012年4月,中泰两国政府在北京签署《中华人民共和国和泰国经贸合作五年发展规划》。

2013年10月,中泰两国政府签署《中泰关系发展远景规划》,涉及政治、经贸和投资、防务和安全、交通和互联互通等多个领域的合作。其中涉及经贸和投资合作的内容包括:双方同意加强交流与合作,通过中泰贸易、投资与经济合作联委会等机制,推动双边贸易便利化,促进双边贸易与投资的增长;双方同意继续以中泰贸易合作五年发展规划指导两国经贸关系发展,加强经贸联系,实现两国经济可持续发展;双方同意通过加强投资信息交流,创造便利条件,改善双边投资环境;双方同意密切在橡胶产业、生物塑料业和绿色产业的投资合作;双方同意通过在相关机制框架内加强合作社发展、农产品加工与贸易、农业企业投资和粮农政策协调方面的合作,提升两国农业合作水平;双方同意深化金融和银行业合作,推动更多使用两国本币作为两国贸易和投资结算货币,完善相关合作机制,为双方贸易、投资和经济合作提供便利。双方将共同探讨提供更便利的人民币清算服务。

越南投资贸易指南

一、对外贸易法规和政策

(一)贸易主管部门

越南主管贸易的部门是工贸部,设有36个司局和研究院,负责全国工业生产(包括机械、冶金、电力、能源、油气、矿产及食品、日用消费品等行业生产)、国内贸易、对外贸易、WTO事务、自由贸易区谈判等。

(二)贸易法规体系

越南主要贸易法律法规包括:《投资法》(2014)、《海关法》(2014)、《民法》(2005年)、《贸易法》《电子交易法》(2005年)、《进出口税法》《知识产权法》(2005年)、《信息技术法》《反倾销法》(2004年)、《反补贴法》(2005年)、《企业法》(2005年)、《会计法》《统计法》等。外商在越南投资建立独资、合资和合作经营企业,建立贸易公司和分销机构等都有明确法律规定。

(三)贸易管理的相关规定

1. 进口管理。根据加入WTO的承诺,越南逐步取消进口配额限制,基本按照市场原则管理。禁止进口的商品主要包括:武器、弹药、毒品、除工业用以外的易燃易爆物、有毒化学品、军事技术设备、麻醉剂、部分儿童玩具、颓废和反动的文化品、爆竹(交通运输部批准用于安全航海用途的除外)、烟草制品、二手消费品、右舵驾驶机动车、二手物资、低于30马力的二手内燃机、含有石棉的产品和材料、各类专用密码及各种密码软件等。越南工贸部在讨论《贸易法实施细则决议草案》,拟禁止进口二手纺织品和电子商品等。2015年,越南科技部公布第23/2015号通知,自2016年7月1日起,越南允许进口使用年限不超过10的二手设备。

2. 出口管理。关于出口,越南主要采取出口禁令、出口关税、数量限制等措施进行管理。禁止出口的商品主要包括:武器、弹药、爆炸物和军事装备器材、毒品、有毒化学品、古玩、伐自国内天然林的圆木、锯材、来源为国内天然林的木材、木炭、野生动物和珍稀动物、用于保护国家秘密的专用密码和密码软件等。2012年9月15日起,越南海关总局只允许经由科学技术部确认不属于暂停进口范围的中国生产的二手设备通关。

(四)进出口商品检验检疫

越南进出口商品检验检疫工作根据不同商品种类由不同部门负责,食品和药品检验由卫生部负责,动植物和其他农产品检验由农业与农村发展部负责,具体规定可在网上查询。

(五)海关管理规章制度

1. 管理制度。越南现行关税制度包括4种税率:普通税率、最惠国税率、东盟自由贸易区税率及中国—东盟自由贸易区优惠税率。普通税率比最惠国税率高50%,适用于未与越南建立正常贸易关系国家的进口产品。原产于中国的商品享受中国—东盟自由贸易区优惠税率。根据中国—东盟自由贸易区货物贸易协议,从2011年始,越南将对从中国进口的商品每两年削减一次进口关税。到2015年,除了少量敏感产品,将对95%以上的商品征收零关税。到2018年,越南与东盟成员国所有商品均实现零关税。

2. 关税税率。2016年,越南部分商品进口税率(非中国—东盟自由贸易区优惠税率)见下表:

2016年越南部分商品进口税率

商品名称	关税税率	商品名称	关税税率
香烟原料	30%	棉花	0
棉质织布	12%	成衣	5%~20%
皮革制品	0%~28%	鞋	5%~32%
木材原料	0%~5%	玻璃	0%~40%
面粉	15%	钢材	0%~32%
纸张	5%~25%	内燃机	3%~25%
煤炭	0%~3%	汽车(5座)	70%

资料来源:越南财政部

二、外国投资市场准入规定

(一)投资主管部门

越南主管投资的政府部门是计划投资部,设31个司局和研究院,主要负责全国"计划和投资"管理,为制定全国经济社会发展规划和经济管理政策提供综合参考,负责管理国内外投资,负责管理工业区和出口加工区建设,牵头管理对官方发展援助(ODA)的使用,负责管理部分项目的招投标等。

(二)投资行业规定

1. 禁止投资项目。(1)危害国防、国家安全和公共利益的项目;(2)危害越南文化历史遗迹、道德和风俗的项目;(3)危害人民身体健康、破坏资源和环境的项目;(4)处理从国外输入越南的有毒废弃物、生产有毒化学品或使用国际条约禁用毒素的项目。

2. 限制投资项目。(1)对国防、国家安全、社会秩序有影响的项目;(2)财政、金融项目;(3)影响大众健康的项目;(4)文化、通信、报纸、出版等项目;(5)娱乐项目;(6)房地产项目;(7)自然资源的考察、寻找、勘探、开采及生态环境项目;(8)教育和培训项目;(9)法律规定的其他项目。

3. 特别鼓励投资项目。(1)新材料、新能源的生产,高科技产品的生产,生物技术,信息技术,机械制造,配套工业;(2)种植、养殖,农林水产品加工,制盐,培育新的植物和畜禽种子;(3)应用高科技、现代技术,保护生态环境,研究、发展、创造高技术;(4)使用5000人以上的劳动密集型产业;(5)工业区、出口加工区、高新技术区、经济区及由政府总理批准重要项目的基础设施建设;(6)发展教育、培训、医疗、体育和民族文化事业的项目;(7)其他需鼓励的生产和服务项目:25%以上的纯利润用于研究与发展。

4. 鼓励投资项目。(1)新材料、新能源的生产;高科技产品的生产;生物技术;信息技术;机械制造;配套工业。(2)种、养及加工农林水产;制盐;培育新的植物和畜禽种子。(3)应用高科技、现代技术;保护生态环境;高科技研发与培育。(4)使用500~5000人劳动密集型产业。(5)基础设施建设。(6)发展教育、培训、医疗、体育和民族文化事业的项目。(7)发展民间传统手工业。(8)其他需鼓励的生产和服务项目。

(三)投资方式的规定

根据越南《投资法》,外国投资者可选择投资领域、投资形式、融资渠道、投资地点和规模、投资伙伴及投资项目活动期限。外国投资者可登记注册经营一个或多个行业,根据法律规定成立企业,自主决定已登记注册的投资经营活动。

1. 直接投资。包括外商独资企业,成立与当地投资商合资的企业,按BOO、BOT、BTO和BT合同方式进行投资,通过购买股份或融资方式参与投资活动管理,通过合并、并购当地企业的方式投资,其他直接投资方式。

2. 间接投资。包括购买股份、股票、债券和其他有价证券,通过证券投资基金进行投资,通过其他中介金融机构进行投资,通过对当地企业和个人的股份、股票、债券和其他有价证券进行买卖的方式投资。间接投资的手续根据证券法和其他相关法律的规定办理。2015年9月开始,外资可在越南持股100%,但银行业除外。

3. 外资并购。越南正在对隶属于70多家集团和总公司的1600多家国企进行改革,包括银行、航空、通信、造船、汽车、电力、水泥、交通等重要行业,鼓励外商参与,允许外商购买股份和参与管理,仅保留554家与国防、安全等有关的国有全资企业。外商可通过购买上市企业的股票,或购买股份制企业的股权等方式进行并购。

(四)特殊经济区域的规定

1. 经济特区法规。1986年以来,越南历届党代会的决议形成了发展经济园区(含工业区、加工出口区、沿海和口岸经济区)体系的一贯主张,经济园区机制、政策和管理模式的建立和完善,大致经历了4个阶段,每个阶段的政策法规均不相同。2015年7月1日《投资法》修订案出台,标志着经济园区的发展从第3阶段过渡到第4阶段。国家对工业区、加工出口区和经济区实行分级、授权管理机制。具体是:政府授权中央部委、部门、省级人民委员会、园区管理委员会,根据各自的权限和任务分工,对全国工业区、加工出口区和经济区进行统一管理,对工业区、加工出口区和经济区制订发展规划、颁布政策法规,并进行指导。

政府总理的权限和责任如下:(1)指导各部委、部门、地方政府制定落实工业区、加工出口区和经济区的法律法规和政策;(2)批准和调整工业区、加工出口区和经济区总体规划;(3)决定设立和扩大口岸经济区,批准口岸经济区综合发展规划;(4)允许扩大或压缩已批准的工业区、经济区功能区内的土地面积,改变土地用途;(5)指导处理和解决各种超越权限的问题。

各部委、部门、省人委会在各自职能、任务、权限范围内对工业区、加工出口区和经济区履行职责,根据法律规定指导或授权各园区管委会按权限实现国家管理职能。工业区、经济区管委会对园区履行直接管理的职能,向投资者提供公共行政服务和其他相关辅助服务。管委会按照工贸、建设、劳动、环境等部委和机关的指导和授权,在一些领域直接管理投资和园区事物。此外,经济区管委会还根据省人委会授权,决定是否使用国家财政预算资金对B、C类项目进行投资,以及依照土地法规定交付土地。

2. 特别经济行政区。2016年12月,越南政府批准建设三个特别经济行政区的计划,拟位于北部广宁省云屯、中部庆和省北文丰和南部坚江省富国建设特别经济行政区,先行试点更为开放的重点经济和行政政策。2018年6月越南政府将《特别经济—行政区法(草案)》提交国会讨论通过时,遭到部分国会代表强烈反对并引发社会骚动。迫于反对意见压力,国会已暂缓通过该法。

3. 工业区。工业区内的外资企业按以下规定缴税:(1)进出口税。①生产性企业和服务性企业均免征出口税。②鼓励投资的生产性企业进口构成企业固定资产的各种机械设备、专用运输车免征进口税;对用于生产出口商品的物资、原料、零配件和其他原料可暂不缴进口税,企业出口成品时,再按进出口税法补缴进口税。③服务性企业按进口税法缴税。(2)企业所得税。从2009年开始,企业所得税优惠政策按工业区所属区域划分。(3)土地优惠。根据2014年5月15日颁布的第46/2014/NĐ-CP号政府令,工业区基础设施建设项目免土地租金15年,公共设施土地面积全免土地租金。(4)信贷优惠。工业区和加工出口区基础设施建设项目,按2011年8月30日颁布的第75/2011/NĐ-CP号政府令,可获得国家投资信贷和出口信贷支持。(5)基础设施建设扶持政策。根据2009年3月19日颁布的第43/2009/QĐ-TTg号政府令,国家预算内资金可对以下情况予以扶持:向工业区内被征地的人提供征地和异地安置补偿;对于社会经济困难地区的工业区,政府支持污水和垃圾处理工程建设,以及工业区内配套基础设施和公共服务设施建设。

4. 出口加工区。出口加工区内的外资企业按以下规定缴税:(1)进出口税。①生产性企业和服务性企业均免征出口税;②生产性企业和服务性企业进口构成企业固定资产的各种机械设备、专用运输车辆和各类物资,原料免征进口税。(2)企业所得税与工业区享受同等优惠待遇。

5. 经济开发区介绍。为实现工业、商业规模化集聚发展,越南设立若干经济开发区,包括工业区(含加工出口区)和沿海经济区,实行各种不同的鼓励发展政策。截至2019年底,全国共设有工业区335个,自然土地总面积9.65万公顷,其中已投产的工业区256个,正在征地补偿79个,工业区的可租用比例达53%(相当于2018年);其中实际运营的工业区可租用的比例75%,同比增长2%。截至2019年底,全国工业区和沿海经济区累计吸引外商直接投资项目9381个,合同金额1916亿美元,60%合同金额已经到位。

6. 口岸经济区。越南鼓励在边境地区建设口岸经济区,目的是促进地方经济社会发展,维护边疆稳定和安全。中央和地方政府在口岸经济区建设过程中提供土地、税收和资金方面的支持。1996年,越南试点在广宁省芒街市建立口岸经济区,随后分别在谅山省同登市和老街省老街市建立口岸经济区。迄今为止,越南25个边境省份(分别与中国、老挝和柬埔寨接壤)中已有21个省份建立口岸经济区。口岸经济区享受以下优惠政策:政府优先考虑利用外国政府和国际组织提供的官方发展援助促进口岸经济区基础设施建设,同时鼓励外商以BOT、BT和BTO等方式参与基础设施建设;在口岸经济区投资的项目,可享受所得税4免9减半、之后连续10年减10%的优惠;在口岸经济区工作的外国人,可免50%的个人所得税;接壤国家公民持因私护照(按规定应办理签证)可免签进入口岸经济区并停留15天;接壤国家的货车可进入口岸经济区,在区内交接货物。相关法规和优惠政策如下:(1)进口关税。根据第72/2013/QĐ-TTg号政府令,在口岸经济区投资的项目,免征固定资产进口税,对于国内未能生产、服务于项目的生产原料、物资、零配件,前5年免征进口税。(2)企业所得税优惠。根据第218/2013/NĐ-CP号政府令,企业投资于沿海和口岸经济区内的项目,适用10%的所得税率,优惠期限15年,前4年免税,其后9年减半征收。(3)个人所得税优惠。根据第29/2008/NĐ-CP号政府决定,对于在沿海和口岸经济区工作的越南人和外国人,减半征缴个人所得税。(4)经济区基础设施建设扶持。根据第126/2009/QĐ-TTg号政府令,国家预算内资金对以下情况予以扶持:向经济区内被征地居民提供征地和异地安置补偿;支持各功能区内污水和垃圾集中处理工程建设;投资建设配套基础设施和公共服务设施。此外,经济区还允许通过发行工程债券、使用官方发展援助(ODA)和优惠贷款、采用PPP模式、利用土地基金、由投资者垫付等方式,筹集重要基础设施的建设资金。

7. 生物高科技区。越南全国目前有两个生物高科技区,分别位于同奈省锦美县和河内市慈廉区,总面积超过400公顷,具有研究、培育、发展、转交、应用生物高科技的职能,同时进行生物高科技领域的人力资源培训、生物高科技企业的培育、生物高科技产品的生产和经营,并可提供生物高科技服务等。

8. 高新技术区。越南设有四个高新技术区,主要以吸收外来高科技投资项目。

三、外国投资优惠政策

(一)优惠政策框架

2006年7月1日,越南出台新的《投资法》,对国内和外商投资实行统一管理,取消之前《外国投资法》的诸多限制,进一步开放市场。取消的限制包括:要求优先购买、使用国内商品和服务,或必须购买国内某一生产厂家的产品和服务;要求商品或服务出口必须达到一定比例;限制出口商品和服务的种类、数量和价值;要求商品进口数量和价值与商品出口数量和价值相当或必须通过自身出口来平衡进口所需外汇;要求商品生产要达到一定的国产化比例;要求研发工作要达到一定水平或价值;要求在国内外某一具体地点提供商品及服务;要求总部设在某一具体地点等。

(二)行业鼓励政策

越南鼓励外商直接投资发展高新技术产业,尤其是鼓励到高新技术开发区投资建厂。根据规定,入驻高新技术园区的企业应符合以下条件:高科技产品的销售额占营业收入的70%以上;生产技术需达到先进程度;产品可以出口或替代同类进口产品;产品质量达到ISO9000标准;人均产值达4万美元以上等。为加快人才培养,越南还规定:至少40%的企业员工拥有高等学历,并在国外研究机构或现代化生产一线受过业务培训;100%的中层干部和工人应得到业务和技术培训,其中至少5%的员工需经过国外现代生产线操作培训;科研经费的支出不得低于年营业收入的2%;对于法定资超过1000万美元的项目,科研和培训经费至少每年20万美元,人均营业收入需达到7万美元(法定资金超过3000万美元,员工超过1000人的企业除外)等。

越南对此类投资项目提供以下政策优惠:(1)外商投资高新技术产业,可长期适用10%的企业所得税税率(园区外高科技项目为15%,一般性生产项目为20%~25%),并从盈利之时起,享受4年免税和随后9年减半征税优惠政策。(2)在高新技术企业工作的越南籍员工与外籍员工在缴纳个人所得税方面适用同等纳税标准。(3)外国投资者和越国内投资者适用统一租地价格;投资者可以土地使用权价值及与该土地使用面积相关联的财产作抵押,依法向在越南经营的金融机构贷款;对高新技术研发和高科技人才培训项目,可根据政府规定免缴土地使用租金。(4)外籍员工及其家属可申请签发与其工作期限相等的多次入境签证;越政府依据有关法律规定为外籍员工在居留、租房购房等方面提供便利条件。(5)高新技术项目:投资者根据其他投资优惠政策法规文件的规定享受最高的优惠政策待遇。

四、外国企业在越南获得土地的政策规定

(一)土地法的主要内容

越南现行《土地法》是2013年11月29日颁布的。该法规定,土地所有权属于国家,不承认私人拥有土地所有权,但集体和个人可对国有的土地享有使用权。国家统一管理土地,制定土地使用规章制度,规定土地使用者的权利和义务。土地使用期限分为长期稳定使用和有期限使用两种情况。对于有期限使用的土地,其使用期限分为5年、20年、50年、

70 年、90 年不等。

土地使用者的基本权利是:获得土地使用权证明;享有土地上的劳动成果、投资成果;享有国家对农用地采取保护、改造措施带来的利益;国家指导帮助改造农用地,增加地力;当自己合法的土地使用权受到侵犯时,国家予以保护;对于侵犯自己合法使用权的行为可进行起诉、控告;在土地出让、转让、出租、再出租、继承、赠送、抵押、担保、投资以及国家收回土地时,享有获得补偿的权利;享有土地分配、租用形式上的选择权。公民、家庭户的土地使用权是一项重要财产权利,可以和其他财产权利一样进行交换、转让、抵押、租赁和继承等转移。土地使用权的转移必须在国家主管部门办理相关手续。土地使用权的转让主要通过交换、买卖、租赁或抵押等方式进行,按规定须交纳土地使用权转让税。

(二)外资企业获得土地的规定

越南《土地法》规定,外国投资者不能在越南购买土地,可租赁土地并获得土地使用权,使用期限一般为 50 年,特殊情况可申请延期,但最长不超过 70 年。外国投资者需要租赁土地进行投资时,可与项目所在地的土地管理部门联系,办理土地交接和租用手续。土地交接和租用手续根据土地法的相关规定办理。投资者租用土地,当地政府部门可协助进行征地拆迁,但补偿费用由投资者负责。投资者获得土地使用权后,如在规定期限内未实施项目,或土地使用情况与批准内容不符,国家有权收回土地,并撤销其投资许可证。

五、环境保护法律规定

(一)环保管理部门

越南政府环境保护主管部门从中央到地方共分四级,包括资源环境部、各省和中央直辖市资源环境厅、县资源环境处,乡级设环保专职干部。越南资源环境部主要负责管理全国土地、水资源、地质矿产资源、环境、水文气象、气候变化、地图测绘以及海洋和海岛资源环境保护和综合管理等工作。下设土地管理总局、越南地质和矿产总局、越南海洋和海岛总局、环境总局、水文气象总局等 21 个司局和国家水资源规划和调查中心、地质矿产科学院、测量和地图科学院、水文气象和气候变化科学院等 10 个事业单位以及资源环境总公司、南方资源环境公司等 3 家直属企业。

(二)主要环保法律法规名称

越南的基础环保法规为 2014 年 6 月 23 日经越南国会批准、自 2015 年 1 月 1 日生效的新《环境保护法》。此外,相关法律文件还包括关于上述环保法详细规定、实施细则的 10 个政府议定;14 个政府总理决定,80 个部长和部级领导签发的决定、通知和联席通知等,如 2015 年 4 月 1 日起实施的《关于环境保护规划、战略环境评估、环境影响评估和环境保护计划的规定的议定》(18/2015/NĐ-CP)和《环境保护法部分条款实施细则的规定的议定》(19/2015/NĐ-CP),2017 年 2 月 1 日起实施的《关于环保领域行政违法处罚的规定的议定》(155/2016/NĐ-CP),2018 年 10 月 5 日颁布实施的《关于修改资源环境领域投资经营条件有关议定部分条款的议定》(136/2018/NĐ-CP),以及于 2019 年 7 月 1 日起实施的《补充修改环境保护法相关实施指导意见、细则部分条款的议定》(40/2019/NĐ-CP)等。2020 年 6 月,越南修订《环境保护法》,提出那些排放更多垃圾或无法分类垃圾的人需要支付更高的环境费。该草案已提交国会讨论,并公开征求公众意见。

(三)环保法律法规基本要点

越南现行《环境保护法》鼓励保护、合理使用和节约自然资源,严禁破坏和非法开发自然资源;严禁采用毁灭性的工具和方式开发生物资源;严禁不按环保技术规程运输、掩埋有毒物质、放射性物质、垃圾和其他有害物质;严禁排放未处理达标的垃圾、有毒物质、放射性物质和其他有害物质;严禁将有毒的烟、尘、气体排放到空气中;严禁进口或过境运输垃圾;严禁进口未经检疫的动植物;严禁进口不符合环保标准的机械设备。

越南政府对环境保护日益重视,其国内工程开工前,都必须经过严格的环保核查,环保部门定期对企业的环保情况进行检查,不达标的企业须马上进行停工整顿并接受处罚。所有生产企业须安装污染控制和处理设备,以确保符合相关的环境标准。2016 年 11 月 18 日,越南政府出台关于环保行政处罚规定的第 155/2016/ND-CP 号议定,提高了违反环保法规的行政处罚力度。根据该法令,个人环保违规行为最高将被罚以 10 亿越南盾(约合 4.44 万美元),机构组织罚金最高为 20 亿越南盾(约合 8.88 万美元)。个人违反工业区、出口加工区、贸易区和贸易镇的环保法规,将被处以 5 百万至 5 亿越南盾(约合 220~2220 美元)的罚款。个人违规排污,特别是排放有毒污染物的,将被处以 30 万到 10 亿越南盾的罚款;个人违法海洋环境保护法规的,将被处以 2.5 亿至 10 亿越南盾(约合 1.1~4.4 万美元)。如为机构或组织实施上述行为,则罚款为个人罚款的 2 倍。

越南对部分行业征收环保费。根据 2016 年 2 月越南政府颁布的关于矿产资源开发环境保护费的第 12 号决定(12/2016/ND-CP),原油环境保护费收取的幅度为 10 万越盾/吨;天然气、煤气收费幅度为 50 越盾/立方米,开发原油(天然气)过程中的天然气收费为 35 越盾/立方米。石油和天然气、煤气开发环境保护费归国家财政所有,100% 上缴中央;矿产资源开发环境保护费(原油、天然气和煤气除外)100% 归地方财政所有,以扶持对环境的保护和投资。

越南法律规定,所有在越南境内从事经营活动的企业,都必须遵守越南关于环境保护的国家标准(TCVN)和相关技术规范(QCVN)。标准由相关组织以文件形式公布,自愿采用,而技术规范由国家职能部门以文件形式发布,是强制实施的。

越南关于环境保护的国家标准体系主要包括周边环境质量和废弃物质排放环保标准。周边环境质量标准包括:各种用途的土地环保标准;各种用途的地表水和地下水环保标准;服务于水产养殖和娱乐项目的沿海水域环保标准;城市和农村居民区空气标准;居民区噪音环保标准。废弃物质排放环保标准包括:工农业生产废水排放、工业气体和固定排放及有毒物质排放环保标准。

越南关于环境保护的技术规范体系主要包括废水排放技术规范(21 项)、废气和噪音技术规范(8 项)、危害性污泥(土)污染度技术规范(6 项)、水源和生活用水技术规范(6 项)等。

(四)环保评估的相关规定

越南负责环境评估的机构:对于国家级或跨省的投资和工程项目,环境评估委员会成员由项目审批部门、政府相关部委、有关省政府的代表以及相关行业的专家组成；对于省级投资和工程项目，环境评估委员会成员由所在省或直辖市政府和环保部门代表及相关行业专家组成。环境评估结果将作为项目审批的依据之一。

越南资源环境部负责组织对国会、政府和政府总理审批的项目进行环境评估；政府相关部委负责组织对本部门审批的项目进行环境评估；省政府负责对本省审批的项目进行环境评估。需要提供环境报告的投资或工程项目：由国会、政府、政府总理审批的项目；使用自然保护区、国家公园、历史文化遗迹和旅游胜地部分土地的项目；建筑，建材生产，交通，电子、能源和放射性，水利和森林种植开发，矿产勘探开发和加工，油气，垃圾处理，机械冶金，食品生产加工等项目；有可能对内河流域、沿海地区和生态保护区造成不良影响的项目；工业区、经济区、高新技术区和出口加工区建设项目；新都市和居民聚集区建设项目；地下水和自然资源大规模开发和利用项目；对环境有较大潜在不良影响的项目。

环境报告主要内容包括：列明项目具体建设细节、对项目所在地环境状况总体评价、项目建成后可能对环境造成的影响及具体应对方案，承诺在项目建设和运营过程中采取环保措施，当地乡一级人民委员会和居民代表的意见等。根据越南政府2019年第40号议定(40/2019/NĐ－CP)，对于现有工厂、工业园区扩容、扩能或变更工艺的项目，环境影响评估报告中必须增加当前环境保护措施情况以及扩容、扩能或变更工艺的项目对环境影响的总体评估；对于投资建设工业园区项目和可能造成环境污染的工业生产项目，环评报告必须包含预防及发生废气、废水泄漏事故的应急处置预案；带有垃圾处理设施的投资建设项目须包含该垃圾处理设施的基本设计方案、环保事故的预防和应对方案、项目施工过程的环境管理和监测计划等。

环境影响评估报告审批时间：由资源环境部审批的项目，环评报告审批时间不超过45天；其他项目的环评报告审批时间不超过30天。

六、知识产权保护规定

(一)当地有关知识产权保护的法律法规

越南主管知识产权的行政部门为隶属于越南科学技术部的知识产权局负责工业产权保护(包括专利及商标)，隶属文化、体育及旅游部的版权局负责著作权相关保护，农业农村发展部负责植物多样性方面保护。目前，越南知识产权立法主要是2005年11月颁布的《知识产权法》(已于2019年6月14日补充、修订)、同年颁布《贸易法》和2015年颁发的《民法典》中关于知识产权的条款。另外，越南《竞争法》《民事诉讼法》和《刑事诉讼法》等多部法律也涉及知识产权保护内容。越南是多项知识产权条约和公约的成员国，目前正在完善其国内知识产权保护体系。越南积极参加多边和双边自贸协定谈判，2019年生效的CPTPP(《全面与进步跨太平洋伙伴关系协定》)以及即将生效的《越南—欧盟自由贸易协定》都对知识产权保护做出了高水平承诺，越南目前正在修改国内有关知识产权立法，为履行协定承诺完善法律体系。关于专利保护，越南共有3种专利保护类型，即发明专利、实用专利和外观设计专利。2017年生效的越南《民法典》修订版明确规定知识产权为民事权利确立受民法保护，职工或其他人员对在其生产经营活动以及创造活动中获取的知识财产享有所有权，受法律保护。

(二)知识产权侵权的相关处罚规定

对于知识产权侵权行为，权利人可选择司法救济或行政救济。权利人可以提起民事诉讼保护知识产权，要求终止侵权行为、公开道歉或更正、赔偿损失、销毁侵权产品或要求仅在非商业用途目的下使用。为防止损害扩大，权利人可向法庭申请诉前禁令，并要求赔偿相应损失等。权利人可向知识产权局提出申告，确认侵权行为。越南海关、市场监管机构等有权管理侵权商品，采取搜索、查封场地、暂时拘留相关人员、临时扣押产品、暂停产品生产销售等措施，制止侵权行为。知识产权侵权行为将面临警告、罚款、吊销营业执照、没收侵权产品及制造侵权产品的设备等行政处罚。越南2016年修订的《刑法》明确了如进口或转运侵犯知识产权的货品以及假冒伪劣商品构成犯罪的，司法机关有权采取司法措施，违法犯罪人员应承担刑事责任。对于特定的进境侵权产品，司法机关有权要求侵权人复出境或者直接销毁该侵权产品。

在专利侵权诉讼中，专利权人可申请执行初步禁令，立即制止专利侵权行为。一旦侵权行为被认定成立，专利权人可获得下列任一救济措施：永久性禁令、损害赔偿、侵权所得利益。目前，越南尚未设立不侵权宣告诉讼和针对无理威胁诉讼的救济措施。此外，如新设企业的公司名称或商标侵犯了现有的工业产权，有权机关将要求公司更名，或者移除侵权部分表述甚至撤销公司注册证书。

七、越南对中国企业投资合作的保护政策

(一)中国与越南签署双边投资保护协定

1992年12月，中国与越南签署了《关于鼓励和相互保护投资协定》。2009年8月15日，中国与东盟10国经贸部长在泰国曼谷共同签署《中国—东盟自贸区投资协议》。

(二)中国与越南签署避免双重征税协定

1995年5月，中国与越南签署了《关于对所得避免双重征税和防止偷漏税的协定》。

(三)中国与越南签署的其他经贸协定

1991年中越关系正常化以来，两国政府签署的其他经贸合作协定包括：《贸易协定》(1991年11月)、《经济合作协定》(1992年2月)、《中国人民银行与越南国家银行关于结算与合作协定》(1993年5月)、《关于货物过境的协定》(1994年4月)、《关于保证进出口商品质量和相互认证的合作协定》(1994年11月)、《关于成立经济贸易合作委员会的协定》(1995年11月)、《边贸协定》(1998年10月)、《北部湾渔业合作协定》(2000年12月)、《关于扩大和深化双边经贸合作的协定》(2006年11月)、《2012～2016年阶段中越经贸合作五年发展规划》(2011年10月)、《中越经贸合作五年发展规划重点合作项目清单》(2013年5月)、《边贸协定》(修订版)(2016年9月)、《2012～2016年阶段中越经贸合作五年发展规划延期和补充协议》(2016年9月)、《关于确定2017～2021年中越经贸合作五年发展规划重点合作项目清单的谅解备忘录》(2017年11月)、《关于推动"两廊一圈"框架和"一带一路"倡议对接的谅解备忘录》(2017年11月)等。

(资料来源：中国商务部、中国海关、中国外交部、中国驻东盟各国大使馆经济参赞处等网站)(黄李莉　搜集整理)

统 计 资 料

中国国民经济主要指标

指　　标	单　位	2018 年	2019 年	2019 年比 2018 年增减(%)
一、年末总人口	万人	139538	140005	
二、国内生产总值	亿元	900309	990865	6.1
第一产业增加值	亿元	64734	70467	3.1
第二产业增加值	亿元	366001	386165	5.7
工业增加值	亿元	305160		
第三产业增加值	亿元	469575	534233	6.9
三、人民币对美元汇价	元人民币/1 美元	6.6174	6.8985	-4.1
四、城镇登记失业率	%	3.8		3.6
五、工业				
原煤产量	亿吨	36.8	38.5	4
原油产量	亿吨	18910.6	1.91	0.9
发电量	亿千瓦时	71117.7	75034.3	4.7
钢产量	万吨	110551.7	120477.4	6.3
十种有色金属产量	万吨	5702.7	5866	2.2
六、农业				
粮食产量	万吨	65789	66384	0.9
油料产量	万吨	3439	3495	1.8
糖料产量	万吨	11976	12204	2.2
茶叶产量	万吨	261	280	7.2
棉花产量	万吨	610	589	-3.5
七、交通运输业				
货物周转量	亿吨千米	205402	199289.5	
旅客周转量	亿人千米	34213	35349.1	3.3
港口完成货物吞吐量	亿吨	133		
八、旅游业				
国内旅游总收入	亿元	51278	57251	11.7
国际旅游外汇收入	亿美元	1271	1313	3.3
入境人数	万人次	14120	14531	2.9
入境过夜人数	万人次	6290	6573	4.5
出境人数	万人次	16199	16921	4.5
因私出境人数	万人次	15502	16211	4.6
十、财政、金融				
财政收入	亿元	183352	190382	3.2
年末各项存款余额	亿元	1825158	1981643	8.6
年末各项贷款余额	亿元	1417516	1586000	11.9
十一、对外贸易				
年末国家外汇储备	亿美元	30727	31079	
进出口总额	亿元	305050	315505	3.4
出口额	亿元	164177	172342	5
进口额	亿元	140874	143162	1.6
十二、外资直接投资				
实际利用金额	亿美元	8856	1381	2.4
十三、全社会固定资产投资	亿元	645675	560874	5.1

资料来源：中国国家统计局《中国 2019 年国民经济和社会发展统计公报》

文莱国民经济主要指标

指　　标	单　位	2018 年	2019 年	2019 年比 2018 年增减(%)
一、年末总人口	万人	44.24	45.95	
二、国内生产总值	亿美元	134.5	140.43	3.9
人均国内生产总值	美元	31627.7	31622.2	
三、文莱元对美元汇价	文莱元/1 美元	1.36	1.42	
四、通货膨胀率	%			-0.4
五、失业率	%	7.11	6.8	
六、工业				
工业总产值	亿美元			
石油日产量	万桶		11.2 万桶	
天然气日产量	亿立方米			
油气收入	亿文莱元			
油气出口总量	亿美元			
原油出口	亿文莱元			6.81
天然气出口	亿文莱元			-2.24
七、农业				
农业总产值	百万美元	323.36		
木材产量	万立方米	3.08		
肉类产量	万吨	1567.01		
谷物产量	万吨	0.2		
八、旅游业				
旅游入境人数	万人次	27.81		
旅游收入	亿美元			
九、财政、金融				
财政收入	亿文莱元		43.6 (2019.4.1—2020.3.1)	
财政支出	亿文莱元		58.6 (2019.4.1—2020.3.1)	
外汇储备	亿美元	32.21		
十、对外贸易				
进出口总额	亿美元	107	125.16	16.21%
出口总额	亿美元	54	73.46	11.43%
进口总额	亿美元	52	51.7	23.75%
十一、外商直接投资总额	亿美元	5.0	2.75	

资料来源:《对外投资合作国别(地区)指南—文莱(2020 年版)》,文莱统计公报,中国驻文莱经济商务参赞处网站,中国商务部网站,世界贸易组织数据库

柬埔寨国民经济主要指标

指　　标	单　位	2018 年	2019 年	2019 年比 2018 年增减(%)
一、年末总人口	万人	1959.8	1652.26	
二、国内生产总值	亿美元	245.8	272.22	7.1
人均国内生产总值	美元	1561	1706	9
三、柬埔寨瑞尔对美元汇价	瑞尔/1 美元	4051	4054	
四、通货膨胀率	%	2.5	1.98	
五、失业率	%	0.3		
六、工业				
工业总产值	亿美元	131.74		
服装业出口额	亿美元	100		
批准建筑项目量	个	3025		
七、农业				
农业总产值	百万美元	5404	5478	
胡椒产量	万吨			
肉类产量	万吨	23.1		
谷物产量	万吨	1089	1088	基本持平
天然橡胶产量	万吨	22	28	
渔业产量	万吨	91		
家禽类饲养	万只	4430		
木材产量	万立方米			
八、旅游业				
旅游入境人数	万人	620	661	6.6
旅游收入	亿美元	43.56		
九、财政、金融				
财政收入	亿美元		52.31	
财政支出	亿美元		67.07	
外汇储备	亿美元	132.2	180	80
外债	亿美元		126.4	
十、对外贸易				
进出口总额	亿美元	302	367.2	46.9
出口总额	亿美元	127	145.3	29.5
进口总额	亿美元	175	221.9	61.1
十一、外商直接投资总额	亿美元	31.0	47.48	53

资料来源:《对外投资合作国别(地区)指南—柬埔寨(2020 年版)》,中国驻柬埔寨王国大使馆经济商务参赞处网站,柬华时报,中国商务部网站,世界贸易组织数据库

印度尼西亚国民经济主要指标

指　　标	单　位	2018 年	2019 年	2019 年比 2018 年增减(%)
一、年末总人口	万人	26414	26800	1.15
二、国内生产总值	亿美元	10421.7	11111.54	5.02
人均国内生产总值	美元	3893.6	4147.36	5.65
三、印尼盾对美元汇价	盾/1 美元	14236.9	14250	
四、通货膨胀率	%	3.2	2.72	
五、公开失业率	%	5.5	5.3	
六、工业				
工业总产值	万亿印尼盾			
七、农业				
农林牧渔业总产值	十亿卢比	1307025.7		
稻谷产量	万吨	5637	5460	-3.1
玉米产量	万吨	3005		
大豆产量	万吨			
橡胶产量	万吨			
棕榈油产量	万吨	4.50		
咖啡产量	万吨			
卷烟产量	亿支			
肉类产量	万吨			
八、旅游业				
旅游入境人数	万人次	1581		
旅游收入	亿美元			
九、财政、金融				
财政收入	万亿盾		2030.75	
财政支出	万亿盾		2341.57	
外汇储备	亿美元	1147.8	1262	
十、对外贸易				
进出口总额	亿美元	3534.5	3373.9	-8.55
出口总额	亿美元 4	1801.1	1670	-7.3
进口总额	亿美元	1734.4	1703.9	-9.7
十一、外资直接投资总额	亿美元	219.8	282	7.7

资料来源:《对外投资合作国别(地区)指南—印度尼西亚(2020 年版)》,印尼中央统计局,印尼中央银行,印尼财政部,印尼《雅加达日报》,中国商务部网站,世界贸易组织数据库

老挝国民经济主要指标

指　　标	单　位	2018 年	2019 年	2019 年比 2018 年增减(%)
一、年末总人口	万人	701.30	7169	
二、国内生产总值	亿美元	181.3	191.71	5.5
人均国内生产总值	美元	2585	2654	2.7
三、老挝基普对美元汇价	基普/1 美元	8489.2	8679.4	
四、通货膨胀率	%		3.32	-13
五、工业				
工业总产值	亿美元		60.2	
纺织成衣出口额	亿美元			
六、农业				
农林业总产值	百万美元	2707	2913	
耕地面积	万公顷	80		
茶叶产量	万吨			
水稻产量	万吨			
甜玉米产量	万吨			
薯类产量	万吨			
蔬菜产量	万吨			
水果产量	万吨			
七、服务业产值	亿美元		81	
八、旅游业				
旅游入境人数	万人次		470	14.4
旅游收入	亿美元	9.1		
九、财政、金融				
财政收入	万亿基普	70.75	28.265	4
财政支出	万亿基普	92.86	31.338	
外汇储备	亿美元	8.7	8.3	
外债	亿美元			
十、对外贸易				
进出口贸易总额	亿美元	116	116.07	1.91
出口总额	亿美元	53	58.64	8.39
进口总额	亿美元	63	57.4	-1.84
十一、外商直接投资总额	亿美元	13.2	5.57	

资料来源:《对外投资合作国别(地区)指南—老挝(2020 年版)》,中国商务部网站,世界贸易组织数据库

马来西亚国民经济主要指标

指　　标	单　位	2018年	2019年	2019年比2018年增减(%)
一、年末总人口	万人	3238	3258	
二、国内生产总值	亿美元	3543	3700	4.3
人均国内生产总值	美元	11239	10850	
三、马来西亚林吉特对美元汇价	林吉特/1美元	4.0	4.13	
四、通货膨胀率	%	1.0	0.7	
五、失业率	%	3.4	3.3	
六、工业				
工业总产值	亿林吉特			
建筑业产值	亿林吉特	558.4	662.5	0.1
制造业产值	亿林吉特	2833.4	3163.6	3.8
采矿业产值	亿林吉特	969.7	1015.7	-1.5
七、农业				
农业总产值	亿林吉特		1012.9	1.8
水稻产量	万吨	955.8		
橡胶产量	万吨		80.15	
棕榈油产量	万吨	67.6	1985.5	
渔业产量	万吨	1992		
八、服务业产值	亿林吉特	6830.8	8192.2	6.1
九、旅游业				
旅游入境人数	万人次	2583	2610	
旅游收入	亿美元	203.3		
十、财政、金融				
财政收入	亿林吉特		2644	
财政支出	亿美元		3159亿马币	
外汇储备	亿美元	977.9	1036	
外债	亿林吉特		9463	
十一、对外贸易				
进出口总额	亿美元	4648	44592	
进口总额	亿美元	2474	2364.48	
出口总额	亿美元	2175	2094.72	
十二、外商直接投资总额	亿美元	80.9	76.5	

资料来源:《对外投资合作国别(地区)指南—马来西亚(2020年版)》,马来西亚统计局,中国商务部网站,世界贸易组织数据库

缅甸国民经济主要指标

指　　标	单　位	2018年	2019年	2019年比2018年增减(%)
一、年末总人口	万人	5362.5	5458	
二、国内生产总值	亿美元	712.1	760.9	6.8
人均国内生产总值	美元	1326.0	1407.8	-5.4
三、缅甸元对美元汇价				
市场汇价	缅元/1美元	1429.8	1518.3	
四、通货膨胀率	%		7.09	
五、工业				
工业总产值	亿美元			
从业人数	万人			
六、农业				
农林牧渔业总产值	百万缅元	6649742		
从业人数	万人			
茶叶产量	万吨	9.55		
稻谷产量	万吨			
木材产量	千平方英尺	8901		
肉类产量	万吨	163.42		
七、交通运输业				
公路总长	千米		41900	
铁路总长	千米		6112.29	
内河航道	千米		14842.6	
空运货物周转量	万吨千米			
八、旅游业				
旅游入境人数	万人次		436	
旅游收入	亿美元			
九、财政金融				
财政收入	万亿缅元			
财政支出	万亿缅元			
外汇储备	亿美元	53.5	54.7	
十、对外贸易				
进出口总额	亿美元	363	354	
出口总额	亿美元	168	174	
进口总额	亿美元	195	180	
十一、外商直接投资总额	亿美元	35.5	27.7	

资料来源:《对外投资合作国别(地区)指南—缅甸(2020年版)》,缅甸政府统计网站,中国驻缅甸经济商务参赞处网站,中国商务部网站

菲律宾国民经济主要指标

指　　标	单　位	2018 年	2019 年	2019 年比 2018 年增减(%)
一、年末总人口	万人	10659.9	10900.0	
二、国内生产总值	亿美元	3309.1	3349	5.9
人均国内生产总值	美元	3102.7	3485.1	
三、菲律宾比索对美元汇价	比索/1 美元	52.7	51.796	
四、通货膨胀率	%	5.2	2.5	
五、失业率	%	2.5	5.3	
六、工业				
工业总产值	亿美元		5.63 万亿比索	5.2
采矿业产值	亿美元		0.14 万亿比索	
制造业产值	亿美元	630	3.40 万亿比索	
建筑业产值	亿美元		1.50 万亿比索	
七、农业				
农林渔业总产值	百万比索	1617910.00	1.55 万亿比索	
稻谷产量	万吨	1906.6		
玉米产量	万吨			
橡胶产量	万吨	423.37		
渔业产值	亿比索			
牛肉产量	万吨	263.31		
家禽肉类产值	亿比索			
八、服务业				
服务业总产值	亿美元			
九、旅游业				
旅游入境人数	万人次	712	826	
旅游总收入	亿美元			
十、财政、金融				
财政收入	亿美元		3.137 万亿比索	10.08
财政支出	亿美元		3.798 万亿比索	11.4
外债总额	亿美元		780.5	
外汇储备	亿美元	693.8		
十一、对外贸易				
进出口贸易总额	亿美元	1822	1825.2	0.2
进口总额	亿美元	675	709.3	2.34
出口总额	亿美元	1147	1115.9	-1.11
十二、外商直接投资总额	亿美元	65	76.47	

资料来源:《对外投资合作国别(地区)指南—菲律宾(2020 年版)》,中国驻菲律宾经济商务参赞处网站,中国商务部网站

新加坡国民经济主要指标

指　　标	单　位	2018 年	2019 年	2019 年比 2018 年增减(%)
一、年末总人口	万人	563.87	570.36	
非居民	万人	164.44	167.74	
永久居民	万人	399.43	2.62	
二、国内生产总值	亿美元	3641.6	3721	0.7
人均国内生产总值	美元	64581.9	65166	
三、新加坡元对美元汇价	新元/1 美元	1.3	1.36	
四、通货膨胀率	%	1.7	0.6	
五、失业率	%	4.2	2.3	
六、工业总产值	亿新元			
制造业产值	亿新元			
建筑业产值	亿新元			
七、农业总产值	亿新元			
八、服务业总产值	亿新元			
九、旅游业				
旅客入境人数(不含从陆地入境的马来公民)	万人次		1911	3.3
旅游收入	亿美元	199.4	276.89 亿新元	
十、交通运输业				
港口集装箱吞吐量	万标准集装箱		3720	
空运客运量	万人次		6830	
空运货物量	万吨千米		200	
十一、财政金融				
财政收入	亿新元]	885.3		
财政支出	亿美元	891.3		
外汇储备	亿美元	2853.5	2795	-2
十二、对外贸易				
进出口总额	亿美元	7833	7494.8	-4.2
出口总额	亿美元	4126	3904.2	-5.2
进口总额	亿美元	3706	3590.6	-3.1
十三、外商直接投资额	亿美元	776.5	920.8	15.5

资料来源:《对外投资合作国别(地区)指南—新加坡(2020 年版)》,中新经贸合作网,中国商务部网站

泰国国民经济主要指标

指　　标	单　位	2018 年	2019 年	2019 年比 2018 年增减(%)
一、年末总人口	万人	6641	6962.6	
二、国内生产总值	亿美元	5049	5435	2.4
人均国内生产总值	美元	7273	7806.74	
三、泰铢对美元汇价	铢/1 美元	32.3	32.62	
四、通货膨胀率	%	0.36	0.71	
五、失业率	%	1.1	1	
六、工业总产值	亿美元			
七、农业				
农业总产值	亿美元			
木薯产量	万吨			
棕榈油产量	万吨			
橡胶产量	万吨		450	
木材产量	万立方米			
荔枝产量	万吨			
茶叶产量	万吨			
榴莲产量	万吨			
红毛丹产量	万吨			
蔗糖产量	万吨			
八、交通运输业				
公路总长	万千米			
铁路总长	千米		4645	
九、旅游业				
旅游入境人数	万人次	3800	3900	4
旅游收入	万美元	572	622.89	3.1
十、财政、金融				
财政收入	亿铢		25145	
财政支出	亿铢		30072	
外汇储备	亿美元	1970.3	2099.11	
十一、对外贸易				
对外贸易总额	亿美元	5018	4828.8	-3.8
出口总额	亿美元	2521	2462.4	-2.7
进口总额	亿美元	2497	2366.4	-4.7
十二、外商直接投资额	亿美元	104.9	41.46	-33

资料来源:《对外投资合作国别(地区)指南—泰国(2020 年版)》,泰国央行,中国商务部网站

越南国民经济主要指标

指　　标	单　位	2018 年	2019 年	2019 年比 2018 年增减(%)
一、年末总人口	万人	9467	9620	
二、国内生产总值	亿美元	2449.5	2620	7.02
人均国内生产总值	美元	2563.8	2786	
三、越南盾对美元汇价	越盾/1 美元	22602.1	23155	
四、通货膨胀率	%			
五、失业率	%	1.8	1.98	
六、工业				
工业总产值	万亿越盾			
原油产量	万吨	1203	1308	
发电量	亿千瓦时	1921		
七、农业				
农业渔业总产值	万亿越盾			
木材产量	千立方米	15241.2	16100	
渔业产量	万吨	7168516		
稻谷产量	万吨		4345	
玉米产量	万吨		476	
家禽产量	亿只			
咖啡产量	万吨			
橡胶产量	万吨			
生肉产量	万吨			
甘蔗产量	万吨	1783.7	1527	
水产产量	万吨		820	5.6
八、商业和服务业总收入	万亿越盾		2101	11.8
九、交通运输业				
公路客运量	亿人次		51.4	
铁路总里程	千米		3160	
航空客运量	万人次		3500	
十、旅游业				
旅游入境人数	万人次	1550		
旅游收入	亿美元		19.5	12.1
十一、财政、金融				
财政收入	亿美元	550	603.4	
财政支出	亿美元	552.73	561.7	
外汇储备	亿美元	505.7	790	
十二、对外贸易				
进出口总额	亿美元	4898	5169.6	7.6
出口总额	亿美元	2456	2634.5	8.1
进口总额	亿美元	2442	2535.1	7
十二、外商直接投资额	亿美元	155.0	203.8	6.7

资料来源:《对外投资合作国别(地区)指南—越南(2020 年版)》,越南国家统计局,越南海关总局,中国商务部网站,世界贸易组织数据库

文莱部分经济指标（2014—2019 年）

指　标	单　位	2014 年	2015 年	2016 年	2017 年	2018 年	2019 年
GDP(不变价格)	亿美元	171.0	129.3	1140	121.3	135.1	130.5
GDP(增长率)	%	-2.3	-0.6	-2.5	1.3	0.1	3.9
对美元汇率	1 美元/文莱元	1.3	1.4	1.4	1.4	1.36	
人均 GDP(不变价格)	文莱元	—	30967.9 美元	26939.4 美元	28290.6 美元	31627.7	39800
农业总产值	百万美元	125.08	98.39	101.62			
通货膨胀率(平均消费价格)	%	1.229	0.52	0.1	0.0		
失业率	%	—	2.7	6.9	7.68	7.11	6.8
人口	百万	0.41	0.42	0.426	0.436	0.44	0.459
财政收入	亿文莱元	65.91	41.17		36.8		43.6 (2019/2020)
财政支出	10 亿文莱元	59.8	57.0		56.62		38.6 (2019/2020)
外商直接投资	亿美元	5.7	1.7	-1.1	4.6	5.0	7.1 (2019/2020)
外汇储备	亿美元	31.4	28.9	29.8	33.0	32.21	

资料来源：新加坡东南亚研究所《东南亚 2017—2018》,《经济学家国别报告——文莱》,东盟秘书处网站

注：E 表示估计数据，F 表示预测数据（下同）

柬埔寨部分经济指标（2014—2019 年）

指　标	单　位	2014 年	2015 年	2016 年	2017 年	2018 年	2019 年
GDP 增长率(IMF)	%	7.1	6.9	7	7.0	7.5	7.1
农业部门增长率	%	2.58	1	0.5	1.6	6.55	
工业部门增长率	%	9.56	8.7	11.4			
服务部门增长率	%	7.48	9				
出口额	百万美元	7690	8990	10000	11950	12700	14530
进口额	百万美元	10430	11544	12300	13980	17500	22190
贸易差额	百万美元	-2740	-2554	-2300	-2030	-4800	-7660
财政收支差额占 GDP 比重	%	—	5.19				
通货膨胀率(IMF)	%	3.86	3	2	2.7	2.5	1.98
债务总额	百万美元	—	1063.3	8310			12640
外汇储备	亿美元	55.3	67.6	82.50	111	132.2	187.63
汇率	瑞尔/美元	4037.5	4067.8	4058.7	4050		

资料来源：新加坡东南亚研究所《东南亚 2017—2018》,《经济学家国别报告——柬埔寨》,东盟秘书处网站

印度尼西亚部分经济指标（2014—2019 年）

指　标	单　位	2014 年	2015 年	2016 年	2017 年	2018 年	2019 年
GDP(现价)	亿美元	6350	8617	9324	10152	10400	11200
出口额	10 亿美元	176.29	150.25	144.43	168.73	180.2	167
进口额	10 亿美元	178.18	142.74	135.65	156.90	188.7	170
总人口	万人	24881.8	25546.2	25870.5	26197	26414	26800
家庭消费年增长率	%	6.48	4.1	5.7	4.95		
通货膨胀率	%	8.36	3.1	3.53	3.61	3.2	2.72
财政收支差额占 GDP 比重	%	—	2.8				
人均 GDP 增长率	%	3.71	3.53	3.83	3.8	4.0	5.02
外汇储备	亿美元	1060.7	1006.3	1109.3	1241.4	1147.8	282
汇率	印尼盾/1 美元	11865.2	13389.4	13308.3	13380.9	14236.9	
国内总储蓄	亿美元	3012.00	3000.24	3269.2	3135.2		

资料来源：新加坡东南亚研究所《东南亚 2017—2018》,《经济学家国别报告——印度尼西亚》,东盟秘书处网站

老挝部分经济指标（2014—2019 年）

指　标	单　位	2014 年	2015 年	2016 年	2017 年	2018 年	2019 年
国土总面积	万平方千米	23.68	23.68	23.68	23.68	23.68	23.68
年末总人口	万人	680.9	649.2	649.2	690.1	701.30	691.4
GDP 增长率	%	7.6	7.5	7.02	6.9	6.5	5.5
人均国内生产总值	美元	1949	2226	2408	2542.45	2585	2654
对美元汇价	基普/1 美元	8049	8147.9	8129.1	8351.4	8489.2	
通货膨胀率	%	5.16	1.28	1.6	3.82		3.32
工业总产值	万亿基普	31.01	33.77	37.82			
农业总产值	万亿基普	26.42	27.21	27.945			
旅游入境人数	万人次	400	430	423	325.7		
旅游收入	亿美元	—	6.72	7.2	7.7		
外汇储备	亿美元	8.0	9.7	7.8	11.6	8.7	8.3
进出口总额	亿美元	81.3	68	78	87	116	116.04
出口总额	亿美元	35.8	38	31	36	53	58.64
进口总额	亿美元	45.5	30	47	51	63	57.40
引进外资总额	亿美元	33.83	12.6	10.0	16.0	13.2	5.57

资料来源：新加坡东南亚研究所《东南亚 2017—2018》,《经济学家国别报告——老挝》,东盟秘书处网站

马来西亚部分经济指标（2014—2019 年）

指 标	单 位	2014 年	2015 年	2016 年	2017 年	2018 年	2019 年
国土总面积	万平方千米	33.080	33.080	33.080	33.080	33.080	33.080
年末总人口	万人	3026	3049	3118.73	3205.0	3238	3258
国内生产总值	亿美元	3374.97	2943.9	2965.4	3145	3543	3647
人均国内生产总值	美元	10802.9	11581	9850	9944.9	11239	11414.8
对美元汇价	林吉特	3.3	3.9	4.1	4.3	4.0	
通货膨胀率	%	3.2	2.1	2.13	3.82	1.0	0.7
失业率	%	2.9	3.2	3.5	3.4	3.4	3.3
工业总产值	亿林吉特	382.82	—				
农业总产值	亿林吉特	2893.71	—			955.8	1012.9
旅游入境人数	万人次	2743.73	2570	2675.7	2594.8	2583	2610
旅游收入	亿林吉特	720	695	180.9 亿美元	183.5 亿美元	203.3 亿美元	208 亿美元
财政收入	亿林吉特	2151	1654	2124	2204		2644
外汇储备	亿美元	1117.1	914.3	911.9	989.4	977.9	1036
进出口总额	亿美元	14491.5 亿林吉特	3416	3578	4138	4648	4432
出口总额	亿美元	7661.3	1818.0	1894.0	1955.1	2175	2381.9
进口总额	亿美元	6830.2	1598.0	1684.0	2182.89	2474	2050.1
引进外资总额	亿林吉特	353	361	113.4	95.4	80.9	76.5

资料来源：新加坡东南亚研究所《东南亚 2017—2018》，《经济学家国别报告——马来西亚》，东盟秘书处网站

缅甸部分经济指标（2013—2019 年）

指 标	单 位	2013/2014 财年	2014/2015 财年	2015/2016 财年	2016/2017 财年	2017/2018 财年	2018/2019 财年
国土总面积	万平方千米	67.659	67.659	67.659	67.659	67.659	67.659
年末总人口	万人	61568	51991	52450	53388	53625	5458
GDP 增长率	%	7.8	8.3	6.5	6.4	6.2	6.5
人均国内生产总值	美元	1269	1194.6	1196.1	1256.7	1326.0	1254
对美元汇价	缅元	—	1162.6	1234.9	1360.4	1429.8	
通货膨胀率	%	6.6	7.5	6.92	6.5		7.09
失业率	%	—	4.0				1
农牧林渔业总产值	百万缅元	17132994	18162255	19466837	20313708	21106493	
旅游入境人数	万人次	350	468	290	344.3		436(2019)
财政赤字占 GDP 比重	%	—	2.9				
外汇储备	亿美元	66	38	46.2	49.1	53.5	56.67
进出口总额	亿美元	224.55	291	276	335.1	363	351.47
出口总额	亿美元	92.42	122	110	148.36	168	170.6
进口总额	亿美元	132.12	169	166	156.73	195	180.87
引进外资总额	亿美元	5.8	9.5	28.7	29.9	43.3	27.7

资料来源：新加坡东南亚研究所《东南亚 2017—2018》，《经济学家国别报告——缅甸》，东盟秘书处网站

菲律宾部分经济指标（2014—2019 年）

指　标	单　位	2014 年	2015 年	2016 年	2017 年	2018 年	2019 年
国土总面积	万平方千米	30.00	30.00	29.82	29.97	29.97	29.97
年末总人口	万人	9988	10156	10332	10492	106599	
GDP 增长率	%	6.1	5.8	6.8	6.68	6.2	5.9
人均 GDP	美元	2849	2919.7	2951.1	2989.05	3102.7	3319
汇率	比索/1 美元	44.4	45.5	47.5	50.4	52.7	
通货膨胀率	%	4.1	1.4	1.77	3.2	5.2	2.5
失业率	%	6	6.3	5.5	2.6	2.5	5.3
工业总产值	亿比索	37599.2	909.1 亿美元		954.97 亿美元		56300
农业总产值	亿美元	16000	299.7	295.47			1.55 万亿比索
旅游入境人数	万人次	483	536	596.7	662.1	712	826
旅游收入	亿比索	5330	50 亿美元	2301.3	83.5 亿美元		
财政收支差额占 GDP 比重	%	0.6	1.6				3.55
外汇储备	亿美元	702.6	723.5	718.5	716.0	693.8	
进出口总额	亿美元	1257	1253.34	1373.91	1551.33	1822	1825.2
出口总额	亿美元	618	586.48	562.32	928	675	709.3
进口总额	亿美元	639	666.86	811.59	632.33	1174	1115.9
引进外资总额	亿美元	62.01	56.6	79.33	95.2	65	76.47

资料来源：新加坡东南亚研究所《东南亚 2017—2018》，《经济学家国别报告——菲律宾》，东盟秘书处网站

新加坡部分经济指标（2014—2019 年）

指　标	单　位	2014 年	2015 年	2016 年	2017 年	2018 年	2019 年
国土总面积	万平方千米	0.07183	0.072	0.072	0.072	0.072	0.072
年末总人口	万人	547	553.5	560.73	561.23	563.87	570.36
GDP 增长率	%	2.9	2.1	2	3.62	3.1	0.7
人均国内生产总值	美元	56337	53630	52962	57714.3	64581.9	65166
汇率	新元/美元	1.3	1.42	1.4	1.4	1.3	
通货膨胀率	%	1	0.5	0.9	1.5	1.7	0.6
失业率	%	1.9	2.8	3	4.3	4.2	2.3
工业总产值	亿新元	900	—				
服务业增长率	%	3.1	3.4	1		2.8	
旅游入境人数	万人次	1508.6	1523.1	1604.4			1911
旅游收入	亿美元	191.6	166.2	189.5	197.1	199.4	276.89 亿新元
财政收入	亿新元	606	—		885.3		
外汇储备	亿美元	2545.6	2457.2	2443.7	2778.1	2853.5	2785
进出口总额	亿新元	9827	6631 亿美元	6300 亿美元	7009	7833	10222.26
出口总额	亿新元	5189	3663 亿美元	3381 亿美元	3732	4126	5325.14
进口总额	亿新元	4638	2968 亿美元	2919 亿美元	3277	3706	4897.12
外资净流入	亿美元	675.2	7149.9 亿新元	774.5	620.1	776.5	920.8

资料来源：新加坡东南亚研究所《东南亚 2017—2018》，《经济学家国别报告——新加坡》，新加坡统计局网站、东盟秘书处网站

泰国部分经济指标（2014—2019 年）

指　标	单　位	2014 年	2015 年	2016 年	2017 年	2018 年	2019 年
国土总面积	万平方千米	51.312	51.312	51.09	51.31	51.31	51.31
年末总人口	万人	6512.47	6572.91	6593.16	6618.85	6641	6962.6
GDP 增长率	%	0.8	2.8	3.23	3.9	4.1	2.4
人均国内生产总值	美元	5379	5814.9	5907.9	6336	7273	8169
对美元汇价	铢	32.48	34.2	35.3	32.66	32.3	
通货膨胀率	%	1.9	0.9	0.2	1.2	0.36	
失业率	%	0.7	0.65	1.0	1.2	1.1	1
旅游入境人数	万人次	2477	2990	3257	3500	3800	3900
旅游收入	亿美元	420.5	485.3	524.7	621.6	572	622.89
财政收入	亿铢	23060	—				25145
外汇储备	亿美元	1490.6	1492.9	1641.5	1940.5	1970.3	2099.11
进出口总额	亿美元	4555.26	4170.29	4094.4	4605.1	5018	4828.8
出口总额	亿美元	2275.74	2143.75	2136.6	2359.3	2521	2462.4
进口总额	亿美元	2279.74	2026.54	1957.8	2248.8	2497	2366.4

资料来源：新加坡东南亚研究所《东南亚 2017—2018》,《经济学家国别报告——泰国》,东盟秘书处网站

越南部分经济指标（2014—2019 年）

指　标	单　位	2014 年	2015 年	2016 年	2017 年	2018 年	2019 年
国土总面积	万平方千米	33.095	33.095	33.095	33.095	33.095	33.095
年末总人口	万人	9073	9171	9270.11	9367	9467	9620
国内生产总值	亿美元	1840	1988.05	2052.88	2238.6	2449.5	2620
GDP 增长率	%	5.98	6.68	6.21	6.8	7.1	7.02
人均国内生产总值	美元	2063	2109	2215	2385	2563.8	2786
对美元汇价	越盾	21148	21697.6	21935	22370.1	22602.1	23155
通货膨胀率	%	—	0.63	0.63	4.37		
失业率	%	—	2.45	2.3	1.9	1.8	1.98
工业总产值	万亿越盾	703.47	772.41	826.94			
农业总产值	万亿越盾	324.75	—	870.7			
旅游入境人数	万人次	787.4	794.37	1001	1292.2	1550	1800
旅游收入	亿美元	74.1	73.5	85.0	88.9		
财政收入	万亿越盾	814.1	884.8	943.3			1414.3
外汇储备	亿美元	338	278.8	361.7	486.9	505.7	790
进出口总额	亿美元	2982.4	3280	3491	4248	4898	5169.6
出口总额	亿美元	1501.9	1624	1759	2137.7	3456	2634.5
进口总额	亿美元	1480.5	1656	1732	2111	2442	2535.1
引进外资总额	亿美元	92.0	118.0	126.0	141.0	155	203.8

资料来源：新加坡东南亚研究所《东南亚 2017—2018》,《经济学家国别报告——越南》,东盟秘书处网站

（黄李莉）

印度尼西亚与主要贸易伙伴进出口情况(2019 年)

出口				进口			
国家和地区	金额（百万美元）	比上年增减（%）	占比重（%）	国家和地区	金额（百万美元）	比上年增减（%）	占比重（%）
总值	167003	-7.3	100.0	总值	170388	-9.3	100.0
中国	27877	2.8	16.7	中国	44895	-1.0	26.4
美国	17647	-4.2	10.6	新加坡	17096	-20.1	10.0
日本	15928	-18.2	9.5	日本	15609	-12.7	9.2
新加坡	12929	-0.5	7.7	泰国	9462	-13.0	5.6
印度	11774	-14.2	7.1	美国	9249	-8.9	5.4
马来西亚	8942	-5.3	5.4	韩国	8416	-6.9	4.9
韩国	7210	-24.4	4.3	马来西亚	7725	-9.8	4.5
菲律宾	6758	-1.0	4.1	澳大利亚	5515	-5.2	3.2
泰国	6213	-8.9	3.7	印度	4295	-14.2	2.5
越南	5150	12.4	3.1	越南	3839	1.4	2.3
中国台湾	4016	-14.6	2.4	中国台湾	3650	3.0	2.1
荷兰	3188	-18.2	1.9	沙特阿拉伯	3568	-27.3	2.1
中国香港	2495	-2.5	1.5	德国	3451	-12.9	2.0
德国	2351	-13.3	1.4	中国香港	3198	22.0	1.9
澳大利亚	2323	-17.1	1.4	阿联酋	2183	19.4	1.3

马来西亚与主要贸易伙伴进出口情况(2019 年)

出口				进口			
国家和地区	金额（百万美元）	比上年增减（%）	占比重（%）	国家和地区	金额（百万美元）	比上年增减（%）	占比重（%）
总值	238189	-4.3	100.0	总值	205012	-6.0	100.0
中国	33705	-2.2	14.2	中国	42390	-2.5	20.7
新加坡	33049	-4.9	13.9	新加坡	21618	-15.4	10.5
美国	23122	2.7	9.7	美国	16579	3.0	8.1
中国香港	16070	-13.4	6.8	日本	15353	-3.1	7.5
日本	15762	-9.8	6.6	中国台湾	13772	-12.5	6.7
泰国	13485	-4.7	5.7	泰国	10682	-11.4	5.2
印度	9068	0.5	3.8	韩国	9368	-3.8	4.6
中国台湾	8918	9.9	3.7	印度尼西亚	9367	-6.6	4.6
越南	8386	-1.5	3.5	德国	6458	-1.3	3.2
韩国	8151	-3.8	3.4	印度	5859	-10.7	2.9
印度尼西亚	7445	-6.0	3.1	澳大利亚	5623	5.2	2.7
澳大利亚	6861	-17.3	2.9	越南	4728	-2.0	2.3
德国	6274	-10.5	2.6	沙特阿拉伯	4544	2.7	2.2
荷兰	6114	-4.6	2.6	阿联酋	3727	28.6	1.8
菲律宾	4389	4.5	1.8	中国香港	3392	-9.6	1.7

新加坡与主要贸易伙伴进出口情况(2019 年)

出口				进口			
国家和地区	金额（百万美元）	比上年增减（%）	占比重（%）	国家和地区	金额（百万美元）	比上年增减（%）	占比重（%）
总值	390421	-5.2	100.0	总值	359057	-3.1	100.0
中国	51625	2.4	13.2	中国	49047	-1.2	13.7
中国香港	44384	-8.7	11.4	美国	43779	4.5	12.2
马来西亚	41165	-8.3	10.5	马来西亚	41697	-2.6	11.6
美国	33229	8.4	8.5	中国台湾	32372	3.1	9.0
印度尼西亚	27365	-17.0	7.0	日本	19382	-12.6	5.4
日本	17638	-11.8	4.5	印度尼西亚	15604	2.5	4.4
中国台湾	16391	-3.3	4.2	韩国	13710	-3.4	3.8
泰国	15357	-1.3	3.9	法国	12160	6.7	3.4
韩国	15216	-2.9	3.9	阿联酋	11521	18.8	3.2
越南	12963	7.8	3.3	德国	9911	-2.1	2.8
印度	11446	-7.2	2.9	英国	8854	15.0	2.5
澳大利亚	11298	-10.9	2.9	沙特阿拉伯	8408	-33.4	2.3
荷兰	8598	-3.6	2.2	泰国	7657	-7.7	2.1
菲律宾	8531	7.3	2.2	菲律宾	7100	-9.1	2.0
德国	5847	-8.8	1.5	瑞士	6665	-34.1	1.9

泰国与主要贸易伙伴进出口情况(2019 年)

出口				进口			
国家和地区	金额（百万美元）	比上年增减（%）	占比重（%）	国家和地区	金额（百万美元）	比上年增减（%）	占比重（%）
总值	245344	-2.2	100.0	总值	239980	-3.8	100.0
美国	31290	12.5	12.8	中国	50980	1.6	21.2
中国	29021	-3.4	11.8	日本	33641	-5.1	14.0
日本	24468	-1.0	10.0	美国	17596	16.9	7.3
越南	12060	-6.1	4.9	马来西亚	13081	-1.7	5.5
中国香港	11693	-5.8	4.8	韩国	8740	-2.1	3.6
马来西亚	10415	-9.7	4.3	中国台湾	8129	-6.4	3.4
澳大利亚	10151	-5.0	4.1	新加坡	7756	0.4	3.2
印度尼西亚	9046	-11.0	3.7	阿联酋	7538	-28.0	3.1
新加坡	8763	-4.7	3.6	印度尼西亚	7341	-8.2	3.1
印度	7306	-3.4	3.0	德国	6358	-6.5	2.7
柬埔寨	7122	-5.7	2.9	沙特阿拉伯	5830	-19.9	2.4
菲律宾	6916	-11.8	2.8	越南	5529	-3.5	2.3
瑞士	5301	121.8	2.2	印度	4879	-0.3	2.0
荷兰	4723	-8.5	1.9	澳大利亚	4030	-31.8	1.7
韩国	4704	-3.9	1.9	泰国	3723	11.3	1.6

印度尼西亚对中国出口主要商品构成(2018—2019 年)

商品类别	2019 年(百万美元)	2018 年(百万美元)	2019 年比上年增减(%)	2019 年占比重(%)
总值	27877	27127	2.8	100.0
矿物燃料、矿物油及其产品;沥青等	8285	8793	-5.8	29.7
动、植物油、脂、蜡;精制食用油脂	3621	3254	11.3	13.0
钢铁	3115	2609	19.4	11.2
矿砂、矿渣及矿灰	2335	1969	18.6	8.4
木浆等纤维状纤维素浆;废纸及纸板	2021	1888	7.1	7.3
杂项化学产品	1030	1219	-15.5	3.7
有机化学品	814	805	1.1	2.9
鱼及其他水生无脊椎动物	591	468	26.3	2.1
铜及其制品	579	539	7.3	2.1
木及木制品;木炭	535	672	-20.4	1.9
鞋靴、护腿和类似品及其零件	527	534	-1.3	1.9
橡胶及其制品	451	582	-22.4	1.6
纸及纸板;纸浆、纸或纸板制品	447	607	-26.4	1.6
塑料及其制品	372	265	40.3	1.3
棉花	347	359	-3.4	1.2
核反应堆、锅炉、机械器具及零件	256	219	16.9	0.9
电机、电气、音像设备及其零附件	256	295	-13.3	0.9
乳;蛋;蜂蜜;其他食用动物产品	219	141	55.7	0.8
谷物粉、淀粉等或乳的制品;糕饼	199	195	2.1	0.7
油籽;子仁;工业或药用植物;饲料	191	171	11.4	0.7
无机化学品;贵金属等的化合物	165	138	19.4	0.6
非针织或非钩编的服装及衣着附件	134	153	-12.1	0.5
化学纤维短纤	124	99	26.2	0.5
针织或钩编的服装及衣着附件	108	138	-21.6	0.4
乐器及其零件、附件	106	101	5.6	0.4
食品工业的残渣及废料;配制的饲料	87	75	15.8	0.3
可可及可可制品	76	81	-6.8	0.3
洗涤剂、润滑剂、人造蜡、塑型膏等	71	99	-28.6	0.3
车辆及其零附件,但铁道车辆除外	66	90	-26.7	0.2
虫胶;树胶、树脂及其他植物液、汁	64	39	63.1	0.2
以上合计	27192	26597	2.2	97.5

印度尼西亚自中国进口主要商品构成(2018—2019 年)

商品类别	2019 年(百万美元)	2018 年(百万美元)	2019 年比上年增减(%)	2019 年占比重(%)
总值	44895	45349	-1.0	100.0
核反应堆、锅炉、机械器具及零件	10671	9817	8.7	23.8
电机、电气、音像设备及其零附件	9206	9992	-7.9	20.5
钢铁	2101	2162	-2.9	4.7
塑料及其制品	1810	1747	3.6	4.0
钢铁制品	1480	1496	-1.1	3.3
有机化学品	1404	1533	-8.4	3.1
车辆及其零附件,但铁道车辆除外	1072	1010	6.2	2.4
化学纤维长丝	998	963	3.6	2.2

续表

商品类别	2019年（百万美元）	2018年（百万美元）	2019年比上年增减（%）	2019年占比重（%）
家具；寝具等；灯具；活动房	895	706	26.8	2.0
食用水果及坚果；甜瓜等水果的果皮	814	740	10.1	1.8
杂项化学产品	681	630	8.3	1.5
无机化学品；贵金属等的化合物	668	833	-19.7	1.5
光学、照相、医疗等设备及零附件	661	594	11.4	1.5
铝及其制品	651	878	-25.8	1.5
针织物及钩编织物	602	591	1.9	1.3
食用蔬菜、根及块茎	588	527	11.7	1.3
棉花	517	544	-5.0	1.2
矿物燃料、矿物油及其产品；沥青等	511	521	-1.9	1.1
化学纤维短纤	507	667	-23.9	1.1
贱金属杂项制品	466	480	-3.0	1.0
鞣料；着色料；涂料；油灰；墨水等	462	504	-8.4	1.0
鞋靴、护腿和类似品及其零件	456	407	11.9	1.0
肥料	412	525	-21.6	0.9
纸及纸板；纸浆、纸或纸板制品	382	361	5.8	0.9
铜及其制品	356	377	-5.5	0.8
杂项制品	343	333	2.9	0.8
陶瓷产品	343	464	-26.1	0.8
橡胶及其制品	341	374	-8.6	0.8
玩具、游戏或运动用品及其零附件	335	321	4.4	0.8
浸、包或层压织物；工业用纺织制品	320	321	-0.3	0.7
以上合计	40053	40417	-0.9	89.2

马来西亚对中国出口主要商品构成（2018—2019年）

商品类别	2019年（百万美元）	2018年（百万美元）	2019年比上年增减（%）	2019年占比重（%）
总值	33705	34466	-2.2	100.0
电机、电气、音像设备及其零附件	11940	12519	-4.6	35.4
矿物燃料、矿物油及其产品；沥青等	4890	5153	-5.1	14.5
塑料及其制品	2753	2480	11.0	8.2
核反应堆、锅炉、机械器具及零件	1573	2440	-35.6	4.7
动、植物油、脂、蜡；精制食用油脂	1442	1238	16.5	4.3
光学、照相、医疗等设备及零附件	1324	1177	12.5	3.9
橡胶及其制品	1319	1464	-9.9	3.9
铜及其制品	1209	1155	4.7	3.6
有机化学品	1203	1514	-20.5	3.6
矿砂、矿渣及矿灰	1004	1065	-5.8	3.0
杂项化学产品	640	673	-4.9	1.9
钢铁	625	133	369.7	1.9
铝及其制品	363	184	96.8	1.1
无机化学品；贵金属等的化合物	282	257	9.8	0.8
航空器、航天器及其零件	241	199	21.5	0.7
鱼及其他水生无脊椎动物	227	109	109.2	0.7
木浆等纤维状纤维素浆；废纸及纸板	208	10	2079.1	0.6
玻璃及其制品	182	108	68.4	0.5
木及木制品；木炭	180	210	-14.4	0.5

续表

商品类别	2019 年（百万美元）	2018 年（百万美元）	2019 年比上年增减（%）	2019 年占比重（%）
棉花	174	216	-19.2	0.5
杂项食品	137	132	3.7	0.4
洗涤剂、润滑剂、人造蜡、塑型膏等	135	146	-7.3	0.4
车辆及其零附件，但铁道车辆除外	125	195	-35.7	0.4
可可及可可制品	119	106	12.8	0.4
乳；蛋；蜂蜜；其他食用动物产品	102	71	42.8	0.3
镍及其制品	93	324	-71.4	0.3
谷物粉、淀粉等或乳的制品；糕饼	90	108	-16.8	0.3
家具；寝具等；灯具；活动房	75	92	-18.4	0.2
食用水果及坚果；甜瓜等水果的果皮	72	46	57.9	0.2
鞣料；着色料；涂料；油灰；墨水等	68	62	8.7	0.2
以上合计	32796	33585	-2.3	97.3

马来西亚自中国进口主要商品构成（2018—2019 年）

商品类别	2019 年（百万美元）	2018 年（百万美元）	2019 年比上年增减（%）	2019 年占比重（%）
总值	42390	43484	-2.5	100.0
电机、电气、音像设备及其零附件	13636	14245	-4.3	32.2
核反应堆、锅炉、机械器具及零件	7004	7379	-5.1	16.5
矿物燃料、矿物油及其产品；沥青等	2952	2248	31.3	7.0
塑料及其制品	1770	1621	9.2	4.2
车辆及其零附件，但铁道车辆除外	1204	819	46.9	2.8
钢铁制品	1123	1223	-8.2	2.7
钢铁	1039	1557	-33.3	2.5
杂项化学产品	965	1081	-10.7	2.3
铝及其制品	947	1044	-9.3	2.2
光学、照相、医疗等设备及零附件	939	980	-4.2	2.2
有机化学品	747	795	-6.0	1.8
家具；寝具等；灯具；活动房	714	687	4.0	1.7
纸及纸板；纸浆、纸或纸板制品	547	518	5.7	1.3
无机化学品；贵金属等的化合物	515	683	-24.6	1.2
食用蔬菜、根及块茎	464	470	-1.3	1.1
铜及其制品	408	561	-27.2	1.0
玩具、游戏或运动用品及其零附件	328	299	9.5	0.8
橡胶及其制品	314	287	9.3	0.7
玻璃及其制品	304	332	-8.5	0.7
针织或钩编的服装及衣着附件	292	426	-31.5	0.7
陶瓷产品	255	312	-18.3	0.6
鞋靴、护腿和类似品及其零件	254	329	-22.7	0.6
非针织或非钩编的服装及衣着附件	253	324	-21.8	0.6
皮革制品；旅行箱包；动物肠线制品	240	281	-14.6	0.6
鞣料；着色料；涂料；油灰；墨水等	205	197	3.9	0.5
木及木制品；木炭	203	192	5.4	0.5
贱金属杂项制品	198	222	-10.5	0.5
其他纺织制品；成套物品；旧纺织品	194	210	-7.6	0.5
化学纤维长丝	194	244	-20.7	0.5
珠宝、贵金属及制品；仿首饰；硬币	193	165	17.1	0.5
以上合计	38398	39729	-3.4	90.6

新加坡对中国出口主要商品构成(2018—2019 年)

商品类别	2019 年(百万美元)	2018 年(百万美元)	2019 年比上年增减(%)	2019 年占比重(%)
总值	51625	50413	2.4	100.0
电机、电气、音像设备及其零附件	15903	15680	1.4	30.8
核反应堆、锅炉、机械器具及零件	6543	6082	7.6	12.7
塑料及其制品	5539	5675	-2.4	10.7
珠宝、贵金属及制品;仿首饰;硬币	5247	2895	81.3	10.2
矿物燃料、矿物油及其产品;沥青等	3967	4676	-15.2	7.7
光学、照相、医疗等设备及零附件	3121	2810	11.1	6.1
有机化学品	2967	3639	-18.5	5.8
精油及香膏;香料制品及化妆盥洗品	1891	1383	36.8	3.7
杂项化学产品	1171	1191	-1.7	2.3
航空器、航天器及其零件	697	770	-9.5	1.4
饮料、酒及醋	499	408	22.4	1.0
橡胶及其制品	439	544	-19.3	0.9
木浆等纤维状纤维素浆;废纸及纸板	378	579	-34.7	0.7
药品	326	485	-32.7	0.6
洗涤剂、润滑剂、人造蜡、塑型膏等	316	374	-15.6	0.6
车辆及其零附件,但铁道车辆除外	298	374	-20.4	0.6
铜及其制品	217	598	-63.7	0.4
钢铁制品	113	77	46.2	0.2
鞣料;着色料;涂料;油灰;墨水等	107	123	-13.1	0.2
镍及其制品	103	116	-10.8	0.2
钟表及其零件	83	81	3.1	0.2
钢铁	82	175	-53.2	0.2
谷物粉、淀粉等或乳的制品;糕饼	79	113	-29.9	0.2
印刷品;手稿、打字稿及设计图纸	70	113	-38.0	0.1
杂项食品	69	49	40.6	0.1
贱金属器具、利口器、餐具及零件	67	70	-3.8	0.1
可可及可可制品	65	70	-7.1	0.1
无机化学品;贵金属等的化合物	51	45	12.7	0.1
纸及纸板;纸浆、纸或纸板制品	51	70	-27.6	0.1
化学纤维长丝	49	56	-12.2	0.1
以上合计	50508	49318	2.4	97.8

新加坡自中国进口主要商品构成(2018—2019 年)

商品类别	2019 年(百万美元)	2018 年(百万美元)	2019 年比上年增减(%)	2019 年占比重(%)
总值	49047	49662	-1.2	100.0
电机、电气、音像设备及其零附件	19443	20828	-6.7	39.6
核反应堆、锅炉、机械器具及零件	10527	10404	1.2	21.5
矿物燃料、矿物油及其产品;沥青等	7321	6356	15.2	14.9
光学、照相、医疗等设备及零附件	1151	1104	4.2	2.4
有机化学品	889	857	3.7	1.8
钢铁制品	838	845	-0.9	1.7
塑料及其制品	752	747	0.7	1.5
钢铁	536	825	-35.0	1.1

续表

商品类别	2019年（百万美元）	2018年（百万美元）	2019年比上年增减(%)	2019年占比重(%)
家具;寝具等;灯具;活动房	428	445	-3.9	0.9
航空器、航天器及其零件	418	410	2.1	0.9
杂项化学产品	384	410	-6.4	0.8
铝及其制品	363	371	-2.0	0.7
玩具、游戏或运动用品及其零附件	298	297	0.3	0.6
皮革制品;旅行箱包;动物肠线制品	295	312	-5.4	0.6
针织或钩编的服装及衣着附件	294	318	-7.5	0.6
非针织或非钩编的服装及衣着附件	293	341	-14.0	0.6
珠宝、贵金属及制品;仿首饰;硬币	272	309	-12.1	0.6
纸及纸板;纸浆、纸或纸板制品	271	272	-0.2	0.6
烟草、烟草及烟草代用品的制品	255	221	15.3	0.5
鞋靴、护腿和类似品及其零件	249	258	-3.4	0.5
铁道车辆;轨道装置;信号设备	207	157	32.3	0.4
车辆及其零附件,但铁道车辆除外	206	178	16.0	0.4
精油及香膏;香料制品及化妆盥洗品	156	220	-29.1	0.3
食用蔬菜、根及块茎	155	147	5.7	0.3
玻璃及其制品	143	134	6.6	0.3
贱金属器具、利口器、餐具及零件	143	151	-5.3	0.3
无机化学品;贵金属等的化合物	140	163	-14.1	0.3
橡胶及其制品	136	135	0.6	0.3
鞣料;着色料;涂料;油灰;墨水等	124	124	0.4	0.3
贱金属杂项制品	121	128	-5.6	0.3
以上合计	46809	47466	-1.4	95.4

泰国对中国出口主要商品构成（2018—2019年）

商品类别	2019年（百万美元）	2018年（百万美元）	2019年比上年增减(%)	2019年占比重(%)
总值	29021	30056	-3.4	100.0
橡胶及其制品	4012	4758	-15.7	13.8
塑料及其制品	3468	3355	3.4	12.0
核反应堆、锅炉、机械器具及零件	3337	3626	-8.0	11.5
电机、电气、音像设备及其零附件	2904	3199	-9.2	10.0
食用水果及坚果;甜瓜等水果的果皮	2093	1009	107.5	7.2
有机化学品	1533	2474	-38.0	5.3
车辆及其零附件,但铁道车辆除外	1351	1020	32.4	4.7
光学、照相、医疗等设备及零附件	1315	1210	8.7	4.5
木及木制品;木炭	1113	1354	-17.8	3.8
矿物燃料、矿物油及其产品;沥青等	949	1300	-27.0	3.3
制粉工业产品;麦芽;淀粉等;面筋	678	742	-8.6	2.3
食用蔬菜、根及块茎	537	906	-40.7	1.9
鱼及其他水生无脊椎动物	390	260	50.1	1.4
铜及其制品	383	209	83.2	1.3
精油及香膏;香料制品及化妆盥洗品	315	219	43.8	1.1
糖及糖食	313	156	101.5	1.1
珠宝、贵金属及制品;仿首饰;硬币	303	347	-12.7	1.0
谷物	303	549	-44.8	1.0
杂项食品	232	229	1.2	0.8

续表

商品类别	2019年（百万美元）	2018年（百万美元）	2019年比上年增减(%)	2019年占比重(%)
肉及食用杂碎	221	62	256.1	0.8
蛋白类物质;改性淀粉;胶;酶	181	162	11.7	0.6
钢铁制品	172	231	-25.7	0.6
蔬菜、水果等或植物其他部分的制品	158	112	40.6	0.5
杂项化学产品	157	130	20.7	0.5
纸及纸板;纸浆、纸或纸板制品	146	149	-1.9	0.5
家具;寝具等;灯具;活动房	136	129	6.0	0.5
毛皮、人造毛皮及其制品	130	76	71.4	0.5
化学纤维短纤	128	154	-17.4	0.4
食品工业的残渣及废料;配制的饲料	117	131	-10.8	0.4
饮料、酒及醋	115	93	23.2	0.4
以上合计	27192	28353	-4.1	93.7

泰国自中国进口主要商品构成（2018—2019年）

商品类别	2019年（百万美元）	2018年（百万美元）	2019年比上年增减(%)	2019年占比重(%)
总值	50980	50167	1.6	100.0
电机、电气、音像设备及其零附件	14171	15114	-6.2	27.8
核反应堆、锅炉、机械器具及零件	9122	8430	8.2	17.9
塑料及其制品	2521	2522	0.0	5.0
钢铁	2495	2560	-2.5	4.9
钢铁制品	2394	2632	-9.0	4.7
车辆及其零附件,但铁道车辆除外	1492	1465	1.8	2.9
光学、照相、医疗等设备及零附件	1210	1169	3.5	2.4
有机化学品	1142	1248	-8.5	2.2
杂项化学产品	1091	1297	-15.9	2.1
铝及其制品	1078	1070	0.7	2.1
矿物燃料、矿物油及其产品;沥青等	1072	232	361.2	2.1
铜及其制品	892	735	21.3	1.8
家具;寝具等;灯具;活动房	854	734	16.3	1.7
无机化学品;贵金属等的化合物	849	954	-11.0	1.7
食用蔬菜、根及块茎	559	484	15.5	1.1
珠宝、贵金属及制品;仿首饰;硬币	446	482	-7.5	0.9
纸及纸板;纸浆、纸或纸板制品	429	399	7.6	0.8
橡胶及其制品	414	388	6.9	0.8
非针织或非钩编的服装及衣着附件	412	406	1.5	0.8
皮革制品;旅行箱包;动物肠线制品	392	342	14.9	0.8
食用水果及坚果;甜瓜等水果的果皮	382	407	-5.9	0.8
玻璃及其制品	380	348	9.0	0.8
贱金属杂项制品	349	349	0.0	0.7
鱼及其他水生无脊椎动物	321	309	4.1	0.6
化学纤维长丝	315	284	10.9	0.6
鞣料;着色料;涂料;油灰;墨水等	308	318	-2.9	0.6
陶瓷产品	301	320	-5.8	0.6
船舶及浮动结构体	291	164	78.1	0.6
浸、包或层压织物;工业用纺织制品	291	294	-1.3	0.6
玩具、游戏或运动用品及其零附件	289	292	-0.9	0.6
以上合计	46264	45745	1.1	90.8

东盟国家货物进出口情况(2018 年)

国家和地区	货物贸易总额(亿美元)	占世界(东盟)比重(%)	出口额(亿美元)	比上年增长(%)	进口额(亿美元)	比上年增长(%)
东盟	28828	7.2②	14473	9.99	14356	14.14
文莱	107	0.3①	54	-3.57	52	47.74
柬埔寨	334	1.0①	144	19	191	23.22
印度尼西亚	3689	12.7①	1802	6.75	1887	20.19
老挝	116	0.4①	53	10.42	63	12.5
马来西亚	4648	16.1①	2474	13.64	2175	11.65
缅甸	363	1.2①	168	20.86	195	1.04
菲律宾	1822	6.3①	675	-1.75	1147	12.56
新加坡	7833	27.4①	4126	10.56	3706	13.09
泰国	5018	18.0①	2521	6.55	2497	12.73
越南	4898	16.6①	2456	14.61	2442	15.46

注:①占东盟比重。②占世界比重

资料来源:世界贸易组织数据库

中国对东盟国家货物进出口情况(2018 年)

国家和地区	进出口总额(亿美元)	比上年增长(%)	出口(亿美元)	比上年增长(%)	进口(亿美元)	比上年增长(%)
东盟	5878.7	14.19	3192.4	14.37	2686.3	13.97
文莱	18.4	84	15.9	144.61	2.5	-28.57
柬埔寨	73.9	27.63	60.1	25.73	13.8	36.63
印度尼西亚	773.7	22.19	432.1	24.3	341.6	19.65
老挝	34.7	14.9	14.5	1.40	20.2	27
马来西亚	1086.3	13.12	454.0	8.82	632.2	16.43
缅甸	152.4	12.56	105.5	17.09	46.9	3.53
菲律宾	556.7	8.56	350.6	9.43	206.1	7.18
新加坡	828.8	4.60	491.7	9.22	337.2	-1.46
泰国	875.2	9	428.9	10.80	446.3	7.34
越南	1478.6	21.9	839.0	18.19	639.6	27

资料来源:中国海关总署

中国对东盟国家货物进出口情况(2018 年 1—6 月)

国家和地区	进出口总额(亿美元)	比上年增长(%)	出口(亿美元)	比上年增长(%)	进口(亿美元)	比上年增长(%)
东盟	2803.3	19.2	1526.8	18.1	1276.5	20.5
文莱	8.2	79.6	7.6	199.3	0.5	-73.7
柬埔寨	34.2	24.1	28.7	25.1	5.5	19.1
印度尼西亚	374.2	27.6	199.9	23.2	174.2	33.2
老挝	17.0	16.2	7.0	3.8	10.0	26.7
马来西亚	518.8	14.9	216.4	10.3	302.4	18.5
缅甸	82.0	26.5	55.4	28.3	26.6	23.0
菲律宾	264.5	11.9	166.3	10.8	98.1	13.9
新加坡	414.4	12.2	243.1	15.8	171.4	7.4
泰国	430.0	14.0	211.3	16.3	218.7	12.0
越南	660.1	28.7	391.1	23.4	269.0	37.4

资料来源:中国海关总署

中国广西与东盟国家贸易统计(2016—2017年)

国　家	双边进出口总额		广西出口额		广西进口额	
	2016年（万元）	2017年（万元）	2016年（万元）	2017年（万元）	2016年（万元）	2017年（万元）
文莱						
缅甸						
柬埔寨						
印度尼西亚	302534	673120	108376	258962	194158	414158
马来西亚	312767	485996	115249	178652	197518	307347
老挝						
菲律宾	210579	434507	96379	203482	114199	231025
新加坡	322112	510569	245047	403736	77065	106833
泰国	1212949	465258	145854	214784	1067096	250474
越南	15892364	16262586	9161600	9300861	6730764	6961725
合计	18354355	18938485	9919316	106245513	8435039	8313932

数据来源:《广西统计年鉴》2017卷、2018卷　　（乔蕊）

东盟国家投资情况(2018年)

国家(地区)	东盟国家吸引外商直接投资情况		东盟国家对外直接投资情况	
	吸引外商直接投资（亿美元）	比上年增长（%）	对外直接投资（亿美元）	比上年增长（%）
东盟	1486.5	3.1	696	-1.63
文莱	5.0	8.7		
柬埔寨	31.0	11.11	1.2	0
印尼	219.8	6.80	81.4	273.4
老挝	13.2	-17.5	0.0	-100
马来西亚	80.9	-13.94	52.8	-6.40
缅甸	35.5	-18.66		
菲律宾	64.6	-25.75	6.0	-65.71
新加坡	776.5	2.55	371.4	-15
泰国	104.9	61.88	177.2	3.87
越南	155.0	9.9	6.0	25

资料来源:联合国贸发会议外商直接投资数据库　　（何战）

附　录

中国驻东盟各国大使馆

（名称/大使/地址/电话/电子邮箱）

驻文莱达鲁萨兰国大使馆/于红（女）（Yu Hong）/NO. 1,3,5 Simpang 462, Kampung Sungai Hanching Baru, Jalan Muara, BC2115, Bandar Seri Begawan, Brunei Darussalam/（00673）2334163,2339609，传真:2335710,2338277/EMBPROC@ BRUNET. BN

驻柬埔寨王国大使馆/王文天（Wang Wentian）/金边毛泽东大道156号（No. 156, Blvd Mao Tsetung, Phnom Penh, Cambodia）/（00855）12901923（领事保护手机），12810928，00855－23－720922（传真）/chinaemb_kh@ mfa. gov. cn

驻印度尼西亚共和国大使馆/肖千（Xiao qian）/JL. Mega Kuningan No. 2 Jakarta Selatan 12950 Indonesia/8179838410（领事保护手机），（0062－21）5761037,5761038（传真）/chinaemb_id@ mfa. gov. cn

驻老挝人民民主共和国大使馆/姜再冬（Jiang Zaidong）/Wat Nak Road, Sisattanak, Vientiane, Lao P. D. R./（00856－21）315100,315104（传真）/chinaemb_la@ mfa. gov. cn

驻马来西亚大使馆/白天（Bai Tian）/229, Jalan Ampang, 50450 Kuala Lumpur, Malaysia/00603－21636853（领事保护电话），传真:21484495,21429368,42513233/chinaemb_my@ mfa. gov. cn

驻缅甸联邦共和国大使馆/陈海（Chen Hai）/No. 1 Pyidaungsu Yeiktha Road, Yangon, Union of Myanmar/（0095）943209657（领事保护手机），（0095－1）221280,221281,227019（传真）/chinaemb_mm@ mfa. gov. cn

驻菲律宾共和国大使馆/赵鉴华（Zhao Jianhua）/4896 Pasay Road, Dasmarinas Village, Makati, Metro Manila, the Philippines/0063－9178972695（领事保护手机），（0063－2）8443148,8452465（传真）/chinaemb_ph@ mfa. gov. cn

驻新加坡共和国大使馆/洪小勇（Hong Xiaoyong）/东陵路150号新加坡247969邮区（Embassy of the P. R. China in Singapore 150 Tanglin Road Singapore 247969）/（0065）92971517（领事保护电话），64180252,67344737,64793250（传真）/chinaemb_sg@ mfa. gov. cn

驻泰王国大使馆/吕健（Lyu Jian）/57 Rachadapisake Road Huay Kwang, Bangkok 10310, Thailand/（0066－2）2457044，2468247（传真）/chinaemb_th@ mfa. gov. cn

驻越南社会主义共和国大使馆/熊波（Xiong Bo）/46 Hoang Dieu Road, Hanoi, Vietnam/（0084－4）38453736,38232826（传真）/chinaemb_vn@ mfa. gov. cn

东盟各国驻中国外交机构

（名称/大使/地址/电话/电子邮箱）

文莱达鲁萨兰国大使馆/张慈祥（H. E Mr. Magdalene Teo）/北京市朝阳区亮马桥北街1号/（010）65329773，65329776，65324093,65324097（传真）

柬埔寨王国大使馆/凯·西索达（Khek Sysoda）/北京市朝阳区东直门外大街9号/（010）65321889，65323507（传真）/cambassy@ public2. bta. net. cn

印度尼西亚共和国大使馆/易慕龙（Imron Cotan）/北京市朝阳区东直门外大街4号/（010）65325485－88，65325368（传真）/set. indonesia. kbri@ deplu. go. id

老挝人民民主共和国大使馆/宋迪·本库（Somdy Bounkhoum）/北京市朝阳区三里屯东四街11号/（010）65321224，65326748（传真）

马来西亚大使馆/伊斯甘达·萨鲁丁（Iskandar Sarndin）/北京市朝阳区亮马桥北街2号/（010）65322531，65325032（传真）/mwbjing@ 95777. com

缅甸联邦大使馆/吴丁乌(Tin Oo)/北京市朝阳区东直门外大街6号/(010)65320359,65320408(传真)/info@myanmarembassy.com

菲律宾共和国大使馆/艾尔琳达·巴西里奥(Erlinda F.Basilio)/北京市朝阳区建国门外秀水北街23号/(010)65321872,65323761(传真)/Philemb_beijing@yahoo.com

新加坡共和国大使馆/罗家良(Loh Ka Lanng)/北京市朝阳区建国门外秀水北街1号/(010)65321115,65329405(传真)

泰王国大使馆/伟文·丘氏君(Wiboon Khusakul)/北京市朝阳区光华路40号/(010)65321749,65321748(传真)/thaibej@eastnet.com.cn

越南社会主义共和国大使馆/邓明魁(Deng Mingkui)/北京市朝阳区建国门外光华路32号/(010)65321125,65321155,65326521(传真)/Banbientap@mofa.gov.vn

中国驻东盟各国总领事馆

(*名称/总领事/地址/电话/电子邮箱*)

驻棉兰总领事馆(印度尼西亚)/孙昂(Sun Ang)/Jalan Walikota No.9, Medan 20152/0062-82165631079(值班电话),(0062-61)4571232,4571261(传真)/chinaconsul_mdn_id@mfa.gov.cn

驻泗水总领事馆(印度尼西亚)/顾景奇(Gu Jingqi)/Jalan Mayjend. Sungkono Kav. B1/105, Surabaya, Jalan Paris Argosari V D-3, Surabaya(签证厅)/(0062-31)5687225,5674667(传真)/chinaconsul_sur@mfa.gov.cn

驻登巴萨总领事馆(印度尼西亚)/苟皓东(Gou Haodong)/Jalan. Tukad Badung 8X, Renon, Denpasar Selatan, Kota Denpasar, Bali 80226 Indonesia/6281239169767(领事保护),(0062-361)239001(传真)/chinaconsul_dps_id@mfa.gov.cn

驻琅勃拉邦总领事馆(老挝)/黎宝光(Li Baoguang)/琅勃拉邦省琅勃拉邦县邦康村(PhongKham Village, Luang Prabang District, Luang Prabang Provice, Lao PDR)/(00856-71)252437,213330(传真)/consulate_lp@mfa.gov.cn

驻古晋总领事馆(马来西亚)/程广中(Cheng Guangzhong)/马来西亚沙捞越州古晋市王长水路10段276号/(0060-82)240344,232344(传真)/consulate_kuching@mfa.gov.cn

驻哥拉基纳巴卢总领事馆(马来西亚)/梁才德(Liang Caide)/马来西亚沙巴州哥打基纳巴卢/Palm Court, Lot 7, No 3, VIP Lot, Lorong Pokok Palma Rajah, Jalan Lintas, 88000 Kota Kinabalu, Sabah, Malaysia/(0060)88385481,88385491(传真)/chinaconsul_kk_my@mfa.gov.cn, chinese_consulate_kk@yahoo.com

驻槟城总领事馆(马来西亚)/鲁世巍(Lu Shiwei)/马来西亚玻璃池滑区的东姑阿都拉曼路28号B&C(28 B&C, Jalan Tunku Abdul Rahman, 10350 George Town, Penang, Malaysia)/(0060)42189795,(0060)42189798(传真)/consulate_penang@mfa.gov.cn

驻曼德勒总领事馆(缅甸)/王宗颖(Wang Zongying)/Yadanar Lnae, Yangyi Aung Road/(00952)34457,34458,35937,35944(传真)/chinaconsul_man_mm@mfa.gov.cn

驻达沃总领事馆(菲律宾)/黎林(Li Lin)/Acacia Street, Juna Subdivision, Matina, Davao City, china_davao@mfa.gov.cn

驻宿务总领事馆(菲律宾)/贾力(Jia Li)/7th Floor, Mandarin Plaza Hotel, Archbishop Reyes Avenue Corner Escario Street, Cebu City, Philippines(0063-32)5051035、5051038(传真)/consulate_cebu@mfa.gov.cn

驻拉瓦格总领事馆(菲律宾)/周游斌(Zhou Youbin)/菲律宾北伊罗戈省圣尼古拉斯县三藩镇一区国道216号(No. 216 National Highway, Brgy. 1, San Francisco San Nicolas, Ilocos Norte 2901, Republic of the Philippines)/(0063-77)6706600,6706338(传真)/Chinaconsul_lg_ph@mfa.gov.cn

驻清迈总领事馆(泰国)/任义生(Ren Yisheng)/泰国清迈昌罗路111号(111 Changloh Road, Haiya District, Chiang Mai, Thailand 50100)/(6653)280380,276125,274614(传真)/http://chiangmai.chineseconsulate.org/chn

驻宋卡总领事馆(泰国)/马凤春(Ma Fengchun)/No.9, Sadao Road, Ampur Muang, Songkhla/(0066-74)322034,323772(传真)/chinaconsul_skh_th@mfa.gov.cn

驻孔敬总领事馆(泰国)/廖俊云(Liao Junyun)/孔敬府直辖县环湖路2组142/44号(142/44 Moo 2, Rob-Bueng Rd., Nai-Muang, Muang, Khon Kaen, Thailand 40000)/(043)226873,227037(传真)/http://khonkaen.china-consulate.org

驻胡志明市总领事馆(越南)/吴骏(Wu Jun)/胡志明市第三郡二征夫人路175号(175 Hai Ba Trung Road, District 3, Ho Chi Minh City)/(00848)38292457,38295009(传真)/chinaconsul_hcm_vn@mfa.gov.cn

驻岘港总领事馆(越南)/郗慧(女)(Xi Hui)/岘港市/0084-905580010(领事保护与协助服务)

(据中华人民共和国外交部网站)

东盟各国驻中国总领事馆

（名称/总领事/地址/电话/领区）

柬埔寨王国驻重庆总领事馆/凯达拉（Khel Dara）/重庆市渝中区筷子街2号中国人寿大厦第10层/（023）63113666（传真）/重庆、湖北、湖南

柬埔寨王国驻昆明总领事馆/淮立恒（KruyLimheng）/云南省昆明市白云路258号官房大厦14楼/（0871）63317320，63316220（传真）/云南、四川、贵州

柬埔寨王国驻广州总领事馆/兴波（HENGPoeu）/广东省广州市环市东路368号花园酒店东楼804－808室/（020）83338999－808，83879006（传真）/广东、福建、海南

柬埔寨王国驻南宁总领事馆/努西瓦塔（Nguon Syvatha）/广西壮族自治区南宁市中国—东盟商务区桂花路16－6号/（0771）5672358，5672352，5672358（传真）/广西

柬埔寨王国驻上海总领事馆/丁萨南（Tean Samnang）/上海市闸北区天目中路267号蓝宝石大厦12楼A座/（021）51015850，51015866（传真）/上海、浙江、江苏、安徽

柬埔寨王国驻西安总领事馆/辉比威/ 陕西省西安市曲江新区雁南路292号曲江文化大厦6层/（029）89667287，89667289（传真）/陕西、甘肃、宁夏

印度尼西亚共和国驻广州总领事馆/琇翡（女）（Ratu Silvy Gayatri）/广东省广州市越秀区流花路120号东方宾馆西座2楼1201－1223室/510016（邮编）/（020）86018772，86018773（传真）/广东、广西、福建、海南

印度尼西亚共和国驻上海总领事馆/古纳万（Arif Gunawan）/上海市长宁区延安西路2299号上海世贸商城1607－1608室/（021）52402321，32565627（传真）/上海、浙江、江苏、安徽、江西

老挝人民民主共和国驻上海总领事馆/西莎美·銮珍达翁（女）（Sisamay Luangchandavong ）/上海市静安区江宁路356弄，静安紫苑行政9楼/（ 021）58987855，62188225（传真）/上海、浙江、江苏、安徽

老挝人民民主共和国驻南宁总领事馆/万希·维丽雅彭（女）（Vansy Vilignaphone）/广西壮族自治区南宁市中国—东盟商务区桂花路16－1号/（0771）5672544，5672502，5672503（传真）/广西、广东

老挝人民民主共和国驻昆明总领事馆/康潘·翁桑迪（Khamphone Vongsanty）/云南省昆明市彩云北路6800/（0871）67334522，67334511，67335489，67334533（传真）/云南

老挝人民民主共和国驻昆明总领事馆驻景洪办公室/鸿萨·因提腊（Hongsa INTHILATH）/云南省西双版纳州景洪市沧江新区宣慰大道江北段，告庄西双景公建区综合楼210号/（0691）2219355，2219955（传真）/西双版纳州、普洱市

老挝人民民主共和国驻广州总领事馆/本班·巩银赛亚星（Bounpan Kongnhinsayaseng）广东省广州市越秀区环市东路339号广东国际大厦主楼9楼905－906室/（020）83340710/广东、海南、江西、福建

马来西亚驻昆明总领事馆/拿督萧进平（Dato Siow Chen Pin）/云南省昆明市西山区滇池路南亚风情第一城B座写字楼4楼403/（0871）63165088，63113503（传真）/云南、广西、贵州、四川、重庆

马来西亚驻广州总领事馆/木山利（Muzambli Bin Markam）/广东省广州市天河区天河北路233号中信广场商业大楼19楼15－18室/（020）87395660，87395661，38772320（传真）/广东、江西、福建、海南、湖南

马来西亚驻上海总领事馆/陈扬泰（Tan Yang Thai）/上海市红宝石路500号东银大厦B栋9层01、04室/（021）60900360，60900371（传真）/上海、浙江、江苏、安徽

马来西亚驻南宁总领事馆/黄奕瑞（Bong Yik Jui）/广西壮族自治区南宁市青秀区民族大道131号南宁鑫伟万豪酒店2008室/（0771）5593289，5593916（传真）/广西、贵州

缅甸联邦共和国驻南宁总领事馆/杜丁埃凯（Tin Aye Khine）/广西壮族自治区南宁市中国—东盟商务区桂花路16－7号/（0771）5672845，5672391，5672192（传真）/广西、广东、湖南

缅甸联邦共和国驻昆明总领事馆/梭柏（SoePaing）/云南省昆明市官渡区迎宾路99号/（0871）68162804，68162808（传真）/云南、四川、贵州、重庆

菲律宾共和国驻重庆总领事馆/莲丽（女）（Olivia V. Palala）/重庆市渝中区邹容路68号大都会商厦29楼2903－2905单位/（023）63810832，63729809（传真）/重庆、云南、贵州

菲律宾共和国驻广州总领事馆/唐芷林（女）（Marie Charlotte G. Tang）/广东省广州市越秀区环市东路339号广东国际大厦主楼706－712室/（020）83311461，83310996，83330573（传真）/广东、广西、海南、湖南

菲律宾共和国驻厦门总领事馆/付昕伟（Julius Caesar Aragon Flores）/福建省厦门市思明区莲花新村凌香里2号/（0592）5130355，5130366，5530803（传真）/福建、江西

菲律宾共和国驻上海总领事馆/库玉甘(Wilfredo Ramon Cuyugan)/上海市长宁区延安西路1168号首信银都广场301室/(021)62818020,62818023(传真)/上海、浙江、江苏、安徽、湖北

新加坡共和国驻成都总领事馆/颜呈吉(Gan Teng Kiat)/四川省成都市锦江区人民南路二段1号仁恒置地广场写字楼3001号/(028)86527222,86528005(传真)/四川,陕西,重庆

新加坡共和国驻广州总领事馆/蔡簦合(Chua Teng Hoe)/广东省广州市天河区天河北路233号中信广场办公楼2418室/(020)38912345,38912933(传真)/广东、海南、广西、湖南、贵州、云南

新加坡共和国驻上海总领事馆/罗德伟(Loh Tuck Wai)/上海市万山路89号/(021)62785566,62086544(传真)/上海、浙江、江苏、安徽

新加坡共和国驻厦门总领事馆/池兆森(Chi Chiew Sum)/福建省厦门市厦禾路189号银行中心5楼07、08单元/(0592)2684691,2684694(传真)/福建、江西

泰王国驻成都总领事馆/潘媞葩(女)(Phantipha Iamsudha Ekarohit)/四川省成都市武侯区航空路6号丰德国际广场C座12楼/(028)66897861,66897863(传真)/四川、重庆

泰王国驻昆明总领事馆/鹏普·汪披塔亚(Pornpop Uampidhaya)/云南省五华区昆明市东风西路11号顺城东塔18楼/(0871)63168916,63166891(传真)/云南、贵州、湖南

泰王国驻广州总领事馆/瓦信·兰巴替盛(Vasin Ruangprateepsaeng)/广东省广州市海珠区友和路36号/(020)83858988,83889567(传真)/广东、海南

泰王国驻上海总领事馆/巴丽彩(女)(Parichat Luepaiboolphan)/上海市长宁区万山路18号/(021)52609899,52609898(传真)/上海、浙江、江苏、安徽

泰王国驻厦门总领事馆/邱塔泰(Tajtai Tmangraksat)/福建省厦门市思明区虎园路16号厦门宾馆3号楼/(0592)2027980,2027982,2058816(传真)/福建、江西

泰王国驻南宁总领事馆/蔡乐·蓬蒂窝拉卫(Chairat Porntipwarawet)/广西壮族自治区南宁市青秀区金湖北路52－1号东方曼哈顿大厦一层/(0771)5526945－46,5526949(传真)/广西

泰王国驻西安总领事馆/苏提瓦(Methee Suthiwartnarueput)/陕西省西安市曲江新区雁南三路钻石半岛11号楼1－2层/(029)89312831,89312863,89312935(传真)/陕西,甘肃,宁夏

泰王国驻青岛总领事馆/副总领事万贺怡(女)(Waraphannee Damrongmanee)/山东省青岛市市南区香港中路9号香格里拉中心1504－1505单元/(0532)68877038,68877039,68877036(传真)/山东

越南社会主义共和国驻昆明总领事馆/阮士洪(Nguyen Si Hong)/云南省昆明市北京路155号附1号红塔大厦507室/(0871)63522669,63516667(传真)/云南

越南社会主义共和国驻广州总领事馆/阮进洪(Nguyen Tien Hong)/广东省广州市海珠区侨光路华厦大酒店A座6楼/510115(邮编)/(020)83305911,83305915(传真)/广东

越南社会主义共和国驻上海总领事馆/阮青梅(女)(Nguyen Thanh Mai)/上海市浦东新区浦东大道900号华辰金融大厦304室/(021)68555871,68555872,68555873(传真)/上海

越南社会主义共和国驻南宁总领事馆/范清平(Pham Sao Mai)/广西壮族自治区南宁市青秀区金湖路55号亚航财富中心27楼/(0771)5510560,5510562,5534738(传真)/广西

中国和东盟各国简况

国家	国名全称	首都	主要语言	主要宗教	货币	省级行政区(个)	人口(万人)(2017年)	民族(个)
中国	中华人民共和国	北京	汉语	佛教	人民币	34	139008	56
文莱	文莱达鲁萨兰国	斯里巴加湾	马来语	伊斯兰教	文莱元	4	42.13	20
柬埔寨	柬埔寨王国	金边	高棉语	佛教	瑞尔	24	1600.5	20多
印度尼西亚	印度尼西亚共和国	雅加达	印尼语	伊斯兰教	卢比(印尼盾)	30	26399.1	100多
老挝	老挝人民民主共和国	万象	老挝语	佛教	基普	18	680	49
马来西亚	马来西亚联邦	吉隆坡	马来语	伊斯兰教	林吉特	16	3240	30多
缅甸	缅甸联邦共和国	内比都	缅甸语	佛教	缅元	15	5337.1	135
菲律宾	菲律宾共和国	大马尼拉	菲律宾语	天主教	比索	17	10491.8	约90
新加坡	新加坡共和国	新加坡	马来语		新加坡元	6	564(2018年6月)	
泰国	泰王国	曼谷	泰语	佛教	铢	76	6903.8	30多
越南	越南社会主义共和国	河内	越南语		越南盾	64	9554.1	54

注:世界银行WDI数据库、外交部网站

中国和东盟各国自然状况简表

国 家	陆地国土总面积（万平方千米）	气 候	年平均气温(℃)	海岸线长度(千米)	主 要 资 源
中国	960	热带、亚热带、温带季风		32000	石油、天然气、煤炭、铁矿、锰矿、铬矿、铜矿、铅锌矿、铝矿、镍矿、钨矿、锡矿、金矿、银矿、森林、水力、动植物等
文莱	0.5765	热带雨林	28	约 161	石油、天然气、金矿、煤炭、锑矿、铝矿、矾土等
柬埔寨	18.1035	热带季风	27	460	金矿、磷酸盐、宝石、石油、铁矿、煤炭、森林、渔业等
印度尼西亚	191.36	热带雨林	25～27	54716	石油、天然气、煤炭、锡矿、铝矾土、镍矿、金矿、银矿、森林等
老挝	23.6800	热带、亚热带季风	20～30		锡矿、铅矿、钾矿、铜矿、铁矿、金矿、石膏、煤炭、盐、森林等
马来西亚	33.0257	热带海洋	25～30	4192	石油、天然气、锡矿、铁矿、金矿、钨矿、铝土、锰矿、森林等
缅甸	67.6578	热带季风	27	3200	石油、天然气、锡矿、钨矿、锌矿、铝矿、锑矿、锰矿、金矿、银矿、宝石、玉石、森林、水力等
菲律宾	29.9700	热带海洋	26.6	18533	铜矿、金矿、银矿、铁矿、铬矿、镍矿、地热、石油、渔业等
新加坡	0.07199	热带海洋	24～27	193	植物
泰国	51.3115	热带季风	27	2616.4	钾盐、锡矿、褐煤、油页岩、天然气、锌矿、铅矿、钨矿、铁矿、铬矿、重晶石、宝石、石油、森林等
越南	32.9556	热带季风	23～25	3260	煤炭、铁矿、锰矿、铬矿、铝矿、锡矿、磷矿、水产、森林等

注：根据《中国—东盟自由贸易区与广西》（广西社会科学院编），外交部网站等有关资料编制

中国与东盟各国货币名称

国家、地区	货币名称		货币符号		辅币进位制
	中文	英文	原有旧符号	标准符号	
中国	人民币	Renminbi	RMB ¥	CNY	1CNY = 10 jiao(角)　1jiao = 10 fen(分)
文莱	文莱元	Brunei Dollar	B $	BND	1BND = 100cents(分)
柬埔寨	瑞尔	Camboddian Riel	CR.;J Ri.	KHR	1KHR = 100 sen(仙)
印度尼西亚	印尼盾	Indonesian Rupiah	Rps.	IDR	1IDR = 100 cents(分)
老挝	基普	Laotian Kip	K.	LAK	1LAK = 100 ats(阿特)
马来西亚	林吉特	Malaysian Dollar	M. $;Mal. $	MYR	1MYR = 100 cents(分)
缅甸	缅元	Burmese Kyat	K.	BUK	1BUK = 100 pyas
菲律宾	比索	Philippine Peso	Ph. Pes.; Phil. P.	PHP	1PHP = 100 centavos(分)
新加坡	新加坡元	Singapore Dollar	S. $	SGD	1SGD = 100 cents(分)
泰国	铢	Thai Baht (Thai Tical)	BT.;Tc.	THP	1THP = 100 satang(萨当)
越南	越南盾	Vietnamese Dong	D.	VND	1VND = 10 角 = 100 分

中国和东盟各国首都简况

国　家	首　都	面　积（平方千米）	人口（万）	年平均气温（°C）	行政区划	主　要　景　点
中国	北京	16412	2172.9（2017 年）	13	辖 16 个区	天安门广场、故宫、天坛、北海公园、颐和园、长城、圆明园、恭王府、什刹海、景山公园、香山公园、明十三陵、雍和宫、南锣鼓巷
文莱	斯里巴加湾	15.8	约 14（2017 年）	28		努鲁尔·阿里·赛义夫汀清真寺、水上村落——艾尔村、丘吉尔纪念馆、腾云殿、文莱博物馆等
柬埔寨	金边	290	约 150（2017 年）	27	辖 7 个区和 76 个社区	皇宫、银寺、国家博物馆、塔山、杀人场等
印度尼西亚	雅加达	650.4	1027.7（2017 年）	27		独立广场公园、印度尼西亚缩影公园、安佐尔梦幻公园、千岛群岛、伊斯蒂赫拉尔清真寺、中央博物馆等
老挝	万象	3920	85（2015年）	22.6～31.7		塔銮、瓦帕娇寺、瓦细刹吉寺、瓦翁第寺、凯旋门、塔当塔、尤鲁纪念碑等
马来西亚	吉隆坡	243.65	180（2017 年）	27.5	辖 13 个州	王宫、国会大厦、国立博物馆、国家回教堂、黑风洞、云顶高原等
缅甸	内比都	725	92.36（2017 年）	26.9	3 个镇区	彬马那、累韦、德光
菲律宾	大马尼拉	626.58	1288（2015 年）	28	辖 4 个市和 13个自治市	千岛缩影、黎刹公园、国立博物馆、西班牙古城、唐人街、马拉坎阑宫、柯里基多岛、美军纪念公墓等
新加坡	新加坡	714.3（2013 年）	564（2018 年 6 月）	24～27	辖 6 个地区	圣淘沙、鱼尾狮公园、知新馆、苏丹回教堂、裕廊飞禽公园等
泰国	曼谷	1568	800（2017 年）	24～30	24 个县、150 个区	大皇宫、金佛寺、云石寺、四面佛、玉佛寺、郑皇庙、水上市场等
越南	河内	3340	756（2015 年）	23.4	7 个郡 5 个县	巴亭广场、胡志明陵墓、独柱寺、文庙、还剑湖、西湖等

中国与东盟国家或地区通信代码与区号

Countries and Regions	国家或地区	国际域名缩写	电话代码	与中国北京时间时差
China	中　国	CN	86	0
Brunei	文　莱	BN	673	0
Burma	缅　甸	MM	95	-1.3
Philippines	菲律宾	PH	63	0
Malaysia	马来西亚	MY	60	-0.5
Singapore	新加坡	SG	65	+0.3
Thailand	泰　国	TH	66	-1
Laos	老　挝	LA	856	-1
Vietnam	越　南	VN	84	-1
Kampuchea (Cambodia)	柬埔寨	KH	855	-1
Indonesia	印度尼西亚	ID	62	-0.3
Hongkong	中国香港	HK	852	0
Taiwan	中国台湾	TW	886	0

东盟国家独立时间及与中国建立外交关系时间

国 家	独立前的宗主国	独立时间	与中国建交时间
文莱	英国	1984 年 1 月 1 日	1991 年 9 月 30 日
柬埔寨	法国	1953 年 11 月 9 日	1958 年 7 月 19 日
印度尼西亚	荷兰	1945 年 8 月 17 日	1950 年 4 月 13 日
老挝	法国	1945 年10月 12 日	1961 年 4 月 25 日
马来西亚	英国	1957 年 8 月 31 日	1974 年 5 月 31 日
缅甸	英国	1948 年 1 月 4 日	1950 年 6 月 8 日
菲律宾	美国	1946 年 7 月 4 日	1975 年 6 月 9 日
新加坡	英国	1965 年 8 月 9 日	1990 年 10 月 3 日
泰国			1975 年 7 月 1 日
越南	法国	1945 年 9 月 2 日	1950 年 1 月 18 日

注:根据《中国—东盟自由贸易区与广西》(广西社会科学院编)有关资料编制

历次中国—东盟领导人会议简况

会议名称	时 间	地 点	出席会议的中国领导人
第 1 次领导人非正式会晤	1997 年 12 月 16 日	马来西亚吉隆坡	江泽民主席
第 2 次领导人非正式会晤	1998 年 12 月 16 日	越南河内	胡锦涛副主席
第 3 次领导人非正式会晤	1999 年 11 月 28 日	菲律宾马尼拉	朱镕基总理
第 4 次领导人会议	2000 年 11 月 25 日	新加坡	朱镕基总理
第 5 次领导人会议	2001 年 11 月 5 日	文莱斯里巴加湾	朱镕基总理
第 6 次领导人会议	2002 年 11 月 4 日	柬埔寨金边	朱镕基总理
第 7 次领导人会议	2003 年 10 月 8 日	印尼巴厘岛	温家宝总理
第 8 次领导人会议	2004 年 11 月 29 日	老挝万象	温家宝总理
第 9 次领导人会议	2005 年 12 月 12 日	马来西亚吉隆坡	温家宝总理
第 10 次领导人会议	2007 年 1 月 14 日	菲律宾宿务	温家宝总理
第 11 次领导人会议	2007 年 11 月 20 日	新加坡	温家宝总理
第 12 次领导人会议	2009 年 10 月 24 日	泰国华欣	温家宝总理
第 13 次领导人会议	2010 年 10 月 29 日	越南河内	温家宝总理
第 14 次领导人会议	2011 年 11 月 18 日	印尼巴厘岛	温家宝总理
第 15 次领导人会议	2012 年 11 月 19 日	柬埔寨金边	温家宝总理
第 16 次领导人会议	2013 年 10 月 9 日	文莱斯里巴加湾	李克强总理
第 17 次领导人会议	2014 年 11 月 13 日	缅甸内比都	李克强总理
第 18 次领导人会议	2015 年 11 月 21 日	马来西亚吉隆坡	李克强总理
第 19 次领导人会议	2016 年 9 月 7 日	老挝万象	李克强总理
第 20 次领导人会议	2017 年 11 月 13 日	菲律宾马尼拉	李克强总理
第 21 次领导人会议	2018 年 11 月 14 日	新加坡	李克强总理

中国—东盟自由贸易区部分关税削减时间表

起始时间	关 税 税 率	覆盖关税条目	参与的国家
2000 年	对所有东盟成员国 0 ~ 5%	85% 的 CEPT 条目	原东盟 6 国
2002 年 1 月 1 日	对所有东盟成员国 0 ~ 5%	全部 CEPT 条目	原东盟 6 国
2003 年 7 月 1 日	WTO 最惠国关税税率	全部	中国与东盟 10 国
2003 年 10 月 1 日	中国与泰国果蔬关税降至 0	中泰水果蔬菜	中国、泰国
2004 年 1 月 1 日	农产品关税开始下调	农产品	中国与东盟 10 国
2005 年 1 月	对所有成员开始削减关税	全部	中国与东盟 10 国
2006 年	农产品关税降至 0	农产品	中国与东盟 10 国
2010 年	对所有东盟成员国 0	全部减税产品	原东盟 6 国
2010 年	关税降至 0	全部产品(部分敏感产品除外)	中国与原东盟 6 国
2015 年	对所有东盟成员国 0	全部产品(部分敏感产品除外)	东盟新成员国
2015 年	对中国—东盟自由贸易区成员国关税降至 0	全部产品(部分敏感产品除外)	东盟新成员国
2018 年	对东盟自由贸易区和中国—东盟自由贸易区所有成员国 0	剩余的部分敏感产品	东盟新成员国

注:资料来自 2002 年 11 月签署的《中国与东盟全面经济合作框架协议》

东盟、欧盟、非盟、阿盟、北美自由贸易区简况

名称	成立时间	成立文件	成员国	人口和面积	生产总值和贸易额	宗旨和特点	组织机构
东盟(东南亚国家联盟)	1967年8月8日	《东南亚国家联盟成立宣言》(也称《曼谷宣言》)	印度尼西亚、马来西亚、菲律宾、泰国、新加坡、文莱、越南、老挝、缅甸、柬埔寨	人口6.18亿,面积450万平方千米	经济总量2.6万亿	宗旨是以平等协作精神,共同努力促进本地区的经济增长、社会进步和文化发展;遵循正义、国家关系准则和《联合国宪章》,促进本地区的和平与稳定;同国际和地区组织进行紧密和互利的合作。特点是以经济合作为基础的政治、经济、安全一体化合作组织	首脑会议、东盟协调理事会、东盟共同体理事会、东盟领域部长机制、东盟秘书长和东盟秘书处常驻东盟代表委员会、东盟国家秘书处、东盟人权机构、东盟基金会、与东盟相关的实体。现任东盟秘书长黎良明
欧盟(欧洲联盟)	1993年11月1日	《欧洲联盟条约》(又称《马斯特里赫特条约》)	德国、法国、意大利、荷兰、比利时、卢森堡、英国、丹麦、爱尔兰、希腊、西班牙、葡萄牙、奥地利、芬兰、瑞典、波兰、匈牙利、捷克、斯洛伐克、斯洛文尼亚、马耳他、塞浦路斯、爱沙尼亚、拉脱维亚、立陶宛、罗马尼亚、保加利亚、克罗地亚	人口5.125亿(2017年),面积437多万平方千米	国民生产总值17.28万亿美元(2017年)	促进和平,追求公民富裕生活,实现社会经济可持续发展,确保基本价值观,加强国际合作	理事会、委员会、欧洲议会、欧洲法院、外围组织、欧洲统计局、欧洲审计院、欧洲中央银行、欧洲投资银行等。现任欧盟委员会主席容克
非盟(非洲联盟)	1963年5月22日	《苏尔特宣言》	阿尔及利亚民主人民共和国、利比亚国、苏丹共和国、突尼斯共和国、西撒哈拉民主共和国(西撒哈拉)、贝宁共和国、布基纳法索、乍得共和国、科特迪瓦共和国、冈比亚共和国、加纳共和国、几内亚共和国、利比里亚共和国、马里共和国、尼日尔共和国、毛里塔尼亚伊斯兰共和国、尼日利亚联邦共和国、塞内加尔共和国、塞拉利昂共和国、多哥共和国、佛得角共和国、喀麦隆共和国、中非共和国、赤道几内亚共和国、加蓬共和国、刚果共和国、刚果民主共和国(前扎伊尔)、圣多美及普林西比民主共和国、安哥拉共和国、博茨瓦纳共和国、科摩罗联盟、莱索托王国、马拉维共和国、毛里求斯共和国、莫桑比克共和国、纳米比亚共和国、斯威士兰王国、南非共和国、坦桑尼亚联合共和国、赞比亚共和国、津巴布韦共和国、布隆迪共和国、吉布提共和国、厄立特里亚国、埃塞俄比亚联邦民主共和国、肯尼亚共和国、卢旺达共和国、塞舌尔共和国、索马里共和国、乌干达共和国、南苏丹共和国、埃及[①]中非共和国[②]几内亚比绍共和国[③]马达加斯加民主共和国[④]摩洛哥[⑤]	人口11亿,面积3000万平方千米	国民生产总值2.4万亿美元(2013年)	主要任务是维护和促进非洲大陆的和平与稳定,推行改革和减贫战略,实现非洲的发展与复兴。非盟致力于建设一个团结合作的非洲,力争各成员国在重大国际事务中能够用一个声音说话。该组织还积极落实2001年发起的非洲发展新伙伴计划,推动各成员国加强基础设施建设、吸引和争取外资及援助,以促进非洲大陆经济一体化。 非盟在维护地区安全、调解地区战乱和冲突方面采取积极行动。非盟参与调解布隆迪、刚果(金)、利比里亚、索马里、科特迪瓦和苏丹等国的冲突,有效地避免这些国家安全局势进一步恶化	首脑会议是非盟最高权力机构,每年举行国家元首和政府首脑级会议。在成员国提出要求并经2/3成员国同意,可召开特别首脑会议。非盟的官方机构有9个:首脑会议,行政当局,执行理事会,泛非议会,非洲法院,和平与安全理事会,常驻代表委员会,特别技术委员会,经济、社会和文化理事会(经社文理事会)。现任非盟委员会主席为穆萨·法基·穆罕默德
阿盟(阿拉伯国家联盟)	1945年3月22日	《阿拉伯联盟宪章》	(2008年)阿尔及利亚、阿联酋、阿曼、埃及、巴勒斯坦、巴林、吉布提、卡塔尔、科威特、黎巴嫩、利比亚、毛里塔尼亚、摩洛哥、沙特、苏丹、索马里、突尼斯、叙利亚、也门、伊拉克、约旦、科摩罗	人口约4.06亿(2016年),面积1300多万平方千米	国民生产总值2.501万亿美元(2016年)	密切成员国间的合作关系,协调彼此间的政治活动,捍卫阿拉伯国家的独立和主权,全面考虑阿拉伯国家的事务和利益,各成员国在经济、财政、交通、文化、卫生、社会福利、国籍、护照、签证、判决的执行以及引渡等方面进行密切合作。成员国相互尊重国家的政治制度,彼此之间的争端不得诉诸武力解决,成员国与其他国家缔结的条约和协定对其他国无约束力	首脑级理事会、部长级(外长)理事会、联合防御理事会、经社理事会、秘书处。秘书长为艾哈迈德·阿布·盖特
北美自由贸易区	1994年1月1日	《北美自由贸易协定》	美国、墨西哥、加拿大	人口4.2亿,面积2130多万平方千米	国民生产总值11.4万亿美元(2006年),年贸易总额1.37亿美元	宗旨是取消贸易壁垒,创造公平竞争的条件,增加投资机会,对知识产权提供适当的保护,建立执行协定和解决争端的有效程序,促进三边的、地区的以及多边的合作。特点是大国主导型、经济互补型、战略过渡型	贸易委员会(秘书处、辅助组织等)、环境合作委员会(理事会、秘书处、联合咨询委员会)、劳工委员会(理事会、秘书处、国别行政办公室)

暂停资格/退出成员国:①、②2013年被暂停成员国资格;③2012年被暂停成员国资格;④2009年被暂停成员国资格;⑤1986年退出,2017年重新加入

中国和东盟各国主要港口及国际航空港名录

国　家	主　要　港　口	国际航空港(机场)
中国	海港:大连、营口、秦皇岛、天津、烟台、青岛、日照、连云港、上海、宁波、厦门、汕头、广州、湛江、北海、钦州、防城港、海口、香港、澳门、基隆、高雄 河港:重庆、万州、武汉、芜湖、南京、扬州、常州、张家港、南通、广州、梧州、贵港	北京首都、广州白云、上海浦东、上海虹桥、深圳宝安、昆明巫家坝、成都双流、西安咸阳、厦门高崎、重庆江北、天津滨海、大连周水子、杭州萧山、福州长乐、南京禄口、沈阳桃仙、桂林两江、南宁吴圩、哈尔滨阎家岗、台北桃园、高雄、香港、澳门
文莱	海港:穆阿拉、斯里巴加湾、马来亦、卢穆	斯里巴加湾
柬埔寨	海港:西哈努克	金边、暹粒
印度尼西亚	海港:丹戎不碌、泗水(丹戎佩拉)、三宝垄、勿拉湾	巴厘岛登帕萨、雅加达苏加诺—哈达、诗都阿佐、朱安达
老挝	河港:沙湾拿吉	琅勃拉邦、万象瓦岱、巴色
马来西亚	海港:巴生港、槟城、关丹、新山、纳闽(拉布安)、哥打基纳巴卢。河港:古晋	吉隆坡、槟城、兰卡威、哥打基纳巴卢、古晋
缅甸	海港:仰光。河港:勃生	仰光敏加拉洞、曼德勒、内比都
菲律宾	海港:宿务、马尼拉、怡朗、三宝颜	马尼拉阿基诺、宿务马克丹、达沃、苏比克、克拉克、拉瓦格
新加坡	海港:新加坡	新加坡樟宜
泰国	海港:宋卡、普吉。河港:曼谷	曼谷素旺那普、清迈、普吉、合艾
越南	海港:海防、岘港、金兰湾、广宁、炉门、归仁、义安、芽庄、西贡	河内内排、岘港、胡志明市新山一

注:根据《中国—东盟自由贸易区与广西》(广西社会科学院编)、新华网、凤凰网有关资料编制

中国和东盟各国重点风景名胜区名录

国　家	景　区　名　称
中国	八达岭—十三陵、承德避暑山庄、外八庙、秦皇岛北戴河、五台山、恒山、鞍山千山、镜泊湖、五大连池、太湖、南京钟山、杭州西湖、富春江—新安江、雁荡山、普陀山、黄山、九华山、天柱山、武夷山、庐山、井冈山、泰山、青岛崂山、鸡公山、洛阳龙门、嵩山、武汉东湖、武当山、衡山、肇庆星湖、桂林漓江、灵渠、北海银滩、德天瀑布、峨眉山、长江三峡、黄龙寺、九寨沟、重庆缙云山、青城山—都江堰、剑门蜀道、黄果树瀑布、云南石林、大理、西双版纳、华山、临潼骊山、麦积山、天山天池、野三坡、苍岩山、黄河壶口瀑布、鸭绿江、金石滩、兴城海滨、大连海滨—旅顺口、松花湖、八大部—净月潭、云台山、蜀岗瘦西湖、楠溪江、琅邪山、清源山、鼓浪屿—万石山、太姥山、三清山、龙虎山、胶东半岛海滨、大洪山、武陵源、岳阳楼—洞庭湖、西樵山、丹霞山、桂平西山、花山、贡嘎山、金佛山、蜀南竹海、织金洞、红枫湖、龙宫、三江并流、昆明滇池、丽江玉龙雪山、雅隆江、西夏王陵等
文莱	水村、王室陈列馆、赛福鼎清真寺、杰鲁东公园等
柬埔寨	吴哥古迹、金边、西哈努克港、马德望、荔枝山等
印度尼西亚	巴厘岛、婆罗浮屠佛塔、普兰班南寺庙群、"美丽的印度尼西亚"缩影公园、日惹苏丹王宫、多巴湖等
老挝	琅勃拉邦古城、巴色瓦普寺、万象塔銮、玉佛寺、占巴色孔埠瀑布、琅勃拉邦光西瀑布、万荣、石缸平原、沙湾拿吉的伊准塔等
马来西亚	吉隆坡、云顶、槟城、马六甲、兰卡威岛、刁曼岛、乐浪岛、邦咯岛、国家清真寺、大汉山国家公园等
缅甸	仰光大金塔、文化古都曼德勒、万塔之城蒲甘、额不里海滩等
菲律宾	百胜滩、蓝色港湾、碧瑶市、马荣火山、伊富高省巴纳韦高山梯田等
新加坡	圣淘沙岛、植物园、夜间动物园、天福宫、虎豹别墅等
泰国	曼谷、普吉、清迈、巴堤雅、清莱、华欣、苏梅岛等
越南	还剑湖、胡志明陵墓、文庙、巴亭广场、统一宫、古芝地道、下龙湾、芽庄等

注:中国的重点风景名胜区为 1982 年 11 月 8 日和 1988 年 8 月 1 日公布的第一、第二批名单

中国和东盟国家世界文化遗产、世界自然遗产、世界文化和自然双重遗产名录

国　家	世　界　文　化　遗　产	世界自然遗产、世界文化和自然双重遗产
中国	北京故宫(1987),长城(1987),周口店北京猿人遗址(1987),陕西秦始皇陵及兵马俑(1987),甘肃敦煌莫高窟(1987),西藏布达拉宫(1994),河北承德避暑山庄及周围寺庙(1994),山东曲阜孔庙、孔府、孔林(1994),湖北武当山古建筑群(1994),江西庐山风景名胜区(1996),山西平遥古城(1997),江苏苏州古典园林(1997),云南丽江古城(1997),北京天坛(1998),北京颐和园(1998),重庆大足石刻(1999),皖南古村落—西递、宏村(2000),明清皇室陵寝(2000),河南龙门石窟(2000),四川青城山—都江堰(2000),山西云冈石窟(2000),中国高句丽王城、王陵及贵族墓葬(2004),沈阳故宫、盛京二陵(2004),澳门历史城区(2005),安阳殷墟(2006),广东开平碉楼与村落(2007),福建土楼(2008),登封"天地之中"历史建筑群(2010),元上都遗址(2012),云南红河哈尼梯田(2013),中国大运河(2014),丝绸之路:起始段和天山廊道的路网(2014)、中国土司遗址[湖南永顺老司城遗址、湖北唐崖土司城遗址、贵州播州海龙屯遗址](2015),厦门鼓浪屿(2017)	世界自然遗产:四川九寨沟风景名胜区(1992),四川黄龙风景名胜区(1992),湖南武陵源风景名胜区(1992),云南三江并流保护区(2003),四川大熊猫栖息地(2006),中国南方喀斯特(2007),江西三清山(2008),中国丹霞[贵州赤水、福建泰宁、湖南崀山、广东丹霞山、江西龙虎山(包含龟峰)、浙江江郎山](2010),云南澄江化石地(2012),新疆天山(2013),湖北神农架(2016),青海可可西里(2017),梵净山(2018) 世界文化和自然双重遗产:山东泰山风景名胜区(1987),安徽黄山风景名胜区(1990),四川峨眉山—乐山风景名胜区(1996),福建武夷山风景名胜区(1999) 文化景观遗产:江西庐山(1996),山西五台山(2009),杭州西湖文化景观(2011),广西左江花山岩画(2016)
柬埔寨	吴哥窟区(1992),柏威夏古庙(2007),古伊奢那补罗考古遗址的三波坡雷古寺庙区(2017)	
印度尼西亚	婆罗浮屠寺庙群(1991),普兰班南寺庙群(1991),桑义兰早期人类遗址(1996),巴厘文化景观:体现"幸福三要素"哲学的苏巴克灌溉系统	世界自然遗产:乌绒库伦国家公园(1991),科莫多国家公园(1991),洛伦茨国家公园(1999),苏门答腊热带雨林(2004 年,2011 年列为《世界濒危遗产名录》)
老挝	琅勃拉邦古城(1995),占巴塞文化风景区(2001)	
马来西亚	马六甲海峡历史城市:马六甲,槟城乔治市(2008),玲珑谷地考古遗址(2012)	世界自然遗产:基纳巴卢山公园(2000),穆鲁山国家公园(2000)
缅甸	骠国古城(2014)	
菲律宾	菲律宾巴洛克教堂(1993),菲律宾巴纳韦高山梯田(1995),维甘历史古城(1999)	世界自然遗产:图巴塔哈礁群公园(1993),普林塞萨港地下河国家公园(1999),延伸扩充 Tubbataha Reef National Park(2009),汉密吉伊坦山野生动物保护区(2014)
新加坡	新加坡植物园(2015)	
泰国	素可泰历史城镇及相关历史城镇(1991),阿育他亚(大城)历史城镇及相关城镇(1991),班清阿考古遗址(1992)	世界自然遗产:童·艾·纳雷松野生生物保护区(1991),东巴耶延—考艾森林保护区(2005)
越南	顺化历史建筑群(1993),美山遗址(1999),会安古镇(1999),升龙皇城中心区(2010),胡朝时期的城堡(2011)	世界自然遗产:下龙湾(1994),丰芽格邦国家公园(2003), 世界文化和自然双重遗产:长安名胜群(2014)

注:括号中数字为列入《世界遗产名录》的年份

东盟10国全球竞争力指数排行榜

国家	2016～2017年全球竞争力指数排行	2013～2014年全球竞争力指数排行	2014～2015年十二项竞争力因素排行											
			制度	基础设施	宏观经济环境	健康与初等教育	高等教育与培训	商品市场效率	劳动市场效率	金融市场成熟性	技术设备	市场规模	商务成熟性	创新
文莱	—	—	—	—	—	—	—	—	—	—	—	—	—	—
印度尼西亚	41	38	53	56	34	74	61	48	110	42	77	15	34	31
柬埔寨	89	88	119	107	80	91	123	90	29	84	102	87	111	116
老挝	93	81	63	94	124	90	110	59	34	101	115	121	79	84
缅甸	134	139	136	137	116	117	135	130	172	139	144	70	140	138
马来西亚	25	24	20	25	44	33	46	7	19	4	60	26	15	21
菲律宾	57	59	67	91	26	92	64	70	91	49	69	35	46	52
新加坡	2	2	3	2	15	3	2	1	2	2	7	31	19	9
泰国	34	37	84	48	19	66	59	30	66	34	65	22	41	67
越南	60	70	92	81	75	61	96	78	49	90	99	34	106	87

注:来源于《2016～2017年全球竞争力报告》

东盟各国主要报纸

国家	本国文报纸	华文报纸	英文(其他语文)报纸
文莱	《婆罗洲公报》《文莱灯塔》	《文莱美里日报》《文莱诗华日报》	《婆罗洲公报》
柬埔寨	《柬埔寨之光报》《人民报》《和平岛报》《柬埔寨日报》《柬埔寨时报》	《华商日报》《柬华日报》《星洲日报》《大众日报》《新时代日报》	《柬埔寨日报》《金边邮报》《柬埔寨时报》
印度尼西亚	《罗盘报》《专业之声报》《印度尼西亚媒体报》《共和国日报》《革新之声报》《印度尼西亚商报》《华文邮报》	《印度尼西亚日报》《华文邮报》《国际日报》《世界日报》《商报》《新生日报》《和平日报》《龙阳日报》《广告日报》《千岛日报》	《雅加达邮报》《印度尼西亚观察家报》
老挝	《人民报》《新万象报》《人民军报》《青年报》		《VINTIANETIMES》(英文报)、《LE RENOVATEUR》(法文报)
马来西亚	《马来西亚使者报》《每日新闻》《祖国报》	《南洋商报》《星洲日报》《中国报》等	《新海峡时报》《星报》《马来邮报》
缅甸	《缅甸之光》《镜报》《首都报》《曼德勒报》《雅德那崩报》	《缅甸华报》	《缅甸新光》
菲律宾	《消息报》《菲律宾快报》	《世界日报》《商报》《菲华时报》《联合日报》《环球日报》	《马尼拉公报》《菲律宾星报》《菲律宾每日询问日报》《自由报》《马尼拉时报》《马尼拉纪事报》
新加坡	《每日新闻》《泰米尔日报》	《联合早报》《联合晚报》《新明日报》	《海峡时报》《商业时报》《新报》
泰国	《泰叻报》《民意报》《每日新闻》《国家报》《沙炎叻报》《经理报》等	《新中原报》《中华日报》《星暹日报》《亚洲日报》《京华中原日报》《世界日报》等	《曼谷邮报》《民族报》等
越南	《人民报》《人民军队报》《大团结报》《西贡解放日报》	《西贡解放日报》	《西贡时报》

中国和东盟各国主要通讯社、电台、电视台

国家	通讯社	电台	电视台
中国	新华通讯社、中国新闻社	中央人民广播电台、中国国际广播电台	中央广播电视总台(2018年3月)
文莱	文莱新闻社	文莱广播电视台(创建于1957年5月)	文莱广播电视台(从1975年起开设彩色电视频道)
柬埔寨	柬新社(成立于1980年)	FM96(国家台)	国家电视台(以柬语广播为主)、仙女11台(人民党资产)、第9台(私人台)、第5台(军队台)、首都第3台(官方台)、巴戎台(私人台)
印度尼西亚	安塔拉通讯社(官方)、印度尼西亚民族通讯社(私营)、武装部队新闻社(国防安全部)	印度尼西亚共和国广播电台(成立于1945年9月)	印度尼西亚共和国电视台、印度尼西亚鹰记电视台、太阳电视台、教育电视台、美都电视台等11家电视台
老挝	巴特寮通讯社(1968年1月成立,国营)	老挝国家广播电台、老挝人民军广播电台	老挝国家电视台(建于1983年12月)
马来西亚	马来西亚国家新闻社(简称马新社,半官方)	马来西亚广播电台(建于1946年)、马来西亚之声电台(建于1963年)	马来西亚电视台(建于1963年)、第三电视台(TV3)、城市电视台(Metro Vision)、国民电视台(NTV)、Astro卫星有线电视频道
缅甸	缅甸通讯社	缅甸之声(建于1937年)	缅甸电视台(建于1980年)、妙瓦底电视台(创办于1995年3月27日)
菲律宾	菲律宾通讯社(成立于1973年)	菲律宾广播台	人民电视台
新加坡		新加坡广播电台(于1936年开播)	新加坡电视台
泰国	泰国通讯社	泰国国家广播电台	泰国国家电视台
越南	越南通讯社(1945年成立,1976年越南南方解放通讯社与之合并)	越南之声广播电台(成立于1954年)	越南中央电视台(成立于1971年)

注:根据中国网、新华网有关资料编制

东盟国家孔子学院一览表(2016 年)

国别	孔子学院名称	中国合作院校	成立/运营时间
泰国(14 所)	勿洞市孔子学院	重庆大学	2006 年 2 月 28 日
	孔敬大学孔子学院	西南大学	2006 年 8 月 3 日
	农业大学孔子学院	华侨大学	2006 年 10 月 1 日
	皇太后大学孔子学院	厦门大学	2006 年 11 月 7 日
	清迈大学孔子学院	云南师范大学	2006 年 12 月 18 日
	曼松德昭帕亚皇家师范大学孔子学院	天津师范大学	2006 年 12 月 19 日
	玛哈沙拉坎大学孔子学院	广西民族大学	2006 年 12 月 20 日
	宋卡王子大学普吉孔子学院	上海大学	2006 年 12 月 24 日
	川登喜大学素攀孔子学院	广西大学	2006 年 12 月 27 日
	宋卡王子大学孔子学院	广西师范大学	2006 年 12 月 29 日
	朱拉隆功大学孔子学院	北京大学	2007 年 3 月 26 日
	东方大学孔子学院	温州大学、温州医学院	2009 年 9 月 15 日
	海上丝路孔子学院	天津师范大学	2015 年 6 月 24 日
	易三仓大学孔子学院	天津科技大学	2015 年 9 月 12 日
新加坡(1 所)	南洋理工大学孔子学院	山东大学	2007 年 7 月 14 日
柬埔寨(1 所)	柬埔寨皇家科学院孔子学院	江西九江学院	2006 年 12 月 22 日
老挝(1 所)	老挝国立大学孔子学院	广西民族大学	2010 年 3 月 23 日
印度尼西亚(6 所)	雅加达汉语教学中心孔子学院	海南师范大学	2007 年 9 月 28 日
	阿拉扎大学孔子学院	福建师范学院	2010 年 11 月 9 日
	玛拉拿达基督教大学孔子学院※	河北师范大学	2011 年 1 月 18 日
	哈山努丁大学孔子学院	南昌大学	2011 年 2 月 22 日
	玛琅国立大学孔子学院	广西师范大学	2011 年 3 月 14 日
	泗水国立大学孔子学院	华中师范大学	2011 年 5 月 19 日
	丹戎布拉大学孔子学院	广西民族大学	2011 年 11 月 26 日
菲律宾(4 所)	亚典耀大学孔子学院	中山大学	2006 年 10 月 30 日
	布拉卡国立大学孔子学院	西北大学	2009 年 2 月 28 日
	红溪礼示大学孔子学院	福建师范大学	2009 年 11 月 10 日
	菲律宾国立大学孔子学院	厦门大学	2015 年 10 月 12 日
马来西亚(2 所)	马来亚大学孔子汉语学院	北京外国语大学	2009 年 7 月 8 日
	世纪大学孔子学院	海南师范大学	2015 年 11 月 23 日
越南(1 所)	河内大学孔子学院	广西师范大学	2015 年 5 月
文莱(0 所)	无		
缅甸(0 所)	无		

数据来源:孔子学院总部/国家汉办 2016 年"第 11 届全球孔子学院大会交流材料"亚洲卷

※雅加达汉语教学中心孔子学院因没有得到印度尼西亚国民教育部的认可于 2011 年停止运营

东盟各国贸促机构与商协会通讯录

国家	机构名称	地　　址	电话、传真
文莱	文莱国际工会	Post Box 2246,1922 Bandar Seri Beganoan	Tel:00673 -2 -2236601
	中华商会	Dowan Pernigaan Tionghua, P. O. 1. Box 281, B. S. Begawan 1902, Negara	
柬埔寨	商业部	20A, borlevard Norodom	Tel:00855-23-210365 Fax:00855-23-217353
	柬埔寨总商会 金边总商会	Building No. 7B, the corner of Road No. 81&109, Sangkat Boeung Raing, Khan Daun Penh, Phnom Penh, Kingdom of Cambodia	Tel:00855 -23 -212265 Fax:00855 -23 -212270
印度尼西亚	工贸部国家出口发展局	8, JI. Gajah Mada, P. O. Box 443/JKT	Tel:0062-21-6341082 Fax:0062-21-6338360
	中华工业委员会	20, M. H. Thamrin, Jakarta	
	印度尼西亚商工会	Chandra Building, 20 Jalan M. N. Thamrin, Jakarta 10350	
老挝	老挝商工会	Rue Ponexay Post Box 4596 Vieentiane	Tel:00856-21-414383 Fax:00856-21-414383
马来西亚	国际贸易工业部	Blick 10, Gov. Building Complex, Jalan Data 50622	Tel:0060 -3 -6200033 Fax:0060 -3 -62031303
	马来西亚中华商工会	Office Tower, 8th floor, Plaza Berjaya - 12, Jalan Imb, 55100 Kuala Lumpur	Tel:0060 -3 -2452503 Fax:0060 -3 -2452562
	马来西亚商会	Plaza Pekeliling, 17th Floor 2, Jalan Tun Razak, 50400 Kuala Lumpar	Tel:0060 -3 -4427664 Fax:0060 -3 -4414502
缅甸	缅甸工商联合会	No. 29, Min Ye Kyawswa Road, Lanmadaw Township, Yangon, Myanmar.	Tel:0095 -1 -214344/214345 Fax:0095 -1 -214484
菲律宾	菲律宾商工会	14th floor, 6805 Ayala Avenue Makati City	Tel:0063-2-8433374 Fax:0063-2-8434102
	菲华商联总会	6th Floor, Federation Center, Muelle De Binondo St. Manila, Philippines.	Tel:0063 -2 -2419201 Fax:0063 -2 -2422361
新加坡	贸易工业部	Znfo Centre 100, High Street No. 04 - 01 The Treasary	Tel 0065 -3327258 Fax:0065 -3327634
	中小企业协会	Information and Doc. Centre 141, Market Street, Internat. Factor Buliding 04 -03/04	Tel:0065 -2240868 Fax:0065 -2241507
	太平洋经济合作委员会	4, Nassim Road	Tel:0065 -7379823 Fax:0065 -7379824
	新加坡工业联合会	20, Orchard Rock 23883 Singapore	Tel:0065 -3388787 Fax:0065 -3383358
	新加坡商业工业联合会	47 Hill Street # 03 -1, Chimese Chamber of Commerce Bulidtng 179365 Singapore	Tel:0065 -3389761 Fax:0065 -3395630
	新加坡中华机械进出口商协会	6001 Beach Road, No. 1101, Golden Mile Tower, Songapore 0719	
	新加坡中华总商会	47 Hill Street #09 -00, Singapore 179365	Tel:(65)63378381 Fax:(65)63390605
	新加坡工商联合总会	19 Tanglin Shopping Centre, Singapore 247909	Tel:(65)68276828 Fax:(65)68276807
泰国	泰国贸易局	150, Rajorpit Road, 10200 Bang KoK Thailand	Tel:0066 -22211827 Fax:0066 -22219350
	泰国商会	150 Rajopit Road, BangKoK 10200	Tel:0066 -26221860 Fax:0066 -22253372
	国际贸易经济合作处	1.22 Ac. Pilyuain St. ,2,2 Vnited Natians Building, Rajadnmnern Avenue, Bangkok 10i	
	泰国中华总商会	No. 889 Thai C. C. Tower, 9th Floor, Sathorn Road. Bangkok 10120, Thailand	Tel:0066 -26758574 -84 Fax:0066 -22123917
	泰国投资促进委员会	555 Vibhavadi - Rangsit RD, Chatuchak, Bangkok, 10900, Thailand	Tel:0066 -25378111 Fax:0066 -25378177
越南	越南商工会	9 Dao Duy Anh Street 10000 Dong Da Hanoi	Tel:0084-4-5742162 Fax:0084-4-5742020
	越南计划投资部外国投资局	河内市(Hoang Van Thu - Ha Noi)	Tel:0084 -4 -7343759 Fax:0084 -4 -7343769
	越南计划投资部南方外国投资中心	胡志明市(178, Nguyen Dinh Trieu, Tp. Ho Chi Minh)	Tel:0084 -8 -9303287 Fax:0084 -4 -9305413
	胡志明市企业家协会	胡志明市第一郡边章阳路51号(51 Ben Chuong Duong st. ,Dist. 1, Ho Chi Minh City, Vietnam)	Tel:0084 -8 -8293389 Fax:0084 -8 -8215448

（何战）

索　　引

说　明

一、本索引是《中国—东盟年鉴(2020)》的内容分析索引。正文(包括条目、文献、资料、图片和表格)中凡具有独立检索意义的完整资料,都可以通过本索引进行检索。

二、索引按汉语拼音字母升序(同音字按声调)排列。类目、分目主题词做索引款目的,用仿宋体加粗字排印,其余款目用宋体字排印。表格、图片在其款目后分别注明“表”“图”或“附图”。

三、索引款目后的数字表示内容所在页码,数字后的拉丁字母(a、b)表示栏别(即版面的1栏、2栏)。

四、索引中空两字排的款目,为上一主题的“附见”。同一主题内容“参见”,只在索引款目后标注所在页码。内容有交叉的款目,为便于读者检索,在本索引中重复出现。以字母、数字起头的款目,在本索引后空一行统一排序。

A

B

C

D

E

F

G

H

J

K

L

N

O

P

Q

R

S

T

W

X

Z

(叶建维)